DURANT · KULTURGESCHICHTE DER MENSCHHEIT

BAND 3

Will und Ariel Durant

KULTURGESCHICHTE DER MENSCHHEIT

SÜDWEST VERLAG · MÜNCHEN

Will Durant

DAS KLASSISCHE GRIECHENLAND

SÜDWEST VERLAG · MÜNCHEN

Titel der Originalausgabe:
THE STORY OF CIVILIZATION
2. THE LIFE OF GREECE III–V
Simon and Schuster, New York

Übersetzung ins Deutsche:
Dr. Ernst Schneider

Redaktion: Hans Dollinger

Erste Auflage 1977
ISBN 3 517 00557 6
Schutzumschlagentwurf: Design Team München
Gesamtherstellung: Mohndruck, Gütersloh

Vorwort

Ohne Griechenland ist unsere Kultur undenkbar. Die folgenden Namen und Bezeichnungen für Kulturerscheinungen in allen Bereichen sind uns heute so geläufig, daß wir oft ihre griechische Herkunft verdrängen: Gymnasium, Arithmetik, Geometrie, Rhetorik, Physik, Biologie, Anatomie, Hygiene, Therapie, Kosmetik, Poesie, Musik, Tragödie, Komödie, Philosophie, Theologie, Agnostizismus, Skeptizismus, Stoizismus, Epikureertum, Ethik, Politik, Idealismus, Philanthropie, Zynismus, Tyrannei, Plutokratie und Demokratie. Diese Aufzählung könnte jederzeit mit weiteren Beispielen ergänzt werden. Doch nicht allein an die Bedeutung griechischer Wörter soll hier erinnert werden, noch entscheidender war es, deren Inhalte mit Lebenskraft im Guten und Bösen bis heute zu erhalten. So verweist Durant mit Recht darauf, daß beispielsweise griechisches Erbe die Erkenntnis ist, daß das Grundprinzip der Demokratie die Freiheit ist, die zum Chaos verleitet, und das Grundprinzip der Monarchie die Macht ist, die zur Tyrannei, Revolution und zum Krieg verleitet.

Aber auch viele Probleme des menschlichen Zusammenlebens, die unsere Kultur heute kennt, bewegte bereits, «gleichsam zu unserer Belehrung» (Durant) das alte Hellas, so etwa das Abholzen der Wälder, Erosion des Bodens, die Frauenemanzipation, die Geburtenbeschränkung, das restaurative Festhalten am Überkommenen und die Experimentierfreudigkeit in Moral, Kunst und Staatspolitik, die Korruption in der Politik und die Perversionen in der Lebenshaltung, der Konflikt zwischen Religion und Wissenschaft, der Zweifel an den Stützen der Moral, die Revolutionen der Armen gegen die wirtschaftlich starken Reichen und die der Reichen gegen die politisch starken Armen, der Kampf zwischen Demokratie und Diktatur, zwischen Individualismus und Kommunismus, zwischen dem Osten und dem Westen. Durant folgert daraus: «Es gibt nichts an der griechischen Kultur, das nicht auf unsere eigene ein Licht wirft.»

In diesem Band über das klassische Griechenland erleben wir mit, wie die Demokratie sich unter Perikles festigt und zur reichsten Kulturepoche der Geschichte erblüht; wir hören von dem Schauspiel des menschlichen Geistes, der sich damals vom Aberglauben befreit und neue Wissenschaften (Anaxagoras) begründet, die Medizin vernunftgemäß gestaltet (Hippokrates), die Geschichtsschreibung von religiösen Banden befreit (Herodot, Thukydides) und bislang ungekannte Höhen in der lyrischen und dramatischen Dichtung (Pindaros, Aischylos, Sophokles, Euripides, Aristophanes), in der Philosophie (Empedokles, Sokrates, Platon), der Redekunst (Demosthenes) und den bildenden Künsten (Pheidias), erreicht. Insbesondere der Kunst in der ganzen nachfolgenden Menschheitsgeschichte gab Griechenland eine neue Gestalt, indem seine Künstler vornehmlich nach Vollkommenheit strebten und weibliche Feinheit der Form und Ausführung mit der männlichen Architektur und Skulptur Ägyptens vereinten und damit das klassische Griechenland auch zum Schauplatz des größten Zeitalters der Kunstgeschichte machten. In der Literatur schenkte uns Griechenland den schöpferischen Überschwang des freien Geistes in Epen, Tragödien, Komödien und in fesselnden Geschichtswerken.

Griechenland entwickelte die vom Osten zugetragenen Wissenschaften weiter und leitete eine naturalistische Betrachtung des Menschen ein, brachte Bewußtsein und Ordnung in die Philosophie und stellte sich erstmals der reinen Vernunft, indem es die gebildeten Volksschichten von Kirchlichkeit und Aberglauben befreite und auf eine Sittlichkeit zielte, die ohne übernatürliche Beihilfe auskam. Und alle diese Errungenschaften und Leistungen wirkten in die spätere Menschheitsgeschichte weiter, obwohl das Goldene Zeitalter Athens im selbstmörderischen Peloponnesischen Krieg endete. Der Niedergang der attischen Demokratie wurde noch vom Genius eines Platon und Aristoteles, Apelles und Praxiteles, Philipp und Demosthenes, Diogenes und Alexander überstrahlt. Die griechische Kultur war sogar so kraftvoll, daß sie nach Asien, Afrika, und Italien überfloß, Ägyptens Ruhm im ptolemäischen Alexandria zu neuem Leben erweckte, Rhodos mit Handel und Kunst bereicherte und mit Eukleides in Alexandria und Archimedes in Syrakus die Geometrie außerhalb Griechenlands weiterentwikkelte. Durant weist auch auf die Mängel der griechischen Kultur hin, etwa auf die wahnsinnigen und erbarmungslosen Kriege, die stetige Sklaverei, die Unterordnung der Frau, den verderbten Individualismus und natürlich das tragische Versagen im Bemühen, die Freiheit mit Ordnung und Frieden zu vereinen. Doch selbst als Griechenland aufgehört hatte, Griechenland zu sein, und immer mehr dem Mystizismus des Orients verfiel, hatte seine Kultur noch genügend Ausstrahlung, um ihr großes Erbe den Römern weiterzugeben als lebendige Grundlage der Kultur unserer heutigen Welt.

Griechenland war der strahlende Morgen der abendländischen Kultur, Durant führt uns das in diesem Band überzeugend vor Augen.

München, im Winter 1976/1977 *Hans Dollinger*

Inhaltsverzeichnis

ERSTES BUCH
DAS GOLDENE ZEITALTER
[480–399 V. CHR.]

ZWEITES BUCH
NIEDERGANG UND ENDE DER GRIECHISCHEN FREIHEIT
[399–322 v. Chr.]

VIERTES KAPITEL: ALEXANDER

DRITTES BUCH
DIE HELLENISTISCHE AUSBREITUNG
[322–146 V. CHR.]

Erstes Buch

DAS GOLDENE ZEITALTER

[480–399 V. CHR.]

ZEITTAFEL ZUM ERSTEN BUCH

Wo bei einem Personennamen keine Stadt genannt wird, ist «von Athen» zu ergänzen.

V. CHR.

478: Pindaros von Theben, Dichter
478–467: Hieron I. Diktator von Syrakus
478: Pythagoras von Rhegion, Bildhauer
477: Gründung des Attischen Seebundes
472: Polygnotos, Maler; Aischylos, *Die Perser*
469: Geburt des Sokrates
468: Kimon besiegt die Perser am Eurymedon; erster Wettkampf zwischen Aischylos und Sophokles
467: Bakchylides von Keos, Dichter; Aischylos, *Die Sieben gegen Theben*
464–454: Heilotenaufstand; Belagerung von Ithome
463–431: Perikles als Staatsmann
462: Ephialtes begrenzt die Macht des Areopags; Besoldung der Geschworenen; Anaxagoras in Athen
461: Kimon durch Ostrakismos verbannt; Ephialtes ermordet
460: Empedokles von Akragas, Philosoph; Aischylos, *Der gefesselte Prometheus*
459–454: Athenische Expedition gegen Ägypten scheitert
458: Aischylos, *Orestie*; die Langen Mauern
456: Zeustempel in Olympia; Paionios von Mende, Bildhauer
454: Der delische Schatz nach Athen verbracht
450: Zenon von Elea, Philosoph; Hippokrates von Chios, Mathematiker; Kallimachos entwickelt die korinthische Ordnung; Philolaos von Theben, Astronom
448: Kalliasfriede mit Persien
447–431: Der Parthenon
445: Leukippos von Abdera, Philosoph
443: Herodotos von Halikarnassos, Geschichtsschreiber, gründet mit anderen Kolonisten Thurioi; Gorgias von Leontinoi, Sophist

V. CHR.

442: Sophokles, *Antigone*; Myron von Eleutherai, Bildhauer
440: Protagoras von Abdera, Sophist
438: Pheidias, *Athene Parthenos*; Euripides, *Alkestis*
437: Die Propyläen
435–434: Krieg zwischen Korinth und Kerkyra
433: Bündnis zwischen Athen und Kerkyra
432: Aufstand von Poteidaiai; Prozeß gegen Aspasia, Pheidias und Anaxagoras
431–404: Peloponnesischer Krieg
431–424: Euripides, *Medeia*, *Andromache* und *Hekabe*; Sophokles, *Elektra*
430: Pest in Athen; Prozeß gegen Perikles
429: Tod des Perikles; Kleon an der Macht; Sophokles, *König Oidipus*
428: Aufstand Mytilenes; Euripides, *Hippolytos*; Tod des Anaxagoras
427: Gesandtschaft des Gorgias in Athen; Prodikos und Hippias, Sophisten
425: Belagerung Sphakterias; Aristophanes, *Die Acharner*
424: Brasidas nimmt Amphipolis; Verbannung des Geschichtsschreibers Thukydides; Aristophanes, *Die Ritter*
423: Aristophanes, *Die Wolken*; Zeuxis von Herakleia und Parrhasios von Ephesos, Maler
422: Aristophanes, *Die Wespen*; Tod Kleons und des Brasidas
421: Nikiasfriede; Aristophanes, *Der Frieden*
420: Hippokrates von Kos, Arzt; Demokritos von Abdera, Philosoph; Polykleitos von Sikyon, Bildhauer
419: Lysias, Redner
420–404: Das Erechtheion

V. CHR.

418: Sieg Spartas bei Mantineia; Euripides, *Ion*

416: Massaker auf Melos; Euripides, *Elektra* (?)

415–413: Feldzug Athens nach Syrakus

415: Verstümmelung der Hermen; Alkibiades in Ungnade; Euripides, *Die Troerinnen*

414: Belagerung von Syrakus; Aristophanes, *Die Vögel*

413: Niederlage Athens bei Syrakus; Euripides, *Taurische Iphigeneia*

412: Euripides, *Helena* und *Andromeda*

411: Aufstand der Vierhundert; Aristophanes, *Lysistrate* und *Thesmophoriazusen*

410: Wiederherstellung der Demokratie; Sieg des Alkibiades bei Kyzikos

V. CHR.

408: Timotheos von Miletos, Dichter und Musiker; Euripides, *Orestes*

406: Sieg der Athener bei den Arginusen; Tod des Euripides und des Sophokles; Euripides, *Bakchen* und *Iphigeneia in Aulis*

405–367: Dionysios I. Diktator von Syrakus

405: Sieg Spartas bei Aigos Potamoi; Aristophanes, *Die Frösche*

404: Ende des Peloponnesischen Krieges; Herrschaft der Dreißig in Athen

403: Wiederherstellung der Demokratie

401: Niederlage Kyros' II. bei Kunaxa; Rückzug der Zehntausend Xenophons; Sophokles, *Oidipus auf Kolonos*

399: Prozeß und Tod des Sokrates

ERSTES KAPITEL

Perikles und das demokratische Experiment

I. ATHENS AUFSTIEG

DER Zeitraum zwischen der Geburt des Perikles und dem Tode des Aristoteles ist, ob man ihn nun an sich oder im Hinblick auf seine Folgen auf das weitere Geschick der zivilisierten Menschheit betrachtet, zweifellos die denkwürdigste Periode der Weltgeschichte», schreibt Shelley[1]. Athen spielte in dieser Zeit die führende Rolle, weil es die Bundesgenossenschaft – und die Beiträge – der meisten ägäischen Städte gewonnen hatte, als es bei der Rettung Griechenlands die Leitung übernahm, und weil bei Kriegsende Ionien verarmt und Sparta infolge von Abrüstung, Erdbeben und Aufstand in Unordnung geraten war, indes Themistokles' neugeschaffene Flotte nunmehr ihren Siegen bei Artemision und Salamis die Eroberung des Handels folgen ließ.

Nicht daß der Krieg vollständig beendet gewesen wäre: von der Eroberung Ioniens durch Kyros bis zur Vernichtung Dareios' III. durch Alexander flackerte der Kampf zwischen Griechenland und Persien immer wieder auf. Die Perser wurden 479 aus Ionien vertrieben, 478 aus dem Schwarzen Meer, 475 aus Thrakien, und 468 bereitete eine griechische Flotte unter Kimon von Athen den Persern zu Lande und zu Wasser an der Mündung des Eurymedon (ein Fluß in Pamphylien im südlichen Kleinasien) eine entscheidende Niederlage. Die griechischen Städte Asiens und der Ägäis schlossen sich nun zum Schutze gegen Persien unter athenischer Führung zum Attischen Seebund zusammen und steuerten zu einem gemeinsamen Schatz im Apollontempel auf Delos bei. Da Athen Schiffe statt Geld beitrug, übte es bald durch seine Seemacht eine entscheidende Kontrolle über die Bundesgenossen aus, und rasch verwandelte sich der Bund Gleichgestellter in ein athenisches Reich.

In dieser Politik der imperialistischen Ausdehnung trafen sich alle bedeutenderen Staatsmänner Athens – selbst der tugendhafte Aristeides und später der untadelige Perikles – mit dem skrupellosen Themistokles. Kein anderer hatte sich um Athen so verdient gemacht wie Themistokles, und keiner war so entschlossen wie er, sich dafür bezahlen zu lassen. Als die griechischen Führer zusammenkamen, um an diejenigen Männer, die Griechenland während des Krieges am besten verteidigt hatten, eine erste und eine zweite Belohnung zuzuteilen, stimmte jeder bei der ersten Belohnung für sich selbst und bei der zweiten für Themistokles. Er war es, der den Lauf der griechischen Geschichte bestimmte, indem er Athen davon überzeugte, daß der Weg zur Vorherrschaft nicht auf dem Lande, sondern auf dem Meere liege und nicht so sehr über den Krieg als über den Handel führe. Er verhandelte mit Persien und suchte dem Streit zwischen dem alten und dem jungen Reiche ein Ende zu machen, damit der unbehinderte Handel mit Asien Athen reich mache. Unter seinem Antrieb erbauten die Männer, ja sogar die Frauen und Kinder Athens eine Mauer rings um die Stadt und eine zweite um die Häfen Peiraieus und Munychia; unter seiner und später unter Perikles' Führung entstanden im Peiraieus große Kais, Warenhäuser und Börsen, die dem Seehandel in jeder Hinsicht dienlich waren. Er wußte sehr wohl, daß diese Politik die Eifersucht Spartas wachrufen würde und zum Kriege zwischen den beiden Nebenbuhlerinnen führen könnte; der Gedanke an die Entwicklung Athens und das Vertrauen in die athenische Flotte veranlaßten ihn aber, seinen Weg weiterzugehen.

Seine Ziele waren so großartig wie seine Mittel unehrenhaft. Er mißbrauchte die Flotte, um von den Kykladen Tribute zu erpressen, weil sie sich zu schnell den Persern ergeben und Xerxes Truppen zur Verfügung gestellt hätten, und er scheint Bestechungen angenommen zu haben, um einige Städte von den Tributen zu befreien. Gegen ähnliche Vergütungen setzte er den Widerruf von Verbannungen durch, wobei er manchmal, wie Timokreon berichtet, das Geld behielt, obgleich es ihm nicht gelungen war, den Widerruf zu erreichen. Als Aristeides an die Spitze der Finanzverwaltung gestellt wurde, mußte er feststellen, daß seine Vorgänger Staatsgelder veruntreut hatten, nicht am wenigsten Themistokles. Gegen 471 sandten ihn die Bürger Athens, die seinen unmoralischen Geist fürchteten, durch Ostrakismos in die Verbannung, und er suchte in Argos eine neue Heimstätte. Kurz darauf fanden die Spartaner in der Geheimkorrespondenz ihres Regenten Pausanias, den sie wegen hochverräterischer Beziehungen zu Persien hatten verhungern lassen, Dokumente, die offenbar auch Themistokles belasteten. Glücklich, ihren fähigsten Feind zu vernichten, enthüllten die Spartaner den Athenern diese Dokumente, und Athen ergriff unverzüglich Maßnahmen, Themistokles gefangenzusetzen. Er entfloh nach Kerkyra, erhielt aber dort nicht die Bewilligung, sich niederzulassen, fand ein kurzes Asyl in Epeiros und begab sich von dort aus insgeheim nach Asien, wo er von Xerxes' Nachfolger eine Belohnung verlangte, weil er die griechische Flotte nach Salamis von der Verfolgung der persischen abgebracht habe. Verlockt von dem Angebot des Themistokles, ihm bei der Unterwerfung Griechenlands beizustehen, nahm Artaxerxes I. ihn in seinen Rat auf und wies ihm die Einkünfte aus mehreren Städten zu. Bevor Themistokles aber seine Pläne ausführen konnte, die ihn nie zur Ruhe kommen ließen, starb er 449 in Magnesia im Alter von fünfundsechzig Jahren, von der ganzen Mittelmeerwelt bewundert und gehaßt.

Nach dem Tode von Themistokles und Aristeides ging die Führerschaft der demokratischen Partei in Athen auf Ephialtes und die der oligarchischen Partei auf Kimon, den Sohn des Miltiades, über. Kimon hatte die meisten Tugenden, die Themistokles vermissen ließ, aber nichts von der Schlauheit, auf die die Fähigkeit sich stützen muß, um zum politischen Erfolg zu kommen. Unglücklich inmitten der Intrigen der Stadt, ließ er sich das Kommando über die Flotte übertragen und befestigte die Freiheiten Griechenlands durch seinen Sieg am Eurymedon. Ruhmbedeckt nach Athen zurückgekehrt, verlor er mit einem Schlag seine ganze Beliebtheit, als er die Wiederversöhnung mit Sparta vorschlug. Er rang der zögernden Volksversammlung die widerwillig gegebene Zustimmung zur Hilfeleistung an Sparta im Kampfe gegen die aufständischen

Heiloten in Ithome ab; die Spartaner mißtrauten aber den Athenern auch dann, wenn sie Geschenke brachten, und zeigten den Kriegern Kimons ihren Argwohn so deutlich, daß diese zornentbrannt nach Athen zurückkehrten und Kimon in Ungnade fiel. 461 wurde er auf Perikles' Anregung durch das Scherbengericht verbannt, und die Oligarchenpartei war durch seinen Sturz so demoralisiert, daß die Staatsführung auf zwei Menschenalter in der Hand der Demokraten verblieb. Vier Jahre darauf ließ Perikles reumütig (oder, wie das Gerücht umging, in Kimons Schwester Elpinike verliebt) Kimon wieder zurückrufen, und dieser fiel hochgeehrt in einer Seeschlacht bei Kypros.

Der Führer der demokratischen Partei war zu dieser Zeit ein Mann, von dem wir merkwürdig wenig wissen, obgleich seine Tätigkeit einen Wendepunkt der Geschichte Athens bildete. Ephialtes war arm, aber unbestechlich und fiel den Zwisten der athenischen Politik bald zum Opfer. Die Volkspartei hatte durch den Krieg einen Kraftzuwachs erhalten; denn während dieser Krisenzeit hatte man auf einen Augenblick alle Klassengegensätze zwischen Freien vergessen, und der rettende Sieg bei Salamis war nicht von der Armee – die von den Aristokraten beherrscht war –, sondern von der Flotte errungen worden, die von den ärmeren Bürgern bemannt und vom kaufmännischen Mittelstand befehligt wurde. Die Partei der Oligarchen suchte ihre Vorrechte zu erhalten, indem sie dem konservativen Areopag die oberste Autorität im Staate überlassen wollte. Ephialtes antwortete mit einem heftigen Angriff auf diesen alten Senat. Er klagte mehrere seiner Mitglieder gesetzwidriger Handlungen an, ließ einige hinrichten und bewog die Volksversammlung, einer fast vollständigen Beseitigung der Macht, die der Areopag noch innehatte, beizustimmen. Der konservative Aristoteles pflichtete später dieser radikalen Politik bei: «Das Volk hat sich nun zur obersten Instanz in allen Dingen gemacht, und es verwaltet alles auf dem Weg über die Abstimmungen und die Gerichtshöfe, wo denn die Volksmenge herrscht. Denn auch die Entscheidungen des Rats sind auf das Volk übergegangen. Und dies scheint so richtig zu sein. Denn die Wenigen sind Geschenken und Gefälligkeiten leichter zugänglich als die Menge.»[2] Die zeitgenössischen Konservativen nahmen aber das Problem nicht so kühl auf. Da Ephialtes sich als unbestechlich erwies, wurde er 461 von einem Beauftragten der Oligarchen ermordet, und die gefährliche Aufgabe, die demokratische Partei zu führen, fiel nun dem aristokratischen Perikles zu.

II. PERIKLES

Der Mann, der als Oberbefehlshaber aller physischen und geistigen Kräfte Athens während dessen größter Zeit wirkte, war drei Jahre vor Marathon geboren worden. Sein Vater Xanthippos hatte bei Salamis gekämpft, die athenische Flotte in der Schlacht von Mykale geführt und den Hellespont für Griechenland wiedergewonnen. Perikles' Mutter Agariste war eine Enkelin des Reformers Kleisthenes. Durch sie gehörte er also der alten Familie der Alkmaioniden an. «Agariste träumte einmal, sie habe einen Löwen zur

Welt gebracht. Wenige Tage danach gebar sie den Perikles. Man fand die Bildung seines Körpers ohne Tadel, nur sein Kopf war unverhältnismäßig lang»[3], berichtet Plutarch; seine Gegner sollten sich oft über diesen übermäßigen Langkopf lustig machen. Der berühmteste Musiklehrer der Zeit, Damon, unterrichtete ihn in Musik und Pythokleides in Musik und Literatur; er besuchte die Vorlesungen des Eleiers Zenon in Athen und wurde ein Freund und Schüler des Philosophen Anaxagoras. Während seiner Entwicklung nahm er die rasch anwachsende Kultur seiner Zeit auf und vereinigte in seinem Geist und in seinem Wirken alle Fäden der athenischen Kultur: die wirtschaftlichen, militärischen, literarischen, künstlerischen und philosophischen. Er war, soviel wir wissen, der allseitigste Mann, den Griechenland je hervorbrachte.

Da er gewahr wurde, daß die oligarchische Partei mit der Zeit nicht Schritt hielt, wandte er sich schon in früher Jugend der Partei des *demos* – das heißt der *freien* Bevölkerung Athens – zu; denn der Begriff «Volk» war, wie noch zur Zeit Jeffersons in Amerika, mit gewissen Besitzrechten verknüpft. Er ging alle politischen Probleme im allgemeinen und alle Aufgaben im einzelnen nur nach sorgfältiger Vorbereitung an, wobei er keine Bildungsmöglichkeit außer acht ließ. Er sprach selten und kurz und flehte die Götter an, sie möchten ihn nie ein Wort äußern lassen, das nicht zutreffe. Selbst die Komödiendichter, die ihn haßten, nannten ihn den «Olympier», der Donner und Blitz einer Beredsamkeit walten ließ, die Athen noch nie vernommen hatte; und doch war nach allen Darstellungen seine Rede leidenschaftslos und richtete sich an aufgeklärte Geister. Sein Einfluß war nicht nur seinem Verstand, sondern auch seiner Rechtschaffenheit zuzuschreiben. Wohl konnte er jemanden bestechen, wenn die Zwecke des Staates es erforderten; aber er war «von aller Gewinnsucht frei». Während Themistokles arm in den Staatsdienst getreten war und ihn reich verließ, soll Perikles durch seine politische Laufbahn seinem Besitzstand nichts hinzugefügt haben. Es zeugt von der Vernunft der Athener seiner Generation, daß sie ihn während fast dreißig Jahren, zwischen 467 und 428, mit kurzen Unterbrechungen immer wieder zu einem ihrer zehn *strategoi*, «Befehlshaber», wählten und wiederwählten; und diese verhältnismäßige Dauerhaftigkeit der Amtsausübung verschaffte ihm nicht nur einen Vorrang in der Militärbehörde, sondern erlaubte ihm auch, die Stelle eines *strategos autokrator* zur einflußreichsten Stellung der Regierung zu machen. Unter ihm genoß Athen gleichzeitig alle Vorrechte der Demokratie und die Vorteile der Aristokratie und der Diktatur. Die kluge Politik und die kulturelle Förderung, die Athen zur Zeit des Peisistratos ausgezeichnet hatten, wurden nunmehr mit derselben Zielbewußtheit und Einsicht fortgesetzt und fanden die volle, jedes Jahr erneut ausgesprochene Zustimmung der freien Bürgerschaft. Durch ihn bewies die Geschichte wieder einmal den Grundsatz, daß liberale Reformen von der behutsamen und mäßigen Führerschaft eines Aristokraten, der sich der Zustimmung des Volkes erfreut, am sichersten durchgeführt und am dauerhaftesten verankert werden. Die griechische Kultur erreichte ihren Höhepunkt, als die Demokratie hoch genug gewachsen war, um ihr Kraft und Mannigfaltigkeit zu geben, und die Aristokratie noch stark genug war, um ihr Geschmack und Ordnung zu verschaffen.

Die Perikleischen Reformen erweiterten die Autorität des Volkes beträchtlich. Obgleich die Macht der *heliaia* unter Solon, Kleisthenes und Ephialtes ständig gewachsen war, hatte das Fehlen eines Soldes für den Geschworenendienst den Wohlhabenden in diesem Gerichtshof eine Vorzugsstellung eingeräumt. Perikles führte 451 ein Taggeld von zwei Oboloi, das später auf drei Oboloi erhöht wurde, für die Geschworenen ein, ein Betrag, der in jedem Falle der Hälfte des durchschnittlichen Tageseinkommens eines Atheners gleichkam. Die Auffassung, diese bescheidene Summe habe Athen das Rückgrat gebrochen und seine Moral verdorben, darf kaum ernst genommen werden; denn dann müßte ja jeder Staat, der seine Richter und Geschworenen bezahlt, schon längst untergegangen sein. Perikles scheint auch für den Heeresdienst eine kleine Vergütung eingeführt zu haben. Er krönte diese anstoßerregende Großzügigkeit, indem er den Staat dazu bewog, jedem Bürger alljährlich zwei Oboloi für den Eintritt zu den Aufführungen und Spielen der staatlichen Feste zu vergüten. Als Grund gab er an, diese Schaustellungen dürften nicht ein Luxus der oberen und mittleren Klassen sein, sondern müßten dazu beitragen, den Geist des gesamten Wahlkörpers zu heben. Es darf allerdings nicht verschwiegen werden, daß Platon, Aristoteles und Plutarch – alle drei Konservative – darüber einig waren, dieses Sümmchen sei dem athenischen Charakter abträglich gewesen.

Perikles setzte das Werk des Ephialtes fort, indem er den Volksgerichtshöfen die verschiedenen richterlichen Gewalten übertrug, die zuvor die Archonten und Magistraten besessen hatten, so daß von da an das Archontat eher Verwaltungsaufgaben hatte als die Macht, die Politik zu bestimmen, Streitfälle zu entscheiden und Befehle zu erteilen. Im Jahre 457 wurde die Wählbarkeit in das Archontat, die bisher auf die vermögenderen Klassen beschränkt gewesen war, auf die dritte Klasse, die *zeugitai*, ausgedehnt; bald darauf drückten die niedrigsten Bürger, die *thetes*, die Wählbarkeit zu diesem Amte durch, indem sie etwas über ihr Einkommen fabulierten, und die Wichtigkeit der *thetes* bei der Verteidigung Athens bewog die anderen Klassen, ein Auge zuzudrücken. Einen Augenblick lang bewegte sich Perikles in der entgegengesetzten Richtung, als er (451) in der Volksversammlung ein Gesetz durchbrachte, das das Wahlrecht auf legitime Abkömmlinge eines athenischen Vaters und einer athenischen Mutter beschränkte. Zwischen einem Bürger und einem Nichtbürger war keine gesetzmäßige Ehe gestattet. Es war eine Maßnahme, die darauf abzielte, die Heirat mit Ausländern zu unterbinden, die Zahl der illegitimen Geburten herabzusetzen, und vielleicht auch, den eifersüchtigen Bürgern Athens die materiellen Vorteile der Bürgerschaft und des Reiches allein zu bewahren. Perikles sollte diese exklusive Gesetzgebung bald selbst zu bereuen haben.

Da jede Regierungsform gut scheint, wenn sie nur zum Wohlstand führt, und auch die beste schlecht, wenn sie ihn hindert, machte sich Perikles, als er seine politische Stellung gefestigt hatte, an den wirtschaftlichen Aufbau. Er suchte den Druck der Bevölkerung auf die dürftigen Hilfsquellen Attikas zu vermindern, indem er auf fremdem Boden Kolonien mitteloser athenischer Bürger gründete. Um den Arbeitslosen Arbeit zu verschaffen, machte er den Staat in einem bislang in Griechenland ungekannten Ausmaße zum Auftraggeber: die Flotte erhielt neue Schiffe, Lagerhäuser wurden erbaut, und eine große Getreidebörse entstand im Peiraieus. Um die Athener wirksam vor einer Belagerung von der Landseite zu schützen und gleichzeitig den Arbeitslosen weitere Arbeit zu beschaffen, bewog Perikles die Volksversammlung, die Mittel für die über zwölf Kilometer sich erstreckenden «Langen Mauern», wie sie genannt werden sollten, zu bewilligen; sie verbanden Athen mit dem Peiraieus und Phaleron. Die Stadt wurde damit zusammen mit ihren Häfen eine einzige starke Festung, die in Kriegszeiten nur auf der Seeseite offenstand, wo die athenische Flotte die unumschränkte Machtstellung innehatte. In der Feindseligkeit, mit der das nicht von Mauern geschützte Sparta auf dieses Befestigungsprogramm sah, erblickte die oligarchische Partei die günstige Gelegenheit, wieder an die Macht zu kommen. Ihre Geheimagenten forderten Sparta auf, in Attika einzufallen und mit Hilfe eines Oligarchenaufstandes die Demokratie zu beseitigen; im Falle des Gelingens verpflichteten sich die Oligarchen, die Langen Mauern niederzureißen. Die Spartaner willigten ein und sandten ein Heer, das die Athener bei Tanagra besiegte (457); aber die Oligarchen brachten ihre Revolution nicht zustande. Die Spartaner kehrten mit leeren Händen auf die Peloponnes zurück und warteten hartnäckig auf eine bessere Gelegenheit, die so gut gedeihende Nebenbuhlerin niederzuringen, die ihnen die traditionelle Führerschaft in Griechenland entrissen hatte.

Perikles überwand die Versuchung, Sparta zu züchtigen, und wandte seine Kräfte statt dessen der Verschönerung Athens zu. In der Hoffnung, aus seiner Stadt das kulturelle Zentrum von Hellas zu machen und die alten Tempel, die die Perser zerstört hatten, in einem Umfange und Glanz wiederzuerbauen, die die Seele jedes Bürgers erheben würde, ersann er den Plan, den Schöpfergeist aller Künstler Athens und die Arbeitskraft der noch verbliebenen Arbeitslosen einzusetzen, um in einem kühnen Vorhaben die Akropolis architektonisch auszuschmücken. Zur Finanzierung seines Unternehmens schlug er vor, den Schatz, der vom Attischen Seebund angehäuft worden war, von Delos, wo er müßig und ungesichert lag, nach Athen zu schaffen und den Teil, der nicht für die gemeinsame Verteidigung verwendet wurde, zur Verschönerung der – wie Perikles schien – rechtmäßigen Hauptstadt eines wohltätigen Reiches zu verwenden. Plutarch sagt: «Der Heeresdienst verschaffte nämlich den jungen kriegstauglichen Männern reiche Einkünfte aus dem Bundesschatz, allein, Perikles wünschte, daß auch die vielen nicht kriegspflichtigen Bürger, die sich mit ihrer Hände Arbeit durchbringen mußten, von diesem Verdienst nicht ausgeschlossen seien. Da er ihnen aber auch nicht unverdient und ohne Arbeit in den Schoß fallen sollte, legte er dem Volk großartige Pläne für Unternehmungen und Bauten vor, welche viele Handwerker für lange Zeit beschäftigen konnten.»[4]

Die Überführung des delischen Schatzes war für die Athener durchaus annehmbar, auch für die Oligarchen. Aber die Wähler waren nicht geneigt, einen wesentlichen Teil der Geldmittel zur Verschönerung ihrer Stadt zu verwenden – sei es nun aus Gewissensgründen oder in der heimlichen Hoffnung, das Geld lasse sich unmittelbarer für ihren eigenen Nutzen und Genuß verwenden. Die Führer der Oligarchen spielten so geschickt auf diesen Gefühlen, daß die Niederlage des Perikles sicher schien, als es zur Abstimmung in der Volksversammlung kam. Plutarch erzählt uns eine köstliche Geschichte, wie der schlaue Führer das Blatt zu wenden verstand: «Nun gut, so sollen die Kosten nicht auf euch fallen, sondern auf mich, und auf die Bauten werde ich meinen eigenen Namen setzen lassen!»[5] Kaum hatte Perikles die Worte gesprochen, als ihm alle mit lautem Geschrei zuriefen, er solle die Gelder verbrauchen und keinen Pfennig sparen.

Während die Arbeit fortschritt und Perikles besonders Pheidias, Iktinos, Mnesikles und die anderen Künstler unterstützte, die an der Verwirklichung seiner Träume arbeiteten, förderte er auch die Literatur und die Philosophie. Und während in den anderen griechischen Städten dieser Zeit der Parteihader fast die ganze Kraft der Bürger erschöpfte, wirkten in Athen der Antrieb des wachsenden Wohlstandes und die demokratische Freiheit mit der kultivierten und weisen Führerschaft zusammen, um das Goldene Zeitalter hervorzubringen. Wenn Perikles, Aspasia, Pheidias, Anaxagoras und Sokrates im Dionysostheater zusammen einer Euripidesaufführung beiwohnten, hatte Athen den Höhepunkt und die Einheit des Lebens Griechenlands sichtbar vor Augen: Politik, Kunst, Wissenschaft, Philosophie, Literatur, Religion und Moral lebten nicht gesondert vor sich hin wie auf den Seiten der Chronisten, sondern waren zu einem buntschillernden Gewebe der Geschichte einer Nation verwoben.

Die Neigungen des Perikles schwankten zwischen Kunst und Philosophie, und es wird ihm wohl schwergefallen sein, zu sagen, ob er Pheidias oder Anaxagoras höher schätzte; vielleicht wandte er sich Aspasia als einem Kompromiß zwischen Schönheit und Weisheit zu. Für Anaxagoras soll er «die größte Hochachtung» gehegt haben. Nach Platon war es der Philosoph, der die Staatskunst des Perikles vertiefte; dem langen Verkehr mit Anaxagoras verdankte Perikles, wie Plutarch meint, «seine Gesinnung voll hohen Ernstes, seine erhabene Sprechweise, die sich rein erhielt von aller niedrigen und gemeinen Schmeichelei, das beherrschte Antlitz, das so selten lachte, den gelassenen Gang, den anständigen Faltenwurf des Mantels, der auch bei leidenschaftlicher Rede nicht in Unordnung geriet, den ruhigen Klang seiner Stimme und noch viele Eigenschaften dieser Art, welche überall staunende Bewunderung erweckten»[6]. Als Anaxagoras alt wurde und Perikles ganz von seinen Staatsgeschäften eingenommen war, ließ der Staatsmann den Philosophen eine Zeitlang aus seinem Leben verschwinden; als er aber später vernahm, daß Anaxagoras Hunger litt, eilte Perikles, ihn zu unterstützen, und nahm demütig den Tadel hin: «Wer eine Lampe braucht, der schüttet Öl hinein.»[7]

Es scheint kaum glaublich und doch bei näherer Überlegung ganz natürlich, daß der strenge «Olympier» den Reizen der Frauen so außerordentlich zugetan war. Seine Selbstbeherrschung kämpfte gegen eine empfindsame Sinnlichkeit, und die Mühen seines Amtes müssen die normale Sehnsucht des Mannes nach weiblicher Zärtlichkeit noch erhöht haben. Er war schon seit vielen Jahren verheiratet, als er Aspasia begegnete. Sie gehörte zu dem Typ der Hetäre – oder half ihn auszubilden –, der sich anschickte, im athenischen Leben eine so aktive Rolle zu spielen: einer Klasse von

Frauen, die sich der Abgeschiedenheit, die die Ehe einem weiblichen Wesen in Athen brachte, nicht unterwerfen wollten und es vorzogen, in wilder Ehe, sogar in verhältnismäßiger Zuchtlosigkeit zu leben, wenn sie damit nur die selbe Bewegungs- und Verhaltensfreiheit genossen wie die Männer und mit ihnen an ihren kulturellen Interessen teilnehmen konnten. Wir haben kein Zeugnis über Aspasias Schönheit, obgleich antike Schriftsteller von ihrem «kleinen hochgewölbten Fuße», ihrer «silbernen Stimme» und ihrem «goldenen Haare» sprechen. Aristophanes, ein skrupelloser politischer Gegner des Perikles, stellt sie als eine milesische Dirne dar, die in Megara ein luxuriöses Bordell eröffnet und nunmehr einige ihrer Mädchen nach Athen gebracht habe; und der große Komödiendichter deutet schalkhaft an, daß der Streit zwischen Athen und Megara, der zum Peloponnesischen Kriege führte, von Aspasia angeregt worden sei, die Perikles dazu bewogen habe, sie an den Megarern zu rächen, da diese ihr zwei Mädchen entführt hätten. Aristophanes war aber kein Historiker und ist vielleicht nur dort vertrauenswürdig, wo er selbst nicht betroffen ist.

Als Aspasia um 450 nach Athen kam, eröffnete sie eine Schule für Rhetorik und Philosophie und setzte sich kühn für das Auftreten der Frau in der Öffentlichkeit und für ihre höhere Bildung ein. Viele Mädchen aus guter Familie besuchten ihren Unterricht, und einige Ehemänner brachten ihre Frauen zum Studium zu ihr. Auch Männer wohnten ihren Vorlesungen bei, unter anderen Perikles und Sokrates und wahrscheinlich auch Anaxagoras, Euripides, Alkibiades und Pheidias. Sokrates berichtet, er habe von ihr die Kunst der Beredsamkeit erlernt, und der antike Klatsch will wissen, Perikles habe sie als Geliebte von Sokrates übernommen. Perikles kam es nun sehr zustatten, daß seine Frau sich in einen anderen Mann verliebt hatte. Er bot ihr die Freiheit an, wenn sie ihm die seine lasse, und sie willigte ein; sie verheiratete sich zum drittenmal, während Perikles Aspasia heimführte. Infolge seines eigenen Gesetzes von 451 konnte er sie nicht zu seiner Frau machen, da sie aus Milet stammte; jedes Kind, das er von ihr bekäme, würde illegitim und von der athenischen Bürgerschaft ausgeschlossen sein. Er scheint sie ehrlich geliebt zu haben, sogar mit der ganzen Zärtlichkeit des Ehemannes; denn er ging nie zum Hause ein oder aus, ohne sie zu küssen, und vermachte schließlich sein Vermögen dem Sohne, den sie ihm gebar. Von dieser Zeit an mied er das gesellschaftliche Leben außerhalb seines Hauses und ging selten anderswohin als auf die Agora oder in das Rathaus. Das Volk Athens begann sich über seine Abgeschlossenheit zu beklagen. Aspasia ihrerseits machte aus ihrem Heim einen Salon der französischen Aufklärung, wo Kunst und Wissenschaft, Literatur, Philosophie und Politik Athens zur gegenseitigen Anregung zusammenkamen. Sokrates bewunderte ihre Beredsamkeit und schrieb die Abfassung der Totenrede, die Perikles für die ersten Gefallenen des Peloponnesischen Krieges hielt, ihr zu. Aspasia wurde die ungekrönte Königin Athens, die in der Mode tonangebend war und den Frauen der Stadt ein aufregendes Beispiel geistiger und sittlicher Freiheit gab.

Die Konservativen waren über all dies empört und nutzten es zu ihren Zwecken aus. Sie warfen Perikles vor, er führe Griechen in den Krieg gegen Griechen, wie im Falle von Aigina und Samos; sie klagten ihn der Verschwendung von Staatsgeldern an; und schließlich bekämpften sie ihn durch den Mund der Komödiendichter, die das Recht der freien Rede mißbrauchten, das unter seiner Herrschaft bestand, er mache aus seinem Heim ein übelberüchtigtes Haus und habe ein Verhältnis mit der Frau seines Sohnes. Da sie nicht wagten, ihn unmittelbar in offenem Prozeß anzugreifen, hielten sie sich an seinen Freunden schadlos. Sie behaupteten, Pheidias habe Gold unterschlagen, das er für die Goldelfenbeinstatue seiner *Athene* hätte verwenden sollen, und offenbar gelang es ihnen, ihn verurteilen zu lassen; sie klagten Anaxagoras der Gottlosigkeit an, und der Philosoph floh auf Perikles' Rat ins Ausland; sie brachten gegen Aspasia eine ähnliche Anklage der Gottlosigkeit (*graphe asebeias*) vor, indem sie behaupteten, sie ermangle der Ehrfurcht gegenüber den griechischen Göttern. Die Komödiendichter schrieben erbarmungslose Satiren über sie, stellten sie als eine Deianeira dar, die Perikles ruiniert habe*, und nannten sie ganz offen eine Hure; Hermippos klagte sie, gewiß gegen Bezahlung, an, sie diene Perikles als Kupplerin und führe ihm freigeborene Frauen zu seiner Lust zu. Bei dem Prozeß, der vor einem Gericht von fünfhundert Geschworenen gegen sie geführt wurde, sprach Perikles zu ihrer Verteidigung und wandte seine ganze Beredsamkeit auf; er vergoß sogar Tränen, und die Klage wurde abgewiesen. Von diesem Augenblicke an (432) begann Perikles seinen Einfluß auf das athenische Volk einzubüßen, und als er nach drei Jahren verschied, war er bereits ein gebrochener Mann.

III. DIE ATHENISCHE DEMOKRATIE

I. DIE BERATUNG DURCH DAS VOLK

Diese merkwürdigen Anklagen genügen als Beweis, wie echt, wenn auch begrenzt, die Demokratie war, die unter der angeblichen Diktatur des Perikles bestand. Wir müssen uns mit dieser Demokratie eingehend befassen; denn sie ist einer der hervorragendsten Versuche in der Geschichte der Staatsführung. Zunächst wird sie durch die Tatsache begrenzt, daß nur ein kleiner Teil des Volkes lesen kann. Weiter ist sie durch die natürliche Unmöglichkeit eingeengt, Athen von den abgelegeneren Städten Attikas aus zu erreichen. Das Wahlrecht ist auf Söhne freigeborener Athener beschränkt, die das Alter von einundzwanzig Jahren erreicht haben; nur sie und ihre Familien stehen im Genuß der bürgerlichen Rechte oder tragen die militärischen oder steuerlichen Lasten des Staates unmittelbar. Innerhalb dieses eifersüchtig abgegrenzten Kreises von 43 000 Bürgern (bei einer attischen Gesamtbevölkerung von 315 000 Seelen) ist zur Zeit des Perikles die politische Macht von Rechts wegen für alle gleich; jeder Bürger erfreut sich der *isonomia* und der *isegoria* – des gleichen Rechtes vor dem Gesetz und in der Volksversammlung –, und er ist bestrebt, sich ihrer auch zu bedienen. Für die Athener ist ein Bürger nicht nur ein Mann, der wählt, sondern auch ein Mann, der durch das Los oder in automatischer Reihenfolge als Magistrat oder Richter amtet. Er

* Deianeira brachte ihren Gatten Herakles um, indem sie ihm ein vergiftetes Gewand schenkte. Vgl. die *Trachinierinnen* des Sophokles.

muß frei, bereit und fähig sein, dem Staat jederzeit seine Dienste zu leisten. Keiner, der einem anderen untertan ist oder durch Arbeit sein tägliches Brot verdienen muß, kann die Zeit oder die Fähigkeit für diese Dienste haben. Darum erscheint der Handwerker den meisten Athenern als ungeeignet für das Bürgerrecht, wenn sie auch, in menschlicher Ermangelung der Folgerichtigkeit, den bäuerlichen Grundbesitzer zulassen. Sämtliche 115 000 Sklaven in Attika, alle Frauen, fast alle Arbeiter, alle 28 500 «Metoiken» oder niedergelassenen Fremden* und damit ein großer Teil der Handel- und Gewerbetreibenden ist dadurch vom Wahlrecht ausgeschlossen**.

Die Wähler sind nicht in Parteien zusammengeschlossen, sondern locker als Anhänger der oligarchischen oder der demokratischen Gruppe zusammengefaßt, je nachdem, ob sie für oder gegen die Ausweitung des Wahlrechtes, die Vorherrschaft der Volksversammlung und die staatliche Unterstützung der Armen auf Kosten der Reichen sind. Die aktiven Mitglieder jeder Gruppe sind in *hetaireiai*, «Kameradschaften», genannten Bünden vereinigt. Es gibt Bünde jeder Art im perikleischen Athen: religiöse, sippschaftliche, militärische, Arbeiter-, Schauspieler- und politische Bünde, und Vereine, die sich ganz offen zum Bechern und Schlemmen zusammengefunden haben. Die stärksten Bünde sind die der Oligarchen, deren Mitglieder sich zu gegenseitiger Hilfeleistung in Politik und Gesetz verschworen haben und von dem gemeinsamen leidenschaftlichen Haß gegen die niederen Gesellschaftsschichten zusammengehalten werden, die das Bürgerrecht erst später erhalten haben und dem grundbesitzenden Adel und der begüterten Kaufmannschaft allzusehr auf die Fersen treten. Ihnen gegenüber steht die verhältnismäßig demokratische Gruppe der kleinen Geschäftsleute, der Bürger, die Lohnarbeiter geworden sind, und derjenigen, die die Mannschaften der Handels- und der athenischen Kriegsflotte stellen. Diese Bünde sehen scheel auf den Luxus und die Vorrechte der Reichen und lassen in Athen Männer wie den Gerber Kleon, den Schafhändler Lysikles, den Seiler Eukrates, den Harfenbauer Kleophon und den Lampenmacher Hyperbolos an die Spitze des Staates treten. Perikles hält sie ein Menschenalter lang mit seiner verständigen Mischung von Demokratie und Aristokratie fern; nach seinem Tode aber geht die Staatsführung auf sie über, und sie nützen die persönlichen Vorrechte, die sich daraus ergeben, weidlich aus. Von Solon bis zur Eroberung durch die Römer wird dieser erbitterte Kampf zwischen Oligarchen und Demokraten mit Reden, Abstimmungen, Scherbengerichten, Morden und Bürgerkriegen geführt.

Jeder Wähler ist von Rechts wegen Mitglied des grundlegenden Regierungskörpers, der *ekklesia*, der Volksversammlung; auf dieser Stufe gibt es noch keine Regierung durch gewählte Vertreter. Da der Verkehr über die Berge Attikas schwierig ist, nimmt immer nur ein Bruchteil der wählbaren Mitglieder an den Versammlungen teil, selten sind es mehr als zwei- bis dreitausend. Denjenigen Bürgern, die in Athen selbst oder im

* Das griechische Wort *metoikoi* bedeutet «Hausgenossen».

** Die Zahlen sind A. W. Gomme, *The Population of Athens in the Fifth and Fourth Centuries B. C.*, S. 21, 26, 47, entnommen. Sie sind nur erschlossen. In der Gesamtzahl sind die Frauen und unmündigen Kinder der Bürger mit enthalten.

Peiraieus wohnen, fällt durch eine Art geographischen Determinismus der Vorrang in der Volksversammlung zu; auf diese Weise gewinnen die Demokraten die Oberhand über die Konservativen, die größtenteils auf den Höfen und Gütern Attikas zerstreut leben. Die Volksversammlung kommt viermal monatlich zusammen, bei wichtigen Gelegenheiten auf der Agora, im Dionysostheater oder im Peiraieus, gewöhnlich auf einem halbkreisförmigen Platz, der Pnyx, am Hang eines Hügels westlich des Areopags; in jedem Falle sitzen die Teilnehmer auf Bänken unter freiem Himmel, und die Sitzung beginnt bei Morgengrauen. Bei der Eröffnung wird jedesmal Zeus ein Schwein geopfert. Bei Gewitter, Erdbeben oder Sonnenfinsternis wird die Versammlung gewöhnlich sofort vertagt, da es Zeichen göttlicher Mißbilligung sind. Neue Gesetze dürfen nur in der ersten Sitzung des Monats vorgebracht werden, und das Mitglied, das sie vorschlägt, ist für die Folgen ihrer Annahme verantwortlich. Wirken sie sich ernstlich zum Schlechten aus, kann innerhalb Jahresfrist ein anderes Mitglied die *graphe paranomon*, die Anklage der Gesetzwidrigkeit, gegen ihn beantragen und ihn mit einer Buße, dem Entzug des Bürgerrechtes oder mit dem Tode bestrafen lassen; dies ist das Verfahren Athens, sich gegen voreilige Gesetzgebung zu schützen. Nach einer anderen Form derselben Klage kann ein neuer Vorschlag an der sofortigen Durchführung durch das Verlangen verhindert werden, ihn einem Gericht zu überweisen, das seine Verfassungsmäßigkeit zu bestimmen, das heißt festzustellen hat, ob er mit den bestehenden Gesetzen in Einklang steht. Weiter muß die Volksversammlung jeden Gesetzesvorschlag vor der Durchberatung dem Rat der Fünfhundert zur Voruntersuchung unterbreiten, ganz ähnlich, wie eine Gesetzesvorlage in den Vereinigten Staaten einem Ausschuß, von dem man annimmt, daß er besondere Kenntnisse und Zuständigkeit besitze, unterbreitet wird, bevor er im Kongreß selbst beraten wird. Der Rat darf einen Vorschlag nicht ohne weiteres verwerfen; er kann nur Bericht erstatten und empfehlen oder abraten.

Gewöhnlich eröffnet der Vorsitzende die Sitzung, indem er ein *probuleuma*, eine Gesetzesvorlage, über die bereits Bericht erstattet ist, vorbringt. Diejenigen, die zu sprechen wünschen, werden in der Reihenfolge ihres Alters angehört; jeder kann davon ausgeschlossen werden, sich an die Volksversammlung zu wenden, wenn er nachweislich keinen eigenen Grund besitzt, wenn er nicht gesetzmäßig verheiratet ist, wenn er seine Pflichten gegenüber den Eltern vernachlässigt oder gegen die öffentliche Moral verstoßen oder sich vor einem Kriegsdienst gedrückt hat oder dem Staate Geld oder Steuern schuldet. Nur geübte Redner machen Gebrauch von dem Recht, zu sprechen; denn die Volksversammlung ist ein schwieriges Auditorium. Sie lacht über eine falsche Aussprache, sie protestiert laut gegen Abschweifungen, sie gibt ihrer Zustimmung durch Schreien, Pfeifen und Händeklatschen Ausdruck und macht, wenn sie gar nicht einverstanden ist, einen solchen Lärm, daß der Redner gezwungen ist, die Rednertribüne zu verlassen. Jedem Redner steht eine bestimmte Zeit zu, die mit einer *klepsydra*, einer Wasseruhr, gemessen wird. Die Stimmabgabe erfolgt durch Erheben der Hand oder, wenn ein einzelner unmittelbar oder besonders durch den Vorschlag betroffen wird, geheim. Die Abstimmung kann den Bericht des Rates über eine Gesetzesvorlage bestätigen, abändern oder verwerfen, und die Beschlußfassung der Volksversammlung ist endgültig. Erlasse für sofortiges Handeln, die sich von Gesetzen unterscheiden, können rascher als neue Gesetze verabschiedet werden; solche Erlasse können aber mit gleicher Raschheit wieder aufgehoben werden und gehen nicht in den athenischen Gesetzeskörper ein.

In Würde über, in Macht unter der Volksversammlung steht die *bule*, der Rat. Er war ursprünglich ein Oberhaus und wurde zur Zeit des Perikles im Grunde zu einem gesetzgeberischen Ausschuß der *ekklesia*. Seine Mitglieder werden durch das Los und in automatischer Reihenfolge aus der Bürgerliste bestimmt, auf jeden der zehn Stämme entfallen je fünfzig; sie dienen nur ein Jahr lang und erhalten im vierten Jahrhundert fünf Oboloi täglich. Da kein Rat wiedergewählt werden kann, bis alle wählbaren Bürger eine Gelegenheit zur Dienstleistung gehabt haben, sitzt jeder Bürger normalerweise mindestens einmal in seinem Leben in der *bule*. Sie tritt im *buleuterion*, im Rathaus, südlich der Agora zusammen, und ihre gewöhnlichen Sitzungen sind öffentlich. Sie hat gesetzgeberische, ausübende und richterliche Funktionen: sie überprüft und formuliert die der Volksversammlung unterbreiteten Gesetzesvorlagen; sie überwacht das Verhalten und die Rechnungsführung der Religions- und Verwaltungsbeamten der Stadt; sie kontrolliert die Finanzen, die Unternehmungen, die Bauten des Staates; sie gibt Ausführungsbestimmungen heraus, wenn dringliches Handeln geboten ist und die Volksversammlung nicht gerade eine Sitzung abhält; und sie kontrolliert, späterer Revision durch die Volksversammlung unterworfen, die auswärtigen Angelegenheiten des Staates.

Um diese mannigfaltigen Aufgaben durchführen zu können, unterteilt sich der Rat in zehn Prytanien, Ausschüsse, von je fünfzig Mitgliedern. Jeder Ausschuß hat während eines Monats von sechsunddreißig Tagen den Vorsitz über den Rat und die Volksversammlung inne. Allmorgendlich wählt der vorsitzende Ausschuß für sich selbst und den ganzen Rat einen Tagespräsidenten. Diese Stellung, die höchste im Staate, steht daher abwechselnd durch das Los jedem Bürger offen; Athen hat dreihundert Staatspräsidenten im Jahr. Das Los entscheidet im letzten Augenblick, welcher Ausschuß und welches Mitglied in diesem Monat oder an diesem Tage den Vorsitz über den Rat zu führen hat. Durch diese List wollen die korrupten Athener die Korruption des Rechtes, so weitgehend der menschliche Charakter das überhaupt zuläßt, verhindern. Der amtierende Ausschuß bereitet die Tagesordnung vor, beruft den Rat ein und gibt den während des Tages gefaßten Beschlüssen den Wortlaut. Auf diese Weise übt die athenische Demokratie ihre gesetzgeberische Funktion über die Volksversammlung, den Rat und die Prytanie aus. Die Macht des Areopags dagegen ist im fünften Jahrhundert darauf beschränkt, Fälle von Brandstiftung, willentlicher Gewaltanwendung, Giftmischerei und vorsätzlichem Mord abzuurteilen. Langsam hat sich das Recht Griechenlands von der Laune eines einzelnen oder dem Erlaß einer engbegrenzten Klasse zu der freiwilligen Zustimmung aller freien Bürger entwickelt.

2. RECHT UND GESETZ

Die frühesten Griechen scheinen das Recht als einen geheiligten, von Göttern sanktionierten und offenbarten Brauch aufgefaßt zu haben; *themis** bedeutete ihnen gleichzeitig diese Bräuche und eine Göttin, die (wie das Rita der Inder oder das Tao oder Tien der Chinesen) eine sittliche Ordnung und eine kosmische Harmonie verkörperte. Das Recht war ein Bestandteil der Theologie, und die ältesten griechischen Gesetze über Besitz und Eigentum waren in den alten Tempelschriften mit rituellen Vorschriften vermischt. Vielleicht ebenso alt wie dieses religiöse Recht waren die durch Erlaß der Stammeshäuptlinge oder -könige zustande gekommenen Gesetze, die als Gewaltakte begannen und im Laufe der Zeit zu geheiligten Bräuchen wurden.

Die zweite Stufe der griechischen Rechtsgeschichte war die Sammlung und Zusammenfassung dieser geheiligten Bräuche durch Gesetzgeber *(thesmothetai)* wie Zaleukos, Charondas, Drakon, Solon; als diese Männer ihre neuen Gesetze schriftlich niederlegten, wurden die *thesmoi*, die geheiligten Bräuche, zu *nomoi*, von Menschen geschaffenen Gesetzen**. In diesen Gesetzessammlungen befreite sich das Recht von der Religion und wurde in zunehmendem Maße weltlich: die Absicht des Täters wurde bei der Beurteilung der Tat stärker berücksichtigt; die Verantwortlichkeit der Familie wurde durch die Verantwortlichkeit des einzelnen ersetzt, und die Privatrache wich der gesetzlichen Bestrafung durch den Staat.

Der dritte Schritt der Rechtsentwicklung Griechenlands war das allmähliche Heranwachsen eines Gesetzeskörpers. Wenn ein perikleischer Grieche von Recht spricht, so meint er die Gesetze Drakons oder Solons und die Maßnahmen, die von der Volksversammlung oder dem Rat verabschiedet – und nicht widerrufen worden sind. Wenn ein neues Gesetz einem alten widerspricht, so muß das alte widerrufen werden; selten aber wird nach solchen Widersprüchen vollständig Ausschau gehalten, und oft finden sich zwei Gesetze in offenkundigem Gegensatz. In Zeiten außergewöhnlicher rechtlicher Verwirrung wird durch das Los ein Ausschuß von *nomothetai*, Gesetzesbestimmern, aus den Gerichten ausgewählt, der zu entscheiden hat, welche Gesetze aufrechterhalten werden; in solchen Fällen werden Verteidiger bestimmt, die die alten Gesetze gegenüber den neuen zu verteidigen haben. Unter der Oberaufsicht dieser *nomothetai* wurden die Gesetze Athens, in einfachen und allgemeinverständlichen Worten abgefaßt, in Steintafeln gemeißelt und in der Säulenhalle des Basileus aufgestellt; von da an durfte kein Richter mehr einen Fall nach einem ungeschriebenen Gesetz entscheiden.

Das athenische Recht unterscheidet nicht zwischen Zivil- und Kriminalrecht; es behält lediglich die Mordfälle dem Areopag vor und überläßt es in Zivilprozessen dem Beschwerdeführer, das Urteil des Gerichtes selbst auszuführen, wobei es ihm nur beisteht, wenn ihm Widerstand entgegengesetzt wird. Morde sind nicht häufig; denn sie sind nicht nur als Verbrechen, sondern auch als Sakrileg gebrandmarkt, und wenn das Gesetz nicht wirksam wird, so bleibt immer noch die Furcht vor Blutrache. Unter bestimmten Bedingungen sind auch noch im fünften Jahrhundert unmittelbare Vergeltungsmaßnahmen gestattet. Wenn ein Ehemann seine Mutter, sein Weib, seine Konkubine, seine Schwester oder seine Tochter in unerlaubten Beziehungen antrifft, so darf er den männlichen Gesetzesübertreter ohne weiteres töten. Ob ein Totschlag vorsätzlich ist oder nicht, er muß als Befleckung des Bodens der Stadt gesühnt werden, und die Reinigungsriten sind kompliziert und streng. Wenn das Opfer vor dem Tode Verzeihung gewährt hat, darf der Mörder nicht vor Gericht gebracht werden. Dem Areopag unterstehen drei Gerichte für Mordfälle, die je nach der Klasse und der Herkunft des Opfers und je nachdem,

---

* Das heißt das Niedergelegte, von *tithemi*, «ich setze, stelle, lege»; vgl. das deutsche Wort *Gesetz*, das englische *doom* in der alten Bedeutung von «Gesetz» und das russische *duma*.

** Im perikleischen Athen wurde der Name *thesmothetai* den sechs jüngeren Archonten gegeben, die die Gesetze sammelten, auslegten und zur Anwendung brachten; zu Aristoteles' Zeit saßen sie den Volksgerichten vor.

ob die Tat vorsätzlich oder entschuldbar ist oder nicht, in Tätigkeit tritt. Ein viertes Tribunal tagt in Phreattys an der Küste und urteilt diejenigen ab, die bereits einmal wegen unbeabsichtigten Totschlages verbannt wurden und nun wegen vorsätzlichen Mordes angeklagt werden; da sie vom ersten Verbrechen befleckt sind, dürfen sie den attischen Boden nicht betreten, und ihre Verteidigung wird von einem Schiff in Küstennähe aus geführt.

Das Eigentumsrecht ist von kompromißloser Strenge. Die Einhaltung von Verträgen wird strengstens durchgesetzt. Alle Geschworenen müssen einen Eid ablegen, daß sie «nicht für die Aufhebung privater Schulden oder die Verteilung von Häusern oder Ländereien, die Athenern gehören, stimmen werden»; und alljährlich läßt der Hauptarchon beim Amtsantritt durch einen Herold verkünden: «Jeder wird unbedingter Herr und Meister seines Besitzes bleiben.» Das Recht der letztwilligen Verfügung ist immer noch eng begrenzt. Wo männliche Kinder vorhanden sind, verlangt die alte religiöse Auffassung vom Besitze, die ihn mit einer gegebenen Familie und der Sorge für die Ahnengeister verknüpft, daß er automatisch an die Söhne übergehe; der Vater besitzt das Gut nur als Treuhänder für die Lebenden, Toten und noch Ungeborenen der Familie. Während in Sparta (wie in England) das Erbgut unteilbar ist und an den ältesten Sohn übergeht, wird es in Athen (wie in Frankreich) unter die männlichen Erben aufgeteilt, wobei der Älteste einen etwas größeren Anteil als die anderen erhält. Bereits bei Hesiod stellen wir fest, daß der Bauer seine Nachkommenschaft in gallischer Weise beschränkt, damit sein Gut nicht unter viele Söhne aufgeteilt und dadurch zugrunde gerichtet wird. Das Eigentum des Gatten geht nie an die Witwe über; ihr verbleibt lediglich die Mitgift. Die Testamente sind in der Zeit des Perikles so mannigfaltig wie in unserer und so ziemlich in denselben Ausdrücken abgefaßt. In dieser wie in anderen Angelegenheiten ist die griechische Gesetzgebung die Grundlage jenes römischen Rechtes, das seinerseits die Grundlage für das Recht des Abendlandes abgegeben hat.

3. DIE RECHTSPFLEGE

Der Richterstand wird zuallerletzt demokratisiert, und die größte Reform, die Ephialtes und Perikles vollbringen, ist die Übertragung richterlicher Gewalten vom Areopag und von den Archonten auf die *heliaia*. Die Einrichtung dieses Volksgerichtshofes gewährt Athen das, was die Geschworenengerichte dem modernen Europa eintragen werden. Die *heliaia** ist aus sechstausend *dikastai* zusammengesetzt, die alljährlich durch das Los nach dem Bürgerverzeichnis bestimmt werden; diese sechstausend sind in zehn *dikasteria*, Geschworenengerichte, aufgeteilt, die je etwa fünfhundert Geschworene umfassen, so daß ein Überschuß für Fehlende und für Notfälle übrigbleibt. Unwichtigere Fälle und solche von rein örtlicher Bedeutung werden von dreißig Richtern behandelt, die periodisch die *demoi*, die Bezirke Attikas, aufsuchen. Da kein Geschworener länger als ein Jahr auf einmal dienen darf und die Wählbarkeit im Wechsel festgesetzt wird, ist jeder Bürger durchschnittlich jedes dritte Jahr Geschworener. Er ist nicht verpflichtet, den Dienst zu leisten; aber die Zahlung von zwei, später drei Oboloi je Tag führt zu der Anwesenheit von zwei- bis dreihundert Geschworenen an jeder Sitzung. Wichtige Fälle wie der des Sokrates können vor großen Dikasterien von zwölfhundert Mann abgeurteilt werden. Um die Korruption auf ein Mindestmaß herabzusetzen, wird das Gericht, vor dem der Prozeß ausgetragen werden soll, erst in letzter Minute durch das Los entschieden; und da die meisten Prozesse in einem Tag

* Genau genommen ist *heliaia* der Name des Ortes, wo die Gerichte zusammentraten.

Dionysos auf dem Meer. Malerei auf einer attischen Trinkschale des Exekias (um 530 v. Chr.; Staatliche Antikensammlungen, München).

erledigt werden, hören wir nicht viel von Bestechung. Selbst den Athenern fällt es nicht leicht, dreihundert Männer in einem einzigen Augenblick zu bestechen.

Trotz aller Beschleunigung bleiben die Gerichte Athens, wie alle Gerichte der Welt, hinter ihrem Programm zurück; denn die Athener sind sehr prozeßsüchtig. Um dieses Prozeßfieber ein wenig abzukühlen, werden nach dem Bürgerverzeichnis durch das Los über sechzig Jahre alte Bürger als Schlichter und Friedensrichter bestimmt. Die streitenden Parteien legen Klage und Verteidigung einem von ihnen, der ebenfalls erst im letzten Augenblick durch das Los bestimmt wird, vor; jede Partei entrichtet ihm eine kleine Gebühr. Wenn es ihm nicht gelingt, eine Schlichtung herbeizuführen, spricht er sein Urteil aus, das durch einen Eid bekräftigt wird. Beide Parteien können dann vor den Gerichten dagegen appellieren; diese weigern sich aber gewöhnlich, unbedeutendere Streitsachen anzuhören, die noch nicht der Schlichtung unterworfen wurden. Wenn ein Fall zum gerichtlichen Verfahren angenommen wird, dann wird der Prozeß eingeleitet oder beschworen; die Zeugen machen unter Eid ihre Angaben, und alle Aussagen werden dem Gericht schriftlich eingereicht. Sie sind in einer besonderen Schachtel versiegelt und werden zu einem späteren Termin geöffnet und überprüft, und das Urteil wird von einem durch das Los bestimmten Geschworenengericht ausgesprochen. Es gibt keinen Staatsanwalt; die Staatsführung verläßt sich darauf, daß die Bürger als Privatleute jeden anklagen werden, der sich schwerwiegender Vergehen gegen die Sitten und Gebräuche, gegen die Religion oder gegen den Staat schuldig gemacht hat. Darum entwickelt sich ein besonderer «Sykophantenstand» von Leuten, die sich diese Anklagen zur regelmäßigen Praxis gemacht haben und die ihren Beruf zu einer Art Erpressung ausbauen. Im vierten Jahrhundert verschaffen sie sich ein beträchtliches Einkommen, indem sie gegen reiche Leute eine Klage einbringen oder vielmehr einzubringen drohen, im Glauben, daß ein Volksgerichtshof ungern jemanden freisprechen wird, der eine erhebliche Buße zu zahlen imstande ist*. Die Kosten der Gerichtsverfahren werden zumeist aus den Bußen gedeckt, die Verurteilten auferlegt worden sind. Kläger, deren Klagen sich als grundlos erweisen, haben ebenfalls eine Buße zu zahlen, und wenn sie weniger als ein Fünftel der Stimmen der Geschworenen für sich erhalten, müssen sie eine Prügelstrafe über sich ergehen lassen oder aber bis zu tausend Drachmen zahlen. Bei einem Prozeß tritt jede Partei gewöhnlich als eigener Anwalt auf und muß bei der ersten Verhandlung persönlich anwesend sein. Da aber die Kompliziertheit des Verfahrens zunimmt und die Prozeßgegner merken, daß die Geschworenen der Beredsamkeit sehr zugänglich sind, kommt immer mehr der Brauch auf, einen *rhetor*, einen Redner, anzustellen, der in Rechtssachen bewandert ist und den Auftrag erhält, die Klage oder die Verteidigung zu unterstützen oder im Namen des Auftraggebers eine Rede zu verfassen, die dieser dann dem Gericht vorlesen kann. Aus diesen besonderen redebegabten Verteidigern entwickelt sich der Beruf des Rechtsanwaltes. Sein Alter in Griechenland wird aus einer Bemerkung bei Diogenes Laertios ersichtlich, die besagt, daß Bias, ein Weiser aus Priene, ein redegewandter Anwalt bei Prozessen war, der seine Begabung der gerechten Sache vorbehielt. Einige dieser Rechtsanwälte sind den Gerichten als *exegetai*, «Ausleger», beigegeben; denn viele Geschworene haben keine größeren Rechtskenntnisse als die prozessierenden Parteien.

Die Zeugenaussage wird gewöhnlich schriftlich vorgelegt; der Zeuge muß aber erscheinen und ihre Richtigkeit beschwören, wenn der *grammateus*, der Gerichtsschreiber, sie den Geschworenen verliest. Ein Kreuzverhör gibt es nicht. Der Meineid ist so häufig, daß manche Fälle entgegen einem ausdrücklich beschworenen Zeugnis entschieden werden. Zeugenaussagen von Frauen und Minderjährigen werden nur in Mordfällen angenommen. Solche von Sklaven

* Kriton, ein reicher Freund des Sokrates, beklagte sich, es sei schwer für einen, der in Frieden gelassen sein wolle, in Athen zu leben. «Denn jetzt», sagte er, «ziehen mich einige vor Gericht, nicht weil sie von mir ein Unrecht erlitten haben, sondern weil sie glauben, ich würde lieber Geld zahlen als Schwierigkeiten annehmen.»[8]

◀ *Wagenlenker in rechter Halbprofilansicht. Weihgeschenk des Tyrannen Polyzalos von Gela aus dem Apollon-Heiligtum (Bronze, um 470 v. Chr.; Museum Delphi).*

gelten nur, wenn sie unter Folterung ausgesagt werden; es gilt als selbstverständlich, daß sie ohne Folterung lügen werden. Dies ist eine barbarische Seite am griechischen Recht, die von den römischen Gefängnissen und den Inquisitionskerkern übertroffen und vielleicht in den Geheimkammern unserer Polizeigerichte wieder erreicht werden wird. Im Falle von Bürgern ist zu Perikles' Zeit die Anwendung der Folter verboten. Viele Sklavenhalter lehnen es ab, ihre Sklaven als Zeugen auftreten zu lassen, selbst dann, wenn ihr Fall von deren Zeugnis abhängen könnte; und eine bleibende Verletzung, die einem Sklaven durch die Folterung beigefügt wird, muß von denjenigen, die sie verursacht haben, wiedergutgemacht werden.

Die Bestrafung erfolgt in Form von Stockhieben, Geldbußen, Bürgerrechtsentzug, Brandmarkung, Beschlagnahme des Vermögens, Verbannung und Tod; Gefängnis als Strafe ist selten. Es ist ein Grundsatz des griechischen Rechtes, daß ein Sklave körperlich gezüchtigt, ein Freier an seinem Vermögen bestraft wird. Eine Vasenmalerei zeigt einen Sklaven, der an Armen und Beinen aufgehängt ist und unbarmherzig ausgepeitscht wird. Geldbußen sind für Bürger die üblichen Strafen und werden so reichlich bemessen, daß der Demokratie vorgeworfen wird, sie lasse ihren Geldbeutel durch ungerechte Verurteilungen anschwellen. Anderseits dürfen der Verurteilte und sein Ankläger in vielen Fällen die Buße oder Strafe nennen, die ihnen als gerecht vorkommt; das Gericht entscheidet sich dann für die eine oder die andere der vorgeschlagenen Strafen. Mord, Sakrileg, Verrat und einige Vergehen, die uns unbedeutender erscheinen, werden gleichzeitig mit dem Tode und der Beschlagnahme des Vermögens bestraft; eine zu erwartende Todesstrafe läßt sich aber gewöhnlich dadurch abwenden, daß der Übeltäter vor dem Verfahren freiwillig unter Zurücklassung seines Vermögens in die Verbannung geht. Wenn der Angeklagte die Flucht verschmäht und ein Bürger ist, wird er so schmerzlos wie nur möglich hingerichtet, indem man ihm einen Schierlingstrank eingibt, der den Körper, von den Füßen angefangen, allmählich betäubt und den Tod herbeiführt, sobald die Lähmung das Herz erreicht. Bei Sklaven kann die Todesstrafe durch grausames Prügeln vollstreckt werden. Manchmal wird der Verurteilte vor oder nach dem Tode von einem Felsen in einen *barathron* genannten Schacht hinabgestoßen. Wenn ein Mörder zum Tode verurteilt ist, wird die Strafe vom Scharfrichter in Gegenwart der Verwandten des Opfers vollstreckt, eine Konzession an den alten Brauch und Geist der Blutrache.

Das athenische Gesetzbuch ist nicht so aufgeklärt, wie man erwarten könnte, und stellt gegenüber demjenigen Hammurabis nur einen geringfügigen Fortschritt dar. Sein Hauptmangel ist die Beschränkung der gesetzlichen Rechte auf die Freien, die doch kaum ein Siebentel der Bevölkerung ausmachen. Selbst freie Frauen und Kinder sind von der *isonomia* der Bürger ausgeschlossen; Metoiken, Ausländer und Sklaven können nur durch einen Bürger Klage erheben lassen. Erpressung, häufige Folterung von Sklaven, Todesstrafe für kleinere Vergehen, persönliche Verunglimpfung bei Gerichtsverhandlungen, die Verteilung und Schwächung der richterlichen Verantwortlichkeit, die Empfänglichkeit der Geschworenen für Redekünste, ihre Unfähigkeit, gegenwärtige Leidenschaften durch ein Wissen um die Vergangenheit oder eine weise Berechnung der Zukunft zu mildern: das sind die dunkeln Flecken eines Rechtssystems, das von ganz Griechenland wegen seiner verhältnismäßigen Milde und Vollständigkeit neidvoll betrachtet wird und verläßlich und praktisch genug ist, um dem Leben und dem Besitztum Athens den rechtlichen Schutz zu geben, der für die wirtschaftliche Betätigung und das sittliche Wachstum so notwendig ist. Ein Prüfstein für das athenische Recht ist die Achtung, die fast jeder Bürger vor ihm empfindet: das Recht ist für ihn die eigentliche Seele der Stadt, die Essenz ihrer Wohltätigkeit und Stärke. Das beste Urteil über den athenischen Gesetzeskörper ist die Bereitwilligkeit, mit der ihn die anderen griechischen Staaten zum großen Teil übernehmen. «Ich denke, alle werden darin übereinstimmen, daß die Gesetze der Grund von den meisten und größten Gütern für das menschliche Leben sind», sagt Isokrates[9]. Zum erstenmal in der Geschichte treffen wir hier auf einen Staat, der von Gesetzen und nicht von menschlicher Willkür regiert wird.

Das athenische Recht gilt im ganzen athenischen Reiche von zwei Millionen Seelen, solange dieses Reich besteht; im übrigen aber bringt es Griechenland niemals zu einem gemeinsamen Rechtssystem. Das Völkerrecht gibt im Athen des fünften Jahrhunderts dasselbe jammervolle Bild ab wie in der heutigen Welt. Indessen erfordert der Außenhandel irgendeinen Gesetzeskörper, und die Handelsverträge *(symbola)* sind nach Demosthenes zu seiner Zeit so zahlreich, daß die Gesetze betreffend Handelsstreitigkeiten «überall die gleichen sind». Diese Verträge haben die Einrichtung von konsularischen Vertretungen zur Folge, garantieren die Einhaltung von Kontrakten und lassen die bei der einen Unterzeichnernation ausgesprochenen Urteile auch bei der anderen gelten. Dies macht aber dem Seeräuberunwesen kein Ende; es bricht durch, wo auch immer die beherrschende Flotte geschwächt ist oder es an Aufmerksamkeit mangeln läßt. Ewige Wachsamkeit ist der Preis für Ordnung wie für Freiheit; und die Gesetzlosigkeit lauert wie ein Wolf an jedem ordnungsgemäß funktionierenden Bereiche und wartet nur auf einen schwachen Punkt, der ihr den Einlaß freigibt. Das Recht einer Stadt, auf Beutesuche über Angehörige oder Eigentum einer anderen Stadt herzufallen, wird von einigen Städten so lange als geltend angenommen, als kein Vertrag es ausdrücklich unterbindet. Der Religion gelingt es, die Tempel unverletzlich zu machen, solange sie nicht als militärische Basen benutzt werden; sie schützt die Herolde und die Besucher der panhellenischen Feste; sie fordert eine formelle Kriegserklärung vor Beginn der Feindseligkeiten und die Gewährung eines Waffenstillstandes zur Heimschaffung und Beerdigung der Gefallenen. Vergiftete Waffen werden nach allgemeinem Gebrauch gemieden, und Gefangene werden gewöhnlich ausgetauscht oder gegen das anerkannte Lösegeld von zwei Minen – später eine Mine – je Person freigelassen; sonst ist aber ein jeder Krieg bei den Griechen fast so brutal wie heute. Es gibt viele Verträge, und sie werden mit heiligen Eiden bekräftigt; aber sie werden fast immer gebrochen. Bündnisse sind häufig und führen manchmal zu bleibenden Bünden wie der Delphischen Amphiktionie im sechsten Jahrhundert und dem Achaiischen und dem Aitolischen Bund im dritten. Gelegentlich gewähren sich zwei Städte die Höflichkeit der *isopoliteia*, durch die sie gegenseitig ihren freien Einwohnern das Bürgerrecht zugestehen. Es kommen auch übernationale Schiedsgerichte zustande; aber die Entscheide, die bei diesen Anlässen getroffen werden, werden sehr oft verworfen oder nicht beachtet. Gegenüber Fremden empfindet der Grieche keine moralischen Verpflichtungen und keine gesetzlichen, sofern sie nicht ausdrücklich durch Verträge festgelegt werden; die Fremden sind *barbaroi** – nicht gerade «Barbaren», aber Außenseiter –, die ausländische Sprachen sprechen. Nur mit den stoischen Philosophen der kosmopolitischen hellenistischen Zeit wird Griechenland sich zu dem Begriff eines für die ganze Menschheit gültigen Sittengesetzes aufschwingen.

4. DIE VERWALTUNG

Bereits 487, vielleicht schon früher, werden die Archonten nicht mehr gewählt, sondern durch das Los bestimmt; irgendwie muß man verhindern, daß die Reichen durch Kauf und die Spitzbuben durch Lächeln ihren Weg in das Amt finden. Um die Auswahl aber nicht ganz zufällig sein zu lassen, werden alle diejenigen, auf die das Los fällt, vor der Amtsübernahme einer sehr strengen *dokimasia* unterzogen, einer Charakterprüfung, die vom Rat oder von den Gerichten vorgenommen wird. Der Anwärter muß zeigen, daß er beidseitig von Athenern abstammt, frei von körperlichen Mängeln und guten Leumundes ist, seinen Vorfahren ehrfurchtsvoll begegnet, seine militärischen

* Das Wort ist dem Sanskrit *barbara* und dem lateinischen *balbus* verwandt, die beide «stammelnd» bedeuten; vgl. unser *babbeln*. Die Griechen empfanden am *barbaros* eher die Fremdartigkeit der Sprache als einen Mangel an Zivilisation.

Pflichten erfüllt und seine Steuern voll bezahlt hat. Bei dieser Gelegenheit steht sein ganzes Leben der Kritik jedes Bürgers offen, und die Aussicht auf eine solche Durchforschung des Privatlebens schreckt wohl die Wertlosen von der Auslosung ab. Wenn er diese Prüfung überstanden hat, schwört der Archon einen Eid, daß er seine Dienstpflichten getreulich erfüllen und den Göttern eine lebensgroße Statue aus Gold stiften wird, falls er Bestechungen oder Geschenke annehmen sollte. Die Tatsache, daß bei der Auswahl der neun Archonten dem Zufall eine so erhebliche Rolle überlassen wird, zeigt deutlich, wie sehr die Wichtigkeit dieses Amtes seit Solon gesunken ist; die Funktionen bestehen nur noch in einem verwaltungsmäßigen Geschäftsbetrieb. Der Archon Basileus, dessen Name noch den leeren Titel eines Königs bewahrt, ist nur noch der höchste Religionsbeamte der Stadt. Neunmal jährlich muß der Archon von der Volksversammlung das Vertrauensvotum erhalten. Gegen seine Handlungen und Urteile kann man in der *bule* oder der *heliaia* appellieren, und jeder Bürger kann einen Archonten einer gesetzwidrigen Handlung wegen vor Gericht bringen. Am Ende seiner Amtszeit werden alle seine Amtshandlungen, seine Berichte und Dokumente von einer dem Rate verantwortlichen Behörde von *logistai* überprüft. Auf wirklich schlechter Geschäftsführung stehen schwere Strafen, ja sogar der Tod. Wenn der Archon dem Drachen der Demokratie entrinnt, wird er nach Ablauf seiner Amtszeit Mitglied des Areopags; das ist aber im fünften Jahrhundert eine so gut wie nichtssagende Ehre, da ja diese Körperschaft ihrer gesamten Macht entkleidet ist.

Die Archonten bilden nur einen der vielen Ausschüsse, die unter der Leitung und Oberaufsicht der Volksversammlung, des Rates und der Gerichte die Angelegenheiten der Stadt verwalten. Aristoteles führt fünfundzwanzig solcher Ausschüsse an und schätzt die Zahl der städtischen Beamten auf siebenhundert. Fast alle werden jährlich durch das Los bestimmt; und da keiner zweimal Mitglied desselben Ausschusses sein darf, hat jeder Bürger die Aussicht, wenigstens einmal in seinem Leben ein Jahr lang städtischer Würdenträger zu sein. Athen hält nicht viel von einer Regierung von Fachleuten.

Den militärischen Ämtern wird viel mehr Bedeutung zuerkannt als den zivilen. Die zehn *strategoi*, «Befehlshaber», werden zwar ebenfalls nur auf ein Jahr ernannt und können jederzeit zur Verantwortung gezogen und abgesetzt werden; sie werden aber nicht durch das Los bestimmt, sondern von der Volksversammlung gewählt. Hier ist Tüchtigkeit und nicht Beliebtheit ausschlaggebend; und die *ekklesia* beweist im vierten Jahrhundert ihre Vernunft, indem sie Phokion fünfundvierzigmal zum Heerführer wählt, obgleich er der unbeliebteste Mann Athens ist und aus seiner Verachtung für die Volksmasse kein Hehl macht. Die Funktionen der *strategoi* erweitern sich mit dem Anwachsen der internationalen Beziehungen, bis sie gegen Ende des fünften Jahrhunderts nicht nur Armee und Flotte leiten, sondern auch die Verhandlungen mit auswärtigen Staaten führen und die Einnahmen und Ausgaben der Stadt kontrollieren. Der Oberbefehlshaber, der *strategos autokrator*, ist darum der wichtigste Mann der Regierung. Und da er Jahr um Jahr wiedergewählt werden kann, vermag er der Staatsführung die Beständigkeit zu vermitteln, die die Verfassung sonst verunmöglichen könnte. Durch dieses Amt macht Perikles Athen ein Menschenalter lang zu einer demokratischen Monarchie, so daß Thukydides von der athenischen Regierungsform sagen kann, sie sei dem Namen nach demokratisch, in Wirklichkeit aber eine Herrschaft der größten Bürger.

Armee und Wählerschaft sind eins; jeder Bürger ist dienstpflichtig und kann bis zu seinem sechzigsten Lebensjahre bei jedem Krieg aufgeboten werden. Das athenische Leben ist aber keineswegs militarisiert; nach einer Ausbildungszeit im Jugendalter gibt es kaum mehr militärischen Drill, es gibt kein Sichbrüsten mit Uniformen, keine Störung der Zivilbevölkerung durch Soldaten. Im Aktivdienst besteht die Armee aus leichtbewaffnetem Fußvolk, hauptsächlich aus der ärmeren Bürgerschaft rekrutiert, mit Schleudern und Wurfspießen; dem schwerbewaffneten Fußvolk, den Hopliten, jenen begüterten Bürgern, die sich Rüstung, Schild und Speer leisten können; und der Reiterei der Reichen in Rüstung und Helm, mit Lanze und Schwert ausgestattet. Die Griechen übertreffen die Asiaten in kriegerischer Zucht und verdanken ihre Erfolge vielleicht einem hervorragenden Zusammenwirken von treuer Gefolgschaft auf dem Schlachtfeld und kräftiger Unabhängigkeit im zivilen Leben. Eine Kriegswissenschaft ist indessen unbekannt bei ihnen; es gibt vor Epameinondas und Philipp keine bestimmten taktischen oder strategischen Grundsätze. Die Städte sind gewöhnlich mit Mauern umgeben, und die Verteidigung ist bei den Griechen wie bei uns wirksamer als der Angriff; sonst gäbe es vielleicht von keiner Kultur zu berichten. Belagerungsheere bringen große Balken mit, die an Ketten hängen und zurückgezogen und dann gegen die Mauern geprellt werden; weiter kommt die Belagerungstechnik vor Archimedes nicht. Die Flotte wird dadurch auf der Höhe gehalten, daß alljährlich vierhundert Trierarchen ausgewählt werden, reiche Männer, deren Vorrecht es ist, eine Mannschaft zusammenzustellen und eine Triere, einen Dreiruderer, mit vom Staate gelieferten Materialien auszurüsten und für Bau, Stapellauf und Reparaturen zu zahlen; solcherart hält sich Athen im Frieden eine ständige Flotte von etwa sechzig Schiffen.

Heer und Flotte verschlingen die meisten Ausgaben des Staates. Einnahmen fließen aus Verkehrszöllen, Hafengebühren, einer zweiprozentigen Zollgebühr auf Einfuhren und Ausfuhren, einer jährlichen Kopfsteuer von zwölf Drachmen, die von den Metoiken, und einer solchen von einer halben Drachme, die von Freigelassenen und Sklaven erhoben wird, einer Steuer auf Prostituierte, einer Umsatzsteuer, aus Lizenzen, Bußen, Konfiskationen und dem Reichstribut. Die Steuer auf landwirtschaftliche Erzeugnisse, die Athen unter Peisistratos finanzierte, ist von der Demokratie als mit der Würde des Ackerbaues unvereinbar abgeschafft worden. Die meisten Steuern werden an Einnehmer verpachtet, die sie beitreiben und einen Teil als ihren Gewinn behalten. Erhebliche Einnahmen fließen dem Staat aus dem Besitz der Erzgruben zu. In Notfällen erhebt die Stadt eine besondere Kopfsteuer, deren Betrag je nach dem Vermögen des Besteuerten abgestuft ist; auf diese Weise bringen die Athener beispielsweise im Jahre 428 nicht weniger als zweihundert Talente zur Belagerung Mytilenes auf. Die Reichen werden weiter aufgefordert, gewisse *leiturgiai*, das heißt persönliche Leistungen, zu übernehmen, etwa Botschaften auszurüsten, Schiffe für die Flotte bereitzustellen oder Schauspiele, musikalische Wettkämpfe oder Kampfspiele zu finanzieren. Diese Leiturgien werden von einigen Wohlhabenden freiwillig übernommen und anderen von der Volksmeinung aufgedrängt. Um das Unbehagen der Wohlhabenden noch zu steigern, kann jeder Bürger, dem eine Leiturgie übertragen ist, einen anderen zwingen, sie zu übernehmen, wenn er nachweisen kann, daß dieser andere vermögender ist als er selber. Als die demokratische Partei immer mächtiger wird, ersinnt sie noch viele weitere Gelegenheiten und Gründe, um diese List anzuwenden; die Bankiers, Händler, Fabrikanten und Gutsbesitzer Attikas pflegen dagegen die Kunst des Verbergens und der Obstruktion und sinnen auf Revolution.

Abgesehen von solchen Gaben und Sondersteuern betragen die gesamten innerstaatlichen Einnahmen Athens zur Zeit des Perikles etwa vierhundert Talente jährlich; dazu kommen aber dann noch sechshundert Talente aus den Abgaben der Untertanen und Verbündeten. Dieses Einkommen wird ohne jeden Voranschlag oder vorherige Zuweisung auf einzelne Ressorts verausgabt. Unter der gedeihlichen Leitung des Perikles und trotz seiner beispiellosen Ausgaben verfügt das Schatzamt über einen stets anwachsenden Überschuß, der im Jahre 440 bereits 9700 Talente beträgt; eine insgesamt gesehen doch recht hübsche Summe für jede Stadt zu jeder Zeit, und ganz besonders in Griechenland, wo wenige Staaten, auf der Peloponnes überhaupt keiner, einen Überschuß aufweisen können. In Städten, die über eine solche Reserve verfügen, wird sie gewöhnlich im Tempel der Stadtgottheit, in Athen nach 434 im Parthenon, aufbewahrt. Der Staat beansprucht das Recht, nicht nur über diesen Überschuß zu verfügen, sondern auch über das Gold der Statuen, die er seinen Göttern errichtet; im Falle der *Athene Parthenos* des großen Bildhauers Pheidias handelt es sich um einen Betrag von vierzig Talenten, und die Statue ist so gearbeitet, daß man das Gold entfernen kann. Im Tempel bewahrt die Stadt auch ihre *theorika*, die Schauspielgelder, auf, die sie jährlich an die Bürger für die Teilnahme an den heiligen Spielen und Vorstellungen leistet.

Das also ist die athenische Demokratie – die beschränkteste und die vollständigste der Geschichte: die beschränkteste nach der Zahl derjenigen, die an ihren Vorrechten teilhaben, die vollständigste in der Unmittelbarkeit und der Gleichheit, mit der alle Bürger die Gesetzgebung kontrollieren und an der Staatsverwaltung beteiligt sind. Die Mängel des Systems werden mit dem Fortschreiten der Geschichte deutlich werden; sie werden sogar schon von Aristophanes mit viel Lärm angeprangert. Die Unverantwortlichkeit einer Volksversammlung, die ohne Hemmung durch Präzedenzfälle oder Revision an einem Tage ihre augenblickliche Leidenschaft und am anderen Tage den nicht minder leidenschaftlichen Widerruf durchdrücken kann, wobei sie dann nicht sich selbst bestraft, sondern diejenigen, die sie irregeführt haben; die Begrenzung der gesetzgeberischen Gewalt auf diejenigen, die an der *ekklesia* teilnehmen können; die Förderung von Demagogen und die verschwenderische Verbannung tüchtiger Männer durch den *ostrakismos*; die Vergebung der Ämter durch das Los; der jährliche Wechsel des Personals, der in der Staatsführung ein Chaos herbeiruft; der Parteihader, der ständig die Führung und die Verwaltung des Staates beeinträchtigt: das sind sehr wesentliche Mängel, für die Athen an Sparta, Philipp, Alexander und Rom die volle Strafe wird entrichten müssen.

Jede Regierungsform ist aber unvollkommen, lästig und vergänglich. Wir haben keinen Grund zur Annahme, daß die Monarchie oder die Aristokratie Athen besser regiert oder länger am Leben erhalten hätte. Und vielleicht war nur diese chaotische Demokratie imstande, die Kraft freizumachen, die Athen auf einen der Höhepunkte der Geschichte erhob. Niemals zuvor und niemals danach war das politische Leben im Kreis der Bürgerschaft so intensiv und so schöpferisch. Diese korrupte und unzulängliche Demokratie war zumindest sehr lehrreich: der Wähler der Volksversammlung lauschte den gescheitesten Männern Athens, der Geschworene in den Gerichten schärfte seinen Geist bei der Entgegennahme und Abwägung der Zeugenaussagen, der Amtsträger wurde durch Verantwortlichkeit und Erfahrung zu einer höheren Reife des Verstehens und des Urteils erzogen. «Die Stadt ist der Lehrmeister des Menschen», sagt Simonides. Vielleicht aus diesen Gründen vermögen die Athener Aischylos und Euripides, Sokrates und Platon zu schätzen und damit auf den Plan zu rufen; das Theaterpublikum ist in der Volksversammlung und den Gerichten herangebildet worden und bereit, das Beste zu empfangen. Diese aristokratische Demokratie ist kein Laissez-faire-Staat, nicht nur ein Wächter des Eigentums und der Ordnung. Sie finanziert das griechische Drama und baut den Parthenon; sie macht sich selbst verantwortlich für das Wohlergehen und die Entwicklung des Volkes und gibt ihm die Möglichkeit, *u monon tu zen, alla tu eu zen* – «nicht nur zu leben, sondern gut zu leben». Die Geschichtsschreibung kann es sich leisten, ihr alle Sünden zu vergeben.

ZWEITES KAPITEL

Arbeit und Reichtum in Athen

I. LAND UND NAHRUNG

DIESER Demokratie und dieser Kultur liegt die Erzeugung und Verteilung von Wohlstandsgütern zugrunde. Die einen können Staaten regieren, nach der Wahrheit suchen, Musik machen, Statuen meißeln, Bilder malen, Bücher schreiben, Kinder unterrichten oder den Göttern dienen, weil die anderen in schwerer Arbeit Nahrung schaffen, Stoffe weben, nützliche Dinge herstellen, Güter transportieren, sie tauschen oder ihre Herstellung oder Fortbewegung finanzieren. Überall ist das die Vorbedingung.

Die Stütze der ganzen Gesellschaft ist der Bauer, der ärmste und notwendigste aller Menschen. In Attika hat er wenigstens das Stimmrecht; nur Bürger dürfen Land besitzen, und fast alle Bauern besitzen den Boden, den sie bebauen. Der Sippschaftsbesitz ist verschwunden, und der Privatbesitz hat sich durchgesetzt. Diese große Klasse der kleinen Grundbesitzer ist eine mäßigende konservative Gewalt in einer Demokratie, in der die besitzlosen Stadtbewohner immer nach Reformen streben. Der alte Kampf zwischen Land und Stadt, zwischen denen, die hohe Preise für landwirtschaftliche Erzeugnisse und niedrige Preise für gewerbliche Erzeugnisse, und denjenigen, die niedrige Preise für Nahrungsmittel und hohe Löhne oder Gewinne im Gewerbe wollen, wird in Attika besonders scharf und bewußt geführt. Während Gewerbe und Handel dem athenischen Bürger plebejisch und entwürdigend vorkommen, ehrt er den Ackerbau als Grundlage der Volkswirtschaft, der Charakterbildung und der Wehrtüchtigkeit, und der Freie auf dem Lande ist geneigt, auf die Stadtbewohner als Schwächlinge oder ehrlose Sklaven herabzublicken.

Der Boden ist arm: von den 630 000 Morgen Attikas ist ein Drittel für den Anbau ungeeignet und der Rest durch Entwaldung, Regenarmut und rasche Erosion infolge winterlicher Überschwemmungen in seinem Wert herabgemindert. Die attischen Bauern scheuen keine Mühe, mit ihrer Handvoll Sklaven dieser trockenen Laune der Götter zu begegnen. Sie leiten die Wasser der Quellflüsse in Sammelbecken, versehen die Flußläufe mit Deichen, um vor Überschwemmungen sicher zu sein, legen den wertvollen Humusboden der Sümpfe trocken, graben Bewässerungskanäle zu Tausenden, um ihren dürstenden Feldern das kostbare Naß zukommen zu lassen, verpflanzen geduldig Gemüse, um Größe und Qualität zu verbessern, und lassen das Land jedes zweite Jahr brachliegen, damit es seine Kraft wiedererlange. Sie alkalisieren den Boden mit Salzen wie Kalziumkarbonat und düngen ihn mit Kalisalpeter, Asche und menschlichem Kot; die Gärten und Haine um Athen werden durch die Abwässer der Stadt bereichert, die durch ein Hauptabzugsrohr in einen Behälter außerhalb des Dipylons fließen und von dort aus durch mit Backsteinen ausgelegte Kanäle in das Kephisostal geleitet werden. Verschiedene Böden werden zum gegenseitigen Vorteil vermischt, und Grünzeug wie Bohnen werden zur Düngung untergepflügt. Pflügen, Eggen, Säen und Pflanzen drängen sich in der kurzen Herbstzeit zusammen. Die Getreideernte findet Ende Mai statt, und der regenlose Sommer ist die Zeit der Vorbereitung und der Ruhe. Trotz all dieser Mühe erzeugt Attika nur 675 000 Scheffel (etwa 240 000 Hektoliter) Getreide im Jahr – kaum genügend, um ein Viertel der Bevölkerung zu ernähren. Ohne Nahrungsmitteleinfuhren müßte das perikleische Athen verhungern; daher der Drang zum Imperialismus und die Notwendigkeit einer mächtigen Flotte.

Das Land sucht die Spärlichkeit seiner Getreideerzeugung durch reichliche Oliven- und Traubenernten wettzumachen. Hänge werden terrassiert und bewässert, und Esel werden eingesetzt, die die jungen Triebe abnagen und damit dem Weinstock zu größerer Fruchtbarkeit verhelfen. Olivenbäume bedecken in der perikleischen Zeit manche Landschaft Griechenlands; es waren aber Solon und Peisistratos, die sich um ihre Einfuhr verdient gemacht hatten. Der Olivenbaum braucht sechzehn Jahre, bis er Früchte trägt, vierzig, bis er voll ausgewachsen ist; ohne die Subventionen des Peisistratos wäre er vielleicht niemals auf attischem Boden gewachsen. Die Verwüstung der Olivenhaine im Peloponnesischen Krieg wird zum Niedergang Athens beitragen. Die Griechen verwenden die Olive zu manchen Zwecken; eine erste Pressung liefert Öl zu Speisezwecken, eine zweite zum Salben, eine dritte zur Beleuchtung; die Rückstände werden als Brennmaterial verwendet. Die Olive wird Attikas Haupternte, die so wertvoll ist, daß der Staat sich das Ausfuhrmonopol sichert und mit Oliven und Wein das Getreide bezahlt, das er einführen muß.

Er untersagt die Ausfuhr von Feigen vollständig; denn sie sind die Hauptquelle der Gesundheit und der Kraft in Griechenland. Der Feigenbaum gedeiht auch in trockenem Erdreich gut; seine weit ausgreifenden Wurzeln nehmen jede Feuchtigkeit auf, die der Boden herzugeben vermag, und sein spärliches Blätterwerk bietet der Verdunstung keine große Oberfläche. Zudem lernt der Bauer vom Osten das Geheimnis der Kaprifikation: er hängt Zweige der männlichen wilden «Bocksfeige» zwischen die Äste des weiblichen Kulturbaumes und überläßt es den Gallwespen, den befruchtenden Blütenstaub der männlichen Pflanze auf die weibliche zu übertragen, die sodann schmackhaftere und süßere Feigen trägt.

Diese Bodenerzeugnisse – Getreide, Olivenöl, Trauben und Wein – sind auch die Hauptnahrungsmittel Attikas. Die Viehzucht zur menschlichen Ernährung ist unbedeutend. Pferde werden für Rennen gezüchtet, Schafe ihrer Wolle wegen, Ziegen um ihrer Milch willen, Esel, Maultiere, Kühe und Ochsen als Trag- oder Zugtiere, zur Nahrung hauptsächlich Schweine; und Bienen werden als Honigerzeuger für eine zuckerlose Welt gehalten. Fleisch ist ein Luxus. Die Armen essen es nur an Festtagen; die heroischen Gelage der homerischen Zeit sind verschwunden. Fisch ist gleichzeitig gewöhnliche Nahrung und Leckerbissen. Der Arme kauft gesalzenen Trockenfisch, der Reiche feiert mit Haifischfleisch und Aalen. Getreide wird in Form von Haferbrei, flachen Brotlaiben oder Kuchen, oft mit Honig untermischt, gegessen. Brot und Kuchen werden selten im Hause gebacken, sondern von Hökerfrauen oder an Marktständen gekauft. Dazu kommen Eier und Gemüse, besonders Bohnen, Erbsen, Kohl, Linsen, Lattich, Zwiebeln und Knoblauch. Obst gibt es nicht viel; Orangen und Zitronen sind unbekannt. Nüsse werden oft gegessen, und Gewürze gibt es überaus viele. Das Salz wird in Salzpfannen aus dem Meerwasser gewonnen und im Landesinnern gegen Sklaven verkauft; ein billiger Sklave wird «Salzler» genannt, ein guter «ist sein Salz wert». Fast alles wird mit Olivenöl gekocht und angerichtet. Butter hält sich in den Mittelmeerländern nicht gut, an ihre Stelle tritt das Olivenöl. Es liefert einen ausgezeichneten Ersatz für Petroleum. Honig, Konfekt und Käse geben die Nachspeise ab; Käsekuchen sind so beliebt, daß manche klassischen Traktate sich mit der esoterischen Kunst ihrer Zubereitung befassen. Das gewöhnliche Getränk ist Wasser, aber jedermann trinkt Wein; denn noch keine Kultur hat das Leben ohne Rauschmittel oder Reizmittel erträglich gefunden. Im Boden werden Schnee und Eis zum Kühlen der Getränke in den heißen Monaten aufbewahrt. Bier ist in der perikleischen Zeit bekannt, aber verachtet. Im großen und ganzen ist der Grieche ein mäßiger Esser und begnügt sich mit zwei Mahlzeiten am Tag. «Und doch gibt es viele, die drei vollständige Mahlzeiten am Tage vertragen, wenn sie sich daran gewöhnt haben», erklärt Hippokrates[1].

II. GEWERBE UND INDUSTRIE

Die Erde bringt neben den Nahrungsmitteln auch Erze und Brennstoffe hervor. Die Beleuchtung erfolgt durch anmutige Lampen oder Fackeln – in denen raffiniertes Olivenöl oder Harz verbrannt wird – und durch Kerzen. Wärme erhält man durch trockenes Holz oder Holzkohle, die in tragbaren Kohlenbecken brennt. Das Abholzen der Wälder zur Verfeuerung und zum Bau entblößt die Hügel und Wälder in Stadtnähe; bereits im fünften Jahrhundert wird Nutzholz für Haus-, Möbel- und Schiffbau eingeführt. Kohle gibt es nicht.

Der Bergbau geht nicht auf Kohle aus, sondern auf Erze. Der Boden Attikas ist reich an Marmor, Eisen, Zink, Silber und Blei. Die Minen in Laureion nahe der Südspitze der Halbinsel lassen nach den Worten des Aischylos «einen Silberbrunnen» für Athen fließen. Sie bilden die Haupteinnahmequelle der Regierung, die alle Rechte auf Bodenschätze beansprucht und die Gruben an die vielen privaten Ausbeuter um ein Talent Gebühr und ein Vierundzwanzigstel der Erzeugung jährlich verpachtet. 483 entdeckt ein Schürfer die ersten wirklich ergiebigen Adern, und ein allgemeiner Ansturm auf die Minengegend setzt ein. Nur Bürger dürfen diese Besitztümer pachten und nur Sklaven die Arbeit verrichten. Der fromme Nikias, dessen Aberglaube zum Untergang Athens beitragen wird, verdient 170 Dollar im Tag, indem er den Grubenpächtern tausend Sklaven gegen die geringe Gebühr von einem Obolos pro Tag ausleiht; manche athenische Vermögen entstehen auf diese Weise oder durch Geldanlagen in diesen Unternehmungen. In den Gruben arbeiten etwa zwanzigtausend Sklaven; auch die Aufseher und Ingenieure sind Sklaven. Sie arbeiten in zehnstündigen Schichten, und die Arbeit läuft ununterbrochen Tag und Nacht weiter. Wenn der Sklave nicht arbeitet, bekommt er die Peitsche des Vorarbeiters zu spüren; wenn er zu entfliehen versucht, wird er mit eisernen Fesseln bei der Arbeit gebunden; wenn er davonläuft und man ihn wieder fängt, wird er auf der Stirne gebrandmarkt. Die Gänge sind nur einen Meter hoch und dreiviertel Meter breit; die Sklaven arbeiten auf den Knien, auf dem Bauch oder dem Rücken mit Hammer und Meißel. Die herausgebrochenen Erzbrocken werden in Körben oder Säcken herausgeschafft, die von Mann zu

Mann weitergegeben werden, da die Gänge zu schmal sind, um zwei Männer aneinander vorbeizulassen. Die Gewinne sind ungeheuer: im Jahre 483 beträgt der Anteil der Regierung hundert Talente, ein unerwarteter Glücksfall, der Athen eine große und starke Flotte einbringt und Griechenland bei Salamis rettet. Auch anderen als Sklaven bringt dieser Betrieb Schlechtes wie Gutes: die athenischen Finanzen werden von den Gruben abhängig, und als die Spartaner die Silberminen im Peloponnesischen Kriege erobern, gerät die ganze athenische Wirtschaft in Unordnung. Die Erschöpfung der Gruben im vierten Jahrhundert bewirkt im Verein mit vielen anderen Faktoren den Niedergang Athens. Denn Attika birgt keine anderen Edelmetalle in seinem Boden.

Die Metallverarbeitung schreitet mit dem Abbau der Metalle fort. Das Erz wird in Laureion in riesigen Mörsern mit schweren Eisenstößeln, die von Sklavenkraft bewegt werden, zermalmt, dann kommt es in Mühlen, wo es zwischen sich drehenden Trachytsteinen zermahlen wird. Nun wird es gesiebt; das Material, das durch das Sieb hindurchgeht, kommt in einen Erzspüler, wo aus Behältern Wassergüsse auf geneigte rechteckige Steintische, die mit einer dünnen, glatten Zementschicht bedeckt sind, gerichtet werden; der Wasserstrom wird an scharfen Knicken abgebogen, wo die Metallteilchen sich in Taschen fangen. Das gesammelte Metall wird in kleine Schmelzöfen verbracht, die zur Erhöhung der Hitze mit Blasebälgen ausgestattet sind. Am Grund der Schmelztiegel sind Öffnungen angebracht, durch die das geschmolzene Metall abgelassen wird. Das Blei wird vom Silber geschieden, indem das geschmolzene Metall in Tiegeln aus porösem Material erhitzt und an die Luft gebracht wird; durch dieses einfache Verfahren wird das Blei in Bleiglätte verwandelt, und das Silber wird frei. Die Schmelz- und Verfeinerungsarbeiten werden so gut ausgeführt, daß die Silbermünzen Athens achtundneunzig Prozent lauter sind. Laureion hat den Preis für den Reichtum, den es hervorbringt, zu zahlen, wie die Verhüttung immer den Preis für die Metallindustrie zu begleichen hat: Pflanzen und Menschen welken und sterben von den Dämpfen der Hochöfen, und die Nachbarschaft der Werke wird zu einem Bilde staubiger Verwüstung.

Andere Gewerbe sind nicht so mühselig. Attika kennt ihrer viele, klein im Ausmaße, aber von bemerkenswerter Aufteilung in Fachgebiete. Es bricht Marmor und andere Steine, es macht Töpferwaren in tausendfacher Gestalt, es verarbeitet Häute in großen Gerbereien wie denen des Kleon, des Nebenbuhlers von Perikles, oder des Anytos, des Anklägers von Sokrates. Es hat Wagenbauer, Schiffbauer, Sattler, Waffenschmiede, Schuhmacher; es gibt Sattler, die nur Saumzeug anfertigen, und Schuhmacher, die nur Männerschuhe oder nur Frauenschuhe herstellen. Im Baugewerbe gibt es Zimmerleute, Gießer, Steinhauer, Goldschmiede, Maler, Furnierarbeiter. Es gibt Schmiede, Schwertfeger, Schildmacher, Lampenmacher, Leiernstimmer, Müller, Bäcker, Wurster, Fischverkäufer – alles, was zu einem tätigen und vielfältigen, aber nicht eintönigen und mechanisierten Wirtschaftsleben notwendig ist. Gewöhnliche Stoffe werden immer noch größtenteils daheim hergestellt; dort weben und flicken die Frauen die gewöhnliche Kleidung und Bettwäsche der Familie. Einige krempeln die Wolle, andere sitzen am Spinnrad, wieder andere am Webstuhl, und manche sind über einen Stickrahmen gebeugt. Besondere Gewebe kommen aus Werkstätten oder aus dem Auslande: feines Leinen aus Ägypten, Amorgos und Tarent, gefärbte Wollstoffe aus Syrakus, Wolldecken aus Korinth, Teppiche aus dem Vorderen Orient und Karthago, bunte Bettdecken aus Kypros, und die Frauen von Kos lernen im späten fünften Jahrhundert die Kunst, die Kokons der Seidenraupe abzuhaspeln und die Fäden zu Seide zu verweben. Manche Frauen erwerben eine solche Fertigkeit in der Tuchherstellung, daß sie mehr erzeugen, als die Familie verbrauchen kann. Sie verkaufen den Überschuß zuerst an Verbraucher unmittelbar, dann an Mittelsmänner; sie stellen Gehilfinnen an, Freie oder Sklaven, und auf diese Weise entwickelt sich die Heimindustrie als ein Schritt zur Fabrikindustrie.

Dieses System beginnt im perikleischen Zeitalter Gestalt anzunehmen. Perikles selbst besitzt wie Alkibiades eine Fabrik. Maschinen gibt es zwar nicht, aber Sklaven in großer Anzahl; weil die Muskelkraft so billig ist, besteht kein Ansporn, die Maschinenkraft zu entwickeln. Die *ergasteria* von Athen sind eher Werkstätten als Fabriken. Die größte, die Schildfabrik des Kephalos, verfügt über 120 Arbeiter, die Schuhfabrik des Timarchos hat zehn, die Kunsttischlerei des Demosthenes zwanzig, seine Rüstungsfabrik dreißig. Zuerst arbeiten diese Werkstätten nur auf Bestellung; später arbeiten sie für den Markt und schließlich für die Ausfuhr; die Ausbreitung und Ausweitung des Münzwesens, das an Stelle des Tauschhandels tritt, fördert ihre Tätigkeit. Es gibt keine Kompaniegeschäfte; jede Fabrik ist eine selbständige Einheit, die in der Hand eines oder zweier Männer liegt. Oft arbeitet der Besitzer an der Seite seiner Sklaven. Es gibt keine Patente; die Kunst geht vom Vater auf den Sohn über oder wird von Lehrlingen erlernt. Die Athener haben keinen Anspruch auf Versorgung im Alter, wenn sie es versäumt haben, ihre Söhne ein Gewerbe zu lehren. Es wird lange gearbeitet, aber mit Muße; Meister und Gehilfen arbeiten vom Morgengrauen bis zur Abenddämmerung mit einer Mittagspause im Sommer. Es gibt keinen Urlaub, aber etwa sechzig arbeitsfreie Festtage im Jahr.

III. HANDEL UND GELDWESEN

Wenn ein einzelner, eine Familie oder eine Stadt einen Überschuß erzielt und ihn auszutauschen wünscht, beginnt der Handel. Die erste Schwierigkeit, der hier zu begegnen ist, liegt darin, daß der Transport teuer ist, da die Wege schlecht sind und das Meer verräterisch. Die beste Straße ist die Heilige Straße von Athen nach Eleusis; aber auch sie ist bloßer Staub und oftmals zu schmal, um Fahrzeuge aneinander vorbeifahren zu lassen. Die Brücken sind armselige Erddämme, die oft genug von Überschwemmungen fortgespült werden. Das gewöhnliche Zugtier ist der Ochse, der zu philosophisch veranlagt ist, um den Händler reich zu machen, der sich für den Transport seiner Waren auf ihn verlassen muß. Die Wagen sind zerbrechlich und fallen immer wieder auseinander oder bleiben im Schmutz stecken. Es ist besser, die Waren einem Maulesel aufzuladen, der etwas schneller vorwärtskommt und auf der Straße nicht so viel Platz braucht. Es gibt in Griechenland keinen Postdienst, nicht einmal für die Regierung. Sie muß sich mit Läufern begnügen, und der private Briefwechsel muß die Gelegenheit abwarten, sich ihrer zu bedienen. Wichtige Nachrichten können durch Feuersignale von Berg zu Berg weitergegeben oder durch Brieftauben befördert werden. Hier und da finden sich an der Straße Gasthöfe; aber sie werden von Räubern und Ungeziefer begünstigt. Selbst der Gott Dionysos erkundigt sich bei Herakles nach «Gasthäusern, Nachtquartieren, wo der Wanzen nicht allzuviel»[2].

Der Transport zur See ist billiger, besonders wenn die Reisen auf die ruhigen Sommermonate beschränkt sind, was meistens der Fall ist. Die Tarife für Passagiere sind äußerst niedrig: für zwei Drachmen kann eine Familie vom Peiraieus nach dem Schwarzen Meer oder nach Ägypten fahren; aber die Schiffe sorgen nicht für ihre Passagiere, da sie zur Güterbeförderung oder zur Kriegführung oder, je nach Bedarf, zu beidem erbaut sind. Die Haupttriebkraft ist der Wind auf einem Segel; bei Windstille oder widrigem Wind bedienen Sklaven die Ruder. Die kleinsten seetüchtigen Schiffe sind Triakonter mit dreißig Rudern, die alle auf gleicher Höhe liegen; die Pentekonter hat fünfzig. Bereits um 700 ließen die Korinther die erste Triere vom Stapel laufen; sie hat eine Mannschaft von zweihundert Mann, die drei Ruderbänke übereinander einnehmen. Im fünften Jahrhundert verdrängen diese Schiffe mit ihrem prächtigen langgestreckten Bug bereits 256 Tonnen, tragen siebentausend Scheffel (über 2500 Hektoliter) Getreide und sind das Gespräch der ganzen Mittelmeerwelt, weil sie zwölf Kilometer in der Stunde zurücklegen.

Das zweite Problem für den Handel besteht darin, ein verläßliches Tauschmittel zu finden. Jede Stadt hat ihr eigenes Maß-, Gewichts- und Münzsystem. An hundert Grenzen muß man seine Werte wechseln lassen und dabei sehr skeptisch sein; denn jede griechische Stadt mit Ausnahme Athens betrügt, indem sie ihre Münzen entwertet. «In den meisten Städten sind die Kaufleute gezwungen, für die Rückreise Güter zu verfrachten, weil sie kein Geld bekommen können, das für sie an anderen Orten von Wert wäre», sagt ein anonymer Grieche. Einige Städte prägen Münzen aus Elektron – einer Gold-Silber-Legierung – und wetteifern darin, so wenig Gold wie möglich in die Legierung aufzunehmen. Die athenische Regierung greift von Solon an dem athenischen Handel mächtig unter die Arme, indem sie verläßliche Münzen prägt, die Athenes Eule aufweisen; «Eulen nach Athen tragen» heißt soviel wie «Wasser ins Meer schütten». Weil Athen durch alle Wechselfälle hindurch seine Silberdrachmen nicht abwertet, werden diese «Eulen» im ganzen Mittelmeergebiet gerne angenommen und verdrängen in der Ägäis sogar örtliche Währungen. Gold ist auf dieser Stufe noch ein Handelsartikel, der nach Gewicht verkauft wird, und nicht ein Hilfsmittel für den Handel. Athen münzt es nur in seltenen Notfällen aus, gewöhnlich im Verhältnis von 14:1 zum Silber. Die kleinsten athenischen Münzen sind aus Kupfer. Acht Kupfermünzen machen einen Obolos aus, eine Eisen- oder Bronzemünze, die nach ihrer Ähnlichkeit mit Nägeln oder Bratspießen *(obeliskoi)* benannt ist. Sechs Oboloi bilden eine Drachme, d.h. eine «Handvoll»; zwei Drachmen geben einen Goldstater; hundert Drachmen eine Mine, sechzig Minen ein Talent. Mit einer Drachme kann man in der ersten Hälfte des fünften Jahrhunderts einen Scheffel (36 Liter) Korn kaufen. Es gibt kein Papiergeld in Athen, keine Staatsobligationen, keine Aktiengesellschaften, keine Börse.

Aber es gibt Banken. Sie müssen schwer kämpfen, um sich durchzusetzen; denn diejenigen, die keiner Darlehen bedürfen, schmähen den Zins als Verbrechen, und die Philosophen sind gleicher Meinung. Der Durchschnittsathener des fünften Jahrhunderts hortet; wenn er Ersparnisse hat, versteckt er sie lieber, als daß er sie der Bank anvertraute. Einige verleihen Geld auf Hypotheken gegen einen Zins von 16 bis 18 Prozent; andere verleihen es ohne Zinsen an Freunde; andere deponieren ihr Geld in Tempelschätzen. Die Tempel dienen als Banken und verleihen an Einzelpersonen und Staaten gegen einen mäßigen Zins; der Apollontempel in Delphoi ist in gewissem Maße eine internationale Bank für ganz Griechenland. Der Staat macht keine Anleihen bei Privatpersonen, aber gelegentlich bei einem anderen Staate. Inzwischen beginnt der Geldwechsler an seinem Tisch *(trapeza)* im fünften Jahrhundert Geld zur Aufbewahrung anzunehmen und es gegen Zinsen, die je nach dem Risiko zwischen 12 und 30 Prozent schwanken, an Kaufleute auszuleihen; auf diese Weise wird er ein Bankier, wenn er auch bis zum Ende des antiken Griechenland seinen früheren Namen des Trapeziten, des Mannes am Tische, bewahrt. Er übernimmt die Methoden des Vorderen Orients, verbessert sie und gibt sie an Rom weiter, das sie an das heutige Europa weiterleitet. Bald nach den Perserkriegen deponiert der gerissene Themistokles siebzig Talente bei dem korinthischen Bankier Philostephanos, gerade so, wie politische Abenteurer sich heute ein warmes Nest im Auslande vorbereiten; es ist die früheste bekannte Erwähnung eines weltlichen Bankgeschäftes, also eines solchen, das nicht von einem Tempel betrieben wurde. Gegen Ende des Jahrhunderts gründen Antisthenes und Archestratos eine Bank, die unter Pasion die berühmteste aller griechischen Privatbanken werden wird. Durch die Wirksamkeit dieser *trapezitai* läuft das Geld freier und schneller um, und damit geht auch die Arbeit schneller vorwärts als zuvor, und die Erleichterungen, die sie bewirken, regen die Ausdehnung des athenischen Handels gewaltig an.

Der Handel und nicht das Gewerbe oder das Geldwesen ist die Seele der athenischen Wirtschaft. Obgleich immer noch viele Erzeuger unmittelbar an den Verbraucher verkaufen, wird doch die Vermittlung des Marktes immer mehr in Anspruch genommen, dessen Aufgabe es ist, Waren so lange in Vorrat zu halten, bis der Verbraucher sie zu kaufen bereit ist. Damit entsteht eine Schicht von Wiederverkäufern, die ihre Waren in den Straßen, im Gefolge von Heeren oder bei Feiern oder Jahrmärkten verhökern oder sie in Läden oder Buden an der Agora oder sonstwo in der Stadt zum Verkauf anbieten. In die Läden kommen Freie oder Metoiken oder Sklaven, um mit dem Händler zu feilschen und für das Heim einzukaufen. Eine der strengsten Rechtsunfähigkeiten der «freien» Frau Athens besteht darin, daß der Brauch es ihr verbietet, einzukaufen.

Der Außenhandel macht noch schnellere Fortschritte als der Binnenhandel; denn die griechischen Staaten haben die Vorteile der internationalen Arbeitsteilung erkannt, und jeder spezialisiert sich auf ein besonderes Erzeugnis. Der Schildmacher geht beispielsweise nicht mehr von Stadt zu Stadt, um seine Dienste anzubieten, sondern er verfertigt die Schilde in seiner Werkstatt und verschickt sie auf die Märkte der klassischen Welt. In einem einzigen Jahrhundert geht Athen von der Hauswirtschaft – bei der jeder Haushalt fast alles, was er braucht, selbst herstellt – über die Gemeindewirtschaft – wo jede Stadt das herstellt, was sie braucht – zur internationalen Wirtschaft über, wo jeder Staat von Einfuhren abhängt und ausführen muß, um diese zu bezahlen. Die athenische Flotte hält das Ägäische Meer zwei Menschenalter lang von Seeräubern frei, und von 480 bis 430 blüht der Handel, wie er nie mehr blühen wird, bis Pompeius 67 v. Chr. das Piratentum wieder unterdrückt. Die Docks, Warenhäuser, Märkte und Banken des Peiraieus gewähren dem Handel jede Erleichterung; bald wird der geschäftige Hafen zum Hauptumschlagplatz des Handels zwischen Osten und Westen. «Denn als einen Stapelplatz in der Mitte von Hellas errichteten sie den Peiraieus, der solchen Überfluß an allem hat, daß man, was von anderwärts einzeln schwer zu erhalten ist, von hier alles leicht herbeischaffen kann», sagt Isokrates [3]. Thukydides berichtet: «Die Größe unserer Stadt lockt die Erzeugnisse der ganzen Welt in unseren Hafen, so daß für die Athener die Früchte anderer Länder ein so vertrauter Luxus sind wie die Früchte des eigenen Landes.» [4] Vom Peiraieus aus verfrachten die Kaufleute den Wein, das Öl, die Wolle, die Erze, den Marmor, die Keramiken, die Waffen, die Luxusgegenstände, die Bücher und die Kunstwerke, die die Felder und Werkstätten Attikas hervorbringen; zum Peiraieus bringen sie Getreide von Byzanz, Syrien, Ägypten, Italien und Sizilien, Obst und Käse von Sizilien und Phoinikien, Fleisch von Phoinikien und Italien, Fische vom Schwarzen Meer, Nüsse von Paphlagonien, Kupfer von Kypros, Zinn von England, Eisen von der pontischen Küste, Gold von Thasos und Thrakien, Holz von Thrakien und Kypros, Stickereien vom Vorderen Orient, Wollstoffe, Flachs und Farbstoffe von Phoinikien, Gewürze von Kyrene, Schwerter von Chalkis, Glas von Ägypten, Ziegel von Korinth, Betten von Chios und Miletos, Stiefel und Bronzen von Etrurien, Elfenbein von Äthiopien, Duftstoffe und Salben von Arabien, Sklaven von Lydien, Syrien und Skythien. Die Kolonien dienen nicht nur als Märkte, sondern auch als Spediteure, die die Waren Athens ins Landesinnere weiterbefördern; und obgleich die ionischen Städte im fünften Jahrhundert verfallen, weil der Handel, der einst über sie lief, während und nach den Perserkriegen seinen Weg über den Bosporus und Karien nimmt, so sind doch noch Italien und Sizilien da, die nun an ihrer Stelle den Waren- und Bevölkerungsüberschuß des griechischen Festlandes aufnehmen. Wir gewinnen eine Vorstellung vom Umfang des ägäischen Handels aus dem Ergebnis einer fünfprozentigen Steuer, die 413 von allen Ein- und Ausfuhren der Städte im athenischen Reiche erhoben wurde: die Einnahme von 1200 Talenten läßt auf einen jährlichen Handelsumsatz von 144 Millionen Dollar (Kaufkraft von 1938) schließen.

Die Gefahr, die hinter dieser Blüte lauert, ist die wachsende Abhängigkeit Athens von der Getreideeinfuhr; daher sein beharrliches Streben nach der Kontrolle des Hellespontes und des Schwarzen Meeres, die ständige Kolonisierung der Küsten und Inseln auf dem Wege zu den Meerengen und die katastrophalen Feldzüge nach Ägypten 459 und nach Sizilien 415. Es ist diese Abhängigkeit, die Athen dazu bewegt, den Attischen Seebund in ein Reich umzugestalten. Und als 405 die Spartaner die athenische Flotte im Hellespont zerstören, sind Hunger und Kapitulation Athens die unausbleibliche Folge. Es ist aber doch dieser Handel, der Athen reich macht und ihm mit dem Reichstribut die Grundlage zu seiner kulturellen Entwicklung verschafft. Die Kaufleute, die ihre Waren in alle Teile des Mittelmeeres begleiten, kommen mit veränderter Weltanschauung, mit lebendigem und offenem Geist zurück. Sie bringen neue Gedanken und Methoden mit, sie reißen alte Tabus nieder, überwinden alte Trägheiten und ersetzen den sippschaftlichen Konservatismus einer ländlichen Aristokratie durch den individualistischen und fortschrittlichen Geist einer händlerischen Zivilisation. Hier in Athen treffen sich Osten und Westen und werfen sich gegenseitig aus dem Geleise. Alte Mythen verlieren ihren Einfluß auf die Seele der Menschen, der Müßiggang kommt hoch, die Forschung wird unterstützt, Wissenschaft und Philosophie wachsen. Athen wird die lebendigste Stadt dieser Zeit.

IV. FREIE UND SKLAVEN

Wer verrichtet denn alle diese Arbeit? Auf dem Lande die Bürger, ihre Familien und freie Lohnarbeiter; in Athen teilweise Bürger, teilweise Freigelassene, mehr schon Metoiken, am meisten Sklaven. Die Ladenbesitzer, Handwerker, Kaufleute und Bankiers kommen größtenteils von den Ständen, die kein Wahlrecht haben. Der Bürger sieht auf die Handarbeit verächtlich herab und tut sowenig wie nur möglich. Arbeiten um den Lebensunterhalt gilt als unfein; selbst die berufsmäßige Ausübung oder der Unterricht von Musik, Bildhauerei oder Malerei wird von vielen Griechen als ein «niederes Handwerk» angesehen*. Der offene Xenophon, der allerdings als stolzes Glied des Ritterstandes spricht, meint:

> «Die sogenannten handwerklichen Beschäftigungen sind verschrien und werden aus Staatsinteresse mit Recht sehr verachtet. Sie schwächen nämlich den Körper des Arbeiters, da sie ihn zu einer sitzenden Lebensweise und zum Stubenhocken zwingen, oder sogar dazu, den Tag am Feuer zuzubringen. Wenn aber der Körper verweichlicht wird, leidet auch die Seele. Auch halten diese sogenannten spießbürgerlichen Beschäftigungen am meisten davon ab, sich um die Freunde und um den Staat zu kümmern. Daher sind solche Leute ungeeignet für den Verkehr mit Freunden und die Verteidigung des Vaterlandes.»[5]

Auf den Handel blickt man mit ähnlicher Verachtung. Dem aristokratischen oder philosophischen Griechen bedeutet er bloßen Geldverdienst auf Kosten anderer; er zielt nicht darauf ab, Güter zu erzeugen, sondern darauf, sie billig einzukaufen und teuer zu verkaufen. Kein ehrbarer Bürger wird sich darauf einlassen, wenn er auch in voller Seelenruhe sein Geld im Handel anlegen und aus ihm Gewinne ziehen darf, solange er die Arbeit den anderen überläßt. Ein Freier muß sich nach Ansicht des Griechen von wirtschaftlichen Aufgaben freihalten. Er muß für seine materiellen Belange Sklaven oder sonstige Leute haben; wenn er es sich leisten kann, sogar für die Verwaltung seines Eigentums und seines Vermögens. Nur so, indem er der Lasten ledig ist, kann er die Zeit finden, sich der Staatsführung, dem Krieg, der Literatur und der Philosophie zu widmen. Nach griechischer Ansicht kann es ohne eine müßiggehende Klasse keine Geschmacksregeln, keine Förderung der Künste, keine Kultur geben. Kein Mensch, der es eilig hat, kann vollauf kultiviert sein.

Die meisten Aufgaben, die in der Geschichte dem Mittelstand zufallen, werden von Metoiken besorgt, Freien fremdländischer Geburt, die zwar kein Bürgerrecht erhalten können, aber doch ihren Wohnsitz in Athen genommen haben. Sie sind größtenteils Angehörige besonderer Berufe, Händler, Lieferanten, Fabrikanten, Geschäftsleiter, Kaufleute, Handwerker, Künstler, die im Laufe ihrer Wanderungen in Athen die wirtschaftliche Freiheit, die günstige Gelegenheit und den Auftrieb gefunden haben, der ihnen mehr gilt als das Stimmrecht. Die bedeutendsten gewerblichen Unternehmungen außer den Gruben gehören Metoiken; die keramische Industrie liegt ganz in

---

* Plutarch, *Perikles*. Zimmern, *The Greek Commonwealth*, S. 272, und Ferguson, *Greek Imperialism*, S. 61, meinen, man habe die Verachtung des Atheners für Handarbeit übertrieben; vgl. aber Glotz, *Ancient Greece at Work*, S. 160.

ihren Händen, und wo auch immer Mittler sich zwischen den Erzeuger und den Verbraucher hineindrängen können, sind Metoiken zu finden. Das Gesetz bringt ihnen Lasten und schützt sie. Es besteuert sie wie die Bürger, erlegt ihnen Leiturgien auf, zieht sie zum Heeresdienst heran und erhebt, um das Maß vollzumachen, von ihnen eine Kopfsteuer; es verbietet ihnen den Grundbesitz und die Einheirat in die Familie eines Bürgers; es schließt sie von der religiösen Organisation aus und erlaubt ihnen nicht, sich unmittelbar an ein Gericht zu wenden. Es läßt sie aber in ihrem Wirtschaftsleben unangetastet, würdigt ihren Fleiß und ihre Geschicklichkeit, verschafft ihren Verträgen Geltung, gibt ihnen religiöse Freiheit und beschützt ihren Wohlstand vor revolutionären Gewalttaten. Einige Metoiken prunken vulgär mit ihrem Reichtum; aber andere betätigen sich in aller Stille in Wissenschaft, Literatur und Kunst, wirken in Rechtsprechung und Medizin und schaffen Rhetorik- und Philosophenschulen. Im vierten Jahrhundert werden sie die Verfasser und die Helden des komischen Dramas hervorbringen und im dritten den kosmopolitischen Ton der hellenistischen Gesellschaft angeben. Sie sind auf das Bürgerrecht neidisch; aber sie lieben Athen voller Stolz und tragen gewissenhaft ihren Teil zur Finanzierung seiner Verteidigung gegen die Feinde bei. Hauptsächlich von ihnen wird die Flotte instand gehalten, das Reich bewahrt und die wirtschaftliche Übermacht Athens erhalten.

Vereint mit den Metoiken in der politischen Rechtlosigkeit und in der Aussicht auf wirtschaftlichen Aufstieg finden wir die Freigelassenen, diejenigen, die einst Sklaven waren. Wenn es auch lästig ist, einen Sklaven freizulassen, da er gewöhnlich durch einen anderen ersetzt werden muß, ist doch das Versprechen der Freiheit für einen jungen Sklaven ein Antrieb, der sich bezahlt macht, und viele Griechen belohnen beim Herannahen des Todes ihre treuesten Sklaven mit der Freilassung. Der Sklave kann auch durch Verwandte und Freunde losgekauft werden, wie im Falle Platons; oder der Staat kann ihn gegen Entschädigung seines Besitzers für den Kriegsdienst freisetzen; oder er selber kann seine Oboloi zusammensparen, bis er sich freikaufen kann. Wie der Metoike befaßt sich der Freigelassene mit Gewerbe, Handel oder Geldwesen; schlimmstenfalls verrichtet er gegen Bezahlung die Arbeit eines Sklaven, bestenfalls wird er ein Industriemagnat. Mylias leitet die Rüstungsfabrik des Demosthenes; Pasion und Phormion werden die reichsten Bankleute Athens. Der Freigelassene wird als Aufpasser besonders geschätzt; denn niemand verfährt strenger mit den Sklaven als derjenige, der selbst aus der Sklaverei gekommen ist und sein ganzes Leben lang nur Unterdrückung gekannt hat.

Unterhalb dieser drei Klassen – der Bürger, Metoiken und Freigelassenen – stehen die 115 000 Sklaven Attikas*. Sie setzen sich aus nicht ausgelösten Kriegsgefangenen,

* Die Zahl ist Gomme entnommen. Vielleicht war sie bedeutend höher: Suidas gibt auf Grund einer Rede, die nicht mit voller Sicherheit Hypereides (338) zugeschrieben wird, die Zahl der erwachsenen männlichen Sklaven allein mit 150000 an; und nach dem wenig verläßlichen Athenaios ergab die Volkszählung des Demetrios Phalereus um 317 in Attika eine Bevölkerung von 21000 Bürgern, 10000 Metoiken und Freigelassenen und 400000 Sklaven. Timaios berechnete die Zahl der Sklaven in Korinth um das Jahr 300 mit 460000 und Aristoteles diejenige Aiginas um das Jahr 340 mit 470000. Vielleicht kamen diese hohen Zahlen dadurch zustande, daß Sklaven, die nur vorübergehend auf den Sklavenmärkten von Korinth, Aigina und Athen zum Verkauf standen, in ihnen mit eingeschlossen sind.

den Opfern von Sklavenjagden, ausgesetzten Säuglingen, Straßenkindern und Verbrechern zusammen. Wenige Sklaven in Griechenland sind Griechen. Der Hellene sieht im Nichtgriechen einen prädestinierten Sklaven, weil dieser so bereitwillig einem König absoluten Gehorsam schenkt, und er betrachtet die Knechtschaft solcher Leute zugunsten der Griechen keineswegs als unvernünftig. Einen Griechen zu versklaven zögert er aber, selten läßt er sich dazu herbei. Griechische Kaufleute kaufen Sklaven wie jede andere Ware und stellen sie in Chios, Delos, Korinth, Aigina, Athen und wo sie sonst Käufer finden, zum Verkaufe aus. Die Sklavenhändler von Athen gehören zu den reichsten Metoiken. Auf Delos ist es nicht ungewöhnlich, daß tausend Sklaven an einem einzigen Tage verkauft werden. Kimon bringt nach der Schlacht am Eurymedon 20 000 Sklaven auf den Markt. In Athen gibt es einen Markt, wo die Sklaven jederzeit nackt zur Besichtigung und zum Kaufe bereitstehen. Sie kosten eine halbe bis zehn Minen und können zur unmittelbaren Verwendung oder auch als langfristige Kapitalanlage gekauft werden. Männer und Frauen in Athen finden es gewinnbringend, Sklaven zu kaufen und sie an Haushalte, Fabriken oder Gruben zu vermieten; die Einnahmen betragen dreiunddreißig Prozent. Sogar der ärmste Bürger hat einen oder zwei Sklaven. Um seine Armut zu beweisen, beklagt sich Aischines darüber, daß seine Familie nur sieben habe; reiche Häuser können bis zu fünfzig besitzen. Die athenische Regierung verwendet eine Anzahl Sklaven als Schreiber, Diener, untergeordnete Beamte oder Polizisten; viele erhalten ihre Kleidung und ein tägliches «Taschengeld» von einer halben Drachme und dürfen wohnen, wo sie wollen.

Auf dem Lande gibt es wenig Sklaven, meistens weibliche Dienstboten im Hause; in Nordgriechenland und auf dem größten Teile der Peloponnes macht die Leibeigenschaft die Sklavenhaltung überflüssig. In Korinth, Megara und Athen verrichten Sklaven den größten Teil der Handarbeit und Sklavinnen den größten Teil der Hausarbeit; aber Sklaven verrichten auch einen beträchtlichen Teil der Schreibarbeit und beteiligen sich an der Geschäftsführung in Gewerbe, Handel und Finanz. Die Facharbeit wird meistens von Freien, Freigelassenen oder Metoiken verrichtet; es gibt keine ausgebildeten Sklaven wie in der hellenistischen Zeit oder in Rom. Der Sklave darf selten eigene Kinder großziehen; denn es ist billiger, einen Sklaven zu kaufen, als einen aufzuziehen. Wenn der Sklave sich schlecht benimmt, wird er ausgepeitscht; bei der Zeugenaussage wird er gefoltert; wenn er von einem Freien geschlagen wird, darf er sich nicht wehren. Wenn er aber schwere Grausamkeiten auszustehen hat, darf er in einen Tempel fliehen, und sein Herr muß ihn verkaufen. In keinem Falle darf der Herr ihn töten. Solange er arbeitet, genießt er größere Sicherheit als viele, die bei anderen zivilisierten Völkern nicht Sklaven genannt werden. Ist er alt oder krank oder hat er nichts zu tun, so bürdet sein Herr ihn nicht der öffentlichen Unterstützung auf, sondern sorgt weiter für ihn. Hält er sich gut, wird er wie ein treuer Dienstbote behandelt, fast wie ein Familienmitglied. Oft darf er ein eigenes Unternehmen beginnen, wenn er nur seinem Besitzer einen Teil des Verdienstes abliefert. Er ist von allen Steuern und vom Heeresdienst frei. In der Kleidung unterscheidet ihn im Athen des fünften Jahrhunderts nichts von dem Freien; der «Alte Oligarch», der um 425 eine

Schmähschrift über die Verfassung der Athener schreibt, beklagt sich, daß der Sklave auf der Straße den Bürgern nicht Platz mache, daß er frei rede und in allen Dingen handle, als ob er den Bürgern gleichgestellt wäre. Athen ist wegen seiner Milde gegenüber Sklaven bekannt, man ist allgemein der Ansicht, ein Sklave habe es im demokratischen Athen besser als unvermögende Freie in oligarchischen Staaten. Sklavenaufstände werden in Attika zwar gefürchtet, ereignen sich aber selten.

Und doch wird das athenische Gewissen von dem Bestehen der Sklaverei getrübt, und die Philosophen, die sie verteidigen, zeigen fast so deutlich wie diejenigen, die sie schmähen, daß die sittliche Entwicklung der Nation weiter gegangen ist, als ihre Einrichtungen vermuten lassen. Platon spricht sich gegen die Versklavung von Griechen durch Griechen aus, ist im übrigen aber für die Sklaverei, da manche Menschen im Geiste zu kurz gekommen seien. Für Aristoteles ist der Sklave ein belebtes Werkzeug; er meint, die Sklaverei werde in irgendeiner Gestalt bestehen bleiben, bis einmal alle Handarbeit von selbsttätigen Maschinen verrichtet werden könne. Der Durchschnittsgrieche, der zwar freundlich zu seinen Sklaven ist, kann sich nicht vorstellen, wie eine kultivierte Gesellschaft ohne Sklaverei auskommen sollte; um die Sklaverei aufzuheben, müßte man nach seinem Gefühl Athen aufheben. Andere sind radikaler: die kynischen Philosophen verdammen die Sklaverei geradeswegs; ihre Nachfolger, die Stoiker, werden sie etwas höflicher verdammen; Euripides erschüttert sein Publikum immer wieder durch mitleiderregende Bilder von kriegsgefangenen Sklaven, und der Sophist Alkidamas durchzieht Griechenland, wobei er unbehelligt die Rousseausche Lehre fast in den Worten Rousseaus predigt: «Gott hat alle Menschen frei in die Welt gebracht, und die Natur hat keinen Menschen zum Sklaven bestimmt.» Deswegen bleibt die Sklaverei aber doch bestehen.

V. DER KLASSENKAMPF

Die Ausbeutung von Menschen durch Menschen ist in Athen und Theben nicht ganz so ausgeprägt wie in Sparta oder Rom, aber immerhin doch dem Zwecke angemessen. Es gibt unter Freien keine Kasten, und mit entschlossener Tüchtigkeit kann jeder alles außer dem Bürgerrecht erreichen; daher kommt zum Teil die Fieberhaftigkeit und Betriebsamkeit des athenischen Lebens. Außer in den Gruben gibt es keinen scharfen Klassenunterschied zwischen Arbeitgebern und Arbeitnehmern; gewöhnlich arbeitet der Herr neben seinen Leuten, und die persönliche Bekanntschaft nimmt der Ausbeutung die Schärfe. Der Lohn fast aller Handwerker, gleich welcher Klasse, beträgt eine Drachme für den tatsächlichen Arbeitstag; bei ungelernten Arbeitern kann der Taglohn bis auf drei Oboloi absinken. Die Akkordarbeit verdrängt die Zeitarbeit immer mehr, als das Fabriksystem sich entwickelt, und die Löhne gehen immer weiter auseinander. Ein Unternehmer kann von Sklavenbesitzern Sklaven zu einem Preis von einem bis vier Oboloi je Tag mieten. Wir können die Kaufkraft dieser Löhne durch den Vergleich der griechischen Preise mit unseren eigenen bewerten. Im Jahre 414 kostet ein Haus mit Grundstück in Attika zwölfhundert Drachmen; ein *medimnos*, etwas mehr als ein halber Hektoliter Gerste, kostet im sechsten Jahrhundert eine Drachme, gegen Ende des fünften zwei, im vierten drei und zur Zeit Alexanders vier Drachmen; ein Schaf kostet zu Solons Zeit eine Drachme, zehn bis zwanzig am Ende des fünften Jahrhunderts. In Athen hat der Geldumlauf geradeso wie andernorts die Neigung, schneller zuzunehmen als der Warenumlauf, und die Preise steigen. Am Ende des vierten Jahrhunderts sind die Preise fünfmal so hoch wie zu Beginn des sechsten; sie verdoppeln sich von 480 bis 404 und abermals von 404 bis 330.

Eine Einzelperson lebt behaglich mit 120 Drachmen im Monat. Wir können daraus auf die Verhältnisse des Arbeiters schließen, der dreißig Drachmen im Monat verdient und eine Familie zu ernähren hat. Freilich kommt ihm der Staat in Zeiten großer Not zu Hilfe und verteilt dann Getreide zu einem unbedeutenden Preis. Er muß aber doch feststellen, daß die Göttin der Freiheit keine Freundin der Göttin der Gleichheit ist und daß unter den freien Gesetzen Athens die Starken stärker, die Reichen reicher werden und die Armen arm bleiben*. Der Individualismus läßt die Tüchtigen hochkommen und die Einfältigen abgleiten; er erzeugt in großzügiger Weise Reichtum und ballt ihn in gefährlicher Weise zusammen. In Athen – wie überall – erraffen die Klugen alles, was sie können, und der Rest bleibt den Mittelmäßigen. Der Grundbesitzer zieht aus dem steigenden Wert seines Landes Gewinn; der Kaufmann tut trotz hundert Gesetzen sein Bestes, durch spekulative Aufkäufe und Monopole hohe Preise zu erlangen; der Spekulant sichert sich durch den hohen Zinssatz der Darlehen den Löwenanteil an den Einkünften aus Handel und Gewerbe. Demagogen kommen auf, die die Armen auf die Ungleichheit des menschlichen Besitztums aufmerksam machen und ihnen die Ungleichheit der wirtschaftlichen Tüchtigkeit des Menschen verschleiern; der Arme wird sich angesichts des Reichtums seiner Armut bewußt, brütet über seinen unbelohnten Verdiensten und träumt von vollkommenen Staaten. Schlimmer als der Kampf Griechenlands mit Persien oder Athens mit Sparta ist in allen griechischen Staaten der Kampf der Klassen gegeneinander.

In Attika beginnt er mit einem Zusammenprall der Neureichen mit dem grundbesitzenden Adel. Die alten Familien hängen immer noch an der Scholle und leben größtenteils auf ihren Landgütern. Die Erbteilung hat im Verlaufe vieler Generationen den Grundbesitz im Durchschnitt sehr klein gemacht (der reiche Alkibiades verfügt nur über sechzig Morgen), und der Gutsherr arbeitet meistens in eigener Person auf dem Feld oder bei der Verwaltung seines Besitzes. Wenn der Adlige auch nicht reich ist, so ist er doch stolz. Er fügt den Namen seines Vaters seinem eigenen zu als Adelstitel, und er hält sich, solange es nur geht, von der Kaufmannsbourgeoisie fern, die den ganzen Reichtum aus dem wachsenden Handel Athens an sich reißt. Seine Frau aber will unbedingt ein Stadthaus haben und das bunte Leben und die vielen Möglichkeiten der Hauptstadt genießen; seine Töchter wollen in Athen leben und sich reiche Män-

* Natürlich waren die großen Vermögen des griechischen Altertums im Vergleich zu heutigen Riesenvermögen klein. Kallias, der reichste Athener, soll zweihundert Talente, Nikias hundert Talente besessen haben.

ner angeln; seine Söhne hoffen dort *hetairai* zu finden und im Stile der Neureichen Gesellschaften geben zu können. Da der Adlige im luxuriösen Leben mit den Kaufleuten und Fabrikanten nicht konkurrieren kann, nimmt er sie oder ihre Kinder wenigstens als Schwiegersöhne oder -töchter auf; sie wollen unbedingt aufsteigen und zahlen willig. Das Ergebnis ist dann eine Verbindung von Land- und Geldreichtum und die Bildung einer Oberklasse von Oligarchen, die von den Armen beneidet und gehaßt werden, sich über die Exzesse und Extravaganzen der Demokratie ärgern und die Revolution fürchten.

Die Anmaßung der Neureichen führt sodann zur zweiten Stufe des Klassenkampfes – dem Kampf der ärmeren Bürger gegen die Reichen. Viele Bourgeois prunken mit ihrem Reichtum wie Alkibiades, aber nur wenige vermögen die «Masse des armen, kleinen Volkes» so wie er durch den dramatischen Wagemut und die Eleganz des Auftretens und der Rede zu bestechen. Junge Leute, die sich ihrer Tüchtigkeit bewußt, aber durch ihre Armut gehemmt sind, setzen ihr persönliches Bedürfnis nach Aufstiegsmöglichkeiten in revolutionäre Grundsätze um, und Intellektuelle, die nach neuen Ideen und nach dem Applaus der Unterdrückten streben, geben den Zielen ihrer Rebellion den Wortlaut. Sie verlangen nicht die Verstaatlichung der Industrie und des Handels, sondern die Aufhebung aller Schulden und die Neuverteilung des Landes – unter den Bürgern; denn die radikale Bewegung Athens ist im fünften Jahrhundert auf die armen Stimmberechtigten begrenzt und denkt auf dieser Stufe keineswegs daran, die Sklaven freizusetzen oder Metoiken in die Neuverteilung des Bodens einzubeziehen. Die Führer sprechen von einer goldenen Vergangenheit, bei der alle Menschen im Besitze gleich waren; sie möchten aber nicht allzu wörtlich verstanden werden, wenn es an die Wiederherstellung dieses Paradieses geht. Ihnen schwebt ein aristokratischer Kommunismus vor: nicht eine Verstaatlichung des Landes, sondern seine gleichmäßige Verteilung auf die Bürger. Sie weisen darauf hin, wie unwirklich die politische Gleichheit angesichts der wachsenden wirtschaftlichen Ungleichheit ist, und sie bewegen die Volksversammlung dazu, durch Geldbußen, Leiturgien, Beschlagnahmungen und öffentliche Arbeiten einiges von dem zusammengeballten Reichtum der Reichen in die Taschen der Bedürftigen fließen zu lassen. Und um künftigen Revolutionären ein Vorbild zu sein, wählen sie Rot als symbolische Farbe ihres Aufstandes.

Angesichts dieser Drohung schließen sich die Reichen zu Geheimbünden zusammen, die sich zum gemeinsamen Handeln gegen das verpflichten, was Platon trotz seines Kommunismus das «Ungeheuer» des erregten und hungrigen Pöbels nennen wird. Auch die freien Arbeiter organisieren sich – zumindest seit Solon – zu Bünden (*eranoi, thiasoi*) der Steinmetzen, Marmorhauer, Holzschnitzer, Elfenbeinschnitzer, Töpfer, Fischer, Schauspieler und so weiter; Sokrates ist Mitglied eines Bildhauer-*thiasos**. Diese Bünde sind aber nicht so sehr Gewerkschaften als Wohltätigkeitsvereine auf Gegenseitigkeit: sie kommen in Synoden oder Synagogen genannten Versammlungsorten zusammen, halten Festessen und Spiele ab und verehren eine Schutzgottheit; sie leisten

* Die Bildhauer und Architekten Griechenlands bildeten eine Zunft der Baumeister mit eigenen religiösen Mysterien; sie wurden zu Vorläufern der Freimaurer.

Zahlungen an kranke Mitglieder und betreiben besondere Unternehmungen gemeinsam; sie haben aber keinen sichtbaren Anteil am athenischen Klassenkampf. Die Schlacht wird auf dem Gebiet der Literatur und der Politik ausgefochten. Schmähschriften wie die des «Alten Oligarchen» greifen die Demokratie an oder verteidigen sie. Die Komiker stehen, da ihre Stücke der Finanzierung reicher Leute bedürfen, auf der Seite der Drachmen und machen die radikalen Führer und ihre Utopien lächerlich. In der *Weibervolksversammlung* (392) führt Aristophanes die Kommunistin Praxagora vor, die folgende Rede hält:

Hört: Alles wird künftig Gemeingut sein, und allen wird alles gehören,
Sich ernähren wird einer wie alle fortan, nicht Reiche mehr gibt es noch Arme,
Nicht besitzen wird der viel Jucharte Lands und jener kein Plätzchen zum Grabe;
Nicht Sklaven in Meng' wird halten der ein' und der andre nicht einen Bedienten,
Nein, allen und jeden gemeinsam sei gleichmäßig in allem das Leben!
... Nun seht, zuvörderst erklär' ich die Äcker
Für Gemeingut aller, auch Silber und Gold und was alles der einzelne sein nennt! [6]

«Wer besorgt denn den Ackerbau?» fragt Blepyros. «Das Gesinde», lautet ihre Antwort. In einer anderen Komödie, dem *Plutos* (408), läßt Aristophanes die Armut, die von der Ausrottung bedroht wird, sich folgendermaßen als notwendigen Ansporn zu den Unternehmungen des menschlichen Fleißes verteidigen:

Und leist' ich den Beweis, daß mir,
Mir ganz allein ihr alles Gute dankt,
Daß ihr durch mich nur lebet ...
Wenn Plutos fortan, von der Blindheit kuriert, gleichmäßig die Güter verteilte,
Da würde von Stund' an kein Mensch sich der Kunst noch nützlichen Wissens befleißen:
Sie würden beseitigt, die beiden, alsdann, und es würde sich jeder bedanken,
Zu hämmern, zu schmieden, zu zimmern, zu baun Galeeren und Wagen und Räder,
Zu schneidern, zu schustern und Ziegel aus Lehm zu bereiten, zu walken und gerben!
Wer pflügte den Acker, wer hackte den Grund, wer streute die Saat der Demeter,
Wer rührte die Hand, wenn behaglich er könnt' und in müßiger Ruhe genießen? [7]

Die Reformen des Ephialtes und des Perikles sind die ersten Errungenschaften des demokratischen Aufstandes. Perikles ist ein Mann von gesundem Urteil und weiser Mäßigung: er will nicht die Reichen zum Verschwinden bringen, er will sie und ihren Unternehmergeist erhalten und die Lebensbedingungen der Armen verbessern; nach seinem Tode (429) wird indessen die Demokratie so radikal, daß die oligarchische Partei wiederum mit Sparta konspiriert und 411 und nochmals 404 eine Revolution der Reichen anzettelt. Weil aber der Wohlstand in Athen so groß ist und auf viele herabtröpfelt und weil die Furcht vor einem Sklavenaufstand die Bürgerschaft zögern läßt, ist der Klassenkampf hier milder, und man kommt schneller zu einem für alle tragbaren Kompromiß als in den anderen griechischen Staaten, wo der Mittelstand nicht stark genug ist, um zwischen reich und arm zu vermitteln. In Samos setzen sich 412 die Radikalen in den Besitz der Macht, lassen zweihundert Adlige hinrichten, verbannen vierhundert weitere, teilen Ländereien und Häuser unter sich auf und entwickeln eine Gesellschaft wie diejenige, die sie beseitigt haben. In Leontinoi vertreiben 422 die

Gemeinen die Oligarchen, müssen aber bald darauf fliehen. Auf Kerkyra ermorden die Oligarchen im Jahre 427 sechzig Führer der Volkspartei; die Demokraten ergreifen die Macht, kerkern vierhundert Adlige ein, machen fünfzig davon vor einer Art Ausschuß für den Schutz des Staates den Prozeß und richten alle fünfzig auf einmal hin. Als die übrigen Gefangenen das sehen, bringen sie sich zum Teil gegenseitig um, zum Teil begehen sie Selbstmord, und die anderen werden in einem Tempel, in dem sie Schutz gesucht haben, umzingelt und zu Tode gehungert. Thukydides beschreibt den Klassenkampf in Griechenland in einer zeitlosen Stelle:

«Und so schafften sich die Kerkyräer die ganzen sieben Tage hindurch, die Eurymedon, welcher mit den sechzig Schiffen dahingekommen war, bei ihnen verweilte, alles, was sie für ihre Feinde hielten, vom Halse, unter der Beschuldigung, sie hätten die Demokratie aufheben wollen, wobei manche wegen persönlicher Feindseligkeiten umkamen, auch wohl Gläubiger von ihren Schuldnern hingerichtet wurden. Dabei war keine Todesart, von der man nicht ebenso wie von allem, was sonst in solchen Fällen vorzugehen pflegt, Beispiele sah. Ja oft wurde es noch weiter getrieben. Die Väter selber töteten ihre Kinder; man riß die Leute von den Heiligtümern und tötete sie vor ihnen ... So fand sich also die Zwietracht in den Städten ein, und in den folgenden späteren Zeiten trieb man, unter Zuziehung der Kenntnis von früheren Begebenheiten, das Neue und Unerhörte noch viel weiter ... Mit diesem Unfug machte man größtenteils auf Kerkyra den ersten Versuch ... man mag nun auf die Handlungen der Rache sehen, welche sie an ihren Regenten verübten, die in dieser Stellung mehr Stolz und Übermut als kluge Mäßigung bewiesen und den Anfang mit harten Ahndungen machten, oder auf die ungerechten Maßregeln, wozu andere die Begierde, sich aus ihrer bisherigen Dürftigkeit zu reißen, oder vielmehr die Sehnsucht nach ihres Nächsten Eigentum verleitete, oder auf die unbändige Hitze, wodurch sich die, welche nicht in der Absicht, sich zu bereichern, sondern wirklich das Recht zu handhaben, jemandem zu Leibe gingen, hinreißen ließen, höchst grausam und unerbittlich mit ihnen umzugehen ... Bei dieser allgemeinen Verwirrung in der Stadt, wo die Gesetze von den natürlichen Neigungen der Menschen, die es schon gewohnt sind, auch bei wirklicher Gültigkeit der Gesetze doch dagegen zu sündigen, gänzlich besiegt wurden, zeigte sich's frei, daß der Mensch, so, wie er von Natur beschaffen ist, nicht Meister über seine Leidenschaften sei, daß er sich nicht durch die Begriffe von der Gerechtigkeit in Schranken halten lasse und daß er keinen über sich leiden könne ... Die unbesonnenste Kühnheit sah man als eine dienstbeflissene Tapferkeit, ein bedachtsames Zögern hingegen als eine geschmückte Feigheit und alle Mäßigung als einen Vorwand zu Zaghaftigkeit an. Wer überall vernünftig handeln wollte, hieß überall eine Schlafmütze ... Und von allem diesem lag der Grund in einem raubgierigen und ehrsüchtigen Regiment ... Die Häupter in den Städten suchten auf beiden Seiten unter dem schönen Namen einer gemeinschaftlichen Regimentsverfassung des Volkes oder der vorzüglichen Anpreisung einer gemäßigten Aristokratie, nach ihren einnehmenden Reden zu urteilen, bloß das gemeinsame Beste als den Preis ihrer Bemühungen zu erhalten; in der Tat aber gingen alle ihre Bemühungen dahin, einer über den anderen emporzukommen. In dieser Absicht nahmen sie die unerhörtesten Dinge vor ... Dieses ging so weit, daß kein Mensch mehr auf Religion sah, sondern von dem aufs vorteilhafteste gesprochen wurde, der es am tollsten trieb ... Die gutherzige Ehrlichkeit, mit der der Adel der Gesinnungen so nahe verwandt ist, ward lächerlich und verschwand; herrschendes Mißtrauen und Kabalen hingegen erhielten den Preis ... Diejenigen Bürger, welche sich zu keiner Partei schlugen, wurden von beiden unter die Füße getreten, entweder weil sie ihnen nicht beistanden, oder weil man es nicht leiden konnte, daß sie glücklich davonkommen sollten ... In den folgenden Zeiten geriet sozusagen ganz Griechenland in Bewegung.»[8]

Athen übersteht diesen Aufruhr, weil jeder Athener im Grunde ein Individualist ist und am Privateigentum hängt und weil die athenische Regierung einen gangbaren Mittelweg zwischen Sozialismus und Individualismus findet, eine maßvolle Lenkung des wirtschaftlichen Lebens. Der Staat scheut sich nicht, einzugreifen: er begrenzt den Umfang der Mitgiften, die Kosten der Begräbnisse und die Kleidung der Frauen; er besteuert und überwacht den Handel, sorgt für anständige Maße und Gewichte und Qualitäten, soweit der Erfindungsreichtum der menschlichen Schuftigkeit das zuläßt; er begrenzt die Ausfuhr von Nahrungsmitteln und setzt scharfe Gesetze durch, die die Praktiken der Händler und Kaufleute beaufsichtigen und zügeln. Er beobachtet sorgfältig den Getreidehandel und schafft strenge Gesetze gegen Hamsterkäufe – gegen die es sogar die Todesstrafe gibt –, indem er verbietet, mehr als fünfundsiebzig Scheffel (etwa 27 Hektoliter) Weizen auf einmal zu kaufen; er untersagt es, Darlehen auf Ausfuhrladungen zu geben, wenn das Schiff bei der Rückkehr nicht Getreide nach dem Peiraieus bringt; er verlangt, daß alles Getreide, das von in athenischem Besitz stehenden Schiffen verladen wird, nach dem Peiraieus kommt; und er verbietet die Wiederausfuhr von mehr als einem Drittel des Getreides, das diesen Hafen erreicht. Indem es eine Getreidereserve in staatlichen Speichern aufbewahrt und sie auf den Markt wirft, sobald die Preise gefährlich zu steigen beginnen, sorgt Athen dafür, daß der Brotpreis nie unerschwinglich wird, daß keine Millionäre aus dem Hunger der Bevölkerung erwachsen und daß kein Athener je Hunger leiden muß. Der Staat reguliert den Reichtum durch Steuern und Leiturgien und bewegt oder zwingt die Reichen dazu, Geldmittel für die Flotte, das Schauspiel und die *theorika*, die den Armen die Teilnahme an den Theateraufführungen und Spielen ermöglichen, beizusteuern. Im übrigen schützt Athen die Handelsfreiheit, das Privateigentum und die Gewinnmöglichkeit, da es sie als für die menschliche Freiheit unerläßlich betrachtet und in ihnen die mächtigsten Triebkräfte für Gewerbe, Handel und wirtschaftliches Gedeihen erblickt.

Unter diesem System des durch staatliche Lenkung gemäßigten wirtschaftlichen Individualismus sammelt sich der Reichtum in Athen an und breitet sich in genügendem Maße aus, um eine radikale Revolution zu verhindern; bis an das Ende des antiken Athen bleibt das Privateigentum gesichert. Die Zahl der Bürger mit einem behaglichen Einkommen verdoppelt sich zwischen 480 und 431; die Staatseinnahmen steigen, die Ausgaben des Staates wachsen an, und doch ist der Staatsschatz so reich wie noch nie zuvor in der griechischen Geschichte. Die wirtschaftliche Grundlage der Freiheit, des Unternehmungsgeistes, der Kunst und des Denkens Athens ist fest gegründet und wird mühelos jede Extravaganz des Goldenen Zeitalters tragen – nur nicht den Krieg, der ganz Griechenland in den Abgrund stürzen wird.

DRITTES KAPITEL

Sitten und Gebräuche der Athener

I. DIE KINDHEIT

Von jedem athenischen Bürger wird erwartet, daß er Kinder habe, und alle Kräfte der Religion, des Besitztums und des Staates vereinen sich, um die Kinderlosigkeit zu verhindern. Wo es an Nachkommen fehlt, ist Adoption die Regel, und für gut aussehende Waisen werden hohe Preise gezahlt. Gleichzeitig lassen Gesetz und öffentliche Meinung die Kindstötung als legitimes Mittel gegen Bevölkerungsüberschuß und gegen eine zur Armut führende übermäßige Aufteilung des Bodens gelten; jeder Vater darf sein Kind aussetzen, wenn es nicht sicher von ihm stammt oder wenn es schwächlich oder mißgestaltet ist. Die Kinder von Sklaven werden selten am Leben gelassen. Mädchen werden eher ausgesetzt als Knaben; denn jede Tochter muß mit einer Mitgift ausgestattet werden und geht bei der Eheschließung von Heim und Dienst derjenigen, die sie großgezogen haben, in den Dienst anderer über, die das nicht getan haben. Die Aussetzung findet statt, indem man das Kind in einem großen irdenen Gefäß in Tempelnähe oder an einer anderen Stelle niederlegt, wo es bald gerettet werden kann, wenn jemand es zu adoptieren wünscht. Das elterliche Recht der Aussetzung ist gleichzeitig eine rohe eugenische Maßnahme und führt im Verein mit einer strengen natürlichen Zuchtwahl durch Mühen und Wettkampf dazu, daß die Griechen ein starkes und gesundes Volk sind. Die Philosophen sprechen sich fast ausnahmslos für die Geburtenbeschränkung aus: Platon wird für die Aussetzung aller schwachen Kinder und aller derjenigen eintreten, die von niedrigstehenden oder ältlichen Eltern stammen; Aristoteles wird die Abtreibung befürworten, da sie der Kindstötung vorzuziehen sei. Der hippokratische Kodex der medizinischen Ethik wird dem Arzt nicht gestatten, eine Abtreibung vorzunehmen; aber die griechische Hebamme hat auf diesem Gebiet ihre reiche Erfahrung, und kein Gesetz hindert sie. Über empfängnisverhütende Mittel bei den Griechen sind uns keine Zeugnisse bekannt.

An oder vor dem zehnten Lebenstag wird das Kind in einem religiösen Ritual am Familienherd formell in die Familiengemeinschaft aufgenommen und erhält Geschenke und einen Namen. Gewöhnlich trägt der Grieche nur einen einzigen Namen, wie Sokrates oder Archimedes; da es aber Brauch ist, den ältesten Sohn nach dem väterlichen Großvater zu benennen, wiederholen sich die Namen sehr oft, und die griechische Geschichte wird unübersichtlich mit einer Unzahl von Xenophonen, Aischinesen, Thukydidesen, Diogenesen und Zenonen. Um Verwechslungen vorzubeugen, kann der Name des Vaters oder des Geburtsortes beigefügt werden, wie bei Kimon Miltiadu – Kimon, Sohn des Miltiades – oder Diodoros Siculus – Diodoros aus Sizilien; oder das

Problem wird durch einen lustigen Spitznamen gelöst, etwa Kallimedon *ho karabos* – «Krabbe».

Wenn das Kind einmal in die Familie aufgenommen ist, kann es nicht mehr legal ausgesetzt werden und wird mit der ganzen Liebe, die Eltern zu jeder Zeit ihren Kindern zukommen lassen, großgezogen. Themistokles behauptet, sein Sohn sei der wahre Führer Athens; denn er, Themistokles, der einflußreichste Mann der Stadt, werde von seiner Frau beherrscht, die ihrerseits von dem Kinde beherrscht werde. Manches Epigramm in der *Palatinischen Anthologie* enthüllt eine zärtliche Elternliebe:

Eilst du auch, Wanderer, tritt ein wenig her
Und hör von Botrys' großem Leid: begraben
Als Greis von achtzig Jahren mußte er
In zarter Jugend seinen lieben Knaben.
So klug und zierlich sprach der Arme schon,
Ganz wie's ein kunstgerechter Redner macht.
Weh, Vater, dir, weh Botrys' liebem Sohn,
Um wieviel Glück hat dich dein Tod gebracht![1]

Die Tragödien der Kindheit werden durch viele Spiele gemildert, von denen einige die Erinnerung Griechenlands überstehen. Auf einer kleinen Ölvase, die für das Grab eines Kindes verfertigt ist, sieht man einen kleinen Knaben sein Spielzeugwägelchen mit sich in den Hades hinabnehmen. Säuglingen gibt man Terrakottaklappern mit kleinen Kieselchen; Mädchen haushalten mit Puppen, Knaben führen gewaltige Kriege mit Tonsoldaten und -feldherrn; Kinderfrauen stoßen Kinder auf Schaukeln oder wiegen sie auf Wippen; Knaben und Mädchen machen Purzelbäume, lassen Drachen aufsteigen und Kreisel schnurren, spielen Versteck oder Blindekuh oder Seilziehen und fechten hundert fröhliche Wettkämpfe mit Kieseln, Nüssen, Münzen und Bällen aus. Die Murmelsteine des Goldenen Zeitalters sind getrocknete Bohnen, die mit den Fingern geschnipst werden, oder glatte Steinchen, die in einen Kreis geworfen oder gestoßen werden, um die Steine des Gegners zu entfernen und selbst so nahe wie möglich am Mittelpunkt liegenzubleiben. Wenn die Kinder dem «vernünftigen Alter» – sieben oder acht – nahekommen, beginnen sie mit dem Würfelspiel, bei dem sie quadratische Knöchelchen *(astragaloi)* werfen, wobei der höchste Wurf, die Sechs, als der beste gilt. Die Spiele der Jungen sind so alt wie die Sünden ihrer Väter.

II. ERZIEHUNG UND BILDUNG

Athen verfügt über staatliche Gymnasien und Palaistren und übt eine gewisse Aufsicht über die Lehrer aus; sonst hat die Stadt keine staatlichen Schulen oder Universitäten, und das Bildungswesen bleibt in privaten Händen. Platon befürwortet staatliche Schulen; aber Athen scheint der Meinung zu sein, daß der Wettbewerb auch im Bildungswesen zu den besten Erfolgen führe. Berufsmäßige Schulmeister gründen ihre eigenen Schulen, zu denen die Knaben der Freien mit sechs Jahren geschickt werden. Der Name *paidagogos* wird nicht dem Lehrer, sondern dem Sklaven gegeben, der den Knaben täglich auf seinem Schulweg begleitet. Von Internaten verlautet nichts. Der Schulbesuch dauert bis zum vierzehnten oder sechzehnten Lebensjahr, bei Vermögenden auch noch länger. Die Schulen haben keine Pulte, sondern nur Bänke; die Schüler halten die Rollen, von denen sie lesen, oder das Material, worauf sie schreiben, auf den Knien. Einige Schulen, die darin eine spätere Mode vorwegnehmen, sind mit Statuen griechischer Helden und Götter geschmückt; einige wenige sind elegant eingerichtet. Der Lehrer unterrichtet in allen Fächern und wendet sich ebensosehr an den Charakter wie an den Verstand, wozu er sich einer Sandale bedient*.

Der Lehrplan hat drei Unterabteilungen: Schreiben, Musik und Gymnastik; eifrige Neuerer werden in Aristoteles' Zeit noch Zeichnen und Malen hinzufügen. Zum Schreiben gehört auch Lesen und Rechnen, da ja statt Zahlen Buchstaben verwendet werden. Jeder lernt das Lyraspiel, und ein großer Teil des Lehrmaterials wird in poetischer und musikalischer Form dargeboten. An das Studium der Fremdsprachen wird keine Zeit verwendet, schon gar nicht an eine tote Sprache; aber der Gebrauch der Muttersprache wird mit großer Sorgfalt geübt. Gymnastik wird hauptsächlich im Gymnasion und in der Palaistra betrieben, und keiner gilt als gebildet, wenn er nicht ringen, schwimmen und den Gebrauch des Bogens und der Schleuder gelernt hat.

Die Ausbildung der Mädchen erfolgt zu Hause und beschränkt sich im wesentlichen auf die «häuslichen Wissenschaften». Außerhalb Spartas nimmt kein Mädchen an öffentlichen gymnastischen Übungen teil. Die Mütter oder Kinderfrauen bringen ihnen Lesen und Schreiben und Rechnen bei, lehren sie spinnen und weben und sticken, tanzen, singen und ein Instrument spielen. Einige griechische Frauen sind feingebildet, sie sind aber zumeist *hetairai*; für anständige Frauen gibt es keine höhere Bildung, bis Aspasia einige zum Studium der Rhetorik und Philosophie verlockt. Die höhere Bildung für Männer wird von berufsmäßigen Rhetoren und Sophisten vermittelt, die eine Ausbildung in Redekunst, Naturwissenschaft, Philosophie und Geschichte geben. Diese unabhängigen Lehrer mieten Hörsäle in der Nähe von Gymnasion und Palaistra und bilden zusammen eine Universität für das vorplatonische Athen. Nur die Reicheren können bei ihnen studieren, da sie hohe Hörgelder verlangen; strebsame Jünglinge arbeiten aber am Abend in der Fabrik oder auf dem Feld, um bei Tage den Unterricht dieser nomadischen Professoren genießen zu können.

Wenn Knaben das Alter von sechzehn Jahren erreichen, müssen sie den Leibesübungen besondere Aufmerksamkeit widmen, da diese sie in gewissem Umfange zum Kriegsdienst geeignet machen. Selbst ihre sportliche Betätigung vermittelt ihnen eine militärische Vorbereitung: sie laufen, springen, ringen, jagen, lenken Wagen und werfen den Speer. Mit achtzehn treten sie in das zweite der vier Lebensalter des athenischen Lebens (*pais*, *ephebos*, *aner*, *geron* – Kind, Jüngling, Mann, Greis) ein und werden in die Reihen der soldatischen Jugend Athens, der *epheboi*, eingereiht; diese Einrichtung läßt sich allerdings nicht vor dem Jahre 336 feststellen. Unter der Aufsicht von Schieds-

* Auf einem Wandbild in Pompeii, das wahrscheinlich einem griechischen Original nachgebildet ist, sehen wir einen Schüler auf die Schultern eines anderen gestützt und von einem dritten an den Fersen gehalten, während ein Lehrer ihn verprügelt.

richtern, die von den Führern ihrer Stämme bestimmt werden, bildet man sie zwei Jahre lang in den staatsbürgerlichen und kriegerischen Pflichten aus. Sie wohnen und essen zusammen, tragen eine eindrucksvolle Uniform und sind Tag und Nacht der moralischen Aufsicht unterworfen. Sie organisieren sich demokratisch nach dem Vorbilde ihrer Stadt, kommen in der Volksversammlung zusammen, fassen Beschlüsse und schaffen Gesetze für ihre Leitung; sie haben Archonten, *strategoi* und Richter. Im ersten Jahre werden sie in anstrengendem Drill geschult und hören Vorlesungen über Literatur, Musik, Geometrie und Rhetorik. Mit neunzehn werden sie einer Grenzgarnison zugewiesen und bekommen den Auftrag, zwei Jahre lang die Stadt gegen Angriffe von außen und Aufruhr im Innern zu schützen. Feierlich sprechen sie, in Gegenwart des Rates der Fünfhundert, die Hände über dem Altar im Agraulostempel ausgestreckt, den Eid der jungen Männer von Athen: daß sie den heiligen Waffen keine Schande machen, daß sie ihren Posten nicht verlassen, daß sie das Vaterland verteidigen und in besserem Stande den Nachkommen übergeben wollen. Im Theater wird ihnen ein besonderer Platz zugewiesen, und sie spielen eine hervorragende Rolle bei den religiösen Prozessionen der Stadt; vielleicht sind es Epheben, die wir in solcher Schönheit auf dem Parthenonfries daherreiten sehen. In gewissen Zeitabständen zeigen sie ihre Leistungen in öffentlichen Wettkämpfen, vor allem am Fackel-Staffellauf vom Peiraieus nach Athen. Die ganze Stadt kommt zu diesem malerischen Schauspiel heraus und stellt sich der sieben Kilometer langen Straße entlang auf. Der Wettlauf wird bei Nacht abgehalten; man sieht nichts weiter als das hüpfende Licht der Fackeln, die von den Läufern vorwärtsgetragen und weitergegeben werden. Wenn die Ausbildung der Epheboi mit einundzwanzig Jahren abgeschlossen ist, sind sie von der elterlichen Bevormundung frei und treten in die vollen Bürgerrechte der Stadt ein.

Das ist die Bildung – ergänzt von Lektionen, die das Haus und die Straße erteilt –, die den athenischen Bürger hervorbringt: eine ausgezeichnete Verbindung von körperlicher und geistiger, moralischer und ästhetischer Ausbildung, von Beaufsichtigung in der Jugend und Freiheit in der Reife; in ihrer Blütezeit bildet sie so feine junge Männer heran, wie es sie nur je in der Geschichte gegeben hat. Nach Perikles schwillt die Theorie an und vernebelt die Praxis; Philosophen debattieren über die Ziele und Methoden der Erziehung – ob der Lehrer hauptsächlich nach der verstandesmäßigen Ausbildung oder der sittlichen Charakterentwicklung streben soll, hauptsächlich nach praktischer Leistungsfähigkeit oder dem Fortschritt der abstrakten Wissenschaft. Alle aber sind darin einig, daß Bildung und Erziehung von allerhöchster Wichtigkeit sind. Als Aristippos gefragt wird, inwiefern der Gebildete dem Ungebildeten voraus sei, antwortet er: «Wie das gezähmte Pferd dem ungezähmten», und Aristoteles antwortet auf dieselbe Frage: «Wie die Lebenden den Toten.» Und auf die Frage, welche Förderung seinem Sohne aus der Bildung erwachsen werde, antwortete Aristippos: «Wenn auch sonst keine, so doch wenigstens die, daß er im Theater nicht dasitzen wird wie ein Stein auf dem Stein.»[2]

III. DAS ÄUSSERE

Die Bürger Athens sind im fünften Jahrhundert mittelgroßen Wuchses, kräftig, bärtig und nicht immer so schön wie des Pheidias Reiter. Die Damen auf den Vasen sind anmutig, diejenigen auf den Stelen haben eine würdige Lieblichkeit und diejenigen, die die Bildhauer meißeln, sind von höchster Schönheit; die wirklichen Frauen Athens dagegen, in ihrer geistigen Entwicklung durch eine fast orientalische Abgeschlossenheit gehemmt, sind bestenfalls so hübsch wie ihre Schwestern im Vorderen Orient, aber sonst nichts. Die Griechen bewundern die Schönheit mehr noch als alle anderen Völker; aber sie verkörpern sie nicht immer. Die griechischen Frauen finden wie die anderen auch, ihre Gestalt sei nicht restlos vollkommen. Sie strecken sie durch hohe Korksohlen an ihren Schuhen, ersetzen Mangelndes durch Watte, schnüren Überschüssiges zusammen und stützen ihre Brüste mit Stoffbüstenhaltern*.

Das Haar der Griechen ist gewöhnlich dunkelfarbig. Blonde sind selten und werden sehr bewundert; viele Frauen und einige Männer färben ihr Haar, um es blond zu machen oder den Grauton des Alters zu verbergen. Beide Geschlechter helfen mit Ölen dem Wachstum ihrer Haare nach und schützen sie gegen die Sonne; die Frauen und auch einige Männer parfümieren das Öl. Beide Geschlechter tragen im sechsten Jahrhundert das Haar lang, gewöhnlich in Flechten um den Kopf gewunden oder am Hinterkopf zusammengebunden. Im fünften Jahrhundert bringen die Frauen Abwechslung in ihre Haartracht, indem sie das Haar tief im Nacken knoten oder es über die Schultern oder um den Hals auf die Brust herabfallen lassen. Sie binden es gerne mit bunten Bändern und schmücken es mit einem Schmuckstück auf der Stirn. Nach Marathon beginnen die Männer ihr Haar zu schneiden; nach Alexander werden sie ihre Schnurrbärte und Bärte mit sichelförmigen eisernen Rasiermessern rasieren. Kein Grieche trägt jemals einen Schnurrbart ohne einen Bart. Der Bart wird sauber gestutzt, gewöhnlich als Spitzbart. Der Barbier schneidet nicht nur die Haare und rasiert oder stutzt die Bärte, er pflegt auch die Nägel seiner Kunden und richtet sie auch sonst gesellschaftsfähig her; wenn er fertig ist, bietet er ihnen in höchst moderner Weise einen Spiegel. Der Barbier hat einen Laden, der ein Mittelpunkt für «weinlose Symposia» (wie Theophrastos sich ausdrückt) des örtlichen Klatsches und der Schmeißfliegen wird; oft arbeitet er auch draußen unter freiem Himmel. Er ist von Berufs wegen geschwätzig; als einer seiner Art den König Archelaos von Makedonien fragt, wie er sein Haar geschnitten habe wolle, antwortet dieser: «Schweigend!» Auch Frauen entfernen hier und da ein paar Haare, entweder mit dem Rasiermesser oder mit Enthaarungsmitteln aus Arsenik und Kalk.

Parfüme – aus Blumen in einer öligen Grundsubstanz – gibt es zu Hunderten; Sokrates beklagt sich, daß die Männer sie so oft verwenden. Jede Frau, die etwas auf sich

* Plutarch erzählt eine hübsche Geschichte, wie einer Selbstmordepidemie unter den Frauen von Milet plötzlich und vollständig Einhalt geboten wurde, und zwar durch ein Dekret, daß Selbstmörderinnen nackt über den Marktplatz zu ihrer Begräbnisstätte getragen werden müßten.

hält, verfügt über ein Rüstzeug von Spiegeln, Nadeln, Haarnadeln, Sicherheitsnadeln, Pinzetten, Kämmen, Riechfläschchen und Salben- und Schminktöpfchen. Wangen und Lippen werden mit Mennig- oder Alkannastiften gefärbt, die Augenbrauen mit Ruß oder pulverisiertem Antimon nachgezogen, Augenlider mit Antimonpulver nachgedunkelt, die Wimpern geschwärzt und dann mit einer Mischung aus Eiweiß und Ammoniakgummi zurechtgemacht. Salben und Waschungen werden angewendet, um Runzeln, Mitesser und Pickel zu entfernen; unangenehme Masken werden stundenlang auf dem Gesicht belassen, im geduldigen Streben, schön zu scheinen, wenn man es nicht sein kann. Mastixöl wird verwendet, um das Schwitzen zu verhindern, und an verschiedenen Körperstellen werden besondere Salben verstrichen; eine wirkliche Dame verwendet Palmöl für Gesicht und Brust, Majoran auf Augenbrauen und Haar, Thymianessenz auf Hals und Knie, Pfefferminz für die Arme, Myrrhen für Beine und Füße. Gegen dieses verführerische Rüstzeug protestieren die Männer mit geradesoviel Erfolg wie in anderen Zeiten auch. Eine Figur der athenischen Komödie tadelt eine Frau in kosmetischem Detail: «Wenn du im Sommer ausgehst, so rinnen zwei schwarze Streifen von deinen Augen; der Schweiß zieht eine rote Furche von deinen Wangen zum Hals, und wenn dein Haar mit deinem Gesicht in Berührung kommt, so ist es weiß vom Puder.» Die Frauen bleiben dieselben, weil die Männer dieselben bleiben.

Wasser gibt es nur in begrenztem Umfang, und die Sauberkeit sucht nach Ersatzmitteln. Die Wohlhabenden baden ein- bis zweimal täglich, wobei sie eine Seife aus Olivenöl, das mit einer alkalischen Substanz zu einem Teig verknetet wird, verwenden; dann lassen sie sich mit ätherischen Essenzen einreiben. Behaglich eingerichtete Häuser verfügen über ein Badezimmer, in dem ein großes Marmorbecken steht, das gewöhnlich von Hand gefüllt wird; manchmal wird das Wasser durch Röhren und Kanäle in das Haus und durch die Wand in das Badezimmer geleitet, wo es aus einem metallenen Stutzen in Form eines Tierkopfes heraussprudelt und sich auf den Boden eines Beckens ergießt, von wo aus es in den Garten abfließt. Die meisten Leute können kein Wasser für ein Bad erübrigen und reiben sich mit Öl ein, das sie dann, wie der *Apoxyomenos* des Lysippos, mit einem mondsichelförmigen Striegel wieder abschaben. Der Grieche ist nicht von übertriebener Sauberkeit; seine Hygiene ist nicht so sehr eine Angelegenheit der häuslichen Toilette als eine der mäßigen Diät und des aktiven Freiluftlebens. Er sitzt selten in geschlossenen Häusern, Theatern, Kirchen oder Sälen, arbeitet selten in geschlossenen Fabriken oder Werkstätten; sein Schauspiel, sein Kult, sogar seine Regierungstätigkeit spielen sich unter der Sonne ab, und seine einfache Kleidung, die die Luft an jeden Teil des Körpers heranläßt, läßt sich mit einer einzigen Armbewegung für einen kleinen Ringkampf oder ein Sonnenbad abstreifen.

Die griechische Kleidung besteht im wesentlichen aus zwei quadratischen Tüchern, die lose am Körper hängen und selten auf die Einzelperson zugeschnitten sind; sie weicht in kleineren Einzelheiten von Stadt zu Stadt ab, bleibt aber viele Menschenalter lang dieselbe. Das Hauptkleidungsstück in Athen ist für den Mann der *chiton*, für die Frau der *peplos*, beide aus Wolle verfertigt. Wenn das Wetter es erfordert, wird ein ärmelloser Überwurf *(himation)* oder eine Art Mantel *(chlamys)* darüber angezogen. Alle Kleidungsstücke sind an der Schulter befestigt und fallen in den natürlichen Falten herab, die uns an den griechischen Statuen so gut gefallen. Im fünften Jahrhundert ist die Kleidung gewöhnlich weiß. Frauen, reiche Männer und lustige Jünglinge erwärmen sich indessen für Farben, sogar für Purpur und Dunkelrot, für farbige Streifen und gestickte Säume; die Frauen tragen wohl auch bunte Gürtel. Hüte sind nicht beliebt, weil sie die Feuchtigkeit vom Haar fernhalten und es frühzeitig grau werden lassen; der Kopf wird nur auf der Reise, in der Schlacht und bei der Arbeit in der heißen Sonne bedeckt; Frauen tragen bunte Kopftücher oder Stirnbänder; Arbeiter haben manchmal eine Kappe auf als einziges Kleidungsstück. Die Fußbekleidung besteht aus Sandalen, hohen Schuhen oder Stiefeln, gewöhnlich aus Leder, schwarz für Männer und buntfarbig für Frauen. Die thebanischen Damen tragen nach Dikaiarchos «niedere Purpurschuhe, die so geschnürt sind, daß man die nackten Füße sehen kann». Die meisten Kinder und Arbeiter tun es auch ohne Schuhe, und niemand macht sich um Strümpfe Sorgen.

Beide Geschlechter zeigen oder verhüllen ihr Einkommen mit Schmuck. Die Männer tragen zumindest einen Ring; Aristoteles hat mehrere. Die Spazierstöcke der Männer haben silberne oder goldene Knäufe. Frauen tragen Armbänder, Halsketten, Diademe, Ohrringe, Broschen und Ketten, edelsteinbedeckte Schnallen und Spangen und manchmal Reifen mit Edelsteinen um die Knöchel oder die Oberarme. Hier wie bei den meisten kaufmännischen Kulturen artet der Luxus bei denjenigen aus, für die der Reichtum etwas Neues ist. Sparta schreibt die Haartracht seiner Frauen vor, und Athen verbietet es den Frauen, mehr als drei Kleider auf Reisen mitzunehmen. Die Frauen aber lächeln über diese Einschränkungen und umgehen sie auch ohne Rechtsanwälte; sie wissen, daß für die meisten Männer und für einige Frauen das Kleid die Frau macht, und ihr Verhalten bezeugt eine in vielen Jahrhunderten gesammelte Weisheit.

IV. DIE MORAL

Die Athener des fünften Jahrhunderts sind nicht gerade Muster der Moral; der verstandesmäßige Fortschritt hat viele Menschen von den ethischen Überlieferungen losgelöst und sie in fast amoralische Individuen verwandelt. Sie halten die Gerechtigkeit des Gesetzes hoch in Ehren; aber sie sind selten selbstlos, es sei denn gegenüber ihren Kindern. Das Gewissen plagt sie kaum, und sie denken nicht im entferntesten daran, ihren Nächsten wie sich selbst zu lieben. Die Manieren unterscheiden sich je nach Klasse. In den Dialogen Platons ist das Leben von einer bezaubernden Höflichkeit verbrämt; aber in den Komödien des Aristophanes gibt es überhaupt keine Manieren, und bei öffentlichen Reden gilt die persönliche Anrempelung als die eigentliche Seele der Beredsamkeit. In diesen Dingen haben die Griechen viel von den von der Zeit geschliffenen «Barbaren» Ägyptens, Persiens oder Babyloniens zu lernen. Der Gruß ist herzlich, aber einfach. Es gibt keine Verbeugungen, denn diese scheinen dem stolzen

Bürger ein Zeichen der Monarchie; die Hand gibt man sich nur beim Schwur und bei feierlichem Abschiednehmen. Der Gruß besteht gewöhnlich nur aus einem *chaire* – «freue dich» –, dem, wie überall, eine geistreiche Bemerkung über das Wetter folgt.

Die Gastfreundschaft hat seit der Zeit Homers abgenommen; denn das Reisen ist jetzt ein wenig sicherer als damals, und Gasthöfe vermitteln den Reisenden Nahrung und Unterkunft; aber auch so bleibt sie eine hervorstechende Tugend der Athener. Fremde werden auch ohne Vorstellung oder Einführung willkommen geheißen; kommen sie mit Briefen von einem gemeinsamen Freund, so werden sie verköstigt und untergebracht und erhalten manchmal Geschenke beim Abschied. Ein geladener Gast darf jederzeit einen ungeladenen mitbringen. Diese Möglichkeit des ungeladenen Erscheinens führt im Laufe der Zeit zur Ausbildung einer Parasitenklasse – *parasitoi* –, ein Wort, das ursprünglich die Priesterschaft bezeichnete, die das «übriggebliebene Korn» von den Tempellieferungen aß. Die Wohlhabenden sind großzügige Schenker sowohl in öffentlicher wie in privater Philanthropie; diese ist griechischen Ursprungs wie das Wort. Mildtätigkeit – *charis*, «Liebe» – wird ebenfalls geübt; es gibt viele Einrichtungen für die Versorgung der Fremden, der Kranken, der Armen und der Alten. Der Staat gewährt verwundeten Soldaten eine Pension und erzieht Kriegswaisen auf Staatskosten; im vierten Jahrhundert wird er auch an arbeitsunfähige Arbeiter Zahlungen leisten. In Zeiten der Dürre, des Krieges oder anderer Notstände zahlt der Staat täglich zwei Oboloi an die Bedürftigen aus, dazu die regulären Gebühren für die Teilnahme an der Volksversammlung, den Gerichten und den Spielen. Die üblichen Skandale kommen vor; eine Rede des Lysias bezieht sich auf einen Mann, der der öffentlichen Wohlfahrt zur Last fällt, obgleich er reiche Freunde hat, mit einem Handwerk Geld verdient und zu seiner Erholung reitet.

Der Grieche könnte zugeben, daß Ehrlichkeit die beste Politik ist; er versucht aber zuerst alles andere. Der Chor im *Philoktetes* des Sophokles gibt dem tiefsten Mitgefühl für den verwundeten und verlassenen Krieger Ausdruck und nutzt dann seinen Schlummer aus, um Neoptolemos anzustiften, ihn zu verraten, seine Waffen zu stehlen und ihn seinem Schicksal zu überlassen. Jedermann klagt darüber, daß die athenischen Wiederverkäufer trotz aller staatlichen Aufseher ihre Waren fälschen, schlecht wägen und zuwenig herausgeben, den Stützpunkt ihrer Waagen verschieben und bei jeder Gelegenheit lügen. Von den Würsten behauptet man zum Beispiel, sie seien aus Hundefleisch. Ein Komödiendichter nennt die Fischhändler «Mörder»; ein freundlicherer Dichter nennt sie «Diebe». Die Politiker sind nicht viel besser; es gibt kaum einen Mann im öffentlichen Leben Athens, der nicht der Schurkerei angeklagt würde. Ein aufrechter Mann wie Aristeides ist eine aufregende Neuheit, fast eine Ungeheuerlichkeit; selbst Diogenes mit seiner Laterne vermag im Tageslicht keinen zweiten zu finden. Thukydides meldet, daß die Menschen lieber für klug als für ehrlich gelten wollen und die Ehrlichkeit der Einfältigkeit verdächtigen. Es ist stets einfach, einen Griechen zu finden, der sein Vaterland zu verraten bereit ist: Niemals habe es Griechenland an Leuten gefehlt, die auf Verrat brannten, sagt Pausanias. Bestechung ist eine beliebte Methode zum politischen Vorwärtskommen, zur Straflosigkeit in Strafsachen,

Mädchen, das Bad bereitend. Malerei auf einer Schale des Onesimos (erstes Viertel des 5. Jh. v. Chr.; Musées Royaux d'Art et l'Histoire, Brüssel).

zu Erfolgen in der Diplomatie; Perikles läßt sich große Summen zu Geheimzwecken zubilligen, vermutlich um bei internationalen Verhandlungen etwas nachzuhelfen. Die Moral erstreckt sich ausschließlich auf den Stamm; Xenophon rät in seiner Abhandlung über die Erziehung ganz offen zu Lüge und Raub im Verkehr mit den Feinden des Landes. Die athenischen Gesandten in Sparta verteidigen 432 ihr Land in deutlichen Worten: «Immer schon war es Gesetz, daß der Schwächere dem Stärkeren untertan sei ... noch niemand hat je zugelassen, daß der Ruf nach Gerechtigkeit seinen Drang behinderte, wenn er einen Vorteil durch Gewalt erringen konnte»[3] – wenn diese Stelle auch wie die angebliche Rede der athenischen Führer auf Melos bloße Auswüchse der philosophischen Einbildungskraft des Thukydides sein können, die von zynischen Reden gewisser Sophisten entflammt worden ist. Wenn man die Griechen nach der unkonventionellen Ethik eines Gorgias, eines Kallikles, eines Thrasymachos und eines Thukydides beurteilen wollte, so wäre das ebenso gerecht, wie wenn man den neuzeitlichen Europäer nach den geistvollen Phantasien eines Machiavelli, eines La Rochefoucauld, eines Nietzsche und eines Stirner schilderte. Daß etwas an dieser Überlegenheit über die Moralbegriffe ein aktiver Bestandteil des griechischen Charakters ist, erhellt aus der Bereitwilligkeit, mit der die Spartaner den Athenern in dieser zweifelhaften Moral zustimmen. Als der Lakedaimonier Phoibidas trotz eines Friedensvertrages verräterisch die Festung von Theben angreift und der Spartanerkönig Agesilaos über die Gerechtigkeit dieser Tat befragt wird, antwortet er: «Frage nur, ob sie nützlich ist; wenn eine Tat unserem Lande nützlich ist, dann ist sie auch recht.» Immer wieder werden Waffenstillstände verletzt, feierliche Versprechungen gebrochen, Gesandte ermordet. Vielleicht unterscheiden sich die Griechen von uns aber nicht im Verhalten, sondern nur in der Offenheit des Verhaltens; unsere größere Empfindlichkeit gestattet es uns nicht, das zu predigen, was wir praktisch tun.

Brauch und Religion üben bei den Griechen auf den Sieger in einem Kriege nur einen sehr bescheidenen mäßigenden Einfluß aus. Es ist selbst in Bürgerkriegen ganz gewöhnlich, die eroberte Stadt zu plündern, alle Verwundeten umzubringen, alle nicht ausgelösten Gefangenen und alle gefangenen Nichtkämpfer zu erschlagen oder in Sklaverei zu schicken, die Häuser niederzubrennen, die Obstbäume, die Ernten und das Saatgut für künftige Aussaaten zu vernichten und das lebende Vieh zu töten. Zu Beginn des Peloponnesischen Krieges schlachten die Spartaner alle Griechen, denen sie auf dem Meere begegnen, als Feinde ab, ob sie nun Verbündete Athens oder Neutrale sind. In der Schlacht von Aigos Potamoi, die den Krieg beendet, bringen die Spartaner dreitausend athenische Gefangene um – geradezu den besten Teil der erschöpften athenischen Bürgerschaft. Krieg – Stadt gegen Stadt oder Klasse gegen Klasse – ist ein normaler Zustand für Griechenland. Auf diese Weise wendet sich das Griechenland, das den König der Könige besiegt hat, gegen sich selbst, Griechen stoßen in tausend Schlachten auf Griechen, und im Verlaufe eines Jahrhunderts nach Marathon erschöpft sich die glänzendste Kultur der Geschichte in einem lange währenden nationalen Selbstmord.

Mänade. Kolorierte Schwarzzeichnung des Brygos-Malers im Schalenrund einer attischen Trinkschale (um 490 v. Chr.; Staatliche Antikensammlungen, München).

V. DER CHARAKTER

Wenn diese ewigen Streithähne trotzdem unsere Sympathie besitzen, so deshalb, weil die Schwungkraft ihres unternehmenden Geistes uns mit der Kraßheit ihrer Fehler versöhnt. Die Nähe des Meeres, die Möglichkeiten des Handels, die Freiheit des wirtschaftlichen und politischen Lebens geben dem Athener in Charakter und Denken eine unerhörte Schwung- und Spannkraft, ein wahres Fieber in Geist und Sinnen. Welcher Wechsel vom Orient nach Europa, von den trägen südlichen Gebieten zu diesen Zwischenstadien, wo der Winter kalt genug ist, um zu kräftigen, ohne dabei abzustumpfen, und der Sommer warm genug, Leib und Seele zu befreien, ohne sie zu schwächen! Hier findet sich ein Glauben an Menschen und Leben, ein Lebensschwung, der bis zur Renaissance ohne seinesgleichen bleibt.

Diese anregende Umwelt gibt Mut ein und eine Heftigkeit, die unendlich weit weg ist von der *sophrosyne*, dem Gleichmut, den die Philosophen vergeblich predigen, oder von der olympischen Heiterkeit, die der junge Winckelmann und der alte Goethe den leidenschaftlichen und ruhelosen Griechen andichten. Die Ideale einer Nation sind gewöhnlich Schein und dürfen nicht für Geschichte genommen werden. Mut und Mäßigkeit – *andria*, «Mannhaftigkeit», und das *meden agan*, «Nichts im Übermaß», der delphischen Inschrift –, das sind die beiden miteinander im Wettkampf stehenden Leitmotive des Griechen; das eine setzt sich oft genug durch, das andere wirkt aber nur bei den Bauern, Philosophen und Heiligen. Der Durchschnittsathener ist ein Sinnenmensch, aber mit gutem Gewissen; er sieht in den Sinnenfreuden keine Sünde und findet in ihnen die beste Antwort auf den Pessimismus, der seine nachdenklichen Zwischenzeiten verdunkelt. Er liebt den Wein und scheut sich nicht, sich hin und wieder zu betrinken. Er liebt die Frauen in einer fast unschuldig körperlichen Weise, läßt sich geschlechtlich leicht gehen und sieht einen Fehltritt nicht als unreparables Unglück an. Und doch verdünnt er zwei Teile Wein mit drei Teilen Wasser und betrachtet wiederholte Trunkenheit als ein Vergehen gegen den guten Geschmack. Obgleich er selten Mäßigung übt, verehrt er sie doch aufrichtig und formuliert klarer als sonst ein Volk der Geschichte das Ideal der Selbstbeherrschung.

Die Athener sind zu geistvoll, um gut zu sein, und verachten die Dummheit mehr als das Laster. Sie sind nicht alle Weise, und ihre Frauen dürfen wir uns nicht als schöne Helenen oder liebliche Nausikaas vorstellen und ihre Männer nicht als eine Mischung der Tapferkeit des Aias und der Weisheit Nestors. Die Geschichte hat die großen Geister Griechenlands in Erinnerung behalten und die Narren (außer Nikias) vergessen; selbst unsere Zeit könnte groß erscheinen, wenn die meisten von uns vergessen sein werden und nur die Berggipfel noch aus der Finsternis der Zeit hervorragen. Wenn man vom Pathos der zeitlichen Entfernung Abstand nimmt, dann bleibt der Durchschnittsathener so schlau wie ein Orientale, so neuigkeitssüchtig wie ein Amerikaner, ewig wißbegierig und immer beweglich; stets eine parmenidische Seelenruhe predigend und unaufhörlich auf einem herakleitischen Meer umhergeworfen. Kein Volk hat je eine lebhaftere Phantasie gehabt, keines eine beweglichere Zunge. Klares Denken und klarer Ausdruck scheinen dem Athener göttlich; er hat keine Geduld mit gelehrter Verdunkelung und betrachtet eine gut unterrichtete und geistvolle Unterhaltung als das Höchste an der Kultur. Das Geheimnis der Überschwenglichkeit des griechischen Lebens und Denkens liegt darin, daß für den Griechen der Mensch das Maß aller Dinge ist. Der gebildete Athener ist in die Vernunft verliebt und bezweifelt selten ihre Fähigkeit, das All zu erfassen. Der Wunsch, zu wissen und zu verstehen, ist seine edelste Leidenschaft – so unmäßig wie alles andere. Später einmal wird er die Grenzen der Vernunft und des menschlichen Strebens erkennen und in natürlicher Reaktion einem Pessimismus verfallen, der merkwürdig von der charakteristischen lärmenden Fröhlichkeit seines Geistes absticht. Selbst im Jahrhundert seiner Überschwenglichkeit wird das Denken seiner tiefstschürfenden Männer – das sind nicht seine Philosophen, sondern seine Dramatiker – von der flüchtigen Kürze des Genusses und der stillen Hartnäckigkeit des Todes überschattet sein.

Wie die Neugierde die Wissenschaft Griechenlands hervorbringt, so begründet und beherrscht die Habgier seine Wirtschaft. Platon spricht mit der für den Moralisten gewöhnlichen Übertreibung von der «Sucht nach Reichtum, welche jeden Augenblick in Beschlag nimmt, so daß man für nichts anderes mehr sorgen kann als nur für den eigenen Besitz; am Besitze hängt dann die ganze Seele jedes Bürgers.»[4] Die Athener sind auf Wettbewerb eingestellte Lebewesen und stacheln einander mit beinahe erbarmungslosem Wetteifer zur Leistung an. Sie sind schlau und stehen den Semiten an List und Geschäftstüchtigkeit nicht viel nach; sie sind genauso steifnackig wie die biblischen Hebräer, genauso streitsüchtig, widerspenstig und stolz. Sie feilschen bei Kauf und Verkauf gewaltig, sie hecheln im Gespräch jeden Punkt durch und streiten miteinander, wenn sie nicht andere Länder bekriegen können. Sie sind wenig gefühlvoll und für die Tränen des Euripides nicht zu haben. Sie sind freundlich zu Tieren und grausam zu Menschen: sie wenden auch bei nicht angeklagten Sklaven regelmäßig die Folter an und schlafen allem Anscheine nach den Schlaf der Gerechten, nachdem sie eine ganze Stadt von Wehrlosen abgeschlachtet haben. Dabei sind sie aber großmütig gegenüber den Armen und den Behinderten. Als die Volksversammlung erfährt, die Enkelin des Tyrannenmörders Aristogeiton lebe in bitterer Not in Lemnos, sorgt sie für das Geld, um sie nach Athen zurückzuholen und sie mit einer Mitgift und einem Manne auszustatten. Die Unterdrückten und Verfolgten anderer Städte finden Mitgefühl und Zuflucht in Athen.

Es ist eben so, daß für die Griechen «Charakter» etwas ganz anderes bedeutet als für uns. Sie streben weder nach der Gewissenhaftigkeit des guten Bürgers noch nach der Ehre des Adligen. Für die Griechen ist das beste Leben das ausgefüllteste, eines, das reich ist an Gesundheit, Kraft, Schönheit, Leidenschaft, Vermögen, Abenteuern und Gedankenreichtum. Die Tugend ist *arete*, wörtlich und ursprünglich die kriegerische Tüchtigkeit (Ares); gerade das, was die Römer *virtus*, Mannhaftigkeit, nannten. Der ideale Mann Athens ist der *kalokagathos*, der Schönheit und Gerechtigkeit zu einer anmutigen Lebensart verbindet, die Tüchtigkeit, Ruhm, Reichtum und Freunde ebenso hoch einschätzt wie Tugend und Menschlichkeit; wie bei Goethe steht die Entfaltung der Persönlichkeit im Mittelpunkt. Zu dieser Auffassung gehört ein Grad an Eitelkeit, der in seiner Offenherzigkeit schwerlich nach unserem Geschmack ist: die Griechen werden niemals müde, sich selbst zu bewundern; sie verkünden bei jeder Gelegenheit ihre Überlegenheit über andere Krieger, Schriftsteller, Künstler, Völker.

Alle diese Eigenschaften der Athener wirken zusammen, um ihren Stadtstaat zu schaffen. In ihm liegt die Schöpfung und die Summierung ihrer Kraft und ihres Mutes, ihres Scharfsinnes und ihrer Gesprächigkeit, ihrer Unbotmäßigkeit und ihrer Erwerbssucht, ihrer Eitelkeit und ihrer Vaterlandsliebe, ihres Kultes der Schönheit und der Freiheit. Sie sind reich an Leidenschaften, aber arm an Vorurteilen. Dann und wann lassen sie religiöse Unduldsamkeit zu, nicht als eine Behinderung des Denkens, sondern als eine Waffe der Parteipolitik und als einen Hemmschuh gegen sittliche Experimentiersucht; im übrigen bestehen sie auf einem Ausmaß an Freiheit, das ihren orientalischen Besuchern als ein phantastisches Chaos vorkommt. Weil sie aber frei sind, weil letzten Endes jedes Amt jedem Bürger offensteht, widmen sie ihr halbes Leben dem Staate. «Zu Hause» ist der Ort, wo sie schlafen; sie *leben* auf dem Markt, in der Volksversammlung, im Rat, in den Gerichten, in den großen Festen, Sportveranstaltungen und Schauspielen, die ihre Stadt und ihre Götter verherrlichen. Sie erkennen das Recht des Staates an, sie selbst und ihr Vermögen für seine Zwecke zu beanspruchen. Sie nehmen die sehr hohen Anforderungen willig hin, weil er der menschlichen Entwicklung eine bessere Gelegenheit bietet, als die Menschheit je zuvor kannte; sie kämpfen verbissen für ihren Staat, weil er der Schöpfer und Hüter ihrer Freiheiten ist. Herodot sagt: «Die Athener wuchsen und nahmen zu. Es ist aber offenbar, nicht bloß aus einem Grunde, sondern aller Wege, daß die Freiheit und Gleichheit eine vortreffliche Sache ist, da auch die Athener, solange sie unter Herren standen, keinem der benachbarten Völker im Kriege überlegen waren, als sie aber der Herren ledig waren, bei weitem die ersten wurden.»[5]

VI. DIE VOREHELICHEN BEZIEHUNGEN

Hinsichtlich der Sittlichkeit erscheint das klassische Athen wie hinsichtlich des Alphabetes, der Maße und Gewichte, des Münzsystems, der Kleidung, der Musik, der Astronomie und der mystischen Kulte eher orientalisch als europäisch. Die physische Grundlage der Liebe wird von beiden Geschlechtern freimütig anerkannt; die Liebestränke, die bekümmerte Damen für nachlässige Männer brauen, haben nicht nur platonische Ziele. Voreheliche Keuschheit wird von ehrbaren Frauen verlangt; aber für unverheiratete Männer ist nach der Ephebenzeit die Begierde wenigen Hemmungen unterworfen. Die großen Feste werden, wenngleich dem Ursprunge nach religiös, als Sicherheitsventile für die natürliche Unsittlichkeit der Menschheit gebraucht; die sexuelle Ausschweifung wird bei solchen Gelegenheiten durch den Glauben verzeihlich gemacht, daß die Monogamie während der Gleichmäßigkeit des Jahreslaufes dadurch leichter zu erreichen sei. In Athen haftet dem gelegentlichen Verkehr eines jungen Mannes mit Dirnen kein Makel an; selbst Verheiratete suchen sie auf, ohne eine größere moralische Strafe gewärtigen zu müssen als einige Schimpfwörter zu Hause und einen leicht getrübten Ruf in der Stadt. Athen erkennt die Einrichtung der Prostitution offen an und belegt sie mit einer Steuer.

Bei einer Laufbahn, die dem Talent so offensteht, wird das Dirnenwesen in Athen wie in den meisten anderen Städten Griechenlands ein wohlentwickelter Beruf mit vielen Spezialitäten. Die Dirnen niederster Ordnung, die *pornai*, leben zumeist im Peiraieus, in gemeinen Bordellen, die zur größeren Bequemlichkeit der Öffentlichkeit mit dem phallischen Symbol Priaps gekennzeichnet sind. Mit einem Obolos erhält man das Recht, diese Häuser zu betreten, in denen sich die Mädchen, so leicht bekleidet, daß man sie *gymnai* (Nackte) nennt, ihren mutmaßlichen Käufern zur Betrachtung darbieten wie Hunde in einem Zwinger. Man kann auf eine beliebige Zeit kontrahieren und sich das Mädchen von der Leiterin des Hauses auf eine Woche, einen Monat oder ein Jahr mitgeben lassen; manchmal wird ein Mädchen auf diese Weise an zwei oder mehr Männer zugleich vermietet, die sich in die Zeit ihren Mitteln entsprechend teilen. Höher schätzen die Athener die *auletrides*, die «Flötenspielerinnen», die wie die Geishas Japans an «damenlosen» Unterhaltungen teilnehmen, für Musik und Lustigkeit sorgen, künstlerische oder wollüstige Tänze vorführen und sich dann nach gehöriger Aufforderung unter die Gäste mischen und die Nacht mit ihnen verbringen. Einige alte Kurtisanen bewahren sich vor dem drohenden Hunger, indem sie für diese Flötenmädchen Ausbildungsschulen einrichten und ihnen die Wissenschaft von der kosmetischen Verschönerung, der persönlichen Anpassung, der musikalischen Unterhaltung und der amourösen Tändelei beibringen. Die Überlieferung vermittelt sorgsam, wie ein kostbares Vermächtnis, von Dirnengeneration zu Dirnengeneration die Künste, wie man mit gewandter Zurschaustellung Liebe einflößt, sie durch spröde Ablehnung aufrechterhält und einträglich werden läßt. Wenn wir Lukians Wort aus einer späteren Zeit folgen dürfen, haben einige *auletrides* zartfühlende Herzen, kennen wirkliche Liebe und richten sich für ihre Liebhaber zugrunde. Die ehrbare Dirne ist ein altehrwürdiges Thema.

Die höchste Klasse bilden die *hetairai*, wörtlich die «Gefährtinnen». Anders als die *pornai*, die zumeist orientalischer Herkunft sind, sind die *hetairai* gewöhnlich Frauen aus der Bürgerklasse, die ihrer Ehrbarkeit verlustiggegangen oder der Abschließung entronnen sind, die von den athenischen Mädchen und Frauen gefordert wird. Sie leben ein unabhängiges Leben und unterhalten in eigenen Wohnstätten die Liebhaber, die sie anlocken. Obgleich sie meistens von Geburt dunkelhaarig sind, färben sie sich im Glauben, daß die Athener blond bevorzugen, die Haare gelb; und sie zeichnen sich, offenbar unter behördlichem Zwang, durch bunte blumige Gewänder aus. Durch gelegentliche Lektüre oder den Besuch von Vorträgen erwerben sich einige eine bescheidene Bildung und erheitern ihre kultivierten Gönner mit gelehrter Unterhaltung. Thais, Diotima, Thargelia, Leontion und Aspasia sind dafür bekannt, daß man mit ihnen philosophische Streitgespräche führen kann, und manchmal sind sie ihres gepflegten literarischen Stiles wegen gefeiert. Viele sind ihres Witzes wegen berühmt, und die athenische Literatur besitzt auch eine Blütenlese von Hetairen-Epigrammen. Obgleich allen *hetairai* die bürgerlichen Rechte verwehrt sind und sie keinen anderen Tempel als den ihrer eigenen Göttin, Aphrodite Pandemos, betreten dürfen, genießt eine kleine Zahl erlesener *hetairai* in der männlichen Gesellschaft Athens eine hohe Stellung. Kein Mann schämt sich dessen, mit ihnen gesehen zu werden; Philosophen kämpfen um ihre Gunst, und ein Geschichtsschreiber wie Plutarch zeichnet ihre Geschichte sorgsam auf.

Auf diese Weise kommen manche *hetairai* zu einer gewissen akademischen Unsterblichkeit. Da ist Klepsydra, so genannt, weil sie ihre Liebhaber nach dem Stundenglas empfängt und entläßt; Thargelia, die als die Mata Hari ihrer Zeit den Persern dient, indem sie mit so vielen Staatsmännern Athens wie möglich schläft; da sind Theoris, die Sophokles das Greisenalter verschönt, und Archippe, die um die neunte Lebensdekade des Dramatikers ihre Nachfolgerin wird; Archeanassa, die Platon unterhält, und Danae und Leontion, die Epikuros die Philosophie des Genusses lehren; Themistonoe, die ihre Kunst ausübt, bis sie ihren letzten Zahn und ihre letzte Haarsträhne verloren hat, und die geschäftstüchtige Gnathaina, die viel Zeit zur Ausbildung ihrer reizvollen Tochter verwendet und dann tausend Drachmen als Preis für die Gesellschaft der jungen Dame für eine Nacht verlangt. Die Schönheit Phrynes ist das Stadtgespräch im Athen des vierten Jahrhunderts, da sie in der Öffentlichkeit stets nur vollständig verschleiert auftritt, sich aber an den Eleusinien und nochmals am Fest der Poseidonia im Anblick aller entkleidet, ihr Haar löst und im Meer baden geht. Eine Zeitlang liebt und inspiriert sie Praxiteles und steht ihm für seine Aphroditen Modell; nach ihr bildet auch Apelles seine *Aphrodite Anadyomene*. So reich ist Phryne von ihren Liebschaften, daß sie sich anerbietet, die Mauern von Theben neu erbauen zu lassen, wenn sie dafür ihren Namen auf das Bauwerk einzeichnen lassen dürfe, was die Thebaner aber strikte ablehnen. Vielleicht verlangt sie von Euthias ein zu hohes Honorar; er rächt sich, indem er sie der Gottlosigkeit anklagt. Aber ein Mitglied des Gerichtes gehört zu ihren Kunden, und Hypereides, der Redner, ist ihr ergebener Liebhaber. Hypereides verteidigt sie nicht nur durch Beredsamkeit, sondern indem er ihren Chiton öffnet und ihren Busen dem Gerichtshof enthüllt. Die Richter betrachten ihre Schönheit und erkennen ihre Frömmigkeit als gegeben an.

Lais von Korinth scheint nach Athenaios «jeder anderen Frau an Schönheit weit überlegen» gewesen zu sein. So viele Städte Homer für sich beanspruchen, so viele wollen auch Zeugen ihrer Geburt gewesen sein. Bildhauer und Maler bitten sie, ihnen Modell zu stehen, aber sie ist abweisend. Der große Myron vermag sie als alter Mann dazu zu bewegen. Als sie sich entkleidet, vergißt er sein graues Haar und bietet ihr seinen ganzen Besitz für eine einzige Nacht; sie lächelt nur, zuckt ihre runden Schultern und läßt ihn ohne Statue stehen. Am nächsten Morgen läßt er sich, in neuer Jugendlichkeit brennend, die Haare scheren und den Bart abnehmen; er bekleidet sich mit einem purpurnen Gewand und einem goldenen Gürtel, legt sich eine goldene Kette um und steckt sich Ringe an alle Finger, schminkt sich die Wangen rot und parfümiert sich die Kleider und die Haut. Er sucht Lais auf und erklärt ihr seine Liebe. «Mein armer Freund», antwortet sie, seine Metamorphose durchschauend, «du forderst von mir, was ich gestern deinem Vater verweigerte.» Sie erwirbt sich ein großes Vermögen; doch sie verweigert sich armen, aber hübschen Liebhabern nicht. Sie bringt den häßlichen Demosthenes auf den Pfad der Tugend zurück, indem sie zehntausend Drachmen für einen Abend verlangt, und von dem reichen Aristippos verdient sie Summen, die seinen Diener empören; dem gänzlich vermögenslosen Diogenes gibt sie sich aber um ein Nichts hin und freut sich, Philosophen zu ihren Füßen liegen zu sehen. Sie verschwendet ihr Vermögen in großzügiger Weise für Tempel, öffentliche Bauten und Freunde und kehrt schließlich nach dem Brauch ihrer Art zur Armut ihrer Jugend zurück. Sie betreibt ihr Gewerbe geduldig bis zum Ende; und nach ihrem Tode wird sie als der größte Eroberer, den die Griechen je kannten, mit einem prächtigen Grabmal geehrt.

VII. DIE GRIECHISCHE FREUNDSCHAFT

Seltsamer als dieses seltsame Bündnis von Prostitution und Philosophie ist die gelassene Hinnahme der sexuellen Perversion. Die wichtigsten Nebenbuhler der *hetairai* sind die Knaben Athens; und die Dirnen, bis in die tiefsten Tiefen ihres Geldbeutels empört, werden nicht müde, die Unsittlichkeit der homosexuellen Liebe anzuprangern. Kaufleute importieren hübsche Knaben, um sie dem Meistbietenden zu verkaufen, dem sie zuerst als Konkubinen und dann als Sklaven dienen; und nur eine winzige Minderheit der Männer findet es unrecht, daß die verweichlichten jungen Adligen der Stadt die Glut alternder Männer entfachen und stillen. In diesen Fragen des Geschlechtes ist Sparta genauso sorglos wie Athen; als Alkman einigen Mädchen ein Kompliment machen will, nennt er sie «meine weiblichen Freunde». Das athenische Gesetz entzieht denjenigen, die homosexuelle Aufmerksamkeiten entgegennehmen, das Bürgerrecht; aber die öffentliche Meinung duldet den Brauch mit gutem Humor. In Sparta und auf Kreta haftet ihm keinerlei Makel an, und in Theben wird er als wertvolle Quelle der kriegerischen Organisation und des Mutes hingenommen. Die größten Helden im freundlichen Gedenken Athens sind Harmodios und Aristogeiton, Tyrannenmörder und Freundespaar; der volkstümlichste Athener seiner Zeit ist Alkibiades, der sich der Männer rühmt, die ihn lieben; sogar noch zur Zeit des Aristoteles schwören sich «griechische Liebhaber» ihre Treue am Grabe des Iolaos, des Genossen des Herakles; und nach der Beschreibung des Aristippos ist Xenophon, der große Heerführer und hartköpfige Weltmann, in den jungen Kleinias sterblich verliebt. Die Zuneigung eines Knaben zu einem Mann oder eines Knaben zu einem Knaben zeigt in Griechenland alle Symptome der romantischen Liebe: Leidenschaft, Mitleid, Ekstase, Eifersucht, Schwärmerei, düsteres Brüten, Stöhnen und Schlaflosigkeit. Wenn Platon in seinem *Phaidros* von der menschlichen Liebe spricht, meint er die homosexuelle Liebe; und die Debattierenden in seinem *Symposion* sind sich in einem Punkte einig: daß die Liebe zwischen Männern edler und geistvoller ist als die Liebe zwischen Mann und Frau. Eine ähnliche Perversion erscheint bei den Frauen, gelegentlich bei den besten, wie bei Sappho, sehr häufig bei den Dirnen; die *auletrides* lieben einander leidenschaftlicher, als sie ihre Gönner lieben, und die *porneia* sind Treibhäuser lesbischer Liebesabenteuer.

Wie sollen wir uns die Volkstümlichkeit dieser Perversion in Griechenland erklären? Aristoteles schreibt sie der Furcht vor Übervölkerung zu. Das mag einen Teil dieser Erscheinung erklären; es besteht aber offensichtlich ein Zusammenhang zwischen dem Vorherrschen der Homosexualität wie der Prostitution in Athen und der Abgeschlossenheit der Frauen. Wenn die Knaben des perikleischen Athen sechs Jahre alt sind, werden sie aus dem Gynaikon, in dem ehrbare Frauen ihr Leben verbringen, entfernt und hauptsächlich in Gemeinschaft mit anderen Knaben oder mit Männern aufgezogen; sie haben in der Zeit ihrer Entwicklung, in der fast neutralsten Zeit ihres Lebens, nur wenig Gelegenheit, die Anziehungskraft des zarten Geschlechtes zu spüren. Das Leben in der gemeinsamen Speisehalle Spartas, der Agora, des Gymnasions und der Palaistra in Athen, die Laufbahn des Ephebos, sie alle zeigen der Jugend nur die männliche Gestalt; selbst in der Kunst erscheint die körperliche Schönheit der Frau zum erstenmal bei Praxiteles. Im Eheleben findet der Mann fast nie eine geistige Gemeinschaft; die Seltenheit der Bildung bei Frauen erzeugt eine Kluft zwischen den Geschlechtern, und die Männer suchen anderenorts die Reize, die sie ihren Frauen zu erwerben nicht erlaubt haben. Dem athenischen Bürger ist sein Haus nicht seine Burg, sondern sein Schlafzimmer; vom Morgen bis zum Abend lebt er größtenteils in der Stadt und kommt selten in gesellschaftliche Berührung mit anderen Frauen als seiner Gattin und seinen Töchtern. Die griechische Gesellschaft ist eingeschlechtlich und läßt die Unruhe, die Anmut und den Auftrieb vermissen, die der Geist und der Reiz der Frauen dem Italien der Renaissance und dem Frankreich der Aufklärung verleihen.

VIII. LIEBE UND EHE

Romantische Liebe gibt es auch bei den Griechen, aber selten führt sie zur Eheschließung. Bei Homer finden wir sie kaum; Agamemnon und Achilleus haben für Chryseis und Briseis, ja sogar für Kassandra nur physische Begierde übrig. Nausikaa möge hingegen als Warnung gegen eine allzu große Verallgemeinerung dienen, und Sagen, die so alt sind wie Homer, berichten von Herakles und Iole, Orpheus und Eurydike. Die lyrischen Dichter sprechen oft von Liebe, gewöhnlich im Sinne der geschlechtlichen Anziehung; Geschichten wie die der Jungfrau, die sich nach Stesichoros vor Liebe zu Tode grämt, sind außergewöhnlich; wenn aber Theano, die Frau des Pythagoras, die Liebe «die Krankheit einer sehnenden Seele» nennt, fühlen wir den echten Ton der romantischen Liebessehnsucht heraus. Als die Verfeinerung zunimmt und die Sinnenglut mit Poesie überdeckt, sind zärtliche Gefühle häufiger zu finden, und der stets zunehmende Aufschub, den die Kultur zwischen das Begehren und die Erfüllung legt, gibt der Einbildungskraft Muße, den Gegenstand der Hoffnung zu verschönen. Aischylos ist in der Behandlung des Geschlechtlichen noch homerisch; aber bei Sophokles hören wir von «Eros, der die Götter nach seiner Lust beherrscht» *, und manche Euripidesstelle nennt Eros' Macht. Die späteren Dramatiker stellen oft einen sterblich verliebten Jüngling dar. Aristoteles trifft mit seiner Bemerkung «Liebende schauen ins Auge des Geliebten, das in Züchten leuchtet»[7], den wahren Charakter der romantischen Verehrung.

Solche Liebe führt in Griechenland eher zu vorehelichen Beziehungen als zur Ehe. Für die Griechen ist die romantische Liebe eine Art «Besessenheit»; sie würden über den nur lächeln, der sie als einen geeigneten Führer zur Auswahl des Ehegatten betrachtete. Gewöhnlich wird die Ehe von den Eltern oder von berufsmäßigen Ehevermittlern vereinbart, und zwar im Hinblick auf die Mitgift und nicht auf Liebe. Der Vater muß seiner Tochter Geld, Kleidung, Schmuck und wohl auch Sklaven in die Ehe mitgeben. Dieses Heiratsgut bleibt bis zum Ende Besitztum der Frau und fällt im Falle der Ehescheidung an sie zurück – eine Vorstellung, die die Männer von der Ehescheidung zurückhält. Ohne Mitgift hat ein Mädchen wenig Aussicht auf Heirat; wenn daher ein Vater außerstande ist, sie ihr zu geben, tun sich die Verwandten zusammen, um ihr eine zu verschaffen. Die Kaufehe, die in der homerischen Zeit so häufig war, hat sich also im perikleischen Griechenland in ihr Gegenteil verwandelt: es ist tatsächlich so, wie Medeia bei Euripides klagt: die Frau muß sich ihren Herrn kaufen. Der Grieche heiratet also nicht aus Liebe oder weil ihm der Ehestand gefiele (er jammert ständig über die Unannehmlichkeiten der Ehe), sondern um sich selbst und den Staat mit einem angemessen begüterten Weibe in Kindern fortzusetzen, die das böse Geschick einer ungepflegten Seele abwenden. Selbst so zögert er die Heirat so lange wie nur möglich hinaus. Der Buchstabe des Gesetzes verbietet es ihm, einsam zu bleiben; aber das Gesetz wird in der perikleischen Zeit nicht immer ganz ernst genommen, und nach Perikles nimmt die Zahl der Junggesellen ständig zu, bis die Ehelosigkeit eines der wichtigsten Probleme Athens wird. Man kann sich in Griechenland auf gar vielerlei Weise amüsieren! Diejenigen, die schließlich doch nachgeben, heiraten spät, gewöhnlich Ende der Zwanzigerjahre, und verlangen dann eine Braut, die nicht älter als fünfzehn ist. «Übel ist es, einen Jüngling mit einer jungen Frau zu verbinden, denn des Mannes Stärke überdauert die Zeit, die Blüte der Frauenschönheit aber welkt schnell dahin»[8], sagt eine Gestalt bei Euripides.

* Vgl. *Antigone*, 781 ff.:

Eros, Unbesiegter im Streit,
Eros, der du die Beute befällst,
Der du lauerst nächtlich auf
Den zarten Wangen der Jungfrau –
Übers Meer schreitest du hin,
Wohnst im ländlichen Hof auch.
Kein Unsterblicher kann dir entgehn,
Keiner der flüchtigen Menschen. Es
Rast der Ergriffne.[6]

Wenn die Wahl erfolgt und die Mitgift vereinbart ist, findet im Hause des Vaters der Braut ein feierliches Verlöbnis statt. Es müssen Zeugen zugegen sein; die Anwesenheit der Braut ist dagegen nicht notwendig. Ohne dieses förmliche Verlöbnis ist nach athenischem Gesetz keine Verbindung gültig; es gilt als erster Akt eines komplizierten Hochzeitsrituals. Der zweite Akt folgt in wenigen Tagen und ist eine Feier im Hause des Mädchens. Bevor sie zu diesem Fest kommen, nehmen Braut und Bräutigam bei sich zu Hause ein zeremonielles Reinigungsbad. Bei der Feier sitzen die Männer beider Familien auf der einen Seite des Raumes, die Frauen auf der anderen; ein Hochzeitskuchen wird verspeist und viel Wein getrunken. Dann führt der Bräutigam seine verschleierte und weißgewandete Braut – die er vielleicht noch gar nie zu Gesicht bekommen hat – zu einem Wagen und geleitet sie inmitten einer Prozession von Freunden und flötenspielenden Mädchen, die den Weg mit Fackeln beleuchten und das Hochzeitslied singen, zum Hause seines Vaters. Dort angekommen, trägt er die junge Frau, wie um einen Brautraub darzustellen, über die Hausschwelle. Die Eltern des jungen Mannes begrüßen das Mädchen und nehmen es mit einer religiösen Zeremonie in den Kreis der Familie und den Kult ihrer Götter auf; an dem Ritual nimmt aber kein Priester teil. Die Gäste begleiten das junge Paar dann zu seinem Zimmer und singen dazu ein *epithalamios*, ein Brautgemachlied. Vor der Tür des Brautgemaches treiben sie sich lärmend herum, bis der junge Ehemann verkündet, die Eheschließung sei vollzogen.

Außer seiner Ehefrau kann sich der Mann eine Nebenfrau nehmen. Demosthenes sagt: «Dirnen dienen uns zu unserer Lust, Konkubinen zur täglichen Gesundheitspflege unseres Körpers und die Gattin als Gebärerin gesetzlicher Nachkommenschaft und als getreue Hüterin des Hauses.» Das ist in einem einzigen überraschenden Satz die Ansicht des klassischen Griechen von der Frau. Drakons Gesetze lassen Nebenfrauen zu. Und nach dem sizilischen Feldzug von 415, da die Bürgerschaft durch den Krieg zusammengeschmolzen ist und viele Mädchen keinen Mann finden können, gestattet das Gesetz ausdrücklich die Ehe mit zwei Frauen; Sokrates und Euripides gehören zu denen, die sich dieser vaterländischen Verpflichtung unterziehen. Die Gattin nimmt die Nebenfrau meist mit orientalischem Gleichmut hin, da sie weiß, daß die «zweite Frau», wenn ihre Reize einmal verblaßt sind, im Grunde eine Haushaltsklavin werden wird und daß nur die Nachkommenschaft der ersten Frau als legitim gilt. Ehebruch führt zur Scheidung nur dann, wenn er von der Frau begangen wird; in diesem Falle sagt man, der Ehemann trage Hörner, und der Brauch verlangt, daß er seine Frau verstößt. Nach dem Gesetz ist der Ehebruch einer Frau oder eines Mannes mit einer verheirateten Frau mit dem Tode strafbar; aber die Griechen sind gegenüber der sinnlichen Begierde zu nachsichtig, um es mit diesem Gesetz ganz genau zu nehmen. Es bleibt gewöhnlich dem betroffenen Ehemann überlassen, mit dem Ehebrecher zu verfahren, wie er will und kann: manchmal bringt er ihn *flagrante delicto* um, manchmal schickt er einen Sklaven, ihn zu verprügeln, manchmal begnügt er sich mit einer Entschädigung in barer Münze.

Der Mann kann sich leicht scheiden lassen; er kann seine Frau jederzeit, ohne Angabe eines Grundes, verstoßen. Unfruchtbarkeit gilt als hinreichender Grund, sich von einer Frau zu trennen, da es ja Zweck der Ehe ist, Kinder zu erzeugen. Ist der Mann steril, gestattet das Gesetz und fordert die öffentliche Meinung, daß ein Verwandter dem Ehemann beisteht; das aus dieser Verbindung erwachsene Kind gilt als Sohn des Ehemannes und muß dessen abgeschiedene Seele pflegen. Die Frau darf nicht nach eigenem Gutdünken ihren Mann verlassen; aber sie kann von den Archonten die Scheidung wegen Grausamkeit oder Exzessen ihres Gatten verlangen. Die Ehescheidung ist auch auf Grund gegenseitigen Einverständnisses, das gewöhnlich förmlich vor dem Archonten ausgesprochen wird, gestattet. Im Falle der Trennung verbleiben die Kinder auch dann, wenn der Ehemann des Ehebruches schuldig war, bei diesem. Im großen und ganzen sind Sitten und Gebräuche und Gesetz Athens durchaus von Männern geschaffen und stellen gegenüber der Gesellschaft Ägyptens, Kretas und der homerischen Zeit einen orientalischen Rückschritt dar.

IX. DIE FRAU

So erstaunlich wie alles übrige an dieser Kultur ist die Tatsache, daß sie auch ohne die Mitwirkung und die Anregung der Frau so glänzend ist. Mit Hilfe der Frau erreichte das heroische Alter seine Glanzzeit, die Zeit der Diktatoren ihren lyrischen Schimmer; da verschwinden, fast über Nacht, die verheirateten Frauen aus der Geschichte der Griechen, als ob sie die angenommene Beziehung zwischen der Höhe der Kultur und dem rechtlichen Stand der Frau widerlegen wollten. Bei Herodot findet sich die Frau allüberall, bei Thukydides nirgends. Von Semonides von Amorgos bis Lukianos wird die griechische Literatur nicht müde, sich über die Fehler der Frauen auszulassen, und gegen ihr Ende wiederholt sogar der freundliche Plutarch des Thukydides Ausspruch: «Der Name einer anständigen Frau sollte wie sie selbst im Hause verschlossen bleiben.»

Diese Abschließung der Frau ist den Doriern unbekannt; wahrscheinlich kommt sie aus dem Vorderen Orient nach Ionien und von dort nach Attika; sie gehört zum Vermächtnis Asiens. Vielleicht sind auch der Wegfall der Erbfolge über die Mutter, das Hochkommen des Mittelstandes und der kaufmännischen Lebensanschauung an diesem Wechsel beteiligt: die Männer beurteilen die Frau nun nach dem Gesichtspunkt der Nützlichkeit und finden sie im Haushalt besonders nutzbringend. Der orientalische Charakter der griechischen Eheschließung paßt zu diesem attischen *purdah*; die Braut wird von ihrer Sippe losgetrennt und lebt nun fast wie eine Dienstmagd in einem fremden Hause und betet zu fremden Göttern. Sie kann keine Verträge abschließen und keine Schulden machen, die über eine unbedeutende Summe hinausgehen; sie kann den Rechtsweg nicht in Anspruch nehmen; und Solon erläßt ein Gesetz, nach dem alles, was unter dem Einflusse einer Frau geschieht, vor dem Gesetz nicht gültig ist. Wenn der Ehegatte stirbt, erbt sie seinen Besitz nicht. Zu ihrer gesetzlichen Unterordnung kommt sogar noch ein physiologischer Irrtum hinzu: gerade wie die Unwissenheit der Primitiven über die Rolle des Mannes bei der Fortpflanzung zu einer

Überschätzung der Frau führte, so wird der Mann nach der im klassischen Griechenland weit verbreiteten Theorie, daß die Zeugungskraft nur ihm gegeben sei und die Frau das Kind lediglich trage und nähre, überschätzt. Das größere Alter des Mannes trägt zu der Unterordnung der Frau noch bei; er ist bei der Eheschließung doppelt so alt wie sie und kann in gewissem Umfange ihren Geist seiner eigenen Weltanschauung anpassen. Zweifellos kennt der Mann die Freiheit, die seinem Geschlecht in Athen gegeben ist, zu gut, um seine Frau oder seine Tochter sich frei bewegen zu lassen; er zieht es vor, auf Kosten ihrer Abgeschlossenheit frei zu sein. Sie darf, gehörig verschleiert und begleitet, ihre Verwandten und Freundinnen besuchen und an den religiösen Feiern einschließlich der Schauspiele teilnehmen; im übrigen aber muß sie im Hause bleiben und darf sich nicht einmal an einem Fenster sehen lassen. Den größten Teil ihres Lebens verbringt sie in der Frauenabteilung im rückwärtigen Teil des Hauses; kein männlicher Besucher ist dort je zugelassen, und sie zeigt sich auch nicht, wenn Männer ihren Gatten besuchen.

Im Hause wird sie hochgehalten, und man folgt ihren Befehlen, soweit sie nicht der patriarchalischen Gewalt ihres Gatten widersprechen. Sie führt den Haushalt oder beaufsichtigt seine Führung; sie kocht die Mahlzeiten, spinnt und webt und verfertigt die Kleidung und die Bettwäsche für die ganze Familie. Ihre Bildung beschränkt sich fast ausschließlich auf die Haushaltungskünste; denn der Athener glaubt mit Euripides, daß eine Frau durch den Verstand nur behindert wird. Das Ergebnis ist, daß die ehrbaren Frauen Athens züchtiger und bescheidener, «reizvoller» für Männer sind als ihre Genossinnen in Sparta, aber weniger interessant und weniger gereift, unfähig, ihren Gatten, deren Geist durch ein freies und buntes Leben erfüllt und geschärft ist, wahre Kameradinnen zu sein. Die Frauen des sechsten Jahrhunderts trugen Beträchtliches zur griechischen Literatur bei, die Frauen des perikleischen Athen gar nichts.

Gegen Ende dieses Zeitraumes kommt eine Bewegung zur Frauenemanzipation auf. Euripides verteidigt das Geschlecht mit tapferen Reden und schüchternen Anspielungen; Aristophanes macht sich über die Frauen mit lärmender Unziemlichkeit lustig. Die Frauen gehen der Sache auf den Grund und beginnen mit den *hetairai* zu wetteifern, indem sie sich so schön machen, als es der Fortschritt der Chemie nur erlaubt. «Ach geh, was werden Frau'n Vernünftiges tun, Ruhmvolles?» fragt Kalonike in der *Lysistrate* des Aristophanes. «Aufgeputzt mit Blumen sitzen wir da, geschminkt, im safrangelben Schal, mit Bänderschuh'n und kimbrischen Schleppkleidern.»[9] Von 411 an treten die weiblichen Rollen im athenischen Drama immer mehr in den Vordergrund und lassen erkennen, daß die Frau der Einsamkeit, zu der man sie gezwungen hat, entweicht.

Über alle diese Wandlungen hinweg bleibt der wahre Einfluß der Frau auf den Mann bestehen und macht ihre Unterordnung weitgehend unwirksam. Der stärkere Trieb des Mannes gibt der Frau in Griechenland wie anderswo einen Vorteil. «O Herr», sagt Samuel Johnson, «die Natur hat der Frau so viel Macht gegeben, daß das Gesetz ihr nicht noch mehr geben kann.» Manchmal wird diese natürliche Überlegenheit noch durch eine beträchtliche Mitgift oder eine emsige Zunge oder weibliche Zuneigung erhöht; öfter ist sie das Ergebnis der Schönheit oder des Gebärens und Aufziehens schöner Kinder oder der langsamen Verschmelzung der Seelen im Schmelztiegel der gemeinsamen Erfahrung und Aufgabe. Ein Zeitalter, das Gestalten wie Antigone, Alkestis, Iphigeneia und Andromache und Heldinnen wie Hekabe, Kassandra und Medeia darzustellen vermag, kann am Höchsten und Tiefsten in der Frau nicht wohl vorbeigegangen sein. Der Durchschnittsathener liebt seine Frau und wird nicht immer versuchen, es zu verbergen; die Grabinschriften beweisen eine überraschende Zärtlichkeit zwischen Ehegatten und zwischen Eltern und Kindern in der Heimlichkeit des Hauses. Ein Epitaph lautet:

Tränen zum Hades hinab, in den Erdschoß, spend' ich dir, teure
 Heliodora, als Pfand, welches der Liebe verblieb,
Tränen des bittersten Harms; ihr Tau, der den Hügel befeuchtet,
 Zeugt von der sehnenden Brust, zeugt von dem zarten Gefühl.
Schmerzlich, ja, schmerzlich beweint dich, du auch noch im Tode Geliebte,
 Dein Meleager. Umsonst! Hades verschließt sich der Gunst!
Weh, weh, wonniges Blümchen! Wo bist du? Es pflückte der Tod dich,
 Pflückte dich; Duft und Schmelz schwand im erstickenden Staub.
Höre denn du mein Flehn, Allnährerin Erde, und schließe
 Zärtlich, als Mutter, ans Herz sie, die der Tränen so wert.[10]

X. DIE WOHNSTÄTTE

Die griechische Familie setzt sich, wie der indogermanische Haushalt überhaupt, aus dem Vater, der Mutter, manchmal einer «zweiten Frau», den unverheirateten Töchtern, den Söhnen, den Sklaven und den Frauen, Kindern und Sklaven der Söhne zusammen. Die Familie bleibt bis zum Ende die stärkste Einrichtung der griechischen Kultur; denn sowohl im Ackerbau wie im Gewerbe ist sie die Einheit und das Werkzeug der wirtschaftlichen Produktion. Der Familienvater verfügt in Attika über eine ausgedehnte Gewalt; sie ist aber doch bedeutend enger als in Rom. Er kann das neugeborene Kind aussetzen, die Arbeitskraft seiner minderjährigen Söhne und unverheirateten Töchter verpachten, seine Töchter verheiraten und unter gewissen Bedingungen für den Fall seines Ablebens seiner Witwe einen anderen Ehegatten vorschreiben. Er kann aber nach dem athenischen Gesetz die Kinder selbst nicht verkaufen, und jeder Sohn entgeht mit der Heirat der väterlichen Autorität, gründet sein eigenes Heim und wird ein unabhängiges Glied der Sippe.

Das griechische Haus ist anspruchslos. Das Äußere ist selten mehr als eine dicke glatte Mauer mit einem schmalen Eingang, stumme Zeugen der Unsicherheit des griechischen Lebens. Das Baumaterial ist manchmal Stuck, gewöhnlich sonnengetrockneter Ziegelstein. In der Stadt drängen sich die Häuser an engen Straßen zusammen. Sie sind oft zweistöckig, gelegentlich Mietshäuser, die mehrere Familien beherbergen; aber fast jeder Bürger verfügt über ein eigenes Heim. Die Wohnungen sind in Athen klein, bis Alkibiades eine neue Mode der Weiträumigkeit einführt. Es besteht ein demokratisches Tabu, durch adlige Vorsicht verstärkt, auf Prachtentfaltung; und der Athener, der ja größtenteils unter freiem Himmel lebt, umgibt sein Haus nicht mit der Bedeutsamkeit und der liebenden Sorgfalt, die es in kälteren Zonen beansprucht. Ein reiches Haus hat vielleicht eine mit Säulen versehene Vorhalle; das ist aber ganz außergewöhnlich. Fenster sind ein Luxus und auf die oberen Stockwerke beschränkt; sie haben keine Scheiben, können aber mit Läden verschlossen oder mit Gitterwerk gegen die Sonne abgeschirmt werden. Die Eingangstür hat gewöhnlich zwei Flügel, die sich um zwei Angeln drehen, welche in der Schwelle und im Türsturz befestigt sind. An der Tür vieler Häuser von Wohlhabenden ist ein Metallklopfer zu finden, gewöhnlich in Gestalt eines Ringes in einem Löwenmaul. Der Eingang führt, außer in ärmeren Wohnstätten, auf eine *aule*, einen ungedeckten, gewöhnlich mit Steinen gepflasterten Hof. Um diesen Hof kann ein Säulengang herumführen. In seinem Mittelpunkt ist ein Altar oder ein Wasserbecken oder beides; er ist unter Umständen auch mit Säulen verziert und mit einem Mosaikboden bepflastert. Licht und Luft erhält das Haus hauptsächlich über diesen Hof; denn fast alle Räume sind gegen ihn zu geöffnet. Um von einem Zimmer in ein anderes zu gelangen, muß man gewöhnlich den Säulengang oder den Hof betreten. Im Schatten und der Abgeschiedenheit des Hofes und des Säulenganges lebt die Familie einen Großteil ihres Lebens und tut sie einen Großteil ihrer Arbeit.

Gärten sind in der Stadt selten anzutreffen und auf kleine Flächen im Hof oder hinter dem Hause beschränkt. Auf dem Lande sind die Gärten größer und zahlreicher; aber die Spärlichkeit des Sommerregens und die Kostspieligkeit der künstlichen Bewässerung machen sie in Attika zu einem Luxus. Der Durchschnittsgrieche hat kein Rousseausches Naturempfinden; seine Berge sind noch zu bedrohlich, um schön zu sein, dagegen bildet das Meer, trotz seiner Gefährlichkeit, den Gegenstand manches dichterischen Lobgesangs. Der Grieche wird in der Natur nicht gefühlvoll, er entwickelt vielmehr eine animistische Einbildungskraft; er bevölkert die Wälder und Flüsse seines Landes mit Göttern und Geistern und sieht in der Natur nicht eine Landschaft, sondern eine Walhalla; er benennt seine Berge und Flüsse nach den Gottheiten, die sie bewohnen; und statt die Natur unmittelbar abzubilden, zeichnet oder meißelt er symbolische Bildnisse der Gottheiten, die ihr in seiner poetischen Theologie das Leben geben. Erst als die Heere Alexanders persische Lebensart und persisches Gold zurückbringen, wird der Grieche sich einen Lustgarten, ein «Paradies», einrichten. Indessen erfreuen sich die Blumen in Griechenland der gleichen Beliebtheit wie überall, und Gärten und Blumenzüchter liefern sie das ganze Jahr hindurch. Blumenmädchen handeln mit Rosen, Veilchen, Hyazinthen, Narzissen, Schwertlilien, Myrten, Flieder, Krokussen und Anemonen von Haus zu Haus. Die Frauen tragen Blumen im Haar, Stutzer tragen sie hinterm Ohr; und bei festlichen Gelegenheiten können beide Geschlechter Blumenkränze um den Hals tragen.

Das Hausinnere ist einfach ausgestaltet. Bei den Armen besteht der Fußboden aus hartgestampfter Erde. Mit steigendem Einkommen kann diese Grundlage mit Mörtel gedeckt oder mit flachen Steinen gepflastert oder mit kleinen runden zementierten Steinchen ausgelegt werden, wie der Vordere Orient das seit unerdenklichen Zeiten tut; und all das kann mit Rohrmatten oder Teppichen belegt werden. Die Ziegelwände werden mit Mörtel verputzt und getüncht. Die Heizung, die nur während dreier Monate gebraucht wird, erfolgt durch ein Heizbecken, dessen Rauch sich seinen Weg durch die Tür auf den Hof suchen muß. Wandschmuck gibt es kaum; gegen Ende des fünften Jahrhunderts gibt es in den Häusern der Reichen gelegentlich mit Säulen versehene Säle, mit Marmor ausgelegte oder mit Marmorimitation bemalte Wände, Wandmalereien und -behänge und Deckenarabesken. Das Durchschnittshaus ist spärlich möbliert: einige Stühle, einige Truhen, einige Tische, ein Bett. Kissen nehmen auf den Stühlen die Stelle des Polsters ein; aber die Sitze der Reichen sind manchmal sorgfältig geschnitzt und mit Silber, Schildpatt und Elfenbein ausgelegt. Die Truhen dienen gleichzeitig zur Aufbewahrung und zum Sitzen. Die Tische sind klein und gewöhnlich dreibeinig; daher ihr Name *trapezai*. Sie werden mit dem Essen hereingebracht und hinausgetragen und selten zu anderen Zwecken verwendet; geschrieben wird auf den Knien. Ruhelager und Betten werden besonders gerne verziert und oftmals mit Einlegearbeiten oder feinen Schnitzereien versehen; es gibt Matratzen und Kissen und bestickte Decken und gewöhnlich eine erhöhte Kopfstütze. Lampen hängen von der Decke oder werden auf Kandelabern aufgestellt oder nehmen die Form elegant gearbeiteter Fackeln an.

Die Küche ist mit einer Vielfalt von Gefäßen und Geräten aus Eisen, Bronze und Ton ausgestattet; Glas ist ein seltener Luxus und wird in Griechenland nicht hergestellt. Gekocht wird über einem offenen Feuer; Herde sind eine hellenistische Neuerung. Die athenischen Mahlzeiten sind einfach wie die spartanischen und stehen im Gegensatz zu den boiotischen, korinthischen oder sizilischen; wenn Gäste geehrt werden sollen, wird jedoch ein Berufskoch angestellt. Das Kochen ist eine hochentwickelte Kunst mit vielen Texten und Helden; einige griechische Köche sind so weit herum bekannt wie der neueste Sieger bei den Olympischen Spielen. Allein zu essen gilt als barbarisch, und Tischmanieren werden als Zeichen der entwickelten Kultur genommen. Frauen und Knaben sitzen beim Essen an kleinen Tischen, die Männer ruhen auf Liegebänken, je zwei auf einer. Die Familie nimmt, wenn sie allein ist, die Mahlzeit gemeinsam ein; kommen männliche Gäste, ziehen sich die Frauen der Familie in die Gynaikonitis zurück. Diener nehmen den Gästen die Sandalen ab oder waschen ihnen die Füße, bevor sie sich zum Essen niederlegen, und bieten ihnen Wasser, um sich die Hände zu reinigen; manchmal salben sie den Gästen den Kopf mit feinen Ölen. Es gibt keine Messer und keine Gabeln, wohl aber Löffel; feste Speisen werden mit den Fingern gegessen. Während des Essens reinigt man sich die Finger mit Brotbrocken oder -krumen, nach dem Essen mit Wasser. Vor der Nachspeise füllen die Diener alle Becher aus einem *krater*, einem Mischkrug, in dem Wein mit Wasser verdünnt worden ist. Die Teller sind irden; Silberteller kommen erst gegen Ende des fünften Jahrhunderts auf. Die Zahl der Epikureer nimmt im Laufe des vierten Jahrhunderts zu; ein gewisser Pithyllos läßt sich für Finger und Zunge Schützer anfertigen, so daß er die Speisen so heiß zu sich nehmen kann, wie ihm beliebt. Es gibt nur wenige Vegetarier; deren Gäste bringen die üblichen Witze und Klagen vor. Ein Gast entflieht einem vegetarischen Gastmahl, weil er fürchtet, man biete ihm Heu zum Nachtisch an.

Das Trinken wird so wichtig genommen wie das Essen. Nach dem *deipnon*, dem Essen, kommt das *symposion*, der gemeinsame Trunk. In Sparta wie in Athen gibt es Trinkvereine, deren Mitglieder so sehr aneinander hängen, daß diese Organisationen mächtige politische Instrumente werden. Das Verfahren bei Banketten ist verwickelt, und Philosophen wie Xenokrates und Aristoteles halten es für wünschenswert, daß man dafür Gesetze aufstelle. Der Boden, auf den man Speisereste geworfen hat, wird nach dem Essen saubergefegt; Duftstoffe werden herumgereicht, und viel Wein wird dargeboten. Die Gäste können dann tanzen, nicht in Paaren oder mit dem anderen Geschlecht (denn gewöhnlich sind nur Männer geladen), sondern gruppenweise; oder sie spielen Spiele wie den *kottabos**; oder sie verfertigen Gedichte, machen Witze oder lösen Rätsel; oder aber sie schauen Darbietungen zu wie derjenigen der Akrobatin in Xenophons *Symposion*, die zehn Reifen auf einmal hochwirft und dann Saltos durch einen Ring schlägt, der «über und über mit aufrecht stehenden Schwertern gespickt»[11] ist. Flötenmädchen treten auf, spielen, singen, tanzen und lieben, wie es abgemacht ist. Gebildete Athener ziehen hin und wieder ein Gesprächssymposion vor, das von einem ordnungsgemäßen Symposiarchen geleitet wird, den man durch den Würfel dazu ausersehen hat, als Vorsitzender zu amtieren. Die Gäste achten darauf, daß das Gespräch nicht in kleinen Gruppen geführt wird, was gewöhnlich auf leichte Unterhaltung hinausläuft; sie lassen die Unterhaltung allgemein bleiben und lauschen, so höflich es ihnen ihre Lebhaftigkeit nur erlaubt, einem jeden der Reihe nach. Eine elegante Rede, wie Platon sie uns vorführt, ist zweifellos das Erzeugnis einer glänzenden Einbildungskraft; aber wahrscheinlich gab es in Athen lebhaftere Dialoge als die seinen, vielleicht auch tiefere. Und in jedem Falle ist es die athenische Gesellschaft, die den Hintergrund abgibt. In dieser erregenden Atmosphäre freier Verstandestätigkeit bildet sich der athenische Geist heran.

---

* Bei diesem Spiel mußte man aus dem Becher eine Flüssigkeit so schleudern, daß sie einen in einiger Entfernung aufgestellten kleinen Gegenstand traf.

XI. DAS GREISENALTER

Das Alter wird von den lebenslustigen Griechen über alle Gewohnheit hinaus gefürchtet und beklagt. Aber auch hier hat es seine Tröstungen; denn wenn der verbrauchte Körper zurückkehrt wie eine abgenutzte Münze in die Prägestätte, hat er, bevor er dahinschwindet, den Trost, in seinen Nachkommen das neue, frische Leben zu sehen, mit dem er der Sterblichkeit ein Schnippchen schlägt. Freilich gibt es in der griechischen Geschichte Fälle selbstsüchtiger Rücksichtslosigkeit oder roher Unverschämtheit gegenüber den Alten. Die athenische Gesellschaft, geschäftstüchtig, individualistisch und neuerungssüchtig, wie sie nun einmal ist, neigt dazu, sich dem Alter gegenüber unfreundlich zu verhalten; Achtung vor dem Alter paßt zu einer religiösen und konservativen Gesellschaft wie der spartanischen, während die Demokratie, die mit der Freiheit alle Bande lockert, den Akzent auf die Jugend legt und das Neue gegenüber dem Alten fördert. Die athenische Geschichte bietet mehrere Beispiele von Kindern, die den elterlichen Besitz an sich rissen, ohne den Beweis des Schwachsinnes der Eltern erbracht zu haben; Sophokles rettet sich aber vor einem solchen Vorwurf, indem er dem Gericht einige Stellen aus seinem neuesten Schauspiel vorliest. Das athenische Gesetz sieht vor, daß die Söhne für ihre kranken oder alten Eltern sorgen; die öffentliche Meinung, die stets mehr zu fürchten ist als das Gesetz, schärft der Jugend Bescheidenheit und Achtung vor dem Alter ein. Für Platon ist es selbstverständlich, daß ein wohlerzogener Jüngling in Gegenwart Älterer schweigt, solange er nicht zum Sprechen aufgefordert wird. In der Literatur gibt es viele Bilder bescheidener Jugendlichkeit, wie in Platons früheren Dialogen oder in Xenophons *Symposion*; und es gibt bewegende Geschichten von inniger Liebe zu den Eltern, wie diejenige des Orestes zu Agamemnon und der Antigone zu Oidipus.

Wenn der Tod kommt, wird jede Vorsichtsmaßnahme ergriffen, damit der Seele des Verstorbenen vermeidbare Leiden erspart werden. Der Leichnam muß begraben oder verbrannt werden, sonst wird die Seele ruhelos in der Welt umherwandern und sich an der nachlässigen Nachkommenschaft rächen; er kann beispielsweise als Geist wiedererscheinen und Pflanzen und Menschen Krankheit oder Unheil bringen. Die Verbrennung ist im heroischen Zeitalter verbreiteter, das Begräbnis im klassischen. Die Beerdigung war mykenisch und wird ins Christentum übergehen. Die Verbrennung kam offenbar mit den Achaiern und den Doriern nach Griechenland; deren nomadische Gewohnheiten machten eine rechte Grabpflege unmöglich. Das eine oder das andere ist bei den Athenern so unerläßlich, daß die bei den Arginusen siegreichen Strategen hingerichtet werden, weil sie sich von einem Gewitter davon abhalten ließen, die Gefallenen zu bergen und zu beerdigen.

Das griechische Begräbnis gibt uralte Bräuche an die Zukunft weiter. Der Leichnam wird gebadet, mit wohlriechenden Ölen gesalbt, mit Blumen bekränzt und mit dem feinsten Gewand bekleidet, das die Familie aufbringen kann. Ein Obolos wird ihm zwischen die Zähne gelegt, damit er Charon bezahlen kann, den mythischen Fährmann, der die Toten über die Styx zum Hades übersetzt*. Die Leiche wird in einen hölzernen oder irdenen Sarg gelegt; «einen Fuß im Sarge haben» ist bereits in Griechenland Sprichwort. Die Trauer ist kompliziert: man trägt schwarze Kleider und schert sich als Gabe an den Toten das Haar oder einen Teil des Haares. Am dritten Tage wird der Leichnam auf einer Bahre in feierlichem Zuge durch die Straßen getragen, während die Frauen weinen und sich die Brüste schlagen; berufsmäßige Klagefrauen und Sänger von Trauerliedern können für diese Gelegenheit angestellt werden. Auf die Erde des bedeckten Grabes wird Wein ausgeschüttet, um den Durst der Seele des Verstorbenen zu löschen, und Tiere können ihm zur Nahrung geopfert werden. Die Trauernden legen Blumen- oder Zypressenkränze auf das Grab und kehren dann zu der Leichenfeier zurück. Da man glaubt,

* Die Griechen pflegten kleines Wechselgeld im Mund zu tragen.

daß die Seele des Verstorbenen an der Feier teilnimmt, verlangt es ein geheiligter Brauch, daß man «vom Toten nichts als Gutes» spreche; hier liegt die Quelle eines alten Spruches und vielleicht auch der unfehlbaren Lobsprüche unserer Nachrufe. Die Kinder suchen von Zeit zu Zeit die Gräber ihrer Vorfahren auf und bieten ihnen Nahrung und Trank. Nach der Schlacht von Plataiai, wo Griechen aus vielen Stadtstaaten fielen, verpflichten sich die Einwohner der Stadt, für alle Toten alljährlich ein Mahl abzuhalten; sechs Jahrhunderte später, zur Zeit Plutarchs, wird dieses Versprechen immer noch eingehalten werden.

Nach dem Tode weilt die Seele als gestaltloser Schatten, vom Körper losgelöst, im Hades. Bei Homer erleiden dort nur Geister, die sich außergewöhnlicher oder gottloser Verbrechen schuldig gemacht haben, Strafen; alle anderen, Heilige und Sünder gleicherweise, teilen dasselbe Geschick des endlosen Umherschweifens im finsteren Reiche Plutons. Im Verlaufe der griechischen Geschichte kommt unter den ärmeren Klassen der Glaube auf, der Hades sei ein Ort der Sühne für die Sünden; Aischylos stellt Zeus dar, wie er dort die Toten richtet und die Schuldigen bestraft, wenn auch kein Wort über die Belohnung der Guten fällt. Nur selten wird der Inseln der Seligen oder der elysischen Gefilde als eines Himmels der ewigen Glückseligkeit für einige wenige heroische Seelen Erwähnung getan. Der Gedanke an das düstere Schicksal, das fast allen Toten bevorsteht, verdüstert die griechische Literatur und macht das griechische Leben weniger strahlend und freudig, als es unter einer solchen Sonne sein sollte.

VIERTES KAPITEL

Die Kunst des perikleischen Griechenland

I. DIE VERSCHÖNERUNG DES LEBENS

SCHÖN sieht es aber auch aus», sagt eine Gestalt in Xenophons *Oikonomikos*, «wenn das Schuhwerk der Reihe nach steht, wie es auch sonst aussehen mag, schön, wenn man die Kleider jedes für sich hängen sieht, wie sie auch sonst sein mögen, schön die Decken, schön das Bronzegeschirr, schön das Tischzeug, schön auch, worüber nicht der Biedermann, sondern der Witzbold am meisten lachen wird, wenn ich verlange, daß es einen schönen rhythmischen Eindruck macht, wenn die Töpfe wohlgeordnet stehen. Das alles erscheint uns schon deswegen schöner, weil es in Ordnung aufgestellt ist. So scheint alles ein Tanz von Geräten zu sein; sogar der freie Platz in ihrer Mitte scheint schön zu sein, wenn jedes ordentlich aus dem Wege geräumt ist. Wie auch ein zyklischer Chor nicht nur selbst ein schöner Anblick ist, sondern auch der leere Platz in seiner Mitte schön und rein erscheint.»[1]

Dieses Zitat aus der Schrift eines Feldherrn zeigt die Weite, Einfachheit und Stärke des ästhetischen Gefühls in Griechenland. Das Empfinden für Gestalt und Rhythmus, für Genauigkeit und Klarheit, für Proportion und Ordnung steht im Mittelpunkt der griechischen Kultur; es zeigt sich in der Form und der Ausschmückung jeder Schüssel und Vase, jeder Statue und Malerei, jedes Tempels und Grabmals, jedes Gedichts und Dramas, in jeder wissenschaftlichen und philosophischen Leistung Griechenlands. Die griechische Kunst ist sichtbar gemachte Vernunft: Die griechische Malerei ist die Logik der Linie, die griechische Bildhauerei ist der Kult der Symmetrie, die griechische Architektur Geometrie in Marmor. In der perikleischen Kunst gibt es keine Gefühlsausbrüche, keine bizarren Formen, kein Streben nach Neuheit durch Unnormales oder Ungewöhnliches. *Philokalumen te gar met' euteleias*, sagt Perikles bei Thukydides: «Wir lieben das Schöne und bleiben schlicht.»[2] Zweck ist nicht, die unterschiedliche Unerheblichkeit der Wirklichkeit darzustellen, sondern die erleuchtende Wesenheit der Dinge zu erfassen und die idealen Möglichkeiten des Menschen abzubilden. Das Streben nach Reichtum, Schönheit und Wissen nahm die Athener so in Anspruch, daß sie keine Zeit und Kraft für das Gute mehr fanden. Einer der Teilnehmer an Xenophons *Symposion* sagt: «Wenn ich aber in Wahrheit schön bin und auf euch den gleichen Eindruck mache wie jemand, den ich für schön halte, auf mich, dann, das schwöre ich bei allen Göttern, würde ich nicht die Herrschaft des Perserkönigs statt der Schönheit wählen.»[3]

Der Grieche war, was sich auch immer Romantiker weniger männlicher Zeiten über ihn ausgedacht haben mögen, kein verweichlichter Ästhet, keine Blüte der Ekstase, er murmelte keine geheimnisvollen Dinge über die Kunst um der Kunst willen. Für ihn war die Kunst dem Leben untergeordnet und das Leben die größte aller Künste. Er hatte ein absolut gesundes Vorurteil gegen jede Schönheit, die nicht zugleich nützlich war; das Nützliche, das Schöne und das Gute waren in seinem Denken fast so eng verknüpft wie in der Sokratischen Philosophie. «In der Antike ist das Schöne lediglich die besondere Hervorhebung des Nützlichen», sagt Stendhal. In der Kunst erblickte der Grieche die Verschönerung seiner Lebensweise und seiner Werkzeuge: Seine Töpfe und Pfannen, seine Lampen und Truhen und Tische und Betten und Stühle mußten zugleich praktisch und schön sein, und ihre Eleganz durfte nicht auf Kosten ihrer Solidität gehen. Da er einen lebhaften «Staatssinn» hatte, identifizierte er sich mit der Macht und dem Glanz der Stadt und stellte tausend Künstler an, ihr Äußeres zu verschönen, ihre Feste zu veredeln und ihre Geschichte zu verewigen. Vor allem wünschte er die Götter zu ehren und zu beschwichtigen, ihnen seine Dankbarkeit für das Leben oder für einen Sieg auszudrücken; er brachte ihnen Votivtafeln dar, gab sein Geld in reichem Maße für ihre Tempel aus und schuf seinen Göttern und seinen Toten in steinernen Bildwerken ein dauerhaftes Abbild. Darum gehörte die griechische Kunst nicht in ein Museum, in das man in seltenen Augenblicken ästhetischen Bewußtseins geht, um sie zu betrachten, sondern sie gehörte den lebendigen Interessen und den Unternehmungen des Volkes zu; ihr Apollontypus war nicht toter Marmor in einer Galerie, sondern das Bildnis geliebter Götter. Der Künstler war in dieser Gesellschaft nicht ein hungernder Einsiedler in einem Atelier, der in einer Sprache schuf, die dem gewöhnlichen Bürger fremd war; er war ein Handwerker, der sich mit den Arbeitern aller Grade gemeinsam bei einem öffentlichen und gemeinverständlichen Unternehmen abmühte. Athen brachte aus dem ganzen griechischen Gebiet mehr Künstler, Philosophen und Dichter zusammen als sonst je eine Stadt außer dem Rom der Renaissance; und diese Männer, die in heißer Nebenbuhlerschaft miteinander wetteiferten und unter einer aufgeklärten Staatsführung zusammenarbeiteten, verwirklichten in reichem Maße die Vision des Perikles.

Die Kunst beginnt zu Hause und bei der Person; die Menschen bemalen sich selbst, bevor sie Bilder malen, und schmücken ihren Leib, bevor sie Häuser bauen. Schmuck und Kosmetik sind so alt wie die Geschichte. Der Grieche war ein ausgezeichneter Gemmenschneider. Er verwendete einfache Bronzewerkzeuge: gewöhnliche Rohrbohrer, ein Rad und eine Politur aus Schmirgelpulver und Öl. Seine Arbeit war aber so zart und fein, daß er sehr wahrscheinlich ein Vergrößerungsglas bei der Anfertigung der Einzelheiten verwendete; auf alle Fälle braucht man eins, wenn man sie genau betrachten will. Die Münzen waren nicht besonders hübsch in Athen, wo die finstere Eule die Prägstätte beherrschte. Elis war auf diesem Gebiet auf dem Festland führend, und gegen Ende des fünften Jahrhunderts gab Syrakus eine Dekadrachme heraus, die in der Münzkunst niemals mehr übertroffen wurde. Auf dem Gebiet der Metallarbeiten behielten die Meister von Chalkis ihre führende Stellung; jede Mittelmeerstadt begehrte ihre Eisen-, Kupfer- und Silberwaren. Die griechischen Spiegel waren gefälliger, als Spiegel ihrem Wesen nach oft sein können; denn wenn man auch nicht gerade das allerdeutlichste Spiegelbild in der polierten Bronze sah, so waren die Spiegel doch in mannigfaltiger und anziehender Gestalt gebildet, oft reich graviert und von Figuren schöner Frauen, Götter oder Helden emporgehalten.

Die Töpfer führten die Formen und Verfahren des sechsten Jahrhunderts mit ihrem traditionellen Wetteifern und Necken fort. Manchmal brannten sie ein Wort der Liebe zu einem Knaben in die Vase ein; selbst Pheidias folgte diesem Brauch, als er auf einen Finger seines *Zeus* die Worte «Pantarkes ist schön» einritzte. In der ersten Hälfte des fünften Jahrhunderts erreichte der rotfigurige Stil seinen Höhepunkt in der *Achilleus-und-Penthesilea-Vase*, dem Becher mit *Aisop und dem Fuchs* im Vatikan und dem *Orpheus bei den Thrakern* des Berliner Museums. Noch schöner sind die weißen *lekythoi* aus der Mitte des Jahrhunderts; diese schmalen Fläschchen waren den Verstorbenen geweiht und wurden ihnen gewöhnlich in das Grab mitgegeben oder auf den Scheiterhaufen geworfen, damit ihre feinen Öle in den Flammen aufgingen. Die Vasenmaler wagten sich zur Individualität vor und brannten manchmal Dinge in den Ton, die die spröden Meister der archaischen Zeit empört hätten: Eine Vase läßt es zu, daß athenische Jünglinge schamlos Dirnen umarmen; eine andere zeigt Männer, die sich bei der Rückkehr vom Banket übergeben; andere Vasen tun, was sie können, zur sexuellen Belehrung. Die Meister der perikleischen Vasenmalerei – Brygos, Sotades und Meidias – wandten sich von den alten Mythen ab und wählten Szenen aus dem Leben ihrer Zeit, wobei sie vor allem an der anmutvollen Bewegung der Frau und dem natürlichen Spiel des Kindes Gefallen fanden. Sie zeichneten treuer als ihre Vorfahren: Sie zeigten den Körper in Dreiviertelansicht wie im Profil; sie erzeugten Licht und Schatten, indem sie dicke oder dünne Lösungen der Glasur verwandten; sie modellierten die Figuren, um Umrisse und Tiefen zu zeigen, und bildeten den Faltenwurf der weiblichen Gewandung aus. Auch Korinth und das sizilische Gela waren zu dieser Zeit Vororte schöner Vasenmalerei; niemand bestritt aber die Vorherrschaft Athens. Es war nicht die Konkurrenz anderer Keramiker, die die Künstler des Kerameikos verdrängten, sondern das Hochkommen einer rivalisierenden Dekorationskunst. Die Vasenmaler versuchten diesem Angriff zu begegnen, indem sie die Themen und Stile der Wandmaler nachahmten; der Geschmack der Zeit wandte sich aber gegen sie, und langsam fand die Töpferei sich im Verlaufe des Jahrhunderts damit ab, immer mehr ein Gewerbe zu werden und immer weniger eine Kunst zu sein.

II. DAS HOCHKOMMEN DER MALEREI

Die Geschichte der griechischen Malerei läßt sich ungefähr in vier Stufen einteilen. Im sechsten Jahrhundert ist sie hauptsächlich keramisch und widmet sich der Ausschmückung von Vasen; im fünften ist sie hauptsächlich architektonisch und gibt den öffentlichen Bauten und Statuen Farbe; im vierten schwankt sie zwischen dem Häuslichen und dem Individuellen, indem sie Wohnungen ausschmückt und Porträtbildnisse anfertigt; in der hellenistischen Zeit ist sie hauptsächlich individuell und produziert Staffeleibilder für private Besteller. Die griechische Malerei beginnt als ein Sproß des Zeichnens und bleibt bis zum Ende im wesentlichen eine Angelegenheit der Linie und des Umrisses. Im Laufe ihrer Entwicklung bedient sie sich dreier Methoden: des Freskos, der Malerei auf feuchter Tünche; der Tempera, der Malerei auf feuchten Tüchern oder Brettern mit Eiweißfarben; und der Enkaustik, die die Farben mit geschmolzenem Wachs band. Näher kommt die Antike an die Ölmalerei nicht heran. Plinius, dessen Leichtgläubigkeit manchmal mit derjenigen Herodots wetteifert, versichert uns, die Kunst der Malerei sei bereits im achten Jahrhundert so entwickelt gewesen, daß Kandaules, der König von Lydien, für ein Bild von Bularchos dessen Gewicht in Gold bezahlt habe; alle Anfänge liegen aber im Dunkel. Wir können auf den hohen Ruf, den die Malerei in Griechenland genoß, aus der Tatsache schließen, daß Plinius ihr mehr Platz einräumt als der Bildhauerei, und offenbar wurden die großen Gemälde der klassischen und der hellenistischen Zeit genauso von den Kritikern diskutiert und vom Volke ehrfürchtig betrachtet wie die ausgezeichnetsten Stücke der Architektur oder Skulptur.

Polygnotos von Thasos war im fünften Jahrhundert so berühmt wie Iktinos oder Pheidias. Wir finden ihn um 472 in Athen; vielleicht war es der reiche Kimon, der ihm die Aufträge verschaffte, mehrere öffentliche Gebäude mit Wandgemälden auszustatten. Er dankte Kimon, indem er dessen Schwester den Hof machte und ihr Porträt als Laodike unter den Troerinnen malte. In der Stoa, die danach *poikile*, «bemalte» Säulenhalle, genannt wurde und die drei Jahrhunderte später der Philosophie Zenons ihren Namen geben sollte, malte Polygnotos eine *Zerstörung Troias*, nicht das blutige Morden der Siegesnacht, sondern das düstere Schweigen des folgenden Morgens, die Sieger, von den Trümmern um sie herum zum Schweigen gebracht, die Besiegten in der Ruhe des Todes. Auf den Wänden des Dioskuroitempels malte er den *Raub der Leukippidai* und wurde in seiner Kunst richtungweisend, indem er die Frauen in durchsichtigen Gewändern darstellte. Der Amphiktionische Rat nahm daran keinen Anstoß; er lud Polygnotos nach Delphoi, wo er in der *lesche*, der Stadthalle, *Die Unterwelt* und eine zweite *Zerstörung Troias* malte. Alle diese Bilder waren große Fresken fast ohne Landschaft und Hintergrund, aber so bedeckt von individualisierten Gestalten, daß viele Gehilfen zum Ausfüllen der vom Meister sorgfältig ausgeführten Umrißzeichnungen mit Farbe benötigt wurden. Das Wandgemälde der Lesche zeigte die Schiffsmannschaft des Menelaos dabei, wie sie die Segel zur Rückkehr nach Griechenland setzt. Im Mittelpunkt saß Helena; und wenn in dem Bild auch viele Frauen vorkamen, so schienen doch alle gebannt auf ihre Schönheit zu blicken. In einer Ecke stand Andromache, Astyanax an der Brust; in einer anderen klammerte sich ein kleiner Knabe angsterfüllt an einen Altar; und in der Entfernung rollte sich ein Pferd auf der sandigen Küste. Ein halbes Jahrhundert vor Euripides war hier bereits das ganze Drama der troischen Frauen gestaltet. Polygnotos nahm für diese Gemälde keine Bezahlung an, sondern schenkte sie Athen und Delphoi aus der Großzügigkeit zuversichtlicher Stärke heraus. Ganz Hellas bewunderte ihn: Athen gab ihm das Bürgerrecht, und der Amphiktionische Rat ordnete an, daß er in ganz Griechenland, wohin er auch komme, auf Staatskosten mit Lebensunterhalt versehen werde (wie Sokrates es gerne gehabt hätte). Von allem ist nichts weiter erhalten als ein kleines Stückchen Farbe in Delphoi, um uns daran zu erinnern, daß die künstlerische Unsterblichkeit für die geologische Zeit nur ein kleiner Augenblick ist.

Um 470 begannen Delphoi und Korinth einen alle vier Jahre stattfindenden Malerwettbewerb als Teil der Pythischen und Isthmischen Spiele. Die Kunst war jetzt weit genug fortgeschritten, um Panainos, einem Bruder (oder Neffen) des Pheidias, zu gestatten, in seiner *Schlacht bei Marathon* die athenischen und persischen Feldherren erkennbar zu porträtieren. Aber er stellte die Figuren immer noch auf dieselbe Ebene und machte sie alle gleich hoch; er deutete die Entfernung nicht durch fortschreitende Verkürzung oder durch plastisches Hervorheben mit Licht und Schatten an, sondern indem er die untere Hälfte der entfernteren Figuren stärker mit den gekrümmten Linien verdeckte, die den Untergrund darstellten. Gegen 440 erfolgte ein entscheidender Schritt vorwärts. Agatharchos, der für Aischylos und Sophokles Kulissen malte, entdeckte den Zusammenhang zwischen Licht und Schatten und Entfernung und schrieb eine Abhandlung über die Perspektive als Mittel der szenischen Illusion. Anaxagoras und Demokritos nahmen den Gedanken vom wissenschaftlichen Gesichtspunkt wieder auf, und gegen Ende des Jahrhunderts erwarb sich Apollodoros von Athen den Namen eines *skiagraphos*, eines Schattenmalers, weil er Bilder in Helldunkel anfertigte; darum sagte Plinius von ihm, er sei der erste gewesen, der die Objekte so malte, wie sie wirklich schienen.

Die griechischen Maler nützten diese Entdeckungen niemals vollständig aus. Gerade wie Solon auf die Theaterkunst als Täuschung verächtlich herabblickte, so scheinen die Künstler es für ehrverletzend oder unter ihrer Würde stehend gehalten zu haben, einer ebenen Fläche den Anschein der Dreidimensionalität zu geben. Es war aber doch durch die Perspektive und das Helldunkel, daß Zeuxis, der Schüler des Apollodoros, sich an die Spitze der Maler des fünften Jahrhunderts stellte. Er stammte aus Herakleia (Pontika?) und kam gegen 424 nach Athen, und selbst mitten im Kriegslärm wurde das als ein Ereignis betrachtet. Er war ein «Charakter», kühn und selbstbewußt, und er malte mit einem verwegenen Pinsel. Bei den Olympischen Spielen stolzierte er in einem karierten Chiton umher, auf den er seinen Namen in Gold aufgestickt hatte; er konnte es sich leisten, da er mit seiner Malerei bereits «eine ganze Menge Geld» erworben hatte. Er arbeitete aber mit der ehrlichen Sorgfalt des großen Künstlers, und als sich Agatharchos der großen Schnelligkeit rühmte, mit der er seine Bilder verfertige, sagte Zeuxis nur ruhig: «Ich brauche viel Zeit dazu.» Er schenkte viele seiner Meisterwerke weg, da ihnen, wie er meinte, ja doch kein Preis gerecht werde; und Städte und Könige schätzten sich glücklich, sie zu erhalten.

Er hatte in seiner Generation einen einzigen Nebenbuhler – Parrhasios von Ephesos, der fast ebenso bedeutend und geradeso eitel war wie er selbst. Parrhasios trug einen goldenen Kranz auf dem Kopf, nannte sich selbst «Malerfürst» und behauptete, die Kunst sei in ihm zur Vollkommenheit gediehen. Er tat alles in vergnügter Stimmung und sang beim Malen. Das Gerede wollte wissen, er habe einen Sklaven gekauft und gefoltert, um für das Bild des Prometheus Studien des schmerzerfüllten Gesichtsausdrucks zu machen; die Maler sind aber vielerlei Klatsch ausgesetzt. Wie Zeuxis war er Realist; sein *Läufer* war mit solcher Lebenswahrheit gemalt, daß die Betrachter vermeinten, den Schweiß vom Bild herabtröpfeln und den Läufer vor Erschöpfung zusammenbrechen zu sehen. Er verfertigte ein gewaltiges Wandbild, *Der athenische Demos*, auf dem er die Athener zugleich als unversöhnlich und mitleidsvoll, stolz und bescheiden, tapfer und schüchtern, geizig und freigebig darstellte, so getreu, daß die Athener zum erstenmal ihres vielfältigen und widersprüchlichen Charakters gewahr wurden.

Ein großer Wettbewerb brachte ihn in öffentlichen Wettstreit mit Zeuxis. Dieser malte Trauben so natürlich, daß Vögel sie zu picken versuchten. Die Schiedsrichter waren von dem Bilde begeistert, und Zeuxis, seines Sieges gewiß, hieß Parrhasios den Vorhang von seinem Bilde wegziehen. Es stellte sich aber heraus, daß der Vorhang zu dem Bilde gehörte, und Zeuxis, der selbst der Täuschung verfallen war, gab sich geschlagen. Zeuxis büßte aber dadurch nichts von seinem Ruhme ein. In Kroton erklärte er sich bereit, für den Tempel der Lakinischen Hera eine *Helena* zu malen, unter der Bedingung, daß die fünf schönsten Frauen der Stadt ihm nackt Modell stünden, so daß er von jeder den schönsten Zug auswählen und alle zu einer zweiten Göttin der Schönheit vereinen könne. Auch Penelope erwachte unter seinem Pinsel zu neuem Leben; ihm gefiel aber sein Bild eines Athleten besser, und er schrieb darunter, es werde leichter sein, ihn zu kritisieren, als es ihm gleichzutun. Ganz Griechenland fand an seiner Eitelkeit Gefallen und führte ihn ebenso oft im Munde wie die Dramatiker, Staatsmänner und Feldherren. Nur die Preisboxer übertrafen seinen Ruhm.

III. DIE MEISTER DER BILDHAUEREI

1. DIE VERFAHREN

Trotzdem blieb die Malerei dem griechischen Geist immer ein wenig fremd. Der Grieche liebte die Form mehr als die Farbe und machte (wenn wir nach dem Hörensagen urteilen dürfen) selbst aus der Malerei der klassischen Zeit eher eine bildhauerische Studie in Linien und Umrissen als ein sinnliches Erfassen der lebendigen Farben. Der Hellene ergötzte sich mehr an der Skulptur: Er füllte sein Heim, seine Tempel und seine Gräber mit Terrakottafigürchen, verehrte seine Götter in Steinbildwerken und versah die Grabstätten seiner Verstorbenen mit Reliefstelen, die zu den gewöhnlichsten und bewegendsten Erzeugnissen der griechischen Kunst gehören. Die Verfertiger der Stelen waren einfache Handwerker, die rein mechanisch arbeiteten und tausendmal das vertraute Thema des stillen Abschiedes mit einem Händedruck der Lebenden von den Toten wiederholte. Das Thema war aber an sich so edel, um die Wiederholung zu vertragen; denn es zeigt die klassische Zurückhaltung von ihrer besten Seite und lehrt auch eine romantische Seele, daß das Gefühl am kraftvollsten spricht, wenn es seine Stimme dämpft. Diese Steine zeigen uns die Toten am häufigsten bei einer charakteristischen Beschäftigung: ein Kind beim Reifenspiel, ein Mädchen beim Tragen eines Kruges, einen Krieger stolz in seiner Rüstung, eine junge Frau bei der Bewunderung ihres Schmuckes, einen Knaben bei der Lektüre eines Buches, während sein Hund zufrieden, aber wachsam unter seinem Stuhle liegt. Der Tod wird auf den Stelen natürlich und darum vertraut.

Komplizierter und in ihrer Art unübertroffen sind die Reliefs dieser Zeit. Auf einem nimmt Orpheus zögernd Abschied von Eurydike, die Hermes für die Unterwelt beansprucht. Auf einem andern gibt Demeter Triptolemos das goldene Korn, mit dem er den Ackerbau in Griechenland einführen soll; hier ist etwas von der Farbe noch am Steine erhalten und vermittelt uns eine Ahnung von der Wärme und Leuchtkraft des griechischen Reliefs im Goldenen Zeitalter. Noch schöner ist die *Geburt der Aphrodite*, die ein unbekannter Bildhauer wahrscheinlich der ionischen Schule auf den Ludovisischen Thron eingemeißelt hat (ein Marmorblock, der 1887 beim Abbruch der Ludovisischen Villa in Rom aufgefunden wurde, jetzt im Museo delle Terme in Rom). Zwei Göttinnen heben Aphrodite aus dem Meer; ihr dünnes nasses Gewand schmiegt sich an ihren Körper an und enthüllt ihn in der ganzen Schönheit seiner Reife. Der Kopf ist halb asiatisch, aber die Gewandung der helfenden Göttinnen und die sanfte Anmut ihrer Haltung tragen das Zeichen des sinnenfreudigen griechischen Auges und Gestaltens. Auf der einen Nebenseite des «Thrones» bläst ein nacktes Mädchen auf einer Doppelflöte. Auf der anderen streut eine verschleierte Frau den Weihrauch auf die glühenden Kohlen des Opferständers; vielleicht kommen Gesicht und Gewandung hier der Vollkommenheit noch näher als auf dem Mittelstück.

Der Fortschritt der Bildhauer des fünften Jahrhunderts gegenüber ihren Vorgängern ist bedeutend. Die Vorderansicht wird aufgegeben, die Verkürzung vertieft die Perspektive, die Stille weicht der Bewegung, die Starre dem Leben. Als die griechische Bildhauerei die alten Konventionen durchbricht und den Menschen in Tätigkeit zeigt, bedeutet das in Tat und Wahrheit eine Revolution; selten zuvor war in Ägypten oder im Vorderen Orient oder im vormarathonischen Griechenland Bewegung plastisch dargestellt worden. Diese Entwicklungen verdanken vieles dem neuerwachten Schwung und der Heiterkeit des griechischen Lebens nach Salamis, mehr noch dem geduldigen Studium der Bewegungsanatomie, das Lehrer und Schüler viele Generationen lang betrieben. «Bildest du dein Werk nach den Gestalten der Lebendigen und erreichst so, daß die Statuen wie lebend erscheinen?... Bildest du also nach, was sich durch die Stellungen an den Körpern hebt und senkt, zusammen- und auseinanderzieht, was angespannt oder gelockert wird, und erreichst du dadurch, daß sie naturgetreuer und überzeugender erscheinen?» fragt Sokrates, der Bildhauer und Philosoph[4]. Der perikleische Bildhauer interessiert sich für jeden Zug des Körpers: für den Bauch so sehr wie für das Gesicht, für das wunderbare Spiel des elastischen Fleisches über dem sich bewegenden Rahmenwerk der Knochen, das Schwellen der Muskeln, Sehnen und Adern, die unendlichen Wunder des Baues und der Tätigkeit von Händen, Ohren und Füßen; und er ist gebannt von der Schwierigkeit, die Extremitäten zu gestalten. Modelle, die ihm im Atelier stehen, verwendet er nicht oft; meistens begnügt er sich damit, die Männer entkleidet und tätig in der Palaistra oder auf dem Sportplatz und die Frauen bei dem feierlichen Marsch in religiösen Prozessionen oder im natürlichen Vertieftsein in ihre häuslichen Beschäftigungen zu beobachten. Aus diesem Grunde und nicht aus Keuschheit richtet er seine anatomischen Studien hauptsächlich auf den Mann und ersetzt er in seinen Frauenbildnissen die anatomischen Einzelheiten durch raffinierte Gewandung – wenn er diese auch so durchscheinend gestaltet, wie es ihm beliebt. Der steifen Röcke Ägyptens und des archaischen Griechenland müde, liebt er es, die weiblichen Gewänder von einem Windstoß bewegt darzustellen; denn auch hier erfaßt er den Wert der Bewegung und des Lebens.

Er benutzt fast jedes bearbeitbare Material, das ihm unter die Hände kommt: Holz, Elfenbein, Knochen, Terrakotta, Kalkstein, Marmor, Silber, Gold; manchmal verwendet er, wie bei den Goldelfenbeinstatuen des Pheidias, Gold für die Kleidung und Elfenbein für das Fleisch. Auf der Peloponnes ist Bronze das bevorzugte Material des Bildhauers, denn er bewundert ihre dunkle Färbung, die für die Darstellung der sonnengebräunten Haut des nackten Körpers so gut geeignet ist; und er gibt sich dem Glauben hin, daß Bronze dauerhafter sein werde als Stein – wobei er nicht an die menschliche Raubgier denkt. In Ionien und Attika zieht der Bildhauer den Marmor vor; die Schwierigkeit seiner Behandlung reizt ihn, seine Festigkeit gibt seinem Meißel Halt, seine durchsichtige Glätte scheint dazu bestimmt, die rosige Farbe und die zarte Struktur der weiblichen Haut darzustellen. Bei Athen entdeckt der Bildhauer den Marmor des Pentelikos und beobachtet, daß dessen Eisengehalt sich im Laufe der Zeit und infolge der Witterungseinflüsse in eine goldene Äderung umwandelt, die durch den Stein schimmert; und mit der hartnäckigen Geduld, die die Hälfte des Genies ausmacht, meißelt er die Blöcke zu lebendigen Bildern. Wenn er Bronze verarbeitet, verfährt er nach der Methode des Gusses mit verlorener Form, *à cire perdue*, verlorenem Wachs: Er fertigt ein Tonmodell an, überzieht es mit einer dünnen Wachsschicht, überdeckt alles mit einer Gips- oder Tondecke, die an vielen Stellen durchbohrt ist, und glüht die Figur in einem Ofen, dessen Hitze das Wachs zum Schmelzen und Abfließen bringt; hierauf gießt er von oben her geschmolzenes Metall in die Gußform, bis es den ganzen Hohlraum ausfüllt, den zuvor das Wachs eingenommen hat; er läßt die Figur sich abkühlen, schlägt die äußere Tondecke ab und feilt und glättet, lackiert oder malt oder vergoldet, bis die Bronze ihre endgültige Gestalt hat. Zieht er Marmor vor, so beginnt er bei dem ungestalteten Block, ohne ihn vorher behauen zu lassen*; er arbeitet freihändig und läßt sich größtenteils von seinem Auge und nicht von Instrumenten leiten; Schlag um Schlag entfernt er das Überflüssige, bis die Vollkommenheit, die er im Auge hat, im Stein Gestalt annimmt und, um Aristoteles' Worte zu gebrauchen, die Materie Form wird.

Der Bereich seiner Vorwürfe erstreckt sich von den Göttern zu den Tieren, sie müssen aber stets körperlich bewundernswert sein; für Schwächlinge, Intellektuelle, Anomale und Alte hat er keine Verwendung. Er leistet Gutes beim Pferd, Mittelmäßiges bei anderen Tieren. Er leistet Besseres bei der Gestaltung von Frauenbildnissen, und einige seiner anonymen Meisterwerke, wie die nachdenkliche junge Dame, die ihr Kleid an der Brust zusammenhält (im Athener Museum), bringen es zu einer Schönheit und Lieblichkeit, die sich in Worten gar nicht ausdrücken läßt. Am besten gelingen ihm die Athleten; denn diese bewundert er uneingeschränkt und kann er unbehindert beobachten. Hier und da übertreibt er ihre Kraft und bedeckt ihren Bauch mit unglaublichen Muskeln; trotz dieses Mangels versteht er es aber, Bronzen zu gießen wie die, welche im Meer bei Antikythera aufgefunden wurde und abwechselnd als *Ephebos* angesehen wird oder als *Perseus*, dessen Hand einst Medusas schlangenhaariges Haupt hielt. Manchmal trifft er einen Jüngling oder ein junges Mädchen bei einer einfachen und spontanen Handlung, wie den Knaben, der sich einen Dorn aus dem Fuße zieht (im Kapitolinischen Museum in Rom, wahrscheinlich die Kopie eines griechischen Originals aus dem fünften Jahrhundert). Aber die Mythologie seines Landes gibt seiner Kunst immer noch in erster Linie Inspiration. Der schreckliche Konflikt zwischen Philosophie und Religion, der das ganze fünfte Jahrhundert durchzieht, zeigt sich in seinen Bildwerken noch nicht. Hier sind die Götter immer noch in ihrer Machtfülle unangetastet; und wenn sie sterben, werden sie edel in die Poesie der Kunst umgewandelt. Glaubt der Bildhauer, der den mächtigen *Zeus* von Artemision (im Athener Museum) in Bronze gießt, wirklich, er gestalte das Gesetz der Welt? Weiß der Künstler, der den sanften und sorgenbeschwerten *Dionysos* des Museums von Delphoi meißelt, im Grunde seines Herzens, daß Dionysos von den Pfeilen der Philosophie zu Tode getroffen ist und daß die traditionellen Gesichtszüge seines Nachfolgers Christus bereits in diesem Kopfe vorausgesehen sind?

2. DIE SCHULEN

Wenn die griechische Kunst im fünften Jahrhundert solche Leistungen aufzuweisen hatte, so teilweise deswegen, weil jeder Bildhauer einer Schule angehörte und seinen

* Indem er an verschiedenen Punkten die Tiefe angibt, bis zu der ein Arbeiter überflüssiges Material aus dem Block heraushaut, bevor der Künstler mit der Arbeit beginnt. Dieses Verfahren wurde im hellenistischen Griechenland üblich.

Platz in einer langen Abfolge von Meistern und Schülern hatte, die die Fertigkeiten ihrer Kunst weitergaben, die Auswüchse unabhängiger Einzelpersönlichkeiten beschnitten, deren besondere Fähigkeiten anregten, sie mit einer festen Grundlage der Technik und der Errungenschaften der Vergangenheit disziplinierten und mit diesem Wechselspiel von Talent und Gesetz zu einer größeren Kunst heranzogen, als sie sonst einem isolierten und unbeherrschten Genie gelingt. Große Künstler bedeuten häufiger den Höhepunkt am Abschlusse einer Tradition als den Bruch mit der Tradition; und wenn Rebellen auch notwendige Spielarten in der Geschichte der Kunst sind, so entstehen wirklich große Persönlichkeiten doch erst, wenn die neue Linie der Rebellen sich in der Überlieferung gefestigt und die Heiligung der Zeit erfahren hat.

Im perikleischen Griechenland übten fünf Schulen diese Funktion aus: die Schulen von Rhegion, Sikyon, Argos, Aigina und Attika. Um 496 ließ sich ein zweiter Pythagoras aus Samos in Rhegion nieder, goß einen *Philoktetes*, der ihn im ganzen Mittelmeergebiet berühmt machte, und versah die Gesichtszüge seiner Statuen mit einem solchen Ausdruck des Schmerzes, der Leidenschaft und des Alters, daß alle griechischen Bildhauer entsetzt waren, bis sich die Künstler der hellenistischen Zeit entschlossen, ihn nachzuahmen. In Sikyon setzten Kanachos und sein Bruder Aristokles das Werk fort, das Dipoinos und Skyllis von Kreta ein Jahrhundert zuvor begonnen hatten. Kallon und Onatas trugen Aigina durch ihre Fertigkeit im Bronzeguß Ruhm ein; vielleicht waren sie die Schöpfer der Ziergiebel von Aigina. In Argos organisierte Ageladas den Übergang der Bildhauertechnik in einer Schule, die ihren Höhepunkt in Polykleitos erreichte.

Aus Sikyon stammend, machte sich Polykleitos in Argos beliebt, indem er für dessen Heratempel um 422 eine Goldelfenbeinstatue der Schutzgöttin entwarf, die in der Gunst der Zeit nur den chryselephantinen Ungeheuern des Pheidias nachstand*. In Ephesos trat er mit Pheidias, Kresilas und Phradmon in Wettbewerb, um für den Artemistempel eine *Amazone* zu schaffen. Die vier Künstler wurden zu Schiedsrichtern eingesetzt; nach dem Bericht soll jeder sein eigenes Werk als das beste und das des Polykleitos als das zweitbeste beurteilt haben, und der Preis fiel an den Sikyoner. Vielleicht ist eine *Amazone* im Vatikan eine römische Kopie nach diesem Werk. Polykleitos erwärmte sich aber für Athleten mehr als für Frauen oder Götter. Bei dem berühmten *Diadumenos* (von dem die beste erhaltene Kopie im Athener Museum steht) erwählte er zur Darstellung den Augenblick, da der Sieger sich das Stirnband umbindet, auf das die Schiedsrichter den Lorbeerkranz aufsetzen werden. Brust und Unterleib sind unglaubhaft muskulös; aber der Körper ruht in lebendiger Haltung auf einem Fuß, und die Züge sind eine Definition der klassischen Regelmäßigkeit. Regelmäßigkeit war der Fetisch des Polykleitos; es war sein Lebensziel, einen Kanon, eine Gesetzmäßigkeit für die richtigen Maßverhältnisse aller Teile einer Statue zu finden und niederzulegen. Er war der Pythagoras der Skulptur, der eine göttliche Mathematik der Symmetrie und der Form suchte. Nach seiner Meinung sollten die Maße jedes einzelnen Teiles eines voll-

* Vielleicht ist uns ein Abglanz ihrer Großartigkeit in dem *Iunokopf* des Britischen Museums erhalten, der eine Kopie nach Polykleitos sein soll.

kommenen Körpers in einem bestimmten Verhältnis zu den Maßen jedes anderen Teiles, beispielsweise des Zeigefingers, stehen. Der Kanon des Polykleitos verlangte einen runden Kopf, breite Schultern, einen untersetzten Rumpf, breite Hüften und kurze Beine, so daß im großen und ganzen eher eine Ausprägung der Kraft als der Anmut entstand. Der Bildhauer war von seinem Kanon so entzückt, daß er ihn in einer Abhandlung ausführlich darlegte und eine Statue modellierte, um ihn vor Augen zu führen. Wahrscheinlich war das der *Doryphoros*, der Speerträger, von dem das Museum von Neapel eine römische Kopie besitzt; auch hier finden sich der Rundkopf, die kraftvollen Schultern, der kurze Rumpf, die schwellenden Muskeln, die die Leistengegend bedecken. Schöner ist der *Westmacott Ephebos* des Britischen Museums, wo der Jüngling neben Muskeln auch noch Gefühle hat und in freundliches Nachdenken über etwas anderes als seine eigene Kraft versunken zu sein scheint. Diese Figuren bewirkten, daß der Kanon des Polykleitos eine Zeitlang für die Bildhauer der Peloponnes Gesetz wurde; er beeinflußte selbst Pheidias und galt, bis Praxiteles ihn mit seinem eigenen Kanon der hochgewachsenen schlanken Eleganz zu Fall brachte, die durch Rom in die Bildhauerei des christlichen Europa einging.

Myron vermittelte zwischen der peloponnesischen und der attischen Schule. Er war in Eleutherai geboren, lebte in Athen und war eine Zeitlang Schüler des Ageladas, wie Plinius berichtet; so lernte er, die peloponnesische Männlichkeit mit der ionischen Anmut zu verbinden. Was er allen Schulen neu zu geben hatte, war die Bewegung: Er sah den Athleten nicht wie Polykleitos vor oder nach dem Kampf, sondern während des Kampfes, und verstand seinen Visionen so gut in Bronze Gestalt zu geben, daß kein anderer Bildhauer es in der Gestaltung des bewegten männlichen Körpers je mit ihm aufnehmen konnte. Um 470 goß er die berühmteste aller Athletenstatuen, den *Diskobolos*, den Diskuswerfer*. Das Wunder der männlichen Gestalt liegt hier in Vollkommenheit zutage: der Körper in all den Bewegungen der Muskeln, Sehnen und Glieder studiert, die zu der Tätigkeit gehören; Beine, Arme und Rumpf gebeugt, um dem Wurf die höchste Kraft zu verleihen; das Gesicht nicht von der Anstrengung verzerrt, sondern im Vertrauen auf das Können ruhig; der Kopf nicht schwer oder brutal, sondern der eines Mannes von gutem Blut und guter Erziehung, der Bücher schreiben könnte, wenn er sich dazu herabließe. Dieses Meisterwerk war nur eine der Leistungen Myrons; die Zeitgenossen schätzten es sehr, mehr noch schätzten sie aber seine Gruppe *Athene und Marsyas* (eine gute Kopie steht im Lateran) und seinen *Ladas*. Athene ist hier zu lieblich für den Anlaß; niemand würde erraten, daß diese spröde Jungfrau in ruhiger Zufriedenheit zusieht, wie der besiegte Flötenspieler geschunden wird. Myrons Marsyas ist George Bernard Shaw in einer unschönen, aber sprechenden Haltung. Er hat zum letztenmal gespielt und ist dem Tode nahe; er wird aber nicht dahingehen, ohne noch eine Rede gehalten zu haben. Ladas war ein Athlet, dem die Erschöpfung des Sieges den Tod gebracht hatte; Myron porträtierte ihn so realistisch, daß ein alter Grieche

* Das Thermenmuseum besitzt den Torso einer guten Marmorkopie eines römischen Künstlers. Die Münchener Glyptothek hat eine späte Bronzekopie; das Metropolitan Museum of Art verfügt über eine Kopie, die den Torso des Vatikans mit dem Kopf des Palazzo Lancelotti vereint.

beim Betrachten der Statue ausrief: «Gerade wie wenn du lebtest, Ladas, und deine keuchende Seele aushauchtest, hat Myron dich in Bronze gestaltet, hat er in deinen ganzen Körper dein Sehnen nach dem Siegeskranz gelegt.» Und von Myrons *Kuh* sagten die Griechen, sie könne alles, nur nicht muhen.

Die attische oder athenische Schule hatte den Peloponnesiern und Myron noch das hinzuzusetzen, was die Frau dem Manne gibt: Schönheit, Zartheit, Feinheit und Anmut. Und weil sie dabei immer noch ein männliches Element der Kraft beibehielt, erreichte sie eine Höhe, die die Bildhauerei vielleicht niemals mehr erklimmt. Kalamis war immer noch etwas archaisch, und Nesiotes und Kritios befreiten sich in ihren *Tyrannenmördern* nicht von der starren Einfachheit des sechsten Jahrhunderts; Lukianos warnt die Redner davor, sich wie diese unlebendigen Figuren zu verhalten. Als aber um 423 Paionios aus dem thrakischen Mende nach dem Studium der Bildhauerei in Athen den Messeniern eine *Nike*, eine Siegesgöttin, schuf, rührte er an Höhen der Anmut und der Schönheit, die kein Grieche vor Praxiteles mehr erreichen sollte; und nicht einmal Praxiteles sollte den Fluß dieser Gewandung oder die Verzücktheit dieser Bewegung übertreffen*.

3. PHEIDIAS

Von 447 bis 438 waren Pheidias und seine Gehilfen damit beschäftigt, die Statuen und Reliefs des Parthenon zu meißeln. So wie Platon zuerst Dramatiker war, bevor er ein dramatischer Philosoph wurde, war auch Pheidias zuerst Maler und wurde dann malerischer Bildhauer. Er war der Sohn eines Malers und ging eine Zeitlang bei Polygnotos in die Lehre. Von ihm erlernte er vermutlich Entwurf und Komposition und die Gruppierung von Figuren zu einer Gesamtwirkung; von ihm lernte er vielleicht auch jenen «erhabenen Stil», der ihn zum größten Bildhauer Griechenlands machte. Die Malerei befriedigte ihn aber nicht; er brauchte weitere Dimensionen. Er wandte sich der Skulptur zu und lernte vielleicht bei Ageladas die Bronzetechnik. Mit geduldiger Zähigkeit errang er in jedem Zweig seiner Kunst die Meisterschaft.

Er war bereits ein alter Mann, als er gegen 438 seine *Athene Parthenos* gestaltete; denn er bildete sich selbst auf ihrem Schild als alten und glatzköpfigen Mann ab, dem die Sorge nicht ganz fremd ist. Niemand verlangte von ihm, daß er die vielen hundert Figuren, die die Metopen, Friese und Giebel des Parthenon füllten, eigenhändig meißelte; es genügte, daß er das ganze Bauen des Perikles überwachte und den bildhauerischen Schmuck entwarf. Er überließ es seinen Schülern, vor allem Alkamenes, die Pläne im einzelnen auszuführen. Drei Statuen der Stadtgöttin für die Akropolis machte er indessen persönlich. Die eine war von athenischen Kolonisten in Lemnos bestellt; sie war aus Bronze, etwas überlebensgroß und so fein modelliert, daß griechische Kri-

* Die *Nike* wurde aus den Bruchstücken, die die Deutschen 1890 bei den Ausgrabungen in Olympia fanden, zusammengesetzt und befindet sich jetzt im Museum von Olympia. – Fast ebenso schön sind die *Nereiden*, die Meerjungfrauen, die man ohne Kopf in den Ruinen eines Denkmales im lykischen Xanthos fand und die jetzt im Britischen Museum stehen. Der griechische Geist hatte selbst das nichtgriechische Asien durchdrungen.

tiker die *Athene Lemnia* als das schönste Werk des Pheidias ansahen. Es ist keine authentische Kopie erhalten. Die zweite war die *Athene Promachos*, eine Riesenstatue aus Bronze, die die Göttin als die kriegerische Verteidigerin der Stadt darstellte; sie stand zwischen den Propyläen und dem Erechtheion, hatte mit dem Sockel eine Höhe von dreiundzwanzig Metern und diente den Seefahrern als Richtzeichen und den Feinden als Warnung*. Die berühmteste der drei, die *Athene Parthenos*, stand, zwölf Meter hoch, im Innern des Parthenon als die jungfräuliche Göttin der Weisheit und der Keuschheit. Für diese krönende Figur wollte Pheidias Marmor benutzen; aber das Volk forderte nichts anderes als Elfenbein und Gold. Der Künstler verwendete Elfenbein für den sichtbaren Teil des Körpers und vierundvierzig Talente (rund 1150 kg) Gold für die Gewandung; außerdem verzierte er sie mit Edelmetallen und fein ausgearbeiteten Reliefs an Helm, Sandalen und Schild. Sie wurde so aufgestellt, daß die Sonnenstrahlen am Festtage Athenes durch die großen Tore unmittelbar auf das leuchtende Gewand und das blasse Gesicht der Jungfrau fielen**.

Die Vollendung des Werkes brachte Pheidias kein Glück; ein Teil des ihm für die Statue zugewiesenen Goldes und Elfenbeines verschwand aus seinem Atelier, ohne daß er dafür hätte eine Erklärung abgeben können. Die Feinde des Perikles übersahen diese günstige Gelegenheit nicht. Sie klagten Pheidias des Diebstahls an und ließen ihn verurteilen***. Die Bevölkerung Olympias setzte sich für ihn ein und zahlte die Bürgschaft von vierzig (?) Talenten für ihn, unter der Bedingung, daß er nach Olympia komme und dort eine Goldelfenbeinstatue für den Zeustempel schaffe; sie vertrauten ihm gerne noch mehr Gold und Elfenbein an. Ihm und seinen Gehilfen wurde eine besondere Werkstatt nahe am Tempelbezirk erbaut, und sein Bruder Panainos erhielt den Auftrag, den Thron der Statue und die Tempelwände mit Malereien auszuschmücken. Pheidias hatte eine besondere Schwäche für riesige Ausmaße und machte seinen sitzenden *Zeus* zwanzig Meter hoch, so daß die Kritiker, als er im Tempelinnern aufgestellt wurde, meinten, er würde das Dach aufreißen, wenn es ihm einfallen sollte, aufzustehen. Auf die «schwärzlichen Brauen» und die «ambrosischen Locken» des Donnerers setzte Pheidias einen goldenen Kranz in Gestalt von Olivenzweigen und -blättern; in die rechte Hand gab er ihm eine kleine Statue der Siegesgöttin, ebenfalls in Elfenbein und Gold; in die linke legte er ein mit Edelsteinen ausgelegtes Szepter; an den Körper ein mit eingravierten Blumen verziertes goldenes Gewand und an die Füße Sandalen aus massivem Gold. Der Thron bestand aus Gold, Elfenbein und Ebenholz; an seiner Basis standen kleinere Figuren der Nike, Apollons, der Artemis, der Niobe und thebanischer Jünglinge, die von der Sphinx geraubt wurden. Das Endergebnis war so eindrucksvoll, daß sich Sagen darum spannen: Als Pheidias die Statue vollendet hatte,

---

* Sie wurde gegen 330 n. Chr. nach Konstantinopel gebracht und scheint dort bei einem Aufruhr im Jahre 1203 zerstört worden zu sein.

** Wenn wir nach den «Lenormant»- und «Varvaka»-Modellen dieser Statue urteilen dürfen, die jetzt im Athener Museum stehen, würde die *Athene Parthenos* uns nicht so sehr gefallen haben. Das erste Modell hat eine dicke Gestalt und ein aufgedunsenes Gesicht, und die Brust des zweiten wimmelt von heiligen Schlangen.

*** Etwa 438. Das Datum ist sehr unsicher, ebenso die Abfolge der Ereignisse in den späteren Jahren von Pheidias' Leben.

soll er um ein Zeichen der Billigung des Himmels gefleht haben, worauf ein Blitzstrahl in ihrer Nähe in den Boden fuhr – ein Zeichen, das, wie die meisten himmlischen Botschaften, verschiedener Deutung fähig war. Das Werk (von dem nur Bruchstücke des Sockels enthalten sind) wurde zu den Sieben Weltwundern gezählt, und wer es sich leisten konnte, pilgerte hin, um den gestaltgewordenen Gott zu betrachten. Aemilius Paullus, der Römer, der Griechenland eroberte, wurde beim Anblick des Kolosses von Ehrfurcht ergriffen; er gestand, daß seine Erwartungen von der Wirklichkeit übertroffen worden waren. Dion Chrysostomos nannte es das schönste Bildnis der Welt und fügte bei, was Beethoven von der eigenen Musik sagen sollte: «Wenn einer, dem das Leben einen bitteren Becher des Kummers und des Leides gereicht hat, dessen Herz schwer ist und den der süße Schlaf flieht, vor dieses Bildnis hinträte, er vergäße allen Leids und Wehs, das den Menschen befällt.» «Die Schönheit der Statue erhöhte selbst noch die überkommene Religion; die Erhabenheit des Kunstwerkes kam dem Gotte gleich», meint Quintilian.

Von den letzten Jahren des Pheidias gibt es keinen unbestrittenen Bericht. Eine Geschichte will wissen, er sei nach Athen zurückgekehrt und im Gefängnis verstorben; eine andere läßt ihn in Elis bleiben, nur damit die Eleier ihn dort im Jahre 432 umbringen. Von diesen beiden Versionen ist die eine so unbefriedigend wie die andere. Seine Schüler setzten das Werk fort und bezeugten sein Können als Lehrer, indem sie es ihm fast gleichtaten. Agorakritos, sein Lieblingsschüler, meißelte eine berühmte *Nemesis*; Alkamenes schuf eine *Aphrodite in den Gärten*, die Lukianos zu den besten Meisterwerken der Bildhauerkunst zählte; eine gewandete *Venus* im Louvre ist vielleicht eine Kopie dieser Statue. Die Pheidiasschule fand mit dem fünften Jahrhundert ihr Ende, sie bedeutete aber für die griechische Skulptur einen ganz gewaltigen Fortschritt. Mit Pheidias und seinen Nachfolgern war die Kunst in dem Augenblick an die Vollkommenheit herangekommen, da der Peloponnesische Krieg den Untergang Athens einleitete. Die Technik wurde nun vollkommen beherrscht, die Anatomie verstanden, Bronze und Stein wurden mit Leben und Bewegung und Anmut erfüllt. Die charakteristische Leistung des Pheidias war aber die Erreichung und endgültige Ausprägung des *klassischen* Stiles, des «erhabenen Stiles» Winckelmanns: Kraft mit Schönheit vereint, Gefühl mit Zurückhaltung, Bewegung mit Ruhe, Körperlichkeit mit Geist und Seele. Hier wurde endlich nach fünfhundertjährigem Streben die berühmte «heitere Ruhe» ausgedrückt, die den Griechen mit soviel Phantasie zugeschrieben wird, und die leidenschaftlichen und unruhevollen Athener konnten beim Betrachten der Gestalten des Pheidias erkennen, wie nahe, wenn auch nur in der schöpferischen Bildhauerei, der Mensch auf einen Augenblick der Gottähnlichkeit gekommen war.

IV. DIE BAUMEISTER

I. DER FORTSCHRITT DER ARCHITEKTUR

Während des fünften Jahrhunderts setzte die dorische Ordnung ihren Siegeszug durch Griechenland fort. Von den in diesem glücklichen Jahrhundert erbauten Tempeln stehen nur noch einige wenige ionische Bauten, in der Hauptsache das Erechtheion und der Tempel der Nike Apteros auf der Akropolis. Attika blieb der dorischen Ordnung treu und verwendete die ionische nur für die inneren Säulen der Propyläen und für einen Fries um das Theseion und den Parthenon; vielleicht ist die Neigung, die dorische Säule länger und schlanker zu gestalten, dem Einfluß des ionischen Stiles zuzuschreiben. In Kleinasien ließen sich die Griechen von der orientalischen Vorliebe für feine Ornamentierung durchdringen und brachten sie in der eingehenden Ausarbeitung des Gebälkes und in der Schaffung einer neuen, stärker verzierten Ordnung, der korinthischen, zum Ausdruck. Nach der Erzählung Vitruvs fiel um 430 einem ionischen Bildhauer, Kallimachos, ein Korb mit Votivgaben, die mit einem Ziegel bedeckt waren, auf, den eine Amme auf dem Grab ihrer Herrin zurückgelassen hatte; wilder Akanthus hatte sich um Korb und Ziegel geschlungen, und der Bildhauer, dem diese natürliche Formung gefiel, änderte die ionischen Kapitelle des Tempels ab, den er gerade in Korinth erbaute, indem er die Voluten mit Akanthusblättern versah. Wahrscheinlich ist die Erzählung ein Mythos und hatte der Korb der Amme auf die Entstehung des korinthischen Stiles einen geringeren Einfluß als die Palmen- und Papyroskapitelle Ägyptens. Die neue Ordnung drang im klassischen Griechenland nur wenig durch; Iktinos verwendete sie für eine einzelne Säule im Hofe eines ionischen Tempels in Phigaleia, und gegen Ende des Jahrhunderts wurde sie für das Choregendenkmal des Lysikrates verwandt. Erst bei den eleganten Römern des Reiches erreichte dieser Zierstiel seine volle Entwicklung.

In dieser Zeit baute die ganze griechische Welt Tempel. Städte brachten sich in dem Wetteifer, die schönsten Bildwerke und die größten Kultstätten zu haben, an den Rand des Abgrunds. Zu den massigen Bauten des sechsten Jahrhunderts in Samos und Ephesos ließ Ionien neue ionische Tempel in Magnesia, Teos und Priene hinzukommen. In Assos in der Troas erbauten griechische Kolonisten der Athene einen fast archaischen Tempel. Am anderen Ende von Hellas baute Kroton um 480 der Hera eine mächtige dorische Heimstätte; sie stand bis zum Jahre 1600, als ein Bischof meinte, die Steine besser verwenden zu können. Zum fünften Jahrhundert gehören die bedeutendsten Tempel in Poseidonia (Paestum), Segesta, Selinus und Akragas und der Asklepiostempel in Epidauros. In Syrakus stehen noch die Säulen eines Tempels, den Gelon I. Athene erbaute und der durch seine Umwandlung in eine christliche Kirche teilweise erhalten blieb. In Bassai bei Phigaleia auf der Peloponnes entwarf Iktinos einen Apollontempel, der sich merkwürdig von seinem anderen Meisterwerk, dem Parthenon, unterschied. In Bassai umschloß der dorische Peripteros einen Raum, der von einem kleinen *naos* und einem großen, offenen, von einer ionischen Säulenreihe umgebenen Hof eingenommen wurde; und um das Innere dieses Hofes, der Innenseite der ionischen Säulen entlang, lief ein Fries, der fast so schön wie der des Parthenon war und dazu noch den Vorteil hatte, sichtbar zu sein. Achtunddreißig Säulen, die Mauern des *naos* und Teile der inneren Säulenreihe sind erhalten. Bruchstücke des Frieses stehen im Britischen Museum.

In Olympia erbaute der eleiische Architekt Libon ein Menschenalter vor dem Parthenon und diesem ebenbürtig einen dorischen Zeustempel. Sechs Säulen standen an jeder Schmalseite, dreizehn an jeder Längswand, vielleicht zu dick, um wirklich schön zu sein, und in ihrem Material – einem rauhen, mit Stuck überzogenen Kalkstein – etwas unglücklich; das Dach war aber aus Marmor vom Pentelikos. Wie Pausanias berichtet, meißelten Paionios und Alkamenes für die Giebel machtvolle Figuren (jetzt im Museum von Olympia), im Osten das Wagenrennen zwischen Pelops und Oinomaos, im Westen den Kampf zwischen den Lapithen und Kentauren. Die Lapithen waren nach der griechischen Sage ein Bergstamm Thessaliens. Als ihr König Peirithoos Hippodameia, die Tochter des Lapithen Atrax, heiratete, lud er die Kentauren zur Hochzeit. Die Kentauren hausten in den Bergen um den Pelion; die griechische Kunst stellte sie halb in Pferde-, halb in Menschengestalt dar, möglicherweise um damit ihre ungezähmte Wäldlernatur anzudeuten oder weil die Kentauren so gute Reiter waren, daß sie wie mit ihren Pferden verwachsen wirkten. Auf der Hochzeitsfeier berauschten sich diese Pferdemenschen und versuchten, die Lapithenfrauen zu entführen. Die Lapithen kämpften tapfer um ihre Damen und trugen den Sieg davon. (Die griechische Kunst wurde dieser Geschichte nie müde und bediente sich ihrer vielleicht, um die Säuberung der Wildnis von wilden Tieren und den Kampf zwischen dem Menschlichen und dem Tierischen im Menschen zu symbolisieren.) Die Figuren am Ostgiebel sind archaisch steif und unbewegt. Die am Westgiebel scheinen kaum aus der gleichen Zeit zu stammen; denn wenn auch einige roh sind und das Haar nach der alten Art stilisiert ist, so sind sie doch in lebendiger Handlung begriffen und lassen ein reifes Verständnis für die bildhauerische Gruppierung erkennen. Von ganz besonderer Schönheit ist die Braut, eine Frau nicht von gebrechlicher Schlankheit, sondern von üppiger Lieblichkeit, die den Streit begreiflich erscheinen läßt. Ein bärtiger Kentaur hat einen Arm um ihre Hüfte gelegt, eine Hand auf ihre Brust. Sie soll an ihrem Hochzeitstage geraubt werden, und doch stellt der Künstler ihre Gesichtszüge in einer solchen inneren Ruhe dar, daß man ihn verdächtigt, Lessing oder Winckelmann gelesen zu haben. Weniger massig und großartig, aber von feinerer Arbeit sind die erhaltenen Metopen des Tempels, die bestimmte Arbeiten des Herakles darstellen; eine, bei der Herakles für Atlas die Welt hält, sticht als vollendetes Meisterwerk hervor. Herakles ist hier nicht ein unnatürlicher Riese mit schwellenden Muskeln, sondern einfach ein Mann in voller und harmonischer Entwicklung. Vor ihm steht Atlas, dessen Kopf die Schultern eines Platon zieren würde. Zur Linken steht eine Tochter des Atlas, vollkommen in der natürlichen Schönheit gesunder Weiblichkeit; vielleicht hatte der Künstler irgendeinen Symbolismus im Sinn, als er das Mädchen dem starken Mann beim Tragen der Welt zarte Hilfe leisten ließ. Der Kenner findet bei Einzelheiten in der Ausführung dieser halbzerstörten Metopen Fehler; aber für einen unbefangenen Betrachter kommen die Braut und Herakles und die Tochter des Atlas der Vollkommenheit so nahe wie sonst nichts in der Geschichte der Reliefskulptur.

2. DER WIEDERAUFBAU ATHENS

Im fünften Jahrhundert ist Attika hinsichtlich des Reichtums und der Vorzüglichkeit seines Bauens führend in ganz Griechenland. Hier nimmt der dorische Stil, der anderswo zu schwellender Dickleibigkeit neigt, ionische Anmut und Eleganz an; Farbe kommt zur Form, Zierde zur Symmetrie. Auf einer gefährlichen Landzunge bei Sunion bauten die Männer, die sich auf die See wagten, Poseidon eine Kultstätte, von der noch elf Säulen erhalten sind. In Eleusis entwarf Iktinos einen geräumigen Demetertempel, und auf Perikles' Veranlassung steuerte Athen Mittel bei, um dieses Bauwerk des Eleusinischen Festes würdig zu gestalten. In Athen war die Nähe guten Marmors auf dem Pentelikos und auf Paros ein Ansporn für den Künstler, mit dem denkbar schönsten Baumaterial zu arbeiten. Bis zu den wirtschaftlichen Krisen unserer Zeit war eine Demokratie noch selten fähig oder gewillt, so gewaltige Summen für öffentliche Bauten auszugeben. Der Parthenon kostete 700 Talente (4 200 000 Dollar, Kurswert von 1938), die *Athene Parthenos* (die allerdings ebensogut eine Goldreserve wie ein Bildwerk war) kostete 1000 Talente, die unvollendeten Propyläen 400, kleinere perikleische Bauten in Athen und im Peiraieus 3000, Skulpturen und anderer Zierat 2700 Talente; Athen gab in den Jahren zwischen 447 und 431 insgesamt 9600 Talente für öffentliche Bauten, Bildwerke und Gemälde aus. Die Verteilung dieser Summe unter Handwerker und Künstler, Arbeiter und Sklaven trug viel zu der wirtschaftlichen Blüte Athens unter Perikles bei.

Die Phantasie kann sich eine ungefähre Vorstellung von dem Hintergrund dieses mutigen Vordringens in die Kunst machen. Die Athener fanden bei ihrer Rückkehr von Salamis die Stadt fast vollständig von der persischen Besetzung verwüstet; jedes Gebäude von einigem Wert war völlig niedergebrannt. Ein solches Unglück zerstört entweder die Bürger mitsamt der Stadt, oder es macht sie stärker. Die göttliche Handlung räumt mit manchen unschönen und ungeeigneten Wohnstätten auf; das Schicksal vollbringt, was der menschliche Eigensinn niemals zulassen würde. Und wenn während der Krisenzeit genügend Nahrung zu finden ist, so schaffen die Arbeitskraft und der Geist der Menschen eine schönere Stadt als die vorangegangene. Die Athener verfügten selbst nach den Perserkriegen über Arbeitskraft und Geist, und der Sieg verdoppelte ihren Willen zu einem großen Unternehmen. In einem Menschenalter war Athen wiedererstanden; ein neues Rathaus entstand, ein neues Prytaneion, neue Häuser, neue Säulenhallen, neue Verteidigungsmauern, neue Werften und Warenhäuser in einem neuen Hafen. Gegen 446 legte Hippodamos von Miletos, der größte Stadtplaner der Antike, einen neuen Peiraieus an und gründete einen neuen Stil, indem er das alte Chaos zufällig entstandener und gewundener Gäßlein durch breite, gerade, sich rechtwinklig kreuzende Straßen ersetzte. Auf einer Anhöhe eine Meile nordwestlich der Akropolis erbauten unbekannte Künstler jenen kleineren Parthenon, der als Theseion, Theseustempel, bekannt ist*. Bildhauer füllten die Giebelfelder mit Statuen und die Metopen mit Reliefs und führten an beiden Enden einen Fries durch den Raum über den inneren Säulen. Maler versahen die Gesimse, Triglyphen, Metopen und Friese mit Farben und schufen bunte Wandgemälde für ein Inneres, das von dem durch Marmorziegel durchscheinenden Licht schwach erleuchtet war**.

Das schönste Werk der perikleischen Baumeister war der Akropolis vorbehalten, dem alten Regierungs- und Glaubenssitz der Stadt. Themistokles begann mit ihrem Wiederaufbau und plante einen einhundert Fuß langen Tempel, der deswegen unter dem Namen Hekatompedon bekannt ist. Nach seinem Sturz wurde die Arbeit eingestellt; die Oligarchenpartei widersetzte sich dem Bau, weil nach ihrer Meinung jede Behausung für Athene, die der Stadt nicht Unglück bringen sollte, an der Stelle des alten Tempels der Athene Polias (d.h. der Schützerin der Stadt), den die Perser zer-

* Der Name ist irrtümlich, da dieser 425 erbaute Tempel nicht das Theseion sein kann, in das 469 Kimon die angeblichen Gebeine des Theseus brachte; aber die Zeit heiligt den Irrtum so gut wie den Diebstahl, und man ist gemeinhin bei diesem überlieferten Namen geblieben, weil man ihn durch keine sichere Bezeichnung zu ersetzen vermag.

** Das Theseion ist das besterhaltene altgriechische Gebäude; aber auch ihm fehlen die Marmorziegel, die Wandgemälde, die Statuen des Innern, die Giebelskulpturen und fast der gesamte äußere Farbanstrich. Die Metopen sind so stark beschädigt, daß ihre Reliefs fast unkenntlich sind.

Attische Amphora des Amasis-Malers (550/540 v. Chr.; Staatliche Antikensammlungen, München).

stört hatten, erbaut werden mußte. Perikles, der sich um den Aberglauben nicht kümmerte, entschied sich für den Platz des Hekatompedon für den Parthenon und setzte seine Pläne durch, obgleich die Priester bis zum Schluß opponierten. Am Südwesthang der Akropolis erbauten seine Künstler ein Odeion, eine Liederhalle, die wegen ihrer konisch gestalteten Kuppel in Athen einzig dastand. Es gab den Satirikern der Konservativen eine Handhabe, den konischen Schädel des Perikles als sein Odeion, seine Liederhalle, zu bezeichnen. Das Odeion wurde größtenteils aus Holz erbaut und fiel bald der Zeit zum Opfer. In dieser Tonhalle wurden musikalische Vorführungen und die Proben zu den dionysischen Dramen abgehalten. Dort wurden auch alljährlich von Perikles gestiftete Wettkämpfe in Vokal- und Instrumentalmusik durchgeführt. Der vielseitige Staatsmann betätigte sich oft persönlich als Schiedsrichter an diesen Wettbewerben.

Die Straße zum Gipfel stieg in der klassischen Zeit in vielen Windungen sanft an und war zu beiden Seiten mit Statuen und Votivgaben versehen. Nahe der Anhöhe war eine majestätisch breite Marmortreppe, beiderseits von Basteien gestützt, angelegt. Auf der südlichen Bastion errichtete Kallikrates einen winzigen Tempel für Athene als *Nike Apteros*, «schwingenlose Siegesgöttin»*. Elegante Reliefs (zum Teil erhalten und im Museum von Athen aufbewahrt) schmückten die äußere Balustrade mit Figuren geflügelter Siegesgöttinnen, die Athen aus aller Welt die Beute zutrugen. Diese Nikai sind im edelsten Stile des Pheidias gehalten, nicht so kraftstrotzend wie die massigen Göttinnen des Parthenon, dafür aber um so anmutiger in der Bewegung und feiner und natürlicher in der Wiedergabe der Gewandung. Die *Sandalenbindende Nike* verdient ihren Namen; denn sie ist einer der Triumphe der griechischen Kunst.

Am oberen Ende der Akropolistreppe erbaute Mnesikles als Weiterbildung der mykenischen Pylonen einen Eingang mit fünf Öffnungen, die alle mit einer dorischen Säulenhalle versehen waren; diese Säulenreihen, die vor den Eingängen standen, gaben mit der Zeit dem ganzen Bauwerk ihren Namen der *Propylaia*, «Vor den Toren». Jede Säulenhalle trug einen Fries aus Triglyphen und Metopen und war von einem Giebel gekrönt. Innerhalb der Durchfahrt stand eine ionische Säulenreihe, kühn in ein dorisches Bauwerk eingefügt. Das Innere des Nordflügels war mit Gemälden von Polygnotos und anderen geschmückt und enthielt Votivtafeln *(pinakes)* aus gebranntem Ton und Marmor; daher sein Name, *pinakotheke*, Halle der Bildtafeln. Ein kleiner Südflügel blieb unvollendet; der Krieg oder die Reaktion gegen Perikles geboten dem Werk Einhalt und hinterließen eine ungefüge Masse prachtvoller Einzelteile als Zugang zum Parthenon.

Innerhalb dieser Tore stand zur Linken das merkwürdig orientalische Erechtheion. Auch dieses wurde vom Kriege überholt: es war gerade zur Hälfte vollendet, als das Unglück von Aigos Potamoi Athen in Chaos und Armut stürzte. Das Erechtheion war nach dem Tode des Perikles auf Betreiben der Konservativen in Angriff genommen worden. Sie fürchteten, die alten Helden Erechtheus und Kekrops sowie die Athene

* Nikestatuen wurden oft ohne Flügel angefertigt, damit die Göttin nicht imstande sei, die Stadt zu verlassen. Der Tempel wurde 1687 von den Türken für den Bau einer Festung niedergerissen. Lord Elgin rettete einige Steintafeln des Frieses und sandte sie dem Britischen Museum. 1835 wurden die Steine des Tempels wieder zusammengesetzt, und das restaurierte Gebäude erstand an seinem alten Platz; an Stelle der fehlenden Teile des schwer beschädigten Frieses wurden Abgüsse eingesetzt.

Odysseus und seine Gefährten flüchten aus der Höhle des Polyphem.
Malerei auf einer attischen Salbölflasche
(um 510 v. Chr.; Staatliche Antikensammlungen, München).

des älteren Tempels und die heiligen Schlangen, die an dieser Stelle hausten, würden Athen dafür bestrafen, daß es den Parthenon an einer anderen Stelle erbaut hatte. Die verschiedenartigen Zwecke des Bauwerkes bestimmten den Grundriß und zerstörten seine Einheit. Ein Flügel war der Athene Polias geweiht und beherbergte ihr altes Abbild; ein anderer war Erechtheus und Poseidon geweiht. Der *naos* wurde nicht von einem vereinenden Peristyl umschlossen, sondern von drei getrennten Säulenhallen gestützt. Die nördliche und die östliche Vorhalle wurden von schlanken ionischen Säulen gehalten, die an Schönheit ihresgleichen suchen*. Die nördliche Vorhalle enthielt ein vollkommenes Portal, das mit einem Sims aus marmornen Blumen geschmückt war. Im Schiff stand die primitive Holzstatue der Athene, die nach dem Glauben der Frommen vom Himmel gefallen war. Dort stand auch die große Lampe, deren Feuer niemals ausgelöscht wurde und die Kallimachos, der Cellini seiner Zeit, aus Gold verfertigt und wie die korinthischen Kapitelle mit Akanthusblättern verziert hatte. Die südliche Vorhalle war die berühmte Halle der Jungfrauen, die Karyatiden-** oder Korenhalle. Diese geduldigen Frauen waren vermutlich den Korbträgerinnen des Orients nachgebildet; eine frühe Karyatide in Tralleis in Kleinasien verrät die östliche, wahrscheinlich assyrische Herkunft der Form. Die Gewandung ist prachtvoll, und die natürliche Biegung der Knie gewährt einen Eindruck der Leichtigkeit; aber gerade diese festgebauten Damen scheinen kaum genügend Kraft zu besitzen, das Gefühl des festen und verläßlichen Haltes zu vermitteln, den die wirklich schöne Architektur gewährt. Es war eine Geschmacksverirrung, die Pheidias wohl kaum zugelassen hätte.

3. DER PARTHENON

Im Jahre 447 begann Iktinos, von Kallikrates unterstützt und unter der Aufsicht von Pheidias und Perikles, einen neuen Tempel für Athene Parthenos zu erbauen. An das Westende des Bauwerkes setzte er einen Raum für ihre jungfräulichen Priesterinnen und nannte ihn den Raum «der Jungfrauen», *ton parthenon*; und im Laufe der nachlässigen Zeit ging dieser Name als eine Art architektonischer Metapher auf das ganze Gebäude über. Iktinos wählte als Baumaterial den weißen, eisengeäderten Marmor des Pentelikos. Mörtel wurde nicht verwendet; die Blöcke wurden so genau gearbeitet und so fein poliert, daß jeder Stein auf dem anderen aufsaß, als ob es ein einziger wäre. Die Säulenwalzen wurden mit einem Bohrloch versehen, in das man kleine Zylinder aus Olivenholz einfügte, um sie zusammenzuhalten, so daß jede Walze auf der anderen

* Diese Säulen, und nicht die des Parthenon, bestimmten den Stil der späteren Architektur. Der Fuß jeder Säule war mit dem Stylobat durch eine «attische Basis» aus drei Gliedern, einer Hohlkehle zwischen zwei Wülsten, verbunden. Der Säulenkopf ging über einen Blumenstreifen in das Volutenkapitell über. Das Gebälk war mit einem reichverzierten Sims, einem Fries aus schwarzem Stein und unter dem Karnies mit einer Reihe von Reliefs ausgestattet. Das Eierstab- und Geißblattornament des Gesimses war geradeso sorgfältig ausgearbeitet wie die Skulptur; die Künstler erhielten für einen Quadratfuß einer solchen Zierleiste ebensoviel wie für eine Figur im Fries.

** Diese Benennung für die Figuren stammt von dem römischen Baumeister Vitruvius und war der Bezeichnung der Artemispriesterinnen von Karyai in Lakonien entnommen. Die Athener nannten sie einfach *korai*, «Mädchen».

so lange gedreht werden konnte, bis die aufeinanderliegenden Flächen so eben geschliffen waren, daß der Einschnitt zwischen den einzelnen Walzen kaum mehr sichtbar war.

Der Stil war rein dorisch und von klassischer Einfachheit. Der Grundriß war rechteckig, denn die Griechen erwärmten sich nicht für Rundformen; daher gab es in der griechischen Architektur keine Bögen, obgleich sie den griechischen Architekten bekannt sein mußten. Die Ausmaße waren bescheiden: 75 × 33 × 21 Meter. Wahrscheinlich bestand bei jedem Teil des Bauwerkes ein Verhältnissystem wie im Polykleitischen Kanon, wobei alle Maße in eine bestimmte Beziehung zum Durchmesser der Säule gesetzt wurden. In Poseidonia betrug die Höhe der Säule das Vierfache des Durchmessers; hier das Fünffache. Die neue Form vermittelte mit Erfolg zwischen spartanischer Festigkeit und attischer Eleganz. Die Säule verdickte sich leicht von der Basis bis zur Mitte (um zwei Zentimeter im Durchmesser), verjüngte sich dann nach oben zu und war gegen die Mitte der ganzen Säulenreihe geneigt; jede Ecksäule war um ein weniges dicker als die übrigen. Jede horizontale Linie des Stylobats und des Gebälkes war gegen den Mittelpunkt nach oben gekrümmt, so daß das Auge vom Ende jeder vermeintlich geraden Linie ihr anderes Ende nicht sehen konnte. Die Metopen waren nicht vollständig quadratisch, sondern so gestaltet, daß sie von unten gesehen quadratisch erschienen. Alle diese Krümmungen waren gewandte Korrekturen für optische Täuschungen, die sonst die Linie des Stylobats in der Mitte hätte absinken, die Säulen von der Basis aus nach oben sich verjüngen und die Ecksäulen dünner und nach außen geneigt erscheinen lassen. Diese Anpassungen erforderten ein beträchtliches mathematisches und optisches Wissen und bildeten nur eines jener mechanischen Charakteristiken, die aus dem Tempel eine vollkommene Einheit von Wissenschaft und Kunst machten. Im Parthenon war wie in der heutigen Physik jede Gerade eine gekrümmte Linie und wie in der Malerei jeder Teil in gewandter Komposition auf das Zentrum bezogen. Das Ergebnis war eine gewisse Schmiegsamkeit und Anmut, die den Steinen Leben und Freiheit zu gewähren schien.

Über dem einfachen Architrav lief eine Reihe von Triglyphen und Metopen in abwechselnder Folge. In den Hochreliefs der zweiundneunzig Metopen wurde nochmals der Kampf der «Kultur» gegen die «Barbarei» in den Kämpfen der Griechen gegen die Troer, der Griechen gegen die Amazonen, der Lapithen gegen die Kentauren, der Götter gegen die Riesen dargestellt. Diese Steinplatten sind deutlich das Werk vieler Hände von verschiedener Fertigkeit; sie reichen an die Vorzüglichkeit des Frieses im Mittelschiff nicht heran, wenn auch einige Kentaurenköpfe Rembrandts in Stein sind. In den Giebelfeldern waren rundgemeißelte Bildgruppen von heroischem Ausmaße. Am Ostgiebel durfte der Beschauer über dem Eingang die Geburt der Athene aus dem Haupt des Zeus betrachten. An derselben Stelle befanden sich auch ein kraftvoll ruhender «Theseus» (die Benennung der Figuren des Parthenon ist höchst unsicher), ein Riese, der philosophischer Versenkung und zivilisierter Ruhe durchaus fähig war, und eine schöne Figur der Iris, des weiblichen Hermes, deren Kleidung am Körper anlag, aber doch vom Winde gezaust wurde – für Pheidias ist das ein schlechter Wind, der nicht irgendein Gewand aus der Ruhe bringt. Da stand auch eine majestätische «Hebe», die Göttin der Jugend, die die Becher der Olympier mit Nektar füllte; und da waren drei imposante «Parzen». In der linken Ecke verkündeten vier Pferdeköpfe mit blitzenden Augen, schnaubenden Nüstern und schäumenden Mäulern den Sonnenaufgang, während in der rechten Ecke die Mondgöttin ihren Wagen zum Untergang lenkte; diese Pferde sind die schönsten, die es in der Skulptur überhaupt gibt. Auf dem Westgiebel kämpfte Athene mit Poseidon um die Herrschaft über Attika. Auch hier gab es Pferde, wie um die gegabelte Absurdität der menschlichen Gestalt zu mildern, und ruhende Gestalten, die in unrealistischer Großartigkeit Attikas bescheidene Flüsse darstellten. Vielleicht sind die männlichen Gestalten zu muskulös und die weiblichen zu rundlich; selten aber waren Statuen so natürlich gruppiert oder so geschickt dem sich verengenden Raume eines Giebels angepaßt worden. «Alle anderen Statuen sind aus Stein; diese sind aus Fleisch und Blut», sagt Canova mit einiger Übertreibung.

Reizvoller sind indessen die Männer und Frauen des Frieses. Fast 175 Meter lief dieser berühmteste aller Friese oben an der Außenwand des *naos* innerhalb der Säulenhalle entlang. Hier bringen vermutlich die Jünglinge und Jungfrauen Athens am Tage der Panathenäischen Festspiele Athene Geschenke und Verehrung dar. Ein Teil des Festzuges bewegt sich auf der West- und Nordseite, ein zweiter auf der Südseite, um sich auf der Ostseite vor der Göttin zu treffen, die stolzerfüllt Zeus und den Olympiern die Gastfreundschaft der Stadt und Teilhaberschaft an ihrer Kriegsbeute anbietet. Schöne Ritter reiten in würdevoller Anmut auf noch schöneren Hengsten; Würdenträger fahren zu Wagen, während das gewöhnliche Volk sich glücklich zu Fuß anschließt; hübsche junge Mädchen und gemessene Greise tragen Olivenzweige und Bretter mit Opferkuchen. Diener tragen Krüge mit geweihtem Wein auf den Schultern; würdige Frauen übergeben der Göttin den *peplos*, den sie ihr schon lange in Erwartung dieses heiligen Tages gewoben und bestickt haben; Opfertiere schreiten mit der Geduld des Rindes dahin oder zerren zornig in Vorausahnung ihres Schicksals an ihren Ketten; und Musikanten spielen auf der Flöte endlose Lieder ohne Melodie. Selten sind Mensch und Tier mit so liebevoller Kunst beehrt worden. Mit einer Relieftiefe von nur fünfeinhalb Zentimetern vermochten die Künstler durch Schattieren und Modellieren eine solche Tiefenwirkung hervorzuzaubern, daß ein Pferd mit seinem Reiter hinter dem anderen zu stehen scheint, obgleich sich das nächste nicht mehr vom Hintergrund abhebt als alle anderen. Es war vielleicht ein Fehler, dieses außerordentliche Relief so hoch anzusetzen, daß man es nicht bequem betrachten oder seine Vortrefflichkeit ganz erfassen konnte. Pheidias entschuldigte sich, zweifellos mit einem leisen Schmunzeln, die Götter könnten es ja sehen; die Götter aber lagen im Sterben, als er meißelte.

Unterhalb der sitzenden Gottheiten des Frieses war der Eingang zum inneren Tempel. Das Tempelinnere war verhältnismäßig klein; ein großer Teil des Raumes wurde von zwei doppelten dorischen Säulenreihen beansprucht, die das Dach stützten und den Raum in ein Mittelschiff und zwei Seitenschiffe aufteilten, während am Westende Athene Parthenos ihre Gläubigen mit dem Gold ihrer Gewandung blendete oder mit

Speer und Schild und ihren Schlangen schreckte. Hinter ihr lag der Raum der Jungfrauen, von vier Säulen in ionischem Stil geschmückt. Die Marmorziegel des Daches ließen genügend Licht durch, um das Schiff zu beleuchten, und waren doch wieder undurchlässig genug, um die Hitze abzuhalten; im übrigen scheut die Frömmigkeit, wie die Liebe, die Sonne. Die Dachgesimse waren in sorgfältiger Kleinarbeit verziert, trugen Akroterien aus Terrakotta und waren mit Wasserspeiern versehen. Viele Teile des Tempels waren bemalt, nicht in gedämpften Farben, sondern in fröhlichen gelben, blauen und roten Tönen. Der Marmor war mit einem Farbstoff aus Safran und Milch überzogen, die Triglyphen und ein Teil des Gesimses waren blau, der Fries hatte einen blauen Hintergrund, die Metopen einen roten, und jede Figur auf ihnen war bemalt. Ein Volk, das an einen Mittelmeerhimmel gewöhnt ist, verträgt und genießt leuchtendere Farben als eines, dem die wolkige Atmosphäre des nördlichen Europa zusagt. Heute, wo er seiner Farben verlustiggegangen ist, ist der Parthenon am schönsten bei Nacht, wenn durch jeden Zwischenraum zwischen den Säulen ein anderer Anblick des Himmels oder der stets andächtige Mond oder die Lichter der schlafenden Stadt, die sich mit den Sternen vermischen, zu sehen sind*.

Seine Kunst war das Größte, was Griechenland hervorbrachte; denn wenn auch seine Meisterwerke eines nach dem anderen der Gefräßigkeit der Zeit zum Opfer fielen, sind Form und Geist doch immer noch lebendig genug, um vielen Künsten, vielen Generationen und vielen Ländern Anregung und Führer zu sein. Auch diese Kunst hatte ihre Fehler, wie alles von Menschenhand Geschaffene. Die Skulptur war zu körperlich und reichte selten an die Seele heran; wir bewundern öfter ihre Vollkommenheit, als daß wir ihr Leben fühlten. Die Architektur war in Form und Stil eng beschränkt und klammerte sich ein ganzes Jahrtausend lang an das Rechteck des mykenischen Megarons. Auf weltlichem Gebiet erreichte sie fast gar nichts; sie machte sich nur an die leichteren Konstruktionsprobleme und vermied schwierigere Aufgaben wie den Bogen und

---

* Der Parthenon ist wie das Erechtheion und das Theseion dadurch erhalten geblieben, daß er als christliche Kirche verwendet wurde; man brauchte am Namen nicht viel zu ändern, da das Gebäude auf jeden Fall der Jungfrau geweiht war. Nach der türkischen Besetzung 1456 wurde er in eine Moschee umgewandelt und erhielt ein Minarett. 1687, als die Venezianer Athen belagerten, benutzten die Türken den Tempel, um das Pulver, das sie täglich ihrer Artillerie zuwiesen, darin aufzubewahren. Der Befehlshaber der Venezianer hörte davon und richtete seine Kanonen auf den Parthenon. Eine Granate durchschlug das Dach, explodierte im Pulver und legte das halbe Gebäude in Trümmer. Nach der Einnahme der Stadt versuchte Morosini auch die Giebelfiguren abzunehmen; aber seine Arbeiter ließen sie fallen und zerschlugen sie. 1800 erhielt Lord Elgin, der englische Botschafter in der Türkei, die Erlaubnis, einen Teil der Skulpturen in das Britische Museum zu verbringen, da sie dort gegen Wetter und Krieg geschützter seien als in Athen. Seine Beute schloß zwölf Statuen, fünfzehn Metopen und sechsundfünfzig Steintafeln des Frieses ein. Der Museumsexperte für Skulpturen sprach sich gegen den Ankauf des Materials aus; erst nach zehnjährigen Verhandlungen willigte das Museum ein, 175000 Dollar dafür zu bezahlen, weniger als die Hälfte der Summe, die Lord Elgin für die Figuren und den Transport bezahlt hatte. Einige Jahre später wurde während des griechischen Freiheitskampfes die Akropolis zweimal bombardiert, wobei ein großer Teil des Erechtheion in Trümmer ging. Einige Metopen des Parthenon stehen noch an ihrer Stelle; einige Steintafeln des Frieses sind im Museum von Athen, einige weitere im Louvre untergebracht. Die Bürger von Nashville, Tennessee, haben eine Kopie des Parthenon in denselben Ausmaßen wie das Original, dem gleichen Material und, soweit unsere Kenntnisse reichen, den gleichen Dekorationen und Farben erbaut; das Metropolitan Museum of Art enthält eine kleine hypothetische Reproduktion des Inneren.

die Wölbung, die ihr einen größeren Spielraum hätten geben können. Sie stützte ihre Dächer durch das plumpe Hilfsmittel innerer Säulenreihen. Sie füllte das Innere ihrer Tempel mit Statuen, deren Größe in gar keinem Verhältnis zum Bauwerk stand und deren Verzierung die Einfachheit und Zurückhaltung, die wir vom klassischen Stil erwarten, vermissen lassen*.

Keine Mängel können aber die Tatsache überdecken, daß die griechische Kunst den klassischen Stil schuf. Das Wesen dieses Stils – wenn wir das Thema dieses Kapitels zum Schlusse nochmals formulieren dürfen – ist Ordnung und Form: Maß in Grundriß, Ausdruck und Ornamentik; Proportion in den Teilen und Einheitlichkeit im Ganzen; das Übergewicht der Vernunft ohne das Auslöschen des Gefühles; eine ruhige Vollkommenheit, die sich mit Einfachheit begnügt, und eine Erhabenheit, die von der äußeren Größe unabhängig ist. Kein anderer Stil außer dem gotischen übte einen so gewaltigen Einfluß aus; die griechische Bildhauerei ist ja immer noch das Ideal, und bis gestern beherrschte die griechische Säule die Architektur zum Schaden passenderer Formen. Es ist gut, daß wir uns jetzt von den Griechen befreien; selbst die Vollkommenheit wirkt bedrückend, wenn sie stets unverändert bleibt. Aber noch lange, nachdem wir uns freigemacht haben werden, werden wir aus dieser Kunst Belehrung und Anregung empfangen, aus dieser Kunst, die gestaltgewordenes Leben der Vernunft war, und aus diesem klassischen Stil, der die kennzeichnendste Gabe Griechenlands an die Menschheit ist.

* Auch der Mangel jeglicher Ordnung in der Aufstellung der Gebäude auf der Akropolis oder im Weihebezirk Olympias könnte hier erwähnt werden; es ist aber schwierig zu entscheiden, ob diese Unordnung einem Mangel an Geschmack oder den Zufälligkeiten der Geschichte zuzuschreiben ist.

FÜNFTES KAPITEL

Der Fortschritt der Wissenschaft

Das kulturelle Leben Griechenlands vollzieht sich hauptsächlich in drei Erscheinungsformen: in der Kunst, im Drama und in der Philosophie. In der ersten gibt die Religion die Inspiration, in der zweiten ist sie der Kampfplatz, in der dritten das Opfer. Da die Ausbildung einer Religionsgemeinschaft einen gemeinsamen und beständigen Glauben voraussetzt, kommt jede Religion früher oder später in Gegensatz zu dem fließenden und stets wechselnden Strom weltlichen Denkens, den wir so zuversichtlich Fortschritt des Wissens nennen. In Athen war dieser Konflikt nicht immer an der Oberfläche sichtbar und berührte die Volksmasse nicht unmittelbar. Die Wissenschaftler und Philosophen machten sich ans Werk, ohne den Volksglauben ausdrücklich anzugreifen; oft besänftigten sie die Wogen des Kampfes, indem sie die alten religiösen Ausdrücke als Symbole oder Allegorien ihres neuen Glaubens verwandten. Nur hier und da, etwa in den Anschuldigungen gegen Anaxagoras, Aspasia, Diagoras von Melos, Euripides und Sokrates trat der Kampf ans Tageslicht und wurde zu einer Angelegenheit auf Leben und Tod. Er war aber immer da. Er durchzog das perikleische Zeitalter wie eine Durmelodie, die in vielen Tonarten gespielt und in vielen Variationen und Formen ausgearbeitet wurde. Am deutlichsten war sie aus den skeptischen Reden der Sophisten und aus dem Materialismus des Demokritos herauszuhören; sie tönte dumpf aus der Frömmigkeit des Aischylos, aus den Ketzereien des Euripides, selbst aus den ehrfurchtslosen Neckereien des konservativen Aristophanes, und sie kam zu einem heftigen Ausbruch im Prozeß und Tod des Sokrates. Um diese Melodie herum lebte das perikleische Athen sein geistiges Leben.

I. DIE MATHEMATIKER

Im Griechenland des fünften Jahrhunderts war die exakte Wissenschaft noch Handlangerin der Philosophie und wurde von Männern betrieben und entwickelt, die Philosophen und nicht Naturwissenschaftler waren. Für die Griechen war die Mathematik nicht ein praktisches Hilfsmittel, sondern ein logisches, das weniger zur Eroberung der physischen Umwelt als zur verstandesmäßigen Erfassung einer abstrakten Welt bestimmt war.

Die volkstümliche Arithmetik war vor dem perikleischen Zeitalter von fast primitiver Klobigkeit*. Ein aufrechter Strich bedeutete 1, zwei Striche 2, drei 3 und vier 4; 5, 10, 100, 1000 und 10 000 wurden durch den Anfangsbuchstaben des griechischen Wortes für die Zahl – *pente*, *deka*, *hekaton*, *chilioi*, *myrioi* – bezeichnet. Die griechische Mathematik brachte es nie zu einem

---

* Über die späteren (möglicherweise perikleischen) Bezeichnungen siehe unter III. Buch, 6. Kapitel.

Zeichen für Null. Wie unsere eigene Arithmetik, verriet die griechische ihre orientalische Herkunft dadurch, daß sie von den Ägyptern das Dezimalsystem des Zählens nach Zehnern und von den Babyloniern für die Astronomie und Geographie das Duodezimal- oder Sexagesimalsystem des Zählens nach Zwölfern oder Sechzigern übernahm, eine Zählweise, die bei uns bei Uhren, Globen und Seekarten immer noch gebräuchlich ist. Wahrscheinlich half ein Rechenbrett bei einfacheren Rechnungen. Brüche waren dem einfachen Volk peinlich: um einen komplizierten Bruch zu behandeln, führte man ihn auf eine Summe von Brüchen mit 1 als gemeinsamem Zähler zurück; auf diese Weise wurden $^{23}/_{32}$ in $^{1}/_{2} + ^{1}/_{8} + ^{1}/_{16} + ^{1}/_{32}$ aufgeteilt.

Von der griechischen Algebra haben wir aus der vorchristlichen Zeit keine Aufzeichnung. Die Geometrie war dagegen ein Lieblingsfach der Philosophen, wiederum nicht so sehr wegen ihres praktischen Wertes als wegen ihres theoretischen Interesses, ihrer fesselnden deduktiven Logik, ihrer Verbindung von Spitzfindigkeit und Klarheit, ihrer prachtvollen Gedankenarchitektur. Besonders drei Probleme beschäftigten diese mathematischen Metaphysiker: die Quadratur des Kreises, die Dreiteilung des Winkels und die Verdoppelung des Würfels. Wie volkstümlich das erste dieser Rätsel wurde, erhellt aus den *Vögeln* des Aristophanes, wo eine Person, die den Astronomen Meton darstellt, mit Lineal und Zirkel bewaffnet auf der Bühne erscheint und zu zeigen unternimmt, «wie man ein Viereck aus dem Kreis» macht – das heißt, wie man das Quadrat findet, dessen Fläche derjenigen eines gegebenen Kreises gleich ist. Vielleicht waren es solche Probleme, die die späteren Pythagoreer dazu bewogen, eine Lehre der irrationalen Zahlen und der inkommensurablen Quantitäten auszuarbeiten*. Es waren ebenfalls die Arbeiten der Pythagoreer über die Parabel, die Hyperbel und die Ellipse, die das epochale Werk des Apollonios von Perge über die Kegelschnitte vorbereiten halfen. Um 440 veröffentlichte Hippokrates von Chios (nicht der Arzt) das erste uns bekannte Buch über Geometrie und löste das Problem, eine halbmondförmige Figur** zu quadrieren. Um 420 gelang es Hippias von Elis, einen Winkel durch eine Quadrantenkurve dreizuteilen. Um 410 verkündete Demokritos von Abdera: «In der Zusammensetzung der Linien mit Beweis hat mich noch keiner übertroffen, auch nicht die sogenannten Seilknüpfer (Landvermesser) in Ägypten.»[1] Er machte diese Prahlerei fast wieder gut, indem er vier Bücher über Geometrie schrieb und Formeln für die Kegel- und Pyramidengrundfläche fand. Im großen und ganzen waren die Griechen so ausgezeichnet in der Geometrie wie schwach in der Arithmetik. Selbst an ihrer Kunst war die Geometrie aktiv beteiligt, indem sie vielerlei keramische und architektonische Zierformen abgab und die Proportionen und die Linienführung des Parthenon bestimmte.

II. ANAXAGORAS

Es gehörte zu dem Kampf zwischen Religion und Wissenschaft, daß das astronomische Studium mitten im perikleischen Zeitalter in Athen gesetzlich verboten wurde. In Akragas kam Empedokles auf den Gedanken, daß das Licht für den Übergang von einem Punkt zum anderen Zeit brauche. In Elea entdeckte Parmenides die Kugelform der Erde, teilte den Planeten in fünf Zonen ein und beobachtete, daß der Mond seine helle Seite stets der Sonne zuwendet. In Theben vertrieb der Pythagoreer Philolaos die Erde aus dem Mittelpunkt des Weltalls und billigte ihr nur noch die Verfassung eines Plane-

---

* Irrationale Zahlen sind diejenigen, die man weder durch eine ganze Zahl noch durch einen Bruch ausdrücken kann, wie die Quadratwurzel aus 2. Inkommensurable Quantitäten sind diejenigen, zu denen man keine dritte Quantität finden kann, welche zu ihnen in einem in rationalen Zahlen ausdrückbaren Verhältnis steht, wie die Seite und die Diagonale eines Quadrates oder der Radius und der Umfang eines Kreises.

** Die durch die Bögen zweier sich überschneidender Kreise gebildet wurde.

ten unter vielen zu, die ein «zentrales Feuer» umlaufen. Leukippos, Schüler des Philolaos, schrieb das Entstehen der Sterne der weißglühenden Verbrennung und Verflechtung von Körpern zu, die «in der Allbewegung des Kreiswirbels vorwärtsgezogen werden»[2]. In Abdera gab Demokritos, Schüler des Leukippos und Kenner der babylonischen Wissenschaft, die Erklärung ab, die Milchstraße bestehe aus einer Unzahl kleiner Sterne, und erklärte die astronomische Geschichte kurz und bündig als periodische Kollision und Zerstörung einer unbegrenzten Anzahl von Welten. In Chios entdeckte Oinopides die Schiefe der Ekliptik. Fast überall in den griechischen Kolonien erlebte das fünfte Jahrhundert wissenschaftliche Entwicklungen, die um so bemerkenswerter waren, als die Zeit fast keine wissenschaftlichen Instrumente besaß.

Als aber Anaxagoras ähnliche Arbeiten in Athen zu leisten versuchte, mußte er entdecken, daß die Stimmung des Volkes und der Volksversammlung der freien Forschung so feindselig gegenüberstand, wie die Freundschaft des Perikles ihn dazu ermunterte. Anaxagoras war um 480 als Zwanzigjähriger von Klazomenai nach Athen gekommen. Anaximenes erweckte in ihm ein solches Interesse für die Gestirne, daß er, als er einmal nach dem Lebenszweck befragt wurde, antwortete: «Die Erforschung von Sonne, Mond und Sternen.» Er vernachlässigte sein Erbteil, entwarf lieber Karten von Himmel und Erde und verfiel in Armut, während sein Buch *Über die Natur* von der athenischen Intelligenz als das bedeutendste naturwissenschaftliche Werk des Jahrhunderts gepriesen wurde.

In diesem Werk setzte Anaxagoras die Überlieferungen und Spekulationen der ionischen Schule fort. In seiner Darstellung war das Weltall ursprünglich ein Chaos von verschiedenen Samen *(spermata)*, von einem *nus*, «Geist», durchdrungen, von feiner Körperlichkeit und der Quelle des Lebens und der Bewegung in uns selbst verwandt. Und wie der Geist in das Chaos unserer Handlungen Ordnung bringt, so brachte der Weltgeist Ordnung in die Ursamen, indem er sie in wirbelnde Bewegung versetzte* und sie zu der Entwicklung organischer Gestalt führte. Diese Kreisbewegung schied die Samen in vier Elemente – Feuer, Luft, Wasser und Erde – und trennte die Welt in zwei sich drehende Schichten ab, eine äußere «Ätherschicht» und eine innere «Luftschicht». «Infolge dieser heftigen Wirbelbewegung riß der sie umgebende glühende Äther Steine aus der Erde und entflammte sie zu Sternen.» Sonne und Sterne sind glühende Gesteinsmassen: «Die Sonne ist eine glühendheiße Masse, größer als die Peloponnes.»[3] Wenn ihre Drehbewegung nachläßt, fallen die Steine der äußeren Schicht als Meteore auf die Erde. Der Mond ist ein weißglühender fester Körper mit Ebenen, Bergen und Schluchten auf der Oberfläche, der sein Licht von der Sonne erhält und derjenige Himmelskörper ist, der der Erde am nächsten liegt. «Eine Mondfinsternis entsteht durch das Dazwischentreten der Erde, eine Sonnenfinsternis durch das Dazwischentreten des Mondes.» Wahrscheinlich sind andere Himmelskörper geradeso bewohnt wie die Erde; auf ihnen bilden sich «Menschen und andere Tiere, die Seele haben; die Menschen leben in Städten und bebauen die Felder wie wir»[4]. Aus der inneren gasförmigen Schicht unseres Planeten entstanden durch aufeinanderfolgende

* Das ist der Wirbel, über den sich Aristophanes in seinen *Wolken* mit solcher Wirkung lustig machte, indem er behauptete, daß Sokrates in ihm einen Ersatz für Zeus erblicke.

Verdichtungen die Wolken, das Wasser, die Erde, die Steine. Winde sind der Verdünnung der Atmosphäre durch die Sonnenhitze zuzuschreiben. «Donner entsteht durch den Zusammenprall von Wolken, der Blitz durch ihre Reibung.»[5] Die Quantität der Materie bleibt unverändert, aber alle Formen haben Anfang und Ende; mit der Zeit werden die Berge zu Meer werden. Die verschiedenen Ausgestaltungen und Gegenstände der Welt entstehen durch immer bestimmter werdende Zusammenballungen von homogenen Teilen (*homoiomereia*). Alle Organismen gingen ursprünglich aus Erde, Feuchtigkeit und Hitze hervor, nachher zeugten sie sich selbst fort. Der Mensch hat sich über die Tiere hinaus fortentwickelt, weil seine aufrechte Haltung die Hände zum Greifen freimachte.

Diese Leistungen – die Grundlegung der Meteorologie, die richtige Erklärung der Finsternisse, eine vernünftige Hypothese der Entstehung der Planeten, die Entdeckung, daß der Mond sein Licht von der Sonne erhält, und eine entwicklungsgeschichtliche Vorstellung vom tierischen und menschlichen Leben – machten Anaxagoras zugleich zum Kopernikus und zum Darwin seiner Zeit. Die Athener hätten ihm seine Aperçus verzeihen können, hätte er nicht bei der Erklärung der Geschehnisse in Natur und Geschichte seinen *nus* allzu sehr hintangestellt; vielleicht hegten sie den Verdacht, sein *nus* sei wie der *deus ex machina* des Euripides eine List, die die Haut ihres Urhebers retten sollte. Aristoteles bemerkt, daß Anaxagoras überall natürliche Erklärungen suchte. Als man Perikles einen Widder brachte, der ein einziges Horn auf der Stirne trug und ein Wahrsager das als göttliches Omen auslegte, ließ Anaxagoras den Schädel des Tieres spalten und zeigte, daß das Hirn in der Mitte hochgewachsen war, statt beiderseits die Hirnschale auszufüllen, und so das Einzelhorn erzeugt hatte. Er erregte den Zorn der Einfältigen, indem er für die Meteore eine natürliche Erklärung hatte und viele mythische Gestalten in personifizierte Abstraktionen zurückverwandelte.

Die Athener nahmen ihn eine Zeitlang mit gutem Humor hin und gaben ihm nur den Spitznamen Nus. Als man aber Perikles auf keine andere Weise beikommen konnte, brachte Kleon, sein demagogischer Gegner, eine formale Anklage der Gottlosigkeit gegen Anaxagoras vor, da er die Sonne (die für das Volk immer noch ein Gott war) als eine feurige Gesteinsmasse beschrieben habe; Kleon war so unablässig hinter dem Prozeß her, daß der Philosoph trotz der mutigen Verteidigung durch Perikles verurteilt wurde*. Da Anaxagoras an dem Schierling keinen besonderen Geschmack fand, floh er nach Lampsakos am Hellespont, wo er sein Leben als Philosophielehrer fristete**. Als man ihm die Nachricht brachte, daß er von den Athenern zum Tode verurteilt worden sei, sagte er: «Die Natur hat beide, sie und mich, schon längst verurteilt.»[6] Er starb wenige Jahre später im Alter von dreiundsiebzig Jahren.

Die Rückständigkeit der Athener in der Astronomie zeigte sich in ihrem Kalender. In Griechenland gab es keinen allgemeinen Kalender: jeder Staat hatte seinen eigenen, und jeder der vier möglichen Punkte für den Jahresbeginn war irgendwo in Griechenland gewählt worden;

* Etwa 434. Eine andere Berechnung verlegt den Prozeß in das Jahr 450.

** Nach einer anderen Erzählung war er in Athen gefangengesetzt und erwartete den Giftbecher, als Perikles ihm zur Flucht verhalf.

selbst die Monate hatten von Grenze zu Grenze andere Namen. Der attische Kalender berechnete die Monate nach dem Mond, die Jahre nach der Sonne. Zwölf Mondmonate ergeben indessen nur 360 Tage, und so fügte man jedem zweiten Jahr noch einen dreizehnten Monat bei, um den Kalender mit der Sonne und den Jahreszeiten in Übereinstimmung zu bringen. Da das Jahr damit aber um zehn Tage zu lang wurde, führte Solon den Brauch ein, die Monate abwechselnd neunundzwanzig und dreißig Tage lang sein zu lassen und sie in drei Wochen *(dekades)* zu je zehn (und manchmal neun) Tagen einzuteilen; weil aber immer noch ein Überschuß von vier Tagen verblieb, ließen die Griechen jedes achte Jahr einen Monat weg. Auf diese unglaublich umständliche Weise kamen sie schließlich zu einem Jahr von $365^1/_4$ Tagen*.

Inzwischen hatte die Wissenschaft von der Erde bescheidene Fortschritte gemacht. Anaxagoras gab eine richtige Erklärung für die jährliche Nilüberschwemmung, indem er sie den Frühlingsregen und der Schneeschmelze in Äthiopien zuschrieb. Griechische Geologen führten die Entstehung der Meerenge von Gibraltar auf ein spaltendes Erdbeben zurück und die der Ägäischen Inseln auf das Absinken des Meeres. Xanthos von Lydien vermutete um 496, das Mittelmeer und das Rote Meer hätten ursprünglich in Suez eine Verbindung gehabt, und Aischylos verzeichnete den Glauben, Sizilien sei durch ein Erdbeben von Italien losgelöst worden. Skylax von Karien (521–485) erforschte die ganze Küste des Mittelmeeres und des Schwarzen Meeres. Eine so abenteuerliche Entdeckungsfahrt, wie der Karthager Hanno (um 490) sie über viertausend Kilometer weit der Westküste Afrikas entlang unternahm, scheinen die Griechen nicht gewagt zu haben. Karten des Mittelmeerraumes waren am Ende des fünften Jahrhunderts in Athen eine gewöhnliche Erscheinung. Die Physik blieb unseres Wissens unentwickelt, wenn auch die Linienführung des Parthenon eine beträchtliche Kenntnis der Gesetze der Optik bezeugt. Die Pythagoreer verkündeten gegen 450 die dauerhafteste der griechischen wissenschaftlichen Hypothesen: den atomischen Aufbau der Materie. Empedokles und andere brachten die Theorie der Evolution des Menschen aus niedereren Lebensformen vor und schilderten den langsamen Aufstieg des Menschen aus der Primitivität des Wilden zur Kultur.

III. HIPPOKRATES

Das epochemachende Ereignis der griechischen Wissenschaft des perikleischen Zeitalters war das Aufkommen einer Medizin nach den Grundsätzen der Vernunft. Selbst im Griechenland des fünften Jahrhunderts war die Medizin noch in hohem Maße mit Religion verquickt und wurde die Krankenbehandlung noch von den Tempelpriestern des Asklepios vollzogen. Diese Tempeltherapie bestand in einer Mischung aus empirischer Medizin mit eindrucksvollen rituellen und Zauberhandlungen, die die Einbildungskraft des Patienten ansprachen und entfesselten; möglicherweise wurden auch Hypnose und Betäubungsmittel angewendet. Die weltliche Medizin trat mit dieser kirchlichen Medizin in Wettbewerb. Obgleich beide Gruppen sich von Asklepios ableiteten, verwarfen die weltlichen Asklepiaden religiöse Hilfsmittel, behaupteten nicht, Wunderkuren vollbringen zu können, und stellten die Medizin allmählich auf eine vernunftgemäße Grundlage.

Die weltliche Medizin nahm in Griechenland im fünften Jahrhundert in vier bedeutenden Schulen Gestalt an: in Kos und Knidos in Kleinasien, in Kroton in Italien

* Herodot macht Bemerkungen über den besseren Kalender der Ägypter. Von Ägypten übernahmen die Griechen den *gnomon*, die Sonnenuhr, und von Asien die *klepsydra*, die Wasseruhr, als Zeitmesser.

und auf Sizilien. In Akragas teilte sich Empedokles, halb Philosoph und halb Wundermann, mit dem vernünftigen Praktiker Akron in die medizinischen Ehren. Bereits 520 hören wir von dem Arzt Demokedes, der, in Kroton geboren, den Arztberuf in Aigina, Athen, Samos und Susa ausübte, Dareios I. und Königin Atossa heilte und für seinen Lebensabend in seine Geburtsstadt zurückkehrte. Ebenfalls in Kroton brachte die Pythagoreerschule den berühmtesten griechischen Arzt vor Hippokrates hervor. Man hat Alkmaion den eigentlichen Vater der griechischen Medizin genannt; er ist aber offensichtlich ein später Name in einer langen Reihe weltlicher Ärzte, deren Ursprung jenseits des Blickfeldes der Geschichte liegt. Im frühen fünften Jahrhundert veröffentlichte er ein Werk *Über die Natur (peri physeos)* – mit dem in Griechenland üblichen Titel für eine allgemein naturwissenschaftliche Abhandlung. Soweit wir wissen, war er der erste Grieche, der den Sehnerv und die Eustachischen Röhren fand, Tiere sezierte, die Physiologie des Schlafes erklärte und die Gesundheit im pythagoreischen Sinne als die Harmonie der Körperteile erklärte. In Knidos war die beherrschende Figur Euryphron, der ein medizinisches Kompendium verfaßte, das unter dem Namen *Knidische Sätze* bekannt ist, die Lungenentzündung als solche erkannte, viele Krankheiten der Verstopfung zuschrieb und wegen seiner Erfolge als Geburtshelfer berühmt wurde. Ein unerfreulicher Krieg wütete zwischen den Schulen von Kos und Knidos; denn die Knidier, die Hippokrates' Neigung, die *prognosis* auf die allgemeine Pathologie abzustellen, keineswegs schätzten, beharrten auf einer sorgfältigen Klassifizierung jeder Krankheit und der Behandlung nach spezifischen Methoden. In einer Art philosophischer Gerechtigkeit fanden schließlich viele knidische Schriften Eingang in die Hippokratische Sammlung.

Wie sich uns Hippokrates in der Miniaturbiographie des Suidas darstellt, war er der hervorragendste Arzt seiner Zeit. Er wurde im selben Jahre wie Demokritos in Kos geboren. Obschon die beiden so weit entfernt voneinander wohnten, wurden sie doch große Freunde, und vielleicht war der «lachende Philosoph» irgendwie an der Verweltlichung der Medizin beteiligt. Hippokrates war der Sohn eines Arztes und wuchs auf und praktizierte unter den Tausenden von Kranken und Reisenden, die kamen, um in den heißen Quellen von Kos Bäder zu nehmen. Sein Lehrer Herodikos von Selymbria bildete seine Kunst aus, indem er ihn daran gewöhnte, sich hauptsächlich auf Diät und Übungen und nicht auf Medizin zu verlassen. Hippokrates gewann einen solchen Ruf, daß Herrscher wie Perdikkas von Makedonien und Artaxerxes I. von Persien zu seinen Patienten zählten; 430 ließ Athen ihn holen, damit er versuche, der großen Pest Einhalt zu gebieten. Sein Freund Demokritos beschämte ihn, indem er hundert Jahre alt wurde, während der große Arzt bereits als Dreiundachtzigjähriger starb.

Nichts könnte in der medizinischen Literatur heterogener sein als die Sammlung von Abhandlungen, die die Antike Hippokrates zuschrieb. Darin finden sich Lehrbücher für Ärzte, Ratschläge für Laien, Vorlesungen für Studenten, Berichte über Forschungen und Beobachtungen, Krankengeschichten von interessanten Fällen und Aufsätze von Sophisten, die sich für den wissenschaftlichen oder den philosophischen Aspekt der Medizin interessierten. Die zweiundvierzig Krankengeschichten sind die einzigen ihrer

Art während der darauffolgenden siebzehnhundert Jahre; und sie zeugen von hoher Aufrichtigkeit, indem sie zugeben, daß in sechzig von hundert Fällen die Krankheit oder die Behandlung zu tödlichem Ausgang führte. Von allen Aufsätzen werden nur vier allgemein als echt Hippokratisch anerkannt: die *Aphorismen*, die *Prognose*, die *Diät (Lebensordnung) in akuten Krankheiten* und die Monographie *Über Kopfwunden*; alles andere im *Corpus Hippocraticum* stammt von verschiedenen Autoren aus dem fünften bis zum zweiten Jahrhundert v. Chr. In dieser Sammlung trifft man auf erheblichen Unsinn, wahrscheinlich aber nicht auf mehr, als die Zukunft in den Abhandlungen und Krankheitsgeschichten unserer eigenen Zeit finden wird. Vieles ist fragmentarisch und nimmt eine lockere aphoristische Form an, die hie und da an Herakleitische Dunkelheit grenzt. Unter den *Aphorismen* findet sich auch der berühmte Ausspruch: «Das Leben ist kurz, die Kunst weit!»[7]

Die historische Rolle des Hippokrates und seiner Schüler war die Befreiung der Medizin von Religion und Philosophie. Gelegentlich wird, wie in der Abhandlung *Die Diät (Lebensordnung)*, das Gebet als Hilfsmittel empfohlen; die immerwährende Grundstimmung der Sammlung ist aber der absolute Verlaß auf eine vernunftgemäße Therapie. Der Aufsatz *Die heilige Krankheit* wendet sich ohne Umschweife gegen die Theorie, die Krankheiten kämen von den Göttern; alle Krankheiten haben nach dieser Schrift natürliche Ursachen. Auch die Epilepsie, die das Volk der Besessenheit durch einen Dämon zuschrieb, ist davon nicht ausgenommen: «Nach meiner Ansicht ist diese Krankheit in keiner Beziehung göttlicher als die übrigen Krankheiten, sondern sie hat wie die anderen Krankheiten ein natürliches Wesen und eine (natürliche) Ursache, aus der sich das einzelne entwickelt.»[8] Quacksalber und Scharlatane faselten von dem göttlichen Ursprung der Epilepsie, weil sie sie nicht behandeln könnten, und verbargen ihre Unwissenheit hinter dem Aberglauben. Die Geistesverfassung des Hippokrates war typisch für den Zeitgeist des perikleischen Zeitalters: phantasiereich, aber realistisch, jeder Geheimnistuerei abgeneigt und der Mythen müde, den Wert der Religion anerkennend, aber darum kämpfend, die Welt auf vernunftgemäßer Grundlage zu erkennen. Der Einfluß der Sophisten läßt sich aus dieser Bewegung für die Emanzipation der Medizin deutlich herausspüren; tatsächlich berührte die Philosophie die griechische Therapie so sehr, daß die Wissenschaft ebensosehr gegen philosophische wie gegen religiöse Behinderung zu kämpfen hatte. Hippokrates verficht mit allem Nachdruck seine Meinung, daß philosophische Theorien in der Medizin keinen Platz hätten und daß die Behandlung auf Grund sorgfältiger Beobachtung und genauer Aufzeichnung spezifischer Fälle und Tatsachen erfolgen müsse. Den Wert des Experimentes erkennt er nicht recht; er ist aber entschlossen, sich von der Erfahrung leiten zu lassen.

Die Durchdringung der hippokratischen Medizin mit Philosophie erhellt aus der einst so berühmten «Säftelehre». Der Körper besteht nach Hippokrates aus Blut, Schleim, gelber Galle und schwarzer Galle; derjenige erfreut sich der vollkommensten Gesundheit, bei dem diese Elemente im rechten Verhältnis zueinander stehen und richtig vermischt sind; Schmerz ist auf das Fehlen oder den Überschuß eines dieser «Säfte» oder von dessen Loslösung von den übrigen Säften zurückzuführen. Diese

Theorie überdauerte alle anderen medizinischen Hypothesen des Altertums; sie wurde erst im letzten Jahrhundert aufgegeben und lebt vielleicht in veränderter Form in unserer Lehre von den Hormonen oder Drüsenabsonderungen weiter. Da man annahm, daß das Verhalten dieser «Säfte» vom Klima und der Lebensweise abhänge, und da die verbreitetsten Krankheiten Griechenlands Grippe, Lungenentzündung und Malaria waren, schrieb Hippokrates (?) eine kurze Abhandlung *Über Winde, Wasser und Ortslagen* in ihrer Beziehung zur Gesundheit. «Man setze sich auch getrost der Kälte aus außer nach dem Essen und den Übungen... Es ist nämlich nicht gut für den Körper, sich der Winterwitterung nicht auszusetzen»[9], heißt es in der *Diät*. Der wissenschaftliche Arzt wird, wo auch immer er sich niederläßt, die Auswirkungen der Winde und der Jahreszeiten, des Trinkwassers und der Bodenbeschaffenheit auf die ortsansässige Bevölkerung eingehend untersuchen.

Der schwächste Punkt der hippokratischen Medizin ist die Diagnose. Offenbar fühlte man den Puls nicht; Fieber wurde nach einfacher Berührung beurteilt, und die Auskultation erfolgte ohne Hilfsmittel. Krätze, Augenentzündung und Schwindsucht führte man auf Ansteckung zurück. Das *Corpus* enthält ausgezeichnete klinische Darstellungen der Epilepsie, der Mittelohrentzündung, des Kindbettfiebers und der verschiedenen Stadien der Malaria. Unerwähnt bleiben in der Sammlung Pocken, Masern, Diphtherie, Scharlach und Syphilis; auch des Typhus wird keine klare Erwähnung getan. Die Abhandlungen über die gesundheitsgemäße Lebensführung nähern sich der vorbeugenden Heilkunde an, indem sie die *prodiagnosis* empfehlen, den Versuch, die ersten Anzeichen einer Krankheit zu erkennen und sie im Keime zu ersticken. Hippokrates schätzte die *prognosis* ganz besonders: der gute Arzt wird nach seiner Meinung aus der Erfahrung lernen, die Auswirkungen verschiedenen körperlichen Befindens vorauszusehen und aus den ersten Stadien der Krankheit den Verlauf vorauszusagen, den sie nehmen wird. Die meisten Krankheiten führen zu einer Krisis, bei der entweder die Krankheit oder der Patient sein Ende findet; die fast pythagoreische Vorausberechnung des Tages, an dem diese Krisis eintreten sollte, war ein kennzeichnendes Element der hippokratischen Theorie. Wenn bei diesen Krisen die natürliche Hitze den krankhaften Stoff des Körpers überwindet und ausscheidet, dann ist der Patient geheilt. Bei jeder Kur ist die Natur – das heißt die Kräfte und die Verfassung des Körpers – der wesentlichste heilende Faktor; der Arzt kann weiter nichts tun, als die Hemmnisse zu entfernen oder zu vermindern, die diesem natürlichen Widerstand und dieser Wiederherstellungsfähigkeit entgegenstehen. Daher macht die hippokratische Behandlung nur wenig Gebrauch von Medizinen, sondern stützt sich hauptsächlich auf frische Luft, Brechmittel, Abführmittel, Klistiere, Schröpfköpfe, Aderlässe, Umschläge, Salbungen, Massagen und Hydrotherapie. Das griechische Arzneibuch war von beruhigender Kürze und enthielt hauptsächlich Purgative. Hautkrankheiten wurden mit Schwefelbädern und durch Verabreichung von Delphinlebertran behandelt. «Führe ein gesundes Leben, und du wirst kaum erkranken, es sei denn in einer Epidemie oder durch Unfall. Wirst du krank, so gewährt dir die richtige Diät die beste Möglichkeit, wieder gesund zu werden»[10], rät Hippokrates. Oft wurde Fasten vorgeschrieben, wenn die Kraft des

Patienten es zuließ; denn «je mehr wir einen kranken Körper ernähren, desto mehr schädigen wir ihn». Im allgemeinen «sollte man nur eine Mahlzeit im Tage einnehmen, da man sonst einen sehr trockenen Bauch bekommt»[11].

Anatomie und Physiologie machten in Griechenland nur langsam Fortschritte; diese Fortschritte waren großenteils der Untersuchung der tierischen Eingeweide bei der Augurenpraxis zu verdanken. Eine kleine Broschüre *Über das Herz* in der Hippokratischen Sammlung beschreibt die Herzkammern, die großen Gefäße und ihre Klappen. Syennesis von Kypros und Diogenes von Kreta beschrieben das System der Blut- und Lymphgefäße, und Diogenes kannte die Bedeutung des Pulses. Empedokles erkannte, daß das Herz der Mittelpunkt des Blutsystemes ist, und beschrieb es als das Organ, welches das *pneuma*, den Lebenshauch (Sauerstoff?) durch die Blutgefäße in jeden Teil des Körpers befördert. Das *Corpus* macht im Gefolge Alkmaions das Hirn zum Sitz des Bewußtseins und des Denkens. «Durch dieses Organ denken, sehen, hören und beurteilen wir das Häßliche und Schöne, das Böse und Gute.»[12]

Die Chirurgie war immer noch zum größten Teil eine nicht spezialisierte Tätigkeit fortschrittlicher praktischer Ärzte, wenn auch die Heere über eigene Wundärzte in ihren Stäben verfügten. In der hippokratischen Literatur finden sich Beschreibungen von Trepanationen, und die Art, wie sie Schulter- oder Kieferverrenkungen behandelt, ist bis auf das Fehlen der Anästhesie vollkommen «modern». Ein Votivtäfelchen vom Asklepiostempel von Athen zeigt eine Falttasche mit verschieden gestalteten Seziermessern. Das kleine Museum in Epidauros enthält antike Zangen, Sonden, Seziermesser, Katheter und Spiegel, die im wesentlichen den unseren gleich sind; und gewisse Statuen dort sind offensichtlich Modelle, an denen die Behandlung von Hüftverrenkungen gezeigt wurde. Die hippokratische Abhandlung *Über den Arzt* gibt genaue Anweisungen für die Vorbereitung des Operationszimmers, die Verteilung des natürlichen und künstlichen Lichtes, die Sauberkeit der Hände, die Behandlung und Verwendung der Instrumente, die Lage des Patienten, das Verbinden der Wunden usw.

Aus dieser und aus anderen Stellen wird es klar, daß die griechische Medizin zur Zeit des Hippokrates technisch und gesellschaftlich beträchtliche Fortschritte gemacht hatte. Bislang waren die Ärzte je nach Bedarf von Stadt zu Stadt gewandert, wie die Sophisten ihrer Zeit oder die Wanderprediger der unseren. Nun ließen sie sich für dauernd nieder, eröffneten *iatreia*, «Heilstätten», und behandelten die Patienten dort und bei diesen zu Hause. Es gab viele Ärztinnen, die sich hauptsächlich mit den Krankheiten ihres Geschlechtes befaßten; einige schrieben maßgebende Abhandlungen über die Haut- und Haarpflege. Der Staat verlangte von den künftigen praktischen Ärzten kein Staatsexamen, wohl aber eine hinreichende Lehrzeit bei einem anerkannten Arzt. Regierungen verbanden eine Staatsmedizin mit privater Medizin, indem sie Ärzte mit der Sorge für die Volksgesundheit und der ärztlichen Pflege der Armen beauftragten; die besten staatlich angestellten Ärzte, wie Demokedes, erhielten ein Jahresgehalt von zwei Talenten. Natürlich gab es auch viele Kurpfuscher und, wie immer, eine unerschöpfliche Menge allwissender Dilettanten; der Beruf hatte wie stets unter dieser verbrecherischen oder unwissenden Minderheit zu leiden. Wie andere Völker hielten sich die Griechen wegen der Unsicherheit der Medizin durch Witze schadlos, deren Zahl fast so unbegrenzt war wie die der Witze über die Ehe.

Hippokrates hob den Ärzteberuf auf einen höheren Stand, indem er auf dessen ethisches Verhalten besonderen Nachdruck legte. Er war Lehrer so gut wie praktischer Arzt, und der berühmte Eid, der ihm zugeschrieben wird, mag dazu bestimmt gewesen sein, die Treue des Schülers gegenüber seinem Lehrmeister sicherzustellen*.

Der hippokratische Eid

«Ich schwöre, Apollon den Arzt und Asklepios und Hygieia und Panakeia und alle Götter und Göttinnen zu Zeugen anrufend, daß ich nach bestem Vermögen und Urteil diesen Eid und diese Verpflichtung erfüllen werde: den, der mich diese Kunst lehrte, meinen Eltern gleich zu achten, mit ihm den Lebensunterhalt zu teilen und ihn, wenn er Not leidet, mitzuversorgen; seine Nachkommen meinen männlichen Geschwistern gleichzustellen und, wenn sie es wünschen, sie diese Kunst zu lehren ohne Entgelt und ohne Vertrag; Ratschlag und Vorlesung und alle übrige Belehrung meinen und meines Lehrers Söhnen mitzuteilen, wie auch den Schülern, die nach ärztlichem Brauch durch den Vertrag gebunden und durch den Eid verpflichtet sind, sonst aber niemandem.

Meine Verordnungen werde ich treffen zu Nutz und Frommen der Kranken, nach bestem Vermögen und Urteil; ich werde sie bewahren vor Schaden und willkürlichem Unrecht.

Ich werde niemandem, auch nicht auf eine Bitte hin, ein tödliches Gift verabreichen oder auch nur dazu raten. Auch werde ich nie einer Frau ein Abtreibungsmittel geben.

Heilig und rein werde ich mein Leben und meine Kunst bewahren. Auch werde ich den Blasenstein nicht operieren, sondern es denen überlassen, deren Gewerbe dies ist.

Welche Häuser ich betreten werde, ich will zu Nutz und Frommen der Kranken eintreten, mich enthalten jedes willkürlichen Unrechtes und jeder anderen Schädigung, auch aller Werke der Wollust an den Leibern von Frauen und Männern, Freien und Sklaven. Was ich bei der Behandlung sehe oder höre oder außerhalb der Behandlung im Leben der Menschen, werde ich, soweit man es nicht ausplaudern darf, verschweigen und solches als ein Geheimnis betrachten.

Wenn ich nun diesen Eid erfülle und nicht verletze, möge mir im Leben und in der Kunst Erfolg zuteil werden und Ruhm bei allen Menschen bis in ewige Zeiten; wenn ich ihn übertrete und meineidig werde, das Gegenteil.»[13]

Hippokrates fügt noch hinzu, der Arzt solle ein angemessenes Äußeres zur Schau stellen, seine Person reinlich und seine Kleidung würdig halten. Er solle stets die Ruhe bewahren und durch sein Verhalten dem Patienten Vertrauen einflößen. Er solle « so gut wie nur möglich auf sich selbst achten» und «nur das Nötige sagen».

«Beim Krankenbesuch sei man bedacht auf die Art, sich zu setzen, auf Haltung, Kleidung, sittlichen Ernst, knappe Sprache, ruhiges Handeln, Gewissenhaftigkeit und Fürsorge (für den Kranken), ... auf Tadel bei Störungen, auf die Bereitwilligkeit zu Hilfeleistungen ... Ich rate, keine unmenschliche Forderung zu stellen, sondern man nehme Rücksicht auf Vermögen und Einkommen (des Kranken). Unter Umständen (behandle man) umsonst. Wo Liebe zum Menschen, da auch Liebe zur ärztlichen Kunst.»[14]

Wenn zu alledem der Arzt auch noch Philosophie studiert und praktiziert, so wird er das Ideal seines Berufes; denn «ein Arzt, der zugleich Philosoph ist, ist einem Gotte gleich»[15].

---

* Man vermutet, daß dieser Eid aus der hippokratischen Schule und nicht vom Meister selbst stammt; Erotianos, der im ersten Jahrhundert n. Chr. schreibt, weist ihn Hippokrates zu.

Die griechische Medizin läßt keinen ernstlichen Fortschritt gegenüber dem medizinischen und chirurgischen Wissen Ägyptens tausend Jahre vor den verschiedenen Vätern der Medizin erkennen. Hinsichtlich der Spezialisierung scheint die griechische Entwicklung hinter der ägyptischen zurückgeblieben zu sein. Von einem anderen Gesichtspunkt aus müssen wir den Griechen unsere Hochachtung aussprechen; denn ihre Medizin wurde in Praxis und Theorie erst im neunzehnten Jahrhundert unserer Zeitrechnung wesentlich verbessert. Im großen und ganzen kann man sagen, daß die griechische Wissenschaft so weit ging, als sie ohne Beobachtungs- und Präzisionsinstrumente und ohne Experimentiermethoden überhaupt gehen konnte. Noch mehr hätte sie geleistet, wäre sie nicht von der Religion gehemmt und von der Philosophie entmutigt worden. Zu einer Zeit, da sich in Athen viele junge Leute mit Begeisterung an das Studium der Astronomie und der vergleichenden Anatomie machten, wurde der Fortschritt der Wissenschaft durch eine duckmäuserische Gesetzgebung und durch die Verfolgung von Anaxagoras, Aspasia und Sokrates aufgehalten, während die berühmte «Kehrtwendung» des Sokrates und der Sophisten von der äußeren zu der inneren Welt, von der Physik zu der Ethik, das griechische Denken von den Problemen der Natur und der Evolution zu denen der Metaphysik und der Moral hinlenkte. Die Wissenschaft stand ein Jahrhundert lang still, während Griechenland den Reizen der Philosophie verfiel.

SECHSTES KAPITEL

Der Konflikt zwischen Philosophie und Religion

I. DIE IDEALISTEN

Das Zeitalter des Perikles glich dem unseren in der Mannigfaltigkeit und Ungeordnetheit seines Denkens und in den Angriffen gegen die überkommenen Werte und Glaubenssätze. Kein Zeitalter kam aber je dem perikleischen in der Zahl und Großartigkeit seiner philosophischen Gedanken oder der Kraft und der Überschwenglichkeit gleich, mit denen über sie diskutiert wurde. Jedes Problem, das die Welt heute bewegt, wurde bereits im antiken Athen breitgetreten, und zwar mit solcher Freiheit und solchem Eifer, daß ganz Griechenland mit Ausnahme seiner Jugend entsetzt war. Viele Städte – vor allem Sparta – verboten die öffentliche Behandlung philosophischer Themen, wie Athenaios sagt, «wegen der Eifersüchtelei und dem Streit und den zwecklosen Diskussionen, zu denen sie Anlaß geben»[1]. Aber im perikleischen Athen nahm das «teure Entzücken» der Philosophie von der Phantasie der Gebildeten Besitz; Reiche öffneten ihre Häuser und Salons im Stile der französischen Aufklärung. Aus Philosophen wurden Salonlöwen, und geschickte Argumente wurden ebenso beklatscht wie kräftige Schläge bei den Olympischen Spielen. Als im Jahre 432 zu dem Krieg der Worte noch ein Krieg der Schwerter hinzukam, gerieten die Athener in eine fieberhafte Aufregung, die jedes nüchterne Denken und jede Urteilskraft verunmöglichte. Das Fieber schwand nach dem Martyrium des Sokrates auf einige Zeit oder wurde von Athen in andere Zentren des griechischen Lebens verpflanzt; selbst Platon, der es doch in seinem Höhepunkt und in der Krisis gekannt hatte, wurde nach sechzig Jahren des neuen Spieles müde und beneidete Ägypten um die unverletzliche Rechtgläubigkeit und die ruhige Stabilität seines Denkens. Kein Zeitalter bis zur Renaissance sollte je wieder eine solche Begeisterung erleben.

Platon war der Gipfelpunkt einer Entwicklung, die mit Parmenides begann; Parmenides hatte für ihn dieselbe Bedeutung wie Kant für Hegel, und wenn er auch sonst in reichlichem Maße Tadel und Verdammnis ausstreute, so konnte er sich in der Verehrung seines metaphysischen Vaters doch nie genug tun. In der kleinen Stadt Elea an der Westküste Italiens begann 450 für Europa jene Philosophie des Idealismus, die in jedem darauffolgenden Jahrhundert einen hartnäckigen Kampf gegen den Materialismus führen sollte*. Das rätselhafte Problem des Wissens und Erkennens, der Unter-

* Die Inder hatten das Problem schon längst erkannt und blieben bis zum Schluß parmenidisch; es ist möglich, daß die Gegnerschaft gegen die Sinnenwelt in den *Upanischads* über Ionien oder Pythagoras zu Parmenides gelangt war.

schied zwischen dem *numenon* und dem *phainomenon*, zwischen dem unsichtbaren Wirklichen und dem unwirklichen Sichtbaren, wurde in den Topf des europäischen Denkens geworfen und sollte von nun an in Griechenland und im Mittelalter kochen oder brodeln, bis es mit Kant erneut in einer philosophischen Revolution explodierte.

Wie Kant von Hume «erweckt» wurde, so wurde Parmenides von Xenophanes auf die Philosophie gestoßen; vielleicht war er einer der vielen Geister, die von der Erklärung des Xenophanes aufgerüttelt wurden, die Götter seien Mythen und es gebe nur eine Wirklichkeit, die gleichzeitig die Welt und Gott sei. Parmenides ging auch bei den Pythagoreern in die Lehre und nahm etwas von ihrer Leidenschaft für die Astronomie in sich auf. Aber er verlor sich niemals an die Sterne. Wie die meisten Griechen hatte er ein Interesse an allem Lebendigen und am Staat. Elea beauftragte ihn, ein Gesetzbuch zu schaffen; es fand an diesem Kodex solches Gefallen, daß von da an die Behörden alle Fälle danach zu entscheiden hatten. Möglicherweise als erholsame Nebenbeschäftigung seines geschäftigen Lebens verfaßte er ein philosophisches Gedicht, *Die Natur*, von dem etwa 160 Verse erhalten sind, genug, um uns bedauern zu lassen, daß Parmenides nicht Prosa schrieb. Der Dichter verkündet mit leisem Schmunzeln, eine Göttin habe ihm eine Offenbarung eingegeben: alle Dinge seien eins; Bewegung, Veränderung und Entwicklung seien unwirklich, Phantasmen der oberflächlichen, widersprüchlichen, unzuverlässigen Sinne; unterhalb dieser bloßen Erscheinungen liege eine unveränderliche, einheitliche, unteilbare, unauflösbare, unbewegliche Einheit, die das einzige Sein, die einzige Wahrheit, der einzige Gott sei. Herakleitos sagte *panta rhei*, alles ist im Fluß; Parmenides sagt *hen ta panta*, alles ist eins und verändert sich niemals. Zeitweise spricht er wie Xenophanes von dem Einen als dem All und nennt es kugelförmig und endlich; zeitweise identifiziert er in einer idealistischen Vision das Sein mit dem Denken und singt: «Dasselbe sind Denken und Sein»[2], als ob er sagen wollte, daß für uns die Dinge nur existierten, insofern wir ihrer bewußt sind. Anfang und Ende, Geburt und Tod, Ausbildung und Zerstörung sind nur Formen; das Eine Wirkliche beginnt niemals und endet niemals. Es gibt kein Werden, es gibt nur Sein. Auch die Bewegung ist unwirklich, sie setzt den Übertritt eines Dinges von seinem Standort an einen Ort, wo nichts ist, in einen leeren Raum, voraus; aber ein leerer Raum, ein Nichtsein, kann nicht sein. Es gibt keinen leeren Raum; das Eine erfüllt jeden Winkel dieser Welt und ist in steter Ruhe*.

Es war nicht zu erwarten, daß man das alles widerspruchslos hinnehmen werde, und offenbar wurde die Parmenidische Ruhe zur Zielscheibe unzähliger metaphysischer Angriffe. Die Bedeutung des scharfsinnigen Nachfolgers des Parmenides, Zenon von Elea, liegt in dem Versuche, zu beweisen, daß die Vorstellungen von der Vielheit und der Bewegung zumindest theoretisch ebenso unmöglich sind wie das bewegungslose Eine des Parmenides. Als eine Übung im Aufstellen von Trugschlüssen und zur Erheiterung seiner Jugend veröffentlichte Zenon ein Buch mit Paradoxen, von denen neun erhalten

---

* Das ist nicht ganz leicht verständlich; wir sagen aber fast in parmenidischer Art von einem Tisch, er sei in Ruhe, obgleich er (wie behauptet wird) aus den höchst beweglichen «Elektronen» zusammengesetzt ist. Parmenides sah die Welt, wie wir den Tisch sehen; das Elektron würde den Tisch sehen, wie wir die Welt sehen.

sind und wovon drei genügen werden. *Erstens*, behauptete Zenon, muß jeder Körper, der zu einem Punkte A gelangen will, den Punkt B in der Mitte der Strecke nach A erreichen; um nach B zu kommen, muß er C, die Mitte der Strecke nach B, erreichen, und so bis in die Unendlichkeit. Da zu dieser unendlichen Reihe von Bewegungen eine unendliche Zeit erforderlich wäre, ist die Fortbewegung jedes Körpers zu irgendeinem Punkte in einer begrenzten Zeit unmöglich. *Zweitens*, als Variante des ersten, kann der schnellfüßige Apollon niemals die langsame Schildkröte überholen; denn sooft Apollon den Punkt erreicht, den die Schildkröte einnahm, ist diese ja schon über diesen Punkt hinaus. *Drittens* ist ein fliegender Pfeil in Wirklichkeit in Ruhe; denn in jedem Augenblick des Fluges ist er ja nur an einem einzigen Punkte im Raum, das heißt also bewegungslos. Seine Bewegung, so wirklich sie den Sinnen erscheinen mag, ist, logisch, metaphysisch betrachtet, unwirklich*.

Zenon kam um 450 nach Athen, vielleicht zusammen mit Parmenides, und versetzte die beeindruckbare Stadt mit seiner Fähigkeit, jede philosophische Theorie in ein System absurder Folgerungen umzuwandeln, in Aufregung. Timon von Phleius sagt von ihm:

> Unüberwindlich ist die gewaltige Stärke des Zenon,
> Keiner entgeht ihm, dem doppelzüngigen Manne ...[3]

Dieser vorsokratische Störenfried war (in dem relativen Sinne, in dem wir wegen unserer Unkenntnis der Vergangenheit jeden solchen Satz aufnehmen müssen) der Vater der Logik, wie Parmenides für Europa der Vater der Metaphysik war. Sokrates, der Zenons dialektische Methode schmähte, ahmte sie mit solchem Eifer nach, daß seine Zeitgenossen ihn umbringen mußten, um wieder ihren Seelenfrieden zu haben. Zenons Einfluß auf die skeptischen Sophisten war entscheidend, und letzten Endes war es sein Skeptizismus, der in Pyrrhon und Karneades triumphierte. Als Greis, als er ein Mann «von großer Weisheit und Bildung»[4] geworden war, beklagte er sich, daß die Philosophen die intellektuellen Possen seiner Jugend zu ernst genommen hätten. Sein letzter Streich wurde ihm zum Verhängnis: er nahm an dem Versuche teil, den Tyrannen Nearchos von Elea zu beseitigen, wurde erwischt und verhaftet, gefoltert und hingerichtet. Er ertrug seine Leiden tapfer, als wollte er seinen Namen schon so früh mit der stoischen Philosophie verbinden.

II. DIE MATERIALISTEN

Wie die Parmenidische Leugnung der Bewegung und der Veränderung eine Reaktion gegen die Herakleitische Metaphysik des Fließens und der Unbeständigkeit war, so war sein Monismus ein Gegenzug gegen den Atomismus der späteren Pythagoreer; denn

* Die Diskussion dieser Paradoxa ging weiter von Platon bis Bertrand Russell und wird wohl auch weitergehen, solange man Worte mit Dingen verwechselt. Die Annahmen, die diese rätselhaften Probleme wertlos machen, sind die folgenden: die Unendlichkeit wird als ein Ding betrachtet statt lediglich als ein Wort, das die Unfähigkeit unseres Geistes ausdrückt, sich ein absolutes Ende vorzustellen; Zeit, Raum und Bewegung werden als nicht-kontinuierlich, das heißt als aus verschiedenen Punkten oder Teilen zusammengesetzt, angesehen.

diese hatten die Zahlentheorie ihres Gründers zu der Lehre entwickelt, daß alle Dinge aus Zahlen im Sinne unteilbarer Einheiten bestünden. Als Philolaos von Theben noch hinzufügte: «Das Ungleiche und Unverwandte und ungleich Geordnete muß notwendigerweise durch eine ... Harmonie zusammengeschlossen sein»[5], war für die atomistische Schule der griechischen Philosophie alles bereit.

Um 435 kam Leukippos von Miletos nach Elea und studierte bei Zenon; dort hörte er vielleicht vom Zahlenatomismus der Pythagoreer; denn Zenon hatte eines seiner scharfsinnigsten Paradoxa gegen diese Lehre von der Vielheit gerichtet. Leukippos ließ sich schließlich in Abdera, einer blühenden ionischen Kolonie in Thrakien, nieder. Von seiner unmittelbaren Lehre ist ein einziges Bruchstück erhalten: «Kein Ding entsteht planlos, sondern alles aus Sinn und unter Notwendigkeit.»[6] Vermutlich geschah es als Antwort auf Zenon und Parmenides, daß Leukippos den Begriff des leeren Raumes entwickelte; damit hoffte er die Bewegung theoretisch so möglich machen zu können, wie sie für die Sinne als wirklich gegeben ist. Das Weltall enthält nach der Lehre des Leukippos Atome und Raum und sonst nichts. Atome, die in einem Wirbel herumgeschleudert werden, setzen sich notwendigerweise zu den Urformen aller Dinge zusammen, wobei sich gleich zu gleich gesellt; auf diese Weise entstanden die Planeten und die Sterne. Alles, auch die menschliche Seele, setzt sich aus Atomen zusammen.

Demokritos, Schüler des Leukippos, wirkte mit diesem daran, die Atomphilosophie in ein abgerundetes System des Materialismus zu entwickeln. Sein Vater war ein vermögender und wohlsituierter Mann in Abdera; von ihm soll Demokritos hundert Talente geerbt haben, die er auf Reisen ausgab. Unbestätigte Berichte schicken ihn bis nach Ägypten und Äthiopien, Babylonien, Persien und Indien. «Ich aber bin von meinen Zeitgenossen am meisten auf der Erde herumgekommen, wobei ich am weitgehendsten forschte, und habe die meisten Himmelsstriche und Länder gesehen und die meisten gelehrten Männer gehört; und in der Zusammensetzung der Linien mit Beweis hat mich noch keiner übertroffen, auch nicht die sogenannten Seilknüpfer (Landvermesser) der Ägypter. Mit diesen bin ich nach allen anderen (?) fünf (?) Jahre auf fremdem Boden zusammen gewesen»[7], sagt er von sich*. Im boiotischen Theben hielt er sich lange genug auf, um den Zahlenatomismus des Philolaos in sich aufzunehmen. Als er sein Geld ausgegeben hatte, wurde er Philosoph, führte ein einfaches Leben, widmete sich ganz dem Studium und der Betrachtung und sagte: «Ich entdeckte lieber einen einzigen (geometrischen) Beweis, als daß ich den Thron Persiens gewänne.» Er war von bescheidener Zurückhaltung, mied Dialektik und Debatte und hielt sich in Athen auf, ohne sich einem der dortigen Philosophen zu erkennen zu geben. Diogenes von Laerte zählt in langer Reihe seine mathematischen, physikalischen, astronomischen, navigatorischen, geographischen, anatomischen, physiologischen, psychologischen, psychotherapeutischen, medizinischen, philosophischen, musikalischen und künstlerischen Veröffentlichungen auf. Thrasyllos nannte ihn einen *pentathlos* der Philosophie, und einige Zeitgenossen gaben ihm sogar den Namen «Weisheit» *(sophia)*. Er war so

---

* «Einem weisen Mann steht jedes Land offen. Denn einer trefflichen Seele Vaterland ist das Weltall», schreibt er.[8]

vielseitig wie Aristoteles, sein Stil so bewundert wie derjenige Platons. Francis Bacon nannte ihn einmal den größten Philosophen der Antike.

Er beginnt wie Parmenides mit einer Kritik der Sinne. Für den praktischen Gebrauch dürfen wir ihnen vertrauen; in dem Augenblicke aber, da wir ihre Beweiskraft genauer zu untersuchen beginnen, entschwinden Schicht um Schicht der Farbe, der Wärme, des Geruches, des Geschmackes, der Süße, der Bitterkeit und des Tones, die unsere Sinne der Außenwelt auferlegen. Diese «sekundären Eigenschaften» liegen in uns selbst oder im Gesamtvorgang der Wahrnehmung, nicht aber in den Objekten. In einer ohrenlosen Welt würde ein Baum ohne Geräusch zusammenkrachen, und der Ozean, wie wütend er sich auch gebärdete, würde nicht tosen. «Der gebräuchlichen Redeweise *(nomos)* nach gibt es Farbe, Süßes, Bitteres, in Wahrheit aber nur Atome und Leeres.»[9] Darum vermitteln die Sinne uns nur ein unklares Wissen, eine Meinung; wirkliches Wissen kommt nur von Forschung und Denken. «In Wirklichkeit aber wissen wir nichts; denn in der Tiefe liegt die Wahrheit... Wir aber erfassen in Wahrheit nichts Untrügliches, sondern nur, was wechselt entsprechend der Verfassung unseres Körpers und der ihm zuströmenden oder entgegenwirkenden Atome.»[10] Alle Sinnesempfindungen kommen von Atomen, die sich von den Objekten loslösen und auf unsere Sinnesorgane fallen. Alle Sinne sind besondere Abarten des Tastsinnes.

Die Atome, aus denen sich die Welt zusammensetzt, unterscheiden sich in Gestalt, Größe und Gewicht. Alle haben eine Neigung, sich zu senken. Bei der sich daraus ergebenden Rotation verbinden sich gleiche Atome und erzeugen Planeten und Sterne. Kein *nus*, keine Intelligenz leitet die Atome, keine empedokleische «Liebe», kein «Haß» vereint oder trennt sie, sondern die Notwendigkeit – die natürliche Auswirkung inhärenter Ursachen – beherrscht alles. Es gibt keinen Zufall; der Zufall ist eine Erfindung, die unser Nichtwissen verhüllen soll. Die Menge der Materie bleibt sich immer gleich, keine Materie wird je neu geschaffen, keine je zerstört; nur die Atomverbindungen ändern sich. Es gibt indessen unzählige Formen; wahrscheinlich gibt es sogar eine «unendliche» Zahl von Welten, die in einem unaufhörlichen Schauspiel entstehen und wieder vergehen. Organische Wesen entstehen ursprünglich aus der feuchten Erde. Alles am Menschen besteht aus Atomen. Die Seele setzt sich aus winzigen, glatten, runden Atomen zusammen wie das Feuer. Geist, Seele, Lebensprinzip sind alle ein und dasselbe; sie sind nicht auf Menschen oder Tiere beschränkt, sondern in der ganzen Welt ausgebreitet, und bei Mensch und Tier sind die geistigen Atome, mit denen wir denken, über den ganzen Körper verteilt*.

Diese feinen Atome, die die Seele bilden, sind aber doch der edelste und wunderbarste Teil des Körpers. Der Weise wird das Denken pflegen, sich von Leidenschaft, Aberglauben und Furcht freimachen und in der Betrachtung und dem Verstehen die bescheidene Glückseligkeit suchen, die dem menschlichen Leben zugänglich ist. Die Glückseligkeit kommt nicht von äußeren Gütern; man muß «sich daran gewöhnen, aus

* Lucrez schreibt Demokritos eine Art psychophysischen Parallelismus zu; er habe die «Meinung verkündet, daß, je eines gesetzt zu je einem, des Körpers Atome und die der Seele sich bunt abwechseln und binden die Glieder»[11].

sich selbst die Freude zu schöpfen»[12]. «Kultur ist besser denn Reichtum... Keine Macht und kein Schatz können die Ausweitung unseres Wissens wettmachen.»[13] Das Glücksempfinden ist unbeständig, und der «Sinnengenuß bietet nur eine kurze Befriedigung»; zu dauerhafterer Zufriedenheit gelangt man erst, wenn man den Frieden und die Seelenruhe *(ataraxia)*, Wohlgemutheit *(euthymia)*, Mäßigung *(metriotes)* und eine gewisse Ordnung und Symmetrie des Lebens *(biu symmetria)* erreicht hat. Wir können viel von den Tieren lernen: «Weben und Stopfen von der Spinne, Bauen von der Schwalbe, Singen von der Nachtigall und dem Schwan»[14]; aber «Körperkraft ist nur bei Lasttieren edel, Seelenstärke ist der Adel des Menschen»[15]. So baut Demokritos wie die Häretiker des viktorianischen England auf seine anstoßerregende Metaphysik eine Ethik auf, die sich durchaus sehen lassen kann. «Wohltätig ist nicht, wer auf Erwiderung schaut, sondern wer aus freiem Antrieb wohlzutun gewillt ist... Vor sich selbst muß sich vor allem schämen, wer Schamloses tut.»[16]

Er war die beste Illustration zu seinen Lehren und rechtfertigte vielleicht auch seine Ratschläge, indem er hundertneun Jahre oder, wie einige behaupten, wenigstens neunzig Jahre alt wurde. Diogenes von Laerte berichtet, die Stadt Abdera habe Demokritos, als er einmal sein bedeutendstes Werk, *Megas Diakosmos*, *Die Große Welt*, öffentlich vorlas, hundert Talente geschenkt; vielleicht hatte Abdera aber seine Währung abgewertet. Als ihn jemand nach dem Geheimnis seiner Langlebigkeit fragte, antwortete er, er esse täglich Honig und bade sich in Öl. Als er schließlich lange genug gelebt hatte, nahm er jeden Tag weniger Nahrung zu sich, entschlossen, sich ganz langsam auszuhungern. Diogenes berichtet:

«Schon sehr hochbetagt, sah er sich unmittelbar vor dem Tode. Seine Schwester war sehr betrübt darüber, daß er gerade in der Festzeit der Thesmophorien sterben sollte, so daß sie ihre Pflicht gegen die Göttin nicht erfüllen könne. Er aber sprach ihr Mut ein und wies sie an, ihm jeden Tag frischgebackenes heißes Brot zu bringen; dieses hielt er sich vor die Nase und erhielt sich so während der Festtage am Leben; als die Festtage (es waren deren drei) vorüber waren, gab er völlig schmerzlos seinen Geist auf, hundertneun Jahre alt, wie Hipparch berichtet.»[17]

Seine Stadt ehrte ihn mit einem Staatsbegräbnis, und Timon von Athen hielt eine Lobrede. Er gründete keine Schule; er gab aber der Wissenschaft die berühmteste Hypothese und der Philosophie ein System, das von allen anderen Systemen geschmäht wurde und sie alle überlebt hat und in jedem Menschenalter aufs neue auftaucht.

III. EMPEDOKLES

Der Idealismus beleidigt die Sinne, der Materialismus die Seele. Der eine erklärt alles, nur nicht die Welt, der andere alles, nur nicht das Leben. Um diese beiden Halbwahrheiten zu verschmelzen, war es notwendig, irgendein dynamisches Prinzip zu finden, das zwischen festem Gefüge und Wachstum, zwischen Dingen und Denken vermitteln konnte. Anaxagoras suchte ein solches Prinzip in einer kosmischen Seele, einem Weltgeist; Empedokles suchte es in den den Dingen innewohnenden Kräften, die die Entwicklung verursachen.

Dieser Leonardo von Akragas wurde im Jahre von Marathon geboren und stammte aus einer vermögenden Familie, deren Leidenschaft für Pferderennen nicht gerade viel für die Philosophie verhieß. Er ging eine Zeitlang bei den Pythagoreern in die Lehre; aber in seiner Überschwenglichkeit verbreitete er etwas von ihrer esoterischen Lehre und wurde ausgestoßen. Er nahm sich den Begriff der Seelenwanderung sehr zu Herzen und verkündete mit poetischem Mitgefühl, er sei «bereits einmal Knabe, Mädchen, Pflanze, Vogel und flutentauchender stummer Fisch»[18] gewesen. Er verdammte das Essen von tierischer Nahrung als eine Art Kannibalismus; waren denn die Tiere nicht Wiedergeburten von Menschenwesen? Alle Menschen waren nach seinem Glauben einst Götter gewesen, hatten aber ihren himmlischen Wohnsitz durch irgendeine Unreinheit oder Gewalttat verscherzt; er verspürte in der eigenen Seele Anzeichen einer vorgeburtlichen Göttlichkeit. «Von welcher Pracht, von welcher unermeßlichen Seligkeit bin ich jetzt hinabgesunken, mit Sterblichen auf dieser Erde zu weilen!»[19] Von seiner göttlichen Abkunft überzeugt, zog er goldene Sandalen an, kleidete seinen Körper in purpurne Gewänder und krönte seinen Kopf mit Lorbeerkränzen. Er war, wie er bescheidentlich seinen Landsleuten auseinandersetzte, ein Liebling Apollons; nur zweien seiner Freunde gestand er, daß er ein Gott sei. Er gab an, übernatürliche Kräfte zu haben, vollzog magische Riten und suchte durch Zaubersprüche der anderen Welt die Geheimnisse des menschlichen Schicksals zu entringen. Er anerbot sich, Krankheiten durch den Zauber seiner Worte zu heilen, und kurierte so viele, daß das Volk halb an seine Behauptungen glaubte. Tatsächlich war er ein ausgebildeter Arzt, der der medizinischen Wissenschaft viele Gedanken schenkte, und in der Psychologie der Ärztekunst wohlbewandert. Er war ein glänzender Redner; er «erfand» nach Aristoteles die Grundsätze der Rhetorik und lehrte sie Gorgias, der sie dann in Athen verhökerte. Er war ein Techniker, der Selinus von der Pest befreite, indem er Abzugskanäle grub und Bachläufe veränderte. Er war ein mutiger Staatsmann, der, zwar selbst Aristokrat, einen Volksaufstand gegen eine engstirnige Aristokratie anführte, die Diktatur ausschlug und eine gemäßigte Demokratie einführte. Seine Epen *Die Natur* und *Reinigungslehren* waren in so ausgezeichneten Versen geschrieben, daß Aristoteles und Cicero ihn zu den besten Dichtern zählten und Lukianos ihm durch Nachahmung sein Lob aussprach. Diogenes von Laerte berichtet: «Zu der Zeit, als er in Olympia weilte, zog er in besonderem Maße die Aufmerksamkeit auf sich, so daß im geselligen Verkehr von keinem anderen mit so lebhaftem Interesse gesprochen wurde wie von Empedokles.»[20] Vielleicht war er doch ein Gott.

Die 470 Zeilen, die erhalten sind, geben uns nur bruchstückhafte Andeutungen von seiner Philosophie. Er war ein Eklektiker, der in jedem System etwas Brauchbares sah. Er wandte sich gegen Parmenides, der die Sinne gesamthaft verwarf, und begrüßte jeden Sinn als einen «Pfad zum Erkennen»[21]. Die Sinnesempfindung entsteht durch Partikel, die dem Objekt entströmen und auf die «Poren» *(poroi)* der Sinnesorgane fallen; darum benötigt das Licht Zeit, um von der Sonne zu uns zu gelangen. Die Nacht wird von der Erde verursacht, die sich zwischen die Sonnenstrahlen einschiebt. Alle Dinge bestehen aus vier Elementen: Luft, Feuer, Wasser und Erde. Auf diese Elemente wirken zwei Grundkräfte ein, Anziehung und Abstoßung, Liebe und Haß. Die endlosen Verbindungen und Trennungen der Elemente, die von diesen Kräften bewirkt werden, erzeugen die Dingwelt und ihre Geschichte. Wenn die Liebe, die Neigung zum Zusammenschluß, vorherrscht, entwickelt sich das Stoffliche zu Pflanzlichem, und die Organismen nehmen immer höhere Formen an. Gerade so, wie die Seelenwanderung alle Seelen zu einer einzigen Lebensgeschichte verwebt, gibt es in der Natur keine scharfe Grenze zwischen Gattung und Gattung und Geschlecht und Geschlecht; zum Beispiel sind «Haare und Blätter und der Vögel dichte Federn und Schuppen, die auf den kräftigen Gliedern entstehen, dasselbe»[22]. Die Natur bringt jede Art von Organismen und Gestalten hervor; die Liebe verbindet sie, manchmal zu Ungeheuerlichkeiten, die wegen ihrer schlechten Anpassungsfähigkeit umkommen, manchmal zu Organismen, die sich selber fortpflanzen können und den Bedingungen der Forterhaltung entsprechen. Alle höheren Formen entwickeln sich aus niederen Formen. Zu Beginn sind in einem Körper beide Geschlechter enthalten; dann trennen sie sich, und jedes sehnt sich nach Wiedervereinigung mit dem anderen*. Diesem Evolutionsvorgang entspricht ein Auflösungsvorgang, bei dem der Haß, die trennende Kraft, das zusammengesetzte Gefüge wieder einreißt, das die Liebe aufgebaut hat. Langsam kehren die Organismen und Planeten zu immer primitiveren Formen zurück, bis alle Dinge wiederum zu einer ursprünglichen und gestaltlosen Masse verschmelzen. Diese abwechselnden Entwicklungs- und Verfallsvorgänge wiederholen sich unendlich, in jedem Teile wie im Ganzen; die beiden Kräfte der Verbindung und der Trennung, Liebe und Haß, Gut und Böse, bekämpfen sich und gleichen sich gegenseitig aus in einem weiten, das ganze All durchpulsenden Rhythmus des Lebens und des Todes. So alt ist Herbert Spencers Philosophie.

Der Platz, den Gott in diesem Ablauf einnimmt, ist nicht klar; denn bei Empedokles ist es schwierig, Tatsachen von Bildern zu unterscheiden, Philosophie von Dichtung. Manchmal identifiziert er das Göttliche mit dem Weltenkreis selbst, manchmal mit dem Leben allen Lebens oder dem Geiste jeden Geistes; er weiß aber, daß es uns niemals gelingen wird, eine richtige Vorstellung von der allem zugrunde liegenden Schöpferkraft zu gewinnen. «Man kann die Gottheit sich nicht nahe bringen als erreichbar unseren Augen oder sie mit Händen greifen, Wege, auf denen die Hauptfahrstraße der Überzeugung den Menschen ins Herz einfällt... Denn sie (die Gottheit, im besonderen Apollon) ist auch nicht mit menschenähnlichem Haupte an den Gliedern versehen, nicht schwingen sich fürwahr vom Rücken zwei Zweige, nicht Füße, nicht schnelle Knie, nicht behaarte Schamglieder, sondern ein Geist, ein heiliger und übermenschlicher, regt sich da allein, der mit schnellen Gedanken den ganzen Weltenbau durchstürmt.»[23] Und Empedokles schließt mit dem weisen und resignierten Ratschlag des Greises:

«Denn engbezirkt sind die Sinneswerkzeuge [Greifer], die über die Glieder gebreitet sind; auch dringt viel Armseliges auf sie ein, das stumpf macht die Gedanken. Und schauten sie in ihrem Leben vom [All]leben nur kleinen Teil, so fliegen sie raschen Todesgeschicks wie Rauch in

* Vielleicht schöpfte Platon für die Rede des Aristophanes in seinem *Symposion* aus diesem Gedankengut.

die Höhe getragen davon, von dem allein überzeugt, worauf jeder einzelne gerade stieß bei seinen mannigfachen Irrfahrten, und doch rühmt sich jeder, das Ganze gefunden zu haben. So wenig ist dies für die Menschen erschaubar oder erhörbar oder mit dem Geiste umfaßbar.»[24]

In seinen letzten Jahren kehrte er den Prediger und Propheten deutlicher hervor; er versenkte sich in die Theorie der Wiedergeburt und flehte seine Mitmenschen an, sich von der Schuld zu läutern, die sie aus dem Himmel vertrieben hatte. Mit der vereinten Weisheit eines Buddha, Pythagoras und Schopenhauer riet er der Menschheit an, sich der Ehe, der Fortpflanzung und der Bohnen zu enthalten. Als im Jahre 415 die Athener Syrakus belagerten, tat Empedokles alles, was in seinen Kräften stand, dessen Widerstand zu unterstützen, und zog sich damit das Mißfallen von Akragas zu, das Syrakus mit der ganzen Feindseligkeit der Verwandtschaft haßte. Aus seiner Vaterstadt verbannt, ging er nach Griechenland und starb, wie behauptet wird, in Megara. Aber Hippobotos berichtet nach Diogenes von Laerte, Empedokles habe eine Frau, die man bereits aufgegeben hatte, wieder zu vollem Leben zurückgebracht, an dem Feste zu ihrer Wiedergenesung teilgenommen, sei dann von dort weggegangen und niemals mehr gesehen worden. Die Sage will wissen, er sei in des Ätna Feuerschlund hinabgesprungen, damit er spurlos verschwinde und dadurch seine Göttlichkeit bestätige. Aber das Feuer verriet ihn: es schleuderte seine metallenen Schuhe in die Höhe und ließ sie, wie schwere Symbole der Sterblichkeit, am Rande des Kraters zurück.

IV. DIE SOPHISTEN

Diejenigen, die Griechenland und Athen gleichstellen, werden durch die Tatsache widerlegt, daß keiner der großen hellenischen Denker vor Sokrates dieser Stadt angehörte, und nach ihm nur Platon. Das Schicksal von Anaxagoras und Sokrates zeigt an, daß der religiöse Konservativismus in Athen stärker war als in den Kolonien, wo die geographische Trennung einigende Bande der Überlieferung zerrissen hatte. Vielleicht wäre Athen bildungsfeindlich und unduldsam bis zur Blödheit geblieben, wenn sich nicht eine weltmännische Kaufmannschaft ausgebildet hätte und die Sophisten nicht nach Athen gezogen wären.

Die Diskussionen in der Volksversammlung, die Prozesse vor den Volksgerichtshöfen und die wachsende Notwendigkeit, mit dem Anschein der Logik zu denken und mit Klarheit und Überzeugungskraft zu sprechen, ließen zusammen mit dem Reichtum und der Neugierde einer imperialistischen Gesellschaft das Bedürfnis nach etwas aufkommen, was in Athen vor Perikles völlig unbekannt war, nämlich nach einer höheren Bildung in den Geistes- und Naturwissenschaften, der Beredsamkeit, der Philosophie und der Politik. Diesem Bedürfnis wurde zunächst nicht durch die Gründung von Universitäten entsprochen; Wandergelehrte mieteten Vortragssäle, hielten dort ihre Vorlesungen und zogen dann in andere Städte weiter, wo sie sie wiederholten. Einige dieser Männer, wie Protagoras, nannten sich *sophistai*, das heißt «Lehrer der Weisheit». Das Wort setzte sich als Äquivalent unseres «Universitätsprofessor» durch und hatte keinen üblen Beigeschmack, bis der Konflikt zwischen Religion und Philosophie die Konservativen veranlaßte, gegen die Sophisten loszuziehen, und bis der kommerzielle Geist einiger Sophisten Platon dazu bewog, ihrem Namen den Makel der Käuflichkeit anzuheften, der an ihm haftenblieb. Vielleicht mochte das Volk die Sophisten von allem Anfang an nicht recht, weil ihre kostspielige Ausbildung in Logik und Rhetorik nur den Wohlhabenden zugänglich war und diesen bei der Verhandlung ihrer Prozesse vor den Gerichten einen Vorteil verlieh. Es trifft zu, daß die berühmteren Sophisten, wie die meisten erfolgreichen Praktiker auf jedem Gebiet, so viel verlangten, wie sie aus ihren Klienten nur herausholen konnten; das ist überall das erste Gesetz der Preisbildung. Protagoras und Gorgias sollen zehntausend Drachmen für die Ausbildung eines einzigen Schülers verlangt haben. Weniger bedeutende Sophisten begnügten sich aber mit Gebühren, die sich in vernünftigen Grenzen hielten. Prodikos, der in ganz Griechenland bekannt war, verlangte als Zulassungsgebühr für seine Kurse bis zu fünfzig Drachmen.

Protagoras, der berühmteste der Sophisten, wurde in Abdera ein Menschenalter vor Demokritos geboren. Zeit seines Lebens war Protagoras der berühmtere und der einflußreichere der beiden; wir können uns eine Vorstellung von seinem Ruf aus dem Aufsehen machen, das er bei seinen Besuchen in Athen erregte. (Diese fanden wahrscheinlich 451–445, 432, 422 und 415 statt.) Selbst Platon, der den Sophisten sonst nicht sehr gewogen war, achtete ihn und schilderte ihn als einen charaktervollen Mann. In dem nach ihm benannten Platonischen Dialog macht Protagoras einen viel besseren Eindruck als der streitsüchtige junge Sokrates; hier ist es Sokrates, der wie ein Sophist spricht, und Protagoras, der sich wie ein Herr und Philosoph benimmt, niemals die Geduld verliert, niemals auf den Scharfsinn des anderen eifersüchtig ist, niemals ein Argument zu ernst nimmt und niemals zu sprechen begierig ist. Er gibt an, er unternehme es, seinen Schülern Geschicklichkeit in privaten und öffentlichen Angelegenheiten, die ordnungsgemäße Führung des Haushaltes und der Familie, die Kunst des beredten oder überzeugenden Sprechens und die Fähigkeit beizubringen, die Angelegenheiten des Staates zu verstehen und zu führen. Er verteidigt seine hohen Gebühren, indem er angibt, es sei sein Brauch, von einem Schüler, dem die verlangte Summe zu hoch vorkomme, nur so viel zu fordern, als dieser in einer feierlichen Verlautbarung vor einem heiligen Altar als gerechtfertigt angebe – ein unbesonnenes Verfahren von einem Lehrer, der die Existenz der Götter bezweifelte. Diogenes von Laerte beschuldigt ihn, der erste gewesen zu sein, der «Streitende mit den Waffen des Sophismus ausgestattet» habe, ein Vorwurf, der Sokrates nur gefallen hätte; Diogenes sagt aber weiter, Protagoras sei auch der erste gewesen, «der den Unterschied der Zeiten bestimmte und die Bedeutung des rechten Zeitpunktes darlegte und Redewettkämpfe veranstaltete und den Liebhabern des Wortstreites mit Sophismen aufwartete. Er brachte auch die sokratische Art der Gesprächsführung zuerst ins Wanken.»[25] Das hätte Sokrates vielleicht nicht so sehr gefallen.

Es ist nur eines seiner vielen Verdienste, daß er die europäische Grammatik und Philologie begründete. Er behandelte den rechten Gebrauch der Wörter, wie uns Platon berichtet, und war der erste, der bei den Hauptwörtern drei Geschlechter und bei den Zeitwörtern bestimmte Zeiten und Modi unterschied. Seine Hauptbedeutung liegt aber darin, daß mit ihm und nicht mit Sokrates der subjektive Standpunkt der Philosophie einsetzt. Im Gegensatz zu den Ionern war er weniger an den Dingen als am Denken interessiert, das heißt an dem ganzen Vorgang der Empfindung, der Wahrnehmung, des Verstehens und des Ausdrucks. Während Parmenides die Sinnesempfindung als Wegleiter zur Wahrheit verwarf, nahm Protagoras sie wie Locke als einzigen Weg zum Wissen und weigerte sich, eine transzendentale – übersinnliche – Wirklichkeit anzuerkennen. Nach Protagoras läßt sich keine absolute Wahrheit finden; es gibt nur solche Wahrheiten, die für bestimmte Menschen unter bestimmten Bedingungen gelten; sich widersprechende Behauptungen können für verschiedene Personen zu verschiedenen Zeiten gleicherweise wahr sein. Jede Wahrheit, Güte und Schönheit ist subjektiv; «der Mensch ist das Maß aller Dinge – der seienden, wie sie sind, der nichtseienden, wie sie nicht sind»[26]. Für das Auge des Geschichtsschreibers beginnt eine ganze Welt zu erzittern, wenn Protagoras diesen einfachen Grundsatz der Menschbezogenheit und der Relativität verkündet. Alle überlieferten Wahrheiten und heiligen Grundsätze geraten ins Wanken; der Individualismus hat seinen Ausdruck und seine Philosophie gefunden, und die übernatürlichen Grundlagen der Gesellschaftsordnung drohen dahinzuschmelzen.

Der weitgehende Skeptizismus, der in dieser berühmten Verkündigung beschlossen liegt, wäre wohl theoretisch und unberührt geblieben, hätte Protagoras ihn nicht auf einen Augenblick in die Theologie hineinspielen lassen. Vor einer Anzahl bekannter Männer las Protagoras im Hause des unbeliebten Freidenkers Euripides eine Abhandlung vor, deren erster Satz in Athen großes Aufsehen erregte: «Von den Göttern weiß ich nicht, weder daß sie sind, noch daß sie nicht sind; denn vieles hemmt uns in dieser Erkenntnis, sowohl die Dunkelheit der Sache wie die Kürze des menschlichen Lebens.»[27] Die athenische Volksversammlung, voller Schrecken über dieses ominöse Vorspiel, verbannte Protagoras aus der Stadt, befahl allen Athenern, sämtliche Abschriften seiner Werke, die sie besaßen, abzuliefern, und verbrannte sie auf dem Marktplatz. Protagoras floh nach Sizilien und soll auf der Überfahrt ertrunken sein.

Gorgias von Leontinoi setzte diese Revolution der Skeptiker fort, war aber vernünftig genug, den größten Teil seines Lebens außerhalb Athens zu verbringen. Seine Laufbahn war kennzeichnend für die Verbindung zwischen Philosophie und Politik in Griechenland. Um 483 geboren, studierte er bei Empedokles Philosophie und Rhetorik und wurde als Redner und Lehrer der Beredsamkeit in Sizilien so berühmt, daß Leontinoi ihn 427 als Gesandten nach Athen schickte. Bei den Olympischen Spielen schlug er eine große Menge in seinen Bann, als er sich in einer Ansprache an sie wandte und die sich befehdenden Griechen aufrief, untereinander Frieden zu machen, damit sie in Einheit und voller Vertrauen der wiederauferstandenen Macht Persiens entgegentreten könnten. Von Stadt zu Stadt reisend, legte er seine Ansichten in einem so gezierten, so symmetrisch antithetischen, in Idee und Ausdruck und zwischen Poesie und Prosa so fein abgewogenen Stile nieder, daß es ihm nicht schwerfiel, Schüler zu finden, die ihm hundert Minen für einen Lehrgang boten. Sein Buch *Über die Natur* suchte drei aufsehenerregende Behauptungen zu beweisen: 1. Es ist nichts; 2. wenn aber etwas existierte, wäre es unerkennbar; 3. wenn auch etwas erkennbar wäre, wäre die Erkenntnis nicht von einer Person auf eine andere übertragbar*. Von seinen Schriften ist sonst nichts erhalten. Nachdem er die Gastfreundschaft und die Zahlungen vieler Staaten genossen hatte, ließ er sich in Thessalien nieder und war so weise, den größten Teil seines großen Vermögens zu verzehren, bevor er starb. Er lebte, wie uns alle Gewährsmänner versichern, mindestens hundertfünf Jahre lang, und ein antiker Schriftsteller berichtet, Gorgias sei, «obgleich er hundertacht Jahre alt wurde, keineswegs körperlich geschwächt, sondern bis an sein Ende gesund und mit den Sinneskräften eines Jünglings ausgestattet gewesen» [28].

Wenn die Sophisten zusammen eine zerstreute Universität bildeten, so war Hippias von Elis für sich allein eine Universität; er verkörperte den vielseitigen Gelehrten in einer Welt, wo das Wissen noch nicht so groß war, daß es sich unbedingt dem Zugriff eines einzelnen Geistes entzog. Er lehrte Astronomie und Mathematik und lieferte eigene Beiträge zur Geometrie. Er war Dichter, Musiker, Redner und las über Literatur, Ethik und Politik. Als Historiker legte er die Grundlagen für die griechische Chronologie, indem er eine Liste der Sieger bei den Olympischen Spielen aufstellte. Elis schickte ihn als Gesandten nach anderen Staaten. Auch beherrschte er so viele Künste und Handwerke, daß er Kleidung und Schmuck mit eigenen Händen herstellte. Sein philosophisches Wirken war nicht ausgedehnt, aber von Wichtigkeit; er wandte sich gegen die entartende Künstlichkeit des Stadtlebens, hielt Natur und Gesetz einander gegenüber und nannte das Gesetz einen Tyrannen der Menschheit. Prodikos von Keos setzte das grammatische Werk des Protagoras fort, legte die Redeteile fest und tat allen Eltern einen großen Gefallen mit einer Fabel, in der Herakles den mühevollen Weg zur Tugend an Stelle des bequemen Lasters wählte. Andere Sophisten waren nicht so fromm. Antiphon von Athen folgte Demokritos in Materialismus und Atheismus und definierte die Gerechtigkeit als Ergebnis der eigensüchtigen zweckdienlichen Berechnung. Thrasymachos von Chalkedon setzte (wenn wir Platon Glauben schenken dürfen) Recht mit Macht gleich und bemerkte, daß das Vorhandensein von Schurken einigen Zweifel an der Existenz der Götter hochkommen lasse.

Im großen und ganzen muß man die Sophisten zu den lebendigsten Kräften der griechischen Geschichte rechnen. Sie erfanden für Europa Grammatik und Logik. Sie untersuchten die Beweisformen und lehrten die Menschheit, wie man Trugschlüsse entdecke und mache. Durch ihren Antrieb und ihr Vorbild wurde vernunftgemäßes Denken bei den Griechen zur Leidenschaft. Indem sie die Gesetze der Logik auf die Sprache anwandten, förderten sie die Klarheit und Präzision des Denkens und erleichterten sie die richtige Weitergabe von Wissen. Durch sie wurde die Prosa zu einer Literaturgattung

* Diese Behauptungen, die darauf abzielten, den Transzendentalismus des Parmenides abzutun, bedeuteten: 1. Nichts existiert außerhalb der Sinne; 2. wenn etwas außerhalb der Sinne existierte, wäre es nicht erkennbar, denn das Erkennen erfolgt über die Sinne; 3. wenn etwas Übersinnliches erkennbar wäre, wäre die Erkenntnis nicht mitteilbar, da alle Mitteilungen über die Sinne erfolgen.

und die Poesie zu einem Instrument der Philosophie. Sie gingen alles mit analytischen Methoden an; sie wiesen Überlieferungen zurück, die nicht durch sinnlichen Augenschein oder logische Vernunft gestützt waren, und hatten entscheidenden Anteil an einer rationalistischen Bewegung, die schließlich bei den Gebildeten den alten Glauben von Hellas zum Stürzen brachte. Wie Platon feststellt, war ihre gewöhnliche Lehre, «die Natur erzeuge alle sterblichen lebendigen Wesen und die Gewächse... und die unbeseelt in der Erde sich findenden schmelzbaren und unschmelzbaren Körper kraft einer von selbst gedankenlos wirkenden Ursache»[29]. Lysias berichtet von einer atheistischen Gesellschaft, die sich *kakodaimoniotai*, Teufelsverein, benannte und absichtlich an Festtagen, die dem Fasten bestimmt waren, zu gemeinsamen Mahlzeiten zusammenkam. Pindar unterwarf sich zu Beginn des fünften Jahrhunderts fromm dem Orakel von Delphoi; Aischylos nahm es aus politischen Gründen in Schutz; Herodot unterzog es um 450 einer furchtsamen Kritik; Thukydides wandte sich zu Ende des Jahrhunderts offen dagegen. Euthyphron beklagte sich, daß das Volk ihn als einen altmodischen Narren auslache, wenn er in der Volksversammlung von Orakeln spreche.

Man darf den Sophisten nicht all das in die Schuhe schieben oder zubilligen; manches lag bereits in der Luft als natürliches Ergebnis des steigenden Reichtums, der Muße, der Reisen, der Forschung, der Spekulation. Auch die sittliche Entartung ist nicht ihr Werk, sie sind nur daran beteiligt; der Reichtum macht an sich, ohne die Hilfsstellung der Philosophie, dem Puritanismus und dem Stoizismus den Garaus. Aber innerhalb dieser engen Grenzen beschleunigten die Sophisten, ohne es eigentlich zu wollen, die Zersetzung. Die meisten von ihnen überwanden die durchaus menschliche Liebe zum Geld und waren charakterfeste Männer mit anständigem Lebenswandel; sie gaben aber an ihre Schüler die Überlieferung nicht weiter, die sie so vernünftig und ehrbar gemacht oder erhalten hatte, obgleich sie den irdischen Ursprung und die geographische Veränderlichkeit der Moral entdeckt hatten. Die Bestimmung des menschlichen Wertes nach dem Wissen, die Protagoras ein Menschenalter vor Sokrates vorgenommen hatte, gab dem Denken einen gewaltigen Auftrieb, versetzte aber dem Charakter einen Schlag, der ihn ins Wanken brachte; der Nachdruck, der nun auf das Wissen gelegt wurde, hob den Bildungsstand der Griechen, entwickelte aber die Intelligenz nicht ebensoschnell, wie sie den Intellekt freisetzte. Die Verkündigung der Relativität alles Wissens ließ den Menschen nicht bescheiden werden, wie es hätte sein sollen, sondern geneigt, sich als Maß aller Dinge zu betrachten. Jeder gescheite Jüngling konnte sich nun für geeignet halten, über das Sittengesetz seines Volkes zu Gericht zu sitzen, es zu verdammen, wenn er es nicht verstand oder nicht billigte, um dann in Freiheit seinen Wünschen als den Tugenden einer emanzipierten Seele nachzuleben. Die Unterscheidung zwischen «Natur» und Übereinkunft und die Bereitschaft der kleineren Sophisten, zu argumentieren, daß das, was die «Natur» erlaube, ohne Rücksicht auf Gesetze oder Überlieferungen gut sei, unterminierten die alten Stützen der griechischen Moral und ermunterten zu manchen Experimenten in der Lebensführung. Alte Männer beklagten den Schwund der häuslichen Einfachheit und Treue und das von keinen religiösen Hemmungen im Zaume gehaltene Streben nach Reichtum und Lust. Platon und

Thukydides berichten von Denkern und Männern des öffentlichen Lebens, die die Moral als Aberglauben verwarfen und kein anderes Recht als die Macht anerkannten. Dieser hemmungslose Individualismus machte aus der Logik und Rhetorik der Sophisten ein Instrument der Rechtsverdrehung und der politischen Demagogie und würdigte ihr weitsichtiges Weltmenschentum zu einem widerstrebenden Zögern in der Landesverteidigung herab oder zu einer unvoreingenommenen Bereitschaft, die Heimat dem Höchstbietenden zu verkaufen. Die religiöse Bauernschaft und der konservative Adel waren mit dem Durchschnittsbürger der städtischen Demokratie darin einig, daß die Philosophie staatsgefährlich geworden war.

Einige Philosophen nahmen selbst an dem Angriff gegen die Sophisten teil. Sokrates verurteilte sie (wie Aristophanes Sokrates verurteilte), weil sie Irrtümliches durch Logik plausibel und durch Rhetorik überzeugend machten, und nahm es ihnen übel, daß sie für ihre Tätigkeit Geld nahmen. Er entschuldigte seine grammatikalische Unbildung damit, daß er sich den Fünfzigdrachmenkurs des Prodikos nicht habe leisten können, sondern nur den Eindrachmenkurs, der bloß das Allerwichtigste anführte. In einem unliebenswürdigen Augenblicke stellte er einen erbarmungslosen und bloßstellenden Vergleich an:

«Mein lieber Antiphon, bei uns ist man der Ansicht, man könne von seiner Schönheit wie von seiner Weisheit einen schönen und häßlichen Gebrauch machen. Wenn nämlich jemand seine Tugend jedem beliebigen für Geld verkauft, dann nennen wir ihn einen Hurer, wenn er sich aber einen Freund gewinnt, den er als einen untadeligen Liebhaber kennt, halten wir ihn für sittsam. Und mit der Weisheit ist es das gleiche: wer sie jedem beliebigen für Geld verkauft, den nennt man Sophist, wer aber Leute mit anerkannt guten Anlagen alles lehrt, was er Gutes hat, und sie so zu seinen Freunden macht, der tut nach unserer Meinung das, was sich für einen rechtschaffenen Bürger gehört.»[30]

Platon konnte es sich leisten, diese Ansicht zu teilen, da er ein reicher Mann war. Isokrates begann seine Laufbahn mit einer Rede gegen die Sophisten, wurde ein erfolgreicher Rhetoriklehrer und verlangte tausend Drachmen für einen Kurs. Aristoteles setzte den Angriff fort; er definierte den Sophisten als einen Mann, der «nur Geld aus seinem scheinbaren Wissen schlagen will», und warf Protagoras vor, er «verspreche, das Üblere als das Bessere darzustellen».

Die Tragödie wurde dadurch noch um so tiefer, als beide Seiten recht hatten. Die Klagen über die Honorare waren ungerecht: Außer einem staatlichen Zuschuß gab es damals keine andere Möglichkeit, die höhere Bildung zu finanzieren. Wenn die Sophisten Überlieferungen und Sitten kritisierten, so geschah das natürlich ohne schlechte Absicht; sie vermeinten, Sklaven zu befreien. Sie waren die geistigen Vertreter ihrer Zeit und hatten an deren leidenschaftlicher Vorliebe für freie Verstandestätigkeit teil; wie die Enzyklopädisten der französischen Aufklärung fegten sie die absterbende Vergangenheit mit prächtigem Schwunge weg, lebten aber nicht lange genug oder dachten nicht weit genug, um an Stelle der alten Einrichtungen, die die losgelassene Vernunft zerstörte, neue zu setzen. Zu jeder Kultur kommt die Zeit, wo die alte Lebensweise einer Überprüfung unterzogen werden muß, will die Gesellschaft sich unwiderstehlichen Veränderungen neu anpassen; die Sophisten waren das Werkzeug dieser Überprüfung, vermochten aber den staatsmännischen Weitblick für die Neuanpassung nicht aufzubringen. Zu ihren Gunsten sei vermerkt, daß sie das Streben nach Wissen entfachten und das Denken in Mode brachten. Aus jedem Winkel des griechischen Lebensraumes brachten sie neue Gedanken und Herausforderungen nach Athen und ließen es zu philosophischer Bewußtheit und Reife aufsteigen. Ohne sie hätte es keinen Sokrates, keinen Platon und keinen Aristoteles gegeben.

V. SOKRATES

I. DIE SILENMASKE

Es ist angenehm, endlich einer Persönlichkeit gegenüberzustehen, die offenbar so wirklich ist wie Sokrates. Wenn wir aber die beiden Gewährsmänner betrachten, denen wir unser Wissen über ihn verdanken, müssen wir feststellen, daß der eine, Platon, einbildungsreiche Dramen, der andere, Xenophon, historische Romane schreibt und daß beide nicht als geschichtlich treu zu nehmen sind. Diogenes Laertios berichtet: «Man erzählt auch, Sokrates habe nach Vorlesung des Platonischen *Lysis* gesagt: ‚Beim Herakles, was der junge Mensch doch alles über mich zusammenlügt!' Der Verfasser nämlich hat mancherlei zu Papier gebracht, was Sokrates nie gesagt hat.»[31] Platon behauptet nicht, er beschränke sich auf Tatsachen; wahrscheinlich kam er nie auf den Gedanken, daß die Zukunft kaum die Möglichkeit haben würde, an seinem Werk zwischen Dichtung und Wahrheit zu unterscheiden. Er zeichnet aber in seinen Dialogen ein so folgerichtiges Bild seines Lehrers, von Sokrates' jugendlicher Schüchternheit im *Parmenides* und seiner unverschämten Schwatzhaftigkeit im *Protagoras* bis zur gedämpften Frömmigkeit und Resignation des *Phaidon*, daß das entweder wirklich Sokrates gewesen sein muß, oder aber Platon war einer der größten Charakterschöpfer der ganzen Literatur. Aristoteles erkennt die Äußerungen des Sokrates im *Protagoras* als wirklich Sokratisch an. Vor kurzem aufgefundene Bruchstücke eines von Aischines aus Sphettos, einem Schüler des Sokrates, geschriebenen *Alkibiades* bestätigen das von Platon in den früheren Dialogen gegebene Bild des Sokrates und die Geschichte der Neigung des Philosophen zu Alkibiades. Andererseits zählt Aristoteles Xenophons *Erinnerungen* und *Symposion* zu den frei erfundenen Erzählungen; es sind für ihn erdachte Gespräche, in denen Sokrates allzuoft lediglich Sprachrohr von Xenophons eigenen Gedanken wird*. Wenn Xenophon ein ehrlicher Eckermann von Sokrates war, dann können wir nur sagen, er habe sorgfältig die plattesten Plattheiten seines Meisters gesammelt; es ist wenig glaubhaft, daß ein so tugendsamer Mann eine Kultur umgestoßen haben sollte. Andere antike Schriftsteller machten nicht einen solchen Heiligen aus dem alten Weisen. Aristoxenos von Taras berichtet um 318 nach dem Zeugnis seines Vaters – der behauptete, Sokrates persönlich gekannt zu haben –, der Philosoph sei ein ungebildeter, «unwissender und ausschweifender» Mensch gewesen. Eupolis, der Komödiendichter, rivalisierte

* So werden im dritten Buche der *Erinnerungen* Sokrates die Grundsätze der Strategie in den Mund gelegt.

Detail vom sogenannten Ludovisischen Thron mit der Darstellung der Geburt der Aphrodite aus dem Meer (Marmor, um 470/460 v. Chr.; Thermenmuseum, Rom).

mit Aristophanes darin, den großen Störenfried herabzusetzen. Auch wenn man das polemische Vitriol genügend in Rechnung setzt, wird es zum mindesten immer noch klar, daß Sokrates ein Mensch war, der mehr geliebt und gehaßt wurde als sonst jemand zu seiner Zeit.

Sein Vater war Bildhauer, und er selbst soll einen Hermes und drei Grazien gemeißelt haben, die in der Nähe des Eingangs zur Akropolis aufgestellt wurden. Seine Mutter war Hebamme. Er machte ständig den Witz, daß er lediglich ihren Beruf, allerdings im Bereiche der Gedanken, fortsetze, indem er anderen zur Geburt ihrer Ideen verhelfe. Eine Überlieferung will in ihm den Sohn eines Sklaven sehen. Das ist unwahrscheinlich, denn er diente als Hoplit (eine Laufbahn, die nur Bürgern offenstand), erbte von seinem Vater ein Haus und ließ seinen Freund Kriton siebzig Minen darin investieren; im übrigen wird er als arm dargestellt. Er widmete der Körperkultur viel Sorgfalt und war gewöhnlich in guter körperlicher Verfassung. Er erwarb als Krieger während des Peloponnesischen Krieges einen guten Ruf: 432 kämpfte er bei Poteidaia, 424 bei Delion, 422 bei Amphipolis. In Poteidaia rettete er dem jungen Alkibiades Leben und Waffen und verzichtete zugunsten des Jünglings auf seinen Tapferkeitspreis; bei Delion war er der letzte Athener, der den Spartanern wich, und er scheint sich gerettet zu haben, indem er den Feind anstarrte; selbst die Spartaner bekamen es mit der Angst zu tun. Bei diesen Feldzügen soll er alle an Ausdauer und Tapferkeit übertroffen und Hunger, Müdigkeit und Kälte ohne Klagen ertragen haben. Zu Hause – wenn er sich herabließ, zu Hause zu sein – arbeitete er als Steinschnitzer und Bildhauer. Reisen interessierte ihn nicht, und selten verließ er die Stadt und ihren Hafen. Er heiratete Xanthippe, die ihn ausschalt, weil er die Familie vernachlässige; er erkannte die Richtigkeit ihrer Klage an und nahm sie ritterlich in Schutz gegen seinen Sohn und seine Freunde. Die Ehe störte ihn so wenig, daß er sich eine zweite Frau zugelegt zu haben scheint, als die große Zahl der männlichen Kriegsopfer zur zeitweiligen gesetzlichen Verankerung der Polygamie führte.

Jedermann kennt das Gesicht des Sokrates. Wenn man nach dem unsicheren Zeugnis der Büste im Thermenmuseum in Rom urteilt, so war es nicht typisch griechisch; seine Weite, die flache, breite Nase, die wulstigen Lippen und der schwere Bart lassen eher an Solons Steppenfreund Anacharsis oder an den modernen Skythen Tolstoj denken. Selbst unter der Versicherung seiner Liebe beharrt Alkibiades darauf: «Ich behaupte nämlich, daß er ganz ähnlich jenen Silenen sei, welche man in den Werkstätten der Bildhauer findet, so wie diese Künstler sie mit Hirtenpfeifen oder Flöten darzustellen pflegen; wenn man sie aber nach beiden Seiten hin auseinandernimmt, dann zeigt es sich, daß sie Götterbilder einschließen. Und wiederum vergleiche ich ihn mit dem Satyr Marsyas. Daß du zunächst in deinem Äußeren diesen allen ähnlich bist, lieber Sokrates, wirst du selber nicht bestreiten.»[31a] Sokrates hat nichts dagegen einzuwenden; um die Sache noch schlimmer zu machen, gesteht er, einen unmäßig dicken Bauch zu haben, und hofft, ihn mit Tanzen beseitigen zu können.

Hinsichtlich seiner Gewohnheiten und seines Charakters stimmen Platon und Xenophon überein. Er begnügte sich mit einem einfachen und schäbigen Gewand, das er das

Tydeus ersticht Ismene. Malerei auf einer spätkorinthischen Halsamphora (um 560 v. Chr.; Louvre, Paris).

ganze Jahr über trug, und ging lieber barfuß, als daß er Schuhe oder Sandalen getragen hätte. Er war von dem Fieber der Erwerbsgier, das die Menschheit so bewegt, unglaublich frei. Angesichts der Menge der auf dem Markt zum Kauf ausgestellten Waren sagte er nur: «Wie zahlreich sind doch die Dinge, deren ich nicht bedarf!»[32] und fühlte sich reich in seiner Armut. Er war ein Muster an Mäßigung und Selbstbeherrschung, aber ganz und gar kein Heiliger. Er konnte trinken wie ein Faß und brauchte keine schüchterne Askese zu üben, um sich trotzdem gerade zu halten*. Er war kein Einsiedler; er liebte gute Gesellschaft und erlaubte den Reichen, ihn hin und wieder zu unterhalten. Nie aber beugte er sich vor ihnen, er konnte sehr gut ohne sie auskommen und wies die Geschenke von Magnaten und Königen ab. Alles in allem war er ein vom Glück begünstigter Mensch: Er lebte ohne zu arbeiten, las ohne zu schreiben, lehrte ohne bestimmte Routine, trank ohne betrunken zu werden und starb einen fast schmerzlosen Tod, bevor er altersschwach wurde.

Sein sittliches Verhalten war für die Zeit hervorragend, würde aber schwerlich all die guten Leute zufriedenstellen, die ihn loben. Er «faßte Feuer» beim Anblick des Charmides, beherrschte sich aber, indem er sich fragte, ob dieser hübsche Jüngling auch eine «wohlbeschaffene Seele» habe. Platon erzählt, Sokrates und Alkibiades seien Liebhaber gewesen, und berichtet von dem Philosophen, er sei «auf der Jagd nach der reizendsten Jugendblüte» gewesen. Obgleich der alte Mann in seinen meisten Liebesabenteuern platonisch gewesen zu sein scheint, war er doch nicht darüber erhaben, Homosexuellen und Hetären Ratschläge zu erteilen, wie sie Liebhaber anlocken könnten. Er versprach der Dirne Theodota ritterlich seine Hilfe, und sie belohnte ihn mit der Einladung: «Komme recht fleißig zu mir.» Seine gute Laune und seine Freundlichkeit waren so unfehlbar, daß es jedermann, der seine politische Einstellung vertragen konnte, leicht fiel, sich mit seiner Sittlichkeit abzufinden. Nach seinem Tode nannte ihn Xenophon

> «so fromm, daß er nichts ohne den Willen der Götter tat, so gerecht, daß er niemals jemandem schadete, sondern allen seinen Anhängern so viel nützte, so voll Selbstzucht, daß er niemals das Angenehme dem Guten vorzog, so einsichtig, daß er bei der Beurteilung des Guten und Schlechten niemals Fehler machte und nie eine andere Hilfe brauchte, sondern in der Erkenntnis dieser Dinge selbständig war. Er war auch fähig, alle diese Gedanken in einer Rede auszuführen und durch Begriffe zu erläutern, fähig aber auch, andere hierin zu prüfen, ihnen ihre Fehler nachzuweisen und sie zur Tugend und zum untadeligen Leben anzuleiten. So erschien er als der beste und glücklichste Mensch.»[34]

Und Platon sprach von ihm mit bewegender Einfachheit: «Der Trefflichste und auch sonst der Vernünftigste und Gerechteste.»[35]

---

* Xenophon läßt Sokrates sagen: «Also, meine Herren, das Trinken scheint auch mir richtig. Denn der Wein begießt die Seelen. Dadurch schläfert er die Trauer ein wie ein Alraun die Menschen und weckt die Fröhlichkeit wie das Öl die Flamme. Allerdings scheint es mit den Gelagen der Männer genauso zu gehen wie mit den Pflanzen auf der Erde. Auch sie können sich nicht aufrecht halten und von den kühlen Lüften durchwehen lassen, wenn sie der Gott allzu reichlich begießt. Wenn sie aber nur soviel trinken, wie ihnen Freude macht, dann wachsen sie ganz gerade, gedeihen und kommen zum Fruchtansatz.»[33]

2. BILDNIS EINES STÖRENFRIEDES

Da er neugierig und streitsüchtig war, machte er sich an das Studium der Philosophie und ließ sich eine Zeitlang von den Sophisten begeistern, die Athen in seiner Jugendzeit überfluteten. Es gibt keinen Grund zu der Annahme, Platon habe die Tatsache wie den Gesprächsinhalt des Zusammentreffens von Sokrates mit Parmenides, Protagoras, Gorgias, Prodikos, Hippias und Thrasymachos erfunden; es ist wahrscheinlich, daß er Zenon aufsuchte, als dieser 450 nach Athen kam, und er wurde so von dessen Dialektik angesteckt, daß er sich nie mehr ganz von ihr freimachen konnte. Wahrscheinlich kannte er auch Anaxagoras, wenn nicht in Person, so doch der Lehre nach; denn Archelaos von Miletos, der Schüler des Anaxagoras, war eine Zeitlang Lehrer von Sokrates. Archelaos begann als Physiker und endete bei der Morallehre; er erklärte den Ursprung und die Grundlage der Moral nach rationalistischen Grundsätzen und zog vielleicht Sokrates von der Naturwissenschaft zur Ethik herüber. Alle diese Wege führten ihn zur Philosophie, und von da an fand er, «daß ja eben dies das größte Gut für den Menschen ist, täglich über die Tugend sich zu unterhalten und über die anderen Gegenstände, über welche ihr mich reden und mich selbst und andere prüfen hört, ein Leben ohne Selbsterforschung aber gar nicht verdient, gelebt zu werden»[36]. So stöberte er denn am Glauben der Menschen herum, stachelte sie mit Fragen an, verlangte genaue Antworten und folgerichtige Ansichten und wurde der Schrecken all derer, die nicht klar denken konnten. Selbst im Hades wollte er ein Störenfried sein und «dort ebenso ausfragend und ausforschend leben, wer unter ihnen weise ist, und wer es zwar glaubt, aber es nicht ist»[37]. Gegen ähnliches Ausfragen schützte er sich durch die Behauptung, er wisse gar nichts; er wisse alle Fragen, aber keine der Antworten. Er nannte sich selbst bescheidentlich «nach Weisheit ringend». Was er damit sagen wollte, war vermutlich, daß er nur der Fehlbarkeit des Menschen ganz sicher war und kein festes System von Dogmen und Grundsätzen hatte. Als das Orakel zu Delphoi auf Chairephons angebliche Frage «Gibt es einen Weiseren als Sokrates?» die angebliche Antwort erteilte: «An Weisheit nimmt es niemand auf mit Sokrates»[38], schrieb Sokrates die Antwort seinem Geständnis des Nichtwissens zu.

Von da an stellte er sich die pragmatische Aufgabe, klare Gedankengänge zu entwickeln: «Er selbst aber unterhielt sich immer nur über die menschlichen Dinge und forschte, was fromm, was göttlich, was schön, was häßlich, was gerecht, was ungerecht, was Sophrosyne, was Verzückung, was Tapferkeit, was Feigheit, was Staat, was Staatsmann, was Herrschaft über Menschen, was ein Herrscher über Menschen sei. Dazu kamen die anderen Fragen, von denen er annahm, daß derjenige, der sie kenne, ein vollkommener Mensch sei. Wer sie aber nicht kenne, der müsse mit Recht als Knecht bezeichnet werden.»[39] Jedem unklaren Begriff, jeder flüchtigen Verallgemeinerung oder jedem heimlichen Vorurteil begegnete er mit der Herausforderung: «Was ist es?» und verlangte genaue Abgrenzungen. Er machte es sich zur Gewohnheit, früh aufzustehen und auf den Marktplatz, in die Gymnasien, die Palaistren oder die Werkstätten der Handwerker zu gehen und jeden in ein Gespräch zu verwickeln, der eine anregende Intelligenz oder eine erheiternde Dummheit vermuten ließ. «Ist nicht der Weg nach Athen für Gespräche geschaffen?» fragte er. Seine Methode war einfach: Er verlangte die Definition eines allgemeinen Begriffes; er untersuchte die Definition, gewöhnlich um ihre Unvollständigkeit, ihre Widersprüchlichkeit oder ihre Absurdität zu enthüllen; er führte durch immerwährendes Fragen auf eine vollständigere und richtigere Definition hin, die er selbst aber niemals gab. Manchmal gelangte er zu einem allgemeinen Begriff oder legte einen anderen dar, indem er eine lange Abfolge von besonderen Beispielen untersuchte und dabei in einem gewissen Umfange die Induktion in die griechische Logik einführte; manchmal enthüllte er mit der berühmten Sokratischen Ironie die lächerlichen Folgerungen der Definition oder der Ansicht, die er zu zerstören wünschte. Er war leidenschaftlich dem folgerichtigen Denken ergeben und liebte es, die Dinge nach Geschlecht, Gattung und spezifischen unterscheidenden Merkmalen einzuordnen, wobei er für Aristoteles eine Definitionsweise und für Platon eine Ideenlehre vorbereitete. Und er salzte die trostlosen Wüsten der Logik mit einem Humor, der in der Geschichte der Philosophie eines frühen Todes starb.

Seine Gegner warfen ihm vor, daß er immer niederreiße, aber niemals aufbaue, daß er jede Antwort zurückweise, aber keine eigene erteile, und daß dies im Ergebnis die Moral angreife und das Denken lähme. In manchen Fällen ließ er den Gedanken, den er hatte abklären wollen, dunkler als zuvor zurück. Als ein entschlossener Mann wie Kritias ihn einmal ausfragen wollte, gab er die Antwort in Form einer Frage und hatte den Vorteil damit wieder auf seiner Seite. Im *Protagoras* macht er das Angebot zu antworten statt zu fragen; aber sein guter Vorsatz währt nicht lange, worauf Protagoras, selbst ein alter Praktikus in der Logik, sich ruhig aus der Debatte zurückzieht. Hippias erzürnt sich über das ausweichende Verhalten des Sokrates: «Du wirst es nicht eher hören, ehe du dich nicht selbst äußerst, was nach deiner Meinung das Gerechte ist. Denn es genügt dir, daß du die anderen alle durch deine Fragen und Widerlegungen verspottest, du selbst aber willst keinem Rede stehn und deine Meinung über irgend etwas äußern.»[40] Gegenüber solchem Hohn entgegnete Sokrates, er sei eben nur eine Hebamme wie seine Mutter. «Ja auch hierin geht es mir eben wie den Hebammen: Ich gebäre nichts von Weisheit, und was mir bereits viele vorgeworfen, daß ich andere zwar fragte, selbst aber nichts über irgend etwas antwortete, weil ich nämlich nichts Kluges wüßte zu antworten, darin haben sie recht. Die Ursache davon aber ist diese: Geburtshilfe leisten nötigt mich der Gott, erzeugen aber hat er mir gewehrt.»[41] Ein *deus ex machina*, der seines Freundes Euripides würdig ist.

Den Sophisten glich er in mancher Weise, und die Athener wandten den Namen ohne Zögern auf ihn an, gewöhnlich ohne damit einen Tadel ausdrücken zu wollen. Er war tatsächlich oft ein Sophist im heutigen Sinn des Wortes: Er war reich an geriebenen Kniffen und logischen Tricks, wandelte schlau die Bedeutung oder den Sinngehalt der Worte ab, ertränkte das Problem in lockeren Analogien, gebrauchte Ausflüchte wie ein Schuljunge und war ein braver Schaumschläger mit Worten. Die Athener dürften entschuldbar sein, daß sie ihm den Schierlingsbecher gaben; denn es gibt nichts Ärgeres als einen bewußten Logiker. In vier Punkten unterschied er sich von den Sophisten: Er verachtete die Rhetorik, er wünschte die Sittlichkeit zu stärken, er behauptete, nichts anderes zu lehren als die Kunst, Ideen zu untersuchen, und er nahm für seine Anweisungen kein Honorar – wenn er auch gelegentlich die Hilfe reicher Freunde nicht ausgeschlagen zu haben scheint. Trotz all seiner störenden Fehler liebten seine Schüler ihn innig. Zu einem sagte er: «Versuche du tüchtig zu werden, und wenn du soweit bist, strebe danach, die Edlen zu gewinnen. Vielleicht aber könnte ich dir auch bei der Suche nach den Edlen etwas helfen, weil ich erotischer Natur bin. Denn bei Menschen, an denen mir liegt, bin ich mit meinem ganzen Wesen inbrünstig darauf aus, sie zu lieben und von ihnen wiederbegehrt zu werden, nach ihrem Umgang zu verlangen und wiedergesucht zu werden.»[42] Die *Wolken* des Aristophanes stellen die Schülerschaft des Sokrates zu einer Schule vereinigt dar, die sich regelmäßig an einem Treffpunkt versammelt; Xenophon (I. Buch, Absatz 6) hat dieser Darstellung Farbe verliehen. Gewöhnlich heißt es von ihm, daß er lehrte, wo auch immer er einen Schüler oder Zuhörer fand. Seine Anhänger wurden aber nicht von einer gemeinsamen Lehre zusammengehalten; sie waren untereinander so unterschiedlich in ihren Ansichten, daß sie die Führer der verschiedensten philosophischen Schulen und Theorien in Griechenland wurden: der Platoniker, Kyniker, Epikureer, Skeptiker. Da war der stolze und bescheidene Antisthenes, der von seinem Meister die Lehre von der Einfachheit in Leben und Bedürfnissen übernahm und die kynische Schule gründete; vielleicht war er anwesend, als Sokrates zu Antiphon sagte: «Mein lieber Antiphon, du setzt Glückseligkeit gleich Üppigkeit und Verschwendung. Ich aber halte es für göttlich, gar nichts zu gebrauchen, so wenig wie möglich aber für sehr nahe dem Göttlichen. Und das Göttliche ist das Beste, das dem Göttlichen Nächste aber das dem Besten Nächste.»[43] Da war Aristippos, der aus der Tatsache, daß Sokrates die Lust gelassen als Gutes hinnahm, die Lehre ableitete, die sich später in Kyrene weiterentwickelte und die Epikuros in Athen predigen sollte. Da war Eukleides von Megara, der die Sokratische Dialektik zu einem Skeptizismus zuspitzte, der die Möglichkeit jeden wirklichen Wissens leugnete. Da war der junge Phaidon, der in Sklaverei geraten und von Kriton auf Geheiß des Sokrates wieder losgekauft worden war; Sokrates liebte den Jüngling und «machte ihn zu einem geachteten Philosophen»[44]. Da war der unermüdliche Xenophon, der, wenngleich er das Philosophieren zugunsten des Soldatentums aufgab, bezeugte, es sei «nichts nützlicher als die Unterhaltung und der Verkehr mit Sokrates, wo und in welcher Angelegenheit es auch sein mochte»[45]. Da war Platon, auf dessen lebhafte Phantasie der Weise einen so dauerhaften Eindruck machte, daß die beiden Geister auf ewig in der Geschichte der Philosophie miteinander verbunden bleiben. Da war der reiche Kriton, der «dem Sokrates mit ganz besonderer Liebe zugetan war und so treu für ihn sorgte, daß es ihm an des Leibes Notdurft niemals fehlte»[46], Da war der glänzende junge Alkibiades, dessen Untreue den Lehrer entehren und in Gefahr bringen sollte, der aber Sokrates noch mit charakteristischer Hingabe liebte und sagte:

«Von uns wenigstens geht es einem jeden, wenn wir einen anderen und auch noch so guten Redner hören, fast gar nicht zu Herzen; wenn wir aber dich oder den Vortrag deiner Reden durch einen anderen hören, mag dann der Vortrag auch noch so schlecht und mögen Mann,

Weib oder Knabe die Zuhörer sein, so fühlen wir uns hingerissen und gefesselt... Mit Gewalt verstopfe ich mir daher die Ohren wie vor den Sirenen und fliehe schnell von dannen, damit ich nicht zur Stelle bei ihm sitzen bleibe und so bei ihm zum alten Manne werde ... Denn ins Herz oder in die Seele – oder wie soll ich es sonst nennen? – hinein bin ich getroffen und gebissen worden von den Worten der Weisheit, welche, wenn sie ein jugendliches, nicht unbegabtes Gemüt ergreifen, sich grimmiger in ihm festbeißen als die Natter und es zum Äußersten forttreiben in Rede und Tat. Indem ich nun also einen Phaidros, Agathon, Eryximachos, Pausanias, Aristophanes vor mir sehe... was bedarf's noch, den Sokrates selber zu nennen und alle anderen, die hier zugegen sind? Kurz, ihr alle seid (wie einst ich) von dem Wahnsinn und der Schwärmerei der Liebe ergriffen; darum sollt ihr alle es hören, denn ihr werdet mir verzeihen, was ich damals tat, und daß ich jetzt es erzähle.»[47]

Da war der Oligarchenführer Kritias, der an den Hieben des Sokrates gegen die Demokratie Gefallen fand und half, ihn zu belasten, indem er ein Stück schrieb, worin er die Götter als Erfindung geschickter Politiker darstellte, die sie als Nachtwächter brauchten, um die Menschen durch Furcht zur Anständigkeit zu bewegen. Und da war der Sohn des demokratischen Führers Anytos, ein Bursche, der lieber den Reden des Sokrates lauschte, als seinem Geschäft, dem Lederhandel, nachzugehen. Anytos warf Sokrates vor, er habe den Jüngling durch den Skeptizismus so aus der Bahn geworfen, daß er weder seine Eltern noch die Götter mehr achte; außerdem nahm Anytos Sokrates seine Kritik an der Demokratie übel*: «O Sokrates, du scheinst es mir recht leicht zu nehmen, schlimm von den Leuten zu reden. Ich nun möchte dir wohl raten, wenn du mir folgen willst, dich in acht zu nehmen: denn vielleicht ist es zwar auch in einem anderen Staate leichter, den Leuten Böses zu tun als Gutes, doch nirgends mehr als hier.»[48] Anytos wartete seine Zeit ab.

3. DIE PHILOSOPHIE DES SOKRATES

Hinter dem Verfahren steckte eine Philosophie, ungreifbar, tastend, unsystematisch, aber doch so wirklich, daß der Mann schließlich für sie starb. Auf den ersten Blick gibt es keine Sokratische Philosophie; das kommt aber daher, daß Sokrates im Gefolge von Protagoras' Relativismus nicht dogmatisch sein wollte und seines Nichtwissens ganz sicher war.

Obgleich wegen Gottlosigkeit verurteilt, leistete Sokrates den Göttern seiner Stadt zumindest Lippendienst, nahm an den religiösen Zeremonien teil und ließ nie ein gottloses Wort hören. Er gab an, bei allen wichtigen negativen Entschlüssen einem inneren *daimonion* zu folgen, das er als ein Zeichen des Himmels darstellte. Vielleicht war dieser Dämon ein Scherz der Sokratischen Ironie; wenn ja, vermochte er ihn bemerkenswert gut durchzuhalten, und er paßt zu den vielen Berufungen auf Orakel und Träume als Botschaften der Götter bei Sokrates. Er führte an, es gebe zu viele Anzeichen einer erstaunlichen Anpassung und offensichtlichen Planmäßigkeit, als daß man den Weltlauf dem Zufall oder irgendeiner unvernünftigen Ursache zuschreiben könnte. Hin-

* Möglicherweise liebte Anytos, wie Plutarch und Athenaios uns versichern, Alkibiades, der ihn wegen Sokrates zurückwies.

sichtlich der Unsterblichkeit sprach er sich nicht so entschieden aus. Im *Phaidon* setzt er sich hartnäckig für ihr Bestehen ein; aber in der *Apologie* sagt er: «Und wollte ich behaupten, daß ich um irgend etwas weiser wäre, so wäre es um dieses, daß, da ich nichts ordentlich weiß von den Dingen in der Unterwelt, ich es auch nicht glaube zu wissen.»[49] Im *Kratylos* wendet er diese Ungläubigkeit den Göttern gegenüber an: «Von den Göttern wissen wir nichts.»[50] Er rät seinen Anhängern, über diese Angelegenheiten nicht zu diskutieren. Wie Konfuzius fragte er sie, ob sie sich denn in den Angelegenheiten des Menschen so gut auskennten, daß sie bereit wären, sich in diejenigen des Himmels einzumischen. Das beste ist, unser Unwissen zuzugeben und inzwischen dem Orakel von Delphoi zu gehorchen, das auf die Frage, auf welche Weise man die Götter verehren solle, geantwortet hatte: «Wie es die Staatsgesetze vorschreiben.»[51]

Er wandte diesen Skeptizismus noch gründlicher auf die Naturwissenschaften an. Man sollte sie nur so weit pflegen, als sie für das Leben wegweisend sind; darüber hinaus sind sie ein unerforschliches Labyrinth. Jedes gelöste Geheimnis enthüllt nur um so tiefere Geheimnisse. Als junger Mann hatte er bei Archelaos Naturwissenschaften studiert; als reifer Mann wandte er sich von ihnen ab, da sie nur mehr oder weniger plausible Mythen seien, und interessierte sich nicht mehr für Tatsachen und Ursachen, sondern nur noch für Werte und Zwecke. Xenophon berichtet: «Er selbst aber unterhielt sich immer nur über die menschlichen Dinge.»[52] Auch die Sophisten hatten sich von den Naturwissenschaften weg- und dem Menschen zugewandt und begonnen, die Sinnesempfindung, die Wahrnehmung und das Erkennen zu untersuchen. Sokrates wandte sich noch weiter nach innen, um den menschlichen Charakter und Lebenszweck zu ergründen. «Sage mir, mein lieber Euthydemos, bist du schon einmal nach Delphoi gekommen? – Sogar zweimal, bei Gott. – Hast du wohl die Inschrift am Tempel gesehen: Erkenne dich selbst? – Jawohl. – Hast du dich nicht weiter um die Inschrift gekümmert, oder hast du darüber nachgedacht und versucht, dich zu beobachten, wer du bist?»[53]

Die Philosophie war daher für Sokrates weder Theologie noch Metaphysik noch Physik, sondern Ethik und Politik, zu denen die Logik als Einleitung und Werkzeug kam. Da er das Ende der sophistischen Zeit erlebte, erkannte er, daß die Sophisten eine der kritischsten Situationen der Geschichte jeder Kultur herbeigeführt hatten: die Schwächung der übernatürlichen Grundlagen der Moral. Statt ängstlich zur Rechtgläubigkeit zurückzukehren, strebte er vorwärts zu der tiefsten Frage, die die Ethik stellen kann: «Ist eine Naturethik möglich? Kann die Moral ohne übernatürlichen Glauben weiterbestehen? Kann die Philosophie die Kultur, die ihre Denkfreiheit zu zerstören droht, retten, indem sie ein wirksames weltliches Sittengesetz aufstellt?» Wenn Sokrates im *Euthyphron* die Behauptung wagt, das Gute sei nicht gut, weil die Götter es billigten, sondern die Götter billigten es, weil es gut sei, so wird er damit zum Urheber einer philosophischen Umwälzung. Seine Auffassung vom Guten ist nicht nur weit davon entfernt, theologisch zu sein, sie ist auch irdisch bis zum Utilitarismus. Die Güte ist nach seiner Meinung nicht allgemein und abstrakt, sondern spezifisch und praktisch, «zu etwas gut». Güte und Schönheit sind Ausprägungen der Nützlichkeit und des Vorteils für den Menschen; auch ein Mistkorb ist schön, wenn er zweckentsprechend gestaltet ist. Da es (wieder nach der Ansicht des Sokrates) nichts Nützlicheres gibt als Wissen, ist Wissen die höchste Tugend, und alles Laster ist Nichtwissen – obgleich «Tugend» *(arete)* hier eher Vorzüglichkeit als Sündelosigkeit bedeutet. Ohne rechtes Wissen ist rechtes Handeln unmöglich; mit dem rechten Wissen ist das rechte Handeln unvermeidlich. Man tut niemals das, was man als falsch, das heißt als unweise, für einen selbst abträglich, erkannt hat. Das höchste Gut ist die Glückseligkeit, der beste Weg dazu Wissen oder Verstehen.

Wenn Wissen die höchste Vorzüglichkeit ist, so argumentiert Sokrates, ist die Aristokratie die beste Regierungsform und die Demokratie Unsinn. Xenophons Sokrates sagt, es sei töricht, «die Führer des Staates durch Bohnen einzusetzen; niemand wolle einen durch Bohnen ausgelosten Mann als Steuermann, Baumeister, Flötenspieler oder für andere ähnliche Geschäfte, welche bei ihrem Versagen weit geringeren Schaden anrichten als Fehler in der Staatsleitung»[54]. Er verurteilt die Streitsucht der Athener, ihren lärmenden Neid aufeinander, die Verbitterung ihrer politischen Parteibildung und Disputiersucht: «Daher entsteht in der Stadt viel Unheil und Verdorbenheit, viel Feindschaft und Haß der Bürger untereinander. Dadurch wird, wie ich schon seit langem fürchte, der Stadt einmal ein größeres Unheil zustoßen, als sie tragen kann.»[55] Nichts konnte nach seiner Ansicht Athen retten als eine Regierung des Wissens und der Fähigkeit; und diese waren ebensowenig durch Abstimmungen und Lose festzustellen wie die Fähigkeiten eines Steuermannes, Musikers, Arztes oder Zimmermanns. Auch Macht und Reichtum sollten nicht zur Wahl der Staatsbeamten führen. Der vernünftige Kompromiß ist eine Aristokratie, bei der die Amtsführung nur denen übertragen wird, die geistig dazu geeignet und ausgebildet sind. Die Neigung einiger seiner Anhänger, ein «Zurück zur Natur!» zu predigen, nötigte ihm nur ein Lächeln ab, und gegenüber Antisthenes und den Kynikern nahm er die gleiche Haltung ein, die später Voltaire gegenüber Rousseau einnahm: daß die Kultur trotz aller ihrer Fehler etwas Wertvolles ist und nicht zugunsten einer primitiven Einfachheit aufgegeben werden darf.

Trotzdem betrachtete die Mehrzahl der Athener ihn mit unbehaglichem Verdacht. Die Rechtgläubigen der Religion hielten ihn für den gefährlichsten Sophisten. Während er nämlich die Vorzüge des alten Glaubens beachtete, verwarf er die Tradition, wünschte jede Vorschrift der Kontrolle der Vernunft zu unterstellen, gründete die Moral auf das Gewissen des einzelnen und nicht auf das für die Gesellschaft Gute oder auf die unabänderlichen Erlasse des Himmels und endete bei einem Skeptizismus, der sogar die Vernunft in einem geistigen Wirrsal zurückließ und jeden überkommenen Brauch und jeden Glauben aus den Angeln hob. Ihm und Protagoras und Euripides schrieben Verherrlicher der Vergangenheit wie Aristophanes den Unglauben der Zeit, die Ehrfurchtslosigkeit der Jugend vor dem Alter, die lockere Moral der Gebildeten und den schrankenlosen Individualismus zu, der das athenische Leben verzehrte. Obgleich Sokrates die Oligarchenpartei nicht unterstützen wollte, waren doch viele ihrer Führer seine Schüler oder Freunde. Als einer dieser Leute, Kritias, die Oligarchen in einer Revolution der Reichen und in erbarmungslosem Terror anführte, brandmarkten Demokraten wie Anytos und Meletos Sokrates als den geistigen Urheber der oligarchischen Reaktion und beschlossen, ihn aus dem athenischen Leben zu entfernen.

Das gelang ihnen; aber es gelang ihnen nicht, seinen ungeheuren Einfluß auszumerzen. Die Dialektik, die er von Zenon übernommen hatte, ging auf Platon und auf Aristoteles über, der sie zu einem so vollständigen System der Logik ausbaute, daß es neunzehnhundert Jahre lang unverändert bestehen blieb. Auf die Wissenschaft war er von verderblichem Einfluß: Die Forscher wurden der Erforschung der Natur entzogen, und die Lehre von der äußeren Erscheinung gewährte der wissenschaftlichen Forschung keinen Auftrieb. Die individualistische und intellektualistische Ethik des Sokrates hatte vielleicht an der Unterminierung der athenischen Moral einen bescheidenen Anteil; aber der Vorrang, den sie dem Gewissen vor dem Gesetz zubilligte, wurde einer der wichtigsten Glaubenssätze des Christentums. Durch Vermittlung seiner Schüler wurden viele seiner Gedanken zur Grundlage aller wichtigeren Philosophien der nächsten zwei Jahrhunderte. Das mächtigste Element seines Einflusses war das Beispiel, das er mit seinem Leben und seinem Charakter gab. Er wurde für die griechische Geschichte ein Märtyrer und ein Heiliger; und jede Generation, die ein Muster des einfachen Lebens und des mutigen Denkens suchte, wandte sich zurück, ihre Ideale an seinem Gedenken zu nähren. Xenophon schreibt: «Weil ich aber die Weisheit und den Adel dieses Mannes begreife, muß ich immer an ihn denken, und wenn ich an ihn denke, muß ich ihn loben. Wenn aber einer von den Menschen, die nach der Tugend streben, mit einem Manne verkehrte, der so viel Segen stiftete wie Sokrates, dann verdiente er, so glaube ich, sehr glücklich gepriesen zu werden.»[56]

SIEBENTES KAPITEL

Die Literatur des Goldenen Zeitalters

I. PINDAROS

NORMALERWEISE ist die Philosophie eines Zeitalters die Literatur des nächsten: Die Gedanken und Probleme, die in der einen Generation auf dem Gebiet der Forschung und der Spekulation ausgefochten werden, liefern der darauffolgenden Generation den Hintergrund für Drama, Roman und Lyrik. In Griechenland blieb jedoch die Literatur nicht hinter der Philosophie zurück; die Dichter waren selbst Philosophen, dachten selber nach und gehörten zum geistigen Vortrupp ihrer Zeit. Der gleiche Konflikt zwischen Konservativismus und Radikalismus, der die griechische Religion, Wissenschaft und Philosophie bewegte, fand seinen Niederschlag auch in der Dichtung und im Drama, selbst in der Geschichtsschreibung. Da bei den griechischen Geisteserzeugnissen zu der Tiefe des spekulativen Denkens noch die vorzügliche künstlerische Form kam, erreichte die Literatur des Goldenen Zeitalters Höhen, die bis zur Zeit Shakespeares und Montaignes nie mehr erreicht wurden.

Wegen dieser Gedankenlast und dem Abflauen der Förderung von seiten der Könige und des Adels war das fünfte Jahrhundert an lyrischer Dichtung als selbständiger Dichtungsgattung weniger reich als das sechste. Pindaros bildet den Übergang zwischen den beiden Perioden: Er erbt die lyrische Form, füllt sie aber mit dramatischer Großartigkeit. Nach ihm durchbricht die Poesie ihre überlieferten Grenzen und verbindet sich im dionysischen Drama mit Religion, Musik und Tanz zu einem bedeutenden Vermittler des Glanzes und der Leidenschaft des Goldenen Zeitalters.

Pindar stammte aus einer thebanischen Familie, die ihren Stammbaum bis in die Urzeiten zurückführte und viele antike Helden, die Pindar in seiner Dichtung verherrlichte, zu den Ihrigen zählte. Sein Onkel, ein vorzüglicher Flötenbläser, hinterließ ihm viel von seiner Liebe zur Musik und einiges von seiner Geschicklichkeit. Zur höheren musikalischen Ausbildung schickten die Eltern den Jüngling nach Athen, wo Lasos und Agathokles ihn in der Chorkomposition unterrichteten. Vor seinem zwanzigsten Lebensjahre, das heißt also gegen 502, kehrte er nach Theben zurück und ging bei der Dichterin Korinna in die Lehre. Fünfmal trat er in öffentlichem Wettstreit gegen Korinna auf, und fünfmal wurde er geschlagen; aber Korinna sah sehr gut aus, und die Schiedsrichter waren Männer. Pindar nannte sie eine Sau, Simonides eine Krähe und sich selbst einen Adler. Trotz dieser Kurzsichtigkeit wurde er so berühmt, daß seine thebanischen Mitbürger bald eine Geschichte ausheckten, wie der Dichter einst als Jüngling auf einem Felde schlief und die Bienen sich auf seinen Lippen niederließen und ihren Honig dort niederträufelten. Bald erhielt er schöne Aufträge, zu Ehren von Fürsten und reichen Leuten Gedichte zu verfassen; er war Gast adliger Familien in Rhodos, Tenedos, Korinth und Athen und lebte eine Zeitlang als königlicher Sänger am Hofe Alexanders I. von Makedonien, Therons von Akragas und Hierons I. von Syrakus. Gewöhnlich erhielt er für seine Gesänge das Honorar im voraus, so wie eine Stadt heutzutage einem Komponisten den Auftrag erteilt, eine Originalkomposition für Chor und Tanz zu verfassen und die Vorführung selbst zu leiten. Als Pindar gegen sein vierundvierzigstes Lebensjahr nach Theben zurückkehrte, wurde er als Boiotiens größte Gabe an Griechenland gepriesen.

Er arbeitete mit großer Sorgfalt, komponierte die Musik zu jedem Gedicht und übte oft den Chor selbst ein. Er schrieb Hymnen und Loblieder an Gottheiten, Dithyramben für die Dionysosfestspiele, *partheneia* für Jungfrauen, *enkomia* für Berühmtheiten, *skolia* für Festgelage, *threnoi*, Klagelieder, für Begräbnisse und *epinikia*, Siegeslieder, für Sieger an den panhellenischen Wettkämpfen. Von all diesen Gesängen sind nur fünfundvierzig Oden erhalten, die nach den Spielen benannt sind, deren Helden sie ehrten. Und von diesen Oden sind wieder nur die Wörter erhalten, nichts von der Musik. Bei ihrer Beurteilung sind wir in der Lage eines zukünftigen Historikers, der von den Wagnerschen Opern nur die Textbücher, aber keine Noten hat und ihn als Dichter, nicht als Komponisten, einreiht und ihn nach den Wörtern beurteilt, die einst nur seinen Klängen dienten. Oder wir müssen uns einen chinesischen Gelehrten vorstellen, der die christliche Geschichte nicht kennt und an einem einzigen Abend in einer lahmen Übersetzung zehn Bachchoräle liest, ohne ihre Musik zu hören oder das Ritual zu sehen – dann können wir die Gerechtigkeit beurteilen, die wir Pindar zukommen lassen. Wenn wir heute in der Stille des Studierzimmers Ode um Ode lesen, dann ist er der unvergleichlich langweiligste Meister der klassischen Dichtung.

Nur die Analogie der Musik kann den Aufbau dieser Gedichte erklären. Für Pindar war wie für Simonides und Bakchylides die Form, die er bei einer Siegesode befolgen mußte, geradeso zwingend wie die Sonatenform bei den Sonaten und Symphonien des heutigen Europa. Zuerst kam die Themenstellung: der Name und die Geschichte des Athleten, der den Preis gewonnen hatte, oder des Adligen, dessen Pferde den Wagen zum Siege gezogen hatten. Im allgemeinen feiert Pindar Männer, die «weise und schön von Aussehen und ruhmreich» sind. Im Grunde hatte er kein großes Interesse an dem Gegenstand seines Liedes; er sang zum Preise von Läufern, Dirnen und Königen und war bereit, jeden gutzahlenden Tyrannen als Schutzpatron anzunehmen, wenn diese Gelegenheit seiner reichen Einbildungskraft und seinem stolz komplizierten Versbau genügend Spielraum ließ. Er nahm sich alles, von einem Mauleselwettrennen bis zum Glanze der griechischen Kultur in ihrer Mannigfaltigkeit und weiten Ausbreitung, zum Gegenstand seiner Dichtungen. Er blieb Theben treu und war nicht besser inspiriert als das Delphische Orakel, als er im Perserkrieg Thebens Neutralität befürwortete; später schämte er sich dieses Irrtums und hub an, die Führerin des griechischen Widerstandes als «gesegnetes, veilchenumhegtes, oft besungenes, ruhmwürd'ges Athen, Hellas' Bollwerk, du gottbegnadete Stadt»[1] zu preisen. Die Athener sollen ihm für die Dithyramben, die Prozessionslieder, in denen diese Zeilen vorkamen, nicht weniger als zehntausend Drachmen ausbezahlt haben; nach einer weniger zuverlässigen Quelle erlegte ihm Theben wegen des damit ausgedrückten Tadels eine Geldbuße auf, die Athen für ihn bezahlte.

Der zweite Teil einer Pindarischen Ode war eine Auswahl aus der griechischen Mythologie. Hier war Pindar von einer entmutigenden Freigebigkeit; wie Korinna ihm vorwarf, «säte er mit dem ganzen Sack und nicht mit der Hand». Er hatte eine hohe Vorstellung von den Göttern und ehrte sie als seine besten Kunden. Er war der bevorzugte Dichter der delphischen Priesterschaft; zu Lebzeiten erhielt er von ihnen viele Vorrechte eingeräumt, und nach seinem Tode wurde sein Geist mit kaledonischer Großzügigkeit eingeladen, an den ersten Früchten teilzuhaben, die an Apollons Altar geopfert wurden. Er war der letzte Verteidiger des orthodoxen Glaubens. Selbst der fromme Aischylos nimmt sich neben ihm als wilder Ketzer aus; Pindar wäre über die Gotteslästerungen des *Gefesselten Prometheus* entsetzt gewesen. Manchmal kommt er zu einer fast monotheistischen Auffassung von Zeus als dem «allwärts Verehrten». Er ist Anhänger der Mysterien und teilt die orphische Hoffnung auf ein Paradies. Er predigt die göttliche Herkunft und Bestimmung der Einzelseele und gibt eine der frühesten Darstellungen eines Jüngsten Gerichts, eines Himmels und einer Hölle.

Ein Stern ist's, überhell, kein treuer Licht
Scheint dem Menschen. Mehr noch, wenn zu alledem
einer um das
Künftige weiß: daß ein hier
Erloschnes, ruchloses Herz sogleich

Buße erleidet. Denn wer
in dem Reich des Zeus
Gefrevelt hat, dem harret drunten ein Richter
Mit unerbetnem Machtspruch.

Wo nie die Nächte sich wandeln,
Nimmer sich wandelt der
Sonnentag, genießt der Edle allzeit ein
Leben, das kennet Mühsal nicht; und die Flur nicht
martert die schwielige Hand,
Auch die Wogen nicht der See
Für karges Bedürfen. Und wer
seines Eides nie vergaß,
Der weilt bei den Göttern
in der Lieblinge Schar
Und weiß nicht, was Tränen
Sind. Aber die andern erdul-
den unausdenkbare Qual.[2]

Der dritte und abschließende Abschnitt einer Pindarischen Ode war gewöhnlich ein kurzer moralischer Ratschlag. Wir dürfen hier keine scharfsinnige Philosophie erwarten; Pindar war kein Athener und hatte wahrscheinlich nie einen Sophisten gesehen oder gelesen. Sein Verstand ging ganz in seiner Kunst auf, für schöpferisches Denken blieb ihm keine Kraft mehr. Er begnügte sich damit, seinen siegreichen Athleten oder Fürsten den Rat zu geben, in ihrem Erfolge bescheiden zu bleiben und den Göttern, ihren Mitmenschen und ihrem eigenen besseren Ich Achtung zu erweisen. Hier und da mischte er das Lob mit Tadel und wagte es, Hieron vor Habgier zu warnen; er fürchtete sich aber auch nicht, ein freundliches Wort für jenen bösartigsten und heißestgeliebten aller Götter – das Geld – einzulegen. Er verabscheute die Revolutionäre Siziliens und warnte sie fast in den Worten des Konfuzius:

Leicht auch für die Blöden ist's, von
Grund zu erschüttern die Stadt;
Doch welcher Müh' bedarf's, sie auf den alten Platz
zu rücken.[3]

Die gemäßigte Demokratie Athens nach Salamis sagte ihm zu; aber er glaubte fest, daß die Aristokratie die ungefährlichste Regierungsform sei. Die Fähigkeit liegt nach seiner Ansicht im Blut und nicht in der Schulung und zeigt sich zumeist bei Familien, wo sie schon zuvor auftrat. Nur das gute Blut kann einen Mann in den Stand setzen, jene seltenen Taten zu vollbringen, die das menschliche Leben veredeln und rechtfertigen.

Wir Flüchtigen! Was wir sind,
schon sind wir's nicht mehr. Ein Traum
Des Schattens, das ist der Mensch.
Aber, kommt nur ein Strahl von
Gott her, gleich ist es hell, und das
Leben dünket uns freundlich.[4]

Pindar war zu seinen Lebzeiten nicht volkstümlich, und einige Jahrhunderte lang wird er sich weiterhin der lebenslosen Unsterblichkeit jener Schriftsteller erfreuen, die von allen gelobt und von keinem gelesen werden. Während die Welt sich vorwärtsbewegte, verlangte er von ihr, sie solle stillestehen, und sie ließ ihn so weit zurück, daß er, der doch jünger ist als Aischylos, älter scheint als Alkman. Seine Dichtung ist so gedrängt, doppeldeutig und verschlungen wie die Prosa des Tacitus, in einem eigenen künstlichen und absichtlich archaisch gehaltenen Dialekt und in so kniffligen Versmaßen abgefaßt, daß wenige Dichter sich je die Mühe genommen haben, ihnen zu folgen, und so mannigfaltig, daß von den fünfundvierzig Oden nur zwei die gleiche metrische Form haben. Er ist trotz der Naivität seines Denkens so dunkel, daß Grammatiker ihr ganzes Leben damit verbringen, seine germanisch-komplizierten Konstruktionen zu entwirren, nur um darunter eine Mine tönender Plattheiten zu finden. Wenn trotz dieser Mängel und seiner kühlen Förmlichkeit, seiner schwülstigen Vergleiche und seiner ermüdenden Mythologie einige neugierige Gelehrte ihn immer noch lesen, so deswegen, weil seine Erzählung rasch und lebhaft, seine einfache Moral aufrichtig ist und der Glanz seiner Sprache selbst den bescheidensten Themen eine kurzlebige Größe verleiht.

Er wurde achtzig Jahre alt, vor dem Aufruhr des athenischen Denkens in Theben sicher.

> Lieb sind dem Manne die Stadt, die ihn gebar, und der
> Heimische Herd und die Sippe, und so begnügt
> Er sich gern.[5]

Zehn Tage vor seinem Tode soll er (442) an das Orakel von Amun die Frage geschickt haben: «Was ist das Beste für den Menschen?» – worauf das ägyptische Orakel wie ein griechisches antwortete: «Der Tod.» Athen errichtete ihm auf Staatskosten eine Statue, und die Rhodier meißelten seine siebente olympische Ode – ein Loblied auf ihre Insel – mit Goldbuchstaben auf eine Tempelmauer ein. Als Alexander 335 das rebellische Theben bis auf den Grund niederbrennen ließ, befahl er seinen Soldaten, das Haus, in dem Pindar gelebt hatte und gestorben war, unberührt zu lassen.

II. DAS DIONYSISCHE THEATER

Suidas erzählt in seinem Lexikon die Geschichte, daß um 500 während der Vorführung eines Theaterstückes von Pratinas die Holzbänke, auf denen die Zuhörer saßen, nachgaben, wobei einige verletzt wurden und eine solche Aufregung verursachten, daß die Athener am Südhang der Akropolis ein Steintheater erbauten, das sie dem Gotte Dionysos weihten*. In den nächsten zwei Jahrhunderten entstanden ähnliche Theater in Eretria, Epidauros, Argos, Mantineia, Delphoi, Tauromenion (Taormina), Syrakus und anderswo in der weithin verstreuten griechischen Welt. Es war aber die dionysische Bühne, wo die bedeutenderen Tragödien und Komödien zum erstenmal aufgeführt wurden und die erbittertste Phase jenes Krieges zwischen der alten Götterlehre und der neuen Philosophie ausgekämpft wurde, die die Geistesgeschichte des perikleischen Zeitalters zu einem einzigen großen Vorgang des Denkens und der Wandlung verknüpft.

Das große Theater ist natürlich unter freiem Himmel gelegen. Die fünfzehntausend Sitze, die in einem fächerförmigen Halbkreis von Rängen aufsteigen, blicken auf den Hymettos und das Meer. Wenn die Personen des Dramas die Erde und den Himmel, die Sonne und die Sterne und das Meer anrufen, so wenden sie sich an wirkliche Gegebenheiten, die die meisten Zuschauer, die der Rede oder dem Gesang lauschen, unmittelbar hören oder empfinden können. Die Sitze, die ursprünglich aus Holz, dann aus Stein gefertigt waren, haben keine Rückenlehne. Viele Leute bringen Kissen mit; sie sitzen

* Dieses Theater war nicht das Dionysostheater, das die Touristen heute sehen; der erhaltene Bau wurde unter der Leitung des Finanzministers Lykurgos um 338 erbaut. Einige Teile werden auf Grund von Mutmaßungen auf das Jahr 421 zurückgeführt; einige andere scheinen im ersten und dritten nachchristlichen Jahrhundert dazugekommen zu sein.

aber den ganzen Tag lang während fünf Vorstellungen auf diesen Sitzen, ohne eine andere Stütze für ihr Rückgrat zu haben als die nicht sehr bequemen Knie der Zuschauer hinter ihnen. In den Vorderreihen hat es einige Marmorsitze mit Rückenlehnen, die für die örtlichen Hohepriester des Dionysos und für die Behörden der Stadt vorgesehen sind*. Am unteren Ende des Zuschauerraumes liegt eine *orchestra*, eine Tanzfläche für den Chor. Am rückwärtigen Ende der *orchestra* steht ein kleines Holzgebäude, das als *skene*, Szene, bekannt ist und dazu dient, bald einen Tempel, bald einen Palast, bald ein Privathaus darzustellen, und wahrscheinlich auch dazu, diejenigen Schauspieler aufzunehmen, die nicht auf der Bühne benötigt werden**. Es gibt die einfachen Requisiten – Altäre, Möbel usw. –, die die Handlung erfordert; im Falle der *Vögel* des Aristophanes erhalten das Bühnenbild und die Kostüme erhebliche Zusätze. Agatharchos von Samos malt Kulissen, die die Illusion der Entfernung hervorrufen. Verschiedene mechanische Hilfsmittel tragen dazu bei, die Handlung oder den Schauplatz abzuwandeln***. Um eine Handlung aufzuzeigen, die innerhalb der *skene* vor sich gegangen ist, wird manchmal ein hölzernes Podium auf Rädern hinausgefahren, auf dem menschliche Gestalten so angeordnet sind, daß sie erraten lassen, was sich ereignet hat; so mag etwa ein Leichnam darauf liegen, neben dem die Mörder mit blutigen Waffen in den Händen stehen. Es widerspricht der Überlieferung des griechischen Dramas, Gewalttaten auf der Bühne unmittelbar darzustellen. Beiderseits des Proszeniums steht ein großes dreieckiges Prisma, das sich auf einem Zapfen dreht; auf jeder Prismenfläche ist ein verschiedenes Bühnenbild aufgemalt; indem man diese *periaktoi* dreht, kann man die Kulisse in einem Augenblick verändern. Ein noch merkwürdigerer Apparat ist die *mechane*, die «Maschine», ein Kran mit Rollen und Gewichten; er steht links auf der *skene* und wird dazu verwendet, Götter oder Helden vom Himmel auf die Bühne herabzulassen oder sie in den Himmel zurückzuheben oder sogar in der Luft schwebend darzustellen. Besonders Euripides verwendet mit Vorliebe diesen Mechanismus, um einen Gott – einen *deus ex machina*, wie die Römer ihn später nannten – herabzulassen, der fromm den Knoten agnostischer Dramen löst.

Das tragische Drama ist in Athen nicht weltlich und wird nicht das ganze Jahr hindurch aufgeführt; es ist vielmehr Bestandteil des alljährlich gefeierten Dionysosfestes****. Aus vielen dem Archonten vorgelegten Dramen werden einige wenige zur Darstellung auserwählt. Jede der zehn Phylen Attikas wählt einen ihrer reichen Bürger als *choregos*, Chorführer; es ist sein Vorrecht, die Ausbildungskosten der Sänger, Tänzer und Schauspieler zu bezahlen und auch alle anderen Ausgaben zu bestreiten, die die Auf-

* Diese und die Bemerkungen über die Bühne lassen vermuten, daß das Theater, welches Lykurgos baute, im allgemeinen dem Plane des Bauwerkes folgte, das es ersetzte.

** Es ist nicht gewiß, ob die Handlung auf dem Dach der *skene* oder auf dem *proskenion*, dem Proszenium, stattfand; vielleicht wechselte man je nach dem Ort der Handlung.

*** Ein Vorhang wurde während der Römerzeit verwendet; er wurde vor Beginn der Szene in einen Spalt hinabgelassen und nach der Szene wieder hochgezogen. Die Theaterstücke, die aus dem fünften Jahrhundert erhalten sind, geben hierfür aber keine Anhaltspunkte und lassen offenbar an die Stelle der Vorhänge zwischen den «Akten» Chorzwischenspiele treten.

**** Theaterstücke wurden auch während der kleinen Dionysien, der Lenaia, aufgeführt, gewöhnlich im Peiraieus; und zu verschiedenen Zeiten in den örtlichen Theatern der attischen Städte.

führung eines dieser Werke mit sich bringen. Manchmal gibt ein *choregos* ein Vermögen für Bühnenbilder, Kostüme und «Talente» aus: Auf diese Weise erhält jedes von Nikias finanzierte Schauspiel einen Preis. Andere *choregoi* sparen, indem sie gebrauchte Kostüme von Kostümverleihern mieten. Die eigentliche Einstudierung besorgt meist der Dichter selbst.

Der Chor ist in mancher Hinsicht der wichtigste wie auch der teuerste Teil des Schauspiels; oft gibt er dem Drama den Namen. Durch den Chor gibt der Dichter seinen Ansichten über Religion und Philosophie Ausdruck. Die Geschichte des griechischen Theaters ist ein Kampf des Chores um die Beherrschung des Stückes, wobei er der ständige Verlierer ist: Zuerst ist er alles; bei Thespis und Aischylos nimmt seine Wichtigkeit mit der zunehmenden Zahl der Schauspieler ab; im Drama des dritten Jahrhunderts verschwindet er vollständig. Gewöhnlich setzt sich der Chor nicht aus Berufssängern, sondern aus Amateuren zusammen, die aus der Bürgerliste des Stammes ausgesucht werden. Es sind nur Männer, insgesamt fünfzehn. Sie tanzen und singen, bewegen sich in würdevoller Prozession der langen und schmalen Bühne entlang und interpretieren durch die Poesie der Bewegung die Worte und Stimmungen des Schauspiels.

Die Musik steht im griechischen Drama an Wichtigkeit nur der Handlung und der Dichtung nach. Gewöhnlich komponiert der Dichter zu seinem Text auch die Musik. Der Dialog wird größtenteils gesprochen oder deklamiert, ein Teil wird als Rezitativ vorgetragen; die führenden Rollen enthalten aber lyrische Stellen, die als Soli, Duette, Trios oder unisono oder im Wechselgesang mit dem Chor gesungen werden müssen. Der Gesang ist einstimmig, ohne Harmonie. Zur Begleitung wird zumeist eine einzige Flöte eingesetzt, die mit den Singstimmen Note um Note übereinstimmt. Auf diese Weise kann die Zuhörerschaft die Wörter verstehen, und der Text geht nicht im Strome der Musik unter. Man kann diese Theaterstücke nicht recht beurteilen, wenn man sie still liest; für den Griechen stellen die Wörter nur einen Teil einer zusammengesetzten Kunstform dar, die Dichtung, Musik, Spiel und Tanz zu einer tiefen und bewegenden Einheit verwebt*.

Indessen ist doch das Schauspiel die Hauptsache, und der Preis wird weniger der Musik als dem Drama zugestanden, und weniger dem Drama als der Darstellung; ein guter Schauspieler kann einem mittelmäßigen Stück zum Erfolg verhelfen. Der Schauspieler – stets ein Mann – wird nicht wie in Rom verachtet, sondern im Gegenteil höchst geehrt; er ist vom Heeresdienst frei und darf zu Kriegszeiten die Kampflinien ohne weiteres überschreiten. Er wird *hypokrites* genannt, aber dieses Wort bedeutet «Erwiderer» (natürlich gegenüber dem Chor); erst später wird die Rolle des

* Die Musik spielte auch in der Kultur der klassischen Zeit (480–323) eine entscheidende Rolle. Der bedeutendste Komponist des vierten Jahrhunderts war Timotheos von Miletos; er schrieb *nomoi*, bei denen die Musik die Dichtung beherrschte und eine Erzählung und eine Handlung darstellte. Die Konservativen Athens schmähten Timotheos, weil er die griechische Leier mit elf Saiten versah und sich in verwickelten und künstlichen Stilen versuchte, derart, daß er drauf und dran gewesen sein soll, sich das Leben zu nehmen, als Euripides ihn tröstete, mit ihm zusammenarbeitete und richtig prophezeite, daß bald ganz Griechenland ihm zu Füßen liegen werde.

Schauspielers als Charakterdarsteller zu dem heutigen Gebrauch des Wortes Hypokrit – «Heuchler» – führen. Die Schauspieler sind zu einer «Dionysische Künstler» genannten mächtigen Zunft zusammengeschlossen, die in ganz Griechenland Mitglieder hat. Schauspielertruppen wandern von Stadt zu Stadt, verfertigen ihre eigenen Stücke und ihre eigenen Kostüme und stellen eigene Bühnen auf. Wie immer sind die Einkünfte der führenden Schauspieler sehr hoch und diejenigen der zweitrangigen gefährlich niedrig; und die Moral beider ist so, wie man es von Menschen erwarten kann, die von Ort zu Ort ziehen, zwischen Luxus und Armut hin- und hergeworfen werden und zu hochgespannt sind, um ein ruhiges und normales Leben führen zu können.

Bei der Tragödie wie bei der Komödie trägt der Schauspieler eine Maske, die mit einem resonierenden Mundstück ausgestattet ist. Die Akustik des griechischen Theaters und die Sicht von allen Plätzen aus sind hervorragend; trotzdem erscheint es angezeigt, die Stimme des Schauspielers zu verstärken und dem Auge des weit entfernten Zuschauers zu helfen, die verschiedenen dargestellten Charaktere leicht zu unterscheiden. Jedes feinere Spiel des stimmlichen oder des Gesichtsausdrucks wird diesen Notwendigkeiten geopfert. Wenn wirkliche Persönlichkeiten auf der Bühne dargestellt werden, wie der Euripides der *Ekklesiazusen* und der Sokrates der *Wolken*, imitieren die Masken die tatsächlichen Gesichtszüge und karikieren sie wohl auch weitgehend. Die Masken sind von den religiösen Schaustellungen, bei denen sie oft Schreck- oder Scherzmittel waren, in das Drama übernommen worden; in der Komödie setzen sie diese Überlieferung fort und sind so grotesk und absonderlich, wie die griechische Phantasie sie nur zu schaffen vermag. Gerade so, wie durch die Maske die Stimme des Schauspielers verstärkt und sein Gesicht vergrößert wird, wird seine Gestalt durch Auspolsterung umfangreicher gemacht und seine Körpergröße durch einen *onkos*, einen Haaraufsatz, und durch *kothornoi*, dicksohlige Stiefel, erhöht. Alles in allem war der antike Schauspieler, wie Lukianos sich ausdrückt, ein «fürchterlicher, abscheulicher Anblick».

Die Zuhörerschaft ist so interessant wie das Stück. Männer und Frauen aller Schichten sind zugelassen, und nach 420 erhalten alle Bürger, die es nötig haben, vom Staate die zwei Oboloi, die für den Eintritt verlangt werden. Die Frauen sitzen von den Männern getrennt, und die Hetären haben eigene Plätze; der Brauch hält alle Damen, außer den leichtsinnigeren, von der Komödie fern. Es ist ein lebhaftes Auditorium, nicht manierlicher und nicht unmanierlicher, als solche Ansammlungen in anderen Ländern auch zu sein pflegen. Es ißt Nüsse und Obst und trinkt Wein, während es zuhört; Aristoteles schlägt vor, den Mißerfolg nach der Menge der während der Vorstellung genossenen Nahrungsmittel zu messen. Das Publikum streitet sich um die Sitzplätze, beklatscht und bejubelt seine Lieblinge, zischt und grölt, wenn ihm etwas nicht gefällt; wenn es sich zu stärkerem Protest bewogen fühlt, trampelt es auf die Bänke; wird es wütend, so kann es einen Schauspieler mit Oliven, Feigen oder Steinen von der Bühne vertreiben. Aischines wird wegen eines mißliebigen Dramas fast gesteinigt; Aischylos entgeht mit knapper Not dem Tode, weil das Publikum glaubt, er habe einige Geheimnisse der Eleusinischen Mysterien enthüllt. Ein Musiker, der sich eine Anzahl Steine entlehnt hat, um ein Haus zu bauen, verspricht, sie mit denen zurückzuzahlen, die er bei der nächsten Vorstellung aufzulesen gedenkt. Schauspieler stellen manchmal eine Claque an, um mit Applaus das Zischen, das sie befürchten, zu übertönen, und Schauspieler der Komödie werfen wohl auch Nüsse in das Publikum, um sich damit den Frieden zu erkaufen. Wenn das Publikum es wünscht, kann es durch Lärmen die Aufführung eines Dramas verhindern und die Aufführung des nächsten Stückes erzwingen; auf diese Weise kann ein langes Programm so weit gekürzt werden, daß es erträglich wird.

Während der städtischen Dionysien werden an drei Tagen Dramen aufgeführt. An jedem Tage kommen fünf Stücke zur Aufführung, drei Tragödien und ein Satyrspiel von einem Dichter sowie eine Komödie von einem anderen. Die Vorführungen beginnen am frühen Morgen und dauern bis zur Abenddämmerung. Nur in außergewöhnlichen Fällen wird ein Stück im Dionysostheater zweimal aufgeführt; wer es versäumt hat, kann es in den Theatern anderer griechischer Städte oder mit geringerem Aufwand auf einer ländlichen Bühne in Attika sehen. Zwischen 480 und 380 werden in Athen etwa zweitausend Dramen aufgeführt. In der Frühzeit ist der Preis für die beste Trilogie ein Ziegenbock, für die beste Komödie ein Korb Feigen und ein Krug Wein; aber im Goldenen Zeitalter nehmen die drei Preise für die Tragödie und der Einzelpreis für die Komödie die Form staatlicher Geldzuwendungen an. Die zehn Schiedsrichter werden am ersten Morgen des Wettbewerbs im Theater selbst durch das Los aus einer langen, vom Rate vorgeschlagenen Kandidatenliste ermittelt. Am Ende des letzten Stückes schreibt jeder Schiedsrichter den Namen der Stücke, die er für den ersten, den zweiten und den dritten Preis vorschlägt, auf ein Täfelchen; die Täfelchen werden in eine Urne gelegt, und ein Archon zieht aufs Geratewohl fünf heraus. Diese fünf Urteile bilden zusammengenommen den endgültigen Schiedsspruch; die anderen fünf werden ungelesen vernichtet. Keiner vermag daher im voraus zu wissen, wer Schiedsrichter sein wird oder welcher Schiedsrichter wirklich richten wird. Trotz dieser Vorsichtsmaßregeln kommen doch Bestechungen und Einschüchterungen der Schiedsrichter vor. Platon beklagt sich, daß die Richter aus Angst vor der Menge fast immer nach dem Applaus entscheiden, und meint, diese «Theatrokratie» würdige sowohl die Dramendichter wie das Publikum herab. Wenn der Wettbewerb vorüber ist, werden der siegreiche Dichter und sein Chorege mit Efeukränzen gekrönt, und manchmal stellen die Sieger ein Denkmal wie das choregische des Lysikrates auf, um ihren Triumph zu verewigen. Selbst Könige bewerben sich um diesen Kranz.

Die Größe des Theaters und die Überlieferungen des Festes bestimmen weitgehend den Charakter des griechischen Dramas. Da keine Feinheiten des Gesichtsausdrucks oder der stimmlichen Modulation vermittelt werden können, sind Charakterdarstellungen im dionysischen Theater selten. Das griechische Drama ist eine Schicksalsstudie und stellt den Menschen im Konflikt mit den Göttern dar; das elisabethanische Drama ist eine Handlungsstudie und zeigt Menschen im Konflikt mit Menschen; das moderne Drama ist eine Charakterstudie und bringt den Menschen in Konflikt mit sich selbst. Das athenische Publikum weiß von vornherein das Schicksal jeder dargestellten Person und den Ausgang jeder Handlung; denn der religiöse Brauch ist im fünften Jahrhundert noch stark genug, um das Thema des dionysischen Dramas auf irgendeinen Vorwurf aus den allgemein gebilligten Mythen und Sagen des Frühgriechentums zu beschränken*. Es gibt keine Spannung und keine Überraschung, dafür aber die Freude der Vorwegnahme und des Erkennens. Dichter um Dichter trägt demselben Publikum dieselbe Sage vor; was sich ändert, ist die Dichtung, die Musik, die Auslegung und die Weltanschauung. Selbst die Weltanschauung ist vor Euripides weitgehend von der Überlieferung bestimmt: Bei Aischylos und Sophokles ist das vorherrschende Thema durchwegs die Nemesis, Bestrafung frecher Anmaßung oder ehrfurchtlosen Stolzes *(hybris)* durch eifersüchtige Götter oder durch ein unpersönliches Schicksal; und die immer wiederkehrende Moral ist der Sieg des Gewissens, der Ehre und der bescheidentlichen Mäßigung *(aidos)*. Es ist diese Kombination der Philosophie mit Dichtung, Handlung, Musik, Gesang und Tanz, die das griechische Drama nicht nur zu einer neuen Literaturgattung macht, sondern zu einer Kunstform, die fast schon zu Beginn eine nie wieder erreichte Größe erlebt.

III. AISCHYLOS

Nicht ganz zu Beginn; denn wie beim einzelnen und in der Geschichte viele Talente den Weg für ein Genie vorbereiten, so vermittelten einige unbedeutendere Dramendichter, die hier mit Ehren übergangen werden können, zwischen Thespis und Aischylos. Vielleicht war es der erfolgreiche Widerstand gegen Persien, der Athen den Stolz und den Auftrieb gab, die für ein Zeitalter des großen Dramas unerläßlich sind, während der Reichtum, der Athen durch den Handel und aus dem Reich nach dem Kriege zufloß, die Mittel für die kostspieligen dionysischen Wettkämpfe im dithyrambischen Gesang und im Chorspiel freiwerden ließ. Aischylos fühlte in eigener Person sowohl den Stolz wie den Auftrieb. Wie so viele griechische Schriftsteller des fünften Jahrhunderts schrieb er nicht nur; er lebte auch und wußte ebensogut zu handeln wie zu sprechen. 499 schrieb er im Alter von neunundzwanzig Jahren sein erstes Drama; 490 kämpften er und seine zwei Brüder bei Marathon so tapfer, daß Athen ein Gemälde bestellte, das ihre Taten festhalten sollte; 484 gewann er beim dionysischen Festspiel den ersten Preis; 476 und 470 besuchte er Syrakus und wurde am Hofe Hierons I. hoch geehrt; 468, nachdem er die athenische Literatur ein Menschenalter lang beherrscht hatte, verlor er den ersten Preis für die Tragödie an den jungen Sophokles; 467 gewann er ihn mit *Die Sieben gegen Theben* wieder zurück; 458 errang er seinen letzten und größten Sieg mit der Trilogie der *Orestie*; 456 war er wieder in Sizilien, und dort starb er im selben Jahre.

* Es gab einige wenige Dramen über die spätere Geschichte; das einzige erhaltene Beispiel ist die Tragödie des Aischylos *Die Perser*. Um 493 führte Phrynichos die *Eroberung von Milet* auf; die Athener waren aber beim Anblick der Einnahme ihrer Tochterstadt durch die Perser so aufgebracht, daß sie Phrynichos wegen seiner Neuerung eine Geldbuße von tausend Drachmen auferlegten und die Wiederholung des Stückes untersagten. Es gibt einige Anzeichen, daß Themistokles insgeheim für die Aufführung dieses Stückes gesorgt hatte, um die Athener zu aktiver Kriegführung gegen Persien aufzustacheln.

Ein Mann von seiner Kraft war notwendig, um dem griechischen Drama seine klassische Form zu geben. Es war Aischylos, der dem einen Schauspieler, der von Thespis vom Chore losgelöst worden war, noch einen zweiten beigab und damit die Umwandlung des dionysischen Gesanges vom Oratorium zum Schauspiel vollzog*. Er verfaßte siebzig (manche behaupten neunzig) Dramen, von denen sieben erhalten sind. Davon sind die ersten drei unbedeutendere Werke**. Das berühmteste ist *Der gefesselte Prometheus*, das gewaltigste die *Orestie*.

Auch der *Gefesselte Prometheus* war vielleicht Teil einer Trilogie, obgleich sich kein Gewährsmann der Antike dafür verbürgt. Wir wissen von einem Satyrspiel des Aischylos, das *Prometheus der Feuerbringer* hieß; es wurde aber getrennt vom *Gefesselten Prometheus* in einer ganz anderen Zusammenstellung aufgeführt. Bruchstücke eines *Befreiten Prometheus* sind erhalten; sie sind so gut wie bedeutungslos, aber eifrige Gelehrte versichern uns, wir würden, wenn wir den ganzen Text hätten, feststellen, daß Aischylos darin in befriedigender Weise auf alle Häresien antwortet, die das erhaltene Drama dem Helden in den Mund legt. Aber auch dann ist es bemerkenswert, daß ein athenisches Publikum sich an einem religiösen Feiertag die Gotteslästerungen des Titanen gefallen ließ. Zu Beginn des Stückes sehen wir, wie Prometheus von Hephaistos auf Geheiß eines Zeus, der erzürnt ist, weil er den Menschen das Feuer gebracht hat, an einen Felsen im Kaukasus geschmiedet wird. Hephaistos spricht:

Du Sohn der weisen Themis, jäher Pläne voll,
Dich Ungemuten schlag' ich, selber ungemut,
Mit unlösbarem Erz an menschenfernen Fels,
Wo du nicht Stimme noch Gestalt von Sterblichen
Gewahrst und, von der Sonne Flammenglut versengt,
Die blühende Haut dir welkt; und wirst nicht froh sein, wenn
Die Nacht, die buntgewandete, das Licht verhüllt,
Nicht froh sein, wenn der Brand den Morgentau verscheucht;
Und immer mürbet dich die Qual der gleichen Pein,
Denn der entstand noch nicht, der dich befreien wird.
Soviel gewann dein menschenfreundlich Wesen dir,
Selbst Gott, hast du den Groll der Götter nicht gescheut
Und Menschen Ehr' erwiesen wider alles Recht.
Dafür hältst du am freudberaubten Felsen Wacht,
Aufrecht und ohne Schlaf und beugest nie dein Knie,
Und oft wird deiner Klagen Schall ertönen, doch
Umsonst. Denn unerweichlich ist das Herz des Zeus,
Wie jeder hart ist, der erst kurz die Herrschaft übt.[6]

---

* Obgleich bei Aischylos nur zwei Schauspieler auftraten, waren die Rollen, die in einem Drama gespielt wurden, nur in dem Sinne begrenzt, als nicht mehr als zwei Figuren gleichzeitig auf der Bühne stehen durften. Der Chorführer wurde manchmal zu einem dritten Schauspieler individualisiert. Unbedeutendere Figuren – Diener, Soldaten usw. – zählten nicht als Schauspieler.

** Das Drama *Die Schutzflehenden* ist von der ursprünglichen Art, bei der der Chor vorherrscht; *Die Perser* sind ebenfalls zur Hauptsache ein Chordrama und beschreiben in lebhaften Farben die Schlacht von Salamis; *Die Sieben gegen Theben* waren das dritte Stück einer Trilogie, welche die Geschichte des Königs Laios und der Königin Iokaste, den Vatermord und Inzest ihres Sohnes Oidipus und den Streit zwischen dessen Söhnen um den thebanischen Thron darstellte.

Hilflos an der Klippe hängend, schleudert Prometheus dem Olymp seine Verachtung entgegen und berichtet voller Stolz, wie er den primitiven Menschen die Kultur brachte, Menschen die bis dahin

Versunken hausten wie die windfüßigen
Ameisen tief in ihrer Gruben Finsternis.
Fehlt' ihnen jedes Zeichen, wann der Winter kam,
Wann Frühling blühend anhub, wann die reife Frucht
Des Sommers; jeder Einsicht bar, vertaten sie
Ihr Tun, eh' ich sie nicht das schwere Wissen lehrt'
Vom Aufgehn der Gestirn' und ihrem Niedergehn.
Die Zahl erfand ich ihnen, jeder Kenntnis Kern,
Die Schrift setzt' ich zusammen, die Bewahrerin
Von allem, Meisterin, die der Musen Mutter ist.
Ich beugt' als erster Tiere unters Joch, daß sie
Dem Zaumzeug sich, dem Sattel fügten und würden so
Träger der größten Lasten für die Sterblichen;
Die Rosse schirrt' ich zum Gespann, daß willig sie
Dem Zügel folgen, ein Kleinod in des Reichen Prunk;
Ich war es, der die meerhin fliegenden erschuf,
Die Linnenflügel, karge Hut der Schiffenden.
Doch der ich mit so vieler Kunst die Sterblichen
Beschenkt', weiß, Unglückseliger, selbst mir keinen Rat,
Mich aus der Not zu lösen, die mich jetzt bedrängt.[7]

Die ganze Erde klagt mit ihm:

Ein Seufzen klingt, wenn der Wogenbau der Flut
Schäumend fällt; die Tiefe seufzt;
Und drunten grollt's im düstern Haus des Hades.[8]

Alle Völker drücken diesem politischen Gefangenen ihr Beileid aus und erinnern ihn daran, daß das Leiden alle heimsucht. Sie unternehmen aber nichts zu seiner Befreiung. Okeanos rät ihm, nachzugeben: «Kennst den Mächt'gen doch, der strenge Herrschaft führt und nur aus eignem Recht»[9]; der Chor der Okeaniden, der Meerjungfrauen, fragt sich, ob die Menschheit es verdiene, daß man in einer solchen Kreuzigung für sie leide.

Siehst du nicht, daß kein Danken der Dank ist? O sage,
Freund, welche Kraft,
Welcher Beistand kommt von Vergänglichen? Vergaßest
Du denn ganz der schwindelnden Unmacht, der traumgleichen,
Die in Fesseln legt der Sterblichen blindes Geschlecht?[10]

Sie bewundern ihn aber doch so sehr, daß sie bei ihm bleiben, als Zeus ihn in den Tartaros zu schleudern droht, und lassen sich von dem Donnerkeil treffen, der ihn und sie in den Abgrund wirbelt. Prometheus, dem Gott, ist aber die Erleichterung des Sterbens versagt. In dem verlorengegangenen Schlußstück der Trilogie wird er wieder aus dem Tartaros emporgehoben, um erneut an einen Felsen geschmiedet zu werden, und ein Geier wird damit beauftragt, die Leber des Titanen zu verzehren; sie wächst bei Nacht so weit nach, wie der Geier sie bei Tage herauspickt. Auf diese Weise leidet Prometheus dreizehn Menschenalter lang. Da tötet der hilfreiche Riese Herakles den

Geier und bewegt Zeus, Prometheus freizulassen. Der Titane bereut, schließt mit der Allmacht Frieden und legt seinem Finger den eisernen Ring der Notwendigkeit an.

Mit dieser einfachen und machtvollen Trilogie bestimmt Aischylos das Thema des griechischen Dramas – den Kampf des menschlichen Willens mit dem unentrinnbaren Schicksal – und das Thema des Lebens Griechenlands im fünften Jahrhundert: den Konflikt zwischen aufrührerischem Denken und überliefertem Glauben. Seine Schlußfolgerungen sind konservativ, aber er fühlt auch mit der Seite des Aufrührers und schenkt diesem sein ganzes Mitgefühl; selbst bei Euripides werden wir den Olymp nicht in so kritischer Beleuchtung finden. Es ist ein zweites *Verlorenes Paradies*, in dem der gefallene Engel trotz des Dichters Frömmigkeit der Held des Stoffes ist. Vielleicht dachte Milton oft an den Titanen des Aischylos, als er so ausdrucksvolle Reden für Satan dichtete. Goethe liebte diese Tragödie und benutzte Prometheus in ehrfurchtslosen Jugendtagen als Sprachrohr. Byron machte ihn zum Vorbild fast aller seiner Selbste, und Shelley, der mit dem Schicksal stets auf schlechtem Fuße stand, erweckte die Erzählung in seinem *Entfesselten Prometheus*, in dem der Rebell aber niemals nachgibt, zu neuem Leben. Die Sage birgt ein Dutzend Allegorien: Das Leiden ist die Frucht vom Baume der Erkenntnis; das Wissen um die Zukunft wird einem zum Verhängnis; der Befreier wird stets gekreuzigt; und schließlich muß jeder Grenzen hinnehmen, man muß entsagen, muß seinen Lebenszweck im Rahmen der Natur der Dinge erfüllen. Es ist ein edler Gegenstand, der der majestätischen Sprache des Aischylos dazu verhilft, aus dem *Prometheus* eine Tragödie im «erhabenen Stile» zu machen. Niemals ist der Kampf zwischen Wissen und Aberglaube, Aufklärung und Bildungsfeindlichkeit, Genie und Dogma kraftvoller dargestellt oder auf eine höhere Stufe des Symbolgehaltes oder der Ausdruckskraft gehoben worden. «Die anderen Dichtungen der griechischen Tragiker sind einzelne Tragödien; diese, möchte ich sagen, ist die Tragödie selbst», sagt August Wilhelm Schlegel[11].

Die *Orestie* ist aber noch bedeutender, sie ist nach Ansicht aller die schönste griechische Tragödie, vielleicht die schönste Tragödie überhaupt. Sie entstand im Jahre 458, wahrscheinlich zwei Jahre nach dem *Gefesselten Prometheus* und zwei Jahre vor dem Tode des Dichters. Sie stellt dar, wie Gewalt schicksalhaft Gewalt erzeugt und wie der anmaßende Stolz und die Überheblichkeit auf viele Generationen hinaus eine unentrinnbare Strafe nach sich ziehen. Wir nennen den Inhalt dieser Tragödie Sage; für den Griechen war er aber Geschichte. Man könnte die Handlung, wie sie von jedem bedeutenderen griechischen Dramatiker vorgetragen wird, die Sage von den Tantaloskindern nennen; denn es war Tantalos, der auf seinen Reichtum so unbesonnen stolze Phrygerkönig, der die lange Kette der Verbrechen einleitete und die Rache der Furien herbeirief, indem er den Göttern Nektar und Ambrosia stahl und die göttliche Nahrung seinem Sohne gab. Zu jeder Zeit gelangen Menschen zu größerem Reichtum, als ihnen guttut, und verwenden ihn dazu, ihre Kinder zu verwöhnen. Wir haben bereits gesehen, wie Pelops durch unredliche Mittel zum Throne von Elis kam, seinen Helfershelfer ermordete und die Tochter des Königs, den er betrogen und ums Leben gebracht hatte, heiratete.

Von Hippodameia hatte er zwei Söhne: Thyestes und Atreus. Thyestes verführte Aëro-pe, die Gattin des Atreus; Atreus ermordete, um sich zu rächen, die Söhne seines Bruders und setzte sie ihm bei einem Festmahl vor; worauf Aigisthos, der Sohn von Thyestes und Thyestes' Tochter, dem Atreus und seinem Geschlecht Rache schwor. Atreus hatte zwei Söhne, Agamemnon und Menelaos. Agamemnon heiratete Klytaimestra und hatte von ihr zwei Töchter, Iphigeneia und Elektra, und einen Sohn, Orestes. In Aulis, wo seine Schiffe auf dem Wege nach Troia durch eine Flaute aufgehalten wurden, opferte Agamemnon zu Klytaimestras Entsetzen Iphigeneia, um die Winde zum Wehen zu bewegen. Während Agamemnon Troia belagerte, machte Aigisthos dessen Gattin den Hof, gewann sie und vereinbarte mit ihr, den König zu ermorden. An diesem Punkte nimmt Aischylos den Faden auf.

Die Nachricht ist nach Argos gekommen, der Krieg sei vorbei und der stolze Agamemnon – «in Eisen gewandet, Heere erzitterten vor seinem Zorn» – sei an den Küsten der Peloponnes gelandet und nähere sich Mykenai. Ein Chor von Greisen erscheint vor dem Königspalast und erinnert in einem unheilverkündenden Gesange daran, wie Agamemnon Iphigeneia preisgab:

So beugt er sich unters Joch, wird unfrei.
So dreht er den Wind seines Sinns, unfromm
Und arg und unhold wird er, und dann
Reißt es ihn fort, daß er nichts mehr scheut.
  Zu frech ja macht uns die schnöde Verblendung,
Die Schlimmes nur kennt, sind wir einmal schuldig. Nun wagt er's
Und wird der Schlächter seines Kindes,
  Dem Krieg zulieb, der für die Frau Rache nimmt,
Und als Opfer für das Heer.

Gewaltsam, mit des Knebels stummer Kraft.
Zu Boden fließt leicht ihr lichtes Kleid,
Dann jeden ihrer Würger trifft der Pfeil
  Der Blicke, fordert Mitleid,
Voll Anmut, wie ein Bild, das zu reden scheint,
So, wie sie früher manchmal
An schöner Tafel in des Vaters Festsaal
Gesungen. Reiner Stimme sang sie da, die keusche,
Den lieben Vater lieblich ehrte sie
  Bei der dritten Spende und dem Bittgebet.[12]

Agamemnons Bote tritt auf, um die Ankunft des Königs zu verkünden. Aischylos stellt in feinsinnigem Einfallsreichtum die Freude des einfachen Soldaten dar, wie er nach so langer Abwesenheit wieder den Heimatboden betritt:

Und hab' doch nicht geglaubt, daß auf argeiischer Flur
Im Tod dereinst ich teilen dürft' das liebste Grab.[13]

Er schildert dem Chor die Schrecken und den Schmutz des Krieges, den Regen, der selbst die Knochen naß werden ließ, das Ungeziefer, das sich in den Haaren breitmachte, die atembeklemmende Hitze von Ilions Sommer und die grausame Winterkälte, die

die Vögel erfrieren ließ. Klytaimestra kommt aus dem Palaste, düster, nervös und doch stolz, und befiehlt, prächtige Decken über Agamemnons Weg auszulegen. Der König fährt im königlichen Wagen ein, von seinen Kriegern begleitet, vom Siege stolzgeschwellt; neben ihm die geheimnisvoll schöne Kassandra, die troische Prinzessin und Prophetin, die grollende Sklavin von Agamemnons Lust, welche voll Bitterkeit seine Bestrafung voraussagt und ihren eigenen Tod voraussieht. In schlauer Rede berichtet Klytaimestra von den langen Jahren ihrer Sehnsucht nach seiner Rückkehr.

Die Augen, spät zum Schlaf sich schließend, litten Pein,
Denn lang weint' ich um dich, weil sich der Fackel Glanz
Nicht zeigen wollte. Dann schreckte mich aus Träumen wach
Der summenden Mücke zartes Flügeln, doch geschaut
Hatt' ich mehr deiner Ängste, als die kurze Zeit
Des Schlafs dir bringen konnte.[14]

Er zweifelt an ihrer Aufrichtigkeit und tadelt sie heftig, daß er über den teuren Purpur schreiten soll; aber er folgt ihr in den Palast. Kassandra läßt sich nicht dazu überreden. In dem spannungsgeladenen Zwiegespräch mit dem Chor offenbart die Seherin die Freveltat, die im Palaste verübt wird; doch der Sinn ihrer Worte birgt «unerklärlich Rätsel», und der Chor stimmt ein Lied der bösen Vorahnung an. Kassandra verschwindet im Palast. Da kommt von innen ein Schrei, auf den jeder Vers der Tragödie hinleitete, der Todesschrei Agamemnons, den Klytaimestra erschlug. Die Portale öffnen sich; Klytaimestra wird sichtbar, eine Axt in der Hand, Blut auf der Stirn, triumphierend vor den Leichen Kassandras und des Königs, und der Chor singt zum Abschluß:

Käme doch bald der Tod, doch ohne großen Schmerz,
  Ohne des Siechenden Pein,
Und brächte mir einen Schlaf, der lang währt,
Nimmermehr endenden Schlaf! Denn man nahm
Mir den huldreichsten Herrn und Schützer.[15]

Die zweite Tragödie der Trilogie, *Die Choephoren (Das Opfer am Grabe)*, nimmt ihren Namen von dem Frauenchor, der dem Grabe des Königs Opfergaben bringt. Klytaimestra hat ihren jungen Sohn Orestes in der Hoffnung, daß er dort den Tod seines Vaters vergesse, in das ferne Phokis geschickt. Aber alte Männer lehren ihn das alte Gesetz der Rache: «Der vergossene Tropfen schreit nach neuem Blut.» Der Staat überließ in jenen finsteren Zeiten die Bestrafung des Mordes der Sippe des Ermordeten; man war des Glaubens, die Seele des Erschlagenen werde so lange keinen Frieden haben, bis er gerächt sei. Orestes, von dem Gedanken an seine Sendung – seine Mutter und Aigisthos zu erschlagen – gehetzt und entsetzt, kommt heimlich mit seinem Freunde Pylades nach Argos, sucht seines Vaters Grab und legt eine Locke seines Haares darauf. Bei der Annäherung der Spendenträgerinnen ziehen sich die beiden Jünglinge zurück und lauschen gebannt, wie Elektra, die kummerbeladene Schwester des Orestes, mit den Frauen kommt, am Grabe steht und Agamemnons Geist anruft, er möge Orestes zur Rache aufstacheln. Orestes gibt sich zu erkennen, und aus ihrem verbitterten Herzen gießt sie in seine einfache Seele den Gedanken ein, er müsse die Mutter erschlagen. Die Jünglinge begeben sich, als Kaufleute verkleidet, zum Königspalast; Klytaimestra beschwichtigt ihren Zorn durch ihre Gastfreundschaft; als aber Orestes sie auf die Probe stellt und ihr sagt, der nach Phokis gesandte Sohn sei tot, muß er entsetzt feststellen, daß sich unter ihre Trauer eine heimliche Freude mischt. Sie läßt Aigisthos rufen, damit die Fremden auch ihm berichten, daß der Rächer, den sie zu fürchten hatten, nicht mehr unter den Lebenden weile. Orestes erschlägt ihn, treibt seine Mutter in den Palast und kommt einen Augenblick später wieder heraus, schon halb wahnsinnig im Bewußtsein des Muttermordes.

Solang ich noch Verstand hab', künd' ich's Freunden euch
Und sag', daß ich die Mutter schlug mit vollem Recht.[16]

In der dritten Tragödie wird Orestes von den Erinnyen, den Furien, der Projektion der wilden Phantasie des Jünglings, verfolgt. Der Erinnyen Aufgabe ist es, Verbrechen zu bestrafen; von ihrem euphemistischen, besänftigenden Namen *Eumeniden*, «Wohlgesinnte», hat die Tragödie ihren Namen. Orestes ist ein Verstoßener, von allen Menschen gemieden. Wohin er sich auch wendet, umringen ihn die Furien als schwarze Geister, die nach seinem Blute gieren. Er wirft sich vor den Apollonaltar in Delphoi, und Apollon tröstet ihn; aber Klytaimestras Schatten erhebt sich aus der Erde, um die Furien anzutreiben, unermüdlich ihren Sohn zu quälen. Orestes eilt nach Athen, kniet vor Athenes Altar nieder und ruft sie um Befreiung an. Athene hört ihn an und nennt ihn «durch Leiden geläutert». Die Erinnyen erheben Einspruch, und Athene hält sie an, den Fall des Orestes vor dem Rate des Areopags zu verhandeln. Die Schlußszene zeigt diese seltsame Gerichtsverhandlung, die die Ersetzung der Blutrache durch das Gesetz symbolisiert. Athene, die Stadtgöttin, führt den Vorsitz; die Furien führen die Klage und wollen Rache, Apollon verteidigt Orestes. Die Hälfte der Geschworenen spricht Orestes schuldig, die andere erklärt ihn für unschuldig; Athene gibt die entscheidende Stimme für ihn ab und spricht ihn frei. Sie setzt feierlich den Rat des Areopags als fortan oberstes Gericht Athens ein, dessen rasche Aburteilung des Mörders das Land von Fehden befreien und dessen Weisheit den Staat durch die Gefahren, die jedem Volk drohen, führen soll. Die Göttin beruhigt durch ihre schöne Rede die enttäuschten Furien und gewinnt sie so sehr für sich, daß die Anführerin sagt: «Mit diesem Tage ist eine neue Ordnung geboren.»

Nach der *Ilias* und der *Odyssee* ist die *Orestie* die höchste Leistung der griechischen Literatur. Wir finden hier eine Weite der Auffassung, eine Einheit von Gedanke und Tat, eine Kraft der dramatischen Entwicklung, eine Charaktergestaltung und einen glänzenden Stil, wie sie uns in ihrer Gesamtheit vor Shakespeare nicht wieder begegnen werden. Die Trilogie ist so eng verknüpft wie die drei Akte eines gut aufgebauten Dramas; jeder Teil bereitet auf den folgenden vor und erfordert ihn mit logischer Unvermeidbarkeit. Mit jeder Tragödie flößt das Thema größere Schauder ein, bis wir dunkel zu ahnen beginnen, wie sehr dieser Vorwurf die Griechen bewegt haben muß. Es wird zwar zuviel gesprochen, selbst für vier Morde; die Lyrik ist oft dunkel, die Metaphern übertrieben, die Sprache manchmal schwer und rauh und gezwungen. Und doch sind diese Chorspiele die schönsten ihrer Art, voller Größe und Empfindsamkeit, eindringlich in ihrem Rufe nach einer neuen Religion der Vergebung und in ihrer Verteidigung der Tugenden einer dahinschwindenden politischen Ordnung.

Denn die *Orestie* ist so konservativ, wie der *Prometheus* radikal ist, wenngleich nur zwei Jahre dazwischenliegen. 462 entkleidete Ephialtes den Areopag seiner Macht; 461 wurde er ermordet; 458 verteidigte Aischylos in der *Orestie* den Rat als die weiseste Körperschaft der athenischen Staatsführung. Der Dichter stand nun in hohen Jahren und hatte damit mehr Verständnis für den alten als für den jungen Menschen; wie Aristophanes sehnte er sich nach den Tugenden der Männer von Marathon. Athenaios will uns glauben machen, Aischylos sei ein großer Trinker gewesen; in der *Orestie* ist er aber ein Puritaner, der in tragischem Stile über die Sünde und ihre Bestrafung und über die Weisheit predigt, die aus dem Leiden erwächst. Das Gesetz der Hybris und der Nemesis ist eine neue Karmalehre, eine Lehre von der Erbsünde, jede Übeltat wird ans Licht kommen und in dem einen oder dem anderen Leben ihren Lohn finden. Auf diese Weise versuchte das griechische Denken das Böse und Gott in Einklang zu bringen: Alles Leiden ist aus Sünde hervorgegangen, auch wenn es die Sünde einer längst verblichenen Generation war. Der Dichter des *Prometheus* war kein naiver Priester; seine Dramen, selbst die *Orestie*, sind mit Ketzereien durchsetzt. Er wurde wegen der Enthüllung ritueller Geheimnisse angegriffen, und nur die Fürbitte seines Bruders Ameinias rettete ihn, der der Volksversammlung die Wunden vorwies, die er bei Salamis davongetragen hatte. Aischylos war aber überzeugt, daß die Sittlichkeit übernatürlicher Verankerungen bedürfe, um sich gegen asoziale Triebkräfte zur Wehr setzen zu können; seine Hoffnung war:

Doch ein Höchster vernimmt, ein Apollon vielleicht
Oder Pan oder Zeus, den gellen Schrei
Der ihm Befohlnen und schickt die Macht,
Die auch spät noch straft,
Die Vergeltung schickt er den Frevlern[17]

– das heißt die Furien des Gewissens und der Vergeltung. Darum spricht er mit feierlicher Ehrfurcht von der Religion und müht sich, über den Polytheismus hinaus zu der Auffassung von einem einzigen Gott zu kommen.

Zeus, was auch sein Wesen: so er will,
  Daß man diesen Namen ruft,
Nenn' auch ich nicht anders ihn.
Wägend alles, was da ist,
  Find' ich nichts doch, das ihm gleicht.
Keiner, vor dem ich abtun kann alle Bürde,
Die mich drückt, keiner als Zeus.[18]

Er setzt Zeus mit dem personifizierten Wesen der Dinge, dem Gesetz der Weltvernunft gleich.

Vielleicht waren die Schlußworte seines Meisterwerkes seine letzten Worte als Dichter. Zwei Jahre nach der *Orestie* finden wir ihn wiederum in Sizilien. Manche glauben, das Publikum habe, da es radikaler war als die Richter, die Trilogie nicht günstig aufgenommen; das paßt aber nicht gut zu der Tatsache, daß die Athener einige Jahre später und ganz entgegen jedem Brauch anordneten, daß seine Stücke im Dionysostheater wiederholt werden dürften und daß jedem ein Chor bewilligt werden sollte, der sie aufzuführen bereit war. Das taten viele, und Aischylos gewann auch nach seinem Tode noch Preise. Inzwischen hatte ihn in Sizilien, wie eine alte Geschichte berichtet, ein Adler getötet, indem er eine Schildkröte auf seinen Kahlkopf, den er mit einem Steine verwechselte, fallen ließ. In Sizilien liegt er auch begraben, und sein selbstverfaßter Nachruf, so merkwürdig stumm über seine Dramen und so menschlich stolz ob seiner Wunden, lautet:

Aischylos, den Athener, Euphorions Sohn, der auf Gelas
 Kornreichen Fluren erlag, birgt dieser mahnende Stein.
Reden können vom Ruhme des Tapferen Marathons Haine,
 Kennt der im wallenden Haar, kennt auch der Meder ihn wohl.[19]

IV. SOPHOKLES

Im Jahre 468 mußte Aischylos den ersten Preis für die Tragödie an einen siebenundzwanzigjährigen Neuling abtreten, dessen Name «der Weisheitsberühmte» bedeutete. Sophokles war der glücklichste aller Menschen und fast der schwärzeste aller Pessimisten. Er stammte aus Kolonos, einer Vorstadt Athens, und war der Sohn eines Schwertmachers, so daß die Perserkriege und der Peloponnesische Krieg, die fast alle Athener verarmen ließen, dem jungen Dichter ein schönes Einkommen einbrachten. Und er war nicht nur reich, er war auch genial, schön und gesund. Er gewann den Siegespreis im Ringkampf und in der Musik – eine Verbindung, die das Gefallen Platons erregt hätte. Sein Geschick als Ball- und Harfenspieler gestattete ihm, auf beiden Gebieten öffentlich aufzutreten, und nach der Schlacht von Salamis war er es, den die Stadt dazu ausersah, die nackten Jünglinge Athens in einem Siegestanz und -gesang anzuführen. Selbst in seinen späteren Jahren sah er noch gut aus; die Statue im Lateranmuseum zeigt ihn als älteren, bärtigen und rundgewordenen, aber immer noch kräftigen und aufrechten Mann. Er wuchs in der glücklichsten Zeit Athens auf; er war mit Perikles befreundet und hatte unter diesem hohe Ämter inne; 443 war er Verwalter des Bundesschatzes; 440 war er einer der Feldherren, die die athenischen Streitkräfte in Perikles' Feldzug gegen Samos befehligten – wenn man auch sagen muß, daß Perikles seine Dichtung seiner Strategie vorzog. Nach der Niederlage Athens in Syrakus wurde er in den Ausschuß für die öffentliche Sicherheit gewählt; in dieser Eigenschaft stimmte er für die oligarchische Verfassung von 411. Sein Charakter gefiel dem Volke besser als seine Politik; er war liebenswürdig, witzig, bescheiden, lustig, dem Vergnügen zugetan und hatte einen Charme, der alle seine Mängel wettmachte. Er hatte eine große Vorliebe für Geld und Knaben und wandte als alter Mann seine Gunst den Dirnen zu. Er war sehr fromm und übte gelegentlich das Amt eines Priesters aus.

Er verfaßte 113 Dramen; wir besitzen nur sieben und wissen nicht, in welcher Reihenfolge sie entstanden. Achtzehnmal gewann er den ersten Preis bei den Großen

Dionysien, zweimal bei den Lenaien; seinen ersten Preis errang er im Alter von fünfundzwanzig Jahren, seinen letzten mit fünfundachtzig. Dreißig Jahre lang beherrschte er die athenische Bühne ausschließlicher, als Perikles zeitweise Athen beherrschte. Er vermehrte die Zahl der Schauspieler auf drei und spielte selbst so lange, bis er seine Stimme verlor. Er (und nach ihm Euripides) gab Aischylos' Trilogieform auf und trat lieber mit drei unabhängigen Dramen in den Wettbewerb ein. Aischylos war an kosmischen Themen interessiert, die die Personen seiner Tragödien überschatteten; Sophokles interessierte sich für die Charakterbildung und ist in seinem Sinn für das Psychologische fast modern zu nennen. Die *Trachinierinnen* sind, oberflächlich gesehen, ein sensationelles Melodrama: Deianeira, auf ihren Gatten und Herakles' Liebe zu Iole eifersüchtig, sendet ihm, ohne es zu wissen, ein todbringendes Gewand und begeht, als es ihn verbrennt, Selbstmord. Was Sophokles hier fesselt, ist nicht die Bestrafung des Herakles, die für Aischylos im Mittelpunkt gestanden wäre – auch nicht die Leidenschaft Ioles, die Euripides angezogen hätte –, sondern die Psychologie der Eifersucht. Ebenso bleiben im *Aias* die Heldentaten des Heros unbeachtet; den Dichter verlockt es, einen Mann zu beobachten, den der Wahnsinn umfängt. Im *Philoktet* ist fast keine Handlung zu finden, aber eine freimütige Analyse der verletzten Unschuld und der diplomatischen Unredlichkeit. Das Thema der *Elektra* ist so schwach, wie es alt ist; Aischylos interessierten die moralischen Probleme; Sophokles beachtet sie in seinem Eifer, den Haß des jungen Mädchens auf ihre Mutter mit psychoanalytischer Erbarmungslosigkeit zu studieren, kaum. Das Stück hat seinen Namen einer Neurose gegeben, die einst viel besprochen wurde, wie *König Oidipus* einer anderen Neurose den Namen gab.

König Oidipus ist das berühmteste griechische Drama. Die Eingangsszene ist sehr eindrucksvoll: Eine buntscheckige Menge von Männern, Frauen, Knaben, Mädchen und Kleinkindern sitzt vor dem Königspalast zu Theben, Lorbeer- und Olivenzweige als Symbole des Flehens in den Händen haltend. Die Pest hat die Stadt befallen, und die Menge bittet König Oidipus, den Göttern ein Besänftigungsopfer zu bringen. Ein Orakel verkündet, die Pest werde von Theben weichen, wenn der unbekannte Mörder des früheren Königs Laios die Stadt verlasse. Oidipus belegt den Mörder, der solches Elend über die Stadt gebracht hat, wer er auch sei, mit einem schweren Fluch. Es ist ein ausgezeichnetes Beispiel des Verfahrens, das Horaz empfahl, des Verfahrens, *in medias res* zu tauchen und Erklärungen später einzuflechten. Natürlich kannte aber das Publikum den Inhalt von vornherein; denn die Sage von Laios, Oidipus und der Sphinx gehörte zu der volkstümlichen griechischen Überlieferung. Nach dieser Überlieferung war Laios samt seiner Nachkommenschaft mit einem Fluch belegt worden, weil er ein widernatürliches Laster in Griechenland eingeführt hatte. Die Folgen dieser Sünde, die Generation um Generation des Geschlechtes in den Abgrund stürzte, waren ein typischer Vorwurf für die griechische Tragödie. König Laios und Königin Iokaste erhielten den Orakelspruch, sie würden einen Sohn bekommen, der den Vater erschlage und die Mutter heirate. Einmal in der Weltgeschichte wünschte sich ein Elternpaar ein Mädchen als erstes Kind. Aber ein Sohn wurde geboren, und um die Erfüllung der

Weissagung zu vermeiden, ließen sie ihn mit durchstochenen und zusammengebundenen Füßen in den Bergen aussetzen. Der Diener, der den Auftrag auszuführen hatte, übergab ihn aus Mitleid einem Schafhirten; dieser nannte ihn seiner geschwollenen Füße wegen Oidipus und brachte ihn dem König von Korinth, der ihn als eigenen Sohn aufzog. Als Jüngling erfährt er, wiederum durch ein Orakel, er werde seinen Vater töten und seine Mutter heiraten. In der Meinung, der König von Korinth sei sein Vater, entflieht er dieser Stadt und eilt nach Theben. Unterwegs stößt er auf einen alten Mann, gerät mit ihm in Streit und erschlägt ihn, ohne zu wissen, daß es sein Vater ist. Bei Theben trifft er auf die Sphinx, ein Ungetier mit dem Gesicht einer Frau, dem Schweif eines Löwen und den Schwingen eines Vogels. Die Sphinx legt Oidipus ihr berühmtes Rätsel vor: «Es ist vierfüßig, zweifüßig und dreifüßig; was ist es?» Wer das Rätsel nicht zu lösen vermag, wird von der Sphinx umgebracht, und das entsetzte Theben, das die Straße von diesem Ungetüm befreit sehen möchte, gelobt, denjenigen zum König zu nehmen, der das Rätsel zu lösen vermag; denn die Sphinx hat versprochen, sich selbst zu entleiben, wenn jemand die Antwort fände. Oidipus antwortet: «Der Mensch; als Kind kriecht er auf vier Füßen, als Erwachsener geht er auf zweien, als Greis nimmt er den Stock dazu.» Es ist eine lahme Antwort, aber die Sphinx läßt sie gelten und stürzt sich in Erfüllung ihres Versprechens zu Tode. Die Thebaner begrüßen Oidipus als ihren Retter, und als Laios nicht wiederkehrt, machen sie ihn zu ihrem König. Dem Gebrauch des Landes folgend, heiratet Oidipus die Königin. Sie haben vier Kinder: Antigone, Polyneikes, Eteokles und Ismene. Im zweiten Auftritt der Tragödie – der eindrucksvollsten Szene des ganzen griechischen Dramas – erhält der alte Seher Teiresias von Oidipus den Auftrag, so er kann, den Mörder des Laios festzustellen; er nennt Oidipus selbst. Nichts könnte tragischer sein als des Königs zögernde und entsetzte Erkenntnis, daß er der Mörder seines Vaters und der Gatte seiner Mutter ist. Iokaste will es nicht glauben und sieht nur einen Freudschen Traum darin:

> Denn viele sahen schon in Träumen sich
> Der Mutter zugesellt. Wer aber dies
> Für nichts erachtet, trägt das Leben leicht.[20]

Als aber die Wahrheit deutlich wird, erhängt sie sich, und Oidipus, wahnsinnig vor Gewissensbissen, sticht sich die Augen aus und verläßt, nur von Antigone begleitet, Theben, um in die Verbannung zu gehen.

In dem zweiten Stück einer unbeabsichtigten Trilogie*, *Oidipus auf Kolonos*, ist der frühere König ein weißhaariger Verstoßener, der, auf die Schulter seiner Tochter gestützt, von Stadt zu Stadt wandert und sich sein Brot erbettelt. Auf seinen Wanderungen kommt er in das schattige Kolonos, und Sophokles nutzt die Gelegenheit, seinem Geburtsort und seinen getreuen Olivenhainen ein Lied zu weihen, das in der griechischen Dichtung einen Ehrenplatz einnimmt:

> Zu pferdereichen Landes Gehöft,
> Dem trefflichen, bist du kommen, auf

---

* *König Oidipus*, *Oidipus auf Kolonos* und *Antigone* entstanden getrennt voneinander.

Kolonos' weiße Erde, da
Mit hellen Tönen je und je
Die Nachtigall schluchzt, verborgen tief
Im grünen Tal, und gerne bewohnt
Weindunklen Efeu und, entrückt,
Des Gottes lichtlos Blätterwerk,
Das hüllet tausendfältige Frucht,
Von allen Winden beschützt, wo im
Geleit der Göttlichen, die ihn einst
Gesäugt, Dionysos immerdar
Mit seinen Scharen schwärmet.

Vom Tau des Himmels aber beträuft
In schönen Dolden blüht Narziß
Allzeit, der einst das Haupt geziert
Den beiden großen Göttinnen, und
Goldheller Krokus; schlummerlos
Vom quellenreichen Kephissos teilt
Die unerschöpfliche Flut sich aus
Und rieselt immer über das Land,
Ein klares Naß, und zeuget reich
An Brüsten der Erde Wachstum. Nicht
Unhold ist dem der Musen Chor,
Auch Aphrodite nicht, die fährt
Einher mit goldenen Zügeln.

Und was ich nimmer von Asiens Flur vernahm,
Auch von des Pelops dorischer Insel nicht,
Der großen: ein Gewächs, unüberwindlich
Und ungewartet, vor dem der Feinde Speer
Sich scheut, blüht auf gewaltig in diesem Land,
Der Knaben Segen, des schimmernden Ölbaums Zweig,
Woran sich Jugend nicht, noch wer gebeut
Durch Alter, soll vergreifen; es schaut auf ihn
Der immer offene Blick des Zeus,
Athene, strahlenden Auges.[21]

Ein Orakel hat Oidipus geweissagt, er werde in dem Bezirke der Eumeniden sterben, und als er erfährt, daß er jetzt in ihrem heiligen Haine in Kolonos ist, meint der alte Mann, dem das Leben nichts Schönes gebracht hat, es werde süß sein, zu sterben. An Theseus, den König von Athen, richtet er Worte, die in hellseherischer Einsicht die Kräfte aufzählen, die Griechenland schwächen – den Verfall des Bodens, des Glaubens, der Sittlichkeit und der Menschen:

O liebster Sohn des Aigeus! Alter ist
Und Tod allein den Göttern nie beschieden.
Das andre mengt die allgewaltge Zeit.
Der Erde Kraft, die Kraft des Körpers schwindet.
Die Treue stirbt, und es gedeiht Verrat.
Und unter Freunden wehet nicht beständig
Derselbe Geist, und nicht von Stadt zu Stadt.[22]

Da scheint Oidipus die Stimme eines Gottes zu vernehmen, nimmt zärtlichen Abschied von Antigone und Ismene und schreitet, nur von Theseus begleitet, in den finsteren Hain.

Nach kurzer Zeit
Jedoch, als wir uns wandten auf dem Wege,
War jener nirgends mehr zu sehen. Aber
Der König * hielt, die Augen zu beschatten,
Die Hand vors Haupt, als sei ihm Ungeheures,
Das keines Menschen Blick erträgt, erschienen.
Und wenig Zeit verging, da sahen wir,
Wie er sich neigte und die Erde ehrte
Und gleicherweis darauf der Götter Himmel.
Doch welchen Todes jener starb, dies kann
Kein Sterblicher, es sei denn Theseus, sagen.
Denn nicht ein Feuerstrahl der Götter hat
Ihn hingerafft und auch des Meeres wild
Erregte Woge nicht in jener Stunde.
Ein Bote war's der Götter, oder mild
Tat sich der Erde dunkle Tiefe auf.
Denn ohne Seufzen und von keinem Leiden
Gequält ward er entsendet, wunderbar,
Wie nie ein Mensch.[23]

Das letzte Stück der Folge, aber offensichtlich das erste, das von den dreien verfaßt wurde, bringt die getreue *Antigone* in ihr Grab. Als sie vernimmt, daß ihre Brüder Polyneikes und Eteokles um den Thron Krieg führen, eilt sie in der Hoffnung, Frieden stiften zu können, nach Theben. Sie bleibt aber unbeachtet, und die beiden Brüder kämpfen, bis sie fallen. Kreon, Eteokles' Verbündeter, setzt sich in den Besitz des Thrones und untersagt es – als Strafe für seine Auflehnung –, Polyneikes zu bestatten. Antigone, die den griechischen Glauben teilt, die Seele des Toten habe große Qualen zu erleiden, bis der Leichnam beerdigt ist, bricht das Verbot und begräbt Polyneikes. Der Chor singt eine der berühmtesten Oden des Sophokles:

Ungeheuer ist viel, und nichts
Ungeheurer als der Mensch.
Der nämlich, über das graue Meer
Im stürmenden Süd fährt er dahin,
Andringend unter rings
Umrauschenden Wogen. Die Erde auch,
Der Göttlichen Höchste, die nimmer vergeht
Und nimmer ermüdet, schöpfet er aus
Und wühlt, die Pflugschar pressend, Jahr
Um Jahr mit Rössern und Mäulern.

Leichtaufmerkender Vögel Schar
Umgarnt er und fängt, und des wilden Getiers
Stämme, das Wassergeschlecht des Meers
Mit reichgewundenem Netzgespinst,

* Theseus.

Er, der überaus kundige Mann,
Und wird mit Künsten Herr des Wilds,
Des freien, schweifenden auf den Höhn,
Und zwingt den Nacken unter das Joch,
Den dichtbemähnten des Pferdes, und
Den immer rüstigen Bergstier.

Die Rede auch und den Gedanken,
Gleich der Luft, und städtegründenden
Eifer lernt' er und unwirtlicher
Klippen Himmelsgluten und
Geschosse des Regens zu meiden,
Allerfahren; unerfahren
Schreitet er nirgends ins Künftige; nur
Den Tod zu fliehn ist ihm versagt,
Ob er gleich Entrinnen rat-
Loser Krankheit ersonnen.[24]

Antigone wird von Kreon dazu verurteilt, lebendig begraben zu werden. Kreons Sohn Haimon widersetzt sich diesem schrecklichen Urteil, wird zurückgewiesen und schwört seinem Vater, er werde ihn niemals wiedersehen. Hier spielt die Liebe auf kurze Zeit in einer Sophokleischen Tragödie eine Rolle, und der Dichter richtet an Eros eine Hymne, die das Altertum lange in Erinnerung behielt:

Eros, Unbesiegter im Streit,
Eros, der du die Beute befällst,
Der du lauerst nächtlich auf
Den zarten Wangen der Jungfrau –:
Übers Meer schreitest du hin,
Wohnst im ländlichen Hof auch.
Kein Unsterblicher kann dir entgehn,
Keiner der flüchtigen Menschen. Es
Rast der Ergriffne.[25]

Haimon verschwindet; auf der Suche nach ihm befiehlt Kreon seinen Kriegern, die Höhle, in der Antigone eingemauert worden ist, zu öffnen. Dort finden sie Antigone tot, Haimon, zu sterben entschlossen, an ihrer Seite.

Wir taten, wie der Herr in seiner Angst
Uns hieß – und sahen in der Tiefe
Der Totengruft die Jungfrau aufgehängt,
Von Linnen eine Schlinge um den Hals,
Und ihn, der dalag, ihren Leib umfing
Und der Verlobten Untergang beklagte,
Des Vaters Tat und sein unselig Bette.
Wie er ihn sieht, stöhnt er entsetzlich auf,
Stürzt hin zu ihm und ruft ihm wimmernd zu:
«Unsel'ger! Was beginnst du? Welch ein Geist
Erfaßt dich? Welch ein Schicksal rafft dich hin?
O komm heraus, mein Kind, ich fleh' dich an.»
Der Sohn jedoch starrt wilden Blicks ihn an,
Antwortet nichts, ins Antlitz speit er ihm,

Fährt nach dem Griff des Schwerts, zieht – doch der Vater
Entrinnt dem Stoß. Da wendet seine Wut
Der Ärmste gegen sich, und hingestemmt
Stößt er die Waffe tief sich in die Seite;
Schließt, noch bewußt, den Arm um seine Braut,
Und mit dem jähen Strom von rotem Blut
Färbt er, veratmend, ihre weiße Wange,
Nun liegt der Tote bei der Toten, kläglich
Im Hades ist die Ehe nun geschlossen.[26]

Die kennzeichnendsten Eigenschaften dieser Dramen, die der Zeit getrotzt haben, sind die Schönheit des Stiles und die technische Meisterung des Stoffes. Wir finden hier die typisch «klassische» Ausdrucksweise: geschliffen, gelassen und ruhig; kraftvoll, aber zurückhaltend, würdevoll, aber anmutig, mit der Kraft eines Pheidias und der zarten Feinheit eines Praxiteles. Klassisch ist auch der Aufbau; jeder Vers ist bedeutsam und auf den Augenblick gerichtet, in dem die Handlung ihren Höhepunkt und ihre Bedeutung findet. Jedes dieser Dramen ist wie ein Tempel gebaut, bei dem jeder Einzelteil sorgfältig in allen Einzelheiten ausgearbeitet ist, aber seinen sinngemäßen und untergeordneten Platz im Ganzen hat; nur der *Philoktet* nimmt zu dem bequemen *deus ex machina* (ein Scherz bei Euripides) als ernstgemeinte Lösung des verschürzten Knotens seine Zuflucht. Hier steigt wie bei Aischylos die Tragödie zu der *hybris* einer krönenden Anmaßung an (wie bei dem schweren Fluch, womit Oidipus den unbekannten Mörder belegt), dreht sich um eine *anagnorisis*, «ein plötzliches Wiedererkennen», eine *peripeteia*, «Schicksalswendung», und sinkt dann zu der *nemesis* der unvermeidlichen Bestrafung ab. Wenn Aristoteles die Vollkommenheit des dramatischen Aufbaus aufzuzeigen wünschte, bezog er sich stets auf *König Oidipus*, und die beiden Tragödien, die sich mit Oidipus befassen, illustrieren ausgezeichnet die aristotelische Definition der Tragödie als einer Läuterung durch Mitleid und Entsetzen in deren objektiver Darstellung. Die Charaktere sind klarer gezeichnet als bei Aischylos, wenn auch nicht so realistisch wie bei Euripides. «Ich zeichne die Menschen, wie sie sein sollten, Euripides zeichnet sie, wie sie sind», bemerkt Sophokles, wie um zu sagen, das Drama solle auch idealisieren und nicht nur photographische Wiedergabe sein. Ein Einfluß von Euripides erscheint aber in der Streitlust des Dialoges und in der gelegentlichen Ausbeutung des Gefühles; so katzbalgt Oidipus ganz unköniglich mit Teiresias und tastet als Blinder erschütternd nach dem Antlitz seiner Töchter. Aischylos hätte angesichts der gleichen Lage die Töchter vergessen und an irgendein ewiges Gesetz gedacht.

Auch Sophokles ist Philosoph und Prediger; aber seine Ratschläge gründen sich nicht so wie diejenigen des Aischylos auf die Billigung der Götter. Der Geist der Sophisten hat ihn berührt, und wenn er auch eine kräftige Rechtgläubigkeit bewahrt, so zeigt er sich doch als einer, der Euripides hätte sein können, wäre er nicht so vom Glück begünstigt gewesen. Er hat aber zuviel von der Empfindlichkeit eines Dichters abbekommen, um das Leiden widerspruchslos hinzunehmen, das so oft unverdient die Menschen befällt. Hyllos spricht über dem zuckenden Leibe des Herakles:

Kopf-Kantharos, doppelhenkeliger ostgriechischer Trinkbecher, auf beiden Seite zu einem Antlitz geformt (um 540/530 v. Chr. Staatliche Antikensammlungen, München)

Gewaltig in allem Geschehen ist,
Ihr seht's, der Götter Vergessen.
Die zeugen Söhne und sind gerühmt
Als Väter und sehen den Leiden zu.[27]

Sophokles läßt Iokaste über die Orakel lachen, wenn sich auch seine Dramen knarrend um sie drehen; Kreon erklärt: «Die ganze Zunft der Seher giert nach Geld», und Philoktetes stellt die alte Frage: «Wie lob' ich's, wenn ich prüfe, was göttlich ist, und Götter schlecht erfinde?»[28] Sophokles gibt die hoffnungsvolle Antwort, die sittliche Weltordnung möge vielleicht zu fein sein, als daß wir sie verstehen könnten, aber sie sei jedenfalls da und werde letzten Endes den Sieg davontragen. Er folgt Aischylos darin, daß er Zeus mit der sittlichen Ordnung verbindet, und nähert sich dem Monotheismus noch stärker an. Wie ein guter Viktorianer ist er seiner Theologie durchaus nicht sicher, aber in seinem sittlichen Glauben stark; die höchste Weisheit ist es, das Weltgesetz zu finden, das Zeus ist, den moralischen Leitstern der Welt, und ihm zu folgen.

Es sei mein Teil, Lauterkeit,
Heilige, mir in jeglichem Wort
Und jeglicher Tat zu wahren. Denn
Gesetze bestehn,
Hoch über uns,
Im Äther Geborene; der Olymp
Ist ihr Vater. Keines Menschen
Sterblich Wesen schuf sie. Nie
Schläfert sie Vergessen ein.[29]

Es ist die Feder des Sophokles, aber des Aischylos Stimme, der Glaube im letzten Widerstand gegen den Unglauben. In dieser Frömmigkeit und Entsagung sehen wir den bereuenden und wiederversöhnten Hiob; zwischen den Zeilen aber spüren wir das Kommen des Euripides.

Wie Solon ist Sophokles der Ansicht, am seligsten sei, wer nie geboren wurde, und der komme ihm im Glück am nächsten, der jung sterbe. Das Lied des Chores auf den Tod des Oidipus spiegelt die Weltmüdigkeit wider, die das Greisenalter und der erbitterte Brudermord des Peloponnesischen Krieges erzeugt haben:

Wer des Mehreren wünscht und nicht
Achtet mittleren Lebens Maß,
Linkischen Sinn – so wird er sich mir
Offenbaren – bewahret der.
Vieles nämlich häufet sich
In langen Tagen, und näher ist's
Dem Leid. Indes, wo wohnet das
Ergötzliche, siehst du kaum, sobald
Einer gerät ins Übermaß.
Aber ein Helfer, allen gleich,
Wenn Hades ohne bräutlich Lied,
Ohne Leier und Tand erscheint,
Kommet am Ende uns, der Tod.

Grabmal einer Unbekannten mit ihrer Dienerin. Aus dem Piräus (Marmor, frühes 4. Jh. v. Chr.; National Museum, Athen).

Nicht geboren zu sein, übertrifft
Jeden Begriff. Doch wann's erschien,
Ist das Zweite weithin dies,
Eilends zu gehen, von wannen es kam.
Läßt er Jugendliches entfliehn,
Dem leichte Torheit eigen, welch
Leidgeprüfter fand sich heraus?
Welch Ermatten befällt ihn nicht?
Neid, Aufruhr, Zwietracht, Streit,
Mord! Und ist das Alter zuletzt,
Verachtet, kraftlos, mürrisch, bar
Der Freunde, beschieden, darinnen all
Übel der Übel wohnet vereint.
So duldet nun der, nicht ich allein.
Wie rings im Sturm zur Winterszeit
Der Schlag der Wogen die Küste trifft,
Erschüttert in seines Lebens Grund
Ohn Unterlaß
Auch ihn der Flüche gewaltiger Schwall,
Von Untergang nun,
Von Aufgang jetzt,
Vom Strahl mittäglicher Sonne, von
Den nächtlichen Klippen des Nordens.[30]

Der gelehrte Klatsch weiß zu berichten, daß Sophokles sein hohes Alter mit der Hetäre Theoris versüßte und von ihr Nachkommenschaft hatte. Sein rechtmäßiger Sohn Iophon befürchtete vielleicht, der Dichter werde sein Vermögen dem Kinde der Theoris vermachen, und brachte seinen Vater wegen angeblicher Unzurechnungsfähigkeit in Geldangelegenheiten vor Gericht. Sophokles las den Geschworenen als Beweis seiner Geistesklarheit gewisse Chorlieder aus dem Drama vor, an dem er gerade schrieb, wahrscheinlich aus dem *Oidipus auf Kolonos;* die Richter sprachen ihn nicht nur frei, sie gaben ihm auch das Ehrengeleit auf dem Heimweg. Viele Jahre vor Euripides geboren, lebte er so lange, daß er für diesen Trauerkleidung anziehen mußte; im selben Jahre, 406, starb auch er. Während der Belagerung durch die Spartaner erschien nach der Sage Dionysos, der Gott des Dramas, dem Lysandros und erwirkte von ihm freies Geleit für die Freunde des Sophokles, die ihn in der Grabstätte seiner Väter in Dekeleia bestatten wollten. Die Griechen erwiesen ihm göttliche Ehren, und der Dichter Simmias verfaßte ihm einen stillen Grabspruch:

Leis umklimme den Hügel des Sophokles, wuchernder Efeu,
  Leis und über den Stein webe das grüne Gelock;
Rings auch blättre die Rose sich auf und der schwellende Weinstock
  Träufl' ihm des feuchten Geranks üppige Tränen herab,
Weil er in goldenem Wort durch der Grazien Huld und der Musen
  Hohe Belehrung so süß uns in die Seele geflößt.[31]

V. EURIPIDES

1. DIE DRAMEN

Wie Giotto der frühitalienischen Malerei den Pfad vorbereitete und Raffael die Kunst mit ruhigem Geiste zu technischer Vollkommenheit brachte und Michelangelo die Entwicklung in Werken eines gequälten Genius vollendete; wie Bach mit unglaublicher Kraft der modernen Musik einen breiten Weg erzwang und Mozart ihre Form in melodienreicher Einfachheit vervollkommnete und Beethoven die Entwicklung in Werken unerreichter Größe abschloß: so ebnete Aischylos dem griechischen Drama mit seinem rauhen Verse und seiner strengen Weltanschauung den Weg und gab ihm die Form, bildete Sophokles die Kunst mit gemessener Musik und gelassener Weisheit aus und vollendete Euripides die Entwicklung in Werken leidenschaftlichen Empfindens und unruhigen Zweifelns. Aischylos war ein Prediger von fast hebräischer Intensität; Sophokles war ein «klassischer» Künstler, der an einem zerbrochenen Glauben festhielt; Euripides war ein romantischer Dichter, der niemals ein vollendetes Drama schreiben konnte, weil er von der Philosophie abgelenkt wurde. Sie waren Griechenlands Jesaja, Hiob und Prediger Salomonis.

Euripides wurde im Jahre – manche behaupten sogar am Tage – von Salamis geboren, wahrscheinlich auf der Insel selbst, auf der seine Eltern vor den heranziehenden Medern Schutz gesucht haben sollen. Sein Vater war ein Mann von einigem Vermögen und Stand im attischen Demos Phyle; seine Mutter stammte aus einer Adelsfamilie, wenn auch der feindselige Aristophanes hartnäckig behauptet, sie habe einen Krämerladen besessen und Obst und Blumen auf der Straße verhökert. In vorgerückterem Alter lebte er auf Salamis, da die Insel es ihm mit der Einsamkeit ihrer Berge und den wechselvollen Ausblicken auf die blaue See angetan hatte. Platon wollte Dramatiker werden und wurde Philosoph; Euripides wollte Philosoph werden und wurde Dramatiker. Er nahm, wie Strabon berichtet, «am ganzen Lehrgang des Anaxagoras teil»[32]. Er ging eine Zeitlang bei Prodikos in die Lehre und war mit Sokrates so eng befreundet, daß manche den Verdacht hatten, der Philosoph sei an den Dramen des Dichters beteiligt. Die ganze sophistische Bewegung hatte an seiner Ausbildung teil und ergriff durch ihn von der dionysischen Bühne Besitz. Er wurde der Voltaire der griechischen Aufklärung, indem er in heimlich destruktiven Andeutungen mitten auf der Bühne, die zur Verherrlichung eines Gottes aufgestellt worden war, den Kult der Vernunft trieb.

Die Aufzeichnungen des dionysischen Theaters nennen ihn als Verfasser von fünfundsiebzig Dramen, von den *Peliaden* 455 bis zu den *Bakchen* 406; achtzehn sind erhalten, dazu ein Gemisch von Bruchstücken der übrigen*. Auch ihren Stoffen liegen

---

* Die bedeutenderen Dramen wurden annähernd in folgender Reihenfolge verfaßt: *Alkestis* 438, *Medeia* 431, *Hippolytos* 428, *Andromache* 427, *Hekabe* etwa 425, *Elektra* etwa 416, *Die Troerinnen* 415, *Taurische Iphigeneia* etwa 413, *Orestes* 408, *Iphigeneia in Aulis* 406, *Die Bakchen* 406.

die frühgriechischen Sagen zugrunde; aber ein Ton skeptischer Auflehnung erklingt zuerst schüchtern und dann kühn zwischen den Zeilen. Der *Ion* zeigt den angeblichen Gründer der ionischen Stämme in einem peinlichen Zwiespalt: das Orakel des Apollon erklärt, Xuthos sei sein Vater; aber Ion erfährt, daß er der Sohn Apollons ist: dieser habe seine Mutter verführt und dann mit Xuthos abgefunden. Ist es möglich, fragt sich Ion, daß der edle Gott ein Lügner ist? In *Herakles* und *Alkestis* erscheint der mächtige Sohn des Zeus und der Alkmene als gutmütiger Trunkenbold mit dem Appetit eines Gargantua und dem Gehirn eines Ludwig XVI. *Alkestis* berichtet die nicht gerade einnehmende Geschichte, wie die Götter dafür, daß sie Admetos (den König des thessalischen Pherai) länger leben lassen, verlangen, daß irgend jemand anders an seiner Stelle zu sterben bereit sei. Seine Gattin bietet sich an, das Opfer zu bringen, und richtet einen Abschiedsgruß von hundert Versen an ihn, den er mit großmütiger Geduld anzuhören geruht. Alkestis wird für tot weggetragen; aber Herakles schüchtert zwischen einsamen Säufereien und Trinkgelagen den Tod mit vieler Argumentation derart ein, daß er Alkestis freigibt und zum Leben zurückbringt. Das Schauspiel läßt sich nur als feinsinniger Versuch verstehen, die Sage ins Lächerliche zu ziehen*.

Hippolytos wendet mit größerer Feinheit und Anmut dasselbe Verfahren der *reductio ad absurdum* an. Der wohlgestaltete Held ist ein jugendlicher Jäger, der Artemis, der jungfräulichen Göttin der Jagd, gelobt, er werde ihr immer treu sein, stets die Frauen meiden und sein größtes Gefallen an den Wäldern finden. Aphrodite, über diese beleidigende Ehelosigkeit empört, gießt in das Herz Phaidras, der Gattin des Theseus, eine leidenschaftliche Liebe zu Hippolytos, dem Sohne des Theseus von der Amazone Antiope, ein. Damit haben wir die erste Liebestragödie der erhaltenen Literatur vor uns, und bereits hier am Beginne finden wir alle Symptome der Liebe auf der Höhe ihrer Fieberkurve: Phaidra, von Hippolytos abgewiesen, siecht dahin, bis sie dem Tode nahe ist. Ihre Pflegerin wird plötzlich eine Philosophin und sinnt mit hamletischem Skeptizismus über ein Leben jenseits des Grabes:

> Das menschliche Leben ist Jammer und Not,
> Erlösung, Frieden ist nirgends.
> Wohl gibt es ein andres, ein seliges Sein,
> doch liegt es verborgen in Dunkel und Dunst.
> Drum klammert die eitele Liebe sich fest
> an den gleißenden Schimmer der irdischen Welt,
> bloß weil sie ein anderes Leben nicht kennt,
> kein Auge die Schatten des Todes durchmißt,
> Wahnbilder des Glaubens uns irren.[33]

Die Pflegerin trägt Hippolytos eine Botschaft zu, daß Phaidras Lager ihn willkommen heißen werde; er aber, der weiß, daß sie seines Vaters Gattin ist, entsetzt sich und bricht in einen jener Ausrufe aus, die Euripides den Ruf des Weiberhasses eingetragen haben:

---

* Es wurde 438 als viertes Stück einer von Euripides verfaßten Dramengruppe aufgeführt; vielleicht war es als halb ernsthaftes Satyrspiel und nicht als halb komische Tragödie gedacht.

Zeus, warum mußtest du das Weib erschaffen?
Ein Übel ist's von falschgemünztem Glanz.
Wenn du das Menschenvolk fortpflanzen wolltest,
des Weibes hättest du entraten sollen.[34]

Phaidra stirbt; in ihrer Hand findet ihr Gemahl die Nachricht, Hippolytos habe sie verführt. Theseus ruft zornentbrannt Poseidon an, er solle den Jüngling töten. Der Jüngling beteuert vergeblich seine Unschuld. Er wird von Theseus des Landes verwiesen, und als sein Wagen die Küste entlang fährt, taucht ein Meeresungeheuer aus den Fluten und verfolgt ihn; die Pferde gehen durch, bringen den Wagen zum Sturz und zerren den in den Stricken verfangenen Hippolytos (das heißt «der von Pferden Geschleifte») über die Felsblöcke, bis er zerfetzt ist.

In der *Medeia* läßt Euripides seinen Kampf gegen die Götter auf eine Weile in den Hintergrund treten und gestaltet die Argonautensage zu seinem kraftvollsten Drama. Als Iason nach Kolchis kommt, entbrennt die königliche Prinzessin Medeia in Liebe zu ihm, verhilft ihm zum Goldenen Vlies und verrät den Vater und tötet den Bruder, um Iason zu schützen. Iason schwört ihr ewige Liebe und nimmt sie mit sich nach Iolkos heim. Dort vergiftet die halbwilde Medeia den König Pelias, um Iason den Thron zukommen zu lassen, den Pelias ihm versprochen hatte. Da das Gesetz Thessaliens die Heirat mit einer Fremden nicht zuläßt, lebt Iason mit Medeia in wilder Ehe und hat zwei Kinder von ihr. Mit der Zeit wird er aber ihrer barbarischen Heftigkeit müde; er sieht sich nach einem gesetzlichen Weib und einem Erben um und wirbt um die Tochter Kreons, des Königs von Korinth. Kreon willigt ein und verbannt Medeia. Medeia, über ihr Unrecht sinnend, spricht eine der berühmten Stellen des Euripides zur Verteidigung der Frau:

Von allen Wesen, die vernunftbegabt
auf Erden leben, fiel das schlimmste Los
dem Weibe zu. Mit schwerem Gelde müssen
wir uns den Gatten kaufen und leibeigen
ihm werden; dieses auch. Das drückt noch schwerer.
Und ob wir einen guten oder schlechten
bekommen, daran hängt das Lebensglück.
Denn für den Ruf der Frau ist jede Scheidung
verderblich, und den Freier abzuweisen
ist uns verwehrt. Aufs ungewisse treten
wir in ein neues Haus, ein neues Leben,
und mögen raten, wie wir unsern Gatten
behandeln, denn zu Hause hat uns das
niemand gelehrt. Wenn es uns dann gelingt,
die Ehe nicht zur Last dem Manne wird,
beneidenswertes Glück. Sonst – lieber sterben.
Denn wenn's dem Mann zu Hause nicht behagt,
sucht er Erholung draußen sich und Trost.
Wir haben nichts, nichts andres als den einen.
Man sagt, die Männer müßten in den Krieg,
wir säßen in dem sichren Schutz des Hauses.
Die Rechnung trügt. Ich möchte lieber dreimal
zu Felde ziehn als einmal Mutter werden.[35]

Es folgt die entsetzliche Geschichte ihrer Rache. Sie sendet ihrer Nebenbuhlerin als Zeichen der (vorgeblichen) Versöhnung kostbare Gewänder; die korinthische Prinzessin legt sie an und wird von Flammen verzehrt; Kreon, der sie zu retten versucht, verbrennt. Medeia tötet die eigenen Kinder vor Iasons Augen und zieht mit ihren toten Leibern davon. Der Chor stimmt ein philosophisches Schlußlied an:

Weltlenkend gebeut der olympische Zeus!
Oft schleudert ein Gott unerwarteten Blitz;
Des Gehofften Erfolg wird selten erzielt,
Doch der Himmel vollbringt oft siegreich das,
Was wir nimmer gehofft:
So waltet der Finger des Schicksals.[36]

Die übrigen Dramen drehen sich zumeist um die Sage von Troia. Die *Helena* bringt uns die revidierte Fassung von Stesichoros und Herodotos: Die Königin von Sparta entflieht nicht mit Paris nach Troia; sie wird entgegen ihrem Willen nach Ägypten verschleppt und erwartet dort in Keuschheit ihren Herrn. Ganz Griechenland, meint Euripides, ist von der Sage von Helena in Troia getäuscht worden. In der *Iphigeneia in Aulis* gießt er in die alte Erzählung vom Opfer Agamemnons einen Gefühlsreichtum, den das griechische Drama bislang noch nicht gekannt hat, und einen Lukretischen Abscheu vor den Verbrechen, zu denen der alte Glaube die Menschen bewog. Auch Aischylos und Sophokles hatten über dieses Thema geschrieben; aber ihre Dramen gerieten im Glanze dieser neuen Leistung bald in Vergessenheit. Die Ankunft Klytaimestras und ihrer Tochter wird mit Euripideischer Zartheit dargestellt. Orestes, noch ein sprachlos Kindlein, ist bei dem abergläubischen Mord zugegen, der sein Schicksal bestimmen wird. Das Mädchen ist ganz scheue Zärtlichkeit, wie sie dem König zur Begrüßung entgegeneilt:

Iphigeneia: O lieber, teurer Vater, laß mich deine Brust
Noch vor der Mutter drücken nach so langer Frist!
O süßer Anblick endlich!...
Ha! –
Wie blickst du finster! Eben sahst du froh mich an.
Agamemnon: Ein Fürst und Heergebieter hat der Sorgen viel.
Iphigeneia: Denk jetzt an mich nur! Wirf die Last des Kummers ab!
Agamemnon: Mit Leib und Seele denk' ich jetzt an dich allein!
Iphigeneia: Und doch von deinen Augen fleußt ein Tränenstrom.
Agamemnon: Der langen Trennung wegen zwischen mir und dir.
Iphigeneia: Sprich klar, o liebster Vater, ach, sprich klar dich aus!
Agamemnon: Ein kluger Vorwurf! Um so mehr betrübst du mich.
Iphigeneia: So will ich unklug reden, wenn es froh dich stimmt.[37]

Als Achilleus kommt, bemerkt sie, daß er von ihrem angeblichen Verlöbnis nichts weiß; statt dessen erfährt sie, daß das Heer ungeduldig auf das Opfer wartet. Sie wirft sich Agamemnon zu Füßen und fleht ihn um ihr Leben an.

Ich war die erste, die dich Vater nannte, die
Du Tochter nanntest; auch die erste, welche dir,
Auf deinem Knie sich schaukelnd, süße Küsse gab
Und süße Küsse wiederum von dir empfing.

Da sprachst du manchmal: «Werd' ich wohl dich einst, o Kind,
Als glückliche Hausfrau sehen, die ein Leben führt,
So schön und glanzvoll, wie es meiner würdig ist?»
Ich aber versetzte, fest mich um dein teures Kinn
Anschmiegend, das mit flehender Hand ich fasse jetzt:
«Wie steht's mit dir dann, Vater, gegenüber dir?
Wird mir's vergönnt sein, daß ich dich, den Greis, dereinst
Mit frohem Willkomm seh' an meinem eignen Herd
Und dir der Kindespflege Dank abzahlen kann?»
An diese Reden denk' ich treu, du aber hast
Vergessen ihrer und bedrohst mich mit dem Tod! [38]

Klytaimestra verflucht Agamemnon, weil er einem barbarischen Ritual gehorcht, und stößt eine Drohung aus, die viele Tragödien in sich birgt: «Zwinge mich nicht, zur Verräterin an dir zu werden.» Sie hilft Achilleus in seinem Versuche, das Mädchen zu retten; aber Iphigeneia ändert ihren Sinn und weigert sich, zu entfliehen.

Höre denn, o teure Mutter, was mir eingefallen ist,
Ein Gedanke, wohlerwogen: sieh, entschlossen hab' ich mich,
Auf dem Altar hinzusterben; aber ruhmvoll soll's geschehn,
Hocherhaben über jedes Zeichen niederer Sinnesart!
Komm und laß uns prüfen, Mutter, welch ein schönes Ziel mir winkt:
Jetzt, in dieser Stunde, heftet Hellas' ganzes großes Reich
Seinen Blick auf mich: in meinen Händen liegt der Flotte Fahrt
Und der Sturz des Phrygervolkes, samt der Macht, daß künftighin,
Angetastet durch Barbaren, keine Griechenfrauen mehr
Weggeraubt aus Hellas' seligen Auen werden, wenn dereinst
Abgebüßt der Helena Fluch ist, die geraubt von Paris ward!
Diese ganze Fülle reichen Segens schafft mein Opfertod,
Ruhmbeseligt werd' ich heißen: «Griechenlands Befreierin! [39]

Sie läßt sich von den Kriegern, die sie holen kommen, nicht anrühren und besteigt den Scheiterhaufen aus eigenem Antrieb.

In der *Hekabe* ist der Krieg vorüber; Troia ist eingenommen, und die Sieger teilen sich in die Beute. Aber der Schatten des toten Achilleus hält die Winde davon ab, den griechischen Schiffen auf dem Heimweg zu wehen, bis er Polyxene, die schönste von Priamos' Töchtern, als Opfer erhalten hat. Als der Herold Talthybios die Leiche des Mädchens Hekabe übergibt und die stolze Königin niedergeschmettert, zerzaust und wahnsinnig findet, äußert er einige Worte Euripideischen Zweifels:

O Zeus, was sag' ich? Sag' ich, daß dein Auge wacht,
Oder daß die Menschen töricht diesen falschen Wahn
Gefaßt, am Irrwahn hängend, daß es Götter gibt,
Indes der Zufall diese ganze Welt beherrscht? [40]

Doch es folgt für sie ein noch schwererer Schlag. Als der Untergang Troias feststand, sandte Priamos den jüngsten Sohn, Polydoros, mit einem Goldschatz zu seinem Freund Polymestor, dem König von Thrakien. Polymestor, gierig auf das Gold, erschlug den Jüngling und warf den Leichnam ins Meer; dieser wird bei der thrakischen Chersones, wo die Griechen mit den gefangenen Troerinnen lagern, an Land geschwemmt und vor

Hekabe gebracht. Sie rächt sich, indem sie die beiden Knaben des Polymestor mit Hilfe ihrer Frauen ermordet und den Verräter blendet.

Der nächste Akt des mehrgliedrigen Dramas nimmt die Gestalt der *Troerinnen* an. Es ist 415 verfaßt, kurz nachdem Athen Melos zerstörte (416) und fast am Vorabend des Feldzuges, der Sizilien dem athenischen Reiche einverleiben sollte. Da wagte es Euripides, über den Massenmord in Melos und den brutalen Imperialismus des beabsichtigten Angriffes auf Syrakus empört, ein mächtiges Wort für den Frieden einzulegen, eine mutige Darstellung des Friedens vom Gesichtspunkte des Besiegten aus, «die größte Kampfansage der antiken Literatur an den Krieg». Er beginnt da, wo Homer aufhört: nach der Einnahme Troias. Die Troer liegen alle erschlagen, und ihre Frauen, am Rande des Wahnsinns vor Schmerz, werden aus der zerstörten Stadt hinweggeführt, um Konkubinen der Sieger zu werden. Hekabe tritt mit ihren Töchtern Andromache und Kassandra auf. Polyxene ist bereits geopfert, und nun erscheint Talthybios, Kassandra in Agamemnons Zelt zu führen. Hekabe bricht vor bitterem Weh zusammen. Andromache versucht sie zu trösten, aber auch sie bricht zusammen, da sie, den kleinen Prinzen Astyanax an ihrer Brust, an dessen toten Vater denkt.

Ich hab' gerungen um den Kranz des Ruhmes;
mein Leben war zu reich: das war mein Fehler.
Denn jedes Werk weiblicher Sittsamkeit
hab' ich in Hektors Haus geübt. Es bringt,
ob sie auch gar nichts Böses dabei tut,
schon immer üblen Leumund einer Frau,
wenn sie nicht häuslich ist. Drum widerstand ich
der Lockung, hielt zu Hause mich und ließ
auch der Gevatterinnen guten Rat
niemals herein. Mein Herz war rein: vom eignen
Gefühle war ich gut genug beraten.
Schweigsamen Mund und heiter stillen Blick
fand mein Gemahl bei mir; und wo ich ihm
nachgeben müßte, wo nach meinem Willen
ihn lenken, wußt' ich wohl zu unterscheiden...
Es sagt das Volk, daß eine Nacht genüge,
den Widerwillen einer Frau zu brechen.
Verächtlich ist mir jede, die den Gatten
in eines andren Arm vergessen kann.
Sträubt sich doch selbst ein Pferd, wenn der gewohnte
Genosse fehlt, und mag das Joch nicht tragen.
Und das ist nur ein Tier, der Sprache bar,
ein unvernünftig niedriges Geschöpf.
Mein Hektor, dich besaß ich, und ich mag
von keinem andren wissen. Rang und Reichtum
und Geist und Heldenkraft, was fehlte dir?
Und mir warst du der Mann, der mich ins Leben
aus meines Vaterhauses Unschuld führte.
Nun liegst du tot, mich schleppt man als Gefangne
nach Hellas übers Meer in Sklaverei.[41]

Hekabe, von einer fernen Rache träumend, heißt Andromache ihrem neuen Herrn willig folgen, damit er ihr gestatte, Astyanax aufzuziehen und damit Astyanax eines Tages das Haus des Priamos und den Glanz Troias wieder auferstehen lasse. Aber auch die Griechen haben daran gedacht; Talthybios kommt mit der Ankündigung, daß Astyanax sterben müsse: man soll «ihn von den Mauern Ilions hinunterstürzen»[42]. Er entreißt das Kind den Armen seiner Mutter, und Andromache, ihn einen letzten Augenblick in den Armen haltend, nimmt schmerzensreichen Abschied von ihm.

Mein liebes Kind, die Feinde reißen dich
von deiner armen Mutter Schoß zum Tode.
Zu viel des Glanzes lag auf deinem Haupt.
Ein Königskind ist sicher sonst geboren;
dein Vater war ein König: deshalb stirbst du;
er war ein Held: das bringt dir keine Schonung.
Zu wieviel Leid und Schmerzen hat mich einst
als Gattin Hektor in sein Haus geführt.
Den Sohn, den Erben hofft' ich ihm zu schenken,
der alle Völker Asiens beherrschte,
nicht ein Schlachtopfer für das Griechenheer.
Du weinst, Astyanax? Ahnst du dein Los?
Du klammerst dich an mein Gewand, du schmiegst
dich wie ein Küchlein in der Mutter Federn.
Dich wird der Vater nicht im Waffenglanze
dem Grab entsteigend vor dem Tod erretten,
noch seine Brüder und die Blüte Troias.
Du mußt den jämmerlichen Sturz erleiden,
der ohne Gnade deinen Leib zerschmettert.
Mein Liebstes, hält dich noch mein Mutterarm,
fühl' ich des jungen Lebens würz'gen Duft?
Und ganz vergeblich soll's gewesen sein,
daß diese Brust dem Säugling Nahrung bot,
und alle Sorg' und Mühsal war umsonst?
Noch einmal habe deine Mutter lieb;
es ist das letztemal. Leg mir die Ärmchen
so um den Hals und küß mich auf den Mund.
Ihr Meister in Barbarengrausamkeit,
wozu, ihr Griechen, dies unschuld'ge Kind
ermorden? Helene, du Tyndaridin,
wie könnte Zeus dein Vater sein? Die Väter
weiß ich zu nennen. Viele sind's. Der Fluch
zuerst und dann die Bosheit, Mord und Tod
und alle Sünden, die die Erde nährt.
Wie könnt' ich glauben, daß der Unheilsdämon
für Asien und Griechenland von Zeus
entsprossen wäre. Fahre denn zur Hölle.
Durch deine schönen Augen ist in Schanden
des Phrygerreiches Herrlichkeit versunken.
Da, holt ihn, nehmt ihn, stürzt ihn von dem Turm,
wenn ihr ihn stürzen wollt. Letzt euren Gaumen

an seinem Fleische. Gott hat uns verlassen.
Ich kann mein Kind nicht retten.[43]

Sie verfällt in Wahnsinn und bricht ohnmächtig zusammen; Krieger tragen sie fort. Menelaos tritt auf und heißt seine Krieger, Helena zu ihm zu führen. Er hat geschworen, sie zu töten, und Hekabe tröstet sich bei dem Gedanken, daß Helena endlich die Strafe treffen wird.

Du willst sie töten, das ist recht von dir.
Nur, Menelaos, hüte dich, du darfst
sie gar nicht ansehn, sonst nimmt dich ihr Reiz
gefangen.[44]

Helena tritt auf, ungerührt und furchtlos, stolz im Bewußtsein ihrer Schönheit.

Hekabe: Und jetzt? In vollem Staat
erscheinst du vor dem Gatten, wagst mit ihm
dieselbe Luft zu atmen. O du Ausbund
der Unverschämtheit! Wer so viel wie du
auf dem Gewissen hat, der müßte hier
demütig in zerrißnen Kleidern stehn,
schlotternd vor Angst mit abgeschornem Haar,
in Ehrbarkeit, nicht in schamlosem Trotz.
Menelaos, meine letzten Worte richt' ich
an dich, vollende Griechenlands Triumph,
tu deine Pflicht und töte sie und gib
damit für alle Zeiten das Gesetz:
Die Ehebrecherin verfällt dem Tode ...

Menelaos: Laß es genug sein, Hekabe. Auf sie
nehm' ich gar keine Rücksicht. Führt sie ab,
aufs Schiff. Wir nehmen sie nach Hause mit.[45]

Als Helena und Menelaos die Bühne verlassen, kommt Talthybios mit dem leblosen Körperchen des Astyanax.

Talthybios: Andromache ... Ihr Abschied hat zu Tränen mich gerührt,
als sie der Heimat und dem Grabe Hektors
die letzten Grüße bot. Sie hat von Pyrrhos
erbeten, daß hier deines Hektor Sohn
begraben werden darf, der durch den Sturz
vom Turm das Leben ließ. Auch diesen Schild,
den Schrecken der Achäer, der die Brust
Hektors beschirmt hat, bat Andromache
nicht mitzuführen in das Land des Peleus.
Der Anblick würd' ihr allzu schwer, im Hause
des neuen Gatten ihn zu sehn; es möchte
anstatt in Zedernholz und Marmelstein
ihr Sohn in diesem Schild begraben werden.
Dazu leg' ich ihn jetzt in deine Hand,
und du sollst Leichenschmuck, so gut du es
in deinem jetz'gen Stand vermagst, besorgen,
da ihr des Herren eil'ger Aufbruch nicht
vergönnt hat, ihren Knaben zu bestatten.

Hekabe: Du lieber Knabe, traurig war der Tod

für dich. Ja, wärst du für das Vaterland
gefallen, hättest Jugend, Frauenliebe
und Königswürde, die die Menschen ja
als göttergleich verehren, voll genossen,
dann priesen wir dein Glück – wenn irgendeines
von diesen Gütern wahrhaft glücklich macht.
Jetzt hat das Leben alles dieses dir
gezeigt – doch du begriffst es nicht. Es stand
dir zu Gebote – du genossest nichts.
O wie entsetzlich hat der Wunderbau
Apolls, die Mauer deiner Vaterstadt,
dein Köpfchen zugerichtet. Deine Mutter
hat diese Locken oft gestrählt, geküßt.
Jetzt grinst daraus – der Mord. Das Greuel mag
ich nicht bei seinem Namen nennen. Hier
der Arm – wie lieblich trägt er noch die Züge
des Vaters, doch verrenkt sind die Gelenke.
Der süße Mund, wie oft hat er geschmeichelt,
nun ist er stumm, und trüglich war sein Wort.
Du kamst ins Bett zu mir, «Großmutter», sprachst du,
«wenn du im Grab liegst, scher' ich alle Locken
für dich mir ab, in feierlichem Zuge
komm' ich hinaus mit allen meinen Freunden
und rufe dir die schönsten Ehrengrüße».
Nun ist's an mir, der alten heimatlosen
verwaisten Frau, dich in das Grab zu legen.
Ach, hab' ich dich so viel geherzt, mit dir
und deiner Pflege mich geplagt, und schliefst du
damals an meiner Brust – es ist ja alles
umsonst gewesen. Welche Grabschrift könnte
ein Dichter auf dich machen? «Dieses Kind
ward umgebracht von den Achäern, weil sie
sich vor ihm fürchteten.»...
Wie töricht ist es,
sich auf das gegenwärt'ge Glück vertrauend
in Sicherheit zu wiegen. Unser Schicksal
gleicht dem Beseßnen, den die böse Sucht
bald hier-, bald dorthin springen macht: der Mensch
ist niemals seines Glückes eigner Herr...
Gewande, die du einst am Hochzeitstage
anlegen solltest, um die stolzeste
von Asiens Bräuten heimzuführen, deck' ich
auf deine Leiche, Phrygiens Prachtgewebe...[46]

In der *Elektra* ist das alte Thema weit fortgeschritten. Agamemnon ist tot, Orestes in Phokis, und Elektra ist von ihrer Mutter an einen Bauern verheiratet worden, dessen einfache Treue und Ehrfurcht vor ihrer königlichen Abstammung ihre dumpf dahinbrütende Achtlosigkeit überwinden. Zu ihr, die sich fragt, ob denn Orestes sie nie finden werde, kommt Orestes, von Apollon selbst geschickt (Euripides legt auf diesen Punkt besonderes Gewicht), um Agamemnons Tod zu rächen. Elektra stachelt ihn weiter an; wenn er die Mörder nicht erschlagen will, so wird sie es tun. Der Jüngling trifft auf Aigisthos und erschlägt ihn und wendet sich dann gegen seine Mutter. Klytaimestra ist hier eine gebrochene und alternde Frau, grauhaarig und gebrechlich, von der Erinnerung an ihre Untaten verfolgt, ihre Kinder, die sie hassen, gleichzeitig liebend und fürchtend. Sie bittet, fleht aber nicht um Gnade; halb ist sie mit der Strafe für ihre Sünden einverstanden. Nach dem Totschlag ist Orestes von Entsetzen überwältigt.

Komm, deck den Leib der Mutter mit Gewändern zu,
Schließ die blutigen Wunden ihr!
Ja, Mörder hast du dir erzeugt.[47]

Den letzten Akt des Dramas nennt Euripides *Taurische Iphigeneia*. Artemis legte, wie sich jetzt herausstellt, an Stelle von Agamemnons Tochter ein Reh auf den Scheiterhaufen in Aulis, holte das Mädchen aus den Flammen und machte sie zur Priesterin im Artemistempel bei den halbwilden Taurern der Krim. Die Taurer pflegen der Göttin alle Fremden zu opfern, die ungebeten an ihren Küsten landen, und Iphigeneia ist die unglückliche, finster brütende Priesterin, die die Opfer weiht. Achtzehn Jahre der Trennung von Griechenland und von ihren Lieben haben sie in Leid erstarren lassen. Inzwischen hat das Apollonorakel Orestes den Frieden versprochen, wenn er den Taurern das heilige Artemisbild entringen und nach Attika bringen wird. Orestes und Pylades setzen die Segel und erreichen endlich das Land der Taurer, die sie voller Freude als Gaben des Meeres an Artemis aufnehmen und sie eiligst an den Altar bringen, damit sie dort geopfert werden. Orestes fällt in völliger Erschöpfung in einem epileptischen Anfall Iphigeneia zu Füßen, und obgleich sie ihn nicht wiedererkennt, ist sie von Mitleid überwältigt, daß die beiden Freunde in den schönsten Jugendjahren in den Tod gehen sollen.

Iphigeneia: Wer erkennt, daß sein Geschick
So traurig abläuft? Denn der Rat der Himmlischen
Schleicht stets in Dunkel: keiner sieht, was droht, voraus;
Denn unser Schicksal waltet rings mit Nacht bedeckt.
Wo seid ihr her, ihr jammerwerten Fremdlinge?
Sprich, seid ihr Brüder, durch Geburt und Mutterschoß?

Orestes: Weh!
Ach, daß die Hand der Schwester mich bestattete!

Iphigeneia: Vergeblich ist, o Armer, wer du immer seist,
Dein Wunsch: sie lebt gefesselt an ein fernes Land.
Indes, dieweil aus Argos du gebürtig bist,
Verheiß' ich alle Liebe dir auch meinerseits.
Ich will mit Schmuck anfüllen deine Totengruft,
Des Leibes Asche löschen dir mit braunem Öl
Und deinen Holzstoß tränken mit dem Blumensaft
Der goldbeschwingten Biene, die auf Bergen schwärmt![48]

Sie verspricht, die beiden zu retten, wenn sie eine Botschaft nach Argos zu bringen geloben, die sie sich wohl ins Gedächtnis eingraben sollen.

Iphigeneia: Tritt vor Orest, Agamemnons Sohn, mit diesem Wort:
«Iphigenie, die in Aulis fiel und die ihr längst
Nicht mehr am Leben haltet, lebt und schickt zu dir –»

Orestes: Wo ist die Jungfrau? Steht sie von den Toten auf?
Iphigeneia: Hier siehst du selbst sie! Stör mich nicht durch Zwischenwort!
«Hol, eh ich sterb', o Bruder, mich nach Argos heim.»[49]

Orestes will sie in die Arme schließen, aber die Gehilfinnen gestatten es nicht; kein Mann darf die Artemispriesterin berühren. Er gibt sich als Orestes zu erkennen, aber sie kann ihm nicht glauben. Er überzeugt sie, indem er die Märchen erwähnt, die Elektra ihm einst erzählte.

Iphigeneia: Jugendlich zart verließ, Bruder, voreinst ich dich,
Ruhend im Pflegerarm, jugendlich zart daheim,
Genießend schönsten Glückes unbeschreiblich Glück!...
O Herd, kyklopscher Hände Werk, o Vaterland,
Teuerste Mutterstadt!
Dank dir, Erzeugerin,
Dank dir, Ernährerin,
Die meinen Verschwisterten liebend erzog,
Ihn, das Licht unseres Stamms![50]

Sie erbieten sich, sie zu retten, und sie hilft ihnen, das Artemisbildnis zu erlangen. Durch ihre geschickte List erreichen sie das Schiff in Sicherheit und bringen die Statue nach Brauron. Dort wird Iphigeneia Priesterin, und dort wird sie nach ihrem Tode als Gottheit verehrt. Orestes ist von den Erinnyen befreit, und er lebt noch einige Jahre des Friedens. Der Durst der Götter ist gesättigt und das Drama der Tantaloskinder vollendet.

2. DER DRAMATIKER

Wir müssen Aristoteles recht geben, wenn er sagt, diese Dramen erreichten in der dramatischen Technik nicht die Höhe der Dramen des Aischylos und des Sophokles. *Medeia*, *Hippolytos* und *Die Bakchen* sind gut angelegt, aber auch sie reichen in der Geschlossenheit des Aufbaus nicht an die *Orestie* oder den *König Oidipus* heran. Statt sofort mit der Handlung zu beginnen und Vorausgegangenes allmählich und natürlich in die Handlung einzuflechten, gebraucht Euripides das Kunstmittel eines pädagogischen Prologes, den er, um die Sache noch zu verschlimmern, manchmal einem Gotte in den Mund legt. Statt uns die Handlung unmittelbar vor Augen zu führen, was ja die Funktion des Dramas ist, führt er allzuoft einen Boten ein, der die Handlung beschreibt, selbst dann, wenn es sich nicht um Gewalttaten handelt. Statt den Chor in die Handlung einzufügen, bildet er ihn zu einem philosophischen Begleitkörper um oder verwendet ihn dazu, die Entwicklung mit lyrischen Einlagen zu unterbrechen, die zwar immer schön, aber oft unerheblich sind. Statt die Gedanken durch die Handlung darzustellen, verdrängt er manchmal die Handlung durch Gedanken und verwandelt die Bühne in eine Schule der Spekulation, der Rhetorik und des Argumentierens. Allzuoft stützt sich seine Handlung auf Zufälle und «Wiedererkennen», wenn sie auch stets gut eingefügt und dramatisch dargestellt sind. Die meisten Tragödien enden (wie einige Dramen seiner Vorgänger) mit dem Eingreifen des *deus ex machina*, des Gottes vom Krane – ein Hilfsmittel, das nur dann entschuldbar ist, wenn man annehmen kann, daß für Euripides das wirkliche Drama vor dieser Theophanie endete und daß der Gott nur herabgelassen wurde, um den Rechtgläubigen einen tugendsamen Abschluß vorzusetzen, welcher der sonst anstoßerregenden Vorführung den Stachel nahm. Mit diesen Prologen und Epilogen errang sich der große Humanist das Privileg, seine Häresien auf die Bühne zu bringen.

Der Stoff ist wie die Form ein Gemisch von Genialität und Künstlichkeit. Euripides ist vor allem empfindsam, wie jeder Poet sein muß; er fühlt sich innig in die Probleme der Menschheit ein und gibt ihnen einen leidenschaftlichen Ausdruck. Er ist der tragischste und der menschlichste aller Dramatiker. Sein Gefühl artet aber allzuoft in Sentimentalität aus; seine heißen Tränen fließen allzuhäufig. Er läßt keine Gelegenheit ungenutzt, eine Mutter von ihren Kindern Abschied nehmen zu lassen, und entringt jeder Sachlage das größtmögliche Pathos. Diese Auftritte sind immer erschütternd, und manchmal sind sie mit einer Kraft dargestellt, die weder zuvor noch danach je erreicht wurde; manchmal aber entarten sie zum Melodramatischen und zu einem Übermaß an Gewaltsamkeit und Schrecken, wie am Schlusse der *Medeia*. Euripides ist der Byron und Shelley und Victor Hugo Griechenlands, eine romantische Bewegung für sich allein.

In der Charakterzeichnung übertrifft er seine Nebenbuhler mit Leichtigkeit. Noch mehr als bei Sophokles ersetzt bei ihm die psychologische Analyse das Wirken des Schicksals; er wird es niemals müde, Zweck und Grund des menschlichen Handelns aufzuspüren. Er macht Charakterstudien von sehr verschiedenartigen Menschen, von Elektras bäuerlichem Gatten bis zu den Königen von Griechenland und Troia; kein anderer Dramatiker hat so viele Frauentypen gezeichnet oder sie mit solcher Einfühlung dargestellt. Jede feine Schattierung an Laster oder Tugend erweckt sein Interesse und wird realistisch wiedergegeben. Aischylos und Sophokles waren zu sehr vom Allgemeinen und Ewigen befangen, um das Zeitliche und Besondere klar zu erkennen. Sie schufen ewige Typen, aber Euripides schafft lebendige Einzelwesen; keiner der Älteren wußte beispielsweise Elektra so lebendig zu gestalten. In diesen Dramen weicht der Konflikt zwischen Mensch und Schicksal immer mehr dem Konflikt zwischen äußerer Lage und Charakter; der Weg ist vorgezeichnet, auf dem die griechische Bühne der folgenden Jahrhunderte in die Sittenkomödie des Philemon und des Menandros geraten wird.

3. DER PHILOSOPH

Es wäre aber töricht, Euripides hauptsächlich als Dramendichter beurteilen zu wollen; sein Hauptinteresse ist nicht die dramatische Technik, sondern die philosophische Durchdringung und die politische Reform. Er ist der Sohn der Sophisten, der Dichter der Aufklärung, der Repräsentant der radikalen jüngeren Generation, die über die alten Mythen lachte, mit dem Sozialismus liebäugelte und nach einer neuen Gesellschaftsordnung rief, in der der Mensch nicht so sehr vom Menschen, die Frau nicht so sehr vom Manne und alle nicht so sehr vom Staate ausgebeutet würden. Für diese aufrührerischen Seelen schreibt Euripides; für sie fügt er seine verborgenen skeptischen Andeutungen ein und schiebt er tausend Ketzereien zwischen die Zeilen eines religiösen Stückes. Er deckt seine Spuren mit frommen Stellen und patriotischen Oden; er stellt einen heiligen Mythos so wörtlich dar, daß seine Widersinnigkeit von selbst deutlich wird – und doch die Rechtgläubigen nichts einwenden können; er überläßt den Hauptteil seiner Dramen dem Zweifel, aber das erste und das letzte Wort den Göttern. Sein Scharfsinn und sein Schillern sind teilweise dem Zwang zuzuschreiben, seiner Gesinnung Ausdruck zu geben und gleichzeitig seine Haut zu bewahren.

Sein Thema ist dasjenige des Lucretius:

Tantum religio potuit suadere malorum

– so groß sind die Übel, in die die Religion die Menschheit gebracht hat: Orakel, die Gewalttat um Gewalttat erzeugen, Mythen, welche die Unmoral in göttlichen Beispielen verherrlichen und Unaufrichtigkeit, Ehebruch, Diebstahl, Menschenopfer und Krieg mit der Billigung des Übernatürlichen versehen. Er stellt einen Wahrsager dar als «einen Redner, der auf gutes Glück für eine Wahrheit tausendfache Lüge sagt»[51]; er nennt es «reine Torheit», aus den Tiereingeweiden die Zukunft herauslesen zu wollen; er spricht sich gegen den ganzen Orakel- und Wahrsageapparat aus. Vor allem ist er über den unmoralischen Gehalt der Sagen empört:

Der Glaube, wahrlich, an die Götter ist dahin,
Wofern das Unrecht über das Recht obsiegen soll ...
Anlangend mich, behaupt' ich von den Himmlischen:
Der Reiz verbotener Liebe lockt sie nimmermehr!
Und daß sie Fesseln schnüren um ihr Händepaar,
Ist nimmer beigefallen mir und glaub' ich nie,
Noch daß der Götter einer Herr des andern sei ...
Nur für Fabel auch
Erklär' ich jenes Göttermal des Tantalos,
Der seinen Sohn geschlachtet, und behaupte fest,
Daß Tauris' Völker, weil sie selbst blutdürstig sind,
Die Schuld der Menschenopfer auf die Göttin hier
Zu schieben pflegen; denn es kann, ich zweifle nicht,
Der hohen Himmelswesen keins ein schlechtes sein![52]

Manchmal mildert er solche Stellen durch Hymnen an Dionysos oder Psalmen pantheistischer Frömmigkeit; doch gelegentlich dehnt eine Figur den Euripideischen Zweifel auf alle Götter aus:

Behauptet einer, droben gäb' es Götter?
Keine gibt es, keine! Niemand soll euch
Mit dieser alten, irr'gen Fabel täuschen.
Heftet eu'r Augenmerk nur auf die Taten
Und schenkt dem Worte, das ich sprech',
Nicht ungebührlich Glauben; denn ich sag',
Daß Könige rauben, morden, Eide brechen,
Aus Städten wüste Trümmerhaufen machen
Und doch sich glücklicher als jene schätzen,
Die Tag um Tag ein ruhig frommes Leben führen.[53]

Er beginnt seine verlorene *Melanippe* mit dem aufsehenerregenden Doppelvers:

O Zeus – wenn einen Zeus es gibt,
Denn nur vom Hörensagen kenn' ich ihn,

worauf das Publikum empört aufgesprungen sein soll. Und er schließt:

Sind doch die Mächte, die der Mensch allweise nennnt,
Ganz auch, wie flücht'ge Träume, falsch und lügenhaft.
Im Himmel wie auf Erden herrscht in jeglichem
Ein großer Wirrwarr: Jammer nur erfüllt die Welt;
Und wer so klug ist, daß er horcht auf Seherspruch,
Der endet, wie er endet vor der Kund'gen Blick![54]

Das menschliche Schicksal ist nach seiner Meinung das Ergebnis natürlicher Gründe oder ziellosen Zufalls; es ist nicht das Werk verstandesbegabter übernatürlicher Wesen. Er bringt rationale Erklärungen angeblicher Wunder: Alkestis beispielsweise ist nicht wirklich gestorben, sondern noch lebend der Bestattung übergeben worden; Herakles hat sie eingeholt, bevor sie Zeit hatte, zu sterben. Er legt uns seinen Glauben nicht klar dar, vielleicht, weil er das Gefühl hat, daß das Zeugnis für einen reinen Glauben nicht gerade geeignet ist; seine kennzeichnendsten Bemerkungen sind aber solche eines unbestimmten Pantheismus, der nun bei den gebildeten Griechen den Polytheismus zu ersetzen begann.

Der du die Erde trägst, der auf der Erde
du deinen Sitz hast, unbegreiflich Wesen,
Gott, oder nenn' ich dich Naturgesetz,
nenn' ich dich Weltvernunft: ich huld'ge dir
anbetend, denn du führst geräuschlos wandelnd
das Menschenschicksal zu gerechtem Ziel.[55]

Die soziale Gerechtigkeit ist ein Nebenthema seiner Gesänge; wie alle mitfühlenden Geister sehnt er sich nach einer Zeit, da die Starken den Schwachen gegenüber ritterlicher sein werden und da es kein Elend und keinen Kampf mehr geben wird. Selbst inmitten des Krieges mit seinem ganzen Zwang zu patriotischer Kampfeslust stellt er das Leid und die Schrecken des Krieges mit unerbittlichem Realismus dar.

Wie töricht sind die Menschen! Städte reißen
sie nieder, Gotteshäusern bringen sie
Verödung und der Ahnen heil'gen Gräbern –
und gründen nur des eignen Glückes Grab.[56]

Das Herz bricht ihm beim Anblick des langen Kampfes zwischen Athenern und Spartanern, wie sie sich gegenseitig versklaven und gegenseitig die Besten umbringen, und er fügt in ein spätes Drama einen erschütternden Anruf an den Frieden ein:

«O Friede, du lässest Gedeihen aus einem tiefen Brunnen quellen; keine Schönheit kommt der deinen gleich, auch bei den sel'gen Göttern nicht. Mein Herz blutet nach dir, denn du versiegest; ich werde alt, und du kehrest nicht zurück. Mein Auge, soll es müde werden, bevor es deine Blütenpracht, die liebliche, erblickt? Wenn die fröhlichen Gesänge der Tänzer wieder erschallen und die Füße der Efeuumkränzten den Boden stampfen, soll grau dann mein Haar sein und die Nacht der Sorge mich umfangen halten? Kehre zurück, du heiliger Friede, kehre zurück in unsere Stadt! Weile nicht ferne von uns, du Besänftiger des Grimmes! Streit und Bitternis sollen von uns weichen, wenn du nur bei uns bist; der Wahnsinn und die Schärfe des Schwertes sollen unsere Pforten fliehen!»[57]

Fast als einziger der großen Dichter seiner Zeit wagt er es, die Sklaverei anzugreifen; während des Peloponnesischen Krieges wurde es offensichtlich, daß die meisten Sklaven nicht von Geburt, sondern durch die Lebensumstände Sklaven waren. Er erkennt keine natürliche Aristokratie an; die Umwelt und nicht die Vererbung formt den Menschen. Die Sklaven seiner Dramen spielen wichtige Rollen und sprechen oft die schönsten Worte. Er betrachtet die Frau mit der phantasievollen Einfühlung des Dichters. Er kennt die Fehler dieses Geschlechtes und stellt sie so realistisch dar, daß Aristophanes aus ihm einen Weiberhasser machen kann; er tut aber mehr als sonst ein Dramatiker des Altertums dazu, um die Frau zu verteidigen und die junge Bewegung ihrer Emanzipation zu unterstützen. Manche seiner Dramen sind fast modern zu nennen, sie sind nachibsensche psychologische Studien der sexuellen Probleme, ja sogar der geschlechtlichen Perversion. Er beschreibt die Männer realistisch, aber die Frauen ritterlich; die schreckliche Medeia entringt ihm mehr Mitgefühl als der heroische, aber ungetreue Iason. Er ist der erste Dramatiker, der ein Theaterstück schreibt, das sich um die Liebe dreht; seine berühmte Ode an Eros in der verlorenen *Andromeda* war im Munde von Tausenden junger Griechen:

> O Eros, o Herr, o König der Götter und Menschen,
> O lehre uns nicht, die Schönheit als schön zu empfinden,
> Es sei denn, du hilfst dem Verliebten durch Mühsal und Wirren
> Hindurch zum Glück zu gelangen; geschmeidiger Ton für dich ist er ja.[58]

Euripides ist von Natur aus Pessimist; denn jeder Romantiker wird Pessimist, wenn die Wirklichkeit mit der Romantik in Konflikt gerät. «Das Leben», sagt Horace Walpole, «ist für alle Denkenden eine Komödie, für die Fühlenden eine Tragödie.» Euripides sagt:

> Das Menschenleben ist ein Schattenspiel.
> Ich wußt' es längst und ohne Scheu bekenn' ich,
> die größten Toren sind am Ende die,
> die auf Verstand und tiefes Denken pochen.
> Denn Glück ist keinem Sterblichen beschieden.
> Wohl mag es einem besser als dem andern
> gelingen, daß ihm Macht, Genuß und Ehre
> zufällt: ein wahres Glück erreicht er nie.[59]

Er wundert sich über die Habgier und die Grausamkeit der Menschen, die Erfindergabe des Bösen und das widerliche unterschiedslose Eingreifen des Todes. Zu Beginn der *Alkestis* sagt der Tod: «Ist denn mein Amt es nicht, die vom Schicksal Bestimmten zu holen?», worauf Apollon antwortet: «Nein, nur die zu geleiten, die des hohen Alters Reife erreicht.» Wenn der Tod nach einem voll gelebten Leben kommt, so ist er natürlich und kränkt uns nicht: «Zu jammern steht uns nicht an, wenn eine Generation nach der anderen blüht und welkt und dahingeht; so ist es geordnet im Laufe der Natur; bestürzen soll uns nicht, was ihre ehernen Gesetze befehlen.» Seine Schlußfolgerung ist der Stoizismus: «Leide, wie es dem Menschen bestimmt ist, zu leiden, und härme dich nicht!» Dann und wann tröstet er sich mit Anaximenes und unter Vorwegnahme der Stoiker mit dem Gedanken, daß der menschliche Geist Teil des göttlichen Hauches, des *pneuma*, ist und nach dem Tode in der Weltseele fortbestehen wird.

Wer weiß, vielleicht ist Leben das, was Tod wir nennen,
Und Leben Tod? – nur daß im Leben
Die Menschen leiden und mit dem letzten Hauch
Das Leiden schwindet und die Not.[60]

4. DIE AUSWANDERUNG

Der Mensch, den wir uns nach diesen Dramen vorstellen, sieht der sitzenden Statue im Louvre und den Büsten in Neapel zur Genüge gleich, um uns glauben zu lassen, daß sie getreue Kopien authentischer griechischer Originale sind. Das bärtige Antlitz ist schön, aber von Nachdenken durchfurcht und von einer zarten Melancholie durchgeistigt. Freunde wie Feinde waren darin einig, daß er düster, fast finster war, der Geselligkeit und dem Lachen abhold, die letzten Jahre seines Lebens in der Abgeschlossenheit seiner Inselheimat verbringend. Er hatte drei Söhne und verdankte ihnen manche Freude. Er fand an den Büchern Tröstung und war, soviel wir wissen, der erste Privatmann in Griechenland, der eine nennenswerte eigene Bibliothek besaß*. Er hatte hervorragende Freunde, darunter Protagoras und Sokrates; dieser erklärte, um ein Stück von Euripides zu sehen, würde er zu Fuß zum Peiraieus gehen – keine Kleinigkeit für einen wohlbeleibten Philosophen, der sich aus anderen Dramen nichts machte. Die jüngere Generation emanzipierter Seelen betrachtete ihn als ihren Führer. Er hatte aber mehr Feinde als jeder andere Dichter oder Schriftsteller der griechischen Geschichte. Die Schiedsrichter, die sich vermutlich verpflichtet fühlten, Religion und Sitte gegen seine skeptischen Pfeile zu schützen, krönten nur fünf seiner Werke mit dem Siegeskranz; es war aber doch großzügig von dem Archon Basileus, daß er so viele Dramen des Euripides zur Aufführung auf einer religiösen Bühne zuließ. Nach Ansicht von Konservativen aller Richtungen war der Dichter zusammen mit Sokrates für den wachsenden Unglauben der athenischen Jugend verantwortlich. Aristophanes erklärte ihm von Anfang an in den *Acharnern* den Krieg, karikierte ihn in beißender Satire in den *Thesmophoriazusen* und setzte den Angriff im Jahre nach dem Tode des Euripides in den *Fröschen* fort; trotzdem sollen der Tragödien- und der Komödiendichter bis zum Schluß freundlich miteinander verkehrt haben. Was das Publikum betrifft, so schimpfte es über seine Ketzereien und besuchte massenweise seine Schauspiele. Als im Vers 612 des *Hippolytos* der junge Jäger sagte: «Die Zunge schwur – das Herz ist nicht gebunden», protestierte die Menge so laut gegen etwas, was eine Schamlosigkeit zu sein schien, daß Euripides sich von seinem Sitze erheben und das Publikum mit der Versicherung beruhigen

* Wie wir bereits gesehen haben, hatte es schon königliche oder staatliche Bibliotheken in Griechenland gegeben; solche Büchersammlungen lassen sich in Ägypten bis in die Vierte Dynastie zurückverfolgen. Eine griechische Bibliothek bestand aus Rollen, die in Fächern in einem Gestell aufbewahrt wurden. Veröffentlichung hieß, daß ein Verfasser seine Bewilligung zur Kopie seines Manuskriptes erteilte und die Kopien umlaufen ließ; hierauf konnten weitere Abschriften ohne besondere Genehmigung des Verfassers angefertigt werden. Von volkstümlichen Werken gab es zahlreiche Abschriften, die nicht einmal teuer waren. Platon berichtet in der *Apologie*, daß die Abhandlung *Über die Natur* von Anaxagoras um eine Drachme erhältlich war. Athen wurde zur Zeit des Euripides das wichtigste Zentrum für den Buchhandel.

mußte, Hippolytos werde in erbauender Weise noch vor Schluß der Handlung dafür zu büßen haben – ein sicheres Versprechen für fast jede Figur der griechischen Tragödie.

Gegen 410 wurde er der Gottlosigkeit angeklagt, und bald darauf brachte Hygiainon eine andere Klage gegen ihn vor, die einen Großteil des Vermögens des Dichters in Frage gestellt und sein Schicksal stark berührt hätte, wobei er den Ausspruch des Hippolytos zum Beweis der Unredlichkeit des Euripides anführte. Beide Klagen drangen nicht durch; aber die Woge der Empörung, die auf die *Troerinnen* folgte, ließen Euripides spüren, daß er kaum noch einen Freund in Athen hatte. Selbst seine Frau soll sich von ihm abgewandt haben, weil er nicht in die Kriegsbegeisterung der Stadt einstimmen konnte. 408 nahm er als Zweiundsiebzigjähriger die Einladung des Königs Archelaos in dessen makedonische Hauptstadt an. In Pella fand er unter dem Schutze dieses Friedrich Frieden und Bequemlichkeit; dort schrieb er die fast idyllische *Iphigeneia in Aulis* und das tiefreligiöse Schauspiel *Die Bakchen*. Achtzehn Monate nach seiner Ankunft starb er, wie fromme Griechen behaupten, von den königlichen Jagdhunden angefallen und zerrissen.

Ein Jahr darauf führte sein Sohn die beiden Dramen an den Großen Dionysien der Stadt auf, und die Schiedsrichter gestanden ihnen den ersten Preis zu. Selbst neuzeitliche Gelehrte sind der Meinung, *Die Bakchen* seien des Euripides reumütige Rückkehr zur griechischen Religion; und doch war das Schauspiel vielleicht als bittere Allegorie auf die Behandlung gedacht, die Euripides durch das athenische Publikum widerfuhr. Das Drama stellt dar, wie Pentheus, der König von Theben, von einer Herde orgiastischer dionysischer Weiber unter Führung seiner eigenen Mutter Agaue in Stücke gerissen wird, weil er sich über ihren wilden Aberglauben empört hat und in ihre Festlichkeiten eingedrungen ist. Es war keine Erfindung; die Sage gehörte zur religiösen Überlieferung, und die Zerstückelung oder das Opfer eines Tieres oder jedes Mannes, der es wagte, an den Feiern teilzunehmen, gehörte zum dionysischen Ritual. Dieses machtvolle Drama verband, indem es in seiner Handlung zur Dionysossage zurückkehrte, die griechische Tragödie des Höhepunktes mit der griechischen Tragödie der Anfänge. Es wurde in den makedonischen Bergen verfaßt, die es in lyrischen Gesängen von zwingender Gewalt schildert; vielleicht war es zur Aufführung in Pella bestimmt, wo der bakchische Kult noch besonders lebendig war. Euripides fühlt sich mit einer erstaunlichen Einsicht in die Geistesverfassung der religiösen Ekstase ein und legt den Bakchantinnen Psalmen leidenschaftlicher Hingabe in den Mund; es kann durchaus sein, daß der alternde Dichter bis an die Grenzen des Rationalismus gelangt war und sie überschritt und nun die Schwäche der Vernunft und die Dauerhaftigkeit der emotionalen Bedürfnisse von Frauen und Männern erkannte. Der Stoff tut der dionysischen Religion aber eine zweifelhafte Ehre an; auch hier bilden die Übel, die aus abergläubischen Religionsübungen entstehen können, das Thema.

Der Gott Dionysos besucht, in der Gestalt eines Bakchos, einer Inkarnation seiner selbst, Theben und predigt den Dionysoskult. Des Kadmos Töchter wollen nichts von der Botschaft wissen; er hypnotisiert sie zu frommer Ekstase, und sie begeben sich in die Berge, ihn mit wilden Tänzen zu verehren. Sie kleiden sich in Tierfelle, gürten sich mit Schlangen, bekränzen sich mit Efeu und säugen Wolf- und Rehjunge. Der Thebanerkönig Pentheus widersetzt sich dem Kult, da er der Vernunft, den Sitten und der Ordnung zuwiderläuft, und läßt den Priester ins Gefängnis werfen. Dieser trägt die Strafe mit christlicher Sanftmut; aber der Gott im Priester setzt sich durch, öffnet die Kerkermauern und nutzt seine Wunderkraft, den jungen Herrscher zu hypnotisieren. Unter diesem Einfluß kleidet Pentheus sich als Frau, zieht in die Berge und schließt sich den Feiernden an. Die Weiber entdecken, daß er ein Mann ist, und zerstückeln ihn Glied um Glied; seine eigene Mutter trägt, von «Besessenheit» trunken, das abgetrennte Haupt ihres Sohnes in den Händen, im Glauben, es sei ein Löwenhaupt, und singt ein Triumphlied über ihn. Als sie wieder zu Sinnen kommt und bemerkt, daß es das Haupt ihres Sohnes ist, empört sie sich gegen den Kult, der sie berauschte. Und als Dionysos sagt: «Ihr spottet mein, der ich ein Gott; das ist der Lohn, der euch gebührt», antwortet sie: «Ist Gott denn wie der eitle Mensch in seiner Wut?» Die letzte Lektion ist die gleiche wie die erste; auch in seinem letzten Stück ist der Dichter Euripides.

Nach seinem Tode wurde er sogar in Athen populär. Die Ideen, für die er gekämpft hatte, setzten sich in den folgenden Jahrhunderten durch, und das hellenistische Zeitalter blickte auf sie als die größten geistigen Anreger zurück, die Griechenland je gekannt hatte. Er befaßte sich mit lebendigen Problemen und nicht mit den «toten Sagen der Spielmannskunst», und die Antike brauchte lange, bis sie ihn vergaß. Die Dramen seiner Vorgänger gerieten in Vergessenheit, während die seinen jedes Jahr erneut aufgeführt wurden, wo auch immer im griechischen Lebensraume eine Bühne stand. Als nach dem Zusammenbruch des Feldzuges nach Syrakus (415), dessen Mißerfolg in den *Troerinnen* vorausgesagt worden war, die gefangenen Athener ein langsames Dahinsiechen als Kettensklaven in den Steinbrüchen Siziliens vor sich hatten, erhielten diejenigen die Freiheit (wie Plutarch berichtet), die Stellen aus den Dramen des Euripides rezitieren konnten. Die Neue Komödie nahm sich seine Dramen zum Vorbild und wuchs aus ihnen hervor. Einer ihrer Führer, Philemon, sagt: «Wäre ich ganz gewiß, daß die Toten Bewußtsein haben, ich würde mich aufhängen, um Euripides zu sehen.» Das Wiederaufleben von Skeptizismus, Liberalismus und Humanitarismus im achtzehnten und neunzehnten Jahrhundert machten Euripides fast zu einer zeitgenössischen Gestalt, moderner als Shakespeare. Im ganzen gesehen kommt nur Shakespeare ihm gleich; Goethe war nicht einmal dieser Meinung. «Haben denn alle Nationen seit ihm einen Dramatiker gehabt, der wert wäre, ihm die Pantoffeln zu reichen?» notiert Goethe am 22. November 1831 in seinem Tagebuch. Nur einen.

VI. ARISTOPHANES

1. ARISTOPHANES UND DER KRIEG

Die griechische Tragödie ist düsterer als die englische der Zeit Elisabeths, weil sie selten den Grundsatz befolgt, das Tragische mit humorvollen Szenen zu durchsetzen und so die Aufnahmefähigkeit des Zuschauers für das Tragische zu erhöhen. Der griechische Tragödiendichter zog es vor, sein tragisches Drama auf stets gleichbleibender

Höhe zu halten, und verwies das Komische in die Satyrspiele, die von keiner besonderen Bedeutung waren, aber die hochgespannten Gefühle und Empfindungen des Publikums in Humor und Leichtsinn abklingen ließen. Im Laufe der Zeit machte sich die Komödie von dem tragischen Drama unabhängig, und bei den dionysischen Festspielen wurde ihr ein eigener Tag zugewiesen, dessen ganzes Programm aus drei oder vier Komödien von verschiedenen Autoren bestand, die hintereinander aufgeführt wurden und um einen eigenen Preis in Wettbewerb traten.

Die Komödie erlebte wie die Rhetorik ihre erste Blüte im griechischen Raum in Sizilien. Um 484 kam Epicharmos von Kos nach Syrakus, Philosoph, Arzt, Dichter und Dramatiker in einer Person. Er vertrat in fünfunddreißig Komödien Pythagoras, Herakleitos und den Rationalismus; erhalten sind nur vereinzelte Zitate. Zwölf Jahre nach Epicharmos' Ankunft in Sizilien genehmigte der Athener Archon zum erstenmal einen Chor für eine Komödie. Die neue Kunst entwickelte sich unter dem Antrieb von Demokratie und Freiheit rasch und wurde in Athen zum wichtigsten Hilfsmittel der politischen und der Sittensatire. Die weitgehende Offenheit der Sprache der Komödie war ein Vermächtnis der dionysischen Phallosprozession. Der Mißbrauch dieser Freiheit führte 440 zu einem Gesetz gegen persönliche Angriffe in der Komödie; diese Einschränkungen wurden aber drei Jahre später widerrufen, und selbst während des Peloponnesischen Krieges bestand volle Freiheit der Kritik und der Beschimpfung. Die griechische Komödie nahm hinsichtlich der politischen Kritik die Stellung ein, die die freie Presse in den modernen Demokratien innehat.

Vor Aristophanes sind uns nur wenige Komödiendichter bekannt, und der große Rabelais der Antike ließ sich dazu herbei, einige von ihnen zu loben, als sich der Rauch seiner Kämpfe mit ihnen verzogen hatte. Kratinos war das Sprachrohr Kimons und führte einen fanatischen Krieg gegen Perikles, den er den «zwiebelköpfigen allmächtigen Gott» nannte; die gnadenreiche Zeit hat es uns erspart, ihn lesen zu müssen. Ein anderer Vorläufer war Pherekrates, der um 420 in *Die Wilden* diejenigen Athener lächerlich machte, die die Kultur zu verachten vorgaben und sich nach einem «Zurück zur Natur» sehnten: So alt sind die tapferen Neuerungen unserer Jugend. Der bedeutendste Nebenbuhler des Aristophanes war Eupolis; sie arbeiteten zuerst zusammen, stritten und trennten sich sodann, wonach sie einander in heftigen Satiren bekämpften, aber in den Angriffen gegen die demokratische Partei immer noch einig waren. Wenn die Komödie das ganze fünfte Jahrhundert hindurch der Demokratie feindlich gesinnt war, so teilweise deswegen, weil Dichter das Geld gerne haben und die Aristokratie reich war, aber hauptsächlich deswegen, weil es die Aufgabe der griechischen Komödie war, mit Kritik zu belustigen, und die demokratische Partei war an der Macht. Da der Führer der Demokratie, Perikles, den neuen Ideen wie der Frauenemanzipation und der Entwicklung einer rationalistischen Philosophie freundlich gesinnt war, trafen sich alle Komödiendichter in verdächtiger Eintracht im Kampfe gegen jeden Radikalismus und im Rufe nach der Wiederkehr der Lebensweise und der bewährten Sitten der «Männer von Marathon». Aristophanes wurde der Führer dieser Reaktion, wie Sokrates und Euripides die Vorkämpfer der neuen Ideen waren. Der Konflikt zwischen Religion und Philosophie bemächtigte sich der komischen Bühne.

Aristophanes hatte einigen Grund, die Aristokratie zu schätzen, stammte er doch aus einer gebildeten und wohlhabenden Familie; er scheint auf Aigina Land besessen zu haben. Bereits sein Name war ein Adelsbrief, bedeutet er doch «der sich als der Beste erwies». Um 450 geboren, stand er in der Blüte seines Lebens, als Athen und Sparta jenen Krieg begannen, der ein bitteres Thema seiner Schauspiele werden sollte. Der Einbruch der Spartaner in Attika zwang ihn, seinen Landsitz aufzugeben und in Athen Wohnsitz zu nehmen. Er haßte das Stadtleben und empörte sich darüber, daß man plötzlich von ihm verlangte, die Megarer, Korinther und Spartaner zu hassen; er wandte sich heftig gegen diesen Kampf, in dem Griechen Griechen töteten, und rief in jedem Schauspiel nach dem Frieden.

Nach dem Tode des Perikles (429) ging die höchste Gewalt in Athen auf den reichen Gerber Kleon über, der diejenigen Handelsinteressen vertrat, die nach einem vernichtenden Schlag strebten, das heißt nach der vollständigen Zerstörung Spartas als Konkurrenten um die Herrschaft über Griechenland. In einem verlorengegangenen Stück, den *Babyloniern* (426), machte Aristophanes Kleon und seine Politik so lächerlich, daß ihn der stämmige *strategos* wegen Verrates verfolgte und ihm eine Geldbuße auferlegen ließ. Zwei Jahre später nahm Aristophanes seine Rache, indem er die *Ritter* aufführen ließ. Die Hauptperson war Demos (das heißt das Volk), dessen Haushofmeister Gerber genannt wurde; jedermann verstand die durchsichtige Allegorie, auch Kleon selbst, der bei der Aufführung zugegen war. Die Satire war so beißend, daß kein Schauspieler die Rolle des Gerbers spielen wollte, weil jeder die politische Mißgunst fürchtete, worauf Aristophanes die Rolle selbst übernahm. Demosthenes, der erste Sklave, liest dem zweiten Sklaven, Nikias (der Name des abergläubischen Führers der oligarchischen Partei), aus einer Orakelsammlung vor, der nächste Hausmeister von Demos werde ein Wursthändler sein. Ein Blutwurstverkäufer kommt vorbei, und die Sklaven begrüßen ihn als den zukünftigen Führer des glorreichen Athen. «Was soll der Spaß?» sagt da der Wurstverkäufer zu Demosthenes. «Laß du mich waschen meine Därm' und Wurst verkaufen.» Aber Demosthenes versichert ihn, er habe gerade die Eigenschaften, die dazu nötig seien, das Volk zu regieren: «weil du gemein bist, frech und pöbelhaft»[61]. Der Gerber, der befürchtet, man könnte ihn absetzen, beteuert seine Treue und den Wert seiner guten Dienste für Demos; außer den Huren habe keiner so viel wie er für Demos getan. Es folgt die übliche Aristophanische Burleske. Der Wurstverkäufer bearbeitet den Gerber mit Kaldaunen und bereitet sich auf einen Redewettstreit vor, indem er Knoblauch ißt. Ein Wettbewerb im Schöntun wird ausgetragen, damit man feststellen kann, welcher der beiden Bewerber Demos schöner preisen kann und sich mehr um Demos und dessen Bauch verdient macht. Die Nebenbuhler setzen Demos eine Reihe guter Dinge vor, wie eine Platte voller Wahlversprechungen. Der Wurstverkäufer schlägt vor, zur Prüfung ihrer Ehrlichkeit die Speisekörbe der beiden Bewerber durchzusehen. Im Korb des Gerbers findet man noch eine Menge köstlicher Leckerbissen, insbesondere einen gewaltigen Kuchen, von dem er für Demos nur eine dünne Scheibe abgeschnitten hat (eine Anspielung auf die geläufige Klage, Kleon habe Staatsgelder unterschlagen). Der Gerber wird entlassen, und der Wurstverkäufer wird Herrscher im Hause des Demos.

Die *Wespen* (422) setzen die Satire auf die Demokratie in milderer und abgeschwächter Form fort. Der Chor besteht aus müßigen Bürgern – als Wespen gekleidet –, die alle Tage ein paar Oboloi herauszuschlagen versuchen, indem sie als Geschworene dienen. Sie leihen den Sykophanten ihr Ohr und sprechen Konfiskationen als Strafen aus, um das Geld der Reichen in den Beutel des Staates und der Armen fließen zu lassen. Das Interesse des Aristophanes gilt aber in diesen frühen Schauspielen hauptsächlich dem Krieg, den er lächerlich macht, um den Frieden zu fördern. Der Held der *Acharner* (425) ist Dikaiopolis («der gerechte Bürger»), ein Bauer, der sich darüber beklagt, daß sein Land von den Heeren verwüstet worden ist, so daß er nicht mehr seinen Lebensunterhalt aus dem Weine seiner Weinberge bestreiten kann. Er kann keinen Grund für den Krieg finden und ist sich ganz klar, daß er keinen Grund zum Streite mit den Spartanern hat. Er hat es satt, darauf zu warten, daß die Feldherren oder Politiker endlich einen Frieden schließen, und unterzeichnet einen persönlichen Vertrag mit den Lakedaimoniern; und als ein Chor kriegslustig patriotischer Nachbarn ihn deswegen schmäht, erwidert er:

> Ich für meinen Teil bin sicher: Die Spartaner, die wir stets
> So verwünschen, sind mitnichten schuld an aller unserer Not.[62]

Er ist bereit, sich töten zu lassen, wenn er nicht beweisen kann, daß Athen ebenso schuldig am Kriege ist wie Sparta. Sein Kopf wird auf einen Hackblock gelegt, und er beginnt mit seiner Beweisführung, die den Chor nach und nach auf seine Seite bringt. Es war ein Stück beträchtlichen Wagemutes, das nur einem Volke vorgeführt werden konnte, das auch die andere Seite anzuhören gewöhnt war. Indem er sich der *parabasis*, der Abschweifung, bediente, durch die die Gewohnheit dem Komödiendichter erlaubte, sich über den Chor oder eine Person an das Publikum zu wenden, erklärte Aristophanes seine Funktion als komischer Störenfried bei den Athenern:

> Seitdem unser Meister dem Volk sich gezeigt an der
> Spitze der komischen Chöre,
> Hat er nie noch gewagt, den Versammelten hier zu
> reden von seinen Verdiensten ...
> Denn er ist sich bewußt, der Dichter, daß euch er nur
> Gutes gesucht zu bereiten.
> So steuert' er doch dem Unfug, daß euch mit Reden
> die Fremden berückten.
> Daß ihr ködern euch ließt mit schmeichelndem Wort,
> aufhorchend mit offenen Mäulern.
> Vormals, wenn euch die Gesandten der Städt' eine
> Nase zu drehen gedachten,
> Da hießt ihr «das veilchenbekränzte Volk», und wenn
> einer euch also betitelt',
> Da jucktet ihr, über die Kränze entzückt, empor auf
> unruhigem Hintern!

Und wenn einer sodann in bezauberndem Ton von dem
«glänzenden, fetten Athen» sprach,
Der hatte von euch, was er wollte, dieweil er mit «Fett»
euch wie Gründlinge ölte.
Das hat er bewirkt; des Guten fürwahr nicht wenig
verdankt ihr dem Dichter.
Denn er zeigt' euch im Spiegel die Städte des Bunds,
wie die Demokratie dort bestellt ist.[63]

In *Der Friede* (421) triumphierte der Dichter: Kleon war tot, und Nikias war daran, für Athen einen Vertrag zu unterzeichnen, der es auf fünfzig Jahre zu Frieden und Freundschaft mit Sparta verpflichtete. Wenige Jahre später flammten aber die Feindseligkeiten wieder auf, und 411 forderte Aristophanes, der keine Hoffnung mehr hatte, seine Mitbürger zu bekehren, die Frauen auf, dem Blutvergießen ein Ende zu machen. Im ersten Auftritt der *Lysistrate* versammeln sich die Athenerinnen beim Morgengrauen, während ihre Männer noch schlafen, am Fuße der Akropolis zu einer Beratung. Ihre Anführerin, Lysistrate («die Auflöserin der Heere»), hat eine Abordnung von Frauen aus ganz Griechenland herbeigerufen und fordert sie nun auf, an einem neuartigen Feldzug für den Frieden mitzuwirken: Sie sollen nämlich ihren Männern die Annehmlichkeiten der Liebe vorenthalten, bis sie sich mit dem Feinde verständigen. Die Männer, endlich erwacht, rufen die Frauen heim. Als diese sich zu kommen weigern, belagern die Männer sie; aber die Angreifer werden mit Eimern voll Wasser und mit Redeströmen überschüttet. Lysistrate gibt den Männern eine Lektion:

Wir ertrugen es stets in der vorigen Zeit und im
Jammer des Krieges geduldig,
Sittsamer Natur, wie wir Frauen nun sind, wie ihr
Männer auch immer es triebet.
Wir durften nicht mucksen, so hieltet ihr uns! Und
ihr wart doch gewiß nicht zu loben!
Wir durchschauten euch wohl, und wir ahnten nichts
Guts, und da kam denn, wenn wir zu Hause
Still saßen, zu Ohren uns oft, wie verkehrt ihr die
wichtigsten Dinge behandelt!
Da fragten wir wohl euch, im Herzen betrübt tief
innen, doch lächelnden Mundes:
«Was habt ihr im Rate des Volks heut früh nun wegen
des Friedens beschlossen?
Was kommt an die Säule?» – «Was kümmert das dich?» –
war die brummende Antwort des Mannes:
«Ich rate dir, schweig!» – Und ich schweig![64]

Die Frauen haben die Staatskasse in Sicherheit gebracht: Das Geld soll die Männer nicht weiter zum Kriege verführen. Der Anführer der Männer meint, die Frauen könnten die Finanzen nicht verwalten. Lysistrate entgegnet: «Verwalten wir denn nicht das Geld auch zu Haus, das ja alles durch unsere Hand geht?» Während sie verhandeln, stehlen sich einige Frauen mit aristophanischen Entschuldigungen zu ihren Männern hinweg. Aber auch die Männer halten es nicht mehr aus; Sparta schickt derselben

Schwierigkeiten wegen einen Herold nach Athen, und schließlich kommt es zu einer Konferenz der kriegführenden Staaten. Als die Abgesandten sich versammeln, richtet es Lysistrate so ein, daß ihnen der Wein nie ausgeht. Bald sind sie in vergnügter Stimmung, und der lange aufgeschobene Friede wird unterzeichnet. Der Chor schließt das Stück mit einem Preislied auf den Frieden ab.

2. ARISTOPHANES UND DIE RADIKALEN

Der Zersetzung des athenischen Lebens lagen nach Aristophanes' Ansicht zwei besondere Übel zugrunde: die Demokratie und der Unglaube. Er war mit Sokrates einer Meinung, daß die Souveränität des Volkes zu einer Souveränität der Politiker geworden war; er war aber überzeugt, daß der Skeptizismus des Sokrates, des Anaxagoras und der Sophisten dazu beigetragen hatte, die sittlichen Bande, die dereinst die Gesellschaftsordnung und die persönliche Rechtschaffenheit gefestigt hatten, zu lockern. In den *Wolken* macht er sich lärmend über die neue Weltanschauung lustig. Ein altmodischer Bauer namens Strepsiades, der sich nach einem Argument umsieht, um seine Schulden loszuwerden, ist entzückt zu vernehmen, daß Sokrates eine Denkwerkstatt betreibt, wo man lernen kann, alles zu beweisen, auch das Falsche. Er kommt zur «Denkerklause». Inmitten der Studierstube sieht er Sokrates in einer Hängematte von der Decke herabhängen, in Gedanken versunken, während einige Schüler sich bücken und ihre Nase in den Boden bohren.

Strepsiades: Was tun denn die, gebückt, die Nas' am Boden?
Scholar: Sie spähn dem Urgrund nach tief unterm Hades.
Strepsiades: Ihr Hinterer aber schaut ja auf zum Himmel?
Scholar: Der treibt Astronomie auf eigne Hand.

Strepsiades bittet Sokrates, ihm Unterricht zu geben, und schwört bei den Göttern, das Honorar gleich zu zahlen.

Sokrates: Bei welchen Göttern? – Denn die Götter sind
Hier abgeschätzte Münz' ...

Er weist auf den Chor der Wolken: «die einzigen Götter sind sie».

Strepsiades: Wie – Zeus, der olympische Zeus, der soll kein Gott sein? – nicht existieren?
Sokrates: Nur nicht albern! Was faselst du da mir von Zeus? Es gibt keinen Zeus!
Strepsiades: Ei, was sagst du?
Und wer regnet denn dann? Das mußt du nun doch mir vor allen Dingen erklären!
Sokrates: Wer? Diese, sonst niemand! Das will ich dir gleich mit gewichtigen Gründen beweisen!
Du, sag mir einmal, ob du jemals den Zeus hast regnen sehn ohne Wolken? ...
Strepsiades: Jetzt sag mir: wer macht denn den Donner? Denn sieh: da fahr' ich halt immer zusammen.
Sokrates: Sie donnern, wenn übereinandergerollt sie sich wälzen.
Strepsiades: Tollkühner, was sagst du?
Sokrates: Wenn in reichlichem Maße mit Wasser gefüllt sie von innen getrieben dahinziehen,
Erdwärts durch die Schwere des Regens gedrückt, dann stürzen die wogenden Wasser
Sich übereinander und bersten entzwei und krachen und poltern im Platzen.

Strepsiades: Wer treibt sie denn aber? Das ist doch Zeus, der sie nötigt, sich fortzubewegen?
Sokrates: Nein, Mensch! Der ätherische Wirbel ist's!
Strepsiades: Wirr-Wirbel? Ich kenne den Gott nicht!
Zeus also ist nicht, und an seiner Statt regiert so ein Zeisig – der Wirbel?
Doch immer noch hast du mir eins nicht erklärt, dies Donnern und Krachen und Wettern.
Sokrates: Ei, hörst du denn nicht, was ich eben gesagt von den Wolken, den wassergefüllten,
Wie sie übereinander sich stürzen, gebläht, und zusammengeworfen zerplatzen?
Strepsiades: Wie versteh' ich denn das?
Sokrates: Nun, so merk einmal auf: an dir selber mach' ich's dir deutlich.
Ist dir's nie an den Panathenaien passiert, daß dein Magen, mit allerlei Brühen
Überfüllt, dir mit Knurren Molesten gemacht, mit Reißen und Blähn und Rumpumpeln?[65]

In einem anderen Aufzug trifft Pheidippides, des Strepsiades Sohn, auf die Personifizierungen «Anwalt der guten Sache» und «Anwalt der schlechten Sache». Jener erklärt ihm, er müsse die stoischen Tugenden der Männer von Marathon nachahmen, aber dieser predigt ihm die neue Moral. Was ist den Menschen, so fragt der Anwalt der schlechten Sache, je Gutes aus der Gerechtigkeit, der Tugend oder der Mäßigkeit erwachsen? Auf einen ehrlichen erfolgreichen und geachteten Mann fallen stets zehn unehrliche erfolgreiche und geachtete Männer. Man braucht nur die Götter selbst zu betrachten: sie haben gelogen, gestohlen, gemordet und Ehebruch begangen; und sie werden doch von allen Griechen verehrt. Der Anwalt der guten Sache zweifelt daran, daß die meisten Erfolgreichen unehrlich sind:

Anwalt der schlechten Sache: Nun, so sage mir!
Was sind die Advokaten denn?
Anwalt der guten Sache: Klaffärsche!
Anwalt der schlechten Sache: Recht! das mein' ich auch!
Und dann: was sind die Tragiker?
Anwalt der guten Sache: Klaffärsche!
Anwalt der schlechten Sache: Wieder gut bemerkt!
Die Demagogen aber, he?
Anwalt der guten Sache: Klaffärsche!
Anwalt der schlechten Sache: Wird dir's endlich klar,
Daß du ins Blau' hinein geschwatzt? –
Sieh unterm Publikum dich um,
Was siehst du rund herum?
Anwalt der guten Sache: Ich seh' –
Anwalt der schlechten Sache: Was siehst du, sprich?
Anwalt der guten Sache: Weitaus die meisten – großer Gott!
Klaffärsche sind's. Ich kenne sie,
(nach einzelnen Zuschauern deutend)
Hier einer, da ein zweiter, dort
Der Lockenkopf, und der! und der! –[66]

Pheidippides ist ein so guter Schüler des Anwalts der schlechten Sache, daß er seinen Vater schlägt, mit der Begründung, es sei recht und billig, er habe ihn doch auch als Kind geschlagen. Er belehrt ihn, daß es keinen Zeus mehr gebe, der Wirbel habe ihn abgesetzt. Der wütende Vater will die Atheisten und die neue Weltanschauung vernichten: Er greift die Denkerwerkstatt an und brennt sie nieder.

Es ist uns nicht bekannt, welche Rolle diese Komödie bei der Tragödie spielte, die Sokrates widerfuhr. Sie entstand im Jahre 423, vierundzwanzig Jahre vor dem berühmten Prozeß. Die humorvolle Satire scheint den Philosophen nicht gekränkt zu haben; er soll stehend der ganzen Aufführung beigewohnt haben, um eine bessere Zielscheibe für seine Feinde zu sein. Nach Platons Darstellung waren Sokrates und Aristophanes nach der Vorstellung Freunde; Platon empfahl das Stück als lustige Extravaganz an Dionysios I. von Syrakus und hielt die Freundschaft mit Aristophanes auch nach dem Tode seines Meisters aufrecht. Von des Sokrates drei Anklägern des Jahres 399 war der eine, Meletos, ein Kind, als die Komödie aufgeführt wurde, und ein anderer, Anytos, verkehrte mit Sokrates noch nach der Aufführung auf freundschaftlichem Fuße. Wahrscheinlich hat der spätere Umlauf der Komödie als Lektüre dem Weisen mehr Schaden zugefügt als die eigentliche Aufführung; Sokrates selbst verwies nach Platons Darstellung in seiner Verteidigungsrede auf das Stück als eine der Hauptquellen des schlechten Rufes, der seine Geschworenen gegen ihn voreingenommen habe.

In Athen gab es noch eine andere Zielscheibe für den Spott des Aristophanes; in diesem Falle war seine Haltung die einer unerbittlichen Feindseligkeit. Er mißtraute den Sophisten, dem sittlichen, wirtschaftlichen und politischen Individualismus, der das Staatswesen untergrub, dem sentimentalen Feminismus, der die Frauen erregte, und dem Sozialismus, der die Sklaven aufstachelte. Alle diese Übel sah er am klarsten in Euripides vertreten, und er beschloß, den Einfluß des großen Dramatikers auf den griechischen Geist mit Gelächter zunichte zu machen.

Er hub 411 mit einem Stücke an, das er *Die Thesmophoriazusen* nannte, nach den Frauen, die in sexueller Ausschließlichkeit das Fest Demeters und Persephones feierten. Die versammelten Anhängerinnen des Kultes diskutieren über die neuesten Ausfälle des Euripides gegen ihr Geschlecht und beschließen, sich zu rächen. Euripides erfährt von diesen Vorgängen und bewegt seinen Schwiegervater Mnesilochos, sich als Frau zu verkleiden und ihn in der Versammlung zu verteidigen. Eine Anklägerin führt an, der Tragödiendichter habe sie ihres Lebensunterhaltes beraubt: Sie habe zuvor Kränze für die Tempel gemacht, aber seitdem Euripides beweise, daß es keine Götter gebe, sei es aus mit dem Tempelgeschäft. Mnesilochos verteidigt Euripides mit der Bemerkung, daß dessen schlimmste Aussprüche über die Frauen offensichtlich und hörbar wahr und noch mild seien im Vergleiche zu dem, was die Frauen selbst als ihre eigenen Fehler erkennten. Die Frauen hegen den Verdacht, daß dieser Verräter an ihrem Geschlecht keine Frau ist. Sie reißen Mnesilochos die Verkleidung vom Leibe, und er kann sich vor der Zerstückelung nur retten, indem er einer Frau ihr Kind entreißt und droht, es umzubringen, wenn sie ihn berühren. Als sie ihn trotzdem angreifen, entledigt er das Kind seiner Hüllen – und entdeckt, daß es ein Weinschlauch ist, der verhüllt worden ist, damit er dem Steuereinnehmer entgehe. Er will ihm trotzdem die Kehle durchschneiden, sehr zur Verzweiflung der Eigentümerin. «O weh, mein Kind!» ruft sie aus. «Das Becken, Mania! So fass' ich doch des Kindes Blut noch auf!»[67] Mnesilochos löst das Problem, indem er den Wein selbst trinkt und inzwischen Euripides um Hilfe anruft. Euripides erscheint in verschiedenen Rollen seiner Dramen, bald als Menelaos, bald als Perseus, bald als Echo, und vermag Mnesilochos schließlich zu befreien. Den Thesmophoriazusen gelobt er Besserung.

Die Frösche (405) kehren trotz des Euripides Tod zum Angriff zurück. Dionysos, der Gott des Dramas, ist mit den verbliebenen Dramatikern Athens unzufrieden und begibt sich in den Hades hinab, um Euripides zurückzuholen. Als er in die Unterwelt übergesetzt wird, begrüßt ihn ein Chor von Fröschen mit einem quakenden Chorgesang, der die athenische Jugend auf einen Monat hinaus mit Schlagwörtern versehen haben muß. Aristophanes macht sich so nebenbei recht lustig über Dionysos und wagt es sogar, die Mysterien von Eleusis zu parodieren. Als der Gott im Hades ankommt, trifft er Euripides bei dem Versuche an, Aischylos als König aller Dramatiker zu verdrängen. Aischylos klagt Euripides an, er habe die Zweifelsucht und eine gefährliche Kasuistik verbreitet und die Sittsamkeit athenischer Frauen und Jünglinge verdorben; ehrbare Frauen hätten vor Scham über die Obszönitäten des Euripides den Schierlingsbecher getrunken. Eine Waage wird gebracht, und jeder Dichter wirft Verse aus seinen Dramen in die Waagschale; die gewaltigen Sätze von Aischylos (hier wischt der Satiriker auch dem älteren Dichter eins aus) lassen die seine stets tiefer sinken. Nun schlägt Aischylos vor, der jüngere Dramatiker solle mitsamt seiner Frau, seinen Kindern und seinem Gepäck in die Waagschale springen, währenddes zwei seiner Verse alle aufwiegen würden. Schließlich verliert der große Skeptiker den Kampf, und Aischylos wird als Sieger nach Athen zurückgebracht*. Dieser älteste uns bekannte Essay der Literaturkritik erhielt von den Schiedsrichtern den ersten Preis und gefiel dem Publikum so gut, daß kurze Zeit danach eine zweite Aufführung veranstaltet wurde.

In einem mittelmäßigen Stücke, *Die Ekklesiazusen*, das heißt *Die Weiberversammlung* (393), wandte Aristophanes sein Lachen gegen die radikale Bewegung überhaupt. Die Frauen Athens verkleiden sich als Männer, füllen die Volksversammlung an, überstimmen ihre Männer, Brüder und Söhne und wählen sich selbst zu Staatslenkern. Ihre Anführerin ist eine rührige Suffragette, Praxagora («die in der Volksversammlung tüchtig Tätige»), die ihre Geschlechtsgenossinnen als Närrinnen ausschilt, weil sie sich von solchen Tölpeln wie den Männern regieren lassen, und die vorschlägt, den gesamten Besitz gleichmäßig unter die *Bürger* aufzuteilen und die Sklaven vom Golde unberührt zu lassen**. Der Angriff auf Utopien nimmt in dem Meisterwerk des Aristophanes, den *Vögeln* (414), eine anmutigere Gestalt an. Zwei Bürger, die an Athen verzweifeln, klettern zum Wohnsitz der Vögel hinauf, da sie hoffen, dort das ideale Leben zu finden. Mit der Hilfe der Vögel erbauen sie zwischen Himmel und Erde eine utopische Stadt, Nephelokokkygia, «Wolkenkuckucksheim». Die Vögel wenden sich in einem Chorlied an die Menschheit, das von einer lyrischen Vollkommenheit ist, wie man sie sonst nur bei den Tragikern findet:

---

* Möglicherweise eine Anspielung auf die Wiederaufführung der Dramen des Aischylos.
** Vgl. zweites Kapitel, Abschnitt V: Der Klassenkampf.

O ihr Menschen, verfallen dem dunkeln Geschick, «den Blättern des Waldes vergleichbar»,
Ohnmächtige Zwerge, Gebilde von Lehm, traumähnliche Schattengestalten,
O ihr Eintagsfliegen, der Flügel beraubt, ihr erbärmlich verweslichen Wesen,
Jetzt lauschet und hört die Unsterblichen an, die erhabenen, ewiglich jungen,
Die ätherischen, himmlischen, seligen, Uns, die Unendliches sinnenden Geister,
Die euch offenbaren die Lehre vom All und den überirdischen Dingen:
Wie die Vögel entstanden, der Götter Geschlecht, und die Ströme, die Nacht und das Chaos:
Auf daß ihr erkennet, was ist und was war, und zum Geier den Prodikos schicket![68]

Die Vögel beabsichtigen, jede Verbindung zwischen Göttern und Menschen zu unterbrechen. Keine Opfer werden den Himmel erreichen dürfen; bald, so sagen die Reformer, werden die Götter hungern, und die Vögel werden die höchste Gewalt innehaben. Neue Götter werden in Vogelgestalt erdacht, und die in Menschengestalt vorgestellten Götter werden abgesetzt. Jetzt erscheint eine Gesandtschaft des Olymps mit einem Gesuch um Waffenstillstand; sie nimmt die Bedingungen an, den Vögeln das Zepter des Zeus abzutreten und Pisthetairos die Jungfrau Basileia zum Weib zu geben. Das Stück endet mit einer glücklichen Hochzeit.

3. DER KÜNSTLER UND DER DENKER

Aristophanes ist eine schwer klassifizierbare Mischung aus Schönheit, Weisheit und Schmutz. Wenn er in Stimmung ist, vermag er eine Lyrik reinster griechischer Gelassenheit zu dichten. Sein Dialog ist das Leben an sich, vielleicht sogar noch lebendiger, rassiger, kräftiger, als das Leben zu sein wagt. Er steht in der kernigen Lebendigkeit seines Stiles mit Rabelais und Shakespeare in einer Reihe, und wie deren Charaktere vermitteln auch die seinen uns Gestalt und Wesen der Zeit besser als alle Werke der Geschichtsschreiber; niemand, der Aristophanes nicht gelesen hat, wird die Athener wirklich kennen. Seine Stoffe sind lächerlich und fast nachlässig zusammengeschustert; manchmal ist das eigentliche Thema abgeschlossen, bevor das Stück auch nur halb fertig ist, und der Rest hinkt dann auf den Krücken der Burleske nach. Der Humor ist im allgemeinen recht niedrig; er knallt und ächzt mit billigen Wortspielen, zieht sich in eine tragische Länge und baut sich nur allzuoft auf der Verdauung, Fortpflanzung und Körperausscheidung auf. In den *Acharnern* hören wir von einer Person, die acht Monate lang ununterbrochen ihre Notdurft verrichtet; in den *Wolken* werden die gewichtigeren Formen menschlicher Ausscheidungen mit sublimster Philosophie vermengt; auf jeder zweiten Seite stoßen wir auf Rülpser, Winde, Brüste, Geschlechtsdrüsen, Geschlechtsakte, Päderastie, Onanie; nichts fehlt. Seinen alten Gegner, Kratinos, klagt er der nächtlichen Unmäßigkeit an. Er ist der zeitgenössischste aller antiken Dichter, da ja nichts so zeitlos ist wie der Unflat. Wenn man sich nach einem anderen griechischen Autor – am schlimmsten nach Euripides – mit ihm befaßt, erscheint er hoffnungslos gemein, und wir können uns kaum vorstellen, daß dasselbe Publikum an beiden Gefallen fand.

Wenn wir gute Konservative sind, können wir all das noch herunterschlucken, weil Aristophanes jede Art Radikalismus angreift und ehrfürchtig alle altüberlieferten Tugenden und Laster preist. Er ist der unmoralischste aller uns bekannten griechischen Schriftsteller; er hofft es dadurch gutzumachen, daß er die Unmoral angreift. Er ist immer auf der Seite der Reichen zu finden, aber er schimpft heftig auf die Feigheit; er bringt erbarmungslos Lügen über den lebenden und den toten Euripides vor, prangert aber die Unehrlichkeit an; nach seiner Schilderung sind die Frauen Athens unglaublich roh und gemein, aber er schmäht Euripides, er habe sie beleidigt; er macht die Götter mit einer solchen Kühnheit lächerlich (er berichtet uns, einige Götter hätten im Himmel Bordelle geführt), daß wir ihn uns im Vergleich zu dem frommen Sokrates als einen vergnügten Atheisten vorstellen müssen – aber er ist durchaus für die Religion und klagt die Philosophen an, sie untergrüben den Glauben an die Götter. Es brauchte jedoch wirklichen Mut, den mächtigen Kleon zu karikieren und dem Demos des Demos Fehler vor Augen zu halten; es brauchte wirkliche Einsicht, um in der Abwendung der Religion und der Sitten vom sophistischen Skeptizismus und in der Hinwendung zum epikureischen Individualismus eine entscheidende Gefahr für das Leben Athens zu erkennen. Vielleicht wäre Athen besser gefahren, wenn es einige seiner Ratschläge befolgt hätte, den Imperialismus abgeschwächt, mit Sparta frühzeitig Frieden geschlossen und durch eine aristokratische Führung das Durcheinander und die Korruption der nachperikleischen Demokratie vermindert hätte.

Aristophanes setzte sich nicht durch, weil er seine eigenen Ratschläge nicht ernst genug nahm, um sie selbst zu befolgen. Seine pornographischen und verleumderischen Exzesse gaben mit den Anlaß zu dem Gesetz, das die persönliche Satire verbot; und wenn das Gesetz auch bald widerrufen wurde, starb doch die politische Kritik der Alten Komödie noch vor dem Tode Aristophanes' (385) und wurde, auch schon in seinen späteren Stücken, durch die Mittlere, romantische Sittenkomödie ersetzt. Aber mit der Extravaganz und Brutalität der griechischen Komödie schwand auch ihre Schwungkraft. Philemon und Menandros kamen hoch und vergingen und wurden vergessen, während Aristophanes alle Wechselfälle der sittlichen und der literarischen Mode überdauerte, um mit elf vollständig erhaltenen Komödien (von fünfundvierzig) bis in unsere Zeit weiterzuleben. Auch heute noch ist Aristophanes trotz aller Schwierigkeiten des Verständnisses und der Übersetzung lebendig; und wenn wir uns die Nase zuhalten, können wir ihn mit ruchlosem Entzücken lesen.

VII. DIE GESCHICHTSSCHREIBER

In dieser Blütezeit der dramatischen Dichtkunst war die Prosa doch nicht ganz vergessen. Die Redekunst wurde unter dem Antrieb der Demokratie und der Prozeßsucht zu einer der Leidenschaften Griechenlands. Bereits 466 schrieb Korax von Syrakus eine Abhandlung *Techne logon* (Wortkunst) zur Wegleitung des Bürgers, der vor einer Versammlung oder einem Schwurgericht sprechen wollte; hier findet sich auch schon der traditionelle Aufbau einer Rede: Einleitung, erzählender Teil, Hauptthema, Erläuterungen und zusammenfassender Schluß. Gorgias brachte die Kunst nach Athen, und Antiphon verwandte dessen Zierstil in Reden und Streitschriften für die oligarchische Propaganda. Mit Lysias wurde die griechische Redekunst natürlicher und lebendiger; aber nur bei den größten Staatsmännern wie Themistokles und Perikles verlor die öffentliche Ansprache jede sichtbare Künstlichkeit, so daß sich die Wirksamkeit der einfachen Rede erweisen konnte. Die neue Waffe wurde von den Sophisten geschärft und von ihren Schülern so gründlich ausgenützt, daß die Oligarchenpartei jeden Rhetorikunterricht verbot, als sie 404 an die Macht kam.

Die besten Leistungen vollbrachte die perikleische Prosa in der Geschichtsschreibung. In gewissem Sinne war es das fünfte Jahrhundert, das die Vergangenheit entdeckte und bewußt nach einer Schau über den Menschen in der Zeit strebte. Bei Herodot hat die Geschichtsschreibung den ganzen Reiz und die Kraft der Jugendlichkeit; bei Thukydides, fünfzig Jahre später, hat sie bereits einen Reifegrad erreicht, den keine spätere Generation übertreffen wird. Was zwischen den beiden Geschichtsschreibern liegt, ist die sophistische Philosophie. Herodot war der einfachere, vielleicht der wohlgesinntere, ganz gewiß der heiterere Geist. Er wurde 484 in Halikarnassos geboren und gehörte einer Familie an, die hochstehend genug war, um sich an den politischen Intrigen zu beteiligen; wegen der Abenteuer seines Onkels wurde er als Zweiunddreißigjähriger verbannt und begann jene ausgedehnten Reisen, die ihm den Hintergrund seiner *Historiai* lieferten. Er ging über Phoinikien nach Ägypten und drang im Süden bis nach Elephantine vor; im Westen reiste er bis Kyrene, im Osten bis Susa, im Norden nach allen griechischen Städten am Schwarzen Meer. Wohin er auch immer kam, beobachtete und forschte er mit dem Auge eines Wissenschaftlers und der Neugier eines Kindes; und als er sich um 477 in Athen niederließ, war er mit einer reichen Sammlung von Aufzeichnungen ausgestattet, die die Geographie, Geschichte und Sittengeschichte der Mittelmeerstaaten betrafen. Mit diesen Aufzeichnungen und kleinen Plagiaten bei Hekataios und anderen Vorgängern verfaßte er das berühmteste aller Geschichtswerke, in dem er das Leben und die Geschichte Ägyptens, des Vorderen Orients und Griechenlands von den sagenhaften Anfängen bis zum Ende der Perserkriege darstellte. Eine antike Geschichte berichtet, wie er in Athen und Olympia öffentlich aus seinem Werk vorlas und den Athenern mit seiner Darstellung des Krieges und ihrer Taten im Kriege so gefiel, daß sie ihm zwölf Talente schenkten – was jedem Historiker zu schön vorkommen wird, um wahr zu sein.

Die Einleitung verkündet in erhabenem Stile den Zweck des Ganzen:

«Was Herodotos von Halikarnassos erkundigt, das hat er hier aufgezeichnet, auf daß nicht mit der Zeit vergehe, was von Menschen geschah, noch die großen Wundertaten ruhmlos vergehen, die Hellenen nicht minder als Barbaren vollbracht, vor allem aber, warum sie widereinander Krieg geführt.»[69]

Da alle Völker des östlichen Mittelmeerraumes einbezogen sind, ist das Werk in einem gewissen Sinne eine «Weltgeschichte» und hat einen viel ausgedehnteren Gesichtskreis als der enge Vorwurf des Thukydides. Der Stoff erhält unbeabsichtigt seine Einheit durch den Gegensatz von barbarischem Despotismus und griechischer Demokratie und schreitet, wenn auch zögernden Schrittes und mit vielen Abschweifungen, auf ein vorausgeahntes und episches Ende bei Salamis zu. Der Zweck ist eine Aufzeichnung «wundersamer Taten und Kriege», und wirklich erinnern seine Schilderungen manchmal an Gibbons bedauerliches Mißverstehen der Geschichte, die für ihn wenig mehr ist «als das Verzeichnis der Verbrechen, Torheiten und Mißgeschicke der Menschheit». Indessen findet Herodot, wenn er auch Literatur, Wissenschaft, Philosophie und Kunst nur ganz nebenbei erwähnt, doch Platz für tausend interessante Darstellungen der Kleidung, Sitten, Gebräuche und Religionen der Völkerschaften, die er beschreibt. Er schildert, wie die ägyptischen Katzen ins Feuer springen, wie die Donauvölker sich an Gerüchen berauschen, wie die Mauern von Babylon gebaut waren, wie die Massageten ihre Eltern verspeisen und wie die Athenepriesterin in Pedasos sich einen gewaltigen Bart stehen läßt. Er stellt nicht nur Könige und Königinnen dar, sondern Menschen aller Stände, und auch die Frau, die Thukydides ausschließt, belebt diese Seiten mit ihren Klatschereien, ihrer Schönheit, ihrer Grausamkeit und ihren Reizen.

Wie Strabon richtig bemerkt, ist «bei Herodot viel Unsinn zu finden»[70]; aber unser Historiker bearbeitet wie Aristoteles ein weites Feld und hat viele Gelegenheiten zu irren. Seine Unwissenheit ist so groß wie seine Gelehrtheit, seine Leichtgläubigkeit so groß wie seine Weisheit. Er glaubt, die Äthiopier hätten schwarzen Samen, schenkt der Sage, die Lakedaimonier hätten ihre Siege errungen, weil sie die Gebeine des Orestes nach Sparta brachten, vollen Glauben und bringt unglaubhafte Zahlenangaben über die Größe von Xerxes' Armee, die Verluste der Perser und die fast ohne eine Wunde davongetragenen Siege der Griechen. Seine Darstellung ist patriotisch gefärbt, aber keineswegs parteiisch; er führt bei fast allen politischen Streitfällen die Ansicht beider Seiten an*, macht auf die Heldenhaftigkeit der Eindringlinge aufmerksam und bezeugt die Ehrenhaftigkeit und Ritterlichkeit der Perser. Wenn er sich auf fremde Quellen verläßt, macht er die größten Fehler: Er hält zum Beispiel Nebukadnezar für eine Frau, meint, die Alpen seien ein Fluß und Cheops habe nach Ramses III. gelebt. Wenn er aber Dinge behandelt, die er selbst zu beobachten Gelegenheit hatte, wird er verläßlicher, und seine Angaben bestätigen sich immer mehr, je mehr unser Wissen fortschreitet.

Er schluckt manchen Aberglauben hinunter, verzeichnet manche Wunder, zitiert ehrfürchtig die Orakel und verfinstert seine Seiten mit Omen und Augurien. Er bringt die Daten von Semele, Dionysos und Herakles und stellt die ganze Geschichte wie ein griechischer Bossuet als das Schauspiel einer göttlichen Vorsehung dar, die die Tugenden der Menschen belohnt und ihre Laster, ihre Verbrechen und ihre Anmaßung bestraft. Er hat aber seine rationalistischen Augenblicke, vielleicht, weil er in älteren Jahren den Sophisten Gehör schenkte: Er vermutet, daß Homer und Hesiod den olympischen Göttern Namen und Gestalt gaben, daß der Glauben des Menschen vom Brauch bestimmt wird und daß ein Mensch so viel oder so wenig über die Götter weiß wie jeder andere auch; nachdem er die Vorsehung als den letzten Richter über die Ge-

* Vgl. die phantasievolle, aber ausgezeichnete Behandlung von Monarchie, Aristokratie und Demokratie, III. Buch, Absatz 80–82.

Mädchen vor einer Truhe (Tontafel aus Lokri, um 470/460 v. Chr.; Museo Nazionale Archeologico, Tarent).

schichte anerkannt hat, schiebt er sie beiseite und sucht nach natürlichen Ursachen; er vergleicht und identifiziert die Mythen von Osiris und Dionysos in der Art eines Wissenschaftlers; er lächelt nachsichtig über einige Sagen vom göttlichen Eingreifen und bringt statt dessen eine einleuchtende natürliche Erklärung; und er deckt seine allgemeine Verfahrensweise mit leisem Schmunzeln auf, wenn er sagt: «Ich aber muß alles sagen, was erzählt wird; zu glauben aber brauche ich nicht alles, und das gilt für meine ganze Geschichte.»[71] Er ist der erste griechische Historiker, dessen Werke erhalten sind; in diesem Sinne ist Cicero entschuldbar, wenn er ihn den Vater der Geschichtsschreibung nennt. Lukian stellte ihn, wie die meisten Männer der Antike, über Thukydides.

Und doch ist der Unterschied zwischen der Geistesverfassung des Herodot und des Thukydides fast derjenige zwischen Jünglingsalter und Reife. Thukydides ist eine der Leuchten der griechischen Aufklärung, ein Nachfahre der Sophisten, wie Gibbon ein geistiger Neffe Bayles und Voltaires war. Sein Vater war ein vermögender Athener, der Goldminen in Thrakien besaß, seine Mutter Thrakerin aus hervorragender Familie. Er erhielt die ganze in Athen zugängliche Ausbildung und wuchs im Geruche des Skeptizismus auf. Als der Peloponnesische Krieg ausbrach, führte er ein Tagebuch darüber. 430 hatte er unter der Pest zu leiden. 424 wurde er im Alter von sechsunddreißig (oder vierzig) Jahren einer der beiden Feldherren, die einen Feldzug zur See nach Thrakien befehligten. Da es ihm nicht gelang, seine Streitkräfte rechtzeitig nach Amphipolis zu führen, um es von der Belagerung zu entsetzen, wurde er von den Athenern verbannt. Er verbrachte die nächsten zwanzig Lebensjahre auf Reisen, besonders auf der Peloponnes; dieser unmittelbaren Bekanntschaft mit dem Feinde haben wir die eindrucksvolle Unparteilichkeit, die das Buch auszeichnet, zum Teil zu verdanken. Die Oligarchenrevolution von 404 machte seiner Verbannung ein Ende, und er kehrte nach Athen zurück. Er starb im Jahr 396 oder vorher, wie behauptet wird von Mörderhand, und hinterließ seine *Geschichte des Peloponnesischen Krieges* unvollendet.

Er beginnt bescheiden:

«Thukydides von Athen hat in gegenwärtigem Werk den Krieg beschrieben, welchen die Peloponnesier mit den Athenern geführt haben. Er hat sich gleich bei dem ersten Anfang desselben an die Arbeit gemacht, weil er sich damals schon im voraus vorstellen konnte, daß es einer der wichtigsten und merkwürdigsten unter allen bisherigen Kriegen dieser Völker sein würde.»

Den einleitenden Bericht beginnt er da, wo Herodot aufhört, beim Ausgang der Perserkriege. Es ist ein Jammer, daß das Genie der bedeutendsten griechischen Historiker nichts Darstellenswerteres am griechischen Leben fand als die Kriege. Herodot schrieb teilweise auch, um den gebildeten Leser zu ergötzen; Thukydides schreibt, um die künftigen Geschichtsschreiber zu informieren und den künftigen Staatsmännern den Leitfaden der Präzedenz in die Hand zu geben. Herodot schrieb einen lockeren und leichten, vielleicht von den zusammenhanglos schweifenden homerischen Epen inspirierten Stil; Thukydides schreibt als einer, der die Philosophen, Redner und Dramatiker gehört hat, einen oft vieldeutigen und dunklen Stil, da er bestrebt ist, gleichzeitig kurz, genau und tiefschürfend zu sein. Es ist ein Stil, der gelegentlich von Gorgiasscher

Poseidon. Aus dem Meer bei Kap Artemision (Bronze, um 455 v. Chr.; National Museum, Athen).

Rhetorik und Ziererei getrübt, aber manchmal so gedrungen und lebendig ist wie der Stil des Tacitus und in den Höhepunkten der Erzählung eine dramatische Kraft aufweist, die eines Euripides würdig wäre: Keine Stelle bei den Dramatikern könnte die Seiten übertreffen, die den Feldzug nach Syrakus darstellen, das Schwanken des Nikias und die Schrecken, die seiner Niederlage folgten. Herodot ging in seinem Bericht von Ort zu Ort und von Zeit zu Zeit; Thukydides zwingt seinen Stoff in eine starre chronologische Ordnung, nach Jahreszeiten und Jahren, und opfert damit die ungezwungene Abfolge der Erzählung. Herodot folgte in seiner Darstellung eher den Persönlichkeiten als den Ereignissen, da er spürte, daß die Persönlichkeiten den Anstoß zu den Ereignissen geben; Thukydides erkennt zwar die Rolle außergewöhnlicher Persönlichkeiten in der Geschichte an und verlebendigt manchmal seine Erzählung mit Schilderungen von Perikles oder Alkibiades oder Nikias, er neigt aber doch eher zu einer unpersönlichen Aufzeichnung der Tatsachen und der Erwägung der Ursachen, Entwicklungen und Ergebnisse. Herodot schrieb über zeitlich und räumlich abgelegene Ereignisse, die ihm zumeist nur aus zweiter oder dritter Hand zugänglich waren; Thukydides spricht oft als Augenzeuge oder als einer, der mit Augenzeugen gesprochen oder die Originaldokumente eingesehen hat, und in mehreren Fällen führt er die betreffenden Dokumente im Wortlaut an. Er ist sehr gewissenhaft und genau; sogar seine Geographie hat sich bis in Einzelheiten als richtig erwiesen. Selten fällt er Moralurteile über Menschen oder Ereignisse. Bei der Schilderung Kleons läßt er sich von seinem Patrizierzorn auf die athenische Demokratie überwältigen; aber sonst steht er größtenteils über dem Stoff, wird bei der Darstellung der Tatsachen beiden Seiten gerecht und gibt die Geschichte der kurzen Feldherrenlaufbahn des Thukydides wieder, als ob er den Mann nie gekannt hätte. Er ist der Vater der wissenschaftlichen Methode der Geschichtsschreibung und stolz auf die Sorgfalt und den Fleiß, die er auf seine Arbeit verwendet hat. Er schreibt mit einem Seitenblick auf Herodot:

«Indessen wird man von demjenigen, was ich bisher berichtet habe, aus den angegebenen Gründen, ohne Gefahr zu irren, annehmen können, daß es sich so, wie ich gesagt, damit verhält, ohne daß man alles glaubt, was die Dichter davon gesungen und durch die Kunst vergrößert haben, oder auch was unsere Romanschreiber, mehr um den Leser zu vergnügen als sich an die genaueste Wahrheit zu binden, davon aufgezeichnet haben, weil sie niemand der Unrichtigkeit überführen konnte und ein großer Teil der Begebenheiten selbst durch die Länge der Zeit in die unglaublichsten Fabeln ausgeartet war. Und man wird hoffentlich finden, daß dasjenige, was ich davon erzählt habe, durch die augenscheinlichsten Wahrzeichen, soweit es bei Begebenheiten von so hohem Altertum möglich ist, hinlänglich bestätigt werde ... Diese von allen fabelhaften Ausschmückungen entblößten Nachrichten werden dem Leser zwar nicht so angenehm und unterhaltend vorkommen; allein, wer auf die Zuverlässigkeit der erzählten Begebenheiten sehen und, in Erwägung, daß nach dem gewöhnlichen Weltlauf künftig einmal ebendergleichen und ähnliche Rollen werden gespielt werden, auf den wahren Nutzen solcher Nachrichten sehen will, der wird völlig damit zufrieden sein. So ist es denn mit dieser Arbeit nicht sowohl darauf abgesehen, den Lesern ein Stück, welches sie auf eine kurze Zeit angenehm unterhalten könne, als vielmehr ein Werk von beständiger Brauchbarkeit in die Hände zu liefern.»[72]

In einer bestimmten Sache gibt er allerdings die Zuverlässigkeit dem persönlichen Interesse preis: Er legt seinen Figuren leidenschaftlich gerne elegante Reden in den

Mund. Er gibt ohne weiteres zu, daß diese Reden größtenteils der Einbildungskraft entsprungen sind; sie dienen ihm aber dazu, die Persönlichkeiten, Ideen und Ereignisse zu erläutern und zu verlebendigen. Er behauptet, jede Rede gebe im wesentlichen wirklich Gesprochenes wieder; wenn das zutrifft, müssen alle griechischen Staatsmänner und Feldherren bei Gorgias Rhetorik, bei den Sophisten Philosophie und bei Thrasymachos Ethik studiert haben. Die Reden haben alle den gleichen Stil, die gleiche Spitzfindigkeit, die gleiche realistische Ansicht; sie machen den lakonischen Lakoner so geschwätzig wie jeden von den Sophisten erzogenen athenischen Windbeutel. Sie legen Diplomaten höchst undiplomatische Argumente (z. B. lese man die Rede des Alkibiades in Sparta nach) und Feldherren in ihrer Ehrlichkeit höchst gefährliche Worte in den Mund. Die «Grabrede» des Perikles ist ein ausgezeichneter Essay über die Tugenden Athens und nimmt sich in der Feder eines Verbannten höchst würdevoll aus; Perikles war aber gerade der Einfachheit seiner Redeweise und nicht seiner Rhetorik wegen berühmt, und Plutarch zerstört die Romantik, indem er berichtet, daß Perikles nichts Geschriebenes hinterließ und daß von seinen gesprochenen Worten kaum etwas überliefert ist.

Thukydides weist seinen Tugenden entsprechende Mängel auf. Er hat die Strenge eines Thrakers und ermangelt der Lebhaftigkeit und der Witzigkeit des athenischen Geistes; sein Buch ist humorlos. Er ist so sehr in «diesen Krieg, dessen Historiker Thukydides ist» (ein häufig wiederkehrender Spruch), vertieft, daß er nur für politische oder militärische Ereignisse ein Auge hat. Er füllt seine Seiten mit kriegerischen Einzelheiten, erwähnt aber keinen einzigen Künstler, kein Kunstwerk. Er sucht beharrlich nach den Ursachen, geht aber selten von den politischen zu den wirtschaftlichen Beweggründen der Ereignisse über. Obgleich er für künftige Generationen schreibt, berichtet er nichts von der Verfassung der griechischen Staaten, nichts vom Leben der Stadtstaaten, nichts von den gesellschaftlichen Einrichtungen. Frauen schließt er so streng aus wie die Götter; er will sie nicht in seiner Geschichte haben und läßt den ritterlichen Perikles, der doch seine Laufbahn für eine Hetäre aufs Spiel setzte, die sich für die Freiheit der Frauen aussprach, folgendes sagen: «Eure größte Ehre wird darin bestehen, daß ihr den Wohlstand eures Geschlechts nie außer acht laßt und so zu leben sucht, daß eurer in Gesellschaften von Mannspersonen weder im Guten noch im Bösen gar häufig gedacht werde.»[73] Obgleich er das größte Zeitalter der Kulturgeschichte vor Augen hat, verliert er sich in die wetterwendischen Wechselfälle von Siegen und Niederlagen und läßt das pulsende Leben des athenischen Geistes unbesungen. Er bleibt auch als Historiker Feldherr.

Wir sind ihm aber doch dankbar und dürfen uns nicht zu sehr beklagen, daß er nicht schrieb, was zu schreiben er gar nicht vorhatte. Liegt doch hier zumindest eine Methodik der Geschichtsschreibung vor, eine Ehrfurcht vor der Wahrheit, eine Schärfe der Beobachtung, eine Unparteilichkeit der Beurteilung, hin und wieder ein Glanz der Sprache und ein Schillern des Stiles, ein zugleich scharfer und tiefer Geist, dessen erbarmungsloser Realismus ein Stärkungsmittel für unsere von Natur aus romantischen Seelen ist. Hier gibt es keine Sagen, keine Mythen, keine Wunder. Er nimmt die Heldensagen hin, versucht sie aber vernunftgemäß zu erklären. Den Göttern gegenüber ist er von vernichtendem Schweigen; sie finden in seiner Geschichte keinen Platz. Über Orakel und ihre unverbindliche Doppeldeutigkeit spricht er mit Sarkasmus, und die Dummheit des Nikias, der sich auf Orakel und nicht auf das Wissen verließ, stellt er voller Zorn an den Pranger. Er erkennt keine lenkende Vorsehung an, keinen göttlichen Plan, nicht einmal einen «Fortschritt»; er betrachtet das Leben und die Geschichte als eine zugleich gemeine und edle Tragödie, die hier und da von großen Persönlichkeiten zu Gutem geleitet wird, aber immer wieder in Aberglauben und Krieg zurückfällt. Für ihn ist der Kampf zwischen Religion und Philosophie entschieden: Die Philosophie trägt den Sieg davon.

Plutarch und Athenaios erwähnen Hunderte griechischer Historiker. Außer Herodot und Thukydides sind fast alle aus dem Goldenen Zeitalter vom Triebsand der Zeit begraben; aus späteren Historikern sind nur vereinzelte Abschnitte erhalten. Bei den anderen griechischen Literaturgattungen liegt der Fall aber keineswegs anders. Von den Hunderten von Tragödiendichtern, die bei den Dionysien Preise gewannen, haben wir nur ein paar Schauspiele von drei Verfassern; von den vielen Komödiendichtern bleibt uns ein einziger; von den großen Philosophen bleiben uns zwei. Alles in allem ist von der mit kritischem Geiste begrüßten Literatur des fünften Jahrhunderts in Griechenland nicht mehr als ein Zwanzigstel erhalten; von den vorhergehenden und nachfolgenden Jahrhunderten sogar noch weniger. Das meiste, was uns erhalten ist, stammt aus Athen. Wie wir nach den Philosophen, die sie nach Athen sandten, beurteilen können, waren auch die anderen Stadtstaaten fruchtbaren Geistes; doch ihre Kultur versank früher im Barbarismus, der von außen und von unten kam, und ihre Handschriften gingen in dem Aufruhr von Krieg und Revolution verloren. Wir müssen aus den Bruchstücken eines Teiles auf das Ganze schließen.

Aber auch so ist es ein reiches Vermächtnis, wenn auch nicht in der Menge (wer hat es indessen je ganz in sich aufgenommen?), so doch ganz gewiß in der Form. Form und Ordnung sind das Wesentliche am klassischen Stil, in der Literatur wie in der Kunst: der griechische Schriftsteller begnügt sich wie der griechische Künstler niemals damit, nur auszudrücken, er strebt danach, seinem Stoff Gestalt und Schönheit zu geben. Er stutzt ihn zurecht, bis er bündig ist, ordnet ihn an, bis er klar ist, wandelt ihn zu einer vielfältigen Einfachheit um; er ist stets geradeaus und selten dunkel; er meidet Übertreibung und Vorurteil, und selbst wenn er in seinen Gefühlen romantisch ist, ist er im Denken immer noch logisch. Dieses beständige Bemühen, die Phantasie der Vernunft unterzuordnen, ist der Grundzug des griechischen Geistes, selbst der griechischen Dichtung. Darum ist die griechische Literatur modern oder vielmehr jeder Zeit gemäß. Es fällt uns schwer, Dante oder Milton zu verstehen, aber Euripides und Thukydides sind uns geistig verwandt und gehören unserer Zeit an. Und das kommt daher, daß zwar Mythen voneinander abweichen können, die Vernunft aber stets dieselbe bleibt und ihre Verehrer jederzeit und allüberall zu Brüdern macht.

ACHTES KAPITEL

Griechenlands Selbstmord

I. DAS GRIECHENTUM ZUR ZEIT DES PERIKLES

Bevor wir uns dem betrüblichen Schauspiel des Peloponnesischen Krieges zuwenden, wollen wir einen kurzen Blick auf das Griechentum außerhalb Attikas werfen. Unsere Kenntnis dieser anderen Staaten ist so lückenhaft, daß wir nur annehmen können, was nachzuweisen uns nicht gelingt: daß sie, wenn auch in minderem Maße, an der kulturellen Blüte des Goldenen Zeitalters teilhatten.

Im Jahre 459 sandte Perikles, der das ägyptische Getreide in seine Hand bekommen wollte, eine große Flotte aus, um die Perser aus Ägypten zu vertreiben. Der Feldzug mißlang, und Perikles hielt sich von da an an die themistokleische Politik, die Welt durch den Handel und nicht durch Krieg zu erobern. Das ganze fünfte Jahrhundert hindurch verblieben Ägypten und Cypern unter persischer Herrschaft. Rhodos blieb frei, und der Mann, der die drei Stadtstaaten der Insel zu einem einzigen verschmolz, bereitete damit ihre Entwicklung zu einem der reichsten Handelszentren der hellenistischen Zeit vor. Die griechischen Städte Kleinasiens bewahrten ihre 479 bei Mykale errungene Unabhängigkeit, bis der Untergang des athenischen Reiches sie hilflos den Tributeinnehmern des Großkönigs preisgab. Die griechischen Kolonien in Thrakien und am Hellespont, am Marmarameer und am Schwarzen Meer blühten unter der athenischen Herrschaft, verarmten aber im Peloponnesischen Kriege. Unter Archelaos ging Makedonien von der Barbarei zur Zivilisation über und wurde eine der Mächte des Griechentums: Er baute gute Straßen, bildete ein diszipliniertes Heer aus harten Gebirglern, errichtete eine schöne neue Hauptstadt in Pella und rief viele bedeutende Griechen wie Timotheos, Zeuxis und Epikuros an den Hof. Boiotien brachte in dieser Zeit Pindaros hervor und gab Griechenland im Boiotischen Bund ein nicht befolgtes Vorbild, wie unabhängige Staaten in Frieden und Zusammenarbeit leben können.

In Italien hatten die griechischen Städte unter häufigen Kriegen und unter der Vorherrschaft Athens im Seehandel zu leiden. 443 sandte Perikles eine Gruppe von aus verschiedenen Staaten zusammengeholten Hellenen dorthin, um als Versuch der panhellenischen Einheit in der Nähe des zerstörten alten Sybaris die neue Kolonie Thurioi zu gründen. Protagoras verfaßte für die Stadt einen Gesetzeskodex, und der Architekt Hippodamos entwarf einen Stadtplan mit rechtwinklig angelegten Straßenzügen, der in den folgenden Jahrhunderten oft nachgeahmt wurde. Schon nach wenigen Jahren zerfielen die Kolonisten je nach ihren Herkunftsländern in verschiedene Parteien, und die meisten Athener, darunter wahrscheinlich Herodot, kehrten nach Athen zurück.

Sizilien, stets in Aufruhr, aber stets fruchtbar, wuchs weiterhin an Reichtum und Kultur. Selinus und Akragas bauten massige Tempel. Unter Theron wurde Akragas so reich, daß Empedokles bemerkte: «Die Akragantiner schwelgen, als müßten sie morgen sterben; ihre Häuser aber richten sie her, als würden sie ewig leben.»[1] Als Gelon I. 478 starb, hinterließ er Syrakus ein Verwaltungssystem, das an Brauchbarkeit demjenigen fast gleichkam, das Napoleon dem neuzeitlichen Frankreich vermachte. Unter seinem Bruder und Nachfolger Hieron I. wurde die Stadt nicht nur ein Mittelpunkt des Handels und des Wohlstands, sondern auch der Literatur, der Wissenschaft und der Kunst. Auch dort erreichte der Luxus schwindelnde Höhen: «Syrakusische Gelage» wurde gleichbedeutend mit Ausschweifung, und «korinthische Mädchen» waren in solcher Zahl anzutreffen, daß jeder Mann, der zu Hause schlief, als Heiliger betrachtet wurde. Die Bürger besaßen einen schnellen Geist und eine scharfe Zunge; sie hatten bis zu ihrem Untergang Freude an guter Redekunst und kamen in Scharen, in ihrem großartigen Freilichttheater die Komödien des Epicharmos und die Tragödien des Aischylos zu hören*. Hieron war ein übelgelaunter, aber gutwilliger Tyrann, grausam gegen die Feinde und großzügig gegenüber den Freunden. Er öffnete Simonides, Bakchylides, Pindaros und Aischylos Hof und Börse und machte mit ihrer Hilfe Syrakus eine Zeitlang zum geistigen Mittelpunkt Griechenlands.

Der Mensch lebt aber nicht von der Kunst allein. Die Syrakusier dürsteten nach dem Weine der Freiheit, und nach dem Tode Hierons entthronten sie seinen Bruder und gründeten eine gemäßigte Demokratie. Die anderen griechischen Städte der Insel faßten Mut und vertrieben ihre Diktatoren gleichfalls; die Klasse der Handeltreibenden stürzte die grundbesitzende Aristokratie und errichtete eine kommerzielle Demokratie, die auf einem erbarmungslosen System der Sklaverei ruhte. Nach etwa sechzig Jahren machte der Krieg diesem freiheitlichen Zwischenspiel ein Ende, wie er ihm schon einmal durch Gelon I. ein Ende bereitet hatte. Im Jahre 409 drangen die Karthager, die Hamilkars Niederlage bei Himera während dreier Menschenalter nicht vergessen hatten, mit einer Armada von fünfzehnhundert Schiffen und zwanzigtausend Mann unter Hamilkars Enkel Hannibal in Sizilien ein. Sie belagerten Selinus, das mit der wirtschaftlichen Blüte friedfertig geworden war und es unterlassen hatte, seine Verteidigungsanlagen intakt zu erhalten. Die überraschte Stadt wandte sich an Akragas und Syrakus um Hilfe; deren bequeme Bürger reagierten mit spartanischer Gemächlichkeit. Selinus fiel, alle Überlebenden wurden massakriert und verstümmelt und die Stadt dem Karthagischen Reiche einverleibt. Hannibal wandte sich nun gegen Himera, nahm es mit Leichtigkeit und folterte und tötete dreitausend Gefangene, um den Geist seines Großvaters zu besänftigen. Eine Seuche dezimierte seine Truppen und raffte Hannibal selbst hin, als er Akragas belagerte; aber sein Nachfolger stimmte die Götter weich, indem er seinen eigenen Sohn als Opfergabe lebendig verbrannte. Die Karthager eroberten die Stadt, nahmen Gela und Kamarina und wandten sich gegen Syrakus. Die entsetzten Syrakuser unterbrachen ihre Gelage und gaben ihrem fähigsten Feldherrn, Dionysios, absolute Vollmacht. Aber Dionysios schloß mit den Karthagern Frieden, überließ ihnen ganz Südsizilien und verwandte seine Truppen dazu, eine zweite Diktatur zu errichten (405). Es war nicht unbedingt ein Verrat; Dionysios wußte, daß Widerstand vergeblich gewesen wäre. Er lieferte alles außer seinem Heer und seiner Stadt aus und beschloß, beide stark zu machen, bis auch er wie Gelon die Eindringlinge aus Sizilien vertreiben könnte.

II. WIE DER GROSSE KRIEG BEGANN

Geradeso, wie die einfache Seele sich das Göttliche in Menschengestalt vorstellen muß, so muß der einfache Bürger Kriegsgründe im Persönlichen suchen, gewöhnlich bei einer ganz bestimmten Person. Selbst Aristophanes wollte es wie einige Klatschbasen seiner Zeit wahrhaben, daß Perikles den Peloponnesischen Krieg entfesselte, indem er Megara angriff, weil Megara Aspasia beleidigt hatte.

Es ist wahrscheinlich, daß Perikles, der nicht gezögert hatte, Aigina zu erobern, davon träumte, die Herrschaft Athens über den Handel vollständig zu machen, indem er

* Das Theater wurde wahrscheinlich unter Hieron I. (478–467) erbaut und unter Hieron II. (270–216) neu aufgebaut. Es ist großenteils erhalten, und viele antike griechische Dramen sind in unserem Jahrhundert darin aufgeführt worden.

nicht nur Megara, sondern auch Korinth in seine Gewalt brachte, da ja Korinth für Griechenland als Tor und Schlüssel zu dem Handel eines halben Erdteils dieselbe Rolle spielte, die Istanbul heute für das östliche Mittelmeer spielt. Der Hauptgrund des Krieges war aber das Anwachsen des athenischen Reiches und die Entwicklung der athenischen Vormachtstellung im wirtschaftlichen und politischen Leben der Ägäis. Athen ließ dort in Friedenszeiten den freien Handel zu, machte ihn aber von der Duldung des Reiches abhängig; kein Schiff durfte sich ohne Zustimmung Athens zeigen. Athenische Agenten setzten den Bestimmungsort jedes Schiffes fest, das die Getreidehäfen des Nordens verließ; Methone, das infolge der Dürre unter einer Hungersnot litt, mußte Athen um die Bewilligung ersuchen, ein wenig Korn einführen zu dürfen. Athen verteidigte diesen Machtumfang als Lebensnotwendigkeit. Es war von Nahrungsmitteleinfuhren abhängig und entschlossen, die Schiffahrtswege, über die diese Nahrungsmittel kamen, zu schützen. Indem es die Wege des internationalen Handels bewachte, erwies Athen dem Frieden und Wohlstand der Ägäis einen wahren Dienst; aber dieser Vorgang wurde immer lästiger, je mehr der Stolz und der Reichtum der unterworfenen Staaten wuchs. Die Beiträge, die sie zur Verteidigung gegen Persien geleistet hatten, wurden für die Verschönerung Athens verwandt, ja sogar zur Finanzierung athenischer Kriege gegen Griechen. Die Beitragsleistungen waren immer wieder erhöht worden, bis sie schließlich im Jahre 432 etwa 460 Talente jährlich betrugen. Athen behielt athenischen Gerichten das Recht vor, alle Prozesse zu behandeln, die innerhalb des Bundes entstanden und an denen athenische Bürger beteiligt waren oder die Kapitalverbrechen betrafen. Wenn irgendeine Stadt Widerstand leistete, wurde sie gewaltsam zur Botmäßigkeit gezwungen; so unterdrückte Perikles in wirkungsvoller Eile Aufstände auf Aigina (457), Euboia (446) und Samos (440). Wenn wir Thukydides Glauben schenken dürfen, gaben die demokratischen Führer Athens, die doch die Freiheit zum Götzen ihrer Politik gemacht hatten, soweit sie Athen betraf, freimütig zu, daß aus dem Bund freier Stadtstaaten ein Reich der Gewalt geworden war. Der Kleon des Thukydides sagt vor der Volksversammlung (427): «Ihr erwägt nicht, daß ihr eure Herrschaft nicht anders als eine Tyrannei besitzt und daß jene immer neue Anschläge gegen euch schmieden und eure Herrschaft über sie stets mit Unwillen erkennen werden; daß sie ihren Gehorsam nie nach euren Gefälligkeiten, wodurch ihr euch selbst schadet, sondern vielmehr nach der Überlegenheit, welche euch eure Macht und nicht ihre gute Gesinnung verschafft, abmessen werden.»[2] Der innere Widerspruch zwischen dem Kult der Freiheit und dem Despotismus des Reiches trug mit dem Individualismus der griechischen Staaten dazu bei, dem Goldenen Zeitalter ein Ende zu bereiten.

Fast jeder Staat Griechenlands setzte der athenischen Politik Widerstand entgegen. Boiotien wehrte bei Koroneia (447) den Versuch ab, es in das Reich einzugliedern. Einige unterworfene Städte und andere, die befürchteten, unterworfen zu werden, wandten sich an Sparta um Hilfe, um die Macht Athens einzudämmen. Die Spartaner waren nicht für diesen Krieg eingenommen, da sie die Stärke und die Kampfbegeisterung der athenischen Flotte kannten; aber der alte rassische Gegensatz zwischen

Doriern und Ionern feuerte sie an, und der athenische Brauch, in jeder Stadt eine Demokratie einzusetzen, die von dem Reich abhängig war, erschien der Grundbesitzeroligarchie Spartas als eine Bedrohung der aristokratischen Regierungsform in jedem Staate. Eine Zeitlang begnügten sich die Spartaner damit, die oberen Stände aller Städte zu begünstigen und langsam eine geeinte Front gegen Athen heranzubilden.

Von äußeren und inneren Feinden umringt, arbeitete Perikles für den Frieden und bereitete sich gleichzeitig auf den Krieg vor. Nach seiner Berechnung vermochte die Landarmee Attika oder doch die gesamte attische Bevölkerung, die innerhalb der Stadtmauern Athens Schutz suchen würde, zu schützen, und die Flotte könnte die Schiffahrtswege freihalten, über die das Getreide vom Schwarzen Meer und aus Ägypten nach Athens ummauertem Hafen kam. Nach seiner Meinung konnte man keine wirklichen Zugeständnisse machen, ohne die Nahrungsmittelzufuhr zu gefährden; es schien ihm, wie heute in England, keine andere Wahl zu geben als die zwischen dem Reich und dem Hungertode. Er schickte aber doch Gesandte zu allen griechischen Staaten und lud sie ein, an einer hellenischen Konferenz teilzunehmen, die eine friedliche Lösung aller Probleme finden sollte, die zum Krieg drängten. Sparta verweigerte die Teilnahme, da es der Meinung war, sie könnte als Anerkennung der Vormacht Athens ausgelegt werden, und auf seine geheime Aufforderung lehnten so viele andere Staaten die Einladung ab, daß das ganze Projekt ins Wasser fiel. Und wie Thukydides in einem Satze sagt, der vieles in der Geschichte erklärt, war «damals in der Peloponnes wie in den athenischen Staaten ein zahlreiches junges Volk; und weil diese es noch nicht versucht hatten, wie es im Kriege herginge, so machten sie sich mit Freuden daran»[3].

Da diese grundlegenden Faktoren nun einmal gegeben waren, wartete der Kriegsausbruch nur noch auf einen provozierenden Vorfall. Im Jahre 435 erklärte sich Kerkyra, eine korinthische Kolonie, von Korinth unabhängig; es schloß sich sofort dem Athenischen Bunde an, um von ihm Schutz zu erhalten. Korinth sandte eine Flotte zur Unterwerfung der Insel. Athen, von den siegreichen Demokraten Kerkyras gerufen, eilte ihnen mit einer Flotte zu Hilfe. Ein Treffen, in dem die Flotten Athens und Kerkyras gegen diejenigen Megaras und Korinths kämpften, endete unentschieden. 432 versuchte Poteidaia, eine Athen tributpflichtige, aber korinthische Stadt auf der Chalkidike, die athenische Herrschaft abzuschütteln. Perikles sandte eine Belagerungsarmee, aber die Stadt leistete zwei Jahre Widerstand und schwächte die militärischen Kräfte und das Prestige Athens. Als Megara fortfuhr, Korinth Hilfe zu leisten, befahl Perikles, keine megarischen Erzeugnisse mehr auf den Märkten Athens und des Reiches zuzulassen. Megara und Korinth wandten sich an Sparta; Sparta forderte von Athen den Widerruf dieses gegen Megara gerichteten Dekretes. Perikles willigte unter der Bedingung ein, daß Sparta fremden Staaten erlaube, mit Lakonien Handel zu treiben. Sparta weigerte sich; statt dessen stellte es als Vorbedingung des Friedens an Athen die Forderung, die volle Unabhängigkeit sämtlicher griechischer Stadtstaaten anzuerkennen, das heißt also, das Reich aufzugeben. Perikles bewog die Athener zur Verwerfung dieser Forderung, und Sparta erklärte den Krieg.

III. VON DER EPIDEMIE ZUM FRIEDEN

Fast ganz Griechenland stellte sich auf die eine oder die andere Seite. Jeder Staat der Peloponnes außer Argos unterstützte Sparta, ebenso Korinth, Megara, Boiotien, Lokris und Phokis. Athen stand zu Beginn die nicht sehr begeisterte Hilfe der Städte Ioniens, der Schwarzmeerkolonien und der Ägäischen Inseln zur Verfügung. Wie beim Ersten Weltkrieg unserer Zeit standen sich in der ersten Phase des Kampfes eine Seemacht und eine Landmacht gegenüber. Die athenische Flotte verwüstete die Küstenstädte der Peloponnes, während die spartanische Armee in Attika eindrang, sich die Ernten aneignete und den Boden verwüstete. Perikles rief die Bevölkerung Attikas in den Schutz der Mauern Athens, verbot dem Heere, sich zum Kampfe zu stellen, und riet den erregten Athenern, ihre Zeit abzuwarten und die Flotte den Krieg gewinnen zu lassen.

Seine Berechnungen waren vom strategischen Gesichtspunkte aus durchaus richtig; aber sie ließen einen Faktor außer acht, der fast kriegsentscheidend wurde. Die Übervölkerung der Stadt führte 430 zu einer Epidemie – wahrscheinlich Malaria –, die nahezu drei Jahre lang wütete und ein Viertel der Krieger und zahlreiche Zivilisten dahinraffte*. Das Volk gab Perikles in seiner großen Verzweiflung über die zusammentreffenden Leiden der Epidemie und des Krieges für beides die Schuld. Kleon und andere klagten ihn des Mißbrauches von Staatsgeldern an. Da er offenbar Staatsgelder verwendet hatte, um die spartanischen Könige durch Bestechung zum Frieden zu bewegen, konnte er keine befriedigende Rechenschaft ablegen; er wurde verurteilt, vom Amt entsetzt und mit der ungeheuren Geldbuße von fünfzig Talenten belegt. Etwa zur gleichen Zeit starben seine Schwester und seine beiden legitimen Söhne an der Seuche. Die Athener, die keinen Führer fanden, der ihn ersetzt hätte, riefen ihn an die Macht zurück (429). Und um ihm ihre Wertschätzung zu zeigen, stießen sie ein Gesetz um, das er selbst geschaffen hatte, und verliehen dem Sohne, den ihm Aspasia geboren hatte, das Bürgerrecht. Aber der alternde Staatsmann war selbst von der Krankheit ergriffen; er wurde von Tag zu Tag schwächer und starb wenige Monate nach seiner Wiedereinsetzung. Unter ihm hatte Athen seinen Höhepunkt erreicht. Weil aber diese Höhe zum Teil durch den Reichtum eines widerstrebenden Bundes und durch eine Gewaltanwendung erreicht worden war, die fast ganz Griechenlands Feindseligkeit verursacht hatte, ruhte das Goldene Zeitalter auf morschen Grundlagen; es war dem Zusammenbruch ausgesetzt, sobald die athenische Staatskunst in der Strategie des Friedens versagte.

Vielleicht hätte Athen, wie Thukydides meint, trotzdem den Sieg erringen können, wenn es die Fabische Politik des Hinzögerns, die Perikles begonnen hatte, bis zum Schluß durchgehalten hätte. Aber seine Nachfolger waren zu ungeduldig, um einen Plan durchzuführen, der Selbstbeherrschung verlangte. Die neuen Herren der Demokratie waren Kaufleute wie der Lederhändler Kleon, der Seiler Eukrates, der Lampenmacher Hyperbolos, und diese Leute verlangten einen aktiven Krieg zu Lande wie zur See. Kleon war der fähigste von ihnen, der beredteste, der skrupelloseste und der

* Vgl. die machtvolle Schilderung dieser Epidemie bei Lucretius in *De rerum natura*, VI. Buch, Absatz 1138–1386.

korrupteste. Nach Plutarch war er «der erste Redner, der seinen Überrock abwarf und der sich auf die Schenkel schlug»[4]. Kleon ließ es sich angelegen sein, auf der Rednertribüne im Gewande eines Arbeiters zu erscheinen. Er war der erste einer langen Reihe von Demagogen, die Athen seit dem Tode des Perikles bis zum Verlust der athenischen Unabhängigkeit bei Chaironeia (338) regierten.

Kleons Fähigkeit erwies sich 425, als die athenische Flotte eine spartanische Armee auf der Insel Sphakteria bei dem messenischen Pylos belagerte. Keinem Flottenführer schien es gelingen zu wollen, die Feste zu nehmen; als aber die Volksversammlung diese Aufgabe Kleon übertrug (wobei sie sich halb der Hoffnung hingab, er würde dabei fallen), da überraschte er alle, indem er den Angriff mit einem Geschick und einem Mut durchführte, der die Lakedaimonier zu einer Kapitulation zwang, die sie bislang noch nie gekannt hatten. Sparta erbot sich in seiner Demütigung, gegen Rückgabe der Gefangenen einen Friedens- und Bündnisvertrag abzuschließen; aber Kleons Redekunst bewog die Volksversammlung, das Angebot zurückzuweisen und den Krieg fortzusetzen. Seine Macht über die Volksmassen wurde durch den sofort angenommenen Antrag noch erhöht, daß die Athener künftig zur Finanzierung des Krieges keine Steuern mehr zu zahlen hätten, sondern daß man die Tribute erhöhe, welche die dem Reiche einverleibten Städte zahlten (424). Die Politik Kleons lief darauf hinaus, in diesen Städten wie in Athen so viel Geld wie nur möglich aus den Reichen herauszuquetschen. Als die Oberschicht von Mytilene sich empörte, die Demokratie stürzte und Lesbos sich vom Bündnis mit Athen löste (429), beantragte Kleon, alle männlichen Erwachsenen der abtrünnigen Stadt hinrichten zu lassen. Die Volksversammlung, vielleicht gerade nur die beschlußfähige Anzahl von Mitgliedern, nahm den Antrag an und sandte an Paches, den athenischen Feldherrn, der den Aufstand niedergeschlagen hatte, ein Schiff mit entsprechenden Befehlen. Als dieser erbarmungslose Erlaß in Athen bekannt wurde, beriefen die ruhigeren Köpfe eine neue Volksversammlung ein, ließen den Befehl widerrufen und sandten ein zweites Schiff ab, das Paches gerade zur rechten Zeit erreichte, um ein Massaker zu verhindern. Paches sandte tausend Rädelsführer nach Athen; sie wurden dort auf Kleons Betreiben und nach dem Brauch der Zeit hingerichtet.

Kleon befreite sich von dieser Blutschuld, indem er in der Schlacht gegen den spartanischen Helden Brasidas fiel, der die Athen verbündeten oder unterworfenen Städte im nordgriechischen Festland eine nach der anderen eroberte. Es war in diesem Feldzug, daß Thukydides seinen Posten in der Flotte und seinen Wohnsitz in Athen verlor, weil er zu spät zur Entsetzung des belagerten Amphipolis kam, das die thrakischen Goldminen beherrschte. Da Brasidas im selben Feldzuge fiel, machte Sparta, das angesichts eines drohenden Heilotenaufstandes führerlos dastand, wiederum ein Friedensangebot, und Athen, das einmal dem Ratschlag der Oligarchenführer folgte, unterzeichnete den Nikiasfrieden (421). Die Rivalenstädte erklärten nicht nur den Krieg für beendet, sondern unterzeichneten auch einen Bündnisvertrag auf fünfzig Jahre, und Athen verpflichtete sich, Sparta zu Hilfe zu kommen, wenn die Heiloten einen Aufstand unternehmen sollten.

IV. ALKIBIADES

Drei Umstände waren daran schuld, daß aus dieser Verpflichtung zur Freundschaft auf ein halbes Jahrhundert nur ein kurzer Waffenstillstand von sechs Jahren wurde: die Verdrehung des Friedens in einen «Krieg mit anderen Mitteln» durch die Diplomaten, das Hochkommen Athens als Führerin einer Partei, die sich für die Wiederaufnahme der Feindseligkeiten aussprach, und der Versuch Athens, die dorischen Kolonien Siziliens zu erobern. Spartas Verbündete weigerten sich, die Vereinbarung zu unterzeichnen; sie fielen von Sparta als einem nunmehr geschwächten Staate ab und schlossen sich Athen an. Alkibiades, der zwar Athen formell im Frieden erhielt, manövrierte sie in einen Krieg und vereinte sie in der Schlacht bei Mantineia (418) gegen Sparta. Sparta siegte, und Griechenland fiel in einen feindseligen Waffenstillstand zurück.

Inzwischen sandte Athen eine Flotte zu der dorischen Insel Melos und verlangte von ihr den Beitritt zum athenischen Reiche (416). Nach Thukydides, der hier vielleicht seinen Platz als Geschichtsschreiber verläßt und die Stellung eines sophistischen Philosophen oder eines rachedürstenden Emigranten einnimmt, gaben die athenischen Gesandten keine andere Begründung ihrer Handlungsweise, als daß Macht Recht sei. «Denn wir sind der Meinung, daß die Gottheit nach den allgemeinen Begriffen, die wir uns davon machen, und die Menschen einer unleugbaren Erfahrung und natürlichen Notwendigkeit zufolge überall über die zu gebieten haben, denen sie an Macht überlegen sind. Nach diesem Gesetz richten wir uns; ein Gesetz, das wir weder zuerst aufgebracht noch zum erstenmal seit dessen Dasein in Übung gebracht haben, sondern das wir bereits vor uns gefunden haben und auch auf unsere spätesten Nachkommen vererben werden. Ja, wir halten uns versichert, daß ihr selbst und ein jeder andere, der sich in dem Besitz einer gleichen Macht sehen würde, wie wir sie besitzen, ebenso handeln würde.»[5] Melos wollte nicht nachgeben und erklärte, es würde den Göttern vertrauen. Als dann unüberwindliche Verstärkungen der athenischen Flotte eintrafen, kapitulierte es bedingungslos. Die Athener brachten sämtliche männlichen Erwachsenen, die ihnen in die Hände fielen, um, verkauften die Frauen und Kinder als Sklaven und schickten fünfhundert Athener als Kolonisten auf die Insel. Athen fand an dieser Eroberung Gefallen und schickte sich an, das Leitmotiv seiner Dramatiker in tragischer Wirklichkeit zu illustrieren, daß eine rachesüchtige Nemesis jede Überheblichkeit im Erfolge bestraft.

Alkibiades gehörte zu jenen, die in der Volksversammlung den Beschluß befürworteten, die männliche Bevölkerung von Melos umzubringen. Gewöhnlich genügte es, daß er sich für einen Antrag einsetzte, damit er durchdrang, denn er war nun der berühmteste Mann Athens, seiner Beredsamkeit, seiner Schönheit, seiner Wendigkeit und selbst seiner Fehler und Verbrechen wegen bewundert. Sein Vater, der reiche Kleinias, war in der Schlacht von Koroneia gefallen; seine Mutter, eine Nachfahrin der Alkmaioniden und nahe Verwandte des Perikles, hatte den Staatsmann dazu bewogen, Alkibiades bei sich aufzuziehen. Der Knabe machte viel Mühe, war aber intelligent und tapfer; als Zwanzigjähriger kämpfte er an der Seite des Sokrates bei Poteidaia und als Sechsundzwanzigjähriger bei Delion (424). Der Philosoph scheint für den Jüngling eine herzliche Zuneigung empfunden zu haben und hielt ihn, wie Plutarch berichtet, zur Tugend an: «Da nun die Liebe zu Sokrates viele und starke Nebenbuhler gegen sich hatte, so trug sie zwar oft in Alkibiades den Sieg davon, weil dank seiner edlen Art Sokrates' Worte ihn doch packten, ihm ans Herz rührten und Tränen entlockten; zuweilen aber gab er sich doch den Schmeichlern in die Hände, die ihm vielerlei Genüsse vorgaukelten, entglitt Sokrates, lief ihm davon und wurde geradezu wieder gejagt, weil er doch allein ihm gegenüber das Gefühl der Scheu und der Ehrfurcht hatte und alle anderen verachtete.»[6]

Die Witze und Streiche des jungen Mannes wurden zum anstoßerregenden und faszinierenden Stadtgespräch Athens. Als Perikles seinen anmaßenden Dogmatismus mit den Worten zurückwies, auch er habe in seiner Jugend weise gesprochen, entgegnete Alkibiades: «Wenn ich doch damals mit dir zusammengewesen wäre, mein lieber Perikles, als du in diesen Fragen ganz auf der Höhe warst.»[7] Lediglich auf die Aufforderung seiner Radaubrüder hin schlug er in aller Öffentlichkeit den reichsten und mächtigsten Mann Athens, Hipponikos, ins Gesicht. Am nächsten Morgen betrat er das Haus des erschreckten Magnaten, entblößte sich und bat Hipponikos, ihn zur Strafe auszupeitschen. Der alte Mann war davon so überwältigt, daß er dem Jüngling seine Tochter Hipparete zur Frau gab und sie mit einer Mitgift von zehn Talenten versah; Alkibiades veranlaßte ihn, die Mitgift zu verdoppeln, und gab den größten Teil davon für sich selbst aus. Er lebte in einem Luxus, den Athen bislang nicht gekannt hatte. Er füllte sein Heim mit kostbaren Möbeln und beauftragte Künstler, die Wände mit Bildern zu bemalen. Er hielt sich einen Stall mit Rennpferden und gewann oft die Wagenrennen in Olympia; einmal gewannen seine Pferde gleichzeitig den ersten, zweiten und vierten Preis des gleichen Rennens, worauf er die ganze Volksversammlung bewirtete. Er rüstete Trieren aus und finanzierte Chöre, und als der Staat um Beiträge an die Kriegskosten ersuchte, waren seine Stiftungen die höchsten. Ohne Gewissenshemmungen, ganz unkonventionell und furchtlos, trieb er seine ganze Jugendzeit hindurch seine Possen mit einer solchen Lebenskraft, daß ganz Athen an seinem Glück Gefallen zu finden schien. Er lispelte ein wenig, aber mit solchem Charme, daß alle modischen jungen Leute zu lispeln begannen. Er trug Schuhe nach einem neuen Schnitt, und bald trug die goldene Jugend der Stadt «Alkibiadesschuhe». Er verletzte hundert Gesetze und beleidigte hundert Männer, aber niemand wagte, ihn vor Gericht zu bringen. Bei den Hetären war er so beliebt, daß er auf seinem Schild einen Eros mit einem Donnerkeil trug, als ob er damit seine Siege in der Liebe anzeigen wollte. Seine Frau ertrug seine Untreue eine Weile mit Geduld, kehrte dann in das Haus ihres Vaters zurück und bereitete eine Scheidungsklage vor; als sie aber vor dem Archon erschien, nahm Alkibiades sie in seine Arme und trug sie über den Marktplatz heim, und niemand wagte sich ihm entgegenzustellen. Von da an ließ sie ihm volle Freiheit und begnügte sich mit den abfallenden Brocken seiner Liebe; ihr früher Tod läßt aber auf ein von seiner Unbeständigkeit gebrochenes Herz schließen.

Als er nach dem Tode des Perikles zur Politik überging, fand er nur einen einzigen Nebenbuhler: den reichen und frommen Nikias. Aber Nikias war für die Aristokratie und den Frieden. Darum machte sich Alkibiades daran, die handeltreibenden Klassen zu begünstigen, und predigte einen Imperialismus, der Athen bei seinem Stolze packte; der Nikiasfrieden war in seinen Augen schon dadurch zur Genüge verunglimpft, daß er den Namen seines Nebenbuhlers trug. 420 wurde er als einer der zehn Feldherren gewählt und begann die ehrgeizigen Pläne zu schmieden, die Athen wiederum in den Krieg stürzten. Als die Volksversammlung ihm zujubelte, freute sich der Menschenfeind Timon und sagte schweres Unglück voraus.

V. DAS SIZILISCHE ABENTEUER

Es war die Einbildungskraft des Alkibiades, die das Werk des Perikles zugrunde richtete. Athen hatte sich von Epidemie und Krieg wieder erholt, und der Handel trug ihm wieder den Reichtum der Ägäis zu. Aber jedes Wesen steht unter dem Gesetz der Eigenentwicklung; kein Ehrgeiz, kein Reich ist je vollständig zufrieden. Alkibiades träumte davon, in den reichen Städten Italiens und Siziliens für Athen neuen Lebensraum zu schaffen. Dort würde es Korn, Rohstoffe und Menschen finden; dort würde es die Lebensmitteleinfuhren der Peloponnes in seiner Gewalt haben; es könnte den Tribut verdoppeln, der es zur bedeutendsten Stadt Griechenlands machte. Nur Syrakus konnte mit ihm in Wettbewerb treten, und das war für Athen schier unerträglich. Wenn es ihm gelingen sollte, Syrakus zu nehmen, würde ihm das ganze westliche Mittelmeergebiet in den Schoß fallen, und ein Glanz würde nach Athen kommen, wie ihn selbst Perikles sich nicht hätte vorstellen können.

427 war Sizilien gleich dem griechischen Festland in sich bekriegende Lager zerfallen, von denen das eine von dem dorischen Syrakus, das andere von dem ionischen Leontinoi angeführt wurde. Leontinoi sandte Gorgias nach Athen, um Hilfe zu erhalten; aber Athen war zu schwach, um dem Ruf zu entsprechen. Nun, 416, schickte Segesta Gesandte nach Athen mit der Erklärung, Syrakus habe im Sinne, sich ganz Sizilien zu unterwerfen, der Insel eine dorische Regierung aufzuzwingen und im Falle der Wiederaufnahme des großen Krieges Sparta mit Nahrungsmitteln und Geld zu versehen. Alkibiades ergriff diese Gelegenheit sofort. Nach seiner Auffassung lagen sich die sizilischen Griechen hoffnungslos in den Haaren, selbst innerhalb der einzelnen Städte; es würde ganz einfach sein – wenn man nur etwas Mut hatte –, die ganze Insel dem Reiche einzuverleiben; das Reich müsse wachsen, oder aber sein Zerfall würde einsetzen; ein kleiner Krieg hie und da sei notwendig, um ein in Großräumen denkendes Volk heranzuziehen. Nikias flehte die Volksversammlung an, nicht auf einen Mann zu hören, der sich durch seine persönliche Extravaganz zu wilden Vergrößerungsplänen verleiten ließ; aber die Beredsamkeit des Alkibiades und die Einbildungskraft eines Volkes, das nunmehr in gefährlicher Weise frei von Skrupeln war, trugen den Sieg davon. Die Volksversammlung erklärte Syrakus den Krieg, bewilligte die Gelder für eine große Armada

und teilte, wie um die Niederlage ganz sicher zu machen, das Kommando zwischen Alkibiades und Nikias auf.

Die Vorbereitungen wurden mit dem charakteristischen Kriegsfieber vorangetragen, und die Abfahrt der Flotte wurde wie ein patriotisches Fest erwartet. Aber kurz zuvor ereignete sich ein seltsamer Vorfall, der die Stadt, die viel von ihrer Frömmigkeit, aber nichts von ihrem Aberglauben eingebüßt hatte, entsetzte. Unbekannte hatten im Schutze der Nacht den Hermessäulen, die vor den öffentlichen Gebäuden und vor vielen Privathäusern als Wahrzeichen der Fruchtbarkeit und als Wächter des Hauses standen, die Nasen, Ohren und Phalloi abgeschlagen. Ein aufgeregtes Mitglied der Untersuchungskommission brachte die wenig verläßliche Aussage von Fremden und Sklaven vor, dieser Streich sei von einer betrunkenen Gesellschaft von Freunden des Alkibiades unter dessen persönlicher Leitung ausgeführt worden. Der junge Feldherr beteuerte seine Unschuld und verlangte, daß man ihm sofort den Prozeß mache, damit er noch vor der Abfahrt der Flotte verurteilt oder reingewaschen werden könne; aber seine Feinde, die den Freispruch voraussahen, setzten es durch, daß der Prozeß vertagt wurde. Und so setzte die große Flotte 415 Segel, unter Führung eines ängstlichen Pazifisten, der den Krieg haßte, und eines waghalsigen Militaristen, dessen Führergenie durch das geteilte Kommando und die Furcht der Mannschaften, er habe sich die Feindschaft der Götter zugezogen, geschmälert wurde.

Die Flotte war einige Tage unterwegs, als neue und wiederum völlig unzulängliche Belege erbracht wurden, die darlegten, daß Alkibiades mit seinen Freunden an einer schandbaren Verulkung der Eleusinien teilgenommen habe. Von einer wütenden Volksmasse dazu angetrieben, sandte die Volksversammlung die schnelle Galeere «Salaminia» aus, Alkibiades einzuholen und zum Prozeß zurückzubringen. Alkibiades nahm die Vorladung an und begab sich an Bord der «Salaminia»; als aber das Schiff in Thurioi haltmachte, ging er heimlich an Land und entkam. Die athenische Volksversammlung, deren Pläne durchkreuzt waren, belegte ihn mit der Verbannung, konfiszierte seine gesamte Habe und dekretierte, daß er sofort hinzurichten sei, sobald man seiner habhaft würde. Voller Erbitterung, daß seine Pläne von Reich und Ruhm durch eine Verurteilung zunichte gemacht waren, die er stets ungerechtfertigt nannte, flüchtete sich Alkibiades auf die Peloponnes und trat vor der spartanischen Volksversammlung auf, der er sich anerbot, Athen zu schlagen und dort eine aristokratische Regierung einzusetzen. Thukydides läßt ihn sagen: «Wir wissen ja freilich alle, soviel unserer nur einige Einsicht haben, zur Genüge, wie es mit einer Demokratie aussieht, und ich weiß es so gut als einer, so daß ich Lust hätte, rechtschaffen darüber herzuziehen, wenn ich nicht dächte, daß ich von einem überall so bekannten und eingestandenen Unsinn doch nichts Neues sagen würde.»[8] Er riet den Spartanern, mit einer Flotte Syrakus zu Hilfe zu kommen und mit einem Heer Dekeleia einzunehmen – ein attisches Städtchen, durch dessen Besitz Sparta ganz Attika außer Athen militärisch beherrschen konnte. Die Silberminen von Laureion würden den athenischen Widerstand nicht mehr finanzieren, und die unterworfenen Staaten würden angesichts der Niederlage Athens ihre Tributzahlungen einstellen. Sparta folgte seinem Rat.

Die Stärke seiner eigenen Entschlossenheit zeigte sich in der Vollständigkeit, womit er, der doch so an Luxus gewöhnt war, die spartanische Lebensweise aufnahm. Er wurde nüchtern und zurückhaltend, aß einfache Kost, trug einen rauhen Chiton und keine Schuhe, badete im Sommer und Winter im Eurotas und befolgte getreulich die spartanischen Gesetze, Sitten und Gebräuche. Trotz alledem machten seine Schönheit und seine Anziehungskraft wiederum all seine Pläne zunichte. Die Königin verliebte sich in ihn, gebar ihm einen Sohn und flüsterte ihren Freundinnen voller Stolz zu, daß er der Vater sei. Er gab seinen Vertrauten als Entschuldigung an, er habe nicht widerstehen können, seine Nachfahren als Könige Spartas zu sehen. König Agis, der mit dem Heer fortgewesen war, kam zurück, und Alkibiades ließ sich einen passenden Auftrag auf einem nach Asien segelnden Schiffe geben. Der König enterbte das Kind und erteilte den geheimen Befehl, Alkibiades zu ermorden; dessen Freunde warnten ihn aber, und er entkam und schloß sich dem persischen Flottenführer Tissaphernes in Sardeis an.

Am anderen Ende der Kriegsfront fand Nikias einen Widerstand vor, dem nur der strategische und intrigante Geist eines Alkibiades gewachsen gewesen wäre. Fast ganz Sizilien eilte Syrakus zu Hilfe. 414 half eine spartanische Flotte unter Gylippos der sizilischen, die athenischen Schiffe im Hafen von Syrakus zusammenzudrängen und von jeder Nahrungsmittelzufuhr abzuschneiden. Eine letzte Möglichkeit, zu entrinnen, wurde wegen einer Mondfinsternis verpaßt, die Nikias und viele seiner Krieger so in Schrecken versetzte, daß sie lieber eine Gelegenheit abwarten wollten, die den Göttern besser gefiele. Am nächsten Tage fanden sie sich indessen umzingelt und waren gezwungen, die Schlacht anzunehmen. Sie wurden besiegt, zuerst zur See und dann an Land. Nikias kämpfte tapfer, obgleich er krank und schwach war, und ergab sich schließlich den Syrakusern auf Gnade oder Ungnade. Er wurde sofort hingerichtet, und die überlebenden Athener, fast alle Mitglieder der Bürgerschaft, wurden zu einem langwährenden Tod durch Zwangsarbeit in die Steinbrüche Siziliens geschickt, wo sie das Schicksal der Menschen zu kosten bekamen, die Generation um Generation in den Silberminen von Laureion gearbeitet hatten.

VI. SPARTAS TRIUMPH

Die Katastrophe brach Athens Kampfesmut. Fast die Hälfte aller Bürger war gefallen oder in Sklaverei geraten; jede zweite Frau der Bürgerklasse wurde Witwe, und die Kinder wurden Waisen. Die Schätze, die Perikles angehäuft hatte, waren fast verbraucht; noch ein Jahr, und der letzte Obolos würde ausgegeben sein. Die unterjochten Städte glaubten, der Fall Athens stehe unmittelbar bevor, und verweigerten weitere Tribute; die meisten Bundesgenossen fielen ab, und viele stellten sich an die Seite Spartas. 413 erklärte Sparta, Athen habe den «fünfzigjährigen» Frieden mehrfach gebrochen, und nahm den Krieg wieder auf. Die Lakedaimonier nahmen und befestigten Dekeleia. Die Nahrungsmittelzufuhren aus Euboia und die Silberzufuhren von Laureion hörten auf; die Sklaven der Silberminen erhoben sich und gingen insgesamt in einer Stärke von zwanzigtausend Mann zu den Spartanern über. Syrakus sandte ein

Heer, das sich am Angriff beteiligte, und der Perserkönig, der die Gelegenheit gekommen sah, sich für Marathon und Salamis zu rächen, unterstützte die wachsende spartanische Flotte auf die schamlose Zusicherung hin, daß Sparta Persien bei der Wiedergewinnung der Herrschaft über die griechischen Städte Ioniens behilflich sein würde.

Es war ein Beweis des athenischen Mutes und der Lebenskraft der athenischen Demokratie, daß Athen zehn weitere Jahre lang standhalten konnte. Die Staatsführung wurde auf Sparsamkeit eingestellt, Steuern und Kopfabgaben wurden zum Bau einer neuen Flotte eingetrieben, und ein Jahr nach der Niederlage von Syrakus war Athen bereit, Sparta seine neue Seeherrschaft wieder streitig zu machen. Gerade als die Erholung gesichert schien, organisierte die Oligarchenpartei, die nie für den Krieg gewesen war und sogar auf einen Sieg Spartas wartete, um die Aristokratie in Athen wieder aufleben zu lassen, einen Aufstand, setzte sich in den Besitz der Regierungsstellen und errichtete einen allgewaltigen Rat der Vierhundert (411). Die Volksversammlung, durch die Ermordung vieler demokratischer Führer gefügig gemacht, stimmte ihrer eigenen Abdankung zu. Die Reichen unterstützten den Aufstand als einzige Möglichkeit, des Klassenkampfes Herr zu werden, der die Kampflinien zwischen Athen und Sparta uberkreuzt hatte, ähnlich wie der Kampf des Mittelstandes gegen die Aristokratie die liberalen Parteigruppen Englands und Amerikas während der amerikanischen Revolution zusammenführte. Einmal an der Macht, schickten die Oligarchen Gesandte, um mit Sparta einen Frieden abzuschließen, und bereiteten sich im geheimen darauf vor, das spartanische Heer in Athen aufzunehmen. Da führte aber Theramenes, der Führer einer Mittelpartei der gemäßigten Aristokratie, eine Gegenrevolution an und ersetzte die Vierhundert – die vier Monate lang regiert hatten – durch einen Rat der Fünftausend (411). Eine kurze Zeit lang erfreute sich Athen jener Mischung von Demokratie und Aristokratie, die nach der Meinung von Thukydides und Aristoteles (beide Aristokraten) die beste und gerechteste Staatsführung war, die Athen seit Solon je gehabt hatte. Aber die zweite Revolution vergaß wie die erste, daß Athen in seiner Nahrung und seinem Leben von der Flotte abhing, deren Bemannung mit Ausnahme weniger Führer durch beide Revolutionen das Bürgerrecht verloren hatte. Empört verkündeten die Matrosen, sie würden Athen belagern, bis die Demokratie wiederhergestellt sei. Die Oligarchen warteten voller Hoffnung auf ein spartanisches Heer; die Spartaner kamen aber wie immer zu spät. Die neue Regierung gab Fersengeld, und die siegreichen Demokraten stellten die alte Verfassung wieder her (411).

Alkibiades hatte insgeheim den Oligarchenaufstand unterstützt, da er sich damit den Weg zur Rückkehr nach Athen zu ebnen hoffte. Nun rief ihn die erneut an die Macht gekommene Demokratie mit einem Amnestieversprechen nach Athen zurück, vielleicht ohne Kenntnis seiner Intrigen, jedenfalls in Anbetracht der schlechten Lage Athens seit seinem Fortgang. Seinen triumphalen Einzug nach Athen aufschiebend, übernahm er in Samos das Flottenkommando und handelte mit solcher Geschwindigkeit und solchem Erfolg, daß Athen einen kurzen Augenblick des Glückes erlebte. Er eilte durch den Hellespont, traf eine spartanische Flotte bei Kyzikos und vernichtete sie vollständig (410). Nach einjähriger Belagerung nahm er Chalkedon und Byzantion und stellte dadurch die Nahrungsmittelzufuhr aus dem Bosporos für Athen wieder sicher. Sich nach Süden wendend, traf er bei der Insel Andros auf eine zweite spartanische Flottenabteilung und besiegte sie mit Leichtigkeit. Nunmehr kehrte er nach Athen zurück (407) und wurde dort von allen jubelnd empfangen: Seine Sünden waren vergessen, man dachte nur noch an sein Genie und an Athens dringendes Bedürfnis nach einem fähigen Feldherrn. Aber Athen, das seine Siege feierte, vergaß, ihm das Geld zur Entlöhnung seiner Mannschaften zu senden. Wiederum wurde der Mangel an moralischen Skrupeln Alkibiades zum Verhängnis. Er ließ den größten Teil seiner Flotte unter dem Befehl eines gewissen Antiochos bei Notion (in der Nähe von Ephesos) zurück, gab strikte Weisung, im Hafen zu bleiben und unter keinen Umständen eine Schlacht anzunehmen, und segelte mit einer kleinen Streitmacht nach Karien, um dort für seine Leute in nicht ganz gesetzmäßiger Weise Geld einzutreiben. Antiochos gelüstete es nach Ruhm. Er verließ den Hafen und forderte eine spartanische Flottenabteilung unter Lysandros zum Kampfe heraus. Lysandros nahm die Herausforderung an, tötete Antiochos in einem Kampfe Mann gegen Mann und versenkte oder kaperte die meisten athenischen Schiffe (407). Als die Nachricht von dem Unglück nach Athen kam, handelte die Volksversammlung mit bezeichnender Übereilung. Sie tadelte Alkibiades, weil er die Flotte verlassen hatte, und enthob ihn des Kommandos. Alkibiades, der nun gleichzeitig Athen und Sparta zu fürchten hatte, suchte in Bithynien Zuflucht.

In ihrer Verzweiflung ließen die Athener nun das Gold und Silber der Statuen und Opfergaben der Akropolis einschmelzen, um eine neue Flotte von 150 Trieren zu bauen, und boten allen Sklaven die Freiheit und allen Fremden das Bürgerrecht, die für die Stadt kämpfen würden. Die neue Armada besiegte 406 eine spartanische Flotte bei den Arginusen (südlich Lesbos'), und Athen erlebte wieder einmal einen Siegesrausch. Aber die Volksversammlung geriet in Wut, als sie erfuhr, daß die Feldherren (der Titel *strategos* wurde auf die Befehlshaber der Flotte wie auf die Befehlshaber des Heeres angewendet) die Mannschaften von fünfundzwanzig vom Feinde versenkten Schiffen wegen eines Sturmes hatten ertrinken lassen. Heißsporne empörten sich, weil diese Seelen nun, da die Toten nicht ordnungsgemäß begraben worden waren, ruhelos das All durchwandern würden. Sie klagten die acht siegreichen Feldherren an, sie hätten es vernachlässigt, Rettungsmaßnahmen zu ergreifen, und beantragten, sie einschließlich des Sohnes von Perikles und Aspasia hinrichten zu lassen. Sokrates, der gerade Mitglied der vorsitzenden Prytanie war, weigerte sich, den Antrag zur Abstimmung vorzulegen. Der Antrag wurde trotz seiner Einwendungen vorgelegt und angenommen, und das Urteil wurde mit der gleichen Überstürzung ausgeführt, mit der es gefällt worden war. Wenige Tage später bereute es die Volksversammlung und verurteilte diejenigen zum Tode, die sie zur Hinrichtung der Feldherren bewogen hatten. Unterdessen boten die Spartaner, von ihrer Niederlage geschwächt, wiederum den Frieden an; aber die Volksversammlung nahm ihn, von der Beredsamkeit des betrunkenen Kleophon verführt, nicht an.

Nunmehr von zweitrangigen Männern geführt, segelte die athenische Flotte nach Norden, um sich den Spartanern unter Lysandros im Marmarameer zum Kampf zu stellen. Von seinem Versteck in den Bergen aus erkannte Alkibiades, daß die athenischen

Schiffe eine strategisch ungünstige Stellung bei Aigos Potamoi in der Nähe von Lampsakos bezogen hatten. Er riskierte sein Leben, ritt zur Küste hinab, um die athenischen Flottenführer anzuhalten, einen geschützteren Ort aufzusuchen; diese mißtrauten aber seinem Rat und erinnerten ihn daran, daß er keine Befehlsgewalt mehr habe. Am nächsten Tage wurde die entscheidende Schlacht ausgefochten: Von den 208 athenischen Schiffen wurden mit Ausnahme von acht sämtliche versenkt oder genommen, und Lysandros befahl die Hinrichtung von tausend athenischen Gefangenen. Alkibiades erfuhr, daß Lysandros ihn ermorden lassen wollte, und suchte in Phrygien bei dem persischen Satrapen Pharnabazos Zuflucht, der ihm eine Burg und eine Kurtisane zuwies. Doch der persische König erteilte Pharnabazos auf Lysandros' Rat den Befehl zur Ermordung seines Gastes. Zwei gedungene Mörder legten Feuer an die Burg; Alkibiades kam nackt und verzweifelt heraus und wollte das Recht haben, um sein Leben zu kämpfen; bevor aber sein Schwert die Angreifer treffen konnte, war er von ihren Pfeilen und Speeren durchbohrt. Er starb im Alter von sechsundvierzig Jahren, der genialste Feldherr und die größte Enttäuschung der griechischen Kriegsgeschichte.

Lysandros, der nun absoluter Herr über die Ägäis war, wandte sich nach Süden, segelte von Stadt zu Stadt, stürzte die demokratischen Regierungen und setzte Sparta unterworfene oligarchische Regierungen ein. Ohne Widerstand zu finden, drang er in den Peiraieus ein und begann sofort mit der Blockade Athens. Die Athener wehrten sich mit gewohnter Tapferkeit; aber nach drei Monaten waren alle Lebensmittellager erschöpft und die Straßen von toten und sterbenden Menschen angefüllt. Lysandros stellte Athen bittere und doch milde Bedingungen: Er verkündete, er werde eine Stadt, die in der Vergangenheit Griechenland so große Dienste erwiesen habe, nicht zerstören, und er werde ihre Bevölkerung nicht versklaven; er forderte aber den Abbruch der Langen Mauern und die Rückberufung der verbannten Oligarchen, die Übergabe aller noch bestehenden athenischen Schiffe mit Ausnahme von acht, und legte der Stadt die Verpflichtung auf, Sparta in jedem kommenden Kriege aktiv zu unterstützen. Athen gab unter Protest nach.

Von Lysandros unterstützt und von Kritias und Theramenes geführt, ergriffen die Oligarchen die Regierungsgewalt und gründeten einen Rat der Dreißig zur Beherrschung Athens (404). Diese griechischen Bourbonen hatten nichts gelernt: Sie beschlagnahmten den Besitz und entfremdeten sich die Unterstützung vieler reicher Kaufleute; sie plünderten die Tempel aus und verkauften die Werften des Peiraieus, die tausend Talente gekostet hatten, um drei Talente, verbannten fünftausend Demokraten und richteten fünfzehnhundert weitere hin; sie ermordeten alle Athener, die ihnen politisch und persönlich nicht behagten; sie hoben die Lehr-, Rede- und Versammlungsfreiheit auf, und Kritias selbst verbot seinem ehemaligen Lehrer Sokrates die Weiterführung seiner öffentlichen Gespräche. Die Dreißig versuchten den Philosophen an ihre Sache zu ketten und befahlen ihm und vier anderen, den Demokraten Leon zu verhaften. Die anderen gehorchten, aber Sokrates weigerte sich.

Alle Sünden der Demokratie gerieten in Vergessenheit, als die Verbrechen der Oligarchen wuchsen und sich vermehrten. Immer mehr Männer, auch solche mit beträchtlichem Vermögen, waren bestrebt, dieser blutigen Tyrannei ein Ende zu bereiten. Als sich tausend bewaffnete Demokraten unter Thrasybulos dem Peiraieus näherten, stellte es sich heraus, daß gerade nur die engsten Anhänger bereit waren, für die Dreißig zu kämpfen. Kritias stellte ein kleines Heer auf, lieferte eine Schlacht, wurde besiegt und fiel. Thrasybulos drang in Athen ein und stellte die Demokratie wieder her (403). Unter seiner Führung benahm sich die Volksversammlung mit ungewohnter Mäßigung. Sie verurteilte nur die höchsten noch lebenden Führer der Revolution zum Tode und ließ es zu, daß sie diesem Urteil durch Emigration entrannen; für alle anderen, die die Oligarchen unterstützt hatten, gewährte sie eine Generalamnestie. Sie zahlte sogar Sparta die hundert Talente zurück, die die Ephoren den Dreißig geliehen hatten. Diese Taten der Menschlichkeit und der Staatsmannskunst gaben Athen endlich den Frieden, den es ein Menschenalter lang nicht mehr erlebt hatte.

VII. DER TOD DES SOKRATES

Merkwürdigerweise richtete sich die Grausamkeit der wiederhergestellten Demokratie gegen einen alten Philosophen, dessen siebzig Jahre ihn der Möglichkeit hätten enthoben haben sollen, dem Staate gefährlich zu werden. Aber zu den Führern der demokratischen Partei zählte derselbe Anytos, der Jahre zuvor gedroht hatte, er werde sich an Sokrates für die spöttische Haltung ihm gegenüber und die Verführung seines Sohnes rächen. Anytos war ein guter Mann: Er hatte tapfer unter Thrasybulos gekämpft; er hatte das Leben von Oligarchen, die von seinen Kriegern gefangengenommen worden waren, gerettet; er hatte am Amnestieerlaß tätig mitgewirkt und denjenigen, die von den Dreißig beschlagnahmte Güter gekauft hatten, ihren Besitz belassen. Seine Großzügigkeit versagte aber, als es um Sokrates ging. Anytos schien es, daß Sokrates mehr noch als jeder Sophist einen sittlich wie politisch verderblichen Einfluß ausübe; Sokrates untergrub nach seiner Meinung den religiösen Glauben, der die Moral stützte, und seine ständige Kritik schwächte das Vertrauen der gebildeten Athener an die Einrichtungen der Demokratie. Anytos konnte es nicht vergessen, daß er einmal hatte in die Verbannung gehen müssen, während sein Sohn bei Sokrates in Athen zurückblieb und sich dem Trunke ergab. Es besänftigte ihn nicht, daß Sokrates den Dreißig den Gehorsam verweigert und (wenn wir Xenophon Glauben schenken dürfen) Kritias als schlechten Herrscher bezeichnet hatte. Der mörderische Tyrann Kritias war ein Schüler des Sokrates gewesen; der unmoralische und verräterische Alkibiades sein Geliebter; Charmides, sein früherer Liebling, war unter Kritias Feldherr gewesen und soeben im Kampfe gegen die Demokratie gefallen*. Es schien Anytos angebracht, daß Sokrates Athen verlassen oder sterben müsse.

Die Anklage wurde 399 von Anytos, Meletos und Lykon vorgebracht und lautete folgendermaßen: «Sokrates vergeht sich, indem er die jungen Leute verdirbt und nicht dem Brauch gemäß die Götter verehrt, dafür aber andere, neue göttliche We-

* Kritias und Alkibiades hatten Sokrates schon früh in seiner Lehrerlaufbahn verlassen, da ihnen die Einschränkungen, die er ihnen auferlegte, nicht zusagten.

sen.» *[9] Der Prozeß fand vor einem Volksgerichtshof, einem *dikasterion*, von etwa fünfhundert, meist weniger gebildeten Bürgern statt. Wir können nicht feststellen, wie genau Platon und Xenophon die Verteidigungsrede des Sokrates wiedergeben; wir wissen nur, daß Platon bei dem Prozeß zugegen war. Seine Darstellung der Sokratischen «Apologie» stimmt in vielen Punkten mit derjenigen Xenophons überein. Nach Platon beharrte Sokrates darauf, er glaube an die Staatsgötter, sogar an die Göttlichkeit von Sonne und Mond: «Wenn ich also an Daimonen glaube, wie du sagst, und die Daimonen sind selbst Götter, das wäre ja ganz das, was ich sage, daß du Rätsel vorbringst und scherzest, wenn du mich, der ich an keine Götter glauben soll, hernach doch wieder an Götter glauben läßt, da ich ja an Daimonen glaube. Wenn aber wiederum die Daimonen Kinder der Götter sind, unechte von Nymphen oder andern, denen sie ja auch zugeschrieben werden: welcher Mensch könnte dann wohl glauben, daß es Kinder der Götter gäbe, Götter aber nicht? Ebenso ungereimt wäre das ja, als wenn jemand glauben wollte, Kinder gebe es wohl von Pferden und Eseln, Maulesel nämlich, daß es aber Esel und Pferde gäbe, wollte er nicht glauben.» [10] Sodann bezog er sich voller Betrübnis auf die Wirkungen des Spottes von Aristophanes:

«Viele Ankläger habe ich längst bei euch gehabt und schon vor vielen Jahren, und die nichts Wahres sagten, welche ich mehr fürchte als den Anytos, obgleich auch der furchtbar ist. Allein, jene sind furchtbarer, ihr Männer, welche viele von euch schon als Kinder an sich gelockt und überredet, mich aber ohne Grund beschuldigt haben, als gäbe es einen Sokrates, einen weisen Mann, der den Dingen am Himmel nachgrüble und auch das Unterirdische alles erforscht habe und Unrecht zu Recht mache. Diese, ihr Athener, welche solche Gerüchte verbreitet haben, sind meine furchtbaren Ankläger. Denn die Hörer meinen gar leicht, wer solche Dinge untersuche, glaube auch nicht einmal an Götter. Ferner sind auch dieser Ankläger viele, und viele Zeit hindurch haben sie mich verklagt und in dem Alter zu euch geredet, wo ihr wohl sehr leicht glauben mußtet, weil ihr Kinder waret, einige von euch wohl auch Knaben, und offenbar an leerer Stätte klagten sie, wo sich keiner verteidigte. Das Übelste aber ist, daß man nicht einmal ihre Namen wissen und angeben kann, außer etwa, wenn ein Komödienschreiber darunter ist.» [11]

Er behauptet, einen göttlichen Auftrag zu haben, das gute und einfache Leben zu lehren; keine Drohung werde ihn davon abhalten.

«Ich also hätte Arges getan, ihr Athener, wenn ich – als die Befehlshaber mir einen Platz anwiesen, die ihr gewählt hattet, um über mich zu befehlen bei Poteidaia, bei Amphipolis und Delion – damals also, wo jene mich hinstellten, gestanden hätte wie irgendein anderer und es auf den Tod gewagt; wo aber der Gott mich hinstellte, wie ich es doch glaubte und annahm, damit ich in Aufsuchung der Weisheit mein Leben hinbrächte und in Prüfung meiner selbst und anderer, wenn ich da, den Tod oder irgend etwas fürchtend, aus der Ordnung gewichen wäre! ... Wenn ihr mir hierauf sagtet: ‚Jetzt, Sokrates, wollen wir zwar dem Anytos nicht folgen, sondern wir lassen dich los, unter der Bedingung jedoch, daß du diese Nachforschung nicht mehr betreibst und nicht mehr nach Weisheit suchst; wirst du aber noch einmal betroffen, daß du dies tust, so mußt du sterben' – wenn ihr mich also wie gesagt auf diese Bedingung losgeben wolltet, so würde ich zu euch sprechen: Ich bin euch, ihr Athener, zwar zugetan und Freund, gehorchen aber werde

* A. und M. Croiset glaubten, der wahre Grund der Klage sei die Feindschaft der attischen Bauernschaft gegenüber jedermann gewesen, der die Staatsgötter anzweifelte. Einer der wichtigsten Viehmärkte kam durch die Frommen zustande, die Tiere zum Opfer kauften; jedes Nachlassen des Glaubens mußte diesen Markt schädigen. Aristophanes war nach dieser Auslegung das Sprachrohr der Bauern, vor denen seine Stücke, falls sie Erfolg hatten, wiederholt wurden.

ich dem Gotte mehr als euch, und solange ich noch atme und es vermag, werde ich nicht aufhören, nach Weisheit zu suchen und euch zu ermahnen und zurechtzuweisen, wen von euch ich antreffe, mit meinen gewohnten Reden: ‚Wie, bester Mann, als ein Athener aus der größten und für Weisheit und Macht berühmtesten Stadt, schämst du dich nicht, für Geld zwar zu sorgen, wie du dessen aufs meiste erlangest, und für Ruhm und Ehre –; für Einsicht aber und Wahrheit und für deine Seele, daß sie sich aufs beste befinde, sorgst du nicht, und hierauf willst du nicht denken?'... Demgemäß nun, würde ich sagen, ihr athenischen Männer – gehorcht nun dem Anytos oder nicht, sprecht mich los oder nicht –, daß ich auf keinen Fall anders handeln werde, und müßte ich noch so oft sterben!»[12]

Die Richter scheinen ihn an dieser Stelle unterbrochen und ihn aufgefordert zu haben, von dieser Anmaßung (so schien es ihnen) abzulassen; er fuhr aber nur um so hochmütiger fort.

«Denn wißt nur: Wenn ihr mich tötet, einen solchen Mann, wie ich sage, so werdet ihr mir nicht größer Leid zufügen als euch selbst ... Denn wenn ihr mich hinrichtet, werdet ihr nicht leicht einen andern solchen finden, der ordentlich, sollte es auch lächerlich gesagt scheinen, von dem Gotte der Stadt beigegeben ist, wie einem großen und edlen Rosse, das aber eben seiner Größe wegen sich zur Trägheit neigt und der Anreizung durch den Sporn bedarf, wie mich der Gott dem Staate als einen solchen zugelegt zu haben scheint, der ich auch euch einzeln anzuregen, zu überreden und zu verweisen den ganzen Tag nicht aufhöre, überall euch anliegend. Ein anderer solcher nun wird euch nicht leicht wieder werden, ihr Männer. Wenn ihr also mir folgen wollt, werdet ihr meiner schonen.»[13]

Er wurde mit der kleinen Mehrheit von sechzig Stimmen schuldig gesprochen; hätte er sich in einer versöhnlicheren Tonart verteidigt, so ist es sehr wahrscheinlich, daß er freigesprochen worden wäre. Er bekam das Recht zugebilligt, an Stelle der Todesstrafe eine andere Strafe vorzuschlagen. Zuerst weigerte er sich, selbst dieses Eingeständnis zu machen; auf das Drängen Platons und anderer Freunde, die seine Verpflichtung unterschrieben, erbot er sich, eine Buße von dreißig Minen zu zahlen. Die zweite Abstimmung der Geschworenen verurteilte ihn mit achtzig Stimmen mehr als die erste zum Tode.

Es stand ihm immer noch frei, aus dem Gefängnis zu entfliehen. Kriton und andere Freunde hatten ihm (nach Platon) den Weg dazu durch Bestechungen freigemacht, und wahrscheinlich hatte Anytos auf einen solchen Kompromiß gehofft; aber Sokrates blieb sich selbst bis zum Letzten treu. Er fühlte, daß er nur noch wenige Jahre zu leben hatte und daß er «dem lästigsten Teil des Lebens entgegenging, in dem bei allen Menschen die Geisteskräfte abnehmen»[14]. Statt auf Kritons Vorschlag einzugehen, betrachtete er ihn von einem ethischen Gesichtswinkel, diskutierte dialektisch über ihn und spielte bis zum Ende das Spiel der Logik. Während des Monats zwischen dem Prozeß und der Hinrichtung besuchten ihn seine Freunde täglich in seiner Zelle, und er scheint sich bis zur letzten Stunde in aller Ruhe mit ihnen unterhalten zu haben. Platon schildert ihn, wie er Haar und Kopf des jungen Phaidon streichelt und sagt: «Morgen also, o Phaidon, wirst du wohl diese schönen Locken abscheren?»[15] – zum Zeichen der Trauer. Xanthippe kam in Tränen aufgelöst, das jüngste Kind in den Armen; er tröstete sie und bat Kriton, sie heimzubegleiten. Ein eifriger Schüler meinte, er sei am meisten darüber aufgebracht, daß Sokrates unschuldig sterben solle. «Möchtest du mich denn lieber schuldig als unschuldig sterben sehen?» war seine Antwort[16].

Nach Diodor bedauerten die Athener nach seinem Tode die Art, wie sie mit ihm umgegangen waren, und ließen seine Ankläger hinrichten. Nach Suidas wurde Meletos vom Volke gesteinigt. Plutarch weiß anderes zu berichten: Die Ankläger wurden so unbeliebt, daß kein Bürger ihnen Feuer geben oder ihre Fragen beantworten oder im selben Wasser mit ihnen baden wollte, so daß sie schließlich von der Verzweiflung getrieben sich selbst erhängten. Diogenes von Laerte schreibt, Meletos sei hingerichtet, Anytos verbannt worden, und Athen habe zum Gedächtnis des Philosophen eine Bronzestatue aufgestellt. Wir wissen nicht, ob diese Berichte wahr sind*.

Das Goldene Zeitalter fand mit dem Tode des Sokrates seinen Abschluß. Athen war an Körper und Seele erschöpft; nur die charakterliche Entartung durch den langen Krieg und das verzweifelte Leiden konnten die erbarmungslose Behandlung von Melos, das scharfe Urteil über Mytilene, die Hinrichtung der Feldherren der Arginusenschlacht und das Opfer des Sokrates auf dem Altare des sterbenden Glaubens erklären. Alle Grundlagen des athenischen Lebens waren in Verwirrung geraten: Attikas Boden war von den spartanischen Überfällen verwüstet, die langsam wachsenden Olivenbäume völlig niedergebrannt; der Staatsschatz war leer, die Privatvermögen fast restlos weggesteuert; zwei Drittel der Bürgerschaft waren gefallen. Der Schaden, den der Einbruch der Perser Griechenland zugefügt hatte, ließ sich gar nicht mit der Vernichtung des griechischen Lebens und Besitztums durch den Peloponnesischen Krieg vergleichen. Nach Salamis und Plataiai war Griechenland verarmt, aber von Mut und Stolz geschwellt gewesen; nun war Griechenland wiederum arm, und die Lebensgeister Athens hatten eine zu tiefe Wunde erhalten, als daß eine Heilung möglich schien.

Zwei Dinge erhielten es aufrecht: die Wiederherstellung der Demokratie unter urteilsfähigen und gemäßigten Männern und das Bewußtsein, daß es während der letzten sechzig Jahre, selbst während des Krieges, Werke der Kunst und Literatur geschaffen hatte, die alles übertrafen, was seit Menschengedenken auf diesen Gebieten geleistet worden war. Anaxagoras war verbannt und Sokrates hingerichtet worden; aber der Antrieb, den sie der Philosophie gegeben hatten, genügte, um Athen ganz gegen seinen Willen zum Zentrum und Gipfelpunkt des griechischen Denkens zu machen. Was zuvor nur tastende Versuche der Spekulation gewesen waren, konnte nun zu großen Systemen heranreifen, die Europa auf Jahrhunderte hinaus bewegen sollten. Zugleich wurde die ungeregelte Vermittlung der höheren Bildung durch wandernde Sophisten durch die Gründung der ersten Universitäten der Geschichte ersetzt – Universitäten, die aus Athen die «Schule von Hellas» (wie Thukydides es voreilig genannt hatte) machen sollten. Das Blutvergießen und der Aufruhr des Kampfes hatten die alten künstlerischen Überlieferungen nicht ganz zum Schweigen gebracht; die griechischen Bildhauer und Baumeister sollten noch viele Jahrhunderte lang für den ganzen Mittelmeerraum meißeln und bauen. Aus der Verzweiflung seiner Niederlage erhob sich Athen mit bewundernswerter Mannhaftigkeit zu neuem Reichtum, neuer Kultur und neuer Macht, und der Herbst seines Lebens war reich an Früchten.

---

* Grote bezweifelt sie, und sie werden durch Platons und Xenophons Bemühungen, den Ruf des Sokrates zu verteidigen, zweifelhaft gemacht; andererseits galten diese Berichte im Altertum allgemein als echt (zum Beispiel für Tertullian und Augustin) und passen ausgezeichnet zu den Gewohnheiten der Athener.

Zweites Buch

NIEDERGANG UND ENDE DER GRIECHISCHEN FREIHEIT

[399–322 V. CHR.]

ZEITTAFEL ZUM ZWEITEN BUCH

V. CHR.

399–360: Agesilaos König von Sparta

397: Krieg zwischen Syrakus und Karthago

396: Aristippos von Kyrene und Antisthenes von Athen, Philosophen

395: Athen baut die Langen Mauern wieder auf

394: Schlachten von Koroneia und von Knidos

393(?): Platon, *Apologie*; Xenophon, *Erinnerungen*; Aristophanes, *Die Ekklesiazusen*

391–387: Dionysios I. unterwirft sich ganz Süditalien

391: Isokrates eröffnet seine Schule

390: Euagoras hellenisiert Cypern

387: Antalkidas- oder Königsfrieden; Platon besucht den Mathematiker Archytas von Taras und Dionysios I.

386: Platon gründet die Akademie

383: Spartaner besetzen die Kadmeia in Theben

380: Isokrates, *Panegyrikos*

379: Pelopidas und Melon befreien Theben

378–354: Zweites athenisches Reich

375: Theaitetos, Mathematiker

372: Diogenes von Sinope, Philosoph

371: Epameinondas bei Leuktra siegreich

370: Diokles von Euboia, Embryologe; Eudoxos von Knidos, Astronom

367–357: Dionysios II. Diktator von Syrakus; Dion plant Reformen

367: Platon besucht Dionysios II.

360: Praxiteles von Athen und Skopas von Paros, Bildhauer; Ephoros von Kyme und Theopompos von Chios, Historiker

359: Philipp II. Herrscher von Makedonien

357–346: Krieg zwischen Athen und Makedonien

357–346: Verbannung Dionysios' II.

356–346: Zweiter Heiliger Krieg

356: Geburt Alexanders des Großen; Brand des zweiten Tempels in Ephesos; Isokrates, *Vom Frieden*

V. CHR.

355: Isokrates, *Areiopagitikos*

354: Ermordung Dions

353–349: Das Mausoleion von Halikarnassos

351: Demosthenes, *Erste Philippika*

349: Philipp greift Olynthos an; Demosthenes, *Erste und Zweite Olynthische Rede*

348: Herakleides Pontikos, Astronom; Speusippos folgt Platon als Haupt der Akademie

346: Demosthenes, *Über den Frieden*; Isokrates, *Brief an Philipp*

344: Timoleon rettet Syrakus; Demosthenes, *Zweite Philippika*

343: Prozeß und Freisprechung des Aischines

342–338: Aristoteles Erzieher Alexanders

340: Timoleon besiegt die Karthager

338: Philipp besiegt die Athener bei Chaironeia; Tod des Isokrates

336: Ermordung Philipps; Thronbesteigung Alexanders und Dareios' III.

335: Alexander brennt Theben nieder und beginnt seine persischen Feldzüge

334: Aristoteles eröffnet das Lykeion; Schlacht am Granikos; Choregendenkmal des Lysikrates

333: Schlacht von Issos

332: Belagerung und Einnahme von Tyros; Kapitulation Jerusalems; Gründung Alexandreias

331: Schlacht von Gaugamela (Arbela); Alexander in Babylon und Susa

330: Apelles von Kolophon, Maler; Lysippos von Argos, Bildhauer; Aischines, *Gegen Ktesiphon*; Demosthenes, *Kranzrede*

329–328: Alexander dringt nach Zentralasien vor

327: Tod des Kleitos und des Kallisthenes

327–325: Alexander in Indien

325: Reise des Nearchos

324: Verbannung des Demosthenes

323: Tod Alexanders; Lamischer Krieg

322: Tod von Aristoteles, Demosthenes und Diogenes

ERSTES KAPITEL

Philipp

I. DAS SPARTANISCHE REICH

Sparta riß nun für kurze Zeit die Seeherrschaft in Griechenland an sich und gab der Geschichte ein neues tragisches Beispiel davon, wie Hochmut einen Erfolg zunichte machen kann. Statt den Städten, die einst von Athen unterjocht worden waren, die versprochene Freiheit zu geben, erpreßte es von ihnen einen Jahrestribut von tausend Talenten und setzte überall aristokratische Regierungen ein, die von einem *harmoster*, einem Gouverneur, geleitet wurden, dem eine spartanische Garnison zur Verfügung stand. Diese Regierungen, die nur den weit entfernten Ephoren verantwortlich waren, ergingen sich in solcher Korruption und Tyrannei, daß das neue Reich noch verhaßter war als das alte.

In Sparta selbst verstärkte der Zufluß von Geld und Geschenken aus unterjochten Städten und von unterwürfigen Oligarchen die inneren Kräfte, die schon seit langem auf den Verfall hinwirkten. Im vierten Jahrhundert lernte die Herrscherschicht, neben öffentlich gezeigter Einfachheit privatem Luxus zu frönen, und selbst die Ephoren befolgten die lykurgische Disziplin nur noch nach außen hin. Ein Großteil des Landes war durch Mitgiften und Testamente Frauen zugefallen, und der so angesammelte Wohlstand verhalf den spartanischen Frauen – die sich um die männlichen Kinder nicht zu kümmern brauchten – zu einer Leichtlebigkeit und Sittenlosigkeit, die ihnen nicht recht anstand. Die wiederholte Aufteilung einiger Güter hatte manche Familien so verarmen lassen, daß sie ihren Beitrag an die Gemeinschaftsküche nicht mehr zu leisten vermochten und das Bürgerrecht verloren, während die Bildung von Großgrundbesitz durch Heiraten und Vererbungen den Wohlstand in provozierender Weise auf die wenigen verbliebenen «Gleichen» konzentrierte*. Aristoteles berichtet: «Die einen haben ein übermäßig großes Vermögen erworben, die andern nur wenig, und so ist das Land in wenige Hände gekommen.»[1] Der entrechtete Adel, die ausgeschlossenen Perioiken und die grollenden Heiloten bildeten eine zu unruhige und feindselige Bevölkerung, als daß die Staatsführung sich in größerem Umfange oder auf längere Zeit den militärischen Operationen hätte widmen können, die eine imperiale Herrschaft erfordert.

Inzwischen hatte der persische Bürgerkrieg auch das Schicksal Griechenlands betroffen. 401 empörte sich der jüngere Kyros gegen seinen Bruder Artaxerxes II., sicherte sich Spartas Hilfe und stellte mit den Tausenden von griechischen Söldnern, die durch den plötzlichen Abschluß des Peloponnesischen Krieges in Asien beschäftigungslos

* Die *homoioi*, die «Gleichen», zählten im Jahre 480 achttausend Mann, 371 zweitausend, 341 siebenhundert.

geworden waren, ein Heer auf. Die beiden Brüder stießen bei Kunaxa, in der Gegend, wo Euphrat und Tigris fast zusammentreffen, aufeinander. Kyros wurde besiegt und erschlagen und sein ganzes Heer gefangengenommen oder vernichtet, mit Ausnahme eines Kontingents von zwölftausend Griechen, deren geistige Regsamkeit und Schnellfüßigkeit sie in den Stand setzte, ins Innere Babyloniens zu entfliehen. Von den Streitmächten des Königs verfolgt, wählten die Griechen in ihrer demokratischen Art drei Heerführer, die sie in Sicherheit zu bringen hatten. Einer von ihnen war Xenophon, einst Schüler des Sokrates, jetzt ein junger Glücksritter, der sich vor allem durch seine *Anabasis* unvergeßlich machte, in der er später mit gewinnender Einfachheit den langen «Rückzug der Zehntausend» entlang dem Tigris und über die Berge Kurdistans und Armeniens an das Meer beschrieb. Es war eines der großen Abenteuer der menschlichen Geschichte. Wir sind erstaunt über den unerschöpflichen Mut dieser Griechen, die sich fünf Monate lang zu Fuß, Tag und Nacht kämpfend, über dreitausend Kilometer Feindesland, durch glühend heiße und nahrungslose Ebenen und über gefährliche, mit drei Meter hohem Schnee bedeckte Gebirgspässe durchschlugen, wobei Heere und Guerillabanden sie von vorn und von hinten und von beiden Seiten angriffen und feindlich gesinnte Eingeborene jede List und Tücke versuchten, um sie zu töten, sie in die Irre zu führen oder ihnen den Weg zu versperren. Bei der Lektüre dieser spannenden Geschichte, die uns in der Jugend so langweilig gemacht wurde, weil wir sie übersetzen mußten, bemerken wir, daß die wichtigste Waffe eines Heeres die Nahrung ist und daß das Geschick eines Befehlshabers ebensosehr darin besteht, Lebensmittel aufzutreiben, als den Sieg in die Wege zu leiten. Von diesen Griechen starben mehr an Erschöpfung und Hunger als im Kampfe, obgleich die Kämpfe so zahlreich waren wie die Tage. Als 8600 Überlebende endlich von einer Bergeshöhe aus das Schwarze Meer bei Trapezus (Trapezunt) erblickten, strömte ihnen das Herz über.

«Kaum waren die ersten hinaufgelangt und hatten das Meer erblickt, erhob sich lautes Rufen. Xenophon und die Nachhut hörten es und meinten, es griffen vorn andere Feinde an; denn von hinten setzten ihnen jeweils die Feinde aus dem verwüsteten Lande nach. Die Leute der Nachhut hatten auch einige von ihnen getötet, andere aus einem Hinterhalt gefangen, dazu ungefähr zwanzig Schilde aus dichtbehaarten, frisch abgezogenen Rindshäuten erbeutet. Als das Rufen immer mächtiger wurde, je näher sie kamen, und die jeweils Nachrückenden im Laufschritt zu den fortwährend Rufenden aufschlossen und das Rufen um soviel lauter ertönte, je größer die Zahl wurde – da schien dem Xenophon doch, es sei etwas Außerordentliches: Er bestieg sein Pferd, nahm Lykios und die Reiter mit und sprengte der Kolonne entlang zu Hilfe. Und bald schon hören sie, wie die Soldaten ‚Das Meer! Das Meer!‘ rufen und wie das Wort von Mann zu Mann weitergegeben wird. Da nun liefen alle, auch die Nachhut, und trieben die Lasttiere und die Pferde an. Als nun alle die Höhe erreicht hatten, umarmten sie einander unter Tränen, sogar Obersten und Hauptleute.»[2]

Denn das war ein griechisches Meer und Trapezus eine griechische Stadt; sie waren nun in Sicherheit, sie konnten eine Nacht lang ruhen, ohne Furcht, daß der Tod sie überrasche. Die Nachricht von ihrer Leistung hallte stolz in ganz Hellas wider und ermutigte Philipp zwei Menschenalter später zu dem Glauben, daß eine wohlausgebildete griechische Streitmacht ein vielfach stärkeres persisches Heer unbedingt besiegen würde. Ungewollt bereitete Xenophon Alexander den Weg.

Vielleicht machte sich dieser Einfluß bereits bei Agesilaos spürbar, der 399 den spartanischen Königsthron bestiegen hatte. Sicher hätte sich Persien dazu bewegen lassen, Spartas Hilfeleistung an Kyros zu vergessen. Aber dem tüchtigsten aller spartanischen Könige schien ein Krieg gegen Persien nur ein kleines Abenteuer, und er machte sich mit einer kleinen Streitmacht daran, das ganze griechische Asien von der persischen Herrschaft zu befreien*. Als Artaxerxes II. erfuhr, daß Agesilaos mit Leichtigkeit alle ihm entgegengeschickten persischen Truppen besiegte, schickte er Gesandte mit viel Gold nach Athen und Theben, um diese Städte zur Kriegserklärung an Sparta zu bewegen. Dieses Bemühen führte sofort zum Erfolg, und nach neun Jahren des Friedens brach der Krieg zwischen Athen und Sparta wieder aus. Agesilaos wurde von Asien zurückgerufen, um sich den vereinigten Streitkräften Athens und Thebens bei Koroneia entgegenzustellen und sie glatt zu besiegen; im selben Monat aber vernichteten die Flotten Athens und Persiens unter Konon die spartanische Flotte bei Knidos und machten der kurzen spartanischen Seeherrschaft ein Ende. Athen jubelte und machte sich sofort daran, mit von Persien gelieferten Geldern die Langen Mauern wiederaufzubauen. Sparta verteidigte sich, indem es einen Gesandten, Antalkides, zum Großkönig schickte und sich anerbot, alle griechischen Städte Kleinasiens der persischen Herrschaft zu unterstellen, wenn Persien auf dem griechischen Festland einen Frieden erzwingen würde, der Sparta schützte. Der Großkönig willigte ein, entzog Athen und Theben die Finanzhilfe und zwang alle bedeutenderen griechischen Staaten, in Sardeis den Antalkides- oder Königsfrieden zu unterzeichnen (387). Lemnos, Imbros und Skyros wurden Athen überlassen, und die bedeutenderen griechischen Staaten erhielten die Autonomie; aber alle griechischen Städte Asiens und Cyperns wurden zum Besitztum des Großkönigs erklärt. Athen unterschrieb unter Protest, da es sich klar war, daß dies das unglückseligste Ereignis der ganzen griechischen Geschichte war. Auf ein Menschenalter hin waren alle Früchte Marathons verloren; die griechischen Staaten des Festlandes blieben dem Namen nach frei, in Wirklichkeit aber hatte Persiens Macht sie verschlungen. Ganz Griechenland betrachtete Sparta als Verräterin und wartete begierig darauf, daß irgendeine Nation es zerstören würde.

II. EPAMEINONDAS

Wie um dieses Gefühl zu bekräftigen, maßte sich Sparta die Autorität an, den Königsfrieden unter den griechischen Staaten nach eigenem Ermessen zu interpretieren und durchzusetzen. Um Theben zu schwächen, behauptete es beharrlich, der Boiotische Bund verletze die Autonomieklausel und müsse aufgelöst werden. Unter diesem Vorwand errichtete Sparta in vielen boiotischen Städten oligarchische Regierungen, die Sparta günstig gesinnt waren und in manchen Fällen spartanische Garnisonen unterhielten. Als Theben dagegen protestierte, nahm eine spartanische Heeresabteilung die

* «In welcher Hinsicht», so fragte er, «ist der Großkönig größer als ich, es sei denn, daß er aufrechter und selbstbeherrschter ist?» [3]

Kadmeia, Thebens Burg, ein und brachte eine der spartanischen Herrschaft unterworfene Oligarchie an die Macht. Diese Notlage erweckte Theben zu ungewohntem Heroismus. Pelopidas und sechs Genossen ermordeten die vier spartafreundlichen Diktatoren und gaben Theben die Freiheit. Der Bund wurde wiederhergestellt und Pelopidas zum Führer, zum sogenannten Boiotarchen, gewählt. Pelopidas rief seinen Freund und Liebhaber Epameinondas zu Hilfe, der das Heer drillte und anführte, das Sparta in seine frühere Isolation zurückwies.

Epameinondas stammte aus einer ausgezeichneten, aber verarmten Familie, die ihren Stammbaum stolz bis zu den Drachenzähnen zurückführte, die Kadmos tausend Jahre zuvor gesät hatte. Er war ein ruhiger Mann, von dem man sagte, keiner rede weniger und wisse mehr als er. Seine Bescheidenheit und Anständigkeit, sein fast asketisches Leben, seine Hingabe an die Freunde, seine Klugheit im Rat, sein Mut und die Zurückhaltung, die ihn im Handeln auszeichnete, machten ihn trotz der militärischen Disziplin, die er ihnen auferlegte, bei allen Thebanern beliebt. Er liebte den Krieg nicht; aber er war überzeugt, daß keine Nation den kriegerischen Geist und alle kriegerischen Gewohnheiten verlieren und doch ihre Freiheit bewahren könne. Immer wieder zum Boiotarchen gewählt, pflegte er jedesmal vor der Wahl zu warnen: «Überlegt es euch nochmals; wenn ihr mich zum Feldherrn wählt, werdet ihr gezwungen sein, in meinem Heer zu dienen!»[4] Unter seinem Befehl wurden sogar die schlappen Thebaner gute Krieger; selbst die «griechischen Liebenden», deren es in dieser Stadt so viele gab, wurden von Pelopidas zu einer «Heiligen Schar» von dreihundert Hopliten zusammengefaßt, die sich alle verpflichteten, im Kampf dem Freunde bis zum Tode beizustehen.

Als eine zehntausend Mann starke spartanische Armee unter König Kleombrotos in Boiotien einrückte, stellte sich ihr Epameinondas bei Leuktra in der Nähe von Plataiai mit sechstausend Mann entgegen und gewann eine Schlacht, die die politische Geschichte Griechenlands und die militärischen Methoden Europas beeinflußte. Er war der erste Hellene, der gründliche taktische Studien betrieb. Er rechnete in jeder Schlacht mit unvorhergesehenen Ereignissen und faßte seine besten Kämpfer auf einem Flügel zum Angriff zusammen, während die übrigen den Befehl erhielten, eine Verteidigungstaktik zu befolgen; auf diese Weise konnte der Feind, der im Zentrum vordrang, durch einen Flügelangriff zur Linken in Verwirrung gebracht werden. Nach Leuktra drangen Epameinondas und Pelopidas in die Peloponnes vor, befreiten Messenien von seiner jahrhundertelangen Untertanenschaft unter Sparta und gründeten die Stadt Megalopolis als Feste für alle Arkadier. Selbst in Lakonien drang eine thebanische Armee ein – ein Ereignis, das seit Jahrhunderten nicht mehr vorgekommen war. Sparta erholte sich von seinen Verlusten in diesem Krieg nie mehr ganz: «Der Staat war nicht fähig, einen einzigen Schlag zu ertragen, sondern ging zugrunde infolge seiner Menschenarmut», bemerkt Aristoteles[5].

Bei Einbruch des Winters zogen sich die Thebaner nach Boiotien zurück. Epameinondas, der in typisch griechischer Weise überheblich wurde, begann nun von der Errichtung eines thebanischen Reiches zu träumen, das Griechenland die Einheit wiedergeben sollte, die einst unter athenischer oder spartanischer Führerschaft bestanden hatte. Seine Pläne verwickelten ihn in einen Krieg mit den Athenern, und Sparta, das sich rehabilitieren wollte, verbündete sich mit Athen. Die feindlichen Heere trafen sich 362 bei Mantineia. Epameinondas siegte, wurde aber im Kampfe von Gryllos, Xenophons Sohn, tödlich getroffen. Die kurze Vorherrschaft Thebens blieb für Griechenland ohne dauernden Nutzen. Sie befreite Hellas von dem Despotismus Spartas; wie ihren Vorgängern gelang es ihr aber nicht, über Boiotien hinaus eine dauerhafte Einheit zu schaffen, und die Kämpfe, die sie hervorrief, ließen die griechischen Staaten in Verwirrung und Schwäche zurück, als Philipp sich von Norden her auf sie stürzte.

III. DAS ZWEITE ATHENISCHE REICH

Athen unternahm einen letzten Versuch, diese Einheit zu schmieden. Mittels der wiedererbauten Flotte und der neuerrichteten Stadtmauern, mittels der verläßlichen Münze, der schon längst bestehenden Erleichterungen für Handel und Finanzwesen, gewann es langsam das wirtschaftliche Übergewicht in der Ägäis zurück. Seine einstigen Untertanen und Bundesgenossen hatten aus den Kriegen eines halben Jahrhunderts gelernt, daß eine größere Sicherheit notwendig ist, als die individuelle Souveränität zu bieten vermag. 378 verbanden sich die meisten wieder zu einem Bund unter Athens Führerschaft. Um das Jahr 370 war Athen neuerdings die größte Macht im östlichen Mittelmeer.

Gewerbe und Handel bildeten nun die Grundlage seines Wirtschaftslebens. Der Boden Attikas war für den gewöhnlichen Ackerbau nie recht brauchbar gewesen. Geduldiges Schaffen hatte die Pflege des Olivenbaumes und des Weinstockes ertragbringend gemacht; aber die Spartaner zerstörten die Olivenhaine und Weinberge, und nur wenige Bauern waren gewillt, ein halbes Menschenalter lang zuzuwarten, bis die neuen Olivenhaine wieder Ertrag bringen würden. Die meisten Bauern aus der Vorkriegszeit waren tot; viele der Überlebenden fanden nicht mehr den Mut, auf ihre zerstörten Güter zurückzukehren, und verkauften sie zu niedrigen Preisen an Grundbesitzer, die sie nicht selbst bewirtschafteten und sich Investierungen auf lange Zeit leisten konnten. Auf diese Weise und durch die gerichtliche Vertreibung säumiger Schuldner ging der Besitz des attischen Bodens auf wenige Familien über, die viele dieser großen Güter von Sklaven bewirtschaften ließen. Die Minen von Laureion wurden wieder eröffnet, frische Opfer in die Gruben geschickt und neue Reichtümer aus Silbererz und Menschenblut gepreßt. Xenophon ersann einen menschenfreundlichen Plan, wie Athen seine Kassen wieder füllen könnte: Es solle zehntausend Sklaven kaufen und an die Pächter von Laureion verpachten. Die Silbererzeugung war so hoch, daß das Angebot an dem Metall die Gütererzeugung überstieg, die Preise schneller stiegen als die Löhne und die Armen die Last dieses Wechsels zu tragen hatten.

Das Gewerbe blühte. Die Steinbrüche am Pentelikos und die Töpfereien des Kerameikos erhielten Aufträge aus der ganzen Ägäis. Große Vermögen entstanden durch billigen Einkauf der Erzeugnisse des heimischen Handwerks und deren Verkauf zu hohen Preisen auf dem Inlands- oder Auslandsmarkt. Das Anschwellen des Handels und die Anhäufung von Vermögen in Geld statt Grundbesitz ließen die Zahl der athenischen Bankiers sich rasch vermehren. Die Bankiers erhielten Bargeld oder Wertsachen zur Aufbewahrung, zahlten aber offenbar keinen Zins für Einlagen. Da sie bald erkannten, daß unter normalen Verhältnissen nie alle Einlagen gleichzeitig abgehoben werden, begannen sie, zu hohen Zinsen Geldmittel auszuleihen, zunächst in bar und nicht in Form von Kreditbriefen. Sie leisteten für ihre Kunden Bürgschaften und trieben für sie Geld ein. Sie verliehen Geld gegen Sicherheiten an Grundbesitz und Wertgegenständen und halfen die Verfrachtung von Waren finanzieren. Mit ihrer Hilfe und mehr noch mit Hilfe spekulativer Darlehen von Privatseite konnte ein Kaufmann ein Schiff heuern, seine Waren ins Ausland verfrachten und dort eine Ladung für die Rückkehr einkaufen, die bei der Ankunft im Peiraieus Besitz der Geldverleiher blieb, bis die Schuld abgedeckt war. Im Verlaufe des vierten Jahrhunderts entwickelte sich ein richtiges Kreditsystem: Die Bankiers gaben nicht mehr Bargeld aus, sondern Kreditbriefe, Geldanweisungen oder Schecks; Vermögenswerte konnten nun von einem Kunden zum anderen durch einfache Eintragungen in den Büchern der Bankiers übergehen. Geschäftsleute und Bankiers gaben Schuldverschreibungen auf Handelsdarlehen aus, und jede größere Erbschaft schloß auch eine Anzahl solcher Schuldverschreibungen ein. Einige Bankiers knüpften wie der ehemalige Sklave Pasion so zahlreiche Verbindungen an und erwarben sich durch ihr umsichtiges und ehrbares Verhalten einen so allgemeinen Ruf der Zuverlässigkeit, daß ihre Schuldverschreibungen in ganz Griechenland angenommen wurden. Pasions Bank verfügte über viele Abteilungen und Angestellte, zumeist Sklaven; sie führte eingehend Buch, und jedes geschäftliche Unternehmen wurde so sorgfältig eingetragen, daß diese Abrechnungen vor Gericht gewöhnlich als unantastbare Beweisstücke galten. Bankkrache waren nichts Ungewöhnliches; wir hören von Paniken, wo Bank um Bank ihre Pforten schließen mußte. Schwerwiegende Anklagen wegen Unredlichkeit wurden selbst gegen die angesehensten Banken vorgebracht, und das Volk betrachtete die Bankiers mit der gleichen Mischung aus Neid, Bewunderung und Abneigung, mit der die Armen zu allen Zeiten die Reichen bedenken.

Der Übergang von der Vermögensbewertung nach Grundbesitz zu derjenigen nach Geldbesitz erzeugte einen fieberhaften Kampf um Geld, und die griechische Sprache mußte ein neues Wort, *pleonexia*, erfinden, um dieses «Streben nach mehr und mehr» zu bezeichnen, und ein anderes Wort, *chrematistike*, für das geschäftige Streben nach Reichtum. Waren, Dienstleistungen und Menschen wurden immer mehr nach Geldwert und Besitz beurteilt. Große Vermögen häuften sich an und schmolzen in kurzer Zeit wieder dahin und wurden mit solch verschwenderischem Aufwand ausgegeben, daß das perikleische Athen entsetzt gewesen wäre. Die Neureichen (die Griechen hatten eine Bezeichnung für sie: *neoplutoi*) erbauten sich prunkvolle Paläste, statteten ihre Frauen mit kostbaren Gewändern und Schmuck aus, verwöhnten sie mit einem Dutzend Dienstboten und machten es sich zum Grundsatz, ihre Gäste nur mit den teuersten Speisen und Getränken zu bewirten.

Inmitten dieses Reichtums wuchs auch die Armut; denn dieselbe Mannigfaltigkeit und Freiheit des Besitzwechsels, die die Schlauen in den Stand setzten, Geld zu verdienen, gestatteten den Einfältigen, es schneller als zuvor zu verlieren. Unter der neuen merkantilen Wirtschaftsform waren die Armen verhältnismäßig ärmer als zur Zeit ihrer Leibeigenschaft auf dem Lande. In den Olivenhainen und Weinbergen verwandelten die Bauern in mühsamer Plackerei ihren Schweiß in ein bißchen Öl oder Wein. In den Städten wurden die Löhne der freien Arbeiter durch den Wettbewerb der Sklavenarbeit niedrig gehalten. Hunderte von Bürgern waren in ihrer Lebenshaltung von der Zahlung der Gebühren für die Teilnahme an der Volksversammlung oder den Geschworenengerichten abhängig; Tausende von Einwohnern mußten von den Tempeln oder dem Staate ernährt werden. Die Zahl der Wahlberechtigten (um von der Gesamtbevölkerung gar nicht zu sprechen), die kein Vermögen besaßen, machte 431 etwa fünfundvierzig vom Hundert der gesamten Wählerschaft aus, 355 waren es bereits siebenundfünfzig vom Hundert. Der Mittelstand, der in seiner Gesamtheit und vereinten Macht einen Ausgleich zwischen den Gemeinen und den Aristokraten geschaffen hatte, war seines Wohlstandes zu einem guten Teil verlustig gegangen und vermochte nicht mehr zwischen reich und arm, zwischen einem unnachgiebigen Konservatismus und einem utopischen Radikalismus zu vermitteln. Die athenische Gesellschaft zerfiel in Platons «zwei Staaten», «die einander feindlich gegenüberstehen – einer der Reichen, einer der Armen»[6]. Die Armen heckten Pläne aus, um den Reichen ihr Geld durch Gesetzgebung oder Revolution abzunehmen, die Reichen organisierten sich zum Schutze gegen die Armen. Die Mitglieder einiger Oligarchenbünde legten nach Aristoteles einen feierlichen Eid ab: «das Volk zu hassen und zu seinem Schaden raten, was ich kann»[7]. Um das Jahr 366 schreibt Isokrates: «So mißtrauisch aber und feindselig sind sie gegeneinander, daß sie mehr die Mitbürger als die Feinde fürchten; und statt der Eintracht und des Verkehrs miteinander während unserer Oberleitung sind sie in solche Zurückgezogenheit geraten, daß die, welche Vermögen besitzen, lieber das ihrige ins Meer werfen als die Bedürftigen unterstützen, die aber, welche in dürftigeren Umständen sind, nicht einmal es lieber finden möchten als, was die Vermöglichen besitzen, ihnen nehmen.»[8]

In diesem Ringen stellten sich die Intellektuellen mehr und mehr auf die Seite der Armen. Sie verachteten die Kaufleute und Bankiers, deren Reichtum im umgekehrten Verhältnis zu ihrer Kultur und ihrem Geschmack zu stehen schien; selbst die Reichen unter ihnen, wie Platon, begannen mit kommunistischem Gedankengut zu liebäugeln. Perikles hatte die Kolonisation als Sicherheitsventil benutzt, um dem Klassenkampf die Schärfe zu nehmen; aber Dionysios beherrschte den Westen, Makedonien breitete sich im Norden aus, und Athen fand es immer schwerer, Neuland zu erobern und zu besiedeln. Schließlich bemächtigten sich die ärmeren Bürger vollständig der Volksversammlung und begannen den Besitz der Reichen in die Staatskasse zur Neuverteilung unter die Bedürftigen und die Wähler überzuleiten, indem sie staatliche Unternehmungen und Auszahlungen beschlossen. Die Politiker strengten ihren ganzen Scharfsinn an, um neue Einnahmequellen aus Steuern zu ersinnen. Sie verdoppelten die Einkommensteuer, die Zollgebühren auf Einfuhren und Ausfuhren und den Hundertsatz der Abgabe auf Bodenverkäufe; sie erhoben die Sondersteuern für den Krieg auch im Frieden; sie riefen zu «freiwilligen» Beiträgen auf und verschafften den Reichen immer neue Möglichkeiten (Leiturgien), öffentliche Unternehmungen aus ihren Privatgeldern zu finanzieren; sie nahmen immer wieder zu Beschlagnahmungen und Enteignungen ihre Zuflucht und dehnten die Vermögenssteuer auch auf kleinere Vermögen aus. Jeder Mann, dem eine Leiturgie oblag, konnte sie von Gesetzes wegen auf einen anderen abladen, wenn er nachweisen konnte, daß dieser reicher war als er selbst und seit zwei Jahren keine Leiturgie mehr getragen hatte. Um die Steuereinnahme zu erleichtern, wurden die Steuerzahler in hundert Symmorien (Teilhaberschaften) eingeteilt; die reichsten Mitglieder jeder Gruppe mußten zu Beginn jedes Steuerjahres die gesamte Steuer der ganzen Gruppe bezahlen und dann im Laufe des Jahres, so gut sie eben konnten, die geschuldeten Anteile der anderen eintreiben. Das Ergebnis dieser Besteuerung war, daß jeder sein Vermögen oder sein Einkommen zu verbergen suchte. Im Jahre 355 wurde Androtion an die Spitze einer Polizeitruppe gestellt, die ermächtigt war, nach verborgenen Einkommen zu forschen, Rückstände einzutreiben und Steuerflüchtige zu verhaften. Man drang in Häuser ein, beschlagnahmte Waren, warf Männer ins Gefängnis. Aber der Reichtum verbarg sich trotzdem oder schmolz dahin. Isokrates, alt und reich und wütend, daß man ihm eine Leiturgie angehängt hatte, beklagte sich 353: «Als ich nämlich ein Knabe war, hielt man es für so gefahrlos und ehrenvoll, reich zu sein, daß beinahe alle mehr Vermögen zu besitzen vorgaben, als sie wirklich hatten, weil sie an diesem Ruhme teilhaben wollten, jetzt aber muß man darüber, daß man nicht reich sei, wie über die größten Verbrechen, auf eine Verteidigung sich rüsten und denken, wenn man sich im Besitze erhalten will.»[9] In anderen Städten ging die Dezentralisierung des Reichtums nicht so gesetzlich vor sich: Die Schuldner von Mytilene ermordeten massenweise ihre Gläubiger mit der Begründung, sie hätten Hunger; die Demokraten von Argos fielen plötzlich (370) über die Reichen her, brachten zwölfhundert von ihnen um und beschlagnahmten ihr Vermögen. Die begüterten Familien sonst feindselig eingestellter Staaten verbündeten sich insgeheim zur gegenseitigen Hilfeleistung im Falle von Volksaufständen. Der Mittelstand begann (wie bisher die Oberschicht) der Demokratie als einem mit Macht ausgestatteten Instrument des Neides zu mißtrauen, und die Armen begannen sie als eine trügerische Gleichheit im Stimmrecht, die von einer schreienden Ungleichheit des Vermögensstandes zunichte gemacht wurde, scheel anzusehen. Die ständige Verschärfung des Klassenkampfes bewirkte, daß Griechenland im Inneren wie in den auswärtigen Beziehungen uneinig und gespalten war, als Philipp über es herfiel. Viele Begüterte in den griechischen Städten begrüßten sein Erscheinen als die Rettung vor der Revolution.

Mit der Ausbreitung des Luxus und der geistigen Aufklärung ging eine sittliche Zersetzung einher. Die Volksmassen hingen an ihrem Aberglauben und hielten an ihren Mythen fest. Die olympischen Götter lagen im Sterben; aber exotische Gottheiten wie Isis und Amun, Attis und Bendis, Kybele und Adonis wurden aus Ägypten und Asien

Spiegel, von einer Nymphe getragen (etwa 450 v. Chr.; Antikensammlung, Basel).

ΑΚΡΑΓΑΣ

eingeführt, und die Ausbreitung des orphischen Kultes trug Dionysos täglich neue Gläubige zu. Die hochkommende und zur Hälfte fremdgebürtige Bourgeoisie Athens, die eher an praktische Berechnungen als an mystische Gefühle gewöhnt war, konnte mit dem überlieferten Glauben wenig anfangen; die Schutzgottheiten der Stadt erhielten von ihnen nur eine äußerliche Verehrung und erweckten in ihnen keine moralischen Skrupel oder vaterländischen Gesinnungen mehr*. Die Philosophie kämpfte darum, in der staatsbürgerlichen Treue und einer natürlichen Ethik einen Ersatz für göttliche Gebote und eine beaufsichtigende Gottheit zu finden; aber wenige Bürger hatten Lust, das einfache Leben eines Sokrates zu führen oder die Großherzigkeit des aristotelischen «Menschen mit der großen Seele» zu üben.

Ebenso, wie die Staatsreligion ihren Einfluß auf die gebildeten Schichten verlor, befreite auch der einzelne sich immer mehr von den alten sittlichen Beschränkungen: der Sohn von der elterlichen Autorität, der Mann von der Ehebindung, die Frau von der Mutterschaft, der Bürger von politischer Verantwortlichkeit. Zweifellos übertrieb Aristophanes diese Entwicklungen, und wenn auch Platon, Xenophon und Isokrates denselben Standpunkt einnahmen, so waren sie doch alle Konservative, von denen man ohne weiteres erwarten kann, daß sie sich über alle Taten der heranwachsenden Generation empören. Die Kriegsmoral besserte sich im vierten Jahrhundert, und den Lehren von Euripides und Sokrates und dem Beispiel des Agesilaos folgte eine Welle aufklärerischen Humanitarismus. Aber die geschlechtliche und die politische Moral sanken weiter ab. Junggesellen und Dirnen nahmen an Zahl zu, und freie Ehen gewannen gegenüber den gesetzlichen Eheschließungen Boden. In einer Komödie entspinnt sich folgender Dialog:

> «Ist die Hetäre nicht was Freundlicheres als
> die Ehefrau?» – «Gewiß, viel freundlicher! Die Frau
> sitzt stolz im Haus, pocht auf ihr Recht. Doch jene weiß,
> mit feiner Lebensart als Köder angelt man
> den Mann.»[10]

So lebte Praxiteles und nach ihm Hypereides mit Phryne zusammen, Aristippos mit Lais, Stilpon mit Nikarete, Lysias mit Metaneira, der strenge Isokrates mit Lagiska. Theopompos stellt mit der Übertreibung des Moralisten fest: «Die jungen Leute verbrachten die ganze Zeit bei Flötenmädchen und Dirnen; die älteren gingen ganz in Spiel und Lasterhaftigkeit auf, und das ganze Volk verausgabte mehr für Gelage und Unterhaltungen als für die Vorräte, die für das Gedeihen des Staates notwendig waren.»[11]

Die freiwillige Geburtenbeschränkung war an der Tagesordnung, ob es nun durch empfängnisverhütende Mittel, Abtreibung oder Kindstötung geschah. Aristoteles vermerkt, daß einige Frauen die Empfängnis verhüten, indem sie «jenen Teil der Gebärmutter, auf den der Samen auftrifft, mit Zedernöl oder Bleisalbe oder mit Weihrauchpulver einsalben, das sie mit Olivenöl anrühren»**[12]. Die alten Familien starben aus;

* Platon (*Gesetze* 948) schreibt: «Jetzt aber freilich, da ein Teil der Menschen, wie wir sagen müssen, überhaupt an gar keine Götter glaubt ..., muß jeder vernünftige Gesetzgeber den Eid von seiten der gegnerischen Parteien durchgehend ausschließen.»

** Über die gleiche Verwendung von Olivenöl in unserer Zeit vgl. Himes, *Medical History of Contraception*, S. 80.

Münze (Dekadrachmon) aus Akragas zu Ehren des Olympiasiegers Exainetos von Akragas (um 411 v. Chr.). Vorderseite: Viergespann, von Helios gelenkt; darüber Adler, darunter Krabbe. Rückseite: Zwei Adler über einem Hasen.

nach Isokrates waren sie nur noch in den Gräbern zu finden. Die niedereren Bevölkerungsschichten vermehrten sich; aber die Bürgerschicht von Attika war von 43 000 im Jahre 431 auf 22 000 im Jahre 400 und 21 000 im Jahre 313 abgesunken. Entsprechend nahm die Zahl kriegsdienstfähiger Bürger ab, teilweise durch die Gegenauslese der Gemetzel im Kriege, teilweise wegen der Verminderung der Zahl derjenigen, die ein wirtschaftliches Interesse am Staate hatten, teilweise infolge der Abneigung gegen den Kriegsdienst; an Stelle des perikleischen Lebens der Sportlichkeit, der kriegerischen Disziplin und des Dienstes an der Öffentlichkeit war ein Leben der Bequemlichkeit und Häuslichkeit, des geschäftlichen Unternehmens und der Wissenschaft getreten. Der Sport wurde zum Beruf; die Bürger, die im sechsten Jahrhundert die Palaistra und das Gymnasion bevölkert hatten, begnügten sich nun damit, andere für sich wirken zu lassen, indem sie bei Vorführungen von Berufssportlern zusahen. Die jungen Leute erhielten als *epheboi* einige militärische Ausbildung; die Erwachsenen aber fanden hundert Auswege, um sich vor dem Kriegsdienst zu drücken. Der Kriegsdienst selbst war infolge technischer Verwicklungen zu einem Beruf geworden und beanspruchte die volle Zeit besonders ausgebildeter Männer. Die Stadtmilizen mußten durch Söldner ersetzt werden – ein Zeichen, daß die Fuhrung Griechenlands bald von den Politikern auf die Soldaten übergehen würde. Während Platon von Philosophenkönigen sprach, wuchsen vor seiner Nase die Soldatenkönige heran. Die griechischen Söldner verdingten sich gleicherweise an griechische wie «barbarische» Feldherren und kämpften ebensooft gegen wie für Griechenland; in den persischen Heeren, denen Alexander gegenüberstand, gab es zahlreiche Griechen. Die Krieger vergossen ihr Blut nicht für ein Vaterland, sondern für den besten Zahler, den sie finden konnten.

Die politische Korruption und Turbulenz, die nach dem Tode des Perikles eingesetzt hatte, setzte sich auch im vierten Jahrhundert fort; eine ehrenvolle Ausnahme machten das Archontat von Eukleides (403) und die Finanzverwaltung des Lykurgos (338–326). Nach dem Gesetze wurde Bestechung mit dem Tode bestraft; nach Isokrates wurde sie mit militärischen und politischen Vorzugsstellungen belohnt. Persien fand es nicht schwer, die griechischen Politiker durch Bestechungen zum Angriff gegen andere griechische Staaten oder Makedonien zu bewegen; schließlich gab sogar Demosthenes ein Beispiel der Moral seiner Zeit. Er war einer der Edelsten von einer der niedrigsten Berufsgruppen Athens: von den Rhetoren oder berufsmäßigen Rednern, die in diesem Jahrhundert zu Berufsrechtsanwälten und -politikern wurden. Einige dieser Männer waren wie Lykurgos einigermaßen anständig; andere, wie Hypereides, waren ritterlich; die meisten waren nicht besser, als sie sein mußten. Wenn wir Aristoteles Glauben schenken dürfen, spezialisierten sich viele auf die Anfechtung von Testamenten. Einige erwarben sich durch politischen Opportunismus und unermüdliche Demagogie beträchtliche Vermögen. Die Rhetoren zerfielen in zwei Parteien und zerrissen die Luft mit ihrem Feldgeschrei. Jede Partei organisierte Ausschüsse, erfand Schlagworte, ernannte Agenten und erhob Geldbeiträge; diejenigen, die die Auslagen dieser Unternehmungen bestritten, gestanden freimütig, sie hofften, sie «doppelt wieder hereinzubekommen». Als das Politisieren sich verschärfte, schwand der Patriotismus dahin; die Erbitterung des Parteihaders nahm die ganze Kraft und Hingabefähigkeit des Volkes in Anspruch und ließ für das Staatswesen wenig übrig. Die Verfassung des Kleisthenes und der Individualismus des Handels und der Philosophie hatten die Familienbande geschwächt und das Einzelwesen freigesetzt. Nun wandte sich das freie Einzelwesen, wie um den Niedergang der Familie zu rächen, gegen den Staat und zerstörte ihn.

Im Jahre 400 oder kurz zuvor vergrößerten die siegreichen Demokraten die staatlichen Zuwendungen für die Teilnahme an der Volksversammlung, um sich die Gegenwart der ärmeren Bürger an der *ekklesia* zu sichern und damit deren Beherrschung durch die Begüterten zu vermeiden. Zunächst erhielt jeder Bürger einen Obolos; mit steigenden Lebenshaltungskosten wurde der Betrag auf zwei Oboloi, dann auf drei erhöht, bis er schließlich zur Zeit des Aristoteles eine Drachme pro Tag betrug. Es war eine vernünftige Einrichtung; denn der gewöhnliche Bürger nahm gegen Ende des vierten Jahrhunderts mit einer Tagesarbeit anderthalb Drachmen ein, und man konnte nicht gut von ihm erwarten, daß er ohne Entschädigung seine Beschäftigung aufgab. Diese Einrichtung verschaffte den Armen bald die Mehrheit in der Volksversammlung. Immer mehr Begüterte hielten sich fern, da sie sich ja doch nicht durchsetzten. Es half nichts, daß 403 eine Verfassungsänderung die ganze gesetzgebende Gewalt auf fünf *nomothetai*, Gesetzgeber, übertrug, die aus der Zahl der Bürger ausgewählt wurden, welche das Los zu Geschworenen bestimmt hatte; auch diese neue Gruppe neigte der Seite der Gemeinen zu, und ihr Dazwischentreten verminderte das Ansehen und die Autorität des konservativeren Rates. Infolge der Vergütungen für die Teilnahme scheint die Intelligenzhöhe der Volksversammlung im vierten Jahrhundert gesunken zu sein – wenn auch unsere Gewährsmänner dafür vorurteilsbehaftete Reaktionäre wie Aristophanes und Platon sind. Isokrates meinte, Athens Feinde sollten die Volksversammlung zu häufigen Zusammenkünften bezahlen, da sie so viele Fehler mache.

Diese Fehler kosteten Athen Reich und Freiheit. Das gleiche Streben nach Reichtum und Macht, das den ersten Bund erschüttert hatte, zerstörte nun den zweiten. Nach dem Sturze Spartas bei Leuktra meinte Athen, es könne sich jetzt wieder ausdehnen. Bei der Aufstellung des neuen Bundes hatte es sich verpflichtet, keinen athenischen Bürgern die Besitznahme von Land außerhalb Attikas zu gestatten. Nun eroberte es Samos, die thrakische Chersones und die Städte Pydna, Poteidaia und Methone an der makedonischen Küste und besiedelte sie mit athenischen Bürgern. Die verbündeten Staaten erhoben Einspruch, und viele traten aus dem Bunde aus. Zwangs- und Strafmaßnahmen, die schon im fünften Jahrhundert angewandt worden waren und versagt hatten, wurden wiederum angewandt und versagten wiederum. 357 standen Chios, Kos, Rhodos und Byzantion auf und erklärten einen «Bundesgenossenkrieg». Als zwei der tüchtigsten athenischen Feldherren, Timotheos und Iphikrates, es für unklug hielten, der Flotte der Aufständischen im Hellespont während eines Sturmes eine Schlacht zu liefern, klagte sie die Volksversammlung der Feigheit an. Timotheos wurde zu der unmöglichen Geldbuße von hundert Talenten verurteilt und flüchtete; Iphikrates wurde freigesprochen, diente aber Athen niemals wieder. Die Aufständischen wehrten alle Versuche, sie zu unterwerfen, ab, und 355 unterzeichnete Athen einen Friedensvertrag, der ihre Unabhängigkeit anerkannte. Die große Stadt stand nun ohne Bundesgenossen, ohne Führer, ohne Geldmittel und ohne Freunde da.

Möglicherweise waren auch hintergründigere Faktoren an der Schwächung Athens beteiligt. Das Geistesleben bedroht jede Kultur, die es verschönt. In den Frühstufen der Geschichte einer Nation ist wenig Denken zu finden, das Handeln triumphiert; die Menschen sind geradeheraus, ungehemmt, offen kämpferisch und geschlechtlich. Sobald die Kultur sich entwickelt und die Sitten, Gebräuche und Gesetze das Wirken der natürlichen Triebe immer mehr behindern, weicht das Handeln dem Denken, die Leistung der Phantasie, die Unmittelbarkeit der Diplomatie, der Ausdruck dem Verhüllen, die Grausamkeit dem Mitgefühl, der Glaube dem Zweifel; die Übereinstimmung in der Wesensart, die den Tieren und den Primitiven gemein ist, schwindet dahin; das Verhalten wird uneinheitlich und zögernd, bewußt und berechnend; die Kampfbereitschaft weicht einer Neigung zum endlosen Argumentieren. Wenige Nationen waren je fähig, die Höhe intellektueller Verfeinerung und ästhetischer Empfindsamkeit zu erreichen, ohne so viel an ihrer Mannhaftigkeit und Einheit einzubüßen, daß ihr Reichtum nicht eine unwiderstehliche Versuchung für geldbedürftige Barbaren gebildet hätte. Um jedes Rom lauern die Gallier, um jedes Athen irgendein Makedone.

IV. DER AUFSTIEG VON SYRAKUS

Trotz eines reichen Maßes politischer Wirren war Syrakus im ganzen vierten Jahrhundert eine der reichsten und mächtigsten Städte Griechenlands. Dionysios I., skrupellos, verräterisch und eitel, war der fähigste Staatslenker seiner Zeit. Indem er die Insel Ortygia in eine Festung für sich selbst verwandelte und den Damm, der sie mit dem Festland verband, mit starken Mauern versah, machte er seine Stellung fast unangreifbar, und indem er den Sold seiner Soldaten verdoppelte und sie zu leichten Siegen anführte, sicherte er sich ihre persönliche Treue, die ihn achtunddreißig Jahre lang auf dem Throne hielt. Sobald er sich die Macht gesichert hatte, wandelte er seine frühere Politik der Strenge in versöhnliche Milde und eine Art von egalitärem Despotismus um*. Er übergab seinen Beamten und Freunden ausgesuchte Landgüter und wies (als militärische Maßnahme) fast alle Wohnsitze auf Ortygia und auf dem Damm seinen Soldaten zu; den ganzen restlichen Boden von Syrakus und seiner Umgebung verteilte er zu gleichen Teilen unter die Bevölkerung, unter Freie und Sklaven gleichermaßen. Unter seiner Staatsführung blühte Syrakus, obgleich er das Volk fast ebenso stark besteuerte wie die Volksversammlung die Athener. Als die Frauen zu

* Als er den Pythagoreer Phintias wegen Teilnahme an einer Verschwörung zum Tode verurteilte, bat dieser um die Erlaubnis, auf einen Tag heimzugehen, um seine Angelegenheiten zu ordnen. Sein Freund Damon stellte sich freiwillig als Geisel und wollte für Phintias den Tod erleiden, falls dieser nicht zurückkehren sollte. Phintias kehrte zurück, und Dionysios, über echte Freundschaft ebenso erstaunt wie Napoleon, begnadigte Phintias und bat, zu einem so festen Freundschaftsbund als Dritter zugelassen zu werden.

schmucksüchtig wurden, verkündete Dionysios, Demeter sei ihm im Traume erschienen und habe ihn geheißen, den gesamten Schmuck aller Frauen in ihrem Tempel niederlegen zu lassen. Er gehorchte der Göttin und die meisten Frauen gehorchten ihm. Bald danach «lieh» er sich den Schmuck von Demeter, um seine Feldzüge zu finanzieren.

Denn allen seinen Plänen lag der Entschluß zugrunde, die Karthager aus Sizilien zu vertreiben. Da er Hannibal um seine Sturmmaschinen bei der Belagerung von Selinus beneidete, berief Dionysios die besten Ingenieure und Mechaniker des westlichen Griechenland in seinen Dienst und erteilte ihnen den Auftrag, bessere Kriegsgeräte zu schaffen. Diese Männer konstruierten neben zahlreichen anderen neuen Angriffs- und Verteidigungsmaschinen den *katapeltes*, den Katapult, mit dem man schwere Steine und ähnliche Geschosse schleudern konnte; diese und andere militärische Neuerungen gingen von Sizilien auf Griechenland über und wurden von Philipp von Makedonien aufgegriffen. Söldner wurden angeworben, und die Waffenschmiede von Syrakus fabrizierten in unerhörten Mengen Waffen und Schilde, die den Gewohnheiten und Geschicklichkeiten jeder Gruppe von beteiligten Soldaten angepaßt waren. Bisher waren Kämpfe zu Land von den Griechen nur von Fußtruppen ausgekämpft worden. Dionysios stellte eine bedeutende Reitertruppe auf und vermittelte auch hier Ideen an Philipp und Alexander. Zu gleicher Zeit ließ er zweihundert Schiffe bauen, zumeist Tetreren und Penteren; eine so schnelle und machtvolle Flotte hatte Griechenland bisher noch nie zu sehen bekommen*.

Gegen 397 waren alle Vorbereitungen abgeschlossen, und Dionysios verlangte in einer Botschaft von Karthago, es solle die griechischen Städte Siziliens aus seiner Herrschaft entlassen. In Erwartung der Weigerung forderte er diese Städte auf, die Fremdherrschaft von sich zu schütteln. Die Städte erhoben sich und ermordeten, immer noch über Hannibals Massenhinrichtungen erzürnt, alle Karthager, die ihnen in die Hände fielen, mit einer bei Griechen sonst nicht üblichen Grausamkeit. Dionysios tat, was er konnte, um diese Schlächtereien zu unterbinden, da er die Gefangenen als Sklaven verkaufen wollte. Karthago setzte eine gewaltige Armee unter Himilkon über, und der Krieg erstreckte sich mit Unterbrechungen über die Jahre 397, 392, 383 und 368. Schließlich eroberte Karthago alles, was Dionysios ihm abgenommen hatte, wieder zurück, und nach dem Blutvergießen war alles wieder wie zuvor.

Entweder aus Machtgier oder in der Erkenntnis, daß nur ein geeintes Sizilien der karthagischen Herrschaft widerstehen könnte, hatte Dionysios inzwischen seine Waffen gegen die griechischen Städte auf der Insel gekehrt. Als er sie alle unterworfen hatte, setzte er nach Italien über, eroberte Rhegion und zwang ganz Südwestitalien unter seine Botmäßigkeit. Er griff Etrurien an und holte sich aus dessen Tempel in Agylla tausend Talente. Er hatte vor, den Apollontempel in Delphoi zu plündern; aber die Zeit machte ihm einen Strich durch die Rechnung. Griechenland hatte im selben Jahre den Verlust der Freiheit im Westen und den Königsfrieden, durch den der Osten an Persien verkauft wurde, zu beklagen (387). Drei Jahre zuvor waren Brennus und die Gallier siegreich vor den Toren Roms gestanden. Überall wurden die Barbaren am Saume des griechischen Lebensraumes immer mächtiger, und die Verwüstungen des Dionysios in Süditalien ebneten der Eroberung der griechischen Siedlungen zuerst durch die umwohnenden Eingeborenen, hierauf durch die halbbarbarischen Römer den Weg. Bei den nächsten Olympischen Spielen rief der Redner Lysias Griechenland auf, sich gegen den neuen Tyrannen zu wenden. Die Menge griff die Zelte der Gesandtschaft des Dionysios an und weigerte sich, seine Poesie anzuhören.

---

* Ein Zweiruderer war eine Galeere mit zwei übereinanderliegenden Ruderbänken oder Decks; ein Dreiruderer, Vier- oder Fünfruderer hatte vermutlich nicht drei, vier oder fünf Bänke übereinander, wahrscheinlich saßen drei, vier bzw. fünf Männer nebeneinander auf der gleichen Ruderbank, von denen ein jeder ein Ruder durch ein Ruderloch bediente.

Derselbe Despot, der nach der Einnahme Rhegions dessen Einwohnern die Freiheit anbot, wenn sie ihm fast ihr gesamtes gehortetes Vermögen ablieferten, und sie, als das geschehen war, gefangensetzen und als Sklaven verkaufen ließ, derselbe Despot war ein Mann von viel Kultur, der auf sein Schwert nicht stolzer war als auf seine Feder. Als er den Dichter Philoxenos einmal nach seiner Meinung über die königlichen Verse befragte und dieser sie für wertlos erklärte, verurteilte der erzürnte Dionysios ihn zur Zwangsarbeit in den Steinbrüchen. Am nächsten Tag bereute es der König; er ließ Philoxenos wieder freisetzen und gab ein Festmahl zu seiner Ehre. Als aber Dionysios wiederum von seinen Gedichten vorlas und Philoxenos aufforderte, sie zu beurteilen, bat dieser nur, man möge ihn wieder in die Steinbrüche zurückführen. Trotz solcher Fehlschläge förderte Dionysios die Künste und Wissenschaften und war erfreut, Platon auf dessen Reise in Sizilien (387) einen Augenblick lang zu unterhalten. Nach einer weitverbreiteten Überlieferung, die auch Diogenes von Laerte wiedergibt, sprach sich der Philosoph gegen die Diktatur aus. «Deine Worte», sagte Dionysios, «schmecken nach Altersschwäche.» Darauf Platon: «Und deine nach Tyrannenlaune.» Dionysios soll ihn in Sklaverei verkauft haben; der Philosoph wurde aber bald von Annikeris von Kyrene wieder losgekauft.

Der Diktator endete nicht durch Mörderhand, wie er stets befürchtet hatte, sondern durch seine eigene Poesie. 367 errang seine Tragödie *Hektors Loskauf* den ersten Preis bei den athenischen Lenaien. Dionysios war darüber so erfreut, daß er mit seinen Freunden feierte, viel Wein trank, das Fieber bekam und starb.

Die geplagte Stadt, die ihn als einzigen Ausweg vor der Unterwerfung unter Karthago ertragen hatte, sah nun hoffnungsvoll auf die Thronbesteigung seines Sohnes. Dionysios II. war ein Jüngling von fünfundzwanzig Jahren, schwach an Körper und Geist und darum, wie die schlauen Syrakusier meinten, sehr wahrscheinlich ein milder und nachlässiger Herrscher. Er hatte in seinem Onkel Dion und dem Historiker Philistos geschickte Ratgeber. Dion war ein reicher Mann, aber auch ein Liebhaber der Literatur und der Philosophie und ein ergebener Schüler Platons. Er wurde Mitglied der Akademie und lebte zu Hause und auswärts ein Leben philosophischer Einfachheit. Er kam auf den Gedanken, die formbare Jugend des neuen Diktators biete eine günstige Gelegenheit, wenn auch nicht die Utopie, die Platon ihm geschildert hatte, so doch wenigstens ein konstitutionelles Regime zu gründen, das ganz Sizilien zur Vertreibung der Karthager zu einen vermöchte. Auf Dions Ratschlag berief Dionysios II. Platon an seinen Hof und ließ sich von ihm unterweisen.

Zweifellos strengte sich der junge Autokrat nach besten Kräften an und verhehlte seinem Lehrmeister die Neigung zu Trunksucht und Wollust, die seinen Vater zu der Voraussage veranlaßt hatte, die Dynastie werde mit seinem Sohne aussterben. Von des Jünglings anscheinender Willigkeit getäuscht, führte Platon ihn über die allerschwierigsten Zugänge – Mathematik und Tugendlehre – in die Philosophie ein. Der Herrscher bekam zu hören, was der Fürst von Lu von Konfuzius zu hören bekommen hatte, daß der erste Grundsatz der Regierungskunst das gute Beispiel ist und daß man, wenn man sein Volk auf eine höhere Stufe stellen will, selbst ein Vorbild an Klugheit und gutem Willen sein muß. Der ganze Hof begann Geometrie zu treiben und ehrfürchtig über in den Sand gezeichneten Figuren zu stehen. Aber Philistos, von Platons Stern überstrahlt, flüsterte dem Diktator zu, daß das alles nur ein Anschlag sei, mittels dessen die Athener, die Syrakus mit Armee und Flotte nicht zu erobern vermocht hatten, es mit einem einzigen Mann einnehmen würden; wenn Platon einmal die uneinnehmbare Festung mit Diagrammen und Dialogen bezwungen habe, werde er Dionysios absetzen und Dion auf den Thron bringen. Dionysios sah in diesen Einflüsterungen eine ausgezeichnete Rettung vor der Geometrie. Er verbannte Dion, beschlagnahmte sein Vermögen und gab Dions Gattin einem Höfling, den sie fürchtete. Trotz des Diktators Treuegelöbnis verließ Platon Syrakus und begab sich zu Dion nach Athen. Sechs Jahre darauf kehrte er auf Einladung des Königs wieder und ersuchte ihn, Dion zurückzurufen. Dionysios weigerte sich, und Platon kehrte resigniert zu seiner Akademie zurück.

357 sammelte Dion, der nicht viel Geld, aber viele Freunde hatte, auf dem griechischen Festland eine Streitmacht von achthundert Mann und setzte damit nach Syrakus über. Er landete heimlich und erkannte, daß das Volk darauf brannte, ihm zu helfen. In einer einzigen Schlacht, in der er als Fünfzigjähriger durch seinen persönlichen heldenmütigen Einsatz den Ausgang entschied, schlug er das Heer des Dionysios so vollständig, daß der erschreckte Jüngling nach Italien floh. In diesem Augenblick entsetzte die syrakusische Volksversammlung mit griechischer Impulsivität Dion vom Kommando, damit er sich nicht zum Diktator mache. Dion zog sich friedfertig nach Leontinoi zurück. Die Streitkräfte des Dionysios, denen das sehr gelegen kam, griffen die Volksarmee plötzlich an und besiegten sie. Die Führer, die ihn abgesetzt hatten, sandten nach Dion, er solle eiligst zurückkehren und das Kommando übernehmen. Er kam, gewann wiederum eine Schlacht, verzieh den Männern, die sich ihm entgegengestellt hatten, und verkündete dann eine zeitlich beschränkte Diktatur zur Wiederherstellung der Ordnung. Trotz des Rates seiner Freunde wollte er keine Leibwache haben, da er, wie er sagte, «lieber sterben als ständig gegen Freunde und Feinde gleichermaßen auf der Hut sein wollte». Statt dessen behielt er inmitten des Reichtums und der Gewalt seine gewohnte bescheidene und einfache Lebensweise bei. Plutarch berichtet:

> «Er selbst lebte stets einfach und vernünftig, je nach dem Maße dessen, was zur Verfügung stand, und erntete die allgemeine Bewunderung, daß er, da nicht nur Sizilien und Karthago, sondern ganz Griechenland auf ihn in seinem Glück schaute, und die Menschen keinen der damals Lebenden für so groß hielten und keines anderen Feldherrn Wagemut und Glück so glänzend schien wie das seine, sich trotzdem in Kleidung, Bedienung und Tafel so bescheiden zeigte, als ob er mit Platon in der Akademie speiste, nicht unter Berufssoldaten und ihren Führern lebte, denen jeden Tag eine reichbesetzte Tafel und sonstiger Lebensgenuß als Ausgleich für ihre Strapazen und Gefahren dienen müssen.»[13]

Wenn wir Platon Glauben schenken dürfen, war es Dions Ziel, eine konstitutionelle Monarchie zu errichten, Leben und Brauchtum in Syrakus nach dem spartanischen Muster umzugestalten, die versklavten oder verwüsteten griechischen Städte Siziliens wiederaufzubauen und zu einigen und die Karthager von der Insel zu vertreiben. Die

Syrakusier hatten aber ihren Sinn auf die Demokratie gerichtet und dürsteten auch nicht mehr nach Tugend als Dionysios. Ein Freund ermordete Dion, und das Chaos brach aus. Dionysios kehrte eiligst zurück, riß Ortygia und die Regierungsgewalt wieder an sich und herrschte mit der verbitterten Grausamkeit eines abgesetzten und restaurierten Despoten.

Einzelpersonen werden manchmal von unverdienten Schicksalen betroffen, selten aber Nationen. Die Syrakusier richteten einen Hilferuf an ihre Mutterstadt Korinth. Der Ruf kam zu einer Zeit, da ein Korinthier von fast sagenhaftem Edelmut nur darauf wartete, seine Heldenhaftigkeit erweisen zu können. Timoleon war ein Adliger, der die Freiheit so sehr liebte, daß er seinen eigenen Bruder Timophanes umbrachte, als er versuchte, sich zum Tyrannen von Korinth zu machen. Von der Mutter verflucht und über seine Tat brütend, zog der Tyrannenmörder sich in eine Waldeinsiedelei zurück und mied alle Menschen. Die Nachricht von der Notlage in Syrakus erreichte ihn aber doch, und er stellte eine kleine Streitmacht von Freiwilligen auf, setzte nach Sizilien über und entfaltete seine kleine Schar mit solcher Strategie, daß die königliche Armee, als sie seine Feldherrenkunst kurze Zeit zu spüren bekommen hatte, zurückwich, ohne einen einzigen seiner Krieger getötet zu haben. Timoleon gab dem gedemütigten Tyrannen Geld genug, um sich nach Korinth zu begeben, wo Dionysios den Rest seines Lebens als Lehrer und manchmal als Bettler verbrachte. Timoleon führte die Demokratie wieder ein, riß die Befestigungsanlagen nieder, die aus Ortygia eine Feste der Tyrannei gemacht hatten, wies eine karthagische Invasion zurück, stellte Freiheit und Demokratie in den griechischen Städten wieder her und machte Sizilien auf ein Menschenalter so blühend und friedlich, daß neue Ansiedler aus allen Teilen des griechischen Lebensraumes hinströmten. Hierauf zog er sich ins Privatleben zurück und schlug jedes Amt aus; die Demokratien der Insel aber, die seine Weisheit und Anständigkeit zu schätzen wußten, unterwarfen alle wichtigeren Angelegenheiten seinem Urteil und folgten freiwillig seinem Ratschlag. Als zwei Sykophanten ihn einmal der Unehrlichkeit anklagten, beharrte er trotz des Einspruches eines dankbaren Volkes darauf, den Gesetzen gemäß und ohne Begünstigung abgeurteilt zu werden, und dankte den Göttern, daß die Redefreiheit und die Gleichheit vor dem Gesetze auf Sizilien wiederhergestellt worden waren. Als er starb (337), betrachtete ihn ganz Griechenland als einen seiner größten Söhne.

V. MAKEDONIENS VORDRINGEN

Während Timoleon die Demokratie im antiken Sizilien ein letztes Mal wiederherstellte, vernichtete Philipp sie auf dem Festland. Makedonien war trotz der kulturellen Gastfreundschaft des Archelaos immer noch ein größtenteils barbarisches Land kräftiger, aber ungebildeter Bergbewohner, als Philipp den Thron bestieg (359); wenngleich es das Griechische als offizielle Sprache gebrauchte, hatte es dem Geistesleben Griechenlands tatsächlich keinen Schriftsteller, keinen Wissenschafter und keinen Philosophen beizusteuern.

Während eines dreijährigen Aufenthaltes bei den Verwandten des Epameinondas in Theben hatte Philipp ein bescheidenes Maß an Kultur und eine Unmenge kriegerischer Ideen in sich aufgenommen. Er besaß alle Tugenden mit Ausnahme der kulturellen. Er war von kräftigem Körperbau und großer Willensstärke, athletisch und hübsch, ein prächtiges wildes Tier, das hin und wieder versuchte, ein athenischer Gentleman zu sein. Wie sein berühmter Sohn war er ein Mann von heftiger Gemütsart und unübertrefflicher Großmut, dem Kriegerhandwerk sehr zugetan, dem Trinken noch mehr. Im Gegensatz zu Alexander lachte er gern und gab einem Sklaven, der ihn amüsierte, ein hohes Amt. Er liebte Knaben, noch mehr liebte er Frauen, und er heiratete so viele er nur konnte. Eine Zeitlang versuchte er es mit der Monogamie mit Olympias, der wilden und schönen Molosserprinzessin, die ihm Alexander gebar; später aber fand er an anderen Geschmack, und Olympias sann auf Rache. Am höchsten schätzte er unentwegte Männer, die bereit waren, den ganzen Tag ihr Leben aufs Spiel zu setzen und die halbe Nacht mit ihm zu würfeln und zu zechen. Er war (vor Alexander) buchstäblich der Tapferste der Tapferen und ließ auf jedem Schlachtfeld ein Stück von sich zurück. Sein größter Feind, Demosthenes, rief einmal aus: «Ein Auge ist ihm ausgeschlagen, eine Schulter gebrochen, ein Arm und ein Bein gelähmt – alles um der Macht und Herrschaft willen!» Er war von scharfem Verstande, fähig, in aller Geduld seine Zeit abzuwarten und auf schwierigen Wegen entschlossen fernen Zielen zuzustreben. In der Diplomatie war er schöntuerisch und unzuverlässig; er brach leichten Herzens seine Versprechungen und war stets bereit, neue abzugeben. Für die Staatsführung erkannte er keine Moral an, und Lüge und Bestechung waren für ihn nur ein humanerer Ersatz für den Totschlag. Im Siege war er aber mild und gewährte den geschlagenen Griechen gewöhnlich bessere Bedingungen, als sie einander zuzugestehen gewöhnt waren. Alle, die ihm begegneten – mit Ausnahme des halsstarrigen Demosthenes –, hatten ihn gern und hielten ihn für den stärksten und interessantesten Charakter seiner Zeit.

Seine Regierung war eine aristokratische Monarchie, bei der des Königs Macht von der Fortdauer der überlegenen Stärke seines Armes oder seines Geistes abhing und durch die Bereitschaft der Adligen, ihm Folge zu leisten, beschränkt war. Achthundert Lehensbarone waren die «Genossen des Königs». Es waren Großgrundbesitzer, die das Stadtleben verachteten und Volksmassen und Bücher nicht schätzten; wenn aber der König – mit ihrer Einwilligung – einen Krieg ankündigte, strömten sie von ihren Gütern herbei, in voller physischer Bereitschaft und wie berauscht vor Tapferkeit. Im Heere dienten sie als Berittene auf den schweren Pferden Makedoniens und Thrakiens und wurden von Philipp zu einer geschlossenen Formation zusammengefaßt, die auf einen Befehl des Kommandierenden ihre Taktik augenblicklich und als Ganzes ändern konnte. Daneben stand ein Fußvolk von rauhen Jägern und Bauern, in Phalangen aufgestellt: sechzehn Reihen von Männern, die ihre Lanzen über dem Kopf ihrer Vordermänner hielten oder auf deren Schultern ruhen ließen und so eine eiserne Mauer bildeten. Die sieben Meter lange Lanze war am hinteren Ende beschwert, so daß sie, in die Höhe gehoben, fünf Meter nach vorne reichte. Da jede Reihe einen Meter vor der nächsten marschierte, reichten die Lanzen der ersten fünf Reihen über die Phalanx hinaus und hatten die Lanzen der ersten drei Reihen eine größere Reichweite als die zwei Meter langen Speere der nächsten griechischen Hopliten. Wenn er seine Lanze geworfen hatte, focht der makedonische Soldat mit einem Kurzschwert und schützte sich mit einem Messinghelm, einem Eisenpanzer, Beinschienen und einem leichten Schild. Hinter der Phalanx marschierte ein Regiment altmodischer Bogenschützen, die ihre Pfeile über die Köpfe der Lanzenträger hinweg abschossen. Hierauf kam ein Belagerungszug mit Wurfmaschinen und Prellböcken. Entschlossen und geduldig – für Alexander das, was Friedrich Wilhelm für Friedrich war – bildete er sein Heer von zehntausend Mann zu der mächtigsten Kampftruppe heran, die Europa bisher gesehen hatte.

Er war entschlossen, mit dieser Streitmacht Griechenland unter seiner Führung zu einigen und dann mit der Hilfe von ganz Hellas über den Hellespont überzusetzen und die Perser aus dem griechischen Asien zu vertreiben. Bei jedem Schritt auf dieses Ziel hin prallte er gegen den griechischen Freiheitsdurst, und bei dem Versuch, diesen Widerstand zu brechen, vergaß er fast den Zweck über den Mitteln. Sein erster Schritt brachte ihn in Gegensatz zu Athen; denn er suchte die Städte in seinen Besitz zu bringen, die Athen an der makedonischen und thrakischen Küste erworben hatte. Diese Städte versperrten nicht nur seinen Weg nach Asien, sie überwachten auch reiche Goldminen und einen steuerbaren Handel. Während Athen mit dem Bundesgenossenkrieg beschäftigt war, der seinem zweiten Reich ein Ende bereitete, bemächtigte sich Philipp der Städte Amphipolis (357), Pydna und Poteidaia (356) und beantwortete die Proteste Athens mit schönen Komplimenten über die athenische Literatur und Kunst. 355 nahm er Methone, bei dessen Belagerung er ein Auge einbüßte; 347 nahm er nach einem langen Feldzug der Kniffe und des Heldenmutes Olynthos. Nun beherrschte er die ganze europäische Küste des nördlichen Ägäischen Meeres, bezog Einkünfte in der Höhe von tausend Talenten jährlich aus den thrakischen Minen und konnte seine Gedanken darauf richten, sich die Unterstützung Griechenlands zu sichern.

Zur Finanzierung seiner Feldzüge hatte er Tausende von Gefangenen – darunter viele Athener – als Sklaven verkauft und damit den guten Willen der Hellenen verscherzt. Es traf sich glücklich für ihn, daß sich während dieser Jahre die griechischen Staaten in einem zweiten «heiligen Krieg» (356–346) wegen der Plünderung des delphischen Schatzes durch die Phoker erschöpften. Die Spartaner und Athener kämpften auf seiten der Phoker, der Amphiktionische Bund – Boiotien, Lokris, Doris, Thessalien – gegen sie. Die Amphiktionie verlor und suchte bei Philipp Hilfe. Philipp sah seine Gelegenheit gekommen, überschritt in aller Eile die offenen Pässe, überwältigte die Phoker (346), wurde in den Bund aufgenommen, als Beschützer des Heiligtums gepriesen und aufgefordert, bei den Pythischen Spielen alle Griechen zu präsidieren. Er warf seinen Blick auf die uneinigen Staaten der Peloponnes und sah, daß er sie alle mit Ausnahme des geschwächten Sparta dazu bringen konnte, ihn als Führer einer griechischen Bundesgenossenschaft zur Befreiung aller Griechen im Osten und Westen anzuerkennen. Aber Athen, das endlich auf Demosthenes hörte, sah in Philipp nicht einen Befreier, sondern einen Versklaver, und entschloß sich, eifersüchtig für die Souveränität des Stadtstaates und für die Erhaltung der freien Demokratie zu kämpfen, die es zur Leuchte der Welt gemacht hatte.

VI. DEMOSTHENES

Die Statue des großen Redners im Vatikan ist eines der Meisterwerke des hellenistischen Realismus. Es ist ein sorgendurchfurchtes Gesicht, als ob jeder Schritt Philipps nach vorne eine neue Falte in seine Stirn gegraben hätte. Der Körper ist mager und müde; er bietet den Anblick eines Mannes, der sich anschickt, ein letztes Mal für eine Sache aufzurufen, die er für verloren hält. Die Augen verraten ein ruheloses Leben und sehen einen bitteren Tod voraus.

Sein Vater fabrizierte Schwerter und Bettgestelle und hinterließ ihm ein Geschäft, das etwa 14 Talente wert war. Nicht weniger als drei Testamentsvollstrecker verwalteten das Vermögen für den Knaben und verschwendeten es so gründlich, daß Demosthenes, als er zwanzig geworden war, seine Vormünder einklagen mußte, um wenigstens noch die Reste seines Vermögens zu erhalten. Er verwandte das meiste davon zur Ausrüstung einer Triere für die athenische Flotte und ließ sich dann nieder, um sein Brot zu verdienen, indem er für Prozessanten Reden verfaßte. Das Abfassen fiel ihm leichter als das Halten von Reden, denn er war schwächlich und hatte einen Sprachfehler. Wie Plutarch berichtet, verfertigte er manchmal Anklage- und Verteidigungsreden für beide Parteien eines Prozesses. Dazwischen hielt er, um seine Gebrechen zu überwinden, Reden an das brandende Meer, den Mund mit Kieselsteinen gefüllt, oder er deklamierte, indem er einen Berg hinauflief. Er arbeitete kräftig, und seine einzige Zerstreuung waren Dirnen und Knaben. «Was soll man mit Demosthenes anfangen?» beklagte sich sein Sekretär. «Was er in einem ganzen Jahr erdacht hat, läßt er von einer Frau in einer einzigen Nacht wieder durcheinanderbringen.»[14] Nach Jahren eifrigen Mühens wurde er einer der reichsten Rechtsanwälte an den athenischen Gerichten, in technischen Dingen erfahren, überzeugend in der Rede und biegsam in der Moral. Er verteidigte den Bankier Phormion gegen genau die gleichen Anklagen, die er gegen seine Vormünder selbst vorgebracht hatte, er nahm von Privatpersonen erkleckliche Geldsummen entgegen, um eine Gesetzesvorlage auszuarbeiten und durchzudrücken, und verteidigte sich nie gegen die Anklage seines Kollegen Hypereides, er erhalte Geld vom Perserkönig, um zum Kriege gegen Philipp aufzuhetzen. Als er auf der Höhe seines Ruhmes stand, war sein Vermögen um das Zehnfache größer als dasjenige, das ihm sein Vater hinterlassen hatte.

Er besaß aber doch die Anständigkeit, für die Ansichten, zu deren Verteidigung man ihn bezahlte, zu leiden und zu sterben. Er wandte sich leidenschaftlich gegen die Abhängigkeit Athens von Söldnertruppen und beharrte darauf, daß die Bürger, die Geld aus den Theorika erhielten, es durch Heeresdienst verdienen müßten. Er besaß sogar den Mut, zu verlangen, daß man diesen Fonds nicht dazu verwende, Bürger für die

Teilnahme an religiösen Zeremonien und Schauspielen zu bezahlen, sondern dafür, eine bessere Streitmacht zur Verteidigung des Staates zu organisieren*. Er sagte den Athenern ins Gesicht, sie seien degenerierte Drückeberger, die die kriegerischen Tugenden ihrer Vorfahren verloren hätten. Er wollte nicht wahrhaben, daß der Stadtstaat sich durch Parteienzwist und Krieg lächerlich gemacht hatte und daß die Zeiten die Einigung Griechenlands verlangten; diese Einigung war nach seiner Ansicht nur eine Phrase, die die Unterwerfung Griechenlands unter einen einzigen Mann bemänteln sollte. Er erkannte die ehrgeizigen Pläne Philipps an den ersten Anzeichen und flehte die Athener an, um ihre Bundesgenossen und Kolonien im Norden zu kämpfen.

Gegen Demosthenes und Hypereides und die Kriegspartei standen Aischines und Phokion und die Friedenspartei. Sehr wahrscheinlich waren beide Seiten bestochen, die eine von Persien, die andere von Philipp, und beide ließen sich von ihrer eigenen Agitation ehrlich bewegen. Phokion war nach allgemeiner Ansicht der anständigste Staatsmann seiner Zeit: ein Stoiker vor Zenon, ein philosophisches Erzeugnis der platonischen Akademie, ein Redner, der die Volksversammlung so sehr verachtete, daß er einmal, als sie ihm Beifall spendete, einen Freund fragte: «Ich habe doch nicht etwa, ohne es zu wissen, etwas Schlechtes gesagt?»[16] Er wurde fünfundvierzigmal zum *strategos* gewählt und übertraf damit sogar den Rekord des Perikles. Er diente in manchen Kriegen als fähiger Feldherr, verbrachte aber die meiste Zeit seines Lebens damit, sich für den Frieden einzusetzen. Sein Kampfgenosse Aischines war kein Stoiker, sondern ein Mann, der es aus bitterer Armut zu einem beträchtlichen Vermögen gebracht hatte. In seiner Jugend war er Lehrer und Schauspieler, was dazu beitrug, daß er ein schwungvoller Redner wurde; er soll der erste griechische Redner gewesen sein, der in freier Rede sprach; seine Nebenbuhler schrieben ihre Reden vorher nieder. Nachdem er Phokion bei mehreren Treffen gedient hatte, machte er sich dessen Politik zu eigen, mit Philipp Kompromisse zu schließen und keinen Krieg zu führen, und als Philipp ihn für seine Bemühungen bezahlte, wurde seine Friedensliebe zu einer erbaulichen Hingabe.

Zweimal brachte Demosthenes gegen Aischines die Klage vor, er habe makedonisches Gold entgegengenommen, und beide Male gelang es ihm nicht, ihn verurteilen zu lassen. Schließlich veranlaßten aber seine kriegerische Beredsamkeit und Philipps Vormarsch nach Süden die Athener, eine Zeitlang auf die Verteilung der Schauspielgelder zu verzichten und sie für Kriegszwecke zu verwenden. 338 wurde eiligst eine Armee zusammengestellt und nach Norden geschickt, um sich Philipps Phalangen bei dem boiotischen Chaironeia entgegenzustellen. Sparta verweigerte die Hilfe, aber Theben, das bereits Philipps Finger an der Kehle spürte, sandte seine Heilige Schar, um an der Seite der Athener zu kämpfen; deren dreihundert Mitglieder fielen samt und sonders auf dem Schlachtfeld. Die Athener kämpften fast ebenso tapfer; aber sie hatten zu

* Die Theorika wurden nunmehr bei so vielen Festlichkeiten herangezogen, daß sie einen großen Teil der Bürgerschaft fast an den Rand der Armut brachten. «Aus der athenischen Republik war eine gemeinnützige Gesellschaft geworden, die von einer Klasse das Nötige zur Unterstützung einer anderen verlangte.»[15] Die Volksversammlung hatte jeglichen Vorschlag, diesen Fonds zu anderen Zwecken zu verwenden, zum Kapitalverbrechen erklärt.

lange gewartet und waren nicht dazu ausgerüstet, einer so neuartigen Armee wie der makedonischen entgegenzutreten. Sie gingen auseinander und flohen vor dem Lanzenwald, der sich auf sie zubewegte, und Demosthenes floh mit ihnen. Alexander, Philipps achtzehnjähriger Sohn, führte die makedonische Reiterei mit unbändigem Mut und erfocht die Ehren eines schweren Tages.

Philipp war im Siege von diplomatischer Großzügigkeit. Er ließ einige antimakedonische Führer in Theben hinrichten und setzte dort seine Anhänger in einer oligarchischen Regierung ein; aber er ließ die zweitausend athenischen Gefangenen frei und schickte den gewinnenden Alexander und den gewandten Antipater mit dem Angebot eines Friedensschlusses unter der Bedingung, daß Athen ihn als obersten Befehlshaber aller Griechen im Kampfe gegen den gemeinsamen Feind anerkenne. Athen, das härtere Bedingungen erwartet hatte, willigte nicht nur ein, sondern brachte in der Volksversammlung Beschlüsse durch, die den neuen Agamemnon mit Komplimenten überschütteten. Philipp berief in Korinth ein *synhedrion*, eine Versammlung aller griechischen Staaten, ein, schloß sie (mit Ausnahme Spartas) in einer nach dem Muster des Boiotischen Bundes gebildeten Föderation zusammen und legte seine Pläne zur Befreiung Asiens vor. Er wurde einstimmig zum Befehlshaber dieses Unternehmens gewählt. Jeder Staat sicherte ihm Krieger und Waffen zu und versprach, daß kein Grieche, wo es auch sei, gegen ihn kämpfen werde. Solche Opfer waren ein geringer Preis für seine Abwesenheit.

Die Folgen von Chaironeia waren unabsehbar. Die Einheit, die Griechenland selbst nicht hatte schaffen können, war nunmehr erreicht – aber auf der Spitze eines halb fremden Schwertes. Der Peloponnesische Krieg hatte gezeigt, daß Athen Hellas nicht zu organisieren vermochte, die Nachkriegszeit hatte erwiesen, daß auch Sparta dazu unfähig war, und die thebanische Hegemonie war ebenfalls gescheitert. Die Kämpfe der Heere und Klassen hatten die Stadtstaaten erschöpft und zu sehr geschwächt, als daß sie sich noch selbst hätten verteidigen können. Unter diesen Umständen schätzten sie sich glücklich, einen so vernünftigen Eroberer zu finden, der sich vom Schauplatz seines Sieges zurückziehen und den Eroberten viel Freiheit lassen wollte. Tatsächlich waren Philipp und nach ihm Alexander durchaus darauf bedacht, die Autonomie der verbündeten Staaten zu achten, damit nicht einer von ihnen stark genug würde, um die anderen zu verschlingen und Makedonien zu verdrängen. Eine große Freiheit allerdings nahm Philipp ihnen: Das Recht der Revolution. Er war durchaus konservativ und betrachtete die Sicherheit des Privatbesitzes als einen unerläßlichen Auftrieb für den Unternehmungsgeist und als eine notwendige Stütze des Staates. Er bewog die Synode in Korinth dazu, in die Verfassung der Föderation die Verpflichtung aufzunehmen, jede Verfassungsänderung, jede soziale Umgestaltung und alle politischen Vergeltungsmaßnahmen zu unterlassen. Er unterstützte in jedem Staate die Seite der Besitzenden und machte der beschlagnahmenden Besteuerung ein Ende.

Er hatte seine Pläne gut gemacht, nur mit Olympias hatte er sich verrechnet; am Schluß wurde sein Schicksal nicht von seinen Siegen im Felde bestimmt, sondern von dem schlechten Verhältnis zu seiner Frau. Sie entsetzte ihn nicht nur durch ihr

Temperament, sondern auch durch die Teilnahme an den wildesten dionysischen Riten. Eines Nachts fand er im Bett an ihrer Seite eine Schlange und ließ sich nicht restlos davon überzeugen, daß das ein Gott sei. Schlimmer noch: Olympias tat ihm zu wissen, er sei gar nicht der wahre Vater Alexanders. In ihrer Hochzeitsnacht sei ein Donnerkeil auf sie niedergefallen und habe sie in Flammen gesetzt; es sei der große Gott Zeus-Amun gewesen, der den strahlenden Prinzen gezeugt habe. Von einer so mannigfaltigen Konkurrenz entmutigt, wandte Philipp seine Liebe anderen Frauen zu, und Olympias begann ihre Rache, indem sie Alexander von seiner göttlichen Abstammung erzählte. Einer der Feldherren Philipps, Attalos, verschlimmerte alles noch, indem er auf das Kind, das Philipp von einer zweiten Frau erwartete, als den «rechtmäßigen» (d.h. rein makedonischen) Thronerben einen Trinkspruch ausbrachte. Alexander warf ihm einen Pokal an den Kopf und rief: «Und ich, bin ich denn ein Bastard?» Philipp zog das Schwert gegen seinen Sohn, war aber so betrunken, daß er nicht stehen konnte. Alexander lachte ihn aus: «Da ist ein Mann, der von Europa nach Asien übersetzen will und nicht einmal richtig von einem Ruhebett zum andern gehen kann!» Wenige Monate später verlangte ein Beamter Philipps, Pausanias, von Philipp Genugtuung wegen einer Beleidigung, die Attalos ihm angetan hatte. Als ihm die Genugtuung nicht zuteil wurde, ermordete er den König (336). Olympias stand unter dem Verdacht, Pausanias angestiftet zu haben. Alexander, vom Heere vergöttert und von Olympias unterstützt, nahm vom Throne Besitz, überwand jeglichen Widerstand und schickte sich an, die Welt zu erobern.

ZWEITES KAPITEL

Literatur und Kunst im vierten Jahrhundert

I. DIE REDNER

WÄHREND all dieses Aufruhrs spiegelte die Literatur den Schwund der Lebenskraft Griechenlands wider. Die lyrische Poesie hatte aufgehört, der leidenschaftliche Ausdruck schöpferischer Individuen zu sein, und war nur noch eine geschliffene Übung von Salonintellektuellen, ein gelehrtes Echo von Bemühungen aus der Schulzeit. Timotheos von Miletos schrieb ein Epos; aber es ließ sich mit der logisch denkenden, streitsüchtigen Zeit nicht mehr in Einklang bringen und setzte sich sowenig durch wie seine frühe Musik. Dramen wurden weiterhin aufgeführt, aber in bescheidenerem Umfange und auf niedererem Niveau. Die Schwächung der Staatsfinanzen und der verminderte Patriotismus des privaten Wohlstandes nahmen dem Chor Glanz und Bedeutung; die Dramendichter begnügten sich immer mehr mit unzusammenhängenden musikalischen Intermezzi, wo sonst organisch mit dem Stück verbundene Chorgesänge gestanden hatten. Der Name *choregos* verlor seinen guten Klang in der Öffentlichkeit, auch der Name des Dichters; nur derjenige des Schauspielers blieb. Das Drama verlor immer mehr den Charakter einer Dichtung und gewann immer mehr den einer schauspielerischen Darstellung. Es war eine Zeit der großen Schauspieler und der kleinen Dramatiker. Die griechische Tragödie war auf Religion und Mythologie gegründet und setzte bei den Zuschauern Glauben und Frömmigkeit voraus; in der Götterdämmerung mußte auch sie hinscheiden.

Die Komödie gedieh in dem gleichen Maße, wie die Tragödie verfiel, und übernahm etwas von der Zartheit, der Verfeinerung und dem stofflichen Gehalt der Euripideischen Bühne. Diese Mittlere Komödie (400–323) verlor den Geschmack an oder den Mut für politische Satire gerade in dem Augenblick, da die Politik eines «offenen Freundes» am meisten bedurft hätte; vielleicht wurde diese Satire verboten oder das Publikum war jetzt, da Athen von zweitrangigen Männern geführt wurde, der Politik müde. Der allgemeine Rückzug vom öffentlichen ins private Leben, den das Griechenland des vierten Jahrhunderts durchmachte, zog seine Interessen vom Staate ab und wandte sie dem Heim und dem Herzen zu. Die Sittenkomödie entstand. Die Liebe begann die Bühne zu beherrschen, wobei sie nicht gerade immer ihre tugendhaften Seiten hervorkehrte; Damen der Demimonde mischten sich auf den Brettern unter Fischerfrauen, Köche und verblüffte Philosophen – wenn auch die Ehre der Darsteller und des Dichters durch eine Eheschließung am Schluß gerettet wurde. Diese Stücke zeigten nicht das Rohe, Vulgäre und Burleske, aber auch nicht das Lebendige, Überströmende und Phantasievolle der Komödien des Aristophanes. Wir kennen die Namen von neununddreißig Dichtern der Mittleren Komödie, ohne daß uns deren Werke erhalten geblieben wären; wir dürfen aber aus den Bruchstücken schließen, daß sie nicht für die Ewigkeit geschrieben waren. Alexis von Thurioi verfaßte 245 Komödien, Antiphanes 260. Sie schmiedeten das Eisen, solange es heiß war, und starben, als es sich abkühlte.

Es war ein Jahrhundert der Redner. Die Entwicklung von Handel und Gewerbe schloß die Menschen für das Realistische und Praktische auf, und die Schulen, die einst die Epen Homers gelehrt hatten, bildeten nun ihre Schüler in der Redekunst aus. Isaios, Lykurgos, Hypereides, Demades, Deinarchos, Aischines, Demosthenes waren Rednerpolitiker, Führer politischer Parteigruppen, Herren einer «Advokatenrepublik». Ähnliche Gestalten traten bei den demokratischen Zwischenspielen in Syrakus auf; die oligarchischen Staaten duldeten sie nicht. Die athenischen Redner waren klar und kräftig in der Sprache, schwülstiger Beredsamkeit abgeneigt, hin und wieder eines patriotischen Schwunges fähig und so verlogen und schmähsüchtig, wie man es selbst in einem modernen Wahlfeldzug nicht zulassen würde. Die buntgewürfelte Zusammensetzung der Volksversammlung und der Gerichte hatte ebensosehr einen verderblichen wie anregenden Einfluß auf die griechische Redekunst und über diese auf die griechische Literatur. Der athenische Bürger hatte an oratorischen Schmähwettkämpfen ebensoviel Freude wie an einem sportlichen Wettkampf; wenn ein Duell zwischen Wortkriegern wie Demosthenes und Aischines zu erwarten war, kamen Männer von weit entfernten Dörfern und aus auswärtigen Staaten, um es sich anzuhören. Oft appellierte man an den Stolz und an Vorurteile. Platon, der die Rhetorik als das Gift haßte, das die Demokratie zerstörte, definierte sie als die Kunst, Menschen zu beherrschen, indem man sich an ihre Gefühle und Leidenschaften wendet.

Selbst Demosthenes mit seiner ganzen Kraft und nervösen Heftigkeit, mit seinen häufigen Ausbrüchen patriotischen Eifers, seinem vernichtenden Gluthauch des persönlichen Angriffes, seinem geschickten und belebenden Wechsel von Erzählung und Argument, der sorgsam rhythmisch abgewogenen Sprache und dem überwältigenden Strom seiner Rede – selbst Demosthenes scheint uns der wahren Größe zu entbehren. Er sah das Geheimnis der Redekunst im Schauspielern *(hypokrisis)* und war so sehr davon überzeugt, daß er seine Reden geduldig einstudierte und sie vor einem Spiegel hersagte. Er grub sich eine Höhle und wohnte monatelang darin, insgeheim übend; zu diesen Zeiten ließ er sich die eine Hälfte des Kopfes abscheren, um nicht in Versuchung zu kommen, seine Klause zu verlassen. Auf der Rednertribüne bog und wand er sich; er drehte sich im Kreise herum, legte wie zur Überlegung die Hand auf die Stirne und ließ seine Stimme oft zu einem Schrei ansteigen. «Die Menge fand an seinem lebhaften Vortrag außerordentliches Gefallen», sagt Plutarch; «die besseren Leute aber fanden sein Gebärdenspiel niedrig, unfein und affektiert, unter ihnen auch Demetrios von Phaleron.»[1] Die Schauspielerei des Demosthenes mutet uns komisch an, sein Selbstbewußtsein erstaunt uns, seine Abschweifungen verwirren uns und seine wenig anmutige Zotigkeit stößt uns ab. Bei ihm ist wenig Witz zu finden, wenig Philosophie. Nur seine Vaterlandsliebe spricht für ihn und die offenkundige Echtheit seines verzweifelten Rufes nach Freiheit.

Der geschichtliche Höhepunkt der griechischen Rhetorik fiel in das Jahr 330. Sechs Jahre zuvor hatte Ktesiphon im Rate einen Vorantrag durchgebracht, Demosthenes mit einem Kranze zu belohnen, nicht nur für seine Staatsmannskunst, sondern auch für die vielen finanziellen Zuwendungen an den Staat. Um diese Ehrung seines Nebenbuhlers zu hintertreiben, brachte Aischines gegen Ktesiphon die (technisch korrekte) Klage ein, er habe einen verfassungswidrigen Antrag eingebracht. Der Prozeß gegen Ktesiphon, wiederholt vertagt, kam schließlich vor einem Geschworenengericht von fünfhundert Bürgern zur Verhandlung. Es war natürlich ein Prozeß, der viel Staub aufwirbelte; wer kommen konnte, kam, selbst von weit her. Es war ja so, daß der größte athenische Redner für seinen guten Namen und sein politisches Leben kämpfte. Aischines wandte seine Klage kaum gegen Ktesiphon, sondern richtete seine Angriffe gegen Charakter und Laufbahn des Demosthenes. Demosthenes antwortete mit seiner berühmten *Kranzrede*. Jede Zeile der beiden Reden ist noch durchzittert von der Aufregung und glüht vom Hasse zweier Feinde, die sich im Kriege von Angesicht zu Angesicht gegenüberstehen. Demosthenes, der wußte, daß der Angriff besser ist als die Verteidigung, brachte vor, Philipp habe sich den bestechlichsten aller Redner als Sprachrohr in Athen erwählt. Sodann brannte er mit ätzender Säure ein Bild von Aischines:

«Ich muß wenigstens das Notwendigste von ihm sagen und zeigen, wer und woher er ist, der so leichthin mit Schmähungen den Anfang macht ... Tugend? Was, du Schandfleck, was hast du oder die Deinen mit Tugend zu tun?... Welches Recht hast du, von Bildung zu sprechen?... Sowenig ich nun verlegen bin, was ich von dir und den Deinigen zu sagen habe, so bin ich doch verlegen, was ich zuerst erwähnen soll, ob, wie dein Vater Tromes beim Elpias, der am Theseustempel eine Leseschule hielt, mit dicken Beinschellen und einem Holze belastet, als Knecht diente; oder wie deine Mutter aus ihren Taghochzeiten in der Hütte neben dem Heros Kalamites dich, das schöne Standbild und den unübertrefflichen Tritagonisten auferzog ... Du aber, würdiger Mann, der du die anderen neben dir verachtest, halte jetzt mit diesem Geschicke das Deinige zusammen, das dich als Knaben in der größten Dürftigkeit aufwachsen ließ, indem du samt deinem Vater in der Schule dientest, die Tinte einriebst, die Bänke scheuertest, die Schulstube ausfegtest und also die Stelle eines Knechtes, nicht eines freien Knaben einnahmst ... Nachdem du nun aber als Bürger eingeschrieben warst, wie das auch immer geschehen sein mag – denn dies will ich unerörtert lassen – nachdem du also eingeschrieben worden warst, wähltest du dir sogleich das höchst edle Geschäft eines Schreibers und Handlangers der untersten Stellen. Als du aber auch hiervon entfernt wurdest und alles, was du anderen vorwirfst, selbst tatest, beschimpftest du, bei Gott! keine deiner früheren Verrichtungen durch dein nachheriges Leben, sondern verdangst dich an jene Schauspieler, Simylus und Sokrates, die Tiefstöhnenden, wie man sie nannte, und spieltest die dritten Rollen, wobei du Feigen und Trauben und Oliven wie ein Obsthöker auf fremdem Grund und Boden auflasest und mehr Wunden davontrugst als bei den Kämpfen, die ihr auf Leben und Tod kämpftet; denn ein unversöhnlicher und bittrer Krieg waltete zwischen euch und den Zuschauern ob, von denen du viele Wunden erhieltest ... Stelle nun also, was du und was ich in unserm Leben getan haben, prüfend gegeneinander, mit Ruhe und ohne Bitterkeit, Aischines; und dann frage diese hier, wessen Geschick jeder von ihnen sich wählen würde. Du hieltest Schule; ich besuchte die Schulen. Du besorgtest die Weihungen; ich empfing sie. Du tanztest im Chor; ich stattete Chöre aus. Du dientest als Schreiber; ich sprach vor dem Volke. Du spieltest die dritten Rollen; ich sah zu. Du fielst durch, und ich zischte.»[2]

Es war eine prachtvolle Rede; nicht gerade ein Vorbild an Ordnung und Höflichkeit, aber so leidenschaftlich, daß das Gericht Ktesiphon mit fünffacher Stimmenmehrheit freisprach. Im folgenden Jahre bewilligte die Volksversammlung Demosthenes den umstrittenen Kranz. Aischines vermochte die Geldbuße, die auf eine so erfolglose Anklage hin automatisch fällig war, nicht zu zahlen und floh nach Rhodos, wo er sich als Rhetoriklehrer kümmerlich durchschlug. Nach einer alten Überlieferung sandte Demosthenes ihm Geld, um seine Armut zu erleichtern.

II. ISOKRATES

Dieses Rededuell ist in jeder Generation laut gepriesen und ehrfürchtig studiert worden; in Wirklichkeit stellt es aber fast den Tiefpunkt der athenischen Politik dar. Wir können an diesem Straßeneckenwettkampf der gegenseitigen Angeiferung nichts Edles sehen, in diesem gemeinen Kampf um die Gunst der Öffentlichkeit, der von zwei Männern ausgefochten wurde, die im geheimen fremdes Geld empfingen. Isokrates ist eine etwas anziehendere Gestalt und bringt ein wenig von der Größe des fünften Jahrhunderts in das vierte mit. 436 geboren, lebte er bis 338 und starb zusammen mit der griechischen Freiheit. Sein Vater hatte sich als Flötenfabrikant ein Vermögen erworben und ließ seinem Sohne jede erdenkliche Bildung zukommen; er schickte ihn sogar nach Thessalien, um bei Gorgias Rhetorik zu studieren. Der Peloponnesische Krieg und das Vorbild des Alkibiades ruinierten das Flötengeschäft und vernichteten das Vermögen der Familie. Isokrates war gezwungen, sich sein Brot mit dem Schweiße seiner Feder zu verdienen. Er begann damit, daß er für andere Reden abfaßte, und dachte daran, selbst Redner zu werden. Er war aber mit Schüchternheit und einer schwachen Stimme und mit einer heftigen Abneigung gegen die Roheiten des politischen Kampfes behaftet. Es ekelte ihn vor den Demagogen, die sich der Volksversammlung bemächtigt hatten, und er zog sich eine Zeitlang als Lehrer in ein ruhiges Leben zurück.

Im Jahre 391 eröffnete er die erfolgreichste athenische Rednerschule. Aus ganz Griechenland strömten ihm Schüler zu; vielleicht trug die Vielfalt ihrer Herkunft und ihrer Lebensanschauung zur Bildung seiner panhellenischen Philosophie bei. Er war der Ansicht, alle Lehrer seien auf der falschen Spur. In einem Schriftchen *Gegen die Sophisten* wandte er sich sowohl gegen diejenigen, die für drei bis vier Minen jeden Schwachkopf in einen Gelehrten zu verwandeln versprachen, als auch gegen diejenigen, die wie Platon die Menschen mit Wissenschaft und Metaphysik auf die Kunst der Staatsführung vorbereiten zu können hofften. Er selbst gab ohne weiteres zu, daß er nur dann gute Ergebnisse erziele, wenn der Schüler eine natürliche Begabung habe. Von Metaphysik und Wissenschaft wollte er nichts wissen, denn das war nach seiner Meinung nur ein hoffnungsloses Forschen nach unergründlichen Geheimnissen. Trotzdem gab er dem von seiner Schule vermittelten Wissen den Namen Philosophie. Im Mittelpunkt des Lehrplanes stand die Kunst des Schreibens und Redens; sie wurde aber in Verbindung mit Literatur und Politik gelehrt. Isokrates bot, wie wir sagen würden, einen humanistischen Lehrgang im Gegensatz zum mathematischen der platonischen Akademie. Die Kunst der guten Rede war das Ziel; denn diese war damals das wichtigste Mittel, um in der Öffentlichkeit vorwärtszukommen. Der athenische Staat wurde mit Argumentieren regiert. So lehrte Isokrates seine Schüler den Gebrauch der Worte: wie man sie in die klarste Ordnung bringt, in eine rhythmische, aber nicht metrische Folge, in eine geschliffene, aber nicht schwülstige Diktion, in gedanklich und lautlich sanfte Übergänge*, in abgewogene Sätze und sich steigernde Perioden; diese Prosa mußte das feine Ohr

* Isokrates betrachtete es – wie die meisten griechischen Schriftsteller nach ihm – als eine literarische Sünde, ein Wort auf einen Vokal ausgehen zu lassen und das nächste Wort mit einem Vokal anzufangen.

so sehr ansprechen wie Poesie. Aus seiner Schule gingen viele Führer der demostheneischen Zeit hervor: der Feldherr Timotheos, die Historiker Ephoros und Theopompos, die Redner Isaios, Lykurgos, Hypereides und Aischines, Platons Nachfolger Speusippos und, wie manche behaupteten, Aristoteles.

Isokrates begnügte sich nicht damit, große Männer heranzubilden; er wollte am Leben seiner Zeit aktiv teilhaben. Da er weder Redner noch Staatsmann sein konnte, wurde er Pamphletist. Er wandte sich in langen Reden an die athenische Öffentlichkeit, an Führer wie Philipp oder an die versammelten Griechen bei den panhellenischen Spielen; statt sie zu halten, veröffentlichte er sie und erfand damit, ohne es zu wollen, den Essay als literarische Gattung. Neunundzwanzig seiner Reden sind erhalten und zählen zu den interessantesten Überbleibseln des griechischen Altertums. Seine erste große Erklärung, der *Panegyrikos**, schlug das Thema seines gesamten Denkens – das Thema seines alten Lehrers Gorgias – an: den Ruf an Griechenland, seine Kleinstaateleien fahren zu lassen und ein einziger Staat zu werden. Isokrates war ein stolzer Athener: «So sehr ist unsere Stadt im Denken und Sprechen der ganzen Menschheit voraus, daß ihre Schüler zu Lehrern der ganzen Welt geworden sind.» Aber noch stolzer war er auf sein Griechentum: Für ihn wie für die hellenistische Zeit bedeutete es nicht die Zugehörigkeit zu einer Rasse oder einem Volk, sondern die Teilhaberschaft an einer Kultur; und diese Kultur war nach seinem Empfinden die edelste, die je von Menschen geschaffen worden war. Sie war indessen von «Barbaren» umringt: in Italien, Sizilien, Afrika, Asien und auf der jetzt Balkan genannten Halbinsel. Es betrübte ihn, zu sehen, daß die Barbaren immer stärker wurden und daß Persien seine Herrschaft in Ionien festigte, während die Griechen sich im Bürgerkrieg verzehrten.

«Denn da die menschliche Natur (an und für sich) vielen Leiden unterworfen ist, so haben wir selbst die Zahl der notwendigen noch vergrößert dadurch, daß wir uns selbst Kriege und Unruhen erregen, so daß die einen in ihrem eigenen Lande gesetzwidrig umkommen ... Darüber aber hat sich noch niemand betrübt, sondern über die von den Dichtern erfundenen Unfälle will man weinen; wenn man aber die wirklichen Leiden, deren viele und schreckliche infolge des Krieges vorkommen, ansieht, ist man so weit entfernt, Mitleid zu fühlen, daß man sich sogar mehr freut über das wechselseitige Übel als über das eigene Gute.»[3]

Wenn die Griechen schon kämpfen müssen, warum dann nicht gegen einen wirklichen Feind? Warum nicht die Perser auf ihre Hochebene zurücktreiben? Eine kleine griechische Heeresabteilung würde – so sagte er voraus – eine große persische Armee schlagen. Dieser heilige Krieg könnte endlich Griechenland die Einigkeit bringen; die Wahl stehe offen zwischen einem geeinten Griechenland oder einem triumphierenden Barbarentum.

Zwei Jahre nach der Veröffentlichung dieses Aufrufes (378) setzte Isokrates die Theorie in die Praxis um, durchzog mit seinem ehemaligen Schüler Timotheos das Ägäische Meer und beteiligte sich an der Errichtung des zweiten Attischen Seebundes. Aufstieg und Ende dieser neuen Hoffnung auf Einigkeit bildeten eine weitere Enttäuschung seines langen Lebens. In einer mutigen und kraftvollen Streitschrift *Vom Frieden* verurteilte er Athen, weil es wiederum ein Bündnis unrechtmäßig in ein Reich umwandelte, und rief es auf, einen Frieden zu unterzeichnen, der jeden griechischen Staat gegen athenische Übergriffe sichern würde. «Was wir ,Reich' nennen, ist in Wahrheit ein Unglück, denn es verdirbt alle, die mit ihm zu tun haben.»[4] Der Reichsgedanke hatte nach seiner Meinung die Demokratie zugrunde gerichtet, weil er die Athener gelehrt hatte, von fremden Tributen zu leben; sie wollten nunmehr von staatlichen Beiträgen leben und gaben denen die höchsten Ämter, die ihnen am meisten versprachen.

«Daran aber ist schuld, daß ihr, da es doch eure Pflicht wäre, den gleichen Eifer für die allgemeinen wie für die Privatangelegenheiten zu beweisen, nicht ebenso darüber denkt, sondern wenn ihr über Privatangelegenheiten beratschlagt, solche Ratgeber sucht, welche verständiger sind als ihr, wenn ihr aber über den Staat in einer Versammlung euch beratet, solchen Männern

* So genannt, weil sie sich an die *panegyris*, die gesamte Festversammlung der Griechen bei der hundertsten Olympiade, wandte.

mißtraut und zürnt, die schlechtesten von allen, welche die Rednerbühne besteigen, ehret und glaubt, die Betrunkenen seien größere Freunde des Volks als die Nüchternen und die Unvernünftigen als die Verständigen und die, welche die Staatsgelder unter sich teilen, als die, welche aus ihrem eigenen Vermögen für euch öffentliche Leistungen bestreiten.»[5]

In seiner nächsten Schrift, dem *Areiopagitikos*, sprach er milder von der Demokratie. «An den Werkstätten sitzend, klagen wir über das Bestehende und sagen, nie während der Volksherrschaft sei unser Staat schlechter verwaltet worden. Und bei den übrigen Staaten werden wir finden, wenn wir es untersuchen wollen, daß dem ausgezeichnetsten und größten die Volksherrschaft zuträglicher ist als die Herrschaft Weniger»[6], sagt eine zeitlose Stelle. War nicht Sparta eine schlimmere Herrin Griechenlands gewesen als Athen? Und «hat nicht wegen der Schlechtigkeit der Volksredner das Volk selbst nach der Herrschaft Weniger Verlangen gezeigt, welche unter den Vierhunderten eingeführt wurde; sind wir aber nicht wegen der Raserei der Dreißig alle größere Freunde der Volksherrschaft als die, welche Phyle besetzt hatten?»*[7] Aber Athen hatte sich selbst zugrunde gerichtet, indem es die Grundsätze der Freiheit und Gleichheit allzu ausgiebig anwandte, «welche die Bürger in der Art erzogen, daß sie Zügellosigkeit für Volksherrschaft, Gesetzwidrigkeit für Freiheit, Ungebundenheit für Gesetzesgleichheit und die Befugnis, so zu handeln, für Glückseligkeit hielten»[8]. Nicht alle Menschen sind gleich, und nicht jedem sollte es gleichermaßen offenstehen, ein Amt zu bekleiden. Die Einrichtung des Loses hatte nach der Ansicht des Isokrates die Werthöhe des athenischen Staatsmannstums in verhängnisvoller Weise vermindert. Besser als diese «Herrschaft des Pöbels» war die «Timokratie» Solons und des Kleisthenes. Damals hatten schöntuerische Unwissenheit und beredsame Feilheit weniger Gelegenheit, an die Führung zu kommen; die Tüchtigen und Fähigen kamen ganz natürlich in die Höhe, und der Areopag, der sie nach ihrer Amtszeit aufnahm, wurde von selbst zu dem ausgereiften Gehirn des Staates.

Als sich Athen 346 mit Philipp verständigte, richtete der damals neunzigjährige Isokrates einen offenen Brief an den makedonischen König. Er sah voraus, daß Philipp sich zum Herrn Griechenlands machen würde, und flehte ihn an, seine Macht nicht als Tyrann, sondern als Einiger autonomer griechischer Staaten in einem Kriege um die Befreiung Griechenlands vom Königsfrieden und Ioniens von der Perserherrschaft zu brauchen. Die Kriegspartei schmähte den Brief als Unterwerfung unter den Despotismus, und sieben Jahre lang ließ Isokrates seine Feder ruhen. Er sprach nochmals im Jahre 339, indem er eine Schrift an die Griechen richtete, die sich zu den Panathenäischen Festspielen versammelten. Der *Panathenaikos* ist eine schwache und wortreiche Wiederholung des *Panegyrikos:* Der Stil zittert in der Hand des alten Mannes; es ist aber doch eine erstaunliche Leistung für einen, dem nur drei Jahre zum Jahrhundert fehlten. Da kam 338 Chaironeia. Athen wurde geschlagen; aber der Traum des Isokrates von einem geeinten Griechenland näherte sich der Verwirklichung. Eine späte griechische Überlieferung spricht davon, daß Isokrates beim Eintreffen der Nachricht die Einigung und Philipp vergaß und nur noch an die Demütigung seiner Stadt und an das Ende ihres Ruhmes dachte und daß er im Alter von achtundneunzig Jahren seinem Leben, das er nun für lange genug erachtete, durch Hungern freiwillig ein Ende setzte. Wir wissen nicht, ob das der Wahrheit entspricht; aber Aristoteles berichtet, daß Isokrates fünf Tage nach Chaironeia nicht mehr unter den Lebenden weilte.

III. XENOPHON

Der Einfluß des «alten beredten Mannes» auf die Staatsmänner seiner Zeit ist zweifelhaft, sein Einfluß auf die Literatur war jedoch unmittelbar und dauerhaft. Das verspürten zuerst die Geschichtsschreiber. Xenophon und andere ahmten seine Skizze über Euagoras** nach, und die Bio-

* Thrasybulos, Anytos und die anderen Männer, die 404 die Demokratie wiederhergestellt hatten.

** Der aufgeklärte Diktator, der die griechische Kultur 410–387 nach Cypern gebracht hatte.

graphie wurde zu einer beliebten Gattung der griechischen Literatur, die in den klatschhaften Meisterwerken Plutarchs ihren Höhepunkt erreichte. Einem seiner Schüler, Ephoros von Kyme, übertrug Isokrates die Aufgabe, eine allgemeine Geschichte Griechenlands zu schreiben – nicht die Geschichte eines Einzelstaates, sondern Griechenlands als eines Ganzen. Ephoros führte den Auftrag so gut aus, daß die Zeitgenossen seine *Universalgeschichte* den Büchern Herodots als ebenbürtig an die Seite stellten. Einem anderen Schüler, Theopompos von Chios, übertrug Isokrates das Gebiet der neueren Ereignisse; Theopompos entledigte sich seiner Aufgabe mit seinen *Hellenika* und *Philippika*, lebendigen und rhetorischen Werken, die bei den Zeitgenossen hoch in Gunst standen. Um 340 schrieb Dikaiarchos von Messana eine griechische Kulturgeschichte unter dem Titel *Bios Hellados – Das Leben Griechenlands*; so alt ist unser Unternehmen und sogar – zufälligerweise – sein Name.

Der einzige Geschichtsschreiber des vierten Jahrhunderts, dessen Werke erhalten geblieben sind, ist Xenophon. Diogenes von Laerte beschreibt seine Jugend:

«Xenophon war der Sohn des Gryllos, Athener aus dem Demos Erchia, Achtung gebietend und von außerordentlich stattlichem Äußeren. Ihn soll Sokrates bei einer Begegnung in einem engen Gäßchen mit vorgestrecktem Stock angehalten und gefragt haben, wo man die verschiedentlichen Nahrungsmittel einkaufen könne; nach erhaltener Antwort fragte er weiter, wo denn die Stätten zu finden wären für Bildung der Menschen zur Tugendhaftigkeit. Als jener darüber nicht Auskunft geben konnte, soll Sokrates gesagt haben: ‚So folge mir denn und laß dich belehren.' Von Stund an ward er der Schüler des Sokrates.»[9]

Er zählte zu den eher praktisch gesinnten Schülern des Sokrates. Er schätzte den behenden Geist seines Lehrers und liebte ihn wie einen philosophischen Heiligen; aber er hatte am Handeln geradesoviel Freude wie am Denken und wurde ein Glücksritter, während andere, wie Aristophanes verächtlich sagt, die Luft ausmaßen. Etwa im Alter von dreißig Jahren trat er in die Dienste des jüngeren Kyros, kämpfte bei Kunaxa und führte die Zehntausend in Sicherheit. Bei Byzantion schloß er sich den Spartanern in ihrem Krieg gegen Persien an, nahm einen reichen Meder gefangen, ließ sich ein großes Lösegeld für ihn auszahlen und lebte den Rest seines Lebens davon. Er wurde ein Freund und Bewunderer des Spartanerkönigs Agesilaos und machte ihn zum Gegenstand einer verehrungsvollen Biographie. Als er mit Agesilaos nach Griechenland zurückkehrte, nachdem Athen Sparta den Krieg erklärt hatte, zog er es vor, ihm statt der Stadt treu zu sein, worauf Athen ihn als verbannt erklärte und sein Vermögen beschlagnahmte. Er kämpfte auf der Seite der Lakedaimonier bei Koroneia und erhielt zur Belohnung ein Gut bei Skillus in Elis, das damals unter spartanischer Herrschaft stand. Dort verbrachte er zwanzig Jahre als Landedelmann, trieb Ackerbau, jagte, schrieb und erzog seine Söhne streng in spartanischer Weise.

Dieser Verbannung haben wir die verschiedenen Werke zu verdanken, die ihn in die erste Reihe der Schriftsteller seiner Zeit aufrücken ließen. Er schrieb, was ihm gerade einfiel, über das Abrichten von Hunden, die Aufzucht von Pferden, die Erziehung der Gattin, die Ausbildung von Fürsten, das Kämpfen mit Agesilaos oder das Steuereinnehmen für Athen. In der *Anabasis* berichtet er mit dem lebendigen Stile desjenigen, der die beschriebenen Dinge selbst gesehen oder getan hat, die spannende (aber durchaus nicht bestätigte) Geschichte von dem langen Zug der Zehntausend zum Meer. In den *Hellenika* nahm er die Geschichte Griechenlands dort auf, wo Thukydides aufgehört hatte, und führte sie bis zur Schlacht von Mantineia fort, in der sein Sohn nach tapferem Kampfe gefallen war, nachdem er Epameinondas tödlich getroffen hatte. Das Buch ist eine öde Chronik, worin die Geschichte nur als eine endlose Kette von Schlachten aufgefaßt wird, ein sinnloses Hin und Her von Sieg und Niederlage. Der Stil ist lebhaft, die Charakterzeichnungen lebendig; aber die Tatsachen sind absichtlich ausgesucht, um die Überlegenheit der spartanischen Lebensweise zu bezeugen. Der Aberglaube, der bei Thukydides aus der Geschichtsschreibung verschwunden war, kehrt bei Xenophon zurück, und übernatürliche Einwirkungen werden in Anspruch genommen, um den Gang der Ereignisse zu erklären. Mit gleicher Einfalt oder Falschheit verwandeln die *Erinnerungen* Sokrates in ein Ungeheuer an Vollkommenheit, strenggläubig in Religion, Ethik und geschlechtsloser Liebe, in allem außer in der Mißachtung der Demokratie, die ihn dem verbannten und spartafreundlichen Xenophon besonders lieb macht. Noch weniger verläßlich ist das *Symposion*, das Gespräche wiedergibt, die angeblich geführt wurden, als Xenophon noch ein Kind war.

Im *Oikonomikos* spricht Xenophon jedoch in eigener Sache und mit solch freimütigem Konservativismus, daß er uns in seinen Bann schlägt, ob wir wollen oder nicht. Um Unterweisung im Ackerbau befragt, bekennt Sokrates bescheiden seine Unwissenheit, wendet sich aber um Rat und Beispiel an den reichen Grundeigentümer Ischomachos. Dieser gibt der Verachtung des Ritters Xenophon für alles, was nicht Ackerbau und Krieg ist, Ausdruck. Er legt nicht nur die Geheimnisse der erfolgreichen Bodenbewirtschaftung, sondern auch die Kunst der Leitung seines Besitztums und seiner Frau dar. In Seiten, die zeitweise mit Platons Anmut wetteifern, berichtet uns Ischomachos, auf welche Weise er seine junge Frau – sie ist nur halb so alt wie er – lehrt, wie sie die Hauswirtschaft betreiben, alle Dinge an ihrem Platze halten, ihre Dienerschaft mit Freundlichkeit, aber ohne Vertraulichkeit anleiten und sich nicht durch eine künstliche Schönheit, sondern durch die getreuliche Erfüllung ihrer Obliegenheiten als Frau, Mutter und Freundin einen guten Namen machen soll. Nach Ansicht des Ischomachos-Xenophon ist die Ehe ein wirtschaftlicher so gut wie ein körperlicher Bund und zerfällt, wenn der stille Teilhaber die ganze Arbeit allein tun muß. Vielleicht ist die Bereitwilligkeit, mit der die junge Frau all das hinnimmt, nur der fromme Wunsch eines Feldherrn, der auf dem häuslichen Schlachtfeld keine Siege errang; wir sind aber doch geneigt, alles an der Erzählung zu glauben, nur das nicht, daß sich die Frau des Ischomachos nach einem kurzen Augenblick des Zögerns dazu habe überreden lassen, Puder und Lippenstift aufzugeben.

Nach dieser Darstellung der Kunst der Ehe beschreibt Xenophon in der *Kyru paideia* (d.h. der «Erziehung des Kyros») seine Idealvorstellungen von Schulung und Regierung, gleichsam in Entgegnung auf Platons *Staat*. Er paßt geschickt eine erdichtete Biographie den Zwecken der Philosophie an und gibt einen erfundenen Bericht von der Erziehung, der Laufbahn und der Regierung Kyros' des Großen. Er macht die Geschichte auf dramatische Weise persönlich, belebt sie mit Dialogen und schmückt sie mit der ältesten romantischen Liebesgeschichte der erhaltenen Literatur aus. Die kulturelle Ausbildung übergeht er fast vollständig; er richtet sein Hauptaugenmerk darauf, aus dem Knaben einen gesunden, tüchtigen und ehrenwerten Mann zu machen. Der Jüngling erlernt männliche Sportarten und die Kriegskunst, wird an schweigenden Gehorsam gewöhnt und erwirbt schließlich die Fähigkeit, Untergebenen wirkungsvolle und überzeugende Befehle zu erteilen. Nach Xenophons Ansicht ist die beste Regierungsform eine aufgeklärte Monarchie, welche von einer Aristokratie getragen und unter Kontrolle gehalten wird, die sich landwirtschaftlichen und militärischen Aufgaben widmet. Er bewundert die Gesetze Persiens, da sie ebenso das Gute belohnen wie das Böse bestrafen, und verweist das individualistische Griechenland auf das Beispiel Persiens, wo viele Städte und Staaten in einem einzigen Reiche zusammenleben, das sich der inneren Ordnung und des Friedens erfreut. Xenophon begann wie Philipp mit einer Vision der Eroberung; er endet wie Alexander als Gefangener des Volkes, das er zu erobern beabsichtigte.

Er ist ein meisterhafter Geschichtenerzähler. Er ist Dilettant in allem außer dem Krieg; er befaßt sich mit hundert Themen, aber immer vom Standpunkte des Feldherren aus. Er übertreibt die Vorzüge der Ordnung und hat nicht ein einziges Wort zugunsten der Freiheit zu sagen; wir können daraus ersehen, wie weit die Unordnung in Athen fortgeschritten war. Wenn die Antike ihn Herodot und Thukydides gleichstellte, so wohl wegen seines Stiles: der anmutigen Frische seiner attischen Reinheit, des harmonischen Flusses einer Prosa, die Cicero «süßer denn Honigseim» nannte, der menschlichen Ansätze der Persönlichkeitsdarstellung, der durchsichtigen Einfachheit der Sprache, die es dem Leser erlaubt, durch den vermittelnden Stoff hindurch klar den behandelten Gedanken zu erkennen. Xenophon und Platon stehen zu Thukydides und Sokrates in dem gleichen Verhältnis wie Apelles und Praxiteles zu Polygnotos und Pheidias – der Höhepunkt der Kunstfertigkeit und Anmut nach einem Zeitalter schöpferischer Ursprünglichkeit und Kraft.

IV. APELLES

Das Höchste leistete das vierte Jahrhundert nicht in der Literatur, sondern in der Philosophie und der Kunst. In der Kunst befreite sich wie in der Politik der einzelne von dem Tempel, dem Staat, der Überlieferung und der Schule. Wie die Hingabe an das Vaterland privaten Treueverhältnissen wich, so nahm auch die Architektur einen bescheideneren Maßstab an und wurde zusehends weltlicher. Musik und Tanz wurden nicht mehr in dem großen Umfang des Chores gepflegt, sondern von Berufskünstlern in privaten Vorstellungen. Malerei und Bildhauerei schmückten weiterhin öffentliche Gebäude mit Darstellungen von Göttern oder edlen Menschentypen aus; zugleich aber begannen sie mit der Porträtierung lebendiger Einzelwesen, die das kommende Zeitalter kennzeichnete. Wo es sich Städte noch leisten konnten, die Kunst in nationalem Umfange zu fördern, geschah das, weil sie entweder – wie Knidos, Halikarnassos oder Ephesos – vom Kriege nicht stark berührt worden waren oder – wie Syrakus – in den natürlichen Hilfsquellen und der staatlichen Ordnung die Mittel zu schnellem Wiederaufstieg gefunden hatten.

Auf dem Festland kam die Architektur nicht mehr vorwärts. 338 baute Lykurgos das Dionysostheater, das Stadion und das Lykeion wieder auf, und unter seiner Verwaltung erbaute Philon ein eindrucksvolles Arsenal im Peiraieus. Mit zunehmender Tendenz zur Verfeinerung verlor die dorische Ordnung an Beliebtheit, da ihre strenge Einfachheit in der Seele keinen Widerklang mehr fand; der ionische Stil wurde dagegen immer volkstümlicher und bildete in der Baukunst das Gegenstück zu der Eleganz des Praxiteles und zu Platons Anmut. Die korinthische Ordnung machte bescheidene Eroberungen im Turm der Winde und im Lysikratesdenkmal. Im arkadischen Tegea erbaute Skopas einen Athenetempel in allen drei Stilarten – eine Säulenreihe dorisch, die zweite ionisch, die dritte korinthisch – und verschönte ihn mit Bildwerken von seiner eigenen männlichen Hand.

Größer und berühmter war der dritte Artemistempel in Ephesos. Der zweite Tempel war am Tage von Alexanders Geburt 356 niedergebrannt, ein Zusammentreffen, das, wie der gewöhnlich liebenswürdige Plutarch berichtet, Hegesias von Magnesia «zu einer Bemerkung veranlaßte, die frostig genug war, jenen Brand durch ihre Kälte zu löschen: es sei kein Wunder, daß der Tempel abgebrannt sei, Artemis hätte bei Alexanders Geburt als Hebamme zu tun gehabt»[10]. Das neue Bauwerk wurde bald darauf in Angriff genommen und gegen Ende des Jahrhunderts fertiggestellt. Alexander erbot sich, die Gesamtkosten zu tragen, wenn sein Name als Stifter auf dem Gebäude angeführt würde; die stolzen Griechen von Ephesos lehnten aber mit der entwaffnenden (oder vielleicht satirischen) Begründung ab, es sei «einem Gotte nicht schicklich, einem anderen Gotte einen Tempel zu erbauen». Es war aber doch Alexanders bevorzugter Architekt, Deinokrates, der den Tempel entwarf und ihm einen Umfang gab, der ihn zum größten von ganz Griechenland machte. Sechsunddreißig Säulen waren mit Basreliefs von verschiedenen Bildhauern ausgestattet; auch der allgegenwärtige Skopas arbeitete dort. Ein mit Skulpturen versehener Säulenteil ist erhalten und steht jetzt im Britischen Museum, als ob er allein durch den Faltenwurf beweisen wollte, daß die griechische Skulptur noch nicht weit vom Höhepunkte entfernt war. Die Köpfe der Figuren sind nicht unbewegliche und idealisierte Typen, sondern individualisierte Gesichter voll lebendigen Gefühles und Charakters – eine Vorahnung des hellenistischen Realismus.

Gerade entgegengesetzt im Umfang waren die Terrakottafigürchen, durch die das vierte Jahrhundert sich auszeichnete. Das boiotische Tanagra gab seinen Namen für kleine gebrannte, unglasierte Tonfiguren, die in allgemeinen Typen geformt und dann in tausend individuellen Gestaltungen von Hand modelliert und bemalt wurden und die Buntheit und Vielfalt des Alltagslebens zeigten. Wie in früheren Jahrhunderten wurde die Malerei von anderen Künsten zu Hilfe gezogen; jetzt aber machte sie sich selbständig und kam zu eigener Würde, und ihre Meister erhielten Aufträge aus dem ganzen griechischen Lebensraum. Pamphilos von Amphipolis, der Apelles unterrichtete, nahm keinen Schüler für eine kürzere Zeit als zwölf Jahre an und verlangte 6000 Dollar (nach dem Kurswert von 1938). Mnason, der Diktator des phokischen Elateia, bezahlte für jede der hundert Figuren eines Schlachtenbildes von Aristeides von Theben zehn Minen, so daß er für dieses eine Gemälde 100 000 Dollar bezahlte; derselbe begeisterte Kunstverehrer gab Asklepiodoros 360 000 Dollar für eine Tafel mit den zwölf größten Olympiern. Lucullus bezahlte 12 000 Dollar für die Kopie eines Porträts, das Pausias von Sikyon von Menanders Geliebter Glykera angefertigt hatte. Für ein Apellesbild wurden Preise erzielt, die dem Finanzhaushalt ganzer Städte entsprachen.

«Alle früheren und späteren Künstler übertraf in der 112. Olympiade der Koer Apelles», sagt Plinius. «Er allein hat beinahe mehr für die Ausbildung der Malerei getan als alle übrigen zusammen.»[11] Apelles muß zu seiner Zeit und in seiner Kunst unbestrittener Meister gewesen sein; denn er konnte sich den seltenen Luxus leisten, andere Maler zu loben. Als er erfuhr, daß sein größter Nebenbuhler, Protogenes, in Armut lebe, fuhr er nach Rhodos, ihn zu besuchen. Protogenes, der nichts davon wußte, war nicht in seinem Atelier. Eine alte Dienerin fragte Apelles nach seinem Namen. Seine einzige Antwort bestand darin, daß er einen Pinsel ergriff und auf einer Bildtafel in einem einzigen Zug einen Umriß von außerordentlicher Feinheit malte. Als Protogenes zurückkam, bedauerte die alte Frau, daß sie ihm den Namen des fortgegangenen Besuchers nicht nennen konnte; aber Protogenes sah den Umriß, bemerkte dessen Zartheit und rief aus: «Nur Apelles kann diese Linie gemalt haben!» Daraufhin zog er eine noch feinere Linie innerhalb der ersten und befahl der Frau, sie dem Fremden zu zeigen, falls er wiederkehren sollte. Apelles kam, bewunderte die Geschicklichkeit des abwesenden Protogenes, zeichnete aber innerhalb der beiden Linien eine dritte von solcher Köstlichkeit und Anmut, daß Protogenes sich, als er sie sah, für übertroffen erklärte und zum Hafen eilte, Apelles zurückzuhalten und willkommen zu heißen. Die Tafel wurde als ein Meisterstück von Generation zu Generation weitergegeben, bis Iulius Caesar sie kaufte; sie ging bei dem Brande seines Palastes auf dem Palatin zugrunde. Bestrebt, dem Griechentum die Augen für das Schaffen des Protogenes zu öffnen, fragte ihn Apelles, was er für einige seiner Werke haben wolle. Protogenes nannte eine bescheidene Summe; aber Apelles bot ihm statt dessen fünfzig Talente und ließ bekanntgeben, daß er diese Werke als seine eigenen zu verkaufen gedenke. Die Rhodier, die nun von ihrem Künstler eine bessere Meinung erhielten, zahlten Protogenes mehr als die von Apelles genannte Summe und bewahrten die Bilder unter den Staatsschätzen der Stadt auf.

Apelles hatte sich inzwischen den Beifall der Griechen durch seine *Aphrodite Anadyomene*, die «aus dem Meer auftauchende», errungen. Alexander ließ ihn kommen und saß ihm für viele Porträts. Der junge Eroberer war mit der Darstellung seines Pferdes Bukephalos auf einem dieser Bilder nicht einverstanden und ließ das Tier zum Vergleich näher an die Tafel heranbringen. Bukephalos wieherte beim Anblick der Arbeit, worauf Apelles bemerkte: «Das Pferd Eurer Majestät scheint mehr von Malerei zu verstehen als Majestät selbst.» Als sich bei anderer Gelegenheit der König in dem Atelier über Kunst ausließ, bat ihn Apelles, von anderen Dingen zu reden, damit die Knaben, die die Farben anrührten, ihn nicht auslachten. Alexander nahm es von der guten Seite, und als er Apelles beauftragte, seine Lieblingskonkubine zu malen und der Künstler sich in sie verliebte, sandte der König sie ihm als Geschenk. Seine fertigen Bilder überzog Apelles mit einer dünnen Firnisschicht, die die Farben schützte, ihren Glanz milderte und sie doch lebhafter leuchten ließ als zuvor. Er arbeitete bis zum letzten Augenblick, und der Tod überwältigte ihn, als er wieder einmal die ewige Aphrodite abbildete.

V. PRAXITELES

Das Meisterstück der Bildhauerei dieser Zeit war das große Mausoleion, das dem König Mausolos von Halikarnassos geweiht war. Dem Namen nach ein persischer Satrap, hatte Mausolos seine persönliche Macht über ganz Karien und Teile Ioniens und Lykiens ausgedehnt und seine reichen Einkünfte dazu verwendet, eine Flotte zu bauen und seine Hauptstadt zu verschönern. Als er starb (353), hielt seine ergebene Schwester und Frau, Artemisia, einen berühmten Redewettkampf zu seinen Ehren ab und rief die besten Künstler Griechenlands auf, zusammen an einem Grabmal zu arbeiten, das seinem Geiste ein würdiges Ehrenmal sein sollte. Sie war Königin von Natur und durch Heirat; als die Rhodier des Königs Tod ausnutzen wollten und in Karien einfielen, schlug sie die Eindringlinge mit geschickter Strategie, nahm ihre Flotte, besetzte ihre Hauptstadt und zwang die reichen Kaufleute bald zu Verhandlungen. Aber der Schmerz über den Tod ihres Gatten schwächte sie, und sie starb zwei Jahre nach ihm, noch bevor sie das Denkmal gesehen hatte, das jeder westlichen Sprache ein Wort geben sollte. Langsam errichteten Skopas, Leochares, Bryaxis und Timotheos ein rechtwinkliges Grabmal aus weißen Marmortafeln und schmückten es mit sechsunddreißig Säulen und einer Unzahl von Bildwerken und Reliefs. Eine Statue von Mausolos, ruhig und stark, wurde von den Engländern 1857 unter den Ruinen von Halikarnassos gefunden. Noch vollendeter in der Technik ist ein Fries (jetzt im Britischen Museum), der wiederum den Kampf zwischen Griechen und Amazonen darstellt. Diese Männer, Frauen und Pferde zählen zu den meisterlichsten Basreliefs der Welt. Die Amazonen sind nicht Mannweiber, die für den Kampf gebaut sind; es sind Frauen von einer wollüstigen Schönheit, die die Griechen zu Zarterem als Krieg und Kampf hätte versuchen sollen. Das Mausoleion zählte mit dem dritten Tempel von Ephesos zu den Sieben Weltwundern.

In vielfacher Hinsicht erreichte die Bildhauerei nun ihren Höhepunkt. Der Auftrieb der Religion fehlte ihr, und an die majestätische Gewalt des Parthenonfrieses reichte sie nicht mehr heran; sie bezog aber eine neue Inspiration aus der weiblichen Anmut und schuf Werke von einer nie wieder erreichten Lieblichkeit. Das fünfte Jahrhundert hatte nackte Männer und gewandete Frauen abgebildet; das vierte zog es vor, nackte Frauen und bekleidete Männer zu meißeln. Das fünfte Jahrhundert hatte seine Typen idealisiert und das gequälte Menschenleben in bewegungslose Ruhe gegossen oder gemeißelt; das vierte versuchte, im Stein etwas von der menschlichen Individualität und Empfindsamkeit nachzubilden. Bei männlichen Standbildern wurde auf die Ausbildung von Kopf und Gesicht das Hauptgewicht gelegt, nicht auf die Ausbildung des Körpers; das Charakterstudium ersetzte die Vergötterung des Muskels. Steinporträts wurden zur Mode für jeden, der sie bezahlen konnte. Der Körper gab seine steife, aufrechte Haltung auf und lehnte sich lässig an einen Baum oder einen Stock, und die Oberfläche war so modelliert, daß sie Licht und Schatten lebendig spielen ließ. Im Streben nach Realismus nahm Lysistratos von Sikyon, offenbar als erster Grieche, eine Gesichtsmaske aus Gips von seinem Modell ab und verfertigte einen Rohguß.

Die Darstellung sinnenhafter Schönheit und Anmut erreichte die Vollkommenheit bei Praxiteles. Jedermann weiß, daß er Phryne den Hof machte und ihrer Schönheit ewige Gestalt gab, niemand weiß jedoch, wo er geboren wurde und wo er starb. Er war Sohn und Vater von Bildhauern mit Namen Kephisodotos, so daß wir ihn uns als Gipfelpunkt einer Familientradition geduldiger Künstlerschaft vorstellen dürfen. Er arbeitete in Bronze und in Marmor und gewann einen solchen Ruf, daß ein Dutzend Städte sich um seine Dienste bewarben. Um 360 erteilte Kos ihm den Auftrag, eine Aphrodite zu meißeln. Er tat es mit Phrynes Hilfe; aber die Koer waren entsetzt darüber, daß die Göttin vollkommen nackt war. Praxiteles besänftigte sie, indem er eine zweite, bekleidete Aphrodite schuf, während Knidos die erste erwarb. König Nikomedes von Bithynien erbot sich, die schwere Staatsschuld der Stadt als Gegengabe für die Statue zu bezahlen; aber Knidos zog die Unmoral vor. Reisende kamen aus jedem Winkel des Mittelmeeres, um die Arbeit zu betrachten; Kritiker erklärten sie für die beste Statue, die bisher in Griechenland geschaffen worden war, und der Klatsch wollte wissen, daß Männer von ihrem Anblick zur Liebestollheit hingerissen wurden*.

Wie Knidos durch die *Aphrodite* zu Berühmtheit gelangte, so war das Städtchen Thespiai in Boiotien, Phrynes Geburtsort, der Anziehungspunkt vieler Reisender, weil Phryne ihm einen Marmoreros von Praxiteles gestiftet hatte; denn sie hatte von ihm als Zeichen seiner Liebe die schönste Arbeit seines Ateliers verlangt. Er wollte die Wahl ihr überlassen; aber Phryne, die sein eigenes Werturteil zu erfahren wünschte, stürmte eines Tages mit der Meldung zu ihm, das Atelier stehe in Flammen, worauf er ausrief: «All meine Arbeit ist umsonst, wenn die Flamme auch den Satyr und den Eros zerstört hat!» Phryne erwählte sich den Eros und schenkte ihn ihrer Geburtsstadt**. Eros, einst der Schöpfergott Hesiods, wurde in der Auffassung des Praxiteles zu einem zarten und verträumten Jüngling, einem Symbol der Macht der Liebe über die Seele; er war noch nicht zu dem unartigen und neckischen Cupido der hellenistischen und römischen Kunst geworden.

Vermutlich ist der Satyr des Kapitolinischen Museums in Rom, bekannt als Hawthornes *Marmorfaun*, eine Kopie der Arbeit, die Praxiteles seinem Eros vorzog. Manche glauben, ein Torso im Louvre sei ein Teil des Originals. Der Satyr wird als ein wohlgebauter, glückseliger Bursche dargestellt, dessen einziges tierisches Element die langen zugespitzten Ohren sind. Er ruht lässig gegen einen Baumstamm gelehnt, einen Fuß hinter den anderen gestellt. Es gibt kaum eine Marmorstatue, die das Gefühl lässiger Muße so vollständig wiedergibt; die ganze anmutige Sorglosigkeit der Kindheit liegt in den entspannten Gliedern und dem vertrauensvollen Gesicht. Der *Apollon Sauroktonos*, der Eidechsentöter, ist so weibisch, daß wir fast geneigt sind, ihn zu den Hermaphroditen zu zählen, an denen die hellenistische Skulptur so reich ist.

Pausanias bemerkt mit bedauerlicher Kürze, unter den Statuen im Heraion zu Olympia befinde sich ein «Hermes aus Marmor, er trägt den noch unmündigen Dionysos und ist ein Werk des Praxiteles»[12]. Deutsche Ausgrabungen an der Stelle waren von Erfolg gekrönt und förderten unter Jahrhunderten von Schutt und Ton diese Figur zutage. Beschreibungen, Photographien und Abgüsse werden dem Werk nicht gerecht; man muß schon selbst in dem kleinen Museum von Olympia stehen und heimlich einen Finger über die Oberfläche gleiten lassen, um des glatten und lebendigen Gewebes dieses Marmorfleisches gewahr zu werden. Der Götterbote hat den Auftrag erhalten, den Säugling Dionysos von der Eifersucht Heras zu erretten und ihn zu den Nymphen zu bringen, die ihn im geheimen aufziehen sollen. Hermes ruht unterwegs, lehnt sich gegen einen Baum und hält dem Kind eine Traube vor. Das Kindchen ist nur roh be-

---

* Eine römische Kopie im Vatikan entspricht der Darstellung der Statue auf ausgegrabenen knidischen Münzen.

** Nero ließ ihn nach Rom bringen, wo er in der Feuersbrunst vom Jahre 64 n. Chr. zugrunde ging. Der vatikanische *Cupido di Centocelle* ist vielleicht eine Kopie.

arbeitet, als ob die Inspiration des Künstlers sich an dem älteren Gotte erschöpft hätte. Der rechte Arm des *Hermes* ist verlorengegangen, und die Beine sind zum Teil restauriert; das übrige ist offenbar noch so, wie es von des Bildhauers Hand kam. Die festen Glieder und die breite Brust lassen eine gesunde körperliche Entwicklung erkennen, der Kopf ist an und für sich schon mit seiner aristokratischen Würde, seinen fein ziselierten Zügen und seinem lockigen Haar ein Meisterstück, und der rechte Fuß ist vollkommen, wo Vollkommenheit an einer Skulptur selten zu finden ist. Das Altertum betrachtete die Statue als ein unbedeutenderes Werk; wir können daraus auf den künstlerischen Reichtum der Epoche schließen.

Eine andere Pausaniasstelle beschreibt eine Marmorgruppe, die Praxiteles in Mantineia aufstellte. Ausgrabungen haben nur die Basis zutage gefördert, auf der noch drei Musen stehen, wahrscheinlich das Werk der Schüler und nicht des Meisters. Wenn wir die Bezugnahme auf die Werke des Praxiteles in der erhaltenen griechischen Literatur zusammenstellen, so stoßen wir auf etwa vierzig bedeutendere Werke, und diese bildeten zweifellos nur einen Teil seiner reichen Produktion. In dem uns Erhaltenen vermissen wir die Erhabenheit und Kraft, die Würde und die Ehrfurcht des Pheidias; die Götter haben Phryne Platz gemacht, und die großen Probleme des öffentlichen Lebens sind zugunsten der privaten Liebe beiseite gerückt. Aber noch kein Bildhauer hat je die technische Sicherheit des Praxiteles übertroffen, die ans Wunderbare grenzende Fähigkeit, den harten Stein mit Leichtigkeit und Anmut, mit dem zartesten Empfinden, dem sinnlichsten Entzücken und einer Wäldlerfröhlichkeit zu erfüllen. Pheidias war Dorier, Praxiteles Ioner; in ihm bekommen wir wieder ein Vorgefühl von der kulturellen Eroberung Europas, die Alexanders Siegen folgen sollte.

VI. SKOPAS UND LYSIPPOS

Skopas stand zu Pheidias und Praxiteles im gleichen Verhältnis wie Byron zu Milton und Keats. Das einzige, was wir von seinem Leben kennen, sind seine Werke, die ja die wirkliche Biographie jedes Menschen darstellen; aber auch von diesen Werken können wir ihm keines mit Sicherheit zuschreiben. Die gedrungenen und kämpferischen Köpfe der Statuen oder der seinen Originalen zugewiesenen Kopien kennzeichnen ihn als Mann leidenschaftlicher Eigenart und Kraft. In Tegea arbeitete er, wie wir gesehen haben, zugleich als Baumeister und Bildhauer und entfaltete dabei eine Vielseitigkeit und Kraft, die in den Jahrhunderten zwischen Pheidias und Michelangelo niemals mehr übertroffen wurde. Die Ausgrabungen haben nur einige Bruchstücke eines Giebels ans Tageslicht gefördert, in der Hauptsache zwei schwer beschädigte Köpfe, die durch ihre kurzschädlige Rundheit und einen schwermütig fernen Blick auffallen, der für Skopas kennzeichnend ist; dazu noch eine untersetzte männlich kräftige Figur von Atalante. Diesen Fundstücken seltsam ähnlich ist der *Meleagros* in der Villa Medici in Rom; auch hier treffen wir auf die vollen Wangen, die sinnlichen Lippen, die schwermütigen Augen, das leicht vorspringende Stirnbein über der Nase und das zerzauste lockige Haar; vielleicht ist es eine römische Kopie eines Meleagros, der von Skopas als Teil einer die *Kalydonische Jagd* darstellenden Gruppe geschaffen worden war. Ein weiterer Kopf, im Metropolitan Museum in New York, ist fast sicher von Skopas oder nach ihm kopiert; breit und wuchtig und doch schön und verstandesbegabt, ist er eines der charakteristischsten Fundstücke antiker Skulptur.

Nach Pausanias goß Skopas in Elis «eine Bronzestatue der Aphrodite auf einem bronzenen Bock»[13]. In Sikyon verfertigte er einen marmornen *Herakles*, von dem wir vielleicht eine römische Kopie im Lansdowne House in London besitzen: Der Körper bezeugt einen Rückfall in Polykleitisch stilisierte Muskulatur, der Kopf ist klein und rund wie gewöhnlich, das Gesicht fast so verfeinert wie bei Praxiteles. Skopas hielt sich lange genug in Megara, Argos, Theben und Athen auf, um Statuen zu meißeln, die Pausanias fünfhundert Jahre später sah, und vielleicht war er am Bau des Heiligtums in Epidauros beteiligt. Das Ägäische Meer überquerend, schuf er eine *Athene* und einen *Dionysos* für Knidos, und er spielte eine wichtige Rolle bei der bildhauerischen Ausstattung des Mausoleions. Sich nach Norden wendend, meißelte er eine der riesenhaften Säulentrommeln des dritten Tempels in Ephesos. In Pergamon bildete er einen riesenhaften sitzenden *Ares*; in Chryse in der Troas stellte er einen *Apollon Smintheus* auf, um die Mäuse aus den Feldern zu vertreiben. Er trug mit einer *Aphrodite* zum Ruhme Samothrakes bei, und im fernen Byzantion meißelte er eine *Bakchantin*, von der das Dresdener Albertinum vielleicht in der *Rasenden Mänade* eine römische Kopie besitzt. Diese Marmorstatuette ist zwar nur 45 Zentimeter hoch, aber eines großen Künstlers würdig: machtvoll in der Gestaltung, prächtig in der Gewandung, einzigartig in der Haltung, voll lebendigen Zornes und von allen Seiten schön. Plinius erwähnt noch viele andere Statuen von Skopas, die zu seiner Zeit in den Palästen Roms standen: einen *Apollon*, der vielleicht im *Apollon Kitharoidos* des Vatikans kopiert ist; eine Gruppe mit Poseidon, Thetis, Achilleus und den Nereiden, wie Plinius sagt, «eine wunderbare Arbeit, auch wenn ein ganzes Leben notwendig war, sie zu vollenden»; und eine «nackte Aphrodite, die allein genügte, die Stadt berühmt zu machen».

Alles in allem berechtigen diese Werke, wenn man nach ein paar hypothetischen Fundstücken urteilen darf, dazu, Skopas eine Stellung in Praxiteles' Nähe zuzuweisen. Er ist eigenartig ohne Übermaß, kraftvoll ohne Brutalität und porträtiert Trieb, Bewegung und Laune ohne gezwungenen Überschwang. Praxiteles liebte die Schönheit; Skopas wird vom Charakter angezogen. Praxiteles wollte die Anmut und Zartheit des Weiblichen, die überschäumende Gesundheit und Fröhlichkeit der Jugend darstellen; Skopas zog es vor, das Leid und die Schicksalsschläge des Lebens zu porträtieren, und veredelte sie durch die künstlerische Darstellung. Wenn uns mehr von seinen Werken erhalten wäre, würden wir vielleicht nur Pheidias noch höher einschätzen.

Lysippos von Sikyon begann als bescheidener Handwerker mit Messingarbeiten. Er hatte die Sehnsucht, Künstler zu werden, konnte sich aber keinen Lehrer leisten; er faßte indessen Mut, als der Maler Eupompos verkündete, er für seine Person wolle die Natur selbst und nicht einen Künstler nachahmen. Lysippos ging nun daran, lebende Wesen zu studieren, und stellte einen neuen Kanon der bildhauerischen Proportionen auf, der die strengen Regeln des Polykleitos ersetzen sollte: Er machte die Beine länger und den Kopf kürzer, dehnte die Glieder in die dritte Dimension aus und gab der Figur mehr Lebendigkeit und Leichtigkeit. Sein *Apoxyomenos* ist ein unsteter Sohn des *Diadumenos*; der Athlet des Polykleitos wand sich ein Band um die Stirn, der Athlet des Lysippos schabt sich mit einem Bronzestriegel das Öl und den Staub vom Arm und ist von größerer Schlankheit und Anmut. Wenn wir nach der Marmorkopie im Museum von Delphoi schließen dürfen, war sein Porträt des Agias, eines jungen thessalischen Edelmannes, noch lebendiger und schöner. Einmal frei, wagte sich Lysippos auf neue Gebiete, gab das Typische zugunsten des Individuellen, das Konventionelle zugunsten des Impressionistischen auf* und war nahe daran, die Porträtskulptur bei den Griechen zu schaffen. Philipp unterbrach seine Kriege und seine Liebesabenteuer, um Lysippos zu sitzen, Alexander fand an den Büsten, die der Künstler von ihm verfertigte, solches Gefallen, daß er ihn zum königlichen Hofbildhauer ernannte, so wie er Apelles das ausschließliche Recht gegeben hatte, seine Bildnisse zu malen, und Pyrgoteles, sie in Gemmen zu schneiden.

* In einem Satze, der Manet gefallen hätte, sagte Lysippos, andere Künstler stellten den Menschen dar, wie er sei, während er ihn darstelle, «wie er erscheine».

Einige der schönsten erhaltenen Bildwerke des vierten Jahrhunderts stammen von unbekannten Künstlern: die Bronzestatue eines Jünglings, die man im Meer bei Marathon fand, eine antike Kopie des *Hermes von Andros* aus dem vierten Jahrhundert und eine bescheidene, nachdenkliche, zarte *Hygieia*, die bei Tegea gefunden wurde – alle drei im Museum zu Athen; und im Museum von Boston ein wunderbar schöner Mädchenkopf aus Chios. In diese Zeit gehören, soweit wir feststellen können, die meisten Niobidenfiguren, die zur Zeit des Augustus von Kleinasien nach Rom kamen und nun in den Museen Europas verstreut sind. Und vielleicht sind dieser Zeit die *Originale* dreier Aphroditen in der Manier des Praxiteles zuzuweisen: die zurückhaltende *Venus von Capua* im Museum von Neapel, die *Kauernde Venus* des Vatikans und die bescheidene *Venus von Arles* im Louvre. Bedeutender noch in ihrer reifen Schönheit und der ruhigen Gefühlstiefe ist die sitzende *Demeter*, die 1858 in Knidos gefunden wurde und nun zu den edelsten Statuen des Britischen Museums zählt. Der Vorwurf ist ungewiß. Vielleicht handelt es sich nur um das schönste Grabmal, das uns von der Antike erhalten ist; vielleicht stellt er die Getreidegöttin als *mater dolorosa* dar, die schweigend den Raub Persephones betrauert. Die Gefühlsregung ist mit klassischer Zurückhaltung dargestellt; die ganze Zartlichkeit der Mutterschaft und die schweigende Entsagung liegt in dem Gesicht und den Augen. Diese Gestalt und der *Hermes* und nicht die bestechenden *Aphroditen* sind die lebendigen bildhauerischen Meisterwerke des vierten Jahrhunderts in Griechenland.

DRITTES KAPITEL

Die Philosophie auf dem Höhepunkt

I. DIE WISSENSCHAFTLER

Im Vergleich zu dem kühnen Vormarsch des fünften Jahrhunderts und den revolutionären Errungenschaften des dritten trat die Wissenschaft des vierten auf der Stelle und begnügte sich größtenteils mit der Aufzeichnung des bislang Angehäuften. Xenokrates schrieb eine Geschichte der Geometrie, Theophrastos eine Geschichte der Naturphilosophie, Menon eine Geschichte der Medizin, Eudemos eine Geschichte der Arithmetik, der Geometrie und der Astronomie. Da die Probleme der Religion, der Moral und der Politik lebensnäher und dringlicher zu sein schienen als die Probleme der Natur, wandte man sich mit Sokrates von der objektiven Erforschung der materiellen Welt ab und der Betrachtung der Seele und des Staates zu.

Platon war von der Mathematik sehr eingenommen und durchtränkte seine Philosophie tief damit, ja er gab in Sizilien fast ein Königreich für sie. Aber die Arithmetik bedeutete ihm eine halbmystische Zahlentheorie; die Geometrie war nicht Erdmessung, sondern eine Disziplin der reinen Vernunft, ein Zugang zur Gottseele. Plutarch berichtet von Platons «Entrüstung» über Eudoxos und Archytas, weil sie mechanische Experimente durchführten und «den Adel und die Reinheit der Mathematik zerstörten und vernichteten, wenn sie aus der unkörperlichen Sphäre des reinen Denkens ins Sinnliche hinabglitte und sich körperlicher Dinge zu bedienen begönne». «So», fährt Plutarch fort, «wurde die Mechanik aus der Mathematik verbannt und von ihr abgetrennt, von der reinen Wissenschaft lange Zeit verschmäht, und war so zu einer bloßen militärischen Hilfswissenschaft geworden.»[1] Und doch leistete Platon in der ihm eigenen abstrakten Weise der Mathematik gute Dienste. Er definierte den Punkt neu als den Beginn einer Linie, formulierte eine Regel, wie man Quadratzahlen aus der Summe von zwei Quadratzahlen findet, und erfand oder entwickelte die mathematische Analyse, das heißt den Beweis oder Gegenbeweis einer Behauptung nach den Ergebnissen, die sich aus ihrer Annahme ergeben; die *reductio ad absurdum* ist eine bestimmte Abart dieser Methode. Der Nachdruck, der im Lehrplan der Akademie auf die Mathematik gelegt wurde, leistete der Wissenschaft Dienste, und sei es auch nur durch die Ausbildung so schöpferischer Schüler wie Eudoxos von Knidos und Herakleides Pontikos.

Platons Freund Archytas wurde nicht nur siebenmal zum *strategos* von Taras gewählt und schrieb nicht nur Traktate über die pythagoreische Philosophie, er entwickelte auch die Mathematik der Musik, verdoppelte den Würfel und verfaßte die erste bekannte Abhandlung über die Mechanik. Die Antike schrieb ihm drei epochemachende Erfindungen zu: den Flaschenzug, die Schraube und die Klapper; die ersten beiden legten den Grundstein zur Maschinenindustrie, die dritte war, wie der ernste Aristoteles sich ausdrückt, «eine ausgezeichnete Sache, wenn er sie den Kindern zum Spielen gibt, damit sie nichts im Hause zerschlagen»[2]. Zu derselben Zeit «quadrierte» Deinostratos mit der Quadratrixkurve den Kreis. Sein Bruder Menaichmos, ein Schüler Platons, begründete die Geometrie der Kegelschnitte*, verdoppelte den Würfel, formulierte die

---

* Die Griechen definierten die Kegelschnitte als die Figuren (Ellipse, Parabel und Hyperbel), die durch den Schnitt eines spitzwinkligen, rechtwinkligen oder stumpfwinkligen Kegels mit einer Ebene, die zu einem der den Kegel bildenden Elemente senkrecht steht, entstehen. Die heutige Mathematik fügt noch den Kreis und beliebige Schnittlinien hinzu.

theoretische Konstruktion der fünf regulären Polyeder*, brachte die Theorie der irrationalen Zahlen vorwärts und gab der Welt einen berühmten Satz: «O König», sagte er zu Alexander, «für die Reisen über Land gibt es Königliche Straßen und Straßen für den gewöhnlichen Bürger; in der Geometrie aber gibt es nur eine einzige Straße für alle.» **[3]

Der große Name der Wissenschaft des vierten Jahrhunderts ist Eudoxos. Eudoxos half Praxiteles, Knidos ein Plätzchen in der Geschichte zu verschaffen. Dort um 408 geboren, begann er im Alter von dreiundzwanzig Jahren bei Philistion in Lokroi Medizin, bei Archytas in Taras Geometrie und bei Platon in Athen Philosophie zu studieren. Er war arm und lebte billig im Peiraieus, von wo er an jedem Unterrichtstag zu Fuß zur Akademie pilgerte. Nach einem Aufenthalt in Knidos ging er nach Ägypten und verbrachte sechzehn Monate mit astronomischen Studien bei den Priestern von Heliupolis. Hierauf finden wir ihn im propontischen Kyzikos als Mathematiklehrer. Im Alter von vierzig Jahren zog er mit seinen Schülern nach Athen um, eröffnete dort eine Schule für Naturwissenschaft und Philosophie und machte eine Zeitlang Platon Konkurrenz. Schließlich ging er nach Knidos zurück, richtete dort ein Observatorium ein und erhielt von der Stadt den Auftrag, ihr einen neuen Gesetzeskörper zu schaffen.

Seine Beiträge zur Geometrie waren grundlegend. Er stellte die Lehre von den Proportionen *** und die meisten im fünften Buch des Eukleides enthaltenen Lehrsätze auf und erfand die Exhaustionsmethode, die es möglich machte, die Kreisfläche und den Inhalt der Kugel, der Pyramide und des Kegels zu berechnen; ohne diese Vorarbeit hätte es keinen Archimedes gegeben. Besonders aber interessierte sich Eudoxos für die Astronomie. Wir erkennen den Geist des Wissenschaftlers aus seiner Bemerkung, daß er gerne wie Phaëthon vom Blitz getroffen würde, wenn er damit das Wesen, den Umfang und die Gestalt der Sonne erkennen könnte. Das Wort Astrologie bezeichnete damals auch das, was wir heute Astronomie nennen; aber Eudoxos riet seinen Schülern, die chaldäische Theorie, daß man aus der Stellung der Gestirne zur Zeit der Geburt die Zukunft eines Menschen lesen könne, nicht zu beachten. Er strebte danach, alle himmlischen Bewegungen festen Gesetzen zu unterwerfen, und in seinen *Phainomena* – die die Antike für das bedeutendste Buch über Astronomie hielt – legte er die Grundlagen für eine wissenschaftliche Wettervorhersage.

Seine berühmteste Theorie war ein genialer Mißgriff. Er war der Auffassung, das Weltall setze sich aus siebenundzwanzig durchsichtigen und darum unsichtbaren Kugeln zusammen, die sich in verschiedener Richtung und Geschwindigkeit um den Erdmittelpunkt drehten, und die Himmelskörper seien an der Peripherie, der Schale, dieser konzentrischen Kugeln befestigt. Dieses System scheint uns heute phantastisch; es ist aber einer der ersten Versuche, für das Verhalten der Himmelskörper eine wissenschaftliche Erklärung zu finden. Im Zusammenhang damit berechnete Eudoxos mit beachtlicher Genauigkeit (wenn wir etwas voreilig unser heutiges «Wissen» um diese Dinge zur Vergleichsbasis nehmen dürfen) die synodische und die Zodiakalumlaufszeit der Planeten ****. Mehr als jede andere Theorie des Altertums regte diese die astronomische Forschung an.

* Das Tetraeder (die Pyramide), das Hexaeder (der Würfel), das Oktaeder, das Dodekaeder und das Ikosaeder: konvexe feste Körper, die von vier, sechs, acht, zwölf oder zwanzig untereinander kongruenten regulären Polygonen begrenzt werden.

** Die Königlichen Straßen bezogen sich gewöhnlich auf die großen Landstraßen des Persischen Reiches. Die Geschichte wird auch von Eukleides und Ptolemaios I. erzählt.

*** Eines seiner Lieblingsprobleme war der Goldene Schnitt, das heißt die Aufteilung einer Linie in der Art, daß der kleinere Teil zum größeren im gleichen Verhältnis steht wie der größere zum Ganzen.

**** Die synodische Umlaufszeit eines Himmelskörpers ist die Zeit zwischen zwei aufeinanderfolgenden Konjunktionen dieses Körpers mit der Sonne, von der Erde aus gesehen; die Zodiakalumlaufszeit ist die Zeit zwischen zwei aufeinanderfolgenden Erscheinungen eines Himmelskörpers im selben Tierkreis. Die Zahl des Eudoxos für die synodische Umlaufszeit des Saturn ist 390 Tage, unsere 378; für Jupiter 390, unsere 399; für Mars 260, unsere 780; für Merkur 110 (nach einem anderen Manuskript 116), unsere 116; für Venus 570, unsere 584. Die Zodiakalumlaufszeit beträgt nach Eudoxos für Saturn 30 Jahre, nach unseren Berechnungen 29 Jahre und 166 Tage; für Jupiter 12 Jahre, unsere Zahl ist 11 Jahre und 315 Tage; für Mars 2 Jahre, unsere Zahl 1 Jahr und 322 Tage; für Merkur und Venus 1 Jahr, unsere Zahl 1 Jahr.

Heros in Bronze, die Augen sind aus buntem Material eingesetzt (um 350 v. Chr.; National Museum, Athen).

Ekphantos von Syrakus schrieb um 390: «Die Erde bewegt sich in östlicher Richtung um die eigene Achse.» [4] Herakleides Pontikos, einer der großen Universalgeister des Altertums – der Verfasser berühmter Werke über Grammatik, Musik, Dichtkunst, Rhetorik, Geschichte, Geometrie, Logik und Ethik –, nahm diesen Gedanken auf oder entwickelte ihn unabhängig davon, indem er behauptete, die entscheidenden Erscheinungen ließen sich durch die Annahme erklären, daß die Erde täglich um ihre Achse rotiere; es sei nicht nötig anzunehmen, daß das ganze Weltall sich um die Erde bewege. In einem erleuchteten Augenblick nahm Herakleides vielleicht Aristarchos und Kopernikus vorweg; denn wir lesen in den Fragmenten von Geminius (etwa 70 v. Chr.): «Herakleides lehrte, daß auch mit der Annahme, die Erde bewege sich auf eine bestimmte Weise, während die Sonne auf eine bestimmte Weise in Ruhe verharre, die anscheinende Unregelmäßigkeit hinsichtlich der Sonne erklärbar sei.» [5] Wir werden vielleicht nie genau wissen, was Herakleides eigentlich damit meinte.

Inzwischen taten auch die Naturwissenschaften einen bescheidenen Schritt vorwärts. In der Geographie ermittelte Dikaiarchos von Messana, der Biograph Griechenlands, die Höhe der Berge, berechnete den Erdumfang auf etwa 48 000 Kilometer und bemerkte den Einfluß der Sonne auf die Gezeiten. 325 segelte Nearchos, einer der Feldherren Alexanders, von der Indusmündung der asiatischen Südküste entlang bis zum Euphrat; sein Schiffstagebuch, das in Arrians *Indika* teilweise erhalten ist, war eine der klassischen geographischen Schriften des Altertums. Die Geodäsie – die Messung der Oberflächen, Erhebungen und Senkungen, der Lage und des Umfanges von Landstücken – hatte bereits ihre Benennung (*geodaisia*) als eine von der Geometrie verschiedene Wissenschaft erhalten. Philistion aus Lokroi betrieb zu Beginn des Jahrhunderts die Sektion von Tieren und bezeichnete das Herz als wichtigsten Regulator des Lebens, den Sitz des *pneuma*, der Seele. Diokles aus dem euboiischen Karystos sezierte um 370 den Unterleib von Tieren, beschrieb siebenundzwanzig bis vierzig Tage alte menschliche Embryos, erzielte Fortschritte in der Anatomie, Embryologie, Gynäkologie und Geburtshilfe und machte einem Lieblingsirrtum der Griechen ein Ende, indem er verkündete, daß beide Geschlechter «Samen» zur Bildung des Embryos beitrügen. Eine zweite Aspasia wurde eine der berühmtesten Ärztinnen des vierten Jahrhunderts in Athen und schaffte sich mit ihren Werken über Frauenkrankheiten, Chirurgie und andere Zweige der Medizin einen Ruf. Und damit die medizinische Wissenschaft die Zahl der Sterbefälle nicht allzu rasch herabmindere, so daß nicht mehr genügend Mittel für den Lebensunterhalt vorhanden wären, veröffentlichte der Arkadier Aineias Taktikos um 360, gerade rechtzeitig für Philipp und Alexander, das erste griechische Lehrbuch über die Kriegskunst.

II. DIE SOKRATISCHEN SCHULEN

1. ARISTIPPOS

Wenn das vierte Jahrhundert in wissenschaftlicher Hinsicht auch eine mittelmäßige Zeit war, so war es doch ganz gewiß die Glanzzeit der Philosophie. Die frühen Denker hatten unklare Kosmologien vorgebracht; die Sophisten hatten alles mit Ausnahme der Rhetorik in Zweifel gezogen; Sokrates hatte tausend Fragen gestellt und keine beantwortet; nun gingen all die in zwei Jahrhunderten gesäten Samen in großen Systemen metaphysischer, ethischer und politischer Spekulation auf. Athen, zu arm, um seinen staatlichen Ärztedienst aufrechtzuerhalten, eröffnete doch Privatuniversitäten, die die Stadt, wie Isokrates sich ausdrückte, zur «Schule Griechenlands», zur geistigen Hauptstadt und zum Schiedsrichter Griechenlands machten. Die Philosophen, die

Blick auf die gut erhaltene äußere Säulenreihe des Aphaia-Tempels – des dritten Tempels an gleicher Stelle – im Nordosten der Insel Ägina (um 500 v. Chr.).

die alte Religion erschüttert hatten, suchten jetzt eifrig in Natur und Vernunft einen Ersatz dafür als sittliche Antriebskraft und Leitstern für das Leben.

Sie beschritten zunächst die von Sokrates erschlossenen Pfade. Während die Sophisten sich größtenteils im Rhetorikunterricht erschöpften und als eigener Stand von der Bildfläche verschwanden, wurden die Sokratesschüler zu Sturmzentren heftig auseinandergehender Philosophien. Eukleides von Megara, der oft nach Athen gereist war, um Sokrates anzuhören, versetzte seine Vaterstadt mit seiner «Disputierwut» (wie Timon von Athen sich ausdrückte) in Aufregung und entwickelte die Zenonische und Sokratische Dialektik zu einer Eristik, einer Kunst des Redestreits, die jeden Schluß in Frage stellte und im folgenden Jahrhundert zu dem Skeptizismus des Pyrrhon und des Karneades führte. Nach dem Tode des Eukleides führte sein hervorragender Schüler Stilpon die megarische Schule immer näher an die kynische Auffassung heran: Da ja jede Philosophie widerlegbar ist, liegt die Weisheit nicht in der metaphysischen Spekulation, sondern in der einfachen Lebensweise, die den einzelnen von der Abhängigkeit von äußeren Gegebenheiten befreit. Als Demetrios Poliorketes sich nach der Plünderung Megaras erkundigte, was Stilpon verloren habe, entgegnete der Weise, er habe außer Wissen niemals etwas besessen, und niemand habe ihm das weggenommen. In späteren Jahren zählte zu seinen Schülern der Begründer der stoischen Philosophie, so daß man sagen kann, die megarische Schule habe mit einem Zenon begonnen und mit einem anderen Zenon ihren Abschluß gefunden.

Der elegante Aristippos bereiste nach dem Tode des Sokrates mehrere Städte, verbrachte einige Zeit bei Xenophon in Skillus, verweilte noch länger bei Lais in Korinth und ließ sich dann in seiner Geburtsstadt Kyrene an der afrikanischen Küste nieder, um eine Philosophenschule zu gründen. Der Reichtum und der Luxus der oberen Schichten der halborientalischen Stadt hatten seine Lebensgewohnheiten ausgebildet, und derjenige Teil der Lehre seines Meisters, welcher das Glücklichsein als das höchste Gut bezeichnete, sagte ihm am meisten zu. Von schöner Gestalt, feinen Sitten und kluger Rede, setzte er sich überall durch. Als er einmal schiffbrüchig und mittellos nach Rhodos verschlagen wurde, begab er sich in ein Gymnasion, hielt eine Rede und fesselte die dort Anwesenden derart, daß sie ihn und seine Gefährten mit allem Komfort umgaben; worauf er bemerkte, alle Eltern sollten ihre Kinder mit einem Reichtum ausstatten, der bei einem Schiffbruch mit seinem Besitzer an Land schwimme.

Seine Philosophie war einfach und offen. Was wir auch immer tun, erklärte Aristippos, geschieht in der Hoffnung auf Lust oder in der Furcht vor Unlust, selbst wenn wir unser Vermögen für unsere Freunde oder unser Leben für einen Feldherrn hergeben. Darum ist nach allgemeiner Ansicht die Lust das höchste Gut, und alles andere, einschließlich der Tugend und der Philosophie, ist nach der Lust, die sie zu schaffen vermag, zu beurteilen. Unser Wissen um die Dinge ist ungewiß; unmittelbares und sicheres Wissen haben wir nur von unseren Gefühlen und Empfindungen. Die Weisheit liegt darum nicht in der Verfolgung einer abstrakten Wahrheit, sondern im Streben nach lustbringenden Empfindungen. Die größten Lustempfindungen sind nicht verstandesmäßiger oder moralischer, sondern körperlicher oder sinnlicher Natur; darum wird der Weise vor allem nach körperlicher Lust streben. Er wird auch nie ein gegenwärtiges Gut für ein fragwürdiges künftiges Gut opfern; nur die Gegenwart existiert. Und die Gegenwart ist wahrscheinlich ebenso gut wie die Zukunft, wenn nicht besser; die Lebenskunst liegt darin, die Lust zu pflücken, wie sie gerade kommt, und aus dem Augenblick soviel herauszuschlagen, wie nur möglich. Die Philosophie hat den Nutzen, daß sie uns nicht von der Lust wegführt, sondern uns im Gegenteil die angenehmste Wahl und die beste Verwendung der Lust lehrt. Nicht der enthaltsame Asket ist Herr der Lust, sondern vielmehr der Mann, der genießt, ohne Sklave der Lust zu sein, und klug zwischen den Lüsten, die ihm zur Gefahr werden können, und denen, die ihm ungefährlich sind, unterscheiden kann. Daher wird der Weise eine diskriminierende Achtung vor der öffentlichen Meinung und den Gesetzen bezeigen; er wird aber so weitgehend wie möglich danach streben, «weder Herr noch Sklave eines Menschen zu sein».

Wenn man es einem Menschen zugute halten darf, wenn er auch lebt, was er predigt, kommt Aristippos einige Ehre zu. Er trug Armut und Reichtum mit gleicher Lässigkeit, gab aber nicht vor, beide gleich hoch zu schätzen. Er ließ sich für seinen Unterricht stets zahlen und zögerte nicht, Diktatoren zu schmeicheln, um zu seinem Ziele zu kommen. Er lächelte geduldig, als Dionysios I. ihn anspie, und sagte nur: «Wie? Sollen denn die Fischer es sich gefallen lassen, vom Meerwasser überspritzt zu werden, um einen Gründling zu fangen, und ich soll es nicht über mich ergehen lassen, mit Speichel bespritzt zu werden, um ein Fischgericht zu bekommen?»[6] Als ein Freund ihm Vorwürfe machte, weil er vor Dionysios niederkniete, antwortete er, es sei nicht seine Schuld, wenn der König «seine Ohren in den Füßen» habe; und als Dionysios ihn fragte, warum die Philosophen sich um die Türen der Reichen drängten, die Reichen aber nicht nach der Gegenwart der Philosophen strebten, antwortete er: «Weil die ersteren wissen, was ihnen not tut, die anderen aber nicht.»[7] Er verachtete aber doch alle Menschen, die nach dem Reichtum um seiner selbst willen dürsteten. Als der Phryger Simos sich vor ihm mit einem mit Marmor verkleideten Haus großtat, spie Aristippos ihm ins Gesicht, und als Simos auffuhr, entschuldigte er sich: «Ich fand hier keinen schicklicheren Ort dafür.»[8] Zu Geld gekommen, gab er es verschwenderisch für gutes Essen, gute Kleidung, gute Behausung und (wie ihm schien) gute Frauen aus. Als man ihn tadelte, weil er mit einer Dirne lebe, antwortete er, er habe doch auch nichts dagegen, in einem Hause zu wohnen oder auf einem Schiffe zu fahren, das andere vor ihm schon benutzt hatten. Als eine Dirne zu ihm sagte: «Ich bin schwanger von dir», antwortete er: «Das kannst du unmöglich erkennen; ebensogut könntest du sagen, du wärst bei einem Gang durch dichtes Binsengestrüpp von dieser bestimmten Binse gestochen worden.»[9]

Er war trotz seiner Aufrichtigkeit beliebt, denn er war von angenehmen Umgangsformen, von feiner Kultur (trotz seines Verhaltens gegenüber Simos) und freundlichen Herzens. Zweifellos kam sein grober Hedonismus zum Teil von seiner Freude, die ehrbaren Sünder seiner Stadt in Empörung zu versetzen. Er verriet sich aber, indem er

Sokrates verehrte, die Philosophie schätzte* und zugab, das eindrucksvollste Schaustück im Leben sei ein tugendhafter Mann, der standhaft seinen Weg inmitten eines lasterhaften Volkes gehe. Vor seinem Tode (356) bemerkte er, das größte Erbe, das er seiner Tochter Arete hinterlasse, sei, daß er sie gelehrt habe, «auf nichts Wert zu legen, das sie auch entbehren könne» – eine merkwürdige Kapitulation vor Diogenes. Arete folgte ihm als Haupt der kyrenaischen Schule, schrieb vierzig Bücher, hatte viele ausgezeichnete Schüler und verdiente sich von ihrer Stadt den ehrenvollen Grabspruch: «Das Licht Griechenlands».

2. DIOGENES

Antisthenes pflichtete den Schlüssen, aber nicht den Argumenten dieser Philosophie bei und leitete von demselben Sokrates eine asketische Lebenstheorie ab. Der Gründer der kynischen Schule war der Sohn eines athenischen Bürgers und einer thrakischen Sklavin. Er kämpfte tapfer bei Tanagra (426). Eine Zeitlang studierte er bei Gorgias und Prodikos und gründete dann seine eigene Schule; als er aber Sokrates hörte, ging er mitsamt seinen Schülern zu ihm über, um die Weisheit des älteren Mannes zu erlernen. Wie Eudoxos wohnte er im Peiraieus und machte den Weg nach Athen zu Fuß, fast jeden Tag sechs bis sieben Kilometer hin und zurück. Vielleicht war er dabei, als Sokrates (oder Platon) mit einem ihm beipflichtenden Gesprächspartner über das Problem der Lust disputierte.

«Scheint dir, daß es sich für einen philosophischen Mann gehöre, sich Mühe zu geben um die sogenannten Lüste, wie um die am Essen und Trinken?

Nichts weniger wohl, o Sokrates, sprach Simmias.

Oder um die aus dem Geschlechtstriebe?

Keineswegs.

Und die übrige Besorgung des Leibes, glaubst du, daß ein solcher sie groß achte? Wie zum Beispiel schöne Kleider und Schuhe und andere Arten von Schmuck des Leibes zu haben, glaubst du, daß er es achte oder verachte, mehr als höchst nötig ist, sich hierum zu kümmern?

Verachten, dünkt mich wenigstens, wird es der wahrhafte Philosoph.»[11]

Das ist das Wesentliche der kynischen Philosophie: die Dinge des Fleisches auf das Allernotwendigste zu beschränken, damit die Seele so frei wie möglich sei. Antisthenes nahm diese Lehre ganz wörtlich und wurde ein griechischer Franziskaner ohne Theologie. Des Aristippos Leitspruch war: «Ich besitze, aber ich werde nicht besessen.» Der des Antisthenes: «Ich besitze nicht, damit ich nicht besessen werde.» Er hatte keinen Besitz und kleidete sich in einen so zerlumpten Mantel, daß Sokrates ihn verspottete: «Deine Eitelkeit blinkt mir aus deinem Mantel entgegen!»[12] Abgesehen davon war seine einzige Schwäche das Verfassen von Büchern, deren er zehn hinterließ, darunter eine Geschichte der Philosophie. Nach dem Tode des Sokrates nahm Antisthenes seine Rolle als Lehrer wieder auf. Er hielt seine Vorlesungen in dem Gymnasion Kynosarges ab, das für Leute niedriger, fremder oder illegitimer Geburt vorbe-

---

* «Diejenigen, die, in den üblichen Bildungsfächern wohlgeschult, sich doch mit der Philosophie nicht näher befaßt hatten, verglich er mit den Freiern der Penelope, denn diese könnten auch über ... die Mägde verfügen, aber eher alles andere erreichen als die Ehe mit der Herrin.»[10]

halten war; der Name «kynisch» blieb an der Schule wegen des Ortes und nicht wegen der Lehre haften. Antisthenes kleidete sich wie ein gewöhnlicher Arbeiter, verlangte für seinen Unterricht keine Bezahlung und hatte arme Schüler am liebsten. Jedermann, der nicht gewillt war, Armut und Mühseligkeit auf sich zu nehmen, wurde von der Zunge oder dem Knüttel des Antisthenes vertrieben.

Er weigerte sich zunächst, Diogenes als Schüler aufzunehmen; Diogenes beharrte darauf, ertrug geduldig jede Schmähung, wurde aufgenommen und machte die Lehre seines Lehrers in ganz Griechenland berühmt, indem er sie voll und ganz lebte. Antisthenes war seiner Geburt nach ein halber Sklave; Diogenes war ein bankrotter Bankier aus Sinope. Diogenes hatte aus wirklicher Not gebettelt und war höchst erfreut zu vernehmen, daß das zur Tugend und zur Weisheit gehöre. Er legte sich Gewand, Ranzen und Stab eines Bettlers zu und hauste eine Zeitlang in einem Rohr oder Faß im Hofe des Kybeletempels in Athen. Er beneidete die Tiere um ihr einfaches Leben und suchte es nachzuahmen: Er schlief auf dem nackten Boden, aß alles, gleich, wo und wie er es fand, und verrichtete die Bedürfnisse der Natur und die Riten der Liebe (so wird behauptet) in aller Öffentlichkeit. Als er ein Kind aus der Hand trinken sah, warf er seinen Becher fort. Manchmal trug er eine Kerze oder Laterne und behauptete, er suche einen wirklichen Menschen. Er tat niemandem etwas zuleide, weigerte sich aber, Gesetze anzuerkennen, und sagte lange vor den Stoikern von sich, er sei ein *kosmopolites*, ein Weltbürger. Er reiste in aller Muße umher; eine Zeitlang finden wir ihn in Syrakus. Auf einer seiner Reisen fiel er Seeräubern in die Hände, die ihn als Sklaven an Xeniades von Korinth verkauften. Als dieser ihn fragte, was er tun könne, antwortete er: «Menschen lenken.» Xeniades vertraute ihm seine Söhne und seinen Haushalt an, und Diogenes erfüllte seinen Auftrag so gut, daß sein Herr ihn «guter Geist» benannte und in vielen Dingen seinen Rat einholte. Diogenes lebte weiterhin sein einfaches Leben mit solcher Beharrlichkeit, daß er nächst Alexander der berühmteste Mann Griechenlands wurde.

Er hatte etwas von einem Poseur an sich und fand an seinem Ruf offensichtlich Gefallen. Er war redebegabt; sein Namensvetter berichtet, daß er in einer Debatte niemals unterlag. Er nannte die Redefreiheit das größte soziale Gut und machte reichlichen Gebrauch davon, immer mit rauhem Humor und unfehlbarem Witz. Er tadelte eine Frau, die vor einem heiligen Bilde kniete und den Kopf auf den Boden gesenkt hielt: «Schämst du dich nicht, o Weib, dich vor dem etwa hinter dir stehenden Gotte – denn alles ist seiner voll – bloßzustellen?»[13] Als er sah, wie der Sohn einer Dirne einen Stein auf eine Volksmenge warf, warnte er ihn: «Sieh dich vor, daß du nicht deinen Vater triffst!»[14] Er mochte Frauen nicht und verachtete Männer, die sich wie Frauen benahmen. Als ein reich gekleideter und parfümierter junger Korinthier ihn einst etwas fragte, sagte er: «Ich werde dir nicht antworten, bevor du mir sagst, ob du ein Knabe oder ein Mädchen bist.» Jedermann kennt die Geschichte, wie Alexander ihn in der Sonne liegend antraf. «Ich bin Alexander, der große König», sagte er. «Und ich bin Diogenes der Hund», sagte der Philosoph. «Fordere, was du wünschest», sagte der König. «Geh mir aus der Sonne», war des Diogenes Antwort[15]. «Wahrhaftig, wenn ich nicht Alexander wäre, möchte ich Diogenes sein!» rief der junge Krieger; wir wissen aber nicht, ob der Philosoph das Kompliment erwiderte. Beide Männer sollen am gleichen Tage im Jahre 323 gestorben sein: Alexander in Babylon in seinem dreiunddreißigsten Jahr, Diogenes in Korinth im Alter von über neunzig Jahren. Die Korinther setzten auf sein Grab einen Marmorhund, und Sinope, das ihn verbannt hatte, stellte zu seinem Gedächtnis ein Denkmal auf.

Nichts könnte klarer sein als die kynische Philosophie. Sie befaßte sich mit Logik nur, um die Ideenlehre als unsinnig abzutun, mit der Platon die Intellektuellen Athens aufrührte. Auch die Metaphysik erschien den Kynikern sinnlos: Wir sollten die Natur nicht erforschen, um die Welt zu erklären, denn das ist unmöglich, sondern um die Weisheit der Natur als Führung für das Leben zu erlernen. Die einzig wirkliche Philosophie ist die Ethik. Das Ziel des Lebens ist die Glückseligkeit; man findet sie aber nicht in dem Streben nach Lust, sondern im einfachen und natürlichen Leben und in der möglichst weitgehenden Unabhängigkeit von äußerer Hilfe. Denn wenn die Lust auch berechtigt ist, die aus eigener Anstrengung erwächst und nicht zu Gewissensbissen führt, entschwindet sie doch so oft, wenn wir nach ihr haschen, und enttäuscht uns so oft, wenn wir sie endlich gepackt haben, daß sie eher als Übel denn als Gutes zu bezeichnen ist. Ein bescheidenes und tugendsames Leben ist der einzige Weg zu bleibender Zufriedenheit; Reichtum zerstört den Seelenfrieden, und der Neid frißt wie Rost an der Seele. Die Sklaverei ist eine Ungerechtigkeit, aber unwesentlich: Der Weise wird ebensoleicht glücklich in der Knechtschaft wie in der Freiheit; nur die innere Freiheit zählt. Die Götter gaben nach Diogenes den Menschen ein leichtes Leben; aber die Menschen komplizierten es durch ihr Streben nach Luxus. Nicht daß die Kyniker einen starken Glauben an die Götter gehabt hätten. Als ein Priester Antisthenes klarmachen wollte, wie viele gute Dinge die Tugendsamen nach dem Tode genießen würden, fragte Antisthenes nur: «Warum also stirbst du nicht?»[16] Diogenes lächelte über die Mysterien und bemerkte zu den Opfergaben, die Schiffbrüchige in Samothrake darbrachten: «Es wären deren noch weit mehr, wenn auch die nicht Geretteten solche Stiftungen machten.»[17] Alles außer der Ausübung der Tugend schien den Kynikern an der Religion Aberglaube. Die Tugend muß als ihre eigene Belohnung genommen werden und sollte nicht von der Existenz oder der Gerechtigkeit der Götter abhängen. Die Tugend besteht darin, möglichst wenig zu essen, zu besitzen und zu wünschen, nur Wasser zu trinken und niemandem ein Leid zu tun. Als man ihn fragte, wie man sich gegen einen Gegner zur Wehr setzen solle, antwortete Diogenes: «Indem man sich selbst als ehrbarer und aufrichtiger Mensch erweist.»[18] Nur die geschlechtliche Begierde schien den Kynikern vernünftig. Sie mieden die Ehe als äußerliche Bindung, förderten aber die Prostitution. Diogenes befürwortete die freie Liebe und die Weibergemeinschaft, und Antisthenes, der von allem unabhängig sein wollte, beklagte sich darüber, daß er seinen Geschlechtstrieb nicht ebensogut allein für sich stillen könne wie seinen Hunger. Da die Kyniker den Geschlechtstrieb als geradeso normal und natürlich ansahen wie den Hunger, konnten sie nicht verstehen, warum man sich schämen sollte, den einen Drang geradeso öffentlich zu befriedigen wie den anderen. Selbst dem Tode gegenüber sollte man unabhängig sein und sich selbst Ort und Zeit des Sterbens aussuchen; Selbstmord ist zulässig. Diogenes soll durch Anhalten des Atems Selbstmord begangen haben.

Die kynische Philosophie war Teil einer Bewegung «zurück zur Natur», die im Athen des vierten Jahrhunderts als Reaktion gegen die mangelnde Anpassung an eine lästig komplizierte Zivilisation hochkam. Die Menschen sind nicht von Natur aus kultiviert und ertragen die Einschränkungen des geordneten Lebens nur aus Furcht vor Strafe oder Einsamkeit. Diogenes stand zu Sokrates etwa im gleichen Verhältnis wie Rousseau zu Voltaire: Er hielt die Kultur für einen Fehlgriff und meinte, Prometheus habe es verdient, an den Felsen geschlagen zu werden, als er sie den Menschen brachte. Die Kyniker idealisierten wie die Stoiker und wie Rousseau den «Naturmenschen»; Diogenes versuchte es, das Fleisch roh zu essen, da das Kochen unnatürlich sei. Die beste Gesellschaft ist nach seiner Ansicht eine Gesellschaft ohne Kunstfertigkeit und ohne Gesetze.

Die Griechen lächelten über die Kyniker und duldeten sie, wie das Mittelalter seine Heiligen duldete. Nach Diogenes bildeten die Kyniker einen religiösen Orden ohne Religion. Sie machten sich die Armut zur Regel, lebten von Almosen, milderten ihren Zölibat durch geschlechtliche Freizügigkeit und eröffneten Philosophenschulen. Sie besaßen keine Heimstätte, sondern lehrten und schliefen auf der Straße oder in den Säulengängen der Tempel. Durch die Diogenesschüler Stilpon und Krates ging die kynische Lehre in die hellenistische Zeit ein und bildete die Grundlage zum Stoizismus. Die Schule verschwand als Ganzes gegen Ende des dritten Jahrhunderts; aber ihr Einfluß blieb in der griechischen Überlieferung lebendig und zeigte sich vielleicht in den Essenern Judäas und den Mönchen des frühchristlichen Ägypten wieder. Wie weit alle diese Bewegungen von ähnlichen Sekten in Indien beeinflußt wurden oder sie beeinflußten, können wir noch nicht sagen. Die Anhänger des «Zurück zur Natur» unserer eigenen Zeit sind die geistigen Nachfahren jener Männer und Frauen der orientalischen oder griechischen Antike, die, der unnatürlichen und verkrampfenden Hemmnisse müde, meinten, sie könnten wieder mit den Tieren leben. Kein vollständiges Leben entbehrt eines Hauches dieser großstädtischen Phantasie.

III. PLATON

1. DER LEHRER

Selbst Platon wurde vom kynischen Ideal bewegt. Im zweiten Buch seines *Staates* beschreibt er mit Wohlgefallen und Sympathie ein kommunistisches und naturalistisches Utopia. Er verwirft es und fährt fort, den «zweitbesten» Staat zu schildern. Wie er aber zur Darstellung seiner Philosophen-Könige kommt, stoßen wir auf den kynischen Traum von Männern ohne Besitz und ohne Frauen, die sich einem einfachen Lebenswandel und einer hohen Philosophie weihen; dieser Traum gehört zu den schönsten Phantasien der griechischen Geschichte. Platons Plan einer kommunistischen Aristokratie war das geistreiche Bemühen eines reichen Konservativen, seine Verachtung der Demokratie mit dem radikalen Idealismus seiner Zeit in Einklang zu bringen.

Er entstammte einer so alten Familie, daß sein Stammbaum mütterlicherseits auf Solon, väterlicherseits auf die ersten Könige Athens, selbst auf Poseidon, den Meeresgott, zurückging. Seine Mutter war eine Schwester von Charmides und eine Nichte von Kritias, so daß die Abneigung gegen die Demokratie ihm schon fast im Blute lag. Aristokles, «Besten Rufes», genannt, zeichnete sich der Jüngling nahezu auf jedem Gebiet aus: Er glänzte beim Studium der Musik, der Mathematik, der Rhetorik und der Poesie; er nahm die Frauen und zweifellos auch die Männer durch sein gutes Aussehen ein; er beteiligte sich als Ringkämpfer bei den Isthmischen Spielen und erhielt wegen seines kräftigen Körperbaues den Spitznamen Platon, «Der Breite»; er kämpfte in drei Schlachten und errang einen Tapferkeitspreis. Er schrieb Epigramme, Liebesgedichte und eine tragische Tetralogie und war noch unentschieden, ob er Dichter oder Politiker werden solle, als er als Zwanzigjähriger der Anziehungskraft des Sokrates erlag. Er muß ihn schon vorher gekannt haben, denn der große Störenfried war seit langem der Freund seines Onkel Charmides. Jetzt aber konnte er die Lehren des Sokrates verstehen und Gefallen daran finden, wie der alte Mann gleich einem Akrobaten mit Gedanken jonglierte und sie auf der Spitze seiner Fragen aufspießte. Er verbrannte seine Gedichte, verbannte Euripides, Sport und Frauen aus seinem Gedächtnis und folgte dem Meister wie unter hypnotischem Zwang. Vielleicht machte er sich jeden Tag Notizen, da er mit dem Feingefühl des Künstlers die dramatischen Möglichkeiten dieses grotesken und liebenswerten Silens erahnte.

Da kam, als Platon dreiundzwanzig Jahre alt war, die konservative Revolution von 404, an deren Spitze seine eigenen Verwandten standen; es folgten die spannungsgeladenen Tage des oligarchischen Terrors und die tapfere Art, wie Sokrates sich gegen die Dreißig zur Wehr setzte; der Tod von Kritias und Charmides, die Restauration der Demokratie, der Prozeß und der Tod des Sokrates: Die ganze Welt schien rings um den einst sorgenfreien Jüngling einzustürzen, und er floh aus Athen, als ob es eine verfluchte Stadt wäre. Er fand etwas Trost bei Eukleides in Megara, dann in Kyrene, vielleicht bei Aristippos. Von dort scheint er nach Ägypten gegangen zu sein und sich das mathematische und geschichtliche Wissen der Priester angeeignet zu haben. Gegen 395 war er wieder in Athen, und ein Jahr später focht er für die Stadt bei Korinth. Gegen 387 brach er wiederum auf, studierte bei Archytas in Taras und bei Timaios in Lokroi die pythagoreische Philosophie, setzte nach Sizilien über, um den Ätna zu sehen, befreundete sich mit Dion von Syrakus, wurde Dionysios I. vorgestellt, geriet in Sklaverei und war 386 wieder in Athen in Sicherheit. Mit den dreitausend Drachmen, die Platons Freunde gesammelt hatten, um Annikeris das Lösegeld zurückzuerstatten, und die dieser nicht angenommen hatte, kauften die Freunde Platon einen nach dem attischen Heros Akademos benannten Lusthain in einem Vororte; dort gründete Platon die Universität, die neunhundert Jahre lang der geistige Mittelpunkt Griechenlands sein sollte*.

* Es war nicht die erste Universität: Die Pythagoreerschule von Kroton hatte bereits 520 einer vereinten Schulgemeinde eine Vielheit von Kursen dargeboten, und die Schule des Isokrates war der Akademie um acht Jahre zuvorgekommen.

Die Akademie war im Grunde eine religiöse Bruderschaft, ein *thiasos*, der dem Kult der Musen geweiht war. Die Hörer zahlten keine Gebühren; da sie aber großenteils aus Familien der oberen Schichten stammten, beteiligten sich deren Eltern mit erheblichen Stiftungen am Ausbau der Einrichtung. Nach Suidas «vermachten reiche Männer von Zeit zu Zeit den Mitgliedern der Schule die Geldmittel, so daß sie ein Leben philosophischer Muße führen konnten». Dionysios II. soll Platon achtzig Talente geschenkt haben – was die Geduld des Philosophen mit dem König erklären könnte. Die Komödiendichter der Zeit verspotteten die Studenten, weil sie affektiert in ihren Manieren und überelegant in ihrer Kleidung seien, elegante Kappen und Stöcke und einen kurzen Mantel, ein akademisches Gewand, trügen; so alt sind die Manieren Etons und die schwarzen Roben der Gelehrsamkeit. Frauen waren zum Studium zugelassen; denn Platon blieb so weit ein Radikaler, als er ein glühender Frauenrechtler war. Das Studium betraf hauptsächlich Mathematik und Philosophie. Über dem Eingangstor stand eine warnende Inschrift: *medeis ageometretos eisito* – «niemand ohne Geometrie möge hier eintreten»; vielleicht war ein beträchtliches mathematisches Wissen Vorbedingung für die Zulassung zur Akademie. Die meisten mathematischen Fortschritte des vierten Jahrhunderts wurden von Männern erzielt, die in der Akademie studiert hatten. Der mathematische Lehrgang umschloß Arithmetik (Zahlentheorie), höhere Geometrie, «Sphärik» (Astronomie), «Musik» (wahrscheinlich auch Literatur und Geschichte einschließend), Rechtswesen und Philosophie. Moralphilosophie und politische Philosophie kamen ganz am Schluß, sofern Platon den Rat befolgte, den er – Anytos und Meletos halb rechtfertigend – Sokrates in den Mund legte:

«Wir haben doch von Kindheit auf gewisse Ansichten über das Gerechte und das Schöne. In diesen sind wir wie von Eltern auferzogen worden, ihnen gehorchen wir und halten sie in Ehren.

Ja, so ist es.

Nun gibt es doch auch andere, ihnen entgegengesetzte Bestrebungen, die mit Sinnenlust unserer Seele schmeicheln und sie verlocken. Wer aber nur einigermaßen im Gleichgewicht ist, den überreden sie nicht, sondern er behält jene väterlichen Grundsätze in Ehren und gehorcht ihnen.

Es ist so.

Wie ist es nun, fuhr ich fort, wenn an einen solchen Menschen die Frage herantritt, was das Schöne sei, und wenn ihm dann die vernünftige Auseinandersetzung seine Antwort, wie er sie vom Gesetzgeber gehört hat, widerlegt, und wenn sie ihn immer wieder und auf mannigfaltige Weise widerlegt und ihn so auf die Meinung verfallen läßt, daß das Schöne ebenso schön als häßlich sei und daß es mit dem Gerechten und mit dem Guten und mit allem, was er besonders verehrt hatte, ebenso stehe – wie glaubst du, daß es dann diesen Dingen gegenüber mit seiner Ehrfurcht und seinem Gehorsam stehen wird?

Es ist unvermeidlich, erwiderte er, daß er sie nicht mehr gleichermaßen ehren und ihnen nicht mehr so gehorchen wird.

Wenn er nun, fuhr ich fort, diese Dinge nicht mehr für so verehrungswürdig und zu ihm gehörig hält wie vorher, aber auch die wahren nicht finden kann – ist da wohl anzunehmen, daß er sich einer anderen Lebensweise zuwendet als jener schmeichlerischen?

Unmöglich, erwiderte er.

So wird er also offenbar statt gesetzmäßig nunmehr gesetzwidrig leben, denke ich.

Notwendig.

So ist also das ganz naheliegend, sagte ich, was denen begegnet, die sich auf diese Weise mit vernünftigen Auseinandersetzungen befassen, und sie verdienen, wie ich vorhin sagte, alles Verständnis.

Ja, und Mitleid zugleich, sagte er.

Damit dir nun dieses Mitleid nicht auch die Dreißigjährigen trifft, mußt du bei der Einführung der Auseinandersetzungen die größte Vorsicht anwenden.

Ja, gewiß, sagte er.

Ist nun nicht das schon eine starke Vorsichtsmaßregel, daß sie nicht zu jung davon kosten sollen? Es ist dir doch gewiß nicht entgangen, daß die jungen Burschen, wenn sie das Disputieren frisch gekostet haben, wie mit einem Spielzeug damit umgehen. Sie brauchen sie jederzeit zur Widerrede, und indem sie die nachahmen, von denen sie widerlegt werden, widerlegen sie selbst wieder andere und freuen sich dabei wie junge Hunde, wenn sie jeden, der in ihre Nähe kommt, mit ihrem Disputieren packen und zerren können.

Ja, über die Maßen, sagte er.

Und wenn sie dann viele andere widerlegt haben und auch von vielen widerlegt worden sind, so geraten sie plötzlich und heftig in den Zustand, daß sie nichts mehr von dem glauben, was sie vorher geglaubt haben. Und darum sind sie selbst und alles, was mit der Philosophie zusammenhängt, bei den anderen in Verruf gekommen.

Sehr wahr, versetzte er.

Wer aber schon etwas älter geworden ist, fuhr ich fort, wird diese Art von Wahnsinn nicht mitmachen wollen, sondern lieber den nachahmen, der dialektische Gespräche führen und die Wahrheit erforschen möchte, als den anderen, der nur zum Vergnügen Scherz treibt und widerspricht. Und so wird er eher maßhalten und dieses Streben zu Ehren bringen statt in Verruf.» [19]

Platon und seine Gehilfen lehrten mit Vorlesungen, Dialogen und Aufgaben, die sie den Studenten vorlegten. Eine solche Aufgabe bestand beispielsweise darin, «die gleichförmigen und geordneten Bewegungen festzustellen, durch deren Annahme die anscheinenden Bewegungen der Planeten erklärbar sind»; möglicherweise empfingen Eudoxos und Herakleides einige Anregungen von diesen Aufgaben. Die Vorlesungen waren rein fachtechnischer Art und enttäuschten oft diejenigen, die sich einen praktischen Gewinn erhofft hatten; aber Schüler wie Aristoteles, Demosthenes, Lykurgos, Hypereides und Xenokrates ließen sich davon tief beeinflussen und veröffentlichten in vielen Fällen die Notizen, die sie sich während der Vorlesung gemacht hatten. Antiphanes sagte scherzhaft, gerade wie in einer Stadt im fernen Norden die gesprochenen Worte im Winter gefrören und im Sommer wieder auftauten und hörbar würden, so würden die von Platon seinen Hörern vorgetragenen Worte von diesen endlich verstanden, wenn sie hochbetagte Männer seien.

2. DER KÜNSTLER

Platon selbst gab an, er habe niemals Fachabhandlungen verfaßt, und Aristoteles spricht von den Vorträgen in der Akademie als von «Platons ungeschriebener Lehre». Wie weit diese von den Lehren der Dialoge abweicht, wissen wir nicht genau*. Wahrscheinlich waren die Dialoge ursprünglich als Erholung gedacht und halb im Scherz verfaßt. Es ist eine der scherzhaften Ironien der Geschichte, daß die heute an den europäischen und amerikanischen Universitäten am meisten verehrten und studierten phi-

* Gewisse Stellen bei Aristoteles lassen eine andere Auffassung von Platons Philosophie, insbesondere von der Ideenlehre, zu, als wir sie aus den Dialogen gewinnen.

losophischen Werke als Versuch verfaßt worden waren, die Philosophie dem Laien verständlich zu machen, indem man sie mit einer menschlichen Persönlichkeit verknüpfte. Platon war nicht der erste Verfasser philosophischer Dialoge; Zenon von Elea und verschiedene andere hatten sich dieses Verfahrens bedient, und Simon von Athen, ein Lederschneider, hatte in Dialogform einen Bericht von den Unterredungen veröffentlicht, die Sokrates in seiner Werkstätte geführt hatte. Für Platon war es eine literarische, nicht eine auf geschichtlichen Tatsachen beruhende Form; er gab nicht vor, genaue Darstellungen von Gesprächen zu geben, die vor dreißig bis fünfzig Jahren gehalten worden waren, oder in seinen Berichten folgerichtig zu sein. Gorgias war nicht minder erstaunt als Sokrates über die Worte, die der junge Dichter-Philosoph ihm in den Mund legte. Die Dialoge sind unabhängig voneinander geschrieben, vielleicht jeweils nach langen Pausen; wir dürfen uns über die Gedächtnisschnitzer nicht wundern, schon gar nicht über die Veränderungen in den Ansichten. Kein einheitlicher Plan eint das Ganze, nur das stetige Suchen eines sichtlich sich entwickelnden Geistes nach einer Wahrheit, die er niemals findet*.

Die Dialoge sind geschickt und doch armselig aufgebaut. Sie bringen Leben in den dramatischen Ablauf der Gedanken und schaffen ein zusammenhängendes und liebevoll gemaltes Abbild von Sokrates; aber nur selten bringen sie es zu Einheit und Folgerichtigkeit, oft wandern sie von Gegenstand zu Gegenstand, und häufig sind sie in einer schwerfälligen indirekten Rede geschrieben, die als erzählende Darstellung der Reden eines Mannes durch einen anderen gedacht ist. Sokrates berichtet uns, er sei «ein vergeßlicher Mensch», um gleich darauf wörtlich auf vierundfünfzig Seiten eine Diskussion zu bringen, die er in seiner Jugend mit Protagoras führte. In den meisten Dialogen fehlt ein kraftvoller Gegenredner, der Sokrates etwas anderes erwidern könnte als nur «ja» und andere bestätigende Ausdrücke. Diese Mängel verlieren sich aber völlig in dem klaren Glanz der Sprache, der humorvollen Darstellung der Situation, dem Humor in Ausdruck und Gedanke, der lebensvollen Welt menschlich gesehener verschiedenartiger Charaktere und den häufigen Einblicken in eine tiefe und edle Seele. Wir können den Wert beurteilen, den die Antike unbewußt diesen Dialogen beimaß, wenn wir beobachten, daß sie das am vollständigsten erhaltene Geisteserzeugnis sind, das uns von irgendeinem griechischen Schriftsteller erhalten ist. Ihre Form verschafft ihnen eine ebenso hohe Stellung in den Annalen der Literatur, wie sie sie ihres Gehaltes wegen in der Geschichte des Denkens einnehmen.

Die frühen Dialoge sind ausgezeichnete Beispiele der jugendlichen «Eristik», die er in der oben zitierten Stelle verurteilte; sie machen diesen Mangel aber durch die bezaubernden Bilder, die sie von der athenischen Jugend geben, wieder gut. Das *Sympo-*

---

* Die sechsunddreißig Dialoge lassen sich nicht datieren oder in eine unbedingte Reihenfolge bringen. Wir können sie nur nach Mutmaßungen einteilen, und zwar 1. in eine frühe Gruppe: hauptsächlich *Apologie*, *Kriton*, *Lysis*, *Ion*, *Charmides*, *Kratylos*, *Euthyphron* und *Euthydemos*; 2. in eine mittlere Gruppe: hauptsächlich *Gorgias*, *Protagoras*, *Phaidon*, *Symposion*, *Phaidros* und *Der Staat*; und 3. in eine spätere Gruppe: hauptsächlich *Parmenides*, *Theaitetos*, *Sophistes*, *Politikos*, *Philebos* und *Die Gesetze*. Die erste Gruppe entstand wahrscheinlich vor seinem vierunddreißigsten, die zweite vor dem vierzigsten, die dritte nach dem sechzigsten Lebensjahr; die Zwischenzeit war der Akademie gewidmet.

sion ist das Meisterstück seiner Art und die beste Einführung in Platons Gedankenwelt; seine dramatische Inszenierung («Bildet euch nur ein», sagt Agathon zu seinen Dienern, «daß ich und alle diese anderen von euch zu Gaste geladen seien, und bedient uns so, daß wir euch loben können!»[20]), sein lebendiges Bild von Aristophanes, der «aufstößt, weil er zu viel gegessen hat», die lebensprühende Episode mit dem betrunkenen und lärmenden Alkibiades, vor allem seine feinsinnige Verbindung von unbarmherzigem Realismus in der Darstellung des Sokrates mit dem erhabensten Idealismus in der Auffassung von der Liebe – diese Qualitäten machen aus dem *Symposion* einen Gipfelpunkt der Geschichte der Prosa. Der *Phaidon* ist gedämpfter und von einer großartigeren Schönheit. Hier ist der Hauptgedanke zwar schwach, aber aufrichtig und gibt auch dem Gegner angemessene Gelegenheit; der Stil fließt glatter über eine Szene, deren edle Gelassenheit das Tragische an ihr überwindet, so daß Sokrates so ruhig aus dem Leben scheidet wie ein Fluß, der hinter einer Biegung den Blicken entschwindet. Ein Teil des *Phaidros* findet an den Ufern des Ilissos statt, in dem Sokrates und sein Schüler sich die Füße kühlen. Der bedeutendste Dialog ist natürlich der *Staat*; er ist die vollständigste Darstellung der Philosophie Platons und schildert in seinen ersten Teilen einen dramatischen Konflikt von Personen und Ideen. Der *Parmenides* ist das schlimmste Beispiel leerer Haarspalterei der ganzen Literatur und das mutigste Beispiel der Geschichte der Philosophie, wo ein Denker ganz radikal seine eigene Lieblingstheorie, die Ideenlehre, widerlegt. In den späten Dialogen nimmt dann Platons Künstlerschaft ab, Sokrates verschwindet von der Bildfläche, die Metaphysik verliert ihre Poesie, die Politik ihre jugendlich frischen Ideale, bis in den *Gesetzen* der müde Erbe der gesamten Kultur des vielseitigen Athen den Verlockungen Spartas erliegt und Freiheit, Dichtung, Kunst und sogar Philosophie preisgibt.

3. DER METAPHYSIKER

Bei Platon findet sich kein System, und wenn hier um der Ordnung willen seine Gedanken in den klassischen Abschnitten Logik, Metaphysik, Ethik, Ästhetik und Politik vorgetragen werden, sollte man dabei doch nicht vergessen, daß Platon selbst ein zu gefühlsinniger Dichter war, um sein Denken in einen Rahmen zu pressen. Weil er Dichter ist, hat er die größten Schwierigkeiten mit der Logik; er schweift auf der Suche nach Definitionen umher und verliert sich in gefährlichen Analogien. «Wir gerieten in ein Labyrinth, und als wir meinten, wir seien durch, da kamen wir wieder am Anfang heraus, und es stand uns gerade soviel zu sehen bevor wie je.»[21] Er schließt: «Deshalb kann ich auch nicht mit Entschiedenheit behaupten, ob es möglich ist, daß es eine solche Erkenntnis der Erkenntnis» – nämlich die Logik – «überhaupt gebe.»[22] Er macht sich indessen doch ans Werk. Er untersucht das Wesen der Sprache und leitet sie vom nachahmenden Laut ab. Er bespricht die Analyse und die Synthese, Analogien und Trugschlüsse; er akzeptiert die Induktion, zieht aber die Deduktion vor; er erfindet selbst in diesen volkstümlichen Dialogen Fachausdrücke wie innerstes Wesen, Kraft, Handlung, Leidenschaft, Schöpfung, die sich die spätere Philosophie zunutze macht; er führt fünf der zehn «Kategorien» auf, die zum Ruhme des Aristoteles beitragen werden. Er verwirft die Ansichten der Sophisten, die Sinne seien der beste Prüfstein der Wahrheit und der einzelne «Mensch sei das Maß aller Dinge»; wenn dem so wäre, argumentiert er, wäre jedes Menschen, jedes Schläfers, jedes Narren, jedes Pavians Darstellung der Welt so gut wie jede andere.

Alles, was der «lärmende Haufe der Sinne» uns vermittelt, ist ein Herakleitischer Fluß der Veränderung; wenn wir nur Sinnesempfindungen hätten, würden wir überhaupt nie zu Wissen oder zur Wahrheit kommen. Wissen ist mittels Ideen, verallgemeinerter Urbilder und Gestalten möglich, die das Chaos der Sinnesempfindung in die Ordnung des Denkens umbilden. Wenn wir uns nur der einzelnen Dinge bewußt sein könnten, dann gäbe es kein Denken. Wir lernen denken, indem wir die Dinge nach ihrer Ähnlichkeit in Gruppen einteilen und die Gruppe als Ganzes durch eine gemeinsame Bezeichnung herausheben; *Mensch* befähigt uns, an alle Menschen zu denken, *Tisch* an alle Tische, *Licht* an jedes Licht, das je zu Lande oder zur See leuchtete. Diese Ideen *(ideai, eida)* sind für die Sinne nicht objektiv gegeben, sie sind aber wirklich für das Denken; denn sie bleiben unverändert bestehen, auch wenn alle ihnen entsprechenden Gegenstände der Sinnenwelt zerstört sind. Menschen werden geboren und sterben, aber *der Mensch* bleibt. Jedes einzelne Dreieck ist nur in unvollkommenem Sinne ein Dreieck, es verschwindet früher oder später und ist darum verhältnismäßig unwirklich; aber *das Dreieck* – die Gestalt und das Gesetz aller Dreiecke – ist vollkommen und ewigwährend. Alle mathematischen Formen sind ewige und vollständige Ideen*; alles, was die Geometrie über Dreiecke, Kreise, Quadrate, Würfel, Kugeln zu sagen hat, wäre wahr und würde damit «wirklich» bleiben, auch wenn es in der körperlichen Welt niemals solche Figuren gegeben hätte oder jemals geben würde. Auch Abstraktionen sind in diesem Sinne wirklich: Individuelle Tugendhandlungen sind nur von kurzer Dauer, aber *die Tugend* als solche bleibt für das Denken eine ewige Realität und ein Denkmittel. Genau dasselbe gilt für Schönheit, Größe, Ähnlichkeit und so fort; sie sind für den Geist ebenso wirklich, wie schöne, große oder ähnliche Dinge für die Sinne wirklich sind. Einzelhandlungen oder -dinge sind das, was sie sind, durch ihre Teilhaberschaft an diesen vollkommenen Gestalten oder Ideen, oder durch ihre mehr oder minder vollständige Verwirklichung dieser Ideen. Die Welt der Wissenschaft und der Philosophie setzt sich nicht aus einzelnen Dingen, sondern aus Ideen zusammen**: die Geschichte ist im Unterschied zur Biographie die Geschichte vom *Men-*

---

* In späteren Jahren versuchte Platon die pythagoreische Umkehrung des Satzes zu beweisen, nämlich daß alle Ideen mathematische Formen seien.

** Vgl. Carrel: «Für den modernen Naturwissenschafter sind genau wie für Platon die Ideen die einzige Wirklichkeit.»[23] Vgl. Spinoza: «Es ist aber zu bemerken, daß ich hier unter der Reihe der Ursachen und der wirklichen Wesen nicht verstehe die Reihe der veränderlichen Einzeldinge, sondern lediglich die Reihe der festen und ewigen Dinge. Der Reihe der veränderlichen Einzeldinge nachzukommen, wäre ja unmöglich für die menschliche Schwachheit, sowohl wegen ihrer jede Zahl übersteigenden Menge als auch besonders wegen der unendlichen Umstände bei einem und demselben Ding, von denen ein jeder Ursache sein kann, daß das Ding existiert. Denn ihre Existenz hat ja keine Verknüpfung mit ihrer Wesenheit oder ist (wie schon gesagt) keine ewige Wahrheit. Es ist aber auch nicht nötig, daß wir ihre Reihe verstehen, denn die ... innerste Wesenheit der Dinge kann nur gesucht werden bei den festen und ewigen Dingen und zugleich bei den Gesetzen, die diesen Dingen als ihren wahren Gesetzbüchern eingeschrieben sind, nach denen alle Einzeldinge *schen*; die Biologie ist nicht die Wissenschaft von spezifischen Organismen, sondern vom *Leben*; die Mathematik ist nicht das Studium konkreter Gegenstände, sondern der Zahl, des Verhältnisses und der Gestalt unabhängig von Gegenständen und doch für alle Gegenstände gültig. Die Philosophie ist die Wissenschaft von den Ideen.

Alles an Platons Metaphysik dreht sich um die Ideenlehre. Gott, der erste unbewegte Beweger, die Weltseele, bewegt und ordnet alle Dinge gemäß den ewigen Gesetzen und Gestalten, den vollkommenen und unveränderlichen Ideen, die, wie die Neuplatoniker sich ausdrücken sollten, den Logos, die göttliche Weisheit oder die Gottseele bilden. Die höchste Idee ist das Gute. Manchmal identifiziert Platon dieses mit Gott selbst; häufiger ist es das führende Werkzeug der Schöpfung, die höchste Gestalt, von der alle Dinge angezogen werden. Dieses Gute wahrzunehmen, das gestaltende Ideal des schöpferischen Vorganges zu erblicken, ist das erhabenste Ziel des Wissens. Bewegung und Schöpfung sind nicht mechanisch; sie erfordern in der Welt wie in uns selbst eine Seele oder ein Lebensprinzip als erzeugende Kraft.

Nur das, was Kraft hat, ist wirklich; darum ist die Materie nicht von Grund auf wirklich *(to me on)*, sondern nur ein Trägheitsprinzip, eine Möglichkeit, die auf Gott oder die Seele wartet, damit sie von ihnen die spezifische Gestalt erhält und einer Idee gemäß gestaltet wird. Die Seele ist die selbstbewegliche Kraft im Menschen und ein Teil der selbstbeweglichen Seele aller Dinge. Sie ist die reine Lebenskraft, unkörperlich und unsterblich. Sie bestand vor dem Körper und hat aus früheren Inkarnationen viele Erinnerungen mitgebracht, die bei der Erweckung durch das neue Leben irrtümlich für neues Wissen gehalten werden. Alle mathematischen Wahrheiten beispielsweise sind solcherart angeboren; der Unterricht erweckt nur das Gedächtnis für diese Dinge, die der Seele schon viele Leben zuvor bekannt waren. Nach dem Tode geht die Seele oder das Lebensprinzip in andere Organismen über, die je nach den in vorangehenden Inkarnationen erworbenen Verdiensten höher oder niedriger sind. Vielleicht kommt die Seele, die gesündigt hat, in ein Fegefeuer oder eine Hölle, und die tugendsame Seele auf eine Insel der Seligen. Wenn die Seele durch verschiedene Existenzen von aller Übeltat geläutert worden ist, wird sie von der Wiedergeburt befreit und steigt in ein Paradies immerwährender Glückseligkeit auf*.

4. DER MORALIST

Platon weiß, daß viele seiner Leser Skeptiker sein werden, und bemüht sich eine Zeitlang, eine natürliche Ethik zu finden, die die Seele der Menschen zur Rechtschaffenheit bewegt, ohne sich auf Himmel, Fegefeuer und Hölle stützen zu müssen. Die Dialoge der

---

sowohl geschehen als geordnet werden.»[24] Es ist beachtenswert, daß in Platons Ideenlehre Herakleitos und Parmenides in Übereinstimmung gebracht sind: Herakleitos hat recht, und der Fluß ist wirklich gegeben – in der Welt der Sinne; Parmenides hat recht, und die unveränderliche Einheit ist wirklich gegeben – in der Welt der Ideen.

* Es ist schwer zu sagen, wieviel an dieser indisch-pythagoreisch-orphischen Unsterblichkeitslehre nur Schutzfärbung war. Platon stellt sie halb scherzhaft dar, als ob sie nur ein nützlicher Mythos, ein dichterisches Hilfsmittel zur Wohlanständigkeit sei.

mittleren Zeit wenden sich mehr und mehr von der Metaphysik ab und der Moral und der Politik zu: «Der bei weitem höchste und schönste Teil der Weisheit ist aber der, welcher sich in der Verwaltung des Staates und des Hauswesens zeigt.»[25] Das Problem der Ethik liegt in dem anscheinenden Konflikt zwischen der Lust des einzelnen und dem Wohl der Gesellschaft. Platon stellt das Problem in gerechter Weise dar und legt Kallias eine so kräftige Beweisführung zugunsten der Selbstsucht in den Mund, wie nur je ein Moralgegner sie geben könnte. Er anerkennt, daß manche Lust gut ist; man bedarf des Verstandes, um zwischen guter und übler Lust zu unterscheiden, und aus Angst, der Verstand könnte zu spät kommen, müssen wir der Jugend die Gewohnheit der Mäßigung, einen Sinn für den goldenen Mittelweg einschärfen.

Die Seele oder das Lebensprinzip hat drei Schichten oder Teile: die Begierde, den Willen und das Denken. Jeder Teil verfügt über seine eigene Tugend: Mäßigung, Mut und Weisheit; dazu kommen noch Ehrfurcht und Gerechtigkeit – die Erfüllung der Verpflichtungen gegenüber den Eltern und den Göttern. Die Gerechtigkeit kann man als das Zusammenwirken der Teile in einem Ganzen, der Elemente in einem Charakter oder des Volkes in einem Staate definieren, wobei jeder Teil seine ihm gemäßeste Funktion richtig erfüllt. Das Gute ist weder nur Vernunft noch nur Lust, sondern jene Mischung der beiden, die das vernunftgemäße Leben hervorbringt. Das höchste Gut liegt in dem reinen Wissen von den ewigen Gestalten und Gesetzen. Im Ethischen ist das höchste Gut «die Kunst ... für das Wahre sich zu begeistern und um desselben willen alles zu tun»[26]. Wer solcherart das Wahre liebt, wird Übles nicht mit Üblem vergelten; er wird lieber Ungerechtigkeiten erdulden als sie begehen. Er wird «zu Lande und zu Wasser Menschen unbestechlichen Charakters suchen, deren Bekanntschaft von unschätzbarem Werte ist ... Die wahrhaften Philosophen enthalten sich aller von dem Leibe herrührenden Begierden und harren aus und geben sich ihnen nicht hin ... Sie selbst aber, feststellend, daß sie nichts tun dürfen, was der Philosophie zuwider wäre und der Erlösung und Reinigung durch sie, wenden sich dorthin, jener folgend, die sie führt.»[27]

Platon hatte seine Gedichte verbrannt und seinen religiösen Glauben verloren; er war aber doch ein Dichter und ein Gläubiger geblieben. Sein Gottesbild ging in ästhetischem Gefühl und asketischer Frömmigkeit auf; Philosophie und Religion wurden eins bei ihm, Ethik und Ästhetik verschmolzen. Mit zunehmendem Alter verlor er die Fähigkeit, neben dem Guten und Wahren Schönes zu sehen. Er wollte in seinem Idealstaat jede Kunst und Dichtung, die nach Ansicht der Regierung eine unmoralische oder unpatriotische Richtung hatte, zensurieren lassen; jede Rhetorik und jedes nichtreligiöse Drama sollte verboten sein, selbst Homer – der verführerische Schilderer unmoralischer Theologie – müßte verschwinden. Die dorische und phrygische Tonart in der Musik sollte gestattet sein; es dürfte aber keine komplizierten Musikinstrumente geben, keine Virtuosen, die mit ihren Kunststücken einen «gräßlichen Lärm» machten, und keine radikalen Neuerungen.

«Um es nun kurz zu sagen: Die Hüter der Stadt müssen darauf bedacht sein, daß keine Verderbnis einreißt, ohne daß sie es merken. Vor allem müssen sie darüber wachen, daß keine ordnungswidrigen Neuerungen in der gymnastischen und in der musischen Bildung eingeführt werden, sondern daß diese nach Möglichkeit unversehrt bewahrt bleiben. Wenn also einer sagt:

... es lauschen die Menschen am liebsten jenem Gesange,
Welcher als neuester stets im Munde des Sängers erschallet,

dann müssen sie sich hüten, daß nicht der eine oder andere meint, der Dichter rede da nicht bloß von neuen Gesängen, sondern von einer neuen Art des Singens, und spreche dieser sein Lob. Dergleichen darf man aber weder loben, noch die Worte des Dichters so auslegen. Denn man muß sich davor hüten, eine neue Art von musischer Kunst einzuführen, gefährdet man doch dadurch das Ganze; denn nirgends wird an den Regeln der Musenkunst gerüttelt, ohne daß nicht auch die wichtigsten Gesetze der Stadt dadurch erschüttert würden. Das sagt schon Damon, und ich glaube es ihm.» [28]

Die Schönheit liegt wie die Tugend in der Angemessenheit, der Symmetrie und der Ordnung. Ein Kunstwerk sollte eine lebendige Schöpfung sein, bei der Kopf, Rumpf und alle Glieder von der einen Idee Leben und Zusammenhang erhalten. Wahre Schönheit, so denkt unser leidenschaftlicher Puritaner, ist geistig und nicht körperlich; die Zahlen der Geometrie sind «ewig und unbedingt schön», und die Gesetze, nach denen der Himmel aufgebaut ist, sind schöner als die Sterne. Die Liebe ist das Streben nach Schönheit und existiert in drei Stufen, je nachdem sie körperliche Liebe, seelische Liebe oder Wahrheitsliebe ist. Die körperliche Liebe zwischen Mann und Weib ist berechtigt als Hilfsmittel der Fortpflanzung, die eine Art Unsterblichkeit sicherstellt; sie ist aber doch nur eine rohe Art der Liebe, eines Philosophen unwürdig. Die körperliche Liebe zwischen Mann und Mann oder Frau und Frau ist unnatürlich und muß unterdrückt werden, da sie der Fortpflanzung zuwiderläuft. Dies kann bewirkt werden, indem man sie zur zweiten, der geistigen Stufe der Liebe, sublimiert: Der ältere Mann liebt dann den jüngeren, weil dessen Schönheit ein Symbol und Hinweis auf die reine und ewige Schönheit ist, und der Jüngere liebt den Älteren, weil dessen Weisheit einen Weg zu Erkenntnis und Ehre eröffnet. Die höchste Liebe aber ist «die Liebe zum ewigwährenden Besitze des Guten», jene Liebe, die die unbedingte, absolute Schönheit der vollkommenen und ewigen Ideen und Gestalten sucht. Das, und nicht die Zuneigung zwischen Mann und Frau ohne körperliche Annäherung, ist die «platonische Liebe», der Punkt, wo der Dichter und der Philosoph in Platon in dem leidenschaftlichen Streben nach Erkenntnis, in einer fast mystischen Sehnsucht nach der seligmachenden Vision der Gesetzmäßigkeit und des Aufbaus und des Lebens und des Ziels der Welt verschmelzen.

«Wer seine Gedanken wirklich auf das Seiende richtet, Adeimantos, der hat ja auch gar keine Zeit, hinabzublicken auf das Treiben der Menschen und sich im Streit mit ihnen mit Neid und Bitterkeit zu erfüllen. Sondern er schaut und betrachtet Geordnetes, sich immer gleich Bleibendes, bei dem es kein gegenseitiges Unrechttun und kein Unrechtleiden gibt, das sich vielmehr insgesamt wohlgeordnet und vernünftig verhält. Das ahmt er nach und gleicht sich ihm so weit als möglich an.» [29]

5. DER UTOPIST

Platon ist aber doch am Leben und Wirken des Menschen interessiert. Er hat auch eine soziale Vision und träumt von einer Gesellschaft, in der es keine Korruption, keine Armut, keine Tyrannei und keinen Krieg geben soll. Er ist über die Heftigkeit des politischen Parteienzwistes in Athen entsetzt, bei dem «Aufstände und Privatfeindschaften, Haß und Verrat»[30] niemals enden wollen. Wie ein Blaublütiger verachtet er die plutokratische Oligarchie: «Indem man sich also in den Oligarchien um die Zuchtlosigkeit nicht kümmert und sie einreißen läßt, werden bisweilen Menschen von gar nicht unedler Art in die Armut hineingedrängt ... Die Geldmenschen aber ducken sich und tun so, als ob sie diese nicht sähen. Doch jeden von den übrigen jungen Leuten, der sich mit ihnen einläßt, schädigen sie, indem sie ihr Geld bei ihm anbringen. Indem sie dann Zinsen im vielfachen Betrag des verliehenen Kapitals einstreichen, machen sie die Zahl der Drohnen und der Bettler in der Stadt immer größer.»[31] «Nach meiner Ansicht entsteht also eine Demokratie, wenn die Armen die Oberhand gewinnen und dann ihre Gegner entweder umbringen oder verbannen und den Übrigbleibenden an der Verwaltung der Stadt und den Ämtern im gleichen Maße Anteil geben ...»[32] Die Demokraten erweisen sich als geradeso übel wie die Plutokraten: Sie verwenden die Macht ihrer Stimmenzahl dazu, dem Volke Unterstützungen und sich selbst Pöstchen zuzuschanzen; sie umschmeicheln und verzärteln die Massen, bis aus der Freiheit Anarchie wird; Wertmaßstäbe sinken ab, weil überall eine niedrige Gesinnung zu finden ist, und die Sitten verrohen infolge der unbehinderten Schmähungen und Beschimpfungen. So wie das irre Streben nach Reichtum die Oligarchie zerstört, zerstören die Auswüchse der Freiheit die Demokratie.

«Ist es da nicht unvermeidlich, daß sich in einer solchen Stadt der Freiheitsdrang auf alles ausdehnt?

Ohne Zweifel.

Und daß er, mein Lieber, auch in die Häuser der einzelnen Bürger eindringt, fuhr ich fort, und sich schließlich die Zügellosigkeit sogar auf die Tiere überträgt.

Wie ist das gemeint? fragte er.

Etwa so, erwiderte ich: Der Vater gewöhnt sich daran, dem Knaben gleich zu werden, und fürchtet sich vor seinen Söhnen. Der Sohn aber stellt sich dem Vater gleich und empfindet weder Achtung noch Furcht vor seinen Eltern; denn er will eben frei sein. Der Metöke gilt so viel wie der Stadtbürger, und der Stadtbürger so viel wie der Metöke, und der Fremde ebenso.

Ja, so geschieht es, sagte er.

Und nicht nur das, sagte ich, sondern auch noch andere kleine Mißstände dieser Art kommen vor. Der Lehrer fürchtet unter diesen Verhältnissen seine Schüler und schmeichelt ihnen; die Schüler aber haben keinen Respekt vor ihren Lehrern und ebensowenig vor ihren Erziehern; überhaupt stellen sich die Jungen den Älteren gleich und suchen es ihnen in Worten und Taten gleichzutun. Die Alten aber lassen sich zu den Jungen herab und treiben lauter Scherze und Späße mit ihnen und gebärden sich wie die Jünglinge, um ja nicht den Anschein zu erwecken, als seien sie griesgrämig oder herrisch.

Ja, gewiß, sagte er.

Ihren Gipfel aber, mein Freund, fuhr ich fort, erreicht die Fülle der Freiheit in einer solchen Stadt, wenn sogar die gekauften Sklaven und Sklavinnen ebenso frei sind wie ihre Käufer. Wie groß aber die Gleichberechtigung und Freiheit zwischen Frauen und Männern und zwischen Männern und Frauen ist, das hätte ich beinahe zu erwähnen vergessen.

Wir wollen doch aber, wie Aischylos sagt, das aussprechen, was uns eben auf die Zunge kommt, versetzte er.

Ja, gewiß, erwiderte ich, auch ich will es so halten. Wie viel freier hier sogar das Leben der Haustiere ist, das würde niemand glauben, der es nicht selbst erfahren hat. Denn die Hunde sind, wie das Sprichwort sagt, geradezu wie die Herrinnen, und die Pferde und Esel sind gewohnt, völlig frei und stolz einherzuschreiten und jeden, dem sie auf der Straße begegnen, anzurennen, wenn er ihnen nicht aus dem Wege geht. Und so ist auch alles andere voll Freiheit.

Du erzählst mir gerade das, erwiderte er, was ich geträumt habe. Denn wenn ich über Feld gehe, widerfährt mir das häufig.

Du erkennst nun aber, fuhr ich fort, was sich daraus im ganzen ergibt, wenn man alles das zusammenfaßt: Es macht die Seele der Bürger empfindlich, so daß sie, wenn ihnen jemand auch nur ein wenig Zwang antut, unwillig werden und das nicht ertragen können. Schließlich kümmern sie sich, wie du ja weißt, auch nicht mehr um die Gesetze, weder um die geschriebenen noch um die ungeschriebenen, um ja auf keine Weise mehr einen Herrn über sich zu haben.

Ja, das weiß ich, sagte er.

Das also, mein Freund, fuhr ich fort, ist der schöne und jugendlich kecke Anfang, aus dem, wie ich glaube, die Tyrannis erwächst.» [33]

Wenn aus Freiheit Zügellosigkeit wird, ist die Diktatur nicht mehr fern. Die Reichen befürchten, daß die Demokratie sie aussaugen wird, und verschwören sich zu ihrem Sturz; oder irgendein Unternehmungslustiger reißt die Macht an sich, verspricht den Armen alles, umgibt sich mit einer persönlichen Streitmacht, bringt zuerst seine Feinde und dann seine Freunde um, «bis weder bei den Freunden noch bei den Feinden einer übrig bleibt, der etwas taugt» [34], und errichtet die Diktatur. Wenn der Philosoph in diesem Konflikt der Extreme Mäßigung und gegenseitige Verständigung predigt, ergeht es ihm «wie einem Menschen unter wilden Tieren». Wer weise ist, «der hält sich ruhig und tut nur noch das Seine, wie wenn sich einer im Sturme vor der Staubwolke und dem windgepeitschten Regenguß unter eine Mauer stellt» [35].

Einige Gelehrte retten sich bei solchen Krisen in die Vergangenheit und schreiben Geschichte; Platon sucht in der Zukunft seine Zuflucht und gestaltet eine Utopie. Zunächst, stellt er sich vor, muß man einen guten König finden, der uns mit seinem Volke experimentieren läßt. Dann müssen wir alle Erwachsenen außer denjenigen, die zur Aufrechterhaltung der Ordnung und zum Unterricht der Kinder notwendig sind, fortschicken, denn die Lebensweise der Älteren würde den Jüngeren die korrupte Lebensweise der Vergangenheit vor Augen halten. Alle Jungen, gleich welchen Geschlechtes oder Standes, werden eine zwanzigjährige Ausbildung erhalten. Dazu wird auch die Unterrichtung in Mythen gehören – nicht den unmoralischen Mythen des alten Glaubens, sondern neuen Mythen, die die Seele zum Gehorsam gegenüber Eltern und Staat veranlassen*. Alle Zwanzigjährigen werden körperlichen, geistigen und moralischen Prüfungen unterworfen. Die Durchgefallenen werden den wirtschaftlichen Ständen des Staates zugeteilt: den Kaufleuten, Arbeitern, Bauern. Sie werden Privatbesitz haben und gemäß ihren Fähigkeiten innerhalb gewisser Grenzen über unterschiedliche Vermögen verfügen; es wird aber keine Sklaven geben. Diejenigen, die die erste Prüfung überstehen, werden weitere zehn Jahre ausgebildet und erzogen. Mit dreißig Jahren werden sie erneut einer Prüfung unterzogen. Die Durchgefallenen werden als Sol-

---

* Das heißt also, daß Platon zum Schlusse kommt, eine natürliche Ethik sei ungeeignet.

daten dienen; sie werden keinen Privatbesitz haben, nicht am Geschäftsleben teilnehmen, sondern in einem militärischen Kommunismus leben. Wer die zweite Prüfung besteht, wird jetzt endlich (was niemand zuvor tun wird) das Studium der «göttlichen Philosophie» in allen ihren Zweigen von Mathematik und Logik bis zur Politik und Rechtskunde aufnehmen. Mit fünfunddreißig werden die noch Verbliebenen, den Kopf von Theorien erfüllt, in die praktische Welt entlassen, um sich den Lebensunterhalt zu verdienen und sich einen Platz zu verschaffen. Mit fünfzig werden diejenigen, die dann noch leben, ohne Wahl Mitglieder des Standes der Hüter oder Herrscher.

Sie werden die ganze Macht in Händen haben, aber keinen Besitz. Es wird keine Gesetze geben; alle Fälle und Zwiste werden von den Philosophenkönigen nach einer von Präzedenzien unbehinderten Weisheit entschieden werden. Damit sie ihre Macht nicht mißbrauchen können, werden sie keinen Besitz, kein Geld, keine Familie, keine für dauernd angetraute Frau haben; das Volk wird Vollmacht über die Geldbörse, die Krieger Vollmacht über das Schwert haben. Der Kommunismus ist nicht demokratisch, sondern aristokratisch; die gewöhnliche Seele ist seiner nicht fähig, nur Krieger und Philosophen können ihn ertragen. Die Ehe muß von den Hütern in allen Ständen als eugenisches Sakrament strengstens geregelt werden: Es ergibt sich, «daß die besten Männer den besten Frauen möglichst oft beiwohnen müssen, dagegen die schlechtesten Männer den schlechtesten Frauen möglichst selten. Und die Kinder der einen muß man aufziehen, die der anderen aber nicht, wenn die Herde auf möglichst hohem Stande bleiben soll.»[36] Alle Kinder sind vom Staate aufzuziehen, der ihnen allen die gleiche Chance gibt; die Stände sollen nicht vererbbar sein. Mädchen sollen dieselben Möglichkeiten haben wie Knaben, und kein Staatsamt soll den Frauen verschlossen sein, nur weil sie Frauen sind. Durch diese Verbindung von Individualismus, Kommunismus, Eugenik, Frauenrechtlertum und Aristokratie, meint Platon, sei eine Gesellschaft hervorzubringen, in der ein Philosoph mit Freuden leben würde. Und er schließt: «Wenn nicht entweder die Philosophen Könige werden in den Städten oder die, die man heute Könige und Machthaber nennt, echte und gründliche Philosophen werden ..., so wird es mit dem Elend kein Ende haben, nicht für die Städte und auch nicht für das menschliche Geschlecht.»[37]

6. DER GESETZGEBER

Er glaubte in Dionysios II. einen solchen Herrscher gefunden zu haben. Er spürte wie Voltaire, daß die Monarchie der Demokratie das eine voraus hat, daß der Reformer nur einen einzigen Menschen zu überzeugen braucht. Für einen besseren Staat muß «dieser Fürst jung sein, mit gutem Gedächtnis, guter Fassungskraft, tapfer, von natürlichem Edelmut ... Und Glück, setz hinzu, – doch nur in dem einen, daß zu seiner Zeit ein anerkennenswerter Gesetzgeber vorhanden ist und daß irgendein günstiger Zufall diesen mit dem Fürsten zusammenführt.»[38] Wie wir gesehen haben, war es keineswegs ein günstiger Zufall.

In seinen vorgerückten Jahren bot Platon, der immer noch Gesetzgeber sein wollte, einen drittbesten Staat. Die *Gesetze* sind das älteste bestehende Lehrbuch der europäischen Jurisprudenz und eine lehrreiche Studie über die Auswirkungen eines jugendlichen Romantizismus im Greisenalter. Der neue Stadtstaat muß nach Platon im Landesinneren liegen, damit nicht ausländisches Gedankengut seinen Glauben, Außenhandel seinen Frieden und fremdländischer Luxus seine selbstgenügsame Einfachheit untergrabe. Die Zahl der freien Bürger soll auf die bequem teilbare Zahl 5040 begrenzt werden; dazu sollen noch die Familienmitglieder und die Sklaven kommen. Die Bürger sollen 360 Hüter wählen, diese in Gruppen zu je dreißig einteilen und jeder Gruppe die Verwaltung des Staates einen Monat lang anvertrauen. Die 360 sollen einen Nachtrat von sechsundzwanzig wählen, der nachts zusammenkommen und über alle lebenswichtigen Angelegenheiten Gesetze erlassen soll. Diese Räte sollen das Land in gleichen, unteilbaren und unveräußerlichen Parzellen auf die Familien der Bürger aufteilen. Die Hüter sollen «auch beim Regenwasser dafür sorgen, daß es das Land nicht beschädige, sondern ihm vielmehr Nutzen bringe, wenn es von der Höhe in die auf den Bergen befindlichen schluchtartigen Vertiefungen hinabrinnt. Das Abfließen desselben sollen die Landaufseher durch Bauten, Dämme und Gräben aufhalten, damit diese das Regenwasser aufnehmen und einschlucken, dadurch den unten liegenden Feldern und Örtlichkeiten insgesamt Bäche und Quellen schaffen und so den trockensten Plätzen eine Fülle von gutem, gesundem Wasser liefern.»[39] Um das Anwachsen der wirtschaftlichen Ungleichheit im Zaume zu halten, muß der Handel auf ein Minimum beschränkt bleiben; das Volk darf weder Gold noch Silber haben, und es darf kein Geld gegen Zinsen ausgeliehen werden. Man soll es nicht zulassen, daß jemand von Investierungen lebt, dafür ist jeder zu einem tätigen Landleben als Bauer zu ermuntern. Jeder, der mehr als den vierfachen Wert seines Landanteiles erwirbt, muß den Überschuß an den Staat abliefern; das Erbrecht ist strengen Einschränkungen unterworfen. Den Frauen soll die gleiche Gelegenheit wie den Männern geboten werden. Die Männer müssen zwischen dreißig und fünfunddreißig eine Ehe schließen oder aber schwere jährliche Bußen zahlen; und sie dürfen Kinder nur während zehn Jahren zeugen. Trinken und andere öffentliche Lustbarkeiten sind einer Regelung zu unterwerfen, um die öffentliche Sittlichkeit zu erhalten.

Um all das auf friedlichem Wege zu erreichen, muß der Staat das Erziehungswesen und alle Veröffentlichungen sowie alle anderen Mittel zur öffentlichen Meinungsbildung und Charaktergestaltung unter unbedingter Kontrolle halten. Der höchste Beamte des Staates ist der Bildungsminister. Im Erziehungswesen wird an Stelle der Freiheit die Autorität treten; denn der kindliche Verstand ist zu unentwickelt, als daß man die Kinder ihr eigenes Leben führen lassen dürfte. Literatur, Wissenschaft und Kunst sind unter Zensur zu halten; es wird ihnen nicht gestattet sein, Gedanken zum Ausdruck zu bringen, die den Räten als der öffentlichen Sittlichkeit und Frömmigkeit abträglich erscheinen. Da der Gehorsam gegenüber den Eltern und den Gesetzen nur durch übernatürliche Sanktionierungen und Hilfen erzwungen werden kann, wird der Staat festlegen, welche Götter zu verehren sind und wann und wo das zu geschehen hat.

Jeder Bürger, der diese Staatsreligion anzweifelt, ist ins Gefängnis zu werfen; beharrt er dabei, so ist er hinzurichten.

Ein langes Leben ist nicht immer ein Segen; es wäre für Platon besser gewesen, wenn er vor dieser Anklage gegen Sokrates, vor diesen Prolegomena für alle künftigen Inquisitoren das Zeitliche gesegnet hätte. Zu seiner Verteidigung könnte man vorbringen, er habe die Gerechtigkeit über die Wahrheit gestellt, er habe darauf abgezielt, die Armut und den Krieg zu überwinden; dies sei aber nur mittels schärfster staatlicher Kontrolle des einzelnen durchführbar, und hierzu sei entweder Gewalt oder Religion erforderlich. Die entartende ionische Ungebundenheit der athenischen Moral und Politik war nach seiner Meinung nur durch die dorische Disziplin des spartanischen Gesetzes zu heilen. Die ganze Gedankenwelt Platons durchzieht eine Furcht vor den Mißständen der Freiheit und die Vorstellung von der Philosophie als eines Polizisten des Volkes und eines Reglers der Künste. Die *Gesetze* zeigen die Kapitulation eines sterbenden Athen, das sein Leben restlos erfüllt hatte, vor einem Sparta, das bereits seit Lykurgos tot gewesen war. Als Athens berühmtester Philosoph so wenig mehr zugunsten der Freiheit zu sagen fand, war Griechenland reif für einen König.

Wenn wir dieses spekulative Werk übersehen, sind wir erstaunt zu entdecken, wie sehr Platon die Philosophie, die Theologie und die Organisation des mittelalterlichen Christentums und des modernen totalitären Staates vorwegnahm. Die Ideenlehre wurde zum «Realismus» der Scholastiker – zur objektiven Realität der «Universalien». Platon ist nicht ein «präexistenter Christ», wie Nietzsche von ihm sagte, sondern ein vorchristlicher Puritaner. Er mißtraut der menschlichen Natur, da sie nach seiner Meinung böse ist, und hält sie für eine Erbsünde, die die Seele befleckt. Er spaltet die Einheit von Körper und Seele, die im sechsten und fünften Jahrhundert das Ideal des gebildeten Griechen gewesen war, in einen Leib des Übels und einen Geist der Göttlichkeit auf. Wie ein christlicher Asket bezeichnet er den Körper als Grab der Seele. Er entnimmt Pythagoras und dem Orphismus einen orientalischen Glauben an Seelenwanderung, Karma, Sünde, Läuterung und «Erlösung»; er nimmt in seinen letzten Werken den Jenseitston eines bekehrten und reuigen Augustinus an. Wäre nicht seine vollendete Prosa, so möchte man fast sagen, Platon sei kein Grieche gewesen.

Er bleibt doch der liebenswerteste aller griechischen Denker, weil er die reizvollen Fehler seines Volkes teilte. Er war so empfindsam, daß er wie Dante hinter der unvollkommenen und zeitlichen Gestalt eine vollkommene und ewige Schönheit zu sehen vermochte; er war Asket, weil er in jedem Augenblicke ein reiches und ungestümes Temperament zu zügeln hatte. Er war ein phantasiebegabter Dichter, den jeder wunderliche Gedanke anlockte, den die Tragödie und die Komödie der Ideen fesselte, den die geistige Erregung des freien athenischen Geisteslebens in ihrem Strudel mitriß. Es war aber sein Schicksal, daß er nicht nur Dichter, sondern auch Logiker und daß er der feinsinnigste Kopf des Altertums war, der schärfer dachte als Zenon von Elea oder als Aristoteles; es war sein Schicksal, daß er die Philosophie mehr liebte als jede Frau oder jeden Mann und daß er zum Schlusse wie Dostojewskis Großinquisitor die Unterdrükkung jedes freien Denkens verlangte und die Überzeugung hegte, die Philosophie müsse zerstört werden, damit der Mensch leben könne. Er wäre selbst das erste Opfer seiner Utopien gewesen.

IV. ARISTOTELES

1. WANDERJAHRE

Als Platon starb, baute ihm Aristoteles einen Altar und erwies ihm fast göttliche Ehren; denn er verehrte Platon, wenn er ihn auch nicht lieben konnte. Er war aus seiner Geburtsstadt Stageiros, einer kleinen griechischen Siedlung in Thrakien, nach Athen gekommen. Sein Vater war Hofarzt von Philipps Vater Amyntas II. gewesen und hatte (wenn Galenos sich nicht irrt) seinem Sohne einige Anatomie beigebracht, bevor er ihn zu Platon schickte. Die beiden rivalisierenden Strömungen in der Geschichte des Denkens – die mystische und die rationalistische – prallten beim Zusammentreffen der beiden Philosophen aufeinander. Vielleicht wäre Aristoteles durch und durch Naturwissenschaftler geworden, hätte er nicht so lange Platon zugehört; es wird behauptet, er habe zwanzig Jahre lang Platons Vorlesungen besucht. Der Arztsohn in ihm kämpfte mit dem Puritanerschüler, und keine der beiden Seiten setzte sich recht durch. Er sammelte eine ausreichende Anzahl naturwissenschaftlicher Beobachtungen, um eine Enzyklopädie zu verfassen, und versuchte, sie in die platonische Form zu zwängen, in der sein Geist geschult worden war. Er widerlegte Platon in jedem Augenblick, weil er auf jeder Seite von ihm entlehnte.

Er war ein ernster Forscher und fiel seinem Meister bald auf. Als Platon vor der Akademie seine Abhandlung über die Seele las, war Aristoteles, wie Diogenes von Laerte berichtet, «der einzige, der ... bis zu Ende ausharrte, während alle übrigen sich entfernten»[40]. Nach Platons Tode (347) ging Aristoteles an den Hof des Hermeias, der mit ihm in der Akademie studiert und sich aus der Sklavenschaft emporgearbeitet hatte, bis er Diktator von Atarneus und Assos im oberen Kleinasien geworden war. Aristoteles heiratete Pythias, des Hermeias Tochter (344), und gedachte sich ganz in Assos niederzulassen, als Hermeias von den Persern ermordet wurde, die den Verdacht hegten, er wolle Philipps geplanten Einfall in Asien unterstützen. Aristoteles floh mit Pythias nach dem nahegelegenen Lesbos und verbrachte dort einige Zeit mit dem Studium der Naturgeschichte der Insel. Pythias gebar ihm eine Tochter und starb im Kindbett. Später heiratete Aristoteles die Hetäre Herpyllis oder lebte mit ihr; er hielt aber stets Pythias in zärtlichem Angedenken und verlangte auf dem Sterbebett, neben ihr beigesetzt zu werden. Er war nicht ganz der gefühllose Bücherwurm, den man sich nach seinen Werken vorstellen würde. Im Jahre 343 lud ihn Philipp, der ihn vielleicht als Jüngling am Hofe des Amyntas kennengelernt hatte, ein, die Erziehung Alexanders zu übernehmen, damals ein wilder Bursche von dreizehn Jahren. Aristoteles kam nach Pella und mühte sich vier Jahre lang mit dieser Aufgabe ab. 340 übertrug ihm

Philipp den Wiederaufbau und die Besiedlung von Stageiros, das in dem Kriege mit Olynthos verwüstet worden war, und beauftragte ihn, der Stadt Gesetze zu schaffen; all das vollbrachte er zur Zufriedenheit der Stadt, die die Neugründung mit einem jährlichen Festtag feierte.

Im Jahre 334 kehrte er nach Athen zurück und eröffnete, wahrscheinlich finanziell von Alexander unterstützt, eine Rhetorik- und Philosophieschule. Zum Sitz wählte er das eleganteste Gymnasion Athens, eine dem Apollon Lykeios (dem Gott der Schäfer) geweihte Gruppe von Gebäuden, die von schattigen Gärten und gedeckten Wandelhallen umgeben war. Am Morgen hielt er Vorlesungen über fortgeschrittene Themen vor regulären Studenten; am Nachmittag las er vor einer volkstümlicheren Hörerschaft, wahrscheinlich über Rhetorik, Poesie, Ethik und Politik. Er legte sich eine große Bibliothek, einen zoologischen Garten und ein naturhistorisches Museum an. Die Schule wurde bald Lykeion genannt, und die Schar und ihre Philosophie erhielten die Bezeichnung «peripatetisch» nach den gedeckten Wandelgängen *(peripatoi)*, in denen Aristoteles mit seinen Studenten während des Unterrichts auf und ab zu gehen liebte. Ein scharfer Wettbewerb entwickelte sich zwischen dem Lykeion, dessen Studenten zumeist aus dem Mittelstand kamen, der Akademie, die ihre Hörerschaft großenteils aus dem Adel bezog, und der Schule des Isokrates, die hauptsächlich von Kolonialgriechen besucht wurde. Die Eifersucht wurde zur rechten Zeit dadurch gemildert, daß Isokrates den Nachdruck auf die Rhetorik legte, die Akademie auf Mathematik, Metaphysik und Politik und das Lykeion auf die Naturwissenschaften. Aristoteles ließ seine Schüler auf allen Gebieten Wissensmaterial sammeln und vergleichen: die Bräuche der Barbaren, die Verfassungen der griechischen Städte, die Chronologie der Sieger bei den Pythischen Spielen und den athenischen Dionysien, die Organe und Lebensgewohnheiten der Tiere, das Wesen und die Verbreitung der Pflanzen, die Geschichte der Naturwissenschaft und der Philosophie. Diese Forschungen führten zu einem Schatz an Material, dessen er sich, manchmal nur zu gutgläubig, für seine verschiedenartigen und unzähligen Abhandlungen bediente.

Für die Laien verfaßte er etwa siebenundzwanzig Dialoge, die von Cicero und Quintilian als den Platonischen ebenbürtig erachtet wurden; er war im Altertum hauptsächlich durch diese Dialoge bekannt. Sie gehören zu den Dingen, die im Trubel der Eroberung Roms durch die Barbaren verlorengingen. Verblieben ist uns eine Menge fachwissenschaftlicher, höchst abstrakter und unglaublich langweiliger Werke, die von den Gelehrten der Antike selten zitiert werden und offensichtlich in den letzten zwölf Jahren seines Lebens entstanden sind, wahrscheinlich auf Grund von Notizen, die er selbst für seine Vorlesungen gemacht hatte oder die seine Studenten während der Vorlesungen niedergeschrieben hatten. Diese Fachkompendien waren außerhalb des Lykeions unbekannt, bis sie im ersten Jahrhundert v. Chr. von Andronikos von Rhodos veröffentlicht wurden. Vierzig sind erhalten; Diogenes von Laerte führt 360 weitere an – wahrscheinlich kurze Monographien. In diesen Trümmern der Gelehrsamkeit müssen wir uns das einst lebendige Denken zusammenlesen, das dem Aristoteles in späteren Zeiten den Titel «Der Philosoph» eintrug. Wenn wir uns ihm nähern, dürfen wir nicht den Scharfsinn eines Platon und nicht den Witz eines Diogenes erwarten, sondern nur ein reiches Wissen und eine konservative Weisheit, die dem Freund und Pensionär von Königen wohl ansteht*.

2. DER NATURFORSCHER

Man hat überlieferungsgemäß Aristoteles vor allem als Philosophen behandelt. Das ist vielleicht ein Irrtum. Wir wollen ihn, und sei es auch nur, um einen neuen Blickpunkt zu gewinnen, hauptsächlich als Wissenschaftler betrachten.

Sein wissensdurstiger Geist interessiert sich vor allem für den Prozeß und die Technik der Beweisführung, und er macht sich mit solchem Scharfsinn an deren Analyse, daß sein *Organon*, «Werkzeug» – der Name, unter dem nach seinem Tode seine Abhandlungen über Logik zusammengefaßt wurden –, zweitausend Jahre lang *das* Lehrbuch der Logik war. Er möchte gerne klar denken, wenn es ihm auch selten gelingt, wenigstens in den erhaltenen Werken; er verwendet die Hälfte seiner Zeit auf die Definition seiner Ausdrücke und hat dann den Eindruck, das Problem sei gelöst. Die Definition selbst definiert er als die Spezifizierung eines Objektes oder einer Idee durch die Bezeichnung der Gattung oder Art, der sie angehören («der Mensch ist ein Lebewesen»), und des besonderen Unterschiedes, der sie von allen anderen Gliedern der Gattung abhebt («der Mensch ist ein vernunftbegabtes Lebewesen»). Es ist für sein methodisches Verfahren kennzeichnend, daß er die Grundaspekte, nach denen sich alles betrachten läßt, in zehn Kategorien aufteilt: Substanz, Qualität, Quantität, Relation, Ort, Zeit, Sichverhalten (Haltung), Sichbefinden (Lage), Tun, Leiden – eine Einteilung, die einigen Autoren zur Stärkung ihres erlahmten Denkens verholfen hat.

Die Sinne sind für ihn die einzige Wissensquelle. Die Universalien sind verallgemeinerte Ideen, nicht angeboren, sondern durch häufige Wahrnehmungen gleichartiger Objekte gebildet; es sind Wahrnehmungen, nicht Dinge. Er legt entschlossen das Prinzip des Widerspruchs als das Axiom jeder Logik fest: «Es ist ausgeschlossen, daß ein und dasselbe Prädikat einem und demselben Subjekte zugleich und in derselben Beziehung zukomme und auch nicht zukomme.»[41] Er zeigt die Trugschlüsse auf, in die die Sophisten verfallen oder uns verlocken. Er übt Kritik an seinen Vorgängern, weil sie das Universum oder ihre Theorien über das Universum aus der Phantasie schöpften,

---

* Die wichtigsten erhaltenen Abhandlungen lassen sich in sechs Gruppen einteilen:

I. Logik: *Organon*, bestehend aus *Kategorien*, *Peri hermeneias (Lehre vom Satz)*, *Erste Analytiken (Lehre vom Schluß)*, *Zweite Analytiken (Lehre vom Beweis)*, *Topik*, *Sophistische Widerlegungen*.

II. Wissenschaft:

1. Exakte Naturwissenschaft: *Physik*, *Mechanik*, *Vom Himmel*, *Meteorologie*.
2. Biologie: *Naturgeschichte der Tiere*, *Tierkörperteile*, *Bewegungen der Tiere*, *Fortbewegung der Tiere*, *Fortpflanzung der Tiere*.
3. Psychologie: *Von der Seele*, *Kleine naturwissenschaftliche Schriften*.

III. *Metaphysik*.

IV. Ästhetik: *Rhetorik*, *Von der Dichtkunst*.

V. Ethik: *Nikomachische Ethik*, *Eudemische Ethik*.

VI. Politik: *Politik*, *Der Staat der Athener*.

statt sich geduldigen Beobachtungen und Versuchen zu widmen. Sein Ideal der deduktiven Beweisführung ist der Syllogismus: drei Sätze, von denen der dritte mit Notwendigkeit aus den beiden ersten hervorgeht; er weiß aber sehr wohl, daß ein Syllogismus einer längeren Einführung bedarf, damit der Obersatz wahrscheinlich wird, wenn man nicht dem wahren Sachverhalt ausweichen will. Wenn er sich auch selbst in seinen philosophischen Abhandlungen allzuoft in deduktiven Argumentationen verliert, so spricht er sich doch für die Induktion aus, sammelt in seinen wissenschaftlichen Arbeiten eine Menge spezifischer Beobachtungen und führt gelegentlich eigene oder fremde Experimente an*. Trotz aller seiner Fehler ist er der Vater der wissenschaftlichen Arbeitsweise und der erste Mann, von dem man weiß, daß er die wissenschaftliche Zusammenarbeit mit anderen Männern organisierte.

Er nimmt die Forschung da auf, wo Demokritos sie verließ, und wagt sich auf jedes Gebiet vor. Am schwächsten ist er in Mathematik und Physik; in diesen Fächern beschränkt er sich auf die Untersuchung der allgemeinen Grundsätze. In der Physik ist er nicht auf neue Entdeckungen aus, sondern auf die klare Definition der verwendeten Fachausdrücke: Materie, Bewegung, Raum, Zeit, Kontinuität, Unendlichkeit, Veränderung, Ziel. Bewegung und Raum sind kontinuierlich, nicht, wie Zenon meinte, aus kleinen unteilbaren Teilchen zusammengesetzt; das «Unendliche» existiert potentiell, jedoch nicht tatsächlich. Er spürt – wenn er auch nichts zu ihrer Lösung unternimmt – die Probleme, die Newton bewegten: Trägheit, Anziehungskraft, Bewegung, Geschwindigkeit. Er hat eine Vorstellung vom Parallelogramm der Kräfte und stellt das Hebelgesetz auf: «Das bewegende Gewicht wird um so leichter [das Objekt] bewegen, je weiter es vom Stützpunkt des Hebels entfernt ist.» [42]

Er ist der Ansicht, die Himmelskörper – jedenfalls die Erde – seien kugelförmig, denn nur eine kugelförmige Erde erkläre die Gestalt des Mondes, wenn er von der Erde zwischen ihm und der Sonne verfinstert wird. Er hat ein bewundernswertes Empfinden für die geologische Zeit; periodisch, jedoch unmerklich, wird das Meer durch Land ersetzt und das Land durch Meer; unzählige Völker und Kulturen sind bereits aufgetreten und wieder verschwunden, sei es infolge einer plötzlichen Katastrophe oder langsam im Laufe der Zeit: «Ist doch aller Wahrscheinlichkeit nach jede Art von Kunstfertigkeit und wissenschaftlicher Einsicht, soweit es jedesmal möglich war, wiederholt entdeckt worden und wieder verlorengegangen. Infolgedessen ist denn auch der uns von den Vätern und von den ältesten Menschengeschlechtern her überkommene Glaube uns nur so weit recht verständlich.» [43] Die Wärme ist die wichtigste Wirkkraft der geologischen und meteorologischen Veränderungen. Aristoteles bringt Erklärungen für die Bildung von Wolken, Nebel, Tau, Frost, Regen, Schnee, Hagel, Wind, Donner, Blitz, Regenbogen und Meteoren. Seine Theorien sind oft seltsam; die grundlegende Bedeutung seiner kleinen Abhandlung über die Meteorologie liegt darin,

---

* In der Untersuchung *Fortpflanzung der Tiere* erwähnt er beispielsweise, daß die Augen, die man versuchsweise jungen Vögeln ausgestochen hat, wieder nachwachsen, und er verwirft die Theorie, die rechte Hode produziere männliche und die linke Hode weibliche Nachkommenschaft, indem er darauf hinweist, daß ein Mann, dessen rechte Hode entfernt wurde, weiterhin Kinder beiderlei Geschlechtes hatte.

daß sie von übernatürlichen Wirkkräften Abstand nimmt und statt dessen die Erklärung für die anscheinenden Launen des Wetters in natürlichen Gründen sucht, die nach gewissen Abfolgen und Regelmäßigkeiten wirken. Die Naturwissenschaft konnte nicht weiter fortschreiten, bis ihr neue Erfindungen Beobachtungs- und Meßwerkzeuge von größerer Reichweite und größerer Genauigkeit in die Hand gaben.

In der Biologie ist Aristoteles am ehesten zu Hause und macht er die ausgedehntesten und zahlreichsten Beobachtungen und die größten Fehler. Das Vereinigen vorher erfolgter Entdeckungen und die endgültige Einrichtung dieser Wissenschaft ist seine größte Leistung. Er sammelte mit Hilfe seiner Schüler Daten über die Fauna und Flora der ägäischen Länder und legte die erste wissenschaftliche Sammlung von Tieren und Pflanzen an. Wenn wir Plinius folgen dürfen, erteilte Alexander seinen Jägern, Wildhütern, Fischern usw. den Auftrag, Aristoteles jedes Tier, jede Pflanze und jede Auskunft zu liefern, die er verlangte. Der Philosoph entschuldigt sich wegen seines Interesses an niederen Dingen: «Man soll sich nicht kindischerweise langweilen bei der Untersuchung der unbedeutenden Lebewesen. Es liegt in jedem Geschöpf der Natur irgend etwas Wunderbares.»[44]

Er teilt das Tierreich in *enaima* und *anaima* – «Bluttiere» und «Blutlose» – ein, die annähernd unseren «Wirbeltieren» und «Wirbellosen» entsprechen. Die Blutlosen unterteilt er in Schaltiere, Krustentiere, Mollusken und Insekten; die Bluttiere in Fische, Amphibien, Vögel und Säugetiere. Er betätigt sich auf einem ungeheuer weiten und vielgestaltigen Gebiet: Verdauungs-, Ausscheidungs-, Empfindungs-, Bewegungs-, Fortpflanzungs- und Verteidigungsorgane; Typen und Lebensweise von Fischen, Vögeln, Reptilien, Affen und Hunderten von anderen Gruppen; die Paarungszeiten und die Art und Weise der Geburt und Aufzucht von Jungen; die Erscheinungen der Pubertät, Menstruation, Empfängnis, Schwangerschaft, des Abortes, der Vererbung und der Zwillinge; die Lebensräume und Wanderungen der Tiere, ihre Parasiten und Krankheiten, ihre Art zu schlafen und zu überwintern usw. Er gibt eine ausgezeichnete Darstellung vom Leben der Bienen. Bei ihm finden sich zahllose seltsame beiläufige Beobachtungen: daß das Ochsenblut schneller gerinnt als das Blut der meisten anderen Tiere; daß einige männliche Tiere, besonders die Ziege, Milch produzieren können; daß «bei beiden Geschlechtern das Pferd nach dem Menschen das geilste Tier ist»*[45].

Besonderes Interesse findet er an dem Fortpflanzungsapparat und dem mit der Fortpflanzung zusammenhängenden Verhalten der Tiere, und er ist erstaunt über die mannigfaltige Weise, wie die Natur das Fortbestehen der Gattung erreicht, «indem sie die Art erhält, wenn es ihr nicht gelingt, das Individuum zu erhalten»[46]; auf diesem Gebiet blieb seine Arbeit bis zum letzten Jahrhundert unübertroffen. Das Leben der Tiere bewegt sich um zwei Brennpunkte: Essen und Fortpflanzung. «Das Weibchen besitzt

---

* Hinweise in der *Naturgeschichte der Tiere* zeigen, daß Aristoteles einen Band mit anatomischen Zeichnungen vorbereitete und daß einige dieser Zeichnungen an den Wänden des Lykeion zu finden waren; sein Text verwendet in moderner Weise Buchstaben, um auf die verschiedenen Organe oder Punkte auf den Zeichnungen hinzuweisen.

ein Organ, das als Eierstock anzusprechen ist, denn es findet sich darin etwas, das zunächst ein undifferenziertes Ei ist und aus dem sich in der Folge viele Eier entwikkeln.»*[47] Das weibliche Element trägt dem Embryo Stoff und Nahrung zu, das männliche Kraft und Bewegung; das weibliche ist das passive Element, das männliche die belebende Wirkkraft. Aristoteles verwirft die von Empedokles und Demokritos vorgetragene Ansicht, das Geschlecht des Embryos werde durch die Temperatur in der Gebärmutter oder durch das Überwiegen eines Fortpflanzungselementes über das andere bestimmt, um hierauf diese Theorien als seine eigenen neu zu formulieren: «Jedesmal, wenn es dem bildenden (männlichen) Prinzip nicht gelingt, die Oberhand zu erringen, und es wegen mangelnder Erhitzung nicht vermag, das Material zu erwärmen und ihm so die ihm eigentümliche Gestalt zu geben, wird dieses Material ins Weibliche umschlagen.»[48] «Manchmal», fügt er hinzu, «bringen Frauen drei oder vier Kinder zur Welt, besonders in gewissen Teilen der Welt. Die größte bisher geborene Kinderzahl ist fünf; ein solches Ereignis ist mehrfach beobachtet worden. Eine Frau hatte einmal zwanzig Kinder in vier Geburten; die meisten Kinder blieben am Leben.»[49]

Er nimmt viele Theorien der Biologie des neunzehnten Jahrhunderts vorweg. Er glaubt, die Organe und Kennzeichen des Embryos würden durch winzige Partikelchen (die «Gemmen» von Darwins «Pangenesis») gebildet, die von jedem Teil des Erwachsenen in die Fortpflanzungselemente übergehen. Wie von Baer lehrt er, im Embryo träten die gattungsmäßigen Merkmale zuerst auf, die artmäßigen an zweiter Stelle und die individuellen zuletzt. Er stellte bereits einen Grundsatz auf, auf den Herbert Spencer sich viel zugute tat, nämlich daß die Fruchtbarkeit der Organismen im großen und ganzen im umgekehrten Verhältnis zu der Kompliziertheit ihrer Entwicklung variiere. Seine Schilderung des Kükenembryos zeigt ihn im besten Lichte:

> «Bei den Hühnern nun zeigt sich nach Verlauf von drei Tagen und Nächten der Anfang ... Und es zeigt sich als ein blutiger Punkt im Weißen das Herz. Dieser Punkt aber hüpft und bewegt sich wie belebt, und von ihm erstrecken sich ... zwei bluthaltige Adergänge in zwei Windungen zu den beiden umhüllenden Häuten. Auch eine bluthaltige Streifen führende Haut umfaßt bereits zu dieser Zeit von den Adergängen aus das Weiße ... Wenn es zehn Tage alt ist, so ist das Junge in allen seinen Teilen deutlich.»[50]

Der menschliche Embryo entwickelt sich nach Ansicht des Aristoteles wie der Kükenembryo: «Der menschliche Embryo liegt auf die gleiche Weise im Mutterleib ... denn die Natur des Vogels ist der Natur des Menschen vergleichbar.»[51] Seine Theorie der Organanalogien befähigt ihn, das Tierreich als Ganzes zu sehen: «So vergleicht man den Knochen mit der Gräte, den Nagel mit dem Hufe, die Hand mit der Schere, die Feder mit der Schuppe; was nämlich beim Vogel die Feder, das ist beim Fische die Schuppe.»[52] Manchmal kommt er der Abstammungslehre sehr nahe:

> «So allmählich schreitet aber die Natur vom Unbeseelten zu den Tieren fort, daß bei dem Zusammenhang die Grenzscheide desselben verborgen bleibt ... Auf das Reich der unbeseelten Dinge folgt nämlich zunächst das der Pflanzen, und von diesen unterscheidet sich das eine vom

---

* Aristoteles vermochte nicht zwischen Eierstöcken und Gebärmutter zu unterscheiden; seine Darstellung wurde aber vor Stensens Arbeiten (1669) nicht wesentlich verbessert.

anderen dadurch, daß es mehr Anteil am Leben zu haben scheint, während das ganze Reich den übrigen Körpern gegenüber als beseelt, dem Reiche der Tiere gegenüber dagegen als unbeseelt erscheint. Der Übergang von jenen zu den Tieren ist aber ein allmählicher ... Bei einigen im Meere vorkommenden könnte man nämlich darüber im Zweifel sein, ob es Tiere sind oder Pflanzen ... die Spongie dagegen gleicht vollkommen den Pflanzen ... [Einige Tiere] sind festgewachsen und viele von ihnen gehen abgelöst zugrunde. Anlangend die Empfindung, so zeigen einige von ihnen gar keine, andere nur eine schwache Spur ... Immer aber erscheinen die einen den anderen gegenüber in geringem Grade schon mehr mit Leben und Bewegung begabt.»[53]

Er betrachtet den Affen als eine Übergangsform zwischen dem Menschen und anderen lebendgebärenden Tieren. Er verwirft die Empedokleische Ansicht von der natürlichen Zuchtwahl mittels zufälliger Mutationen; es gibt nichts Zufälliges in der Evolution. Die Entwicklungslinie ist durch den inneren Drang jeder Form, Gattung und Art vorgezeichnet und muß sich zur vollständigsten Verwirklichung ihres Wesens entwickeln. Es gibt eine Bestimmung; sie besteht aber weniger in äußerlicher Führung als in einem inneren Antrieb, einer «Entelechie»*, die jedes Ding zu seiner natürlichen Erfüllung bewegt.

Mit diesen scharfsinnigen Bemerkungen vermischt finden sich (wie sich im Rückblick nach dreiundzwanzig Jahrhunderten wohl erwarten läßt) zahlreiche Irrtümer, von denen manche so offenkundig sind, daß wir wohl vermuten dürfen, bei den zoologischen Arbeiten hätten sich die Notizen des Aristoteles eine Vermischung mit denen seiner Schüler gefallen lassen müssen. Die *Naturgeschichte der Tiere* ist eine Fundgrube von Fehlern. Wir erfahren dort, daß die Mäuse sterben, wenn sie im Sommer trinken; daß die Elefanten nur an zwei Krankheiten zu leiden haben: Katarrh und Flatulenz; daß alle Tiere außer dem Menschen die Tollwut bekommen, wenn sie von einem wütigen Hund gebissen werden; daß Aale durch Urzeugung entstehen; daß nur Menschen Herzklopfen haben; daß sich die Dotter mehrerer durcheinandergeschüttelter Eier in der Mitte sammeln; daß Eier auf einer starken Salzlösung schwimmen. Aristoteles kennt die inneren Organe der Tiere besser als diejenigen der Menschen; denn weder er noch Hippokrates scheint die religiösen Tabus umgestoßen und Menschen seziert zu haben. Er glaubt, der Mann habe nur acht Rippen, die Frau habe weniger Zähne als der Mann, das Herz liege höher als die Lungen, das Herz und nicht das Gehirn sei der Sitz der Sinnesempfindungen**, es sei (ganz wörtlich) die Funktion des Gehirnes, das Blut zu kühlen. Schließlich spinnt er (oder irgendein schwerfälliger Stellvertreter) die Theorie der Bestimmung in Tiefen aus, die dem Einsichtigen ein Lächeln abnötigen. Es ist für ihn offensichtlich, «daß die Pflanzen der Tiere wegen da sind und die Tiere der Menschen wegen»[54]. «Die Natur hat das Gesäß für die Ruhe geschaffen, da die Tiere ja stehen können, ohne müde zu werden, der Mensch jedoch einer Sitzfläche bedarf.» Und doch erweist selbst das letzte Zitat den Wissenschaftler: Sein Verfasser hält es für erwiesen, daß der Mensch ein Tier ist, und sucht nach anatomischen Unterschieden

---

* Von *echo* – «ich habe», *telos* – «Ziel oder Zweck», *en* – «innen».

** Die Unempfindlichkeit der Gehirnsubstanz gegenüber unmittelbaren Reizen hatte ihn in die Irre geführt.

zwischen Tieren und Menschen. Alles in allem gesehen ist die *Naturgeschichte der Tiere* das größte Werk des Aristoteles und das bedeutendste wissenschaftliche Erzeugnis Griechenlands im vierten Jahrhundert. Die Biologie wartete zwanzig Jahrhunderte lang auf seinesgleichen.

3. DER PHILOSOPH

Sei es nun aus aufrichtiger Frömmigkeit oder aus vorsichtigem Respekt vor den Ansichten der Menschheit: Aristoteles wird weniger Naturforscher und mehr Metaphysiker, sowie er sich dem Studium des Menschen zuwendet. Er definiert die Seele *(psyche)*, das Lebensprinzip, als die «primäre Entelechie eines Organismus», das heißt als die dem Organismus innewohnende und zukommende Gestalt, den Antrieb und die Richtung seines Wachstums. Die Seele ist nicht etwas, was zum Körper hinzukommt oder in ihm seinen Sitz hat: sie ist mit dem Körper raumgleich; sie ist der Körper selbst in ihrer Fähigkeit, sich selbst zu ernähren, selbst zu wachsen und selbst zu zerfallen; sie ist die Summe der Funktionen eines Organismus; sie verhält sich zum Körper wie die Sehkraft zum Auge. Dieser funktionelle Aspekt ist aber doch grundlegend; es sind die Funktionen, die das Gefüge ausmachen, die Triebe, die die Organe formen, die Seele, die den Körper gestaltet: «Alle natürlichen Körper sind Werkzeuge der Seele.»*[55]

Die Seele besteht aus drei Teilen: einem ernährenden, einem wahrnehmenden und einem denkenden. Die Pflanzen teilen mit den Tieren und den Menschen die vegetative Seele, die Fähigkeit der Selbsternährung und des inneren Wachstums; Tiere und Menschen besitzen überdies die wahrnehmende Seele, die Fähigkeit der Sinneswahrnehmung; die höheren Tiere haben wie der Mensch die «passive Vernunftseele», die Fähigkeit zu den einfacheren Ausbildungen des Verstandes; nur der Mensch allein besitzt die «aktive Vernunftseele», die Fähigkeit zur Verallgemeinerung und zu schöpferischem Denken. Diese letztgenannte Seele ist ein Teil oder eine Emanation jener schöpferischen und vernunfthaften Kraft des Universums, die Gott ist, und als solche ist sie unsterblich. Diese Unsterblichkeit ist jedoch unpersönlich; was erhalten bleibt, ist die Kraft, nicht die Persönlichkeit. Das Individuum ist eine einzigartige und sterbliche Mischung ernährender, wahrnehmender und vernunftmäßiger Anlagen; es gelangt nur zu einer relativen Unsterblichkeit, nämlich durch die Fortpflanzung, und zu einer unpersönlichen, durch den Tod**.

Wie die Seele die «Gestalt» des Körpers ist, so ist Gott die «Gestalt» oder die «Entelechie» der Welt, ihre innere Natur, ihre Funktion, ihre Sinngebung***. Alle Ursachen**** gehen letzten Endes auf eine unverursachte Urursache, alle Bewegungen auf den unbewegten Urbeweger zurück; wir müssen irgendeinen Ursprung oder Beginn der Bewegung und der bewegten Macht

---

* In einer merkwürdig idealistischen Randbemerkung fügt Aristoteles hinzu, die Seele sei «in gewisser Weise die Dinge». «Denn alle Dinge sind entweder wahrnehmbar oder denkbar.»[56] Nach dieser Verbeugung vor Berkeley macht Aristoteles auch eine Verbeugung vor Hume: «Die wirkliche Wissenschaft ist identisch mit ihrem Gegenstande.»[57]

** Die widersprüchlichen Bemerkungen des Aristoteles über diesen Punkt lassen noch andere Auslegungen zu. Unser Text folgt der *Cambridge Ancient History*, Bd. VI, S. 345; Grote, *Aristotle*, Bd. II, S. 233 und Rohde, *Psyche*, Bd. II, S. 301 ff.

*** Das Wesentliche an allem ist bei Aristoteles wie bei Platon die «Gestalt» *(eidos)*, nicht die gestaltete Materie; die Materie ist nicht das «wahre Sein», sondern eine negative und passive latente Möglichkeit, die zu einer spezifischen Existenz erst kommt, wenn sie von der Gestalt verwirklicht und bestimmt wird.

**** Jede Wirkung wird nach Aristoteles von vier Ursachen bewirkt: einer materiellen (stoffliche Zusammensetzung), einer bewegenden (die Wirkkraft oder ihre Tat), einer formalen (die Natur der Sache) und einer finalen (das Ziel, der Zweck). Er gibt ein besonderes Beispiel: «Was ist die Ursache des Menschen im Sinne der materiellen Ursache? – Doch wohl das Menstrualblut» (d. h. das Vorhandensein eines Eies). «Was aber im Sinne der bewegenden Ursache? – Doch wohl der Same» (d. h. die Handlung der Befruchtung). «Was aber im Sinne der Form? – Der Wesensbegriff» (der beteiligten Wirkkräfte). «Und was im Sinne der Zweckursache? – Die Zweckbestimmung.»[58]

annehmen – und diese Quelle ist Gott. Wie Gott die Summe und Quelle jeder Bewegung ist, so ist er die Summe und das Ziel aller Zwecke der Natur; er ist der letzte so gut wie der erste Grund. Überall sehen wir die Dinge sich auf spezifische Ziele zubewegen: Die Vorderzähne werden scharf, um die Nahrung zu schneiden, die Backenzähne flach, um sie zu zermahlen; das Augenlid zuckt, um das Auge zu beschützen, die Pupille weitet sich aus, um im Dunkel mehr Licht hereinzulassen; der Baum treibt seine Wurzeln in die Erde, seine Schosse gegen die Sonne. Wie der Baum von seiner inneren Natur, seiner Kraft und seiner Zielbestimmtheit lichtwärts getrieben wird, so wird die Welt von ihrer inneren Natur, ihrer Kraft und ihrer Zielbestimmtheit, die zusammen Gott ausmachen, getrieben. Gott ist nicht der Schöpfer der stofflichen Welt, sondern ihre kraftspendende Gestalt; er bewegt sie nicht von außen, sondern als innere Richtung oder als Ziel, so wie ein Geliebtes den Liebenden bewegt. Letzten Endes ist Gott nach Aristoteles der reine Gedanke, die Vernunftseele, die sich selbst in den ewigen Gestalten betrachtet, die zugleich das Wesen der Welt und Gott ausmachen.

Der Zweck der Kunst (wie der der Metaphysik) besteht darin, die Wesensgestalt der Dinge zu erfassen. Sie ist eine Nachahmung oder Darstellung des Lebens, aber nicht eine mechanische Kopie; was sie nachahmt, ist die Seele der Materie, nicht der Körper oder die Materie selbst, und durch diese Schau und Spiegelung des Wesentlichen kann selbst die Darstellung eines häßlichen Gegenstandes schön sein. Schönheit ist Einheit, das Zusammenwirken und die Symmetrie der Teile in einem Ganzen. Beim Drama ist diese Einheit in erster Linie eine Einheit der Handlung; der Stoff muß sich im wesentlichen mit einer einzigen Tat befassen und darf andere Handlungen nur zulassen, um die Haupthandlung vorwärtszubringen oder zu beleuchten. Soll das Werk besonders vorzüglich sein, muß die Handlung edel und heroisch sein. Die vielgerühmte Definition des Aristoteles stellt fest: «Die Tragödie ist die Nachahmung einer edlen und abgeschlossenen Handlung von einer bestimmten Größe in gewählter Rede, derart ... daß gehandelt und nicht berichtet wird und daß mit Hilfe von Mitleid und Furcht eine Reinigung von eben diesen Affekten bewerkstelligt wird.»[59] Indem sie unsere innersten Gefühle aufwühlt und sie dann in der Lösung des Knotens wieder zur Ruhe bringt, gewährt uns die Tragödie einen ungefährlichen und doch die Seele verklärenden Ausdruck von Gefühlen, die sonst in ihrer Zusammenballung zur Neurose oder zur Gewalttätigkeit führen könnten; sie zeigt uns Leiden und Kümmernisse, die schwerer sind als die unseren, und entläßt uns geläutert und von einer Bürde befreit. Im allgemeinen ist die Betrachtung eines wahren Kunstwerkes mit Genuß verbunden, und es ist das Kennzeichen einer Kultur, daß sie die Seele mit Kunstwerken versieht, die einer solchen Betrachtung wert sind, «weil die Natur selbst danach strebt, ... nicht nur richtig tätig zu sein, sondern auch in edler Weise Muße üben zu können»[60].

Was ist nun das gute Leben? Aristoteles antwortet mit voller Offenheit, daß es das glückliche Leben ist, und er schlägt in seiner *Ethik** vor, man solle den Menschen nicht gut machen wollen (wie Platon), sondern glücklich. Alles außer der Glückseligkeit wird im Hinblick auf irgendein anderes Ziel angestrebt; nur die Glückseligkeit wird

---

* Die *Nikomachische Ethik* (so genannt, weil sie von Nikomachos, dem Sohn des Aristoteles, herausgegeben wurde) und die *Politik* waren ursprünglich ein einziges Werk. Die Mehrzahlform der Titel – *ta ethika* und *ta politika* – wurde von den Griechen gebraucht, um damit die Behandlung verschiedener sittlicher und politischer Probleme anzudeuten.

um ihrer selbst willen erstrebt. Gewisse Dinge sind für ein dauerhaftes Glück unerläßlich: gute Geburt, gute Gesundheit, gutes Aussehen, gute Schicksalsfügungen, guter Ruf, gute Freunde, gutes Geld und Güte. Kein Mensch kann vollkommen glücklich sein, «der in seinem Äußeren übermäßig häßlich ist»[61]. «Jene aber, die behaupten, ein Mensch, der aufs Rad geflochten werde oder in großes Unglück gerate, sei glückselig, wenn er nur tugendhaft sei, behaupten absichtlich oder unabsichtlich Nichtiges.»[62] Aristoteles führt mit einer Offenheit, die bei Philosophen selten zu finden ist, die Antwort an, die Simonides Hierons Gemahlin gab, als sie ihn befragte, was besser sei, reich oder weise zu sein: «Reich, denn wir sehen die Weisen an den Türen der Reichen herumlungern.»[63] Der Reichtum ist aber nur ein Mittel zum Zweck. Er kann an sich niemandem außer dem Geizhals volle Befriedigung gewähren, und da er relativ ist, befriedigt er einen selten auf lange Zeit. Das Geheimnis der Glückseligkeit ist die Tat, die Kraftausübung in einer Weise, die der Natur und den Lebensbedingungen des Menschen angemessen ist. Die Tugend ist eine praktische Weisheit, eine vernünftige Wertschätzung dessen, was für einen selbst gut ist. Gewöhnlich ist sie ein goldener Mittelweg zwischen zwei Extremen; man braucht Verstand, um die Mitte zu finden, und Selbstbeherrschung (*enkrateia*, «innere Kraft»), um ihr zu folgen. Ein typisch Aristotelischer Satz besagt: «Wer nun zürnt, worüber er soll und wem er soll und ferner wie, wann und wie lange er soll, wird gelobt.»[64] Die Tugend ist nicht eine Tat, sondern die *Gewohnheit*, das Rechte zu tun. Sie muß zuerst durch disziplinarische Maßnahmen beigebracht werden, da die jungen Leute in diesen Dingen keine weisen Entscheidungen zu treffen vermögen; mit der Zeit wird das, was ein Zwang war, zur Gewohnheit, zur «zweiten Natur», und fast so angenehm wie die Befriedigung der Begierde.

Aristoteles kommt, ganz im Gegensatz zu der anfänglich geäußerten Theorie, die Glückseligkeit liege in der Tat, zu dem Schluß, das beste Leben sei das Leben des Denkens; denn Denken ist das Kennzeichen, die besondere Auszeichnung des Menschen, und «das eigentümliche Werk des Menschen» besteht «in einer Tätigkeit der Seele, die sich nach der Vernunft oder doch nicht ohne die Vernunft vollzieht»[65]. «So muß denn die Tätigkeit Gottes, die an Seligkeit alles übertrifft, eine betrachtende sein. Ebenso wird von den menschlichen Tätigkeiten diejenige die seligste sein, die ihr am nächsten verwandt ist.»[66] «Und wenn es solche gibt, die aus sich selbst Freude suchen, so werden sie das Heilmittel wohl nirgend anderswo suchen können als in der Philosophie. Denn bei den anderen Genüssen ist man auf die Menschen angewiesen.»[67]

4. DER STAATSMANN

Wie die Ethik die Wissenschaft von der individuellen Glückseligkeit, so ist die Politik die Wissenschaft von der gemeinschaftlichen Glückseligkeit. Es ist die Funktion des Staates, eine Gesellschaft zu bilden, die der größten Anzahl die größtmögliche Glückseligkeit verschafft. Staat nennen wir die Vielheit der Bürger, «und zwar in solchem Umfange, als es zur Autarkie des Lebens notwendig ist»[68]. Er ist ein Naturerzeugnis;

denn der Mensch ist «von Natur ein staatenbildendes Lebewesen»[69], das heißt, seine Instinkte führen ihn zum Zusammenschluß. Der Staat ist «von Natur ursprünglicher als das Haus oder ein einzelner von uns»: Der Mensch, wie wir ihn kennen, wird in eine bereits bestehende Gesellschaft hineingeboren, die ihn nach ihrem Abbild formt.

Nachdem er mit seinen Schülern 158 griechische Verfassungen gesammelt und untersucht hatte*, teilte Aristoteles sie in drei Kategorien ein: Monarchie, Aristokratie und Timokratie – die Staatsführung nach der Macht, der Geburt und der Würdigkeit. Jede dieser Staatsformen kann je nach der Zeit, dem Ort und den näheren Umständen gut sein. Ein Satz, den jeder Mensch auswendig lernen sollte, gibt zu, «daß oft und in gewissen Fällen, obschon eine bestimmte Verfassung an sich die wünschbarere ist, doch eine andere zuträglicher sein kann»[70]. Jede Regierungsform ist gut, wenn die gewalthabende Macht nach dem Gemeinwohl und nicht nach dem Eigenwohl strebt; im gegenteiligen Falle ist jede schlecht. Jede Kategorie entartet daher in entsprechender Weise, wenn sie zur Regierung für die Regierenden statt für die Regierten wird; dann gleitet die Monarchie in Despotismus ab, Aristokratie in Oligarchie und Timokratie in Demokratie im Sinne der Herrschaft des gemeinen Mannes. Ist der Alleinherrscher ein guter und fähiger Mann, dann ist die Monarchie die beste Regierungsform; ist er ein selbstsüchtiger Autokrat, so entsteht die Tyrannei, die schlechteste Regierungsform. Eine aristokratische Regierung kann zeitweise nutzbringend sein; Aristokratien neigen aber zur Entartung. «Edel ist etwas, insofern es nicht aus der Art schlägt, und gerade dies ist bei den Adligen nicht der Fall, sondern sie sind gemeinhin unbedeutende Menschen ... Was die Ausartungen betrifft, so arten die genialbegabten Geschlechter vorwiegend in tolle Charaktere aus, wie die Nachkommen des Alkibiades und des älteren Dionysios, die standfesttüchtigen dagegen in Schlaffheit und Stumpfsinn, wie die Nachkommen des Kimon, Perikles und Sokrates.»[71] Wenn die Aristokratie verfällt, macht sie gewöhnlich einer plutokratischen Oligarchie, der Regierung der Geldsäcke, Platz. Diese ist besser als die Despotie eines Königs oder des Pöbels; sie läßt aber Männer an die Macht kommen, deren Seele durch die kleinlichen Berechnungen des Handels oder das gemeine Zinsnehmen verkrüppelt ist und sich leicht zur gewissenlosen Ausbeutung der Armen verleiten läßt.

Die Demokratie – die bei Aristoteles die Herrschaft des *demos*, des gemeinen Bürgers, bedeutet – ist genauso gefährlich wie die Oligarchie; denn sie gründet sich auf den vorübergehenden Sieg der Armen über die Reichen im Kampfe um die Macht und führt zu einem selbstmörderischen Chaos. Die Demokratie fährt noch am besten, wenn sie von bäuerlichen Grundbesitzern geleitet wird; am schlimmsten ist sie, wenn sie von dem großstädtischen Arbeiter- und Händlerpöbel beherrscht wird. Zwar «ist eine Menge schwerer zu verwirren. So wie eine größere Menge Wasser, so ist auch eine größere Anzahl Menschen schwerer verderblich als eine kleine.»[72] Aber das Regieren erfordert Spezialkenntnisse und eine besondere Befähigung, und «wer das Leben eines Banausen oder Tagelöhners führt, der kann nicht im Sinne der Tugend leben»[73], das

* Von diesen Studien ist nur eine einzige erhalten geblieben: die *Athenaion Politeia*, die im Jahre 1891 aufgefunden wurde. Sie ist eine bewunderungswürdige Verfassungsgeschichte Athens.

Griechisch-unteritalienischer Goldkranz (4. Jh. v. Chr., Ausschnitt; Staatliche Antikensammlungen, München).

heißt einen guten Charakter, Bildung und Urteilskraft erwerben. Alle Menschen sind von Geburt aus ungleich. «So scheint etwa die Gleichheit gerecht zu sein, und sie ist es auch, aber nicht unter allen, sondern nur unter den Ebenbürtigen»[74], und die Oberschicht wird sich ebenso zur Wehr setzen, wenn ihr eine unnatürliche Gleichheit aufgezwungen wird, wie die unteren Schichten rebellieren werden, wenn die Ungleichheit unnatürlich hoch ist*. Wenn eine Demokratie von den unteren Schichten geleitet wird, werden die Reichen besteuert, um die Armen mit Geldmitteln zu versehen. Die Volksführer verteilen den Überschuß, «und die Leute empfangen und verlangen sofort wieder nach demselben. Eine solche Hilfe an die Armen ist wie ein durchlöchertes Faß.»[76] Und doch wird ein weiser Konservativer das Volk nicht hungern lassen. «Der wahrhafte Demokrat muß also vielmehr darauf schauen, daß das Volk nicht gar zu arm werde. Denn dies ist die Ursache, wenn eine Demokratie schlecht wird. Man muß es also so einrichten, daß eine dauernde Wohlhabenheit entstehe, denn dies nützt auch den Wohlhabenden. Man soll den Ertrag der Staatseinkünfte sammeln und aufhäufen und dann ganz den Armen verteilen, und zwar womöglich auf jeden so viel, daß es zum Ankauf eines Landstückes reicht, oder doch wenigstens als Anfangskapital für ein Geschäft oder einen Bauernbetrieb.»[77]

Nachdem er solcherart fast ebensoviel zurückgegeben, wie er weggenommen hat, gibt Aristoteles einige bescheidene Empfehlungen, nicht für ein Utopia, sondern für eine in mäßigem Umfange bessere Gesellschaft.

«Welches ist nun für die Mehrzahl der Staaten und der Menschen die beste Verfassung und die beste Lebensform, nicht indem man von einer Tüchtigkeit ausgeht, die über menschliches Maß ist, oder von einer Bildung, die guter Anlage und glücklicher äußerer Umstände bedarf, noch von einer Verfassung, wie man sie sich wünschen mag, sondern von dem Leben, das die Mehrzahl zu führen vermag, und einer Verfassung, die sich die Mehrzahl der Staaten aneignen können.»[78] ... «Man muß auch die vielen Jahre und die lange Zeit bedenken, in welcher es nicht verborgen geblieben wäre, wenn jene Einrichtung (die Gütergemeinschaft) richtig wäre. Denn so ziemlich alles ist schon erfunden worden.»[79] ... «Was den meisten gemeinsam ist, erfährt am wenigsten Fürsorge. Denn um das Eigene kümmert man sich am meisten, um das Gemeinsame weniger oder nur soweit es den einzelnen angeht.»[80] ... «Der Teil, der die Erhaltung des Staats will, muß immer stärker sein als der, der sie nicht will.»[81] ... «Solche Staaten haben eine gute Verfassung, in denen die Mitte stark und den beiden Extremen überlegen ist ... Daraus zeigt sich auch, weshalb die meisten Staaten teils demokratisch, teils oligarchisch sind. Denn da in ihnen vielfach die Mitte schwach ist, so wird immer dasjenige Extrem, das die Oberhand hat, entweder die Besitzenden oder das Volk, die Mittleren verdrängen und die Verfassung in ihrem Sinn ordnen ... Dazu gibt es Kämpfe zwischen dem Volk und den Reichen, und diejenige Partei, die über die Gegner die Oberhand gewinnt, wird nicht eine für beide gemeinsame und ausgeglichene Verfassung einrichten.»[82]

Um diese unfreiheitlichen Diktaturen von oben oder von unten zu vermeiden, schlägt Aristoteles eine «gemischte Verfassung», eine Timokratie – eine Kombination von Aristokratie und Demokratie – vor, bei der das Wahlrecht nur Grundbesitzern zu-

* Selbst die Sklaverei ist nach Ansicht des Aristoteles berechtigt: «Jene, die so weit voneinander verschieden sind wie die Seele vom Körper und der Mensch vom Tier (dies gilt bei denjenigen, deren Aufgabe die Verwendung ihres Körpers ist und bei denen dies das beste ist, was sie leisten), diese sind Sklaven von Natur.»[75]

Nereide, auf Ketos reitend. Deckel einer Pyxis (um 150 v. Chr.; Museo Nazionale Archeologico, Tarent).

gestanden wird und ein starker Mittelstand Drehpunkt und Achse der Macht ist. «Also muß das Land zweigeteilt werden in einen gemeinsamen und einen privaten Teil.»[83] Alle Bürger sollen Grundbesitz zu eigen haben. Sie «sollen in bestimmter Gesellschaft am öffentlichen Tische speisen». Nur sie dürfen abstimmen und Waffen tragen. Sie werden eine kleine Minderheit – von höchstens zehntausend Männern – bilden. Die Bürger werden «weder als Banausen noch als Krämer leben dürfen (denn ein solches Leben ist unedel und der Tugend widersprechend)»[84]. Aber «auch Landwirte sollen sie nicht sein; ... die Landwirte sollen eine besondere Volksschicht bilden» – vermutlich Sklaven. Die Bürger werden die Staatsbeamten wählen und jeden am Schluß seiner Amtszeit zur Rechenschaft ziehen. «Rechtmäßig erlassene Gesetze sollten so weitgehend wie nur möglich alle Streitfälle entscheiden und der Willkür der Richter so wenig wie nur möglich überlassen.»[85] «Gesetz heißt ja Ordnung. So scheint es wünschbarer, daß das Gesetz regiert, als ein einzelner ... wer aber einen Menschen dazu beansprucht, der nimmt auch das Tier dazu. Denn die Begierde ist derart, und der Zorn verwirrt die Beamten und die besten Menschen. Darum ist das Gesetz eine Vernunft ohne Streben.»[86] Der solcherart gebildete Staat soll Besitztum, Gewerbe, Ehe, Familie, Erziehung, Moral, Musik, Literatur und Kunst regeln. «Man sollte also meinen, daß eher die Kinderzeugung begrenzt werden müßte als das Vermögen ... Wird aber die Kinderzeugung freigegeben wie in den meisten Staaten, so muß das die Armut der Bürger zur Folge haben.»[87] «Was Aussetzung oder Aufnahme der Kinder anlangt, so soll es Gesetz sein, daß nichts Verstümmeltes aufgezogen wird.»[88] Aus diesem Boden werden die Blüten der Kultur und der Ordnung erwachsen.

Es ist müßig, über das Werk des Aristoteles zu Gericht zu sitzen. Soweit uns bekannt, hatte noch niemals zuvor ein Mensch ein so eindrucksvolles Gedankengebäude errichtet. Wenn sich jemand auf einem weitgesteckten Gebiet betätigt, sind Fehler verzeihlich, wenn das Endergebnis uns zu einem besseren Verständnis des Lebens verhilft. Die Fehler des Aristoteles – oder diejenigen der Bücher, die wir vielleicht fälschlicherweise als das wohlüberlegte Werk seiner Feder ansehen – sind zu offensichtlich, als daß man sie im einzelnen aufzählen müßte. Er ist ein Logiker, aber unlogischer Gedankengänge durchaus fähig; er stellt die Gesetze der Rhetorik und der Poesie auf, aber seine Bücher sind eine Wildnis der Unordnung, und kein Hauch lebendiger Phantasie rührt die staubigen Blätter seiner Werke auf. Und doch, wenn wir uns durch diesen Wust durcharbeiten, stoßen wir auf eine tiefe Weisheit und auf eine geistige Betriebsamkeit, die im Reich des Denkens viele Pfade aufdeckte. Er war nicht eigentlich der Begründer der Biologie oder der Verfassungsgeschichte oder der literarischen Kritik – es gibt keine eigentlichen Anfänge –, aber er leistete mehr für sie als sonst ein uns bekannter Mann der Antike. Ihm verdanken Wissenschaft und Philosophie zahlreiche Fachausdrücke, die in ihrer lateinischen Form den geistigen Verkehr und das Denken erleichtert haben: *Prinzip*, *Fakultät*, *Maxime*, *Medium*, *Kategorie*, *Energie*, *Motiv*, *Habitus*, *Zweck*. Er war, um Paters Bezeichnung zu gebrauchen, «der erste Scholastiker», und die langdauernde Vormachtstellung, die er in der philosophischen Methodik und Spekulation innehatte, gibt uns einen Begriff von der Fruchtbarkeit seiner Gedanken und der Tiefe seiner Einsicht. Wenn alle Mängel in Rechnung gesetzt sind, bleibt er immer noch «der Meister aller Wissenden», ein ermutigendes Zeugnis für die Spannweite des menschlichen Verstandes und eine tröstliche Inspiration für diejenigen, die danach streben, das zerstreute Wissen des Menschen zu einheitlicher Perspektive und zu ganzheitlichem Verständnis zusammenzubringen.

VIERTES KAPITEL

Alexander

I. DIE SEELE EINES EROBERERS

Die geistige Laufbahn des Aristoteles nach seinem Weggang von dem königlichen Schüler bildete eine Parallele zu der militärischen Laufbahn Alexanders; das Leben beider Männer war Ausdruck der Eroberung und der Synthese. Vielleicht war es der Philosoph, der dem Jüngling das glühende Streben nach Einheit einflößte, das seinen Siegen einige Größe verlieh; wahrscheinlicher ist, daß diese Entschlossenheit von den ehrgeizigen Plänen seines Vaters auf ihn gekommen und durch das mütterliche Blut zu einer Leidenschaft entwickelt worden war. Wenn wir Alexander recht verstehen wollen, müssen wir immer der Tatsache eingedenk sein, daß in seinen Adern die trunkene Kraft Philipps und die barbarische Heftigkeit der Olympias umging. Überdies leitete Olympias ihre Abstammung von Achilleus her. Darum übte die *Ilias* eine besondere Anziehungskraft auf Alexander aus: Als er über den Hellespont übersetzte, folgte er, wie er vermeinte, den Spuren des Achilleus; als er Kleinasien eroberte, vollendete er das Werk, das sein Vorfahr in Troia begonnen hatte. Auf allen seinen Feldzügen trug er eine von Aristoteles mit Anmerkungen versehene Abschrift der *Ilias* bei sich; oft legte er sie des Nachts neben seinen Dolch unter das Kopfkissen, wie um zugleich das Mittel und den Zweck zu symbolisieren.

Leonidas, ein gestrenger Molosser, sorgte für die körperliche Ausbildung des Jünglings, Lysimachos brachte ihm Lesen und Schreiben bei und Aristoteles suchte seinen Geist zu formen. Philipp wollte unbedingt, daß Alexander sich mit Philosophie befasse, damit er eine Menge von Dingen nicht tue, die er selbst bedauerte, getan zu haben. Bis zu einem gewissen Grade machte Aristoteles einen Hellenen aus ihm; sein ganzes Leben lang bewunderte Alexander die griechische Literatur und beneidete er die Griechen um ihre Kultur. An zwei Griechen, die mit ihm an dem wilden Gelage teilnahmen, wo er Kleitos erschlug, wandte er sich mit den Worten: «Fühlt ihr euch in der Gesellschaft dieser Makedonen nicht wie Halbgötter unter Wilden?»

Körperlich war Alexander das Ideal eines Jünglings. Er zeichnete sich in jeder Sportart aus: Er war ein schneller Läufer, ein kühner Reiter, ein glänzender Fechter, ein geübter Bogenschütze, ein furchtloser Jäger. Sein Vater wollte ihn veranlassen, an den Wettrennen in Olympia teilzunehmen; er antwortete, er würde es sehr gerne tun, wenn seine Mitbewerber Könige wären. Als es niemand gelang, das Riesenpferd Bukephalos zu bändigen, vollbrachte es Alexander; als Philipp das sah, begrüßte er ihn (nach Plutarch) mit den prophetischen Worten: «Junge, such dir ein Königreich, das zu dir paßt, Makedonien hat keinen Raum für dich!»[1] Selbst auf dem Marsch suchte seine unbändige Kraft einen Ausfluß: Er schoß mit Pfeilen nach vorüberziehenden Gegenständen und sprang in voller Fahrt vom und auf den Wagen. Wenn ein Feldzug nicht recht vorwärtskam, pflegte er auf die Jagd zu gehen und allein und zu Fuß das Tier zum Kampf zu stellen; nach einer Begegnung mit einem Löwen war er stolz, als man sagte, er habe gekämpft, als ob er in einem Duell habe entscheiden wollen, welcher von beiden König sein solle. Er liebte schwere Arbeit und gefährliche Unternehmungen und konnte keine Untätigkeit vertragen. Er lachte manche Feldherren aus, die so viele Diener hatten, daß ihnen selbst nichts mehr zu tun übrig blieb. «Es wundert mich», sagte er ihnen, «daß ihr mit eurer Erfahrung nicht wißt, daß diejenigen, die arbeiten, viel besser schlafen als diejenigen, die für sich arbeiten lassen. Habt ihr immer noch nicht gelernt, daß die größte Notwendigkeit nach unseren Siegen ist, die Schwächen der Besiegten zu meiden?» Er ärgerte sich über die Zeit, die man mit Schlafen vertut, und «tat oft den Ausspruch, Schlaf und Liebesgenuß lehrten ihn am deutlichsten, daß er sterblich sei»[2]. Er war enthaltsam im Essen und bis in seine letzten Jahre im Trinken, wenn er auch gerne mit seinen Freunden die Zeit bei einem Becher Wein hinbrachte. Er verachtete üppige Speisen und wollte nichts von den berühmten Köchen wissen, die man ihm anbot; er sagte, ein ordentlicher Nachtmarsch schaffe einen guten Appetit für das Frühstück, und ein leichtes Frühstück mache einen glänzenden Appetit für das Abendessen. Vielleicht infolge dieser Lebensgewohnheiten war seine Haut bemerkenswert rein, und sein Körper und sein Atem waren, wie Plutarch berichtet, «so duftend, daß der Duft sogar die Kleidung, die er trug, durchdrang»[3]. Selbst wenn wir die Schmeichelsucht der Künstler in Rechnung setzen, die sein Abbild malten oder meißelten oder schnitten, wissen wir immer noch von seinen Zeitgenossen, daß er für einen König von außergewöhnlicher Schönheit war. Er hatte ausdrucksvolle Gesichtszüge, sanfte blaue Augen und reiches rötlichbraunes Haar. Er war einer der Urheber der bartlosen Mode in Europa (weil der Bart dem Gegner einen bequemen Griff biete). In diesem kleinen Punkt lag vielleicht sein bedeutendster Einfluß auf den Lauf der Geschichte.

In geistiger Hinsicht war er ein eifriger Schüler, der zu früh mit Verantwortlichkeit überladen wurde, als daß er zu völliger geistiger Reife hätte gelangen können. Wie so viele tätige Männer bedauerte er stets, daß er nicht auch ein Denker sein konnte. Plutarch berichtet: «Er war von leidenschaftlichem Wissensdurst, der mit zunehmendem Alter nur noch wuchs ... Jede Art der Lektüre und des Wissens tat es ihm an», und es war sein besonderes Vergnügen, nach einem Marsch- oder Kampftag die halbe Nacht im Gespräch mit Gelehrten und Wissenschaftlern zu verbringen. «Das ist mein Wunsch: das Wissen um das Beste, nicht die Macht soll mich auszeichnen», schrieb er an Aristoteles[4]. Vielleicht auf den Rat des Aristoteles hin sandte er eine Expedition zur Erforschung der Nilquellen aus; er stiftete reichlich Gelder für vielerlei wissenschaftliche Untersuchungen. Ob ein längeres Leben ihm Caesars oder Napoleons klaren Verstand gebracht hätte, ist zweifelhaft. Mit zwanzig Jahren wurde er König, und von da an ging er ganz in der Kriegs- und Staatsführung auf; infolgedessen blieb ihm ein Abschluß seiner Bildung versagt. Er konnte glänzende Reden halten, verfiel aber in hundert Fehler, wenn er von der Politik oder der Kriegführung abwanderte. Trotz aller seiner Feldzüge scheint er nie die geographischen Kenntnisse erlangt zu haben, die die Wissenschaft seiner Zeit ihm hätte vermitteln können. Zeitweise erhob er sich über die Enge des Dogmas, aber er blieb stets ein Sklave des Aberglaubens. Er setzte auf die Astrologen und Wahrsager, die seinen Hof bevölkerten, großes Vertrauen; vor der Schlacht von Arbela vollzog er die ganze Nacht lang mit dem Magier Aristandros magische Zeremonien und brachte dem Gott der Furcht Opfer dar. Der Mann, der allen Menschen und Tieren mit geradezu ekstatischem Mut gegenübertrat, ließ sich «von Vorzeichen und Wundern leicht in Aufregung versetzen», so sehr, daß er wichtige Vorhaben abänderte. Er konnte Tausende von Männern führen, er konnte Millionen Menschen besiegen und beherrschen, aber er konnte sein eigenes Temperament nicht im Zaume halten. Er lernte es nie, seine eigenen Fehler und Grenzen zu erkennen, sondern ließ sein Urteil von Lobsprüchen betören und trüben. Er lebte in einem Rausche der Erregung und des Ruhmes und war so sehr vom Kriege eingenommen, daß sein Geist keine einzige Stunde des Friedens kannte.

Auch sein Charakter war in solchen Gegensätzlichkeiten befangen. Er war im Grunde sentimental und gefühlvoll und soll «schmelzende Augen» besessen haben. Poesie und Musik vermochten ihn manchmal bis zur Selbstvergessenheit zu rühren; er spielte in seiner Jugend mit viel Gefühl die Harfe. Als er von Philipp deswegen geneckt wurde, legte er das Instrument fort und wollte von da an, um sich selbst zu überwinden, nur noch kriegerische Weisen hören. In sexueller Hinsicht war er fast tugendsam, weniger aus Prinzip als infolge übermäßiger anderweitiger Beanspruchung. Seine unermüdliche Betriebsamkeit, die langen Märsche und häufigen Schlachten, die verwickelten Pläne und administrativen Lasten nahmen seine ganze Kraft in Anspruch und ließen ihn wenig Geschmack an der Liebe finden. Er heiratete mehrmals, aber nur der Politik zuliebe. Frauen gegenüber war er ritterlich, aber er zog doch die Gesellschaft seiner Feldherren vor. Als seine Adjutanten ihm einmal bei Nacht eine schöne Frau ins Zelt brachten, fragte er sie: «Warum so spät?» «Ich mußte warten», war die Antwort, «bis mein Mann zu Bett war.» Alexander schickte sie weg und tadelte seine Diener, weil er ihretwegen fast zum Ehebrecher geworden war. Er besaß viele Eigenschaften eines Homosexuellen und liebte Hephaistion leidenschaftlich; als aber Theodoros von Taras ihm zwei Knaben von großer Schönheit verkaufen wollte, jagte er den Tarantiner fort und bat seine Freunde, ihm zu sagen, worin er einen so niedrigen Charakter gezeigt habe, daß man ihm ein solches Angebot habe machen können. In die Freundschaft legte er die Zärtlichkeit und die Besorgtheit, die die meisten Menschen in der Liebe zeigen. Kein uns bekannter Staatsmann, noch viel weniger ein Feldherr übertraf ihn je an Zutrauen und Warmherzigkeit, an Aufrichtigkeit in Zuneigung und Absicht oder an Großmütigkeit auch gegenüber bloßen Bekannten und gegenüber Feinden. Plutarch berichtet, «bei welchen geringfügigen Anlässen er Briefe zu schreiben pflegte, um Freunden dienlich zu sein». Er gewann die Herzen seiner Krieger durch seine Gutherzigkeit; er setzte ihr Leben aufs Spiel, aber nicht blindlings, und er schien ihre

Wunden mit ihnen zu fühlen. Wie Caesar Brutus und Cicero und Napoleon Fouché und Talleyrand verzieh, so verzieh Alexander Harpalos, der mit seinen Geldern durchgebrannt und dann zurückgekehrt war und um Vergebung gebeten hatte; der junge Eroberer setzte ihn zu aller Erstaunen wieder als Schatzmeister ein, wie es scheint mit gutem Erfolg. Als Alexander 333 in Tarsos krank war, bot ihm sein Arzt Philippos einen Reinigungstrank. In diesem Augenblick wurde dem König ein Brief von Parmenion überbracht, in dem dieser vor Philippos warnte, da er von Dareios bestochen worden sei, ihn zu vergiften. Alexander reichte den Brief Philippos, und während dieser ihn las, trank Alexander die Medizin – ohne üble Folgen. Der Ruf seiner Großmütigkeit kam ihm in vielen Kriegen zugute; manche Feinde ließen sich gefangennehmen, und viele Städte, die keine Plünderung zu befürchten hatten, öffneten ihm ihre Tore. Und doch war auch die molossische Tigerin in ihm, und es war sein bitteres Geschick, daß er sich durch gelegentliche Grausamkeitsausbrüche zugrunde richtete. Als er Gaza nach Belagerung und Sturm genommen hatte, ließ er, über den langen Widerstand verärgert, dem heldischen Verteidiger der Stadt, Batis, beide Füße durchbohren und bronzene Ringe durch die Löcher ziehen; hierauf band er, von Erinnerungen an Achilleus berauscht, den nunmehr Toten mit Stricken an seinen Kampfwagen und schleifte ihn im vollen Galopp um die Stadt herum. Seine zunehmende Gewohnheit, zur Beruhigung der Nerven zu trinken, verursachte in seinen letzten Jahren immer häufiger Ausbrüche blindwütiger Grausamkeit, denen dann verzweifelte Gewissensbisse folgten.

Eine Eigenschaft wog bei ihm alle anderen auf: der Ehrgeiz. Als Jüngling hatte er sich wegen Philipps Siegen Sorgen gemacht. Seinen Freunden gegenüber beklagte er sich: «Mein Vater wird mir gar nichts übriglassen!» Die antworteten ihm: «Er erwirbt das alles doch für dich.» «Was nützt es», versetzte er, «wenn ich noch so viel habe und nichts mehr unternehmen kann?»[5] In seinem leidenschaftlichen Streben nach Leistung nahm er jede Aufgabe und jede Gefahr auf sich. In Chaironeia war er der erste, der die thebanische Heilige Schar angriff; am Granikos lebte er seine Sucht, sich in Gefahr zu begeben, voll und ganz aus. Auch diese Sucht wurde zu einer unbeherrschten Leidenschaft: Er vergaß seine Feldherrenpflichten und stürzte sich ins dichteste Kampfgetümmel; immer wieder mußten seine Krieger, die ihn zu verlieren fürchteten, ihn bitten, sich weiter zurückzubegeben. Er war kein bedeutender Feldherr; er war ein tapferer Krieger, der sich von seiner hartnäckigen Ausdauer in kindlicher Unbekümmertheit zu einer beispiellosen Siegesreihe führen ließ. Er gab den Auftrieb; wahrscheinlich steuerten seine Feldherren, fähige Männer, Organisation, Ausbildung, Taktik und Strategie bei. Er führte seine Truppen mit der Leuchtkraft der Phantasie, dem Feuer ungeheuchelter Beredsamkeit, der Bereitschaft und der Aufrichtigkeit, mit der er ihre Mühen und Sorgen teilte. Ganz fraglos war er ein guter Verwalter seines Reiches: Er herrschte mit Güte und Festigkeit über das mächtige Gebiet, das ihm sein Arm eingetragen hatte; er blieb den Abmachungen treu, die er mit Befehlshabern und Städten getroffen hatte, und duldete nicht, daß seine Statthalter die Untergebenen unterdrückten. Inmitten des ganzen Aufruhrs und des Chaos seiner Feldzüge hielt er sich stets das große Ziel klar vor Augen, das selbst sein Tod nicht vereiteln sollte: die Einigung des ganzen östlichen Mittelmeerbereiches zu einer Kultureinheit, die die sich ausbreitende Kultur Griechenlands führen und erhöhen sollte.

II. DIE PFADE DES RUHMES

Bei der Thronbesteigung sah Alexander sich als Haupt eines wankenden Reiches. Die nördlichen Stämme Thrakiens und Illyriens erhoben sich; Aitolien, Akarnanien, Phokis, Elis, Argolis kündigten die Bundesgenossenschaft; die Ambrakioten vertrieben die makedonische Garnison; Artaxerxes III. brüstete sich damit, daß er den Tod Philipps veranlaßt und nun von dem unreifen Jüngelchen von zwanzig Jahren, der auf dem Thron gefolgt war, nichts mehr zu fürchten habe. Als die frohe Botschaft vom Tode Philipps nach Athen kam, legte Demosthenes sich Festtagsgewänder an, setzte sich einen Blumenkranz auf das Haupt und beantragte in der Volksversammlung, man solle dem Mörder Pausanias einen Ehrenkranz überreichen. In Makedonien selbst verschworen sich ein Dutzend Parteien gegen das Leben des jungen Königs.

Alexander war der Lage mit einer entschlossenen Kraft gewachsen, die jeder inneren Gegnerschaft ein Ende machte und das Tempo seiner Laufbahn bestimmte. Zuerst ließ er die Anführer der Verschwörer im Inneren verhaften und enthaupten, dann wandte er sich nach Süden gegen Griechenland (336) und erreichte in wenigen Tagen Theben. Die griechischen Staaten beeilten sich, ihre Bundesgenossenschaft zu erneuern; Athen übersandte eine demütige Bitte um Verzeihung, gewährte ihm zwei Kränze und überhäufte ihn mit göttlichen Ehren. Alexander gab sich zufrieden, erklärte jede Diktatur in Griechenland für aufgehoben und verordnete, daß jeder Stadtstaat nach seinen eigenen Gesetzen in Freiheit leben solle. Der Amphiktionische Rat bestätigte ihm alle Rechte und Ehren, die er Philipp zugebilligt hatte, und ein Kongreß aller griechischen Staaten (mit Ausnahme Spartas), der in Korinth zusammenkam, rief ihn zum Führer der Griechen aus und sagte ihm eine gewisse Unterstützung mit Menschen und Material für seinen asiatischen Feldzug zu. Alexander kehrte nach Pella zurück, stellte die Ordnung in seiner Hauptstadt wieder her und wandte sich dann gegen Norden, um den Aufstand der barbarischen Stämme zu unterdrücken (335). Mit Napoleonischer Schnelligkeit führte er seine Truppen bis an den Ort des heutigen Bukarest und pflanzte seine Standarten auf dem Nordufer der Donau auf. Als er vernahm, daß die Illyrier auf Makedonien vorrückten, marschierte er dreihundert Kilometer durch Serbien, überraschte die Eindringlinge im Rücken, schlug sie und trieb die Überreste in ihre Berge zurück.

Inzwischen hatte aber ein Gerücht, Alexander sei an der Donau gefallen, Athen in Aufruhr versetzt. Demosthenes rief zu einem Unabhängigkeitskrieg auf und glaubte sich berechtigt, von Persien große Summen zur Förderung seiner Pläne zu beziehen. Auf seinen Antrieb hin erhoben sich die Thebaner, brachten die von Alexander zurückgelassenen makedonischen Beamten um und belagerten die makedonische Garnison in der Kadmeia. Athen kam Theben zu Hilfe und forderte Griechenland und Persien auf, sich zum gemeinsamen Kampf gegen Makedonien zusammenzuschließen. Alexander empörte sich über diesen Aufstand, der ihm nicht als leidenschaftliches Streben nach Freiheit, sondern als gemeinste Undankbarkeit und Verräterei erschien, und führte seine müden Truppen wieder nach Griechenland hinab. Er erreichte Theben nach dreizehn Tagen und schlug die ihm entgegengesandte Armee Das Schicksal der besiegten Stadt überließ er ihren alten Feinden: Plataiai, Orchomenos, Thespiai und Phokis; sie beschlossen, Theben völlig niederzubrennen und seine Einwohner als Sklaven zu verkaufen. In der Hoffnung, anderen Aufrührern eine Lehre zu erteilen, unterschrieb Alexander den entsprechenden Befehl, hieß aber die siegreichen Truppen, das Haus Pindars und das Leben aller Priester und Priesterinnen und aller Thebaner zu schonen, die nachweisen konnten, daß sie gegen die Revolte gestimmt hatten. Später sah er schamerfüllt auf diese heftige Rache zurück, und «unter den entkommenen Thebanern war nicht ein einziger, der später nicht Gewährung fand, wenn er mit einer Bitte zu ihm kam»[6]. Er leistete durch seine Milde gegenüber Athen teilweise Genugtuung. Er verzieh der Stadt den Bruch der Verpflichtungen, die sie ein Jahr zuvor eingegangen war, und beharrte nicht auf der Auslieferung des Demosthenes und der anderen Führer der makedonienfeindlichen Partei. Bis ans Ende seines Lebens hegte er gegenüber Athen eine Haltung der Ehrfurcht und des Wohlwollens: Er vermachte der Akropolis verschiedene Beutestücke von seinen Siegen in Asien, sandte die Statuen der Tyrannenmörder, die Xerxes geraubt hatte, nach Athen zurück und bemerkte nach einem schwierigen Feldzug: «Werdet ihr endlich glauben, ihr Athener, welche Gefahren ich auf mich nehme, um euer Lob zu verdienen?»[7]

Nachdem er sich nochmals die Bundesgenossenschaft aller griechischen Staaten mit Ausnahme Spartas gesichert hatte, kehrte er nach Makedonien zurück und bereitete sich auf den Einfall in Asien vor. Er fand eine fast völlig leere Staatskasse und ein Defizit von fünfhundert Talenten als unrühmliches Erbe Philipps vor. Er nahm achthundert Talente auf und machte sich daran, nicht die Welt, sondern seine Schulden zu erobern. Er hatte die Hoffnung gehegt, als Wortführer ganz Griechenlands gegen Persien zu kämpfen, aber er wußte, daß halb Griechenland nur darum betete, er möge bald fallen. Es wurde gemeldet, daß die Perser eine Million Mann aufbringen könnten; Alexanders Streitmacht überstieg dreißigtausend Fußsoldaten und fünftausend Berittene nicht. Trotzdem ließ der neue Achilleus eine Garnison von zwölftausend Mann unter Antipatros zum Schutze Makedoniens und zur Überwachung Griechenlands zurück und brach 334 zur gewagtesten und romantischsten Unternehmung auf, die je ein König begann. Er sollte noch elf Jahre zu leben haben, aber nie mehr seine Heimat und Europa wiedersehen. Während seine Armee von Sestos nach Abydos den Hellespont überquerte, zog er selbst es vor, am Kap Sigeion an Land zu gehen und dem vermeintlichen Pfade Agamemnons nach Troia zu folgen. Bei jedem Schritte zitierte er seinen Genossen Stellen aus der *Ilias*, die er fast auswendig konnte. Er stellte Salbgefäße am vermeintlichen Grab des Achilleus auf, bekränzte es mit Blumengewinden und lief, nach dem Brauch des Altertums, nackt darum herum. «Glücklich pries er den Achill, daß er im Leben einen treuen Freund, nach dem Tode einen großen Herold gefunden habe.»[8]

Er gelobte nun, den langen Kampf zwischen Europa und Asien, der mit Troia begonnen hatte, zu einem siegreichen Abschluß zu bringen.

Es ist für unsere Zwecke nicht notwendig, die Geschichte seiner Siege nochmals anzuführen. Er stieß am Granikos auf die erste persische Abteilung und überwältigte sie. Dort rettete Kleitos ihm das Leben, indem er dem Perser, der Alexander von hinten niederhauen wollte, den Arm abhieb; ein grillenhafter Gelehrter könnte auf solche Vorfälle eine zufallsbedingte Geschichtsauffassung aufbauen. Nachdem er seinen Leuten eine Ruhepause gegönnt hatte, wandte er sich gegen Ionien und bot den griechischen Städten eine demokratische Selbstregierung unter seinem Schutze. Die meisten öffneten ihm widerstandslos ihre Tore. Bei Issos begegnete er der Hauptmacht der Perser, 600000 Mann, unter Dareios III. Abermals gewann er, indem er seine Reiterei zum Angriff und sein Fußvolk zur Verteidigung einsetzte. Dareios floh, wobei er sein Geld und seine Familie zurückließ. Alexander nahm das eine mit Dankbarkeit, die andere mit Ritterlichkeit auf. Nachdem er Damaskos und Sidon widerstandslos genommen hatte, belagerte Alexander Tyros, in dessen Hafen eine große, im persischen Solde stehende phoinikische Flottenabteilung lag. Die alte Stadt leistete so lange Widerstand, daß Alexander, als er sie endlich einnahm, den Kopf verlor und seinen Leuten gestattete, achttausend Tyrier niederzumetzeln und dreißigtausend in die Sklaverei zu verkaufen. Jerusalem ergab sich ohne weiteres und wurde gut behandelt; Gaza kämpfte, bis jeder Mann in der Stadt tot und jede Frau geschändet war.

Der Triumphmarsch der Makedonen ging über die Wüste Sinai nach Ägypten hinein. Dort wurde Alexander, der den Landesgöttern eine taktvolle Ehrfurcht bezeigte, als gottgesandter Befreier von der persischen Herrschaft begrüßt. Da er wußte, daß die Religion stärker ist als die Politik, durchzog er nochmals eine Wüste bis zur Oase Siwa, wo er dem Gotte Amun – seinem eigentlichen Vater, wenn man Olympias glauben darf – Ehre erwies. Die gefügigen Priester krönten ihn nach den alten Riten zum Pharao und ebneten so den Weg für die Ptolemaiische Dynastie. Ins Delta zurückgekehrt, faßte oder billigte Alexander den Gedanken, an einer der vielen Nilmündungen eine neue Hauptstadt zu bauen; vielleicht hatten die griechischen Kaufleute oder das nahegelegene Naukratis es vorgeschlagen, damit man einen bequemeren Lagerplatz für den erweiterten griechischen Handel zur Verfügung habe, der nunmehr zwischen Griechenland und Ägypten zu erwarten war. Alexander bezeichnete selbst den Umfang der Stadtmauern von Alexandreia und die Lage der hauptsächlichen Straßen und der Tempel für die ägyptischen und griechischen Götter; die weiteren Einzelheiten überließ er seinem Architekten Deinokrates*.

Er marschierte nach Asien zurück und stieß bei Gaugamela in der Nähe von Arbela auf die vielsprachige Streitmacht des Dareios. Er erschrak über deren Größe; er wußte, daß eine einzige Niederlage seine ganzen Siege zunichte machen würde. Seine Krieger

* Deinokrates hatte Alexanders Billigung gefunden, als er vorschlug, dem achtzehnhundert Meter hohen Berg Athos die Gestalt Alexanders zu geben, der, bis zur Hüfte im Meer stehend, in der einen Hand eine Stadt, in der andern eine Schale halten sollte, worin das Wasser aller Flüsse dieses Berges zusammenströme und sich von da ins Meer ergieße. Das Projekt wurde niemals ausgeführt.

trösteten ihn: «Sei guten Mutes! Fürchte die große Zahl der Feinde nicht, sie werden nicht einmal den Ziegengeruch aushalten, der uns anhaftet!»[9] Er verbrachte die Nacht damit, die Gegend, in der die Schlacht stattfinden sollte, auszukundschaften und den Göttern Opfer darzubringen. Sein Sieg war entscheidend. Der ungeordnete Heerhaufen des Dareios konnte gegen die Phalangen nicht durchdringen und wußte sich der schnellen und unberechenbaren Angriffe der makedonischen Reiterei nicht zu erwehren; er lief auseinander und floh, und Dareios war nicht der letzte, der sich zur Flucht wandte. Während Dareios als Feigling von seinen Feldherren ermordet wurde, nahm Alexander die Unterwerfung Babylons entgegen, eignete sich dessen Reichtum an und verteilte einiges davon unter seine Soldaten; er gewann sich aber die Herzen der Stadt, indem er ihren Göttern Ehre erwies und die Wiederherstellung der Tempel anordnete. Gegen Ende des Jahres (331) war er bis nach Susa vorgedrungen, dessen Bevölkerung, immer noch des alten Ruhmes Elams eingedenk, ihn als Befreier begrüßte. Er schützte die Stadt vor Plünderung, tröstete aber seine Truppen, indem er einen Teil der fünfzigtausend Talente unter sie verteilte, die er in den Schatzkammern des Dareios vorgefunden hatte. Der Bevölkerung von Plataiai übersandte er eine beträchtliche Summe, weil sie im Jahre 480 den Persern einen so tapferen Widerstand entgegengesetzt hatte. Den griechischen Städten Kleinasiens scheint er die Beiträge, die er zu Beginn des Feldzuges von ihnen gefordert hatte, zurückerstattet zu haben. Und den Griechen der Welt verkündete er voller Stolz, er habe sie nunmehr von dem persischen Joche befreit.

In Susa machte er kaum eine Ruhepause, sondern brach inmitten des Winters auf, um über die Berge zu marschieren und Persepolis einzunehmen, und er drang mit solcher Geschwindigkeit vor, daß er im Palast des Dareios war, bevor die Perser den königlichen Schatz verbergen konnten. In Persepolis verließ ihn seine Urteilskraft abermals. Er ließ die prachtvolle Stadt völlig niederbrennen. Seine Soldaten plünderten die Häuser aus, schändeten die Frauen und töteten die Männer. Vielleicht waren sie deswegen so wutentbrannt, weil sie bei ihrer Annäherung an die Stadt achthundert Griechen angetroffen hatten, denen die Perser aus verschiedenen Gründen schwere Verstümmelungen beigebracht hatten, indem sie ihnen Beine, Arme oder Ohren abgehackt oder die Augen ausgestochen hatten. Alexander, der von ihrem Anblick zu Tränen bewegt wurde, gab ihnen Land und wies ihnen Gehilfen zu, die für sie zu arbeiten hatten.

Immer noch unersättlich, versuchte er nunmehr etwas, was Kyros dem Großen nicht gelungen war: die Stämme zu unterwerfen, die an der Ostgrenze Persiens ein Wanderleben führten. Nach seiner einfachen Geographie glaubte er vielleicht, jenseits dieses mystischen Ostens auf den Ozean zu stoßen, der eine natürliche Grenze für sein erobertes Reich abgegeben hätte. Beim Einmarsch in Sogdiana stieß er auf ein Dorf, das von den Nachkommen der Branchiden bewohnt wurde, die im Jahre 480 Xerxes den Schatz ihres Tempels bei Miletos ausgeliefert hatten. Vom Gedanken durchfiebert, daß er den beraubten Gott räche, befahl Alexander, sämtliche Einwohner einschließlich der Frauen und Kinder zu erschlagen – womit er die Sünden der Väter an der fünften Generation vergalt. Sein Feldzug in Sogdiana, Ariana und Baktrien war blutig und beutelos; er erfocht einige Siege, fand etwas Gold und hinterließ überall Feinde. Bei Buchara nahmen seine Leute Bessos gefangen, den Mann, der Dareios ermordet hatte. Alexander, der sich plötzlich zum Rächer des Großkönigs machte, ließ ihn fast zu Tode peitschen, befahl, ihm Nase und Ohren abzuschneiden, und schickte ihn dann nach Ekbatana, wo er hingerichtet wurde, indem man ihm die Arme an einen und die Beine an einen anderen Baum band und dann die Stricke, die die beiden Bäume zusammenhielten, zerschnitt, so daß die Bäume auseinanderschnellten und den Körper zerrissen. Je weiter sich Alexander von Griechenland fortbewegte, desto mehr verlor er seinen griechischen Charakter und desto mehr wurde er ein Barbarenkönig.

Das Jahr 327 fand ihn bei der Überquerung des Himalaya nach Indien hinein. Eitelkeit und Neugier taten sich zusammen, um ihn in ein so fernes Gebiet zu führen. Seine Feldherren rieten ihm ab und sein Heer folgte ihm nur unwillig. Er setzte über den Indus, besiegte den König Poros und verkündete, daß er bis zum Ganges vordringen werde. Aber seine Krieger weigerten sich weiterzumarschieren. Er drang in sie und zog sich, als echter Nachfahr des Achilleus, schmollend in sein Zelt zurück; die Männer hatten aber genug. Traurig kehrte er um, durchaus nicht geneigt, sich wieder nach Westen zu wenden, und erzwang sich seinen Weg durch feindselige Stämme mit solch persönlicher Tapferkeit, daß seine Krieger über ihre Unfähigkeit, seine Träume zu verwirklichen, weinten. Er war der erste, der die Mauern der Maller überkletterte; nachdem er mit zwei anderen auf der anderen Seite hinabgesprungen war, zerbrachen die Leitern, und die drei fanden sich allein inmitten der Feinde. Alexander kämpfte, bis er von seinen Wunden erschöpft umsank. Inzwischen hatten sich seine Truppen in die Stadt durchgekämpft, und Mann um Mann opferte sein Leben, um den niedergesunkenen König zu schützen. Als die Schlacht vorbei war, wurde Alexander in sein Zelt getragen, und seine alten Krieger küßten seine Gewänder, als er vorbeigetragen wurde. Nach dreimonatiger Rekonvaleszenz marschierte er wieder dem Indus entlang, bis er schließlich den Indischen Ozean erreichte. Dort sandte er einen Teil seiner Streitmacht zur See heim, unter dem Befehl des Feldherrn Nearchos, der die lange Seereise durch unbekannte Gewässer mit viel Geschick hinter sich brachte. Alexander selbst führte die übrigen durch die Wüste Gedrosiens (Belutschistan), wo die Leiden seiner Männer denen der Napoleonischen Armee auf dem Rückzug von Moskau gleichkamen. Die Hitze tötete Tausende, der Durst weitere Tausende. Man fand etwas Wasser und brachte es Alexander; aber er goß es absichtlich aus. Als die Reste seiner Streitmacht nach Susa kamen, waren etwa zehntausend Männer umgekommen, und Alexander war halb wahnsinnig.

III. DER TOD EINES GOTTES

Er war nun seit neun Jahren in Asien und hatte den Kontinent mit seinen Siegen weniger verändert, als der Kontinent mit seiner Lebensart ihn selbst umgewandelt hatte. Aristoteles hatte ihm geraten, die Griechen als Freie, die «Barbaren» dagegen als Sklaven zu behandeln. Er fand aber zu seinem Erstaunen unter den persischen Adligen einen Grad der Verfeinerung und so gute Sitten, wie sie in den turbulenten Demokratien

Griechenlands nur selten zu finden waren. Er bewunderte die Art, wie der Großkönig sein Reich organisiert hatte, und fragte sich, wie seine rauhen Makedonen solche Statthalter ersetzen könnten. Er kam zum Schluß, daß er seinen Eroberungen nur dann einige Dauer verliehe, wenn er die persischen Adligen zur Anerkennung seiner Führerschaft bewegen könnte und sie in administrativen Stellungen einsetzte. Von seinen neuen Untertanen immer mehr entzückt, gab er den Gedanken auf, sie als ein Makedone zu beherrschen, und sah sich als griechisch-persischer Kaiser, der über ein Reich herrschte, in dem Perser und Griechen gleichberechtigt nebeneinander lebten und in friedlicher Weise ihre Kultur und ihr Blut vermischten. Der lange Streit zwischen Europa und Asien sollte mit einem Hochzeitsfest abschließen.

Bereits hatten Tausende seiner Soldaten Eingeborenenfrauen geheiratet oder lebten mit ihnen zusammen; warum sollte er es ihnen nicht gleichtun, die Tochter des Dareios heiraten und die Völker miteinander versöhnen, indem er einen König zeugte, der das Blut beider Dynastien in seinen Adern vereinte? Er hatte bereits Roxane, eine baktrische Prinzessin, geheiratet; aber das war kein ernsthaftes Hindernis. Er unterbreitete den Plan seinen Offizieren und schlug vor, auch sie sollten persische Frauen heiraten. Sie belächelten seine Hoffnung, er könne die beiden Nationen zusammenbringen; aber sie waren schon lange Zeit der Heimat fern, und die persischen Frauen waren schön. So heiratete Alexander in einem gewaltigen Hochzeitsfest in Susa (324) Stateira, Dareios' III. Tochter, und Parysatis, Artaxerxes' III. Tochter und heftete sich damit an beide Zweige des persischen Königtums, während achtzig Offiziere sich persische Frauen nahmen. Tausende gleicher Ehen wurden bald darauf von den Soldaten geschlossen. Alexander gab jedem Offizier eine beträchtliche Mitgift und zahlte die Schulden der heiratenden Soldaten, die sich, wenn wir Arrian Glauben schenken dürfen, auf zwanzigtausend Talente beliefen. Um diese Verbindung zwischen den Völkern zu fördern, eröffnete er in Mesopotamien und Persien den griechischen Siedlern neue Ländereien, wodurch er den Bevölkerungsüberschuß einiger griechischer Staaten herabsetzte und den Klassenkampf milderte; nunmehr entstanden die hellenisierten asiatischen Städte, die den bedeutsamsten Teil des Seleukidenreiches ausmachen sollten. Gleichzeitig wählte er dreißigtausend persische Jünglinge aus, die er in der griechischen Lebensart aufziehen ließ und die griechische Kriegskunst lehrte.

Vielleicht waren seine Frauen an dieser schnellen Annahme orientalischer Sitten und Lebensart mit schuld; vielleicht war sie mangelnder Bescheidenheit zuzuschreiben, vielleicht war sie Teil seines Planes. Plutarch berichtet: «In Parthien legte er zum erstenmal persische Tracht an. Vielleicht wollte er dem Landesbrauch folgen, weil er des Glaubens war, die Angleichung der Sitten und die Vermischung der Rassen würden zu einer Milderung der rohen Sitten des Landes führen ... Allerdings legte er nicht die eigentliche medische Tracht an. Vielmehr wählte er eine Kleidung, die aus medischer und persischer Tracht mit Geschmack zusammengesetzt war, nicht so prunkvoll wie die persische, aber doch prächtiger als die medische.»[10] Seine Soldaten erkannten an dieser Wandlung, daß Alexander vom Orient erobert worden war; sie spürten, daß sie ihn verloren hatten, und sie vermißten bekümmert die Zeichen der Besorgtheit und der Zuneigung, mit denen er sie einst überschüttet hatte. Die Perser huldigten ihm in jeder Weise und schmeichelten ihm nach Herzenslust; die Makedonen, selbst vom orientalischen Luxus verweichlicht, murrten über die Aufgaben, die er ihnen stellte, vergaßen seine Wohltätigkeit, flüsterten von Desertion und verschworen sich sogar gegen sein Leben. Er begann die Gesellschaft der persischen Granden vorzuziehen.

Der Gipfelpunkt seiner Abtrünnigkeit – oder seiner Diplomatie – war die Verkündung seiner eigenen Göttlichkeit. Im Jahre 324 sandte er an ganz Griechenland (mit Ausnahme Makedoniens, wo diese Beleidigung Philipps böses Blut hätte schaffen können) die Botschaft, daß er von nun an öffentlich als Sohn des Zeus-Amun anerkannt zu werden wünsche. Die meisten Staaten waren ihm zu Gefallen, da sie empfanden, daß das lediglich eine Formsache war; selbst die widerspenstigen Spartaner willigten ein und sagten: «Soll Alexander ein Gott sein, wenn er es will.» Nach der griechischen Bedeutung des Wortes war es gar nicht so viel für einen Menschen, ein Gott zu sein; die Kluft zwischen Menschheit und Gottheit war nicht so tief wie in der neuzeitlichen Theologie. Verschiedene Griechen hatten sie übersprungen, beispielsweise Hippodameia, Oidipus, Achilleus, Iphigeneia und Helena. Die Ägypter hatten sich ihre Pharaonen stets als Götter vorgestellt; hätte Alexander es versäumt, sich gleicherweise einzustufen, so wären die Ägypter vielleicht über eine so kühne Verletzung des Althergebrachten entsetzt gewesen. Die Priester in Siwa, Didyma und Babylon, die man auf diesem Gebiete für besonders gut unterrichtet hielt, hatten ihn alle seiner göttlichen Abstammung versichert. Daß (wie Grote meint) Alexander tatsächlich und nicht nur im bildlichen Sinne von sich glaubte, er sei ein Gott, ist durchaus unwahrscheinlich. Er wurde zwar nach seiner Selbstvergötterung in zunehmendem Maße reizbar und anmaßend; er saß auf einem goldenen Throne, trug geweihte Gewänder und schmückte manchmal sein Haupt mit den Hörnern Amuns. Wenn er aber seine Göttlichkeit nicht zu weltlichen Zwecken spielte, so lächelte er über seine eigenen Ehren. Als er von einem Pfeil verletzt wurde, bemerkte er zu seinen Freunden: «Was da fließt, ist Blut und nicht nur klarer Saft, wie er den Wunden der seligen Götter entfließt.»[11] Daß er die Erzählung seiner Mutter von dem Donnerkeil nicht allzu ernst nahm, erhellt aus seinem hellen Zorn über die Bezichtigungen des Attalos wegen seiner göttlichen Geburt und aus seiner Bemerkung über die Ermüdung und den Schlaf als unterscheidendes Merkmal zwischen Menschen und Göttern. Selbst Olympias lachte, als sie vernahm, daß Alexander ihre Legende in die Öffentlichkeit gebracht hatte. «Wann wird Alexander endlich aufhören, mich bei Hera in falschen Verdacht zu bringen?» fragte sie. Trotz seiner Göttlichkeit fuhr Alexander fort, den Göttern Opfer darzubringen – etwas Unerhörtes für eine Gottheit. Plutarch und Arrian, die als Griechen die Angelegenheit wohl richtig beurteilen können, sahen es als sicher an, daß Alexander sich zum Gotte gemacht hatte, um besser über eine abergläubische und heterogene Bevölkerung herrschen zu können. Zweifellos hatte er den Eindruck, daß die Aufgabe, zwei feindliche Welten zu vereinen, durch die Verehrung erleichtert werde, die das gewöhnliche Volk ihm darbringen würde, wenn die Oberschicht seine Ansprüche anerkannte. Vielleicht war er tatsächlich der Meinung, er könne die trennende Verschiedenheit der

Glaubensbekenntnisse in seinem Reiche überwinden, indem er in seiner eigenen Person die Anfänge eines geheiligten Mythos und eines gemeinsamen einenden Glaubens gebe*.

Die makedonischen Offiziere vermochten Alexanders Politik nicht zu ergründen. Der Geist des Griechentums hatte sie nur hinsichtlich der geistigen Emanzipation, nicht aber hinsichtlich der philosophischen Toleranz berührt; sie hielten es für demütigend, sich vor dem König, wie er es jetzt verlangte, auf den Boden zu werfen, wenn sie sich ihm näherten. Einer seiner tapfersten Offiziere, Philotas, Sohn Parmenions, des tüchtigsten und bevorzugtesten Feldherrn, beteiligte sich an einer Verschwörung, die sich zum Ziel gesetzt hatte, den neuen Gott zu ermorden. Alexander bekam Wind davon, ließ Philotas festnehmen und entrang ihm auf der Folter ein Geständnis, das auch dessen eigenen Vater mit einbezog. Philotas wurde gezwungen, sein Geständnis vor den Soldaten zu wiederholen, die ihn, nach ihrem Brauch in solchen Fällen, sofort steinigten; Parmenion wurde von einem Beauftragten als der Schuld verdächtig und als in jedem Falle mutmaßlicher Feind umgebracht. Von diesem Augenblicke an blieben die Beziehungen zwischen Alexander und seinem Heer gespannt. Die Soldaten wurden immer unzufriedener, der König immer mißtrauischer, strenger und einsamer.

In seinem Tätigkeitsdrang allein gelassen und von sich mehrenden Sorgen bestürmt, suchte er Vergessen in übermäßigem Weintrinken. Bei einem Gelage in Samarkand trank sich Kleitos, der am Granikos Alexanders Leben gerettet hatte, so viel Offenheit an, daß er Alexander vorhielt, seine Siege seien nur von seinen Kriegern und nicht von ihm selbst erfochten worden und Philipps Leistungen seien bedeutend größer gewesen. Alexander, ebenfalls betrunken, erhob sich, ihn zu schlagen; aber Ptolemaios Lagi (der spätere Herrscher Ägyptens) zog Kleitos fort. Kleitos hatte indessen noch mehr auf dem Herzen, riß sich von Ptolemaios los und kehrte zurück, um seine Tirade zu beenden. Alexander traf und tötete ihn mit einem Speer. Von Gewissensbissen überwältigt, schloß sich der König drei Tage ein, verweigerte die Annahme jeder Nahrung, bekam hysterische Anfälle und versuchte, sich selbst das Leben zu nehmen. Bald darauf fädelte Hermolaos, ein Page, den Alexander ungerecht bestraft hatte, eine neue Verschwörung gegen ihn ein. Der Knabe wurde gefaßt und gab auf der Folterbank ein Geständnis ab, das auch Kallisthenes, einen Neffen des Aristoteles, belastete. Kallisthenes, der den König als offizieller Historiograph begleitete, hatte den König schon mit seiner Weigerung, sich vor ihm zu Boden zu werfen, beleidigt, ihn offen seiner orientalischen Lebensart wegen kritisiert und sich gebrüstet, Alexander würde der Nachwelt nur durch den Geschichtsschreiber Kallisthenes bekannt werden. Alexander ließ ihn einkerkern;

---

* Lukianos gibt die Ansicht der Antike in seinen *Zwiegesprächen der Toten* wieder:

Philipp: Nun, Alexander, wirst du wohl nicht mehr in Abrede sein, daß du wirklich mein Sohn bist. Denn als der Sohn des Jupiter-Ammon wärest du wohl schwerlich gestorben.

Alexander: O Vater, ich selbst wußte es recht gut, daß ich des Philippus Sohn und des Amyntas Enkel war. Allein ich ließ mir das Orakel gerne gefallen, weil ich es bei meinen Unternehmungen für förderlich hielt.

Ich betrachtete die Sache nicht so. Sondern die barbarischen Völker zitterten vor mir, und keines derselben wagte, zum Widerstande gegen den vermeintlichen Gott die Waffen zu ergreifen. So war es mir ein leichtes, mir sie alle zu unterwerfen.[12]

sieben Monate später starb er im Gefängnis *. Dieser Vorfall machte der Freundschaft zwischen Alexander und Aristoteles, der jahrelang sein Leben in Gefahr gesetzt hatte, um Alexanders Sache in Athen zu verteidigen, ein Ende.

Schließlich ging die Mißstimmung im Heer bis an den Rand der Meuterei. Als der König verkündete, er werde die ältesten seiner Soldaten nach Makedonien zurückschicken und sie für ihre Dienste reich belohnen **, bekam er zu seinem Entsetzen manches Gemurr zu hören, er solle sie doch alle heimschicken, da er ja als Gott keiner Menschen bedürfe, um seine Vorhaben durchzuführen. Er ließ die Anführer des Aufruhrs hinrichten und wandte sich dann in einer hinreißenden (aber vielleicht apokryphen) Rede an seine Soldaten, in der er sie an alles erinnerte, was er für sie und sie für ihn getan hatten, und sie fragte, wer von ihnen mehr Narben vorweisen könne als er, dessen Körper die Zeichen sämtlicher im Kriege verwendeten Waffen auf sich trug. Schließlich erteilte er ihnen allen die Erlaubnis heimzukehren: «Geht nur alle und erzählt zu Hause, daß ihr euren König Alexander ... verlassen und der Obhut der besiegten Barbaren überlassen habt.» [13] Dann zog er sich in seine Gemächer zurück und weigerte sich, irgend jemanden zu empfangen. Seine Soldaten, von Gewissensbissen geplagt, lagerten sich vor seinem Palast und sagten, sie würden nicht weichen, bevor er ihnen verziehen und sie wieder in sein Heer aufgenommen habe. Als er schließlich erschien, brachen sie in Tränen aus und wollten ihn unbedingt küssen; und nachdem er sich wieder mit ihnen versöhnt hatte, kehrten sie, Danklieder singend, in ihr Lager zurück.

Von dieser Anhänglichkeitsbezeugung getäuscht, träumte Alexander jetzt von weiteren Feldzügen und Siegen. Er plante die Unterwerfung des geheimnisvollen Arabien, sandte eine Expedition zur Erforschung der Gebiete am Kaspischen Meer aus und hatte im Sinne, Europa bis zu den Säulen des Herakles zu erobern. Seine früher so starke Gesundheit war aber durch Überanstrengung und Trinken unterhöhlt, und sein Geist hatte unter den Verschwörungen seiner Offiziere und den Meutereien seiner Männer gelitten. Während die Armee in Ekbatana lagerte, wurde sein liebster Kamerad, Hephaistion, krank und starb. Alexander hatte ihn so sehr geliebt, daß einmal, als er nur in seiner Begleitung das Zelt der gefangenen Gemahlin des Dareios betrat und diese sich zuerst vor Hephaistion, den sie für Alexander hielt, verbeugte, der junge König nur ritterlich sagte, «auch der andere sei Alexander» [14], als ob er hätte sagen wollen, er und Hephaistion seien ein und derselbe. Die beiden bewohnten oft gemeinsam ein Zelt und tranken aus einem Becher; in der Schlacht kämpften sie Seite an Seite. Nun brach der König in unbeherrschtem Schmerz zusammen, da er das Gefühl hatte, man habe ihm die eine Hälfte weggerissen. Er lag stundenlang schmerzzerwühlt auf dem Körper des Verstorbenen, schnitt sich zum Zeichen der Trauer die Haare ab und verweigerte mehrere Tage jede Nahrung. Er verurteilte den Arzt zum Tode, der vom La-

* Von seiner Schuld und seinem Tod gibt es verschiedene Versionen. Er hinterließ drei Hauptwerke: *Hellenika*, eine Geschichte Griechenlands von 387 bis 337; eine *Geschichte des Heiligen Krieges* und eine Geschichte Alexanders, die *Persika*.

** Nach Arrian soll jeder von ihnen neben seinem Sold – der ausbezahlt wurde, bis er daheim ankam – zusätzlich ein Talent bekommen haben.

ger des kranken Jünglings fortgegangen war, um an den öffentlichen Spielen teilzunehmen. Er ließ eine riesenhafte Grabsäule errichten, die zehntausend Talente gekostet haben soll, und schickte eine Gesandtschaft zum Orakel Amuns mit der Frage, ob es gestattet sei, Hephaistion als Gott zu verehren. Bei seinem nächsten Feldzug metzelte er einen ganzen Stamm als Opfer für Hephaistions Geist nieder. Der Gedanke, daß Achilleus den Patroklos nicht lange überlebt hatte, verfolgte ihn wie ein Todesurteil.

Nach Babylon zurückgekehrt, gab er sich immer mehr dem Trunke hin. Eines Nachts schlug er beim Zechen mit seinen Offizieren einen Trinkwettbewerb vor. Promachos leerte etwa vierzehn Liter Wein auf einmal, gewann den Preis, ein Talent, und starb drei Tage darauf. Kurz danach leerte an einem anderen Gelage Alexander einen Pokal mit sieben Litern Wein. Am nächsten Tage trank er wiederum heftig. Bei einem plötzlichen Kälteeinbruch erkältete er sich, bekam das Fieber und mußte sich zu Bett legen. Das Fieber wütete zehn Tage lang, währenddes Alexander weiterhin seine Befehle an Armee und Flotte gab. Am elften Tage verschied er im dreiunddreißigsten Lebensjahr (323). Als seine Feldherren ihn fragten, wem er das Reich vermache, sagte er: «Dem Stärksten.»

Wie die meisten großen Menschen war er unfähig, einen würdigen Nachfolger zu finden, und sein Werk entglitt unvollendet seinen Händen. Selbst so war seine Leistung nicht nur gewaltig, sondern viel dauerhafter, als man gemeinhin annimmt. Als Wirkkraft der geschichtlichen Notwendigkeit handelnd, machte er der Zeit der Stadtstaaten ein Ende und schuf, indem er die örtliche Freizügigkeit großenteils zum Opfer brachte, ein umfassenderes System der Festigkeit und Ordnung, als Europa es bisher gekannt hatte. Seine Auffassung von der Staatsführung als eines Absolutismus, der sich der Religion bedient, um verschiedenen Völkern einen gemeinsamen Frieden aufzuerlegen, beherrschte Europa bis zum Hochkommen des Nationalismus und der Demokratie in unserer Zeit. Er riß die Schranke zwischen Griechentum und «Barbarentum» nieder und bereitete den Weg für das Weltbürgertum der hellenistischen Zeit. Er eröffnete Vorderasien der griechischen Kolonisation und gründete griechische Siedlungen bis nach Baktrien hinein. Er einte das westliche Mittelmeergebiet zu einem großen Handels- und Verkehrsnetz, indem er den Handel befreite und förderte. Er brachte die griechische Literatur, Kunst und Philosophie nach Asien und starb, bevor er gewahr werden konnte, daß er auch den religiösen Sieg des Ostens über den Westen vorbereitet hatte. Daß er orientalische Kleidung und Lebensgewohnheiten annahm, war der Beginn von Asiens Rache.

Es war gut so, daß er am Höhepunkt seines Lebens hinschied; weitere Jahre hätten ihm fast sicher Enttäuschungen gebracht. Wäre er nicht gestorben, hätten Niederlage und Leiden ihn vielleicht geläutert, und er hätte gelernt – was er bereits einzusehen begann –, daß die Staatsmannskunst dem Kriege vorzuziehen sei. Er hatte aber zu viel unternommen. Die Anstrengung, sein aufgeblähtes Reich zusammenzuhalten und alle Teile zugleich zu überwachen, wirkte vielleicht bereits zerstörerisch auf seinen scharfen Geist. Die Kraft macht nur die Hälfte des Genies aus; die andere Hälfte ist die Rüstung. Und Alexander war ganz Kraft. Wir vermissen an ihm – wenn wir sie vielleicht auch gar nicht erwarten dürfen – die ruhige Reife eines Caesar oder die feinsinnige Weisheit eines Augustus. Wir bewundern ihn, wie wir Napoleon bewundern, weil er ganz allein der halben Welt standhielt und weil er uns bei dem Gedanken an die unglaubliche Macht, die in der Einzelseele versteckt liegen kann, neuen Mut finden läßt. Wir fühlen trotz seiner Grausamkeiten und seines Aberglaubens Sympathie für ihn, weil wir wissen, daß er zumindest ein großmütiger und warmherziger Jüngling war, zugleich unvergleichlich geschickt und tapfer; daß er gegen ein rasendmachendes Erbe des Barbarentums in seinem Blute ankämpfte und daß er während des ganzen Kriegführens und Blutvergießens den Traum vor Augen hatte, einer größeren Welt das Licht Athens zu bringen.

IV. DAS ENDE EINES ZEITALTERS

Als die Nachricht von seinem Tode Griechenland erreichte, brachen überall Revolten gegen die makedonische Herrschaft aus. Thebanische Flüchtlinge organisierten in Athen eine Patriotenstreitmacht und belagerten die makedonische Garnison in der Kadmeia. In Athen selbst, wo mancher um den Tod Alexanders gebetet hatte, sah die antimakedonische Partei ihr Gebet erhört, bekränzte sich mit Girlanden und feierte, wie Plutarch berichtet, den Tod desjenigen, den sie als Gott umschmeichelt hatte, mit «triumphierenden Siegesliedern, als ob sie ihn durch ihren eigenen Mut besiegt»[15] hätte.

Eine Zeitlang sah sich Demosthenes von Ruhm umsonnt. Es war ihm während Alexanders Feldzügen nicht gut ergangen. Man hatte ihn wegen der Entgegennahme einer großen Bestechungsssumme von Harpalos verurteilt und ins Gefängnis geworfen; man hatte ihn entfliehen lassen, und er hatte neun Monate lang als Flüchtling in Troizen gelebt. Nun wurde er zurückgeholt und als Botschafter auf die Peloponnes geschickt, um Bundesgenossen für Athens Befreiungskrieg zu werben. Eine vereinte Streitmacht marschierte nach Norden, stieß bei Krannon auf Antipatros und wurde vernichtend geschlagen. Der alte Krieger, der für die athenische Kultur kein Verständnis aufbrachte, erlegte der Stadt die schwersten Bedingungen auf, verlangte von ihr die Zahlung der Kriegskosten, die Aufnahme einer makedonischen Garnison, die Aufgabe der demokratischen Einrichtungen und Gerichtshöfe, die Entlassung aller Bürger, deren Besitz weniger als zweitausend Drachmen wert war (12000 von 21000), aus dem Bürgerrecht und deren Deportierung in Kolonialsiedlungen, und die Auslieferung von Demosthenes, Hypereides und zwei anderen antimakedonischen Rednern. Demosthenes floh nach Kalaureia und suchte in einem Tempelheiligtum Zuflucht. Von den makedonischen Verfolgern umringt, trank er eine Giftphiole und starb, bevor er sich aus dem heiligen Hof hinausschleppen konnte.

Dasselbe tragische Jahr brachte auch den Tod des Aristoteles. Er war schon seit langem unbeliebt in Athen: Die Akademie und die Schule des Isokrates haßten ihn als Kritiker und Nebenbuhler, während die Patrioten ihn als Führer einer promakedonischen Partei betrachteten. Man nutzte Alexanders Tod aus, um Aristoteles der Gottlosigkeit anzuklagen. Ketzerische Stellen aus seinen Büchern wurden zum Zeugnis vorgebracht. Er wurde angeklagt, dem Diktator Hermeias göttliche Ehren bezeugt zu haben, der als Sklave gar kein Gott sein konnte. Aristoteles verließ in aller Stille die Stadt und erklärte, er wolle Athen nicht nochmals die Gelegenheit geben, gegen die Philosophie zu sündigen. Er zog sich in das Heim der Familie seiner Mutter in Chalkis zurück und vertraute das Lykeion der Obhut des Theophrastos an. Die Athener verurteilten ihn zum Tode, hatten aber weder Gelegenheit, noch bestand eine Notwendigkeit, den Urteilsspruch zu vollstrecken; denn entweder infolge eines Magenleidens, das durch die Flucht verschlimmert wurde, oder, wie manche behaupten, indem er Gift nahm, starb Aristoteles wenige Monate nach seinem Fortgang aus Athen in seinem dreiundsechzigsten Lebensjahre. Sein Testament war ein Vorbild freundlichen Gedenkens an seine zweite Frau, seine Familie und seine Sklaven.

Der Tod der griechischen Demokratie war zugleich ein gewaltsames und ein natürliches Ende, dessen todbringende Faktoren in den organischen Störungen des Systems lagen; das Schwert Makedoniens versetzte nur den letzten Schlag. Der Stadtstaat hatte sich als unfähig erwiesen, die Probleme der Staatsführung zu lösen: Er hatte die Ordnung im Innern und die Verteidigung nach außen nicht aufrechterhalten können; trotz der Ermahnungen von Gorgias, Isokrates und Platon, den ionischen Freiheitsdrang durch etwas dorische Disziplin im Zügel zu halten, hatte er kein Mittel gefunden, die örtliche Autonomie mit nationaler Festigkeit und Macht zu vereinen, und seine Freiheitsliebe hatte ihn selten an leidenschaftlichem, imperialistischem Drang gehindert. Der Klassenkampf hatte sich verschärft und war nicht mehr unter Kontrolle zu halten; er hatte aus der Demokratie einen Wettkampf in legislativer Beutesucht gemacht. Die Volksversammlung, in ihren besseren Tagen eine ehrenwerte Körperschaft, war zu einem Pöbelhaufen entartet, der jede Überlegenheit haßte, jede Beschränkung von sich wies, den Schwachen gegenüber erbarmungslos, den Starken gegenüber kriecherisch war, sich selbst jeden Vorteil zubilligte und das Besitztum so heftig besteuerte, daß jede Initiative, jeder Fleiß und jedes Streben lahmgelegt wurde. Philipp, Alexander und Antipatros zerstörten die griechische Freiheit nicht; sie hatte sich selbst zerstört. Die Ordnung, die sie schmiedeten, überdauerte Jahrhunderte und verbreitete über Ägypten und den Osten eine Kultur, die sonst vielleicht in ihrer eigenen anarchischen Tyrannei umgekommen wäre.

Und doch, war die Oligarchie oder die Monarchie besser gefahren? Die Dreißig hatten in den wenigen Monaten, da sie an der Macht waren, mehr Greuel gegen Leben und Besitz begangen als die Demokratie in den voraufgehenden hundert Jahren. Und während in Athen die Demokratie zum Chaos führte, führte in Makedonien die Monarchie zum Chaos – ein Dutzend Erbfolgekriege, hundert Morde und tausend Einschränkungen der Freiheit –, ohne den beschönigenden Glanz der Literatur, der Wissenschaft, der Philosophie und der Kunst. Die Schwäche und Kleinheit des Staates in Griechenland war dem Einzelmenschen, wenn auch nicht zu einem körperlichen, so doch zu einem seelischen Segen geworden; diese Freiheit, so kostspielig sie auch war, hatte zu den Leistungen des griechischen Geistes geführt. Der Individualismus zerstört letzten Endes die Gemeinschaft; aber in der Zwischenzeit regt er die Persönlichkeit, den geistigen Forschungsdrang und die künstlerische Schöpfung an. Die griechische Demokratie war korrupt und unfähig und mußte abtreten. Aber als sie abgetreten war, merkte man, wie wunderbar ihre Blütezeit gewesen war, und alle späteren Generationen der Antike blickten auf die Jahrhunderte des Perikles und Platon als auf die Glanzzeit Griechenlands und der ganzen Geschichte zurück.

Drittes Buch

DIE HELLENISTISCHE AUSBREITUNG

[322–146 V. CHR.]

ZEITTAFEL ZUM DRITTEN BUCH

V. CHR.

348–339: Speusippos Leiter der Akademie
339–314: Xenokrates Leiter der Akademie
323–285: Ptolemaios I. Soter gründet die ptolemaiische Dynastie in Ägypten
323: Judäa syrische Satrapie
322–288: Theophrastos Leiter des Lykeion
321: Teilung von Alexanders Reich; erste Komödie des Menandros
320: Ptolemaios I. erobert Jerusalem; Pyrrhon von Elis und Krates von Theben, Philosophen
319: Philemon und die Neue Komödie
318: Aristoxenos von Taras, Musiktheoretiker
317–307: Demetrios von Phaleron in Athen an der Macht
316: Kassandros König von Makedonien
315–301: Antigonos I. Kyklops König von Kleinasien
314: Antigonos ruft die Freiheit Griechenlands aus; Zenon kommt nach Athen
314–270: Polemon Leiter der Akademie
312–198: Judäa unter den Ptolemaiern
312–280: Seleukos I. Nikator gründet das Seleukidenreich
311: Hamilkar fällt in Sizilien ein
310: Agathokles, Diktator von Syrakus, fällt in Afrika ein
307: Gesetz gegen die Philosophen
294–287: Demetrios Poliorketes König von Makedonien
306: Epikuros eröffnet seine Schule in Athen
306–302: Krieg zwischen Kassandros und Demetrios Poliorketes um die Herrschaft über Griechenland
305: Timaios von Tauromenion, Geschichtsschreiber
301: Zenon eröffnet seine Schule in der Stoa; Seleukos I. gründet Antiocheia; Lysimachos schlägt Antigonos I. bei Ipsos
300: Eukleides von Alexandreia, Mathematiker; Euhemeros, Rationalist

V. CHR.

295–272: Pyrrhos König der Molosser
290: Rhodische Bildhauerschule
288–270: Straton Leiter des Lykeion
285–246: Ptolemaios II. Philadelphos; Museion und Bibliothek in Alexandreia
285: Zenodotos Leiter der Bibliothek; Herophilos von Chalkedon, Anatom
283–239: Antigonos II. Gonatas König von Makedonien
280: Aristarchos von Samos, Astronom; Aufstieg des Achaiischen Bundes; Pyrrhos unterstützt Taras gegen Rom
280–262: Antiochos I. Soter König des Seleukidenreiches
280–279: Galater fallen in Makedonien und Griechenland ein
279: Pyrrhos fällt in Sizilien ein
278: Der Koloß von Rhodos
277: Galater fallen in Kleinasien ein
275: Aratos von Soloi, Dichter
271: Timon von Phleius, Satiriker
270: Kallimachos von Kyrene und Theokritos von Kos, Dichter; Berosos von Babylon, Geschichtsschreiber
270–269: Krates von Athen Leiter der Akademie
270–216: Hieron II. Diktator von Syrakus
269–241: Arkesilaos Leiter der Mittleren Akademie
266–261: Chremonideischer Krieg
262: Eumenes I. gründet das Königreich Pergamon
261: Antigonos II. nimmt Athen
261–247: Antiochos II. Theos König des Seleukidenreiches
261–232: Kleanthes Leiter der Stoa
260: Herondas von Kos, Dichter
258: Erasistratos von Keos, Anatom
257–180: Aristophanes von Byzantion, Philolog
251: Aratos von Sikyon befreit seine Stadt

V. CHR.

250: Arsakes gründet das Königreich Parthien; der *Laokoon*; Manethon, ägyptischer Geschichtsschreiber; Lykophron von Chalkis, Dichter

247: Archimedes von Syrakus, Mathematiker

247–226: Seleukos II. Kallinikos

246–221: Ptolemaios III. Euergetes I.

243: Aratos führt den Achaiischen Bund gegen Makedonien

242: Agis IV. versucht in Sparta Reformen durchzuführen

240: Apollonios von Rhodos, Dichter

239–229: Demetrios II. König von Makedonien

241–197: Attalos I. Soter König von Pergamon

235–195: Eratosthenes Bibliothekar in Alexandreia

232–207: Chrysippos Leiter der Stoa

229: Aratos befreit Athen

229–221: Antigonos III. Doson König von Makedonien

226–224: Kleomenes' III. Reformen in Sparta

226–223: Seleukos III. Keraunos

225: Erdbeben zerstört Rhodos

223–187: Antiochos III. der Große König des Seleukidenreiches

221: Antigonos III. schlägt Kleomenes III. bei Sellasia

221–179: Philippos V. König von Makedonien

221–203: Ptolemaios IV. Philopator

220: Apollonios von Perge, Mathematiker

217: Ptolemaios IV. schlägt Antiochos III. bei Rapheia

215: Bündnis zwischen Philippos V. und Hannibal

214–205: Erster Makedonischer Krieg mit Rom

212: Marcellus erobert Syrakus; Tod des Archimedes

210: Sizilien wird römische Provinz

208: Zenon von Tarsos, Philosoph

207: Revolution des Nabis in Sparta

205: Ägypten römisches Protektorat

203–181: Ptolemaios V. Epiphanes

V. CHR.

200–197: Zweiter Makedonischer Krieg

200: Diogenes von Seleukeia, Philosoph

197: Schlacht von Kynos Kephalai

197–160: Blütezeit Pergamons unter Eumenes II.

196: Flamininus verkündet die Freiheit Griechenlands; Gründung der pergamenischen Bibliothek

195–180: Aristophanes von Byzantion Bibliothekar in Alexandreia

190: Der *Farnesische Stier*

189: Die Römer schlagen Antiochos III. bei Magnesia

188: Philopoimen hebt die Lykurgische Verfassung in Sparta auf

187–175: Seleukos IV. Philopator

181–145: Ptolemaios VI. Philometor

180: Großer Altar in Pergamon; Aristarchos von Samothrake Bibliothekar in Alexandreia

179–168: Perseus König von Makedonien

175–163: Antiochos IV. Epiphanes König des Seleukidenreiches

175–138: Mithridates I. König von Parthien

174: Antiochos IV. baut das Olympieion wieder auf

173: Karneades Leiter der Neuen Akademie

171–168: Dritter Makedonischer Krieg

168: Aemilius Paullus schlägt Perseus bei Pydna; Antiochos IV. plündert den Tempel von Jerusalem

167: Deportation der Achaier, einschließlich des Historikers Polybios

166: Erster Makkabäeraufstand; *Buch Daniel*

165: Judas Makkabäus führt die Gottesdienste im Tempel wieder ein

163–162: Antiochos V. Eupator König des Seleukidenreiches

162–150: Demetrios I. Soter König des Seleukidenreiches

161: Judas Makkabäus schließt einen Vertrag mit Rom

160: Niederlage und Tod des Judas Makkabäus

V. CHR.

160–139: Attalos II. König von Pergamon
157: Judäa wird ein unabhängiger Priesterstaat
155: Karneades in Rom
150–145: Alexander I. Balas König des Seleukidenreiches

V. CHR.

150: Hipparchos von Nikaia und Seleukos von Seleukeia, Astronomen; Moschos von Syrakus, Dichter
140: Mummius plündert Korinth; Griechenland und Makedonien werden römische Provinz

ERSTES KAPITEL

Griechenland und Makedonien

I. DER KAMPF UM DIE MACHT

Die Historiker unterteilen die Vergangenheit in Zeitalter, Jahre und Einzelereignisse, wie das Denken die Welt in Gruppen, Individuen und Dinge unterteilt; die Geschichte aber kennt wie die Natur nur die Kontinuität inmitten der Veränderung: *historia non facit saltus* – die Geschichte macht keine Sprünge. Das hellenistische Griechenland empfand Alexanders Tod nicht als «Ende eines Zeitalters»; es betrachtete ihn als den Beginn «moderner» Zeiten, als ein Symbol kräftiger Jugendlichkeit und nicht als Faktor des Niederganges. Es war der Überzeugung, es habe die Schwelle zur höchsten Reife überschritten und seine Führer seien so bewundernswert wie nur je eine führende Persönlichkeit der Vergangenheit, ausgenommen der junge unvergleichliche König selbst. In mancher Hinsicht hatte es recht. Die griechische Kultur ging nicht mit der griechischen Freiheit unter; im Gegenteil, sie eroberte sich neue Gebiete und breitete sich, als die Bildung großer Reiche die politischen Schranken des Verkehrs, der Kolonisierung und des Handels niederriß, nach drei Richtungen aus. Immer noch unternehmend und lebendig, zogen die Griechen zu Hunderttausenden nach Asien und Ägypten, Makedonien und Epeiros. Und nicht nur blühte Ionien aufs neue, sondern das hellenische Blut, die hellenische Sprache und Kultur bahnten sich auch einen Weg ins Innere Kleinasiens, nach Phoinikien und Palästina, über den Euphrat und den Tigris, selbst nach Baktrien und Indien. Niemals hatte der griechische Geist größeren Eifer und Mut bewiesen, niemals hatten die Künste und Wissenschaften Griechenlands einen so überwältigenden Sieg errungen.

Vielleicht ist dies der Grund, warum die Historiker die Geschichte Griechenlands gewöhnlich mit Alexander abschließen; nach seinem Tode ist der griechische Lebensraum so ausgedehnt und kompliziert, daß er jedem Gesamtüberblick und jeder zusammenhängenden Darstellung spottet. Es gab nicht nur drei bedeutendere Monarchien: Makedonien, das Seleukidenreich und Ägypten; es gab außerdem hundert griechische Stadtstaaten mit einem Unabhängigkeitsgrad aller Schattierungen. Es gab ein Labyrinth von Bündnissen und Bünden. Es gab halbgriechische Staaten in Epeiros, Judäa, Pergamon, Byzantion, Bithynien, Kappadokien, Galatien, Baktrien. Und im Westen lagen das griechische Sizilien und das griechische Italien, zwischen dem alternden Karthago und dem jugendlichen Rom hin- und hergerissen. Alexanders wurzelloses Reich war durch Sprache, Verkehr, Brauchtum und Glauben zu locker zusammengehalten, als daß es ihn hätte überleben können. Er hatte nicht einen, sondern mehrere starke Männer hinterlassen, von denen keiner sich mit weniger als der völligen Souveränität begnügte.

Die Größe und Vielseitigkeit des neuen Reiches ließ keinen Gedanken an Demokratie aufkommen; die Selbstregierung, wie die Griechen sie verstanden, setzte einen Stadtstaat voraus, dessen Bürger in bestimmten Zeitabständen an einem Versammlungsort zusammenkamen. Hatten zudem nicht die Philosophen des demokratischen Athen die Demokratie als Ausbund der Ignoranz, des Neides und des Chaos geschmäht? Alexanders Nachfolger – die *diadochoi* – waren makedonische Häuptlinge gewesen und lange Zeit an die Regierung mittels des Schwertes gewöhnt; Demokratie war für sie ein fremder Begriff, wenn man davon absehen will, daß sie sich gelegentlich mit ihren Leuten berieten. Nach einigen unbedeutenderen Scharmützeln, die die geringeren Bewerber erledigten, teilten sie (321) das Reich in fünf Teile auf: Antipatros übernahm Makedonien und Griechenland, Lysimachos Thrakien, Antigonos Kleinasien, Seleukos Babylonien und Ptolemaios Ägypten. Sie nahmen sich nicht die Mühe, sich durch die Versammlung aller griechischen Staaten bestätigen zu lassen. Von diesem Augenblick an, wenn man von einigen unbeständigen Zwischenspielen in Griechenland und von der aristokratischen Republik Rom absehen will, beherrschte die Monarchie Europa bis zur Französischen Revolution.

Das Grundprinzip der Demokratie ist die Freiheit, die zum Chaos verleitet; das Grundprinzip der Monarchie ist die Macht, die zu Tyrannei, Revolution und Krieg verleitet. Von Philipp bis Perseus, von Chaironeia bis Pydna (338–168) wurden die äußeren und Bürgerkriege der Stadtstaaten durch die äußeren und inneren Kriege der Königreiche ersetzt; denn die Vorrechte der Regierenden verlockten Hunderte von Feldherren, um den Thron zu kämpfen. Gewaltanwendungen waren im hellenistischen Griechenland so beliebt und Condottieri so zahlreich und glänzend wie im Italien der Renaissance. Nach dem Tod des Antipatros revoltierte Athen aufs neue und ermordete den alten Phokion, der es so gerecht wie nur möglich in dessen Namen regiert hatte. Kassandros, des Antipatros Sohn, eroberte Athen wieder für Makedonien (318), erweiterte das Bürgerrecht auf die Besitzer von tausend Drachmen und hinterließ als Regenten den Philosophen, Gelehrten und Kunstliebhaber Demetrios von Phaleron, der der Stadt zehn Jahre des Friedens und Gedeihens brachte. Inzwischen träumte Antigonos I. Kyklops davon, das ganze Reich Alexanders unter seinem einen Auge zu vereinigen. Er wurde (301) bei Ipsos von einer Koalition geschlagen und verlor Kleinasien an Seleukos I. Sein Sohn Demetrios Poliorketes («Städtebestürmer») befreite Griechenland von der makedonischen Herrschaft, gab Athen zwölf weitere Jahre der Demokratie, erhielt als Gast der dankbaren Stadt den Parthenon als Wohnsitz zugewiesen, lebte dort mit Dirnen und brachte einige junge Leute durch seine Liebesannäherung zur Verzweiflung*. Er erfocht einen glänzenden Seesieg über Ptolemaios I. bei Cypern (308), belagerte Rhodos sechs Jahre lang erfolglos mit neuen Belagerungswerkzeugen, machte sich zum König von Makedonien (294), setzte der athenischen Freiheit mit einer Garnison ein Ende, verfiel in immer neue Kriege, wurde von Seleukos geschlagen und gefangengenommen und trank sich zu Tode.

Vier Jahre später (279) machte sich eine Horde Kelten oder «Galater» unter Brennus** die Unordnung zunutze, die durch den Machtkampf im östlichen Mittelmeer entstanden war, und zog durch Makedonien nach Griechenland. Brennus wies nach Pausanias auf «die Schwäche Griechenlands, den ungeheuren Reichtum seiner Städte, die

---

* Damokles, den Demetrios überall suchte und der gerade aufgegriffen werden sollte, beging Selbstmord, indem er in einen Kessel mit kochendem Wasser sprang. Wir dürfen die Athener nicht nach solchen Beispielen der Tugendsamkeit falsch beurteilen.

** Nicht zu verwechseln mit dem Brennus, der im Jahre 390 in Italien eingefallen war.

Votivgaben in den Tempeln, die großen Mengen an Gold und Silber» hin. Gleichzeitig brach unter der Führung des Apollodoros in Makedonien eine Revolution aus; ein Teil des Heeres schloß sich ihr an und half den erzürnten Mittellosen bei ihrer periodischen Rache an den Vermögenden durch Raub. Die Galater, zweifellos von einem Griechen geführt, fanden ihren Weg über geheime Pässe bei den Thermopylen, mordeten und plünderten unterschiedslos und näherten sich dem reichen Tempel von Delphoi. Von einer griechischen Streitmacht geschlagen und einem Gewitter verwirrt, das nach Ansicht der Griechen Apollons Anteil an der Verteidigung seiner Weihestätte war, zog sich Brennus zurück und beging aus Scham Selbstmord. Die überlebenden Galater setzten nach Kleinasien über. Pausanias berichtet:

> «Was männlichen Geschlechts war, rotteten sie aus, ohne Unterschied mordeten sie Greise und Säuglinge an der Mutterbrust; von diesen töteten sogar die Galater die, welche durch die Milch wohlgenährt waren, tranken ihr Blut und verzehrten ihr Fleisch. Die Frauen und erwachsenen Mädchen, die von Ehrgefühl belebt waren, kamen, sobald die Stadt erobert war, durch Selbstmord der Mißhandlung zuvor; diejenigen, welche noch übrig waren, notzüchtigten die Barbaren mit jeder Art des Hohnes, da sie ihrer Natur nach eben so weit von Erbarmen entfernt waren als von Liebe. Diejenigen Frauen, welche sich der Schwerter der Galater bemächtigen konnten, endigten ihr Leben durch eigene Hand; anderen sollte nach nicht langer Zeit Hunger und Schlaflosigkeit Ursache des Todes sein, da die gefühllosen Barbaren einer nach dem anderen sie mißhandelten; ja selbst Sterbenden oder schon Toten wohnten sie sogar noch bei.»*[1]

Nachdem sie jahrelang unter diesen Verwüstungen zu leiden gehabt hatten, kauften sich die Griechen Kleinasiens von den Eindringlingen frei und bewogen sie, in das nördliche Phrygien (wo ihre Niederlassungen als Galatien bekannt wurden), nach Thrakien und in den Balkan zu ziehen. Zwei Menschenalter lang bezogen die Galater Tribute von Seleukos I. und den griechischen Städten an der kleinasiatischen Küste und am Schwarzen Meer; allein Byzantion zahlte ihnen jährlich 240 000 Dollar (Kurswert von 1939). Wie die Kaiser und Feldherren Roms im 3. Jahrhundert n. Chr. damit beschäftigt sein sollten, Einbrüche der Barbaren zurückzuweisen, so wandten die Könige und Feldherren Pergamons, des Seleukidenreiches und Makedoniens im dritten vorchristlichen Jahrhundert einen Großteil ihres Vermögens und ihrer Kraft darauf, die immer wiederkehrenden Wellen der keltischen Invasion zurückzuschlagen. Während ihrer ganzen Geschichte lebte die antike Kultur am Rande eines Ozeans des Barbarentums, der sie wiederholt zu überschwemmen drohte. Das stoische Heldentum stets bereiter Bürger hatte einst die Gefahr eingedämmt; der Stoizismus war aber in Griechenland gerade zu dem Zeitpunkt im Verschwinden, als er seine klassische Formulierung und seinen Namen erhielt.

Antigonos II., Sohn des Demetrios Poliorketes, aus heute unbekannten Gründen «Gonatas» genannt, vertrieb die Galater aus Makedonien, schlug die Revolte des Apollodoros nieder und herrschte verständig und zurückhaltend achtunddreißig Jahre lang

* Die galatische Version der Geschichte ist uns so wenig bekannt wie die «barbarische» Darstellung von den griechischen Einfällen in Asien, Sizilien oder Italien.

(277–239) über Makedonien. Er stellte der Literatur, Wissenschaft und Philosophie reiche Mittel zur Verfügung, holte Dichter wie Aratos von Soloi an seinen Hof und schloß einen lebenslänglichen Freundschaftsbund mit dem Stoiker Zenon. Er war der erste jener stets unterbrochenen Reihe von Philosophenkönigen, die mit Marc Aurel abschloß. Es war aber doch während seiner Regierungszeit, daß Athen den letzten Versuch unternahm, sich zu befreien. Im Jahre 267 kam die nationalistische Partei unter Führung des jungen Zenon-Schülers Chremonides an die Macht. Sie sicherte sich die Unterstützung Ägyptens, vertrieb die makedonischen Truppen und verkündete die Befreiung Athens. Antigonos kam in aller Muße herab und eroberte die Stadt zurück (262), ging aber mit ihr um, wie es einem Manne wohl anstand, der vor der Philosophie und dem hohen Alter Achtung hatte. Er richtete im Peiraieus, auf Salamis und bei Sunion Garnisonen ein, verbot Athen, an Bündnissen und Kriegen teilzunehmen, und ließ die Stadt im übrigen vollkommen frei.

Andere griechische Staaten unternahmen es auf andere Weise, Freiheit mit Ordnung in Einklang zu bringen. Gegen 279 begann das kleine Aitolien, das wie Makedonien von einem halbbarbarischen und niemals besiegten Bergvolk bewohnt war, die Städte Nordgriechenlands – hauptsächlich diejenigen der delphischen Amphiktionie – in dem Aitolischen Bunde zusammenzuschließen. Gleichzeitig zog der Achaiische Bund von Patrai, Dyme, Pellene und anderen Orten viele Städte der Peloponnes zur Mitgliedschaft an. Bei beiden Bünden behielten die Mitgliederstaaten die völlige Herrschaft über die örtliche Regierung, übergaben aber ihre Streitkräfte und die Führung ihrer auswärtigen Beziehungen einem Bundesrat und einem Strategos, der von denjenigen Bürgern gewählt wurde, die an den jährlich stattfindenden Versammlungen in Aigion in Achaia und in Thermos in Aitolien teilnehmen konnten. Jeder Bund wahrte unter sich den Frieden und führte gemeinsame Maße und Gewichte und ein gemeinsames Münzsystem in seinem ganzen Gebiet ein, eine Errungenschaft der Zusammenarbeit, die dem dritten Jahrhundert in mancher Hinsicht gegenüber dem Zeitalter des Perikles eine politische Überlegenheit sicherte.

Der Achaiische Bund wurde unter Aratos von Sikyon zu einer erstrangigen Macht. Im Alter von zwanzig Jahren befreite dieser neue Themistokles Sikyon in einem nächtlichen Angriff mit einer Handvoll Männer von seinem Diktator. Mittels Beredsamkeit und geschickter Verhandlungen bewog er die ganze Peloponnes (mit Ausnahme von Sparta und Elis), sich dem Bund anzuschließen, der ihn zehn Jahre lang alljährlich zum Strategos wählte (245–235). Mit ein paar hundert Mann drang er heimlich in Korinth ein, erkletterte den fast unzugänglichen Akrokorinthos, machte die makedonischen Truppen nieder und gab der Stadt ihre Freiheit wieder. Darauf bestach er die makedonische Garnison des Peiraieus zu kapitulieren, und verkündete die Befreiung Athens. Von diesem Augenblicke an bis zur Eroberung durch Rom erfreute sich Athen einer einzigartigen Selbstregierung: Es war militärisch machtlos, blieb aber von allen hellenistischen Staaten unangetastet, weil seine Universitäten es zur geistigen Hauptstadt des griechischen Lebensraumes gemacht hatten. Athen wandte sich der Philosophie zu und verschwand zufrieden von der politischen Bildfläche.

Nunmehr auf der Höhe ihrer Macht, begannen sich die beiden Bünde durch Kriege miteinander und durch Klassenkämpfe im Innern selbst zu schwächen. Im Jahre 220 kämpfte der Aitolische Bund mit Sparta und Elis den erbitterten Bundesgenossenkrieg gegen den Achaiischen Bund und Makedonien. Aratos, der Verteidiger der Freiheit, war auch der Schützer des Reichtums. In jeder Stadt unterstützte der Bund die Partei der Besitzenden. Die ärmeren Bürger beklagten sich, sie seien nicht imstand, die fernen Versammlungen des Bundes zu besuchen, und dadurch in Wirklichkeit politisch rechtlos. Sie sahen mit scheelen Augen auf eine Freiheit, die den Gescheiten und den Starken das volle Recht einräumte, die Armen und Schwachen auszubeuten, und immer mehr bejubelten sie Demagogen, die die Neuverteilung des Bodens verlangten. Wie die Reichen vor einem Jahrhundert, begannen nun die Armen, Makedonien gegen ihre eigene Regierung zu unterstützen.

Makedonien wurde jedoch durch die Anständigkeit Antigonos' III. zugrunde gerichtet. Er hatte als Regent für seinen Stiefsohn Philippos die Macht ergriffen und versprochen, den Thron bei dessen Großjährigkeit an Philippos abzugeben. Die Zyniker der Zeit nannten ihn «Doson» – «Versprecher», offensichtlich weil sie es für sicher ansahen, daß er log. Er hielt aber Wort: Im Jahre 221 bestieg Philippos V. als Siebzehnjähriger den Thron und begann eine lange Regierungszeit voller Intrigen und Kriege. Er war ein mutiger und geschickter Mann, aber von skrupelloser Verschlagenheit. Er verführte die Schwiegertochter des Aratos, vergiftete Aratos, ließ seinen eigenen Sohn wegen Verdachts der Verschwörung umbringen und veranstaltete Gastmähler mit vergiftetem Wein für diejenigen, die seinen Plänen im Wege standen. Er erweiterte Makedonien und machte es reich; er hinterließ es volkreicher und wohlhabender, als es hundertfünfzig Jahre lang gewesen war. Aber im Jahre 215 machte er in seiner Furcht vor der wachsenden Macht Roms den historischen Fehler, sich mit Hannibal und Karthago zu verbünden. Ein Jahr später erklärte Rom Makedonien den Krieg und begann mit der Eroberung Griechenlands.

II. DER KAMPF UM DEN REICHTUM

Athenaios, der so verläßlich ist wie jeder Schwätzer, berichtet, daß Demetrios von Phaleron um 310 in Athen eine Volkszählung veranstaltete und die Zahl von 21 000 Bürgern, 10 000 Metoiken oder Fremden und 400 000 Sklaven meldete. Die letzte Zahl ist unglaubhaft; es ist uns aber nichts bekannt, was ihr widerspräche. Sehr wahrscheinlich war die Zahl der Sklaven auf dem Lande gestiegen; die Güter vergrößerten sich und wurden immer mehr von Sklaven unter einem Aufseher für die abwesenden Grundbesitzer bewirtschaftet. Unter diesem System entwickelte sich ein wissenschaftlicherer Ackerbau; Varro waren fünfzig griechische Handbücher über diese Kunst bekannt. Erosion und Entwaldung hatten aber bereits einen großen Teil des Bodens der Nutzbarkeit entzogen. Schon im vierten Jahrhundert äußerte Platon die Ansicht, Regen und Überschwemmungen hätten im Laufe der Zeit einen großen Teil des attischen Ackerlandes weggeschwemmt; die verbleibenden Hügel waren nach seinem Gleichnis die bloßen Knochen eines durch Krankheit dahingeschwundenen Körpers. Viele Gebiete Attikas waren im dritten Jahrhundert derart ihrer Erdschicht entblößt, daß viele alte Bauernhöfe aufgegeben wurden. Die Wälder Griechenlands verschwanden, und das Bauholz mußte wie die Nahrung aus dem Auslande eingeführt werden. Die Silberminen von Laureion waren erschöpft und fast verlassen; Silber war billiger aus Spanien erhältlich. Und die Goldminen Thrakiens, die einst einen so gewaltigen Reichtum nach Athen hatten fließen lassen, bereicherten nun den Staatsschatz und verschönten die Münzen Makedoniens.

Während die Quelle einer mannhaften und unabhängigen Bürgerschaft in den Dörfern versiegte, machten die Industrie und der Klassenkampf in den Städten Fortschritte. Kleine Fabriken und die Zahl der in ihnen arbeitenden Sklaven nahmen in Athen wie in allen größeren Städten des hellenistischen Lebensraumes zu. Sklavenhändler begleiteten die Heere, kauften nicht eingelöste Gefangene auf und verkauften sie zum Preise von drei bis vier Minen pro Kopf auf den damals bekannten großen Sklavenmärkten von Delos und Rhodos. Man empfand einige moralische oder wirtschaftliche Skrupel wegen dieser altüberlieferten Einrichtung. Ein humanitäres Empfinden machte sich als Nebenerzeugnis der Philosophie breit; der weltbürgerliche Geist des Zeitalters sah über Rassenunterschiede hinweg, und Gelegenheitsarbeiter, die man anstellen und dann jederzeit der öffentlichen Fürsorge übergeben konnte, wenn sie im Privatbetrieb nicht mehr Gewinn einbrachten, waren manchmal billiger als Sklaven, die jederzeit ernährt und erhalten werden mußten. Gegen Ende dieses Zeitalters war ein beträchtliches Ansteigen der Freilassungen festzustellen.

Der Handelsverkehr lag in den älteren Städten darnieder, blühte aber in den neuen. Die griechischen Häfen Kleinasiens und Ägyptens wuchsen auf Kosten des Peiraieus, und selbst auf dem Mutterlande waren es Chalkis und Korinth, denen die anschwellenden Ströme des hellenistischen Handels zuflossen. Durch diese strategisch günstig gelegenen und wohlausgerüsteten Handelszentren zog, wie durch Antiocheia, Seleukeia, Rhodos, Alexandreia und Syrakus, ein geschäftiger Strom von Kaufleuten, die eine weltbürgerliche und skeptische Lebensanschauung verbreiteten. Die Zahl der Bankiers nahm zu; sie liehen nicht nur an Kaufleute und Unternehmer, sondern auch an Städte und Regierungen Geld. Einige Städte wie Delos und Byzantion verfügten über öffentliche oder nationale Banken, die staatliche Gelder verwalteten und von Staatsbeamten geleitet wurden. Im Jahre 324 organisierte Antimenes von Rhodos das erste bekannte Versicherungssystem, indem er Sklavenhalter um eine Prämie von acht Prozent gegen den Verlust ihrer Sklaven versicherte. Der Einsatz gehorteter persischer Kapitalien und der beschleunigte Geldumlauf ließen den Zinssatz im dritten Jahrhundert auf zehn Prozent und im zweiten auf sieben Prozent absinken. Die Spekulation war weit verbreitet, wenn auch noch nicht organisiert. Einige Spekulanten versuchten die Preise durch Produktionseinschränkungen in die Höhe zu treiben; es gab Leute, die für eine Ernteverminderung eintraten, um die Kaufkraft der Bauernschaft zu steigern. Die Preise waren im allgemeinen hoch, ebenfalls infolge der Achaimenidenschätze, die Alexander in

Umlauf gesetzt hatte; gleichzeitig aber und teilweise aus demselben Grunde kam der Handel voran und wurde die Produktion angeregt, und die Preise fielen allmählich auf die normale Höhe zurück. Der Reichtum der Vermögenden schwoll an, wie es in der griechischen Geschichte noch nie vorgekommen war. Aus Häusern wurden Paläste, die Möbel und Fahrzeuge wurden prunkvoller, die Dienerschaft zahlreicher. Aus Mahlzeiten wurden Orgien, und die Frauen wurden zum Aushängeschild des Reichtums ihrer Männer.

Die Löhne blieben hinter den steigenden Preisen zurück und folgten dem Sinken der Preise sehr schnell. Sie reichten gerade zum Unterhalt einer einzigen Person aus und führten zu Ehelosigkeit, Verarmung und Entvölkerung; die wirtschaftliche Scheidelinie zwischen freien Arbeitern und Sklaven wurde damit immer dünner. Die Beschäftigung war unregelmäßig, und Tausende von Männern verließen die Städte des Festlandes, um im Auslande Söldnerdienste zu tun oder ihre Armut in ländlicher Zurückgezogenheit zu verbergen. Die athenische Regierung unterstützte die Bedürftigen durch Kornzuteilungen; die Reichen unterhielten sie mit Freikarten für Feste und Spiele. Die Vermögenden geizten mit den Löhnen, waren aber freigebig in der Wohltätigkeit; oft gaben sie ihrer Stadt zinsfreie Darlehen oder erretteten sie durch große Schenkungen vor dem Bankrott oder unterhielten aus Privatmitteln öffentliche Arbeiten oder vermachten Tempeln oder Universitäten reiche Stiftungen oder zahlten große Summen für Statuen oder Gedichte, die ihr Ebenbild oder ihre Großzügigkeit an die Öffentlichkeit brachten. Die Armen schlossen sich zu Gesellschaften zur gegenseitigen Hilfeleistung zusammen, konnten aber gegen die Macht und Schlauheit der Reichen, den Konservativismus der Bauern und die Bereitschaft sonst gegnerischer Regierungen, sich gegenseitig zur Unterdrückung von Aufständen bewaffnete Hilfe zu leisten, nur wenig ausrichten. Die Freiheit der ungleichen Geschicklichkeit, entweder Geld anzuhäufen oder zu hungern, führte wieder wie schon zu Solons Zeiten zu einer außerordentlichen einseitigen Kapitalanhäufung. Die Armen liehen sozialistischen Predigern ein willigeres Ohr. Ihre Wortführer verlangten die Streichung aller Schulden, die Neuaufteilung des Bodens und die Beschlagnahme der großen Vermögen; die Kühnsten riefen dann und wann zur Sklavenbefreiung auf.

Der Verfall des religiösen Glaubens förderte die Entstehung von Utopien als Ersatz dafür. Der Stoiker Zenon schilderte in seinem *Staat* (um 300) einen Idealkommunismus. Iambulos begeisterte (um 250) die griechischen Revolutionäre mit einer Romanze, in der er eine gesegnete Insel im Indischen Ozean (vielleicht Ceylon) beschrieb: Dort waren nach seinem Bericht alle Menschen gleich, nicht nur in ihren Rechten, sondern auch in Geschicklichkeit, Tüchtigkeit und Intelligenz; alle leisteten die gleiche Arbeit und hatten gleichen Anteil an den Erzeugnissen; alle hatten der Reihe nach gleichen Anteil an der Regierung; es gab weder Reichtum noch Armut noch irgendeinen Klassenkampf; die Natur erzeugte überreiche Frucht aus eigenem Antrieb, und die Menschen lebten in Eintracht und allseitiger Liebe.

Einige Regierungen verstaatlichten gewisse Industrien: Priene übernahm die Salzwerke, Miletos die Textilfabriken, Rhodos und Knidos die Töpfereien; sie zahlten aber geradeso niedrige Löhne wie die privaten Arbeitgeber und quetschten aus der Arbeitskraft ihrer Sklaven jeden erdenklichen Profit. Die Kluft zwischen reich und arm verbreiterte sich; der Klassenkampf wurde schärfer als zuvor. Alle Städte, alte wie neue, widerhallten von Haß, Aufständen, Massakern, Unterdrückungen, Verbannungen und der Vernichtung von Besitz und Leben. Wenn eine Partei siegreich war, so verbannte sie die andere und konfiszierte deren Besitz; kehrten die Verbannten an die Macht zurück, so nahmen sie ihre Rache in Natura und schlachteten ihre Feinde ab. Man stelle sich die Festigkeit eines Wirtschaftssystems vor, dessen führende Köpfe immer wieder fielen und das solchen Störungen ausgesetzt war. Einige altehrwürdige griechische Städte waren vom Klassenkampf so verwüstet, daß Gewerbe und Menschen entflohen, Gras in den Straßen wuchs und Vieh zwischen den Trümmern weidete. Polybios, der um 150 schreibt, schildert einige zeitlose Phasen dieses Kampfes vom Standpunkte des reichen Konservativen:

«Wenn sie [die Führer der Radikalen] einmal durch ihre törichte Ehrsucht das Volk ans Geschenknehmen gewöhnt und es gierig nach Geschenken gemacht haben, geht es nunmehr hinwiederum mit der Demokratie zu Ende, und es treten die Gewalt und das Faustrecht an die Stelle. Sobald nämlich die Menge, die von fremdem Gute zu leben und die Hoffnung für ihren Unterhalt auf die Habe anderer zu setzen gewohnt ist, einen hochstrebenden und kühnen, aber durch die Armut von den Ehren im Staate ausgeschlossenen Führer erlangt hat, so schreitet sie zur Anwendung des Faustrechts. Und jetzt, sich zusammenrottend, wütet sie mit Mord und Verbannung und nimmt Landverteilungen vor, bis sie ganz verwildert wieder in die Gewalt eines unumschränkten Gebieters und Alleinherren gerät.»[2]

Es waren Krieg und Klassenkampf, die das griechische Mutterland so schwächten, daß es der römischen Eroberung leicht zur Beute fiel. Die harte Erbarmungslosigkeit der Sieger – die Zerstörung der Ernten, der Weinberge und der Obsthaine, das Niederbrennen der Bauernhöfe, der Verkauf der Kriegsgefangenen in die Sklaverei – richtete eine Ortschaft nach der anderen zugrunde und ließ dem letzten Feind nur noch eine leere Schale zurück. Ein durch Hader, Erosion, Entwaldung und gleichgültige Bestellung durch verarmte Bauern oder durch Sklaven so verwüstetes Land konnte natürlich mit den reichen Schwemmebenen des Orontes, des Euphrats, des Tigris und des Nils nicht konkurrieren. Die nördlichen Städte lagen nicht mehr an den großen Handelsstraßen; sie hatten ihre Flotten verloren und konnten die Quellen und Wege der Getreidezufuhr, die Athen und Sparta in ihrer imperialistischen Zeit beherrscht hatten, nicht mehr unter Kontrolle halten. Die Schwerpunkte der Macht, selbst der literarischen und künstlerischen Schöpfung, kehrten wieder nach Asien und Ägypten zurück, von wo Griechenland vor einem Jahrtausend bescheiden seine Wissenschaften und seine Künste bezogen hatte.

III. DIE MORAL DER VERFALLSZEIT

Das Versagen des Stadtstaates beschleunigte den Verfall der überkommenen Religion; die Stadtgötter hatten ihre Stadt nicht zu verteidigen vermocht und sich damit den Glauben verscherzt. Die Bevölkerung war von fremdländischen Kaufleuten durchsetzt, die am zivilen und religiösen Leben der Stadt keinen Anteil hatten und deren amüsier-

Schlafender Satyr, sogenannter Barberinischer Faun. Vermutlich ist das Bildwerk als ein aus Griechenland verschlepptes Kunstwerk in römischen Gärten aufgestellt gewesen (um 220 v. Chr.; Glyptothek, München).

ter Skeptizismus sich unter der Bürgerschaft verbreitete. Die Mythologie der alten Ortsgötter blieb unter der Bauernschaft und den einfachen Stadtleuten und in den offiziellen Riten erhalten, die Gebildeten verwandten sie für Dichtung und Kunst, die Halbfreien griffen sie erbittert an und die Oberschicht stützte sie als Hilfsmittel für Ruhe und Ordnung und mißbilligte den Atheismus als Geschmacksverirrung. Die Entstehung großer Staatsgebilde ließ verschiedene Götter in einer Gestalt zusammenfallen und bereitete einem unbestimmten Monotheismus den Weg, während die Philosophen bestrebt waren, den Gebildeten einen Pantheismus vorzuführen, der mit dem orthodoxen Glauben nicht allzu offensichtlich unvereinbar war. Um 300 veröffentlichte Euhemeros von Messana auf Sizilien seine *Hiera Anagraphe* (wörtlich «Heilige Aufzeichnung»), in der er der Meinung Ausdruck gab, die Götter seien entweder personifizierte Naturkräfte oder noch häufiger von der Einbildungskraft des Volkes oder aus Dankbarkeit wegen ihrer der Menschheit geleisteten Dienste zu Göttern gemachte menschliche Heroen; die Mythen seien Allegorien, und religiöse Zeremonien seien ursprünglich Feiern zum Gedenken an die Toten gewesen. So sei Zeus ein Eroberer, der auf Kreta verstorben sei, Aphrodite die Begründerin und Schutzheilige der Prostitution, und die Geschichte von Kronos, der seine Kinder verschlingt, sei nur eine Ausdrucksform dafür, daß es einst auf Erden Kannibalismus gegeben habe. Das Buch übte im dritten Jahrhundert eine starke atheistische Wirkung auf Griechenland aus*.

Der Skeptizismus hält aber keine Tröstungen bereit. Er läßt das Herz und die Einbildung des einfachen Mannes leer, und die Leere zieht bald irgendeinen neuen und trostreichen Glauben an. Die Siege der Philosophie und Alexanders ebneten außergewöhnlichen Kulten den Weg. Athen wurde im dritten Jahrhundert von exotischen Glaubensbekenntnissen, die fast alle den Himmel versprachen und mit der Hölle drohten, derart in Aufruhr versetzt, daß Epikuros, wie Lucretius im Rom des ersten Jahrhunderts, sich veranlaßt sah, die Religion anzugreifen, da sie dem Seelenfrieden und der Lebensfreude abträglich sei. Die neuen Tempel waren jetzt, selbst in Athen, gewöhnlich Isis, Serapis, Bendis, Adonis oder sonst einer fremdländischen Gottheit geweiht. Die Eleusinien gediehen in Ägypten und Italien und auf Sizilien und Kreta; Dionysos Eleutherios – der Erlöser – blieb volkstümlich, bis er in Christus aufging; der Orphismus gewann neue Anhänger durch die erneute Berührung mit den östlichen Kulten, aus denen er erwachsen war. Die alte Religion war aristokratisch gewesen und hatte Fremde und Sklaven nicht zugelassen; die neuen orientalischen Kulte nahmen alle auf, Männer und Frauen, Fremde, Unfreie und Freie, und hielten für alle Stände und Schichten die Verheißung des ewigen Lebens bereit.

Der Aberglaube breitete sich aus, während gleichzeitig die Wissenschaft ihren Höhepunkt erreichte. Die Schilderung, die Theophrastos von den abergläubischen Praktiken gibt, zeigt, wie dünn der Kulturfirnis selbst in der Hauptstadt der Aufklärung und der Philosophie war. Die Siebenzahl war unaussprechlich heilig; es gab sieben Planeten, sieben Wochentage, sieben Weltwunder, sieben Zeitalter, sieben Himmel, sieben Höllentore. Die Astrologie gelangte durch die Berührung mit Babylonien zu neuem Leben.

* Vielleicht spiegelte es die hellenistische Vergötterung der Könige wider und trug zu ihr bei.

Alexander der Große. Auschnitt aus dem antiken Mosaikbild der Alexanderschlacht (im Museo Nazionale, Neapel, 1831 in Pompeji aufgedeckt, leicht veränderte Kopie eines griechischen Tafelgemäldes vom Ende des 4. Jh. v. Chr.).

Man war fest überzeugt, daß die Sterne Götter seien, die die Geschicke der einzelnen und der Staaten bis ins kleinste bestimmten; der Charakter, selbst das Denken werde von dem Stern oder dem Planeten bestimmt, unter dem man geboren sei, und werde dementsprechend freundlich (*jovial* – nach Iupiter, Iovis), unbeständig (*merkurial* – nach Merkur) oder mürrisch (*saturnisch* – nach Saturn). Selbst die Juden, das am wenigsten abergläubische Volk, faßten ihre Glückwünsche in die Worte *Mazzol-tov* – «Möge dein Planet günstig sein». Die Astronomie kämpfte mit der Astrologie um ihr Leben, unterlag aber schließlich im zweiten Jahrhundert nach Christus. Und überall in der hellenistischen Welt wurde Tyche, die große Göttin Schicksal, verehrt.

Nur eine durchdringende Einbildungskraft oder eine besondere Beobachtungsgabe befähigen uns zu erkennen, was es bedeutet, wenn ein Volk seine altüberlieferte Religion dahinwelken sieht. Die klassische griechische Kultur hatte sich auf die patriotische Hingabe an den Stadtstaat gegründet, und die klassische Moral hatte, wenn sie auch in Volksbräuchen und nicht in einem Bekenntnis wurzelte, in dem Glauben an das Übernatürliche eine kräftige Stütze gefunden. Jetzt aber empfand der gebildete Grieche weder religiöse noch patriotische Gefühle; politische Grenzen wurden durch die Reichsbildung aufgehoben, und das Anwachsen des Wissens hatte Moral, Ehe, Verwandtschaftsverhältnis und Gesetz von religiösen Banden gelöst. Eine Zeitlang kam die perikleische Aufklärung (wie die des neuzeitlichen Europa) der Moral zugute. Humanitäre Gefühle entwickelten sich und erweckten – wenn auch ohne bleibende Wirkung – eine heftigere Abneigung gegen den Krieg; Menschen und Städte schlichteten ihre Streitfälle immer mehr durch Schiedsspruch. Die Manieren wurden feiner, die Redeweise höflicher; die Höflichkeit drang wie in unserem Mittelalter von den Königshöfen, wo sie eine Sache der persönlichen Sicherheit und des königlichen Prestiges gewesen war, in die unteren Schichten hinab. Als die Römer kamen, war Griechenland erstaunt über ihre schlechten Manieren und grobe Lebensweise. Das Leben verfeinerte sich. Die Frauen bewegten sich freier in der Gesellschaft und regten die Männer zu ungewohnter Eleganz an. Die Männer rasierten sich jetzt, besonders in Byzantion und Rhodos, wo Gesetze das Rasieren als zu weibisch untersagt hatten. Das Streben nach Vergnügungen nahm jedoch das Leben der Erwachsenen der Oberschicht völlig in Anspruch. Das alte Problem von Ethik und Moral – das natürliche Epikureertum des einzelnen mit dem notwendigen Stoizismus des Staates in Übereinstimmung zu bringen – fand weder in der Religion noch in der Politik oder der Philosophie eine Lösung.

Die Bildung verbreitete sich, drang aber nicht in die Tiefe. Wie in allen intellektuellen Zeiten legte sie den Nachdruck auf das Wissen und nicht auf den Charakter und erzeugte Massen von Halbgebildeten, die, der Verwurzelung in Arbeit und Landbau beraubt, in einer unbestimmten Unzufriedenheit wie lockerer Ballast im Staatsschiff umherpurzelten. Einige Städte, wie Miletos und Rhodos, richteten Staatsschulen ein; auf Teos und Chios wurden Knaben und Mädchen mit einer Unparteilichkeit, die bislang nur Sparta gezeigt hatte, gemeinsam unterrichtet. Das Gymnasion entwickelte sich zu einer höheren Schule mit Klassenzimmern, Vortragssälen und einer Bibliothek. Die Palaistra erlebte eine Blütezeit und war besonders im Osten beliebt; die öffentlichen

Spiele waren aber zu Wettkämpfen von Berufssportlern, hauptsächlich Boxern, entartet, bei denen die Kraft mehr zählte als die Geschicklichkeit. Die Griechen, einst eine Nation von Sportsleuten, wurden jetzt zu einer Nation von Zuschauern, die sich lieber ergötzten, als daß sie sich selbst betätigten.

Die Geschlechtsmoral sank sogar noch unter die gewiß nicht große Höhe der perikleischen Zeit herab. Die Homosexualität verlor nichts an ihrer Beliebtheit; «mag ein Mädchen ihm jetzt, ein Jüngling liegen zur Seite»[3], sagt Simaitha bei Theokrit. Die Dirne regierte immer noch: Demetrios Poliorketes erhob von den Athenern eine Sondersteuer von zweihundertfünfzig Talenten und übergab die sehr stattliche Geldsumme dann seiner Geliebten Lamia mit der Begründung, sie brauche sie für Seife; was die Athener zu der Bemerkung veranlaßte, die Dame müsse recht unsauber sein. Nackttänze wurden als Brauchtum hingenommen und dem makedonischen König vorgeführt. Das athenische Leben wird in den Komödien des Menandros als ein Wechselspiel von Trivialität, Verführung und Ehebruch gezeigt.

Die griechischen Frauen nahmen aktiv an den kulturellen Bestrebungen ihrer Zeit teil und trugen zu Literatur, Wissenschaft, Philosophie und Kunst bei. Aristodame von Smyrna trug ihre Dichtungen in ganz Griechenland vor und erhielt vielerlei Ehrungen. Einige Philosophen, wie Epikuros, zögerten nicht, Frauen in ihre Schule aufzunehmen. Die Literatur begann, den Hauptnachdruck auf die Körperschönheit der Frau und nicht mehr auf ihre Mütterlichkeit zu legen; der literarische Kult der Frauenschönheit entwickelte sich in dieser Zeit gemeinsam mit der romantischen Liebesdichtung und dem Liebesroman. Die Teilemanzipation der Frau war von einer Auflehnung gegen häufige Mutterschaft begleitet, und die Geburtenbeschränkung wurde zum besonderen Kennzeichen des Zeitalters. Die Abtreibung war nur dann strafbar, wenn sie gegen den Willen des Ehemanns oder auf Betreiben des Verführers vorgenommen wurde. Oft wurde ein Kind nach seiner Geburt ausgesetzt. In den alten Städten Griechenlands zog unter hundert Familien nur eine mehr als eine Tochter auf: «Selbst ein Reicher», berichtet Poseidippos, «setzt eine Tochter stets aus.» Schwestern waren eine Seltenheit. Familien ohne Kinder oder nur mit einem einzigen Kind waren zahlreich. Inschriften gestatten uns, die Fruchtbarkeit von neunundsiebzig Familien in Miletos um 200 festzustellen: zweiunddreißig hatten ein einziges Kind, einunddreißig zwei; zusammen hatten sie hundertachtzehn Söhne und achtundzwanzig Töchter. In Eretria hatte von zwölf Familien nur eine zwei Söhne; kaum eine hatte zwei Töchter. Die Philosophen billigten die Kindstötung als Hilfsmittel gegen den Bevölkerungsüberschuß; als aber die unteren Stände diese Praxis im großen befolgten, nahmen die Todesfälle über die Geburten überhand. Die Religion, die einst die Menschen zur Fruchtbarkeit angeregt hatte, damit die Seelen der Verstorbenen nicht ohne Pflege blieben, vermochte kein Gegengewicht gegen die Erwägungen über die Bequemlichkeit und die Kosten mehr zu stellen. In den Kolonien ersetzte die Einwanderung die alten Familien; in Attika und auf der Peloponnes sank die Einwanderung auf eine ganz unbedeutende Zahl, und die Bevölkerung nahm ab. In Makedonien verbot Philippos V. die Geburtenbeschränkung und steigerte die Bevölkerung des Landes in dreißig Jahren um fünfzig Prozent; wir können danach schätzen, wie verbreitet die Geburtenbeschränkung selbst in dem halbprimitiven Makedonien geworden war. Polybios schreibt um 150:

«In unserer Zeit hat ganz Griechenland eine niedrige Geburtenziffer und einen allgemeinen Bevölkerungsrückgang aufzuweisen, so daß ganze Städte verlassen sind und das Land keine Frucht mehr trägt ... Da die Menschen so sehr dem Luxus, dem Geiz und der Trägheit verfallen waren, daß sie nicht mehr heiraten oder aber ihre Kinder überhaupt nicht oder höchstens ein oder zwei Kinder aufziehen wollten, damit sie den ganzen Reichtum ihnen überlassen und sie zur Verschwendung ihres Vermögens erziehen könnten – wuchs das Übel unmerklich, aber mit großer Geschwindigkeit an. Es liegt ja auf der Hand, daß in Fällen, wo der eine von zwei Söhnen im Kriege fiel und der andere einer Krankheit erlag, das Haus leer bleiben mußte ... und die Städte allmählich ihre Menschenkraft verloren und schwach wurden.»[4]

IV. DIE REVOLUTION IN SPARTA

Inzwischen rief die Zusammenballung des Reichtums, die überall in Griechenland den ewigen Klassengegensatz zum Entflammen brachte, zwei Versuche einer revolutionären Reform hervor. Durch seine Gebirgsschranken abgetrennt, hatte Sparta seine Unabhängigkeit zu bewahren vermocht, die Makedonen zurückgewiesen und mutig die mächtige Armee des Pyrrhos geschlagen (272). Die Habgier der Starken erzeugte aber im Innern den Verfall, den die feindlichen Streitmächte von außen nicht zu bringen vermocht hatten. Das Lykurgische Gesetz, das eine Veräußerung des Landes von der Familie durch Verkauf oder eine Aufteilung durch testamentarisches Vermächtnis verboten hatte, war widerrufen worden*, und das Vermögen, das Spartaner sich in imperialistischen Unternehmungen oder im Krieg erworben hatten, war zu Landaufkäufen verwendet worden. Um das Jahr 244 waren die 700 000 Morgen Lakoniens im Besitz von hundert Familien, und nur siebenhundert Männer hatten sich das Bürgerrecht bewahren können. Selbst sie nahmen ihre Mahlzeiten nicht mehr gemeinsam ein; die Armen konnten die erforderliche Zuwendung nicht mehr leisten, während die Reichen es vorzogen, für sich zu festen. Eine große Mehrheit der Familien, die einst das Bürgerrecht besessen hatten, war in Armut gesunken und verlangte nun die Annullierung der Schulden und die Neuaufteilung des Landes.

Es gereicht der Monarchie zur Ehre, daß der Versuch, diese Notstände zu beseitigen, von den spartanischen Königen ausging. Im Jahre 244 waren Agis IV. und Leonidas II. auf den Doppelthron gefolgt. In der Überzeugung, Lykurgos habe die gleichmäßige Verteilung des Landes unter alle Freien im Sinne gehabt, schlug Agis vor, es erneut aufzuteilen, alle Schulden zu streichen und den Halbkommunismus der Lykurgischen Gesetze wiederherzustellen. Die Grundbesitzer, deren Güter mit Hypotheken belastet waren, unterstützten den Antrag auf Schuldenstreichung; als aber diese Maßnahme getroffen worden war, leisteten sie allen andern Reformen Agis' heftigen Widerstand. Auf Betreiben des Leonidas wurden Agis mit seiner Mutter und Großmutter ermordet,

* Vielleicht weil dieses Verbot der Aufteilung zur Geburtenbeschränkung geführt hatte, wie es auch im neuzeitlichen Frankreich der Fall ist.

die beide freiwillig den größten Teil ihrer Güter zur Verteilung unter das Volk hergegeben hatten. In diesem Königsdrama waren die edelsten Charaktere Frauen. Cheilonis, des Leonidas Tochter, war die Gattin des Kleombrotos, der Agis unterstützte. Als Leonidas verbannt wurde und Kleombrotos sich des Thrones bemächtigte, verließ Cheilonis ihren triumphierenden Gatten, um ihrem Vater in die Verbannung zu folgen; als Leonidas die Macht wieder an sich riß und Kleombrotos verbannte, erwählte Cheilonis sich die Verbannung mit ihrem Gatten.

Leonidas zwang die Witwe des Agis, seinen Sohn Kleomenes zu heiraten, damit ihr großes Vermögen in seine Familie komme. Aber Kleomenes verliebte sich in seine Gattin und ließ sich von ihr mit dem Gedankengut des ermordeten Königs erfüllen. Als er als Kleomenes III. auf den Thron kam, war er entschlossen, die Reformen des Agis durchzuführen. Die Armee hatte er durch seine Tapferkeit im Kriege auf seine Seite gebracht, das Volk durch seine einfache Lebensweise. So schaffte er mit der Begründung, Lykurgos habe es nie sanktioniert, das oligarchische Ephorat ab. Er tötete vierzehn Männer, die Widerstand leisteten, verbannte achtzig, verfügte die Streichung aller Schulden, teilte das Land unter die freie Bevölkerung auf und stellte die lykurgische Disziplin wieder her. Damit nicht zufrieden, machte er sich daran, die Peloponnes für die Revolution zu gewinnen. Überall begrüßte ihn das Proletariat als Befreier, und viele Städte ergaben sich ihm willig; er nahm Argos, Pellene, Phleius, Epidauros, Hermione, Troizen und schließlich das reiche Korinth ein. Das Ferment seines Planes wirkte: In Boiotien wurde die Schuldentilgung eingestellt, und der Staat eignete sich Geldmittel an, um die Armen zu besänftigen; in Megalopolis flehte der Philosoph Kerkidas die Reichen an, den Bedürftigen zu helfen, bevor eine Revolution den gesamten Wohlstand zerstöre. Als Kleomenes in Achaia einfiel und Aratos besiegte, zitterte die ganze Oberschicht Griechenlands um ihren Besitz. Aratos suchte Hilfe bei Makedonien. Antigonos Doson kam, überwältigte Kleomenes bei Sellasia (221) und stellte das oligarchische Regime in Sparta wieder her. Kleomenes floh nach Ägypten, versuchte erfolglos, von Ptolemaios III. Hilfe zu erlangen, unternahm es vergeblich, die Alexandriner zur Revolution aufzustacheln, und beging Selbstmord.

Der Klassenkampf ging weiter. Ein Menschenalter nach Kleomenes stürzte das Volk von Sparta die Regierung und errichtete eine revolutionäre Diktatur. Philopoimen, der Aratos als Haupt des Achaiischen Bundes gefolgt war, brach in Lakonien ein und stellte die Herrschaft der Besitzenden wieder her. Sobald Philopoimen abgezogen war, erhob sich das Volk abermals und setzte Nabis als Diktator ein (207). Nabis war ein syrischer Semit, der im Kriege gefangengenommen und als Sklave nach Megalopolis verkauft worden war; er brannte darauf, seine unterdrückten Fähigkeiten voll auszunützen, und rächte sich, indem er einen Heilotenaufstand organisierte. Nunmehr gab er allen Freien das spartanische Bürgerrecht und setzte alle Heiloten mit einem einzigen Worte frei. Als die Reichen widerstrebten, ließ er sie köpfen und ihr Vermögen beschlagnahmen. Die Nachricht von seinen Taten gelangte weit herum, und er fand es einfach, Argos, Messenien, Elis und einen Teil Arkadiens zu erobern. Überall verstaatlichte er die großen Güter, teilte das Land neu auf und strich die Schulden. Der Achaiische Bund, unfähig, ihn zu stürzen, wandte sich an Rom um Hilfe. Flamininus kam, aber Nabis leistete so entschiedenen Widerstand, daß der Römer einen Vertrag mit ihm einging, nach dem Nabis die gefangengesetzten Reichen freilassen, aber selbst an der Macht bleiben sollte. Da wurde Nabis von einem Sendling des Aitolischen Bundes ermordet (192). Vier Jahre später marschierte Philopoimen abermals ein, brachte die Oligarchen wieder an die Macht, setzte die Lykurgische Verfassung außer Kraft und verkaufte dreitausend Anhänger des Nabis als Sklaven. Die Revolution war erledigt, ebenso Sparta; es blieb weiterhin bestehen, spielte aber nie mehr eine Rolle in der griechischen Geschichte.

V. DER AUFSTIEG VON RHODOS

Vom Parteienhader vertrieben und von den Bevölkerungsbewegungen mitgerissen, wandten sich Kapital und Handel vom Mutterland ab und suchten in der Ägäis Zuflucht. Delos, einst reich durch Apollon, blühte im zweiten Jahrhundert als Freihafen unter der Protektion Roms und der Leitung Athens. Die kleine Insel floß über von fremdländischen Händlern, Geschäftsgebäuden, Palästen und Hütten und den verschiedenen Tempeln exotischer Religionen.

Rhodos erreichte seinen Höhepunkt im dritten Jahrhundert und war zu dieser Zeit allgemein als die höchstkultivierte und schönste Stadt von ganz Hellas anerkannt. Strabon schildert sie folgendermaßen: «Die Stadt Rhodos liegt auf der östlichen Landspitze und zeichnet sich durch Häfen, Straßen, Mauern und übrige Ausstattung vor allen übrigen so sehr aus, daß ich keine andere, ihr auch nur gleichende, geschweige denn sie übertreffende zu nennen weiß.»[5] An einem der Kreuzwege des Mittelmeeres gelegen und in der Lage, den wachsenden Handelsverkehr auszunutzen, den Alexanders Eroberungen zwischen Europa, Ägypten und Asien ermöglicht hatten, ersetzte der geräumige Hafen von Rhodos denjenigen von Tyros und den Peiraieus als Warenumschlagplatz und als Bankplatz für die Organisation und Finanzierung des Handelsverkehrs im östlichen Mittelmeer. Die Kaufleute von Rhodos schufen sich einen einträglichen Ruf der Ehrlichkeit, seine Banken und seine Regierung einen solchen der Stabilität, und das in einer Welt des Trugs und der Unsicherheit; seine mächtige Flotte, von den eigenen Bürgern bemannt, säuberte die Ägäis von Seeräubern, gewährte den Handelsschiffen aller Nationen die gleiche Sicherheit und schuf ein Seerecht, das so geschickt erdacht war und so weithin angenommen wurde, daß es jahrhundertelang den Mittelmeerhandel beherrschte und in das Seerecht Roms, Konstantinopels und Venedigs einging.

Nachdem es sich durch den heldenmütigen Widerstand gegen Demetrios Poliorketes (305) von der makedonischen Herrschaft befreit hatte, steuerte Rhodos mit gutem Erfolg durch die bewegte Politik der Zeit, indem es eine weise Neutralität bewahrte oder nur dann in den Krieg zog, wenn es die anwachsende Macht eines Angreiferstaates zu schwächen oder die Freiheit der Meere zu bewahren galt. Rhodos vereinte viele Städte des Ägäischen Meeres zum Kykladenbund und übte seinen Vorsitz so gerecht aus, daß niemand sein Recht bestritt, die Führung innezuhaben. Seine Regierung – eine Aristokratie auf demokratischer Grundlage wie im republikanischen Rom – herrschte über die vereinten Städte Lindos, Kameiros, Ialysos und Rhodos mit Geschick und verhältnismäßiger Gerechtigkeit, gab den fremdländischen Einwohnern Privilegien, die Athen seinen Metoiken niemals zugestanden hatte, schützte eine große Sklavenbevölkerung so gut, daß sie sie bei Gefahr zu bewaffnen wagte, und erlegte den Reichen der Stadt die Pflicht auf, für die Armen zu sorgen. Der Staat deckte seine Ausgaben durch eine zweiprozentige Steuer auf Ein- und Ausfuhren. Er lieh an notleidende Städte großzügig Geld aus, manchmal ohne Zins.

Als Rhodos durch ein Erdbeben zerstört wurde (225), kam ihm ganz Griechenland zu Hilfe, denn jedermann erkannte, daß sein Verschwinden aus der Ägäis zu einem wirtschaftlichen und finanziellen Chaos führen würde. Hieron II. sandte für Rhodos hundert Goldtalente und ließ in der wiederaufgebauten Stadt ein Denkmal aufstellen, das zeigte, wie das Volk von Rhodos von dem Volk von Syrakus bekränzt wird. Ptolemaios III. sandte dreihundert Silbertalente*; Antigonos III. schickte dreitausend, dazu noch große Mengen Bauholz und Pech zum Bauen; seine Gattin Chryseis stiftete dreitausend Talente Blei und 150000 Scheffel Getreide. Seleukos III. schickte 300000 Scheffel Getreide und zehn vollständig ausgerüstete Penteren. Polybios berichtet: «Die Städte aber, die sie nach Kräften unterstützten, wären schwer auch nur aufzuzählen.»[6] Es war ein leuchtendes Zwischenspiel in den finsteren Annalen der politischen Geschichte, eine der wenigen Gelegenheiten, da das gesamte Griechentum gemeinsam dachte und handelte.

* Ein griechisches Talent wog etwas über 26 Kilogramm.

ZWEITES KAPITEL

Der Hellenismus und der Orient

I. DAS SELEUKIDENREICH

Wenn wir das Mutterland hinter uns lassen und uns über das Ägäische Meer zu den griechischen Niederlassungen Asiens und Ägyptens begeben, stoßen wir zu unserer Überraschung auf frisches und blühendes Leben, und wir erkennen, daß die hellenistische Zeit nicht so sehr den Verfall als die Ausbreitung der griechischen Kultur erlebte. Seit dem Ende des Peloponnesischen Krieges war ein Strom von griechischen Soldaten und Einwanderern nach Asien gekommen. Alexanders Eroberungen hatten diesen Zustrom verstärkt, indem sie dem hellenischen Unternehmergeist neue Möglichkeiten und Wege eröffneten.

Seleukos I., genannt Nikator («der Sieger»), zeichnete sich unter Alexanders Feldherren als ein Mann von Mut, Phantasie und skrupelloser Großzügigkeit aus. Es war kennzeichnend für ihn, daß er seine zweite Frau, die schöne Stratonike, an seinen Sohn Demetrios abtrat, als er erfuhr, daß dieser in Liebe zu ihr verging. Antigonos I. widersetzte sich der Zuteilung Babyloniens an Seleukos und wollte den ganzen Vorderen Orient für sich gewinnen; Seleukos und Ptolemaios I. schlugen ihn im Jahre 312 bei Gaza. Von diesem Zeitpunkte an datierte das Seleukidenreich und eine neue Zeitrechnung – eine Zeitrechnung, die in Westasien bis Mohammed galt. Seleukos vereinigte unter seinem Zepter die alten Königreiche und Kulturen von Elam, Sumer, Persien, Babylonien, Assyrien, Syrien, Phoinikien und zeitweise Kleinasien und Palästina. Mit Seleukeia und Antiocheia erbaute er vermögendere und volkreichere Städte als das griechische Mutterland je gesehen hatte. Für Seleukeia suchte er einen Ort in der Nähe des alternden Babylon und des künftigen Bagdad aus, an der Stelle, wo Euphrat und Tigris fast zusammentreffen. Die Stadt hatte eine günstige Lage, um den Handel zwischen Mesopotamien und dem Persischen Golf und den fernergelegenen Ländern an sich zu ziehen; in einem halben Jahrhundert betrug ihre Bevölkerung bereits 600 000 Seelen, eine buntgewürfelte Masse von Asiaten, die von einer Minderheit von Griechen beherrscht wurde*. Antiocheia hatte eine ähnliche Lage am Orontes, nicht zu weit von dessen Mündung, um noch von der Ozeanschiffahrt erreicht zu werden, und doch genügend weit im Landesinnern, um vor Angriffen von der Seeseite aus geschützt zu sein und um die fruchtbaren Felder des Flußtales zu erschließen und den Mittelmeerhandel des nördlichen Mesopotamien und Syrien an sich zu ziehen. Es war die Residenz der späteren Seleukiden, bis es unter Antiochos IV. zur reichsten Stadt des seleukidischen Asien wurde, von Tempeln, Säulenhallen, Theatern, Gymnasien, Palaistren, Blumengärten, mit Bäumen und Pflanzen besetzten Boulevards und von Parks geschmückt; der Garten von Daphne war in ganz Griechenland seiner Lorbeer- und Zypressenhaine und seiner Brunnen und Wasserläufe wegen berühmt.

Seleukos I. fiel im Jahre 281 einem Morde zum Opfer, nachdem er fünfunddreißig Jahre lang als wohltätiger und beliebter Herrscher regiert hatte. Von seinem Tode an begann sein Reich zu zerfallen, da es von geographischen und rassischen Trennungslinien, heftigen Thronkämpfen und

---

* An dieser Stelle grub Leroy Waterman 1931 Täfelchen aus, die bezeugen, daß einer der reichsten Bürger von Seleukeia während fünfundzwanzig Jahren die Steuern hinterzogen hatte.

Barbareneinbrüchen von allen Seiten zerrissen wurde. Antiochos I. Soter («der Retter») kämpfte tapfer gegen die Galater. Antiochos II. Theos («der Gott») lebte in einem beständigen Rausch, als ob er abermals die Launenhaftigkeit der erblichen Monarchie bestätigen wollte; seine Gattin Laodike leitete jene Intrigenfolge ein, die schließlich das Königshaus in den Abgrund stürzte. Antiochos III. der Große war ein fähiger und kultivierter Mann; seine Büste im Louvre zeigt einen Graeco-Makedonen mit dem Mute des Makedonen und der Verstandeskraft des Griechen. In unermüdlicher Kriegführung eroberte er den größten Teil des Gebietes zurück, das das Reich seit Seleukos I. verloren hatte. Er gründete in Antiocheia eine Bibliothek und förderte die literarische Bewegung, die in Meleagros von Gadara gegen Ende des zweiten Jahrhunderts ihren Höhepunkt fand. Er hielt sich an den griechischen Brauch der regionalen Autonomie und schrieb den Städten, wenn er etwas Gesetzwidriges befehle, sollten sie es nicht beachten, sondern annehmen, er habe aus Unwissenheit gehandelt. Er ließ sich durch Ehrgeiz, Phantasie und seinen Geschmack an der Liebe zugrunde richten. Im Jahre 217 wurde er bei Rapheia von Ptolemaios IV. geschlagen und verlor Phoinikien, Syrien und Palästina; er tröstete sich mit einem siegreichen Feldzug gegen Baktrien und Indien (208), wobei er die Heldentaten Alexanders wiederholte. Er ließ sich von Hannibal zur Hilfeleistung gegen Rom verleiten und setzte auf Euboia eine Armee an Land, verliebte sich mit fünfzig Jahren in ein hübsches Mädchen von Chalkis, machte ihr in allen Ehren den Hof, heiratete sie in aller Umständlichkeit, vergaß die Kriegführung und verbrachte den Winter in seinem jungen Glück. Die Römer schlugen ihn bei den Thermopylen, vertrieben ihn nach Kleinasien und überwältigten ihn bei Magnesia. Er stürzte sich ruhelos in einen neuen östlichen Feldzug und starb in dessen Verlauf nach einer sechsunddreißigjährigen Regierungszeit.

Sein Sohn Seleukos IV. liebte den Frieden, verwaltete das Reich sparsam und weise und wurde im Jahre 175 ermordet. Zu dieser Zeit diente sein jüngerer Bruder als Archon in Athen, wo er Philosophie studierte. Als er vom Tode des Seleukos erfuhr, stellte er ein Heer auf, marschierte nach Antiocheia, setzte den Mörder ab und übernahm den Thron (175). Antiochos IV. war zugleich der interessanteste und der sprunghafteste Sprößling seines Geschlechts, eine seltsame Mischung aus Verstand, Geistesgestörtheit und Charme. Er war trotz tausend Ungerechtigkeiten und Absurditäten seinem Königreiche ein guter Herrscher. Er ließ es zu, daß seine Abgeordneten ihre Macht mißbrauchten, und übertrug seiner Mätresse die Regierungsgewalt über drei Städte. Er war unvernünftig freigebig und grausam, verzieh und verurteilte je nach Laune, überraschte einfache Leute mit kostbaren Geschenken und streute mit kindlichem Vergnügen Geld unter die Menge auf der Straße. Er liebte Wein, Weib und Kunst; er trank im Übermaß und verließ bei seinen Gelagen den königlichen Sitz, um mit den Komödianten nackt zu tanzen oder mit dem Straßenpöbel zu zechen. Er war ein Bohemien, dessen Machttraum sich erfüllt hatte. Er haßte die Feierlichkeit und das Getue des Hofes, trieb mit seinen Würdenträgern Scherze und verkleidete sich, um den Luxus der Namenlosigkeit auszukosten; es entzückte ihn, sich unter das Volk zu mischen und dessen Bemerkungen über den König zu belauschen. Er liebte es, durch die Werkstätten der Handwerker zu ziehen, die Arbeit der Steinschneider und Juweliere zu beobachten und zu studieren und mit ihnen über die technischen Einzelheiten zu diskutieren. Er begeisterte sich ehrlich für die griechische Kunst, Literatur und Philosophie. Er machte Antiocheia auf ein Jahrhundert zum künstlerischen Mittelpunkt des griechischen Lebensraumes. Er gab große Summen aus, um in anderen hellenischen Städten Statuen und Tempel zu errichten; er stattete den Apollontempel auf Delos aufs neue aus, baute für Tegea ein Theater und finanzierte die Fertigstellung des Olympieions in Athen. Da er vierzehn beeindruckbare Jahre in Rom gelebt hatte, fand er Geschmack an republikanischen Einrichtungen; und wie um Augustus vorwegzunehmen, gefiel es seiner Laune und seiner Politik, seine monarchische Gewalt in Formen republikanischer Freiheit zu kleiden. Die Hauptauswirkung seiner Leidenschaft für alles Römische war die Einführung von Gladiatorenspielen in Antiocheia, seiner Hauptstadt. Das Volk fand an dem brutalen Sport keinen Gefallen, aber Antiochos stimmte es durch verschwenderische und prunkhafte Schaustellungen um; als es sich an diese Schlächterei gewöhnt hatte, betrachtete er das als persönlichen Sieg. Es war kennzeichnend für ihn, daß er als begeisterter Anhänger der Stoiker begann und als leichtbekehrter Anhänger der Epikureer endete. Er war von seinen Eigenschaften so eingenommen, daß er seine Münzen mit der Inschrift «Antiochos Theos Epiphanes» – «der leibhaftige Gott» – versah. Er übernahm sich in seiner allzu phantasiereichen Art und wollte im Jahre 169 Ägypten erobern. Der Erfolg winkte ihm bereits, als Rom, selbst Anwärter auf die ägyptische Frucht, ihn anwies, den afrikanischen Boden zu verlassen. Antiochos verlangte Überlegungszeit; aber der römische Gesandte, Popilius, zeichnete um Antiochos herum einen Kreis in den Sand und hieß ihn, die Entscheidung zu treffen, bevor er diesen Kreis überschreite. Antiochos gab wütend nach, plünderte den Tempel von Jerusalem, um seine Finanzen wieder aufzufrischen, suchte wie sein Vater Ruhm in einem Feldzug gegen die östlichen Stämme und starb unterwegs in Persien an Epilepsie, Wahnsinn oder Krankheit.

II. DIE SELEUKIDISCHE KULTUR

Es war die geschichtliche Mission des Seleukidenreiches, dem Vorderen Orient denselben wirtschaftlichen Schutz und die Ordnung zu geben, die Persien vor Alexander gewährt hatte und Rom nach Caesar wiederherstellen sollte. Trotz aller Kriege, Revolutionen, Plünderungen und der Korruption, die ja bei den menschlichen Angelegenheiten immer wieder vorkommen, wurde diese Mission erfüllt. Die makedonische Eroberung riß tausend Schranken der Regierung und der Sprache nieder und lud Osten und Westen zu größerem, wirtschaftlichem Austausch ein. Das Ergebnis war ein glänzender Wiederaufstieg des griechischen Asien. Während Hader und Streit, die Armut des Bodens und die Verlegung der Handelswege das Mutterland zugrunde richteten, förderten die verhältnismäßige Einigkeit und der Frieden, den die Seleukiden bewahrten, Landwirtschaft, Handel und Gewerbe. Die griechischen Städte Asiens durften nicht mehr nach eigenem Gutdünken Revolutionen und Experimente veranstalten; *homonoia*, Eintracht, wurde von den Königen erzwungen und vom Volke buchstäblich als Göttin verehrt. Alte Städte wie Miletos, Ephesos und Smyrna erlebten eine zweite Blütezeit.

Die Flußtäler des Tigris, des Euphrats, des Jordans, des Orontes, des Maiandros, des Halys und des Oxos waren weit fruchtbarer, als wir es uns heute vorstellen können, wo uns die Wüsten und Steinöden vor Augen stehen, die nach zweitausend Jahren der Erosion, der Entwaldung und der achtlosen Bewirtschaftung durch Pächter einen so großen Teil des Vorderen Orients bedecken. Der Boden wurde durch ein staatlich beaufsichtigtes Kanalsystem bewässert. Das Land gehörte dem König oder seinen Adligen oder den Städten oder den Tempeln oder Privatbesitzern; in jedem Falle wurde die Arbeit von Leibeigenen verrichtet, die an die Scholle gebunden waren und bei Vererbung oder Verkauf mit dem Boden den Besitzer wechselten. Die Regierung betrachtete alle im Grunde enthaltenen Bodenschätze als Staatseigentum, tat aber nur wenig zu ihrer Nutzung. Das Gewerbe war jetzt, auch nach Städten, weitgehend spezialisiert. Miletos war ein geschäftiger Mittelpunkt der Textilindustrie, Antiocheia führte Rohstoffe ein und Fertigwaren aus. Einige große Fabriken, die mit Sklaven arbeiteten, erreichten in bescheidenem Umfange eine Massenproduktion für den allgemeinen Markt. Der Inlandsverbrauch hinkte aber hinter der Produktion nach; das Volk war so arm, daß kein entsprechender Binnenmarkt eine Großindustrie förderte.

Der Handel war die Seele der hellenistischen Wirtschaft. Er führte zu großen Vermögen, ließ große Städte entstehen und beschäftigte einen immer größeren Teil der ständig wachsenden Bevölkerung. Der Geldverkehr hatte den Tauschhandel fast völlig verdrängt, der die Münzprägung des Kroisos immerhin um vier Jahrhunderte überdauert hatte. Ägypten, Rhodos, das Seleukidenreich, Pergamon und andere Staaten gaben stabile und einander angeglichene Münzen heraus, um den zwischenstaatlichen Handel zu fördern. Bankiers sorgten für öffentliche und private Kredite. Die Schiffe waren jetzt größer, legten sechs Knoten in der Stunde zurück und verkürzten die Seewege, indem sie über das offene Meer fuhren. Auf dem Lande bauten die Seleukiden die großen Landstraßen weiter aus, die Persien als Teil seines Vermächtnisses an den Westen hinterlassen hatte. Karawanenstraßen aus Innerasien trafen in Seleukeia zusammen und führten von dort aus wieder nach Damaskos, Berytos (Beirut) und Antiocheia. Vom Handel reich gemacht und ihrerseits den Handel bereichernd, entstanden dort dichtbevölkerte Zentren, ebenso in Babylon, Tyros, Tarsos, Xanthos, Rhodos, Halikarnassos, Miletos, Ephesos, Smyrna, Pergamon, Byzantion Kyzikos, Apameia, Herakleia, Amisos, Sinope, Pantikapaion, Olbia, Lysimacheia, Abydos, Thessalonike (Saloniki), Chalkis, Delos, Korinth, Ambrakia, Epidamnos (Durazzo), Taras, Neapolis (Neapel), Rom, Massalia, Emporion, Panormos (Palermo), Syrakus, Utike, Karthago, Kyrene und Alexandreia. Ein großes Netz geschäftigen Handels verband Spanien unter Karthago und Rom, Karthago unter Hamilkar, Syrakus unter Hieron II., Rom unter den Scipionen, Makedonien unter den Antigoniden, das Griechenland der Bünde, Ägypten unter den Ptolemaiern, den Vorderen Orient unter den Seleukiden, Indien unter den Maurya und China unter der Han-Dynastie. Die Wege von China führten über Turkestan, Baktrien und Persien oder über den Aralsee und das Kaspische und Schwarze Meer. Die Wege von Indien führten über Afghanistan und Persien nach Seleukeia oder über Arabien und Petra nach Jerusalem und Damaskos oder über den Indischen Ozean nach Adana (Aden) und dann durch das Rote Meer nach Arsinoe (Suez) und weiter nach Alexandreia. Es war um die Beherrschung der beiden letzten Wege, daß die Dynastien der Seleukiden und der Ptolemaier jene Syrischen Kriege führten, die schließlich beide derart schwächten, daß sie Vasallen Roms wurden.

Die seleukidische Monarchie war gemäß asiatischer Überlieferung absolut; keine Volksversammlung beschränkte ihre Macht. Der Hof war in orientalischem Stile eingerichtet, mit Kammerdienern und Tressen, Eunuchen und Uniformen, Weihrauch und Musik; nur die Sprache und die Unterkleidung blieben griechisch. Die Adligen waren nicht halb unabhängige Häuptlinge wie in Makedonien oder Lehnsherren wie im mittelalterlichen Europa, sondern verwaltungstechnische oder militärische Würdenträger des Königs. Es war diese Art Monarchie, die von Persien über die Seleukiden und Sassaniden auf das Rom Diokletians und das Byzanz Konstantins überging. Da die Seleukiden wußten, daß ihre Macht in der fremden Umgebung von der Treue der griechischen Bevölkerungsschicht abhing, waren sie bemüht, die alten griechischen Städte wieder aufzubauen und neue zu gründen. Seleukos I. gründete neun Seleukeia, sechs Antiocheia, fünf Laodikeia, drei Apameia, ein Stratonike; und seine Nachfolger taten es ihm gleich, so gut es ihre geringeren Fähigkeiten zuließen. Die Städte wuchsen und vermehrten sich wie im Amerika des neunzehnten Jahrhunderts.

Über diese Städte machte die Hellenisierung Westasiens an der Oberfläche rasche Fortschritte. Der Vorgang war natürlich alt, er hatte bereits mit der Großen Wanderung eingesetzt; die hellenistische Ausbreitung stellte teilweise eine Renaissance Ioniens, die Rückkehr der griechischen Kultur in ihre ersten asiatischen Heimstätten, dar. Bereits vor Alexander hatten Griechen hohe Stellungen im Persischen Reiche innegehabt und griechische Kaufleute die Handelswege des Vorderen Orients beherrscht. Nun zog die Eröffnung neuer politischer, wirtschaftlicher und künstlerischer Möglichkeiten einen Auswandererstrom von Abenteurern, Siedlern, Soldaten, Händlern, Ärzten, Gelehrten und Dirnen aus dem alten Griechenland, aus Großgriechenland und Sizilien an. Griechische Bildhauer und Graveure schufen Statuen und Münzen für phoinikische, lykische, karische, kilikische und baktrische Könige. Griechische Tänzerinnen waren die Sehenswürdigkeit asiatischer Häfen. Die sexuelle Unmoral nahm griechische

Anmut an, und griechische Palaistren und Gymnasien erweckten in den Orientalen eine ungewohnte Vorliebe für Sport und Bäder. Manche Städte besorgten sich neue Wasserleitungen und Abwassersysteme; große Straßen wurden gepflastert und rein gehalten. Schulen, Bibliotheken und Theater regten das Lesen und die Literatur an; Schüler *(epheboi)* und Universitätsstudenten durchzogen die Straßen und spielten einander und der Bevölkerung die alten Streiche. Niemand galt als kultiviert, wenn er nicht Griechisch verstand und die Dramen des Menandros und des Euripides genießen konnte. Diese Überlagerung der griechischen Kultur über den Vorderen Orient ist eine der erstaunlichsten Erscheinungen der antiken Geschichte; noch nie hatte man einen so schnellen und weittragenden Wechsel in Asien erlebt. Uns ist zu wenig von den Einzelheiten und den Auswirkungen bekannt. Wir sind über die Literatur, Philosophie und Wissenschaft des seleukidischen Asien schlecht unterrichtet; wenn wir in ihm wenige Gestalten von hervorragender Bedeutung finden – den Stoiker Zenon, den Astronomen Seleukos und in der römischen Zeit den Dichter Meleagros und den geistreichen Epigrammatiker Poseidippos –, so sind wir doch keineswegs sicher, daß es ihrer nicht viel mehr waren. Es war eine blühende Kultur von großer Vielseitigkeit, Verfeinerung und Schwungkraft, so fruchtbar in der Kunst wie jede vorangehende Zeit. Soviel wir wissen, war noch nie zuvor eine Kultur zu solcher Ausbreitung und zu solch vielfältiger Einheit inmitten so verschiedenartiger Umgebungen gelangt. Auf ein Jahrhundert gehörte Westasien zu Europa. Der Weg zur Pax Romana und der allumfassenden Synthese des Christentums war geebnet.

Der Osten war aber nicht erobert. Er war selbst zu tief und zu fest verwurzelt, als daß er seine Seele hergegeben hätte. Die Volksmassen sprachen weiter ihre Muttersprache, lebten weiter die althergebrachte Lebensweise und verehrten weiter die Götter der Vorfahren. Hinter den Mittelmeerküsten wurde die griechische Tünche dünn, und hellenische Kulturmittelpunkte wie Seleukeia am Tigris waren griechische Inseln in einem orientalischen Meer. Die Vermischung der Rassen und Kulturen, von der Alexander geträumt hatte, trat nicht ein; an der Spitze standen Griechen und eine griechische Kultur, darunter war ein buntgewürfelter Haufe asiatischer Völker und Kulturen. Die Qualitäten des griechischen Geistes drangen in den orientalischen Geist nicht ein; die Schwungkraft und die Wißbegierde, der weltliche Sinn und der leidenschaftliche Hang zur Vollkommenheit, die Ausdruckskraft und der Individualismus der Griechen bewirkten im orientalischen Charakter keine Veränderung. Im Gegenteil, im Laufe der Zeit drangen östliche Denk- und Empfindungsweisen von unten her in die herrschenden Griechen und durch sie in den Westen ein, um die «heidnische» Welt umzuformen. In Babylon errangen der geduldige semitische Kaufmann und der Tempelbankier wieder die Vorherrschaft über den flüchtigen Hellenen; sie bewahrten ihre Keilschrift und ließen die griechische Sprache im Geschäftsleben auf die zweite Stelle zurückfallen. Astrologie und Alchemie verdarben die griechische Astronomie und Physik. Die orientalische Monarchie erwies sich als mächtiger denn die griechische Demokratie und setzte sich schließlich auch im Westen durch; griechische Könige und römische Kaiser wurden auf orientalische Weise Götter, und die asiatische Theorie des

Königtums von Gottes Gnaden setzte sich über Rom und Konstantinopel in das neuzeitliche Europa fort. Über Zenon ließ der Osten seinen Quietismus und Fatalismus in die griechische Philosophie eindringen; durch hundert Kanäle ergoß er seinen Mystizismus und seine Frömmigkeit in den leeren Raum, den der Verfall des griechischen Glaubens hinterlassen hatte. Die Griechen nahmen willig die Götter des Orients als im wesentlichen den eigenen gleich auf; da sie jedoch nicht wirklich glaubten, die Asiaten aber wohl, blieb der orientalische Gott am Leben, während der griechische Gott unterging. Artemis wurde bei den Ephesiern wieder eine östliche Muttergottheit mit zwölf Brüsten. Babylonische, phoinikische und syrische Kulte setzten sich bei vielen eingewanderten Griechen durch. Die Griechen brachten dem Osten Philosophie, der Osten brachte Griechenland Religion; die Religion siegte, weil die Philosophie ein Luxus für die wenigen, die Religion eine Tröstung für die vielen ist. In dem rhythmischen geschichtlichen Wechsel von Glaube und Unglaube, Mystizismus und Naturalismus, Religion und Wissenschaft kam die Religion wieder an die Macht, weil sie die heimliche Hilflosigkeit und Einsamkeit des Menschen anerkannte und ihm Begeisterung und Poesie schenkte; eine enttäuschte, ausgenützte, kriegsmüde Welt war froh, wieder glauben und hoffen zu können. Die am wenigsten erwartete und tiefste Auswirkung der Eroberungen Alexanders war die Orientalisierung der europäischen Seele.

III. PERGAMON

Das allmähliche Aufgehen des Griechentums im Asiatentum schwächte die Macht der Seleukiden und ließ am Rande der hellenistischen Welt unabhängige Königreiche entstehen. Bereits 280 errichteten Armenien, Kappadokien, Pontos und Bithynien eigene Monarchien, und bald fielen die griechischen Städte am Schwarzen Meer unter asiatische Herrschaft. Baktrien und Sogdiana fielen gegen 250 ab. Im Jahre 247 tötete Arsakes, der Häuptling der Parther, eines iranischen Nomadenstammes, den seleukidischen Statthalter von Persien und gründete das Königreich Parthien, das jahrhundertelang Rom beunruhigen sollte. Im Jahre 282 wurde Philhetairos von Lysimachos mit der Obhut über neuntausend Talente und den befestigten Hügel von Pergamon in Kleinasien betraut. Philhetairos eignete sich das Geld an und erklärte seine Unabhängigkeit. Sein Neffe Eumenes I. fügte Pitane und Atarneus hinzu und machte Pergamon zu einem unabhängigen Königreich (262). Attalos I. verdiente sich die Dankbarkeit des griechischen Asien, indem er die Galater zurückwies, die bis zu seinen Stadtmauern vorgedrungen waren (230); sein ältester Sohn, Eumenes II., setzte seine tüchtige Regierung fort, empörte aber die Griechen, als er die Hilfe Roms gegen Antiochos III. in Anspruch nahm. Nach ihrem Sieg über Antiochos bei Magnesia übertrugen die Römer fast ganz Kleinasien an Eumenes. Sein Bruder und Nachfolger, Attalos II., mißtraute der Fähigkeit seiner Söhne, Pergamon frei zu erhalten, und vermachte sein Königreich an Rom.

Der kleine Staat tat alles, was er vermochte, um den Verrat bei seiner Gründung und während seiner Entwicklung wiedergutzumachen, indem er Alexandreia als Vorort der

Kunst und Wissenschaft Konkurrenz machte. Der Reichtum, den er aus seinen Minen, Weinbergen und Kornfeldern, aus der Fabrikation von Wollsachen, Pergamenten und Parfümen, aus der Erzeugung von Backsteinen und Ziegeln und aus der Herrschaft über den ägäischen Handel zog, wurde nicht nur zur Erhaltung einer starken Armee und Flotte verwandt, sondern auch zur Förderung von Literatur und Kunst. Die Könige von Pergamon waren der Ansicht, daß staatliche und private Unternehmungen in fruchtbaren Wettbewerb treten könnten, indem sie gegenseitig Unzulänglichkeit und Habgier verhinderten. Der König bewirtschaftete mit Sklaven große Landstücke und betrieb, wenn auch nicht als Monopol, viele Fabriken, Steinbrüche und Minen. Unter diesem einzigartigen System wuchs und vervielfachte sich der Wohlstand. Pergamon wurde eine reichgezierte Hauptstadt, ihres Zeusaltars, ihrer Luxuspaläste, ihrer Bibliothek und ihres Theaters, ihrer Palaistren und Bäder wegen berühmt; selbst ihre öffentlichen Bedürfnisanstalten waren der Stolz der Stadt. Die Bibliothek stand an Zahl der Bücher und Berühmtheit der Gelehrten nur der alexandrinischen nach; und die *pinakotheke* beherbergte zur Erbauung der Öffentlichkeit eine große Gemäldesammlung. Ein halbes Jahrhundert lang war Pergamon die schönste Blüte der hellenischen Kultur.

Inzwischen war das Seleukidenreich zerfallen. Das Entstehen unabhängiger Königreiche beschränkte seine Macht fast auf Mesopotamien und Syrien. Parthien, Pergamon, Ägypten und Rom arbeiteten geduldig daran, die Dynastie zu schwächen, indem sie bei jedem Thronwechsel ihre Anwärter vorstellten und den Parteihader und den Bürgerkrieg anfachten. Im Jahre 153, zu einer Zeit, da Demetrios I. sich gerade anschickte, der Seleukidenherrschaft wieder Kraft einzuflößen, sammelte Rom auf allen Seiten Söldner, um die falschen Thronansprüche eines syrischen Abenteurers zu unterstützen. Pergamon und Ägypten schlossen sich dem Angriff an. Demetrios kämpfte und starb heldenhaft, und die Macht der Seleukiden fiel dem nichtsnutzigen Alexander Balas, der Puppe seiner Mätressen und Roms, in die Hände.

IV. DER HELLENISMUS UND DIE JUDEN

Die Geschichte Judäas dreht sich in der hellenistischen Zeit um zwei Streitpunkte: den äußeren Kampf zwischen dem seleukidischen Asien und dem ptolemaiischen Ägypten um Palästina und den inneren Kampf zwischen hellenischer und hebräischer Lebensart. Der erste ist tote Geschichte und läßt sich schnell erledigen; Matthew Arnold war der Meinung, beim zweiten gehe es um eine der stets bemerkbaren Spaltungen im menschlichen Fühlen und Denken. Bei der ursprünglichen Aufteilung des Alexanderreiches war Judäa (d.h. Palästina südlich von Samaria) Ptolemaios zugesprochen worden. Die Seleukiden erkannten diesen Entscheid niemals an; sie sahen sich vom Mittelmeer abgeschnitten und strebten nach dem Reichtum, der aus dem über Damaskos und Jerusalem gehenden Handel erwachsen konnte. In den daraus entstehenden Kriegen trug Ptolemaios I. den Sieg davon, und Judäa blieb über ein Jahrhundert (312–198) den Ptolemaiern unterworfen. Es zahlte einen jährlichen Tribut von achttausend Talenten und gedieh trotz dieser Last. Judäa behielt eine beträchtliche Selbstregierung unter dem Hohepriester von Jerusalem und dem Hohen Rat. Diese *gerusia*, der «Rat der Älteren», den Esra und Nehemia zwei Jahrhunderte zuvor aufgestellt hatten, wurde gleichzeitig ein Senat und ein Oberster Gerichtshof. Seine siebzig oder mehr Mitglieder wurden unter den Häuptern der führenden Familien und unter den bedeutendsten Gelehrten *(Soferim)* des Landes ausgewählt. Seine Verordnungen, die *Dibre Soferim*, behielten ihre Gültigkeit für das orthodoxe Judentum von der hellenistischen Zeit bis heute.

Die Grundlage des Judentums war die Religion; der Gedanke einer beaufsichtigenden und fördernden Gottheit zeigte sich auf jeder Stufe und in jedem Augenblick des jüdischen Lebens. Sitten und Gebräuche wurden von der *gerusia* strengstens und bis ins einzelne vorgeschrieben. Unterhaltungen und Spiele gab es nur wenige und in beschränktem Umfange. Die Heirat mit Nichtjuden war verboten, ebenso die Ehelosigkeit und die Kindsaussetzung. Daher vermehrten sich die Juden stark und zogen alle Kinder auf; trotz Hungersnot und Krieg nahm die Zahl der Juden während des ganzen Altertums stets zu, bis es zur Zeit Caesars im Römischen Reiche sieben Millionen Juden gab. Die Mehrzahl der Bevölkerung beschäftigte sich in der vormakkabäischen Zeit mit Ackerbau; die Juden waren noch keine Nation von Händlern. Selbst im ersten nachchristlichen Jahrhundert schrieb Josephus noch: «Wir sind kein handeltreibendes Volk»[1]; die großen Händlervölker dieser Zeit waren die Phoiniker, die Araber und die Griechen. Sklaven gab es in Judäa wie andernorts, aber der Klassenkampf hielt sich in Grenzen. Die Kunst war wenig entwickelt, nur die Musik gedieh. Flöte, Trommel, Zymbel, das «Widderhorn» – die Trompete –, Leier und Harfe wurden zur Begleitung einer Einzelstimme, eines Volksliedes oder der feierlichen religiösen Wechselgesänge verwendet. Die jüdische Religion wies die griechischen Konzessionen an die Einbildungskraft des Volkes von sich. Sie wollte nichts mit Bildern, Orakeln oder Tiereingeweiden zu tun haben; sie war weniger anthropomorph und weniger abergläubisch, weniger farbig und fröhlich als die Religion der Griechen. Angesichts des naiven Polytheismus der griechischen Kulte sangen die Rabbis den klingenden Refrain, der heute noch in jeder jüdischen Synagoge zu hören ist: *Shammai Israel, Adonai eleenu, Adonai echod* – «Höre, o Israel, der Herr ist unser Gott, der Herr ist einzig.»

In dieses einfache und puritanische Leben brachten die einwandernden Griechen alle Zerstreuungen und Versuchungen einer verfeinerten und epikureischen Kultur. Rings um Judäa lag ein Ring griechischer Siedlungen und Städte: Samareia, Neapolis (Schechem), Gaza, Askalon, Azotos (Aschdod), Ioppe (Jaffa), Apollonia, Doris, Sykamine, Polis (Haifa) und Ake (Akka). Unmittelbar jenseits des Jordans lag eine verbündete griechische Dekapolis: Damaskos, Gadara, Gerase, Dion, Philadelphia, Pella, Rapheia, Hippon, Skythopolis und Kanethe. In allen diesen Städten bestanden griechische Bauten und Einrichtungen: Tempel für griechische Götter und Göttinnen, Schulen und Akademien, Gymnasien und Palaistren und Nacktspiele. Von diesen Städten und von Alexandreia, Antiocheia, Delos und Rhodos kamen Griechen und Juden nach Jerusalem und brachten die Ansteckung eines Hellenismus mit sich, der der Wissenschaft und Philosophie, der Kunst und Literatur, der Schönheit und Lust, dem Lied und dem Tanz, dem Trinken und Festen, dem Sport und den Dirnen und schönen Knaben ergeben war und einem fröhlichen Intellektualismus, welcher jede Moral in Frage stellte, und einem weltmännischen Skeptizismus, welcher jeden Glauben an das Übernatürliche unterhöhlte. Wie konnte die jüdische Jugend dieser Aufforderung zum Genuß, dieser leichten Befreiung von tausend lästigen Beschränkungen widerstehen? Junge Geister unter den Juden begannen die Priester als Geizhälse und ihre frommen Anhänger als Narren zu verlachen, die zuließen, daß sie alt wurden, ohne je die Vergnügungen, den Luxus und die Feinheiten des Lebens gekostet zu haben. Auch reiche Juden wurden herübergezogen; denn sie konnten es sich leisten, der Versuchung zu erliegen. Juden, die von griechischen Beamten eine Anstellung zu erhalten wünschten, hielten es für eine geschickte Politik, die griechische Sprache zu sprechen und nach griechischer Art zu leben, sogar einige freundliche Worte an die griechischen Götter zu richten.

Drei Kräfte verteidigten die Juden gegen diesen machtvollen Angriff auf Geist und Sinne: die Verfolgung unter Antiochos IV., der Schutz Roms und die Macht und das Prestige eines Gesetzes, das man einer göttlichen Offenbarung zuschrieb. Wie Blutkörperchen, die sich sammeln, um eine Infektion abzuwehren, schlossen sich die frömmeren Juden zu einer Chassidim – «Die Frommen» – genannten Sekte zusammen. Sie begannen um das Jahr 300 mit der einfachen Verpflichtung, sich eine bestimmte Zeit des Weines zu enthalten; später gingen sie zu einem extremen Puritanismus über und entsetzten sich über jede körperliche Lust als Kapitulation vor Satan und den Griechen. Die Griechen bestaunten sie und stellten sie mit den seltsamen Gymnosophisten, den nackten asketischen Philosophen, die Alexanders Armee in Indien angetroffen hatte, auf eine Stufe. Selbst der gewöhnliche Jude verachtete die strenge Religiosität der Chassidim und suchte nach einem Mittelweg. Vielleicht wäre es zu einem Kompromiß gekommen, hätte nicht Antiochos Epiphanes den Versuch unternommen, Judäa den Hellenismus mit dem Schwerte aufzuzwingen.

Im Jahre 198 schlug Antiochos III. Ptolemaios V. und verleibte Judäa dem Seleukidenreiche ein. Des ägyptischen Joches müde, unterstützten die Juden Antiochos und begrüßten die Einnahme Jerusalems durch ihn als Befreiung. Aber sein Nachfolger, Antiochos IV., sah in Judäa eine Einnahmequelle; er plante große Feldzüge und brauchte Geld. Er befahl den Juden, ein Drittel ihrer Getreideernte und die Hälfte ihrer Baumfrüchte als Steuer abzuliefern. Er setzte sich über die gewohnte Erblichkeit des Hohepriesteramtes hinweg und ernannte den schmeichlerischen Iason, der die hellenisierende Partei in Jerusalem vertrat und griechische Einrichtungen in Judäa einführen wollte. Antiochos lieh ihm ein williges Ohr; denn er war von der Vielfalt und der wuchernden Lebenskraft der orientalischen Kulte im griechischen Asien beunruhigt und träumte davon, sein vielsprachiges Reich durch ein gemeinsames Gesetz und einen gemeinsamen Glauben zu einigen. Als Iason sich nicht schnell genug ans Werk machte, ersetzte Antiochos ihn durch Menelaos, der ihm mehr versprach und eine fettere Bestechungssumme zahlte. Unter Menelaos wurde Jahwe mit Zeus ineinsgesetzt, Tempelgefäße wurden verkauft, um zu Geld zu kommen, und in einigen jüdischen Gemeinden brachte man hellenischen Gottheiten Opfer dar. Ein Gymnasion wurde in Jerusalem eröffnet, und jüdische Jünglinge, selbst Priester, nahmen nackt an sportlichen Spielen teil; einige junge Juden unterzogen sich in der Hitze ihres Hellenismus einer Operation, um die physiologischen Mängel, die ihre Rasse hätten verraten können, aus der Welt zu schaffen.

Entsetzt über diese Entwicklungen und im Bewußtsein, daß ihre Religion bis in die Existenzgrundlagen bedroht war, ging die Mehrheit des jüdischen Volkes auf die Seite der Chassidim über. Als Antiochos IV. von Popilius aus Ägypten vertrieben wurde (168), erreichte diese Nachricht Jerusalem in der Form eines Berichtes vom Tode des Herrschers. Die Juden entledigten sich erfreut seiner Beauftragten, massakrierten die Führer der hellenisierenden Partei und reinigten den Tempel von dem, was nach ihrer Ansicht heidnischer Greuel war. Antiochos, nicht tot, sondern gedemütigt, geldlos und überzeugt, daß die Juden seinen Feldzug gegen Ägypten sabotiert und sich verschworen hatten, um Judäa wieder den Ptolemaiern auszuliefern, marschierte auf Jerusalem, brachte Tausende von Juden beiderlei Geschlechts um, entweihte und plünderte den Tempel, eignete sich den goldenen Altar, die Tempelgefäße und die Schätze für den königlichen Säckel an, setzte Menelaos wieder an die Spitze Judäas und befahl die Zwangshellenisierung aller Juden (167). Er ordnete an, den Tempel wieder als Weihestätte für Zeus einzurichten, einen griechischen Altar über dem alten zu bauen und die üblichen Opfer durch Schweineopfer zu ersetzen. Er untersagte die Einhaltung der Sabbatfeier und der jüdischen Feiertage und erklärte die Beschneidung als Kapitalverbrechen. In ganz Judäa wurde die alte Religion samt ihren Riten verboten und das griechische Ritual unter Todesstrafe für allgemeinverbindlich erklärt. Jeder Jude, der sich weigerte, Schweinefleisch zu essen, oder im Besitze des Gesetzbuches gefunden wurde, sollte ins Gefängnis geworfen oder hingerichtet werden, und das Buch mußte verbrannt werden, wo man es auch fand. Jerusalem selbst wurde den Flammen übergeben, seine Mauern niedergerissen und seine jüdische Bevölkerung in Sklaverei verkauft. Fremde Völkerschaften wurden herbeigeschafft, um den Ort zu besiedeln. Auf dem Berge Zion wurde eine neue Festung erbaut und mit einer Garnison ausgestattet, die die Stadt im Namen des Königs beherrschen sollte. Zeitweise scheint Antiochos daran gedacht zu haben, sich selbst als Gott verehren zu lassen.

Die Orgie der Verfolgung wurde mit ihrem Fortgange immer wilder. Es gibt immer und in jeder Gesellschaft eine Minderheit, die Gefallen daran findet, ihre Instinkte in der Verfolgung auszuleben; es ist eine Erlösung von der Zivilisation. Die Agenten des Antiochos zogen wie leckendes Feuer in die Städtchen und Dörfer weiter, nachdem sie jedes sichtbare Zeichen des Judentums aus Jerusalem entfernt hatten. Überall ließen sie dem Volke die Wahl zwischen dem Tod und der Teilnahme am hellenischen Kult, der das Essen von Opferschweinen einschloß. Alle Synagogen und jüdischen Schulen wurden geschlossen. Wer sich weigerte, am Sabbat zu arbeiten, wurde als Aufrührer außer Gesetz gestellt. Am Bakchanalientage wurden die Juden gezwungen, sich wie die Griechen mit Efeuzweigen zu schmücken, an den Prozessionen teilzunehmen und zu Ehren des Dionysos orgiastische Lieder zu singen. Viele Juden fügten sich diesen Forderungen und wollten das Abflauen des Sturmes abwarten. Viele andere zogen sich in Höhlen oder in die Gebirge zurück, lebten von heimlichem Ährenlesen auf den Feldern und befolgten streng die Vorschriften des jüdischen Lebens. Die Chassidim wirkten unter ihnen und predigten Mut und Widerstand. Eine Abteilung königlicher Truppen stieß auf einige solcher Höhlen mit Tausenden von Juden, Männern, Frauen und Kindern, und befahl ihnen herauszukommen. Die Juden weigerten sich; und weil es Sabbat war, wollten sie nicht einmal die Steine verrücken, die vielleicht den Eingang zu den Höhlen blockiert hätten. Die Soldaten griffen sie mit Feuer und Schwert an, töteten viele Flüchtlinge und erstickten die übrigen mit Rauch. Frauen, die ihre neugeborenen Söhne beschnitten hatten, wurden mitsamt den Säuglingen über die Stadtmauern hinabgeworfen. Die Griechen waren überrascht über die Stärke des alten Glaubens; seit Jahrhunderten hatten sie keine solche Treue gegenüber einer Idee mehr erlebt. Die Geschichten von diesem Märtyrertum gingen von Mund zu Mund, füllten Bücher wie das erste und das zweite Buch der Makkabäer und gaben dem Christentum die Vorbilder seiner Märtyrer und seiner Martyrologien. Das Judentum, das nahe an der Assimilation gewesen war, wurde in seinem religiösen und nationalen Bewußtsein wieder bestärkt und zog sich in eine schützende Absonderung zurück.

Zu den Juden, die in dieser Zeit aus Jerusalem entflohen, gehörte Mattathias aus der Familie der Hasmonäer, aus dem Stamme Aarons, mit seinen fünf Söhnen Johannan Kaddis, Simon, Judas, Eleasar und Jonathan. Apelles, ein Sendling des Antiochos, kam nach Modin, wohin die sechs geflüchtet waren, und forderte die Einwohner auf, dem Gesetze zu entsagen und Zeus zu opfern. Der alte Mattathias trat vor und sprach: «Wenn auch alle Völker im Herrschaftsgebiet des Königs ihm gehorcht haben, so daß ein jeder von der Religion seiner Väter abfiel und alle des Königs Gebote annahmen, wollen doch ich und meine Söhne und meine Brüder nach dem Bund unserer Väter leben.»[2] Als ein Jude sich dem Altar näherte, um das verlangte Opfer vorzunehmen, erschlug Mattathias ihn und den Sendling des Königs. Hierauf sprach er zu dem Volke: «Jeder, der für das Gesetz eifert und den Bund aufrechterhalten will, ziehe aus, mir nach!»[3] Viele Dorfbewohner zogen sich mit ihm und seinen Söhnen in die Berge von Ephraim zurück; dort schlossen sich ihnen eine kleine Bande junger Aufrührer und diejenigen Chassidim, die noch lebten, an.

Bald darauf starb Mattathias, nachdem er seinen Sohn Judas, genannt Makkabäus (gewöhnlich, aber unsicher, als «der Hämmerer» gedeutet), zum Anführer der Schar bestimmt hatte. Judas war ein Krieger, dessen Mut und Frömmigkeit sich die Waage hielten; vor jeder Schlacht betete er wie ein Heiliger, aber in der Stunde des Kampfes war er «mutig wie ein Löwe». Das kleine Heer lebte in den Bergen nach Art der wilden Tiere, sich von Kräutern nährend. Immer wieder stieß es auf eines der Dörfer herab, tötete Rückfällige, zerstörte heidnische Altäre, und die Krieger ließen «mit Gewalt alle noch unbeschnittenen Knäblein, die sie im Gebiete Israel antrafen, beschneiden»[4]. Als diese Vorkommnisse Antiochos gemeldet wurden, sandte er ein Heer syrischer Griechen zur Vernichtung der makkabäischen Streitmacht. Judas stellte sich ihnen am Paß von Emmaus entgegen, und obgleich die Griechen voll ausgerüstete und bewaffnete Söldner und die Leute des Judas schlecht bewaffnet und gekleidet waren, errangen die Juden einen totalen Sieg (166). Antiochos sandte eine größere Streitmacht, deren Anführer so zuversichtlich war, daß er Sklavenhändler mitnahm, denen er die gefangenen Juden verkaufen wollte, und in den Städten die Preise anschlug, die er verlangen würde. Judas schlug diese Truppen bei Mizpa, und zwar so entscheidend, daß Jerusalem ihm widerstandslos zufiel. Er entfernte alle heidnischen Altäre und Verzierungen vom Tempel, reinigte und weihte ihn erneut und richtete den alten Gottesdienst unter den begeisterten Zurufen der zurückkehrenden orthodoxen Juden wieder ein (164)*.

Als der Regent Lysias mit einer neuen Armee vorrückte, um die Hauptstadt wieder einzunehmen, traf die – diesmal wahre – Nachricht vom Tode des Antiochos ein (163). Im Wunsche, für anderweitige Aktionen frei zu sein, bot Lysias den Juden volle Religionsfreiheit an unter der Bedingung, daß sie die Waffen niederlegten. Die Chassidim willigten ein, die Makkabäer weigerten sich; Judas erklärte, Judäa müsse, um vor künftigen Verfolgungen sicher zu sein, die politische so gut wie die religiöse Freiheit erringen. Von ihrer Macht berauscht, begannen die Makkabäer nun ihrerseits Rache zu nehmen, verfolgten voller Haß die hellenisierende Partei nicht nur in Jerusalem, sondern sogar in den Städten an der Grenze. Im Jahre 161 schlug Judas Nikanor bei Adasa und verstärkte seine Lage durch ein Bündnis mit Rom; im selben Jahre aber fiel er im Kampfe gegen eine große Übermacht bei Elasa. Sein Bruder Jonathan setzte den Krieg tapfer fort, fiel aber seinerseits bei Ake (143). Der einzige überlebende Bruder, Simon, erhielt, von Rom unterstützt, im Jahre 142 von Demetrios II. die Anerkennung der Unabhängigkeit Judäas. Ein Volksentscheid bestimmte Simon gleichzeitig zum Hohenpriester und obersten Befehlshaber, und da diese Ämter in seiner Familie erblich wurden, war er der Begründer der Dynastie der Hasmonäer. Das erste Jahr seiner Regierung wurde als Beginn einer neuen Zeitrechnung gezählt, und die Ausgabe neuer Münzen verkündete die heroische Wiedergeburt des jüdischen Staates.

---

* Die Feier dieser neuen Weihe *(Chanukka)* wird heute noch in fast jedem jüdischen Hause begangen.

DRITTES KAPITEL

Ägypten und der Westen

I. DAS KÖNIGSREGISTER

Das kleinste, aber reichste Stück aus Alexanders Vermächtnis fiel dem fähigsten und weisesten seiner Feldherren zu. Mit kennzeichnender Treue – vielleicht als augenfällige Sanktion seiner Autorität – verbrachte Ptolemaios, Sohn des Lagos, den Leichnam des Königs nach Memphis und bestattete ihn dort in einem goldenen Sarkophag*. Er nahm auch Alexanders gelegentliche Mätresse Thais mit, heiratete sie und hatte zwei Söhne von ihr. Er war ein einfacher, rauher Soldat, sowohl großherziger Gefühle wie realistischen Denkens fähig. Während die anderen Erben des Alexanderreiches ihr halbes Leben mit Kriegführen verbrachten, ging Ptolemaios daran, seine Stellung in dem fremden Lande zu festigen und Ackerbau, Handel und Gewerbe in Ägypten vorwärtszubringen. Er baute eine große Flotte und machte Ägypten so sicher gegen Angriffe von der See her, wie die Natur es von der Landseite her fast unangreifbar gemacht hatte. Er half Rhodos und den Bünden, ihre Unabhängigkeit von Makedonien zu bewahren, und gewann sich damit den Titel Soter. Erst als er nach achtzehnjährigem Mühen das politische und wirtschaftliche Leben seines neuen Reiches gefestigt hatte, nannte er sich König (305). Durch ihn und seinen Nachfolger erlangte Ägypten seine Herrschaft über Kyrene, Kreta, die Kykladen, Cypern, Syrien, Palästina, Phoinikien, Samos, Lesbos, Samothrake und den Hellespont. In seinen späteren Jahren fand er die Zeit, erstaunlich wahrheitsgemäße Kommentare zu seinen Feldzügen zu schreiben und im Jahre 290 das Museion und die Bibliothek zu gründen, die den Ruhm Alexandreias ausmachen sollten. Da er im Jahre 285 seine zweiundachtzig Jahre zu spüren begann, übergab er die Regierung seinem zweiten Sohne Ptolemaios Philadelphos und nahm einen Platz als gewöhnlicher Untertan am Hofe des jungen Königs ein. Zwei Jahre später starb er.

Bereits hatten das fruchtbare Tal und das Delta große Reichtümer in die königliche Kasse fließen lassen. Ptolemaios I. hatte, um ein Festmahl zu geben, Bestecke und Tischdecken leihen müssen; Ptolemaios II. gab eine gewaltige Summe für das Fest aus, das den Höhepunkt seiner Krönung bildete. Der neue Pharao war ein Anhänger der kyrenaischen Philosophie und entschlossen, jede *monochronos hedone* – jeden Genuß, den der Augenblick gewährte – auszukosten. Er aß sich einen dicken Bauch an, probierte eine Reihe von Mätressen aus, verstieß seine Frau und heiratete schließlich seine Schwester Arsinoe. Die neue Königin regierte das Reich und führte seine

* Ptolemaios Philadelphos ließ den Sarkophag nach Alexandreia verbringen. Ptolemaios Kokkes schmolz das Gold zum Gebrauch ein und legte die sterblichen Überreste Alexanders in einen Glassarg.

Kriege, während Ptolemaios II. unter den Küchenchefs und den Gelehrten seines Hofes regierte. Dem Beispiele seines Vaters folgend und es übertreffend, lud er berühmte Dichter, Gelehrte, Kritiker, Wissenschaftler, Philosophen und Künstler als seine Gäste nach Alexandreia und verschönerte seine Hauptstadt mit Bauten im griechischen Stile. Während seiner langen Regierungszeit wurde Alexandreia die literarische und wissenschaftliche Hauptstadt des Mittelmeerbereiches, und die alexandrinische Literatur stand in einer Blüte, die sie nie mehr erreichen sollte. Dennoch war Philadelphos in seinem Alter unglücklich; Gicht und Sorgen nahmen in gleichem Umfange wie Reichtum und Macht zu. Von einem Palastfenster aus sah und beneidete er einen Bettler, der sich auf den Hafendünen bequem in der Sonne rekelte, und er klagte: «Weh mir, daß ich nicht als einer von diesen geboren bin!» Von Todesfurcht gehetzt, suchte er in der Überlieferung der ägyptischen Priester das magische Elixier des ewigen Lebens.

Er hatte das Museion und die Bibliothek so vergrößert und mit so reichen Geldmitteln ausgestattet, daß die spätere Geschichte ihn als den Gründer bezeichnete. Im Jahre 307 hatte Demetrios von Phaleron nach seiner Vertreibung aus Athen in Ägypten Zuflucht gesucht. Zehn Jahre darauf finden wir ihn am Hofe Ptolemaios' I. Offenbar war er es, der Ptolemaios Soter den Gedanken eingab, er könne seine Hauptstadt und seine Dynastie durch die Gründung eines Museion berühmt machen. Dieses Museion – Haus der Musen, das heißt der Künste und Wissenschaften – sollte mit den Universitäten Athens in Wettbewerb treten. Wahrscheinlich von des Aristoteles fleißigem Sammeln und Klassifizieren von Büchern, Wissen, Tieren, Pflanzen und Verfassungen angeregt, scheint Demetrios den Bau einer Gruppe von Gebäuden empfohlen zu haben, die nicht nur eine große Büchersammlung beherbergen, sondern auch Gelehrte aufnehmen könnten, die ihr Leben der Forschung widmeten. Der Plan fand bei den ersten beiden Ptolemaiern Anklang. Mittel wurden zur Verfügung gestellt, und die neue Universität nahm langsam in der Nähe des Königspalastes Gestalt an. Sie enthielt eine große Speisehalle, wo die Gelehrten offenbar ihre Mahlzeiten einnahmen, eine *exhedra* – einen Vortragssaal –, einen Hof, einen Kreuzgang, einen Garten, ein astronomisches Observatorium und die große Bibliothek. Der Leiter der ganzen Einrichtung war technisch ein Priester, da sie formal den Musen als Göttinnen geweiht war. In dem Museion lebten vier Gruppen von Wissenschaftlern: Astronomen, Schriftsteller, Mathematiker und Physiker. Alle diese Männer waren Griechen und erhielten ein Gehalt aus der königlichen Kasse. Ihre Aufgabe war nicht zu lehren, sondern zu forschen, zu studieren und zu experimentieren. In späteren Jahrzehnten, als die Zahl der Gelehrten um das Museion sich vervielfachte, begannen die Mitglieder auch Vorlesungen zu halten; aber das Museion blieb bis zum Ende ein Institut für höhere Studien und war nicht eigentlich eine Universität. Es war unseres Wissens die erste Einrichtung eines Staates zur Förderung der Literatur und der Wissenschaft. Mit diesem Beitrage zeichneten sich die Ptolemaier und Alexandreia in der Geschichte der Kultur aus.

Ptolemaios Philadelphos starb im Jahre 246 nach einer langen und wohltätigen Regierungszeit. Ptolemaios III. Euergetes («der Wohltäter») war ein zweiter Thutmosis III. in seiner Absicht, den Vorderen Orient zu erobern; er nahm Sardeis und Babylon ein, drang bis nach Indien vor und brachte das Seleukidenreich so wirksam in Verwirrung, daß es bei der Berührung durch Rom zusammenbrach. Wir werden den Verlauf seiner Kriege nicht verfolgen; denn wenn auch die Einzelheiten des Kampfes dramatisch sein mögen, so ist doch die ewige Wiederholung der Ursachen und Wirkungen ermüdend. Eine solche Art der Geschichtsbetrachtung wird zur knechtischen Pflege der Wechselfälle der Macht, bei denen sich Siege und Niederlagen gegenseitig zu einem tönenden Nichts aufheben. Berenike, die junge Gattin des Euergetes, weihte zum Dank für seine Erfolge den Göttern eine Locke ihres Haares. Die Dichter feierten diese Tat, und die Astronomen lobten sie in den Himmel, indem sie eine Konstellation *Kome Berenikes* – Berenikes Haar – benannten.

Ptolemaios IV. Philopator liebte seinen Vater so sehr, daß er dessen Kriege und dessen Triumphe nachahmte. Aber sein Sieg über Antiochos III. bei Rapheia (217) war mit Eingeborenentruppen erfochten worden – in deren erstem Einsatz durch die Ptolemaier; und die Ägypter, nunmehr bewaffnet und ihrer Kraft bewußt, begannen die Herrschaft der Griechen über den Nil anzutasten. Philopator gab sich dem Vergnügen hin, verbrachte viel Zeit auf seinem geräumigen Lustboot, führte die Bakchanalien in Ägypten ein und kam selbst halb zur Überzeugung, er sei ein Nachkomme des Dionysos. Im Jahre 205 wurde seine Gattin von seiner Mätresse ermordet, und kurz darauf segnete Philopator selbst das Zeitliche. In dem nun folgenden Chaos waren Philippos V. von Makedonien und Antiochos III. drauf und dran, Ägypten zu zerstückeln und sich einzuverleiben, als Rom – mit dem der zweite Ptolemaios einen Freundschaftsvertrag abgeschlossen hatte – die Bildfläche betrat, Philipp schlug, Antiochos heimschickte und aus Ägypten ein römisches Protektorat machte (205).

II. DER STAATSSOZIALISMUS UNTER DEN PTOLEMAIERN

Die bei weitem interessanteste Seite des ptolemaiischen Ägypten ist dessen langwährendes Experiment mit dem Staatssozialismus. Daß das Land zum königlichen Besitztum gehörte, war in Ägypten von altersher eine unverbrüchliche Einrichtung: der Pharao hatte als König und Gott das volle Recht über den Boden und alle seine Erzeugnisse. Der Fellache war nicht ein Sklave, aber er konnte seinen Platz nicht ohne Bewilligung der Regierung verlassen und mußte dem Staat den größeren Teil seiner Ernten abliefern. Die Ptolemaier übernahmen dieses System und erweiterten es, indem sie sich große Landstücke aneigneten, die unter früheren Dynastien ägyptischen Adligen oder Priestern gehört hatten. Ein gewaltiger Beamtenapparat von staatlichen Aufsehern, die von bewaffneten Wächtern unterstützt wurden, bewirtschaftete ganz Ägypten als große Staatsfarm. Fast jeder Bauer in Ägypten erhielt von den Beamten Vorschriften, welchen Boden er zu bearbeiten und welche Pflanzen er anzubauen habe; seine Arbeitskraft und seine Tiere konnten jederzeit vom Staate zu Minier-, Bau- und Jagdzwecken und zur Anlage von Kanälen und Straßen beschlagnahmt werden; seine Ernte wurde von staatlichen Meßbeamten geschätzt, von Schreibern registriert, auf dem königlichen Dreschboden gedroschen und von einer lebenden Kette von Fellachen in die Speicher des Königs verfrachtet. Es gab in diesem System auch Ausnahmen: Die Ptolemaier gewährten dem Bauern das Besitzrecht an seinem Haus und seinem Garten; sie überließen die Städte dem Privatbesitz, und sie gaben den Soldaten, deren Dienste mit Land belohnt wurden, das Recht der Verpachtung. Diese Verpachtung war aber gewöhnlich auf Gebiete beschränkt, die die Eigentümer als Weinberg, Obst- oder Olivenplantagen zu verwenden hatten; sie schloß das Erbrecht aus und konnte jederzeit vom König widerrufen werden. Da die griechische Tatkraft und Intelligenz diese Pachtländer verbesserten, entstand das Verlangen nach der Berechtigung, den Besitz vom Vater auf den Sohn zu vererben. Im zweiten Jahrhundert wurde diese Erbübergabe durch die Gewohnheit zugelassen, im letzten vorchristlichen Jahrhundert auch durch das Gesetz, und die gewöhnliche Entwicklung vom Gemeinbesitz zum Privatbesitz war damit abgeschlossen.

Zweifellos war dieses System des Staatssozialismus entwickelt worden, weil die besonderen ackerbaulichen Verhältnisse Ägyptens eine größere Zusammenarbeit, einen größeren Einklang von Zeit und Raum erforderten, als der Privatbesitz zu gewährleisten vermochte. Menge und Art des auszusäenden Produktes hingen vom Umfang der jährlichen Überschwemmung und der Leistungsfähigkeit der Bewässerungs- und Trokkenlegungsanlagen ab; das bedingte aber eine zentrale Kontrolle. Griechische Ingenieure verbesserten im Dienste der Regierung die alten Verfahren und gaben dem Land eine wissenschaftlichere und intensivere Bodenkultur. Der alte *scheduf* wurde durch die *noria* ersetzt, ein Rad, das manchmal dreizehn Meter im Durchmesser aufwies und mit frei am inneren Radkranz hängenden Schöpfeimern versehen war; im Scheitelpunkt der Umdrehung wurde der Eimer durch eine Querleiste umgekippt und leerte seinen Inhalt in einen Bewässerungstank; die Archimedische Schraube und die Pumpe des Ktesibios* ließen das Wasser nach einem noch besseren Verfahren in einer vor den Ptolemaiern ungekannten Geschwindigkeit hochsteigen Die Zentralisierung der Wirtschaftsführung in den Händen der Regierung und die Einrichtung der Zwangsarbeit ermöglichten große öffentliche Arbeiten wie Fluteindämmung, Straßenbau, Bewässerung und Hausbau und bereiteten auf die technischen Leistungen Roms vor. Ptolemaios II. ließ den See Moiris trockenlegen und verwandelte den Grund in fruchtbares Ackerland, das er unter seine Soldaten verteilte. Im Jahre 285 begann er den Kanal zwischen dem Nil bei Heliupolis und dem Roten Meer bei Suez wiederherzustellen; Pharao Necho und Dareios I. hatten ihn erbaut und wiedererbaut; aber zweimal hatte der Triebsand ihn ausgefüllt, wie er es nach einem Jahrhundert von neuem tun sollte.

Das Gewerbe arbeitete unter ähnlichen Bedingungen. Die Regierung war nicht nur Eigentümerin der Minen, sondern bewirtschaftete sie auch selbst oder nahm das Erz in ihren Besitz. Die Ptolemaier schürften in ergiebigen Goldlagern in Nubien und verfügten über stabile Goldmünzen. Sie kontrollierten die Kupferminen von Cypern und am Sinai. Sie hatten ein Monopol für das Öl, das nicht aus dem Boden, sondern von Pflanzen wie Leinsamen, Kroton und Sesam gewonnen wurde. Die Regierung legte alljährlich fest, wieviel Boden mit diesen Pflanzen zu bebauen war; sie übernahm die ganze

* Siehe im 6. Kapitel unter Abschnitt II (Archimedes).

Ernte zu dem von ihr festgesetzten Preis; sie preßte das Öl in Staatsbetrieben mit großen, von Sklaven gehandhabten Balkenpressen; sie verkaufte das Öl an Wiederverkäufer zu dem von ihr festgesetzten Preise und schloß den ausländischen Wettbewerb durch hohe Zollsätze aus. Ihr Gewinn betrug siebzig bis dreihundert Prozent. Offenbar gab es ähnliche Staatsunternehmungen bei der Gewinnung von Salz, Natron (Natriumkarbonat als Seife verwendet), Weihrauch und Papyrus und bei der Herstellung von Textilwaren. Es gab einige Betriebe in Privatbesitz, sie waren aber gezwungen, ihre Produktion an den Staat zu verkaufen. Unbedeutendere Gewerbe blieben in Privathand; der Staat erteilte lediglich Bewilligungen, kaufte einen beträchtlichen Teil ihrer Erzeugung zu festen Preisen, überwachte sie und ließ einen guten Teil ihrer Gewinne als Steuern in die Staatskasse fließen. Das Handwerk wurde von alten Zünften weitergeführt, deren Mitglieder traditionsgemäß an ihr Gewerbe, ihr Dorf, manchmal sogar an ihr Haus gebunden waren. Das Gewerbe war wohlentwickelt: Wagen, Möbel, Keramiken, Teppiche, Kosmetika wurden in reichem Maße hergestellt; die Glasbläserei und die Leinenweberei waren ägyptische Spezialitäten. Erfindungen gab es im ptolemaiischen Ägypten mehr als in sonst einer Kultur vor der römischen; die Schraubenkette, die Radkette, die Nockenkette, die Ratschenkette, die Rollenkette und die Schraubenpresse waren alle in Gebrauch; und die Färbereichemie war so weit fortgeschritten, daß sie Stoffe mit verschiedenen Reagenzien behandelte, die dann bei dem Eintauchen in einen einzigen Farbstoff verschiedene beständige Farben hervorriefen. Im allgemeinen arbeiteten die Fabriken Alexandreias mit Sklaven, deren niedrige Unterhaltskosten die Ptolemaier instand setzten, im Außenhandel die Erzeugnisse des griechischen Gewerbes im Preise zu unterbieten.

Der gesamte Handelsverkehr wurde von der Regierung kontrolliert und geregelt; die Einzelhändler waren gewöhnlich Staatsangestellte, die staatliche Waren verkauften. Alle Karawanenstraßen und Wasserwege gehörten dem Staate. Ptolemaios II. führte das Kamel in Ägypten ein und organisierte eine Kamelpost nach dem Süden; sie beförderte nur Regierungssachen, aber diese schlossen fast die gesamte geschäftliche Korrespondenz des Landes ein. Auf dem Nil lief ein lebhafter Personen- und Güterverkehr, offenbar als Privatunternehmung unter staatlicher Kontrolle. Für den Mittelmeerhandel bauten die Ptolemaier die größte Handelsflotte der Zeit mit Schiffen von dreihundert Tonnen Tragfähigkeit. Die Lagerhäuser Alexandreias lockten den Welthandel an, der doppelte Hafen der Stadt war der Neid anderer Städte, ihr Leuchtturm eines der Sieben Weltwunder*. Die Felder, Fabriken und Werkstätten Ägyptens wirtschafteten einen großen Überschuß heraus, der Märkte im Osten bis nach China, im Süden bis Zentral-

* Sostratos von Knidos entwarf ihn für Ptolemaios II. mit einem Kostenaufwand von achthundert Talenten. Dieses antike Weltwunder stieg in mehreren Stufen bis auf hundertdreißig Meter Höhe an, war mit weißem Marmor verkleidet und mit Marmor- und Bronzeskulpturen geschmückt; über der Säulenkuppel, die das Licht enthielt, reckte sich eine sieben Meter hohe Poseidonstatue empor. Die Flamme wurde durch Abbrennen harzigen Holzes erzeugt und war, wahrscheinlich durch konvexe Metallspiegel, bis zu einer Entfernung von sechzig Kilometern sichtbar. Der Bau war 279 v. Chr. fertiggestellt und fiel im dreizehnten Jahrhundert n. Chr. der Zerstörung anheim. Die Insel Pharos, auf der er stand, bildet heute das Ras-et-Tin-Viertel von Alexandrien; die Stelle, auf der der Leuchtturm stand, ist vom Meer bedeckt.

afrika, im Norden bis nach Rußland und den Britischen Inseln fand. Ägyptische Forscher gingen auf Entdeckungsfahrt bis nach Sansibar und Somaliland und berichteten der Welt von den Troglodyten, die der ostafrikanischen Küste entlang lebten und sich von Meeresnahrung, Straußen, Karotten und Wurzeln ernährten. Um die Herrschaft der Araber über den Indienhandel mit dem Vorderen Orient zu brechen, segelten ägyptische Schiffe unmittelbar vom Nil nach Indien. Unter der weisen Förderung der Ptolemaier wurde Alexandreia der führende Umschlagplatz für Waren, die für die Märkte des Mittelmeerraumes bestimmt waren.

Diese Blüte von Handel und Gewerbe wurde durch ausgezeichnete Bankeinrichtungen beschleunigt. Die Zahlung in Waren blieb bis zu einem gewissen Grade als Vermächtnis Altägyptens erhalten, und das Korn der königlichen Schatzkammern galt als Teil der Bankreserve; aber Einlagen, Entnahmen und Überschreibungen von Getreide konnten auf dem Papier vorgenommen und mußten nicht mehr tatsächlich durchgeführt werden. Neben diesem modifizierten Tauschhandel entstand eine verwickelte Geldwirtschaft. Das Bankwesen war Staatsmonopol, die einzelnen Geschäftshandlungen konnten aber privaten Unternehmungen übertragen werden. Rechnungen wurden mit Wechseln auf Bankguthaben bezahlt; Banken gaben gegen Zinsen Darlehen und bezahlten die Rechnungen des königlichen Finanzministeriums. Die Zentralbank in Alexandreia hatte Filialen in allen wichtigeren Städten. Niemals in der bekannten Geschichte hatten Ackerbau, Gewerbe, Handel und Finanzwesen eine so reiche, so einheitliche und so brutale Entwicklung erlebt.

Die Herren und Nutznießer dieses Systems waren die freien Griechen der Hauptstadt. An der Spitze des Ganzen stand der Pharao, der Gott-König. Vom Gesichtspunkt der griechischen Bevölkerung war er ein wahrer Soter, «Retter», Euergetes, «Wohltäter»; er verschaffte ihr hunderttausend Anstellungen in der Bürokratie, unendlich viele wirtschaftliche Möglichkeiten, bislang ungekannte Förderung des Geisteslebens und einen vermögenden Hof als Quelle und Mittelpunkt eines luxuriösen Gesellschaftslebens. Und der König war keineswegs ein unberechenbarer Despot. Die ägyptische Überlieferung verband sich mit griechischem Recht, um ein System der Gesetzgebung aufzubauen, das abgesehen von der Freiheit in jeder Hinsicht nach dem athenischen Kodex gestaltet war und ihn noch übertraf. Die Erlasse des Königs hatten volle Gesetzeskraft; aber die Städte genossen eine beträchtliche Selbstverwaltung, und der ägyptische, griechische und jüdische Bevölkerungsanteil verfügte jeweils über ein eigenes Gesetzessystem, wählte eigene Behörden und prozessierte vor eigenen Gerichten. Ein Papyrus in Turin bewahrt uns die Aufzeichnung eines Rechtsstreites: Die Streitfragen sind genau definiert, die Beweisaufnahme ist sorgfältig durchgeführt, Präzedenzfälle werden abgewogen und das Schlußurteil wird mit richterlicher Unparteilichkeit gefällt. Andere Papyri verzeichnen alexandrinische Testamente und bezeugen das Alter von gesetzesmäßigen Formeln: «Dies ist der letzte Wille des Lykiers Peisias, Sohnes des X, der sich im Zustand der Verfügungsfähigkeit befindet.»

Die ptolemaiische Regierung war die bestorganisierte der hellenistischen Welt. Sie entlehnte das staatliche System von Ägypten und Persien, das Gemeindesystem von Griechenland und gab beide an das kaiserliche Rom weiter. Das Land war in *nomoi*, Bezirke, eingeteilt, die von königlichen Statthaltern verwaltet wurden. Fast alle diese Beamten waren Griechen. Die Vorstellung Alexanders, daß Griechen und Orientalen oder Ägypter auf gleichem Fuße miteinander leben und sich vermischen sollten, wurde als unergiebig fallen gelassen; das Niltal wurde deutlich zum eroberten Land. Die griechischen Aufseher brachten dem Wirtschaftsleben Ägyptens eine fortschrittliche Technik und Verwaltung und ließen den Wohlstand der Nation gewaltig anschwellen; aber den Zuwachs behielten sie für sich. Der Staat verlangte für die von ihm kontrollierten Erzeugnisse hohe Preise und schaltete jede Konkurrenz durch eine Zollmauer aus; darum kostete Olivenöl, das in Delos mit einundzwanzig Drachmen bezahlt wurde, in Alexandreia zweiundfünfzig Drachmen. Überall erhob die Regierung Pachtgebühren, Steuern, Zölle und Abgaben und beanspruchte manchmal die Arbeitskraft oder sogar das Leben. Der Bauer zahlte dem Staat eine Gebühr für das Recht, Vieh zu halten, für das Futter, das er an es verfütterte, und für das Recht, es auf dem Gemeindeweideland grasen zu lassen. Die Privateigentümer von Gärten, Weinbergen, Olivenhainen und Obstpflanzungen zahlten ein Sechstel – unter Ptolemaios II. die Hälfte – ihrer Erzeugnisse an den Staat. Alle Personen mit Ausnahme der Soldaten, der Priester und der Staatsbeamten zahlten eine Kopfsteuer. Steuern lasteten auf Salz, amtlichen Dokumenten und Erbschaften; eine fünfprozentige Steuer lag auf allen Pachtsummen; es gab eine zehnprozentige Steuer auf alle Verkäufe, eine fünfundzwanzigprozentige Abgabe für alle in ägyptischen Gewässern gefangenen Fische; eine Abgabe auf Güter, die vom Dorf in die Stadt oder den Nil herunterkamen; es gab hohe Ausfuhr- und Einfuhrzölle in allen ägyptischen Häfen; es gab Sondersteuern zur Wartung des Leuchtturmes, um die Gemeindeärzte und die Polizei bei guter Laune zu erhalten und um jedem neuen König eine neue Goldkrone zu beschaffen. Nichts wurde übersehen, das den Staat fetter machen konnte. Um alle steuerbaren Erzeugnisse, Einkommen und Verrichtungen im Auge zu haben, unterhielt die Regierung einen Schwarm von Schreibern und ein gewaltiges System der Personal- und Besitzregistrierung; die Steuereinnahme übertrug sie Fachleuten, deren Tätigkeit sie überwachte und deren Habe sie sicherstellte, bis sie im Besitz der gesamten Steuersumme war. Die Gesamteinkünfte der Ptolemaier an Waren und Geld waren wahrscheinlich die größten, die je eine Regierung zwischen dem Zusammenbruch Persiens und dem Aufstieg Roms einbrachte.

III. ALEXANDREIA

Der Wohlstand floß größtenteils Alexandreia zu. Die Bezirkshauptstädte und einige kleinere Städtchen gediehen ebenfalls und hatten gepflasterte und beleuchtete Straßen, einen Polizeischutz und eine gute Trinkwasserversorgung; noch nie hatte man aber etwas so «Modernes» wie Alexandreia gesehen. Nach Strabon war diese Stadt im ersten Jahrhundert nach Christus über fünf Kilometer lang und anderthalb Kilometer breit; Plinius berechnete die Gesamtlänge der Mauern auf dreiundzwanzig Kilometer. Deinokrates von Rhodos und Sostratos von Knidos legten die Stadt nach einem rechtwinkligen Plan mit einer fünfunddreißig Meter breiten ostwestlichen Mittelallee und einer ebenso breiten nordsüdlichen Querallee an. Beide Verkehrsadern, wahrscheinlich auch noch weitere, waren des Nachts gut beleuchtet und tagsüber durch kilometerlange schattige Kolonnaden kühl gehalten. Von den vier Stadtvierteln, in die die Hauptstraßen die Stadt zerlegten, war das westlichste, Rhakotis, hauptsächlich von Ägyptern bewohnt; das nordöstliche war der jüdische Stadtteil; das südöstliche, das Brucheion, enthielt den Königspalast, das Museion, die Bibliothek, die Gräber der Ptolemaier, den Alexandersarkophag (das Hôtel des Invalides jener Zeit), das Arsenal, die hauptsächlichen griechischen Tempel und viele geräumige Parkanlagen. Ein Park war mit einem zweihundert Meter langen Säulengang ausgestattet, ein anderer enthielt die zoologische Sammlung des Königs. Im Stadtzentrum standen die Verwaltungsgebäude, die Lagerhäuser der Regierung, der Gerichtshof, das Hauptgymnasion und tausend Läden und

Basare. Außerhalb der Stadtmauern lagen ein Stadion, ein Hippodrom, ein Amphitheater und ein großer, Nekropolis – «Totenstadt» – genannter Friedhof. Dem Strand entlang lief eine Reihe Badeanstalten und Vergnügungsstätten. Ein Damm oder eine Mole, Heptastadion genannt, weil sie sieben Stadien lang war, verband die Insel Pharos mit der Stadt und teilte den Hafen in zwei Häfen auf. Hinter der Stadt lag der See Mareotis, der dem Nilverkehr Häfen und Ausgänge bot; hier hielten sich die Ptolemaier ihr Lustboot und pflegten sie der königlichen Muße*.

Die Bevölkerung Alexandreias war um 200 v. Chr. geradeso vielfältig wie die der heutigen Großstadt: Sie umfaßte vier- bis fünfhunderttausend Makedonen, Griechen, Ägypter, Juden, Perser, Anatolier, Syrer, Araber und Neger**. Die Zunahme des Handels hatte den unteren Mittelstand anschwellen lassen und die Weltstadt mit einer geschäftigen, geschwätzigen, streitsüchtigen Masse von Krämern und Händlern angefüllt, die immer um ein Geschäft besorgt waren und keinerlei Vorurteil zugunsten der Ehrlichkeit und Anständigkeit bezeigten. An der Spitze standen die Makedonen und die Griechen, die ein solches Luxusleben führten, daß die römischen Gesandten, die 273 an den Hof kamen, darüber höchst erstaunt waren. Athenaios schildert die Delikatessen, mit denen sich die Herrenschicht Tische und Mägen belastete, und Herondas schreibt:

Dort aber ist der Göttin Heim: denn alles,
Was irgend auf der Erde ist und wird,
Ist in Ägypten: Reichtum, Ringschulen,
Macht, heitrer Himmel, Ruhm, stets was zu schau'n,
Gelehrte Herren, Gold, junge Männer,
Der Geschwistergötter Tempel, ein guter König,
Das Museum, Wein – kurz alles Gute, was man
Nur wünschen mag, und Frauen erst, so viel,
Daß selbst der Himmel, bei der Hadesbraut,
So vieler Sterne sich nicht rühmen kann,
Und hold von Ansehn, wie die Göttinnen,
Die einst im Wettstreit um den Schönheitspreis
Zu Paris zogen ... [1]

Alexandreias Dichter entdeckten den literarischen Wert der Jungfräulichkeit, und seine Romanschriftsteller sollten bald das Thema und den Unheilsknoten manch einer Geschichte daraus machen. Aber die Stadt war für die Großzügigkeit ihrer Frauen und die Zahl ihrer Stieftöchter der Lust bekannt; Polybios beklagte den Umstand, daß die schönsten Privathäuser Alexandreias den Dirnen gehörten. Frauen aller Stände bewegten sich frei in den Straßen, kauften in den Läden ein und mischten sich unter die Männer. Einige Frauen machten sich in Literatur und Gelehrsamkeit einen Namen. Die makedonischen Königinnen und die Hofdamen von Ptolemaios' II. Arsinoe bis Antonius' Kleopatra nahmen aktiv an der Politik teil und dienten mit ihren Verbrechen eher der

* Heute ist vom antiken Alexandreia kaum mehr erhalten als einige Katakomben und Säulen. Seine Überreste liegen unmittelbar unter der heutigen Stadt, so daß die Ausgrabung übermäßig teuer ist; wahrscheinlich sind sie unter den Wasserspiegel abgesunken, und Teile der alten Stadt sind heute vom Mittelmeer bedeckt.

** Alexandrien hatte 1970 über 2 Millionen Einwohner.

Politik als der Liebe; sie behielten aber immer noch genügend Charme, um die Männer zu ungeahnter Galanterie zu bewegen – wenigstens in Poesie und Prosa –, und brachten in die alexandrinische Gesellschaft ein Element des weiblichen Einflusses und der Anmut, das dem klassischen Griechenland unbekannt gewesen war.

Wohl ein Fünftel der Bevölkerung Alexandreias war jüdischen Ursprungs. Bereits im siebenten Jahrhundert hatte es hebräische Ansiedlungen in Ägypten gegeben; mancher jüdische Händler war im Gefolge der persischen Eroberung eingewandert. Alexander hatte die Juden angewiesen, nach Alexandreia auszuwandern, und hatte ihnen nach Josephus die politische und wirtschaftliche Gleichberechtigung mit den Griechen gewährt. Ptolemaios I. nahm nach der Einnahme Jerusalems Tausende jüdischer Gefangener nach Ägypten mit, die dann von seinem Nachfolger freigelassen wurden; gleichzeitig forderte er vermögende Hebräer auf, sich mit Haus und Geschäft in Alexandreia niederzulassen. Zu Beginn der christlichen Zeitrechnung gab es in Ägypten eine Million Juden. Ein großer Teil dieser Juden lebte im jüdischen Stadtviertel der Hauptstadt. Es war kein Ghetto, denn die Juden durften in jedem Stadtviertel außer dem Brucheion wohnen, das streng den Beamtenfamilien und ihrer Dienerschaft vorbehalten war. Sie wählten ihre eigene *gerusia*, einen Senat, und hatten völlige Kultfreiheit. Im Jahre 169 erbaute der Hohepriester Onias III. einen großen Tempel in Leontonpolis, einer Vorstadt Alexandreias, und Ptolemaios VI., sein persönlicher Freund, wies die Einkünfte der Stadt Heliupolis zum Unterhalt des Tempels an. Solche Tempel dienten zugleich dem Gottesdienst und als Schulen und für Zusammenkünfte; daher wurden sie von den griechisch sprechenden Juden *synagogai*, «Versammlungsorte», genannt. Da nur wenige Juden nach der zweiten oder dritten Generation in Ägypten Hebräisch konnten, folgte der Lesung des Gesetzestextes eine griechische Auslegung. Aus diesen Erklärungen und Nutzanwendungen entstand der Brauch, eine Predigt nach einem Text zu halten, und aus diesem Ritual entstand die Urform der katholischen Messe.

Diese religiöse und rassische Trennung traf mit wirtschaftlichen Eifersüchteleien zusammen und führte gegen Ende dieses Zeitraumes zum Entstehen einer antisemitischen Bewegung in Alexandreia. Die Griechen und die Ägypter waren gleicherweise an die Vereinigung von Kirche und Staat gewöhnt und ärgerten sich über die kulturelle Unabhängigkeit der Juden; überdies verspürten sie die Konkurrenz des jüdischen Handwerkers oder Geschäftsmannes und verübelten ihnen ihre Tatkraft, Hartnäckigkeit und Geschicklichkeit. Als Rom ägyptisches Getreide einzuführen begann, waren es die Juden Alexandreias, die es auf ihren Schiffen verfrachteten. Die Griechen erkannten, daß es ihnen nicht gelingen würde, die Juden zu hellenisieren, und begannen um die eigene Zukunft in einem Staate, dessen Mehrheit so hartnäckig orientalisch blieb und sich so kräftig vermehrte, zu bangen. Sie vergaßen die perikleische Gesetzgebung und beschwerten sich, daß das jüdische Gesetz Mischehen verbot und daß die Juden sich größtenteils von Nichtjuden abschlossen. Die antisemitische Literatur wuchs ständig. Manethon, der ägyptische Geschichtsschreiber, ließ die Erzählung umgehen, die Juden seien vor Jahrhunderten aus Ägypten vertrieben worden, weil sie Skrofulose oder

Lepra gehabt hätten. Die Wogen des Gefühles schlugen auf beiden Seiten immer höher, bis sie im ersten Jahrhundert der christlichen Zeitrechnung eine zerstörerische Gewalt erreichten.

Die Juden taten alles in ihrer Macht Liegende, um diesen Haß gegen ihre *ameixia* – die gesellschaftliche Abgeschiedenheit – zu lindern. Obgleich sie an ihrer Religion festhielten, sprachen sie griechisch; sie studierten die griechische Literatur und schrieben über sie und übersetzten ihre heiligen Bücher und ihre Geschichtswerke ins Griechische. Um die Griechen mit der jüdischen religiösen Überlieferung bekannt zu machen und um den Juden, die kein Hebräisch konnten, die Lektüre ihrer eigenen Schriften zu ermöglichen, unternahm es eine Gruppe jüdischer Gelehrter in Alexandreia, wahrscheinlich unter Ptolemaios II., eine griechische Übersetzung der hebräischen Bibel anzufertigen. Die Könige begünstigten das Unternehmen in der Hoffnung, es werde die Juden Ägyptens von Jerusalem unabhängiger machen und den Abfluß jüdisch ägyptischer Gelder nach Palästina vermindern. Die Sage berichtet, wie Ptolemaios Philadelphos auf Vorschlag des Demetrios von Phaleron um das Jahr 250 siebzig jüdische Gelehrte aus Judäa einlud, nach Alexandreia zu kommen und die Schriften ihres Volkes zu übersetzen. Der König habe jeden von ihnen in einem eigenen Raum auf Pharos untergebracht und den gegenseitigen Verkehr unterbunden, bis ein jeder seine Übersetzung des Pentateuch vollendet hatte; alle siebzig Fassungen hätten aber nach der Fertigstellung Wort für Wort übereingestimmt, womit die göttliche Inspirierung des Textes und der Übersetzer erwiesen worden sei. Der König habe die Gelehrten mit kostbaren Gaben aus Gold beschenkt. Aus diesem Grunde sei die griechische Fassung der hebräischen Bibel als *hermeneia kata tus hebdomekonta* – «Auslegung nach den Siebzig», lateinisch *Interpretatio Septuaginta* (sc. *Seniorum*) – kurz als Septuaginta bekannt geworden*. Wie auch der Vorgang der Übersetzung gewesen sein mag, der Pentateuch scheint vor Ende des dritten Jahrhunderts und die Bücher der Propheten im zweiten Jahrhundert in griechischer Sprache vorgelegen zu haben. Es war die Bibel, die Philon und Paulus benutzten.

Die Hellenisierung der Eingeborenen schlug in Ägypten ebenso fehl wie die Hellenisierung der Juden. Außerhalb Alexandreias bewahrten die Ägypter störrisch ihre eigene Religion, ihre eigene Kleidung oder Nacktheit und ihre eigene uralte Lebensweise. Die Griechen betrachteten sich als Eroberer und nicht als Mitmenschen; sie gaben sich nicht die Mühe, südlich des Deltas griechische Städte zu bauen oder die Sprache des Volkes zu erlernen, und ihre Gesetze erkannten Ehen zwischen Ägyptern und Griechen nicht an. Ptolemaios I. versuchte den griechischen und den einheimischen Glauben zu vereinen, indem er Serapis und Zeus ineinssetzte. Spätere Ptolemaier ließen sich selbst als Götter verehren, um ein gemeinsames und handliches Kultobjekt für ihre buntgewürfelte Bevölkerung zu bieten; aber diejenigen Ägypter, die nicht nach Ämtern strebten, beachteten diese künstlichen Kulte nur wenig. Die ägyptischen Priester, ihres

* Die Geschichte gründete sich auf einen Brief, der von einem gewissen Aristeas im ersten nachchristlichen Jahrhundert geschrieben worden sein soll. Hody in Oxford erkannte den Brief 1684 als Fälschung.

Reichtums und ihrer Macht beraubt und in ihrem Lebensunterhalt von den Geldzuwendungen des Staates abhängig, warteten geduldig darauf, daß die Griechen sich zurückzögen. Letzten Endes war es nicht der Hellenismus, der in Alexandreia obsiegte, sondern der Mystizismus; nun wurden die Grundlagen für den Neuplatonismus und das Gemisch verheißender Kulte gelegt, die in den Jahrhunderten vor und nach Christi Geburt um die Seele der Alexandriner kämpften. Osiris wurde als Serapis der Hauptgott der späteren Ägypter und vieler ägyptischer Griechen; Isis gewann ihre Beliebtheit als Göttin der Frauen und der Mutterschaft wieder. Als das Christentum kam, fanden es weder die Priesterschaft noch das Volk unmöglich, Isis in Maria und Serapis in Christus umzuwandeln.

IV. DER AUFRUHR

Der ptolemaiische Sozialismus ist ein Mahnmal dafür, daß auch eine Regierung ausbeuten kann. Unter den ersten beiden Ptolemaiern funktionierte das System recht ordentlich. Große technische Unternehmungen wurden abgeschlossen, die Ackerbaumethoden verbessert, das Marktwesen in Ordnung gebracht; die Aufseher handelten nur in bescheidenem Umfange ungerecht und parteiisch, und obgleich die Ausbeutung von Mensch und Material gründlich war, wurden die Gewinne doch größtenteils dazu verwendet, das Land zu entwickeln und zu verschönern und sein Kulturleben zu finanzieren. Drei Faktoren ließen das Experiment scheitern. Die Ptolemaier begannen Krieg zu führen und verausgabten immer mehr für ihre Heere, Flotten und Feldzüge. Nach Philadelphos setzte eine rasche Entartung in der Qualität der Könige ein: Sie aßen und tranken und hurten und ließen die Verwaltung in die Hände von Schurken abgleiten, die jeden möglichen Obolos aus den Armen herauspreßten. Die Ägypter vergaßen niemals, daß die Ausbeuter Ausländer waren, und auch die Priester träumten von den Fleischtöpfen Ägyptens, derer sich ihr Stand vor der persischen und griechischen Herrschaft erfreut hatte.

Die ptolemaiische Auffassung vom Sozialismus betraf im wesentlichen die intensivierte Produktion und nicht die weite Verteilung. Der Fellache erhielt gerade genug von seinen Erzeugnissen, daß er am Leben blieb, aber nicht genug, um zu der Erledigung seiner Arbeit oder zur Gründung einer Familie ermuntert zu werden. In jeder Generation erhob der Staat höhere Abgaben. Das System der ins einzelne gehenden Staatskontrolle wurde unerträglich wie das ständig wachsame Auge eines despotischen Vaters. Der Staat gab an den Bauern Saatgut zur Bestellung seines Ackers aus und band ihn dann an seinen Hof, bis die Ernte eingebracht war. Kein Bauer durfte auch nur das geringste von seinem Erzeugnis für sich verwenden, bevor er dem Staat den geschuldeten Teil abgeliefert hatte. Der Fellache war geduldig, aber selbst er begann zu murren. Im zweiten Jahrhundert war bereits ein beträchtlicher Teil des Bodens verwaist, weil keine Bauern zur Bearbeitung mehr da waren. Die Pachthalter fanden keine Pächter mehr, die ihr Land in Pacht nahmen; sie versuchten, ihren Boden selbst zu bebauen, waren aber der Aufgabe nicht gewachsen. Allmählich kroch die Wüste wieder über das bebaute Land zurück. In den Goldminen Nubiens arbeiteten die Sklaven nackt in Kauerstellung in finsteren und engen Gruben, mit Ketten beladen und von der Peitsche des Aufsehers zur Arbeit angehalten; die Nahrung war kärglich, nicht einmal genug, sie am Leben zu erhalten; sie erlagen zu Tausenden der Unterernährung und der Erschöpfung, und das einzige willkommene Ereignis ihres Lebens war der Tod. Der gewöhnliche Arbeiter in den Fabriken erhielt einen Taglohn von einem Obolos, der gelernte Arbeiter von zwei bis drei. Jeder zehnte Tag war Ruhetag.

Die Klagen häuften sich, und immer öfter brach ein Streik aus: bei den Grubenarbeitern, den Steinbrucharbeitern, den Schiffsmannschaften, den Bauern, den Handwerkern, den Kaufleuten, selbst bei den Aufsehern und den Polizisten. Dabei ging es selten um bessere Zahlung – denn darauf hatten die Arbeitenden jede Hoffnung aufgegeben –, sondern er fand aus reiner Erschöpfung und Verzweiflung statt. «Wir sind vollkommen erschöpft», berichtet eine Papyrusschrift über einen Streik, «wir werden davonlaufen» – das heißt in einem Tempel Schutz suchen. Fast alle Ausbeuter waren Griechen, fast alle Ausgebeuteten Ägypter oder Juden. Die Priester appellierten im geheimen an die religiösen Empfindungen der Einheimischen, während sich die Griechen über jede Konzession ärgerten, die die Regierung den Ägyptern oder Juden zugestand. In der Hauptstadt ließ sich das gemeine Volk durch staatliche Unterstützungen und durch Spiele bestechen, aber es war vom königlichen Stadtviertel ausgeschlossen und von einer starken Militärmacht überwacht und hatte keine Stimme in den Angelegenheiten der Nation; es wurde schließlich zum unzurechnungsfähigen und gewalttätigen Gesindel. Im Jahre 216 revoltierten die Ägypter; die Revolte wurde aber niedergeschlagen; 189 erhoben sie sich abermals, und der Aufruhr dauerte nahezu fünf Jahre. Die Ptolemaier trugen auf eine Weile den Sieg davon, indem sie das Heer einsetzten und die Beiträge an die Priester erhöhten; die Lage war aber unhaltbar geworden. Das Land war bis zur vollständigen Erschöpfung ausgesaugt, und selbst die Ausbeuter merkten, daß nichts mehr verblieb.

Auf allen Seiten setzte die Auflösung ein. Die Ptolemaier gingen von natürlichen zu unnatürlichen Lastern, von der Verständigkeit zur Blödheit über; sie heirateten mit einer Freiheit und einer Eile, die ihnen die Achtung ihres Volkes verscherzte. Das luxuriöse Leben machte sie unfähig in der Kriegführung oder für die Regierungsgeschäfte, schließlich sogar unfähig zu denken. Gesetzlosigkeit und Unehrlichkeit, Unfähigkeit und Hoffnungslosigkeit, das Fehlen des Wettbewerbes und des Antriebes, der aus dem Privatbesitz erwächst, setzten die Produktionskraft des Landes Jahr für Jahr herab. Die Literatur welkte, die schöpferische Kunst siechte ganz dahin; nach dem dritten Jahrhundert trug Alexandreia zu keiner mehr etwas von Bedeutung bei. Die Ägypter verloren jede Achtung vor den Griechen; die Griechen, wenn so etwas überhaupt glaubhaft ist, verloren jede Achtung vor sich selber. Jahr um Jahr vergaßen sie mehr von ihrer eigenen Sprache und bedienten sich einer verderbten Mischung aus Griechisch und Ägyptisch. Der Brauch der Geschwisterehe nach Eingeborenenart verbreitete sich unter den Griechen. Viele heirateten in ägyptische Familien ein und gingen darin auf; Tausende verehrten die ägyptischen Götter. Im zweiten Jahrhundert waren die Griechen nicht einmal mehr politisch die herrschende Rasse; die Ptolemaier hatten, um ihre Autorität zu wahren, den ägyptischen Glauben und das ägyptische Ritual angenommen und die Macht der Priester erhöht. Im selben Maße, wie die Könige in epikureische Leichtlebigkeit verfielen, übernahmen die Priester wieder die Führung und gewannen allmählich die Ländereien und die Privilegien zurück, die die ersten Ptolemaier ihnen weggenommen hatten. Der Stein von Rosette, der um 196 datiert wird, schildert die Krönungszeremonie Ptolemaios' V. in einer Weise, die fast völlig den ägyptischen Bräuchen entspricht. Unter Ptolemaios V. (203–181) und Ptolemaios VI. (181–145) nahmen dynastische Streitigkeiten die ganze Kraft des Herrscherhauses in Anspruch, während Ackerbau und Gewerbe verfielen. Ordnung und Frieden kehrten erst wieder, als Caesar fast ohne Schwertstreich Ägypten eroberte – ein beiläufiges Ereignis in seiner Laufbahn – und Augustus es zur römischen Provinz machte (30 v. Chr.).

V. SONNENUNTERGANG AUF SIZILIEN

Das hellenistische Zeitalter richtete seine Blicke nach Osten und Süden und kümmerte sich fast nicht um den Westen. Kyrene war wohlhabend wie immer, da es gelernt hatte, daß Handel zu treiben besser ist als Kriege zu führen; aus Kyrene stammten in dieser Zeit der Dichter Kallimachos, der Geograph Eratosthenes und der Philosoph Karneades. Das griechische Italien wurde von der doppelten Drohung von seiten der sich vermehrenden Einheimischen und des hochkommenden Rom beunruhigt und geschwächt, während Sizilien in ständiger Angst vor der Macht Karthagos lebte. Dreiundzwanzig Jahre nach Timoleons Ankunft schaffte eine Revolution der Reichen die Demokratie in Syrakus ab und legte die Regierung in die Hand von sechshundert oligarchischen Familien (320). Diese spalteten sich in Parteien auf und wurden ihrerseits von einer radikalen Revolution gestürzt, bei der viertausend Menschen ermordet und sechstausend Wohlhabende in die Verbannung geschickt wurden. Agathokles wußte sich die Diktatur zu gewinnen, indem er die Streichung der Schulden und eine Neuaufteilung des Bodens versprach. Solcherart wächst die Anhäufung des Reichtums periodisch ins Extrem und wird durch Besteuerung oder Revolution wieder ausgeglichen.

Nach siebenundvierzigjährigem Durcheinander, während dessen die Karthager immer wieder in Sizilien einbrachen und Pyrrhos kam, siegte, verlor und wieder abzog, kam Syrakus unverdienterweise in die Macht Hierons II., des wohltätigsten der vielen Diktatoren, die die Leidenschaftlichkeit und der Unruhegeist der sizilischen Griechen hochkommen ließen. Hieron regierte vierundfünfzig Jahre lang, wobei er, wie der überraschte Polybios vermerkt, « nicht einen einzigen Bürger ums Leben brachte, nicht einen einzigen verbannte oder irgendwie kränkte, sondern die Übertragung der Würde eines Königs der Syrakusier nur seinem Verdienst verdankte »[2]. Von allen Möglichkeiten des Luxus umgeben, lebte er ein bescheidenes Leben und erreichte ein Alter von neunzig Jahren. Wiederholt hatte er auf die Macht verzichten wollen, aber das Volk hatte ihn immer wieder gebeten, doch zu bleiben. Er war so verständig, mit Rom ein Bündnis abzuschließen, wodurch er die Karthager ein halbes Jahrhundert lang in Schach hielt. Er gab der Stadt Ordnung und Frieden und eine beträchtliche Freiheit; er führte bedeutende öffentliche Arbeiten aus und hinterließ bei seinem Tode eine gefüllte Staatskasse, ohne drückende Steuern erhoben zu haben. Unter seinem Schutz oder seiner Förderung erhob Archimedes die antike Wissenschaft auf ihren Höhepunkt und besang Theokritos im letzten vollkommenen Griechisch die Schönheit Siziliens und die erwartete Unterstützung des Königs. Syrakus wurde die volkreichste und wohlhabendste Stadt von Hellas.

Hieron sah in seinen Mußestunden gern seinen Handwerkern zu, die ihm unter der Oberaufsicht von Archimedes ein Lustboot bauten, das die gesamte Kunst und Wissenschaft des Schiffbaues der Antike verkörperte. Es war ein halbes Stadion (136 m) lang, besaß ein Sportdeck mit einem Gymnasion und einem großen Marmorbad und ein schattiges Gartendeck mit vielerlei Pflanzen. Es war mit sechshundert Seeleuten bemannt, die in zwanzig Rudergruppen aufgeteilt waren, und vermochte außerdem dreihundert Passagiere oder Matrosen aufzunehmen. Es verfügte über sechzig Kabinen, von denen einige mit Mosaikfußböden und Türen aus Elfenbein und Edelhölzern versehen waren, und war überall elegant ausgestattet und mit Malereien und Skulpturen ausgeschmückt. Gegen Angriffe war es durch Befestigungen und Türme geschützt; aus jedem der acht Türme ragten große Balken hervor, die am Ende mit einem Loch versehen waren, durch welches man auf die feindlichen Schiffe große Steine fallen lassen konnte; über seine ganze Länge konstruierte Archimedes ein großes Katapult, das Steine im Gewicht von drei Talenten (etwa 78 kg) oder Pfeile von sechs Metern Länge zu schleudern vermochte. Das Schiff trug eine Last von 3900 Tonnen und wog selbst tausend Tonnen. Hieron hatte gehofft, es im regelmäßigen Verkehr zwischen Syrakus und Alexandreia einsetzen zu können; da er aber feststellen mußte, daß es für seine eigenen Docks zu groß war und sein Unterhalt unverhältnismäßig teuer kam, füllte er es mit Getreide und Fischen von Siziliens überreichen Feldern und Gewässern und schickte es, Schiff und Ladung, als Geschenk nach Ägypten, das gerade an einem ungewöhnlichen Kornmangel litt.

Hieron starb 216. Er hatte vor seinem Tode noch eine demokratische Verfassung schaffen wollen, aber seine Töchter hatten den altersschwachen Mann überredet, die Macht seinem Enkel zu übertragen. Hieronymos erwies sich als Schwächling und Nichtsnutz. Er trat vom Bündnis mit Rom zurück, empfing Gesandte Karthagos und ließ es zu, daß sie die tatsächlichen Herrscher von Syrakus wurden. Rom, das keinen Überfluß an Getreide besaß, schickte sich an, mit Karthago um die reiche Insel zu kämpfen, die niemals gelernt hatte, sich selbst zu regieren. Der ganze Mittelmeerraum begann wie eine überreife Frucht einem Eroberer in die Hände zu fallen, der größer und erbarmungsloser war als sonst je ein Eroberer der griechischen Geschichte.

VIERTES KAPITEL

Bücher

I. BIBLIOTHEKEN UND GELEHRTE

Auf jedem Gebiete des hellenistischen Lebens, mit Ausnahme des Dramas, finden wir die gleiche Erscheinung: Die griechische Kultur ist nicht vernichtet, sondern zerstreut. Athen lag im Sterben, und die griechischen Siedlungen im Westen waren, mit Ausnahme von Syrakus, im Verfall begriffen; aber die griechischen Städte Ägyptens und des Ostens standen materiell und kulturell auf ihrem Gipfelpunkt. Polybios, ein Mann von großer Erfahrung, historischem Wissen und sorgfältigem Urteil, spricht um das Jahr 148 von der «Gegenwart, in welcher der Fortschritt von Kunst und Wissenschaft so rasch vor sich geht»[1]; die Worte haben einen vertrauten Klang. Durch die Ausbreitung des Griechischen als gemeinsamer Sprache war nun eine kulturelle Einheit erreicht, die im östlichen Mittelmeer fast ein Jahrtausend andauern sollte. Alle Gebildeten der neuen Reiche lernten Griechisch als Sprache der Diplomatie, der Literatur und der Wissenschaft; ein griechisch geschriebenes Buch war fast jedem gebildeten Nichtgriechen in Ägypten oder im Vorderen Orient verständlich. Man sprach von der *oikumene*, der «bewohnten Welt», als von einer einzigen Kultur und entwickelte eine weltmännische Lebensanschauung, die weniger anregend, aber vielleicht verständiger war als der stolze und enge Nationalismus des Stadtstaates.

Für dieses vergrößerte Publikum schrieben Tausende von Schriftstellern Hunderttausende von Büchern. Wir kennen die Namen von elfhundert hellenistischen Autoren; die uns nicht bekannten machen eine unberechenbare Zahl aus. Eine Kurrentschrift hatte sich entwickelt, die das Schreiben erleichterte; bereits im vierten vorchristlichen Jahrhundert hören wir von stenographischen Systemen, bei denen «gewisse Vokale und Konsonanten durch Striche in verschiedenen Stellungen ausgedrückt werden können». Die Bücher wurden auf ägyptischen Papyrus geschrieben, bis Ptolemaios VI., in der Hoffnung, das Anwachsen der Bibliothek von Pergamon zu unterbinden, die Ausfuhr dieses Stoffes aus Ägypten verbot. Eumenes II. wehrte den Schlag ab, indem er die Massenherstellung von bearbeiteten Schaf- und Kalbshäuten förderte, die seit langem im Osten als Schreibmaterial in Gebrauch waren, und bald trat das «Pergament» aus der Stadt und mit dem Namen von Pergamon als Hilfsmittel des schriftlichen Verkehrs und der Literatur mit dem Papyrus in Wettbewerb.

Da die Zahl der Bücher dermaßen angewachsen war, wurden Bibliotheken zur Notwendigkeit. Sie hatten schon zuvor als Luxuseinrichtungen ägyptischer oder mesopotamischer Potentaten bestanden; aber offenbar war die Bibliothek des Aristoteles die erste ausgedehnte private Sammlung. Wir können uns eine Vorstellung von ihrem Umfang und Wert machen, wenn wir hören, daß er allein 18 000 Dollar (Kurswert von 1939) für den Teil zahlte, den er Platons Nachfolger Speusippos abkaufte. Aristoteles vermachte seine Bücher Theophrastos, der sie (287) Neleus vermachte, welcher sie nach Skepsis in Kleinasien mitnahm, wo sie, wie die Überlieferung zu berichten weiß, vergraben wurden, um der literarischen Habgier der Könige von Pergamon zu entgehen. Nach fast einem Jahrhundert dieses schadenbringenden Vergrabenseins wurden die Bücher um 100 an Apellikon von Teos, einen athenischen Bibliophilen, verkauft. Apellikon mußte feststellen, daß viele Stellen von der Feuchtigkeit verzehrt worden waren. Er ließ neue Abschriften anfertigen und füllte die Lücken mit so viel Verstand aus, als ihm zur Verfügung stand; vielleicht ist das die Erklärung dafür, daß Aristoteles nicht gerade der fesselndste Philosoph der Geschichte ist. Als Sulla Athen einnahm (86), eignete er sich Apellikons Bibliothek an und nahm sie nach Rom mit. Dort ordnete und veröffentlichte der rhodische Gelehrte Andronikos die Werke des Aristoteles neu – ein fast ebenso folgenreiches Ereignis in der Geschichte des römischen Denkens wie die Wiederentdeckung des Aristoteles beim Erwachen der mittelalterlichen Philosophie.

Die Abenteuer dieser Büchersammlung lassen deutlich werden, wieviel die Literatur den Ptolemaiern dafür schuldet, daß sie die berühmte alexandrinische Bibliothek als Teil des Museion gründeten und unterhielten. Ptolemaios I. machte den Anfang, Ptolemaios II. vervollständigte sie und fügte noch eine kleinere Bibliothek in dem Serapis-Vorstadttempel hinzu. Gegen Ende der Regierungszeit des Philadelphos hatte die Bibliothek bereits einen Bestand von 532 000 Rollen, das heißt wahrscheinlich etwa 100 000 Büchern in unserem Sinne dieses Wortes. Zeitweise wetteiferte die Neigung zum Erweitern dieser Sammlung bei den ägyptischen Königen mit ihrem Machthunger. Ptolemaios III. befahl, jedes nach Alexandreia kommende Buch in die Bibliothek zu verbringen; dort wurden Abschriften verfertigt, der Besitzer erhielt die Abschrift und die Bibliothek behielt das Original. Derselbe Autokrat bat sich von Athen die Originalhandschriften von Aischylos, Sophokles und Euripides aus und hinterlegte 90 000 Dollar (Kurswert von 1939) als Sicherheit; er behielt die Originale, sandte Abschriften zurück und bat die Athener, sie sollten sein Geld als Buße behalten. Der Ehrgeiz, alte Bücher zu besitzen, griff so sehr um sich, daß Handwerker es unternahmen, neue Handschriften zu färben und zu beschädigen und als Antiquitäten an Sammler von Erstausgaben zu verkaufen.

Die Bibliothek stellte bald das übrige Museion an Wichtigkeit und Interesse in den Schatten. Das Amt des Bibliothekars war eines der höchsten, das der König zu vergeben hatte, und enthielt auch die Verpflichtung, den Kronprinzen zu unterrichten. Die Namen dieser Bibliothekare sind uns mit Abweichungen in verschiedenen Manuskripten erhalten. Die späteste Aufstellung nennt als die ersten sechs Bibliothekare Zenodotos aus Ephesos, Apollonios aus Rhodos, Eratosthenes aus Kyrene, Apollonios aus Alexandreia, Aristophanes aus Byzantion und Aristarchos aus Samothrake; die verschiedenen Herkunftsorte sind wiederum ein Zeichen für die Einheit der hellenistischen Kultur. Geradeso bedeutend wie die Genannten war der Dichter und Gelehrte Kallimachos, der die Büchersammlung in hundertzwanzig Rollen katalogisierte. Wir können uns ein Heer von Schreibern, vermutlich Sklaven, vorstellen, die von wertvollen Originalen Abschriften anfertigen, und einen Schwarm von Gelehrten, die das Material einteilen. Einige dieser Männer schrieben die Geschichte verschiedener Literatur- oder Wissenschaftszweige, andere verfertigten endgültige Ausgaben der Meisterwerke, andere verfaßten zur Aufklärung der Laienschaft und der Nachwelt Kommentare zu diesen Texten. Aristophanes aus Byzantion entfesselte eine literarische Revolution, indem er die Sätze und Nebensätze der alten Schriften durch große Anfangsbuchstaben und Satzzeichen kennzeichnete; er war es, der die Akzente erfand, die uns beim Lesen griechischer Texte so stören. Zenodotos begann die Ausgabe der *Ilias* und der *Odyssee*, Aristophanes brachte sie weiter und Aristarchos schloß sie ab; damit stellten sie den gegenwärtigen Text her und versahen ihn mit gelehrten Anmerkungen. Gegen Ende des dritten Jahrhunderts hatten das Museion, die Bibliothek und deren Gelehrte Alexandreia zur geistigen Hauptstadt des griechischen Lebensraumes gemacht.

Zweifellos besaßen auch andere griechische Städte der hellenistischen Zeit Bibliotheken. Österreichische Archäologen haben die Reste einer reichverzierten Stadtbücherei in Ephesos ausgegraben, und wir hören vom Brand einer großen Bibliothek bei der Zerstörung Karthagos durch Scipio. Die einzige aber, die den Vergleich mit der alexandrinischen aushielt, war die pergamenische. Die Könige dieses kurzlebigen Staates sahen mit aufgeklärtem Neid auf die kulturellen Unternehmungen der Ptolemaier. Im Jahre 196 gründete Eumenes II. die Bibliothek und berief einige der besten Gelehrten Griechenlands an sie. Die Sammlung nahm rasch an Umfang zu; als Antonius sie Kleopatra schenkte, um denjenigen Teil der alexandrinischen Bibliothek zu ersetzen, der im Aufstand gegen Caesar im Jahre 48 v. Chr. zerstört worden war, enthielt sie etwa 200000 Rollen. Durch diese Bibliothek und durch den attischen Geschmack der Attalidenkönige wurde Pergamon gegen Ende der hellenistischen Zeit der Mittelpunkt einer Puristenschule griechischer Prosa, für die kein Wort rein war, das nicht aus der klassischen Zeit stammte. Der Begeisterung dieser Klassizisten verdanken wir die Erhaltung der Meisterwerke der attischen Prosa.

Vor allem war es eine Zeit der Intellektuellen und der Gelehrten. Die Schriftstellerei wurde zum Beruf und hörte auf, eine mit Hingabe betriebene Liebhaberei zu sein; es bildeten sich Cliquen und Gesellschaftsklüngel, deren Bewertung des Talentes im Quadrat der zunehmenden Entfernung von sich selbst abnahm. Dichter begannen für Dichter zu schreiben und wurden künstlich, Gelehrte begannen für Gelehrte zu schreiben und wurden öde und langweilig. Nachdenkliche Menschen hatten die Empfindung, daß der schöpferische Geist Griechenlands seinem Ende zugehe und daß der bleibendste Dienst, den sie der Kultur erweisen konnten, darin bestand, die literarischen Leistungen eines kühneren Zeitalters zu sammeln, zu hüten, herauszugeben und zu erläutern. Sie bildeten die Methoden der Text- und Literarkritik in fast allen ihren Formen aus. Sie versuchten, aus der Masse der bestehenden Manuskripte die besten auszuscheiden und das Volk in seiner Lektüre zu leiten; sie verfertigten Listen der «besten Bücher», der «vier epischen Dichter», der «neun Geschichtsschreiber», der «zehn lyrischen Dichter», der «zehn Rhetoren» usw. Sie schrieben die Biographien großer

Schriftsteller und Wissenschaftler; sie sammelten und bewahrten die bruchstückhaften Daten, die heute das einzige sind, was wir über diese Männer wissen. Sie verfaßten Abrisse der Geschichte, der Literatur, des Theaters, der Wissenschaft und der Philosophie; einige dieser «kurzen Wege zum Wissen» halfen, die Originalwerke zu bewahren, andere ersetzten und verdrängten sie, ohne es zu beabsichtigen. Voll Trauer über die Entartung des attischen Griechischen zu dem orientalisierten «Pidgin»-Griechisch ihrer Zeit verfaßten hellenistische Gelehrte Wörterbücher und Grammatiken, und die Bibliothek von Alexandreia gab nach Art der Académie Française Erlasse über den rechten Gebrauch der altüberlieferten Sprache aus. Ohne deren gelehrten und geduldigen «Bieneneifer» hätten die Kriege, die Revolutionen und die Katastrophen zweier Jahrtausende selbst diese kostbaren Restbestände, die wir heute als das schiffbrüchige Vermächtnis Griechenlands in Händen haben, der Zerstörung preisgegeben.

II. DIE BÜCHER DER JUDEN

Während dieser ganzen bewegten und aufrührerischen Zeit bewahrten die Juden ihren traditionellen Hang zur Gelehrsamkeit und hatten einen größeren Anteil an der bleibenden Literatur des Zeitalters, als man ihrer Zahl nach hätte erwarten können. In diese Periode fallen die schönsten Teile der Bibel. Gegen Ende des dritten Jahrhunderts schuf ein jüdischer Dichter (oder eine Dichterin?) das liebliche *Hohelied*. Wir finden darin die ganze Meisterschaft der griechischen Dichtung von Sappho bis Theokritos und dazu noch etwas, was bei keinem griechischen Dichter dieser Zeit zu finden ist: einen Phantasiereichtum, eine Gefühlstiefe und eine Hingabe, die stark genug waren, den Körper wie die Seele der Liebe willkommen zu heißen und das Fleischliche ganz ins Geistige umzugestalten. Teils in Jerusalem, meist in Alexandreia, teils in anderen Städten des östlichen Mittelmeerraumes, schrieben hellenistische Juden – auf Hebräisch, Aramäisch oder Griechisch – Meisterwerke wie den *Prediger Salomo*, *Daniel*, einen Teil der *Sprüche* und der *Psalmen* und die meisten bedeutenderen Apokryphen. Sie verfaßten Geschichtsbücher wie die *Bücher der Chronik*, Novellen wie *Esther* und *Judith* und Familienidylle wie das *Buch Tobias*. Die *Soferim* wandelten die hebräische Schrift von der alten assyrischen in die rechtwinklige syrische um, die sich bis heute erhalten hat. Da die meisten Juden im Vorderen Orient Aramäisch und nicht Hebräisch sprachen, erklärten die Gelehrten die Schriften in kurzen aramäischen *Targums*, Auslegungen. Schulen zum Studium der *Thora*, des Gesetzes, und zur Erklärung seiner Sittenlehre für die heranwachsende Jugend wurden gegründet; diese Erläuterungen, Erklärungen und Kommentare gingen von den Lehrern an die Schüler über und bildeten zu einer späteren Zeit den Grundstock des *Talmud*.

Am Ende des dritten Jahrhunderts hatten die Gelehrten des Hohen Rates die Herausgabe der älteren Literatur fertiggestellt und den Kanon des Alten Testamentes abgeschlossen; nach ihrer Meinung war die Zeit der Propheten vorbei und die wörtliche Eingebung versiegt. Infolgedessen hatten viele Werke der Zeit trotz ihrer Weisheit und Schönheit keine Möglichkeit mehr, sich auf göttliche Mitarbeit zu berufen, und fielen der unglücklichen Kategorie der Apokryphen zu*.

Nach seiner Einleitung ist das *Buch Jesus Sirach* eine im Jahre 132 vollendete griechische Übersetzung von Gesprächen, die zwei Menschenalter zuvor von dem Großvater des Übersetzers, Jesus, dem Sohne Sirachs, aufgezeichnet worden waren. Dieser Josua ben Sirach war zugleich Gelehrter und Weltmann. Nachdem er einen schönen Teil der Welt bereist hatte, ließ er sich nieder, um aus seinem Hause eine Schule für Wißbegierige zu machen. Er wendet sich gegen die reichen Juden, die ihren Glauben aufgegeben haben, um in der Heidenwelt eine bessere Figur zu machen; er warnt die Jugend vor den Dirnen, die ihr überall auflauern, und erklärt, das Gesetz sei immer noch der beste Führer durch die Übel und Fallschlingen der Welt. Er ist aber kein Puritaner. Anders als die Chassidim hat er für harmlose Vergnügungen ein gutes Wort übrig, und er wendet sich scharf gegen die Mystiker, die die Medizin verwerfen, weil alle Krankheiten von Gott kämen und daher nur von Gott wieder geheilt werden könnten. Das Buch ist reich an Kernsprüchen, deren berühmtester die Rute und das Kind zusammen nennt. «Der Prügel, die ihm zur Last fallen», sagt Renan, «müssen unzählige sein.» Es ist ein edles Buch, weiser und freundlicher als der *Prediger Salomo*.

Im vierundzwanzigsten Kapitel des *Buches Jesus Sirach* sagt die Weisheit von sich: «Vor der Welt, von Anfang bin ich geschaffen und werde ewiglich bleiben.» Hier und im ersten Kapitel der *Sprüche* stoßen wir auf die frühesten hebräischen Formen der Lehre vom *logos*: von der Weisheit als «Demiurgen», als vermittelndem Schöpfer, der von Gott beauftragt ist, die Welt zu gestalten. Diese Vergegenständlichung der Weisheit als verpersönlichte Verstandeskraft wird zum Leitgedanken der jüdischen Theologie der letzten vorchristlichen Jahrhunderte. Daneben gewinnt die Vorstellung von der persönlichen Unsterblichkeit Boden. Im *Buche Enoch*, das offenbar zwischen 170 und 66 von mehreren Verfassern in Palästina geschrieben wurde, wird die Hoffnung auf das Weiterleben im Himmel zum lebenswichtigen Bedürfnis. Der Erfolg der bösartigen Gewalt und das Unglück eines frommen und treuen Volkes wären ohne diese Hoffnung unerträglich geworden; ohne sie wären das Leben und die Geschichte eher als Werk Satans denn als Gottes Werk erschienen. Ein Messias wird kommen, der das Himmelreich auf Erden bringen und die Frommen mit ewigwährender Glückseligkeit nach dem Tode belohnen wird.

Im *Buche Daniel* kommt der ganze Schrecken der Zeit Antiochos' IV. zum Ausdruck. Als um das Jahr 166 die Gläubigen um ihres Glaubens willen verfolgt und umgebracht wurden und immer mehr Feinde sich gegen die Makkabäer wandten, unternahm es

* Die Apokryphen (wörtlich die «Verborgenen») des Alten Testamentes sind diejenigen Bücher, die aus dem jüdischen Kanon des Alten Testamentes als uninspiriert ausgeschlossen, wohl aber in die römisch-katholische Vulgata – die lateinische Übersetzung der hebräischen und griechischen Texte der Bibel durch Hieronymus – aufgenommen wurden. Die wichtigsten Apokryphen des Alten Testamentes sind die beiden *Bücher der Makkabäer*, das *Buch Jesus Sirach*, das *Buch Judith*, das *Buch Tobias* und das *Buch der Weisheit*. Die apokalyptischen (d.h. geoffenbarten) Bücher sind diejenigen, die göttliche Offenbarungen zu enthalten vorgeben; solche Schriften tauchen um 250 erstmals auf und erscheinen bis in die christliche Ära hinein. Einige Apokalypsen gelten wie das *Buch Enoch* als apokryph und unkanonisch, andere, wie die *Offenbarung des Johannes*, als kanonisch.

wahrscheinlich einer der Chassidim, dem Mut des Volkes neuen Auftrieb zu geben, indem er die Leiden und Prophezeiungen Daniels in der Zeit Nebukadnezars in Babylonien schilderte. Abschriften des Buches gingen bei den Juden heimlich von Hand zu Hand; es wurde als das Werk eines Propheten ausgegeben, der vor dreihundertsiebzig Jahren gelebt und größere Verfolgungen als die Juden unter Antiochos zu erdulden gehabt hatte, siegreich aus allen Prüfungen hervorgegangen war und seinem Volke einen gleichen Triumph prophezeit hatte. Und wenn selbst die Tugendhaften und Frommen auf dieser Erde nicht den rechten Lohn fänden, so werde ihnen ihre Belohnung am Tage des Jüngsten Gerichtes zuteil werden, wenn der Herr sie in einen Himmel unbegrenzter Glückseligkeit aufnehmen und ihre Verfolger in immerwährende Höllenqualen stürzen werde.

Alles in allem kann man die erhaltenen jüdischen Schriften dieser Zeit als eine mystische oder phantastische Literatur der Belehrung, Erbauung oder Tröstung bezeichnen. Für die Juden früherer Zeiten hatte das Leben als solches genügt, und die Religion war für sie nicht eine Flucht aus der Welt gewesen, sondern eine Dramatisierung der Sittenlehre durch die Glaubensdichtung; ein mächtiger Gott, der alles sieht und beherrscht, hätte nach diesem Glauben auf Erden die Tugend belohnt und das Laster bestraft. Die Gefangenschaft hatte diesen Glauben ins Wanken gebracht, die Restauration des Tempels hatte ihn wieder gefestigt; er brach unter den Knüppeln des Antiochos zusammen. Dem Pessimismus standen nun die Tore weit offen, und in den Schriften der Griechen fanden die Juden die beredsamste Darstellung der Ungerechtigkeiten und der Tragödien des Lebens. Da bot die Berührung der Juden mit den persischen Vorstellungen von Himmel und Hölle, dem Kampfe zwischen Gut und Böse und dem endlichen Siege des Guten einen Ausweg aus der Philosophie der Verzweiflung, und vielleicht wirkten die Unsterblichkeitsvorstellungen, die Alexandreia aus Ägypten übernommen hatte, und diejenigen, die die Mysterien Griechenlands belebt hatten, zusammen, um den Juden der griechischen und der römischen Zeit jene tröstliche Hoffnung einzuflößen, die sie während aller Mißgeschicke ihres Tempels und ihres Staates aufrechterhielt. Von diesen Juden und von den Ägyptern, Persern und Griechen sollte später die Vorstellung vom ewigen Lohn und der ewigen Strafe in einen neuen und stärkeren Glauben einmünden und diesem zur Gewinnung einer zerfallenden Welt verhelfen.

III. MENANDROS

Wie die anderen Künste, so erfreute sich auch das Drama in dieser Zeit seiner größten mengenmäßigen Blüte. Jede Stadt, fast jedes drittrangige Nest hatte ein Theater. Die Schauspieler waren besser organisiert denn je, es herrschte eine große Nachfrage nach ihnen, sie wurden gut bezahlt und setzten sich mit kennzeichnender Erhabenheit über die Moral ihrer Zeit hinweg. Dramatiker verfertigten weiterhin Tragödien; aber ob es nun zufällig so ist oder infolge ihres guten Geschmackes, die Überlieferung hat sie mit dem barmherzigen Mantel der Vergessenheit zugedeckt. Die Geistesverfassung des hellenistischen Athen bevorzugte wie unsere heutige die leichtherzigen, leichtsinnigen, sentimentalen Stoffe der Neuen Komödie mit ihrem glücklichen Ausgang. Auch von der Neuen Komödie haben wir nur noch bruchstückhafte Überreste; es sind aber einige wenig erbauliche Beispiele durch die Mauserei von Plautus und Terenz erhalten, die ihre Stücke abfaßten, indem sie hellenistische Komödien übersetzten und umarbeiteten. Die hohen staatlichen und seelischen Probleme, die Aristophanes bewegten, sind in der Neuen Komödie beiseite gedrängt, da sie für den literarischen Hals zu gefährlich sind; gewöhnlich dreht sich der Inhalt um ein häusliches oder privates Thema und verfolgt die verschlungenen Pfade, mittels derer die Frauen zur Weitherzigkeit und die Männer trotzdem zur Ehe geführt werden. Die Liebe beginnt darin ihre triumphierende Laufbahn als Beherrscherin der Bretter; tausend Jungfräulein in Not ziehen über die Bühne, kommen aber zum Schluß doch zu Ehren und zu einem Mann. Das alte phallische Gewand wird aufgegeben, ebenso die alte phallische Unflätigkeit; aber der Inhalt dreht sich sehr eng um die Jungfräulichkeit der ersten Liebhaberin, und die Tugend spielt eine geradeso jämmerliche Rolle wie in unserer Tagespresse. Da die Schauspieler Masken trugen und die Zahl der Masken begrenzt war, wob der Komödienschreiber seine Komödien der Irrungen und Wirrungen um ein paar sich gleichbleibende Charaktere, die das Publikum stets mit Entzücken wiedererkannte: den grausamen Vater, den wohlwollenden alten Mann, den verschwenderischen Sohn, die irrtümlich für ein armes Mädchen gehaltene reiche Erbin, den prahlenden Soldaten, den klugen Sklaven, den Schmeichler, den Parasiten, den Arzt, den Priester, den Philosophen, den Koch, die Dirne, die Kupplerin und den Zuhälter.

Die Meister dieser Sittenkomödie des dritten Jahrhunderts in Athen waren Philemon und Menandros. Von Philemon ist außer dem Widerhall seines Ruhmes kaum etwas erhalten. Die Athener hatten ihn lieber als Menandros und erkannten ihm mehr Preise zu; aber Philemon hatte die Kunst, eine Claque zu organisieren, hoch entwickelt. Die Nachwelt, die keine Bezahlungen empfing, drehte das Urteil um und erkannte den Gebeinen des Menandros den Siegerkranz zu. Er war ein Neffe des fruchtbaren Dramatikers Alexis von Thurioi, ein Schüler des Theophrastos und Freund Epikurs; von diesen wurde er in die Geheimnisse des Dramas, der Philosophie und der ruhigen Lebensweise eingeweiht. Er kam dem Idealbild des Aristoteles sehr nahe: Er war schön und reich, betrachtete das Leben mit heiterem Gleichmut und Verständnis und lebte dem Vergnügen wie ein Gentleman. Er war ein unbeständiger Liebhaber, der sich damit zufriedengab, Glykeras Neigung zu erwidern, indem er ihren Namen mit der Unsterblichkeit in Berührung brachte. Als Ptolemaios I. ihn nach Alexandreia einlud, sandte er Philemon an seiner Stelle hin und ließ ausrichten: «Philemon hat keine Glykera»; Glykera, die viel auszustehen gehabt hatte, freute sich über ihren Triumph über einen König. Von da an soll er ihr treu geblieben sein, bis er im Alter von zweiundfünfzig Jahren beim Schwimmen im Peiraieus einen Krampf bekam und ertrank (292).

Wie um eine neue Zeit zu verkünden, erschien sein erstes Stück im Jahre nach Alexanders Tod. Hernach schrieb er noch hundertvier Komödien, von denen acht den ersten Preis errangen. Wir besitzen etwa tausend Zeilen von ihm, alle bis auf einen im Jahre 1905 in Ägypten aufgefundenen Papyrus nur zerstreute Bruchstücke; der Papyrus enthält die Hälfte der *Epitrepontes*, der *Prozessierenden*, und hat den Ruhm des Menandros beträchtlich herabgesetzt. Es wäre sinnlos, diesen Komödien vorzuwerfen, ihre Vorwürfe seien ebenso monoton wie diejenigen der griechischen Skulptur, Architektur und Keramik; wir dürfen nicht vergessen, daß die Griechen ein Werk nicht nach seinem Inhalt beurteilten – das ist ein kindlicher Maßstab –, sondern nach der Art, wie dieser Inhalt dargeboten wird. Was den Griechen an Menandros gefiel, war der glatte Schliff seines Stiles, die Weltanschauung, die sich in seinem Witz konzentrierte, und die Darstellung von Szenen des Alltagslebens, die so lebendig war, daß Aristophanes von Byzantion fragte: «O Menandros, o Leben, wer von euch ahmt den anderen nach?» In einer Welt, die ganz den Soldaten in die Hände gefallen war, blieb nach Ansicht des Menandros nichts weiter übrig, als die menschlichen Angelegenheiten wie ein nachsichtiger, aber unbeteiligter Zuschauer zu betrachten. Er zeichnet die Eitelkeiten und den Wankelmut der Frauen auf, gibt aber doch zu, daß im allgemeinen eine Ehefrau ein Segen ist. Die Handlung der *Prozessierenden* dreht sich teilweise um die doppelte Moral; und natürlich handelt eine Komödie von der tugendsamen Prostituierten, die wie Dumas' Kameliendame den Mann, den sie liebt, zurückweist, damit er in aller Ehrbarkeit eine einträgliche Frau eheliche. In den Bruchstücken finden sich Verszeilen, die heute sprichwörtlich sind, zum Beispiel «Böse Geschwätze verderben gute Sitten» (von Paulus[2] zitiert) und «Das Gewissen macht die Tapfersten zu Feiglingen»; einige schreiben Menandros die Urheberschaft des berühmten Verses des Terenz, *Homo sum, humani nil a me alienum puto* – «Ich bin ein Mensch und glaube, nichts Menschliches sei mir fremd», zu. Gelegentlich stoßen wir auf wunderbare Einsichten, wie «Was stirbt, stirbt durch eigenen Zerfall; alles Verletzende ist im eigenen Busen»; oder wie diese typischen Verse, die des Menandros frühen Tod vorausschauen:

Das wisse: Wen die Götter lieben, der stirbt jung! ...
Den nenne ich den Glücklichsten, o Parmeno,
der diese heil'gen Dinge ohne Leid geschaut
und wieder wegging, schnell, woher er kam – es sind:
Die Sonne, die gemeinsame, die Sterne und
das Wasser, Wolken, Feuer – diese, ob du nun
noch hundert Jahre lebst, ob deines Lebens Frist
dir kurz bemessen ist: sie wirst du immerdar
doch gegenwärtig sehn und niemals wirst du schaun
noch heiligere Dinge, als es diese sind!
So halte du die Zeit, von der ich redete,
für eine Volksversammlung oder Wanderschaft,
auf der ein Haufe Volks, der Markt, auch Diebe dir
begegnen, Würfelspiel, Geschwätz und Zeitvertreib.
Sobald bei Zeiten du die Herberge verläßt,
gehst du hinweg mit beßrem Reisegeld, indem
du niemandem verfeindet bist. Wer aber dort
verweilt und sich in das Getümmel stürzt, der geht
zugrunde: endet als ein jammervoller Greis!
Und unversehens wird ihm nachgestellt: Du siehst –
der stirbt nicht selig, der zu Jahren kam![3]

IV. THEOKRITOS

Mit dem Tode Philemons (262) ging auch die griechische Komödie und zum großen Teil die athenische Literatur überhaupt dahin. Das Theater stand in voller Blüte, aber es erzeugte keine Meisterwerke mehr, die die Zeit oder die Gelehrtenwelt des Erhaltens wert erachtet hätten; die Wiederholung alter Komödien – hauptsächlich solcher von Menandros und Philemon – ließen Originalschöpfungen immer weniger zu Worte kommen. Mit dem dritten Jahrhundert schwand auch der Geist fröhlicher Gesellschaftlichkeit, der die Neue Komödie geschaffen hatte, um in Athen der ernsten Stimmung der Philosophenschulen Platz zu machen. Andere Städte, insbesondere Alexandreia, versuchten die dramatische Kunst zu verpflanzen, jedoch vergeblich.

Die große Bibliothek und die Gelehrten, die an sie gekommen waren, bestimmten den Ton der alexandrinischen Literatur. Sie mußte dem Geschmack eines gelehrten und kritischen und durch Wissenschaft und Geschichte intellektualisierten Publikums entsprechen. Selbst die Dichtung wurde gelehrt und versuchte ihre Phantasiearmut mit dunklen Anspielungen und spitzfindigen Redewendungen zu verdecken. Kallimachos schrieb unlebendige Hymnen an tote Götter, hübsche Epigramme, die einen Tag lang funkelten, kluge Lobpreisungen wie die *Locke der Berenike* und ein didaktisches Gedicht *Die Ursachen (Aitia)*, das viel Gelehrsamkeit aus Geographie, Mythologie und Geschichte und eine der ersten Liebesgeschichten der Literatur enthielt. Akontios, der Held der Geschichte, ist ein unglaublich hübscher Bursche, und Kydippe ist von einer schmerzhaften Schönheit; sie verlieben sich auf den ersten Blick, stoßen auf den Widerstand der Eltern, die nur das Geld im Sinn haben, drohen Selbstmord zu begehen, sterben halb an gebrochenem Herzen und schließen die Erzählung endlich mit der Heirat. Es ist die Geschichte, die seitdem Millionen Dichter und Romanschriftsteller erzählt haben und eine Million weitere noch erzählen werden. Man muß allerdings beifügen, daß Kallimachos in einigen seiner Epigramme zu einem orthodoxeren griechischen Geschmack zurückkehrte:

Schenke mir ein! Und wieder: «Für Diokles!» sprich! Acheloos
Weiß von den Bechern nichts, die dem Geliebten geweiht.
Schön ist der Knabe, sehr schön, Acheloos! Leugnet es einer,
Dann verstehe, was schön heißt, als der einzige ich.[4]

Sein einziger Nebenbuhler in seinem Jahrhundert war sein Schüler Apollonios von Rhodos. Als der Schüler Verse des Meisters plagiierte und sich ebenfalls um die Gunst der Ptolemaier bewarb, stritten sich die beiden auf dem Papier und im Leben, und Apollonios kehrte nach Rhodos zurück. Er bewies seinen Mut, indem er in einem Zeitalter, das die Kürze vorzog, ein recht anständiges Epos, die *Argonautika*, schrieb. Kallimachos tat es mit einem Epigramm ab: «Dickes Buch – großes Übel», für dessen Richtigkeit der Leser in nächster Nähe ein Beispiel finden kann. Schließlich fand Apollonios seine Belohnung: Er erhielt die vielbegehrte Ernennung zum Bibliothekar und vermochte sogar einige Zeitgenossen zu bewegen, sein Epos zu lesen. Es ist noch erhalten und enthält eine ausgezeichnete psychologische Studie über Medeias Liebe; es ist aber für die moderne Bildung nicht unentbehrlich*.

Das Entstehen einer Hirtendichtung spiegelt in fast statistisch genauer Weise das Hochkommen einer großstädtischen Kultur wider. Die Griechen früherer Jahrhunderte hatten wenig über die Schönheit des Landlebens verlauten lassen, weil die meisten auf oder bei Bauernhöfen gelebt hatten und die Einsamkeit und die Plackereien des bäuerlichen Lebens ebenso gut kannten wie seine Ruhe und seine Schönheit. Zweifellos war das Alexandreia der Ptolemaier geradeso heiß und staubig wie das heutige Alexandrien, und die dort lebenden Griechen sahen die Berge und Felder ihres Heimatlandes in der Erinnerung verklärt; die Großstadt war der rechte Ort für die Ausbildung einer Hirtenpoesie. Nach Alexandreia kam um das Jahr 276 ein zuversichtlicher junger Mann mit dem hübschen Namen Theokritos. Er war auf Sizilien geboren und auf Kos aufgewachsen. Er war nach Syrakus zurückgekehrt, um Hierons II. Gönnerschaft zu finden, hatte aber keinen Erfolg gehabt; doch konnte er die Schönheit Siziliens, seiner Berge und Blumen, seiner Küsten und Buchten niemals vergessen. Er siedelte nach Alexandreia über, verfaßte ein Loblied auf Ptolemaios II. und errang für einige Zeit die Gunst des Hofes. Einige Jahre scheint er unter Hofleuten und Gelehrten verbracht zu haben, während seine melodiösen Schilderungen des Landlebens ihn bei den Intellektuellen der Stadt beliebt machten. Seine Praxinoe beschreibt den Schrecken von Alexandreias Straßengewühl:

Götter! o welch ein Gewühl! Durch dieses Gedränge zu kommen,
Wie und wann wird das gehn? Ameisen, unendlich und zahllos! ...
– Süßeste Gorgo, wie wird es uns gehn! Da kommen des Königs
Prunkpferd', siehst du? – Mein Freund, mich nicht übergeritten, das bitt' ich![5]

* Vergil kopierte es in der Form, manchmal im Inhalt, manchmal Zeile um Zeile, in seiner *Aeneis*.

Wie hätte ein Mann mit der Seele eines Dichters, der ganz von Erinnerungen an Sizilien durchdrungen war, sich in einer solchen Umgebung wohlfühlen können? Er pries den König um des lieben Brotes willen, nährte aber seinen Geist mit Phantasien über seine Heimatinsel und vielleicht auch über Kos; er beneidete das einfache Leben des Hirten, der mit seinen friedlichen Tieren über grasige Hänge am sonnigen Meere schreitet. In dieser Stimmung vervollkommnete er die Idylle – *eidyllion*, «Bildchen» – und gab dem Worte die Bedeutung, die es heute noch besitzt, diejenige einer ländlichen Kamee, einer poetischen Erzählung. Unter den zweiunddreißig Idyllen, die uns von Theokritos erhalten sind, finden sich nur zehn Hirtendichtungen; diese haben aber dem Namen den halbländlichen Stempel aufgedrückt, der nun für alle gilt. Hier drang die Natur endlich in die griechische Dichtung ein, nicht nur als eine Göttin, sondern mit der ganzen lebendigen und liebenswerten Erdhaftigkeit. Niemals zuvor hatte die griechische Literatur so spürbar das heimliche Gefühl der Verwandtschaft vermittelt, das die Seele in Dankbarkeit und Zuneigung mit den Felsen und Bächen, dem Wasser, der Erde und dem Himmel verbindet.

Ein anderes Thema aber liegt Theokritos noch näher am Herzen: die romantische Liebe. Er ist immer noch Grieche, verfaßt zwei lyrische Gedichte auf die homosexuelle Freundschaft und erzählt mit lebhafter Gefühlswallung die Geschichte von Herakles und Hylas: Wie der Riese,

der erzdurchherzete, welcher
Mutig den Leuen bestanden, den grimmigen, liebte den Knaben
Hylas, den anmutvollen, den Träger des Lockengeringels.
Alles auch lehret' er ihn wie der Vater den teueren Sohn,
Wessen er selber belehrt gut ward und ein Lied für die Menschen.

Eine berühmte Idylle wiederholt die Erzählung des Stesichoros von dem sizilianischen Schafhirten Daphnis, der so schön sang und Flöte spielte, daß die Sage ihn zum Erfinder der bukolischen («Kuhhirten-») Dichtung machte. Eine Zeitlang betrachtete Daphnis seine Herde und beneidete sie um ihre Liebesspiele. Als die ersten Haare auf seiner Oberlippe sproßten, verliebte sich eine göttliche Nymphe in ihn und wurde seine Geliebte. Als Preis für ihre Hingabe ließ sie ihn schwören, nie mehr eine andere Frau zu lieben. Er bemühte sich sehr, sein Gelöbnis zu halten, und es gelang ihm, bis eine Königstochter an seiner Jugend Gefallen fand und sich ihm auf dem Felde hingab. Aphrodite sah es und rächte ihre Mitgöttin, indem sie Daphnis an ungesättigter Liebe dahinschmachten ließ. Sterbend vermachte er seine Flöte Pan in einem Liede, dem der Erzähler einen eindringlichen Refrain beigibt:

Komm und empfang, o Herrscher, die honigatmende Flöte,
Schön mit Wachse gefügt wie sie ist, um die Lippen gebogen.
Denn schon dränget mich Eros, hinab zum Ais zu wandern.
Laßt den Gesang, ihr Musen, o laßt den Hirtengesang ruhn!
Fortan traget Violen, ihr Brombeerranken und Dornen!
Auf Wacholdergebüsch soll blühen der schöne Narkissos!
Alles verkehre sich rings! und der Pinie Frucht sei die Birne,
Jetzo da Daphnis stirbt! Und der Hirsch nun schleppe den Jagdhund,

Und mit der Nachtigall kämpf' im Gesang von den Bergen der Uhu!
Laßt den Gesang, ihr Musen, o laßt den Hirtengesang ruhn!
– Als er solches gesagt, da verstummt' er. Ihn aufrichten
Wollt' Aphrodite; doch gar nichts mehr von der Moiren Gespinst war
Übrig. Daphnis durchging den Acheron und das Gestrudel
Barg den Geliebten der Musen, den auch nicht haßten die Nymphen.
Laßt den Gesang, ihr Musen, o laßt den Hirtengesang ruhn![6]

Die zweite Idylle setzt das Liebesthema fort, jedoch in einer strengeren Tonart. Simaitha, eine Jungfrau aus Syrakus, wird von Delphis verführt und verlassen. Sie sucht seine Liebe mit Liebestränken und Zaubersprüchen wiederzugewinnen; sollte es ihr nicht gelingen, so ist sie entschlossen, ihn zu vergiften. Unter dem gestirnten Himmel berichtet sie Selene, der Mondgöttin, mit welch brennender Eifersucht sie Delphis mit seinem Kameraden auf der Straße gehen sah.

Schon beinah' um die Mitte des Wegs, an dem Hause des Lykon,
Sah ich Delphis zugleich mit Eudamippos einhergehn;
Jugendlich blond um das Kinn, wie die goldene Blum' Helichrysos;
Beiden auch glänzte die Brust weit herrlicher als du, Selene,
Wie sie vom Ringkampf eben zurück, vom rühmlichen, kehrten.
Sieh, o Göttin Selene, woher mir die Liebe gekommen!
Weh! und im Hinschaun gleich, wie durchzückt' es mich! jählings erkrankte
Tief im Grunde mein Herz; auch verfiel mir die Schöne mit einmal.
Nimmer gedacht' ich des Fests, und wie ich nach Hause gekommen,
Weiß ich nicht; so verstörte den Sinn ein brennendes Fieber.
Und ich lag zehn Tage zu Bett, zehn Nächte verseufzt' ich.
Sieh, o Göttin Selene, woher mir die Liebe gekommen!
Schon, ach! war mir die Farbe so gelb wie Thapsos geworden,
Und mir schwanden die Haare vom Haupt; die ganze Gestalt nur
Haut noch und Bein! Wen frug ich um Hilfe nicht? oder wo hauset
Irgendein zauberkundiges Mütterchen, das ich vergessen?
Linderung ward mir nicht, und es ging nur die eilende Zeit hin.
Sieh, o Göttin Selene, woher mir die Liebe gekommen![7]

Die dritte Idylle stellt uns die Nymphe Amaryllis und ihre unbezwinglichen Reize vor; die vierte den Hirten Korydon, die siebente den poetischen Ziegenhirten Lykidas – Namen, die tausend Dichter von Vergil bis Tennyson im Munde führen sollten. Diese Landleute sind idealisiert und sprechen das vollkommenste Griechisch, jeder von ihnen vermag schönere Hexameter zu singen als Homer; es gelingt uns aber, ihre unwahrscheinlichen Talente als erträgliche Konvention hinzunehmen, wenn wir uns ganz dem klagenden Rhythmus ihrer Lieder hingeben. Theokritos stellt ihre Realität mit dem Geruch ihrer Kleider und der gelegentlichen Obszönität ihres Denkens wieder her; ein sinnlich-derber Humor würzt ihr Gefühl und vermenschlicht sie. Im großen und ganzen ist es die vollkommenste griechische Dichtung nach Euripides, die einzige erhaltene hellenistische Dichtung, die einen Lebenshauch verspüren läßt.

V. POLYBIOS

Wenn die hellenistische Zeit auch nur einen einzigen großen Dichter inspirierte, brachte sie doch in bisher ungekannter Menge und Verschiedenartigkeit Prosa hervor. Sie erfand das fiktive Gespräch, den Essay und die Enzyklopädie, sie setzte die Tradition kurzer und lebendiger Lebensbeschreibungen fort, und in der römischen Folgezeit sollte die griechische Literatur noch die Predigt und den Roman beisteuern. Die Redekunst kam ganz aus der Mode, denn sie war auf Gedeih und Verderb mit dem Spiel der Politik, dem Prozessieren vor Volksgerichten und der demokratischen Redefreiheit verknüpft. Der Brief wurde ein beliebtes Werkzeug des geistigen Verkehrs und der Literatur; in dieser Zeit wurden die Formen und Phrasen des Briefstils ausgebildet, die wir bei Cicero finden, ja sogar der berühmte Anfangssatz, der unseren Großvätern so lieb war: «In der Hoffnung, diese Zeilen möchten dich so gesund antreffen, wie sie mich verlassen ...»

Die Geschichtsschreibung stand hoch. Ptolemaios I., Aratos von Sikyon und Pyrrhos von Epeiros schrieben Memoiren über ihre Feldzüge und begründeten damit eine Tradition, die in Caesar ihren Höhepunkt fand. Der ägyptische Hohepriester Manethon schrieb auf Griechisch ein Buch *Aigyptiaka – Annalen Ägyptens* –, in welchem die Pharaonen etwas willkürlich in den Dynastien zusammengefaßt werden, die uns auch heute noch geläufig sind. Berosos, ein chaldäischer Hohepriester, widmete Antiochos I. eine *Geschichte Babylons*, die sich auf keilschriftliche Aufzeichnungen gründete. Megasthenes, Gesandter Seleukos' I. bei Tschandragupta Maurya, erregte um das Jahr 300 Aufsehen bei den Griechen mit einem Buch über Indien. Eine interessante Stelle berichtet: «Bei den Brahmanen gibt es eine Philosophensekte, die ... behauptet, Gott sei das Wort, womit sie nicht einfach die artikulierte Sprache, sondern die Rede der Vernunft meint»[8]; wir stoßen hier wiederum auf die Logoslehre, die von solchem Einfluß auf die christliche Theologie sein sollte. Timaios von Tauromenion (Taormina) unternahm, als er von Agathokles aus Sizilien verbannt wurde (317), ausgedehnte Reisen durch Spanien und Gallien und ließ sich dann in Athen nieder, um eine Geschichte Siziliens und des Westens zu schreiben. Er war ein eifriger Gelehrter, so darauf versessen, alles zu bringen, daß einige seiner Konkurrenten ihn einen «alten Lumpensammler» betitelten. Er mühte sich, eine genaue Chronologie aufzustellen, und kam auf den Gedanken, die Ereignisse nach den Olympiaden zu datieren. Er übte strenge Kritik an seinen Vorgängern und hatte das Glück zu sterben, bevor er die schonungslosen Angriffe zu Gesicht bekam, die Polybios gegen seine Arbeit richtete.

Der bedeutendste hellenistische Historiker und der einzige Grieche, der neben Herodotos und Thukydides bestehen kann, wurde im Jahre 208 in Megalopolis in Arkadien geboren. Sein Vater, Lykortas, war einer der führenden Männer des Achaiischen Bundes; er wirkte im Jahre 189 als Gesandter in Rom und 184 als Feldherr. Der Knabe wuchs in der Atmosphäre der Politik auf, wurde unter Philopoimen als Krieger ausgebildet, kämpfte im Feldzug der Römer gegen die Galater in Kleinasien mit, begleitete seinen Vater auf einer Gesandtschaft nach Ägypten (181) und wurde im Jahre 169 zum *hipparchos*, zum Befehlshaber der Reiterei des Bundes, ernannt. Seine hohe Stellung kam ihn teuer zu stehen: als die Römer den Bund bestraften, weil er Perseus gegen sie unterstützt hatte, nahmen sie tausend führende Achaier als Geiseln mit, darunter Polybios (167). Sechzehn Jahre lang wurde er von der Heimat ferngehalten, und manchmal litt er an «äußerster Niedergeschlagenheit und Geisteslähmung»[9]. Aber der jüngere Scipio nahm ihn in seine Obhut, führte ihn in den scipionischen Kreis gebildeter Römer ein und bewog den Senat, der die anderen Geiseln über ganz Italien verstreute, Polybios bei ihm in Rom zu lassen. Polybios begleitete Scipio auf vielen Feldzügen, erteilte ihm wertvolle militärische Ratschläge, erforschte in seinem Auftrage die Küsten Spaniens und Afrikas und war mit ihm Zeuge der Zerstörung Karthagos (146). Er hatte im Jahre 151 seine Freiheit zurückerhalten und wurde 149 als Vertreter Roms eingesetzt, als man einen *modus vivendi* zwischen den griechischen Stadtstaaten und ihrem fernen Herrn, dem römischen Senat, zu finden bestrebt war. Er muß seine undankbare Aufgabe gut gelöst haben, denn verschiedene Städte ehrten ihn mit Denkmälern. Nach einem sechzigjährigen tätigen Leben zog er sich zurück, um seine *Abhandlung über die Taktik*, sein *Leben Philopoimens* und sein gewaltiges Geschichtswerk zu schreiben. Er starb als echter Edelmann, indem er bei der Rückkehr von einer Jagd im Alter von zweiundachtzig Jahren vom Pferde fiel.

Niemand schrieb je Geschichte mit einem ausgedehnteren Untergrund der Bildung, Bereistheit und Erfahrung. Seine Arbeit war in großem Maßstabe angelegt und setzte sich zur Aufgabe, die Geschichte nicht nur Griechenlands, sondern «der ganzen Welt» (das heißt aller Mittelmeervölker) im Zeitraume von 221 bis 146 zu behandeln. «Das ist mein Vorhaben; alles hängt aber davon ab, ob das Schicksal mir ein genügend langes Leben zu seiner Ausführung gewährt.»[10] Er hatte das richtige Empfinden, daß der Mittelpunkt der politischen Geschichte des von ihm behandelten Zeitraumes in Rom lag; er gab seinem Buche Einheit, indem er Rom zum Brennpunkt der Ereignisse machte und mit der Wißbegierde eines Diplomaten die Art und Weise untersuchte, wie Rom mit britischer Beiläufigkeit den Mittelmeerraum unter seine Herrschaft gebracht hatte. Er hegte eine heiße Bewunderung für die Römer, denn er hatte sie nur in ihrer größten Zeit erlebt und in der Hauptsache ihre Besten in Scipios Kreis gekannt; er spürte, daß sie die Qualitäten besaßen, die dem griechischen Charakter und der griechischen Staatsführung in so verhängnisvoller Weise abgingen. Selbst Aristokrat, mit Aristokraten befreundet, brachte er für die spätere griechische Demokratie, die ihn reine Pöbelherrschaft dünkte, keine Sympathie auf. Die politische Geschichte erschien ihm als ein sich wiederholender Kreislauf von Monarchie (oder Diktatur), Aristokratie, Oligarchie, Demokratie und Monarchie. Der beste Ausweg aus diesem Kreislauf war nach seiner Ansicht eine «gemischte Verfassung» wie die Lykurgische oder die römische: eine mit politischen Rechten ausgestattete, jedoch zahlenmäßig beschränkte Bürgerschaft, die sich ihre eigenen Behörden wählt, aber durch die Macht eines ständigen und aristokratischen Senates in Schach gehalten wird. Von diesem Gesichtspunkte aus schrieb er die Geschichte seiner Zeit nieder.

Polybios ist der «Historiker der Historiker», da er für die Methode der Geschichtsschreibung soviel Interesse bezeugt wie für den Gegenstand. Er liebt es, sich über den Aufbau seines Werkes auszulassen, und philosophiert bei jeder sich bietenden Gelegenheit. In sehr menschlicher Weise stellt er seine eigenen Qualitäten als ideal hin. Nach seiner Meinung dürften nur solche Männer Geschichte schreiben, die die dargestellten Ereignisse entweder selbst erlebt oder aber von Augenzeugen erfahren haben. Er beschuldigt Timaios, sich auf seine Ohren statt auf seine Augen verlassen zu haben, und berichtet stolzerfüllt von seinen eigenen Reisen auf der Suche nach Daten, Dokumenten und geographischer Treue. Er schildert, wie er auf der Rückkehr von Spanien nach Italien die Alpen auf demselben Paß überquerte, den auch Hannibal benutzt hatte, und wie er bis zur äußersten Spitze Italiens hinabfuhr, um eine von Hannibal in Bruttium hinterlassene Inschrift zu entziffern. Er will seine Geschichte so genau abfassen, als es die «weite Anlage des Werkes und die umfassende Behandlung»[11] zulassen; soweit wir beurteilen können, gelingt es ihm besser als sonst einem Griechen außer Thukydides. Er meint, ein Geschichtsschreiber müsse zugleich ein in allen Dingen der Staatsmannskunst, Politik und Kriegführung erfahrener Weltmann sein, da er sonst niemals das Verhalten von Staaten oder den Verlauf der Geschichte verstehen könne. Er ist Realist und Rationalist; er durchschaut die moralischen Phrasen der Diplomaten und erkennt die wirklichen politischen Motive dahinter. Es belustigt ihn, zu beobachten, wie leicht der Mensch sich täuschen läßt, der einzelne wie die Masse, und immer wieder auf die gleichen Sprüche hereinfällt. Er gibt einen Vorgeschmack von Machiavelli, wenn er sagt: «Das Gute trifft selten mit dem Vorteilhaften zusammen, und es gibt nur wenige, die beides zu verbinden und aneinander anzupassen vermögen.»[12]

Er spricht sich für die stoische Weltanschauung einer göttlichen Vorsehung aus; die Volkskulte seiner Zeit betrachtet er aber nur mit Mitleid, und über Geschichten von übernatürlichen Eingriffen lächelt er nur. Er erkennt die Rolle des Zufalls in der Geschichte und die gelegentliche Wirkung großer Männer; er ist aber entschlossen, die oft unpersönliche Tatsachenkette von Ursachen und Wirkungen bloßzulegen, damit die Geschichte als Leuchte des Verständnisses für Gegenwart und Zukunft diene. «Es gibt keinen besseren Lehrmeister für das Verhalten als die Vergangenheit»; und «die beste Erziehung und Vorbereitung für ein aktives politisches Leben ist das Geschichtsstudium»[13]; «nur die Geschichte und sonst nichts wird unser Urteil reifen lassen und uns in jedem Notstand und jeder Sachlage den rechten Weg finden lassen, ohne daß wir in wirkliche Gefahr kommen»[14]. Die beste Methode der Geschichtsbetrachtung ist nach seiner Meinung diejenige, die das Leben einer Nation als organische Einheit ansieht und die Geschichte jedes Teiles in die Lebensgeschichte des Ganzen verwebt. «Wer da meint, er habe einen richtigen Überblick über die Geschichte als Ganzes, wenn er getrennte geschichtliche Spezialgebiete studiert hat, kommt mir vor wie einer, der die abgetrennten Glieder eines einst lebendigen und schönen Tieres gesehen hat und sich nun einbildet, er sei so gut wie ein Augenzeuge des Geschöpfes selbst in seiner ganzen Beweglichkeit und Anmut.»[15]

Von den vierzig Büchern, in die Polybios seine *Geschichte* einteilte, hat die Zeit uns nur fünf übriggelassen, und die Verfasser von Auszügen und Abrissen haben wesentliche Teile der übrigen bewahrt. Es ist ein Jammer, daß die Ausführung dieser groß angelegten Arbeit von mehreren Faktoren beeinträchtigt ist: von einem entarteten Griechisch, von grämlichen Kritiken anderer Historiker, von einem fast ausschließlichen Vorrang von Politik und Krieg und von einer absurden Aufteilung der Erzählung in Olympiaden, die die Geschichte aller Mittelmeervölker jeweils nach vierjährigen Zeiträumen darstellt und den Leser mit Abschweifungen und einem verwirrenden Mangel an Zusammenhang zur Verzweiflung bringt. Manchmal erhebt sich Polybios zu dramatischer Beredsamkeit, wie etwa in der Darstellung von Hannibals Einfall; aber er reagiert so scharf auf die überladene Rhetorik seiner unmittelbaren Vorgänger, daß er es sich fast eine Gewissenssache sein läßt, langweilig zu sein. «Noch keiner hat ihn je ganz gelesen», sagt ein antiker Kritiker[16]. Die Welt hat ihn fast vollständig vergessen; die Historiker aber werden sich noch lange mit ihm befassen, weil er einer der größten Theoretiker und Praktiker der Geschichtsschreibung war, weil er es wagte, einen weiten Überblick zu geben und eine «Weltgeschichte» zu schreiben, und vor allem, weil er begriff, daß die Darstellung bloßer Tatsachen sinnlos bleibt, solange sie nicht von einer Ausdeutung begleitet ist, und daß die Vergangenheit wertlos ist, solange sie nicht als Wurzelgrund und Leuchte unseres eigenen Lebens betrachtet wird.

FÜNFTES KAPITEL

Die Kunst der Ausbreitungszeit

I. EINE KURZE ÜBERSICHT

DER Verfall der griechischen Kultur zeigte sich am spätesten in der Kunst. Auf diesem Gebiet nimmt es das hellenistische Zeitalter nicht nur in der Fruchtbarkeit, sondern auch in der Originalität mit jedem geschichtlichen Zeitalter auf. Besonders bei den kleineren Künsten war kein Absinken zu verzeichnen. Geschickte Holz- und Elfenbeinschnitzer und Silber- und Goldschmiede waren in dem ganzen ausgedehnten griechischen Lebensraum anzutreffen. Das Gemmenschneiden und die Münzprägung erreichten jetzt ihren Höhepunkt; weit im Osten, in Baktrien, gaben hellenisierte Könige kunstreiche Münzen aus, und im Westen dürfte die Dekadrachme Hierons II. die schönste Münze sein, die es überhaupt gibt. Alexandreia wurde seiner Gold- und Silberschmiede wegen berühmt, deren Künstlertum mit dem fehlerlosen Stile seiner Dichter konkurrierte; seiner köstlichen Kameen wegen (das sind Edelsteine oder Muscheln, die so geschnitten sind, daß sich helle Figuren von einer dunkleren untern Schicht abheben); seiner blauen oder grünen Fayencen, seiner geschickt glasierten Keramiken, seines fein gezeichneten und vielfarbigen Glases. Die Portlandvase, sehr wahrscheinlich ein Erzeugnis Alexandreias, zeigt diese Kunst von ihrer besten Seite: elegant gezeichnete Figuren in einer Schicht milchweißen Glases auf einem Untergrund von blauem Glas; sie ist sozusagen das Meisterstück des Josiah Wedgwood der Antike*.

Die Musik war weiterhin bei allen Volksschichten beliebt. Tonleiter und Tonarten wechselten in Richtung auf Verfeinerung und Ungewöhnlichkeit. Die Harmonien wurden nun von kurzen Disharmonien unterbrochen; Instrumente und Kompositionen wurden immer komplizierter. Gegen 240 wurden in Alexandreia die alten Panspfeifen vergrößert und zu einer Orgel mit Bronzepfeifen umgestaltet. Um das Jahr 175 machte Ktesibios aus diesem Instrument eine Orgel, die durch eine Verbindung von Wasser und Luft betrieben wurde und dem Spieler gestattete, über große Klangmassen zu gebieten. Wir wissen nicht mehr, wie diese Orgel gebaut war, wir werden aber sehen, wie schnell sie sich in römischer Zeit zu der Orgel der christlichen und der heutigen Zeit entwickelte. Instrumente wurden zu Orchestern zusammengefaßt, und in den Theatern von Alexandreia, Athen und Syrakus gelangte reine Instrumentalmusik, manchmal in fünf Sätzen, zu konzertmäßiger Aufführung. Berufsvirtuosen wurden hochberühmt und nahmen eine gesellschaftliche Stellung ein, die ihren großen Gehältern entsprach. Um das Jahr 318 schrieb Aristoxenos von Taras, ein Schüler des

* Ihren Namen erhielt die Vase nach dem Herzog von Portland, der sie in Rom kaufte. Jetzt steht sie im Britischen Museum.

Aristoteles, eine kleine Abhandlung *Harmonik*, die zum klassischen Lehrbuch der Musiktheorie im Altertum wurde. Aristoxenos war ein sehr ernsthafter Mann und schätzte, wie die meisten Philosophen, die Musik seiner Zeit keineswegs. Nach Athenaios sprach er einen Satz aus, den viele Generationen seither zu hören bekommen haben: «Da das Theater so barbarisch und die Musik so verderbt und gemein geworden ist, wollen wir, ein kleiner Haufe, der Musik gedenken, wie sie einstmals war.» [1]

Die Architektur der hellenistischen Zeit kann uns keinen Eindruck mehr vermitteln, denn die Zeit hat in ununterschiedlicher Feindseligkeit alles niedergelegt. Indessen wissen wir nach den Überresten und aus der Literatur, daß die griechische Baukunst zu dieser Zeit von Baktrien bis Spanien vorherrschend war. Die gegenseitige Beeinflussung Griechenlands und des Orients brachte eine Stilmischung hervor: Der Säulengang und der Architrav drangen bis nach Innerasien vor, während der Bogen, das Gewölbe und die Kuppel nach Westen kamen; sogar eine so alte hellenische Kulturstätte wie Delos stellte ägyptische und persische Kapitelle auf. Die dorische Ordnung erschien einer Zeit, die Verfeinerung und Verzierung liebte, zu streng und zu steif; sie schwand aus einer Stadt nach der anderen, während der korinthische Zierstil den Höhepunkt seiner Ausbildung erfuhr. Die Verweltlichung der Kunst hielt Schritt mit der Verweltlichung der Regierungsform, des Gesetzes, der Moral, der Literatur und der Philosophie. Säulenhallen, Marktplätze, Gerichtsgebäude, Versammlungshallen, Bibliotheken, Theater, Gymnasien und Bäder begannen die Tempel zu verdrängen, und königliche oder private Palastbauten gaben den Griechen neue Betätigungsmöglichkeiten in Entwurf und Verzierung. Das Hausinnere wurde mit Gemälden, Statuen und Wandreliefs ausgeschmückt. Privatgärten umgaben die palastähnlicheren Häuser. In den Hauptstädten entstanden königliche Parks, Gärten, Seen und Gartenhäuschen, die gewöhnlich dem Volke zur Benutzung offenstanden. Die Stadtplanung entwickelte sich als Schwesterkunst der Architektur; Straßen wurden nach dem rechtwinkligen Plan des Hippodamos gezogen und zehn Meter breite Hauptdurchgangsstraßen angelegt – eine beträchtliche Breite für eine Zeit, die nur Pferde und Wagen kannte. Smyrna rühmte sich seiner gepflasterten Verkehrswege; vermutlich bestanden aber die meisten hellenistischen Straßen aus festgetretener Erde und waren allen Unannehmlichkeiten ausgesetzt, die der Schmutz mit sich bringt.

Schöne Gebäude entstanden wie nie zuvor. In Athen wurden im zweiten Jahrhundert die mächtigen korinthischen Säulen des Olympieion aufgestellt, und der römische Architekt Cossutius entwarf den Gesamtplan des ausgedehnten Baues – eine merkwürdige Umkehrung des sonst üblichen Verhältnisses, daß Rom in künstlerischer Hinsicht von Griechenland abhing. Livius bemerkte zu diesem Tempel des olympischen Zeus, er sei die einzige passende Wohnstätte für den Gott der Götter, die es gebe. Sechzehn Säulen des Gebäudes stehen noch, es sind die schönsten erhaltenen Stücke des korinthischen Stils. In Eleusis vollendeten die sterbende Frömmigkeit Athens und das Genie Philons den majestätischen Mysterientempel, den Perikles an einer bereits in mykenischer Zeit heiligen Stätte begonnen hatte. Es sind nur Bruchstücke übriggeblieben; sie zeigen aber, daß die griechische Architektur und Skulptur noch auf der Höhe standen. Auf Delos gruben die Franzosen den Grundriß der Weihestätte Apollons aus und entdeckten eine große Stadt, die einstmals von Gebäuden strotzte, welche dem Handel oder dem Schutze von hundert griechischen und fremden Göttern geweiht waren. In Syrakus erstellte Hieron II. zahlreiche eindrucksvolle Bauten und restaurierte und vergrößerte das bereits bestehende Stadttheater; heute noch können wir seinen Namen auf den Steinen lesen. In Ägypten zierten die Ptolemaier Alexandreia mit Bauten, die der Stadt einen hohen Ruf der Schönheit eintrugen, aber spurlos verschwunden sind. Ptolemaios III. erbaute in Edfu einen Tempel, der der schönste architektonische Überrest aus der griechischen Zeit ist, und seine Nachfolger bauten oder erneuerten den Isistempel von Philai. In Ionien erhielten die Götter neue Heimstätten in Miletos, Priene, Magnesia und andernorts. Der dritte Artemistempel von Ephesos wurde um das Jahr 300 v. Chr. fertiggestellt. Einen noch größeren Tempel erbauten die Architekten Paionios und Daphnis in Didyme bei Miletos zu Ehren Apollons; einige Teile der prächtigen ionischen Säulen stehen noch. In Pergamon machte Eumenes II. seine Hauptstadt zum Gesprächsthema der Griechen, indem er unter vielen anderen edlen Bauten den berühmten Zeusaltar errichtete, den die Deutschen 1878 ausgruben und geschickt im Pergamonmuseum in Berlin rekonstruierten. Eine majestätische Treppe stieg zwischen zwei Säulenhallen zu einem geräumigen, mit Säulen umstellten Hof an. Um die Basis lief ein fünfundvierzig Meter langer Fries, der für seine Zeit einen Höhepunkt darstellt, wie der Fries des Mausoleion im vierten Jahrhundert oder der des Parthenon im fünften. Niemals hatte Griechenland einen so schönen Schmuck besessen, und niemals noch hatte die Begeisterung seiner Bürger und das Können seiner Künstler so viele menschliche Behausungen zu solcher Pracht umgestaltet.

II. DIE MALEREI

Die Malerei ist gewöhnlich die letzte große Kunst, die in einer Kultur heranreift; in den Frühstufen ist sie der religiösen Architektur und Skulptur untergeordnet; sie erringt erst dann die Selbständigkeit, wenn das Privatleben und der Privatreichtum zur Ausschmückung einer Wohnstätte oder zur Verewigung eines Namens einladen. Als das Hinscheiden der Demokratie den Staatssinn geschwächt hatte, wandte sich der einzelne häuslichen Tröstungen zu. Reiche bauten sich palastähnliche Wohnstätten und gaben viel Geld für Künstler aus, die einen Brunnen verzieren oder eine Wand verschönern konnten. Alexandreia verwendete Glasmalereien als eine Form des Wandschmuckes; alle hellenistischen Städte bedienten sich zum gleichen Zwecke abnehmbarer Holztafeln. Fürsten und Magnaten zogen es vor, sich mächtige Gemälde auf verstellbare Marmorplatten malen zu lassen. Pausanias schildert eine verschwenderische Fülle von Gemälden, die er auf seiner Rundreise durch Griechenland gesehen hat; keines hat aber dem Zahn der Zeit widerstanden, wir besitzen nur noch verblaßte Farbtöne auf Keramiken und auf Stein. Wir müssen aus den blassen und mittelmäßigen Kopien von Pompeii, Herculaneum und Rom auf die Qualität dieser blühenden Kunst schließen.

Griechenland fuhr fort, seine Maler ebenso hoch, wenn nicht höher, einzuschätzen als seine Bildhauer und Architekten. Es zahlte ihnen Preise von amerikanischer Höhe und erzählte sich tausenderlei Anekdötchen über ihr Leben. Als Ktesikles von Ephesos von der Königin Stratonike nicht die erwartete Ehrenbezeugung erhielt, malte er ein Bild von ihr, wie sie sich mit einem Fischer lustvoll vergnügt, stellte das Bild aus und brachte sich eilig in Sicherheit; Stratonike verzieh ihm und rief ihn zurück, obwohl beide «ungemein getroffen waren»[2]. Als Aratos Sikyon einnahm, ließ er alle Bildnisse der früheren Diktatoren zerstören. Ein Diktator, Archestratos, war von Melanthios (einem Maler des vierten Jahrhunderts) so lebendig neben seinem Streitwagen dargestellt worden, daß der Künstler Neokles Aratos anflehte, das Bild zu erhalten. Aratos willigte unter der Bedingung ein, daß der Körper des Archestratos durch eine weniger anstößige Gestalt ersetzt werde. Nach Strabon malte Protogenes einen Satyr mit einem Rebhuhn so wahrheitsgetreu, daß lebendige Rebhühner auf es ansprachen; der Maler übermalte schließlich den Vogel, damit man seinen vorzüglichen Satyr richtig bewerten könne. Derselbe Künstler verwandte nach Plinius bei seinem berühmtesten Gemälde, dem *Ialysos* (dem angeblichen Gründer der gleichnamigen Stadt auf Rhodos), vier Farbschichten übereinander, damit die Farben immer noch frisch und klar seien, wenn die Zeit die obersten Schichten angreife. Als Protogenes einmal die Geduld verlor, weil es ihm gar nicht gelingen wollte, den aus dem Maule von Ialysos' Hund tröpfelnden Schaum naturgetreu abzubilden, warf er verärgert einen Schwamm auf das Bild, um es zu zerstören; natürlich traf der Schwamm gerade die richtige Stelle und hinterließ einen Farbfleck, der dem Schaum eines keuchenden Hundes erstaunlich gleichsah. Als Demetrios Poliorketes Rhodos belagerte, ließ er die Stadt nicht anzünden, damit dieses Bild nicht zerstört werde. Während der Belagerung setzte Protogenes seine Arbeit in seinem Dorfatelier fort, obgleich das Dorf am Vormarschweg der Makedonen lag. Demetrios ließ ihn kommen und fragte ihn, warum er denn nicht wie die anderen Dorfbewohner in der Stadt seine Zuflucht gesucht habe. Protogenes antwortete, «er wisse, daß der König mit den Rhodiern, nicht mit den Künsten Krieg führe»[3]. Der König ließ zu seinem Schutze einen Wachtposten aufstellen und vernachlässigte die Belagerung, nur um dem Maler bei der Arbeit zuzusehen.

Die hellenistischen Maler waren mit den Hilfsmitteln der Perspektive, der Verkürzung, der Beleuchtung und der Gruppierung wohl vertraut. Wenn sie Landschaften auch nur als Hintergrund und Dekoration verwandten und sie (wenn wir nach den Kopien von Pompeii urteilen dürfen) leblos und konventionell gestalteten, so hatten sie doch wenigstens ein Auge für die Natur und führten sie in der Kunst zur selben Zeit ein, da Theokritos sie in die Dichtung einführte. Sie waren so sehr am Menschen und allen seinen Werken interessiert, daß sie für Bäume und Blumen nur wenig Zeit erübrigten. Ihre Vorgänger hatten nur Götter und reiche Menschen abgebildet; die hellenistischen Künstler ließen sich von allem Menschlichen fesseln und entdeckten, daß auch aus einem häßlichen Vorwurf ein schönes Gemälde oder doch wenigstens ein schöner Preis herauszuholen war. Sie wandten sich mit dem Eifer der Holländer dem Alltagsleben zu und malten voller Entzücken Barbiere, Flickschuster, Prostituierte, Näherinnen, Esel, mißgestaltete Menschen oder eigenartige Tiere. Neben diesen Genrebildnissen malten sie Stilleben: Kuchen und Eier, Früchte und Gemüse, Fische und Wildbret, Wein und alles Drum und Dran eines alten Rituals. Sosos von Pergamon belustigte seine Zeitgenossen, indem er in einem täuschend natürlichen Bodenmosaik einen ungefegten Boden mit allen Überresten eines Festmahles darstellte. Die Gesetzteren empörten sich und beschimpften diese Verherrlicher gewöhnlicher Dinge als *pornographoi* und *rhyparographoi* – Darsteller obszöner und schmutziger Dinge. In Theben wurde die Darstellung häßlicher Gegenstände von Gesetzes wegen verboten.

Gewisse größere Meisterwerke dieser Zeit entgingen, wenn auch nicht der Namenlosigkeit, so doch der Zerstörung durch die Lava des Vesuvs. Ein in Ostia gefundenes Fresko ist offenbar eine schwache Kopie eines hellenistischen Originals: Es ist als die *Aldobrandinische Hochzeit* bekannt, nach einer italienischen Familie, der es gehörte, bevor es im Vatikanmuseum seinen Platz fand. Aphrodite, von Rubensscher Fülle, muntert eine schüchterne Braut auf, während der Bräutigam, der keiner Aufmunterung bedarf, ungeduldig neben dem Ruhelager wartet; schöner als diese Hauptfiguren ist eine anmutige Frau, die auf einer verblaßten Leier ein Hochzeitslied spielt. Ein Wandbild in Pompeii, das (nicht mit Sicherheit) auf ein griechisches Original des dritten Jahrhunderts zurückgeführt wird, zeigt Achilleus neben Patroklos, wie er zornerfüllt Briseis zur Ergötzung Agamemnons ausliefert. Die Gestalten dieser Gemälde erscheinen unserer Gewohnheit und unserem Geschmack eher füllig als schön, wir sind an weniger Fleisch und längere Beine gewöhnt; wir müssen aber zugeben, daß die antiken Künstler die griechischen Männer und Frauen besser kannten, als es uns je gelingen wird. Die Zeit hat diesen Arbeiten die lebendige Frische genommen; nur ein Akt historischer Einbildungskraft kann ihnen die Leuchtkraft und Frische wiedergeben, die zweifellos einst die breiten Massen und die Könige zur Bewunderung anregten.

Eindrucksvoller sind gewisse römische Mosaikarbeiten, die offenbar nach hellenistischen Gemälden angefertigt sind. Das Mosaiklegen war in Ägypten und Mesopotamien eine alte Kunst; die Griechen übernahmen sie und brachten sie zur Vollkommenheit. Ein Gemälde wurde durch Striche in kleine Quadrate aufgeteilt, und winzige Marmorwürfelchen wurden so gefärbt, daß sie, zusammengesetzt, das Gemälde in einer erstaunlich dauerhaften Form wiedergaben; mehrere Mosaike haben immer noch ihre Farbe erhalten und berichten ihre alte Geschichte, obgleich viele Jahrhunderte lang unzählige Füße über sie hinweggegangen sind. Die *Alexanderschlacht*, die im Hause des Fauns in Pompeii aufgefunden wurde und ohne Gewißheit mit einer Malerei des Philoxenos aus dem vierten Jahrhundert in Verbindung gebracht wird*, ist aus annähernd anderthalb Millionen Steinchen zusammengesetzt, von denen jedes etwa zwei bis drei Quadratmillimeter mißt, so daß das ganze Bildwerk eine Größe von 2,75 auf 5,25 Meter hat. Es wurde von dem Erdbeben und dem Vulkanausbruch, die Pompeii im Jahre 79 n. Chr. vernichteten, schwer beschädigt; das Erhaltene genügt aber, um von der Kunst und der Kraft der Arbeit Zeugnis abzulegen. Alexander, von der Hitze und dem Schmutz des Krieges geschwärzt und zerzaust, leitet den Angriff und ist mit seinem Bukephalos bis auf wenige Fuß an den Streitwagen, der Dareios trägt, herangeritten. Ein persischer Grande hat sich zwischen die beiden Könige geworfen und ist von Alexanders Lanze zu Tode getroffen. Dareios, in Unkenntnis seiner Gefahr – denn die Lanze des Eroberers ist nun auf ihn gerichtet, beugt sich aus seinem Wagen gegen seinen gefallenen Freund, das Gesicht voller Schreck und Sorge. Persische Reiter stürmen herbei, ihren Herrscher zu retten, und Alexanders Waffe hängt in der Schwebe in der Luft. Die Darstellung vielfältiger Empfindungen im Gesicht des Dareios ist die besondere Leistung dieses Werkes; der schönste Kopf der Komposition ist aber der Kopf von Alexanders Pferd. Es gibt kein größeres Mosaik als dieses.

III. DIE BILDHAUEREI

Niemals wurden mehr Skulpturen geschaffen als in der hellenistischen Zeit. Sie füllten Tempel und Paläste, Wohnhäuser und Straßen. Jede Phase des Menschenlebens und viele Seiten des Pflanzen- und Tierreiches fanden in ihnen ihre Darstellung. Porträtbüsten machten tote Heroen und lebende Berühmtheiten auf einen Augenblick unsterblich. Schließlich wurden sogar Abstraktionen wie Glück, Frieden, Verleumdung oder die rechte Zeit in Stein vergegenständlicht. Eutychides von Sikyon, ein Schüler des Lysippos, schuf für Antiocheia eine berühmte *Tyche*, eine Glücksgöttin, als Personifikation der Seele und der Hoffnung der Stadt. Die Söhne des Praxiteles – Timachos und Kephisodotos – setzten die verfeinerte Tradition der athenischen Skulptur fort. In der Peloponnes erklomm Damophon von Messene die Höhen der Berühmtheit mit einer Kolossalgruppe von Demeter, Persephone und Artemis. Die meisten neuen

* Dieses Mosaik und *Achilleus entläßt Briseis* befinden sich im Museum von Neapel.

Bildhauer folgten allerdings der Linie des geringsten Hungers in die Paläste und Höfe griechisch-orientalischer Magnaten und Könige.

Rhodos entwickelte im dritten Jahrhundert eine eigene charakteristische Bildhauerschule. Es gab auf der Insel hundert Kolossalstandbilder, von denen ein jedes nach Plinius eine Stadt berühmt gemacht hätte. Das bedeutendste war die bronzene Kolossalstatue des Sonnengottes Helios, die Chares von Lindos um das Jahr 280 in mehreren aufeinander passenden Blöcken aufstellte. Chares soll nach einer naiven Überlieferung Selbstmord begangen haben, als die Kosten seine Schätzung erheblich überschritten, und Laches, ebenfalls aus Lindos, vollendete das Werk. Es stand nicht mit gespreizten Beinen über dem Hafen, sondern erhob sich in dessen Nähe bis zu einer Höhe von fünfunddreißig Metern. Diese Maße könnten den Eindruck erwecken, die Rhodier hätten an Prunk und äußerer Größe besonderen Geschmack gefunden; vielleicht hatten sie aber vor, den Koloß als Leuchtturm und Symbol zu verwenden. Wenn wir einem Gedicht der *Palatinischen Anthologie* Glauben schenken dürfen, hielt die Statue als Symbol der Freiheit, deren sich Rhodos erfreute, eine Fackel empor – eine merkwürdige Vorwegnahme einer berühmten Statue in einem Hafen der Neuzeit*. Natürlich zählte sie zu den Sieben Weltwundern. Plinius berichtet:

«Diese Bildsäule wurde sechsundfünfzig Jahre später durch ein Erdbeben umgestürzt, erregt aber auch liegend noch Bewunderung. Nur wenige umklaftern seinen Daumen, und die Finger sind größer als viele Statuen. An den zerbrochenen Gliedmaßen klaffen geräumige Höhlen, und inwendig sieht man bewundernd schwere Steinmassen, durch deren Gewicht man ihn bei der Aufrichtung festgestellt hatte. Dieser Koloß soll in zwölf Jahren für dreihundert Talente angefertigt worden sein, und zwar aus dem Kriegsgeräte, welches der König Demetrios, des langen Aufenthaltes überdrüssig, vor dem belagerten Rhodos zurückgelassen hatte.»**[4]

Fast ebenso berühmt in der Geschichte war ein anderes Erzeugnis der Schule von Rhodos, der *Laokoon*. Plinius sah ihn im Palaste des Kaisers Titus; er wurde 1506 n. Chr. in den Ruinen der Thermen des Titus aufgefunden und ist mit ziemlicher Sicherheit als die Originalarbeit von Agesandros, Polydoros und Athenodoros anzusprechen, die ihn im zweiten oder ersten Jahrhundert aus zwei Marmorblöcken meißelten. Seine Auffindung versetzte das Italien der Renaissance in Aufregung und machte einen tiefen Eindruck auf Michelangelo, der erfolglos versuchte, den rechten Arm zu restaurieren***. Laokoon war ein troischer Priester, der seine Mitbürger warnte, das hölzerne Pferd der Griechen nach Troia hereinzubringen, und (nach Vergil) sagte: *Timeo Danaos et dona ferentes* – «Ich fürchte die Griechen auch dann, wenn sie Geschenke bringen.»[5] Zur Strafe für seine Klugheit schickte Athene, die auf Seite der Griechen stand, zwei Schlangen, die ihn umbringen sollten. Sie stürzten sich zuerst auf seine beiden Söhne,

* Die Freiheitsstatue in New York ist vom Sockel bis zur Fackel einundfünfzig Meter hoch.

** Die Statue blieb an der Stelle ihres Sturzes bis zum Jahre 653 n. Chr.; in diesem Jahre verkauften die Sarazenen das Material. Man brauchte neunhundert Kamele, um es fortzuschaffen.

*** Der restaurierte Arm im Vatikan ist Berninis Werk, im einzelnen wohlgelungen, aber der auf den Mittelpunkt gerichteten Einheit der ganzen Komposition sehr abträglich. Winckelmann fand indessen an der Gruppe ein solches Gefallen, daß Lessing durch die Lektüre seiner Schrift veranlaßt wurde, ein Buch der ästhetischen Kritik rund um sie und gelegentlich auch über sie zu schreiben.

worauf Laokoon ihnen zu Hilfe eilte, nur um selbst umschlungen zu werden; schließlich wurden alle drei erdrückt und starben am Schlangengift. Die Bildhauer nahmen sich die Freiheit, die auch Vergil (und Sophokles im *Philoktetes*) sich nahm, den Schmerz in aller Heftigkeit darzustellen; das Ereignis stimmt aber nicht recht mit der natürlichen Ruhe des Steines überein. In der Literatur und gewöhnlich auch im Leben vergeht der Schmerz; im *Laokoon* ist dem Todesschrei eine unnatürliche Dauer verliehen, und der Beschauer wird davon nicht so sehr bewegt wie von Demeters stillem Kummer*. Was dennoch unsere Bewunderung erregt, ist die Meisterschaft des Entwurfes und der Technik. Die Muskulatur ist übertrieben; aber die Glieder des alten Priesters und die Körper seiner Söhne sind mit Würde und Zurückhaltung gestaltet. Wenn wir die Geschichte gekannt hätten, bevor uns die Statue zu Gesicht kam, wären wir vielleicht ebenso von ihr beeindruckt wie Plinius, der sie für die größte Leistung der antiken Plastik hielt.

Viele andere griechische Hauptstädte besaßen in diesem unterschätzten Zeitalter blühende Bildhauerschulen. Alexandreias Boden und Bauten wechselten im Verlaufe seiner langen Geschichte allzuoft den Besitzer, als daß die Werke, die griechische Künstler für die Ptolemaier schufen, sich hätten erhalten können. Das einzige gerettete Stück von Bedeutung ist der edle *Nil* des Vatikans, der in humorvoller Weise von sechzehn Wasserknäblein gestützt wird, welche die sechzehn Ellen des jährlichen Anschwellens des Flusses symbolisieren. In Sidon meißelte die griechische Skulptur für unbekannte Würdenträger eine Reihe von Sarkophagen, deren bester, fälschlich *Alexandersarkophag* genannt, den Stolz des Museums von Istanbul bildet. Die Arbeit steht, in kleinerem Umfang, mit dem Parthenonfries auf gleicher Stufe; die Figuren sind schön und wohlproportioniert, die Handlung ist bewegt, aber deutlich, und die zarten Farbtöne, die noch am Stein haften, geben einen Eindruck von der Hilfe, die die griechische Malerei der griechischen Bildhauerei leistete. In Tralleis in Karien gossen um 150 Apollonios und Tauriskos eine Kolossalgruppe aus Bronze für Rhodos, die heute unter dem Namen *Farnesischer Stier* bekannt ist: Zwei edelmütige Jünglinge binden die schöne Dirke an die Hörner eines wilden Stiers, weil sie ihre Mutter Antiope mißhandelt hat; Antiope sieht mit abweisend ruhiger Genugtuung zu**. In Pergamon gossen griechische Bildhauer mehrere Kampfgruppen in Bronze, die Attalos zuerst in seiner Hauptstadt zur Feier seines Sieges über die Galater weihte. Um die Dankesschuld zum Ausdruck zu bringen, die die ganze griechische Kultur gegenüber Athen empfand, und vielleicht auch, um seinen eigenen Ruhm zu vergrößern, übergab Attalos der Stadt Marmorkopien dieser Figuren zur Aufstellung in der Akropolis. Fragmente von Marmorkopien sind erhalten im *Sterbenden Gallier* des Kapitolinischen Museums, in der fälschlich so genannten Gruppe *Paetus und Arria**** – ein Gallier, der den Tod der Gefangennahme vorzog und erst sein Weib und dann sich selbst tötete – und in mehreren kleineren Stücken, die über ganz Ägypten und Europa verstreut sind. Vielleicht gehört zur selben Gruppe eine *Tote Amazone*****, die in allen Einzelheiten außer den unglaubhaft vollkommenen Brüsten untadelig gestaltet ist. Diese Figuren zeigen eine klassische Zurückhaltung im Ausdruck der Gefühle. Die Besiegten erleiden das Äußerste an Schmerz und Leid, aber sie sterben ohne opernhaftes Getue, und die Sieger erlauben den Künstlern, die

---

* Bei der *Demeter* des Britischen Museums.

** Das Original ist verlorengegangen. Eine römische Marmorkopie aus dem dritten Jahrhundert n. Chr. wurde im sechzehnten Jahrhundert in den Caracallathermen aufgefunden, von Michelangelo wiederhergestellt und eine Zeitlang im Palazzo Farnese untergebracht; es befindet sich jetzt im Nationalmuseum von Neapel.

*** Im Thermenmuseum in Rom.

**** Im Nationalmuseum von Neapel.

Tugenden so gut wie die Niederlage ihrer Feinde abzubilden. Kein Anzeichen spricht von einem Abfallen der Auffassung, der Genauigkeit der anatomischen Beobachtung oder der Geschicklichkeit oder der Geduld bei der technischen Ausführung. Fast ebenso vollkommen ist das große Relief, das um den Sockel des Zeusaltars in der Akropolis von Pergamon lief und abermals die Geschichte vom Kriege zwischen den Göttern und den Riesen erzählte – vermutlich eine bescheidene Anspielung auf Pergamener und Galater. Die Arbeit ist überladen und manchmal von theatralischer Bewegtheit; einige Figuren ragen aber als Muster bester griechischer Kunsttradition hervor. Der *Zeustorso* ist mit der Kraft eines Skopas gemeißelt, und die Göttin *Hekate* ist ein lyrisches Gedicht der Anmut und Schönheit inmitten der Schrecknisse und des Blutvergießens des Krieges.

Die Zeit war reich an jetzt namenlosen Meisterwerken, die fast alle bedeutenderen Götter darstellen. Der majestätische *Zeuskopf*, der in Otricoli gefunden wurde, und die *Iuno Ludovisi*, die jetzt im Nationalmuseum von Neapel steht, gefielen dem jungen Goethe so sehr, daß er Kopien nach Deutschland mitnahm, sozusagen als die authentischen Autographen von Zeus und Hera. Der einst vielgerühmte *Apollo Belvedere** ist von akademischer Kälte und Leblosigkeit; und doch begeisterte er vor zwei Jahrhunderten Winckelmann. Ganz anders als dieser glatte Schwächling ist der *Farnesische Herakles*, den Glykon von Athen nach einem Lysippos zugeschriebenen Original kopierte: alles Muskeln in einem übermäßig ausgebildeten Körper, Müdigkeit, Freundlichkeit und das Gesicht voller Verwunderung, als ob die Kraft sich selbst die niemals beantwortete Frage stellte, was denn ihr Ziel sei. Die Aphroditedarstellungen waren nicht viel weniger zahlreich in dieser Zeit als die Aphroditeverehrerinnen; mehrere Statuen sind erhalten, meistens als römische Kopien. Die *Aphrodite von Melos*, die *Venus von Milo* des Louvre, ist offenbar eine griechische Originalarbeit des zweiten vorchristlichen Jahrhunderts. Sie wurde im Jahre 1820 auf der Insel Melos gefunden, in der Nähe eines Sockels mit der Aufschrift -sandros; vielleicht meißelte Agesandros von Antiocheia diese züchtige Nacktheit. Das Gesicht ist nicht von der zarten Schönheit der *Hygieia* im Athener Nationalmuseum, aber der Körper ist ein Preis jener Gesundheit, deren natürliche Blüte die Schönheit ist; die Wespentaille findet in diesem fülligen Leib und bei diesen ausladenden Hüften keinen Platz. Nicht ganz so vollkommen, aber doch schön für das Auge sind die *Kapitolinische Venus* und die *Venus von Medici***. Von offener und entwaffnender Sinnlichkeit ist die *Venus Kallipyge*, die *Venus mit dem schönen Hintern****, die ihre Reize bekleidet, um sie zu enthüllen, und sich wendet, um ihre schönen Hinterbacken in einem Teich zu bewundern. Eindrucksvoller ist die prächtige *Nike*, die Siegesgöttin von Samothrake, die dort im Jahre 1863 aufgefunden wurde und jetzt das Meisterwerk der Skulpturenabteilung des Louvre ist****. Die Siegesgöttin ist so dargestellt, als ob sie sich anschickte, auf dem Bug eines schnellfahrenden Schiffes in vollem Fluge Fuß zu fassen und das Schiff im Angriffe zu leiten; ihre großen Schwingen scheinen das Schiff zusammen mit der Brise, die ihre Gewänder in Verwirrung bringt, vorwärtszutreiben. Wiederum beherrscht die griechische Auffassung von der Frau als einer kräftigen Mutter und nicht reiner Zartheit die Arbeit; dies ist nicht die gebrechliche und vergängliche Schönheit der Jugend, sondern der ewige Ansporn für den Mann, sich zur Leistung zu erheben, als ob der Bildhauer die letzten Zeilen von Goethes *Faust* habe illustrieren wollen. Die Kultur, die diese Gestalt ersinnen und meißeln konnte, war noch längst nicht tot.

Die Götter waren nicht das Hauptinteresse der Bildhauer, die den Lebensabend der griechischen Kunst verschönten. Für diese Männer war der Olympos ein Born der darzustellenden Stoffe, sonst nichts. Als dieser Born durch ständige Beanspruchung versiegte, wandten sie sich der Erde

* So genannt nach dem Pavillon im Vatikan, in dem die Statue früher aufgestellt war.

** Im Kapitolinischen Museum in Rom und in den Uffizien in Florenz.

*** Im Nationalmuseum von Neapel.

**** Man war früher der Meinung, Demetrios Poliorketes habe sie zur Erinnerung seines Sieges über Ptolemaios I. vor dem cyprischen Salamis (306) aufgestellt; neuere Ansichten neigen dazu, sie mit der Schlacht von Kos (um 258) in Verbindung zu bringen, in der die Flotten von Makedonien, der Seleukiden und von Rhodos Ptolemaios II. besiegten.

Die verstorbene Muse. Malerei auf einer attischen Salbölflasche des sogenannten Achilleus-Malers (um 430 v. Chr.; Staatliche Antikensammlungen, München).

zu und fanden Gefallen daran, die Weisheit und Schönheit, die Seltsamkeit und die Absurditäten des Menschenlebens darzustellen. Sie meißelten oder gossen eindrucksvolle Büsten von Homer, Euripides und Sokrates. Sie schufen eine Anzahl glatter und zarter Hermaphroditen, deren zweideutige Schönheit im Archäologischen Museum von Istanbul und in der Galleria Borghese in Rom oder im Louvre den Blick auf sich zieht. Kinder zeigten sich in erfrischend natürlichen Stellungen, wie der Knabe, der einen Dorn aus dem Fuß zieht, oder der Knabe, der mit einer Gans kämpft* und – der schönste seiner Art – der *Betende Jüngling*, der dem Lysippos-Schüler Boethos zugeschrieben wird**. Die Bildhauer holten sich ihre Vorwürfe auch in den Wäldern und schufen Waldgeister wie den *Barberinischen Faun* von München oder ausgelassene Satyrn wie den *Trunkenen Silen* des Nationalmuseums von Neapel. Und hier und dort, mit fröhlicher Häufigkeit, schmuggelten sie zwischen die Figuren die rosigen Wangen und die neckischen Streiche des Gottes der Liebe.

IV. ZUSAMMENFASSUNG

Dieser plötzliche Einbruch des Humors in die zuvor so förmlichen Heiligtümer der griechischen Skulptur ist ein Kennzeichen der hellenistischen Kunst. Jedes Museum hat sich aus den Ruinen des Zeitalters irgendeinen lachenden Faun, einen singenden Pan, einen lärmenden Bakchos, einen Knirps, der recht unziemlich als Brunnen dient, errettet. Vielleicht war ihre Rückkehr nach Asien die Ursache, daß die griechische Kunst wieder zu der Mannigfaltigkeit und zu der Gefühlswärme kam, die sie zur Zeit ihrer klassischen Unterordnung unter Religion und Staat fast völlig verloren hatte. An die Stelle der Naturverehrung trat nun der Naturgenuß. Nicht etwa, daß die klassische Mäßigung verschwunden wäre: Der *Jüngling von Subiaco* des Thermenmuseums, die *Schlafende Ariadne* des Vatikans und die *Sitzende Jungfrau* des Konservatorenpalastes setzen die feinsinnige Tradition des Praxiteles fort; und in Athen bekämpften in diesem Zeitraum viele Bildhauer die «übermoderne» Richtung ihrer Zeit, indem sie in voller Absicht auf die Stilarten des vierten und des fünften Jahrhunderts und hie und da sogar auf die archaische Würde des sechsten Jahrhunderts zurückgriffen. Der Zeitgeist war jedoch für das Experimentieren eingestellt, für Individualismus, Naturalismus und Realismus mit einer starken Unterströmung in Richtung auf Phantasie, Idealismus, Gefühlsausdruck und dramatischen Effekt. Die Künstler verfolgten sorgfältig den Fortschritt der Anatomie und arbeiteten öfters in ihren Ateliers nach Modellen. Bildhauer meißelten ihre Figuren nicht mehr nur zur Betrachtung von vorn, sondern von allen Seiten. Sie verwandten neuartiges Material – Kristall, Chalzedon, Topas, Glas, dunklen Basalt, schwarzen Marmor, Porphyr –, um die Färbung von Negern oder die geröteten Gesichter weinberauschter Satyrn darzustellen.

Ihr Erfindungsreichtum hielt Schritt mit ihrer technischen Meisterschaft. Sie waren es müde, immer nur Typen zu wiederholen; sie sahen Ruskins Kritik voraus*** und

* Beide im Vatikan.

** Staatliche Museen Berlin (Altes Museum).

*** «Die griechische Kunst entbehrt jeden persönlichen Charakters: abstrakte Ideen von Jugend und Alter, Kraft und Schnelligkeit, Tugend und Laster – das schon; aber keine Individualität.»[6] Ruskin dachte nur an die griechische Kunst des fünften und vierten Jahrhunderts, gerade so wie Winckelmann und Lessing hauptsächlich die Kunst der hellenistischen Zeit kannten.

◀ *Aphrodite Kallipygos. Marmorkopie nach einem Vorbild um 100 v. Chr. (Rückansicht im Halbprofil; Museo Nazionale, Neapel).*

waren entschlossen, die Realität und Individualität der von ihnen porträtierten Personen und Dinge zu zeigen. Sie beschränkten sich nicht mehr auf das Vollkommene und das Schöne, auf Athleten, Heroen und Götter; sie verfertigten Genrebilder oder Terrakottafiguren von Arbeitern, Fischern, Musikern, Händlern, Jockeys und Eunuchen und suchten Motive, die noch nicht abgedroschen waren, bei Kindern und Bauern, bei charaktervollen Gesichtszügen wie denjenigen des Sokrates, bei verbitterten alten Männern wie Demosthenes, bei kraftvollen, fast brutalen Gesichtern wie demjenigen des baktrischen Königs Euthydemos, bei jämmerlichen Ruinen wie dem *Alten Marktweib* des Metropolitan Museum in New York; sie erkannten die Vielfalt und mannigfaltige Verflechtung des Lebens und freuten sich daran. Sie zögerten nicht, sinnlich zu sein, und waren nicht um die Keuschheit ihrer Töchter besorgte Eltern oder über die sozialen Folgen eines epikureischen Individualismus beunruhigte Philosophen; sie hatten ein Auge für die Reize des Fleisches und meißelten sie zu einer Schönheit, die auf einige Zeit den Runzeln und der Zeit widerstehen konnte. Der Konventionen des klassischen Zeitalters ledig, schwelgten sie in zärtlichen Gefühlen und stellten, vielleicht mit echtem Empfinden, Schäfer dar, die an nichternüchterter Liebe verschmachteten, hübsche Köpfe, die ganz in romantische Träumereien versunken waren, Mütter, die voller Zärtlichkeit ihre Kinder betrachteten: Auch das scheint ein Teil der Wirklichkeit gewesen zu sein, die sie darstellen wollten. Und schließlich befaßten sie sich auch mit Schmerz und Leid, mit tragischen Katastrophen und unzeitigen Todesfällen, und sie entschlossen sich, auch sie in ihre Darstellung des Menschenlebens aufzunehmen.

Niemand, der sich eine eigene Meinung bewahren will, wird sich an voreiligen Urteilen über den hellenistischen Verfall beteiligen; ein in diesem Sinne voreingenommener verallgemeinernder Schluß dient nur allzuleicht als Vorwand, die Geschichte Griechenlands abzuschließen, bevor die Aufgabe erfüllt ist. Wir bemerken an dieser Zeit ein Nachlassen des schöpferischen Impulses; dieser Mangel wird aber durch den verschwenderischen Reichtum einer Kunst ausgeglichen, die ihre Werkzeuge vollkommen beherrscht. Die Jugend kann nicht ewig währen, und ihr Reiz ist nicht der höchste; das Leben Griechenlands mußte wie jedes Leben ein natürliches Nachlassen erleiden und ein Alter der Reife hinnehmen. Die Dekadenz hatte begonnen, sie hatte die Religion, die Ethik und die Literatur angenagt und hier und da auf Einzelwerken ihre Zeichen hinterlassen; aber die Schwungkraft des griechischen Geistes hielt die griechische Kunst, die griechische Wissenschaft und die griechische Philosophie bis zum Ende auf der Höhe. Und niemals in der abgeschlossenen Jugendzeit hatte sich die leidenschaftliche griechische Vorliebe für das Schöne oder die griechische Fähigkeit und Geduld, es zu verkörpern, so siegreich oder so anregend und so erfolgreich in die schlafenden Städte des Ostens ergossen. Rom war bestimmt, sie dort aufzuspüren und sie weiterzugeben.

SECHSTES KAPITEL

Der Gipfelpunkt der griechischen Wissenschaft

I. EUKLEIDES UND APOLLONIOS

Das fünfte Jahrhundert erlebte den Höhepunkt der griechischen Literatur, das vierte die Blüte der Philosophie, das dritte den Gipfel der Wissenschaft. Die Könige erwiesen sich als duldsamer und hilfreicher gegenüber der Forschung als die Demokratien. Alexander sandte den griechischen Städten der kleinasiatischen Küste ganze Kamellasten babylonischer astronomischer Tafeln, von denen die meisten sehr bald ins Griechische übertragen wurden. Die Ptolemaier bauten das Museion für höhere Studien und sammelten neben der Literatur auch die wissenschaftlichen Werke der Mittelmeerkulturen in ihrer großen Bibliothek. Apollonios widmete seine *Kegelschnitte* Attalos I., und unter dem Schutze Hierons II. zog Archimedes seine Kreise. Das Verschwinden von Grenzen und das Entstehen einer gemeinsamen Sprache, der stete Wechselverkehr mit Büchern und Gedanken, die Erschöpfung der Metaphysik und die Schwächung der alten Theologie, das Hochkommen eines weltlich gesinnten Handelsstandes in Alexandreia, Rhodos, Antiocheia, Pergamon und Syrakus, die Vermehrung der Schulen, Universitäten, Observatorien und Bibliotheken, das alles verband sich mit Wohlstand, Fleiß und königlicher Förderung zur Befreiung der Wissenschaft von der Philosophie und zur Unterstützung ihrer die Welt aufklärenden, bereichernden und gefährdenden Arbeit.

Gegen Beginn des dritten Jahrhunderts – vielleicht schon lange zuvor – war das Rüstzeug des griechischen Mathematikers durch die Entwicklung einer einfacheren Zahlenschrift vervollkommnet worden. Die ersten neun Buchstaben des Alphabetes wurden nun zur Bezeichnung der ersten neun Zahlen verwandt, der nächste Buchstabe für die Zehn, die nächsten neun für 20, 30 usw., der nächste für 100, die nächsten für 200, 300 und so fort. Brüche und Ordnungszahlen wurden durch einen Akut hinter dem Buchstaben bezeichnet. So bedeutete, je nach dem Zusammenhang, ι′ *ein Zehntel* oder *der Zehnte.* Und ein kleines ι unter einem Buchstaben zeigte den entsprechenden Tausender an. Diese arithmetische Stenographie lieferte ein bequemes Rechensystem; einige erhaltene griechische Papyri drängen komplizierte Rechnungen mit Bruchzahlen und Millionen auf einem kleineren Raume zusammen, als ähnliche Rechnungen mit unserer Zahlenschrift benötigen würden*.

Trotzdem errang die hellenistische Wissenschaft ihre größten Siege auf dem Gebiete der Geometrie. In diese Zeit gehört Eukleides, dessen Name zweitausend Jahre lang mit Geometrie gleichbedeutend sein sollte. Von seinem Leben wissen wir nur, daß er eine Schule in Alexandreia eröffnete und daß seine Schüler auf ihrem Gebiet alle anderen übertrafen; daß er sich nichts aus Geld machte und auf die Frage eines Schülers, was man mit dem Geometriestudium profi-

* Diese Papyri sind nicht älter als Alexandreia; da sie aber das alte Digamma für die Zahl 6 verwenden, ist es wahrscheinlich, daß die alphabetische Zahlenschrift schon vor dem hellenistischen Zeitalter entstand.

tieren könne, einen Sklaven hieß, diesem Jüngling einen Obolos auszuhändigen, «da er ja aus dem, was er lernt, einen Profit ziehen muß»; daß es ihm bei der Niederschrift der *Elemente* (um 300) keineswegs in den Sinn kam, die verschiedenen Lehrsätze ihren Erfindern zuzuschreiben, da er nie mehr zu tun vorgab, als das geometrische Wissen der Griechen in logische Form zu bringen*. Er begann, ohne Vorwort oder Apologie, mit einfachen Definitionen, brachte dann Postulate oder notwendige Annahmen, sodann «allgemeine Grundsätze» oder Axiome. Er folgte Platons nachdrücklichem Rat und beschränkte sich auf solche Figuren und Beweise, die keine anderen Instrumente brauchten als das Lineal und den Zirkel. Er übernahm und vervollkommnete eine Methode der stufenweisen Beweisführung, die schon seinen Vorgängern geläufig war: Lehrsatz, Erläuterung mittels Zeichnung, Beweis und Schluß. Trotz kleinerer Mängel war das Gesamtergebnis eine mathematische Architektur, die mit dem Parthenon als Symbol für den griechischen Geist wetteifern konnte. Als vollständig erhaltene Gestalt überlebte sie den Parthenon; denn bis in unser Jahrhundert hinein bildeten die *Elemente* des Eukleides das anerkannte Geometrielehrbuch fast jeder europäischen Universität. Man muß schon zur Bibel greifen, um ein zweites Buch von so andauerndem Einflusse zu finden.

Ein verlorenes Werk des Eukleides, die *Kegelschnitte*, gaben eine Zusammenfassung der Studien des Menaichmos, des Aristaios und anderer über die Geometrie des Kegels. Apollonios von Perge nahm nach mehrjährigem Studium in Eukleides' Schule diese Abhandlung zum Ausgangspunkt seiner eigenen *Kegelschnitte* und untersuchte in acht «Büchern» und 387 Lehrsätzen die Eigenschaften der Kurven, die durch den Schnitt einer Ebene mit einem Kegel entstehen. Dreien dieser Kurven (die vierte war der Kreis) gab er einen bleibenden Namen: *Parabel*, *Ellipse* und *Hyperbel*. Seine Entdeckungen ermöglichten die Theorie von der Bewegung der Geschosse und brachten die Mechanik, die Navigation und die Astronomie erheblich vorwärts. Seine Darstellung war mühselig und wortreich, aber seine Methode war durch und durch wissenschaftlich. Sein Werk war so endgültig wie dasjenige des Eukleides, und die sieben erhaltenen Bücher sind bis zum heutigen Tage die originellsten unter den klassischen Schriften der geometrischen Literatur.

II. ARCHIMEDES

Der bedeutendste antike Wissenschaftler wurde um das Jahr 287 in Syrakus geboren. Er war Sohn des Astronomen Pheidias und offenbar ein Vetter Hierons II., des aufgeklärtesten Herrschers seiner Zeit. Wie viele andere hellenistische Griechen, die an der Wissenschaft Interesse fanden und die Auslagen aufbringen konnten, begab sich Archimedes nach Alexandreia; dort studierte er bei den Nachfolgern des Eukleides und erwarb sich eine Begeisterung für die Mathematik, die ihm zweierlei Vorteile eintrug: ein gedankenversunkenes Leben und einen plötzlichen Tod. Nach Syrakus zurückgekehrt, widmete er sich in mönchischer Abgeschlossenheit jedem Zweig der mathematischen Wissenschaft. Oft vergaß er wie Isaac Newton völlig, zu essen und zu trinken oder den Körper zu pflegen, wenn er die Folgerungen aus einem neuen Lehrsatz zog oder Zeichnungen auf dem Öl auf seinem Körper oder in der Herdasche oder im Sand anfertigte, den die griechischen Mathematiker auf den Hausboden zu streuen pflegten. Er hatte Sinn für Humor: In das Buch, das er für sein bestes hielt, *Kreis und Zylinder*, soll

* Buch I und II geben einen Überblick über die geometrischen Arbeiten des Pythagoras; Buch III des Hippokrates von Chios; Buch V des Eudoxos; Buch IV, VI, XI und XII der späteren pythagoreischen und athenischen Mathematiker. Buch VII bis X befassen sich mit der höheren Mathematik.

er absichtlich falsche Lehrsätze eingestreut haben, teils um seinen Freunden einen Streich zu spielen, teils um Plagiatoren, die sich die Ideen anderer Leute anzueignen pflegten, hinters Licht zu führen. Manchmal vergnügte er sich mit Scherzaufgaben, die ihn fast dazu brachten, die Algebra zu erfinden, wie zum Beispiel mit dem berühmten Problem, die Rinderherden des Helios zu berechnen, von dem Lessing so entzückt war. Manchmal konstruierte er seltsame Mechanismen, um die Grundsätze zu untersuchen, nach denen sie funktionierten. Sein ständiges Interesse und Entzücken lag aber in der reinen Wissenschaft, die er sich als den Schlüssel zum Verständnis des Weltalls und nicht als Hilfsmittel zur technischen Anwendung oder zur Erhöhung des Wohlstandes vorstellte. Er schrieb nicht für Schüler, sondern für Fachgelehrte; diesen teilte er in markanten Monographien die merkwürdigen Ergebnisse seiner Forschungen mit. Die ganze spätere Antike war von der Originalität, der Tiefe und der Klarheit dieser Abhandlungen hingerissen. Plutarch stellt fest: «Man kann in der Mathematik nicht schwierigere und gewichtigere Sätze finden, die auf einfachere und reinere Grundelemente zurückgeführt wären, als bei ihm. Das schreiben die einen der hohen Begabung des Mannes zu, die anderen meinen, durch ein Übermaß von Fleiß habe jede Lösung das Ansehen gewonnen, als sei sie mühelos und leicht gewonnen worden.»[1]

Von den Werken des Archimedes sind zehn nach vielen Abenteuern in Europa und Arabien auf uns gekommen. 1. Die *Methodenlehre* erklärt dem Eratosthenes, mit dem er sich in Alexandreia befreundet hatte, wie mechanische Experimente zur Ausweitung des geometrischen Wissens führen können. Dieser Essay machte der Herrschaft von Lineal und Zirkel, die Platon eingeführt hatte, ein Ende und öffnete experimentellen Methoden Tür und Tor; aber auch so zeigt sie die verschiedene Geistesverfassung der antiken und der modernen Wissenschaft: die antike duldete die Praxis zugunsten des theoretischen Verständnisses, die moderne duldet die Theorie zugunsten der möglichen praktischen Ergebnisse. 2. Eine *Sammlung von Hilfssätzen* bespricht fünfzehn Wahlhypothesen der Planimetrie. 3. Die *Kreismessung* kommt zu einem Wert zwischen $3^1/_7$ und $3^{10}/_{71}$ für π (π ist die Zahl, die das Verhältnis zwischen dem Kreisumfang und dem Kreisdurchmesser ausdrückt) und «quadriert den Kreis», indem sie mittels der Exhaustionsmethode nachweist, daß die Kreisfläche gleich der Fläche eines rechtwinkligen Dreieckes ist, dessen Höhe dem Radius und dessen Grundlinie dem Umfang des Kreises gleich ist. 4. Die *Quadratur der Parabel* untersucht in einer Art Integralrechnung die Fläche eines Parabelsegmentes und das Problem, die Fläche einer Ellipse zu berechnen. 5. *Von den Spirallinien* definiert die Spirale als die Figur, die entsteht, wenn ein Punkt gleichförmig auf einer Geraden fortschreitet, während diese um einen festen Punkt gleichförmig gedreht wird; dasselbe Werk berechnet mit Methoden, die der Differentialrechnung nahekommen, die Fläche zwischen einer Spiralkurve und zwei Radien von bestimmter Größe und Richtung. 6. *Kreis und Zylinder* sucht Formeln für den Inhalt und die Oberfläche der Pyramide, des Kegels, des Zylinders und der Kugel. 7. *Über Konoide und Sphäroide* untersucht die Festkörper, die durch die Rotation von Kegelschnitten um ihre eigene Achse entstehen. 8. Die *Sandrechnung* geht von der Geometrie zur Arithmetik über, ja fast zu Logarithmen, indem sie vorschlägt, große Zahlen durch die Vielfachen oder «Ordnungen» von 10000 darzustellen; auf diese Weise bringt Archimedes die Zahl der Sandkörner zum Ausdruck, die nötig wären, um das Universum zu füllen – unter der Voraussetzung, so fügt er freundlicherweise hinzu, daß es von vernünftigen Größenmaßen sei. Er kommt zu dem Schluß – den jeder für sich nachprüfen möge –, daß die Welt nicht mehr als dreiundsechzig «Zehnmillioneneinheiten der achten Zahlenordnung» oder, wie wir uns ausdrücken würden, 10^{63} Sandkörner aufnehmen würde. Anspielungen auf verlorene Schriften des Archimedes bezeugen, daß er auch eine Methode fand, die Quadratwurzeln nicht quadratischer Zahlen festzustellen. 9. *Von den Gleichgewichten der Ebenen oder ihren Schwerpunkten* wendet die Geometrie auf die Mechanik an, untersucht die Schwerpunkte verschiedener Körper und kommt zu der ältesten bestehenden Formulierung der wissenschaftlichen Statik. 10. *Über schwimmende Körper* begründet die Hydrostatik, indem es mathematische Formeln für die Gleichgewichtslage schwimmender Körper findet. Die Arbeit beginnt mit der für die damalige Zeit unerhörten These, daß die Oberfläche jedes ruhenden flüssigen Körpers kugelförmig ist und daß die Kugel den gleichen Mittelpunkt hat wie die Erde.

Vielleicht wurde Archimedes auf das Studium der Hydrostatik durch einen Vorfall gebracht, der fast so berühmt ist wie Newtons Apfel. König Hieron hatte einem Cellini von Syrakus Gold gegeben, um daraus eine Krone anzufertigen. Als die Krone abgeliefert wurde, wog sie ebensoviel wie vorher das Gold; aber Zweifel kamen auf, ob der Künstler nicht einen Teil des Gewichtes mit Silber aufgefüllt und das ersparte Gold für sich selbst behalten habe. Hieron übergab seinen Zweifel und die Krone an Archimedes, wobei er vermutlich anregte, das Problem zu lösen, ohne die Krone zu beschädigen. Wochenlang brütete Archimedes darüber. Als er eines Tages in eine Wanne in einem öffentlichen Bad stieg, bemerkte er, daß das Wasser im gleichen Verhältnis überfloß, wie er eintauchte, und daß sein Körper weniger zu wiegen – oder nach unten zu drücken – schien, je tiefer er eintauchte. Sein wissensdurstiger Geist, der jede Erfahrung durchforschte und verwendete, formulierte plötzlich das «Archimedische Prinzip»: daß ein eintauchender Körper eine Gewichtsverminderung erleidet, die dem Gewicht der von ihm verdrängten Flüssigkeitsmenge gleich ist. Als ihm die Ahnung kam, daß ein ganz eingetauchter Körper seinem Volumen entsprechend Wasser verdrängen würde und daß dieser Grundsatz ein Prüfmittel für die Krone abgab, lief Archimedes (wenn wir Vitruvius Glauben schenken dürfen) nackt auf die Straße und eilte mit dem Rufe *heureka, heureka!* – «Ich habe es gefunden, ich habe es gefunden!» – heim. Zu Hause entdeckte er bald, daß ein gegebenes Silbergewicht infolge seines geringeren spezifischen Gewichtes eingetaucht mehr Wasser verdrängt als ein gleiches Gewicht an Gold. Er stellte auch fest, daß die eingetauchte Krone mehr Wasser verdrängte als die ihrem Gewicht entsprechende Goldmenge. Er schloß daraus, daß die Krone mit einem Metall legiert worden war, das eine geringere Dichte als das Gold besaß. Indem er das Goldgewicht, das er für seine Vergleiche benutzte, durch Silber ersetzte, bis das Gemisch soviel Wasser wie die Krone verdrängte, konnte Archimedes genau angeben, wieviel Silber die Krone enthielt und wieviel Gold entwendet worden war.

Daß es ihm gelungen war, die Neugierde des Königs zu befriedigen, bedeutete ihm nicht so viel wie die Tatsache, daß er das Gesetz des Auftriebes und eine Methode zur Feststellung des spezifischen Gewichtes gefunden hatte. Er stellte sich ein Planetarium mit Sonne, Erde, Mond und den fünf damals bekannten Planeten (Saturn, Jupiter, Mars, Venus und Merkur) her und ordnete es so an, daß er durch Drehen einer Kurbel alle diese Körper je nach ihrer Richtung und Geschwindigkeit gleichzeitig in verschiedene Bewegung setzen konnte; wahrscheinlich war er aber mit Platon darin einig, daß die Gesetze, die die Bewegungen am Himmel leiten, schöner sind als die Sterne selbst*. In einer verlorengegangenen Abhandlung, die aber teilweise in Abrissen erhalten ist, gab Archimedes dem Gesetz des Gleichgewichts am Hebel eine so genaue Formulierung, daß bis zum Jahre 1586 seiner Arbeit gegenüber kein Fortschritt mehr erzielt wurde. «Kommensurable Größen werden sich in Entfernungen das Gleichgewicht halten, die im umgekehrten Verhältnis zu ihrer Schwere stehen», besagte der Lehrsatz VI – eine nutzbringende Wahrheit, die mit ihrer scharfsinnigen Vereinfachung komplizierter Verhältnisse die Seele des Wissenschaftlers ebenso bewegen wird, wie der *Hermes* des Praxiteles die Seele des Künstlers bewegt. Fast berauscht von der Vision der Macht, die er im Hebel und im Flaschenzug erblickte, verkündete Archimedes, er werde alles bewegen können, wenn man ihm nur einen festen Stützpunkt für den Ansatz des Hebels gebe: *Dos moi pu sto, kai tan gan kinaso*, soll er in seiner dorischen Syrakusier Mundart gesagt haben – «Gebt mir einen Standort, und ich bewege die Erde!»[3] Hieron forderte ihn auf, seinem Reden entsprechend zu handeln, und wies auf die Schwierigkeit hin, die seine Leute hatten, als sie ein großes Schiff der königlichen Flotte an Land ziehen wollten. Archimedes ordnete eine Reihe von Zahnrädern und Flaschenzügen so an, daß er ganz allein, am Ende seiner Maschinerie sitzend, das vollbeladene Schiff aus dem Wasser an Land ziehen konnte.

Von dieser Darbietung entzückt, bat der König Archimedes, einige Kriegsmaschinen zu entwerfen. Es war kennzeichnend für die beiden Männer, daß Archimedes sie zeichnete und dann vergaß und daß der friedliebende Hieron sie niemals verwendete. Plutarch berichtet:

> «So stolz war übrigens der Sinn, so tief der Geist und so reich die Fülle der theoretischen Erkenntnisse, die Archimedes besaß, daß er es verschmäht hat, über dasjenige, was ihm den Namen und den Ruf einer schon nicht mehr menschlichen, sondern göttlichen Einsicht verschafft hat, irgendeine Aufzeichnung zu hinterlassen, sondern er sah die Beschäftigung mit der Mechanik und überhaupt jegliche Wissenschaft, die es mit der praktischen Anwendung zu tun hatte, für niedrig und gemein an und setzte seinen Ehrgeiz einzig an das, dem das Schöne und Hohe, unvermischt mit allem dem Zwange Unterworfenen, eigen ist, das nicht der Vereinigung mit den anderen Dingen zugänglich ist, aber den suchenden Geist zum Streit mit der Materie aufruft, wobei diese die Größe und die schöne Erscheinung, er die Präzision und die überragende Kraft liefert.»[4]

Als aber Hieron tot war, überwarf sich Syrakus mit Rom, und der tapfere Marcellus griff es zu Land und zur See an. Obgleich Archimedes (um 212) ein fünfundsiebzigjähriger Mann war, überwachte er die Verteidigungsanlagen an beiden Seiten. Hinter den Mauern, die den Hafen schützten, stellte er Katapulte auf, die schwere Steine in beträchtliche Entfernungen schleuderten; der Geschoßregen hatte so verheerende Folgen, daß Marcellus zurückweichen mußte und erst bei Nacht angriff. Als aber die Schiffe in Küstennähe waren, hatten die Matrosen unter den Pfeilen der Bogenschützen zu leiden, die durch Löcher schossen, welche Archimedes in den Mauern hatte anlegen

---

* Cicero bekam den Apparat zwei Jahrhunderte später zu Gesicht und bewunderte seinen komplizierten Synchronismus. Er schreibt dazu: «Als Gallus diese Kugel in Bewegung setzte, geschah es, daß der Mond der Sonne in ebenso vielen Umdrehungen in jenem Erz wie Tagen am Himmel selber nachrückte, wonach auf der Kugel eben dieselbe Verfinsterung der Sonne eintrat und der Mond zu dem Zeitpunkt in die Grenze, die der Schatten der Erde bezeichnete, geriet, als die Sonne auf der Seite gegenüber stand.»[2]

lassen. Überdies hatte der Erfinder innerhalb der Mauern große Krane aufstellen lassen, die beim Herannahen der römischen Schiffe mittels Kurbeln und Hebeln geschwenkt wurden, bis sie schwere Stein- oder Bleigewichte auf die Schiffe herabfallen ließen und viele zum Sinken brachten. Andere mit mächtigen Haken versehene Krane packten die Schiffe, hoben sie in die Luft und schmetterten sie gegen die Felsen oder tauchten sie mit der Spitze voran ins Meer. Lukianos ist unser frühester und nicht ganz verläßlicher Gewährsmann für die Geschichte, daß Archimedes die römischen Schiffe in Brand gesteckt habe, indem er mittels riesiger Konkavspiegel die Sonnenstrahlen auf sie konzentrierte. Marcellus zog seine Flotte zurück und setzte seine Hoffnungen auf einen Landangriff. Aber Archimedes bombardierte seine Soldaten mit schweren Steinen, die er durch Katapulte schleudern ließ, mit dem Erfolg, daß die Römer flohen, weil sie meinten, daß Götter ihnen Widerstand leisteten, und sich weigerten, nochmals vorzugehen. Polybios bemerkt dazu:

> «An dem gegenwärtigen Beispiele zeigt sich augenfällig, was ein Mann, was ein Geist, wenn er durch eine besondere Anlage begünstigt ist, Großes und Wunderbares zu leisten vermag. Im Besitz so beträchtlicher Streitkräfte zu Wasser und zu Land hätten die Römer, wenn der alte Mann in Syrakus nicht gewesen wäre, alsbald der Stadt sich bemächtigen können; da nun aber der eine auf dem Platze war, so getrauten sie sich nicht einmal, einen Versuch auf die Stadt zu machen, wenigstens nicht auf einem Wege, auf dem ihnen Archimedes entgegentreten konnte.»[5]

Marcellus gab den Gedanken auf, Syrakus im Sturme zu nehmen, und nahm seine Zuflucht zu einer langsamen Blockade. Nach achtmonatiger Belagerung ergab sich die hungernde Stadt. Bei der darauffolgenden Schlächterei und Räuberei erteilte Marcellus den Befehl, Archimedes unter keinen Umständen ein Leid zu tun. Während der Plünderung stieß ein römischer Soldat auf den alten Syrakusier, der damit beschäftigt war, die Figuren, die er in den Sand gezeichnet hatte, zu studieren. Der Römer befahl ihm, sich sofort zu Marcellus zu begeben. Archimedes weigerte sich, zu gehen, bevor er das Problem gelöst habe: «Archimedes habe ihn, als er ihn sah, dringend gebeten, nur noch ein Weilchen zu warten, damit das Problem, dem er auf der Spur sei, nicht ungelöst und unabgeschlossen bliebe; aber der Soldat habe sich darum nicht geschert, sondern ihn niedergehauen»[6], berichtet Plutarch. Als Marcellus dies vernahm, trauerte er sehr und tat alles in seinen Kräften Stehende, die Verwandten des Toten zu trösten. Der römische Feldherr ließ zu seinem Gedächtnis ein schönes Grabmal errichten, auf dem nach dem ausdrücklichen Wunsch des Mathematikers eine Kugel innerhalb eines Zylinders eingraviert war; für Archimedes war es die größte Leistung seines Lebens, die Formeln für die Fläche und den Inhalt dieser Körper gefunden zu haben. Darin täuschte er sich nicht sehr; denn es ist wertvoller für die Menschheit, wenn einer der Geometrie einen einzigen bedeutenden Lehrsatz beisteuert, als wenn er eine Stadt belagert oder verteidigt. Wir müssen Archimedes mit Newton auf eine Stufe stellen; wir haben ihm eine Menge mathematischer Errungenschaften zu verdanken, die in der ganzen Weltgeschichte kein einziger übertroffen hat.

Wären die Sklaven nicht so zahlreich und so billig gewesen, so wäre Archimedes sicherlich der Führer einer wahrhaftigen industriellen Revolution geworden. Eine fälschlicherweise Aristoteles zugeschriebene Abhandlung *Mechanische Probleme* und eine fälschlicherweise Eukleides zugeschriebene *Abhandlung über Gewichte* hatten bereits ein Jahrhundert vor Archimedes gewisse elementare Grundsätze der Statik und der Dynamik niedergelegt. Straton von Lampsakos, der Theophrastos als Leiter des Lykeion folgte, wandte seinen deterministischen Materialismus der Physik zu und formulierte (um 280) die Lehre: «Die Natur scheut den leeren Raum.» Als er noch hinzufügte: «Ein leerer Raum läßt sich auf künstliche Weise herstellen», machte er tausend Erfindungen den Weg frei. Ktesibios von Alexandreia untersuchte (um 200) die Physik des Siphons (das bereits 1500 v. Chr. in Ägypten verwendet worden war) und entwickelte die Feuerspritze, die hydraulische Orgel und die Wasseruhr. Archimedes verbesserte wahrscheinlich die alte ägyptische Wasserschraube, die das Wasser bergauf fließen ließ, und gab ihr, ohne es zu wollen, seinen Namen. Philon von Byzantion erfand um 150 pneumatische Maschinen und verschiedene Kriegsmaschinen. Die Dampfmaschine, die Heron von Alexandreia nach der Besitzergreifung Griechenlands durch Rom erfand, brachte diese Epoche der mechanischen Entwicklung zum Gipfelpunkt und zum Abschluß. Die philosophische Überlieferung war zu stark; das griechische Denken wandte sich wieder der Theorie zu, und das griechische Gewerbe begnügte sich mit Sklaven. Die Griechen kannten den Magneten und die elektrischen Eigenschaften des Bernsteins; sie sahen aber in diesen merkwürdigen Erscheinungen keine industriellen Möglichkeiten. Die Antike entschied unbewußt, es sei nicht der Mühe wert, modern zu sein.

III. ARISTARCHOS, HIPPARCHOS, ERATOSTHENES

Den Auftrieb und die Blüte in der hellenistischen Zeit hatte die griechische Mathematik Ägypten, die griechische Astronomie Babylonien zu verdanken. Als Alexander den Weg in den Osten öffnete, leitete er damit die Wiederaufnahme und die Ausdehnung jenes Gedankenverkehrs ein, der drei Jahrhunderte zuvor die Geburt der griechischen Wissenschaft in Ionien in die Wege geleitet hatte. Dieser neuen Berührung mit Ägypten und dem Vorderen Orient dürfen wir die Anomalie zuschreiben, daß die griechische Wissenschaft ihre Höhe in der hellenistischen Zeit erklomm, als die griechische Literatur und Kunst bereits im Niedergang begriffen waren.

Aristarchos von Samos stellt ein glänzendes Zwischenspiel in der Herrschaft der geozentrischen Theorie über die griechische Astronomie dar. Er war von solchem Eifer erfüllt, daß er die Astronomie in fast allen ihren Zweigen studierte und sich in vielen auszeichnete. In seiner einzigen noch erhaltenen Abhandlung, *Über die Größe und die Entfernung von Sonne und Mond**, findet sich keine Spur einer heliozentrischen Anschau-

* Aristarchos schätzte den Umfang der Sonne auf das Dreihundertfache der Erde (er ist mehr als millionenfach größer) – eine Schätzung, die uns niedrig erscheint, die aber Anaxagoras oder Epikuros in Erstaunen versetzt hätte. Er berechnete den Monddurchmesser auf ein Drittel des Erddurchmessers (eine Fehlrechnung von acht Prozent) und die Entfernung der Erde von der Sonne auf das Zwanzigfache (sie beträgt fast das Vierhundertfache) der Entfernung vom Mond. «Wenn eine Sonnenfinsternis vollständig ist», lautet ein Lehrsatz, «so sind die Sonne und der Mond in ein und denselben Kegel einbezogen, dessen Scheitelpunkt in unserem Auge liegt.»

ung; sie nimmt im Gegenteil an, daß die Sonne und der Mond sich in Kreisen um die Erde bewegen. Aber die *Sandrechnung* des Archimedes schreibt Aristarchos ausdrücklich die Hypothese zu: «Die Fixsterne und die Sonne verharren unbewegt; die Erde dreht sich auf einer Kreisbahn um die Sonne, die in deren Mittelpunkt liegt.» Plutarch berichtet, daß der Stoiker Kleanthes der Meinung war, man müsse Aristarchos verklagen, weil er «den Herd des Alls» (d.h. die Erde) in Bewegung setze. Seleukos von Seleukeia verteidigte die heliozentrische Ansicht; aber die Meinung der griechischen Gelehrtenschaft war dagegen. Aristarchos scheint seine Hypothese selbst aufgegeben zu haben, als es ihm nicht gelang, sie mit den vermeintlich kreisförmigen Bahnen der Himmelskörper in Einklang zu bringen; alle griechischen Astronomen waren der festen Überzeugung, diese Bahnen seien kreisförmig. Vielleicht war es nur mangelnde Neigung für den Schierlingsbecher, die Aristarchos davon abhielt, gleichzeitig der Galileo Galilei und der Kopernikus der Antike zu sein.

Es war das Unglück der hellenistischen Wissenschaft, daß die bedeutendsten griechischen Astronomen die heliozentrische Theorie mit Argumenten angriffen, die vor Kopernikus unwiderleglich schienen. Hipparchos von Nikaia in Bithynien war trotz eines Schnitzers, der uns epochemachend erscheint, durch und durch Wissenschaftler: unendlich wissensdurstig, von hingebender Geduld in der Forschungsarbeit und so peinlich genau in der Beobachtung und Berichterstattung, daß die Antike ihn den «Wahrheitsliebenden» nannte. Er zeichnete sich auf fast allen Gebieten der Astronomie aus und legte ihre Schlüsse für siebzehn Jahrhunderte fest. Von seinen vielen Schriften ist nur eine einzige erhalten: ein Kommentar zu den *Phainomena* von Eudoxos und Aratos von Soloi; wir kennen ihn aber aus der Schrift *Almagest* des Claudius Ptolemaeus (um 140 n. Chr.), die sich auf seine Forschungen und Berechnungen stützt; die «ptolemäische» sollte eigentlich «hipparchische» Astronomie heißen. Er verbesserte, wahrscheinlich nach babylonischen Vorbildern, die Winkelmesser und Quadranten, die die wichtigsten astronomischen Instrumente seiner Zeit waren. Er erfand das Verfahren, geographische Lagen nach Längen- und Breitengraden zu bestimmen, und riet den Astronomen des Mittelmeerraumes, Beobachtungen und Messungen anzustellen, um die Lage aller wichtigeren Städte nach diesem System festzulegen. Politische Wirren machten diesen Plan zunichte, bis Ptolemaeus eine geordnetere Zeit vorfand. Seine mathematischen Studien astronomischer Beziehungen führten Hipparchos dazu, eine Sinustabelle aufzustellen und damit die Wissenschaft der Trigonometrie zu begründen. Zweifellos von keilschriftlichen Aufzeichnungen geleitet, die er aus Babylonien mitgebracht hatte, bestimmte er mit annähernder Genauigkeit die Länge des Sonnen- und des Mondjahres und der Sternenjahre. Er berechnete das Sonnenjahr auf 365¼ Tage weniger 4 Minuten und 48 Sekunden – mit einer Abweichung von nur 6 Minuten von unseren heutigen Berechnungen. Seine Zeit für einen Mondmonat betrug 29 Tage, 12 Stunden, 44 Minuten und 2½ Sekunden – mit einer Abweichung von weniger als einer Sekunde von der heute geltenden Zahl. Er berechnete mit einer erstaunlichen Annäherung an die heutigen Messungen die Umlaufszeit der Planeten, die Schiefe der Ekliptik und der Mondbahn, die größte Erdferne der Sonne und die Horizontalparallaxe des Mondes. Er schätzte die Entfernung des Mondes von der Erde auf 400000 Kilometer – ein Fehler von nur fünf Prozent.

Mit diesem ganzen Wissen ausgerüstet, kam Hipparchos zu dem Schluß, daß die geozentrische Ansicht die Daten besser erkläre als die Hypothese des Aristarchos; die heliozentrische Theorie widerstand der mathematischen Analyse nur, wenn man für die Erde eine elliptische Bahn annahm, und diese Annahme widerstrebte dem griechischen Denken so sehr, daß Aristarchos sie gar nicht in Erwägung gezogen zu haben scheint. Hipparchos kam ihr mit seiner «Exzentrizitätstheorie» ganz nahe; diese Theorie erklärte die anscheinenden Unregelmäßigkeiten der Umlaufsgeschwindigkeit der Sonne und des Mondes dadurch, daß sie annahm, die Mittelpunkte der Sonnen- und der Mondbahn lägen ein wenig außerhalb der Erde. So wenig fehlte, daß Hipparchos nicht nur der größte Beobachter, sondern auch der größte Theoretiker der antiken Astronomie geworden wäre.

Bei seinen allnächtlichen Beobachtungen des Sternenhimmels war Hipparchos überrascht, plötzlich einen Stern zu entdecken, den er mit Bestimmtheit zuvor noch nicht gesehen hatte. Um spätere Veränderungen genau festzustellen, legte er um 129 einen Sternenkatalog, eine Sternkarte und einen Himmelsglobus an, in denen er die Orte von 1080 Fixsternen in Himmelsbreiten und -längen angab - ein außerordentlicher Vorteil für die folgenden Astronomen. Beim Vergleich seiner Himmelskarte mit derjenigen, die Timochares 166 Jahre vorher angelegt hatte, berechnete Hipparchos, daß die Sterne inzwischen um etwa zwei Grad abgewichen waren. Hierauf gründete er seine scharfsinnigste Entdeckung*: den Nachweis des Vorrückens der Tagundnachtgleichen, das allmähliche Heranrücken des Augenblickes, da die Äquinoktialpunkte auf den Meridian stoßen**. Nach seiner Berechnung geschah dieses Vorrücken mit einer Geschwindigkeit von sechsunddreißig Sekunden pro Jahr; unsere Schätzung rechnet mit fünfzig Sekunden.

Wir haben in der chronologischen Reihenfolge zwischen Aristarchos und Hipparchos einen Gelehrten ausgelassen, dessen ökumenisches Wissen ihm die Spitznamen Pentathlos und Beta eintrug, weil er sich auf vielen Gebieten auszeichnete und auf jedem die Stellung des Zweitbesten einnahm. Die Überlieferung stattete Eratosthenes mit außergewöhnlichen Lehrern aus: mit dem Stoiker Zenon, dem Skeptiker Arkesilaos, dem Dichter Kallimachos und dem Grammatiker Lysanias. Mit vierzig Jahren genoß er einen solchen Ruf des vielseitigen Wissens, daß Ptolemaios III. ihn zum Leiter der Bibliothek von Alexandreia ernannte. Er schrieb einen Band Gedichte und eine Komödie. Seine *Chronographia* suchte die Daten der bedeutenderen Ereignisse in der Geschichte der Mittelmeerländer zu bestimmen. Er schrieb mathematische Monographien

* Wenn er sie nicht von seinem babylonischen Vorgänger Kidinnu übernahm.

** Die Äquinoktien (Tagundnachtgleichen) sind die beiden Tage im Jahre, da die Sonne auf ihrem anscheinenden Jahreslauf den Äquator in nördlicher Richtung (unsere Frühlings-, Argentiniens Herbst-Tagundnachtgleiche) oder in südlicher Richtung (unsere Herbst-Tagundnachtgleiche) kreuzt, wobei Tag und Nacht einmal gleich lang werden. Die Äquinoktialpunkte sind diejenigen Punkte am Himmel, wo der Himmelsäquator die Ekliptik schneidet.

und ersann eine mechanische Konstruktion zur Einschiebung zweier geometrischer Mittel. Er berechnete die Schiefe der Ekliptik mit einem Fehler von nur einem halben Prozent auf $23^\circ 51'$. Seine größte Leistung war die Berechnung des Erdumfanges auf 39024 Kilometer; wir berechnen ihn auf 40076 Kilometer. Er beobachtete, daß bei der Sommersonnenwende die Sonne um zwölf Uhr mittags in Syene unmittelbar auf den Grund eines schmalen Brunnens schien, und erfuhr, daß genau zur gleichen Zeit ein Obelisk in Alexandreia, etwa 813 Kilometer nördlich, durch seinen Schatten bezeugte, daß die Sonne annähernd $7\,{}^1/_2{}^\circ$ von dem Zenith (gemessen nach dem Meridian, der die beiden Städte verband) entfernt war. Daraus schloß er, daß ein Bogen von $7\,{}^1/_2{}^\circ$ auf dem Erdumfang achthundertdreizehn Kilometern gleichkam und daß der gesamte Erdumfang demnach $360 : 7{,}5 \times 813$ oder 39024 Kilometer ausmachen müsse.

Nachdem er die Erde gemessen hatte, machte Eratosthenes sich daran, sie zu beschreiben. Seine *Geographika* trugen die Berichte von Alexanders Aufsehern zusammen, von Reisenden wie Megasthenes, von Seefahrern wie Nearchos und Forschungsreisenden wie Pytheas von Massalia, der um das Jahr 320 um Schottland herum bis nach Norwegen und vielleicht bis zum Polarkreis gesegelt war. Eratosthenes begnügte sich nicht mit der Schilderung der physikalischen Merkmale jeder Region, er suchte sie auch durch die Wirkung von Wasser, Feuer, Erdbeben und Vulkanausbrüchen zu erklären. Er hieß die Griechen, ihre provinzlerische Einteilung der Menschheit in Hellenen und Barbaren aufzugeben; man solle die Menschen nicht nach Nationen, sondern nach Einzelpersönlichkeiten einteilen. Viele Griechen waren seiner Meinung nach Schurken, viele Perser und Inder gebildete Menschen, und die Römer hatten eine größere Fähigkeit zu sozialer Ordnung und guter Staatsführung gezeigt als die Griechen. Er wußte wenig von Nordeuropa und Nordasien, noch weniger von Indien südlich des Ganges, gar nichts von Südafrika; er ist aber unseres Wissens der erste Geograph, der die Chinesen erwähnt. Wir könnten, sagt eine andere bedeutsame Stelle, «wenn nicht die Größe des Atlantischen Meeres es verhinderte, auf derselben Parallele von Iberien bis Indien den übrigen Teil außer der genannten Strecke durchschiffen»[7].

IV. THEOPHRASTOS, HEROPHILOS, ERASISTRATOS

Die Zoologie erreichte niemals mehr die Höhe, die sie in der *Naturgeschichte der Tiere* des Aristoteles erklommen hatte. Sein Nachfolger Theophrastos schrieb, vielleicht in verabredeter Arbeitsteilung, eine klassische Abhandlung *Geschichte der Pflanzen* und eine mehr theoretische Untersuchung *Die Ursachen der Pflanzen*. Theophrastos liebte die Gartenarbeit und kannte sich in seinem Gegenstand gut aus. In mancherlei Hinsicht war er wissenschaftlicher als sein Lehrer, sorgsamer in der Behandlung der Tatsachen und ordentlicher in ihrer Darstellung; ein Buch ohne Einteilung war nach seiner Meinung so unzuverlässig wie ein ungezäumtes Pferd. Er teilte das Pflanzenreich in Bäume, Sträucher, Stauden und Gräser ein und unterschied an der Pflanze als Hauptbestandteile Wurzel, Stamm, Ast, Zweig, Blatt, Blüte und Frucht – eine Einteilung, die erst im Jahre 1561 eine Verbesserung erfuhr. «Die Pflanze», schreibt er, «ist in allen Teilen keimfähig, denn in allen ist sie mit Leben ausgestattet ... Die Pflanze hat folgende Fortpflanzungsmöglichkeiten: spontane, aus einem Samen, einer Wurzel, einem abgerissenen Stückchen, einem Ast, einem Zweig, aus kleingehackten Holzstückchen und aus dem Stamm selbst.»[8] Von der geschlechtlichen Fortpflanzung der Pflanzen hatte er keine genaue Vorstellung, außer bei der Feige und der Dattelpalme; bei diesen folgte er den Babyloniern in der Beschreibung der Befruchtung durch Gallwespen. Er untersuchte die geographische Verbreitung der Pflanzen, ihre gewerbliche Verwendung und die zuträglichsten klimatischen Verhältnisse. Er behandelte ein halbes Tausend Gattungen bis in alle Einzelheiten mit einer Genauigkeit, die für eine Zeit ohne Mikroskop erstaunlich ist. Zwanzig Jahrhunderte vor Goethe erkannte er, daß die Blüte eine Metamorphose des Blattes ist. Er war in mehrfacher Hinsicht Naturforscher, indem er tapfer die übernatürlichen Erklärungen verwarf, die seine Zeit für gewisse botanische Merkwürdigkeiten hatte. Er war mit der ganzen Wißbegier des Wissenschaftlers ausgestattet und hielt es nicht für unter seiner Philosophenwürde, Monographien über Steine, Mineralien, das Wetter, Winde, die Müdigkeit, Geometrie, Astronomie und die physikalischen Theorien der vorsokratischen Griechen zu schreiben. «Wenn es keinen Aristoteles gegeben hätte», schreibt Sarton, «so hätte man diese Zeit sicher nach Theophrastos benannt.»

Sein neuntes «Buch» gab eine kurze Darstellung all dessen, was die Griechen über die medizinischen Eigenschaften der Pflanzen wußten. Eine Stelle weist auf die Anästhesie hin: «Diptam, eine Pflanze, die bei der Entbindung besonders nützlich ist; es wird behauptet, daß sie entweder die Wehen erleichtere oder die Schmerzen beseitige.»[9] Die Medizin kam in dieser Zeit rasch voran, da sie mit den neuartigen und sich vermehrenden Krankheiten einer verwickelten großstädtischen Kultur Schritt halten mußte. Das Studium der ägyptischen medizinischen Wissenschaft durch die Griechen regte zu neuen Fortschritten an. Die Ptolemaier leisteten grausame Hilfe; sie ließen nicht nur die Sektion von Tieren und Leichen zu, sondern übergaben den Ärzten auch verurteilte Verbrecher zur Vivisektion. Unter dieser Förderung wurde die menschliche Anatomie zur Wissenschaft, und die Zahl der groben Irrtümer, in die noch Aristoteles verfallen war, nahm beträchtlich ab.

Herophilos von Chalkedon, der um 285 in Alexandreia wirkte, sezierte das Auge und gab eine brauchbare Darstellung der Netzhaut und der Sehnerven. Er sezierte das Gehirn, beschrieb das Großhirn, das Kleinhirn und die Hirnhäute und gab dem Gehirn seine Ehre als Sitz des Denkens wieder. Er erkannte die Rolle der Nerven, unterschied erstmalig das vegetative vom motorischen Nervensystem und trennte die Hirnnerven von den Rückenmarksnerven. Er unterschied zwischen Arterien und Venen, erkannte die Funktion der Arterien als Träger frischen Blutes vom Herz zu den verschiedenen Teilen des Körpers und entdeckte die Blutzirkulation bereits neunzehn Jahrhunderte vor Harvey. Einem Vorschlage des koischen Arztes Praxagoras folgend, bezog er das Fühlen des Pulses in die Diagnose ein und benutzte eine Wasseruhr zum Messen der Pulsschläge. Er sezierte und beschrieb die Eierstöcke, die Gebärmutter, die Samenblase und die Vorsteherdrüse. Er untersuchte die Leber und die Bauchspeicheldrüse und gab dem Zwölffingerdarm den Namen, den er heute noch trägt. «Wissenschaft und Kunst», schreibt Herophilos, «sind bedeutungslos, die Kraft ist ohnmächtig, der Reichtum ist sinnlos und die Beredsamkeit ist wirkungslos ohne Gesundheit.»[10]

Herophilos war, soweit wir beurteilen können, der größte Anatom des Altertums, Erasistratos der größte Physiologe. Auf Keos geboren, studierte Erasistratos in Athen und übte die ärztliche Praxis um 285 in Alexandreia aus. Er unterschied sorgfältiger als Herophilos zwischen Groß- und Kleinhirn und machte an lebenden Versuchspersonen Experimente, um die Wirkungsweise des Gehirnes zu untersuchen. Er beschrieb und erklärte das Wirken des Kehlkopfdeckels, der abführenden Lymphgefäße des Gekröses und der Herzklappen. Er hatte einige Vorstellungen vom Grundstoffwechsel, denn er erfand ein einfaches Respirationskalorimeter. Jedes Organ ist nach Erasistratos mit dem übrigen Organismus auf dreierlei Weise verbunden: durch Arterien, Venen und Nerven. Er suchte alle physiologischen Erscheinungen auf natürliche Ursachen zurückzuführen und wollte nichts von mystischen Wesenheiten wissen. Er wandte sich gegen die Säftelehre des Hippokrates, die noch Herophilos vertreten hatte. Die Kunst des Heilens bestand für ihn eher in der Vorbeugung durch Hygiene als in der Therapie; er wandte sich gegen den häufigen Gebrauch von Medizinen und Aderlässen und verließ sich auf Diät, Bäder und körperliche Bewegung.

Männer wie die genannten machten Alexandreia zum Wien der antiken Medizin. Es gab aber bedeutende medizinische Schulen auch in Tralleis, Miletos, Ephesos, Pergamon, Taras und Syrakus. Viele Städte unterhielten einen städtischen medizinischen Dienst. Die Ärzte, die sie anstellten, erhielten ein bescheidenes Gehalt, wurden aber mit Ehren überhäuft, weil sie zwischen reich und arm, frei und unfrei keinen Unterschied machten und sich zu jeder Zeit und unter jeder Gefahr ihrer Arbeit verschrieben. Apollonios von Miletos bekämpfte die Seuche auf nahegelegenen Inseln ohne Honorar. Als alle Ärzte von Kos einer Epidemie, die sie einzudämmen versucht hatten, erlagen, kamen andere aus den Nachbarstädten zu Hilfe. Viele öffentliche Danksagungen waren an hellenistische Ärzte gerichtet; und wenn sich auch alte Witze über gewinnsüchtige Unfähigkeit lustig machten, so hielt doch der ehrwürdige Beruf den sittlichen Maßstab hoch, den Hippokrates als wertvollstes Vermächtnis hinterlassen hatte.

SIEBENTES KAPITEL

Die Kapitulation der Philosophie

Drei Ströme vereinten sich in der griechischen Philosophie: der naturwissenschaftliche, der metaphysische und der ethische. Der naturwissenschaftliche führte zu Aristoteles, der metaphysische zu Platon und der ethische zu Zenon von Kition als den hervorragendsten Vertretern. Die naturwissenschaftliche Entwicklung fand ihren Abschluß in der Loslösung der Wissenschaft von der Philosophie bei Archimedes und Hipparchos, die metaphysische im Skeptizismus des Pyrrhon und der späteren Akademie; die ethische setzte sich fort, bis der Epikureismus und der Stoizismus vom Christentum überwunden wurden oder in ihm aufgingen.

I. DER ANGRIFF DES SKEPTIZISMUS

Inmitten dieser sich ausbreitenden hellenistischen Kultur behauptete Athen – die Schöpferin eines Großteils und Beherrscherin des meisten davon – die Führerschaft auf zwei Gebieten: im Drama und in der Philosophie. Die Welt war nicht zu sehr mit Kriegen und Revolutionen, neuen Wissenschaften und neuen Religionen, der Schönheitsliebe und der Gewinnsucht beschäftigt, als daß sie nicht Zeit gefunden hätte, sich mit den unlösbaren, aber unausweichlichen Problemen der Wahrheit und des Irrtums, des Stoffes und des Geistes, der Freiheit und der Notwendigkeit, des Edlen und des Gemeinen, des Lebens und des Todes zu befassen. Aus allen Staaten des Mittelmeerraumes kamen, oft unter gewaltigen Mühen und Anstrengungen, Männer nach Athen, um in den Hallen und Gärten zu studieren, in denen die Erinnerung an Platon und Aristoteles noch lebendig war.

Im Lykeion führte der eifrige Theophrastos von Lesbos die empirische Tradition fort. Die Peripatetiker waren eher Wissenschaftler und Gelehrte als Philosophen; sie widmeten sich zoologischen, botanischen, biographischen, wissenschafts-, philosophie-, literatur- und rechtsgeschichtlichen Spezialuntersuchungen. In den vierunddreißig Jahren seiner Leitung (322–288) erforschte Theophrastos manches Gebiet und veröffentlichte vierhundert Bände, die sich mit fast jedem Gegenstand von der Liebe bis zum Krieg befaßten. Sein Schriftchen *Über die Ehe* sprang mit dem weiblichen Geschlecht recht ungnädig um und mußte es sich seinerseits gefallen lassen, daß Leontion, die Mätresse des Epikuros, in einer gelehrten und vernichtenden Entgegnung ungnädig mit ihm verfuhr. Und doch schreibt Athenaios Theophrastos das feine Empfinden zu: «Durch die Sittsamkeit wird das Schöne schön.»[1] Nach Diogenes von Laerte war er «auch wohltätig und gern zu Gesprächen bereit»; er war so beredt, daß sein eigentlicher Name vor dem Namen verblaßte, den Aristoteles ihm gab und der bedeutete, er spreche wie ein Gott; er war so beliebt, daß zweitausend Studenten zu seinen Vorlesungen strömten und Menandros zu seinen treuesten Anhängern zählte. Die Nachwelt bewahrte mit besonderer Sorgfalt sein Buch über Charaktere auf, nicht weil es eine neue literarische Form schuf, sondern weil es in scharfer Satire die Fehler angriff, die jeder Mensch dem anderen zuschreibt. Da findet sich der Schwatzhafte, der «mit dem Lob seiner Frau beginnt, den Traum erzählt, den er die Nacht zuvor träumte, Gericht um Gericht aufzählt, das er gegessen hat», und zum Schluß kommt: «Wir sind ganz und gar nicht mehr das, was wir früher waren.» Und da ist der Dummkopf: «Im Theater schläft er ein und bleibt allein sitzen ... Wenn er viel gegessen hat und nachts zum Abtritt muß, so läßt er sich vom Hund des Nachbarn beißen.»[2]

Eines der wenigen Ereignisse im Leben des Theophrastos war die staatliche Verfügung (307), daß die Wahl der Leiter der Philosophenschulen von der Volksversammlung bestätigt werden müsse. Etwa zur selben Zeit brachte Agnonides gegen Theophrastos die alte Anklage der Gottlosigkeit vor. Theophrastos verließ in aller Stille Athen; so viele Studenten folgten ihm aber, daß die Geschäftsinhaber sich über einen verheerenden Rückgang ihres Umsatzes beklagten. Noch nicht ein Jahr später wurde der Erlaß rückgängig gemacht, und Theophrastos kehrte im Triumph zurück, um das Lykeion fast bis zu seinem Tode (im Alter von fünfundachtzig Jahren) zu leiten. «Ganz Athen» soll an der Feier seines Begräbnisses teilgenommen haben. Die Peripatetikerschule überlebte ihn nicht lange: Die Wissenschaft kehrte dem verarmten Athen den Rücken und verzog sich in das reiche Alexandreia, und das Lykeion, das sich der Forschung geweiht hatte, glitt zur Bedeutungslosigkeit hinab.

Inzwischen waren auf Platon Speusippos und auf Speusippos Xenokrates in der Leitung der Akademie gefolgt. Xenokrates führte die Schule ein Vierteljahrhundert lang (339–314) und trug der Philosophie durch die rühmliche Einfachheit seines Lebens erneut einen guten Ruf ein. Er versenkte sich völlig in Forschung und Lehre und verließ die Akademie nur einmal im Jahr, um die Dionysischen Tragödien zu besuchen; «trat er aber einmal den Weg nach der Stadt an, so wichen ihm alle Schreihälse und Lastträger aus», berichtet Diogenes. Er nahm kein Lehrgeld an und wurde so arm, daß er beinahe der Steuern wegen ins Gefängnis geworfen worden wäre; aber Demetrios von Phaleron zahlte seine Rückstände und erwirkte seine Freilassung. Philipp von Makedonien stellte fest, daß von den zahlreichen athenischen Gesandten, die zu ihm kamen, Xenokrates der einzige war, der sich als unbestechlich erwies. Sein Ruf der Tugendsamkeit ärgerte Phryne, und unter dem Vorwand, sie werde verfolgt, flüchtete sie sich in sein Haus. Als sie bemerkte, daß er nur ein einziges Bett hatte, bat sie ihn, es mit ihr zu teilen. Er soll aus menschlichen Erwägungen zugestimmt haben, erwies sich aber als so kalt, daß ihre Werbungen und ihre Reize völlig wirkungslos blieben; sie entfloh seinem Bett und seinem Tisch und beklagte sich bei ihren Freunden, sie habe eine Statue und nicht einen Mann vorgefunden. Xenokrates sollte keine Mätresse außer der Philosophie haben.

Mit seinem Tode kam der metaphysische Strom des griechischen Denkens in genau demselben Hain zu fast völliger Erschöpfung, der seine Weihestätte gewesen war. Die

Nachfolger Platons waren Mathematiker und Moralphilosophen und beschäftigten sich kaum mit den abstrakten Fragen, die einst die Akademie bewegt hatten. Die skeptischen Kampfrufe des Eleiers Zenon, der Subjektivismus des Herakleitos, die methodische Zweifelsucht des Gorgias und des Protagoras, der metaphysische Agnostizismus des Sokrates, des Aristippos und des Eukleides von Megara bemächtigten sich wiederum der griechischen Philosophie; das Zeitalter der Vernunft war zu Ende. Jede Hypothese war erdacht, erwogen und vergessen worden; das Weltall hatte sein Geheimnis nicht preisgegeben, und man war einer Sache müde geworden, die selbst die scharfsinnigsten Geister zu keinem Ziele geführt hatte. Aristoteles war mit Platon nur in einem einzigen Punkte einig gewesen: dem Glauben an die Möglichkeit, zu einer letzten Wahrheit zu gelangen. Pyrrhon gab dem Verdacht seiner Zeit Ausdruck, indem er vermutete, beide hätten sich gerade in diesem Punkte geirrt.

Pyrrhon wurde um 360 in Elis geboren. Er kam mit Alexanders Heer nach Indien, betrieb dort bei den «Gymnosophisten» Studien und holte sich vielleicht teilweise bei ihnen jenen Skeptizismus, für den sein Name geradezu ein Synonym wurde. Er war zu bescheiden, um Bücher zu schreiben; aber sein Schüler Timon von Phleius schickte in einer Reihe von *Silloi*, «Satiren», Pyrrhons Ansichten in die weite Welt. Es waren im wesentlichen drei Ansichten: Es ist unmöglich, zu einer Gewißheit zu kommen, der Weise wird ein Urteil aufschieben und eher nach Ruhe denn nach Wahrheit streben, und da alle Theorien wahrscheinlich falsch sind, wird man ebensowohl die Sagen und Bräuche seiner Zeit und seiner Stadt gelten lassen. Weder die Sinne noch der Verstand verhelfen uns zu wirklicher Erkenntnis: Die Sinne entstellen den Gegenstand, den sie wahrnehmen, und die Vernunft ist nur die sophistische Dienstmagd des Begehrens. Jeder Syllogismus weicht nur dem wahren Sachverhalt aus, da der Obersatz den Schluß voraussetzt. «Jeder Satz hat seinen Gegensatz»[3]; das gleiche Erlebnis kann angenehm oder unangenehm sein, je nach den näheren Umständen und der Laune; das gleiche Tun kann moralisch oder unmoralisch sein, je nachdem, wo und wann wir leben; die gleichen Götter sind und sind nicht, je nach den verschiedenen Völkern der Menschheit; alles ist Meinung, nichts ist absolut wahr. Es ist darum unsinnig, in Disputen Partei zu ergreifen oder nach einem anderen Aufenthaltsort oder einer anderen Lebensweise zu streben oder sich nach der Zukunft oder der Vergangenheit zu sehnen; jedes Begehren ist Selbsttäuschung. Selbst das Leben ist ein unsicheres Gut und der Tod nicht ein sicheres Übel; man sollte gegen keines von beiden ein Vorurteil hegen. Das allerbeste ist ein ruhiges Sichfügen: nicht die Welt umgestalten wollen, sondern sich geduldig in sie fügen; nicht nach Fortschritten fiebern, sondern sich mit dem Frieden begnügen. Pyrrhon versuchte ehrlich, diese halb hinduistische Lebensanschauung praktisch zu leben. Er beugte sich bescheidentlich vor den Bräuchen und Kulten von Elis, versuchte nie, Gefahren auszuweichen oder sein Leben zu verlängern, und starb im Alter von neunzig Jahren. Seine Mitbürger waren so von ihm eingenommen, daß sie zu seinen Ehren die Philosophen von Steuern befreiten.

Die Ironie der Zeit wollte es, daß ausgerechnet die Nachfolger Platons diesen Angriff gegen die Metaphysik weiterführten. Arkesilaos, der im Jahre 269 der Leiter der

Mittleren Akademie geworden war, wandelte Platons Lehre, man könne auf dem Wege über die Sinne nicht zum Wissen kommen, in einen Skeptizismus um, der so vollständig war wie derjenige Pyrrhons und wahrscheinlich unter dessen Einfluß zustande kam. «Keine wahre Vorstellung ist von der Art, daß nicht auch eine falsche ebenso beschaffen sein könnte»[4], sagte Arkesilaos. Als man ihm vorhielt, eine solche Lebensanschauung mache das Leben unmöglich, antwortete er, das Leben habe schon längst gelernt, mit Wahrscheinlichkeiten umzugehen. Ein Jahrhundert später übernahm ein noch gründlicherer Skeptiker die Neue Akademie und drängte die Lehre allgemeinen Zweifels zu einem geistigen und ethischen Nihilismus zusammen. Karneades von Kyrene kam als ein griechischer Abälard um 193 nach Athen und verbitterte dort Chrysippos und seinen anderen Lehrern das Leben, indem er mit galligem Scharfsinn gegen jede Lehre argumentierte, die sie vorbrachten. Da sie es unternommen hatten, einen Logiker aus ihm zu machen, pflegte er ihnen zu sagen: «Trifft es zu, was ich sage, so ist es recht und gut; wenn nicht, dann gebt mir mein Lehrgeld zurück.»[5] Als er sich selbständig machte, trug er an einem Morgen eine Ansicht vor, am anderen Morgen die gegenteilige, und bewies beide so schlagend, daß er beide zunichte machte. Seine Schüler, sogar sein Biograph suchten vergeblich herauszubekommen, was denn eigentlich seine wahren Ansichten waren. Er unternahm es, den materialistischen Realismus der Stoiker durch eine Platonisch-Kantische Kritik der Sinneswahrnehmung und der Vernunft zu widerlegen. Er wandte sich gegen alle Schlüsse, da sie vom Verstande gesehen ja doch unhaltbar seien, und hieß seine Schüler, sich mit dem Wahrscheinlichen zu begnügen und sich mit den Bräuchen ihrer Zeit zufriedenzugeben. Als er 155 als Mitglied einer Gesandtschaft nach Rom geschickt wurde, empörte er den Senat, indem er an einem Tag die Gerechtigkeit verteidigte und sie am anderen Tage als undurchführbaren Traum lächerlich machte: Wenn Rom Gerechtigkeit üben wolle, so müsse es dem ganzen Mittelmeerraum wiedergeben, was es ihm gewaltsam genommen habe. Am dritten Tage schickte Cato die Gesandtschaft heim, da sie die öffentliche Moral gefährde. Vielleicht war Polybios, der damals als Geisel bei Scipio weilte, Zeuge dieser Reden oder hörte von ihnen; er spricht mit dem Zorn des Praktikers gegen die Philosophen,

> «die sich bei den Gesprächen in der Akademie eine gewaltige Sprechbereitschaft anerzogen haben. Denn manche von ihnen nehmen in dem Bestreben, ihre Hörer in Erstaunen zu versetzen, zu solchen Paradoxen ihre Zuflucht und sind in der Erfindung glaubwürdig erscheinender Dinge so fruchtbar, daß sie sich fragen, ob es den Athenern nicht möglich ist, in Ephesos gebackene Eier zu riechen, und ernsthaft erwägen, ob sie nicht zu der Zeit, da sie in der Akademie über diese Angelegenheit diskutieren, daheim in ihren Betten liegen und ihre Rede im Traume verfassen ... Mit ihrem übertriebenen Hang zum Paradoxen haben sie die ganze Philosophie in Verruf gebracht ... Sie haben unseren jungen Leuten eine derartige Leidenschaft eingeimpft, daß diese den ethischen und politischen Problemen, die den Jüngern der Philosophie anstehen, niemals auch nur einen einzigen Gedanken widmen, sondern ihr ganzes Leben mit eitlen Versuchen, unnütze Albernheiten zu erfinden, vertun.»[6]

II. DER EPIKUREISCHE AUSWEG

Wenn Polybios auch für viele Zeiten den Theoretiker beschreibt, der sich heillos in die Spinnetze der Spekulation verwirrt, so irrt er sich doch, wenn er meint, die Probleme der Moral hätten ihre Anziehungskraft auf den griechischen Geist verloren. Es war gerade der ethische Strom, der in diesem Zeitraum in der Philosophie das Übergewicht über den naturwissenschaftlichen und metaphysischen erhielt. Politische Probleme blieben unentschieden; denn die Redefreiheit war durch die Gegenwart königlicher Garnisonen oder doch durch den Gedanken daran bedrängt, und es galt als stillschweigende Voraussetzung, daß die nationale Freiheit von ruhigem Verhalten abhing. Der Glanz des athenischen Staates war verblaßt, und die Philosophie stand einem Auseinanderklaffen zwischen Politik und Ethik gegenüber, die Griechenland bisher noch nicht gekannt hatte. Sie mußte eine Lebensart finden, die zugleich der Philosophie verzeihlich erschien und sich mit politischer Ohnmacht vereinbaren ließ. Somit handelte es sich nicht mehr darum, einen gerechten Staat aufzubauen, sondern darum, ein selbstbeherrschtes und zufriedenes Individuum heranzubilden.

Die Ethik entwickelte sich nun nach zwei entgegengesetzten Seiten. Auf der einen folgte sie der Führung von Herakleitos, Sokrates, Antisthenes und Diogenes und erweiterte die kynische zur stoischen Philosophie; auf der anderen nahm sie ihren Ausgang von Demokritos, lehnte sich stark an Aristippos an und weitete das kyrenaische zum epikureischen Glaubensbekenntnis aus. Beide philosophischen Kompensationen für den religiösen und politischen Verfall kamen aus Vorderasien: Der Stoizismus hatte seine Wurzeln in dem Pantheismus, dem Fatalismus und der Resignation der Semiten; der Epikureismus nahm seinen Ursprung bei den lebenslustigen Griechen der kleinasiatischen Küste.

Epikuros wurde 341 in Samos geboren. Als zwölfjähriger Knabe verliebte er sich in die Philosophie, als Neunzehnjähriger ging er nach Athen und verbrachte ein Jahr in der Akademie. Wie Francis Bacon schätzte er Demokritos mehr als Platon und Aristoteles; von ihm nahm er viele Bausteine zu seinem eigenen Gebäude. Von Aristippos lernte er die Weisheit des Genusses, von Sokrates den Genuß der Weisheit. Von Pyrrhon übernahm er die Lehre von der Geruhsamkeit und ein klingendes Wort dafür: *ataraxia*. Er muß die Laufbahn seines Zeitgenossen Theodoros von Kyrene mit Interesse verfolgt haben; Theodoros lehrte in Athen einen so offenen amoralischen Atheismus, daß die Volksversammlung ihn der Gottlosigkeit beschuldigte – eine Lektion, die Epikuros nicht vergaß. Hierauf kehrte er nach Kleinasien zurück und hielt Vorlesungen über Philosophie in Kolophon, Mytilene und Lampsakos. Die Bewohner von Lampsakos waren von seinen Gedanken und seinem Charakter so beeindruckt, daß sie Gewissensbisse empfanden, weil sie ihn in einer so abgelegenen Stadt zurückhielten; sie sammelten achtzig Minen, kauften ein schönes Haus mit Garten am Stadtrand von Athen und schenkten es Epikuros für den Gebrauch als Schule und Wohnhaus. Im Jahre 306 ließ sich der fünfunddreißigjährige Epikuros dort nieder und lehrte die Athener eine Philosophie, die nur dem Namen nach epikureisch war. Es war ein Zeichen der wachsenden Freiheit des weiblichen Geschlechtes, daß er auch Frauen zu seinen Vorlesungen zuließ, sie sogar in die kleine Gemeinschaft aufnahm, die mit ihm zusammenwohnte. Er machte keine Standes- oder Rassenunterschiede; er nahm Dirnen so gut wie ehrbare Hausfrauen auf, Sklaven so gut wie Freie; sein Lieblingsschüler war sein eigener Sklave Mys. Die Hetäre Leontion wurde seine Mätresse und zugleich seine Schülerin und fand in ihm einen Genossen, der so eifersüchtig war, als ob er sie auf gesetzmäßigem Wege erworben hätte. Sie hatte ein Kind von ihm und schrieb unter seinem Einfluß mehrere Bücher, deren Stilreinheit nicht mit ihrer Moral in Konflikt geriet.

Im übrigen lebte Epikuros in stoischer Einfachheit und kluger Abgeschiedenheit. Sein Leitspruch war *lathe biosas* – «lebe im Verborgenen!». Er nahm pflichtgemäß an den religiösen Zeremonien seiner Stadt teil, hielt sich aber von der Politik fern und mischte sich nicht in die öffentlichen Angelegenheiten ein. Er begnügte sich mit Wasser und ein wenig Wein und mit Brot und ein wenig Käse. Seine Nebenbuhler und Feinde beschuldigten ihn, er habe sich vollgegessen, als er es noch konnte, und sei enthaltsam geworden, nachdem er seine Verdauung zugrunde gerichtet hätte. Diogenes Laertios sagt dazu: «Doch sie alle sind nicht recht bei Sinnen. Denn es stehen dem Manne als vollgültige Zeugen seiner unübertrefflichen Güte zur Seite erstens seine Vaterstadt, die ihn durch Erzstatuen geehrt hat, sodann seine Freundesschar, die so groß ist, daß selbst ganze Städte sich nicht mit ihr messen können.»[7] Er war seinen Eltern treu ergeben, großzügig gegenüber seinen Brüdern und freundlich zu seinen Dienern, die an seinen philosophischen Studien teilnahmen. Seine Schüler betrachteten ihn nach Seneca als einen Gott unter Menschen, und nach seinem Tode war ihr Leitspruch: «Lebe so, als ob das Auge des Meisters auf dich blickte.»

Zwischen Unterricht und Liebe schrieb er dreihundert Bücher. Die Asche von Herculaneum hat uns einige Bruchstücke seiner Hauptarbeit, *Über die Natur*, erhalten. Diogenes von Laerte, der Plutarch der Philosophie, zeichnete drei Briefe von ihm auf, und spätere Entdeckungen ließen noch ein paar weitere Briefe hinzukommen. Vor allem aber gab Lucrez dem Denken des Epikuros in dem größten philosophischen Gedicht eine Heimstätte.

Vielleicht schon im Bewußtsein, daß Alexanders Eroberung hundert mystische Kulte aus dem Osten nach Griechenland brachte, beginnt Epikuros mit der bemerkenswerten Behauptung, es sei das Ziel der Philosophie, den Menschen von Furcht zu befreien, vor allem von der Götterfurcht. Er haßt die Religion, weil sie nach seiner Meinung die Unwissenheit fördert und durch die Unwissenheit gedeiht und das Leben durch die Angst vor himmlischen Spionen, unablässigen Furien und endlosen Bestrafungen verdüstert. Die Götter existieren und erfreuen sich an irgendeinem weit entfernten Orte inmitten der Sterne eines heiteren und todlosen Lebens; sie sind aber zu vernünftig, als daß sie sich um die Angelegenheiten einer so lächerlich winzigen Gattung wie der Menschheit kümmerten. Die Welt ist nicht von ihnen geschaffen und wird nicht von ihnen geleitet; wie könnten diese göttlichen Epikureer ein so mittelmäßiges Weltall, ein solches Durcheinander von Ordnung und Unordnung, von Schönheit und Leiden geschaffen haben? Wenn uns das enttäuscht, dann sollen wir uns mit dem Gedanken trösten, daß die Götter viel zu weit von uns entfernt sind, als daß sie uns noch schaden oder Gutes zufügen könnten. Sie können uns nicht beaufsichtigen, sie können uns nicht verurteilen, sie können uns nicht in die Hölle stoßen. Und was die bösen Götter oder die Dämonen betrifft, so sind das nur unglückselige Ausgeburten unserer Träume.

Nach dieser Zurückweisung der Religion geht Epikuros an die Ablehnung der Metaphysik. Die übersinnliche Welt wird uns stets verschlossen bleiben; die Vernunft muß sich auf die Sinnesempfindungen stützen und sie als letztliche Prüfsteine der Wahrheit anerkennen. Alle Probleme, die zweitausend Jahre später Locke und Leibniz beschäftigen sollten, werden hier mit einem einzigen Satze erledigt: Wenn das Wissen nicht von den Sinnen kommt, woher soll es dann kommen? Und wenn die Sinne nicht die letzten entscheidenden Instanzen für die Tatsachen sind, wie sollen wir dann ein solches Kriterium in der Vernunft finden, die doch ihre Unterlagen von den Sinnen beziehen muß?

Die Sinne vermitteln uns indessen kein sicheres Wissen von der äußeren Welt; sie erfassen nicht das objektive Ding an sich, sondern nur winzige Atome, die sich von jedem Teile seiner Oberfläche freimachen und in unseren Sinnen kleine Abbilder seines Wesens und seiner Gestalt hinterlassen. Wenn wir darum unbedingt eine Theorie über die Welt haben müssen (und das ist durchaus nicht der Fall), sollten wir uns lieber an die Ansicht des Demokritos halten, daß außer Körper und Raum nichts existiert oder unserem Wissen zugänglich oder uns auch nur vorstellbar ist und daß alle Körper aus unteilbaren und unveränderlichen Atomen bestehen. Die Atome sind farblos, wärmelos, tonlos, geschmacklos und geruchlos; diese Eigenschaften werden durch Korpuskularstrahlen der Objekte auf unsere Sinnesorgane hervorgerufen. Die Atome unterscheiden sich aber nach Größe, Gewicht und Gestalt. Epikuros möchte das Wirken der Atome gerne nach rein mechanistischen Grundsätzen erklären; da ihn die Ethik aber weit mehr als die Kosmologie interessiert und er darauf bedacht ist, den freien Willen als Quelle moralischer Verantwortlichkeit und Triebfeder der Persönlichkeit bestehen zu lassen, verläßt er Demokritos auf halbem Wege und nimmt eine Art Spontaneität der Atome an: Sie weichen beim Fall durch den Raum ein wenig von der Senkrechten ab und gehen so Verbindungen ein, die die vier Elemente und durch diese die Verschiedenartigkeit der Objektwelt hervorrufen. Es gibt unzählige Welten, es ist aber nicht weise, sich darum zu kümmern. Wir dürfen ruhig annehmen, die Sonne und der Mond seien ungefähr so groß, wie sie uns scheinen, und dann können wir uns ganz dem Studium des Menschen zuwenden.

Der Mensch ist voll und ganz ein Erzeugnis der Natur. Das Leben begann wahrscheinlich durch Urzeugung und nahm seinen Fortgang ohne Absicht durch die natürliche Zuchtwahl der geeignetsten Formen. Der Geist ist ebenfalls eine Art Materie. Die Seele ist eine sehr feine stoffliche Substanz, die den ganzen Körper durchdringt. Sie kann nur durch Vermittlung des Körpers empfinden oder handeln und stirbt mit dem Tode des Körpers. Trotz all dessen müssen wir das Zeugnis unseres Bewußtseins gelten lassen, daß der Wille frei ist; sonst wären wir sinnlose Puppen auf der Lebensbühne. Es ist besser, den Göttern des Volkes als dem Schicksal der Philosophen untertänig zu sein.

Die wahre Funktion der Philosophie besteht indessen nicht darin, die Welt zu erklären, da ja ein Teil niemals das Ganze erklären kann, sondern darin, uns bei unserem Luststreben zu leiten. «Was wir vor Augen haben, ist nicht ein Gefüge von Systemen und leeren Meinungen, sondern vielmehr ein Leben, das von jeder Sorge frei ist.»[8] Über dem Gartentor der Epikurischen Besitzung stand die einladende Inschrift: «Gast, du sollst dich hier glücklich fühlen, denn die Glückseligkeit gilt hier als das höchste Gut.» Die Tugend ist in dieser Philosophie nicht ein Ziel an sich, sie ist nur ein unerläßliches Mittel zum glücklichen Leben. «Ein lustvolles Leben ist nicht möglich ohne ein einsichtsvolles, lobwürdiges und gerechtes Leben, und ein einsichtsvolles, lobwürdiges und gerechtes Leben nicht ohne ein lustvolles.»[9] Die einzigen unfehlbaren Behauptungen in der Philosophie lauten, daß die Lust gut und der Schmerz schlecht ist. Die Sinnenlust ist an und für sich berechtigt, und die Weisheit wird ihr einen gewissen Platz einräumen; da sie aber üble Folgen haben kann, muß sie eine unterschiedliche Behandlung erfahren, die nur die verstandesmäßige Einsicht erreichen kann.

«Wenn wir also die Lust als das Endziel hinstellen, so meinen wir damit nicht die Lüste der Schlemmer und solche, die in nichts als dem Genusse selbst bestehen, wie manche Unkundige und manche Gegner oder auch absichtlich Mißverstehende meinen, sondern das Freisein von körperlichem Schmerz und von Störung der Seelenruhe. Denn nicht Trinkgelage mit daran sich anschließenden tollen Umzügen machen das lustvolle Leben aus, auch nicht der Umgang mit schönen Knaben und Weibern, auch nicht der Genuß von Fischen und sonstigen Herrlichkeiten, die eine prunkvolle Tafel bietet, sondern eine nüchterne Verständigkeit, die sorgfältig den Gründen für Wählen und Meiden in jedem Falle nachgeht und mit allen Wahnvorstellungen bricht, die den Hauptgrund zur Störung der Seelenruhe abgeben.»[10]

So ist letzten Endes die Verständigkeit nicht nur die höchste Tugend, sondern auch die höchste Glückseligkeit, da sie ja besser als sonst eine Gabe in uns geeignet ist, Schmerz und Leid abzuwenden. Die Weisheit ist der einzige Befreier: Sie befreit uns von den Fesseln der Leidenschaft, von der Furcht vor den Göttern und von der Todesfurcht; sie lehrt uns, Mißgeschicke zu ertragen und aus den einfachen Lebensgütern und den stillen Seelenfreuden eine tiefe und bleibende Lust zu schöpfen. Der Tod hat keine großen Schrecken, wenn wir ihn richtig betrachten; das Leiden, das er mit sich bringt, ist vielleicht kürzer und geringfügiger als dasjenige, das wir zur Lebenszeit immer wieder zu ertragen haben. Es sind unsere unsinnigen Vorstellungen von den Folgen des Todes, die ihn so schrecklich machen. Und man braucht sich nur vor Augen zu halten, wie wenig ein Weiser zum Zufriedensein braucht: frische Luft, die billigste Nahrung, eine bescheidene Unterkunft, ein Bett, ein paar Bücher und einen Freund. «Alles Natürliche ist leicht beschafft, nur das Unnötige ist kostspielig.»[11] Man sollte sein Leben nicht verhärmen, um jeden Wunsch zu erfüllen, der einem in den Sinn kommt: «Alle Begierden, die keinen Schmerz verursachen, wenn sie nicht befriedigt werden, gehören nicht zu den notwendigen.»[12] Selbst Liebe, Ehe und Zeugung sind unnötig; sie bringen uns kurze Freuden, aber ewigen Kummer. Sich an ein einfaches Leben und an einfache Nahrung gewöhnen ist ein fast sicherer Weg zur Gesundheit. Der Weise verzehrt sich nicht in Ehrgeiz oder Ruhmsucht; er meidet den fiebrigen Wettbewerb der Stadt und den Lärm des politischen Kampfes. Er wendet sich der Stille des Landlebens zu und findet das sicherste und tiefste Glück in der körperlichen und geistigen Geruhsamkeit. Weil er seine Begierden beherrscht, anspruchslos lebt und Furcht und Angst beiseite schiebt, belohnt ihn die natürliche «Süße des Lebens» *(hedone)* mit dem höchsten aller Güter, dem Frieden.

Es ist ein Glaubensbekenntnis von liebenswerter Ehrlichkeit. Es ist erfreulich, einem Philosophen zu begegnen, der sich nicht vor der Lust fürchtet, und einem Logiker, der ein gutes Wort für die Sinne einlegt. Eine scharfsinnige Verstandestätigkeit findet sich hier nicht, auch kein heißes Ringen nach Verstehen; der Epikureismus bedeutet im Gegenteil trotz seiner Beschäftigung mit der Atomtheorie einen Rückschritt gegenüber der tapferen Wissensgier, die die griechische Wissenschaft und Philosophie ins Leben gerufen hatte. Der größte Mangel des Systems ist seine Negativität. Es stellt sich die Lust als Freisein von Unlust und die Weisheit als eine Flucht aus den Zufällen und der Fülle des Lebens vor; es ist ein wunderbares System für Junggesellen, schwerlich aber für eine Gesellschaft. Epikuros respektierte den Staat als notwendiges Übel, unter dessen Schutz er unbelästigt in seinem Garten hausen konnte; er scheint sich aber wenig aus nationaler Unabhängigkeit gemacht zu haben. Seine Schule scheint sogar der Monarchie vor der Demokratie den Vorzug gegeben zu haben, da sie weniger die Neigung habe, Andersdenkende zu verfolgen – eine interessante Umkehr der heutigen Meinung. Epikuros war bereit, jede Regierungsform hinzunehmen, die ein unauffälliges Leben der Weisheit und der Kameradschaft nicht behinderte. Der Freundschaft weihte er die Hingabe, die frühere Generationen dem Staate bezeugt hatten. «Von allem, was die Weisheit zur Glückseligkeit des ganzen Lebens in Bereitschaft hält, ist weitaus das wichtigste der Besitz der Freundschaft.»[13] Die Freundschaft der Epikureer war ihrer Dauerhaftigkeit wegen sprichwörtlich, und die Briefe des Meisters sind überaus reich an Ausdrücken liebender Zuneigung. Seine Schüler erwiderten die Gefühle mit griechischer Intensität. Als der junge Kolotes zum erstenmal Epikuros sprechen hörte, fiel er auf die Knie, weinte und begrüßte ihn als Gott.

Sechsunddreißig Jahre lang lehrte Epikuros in seinem Garten und gab einer Schule den Vorzug vor einer Familie. Im Jahre 270 warf ihn ein Steinleiden auf das Krankenbett. Er ertrug die Schmerzen mit stoischer Ruhe und fand auf dem Totenbett die Zeit, seiner Freunde zu gedenken. «Es ist der gepriesene Festtag und zugleich der letzte Tag meines Lebens, an dem ich diese Zeilen an euch schreibe. Harnzwang und Dysenterie haben sich bei mir eingestellt mit Schmerzen, die jedes erdenkliche Maß überschreiten. Als Gegengewicht gegen alles dies dient die freudige Erhebung der Seele bei der Erinnerung an die zwischen uns gepflogenen Gespräche. Du aber sorge, entsprechend deiner von jung auf mir und der Philosophie entgegengebrachten herzlichen Gesinnung, für die Kinder des Metrodoros.»[14] Seinen Besitz vermachte er der Schule, wobei er der Hoffnung Ausdruck gab, daß «diejenigen, welche mit uns alt werden in der Pflege der Philosophie, nichts, was zum Leben nötig ist, zu entbehren brauchen, soweit es auf unseren Willen ankommt»[15].

Er hinterließ eine lange Abfolge von Jüngern, die alle seinem Gedächtnis so treu blieben, daß sie jahrhundertelang nichts am Wortlaut seiner Lehre änderten. Sein berühmtester Schüler, Metrodoros von Lampsakos, hatte Griechenland bereits empört oder belustigt, indem er den Epikureismus in den Satz verdichtete: «Alles Gute steht zum Bauch in Beziehung»[16], was vielleicht bedeuten sollte, daß jede Lust eine physiologische ist und letzten Endes mit den Eingeweiden in Zusammenhang steht. Chrysippos tat einen Gegenschlag, indem er die *Gastrologia* des Archestratos den «Hauptort der epikureischen Philosophie» nannte. Die Lehre des Epikuros wurde allgemein mißverstanden und in ganz Hellas von weiten Kreisen öffentlich geschmäht und heimlich anerkannt. So viele hellenisierende Juden bekannten sich zu ihr, daß *Apiköros* von den Rabbis als Synonym für «Abtrünniger» gebraucht wurde. Im Jahre 173 oder 155 wurden zwei epikureische Philosophen aus Rom vertrieben, da sie die Jugend verdorben hätten. Ein Jahrhundert später fragte Cicero: «Warum hat Epikuros so viele Anhänger?»[17], und Lucrez verfaßte die vollständigste und schönste uns erhaltene Darstellung der epikureischen Lehre. Die Schule hatte ihre Anhänger bis in die Regierungszeit Konstantins; die einen degradierten den Namen ihres Meisters durch ihre Lebensweise, so daß Epikureer nur noch «genußsüchtiger Mensch» bedeutete, die anderen lehrten getreulich die einfachen Kernsprüche, in die er einst seine Philosophie gedrängt hatte: Man braucht die Götter nicht zu fürchten; den Tod spürt man nicht; das Gute läßt sich erreichen; alle Furcht läßt sich überwinden.

III. DER STOISCHE KOMPROMISS

Da immer mehr Anhänger des Epikuros seine Lehre dahingehend mißverstanden, als ob er das Streben nach persönlicher Lust empfehle, fand das Grundproblem der Ethik – welches Leben ist ein gutes? - keine Lösung, sondern nur eine Neuformulierung: Wie läßt sich der natürliche Epikureismus des einzelnen mit dem notwendigen Stoizismus der Gruppe oder des Volkes in Einklang bringen? Wie kann man die Glieder einer Gesellschaft zu der Selbstbeherrschung und der Selbstaufopferung bewegen, die für das Fortbestehen der Gesamtheit notwendig ist? Die alte Religion konnte diese Funktion nicht mehr erfüllen; der alt gewordene Stadtstaat brachte die Bürger nicht mehr zur Selbstüberwindung. Gebildete Griechen suchten die Antwort nicht mehr bei der Religion, sondern bei der Philosophie. Sie riefen Philosophen herbei, um sich von ihnen in den Krisen des Lebens trösten oder beraten zu lassen; sie verlangten von der Philosophie eine Weltanschauung, die geeignet war, dem Menschenleben im Rahmen der Dingwelt eine ständige Bedeutung und einen Wert zu geben und den Menschen die Furcht vor der Gewißheit des Todes zu nehmen. Der Stoizismus ist die letzte Anstrengung des klassischen Altertums, eine natürliche Ethik zu finden. Zenon unternahm es nochmals, die Aufgabe zu lösen, die Platon zu lösen nicht vermocht hatte.

Zenon stammte aus Kition auf Cypern. Die Stadt war zum kleineren Teile phoinikisch, zum größeren Teile griechisch; Zenon wird häufig als Phoiniker angesprochen, manchmal als Ägypter; er war höchst wahrscheinlich gemischter hellenischer und semitischer Herkunft. Nach der Schilderung des Apollonios von Tyros war er mager, hochgewachsen und dunkel; sein Kopf war auf eine Seite geneigt, seine Beine waren schwach; Aphrodite, deren Hephaistos zwar auch nicht besser war, hätte ihn sicher an Athene abgegeben. Da er nicht auf Vergnügungen aus war, häufte er sich als Kaufmann rasch ein Vermögen an; als er erstmals nach Athen fuhr, soll er über tausend Talente besessen haben. Nach Diogenes von Laerte erlitt er an der attischen Küste Schiffbruch, verlor sein Vermögen und kam um das Jahr 314 fast ohne einen Heller nach Athen. Als er sich einmal am Stand eines Buchhändlers niederließ und Xenophons *Memorabilien* zu lesen begann, wurde er von der Gestalt des Sokrates besonders gefesselt. Er fragte: «Wo kann man heute solche Männer finden?» In diesem Augenblick schritt der kynische Philosoph Krates vorbei. «Folge diesem Mann», riet der Buchhändler. Zenon trat als Dreißigjähriger der Schule des Krates bei und freute sich, die Philosophie entdeckt zu haben: «Das ist doch nun eine glückliche Fahrt gewesen, als ich Schiffbruch litt.»[18] Krates war ein Thebaner, der sein Vermögen von dreihundert Talenten seinen Mitbürgern vermacht und das Leben eines kynischen Bettlers begonnen hatte. Er wandte sich heftig gegen die sexuelle Unbeherrschtheit seiner Zeit und empfahl den Hunger als Heilmittel gegen die Liebe. Seine Schülerin Hipparchia, die reichlich zu essen hatte, verliebte sich in ihn und drohte Selbstmord zu begehen, falls ihre Eltern sie ihm nicht geben wollten. Die Eltern baten Krates, sie davon abzubringen; er versuchte es, indem er sein Bettlergewand ihr zu Füßen legte und sagte: «Das ist mein ganzes Vermögen; überlege dir gut, was du tun willst.» Sie ließ sich nicht entmutigen, verließ das reiche elterliche Haus, legte Bettlerkleidung an und lebte in wilder Ehe mit Krates. Ihre Vereinigung soll in aller Öffentlichkeit stattgefunden haben, aber ihr Leben war ein Vorbild der Zuneigung und der Treue.

Zenon war von der strengen Einfachheit des kynischen Lebens beeindruckt. Die Anhänger des Antisthenes waren nun die Franziskanermönche der Antike geworden; sie legten das Gelübde der Armut und der Enthaltsamkeit ab, schlugen ihr Lager an Orten auf, wo die Natur ihnen Schutz bot, und lebten von den Almosen der Leute, die zu geschäftig waren, um Heilige zu sein. Zenon übernahm von den Kynikern die Umrisse seiner Ethik und verhehlte nie, daß er sie ihnen verdankte. In seinem ersten Buch, dem *Staat*, stand er so sehr unter ihrem Einfluß, daß er sich für einen anarchistischen Kommunismus aussprach, bei dem es kein Geld, keinen Besitz, keine Ehe, keine Religion und keine Gesetze geben sollte. Da er erkannte, daß diese Utopie und die kynische Lebensweise kein praktisch durchführbares Lebensprogramm abgaben, verließ er Krates und studierte eine Zeitlang bei Xenokrates in der Akademie und bei Stilpon von Megara. Er muß Herakleitos gelesen und sich von dessen Gedanken haben beeindrucken lassen, denn er nahm in sein eigenes Denken mehrere Herakleitische Ideen auf: das Göttliche Feuer als Seele des Menschen und des Weltalls, die Ewigkeit des Gesetzes und die stete Wiederkehr von Weltschöpfung und Weltenbrand. Er pflegte aber zu sagen, am meisten schulde er Sokrates als dem Urheber und Ideal der stoischen Philosophie.

Nach vieljähriger bescheidener Lernzeit gründete Zenon schließlich im Jahre 301 seine eigene Schule, indem er, in der *Stoa poikile* auf und ab schreitend, belehrende Reden hielt. Er nahm arm und reich gleicherweise bei sich auf, sah es aber nicht gern, wenn junge Leute an seinen Vorträgen teilnahmen, da nach seiner Ansicht nur das reife Mannesalter genügend Verständigkeit für die Philosophie haben konnte. Als ein Jüngling zu viel sprach, sagte er ihm: «Deswegen haben wir zwei Ohren und einen Mund, damit wir mehr hören und weniger reden.»[19] Antigonos II. besuchte bei seinen Aufenthalten in Athen Zenons Vorträge, wurde sein bewundernder Freund, holte sich seinen Rat ein, verführte ihn kurzweilig zu einem luxuriösen Leben und lud ihn ein, als sein Gast nach Pella zu kommen. Zenon ließ sich entschuldigen und sandte seinen Schüler Persaios. Vierzig Jahre lang* lehrte er in der Stoa und lebte ein Leben, das mit seinen Lehren so sehr übereinstimmte, daß in Griechenland das Sprichwort «Mäßiger als Zenon» entstand. Trotz seiner engen Freundschaft mit Antigonos übertrug ihm die athenische Volksversammlung die «Schlüssel zu den Mauern» und sprach ihm eine Ehrensäule und einen Kranz zu. Die Verordnung lautete:

«Nachdem Zenon, des Mnaseas Sohn aus Kition, seit vielen Jahren als Lehrer der Philosophie in unserer Stadt weilend, sich nicht nur in allen übrigen Stücken durchweg als trefflicher Mann bewährt hat, sondern auch die Jünglinge, die sich zu ihrer Belehrung ihm zuwandten, durch seine Mahnungen unausgesetzt für die Sache der Tugend und Mäßigkeit zu gewinnen suchte, wobei er sein eigenes Leben ihnen als Muster für alles Trefflichste vor Augen stellte als ein Mann, der seine eigenen Lehren treu befolgte, hat das Volk unter günstigen Zeichen es für gut befunden, dem Zenon, des Mnaseas Sohn aus Kition, ein Lob zu erteilen und ihn gesetzesgemäß mit einem goldenen Kranze zu krönen in Anerkennung seiner Tugend und Besonnenheit, ihm zudem auch auf Staatskosten ein Grabdenkmal im Kerameikos zu errichten.»[20]

Nach Diogenes von Laerte erfolgte sein Tod auf folgende Weise: «Beim Heraustreten aus der Schule stolperte er, zerbrach sich die Finger und schlug mit der Hand auf die Erde mit den Worten aus der *Niobe* (des Aischylos): ‚Schon komme ich, was rufst du mich?' Und alsbald starb er, sich erwürgend.»[21]

Sein Werk in der Stoa wurde von zwei asiatischen Griechen, Kleanthes von Assos und Chrysippos von Soloi, fortgesetzt. Kleanthes war ein Faustkämpfer, der mit vier Drachmen nach Athen kam, als gemeiner Arbeiter arbeitete, eine staatliche Unterstützung ablehnte, neunzehn Jahre lang bei Zenon studierte und ein Leben der Arbeitsamkeit und asketischen Armut lebte. Chrysippos war der gelehrteste und fruchtbarste Mann der Schule. Er verlieh der stoischen Lehre ihre geschichtliche Form, indem er sie in 750 Büchern niederlegte, die Dionysios von Halikarnassos als Musterstücke gelehrsamer Langweiligkeit pries. Nach Chrysippos verbreitete sich der Stoizismus über ganz Hellas und fand seine bedeutendsten Vertreter in Asien: in Panaitios von Rhodos, Zenon von Tarsos, Boethos von Sidon und Diogenes von Seleukeia. Von den wenigen Bruchstücken, die aus einer einst umfangreichen Literatur erhalten sind, müssen wir uns ein Bild der weitest verbreiteten und einflußreichsten Philosophie des Altertums zusammenstückeln.

---

* Alle Daten um Zenon sind umstritten; die Quellen widersprechen sich. Zeller nimmt 350 als Geburtsjahr und 260 als Todesjahr an.

Wahrscheinlich war es Chrysippos, der das stoische Lehrgebäude in Logik, Naturwissenschaft und Ethik einteilte. Zenon und seine Nachfolger waren auf ihre Beiträge zu der logischen Theorie sehr stolz, aber die Tintenströme, die sie über diesen Gegenstand fließen ließen, haben keinen bemerkenswerten aufklärenden oder brauchbaren Rückstand hinterlassen*. Die Stoiker waren mit den Epikureern gleicher Meinung darin, daß Wissen nur über die Sinne entstehen kann, und sahen den letzten Wahrheitsbeweis in Wahrnehmungen, die durch ihre Lebhaftigkeit oder ihre Beständigkeit den Geist zur Zustimmung zwingen. Die Erfahrung führt indessen nicht notwendigerweise zu Wissen; denn zwischen Sinnesempfindung und Vernunft schaltet sich das Gefühl oder die Leidenschaft ein, die die Erfahrung verfälschen kann, so wie sie das Begehren ins Lasterhafte abbiegt. Die Vernunft ist die höchste Errungenschaft des Menschen, ein Sproß des *logos spermatikos*, der «zeugungsfähigen Urvernunft», die die Welt schuf und sie beherrscht.

Die Welt besteht wie auch der Mensch ganz und gar aus Materie und ist zugleich von Göttlichem durchdrungen. Alles, was die Sinne uns zutragen, ist stofflich, und nur Stoffliches vermag Handlungen zu bewirken oder zu erleiden. Qualität und Quantität, Tugenden und Leidenschaften, Seele und Körper, Gott und die Sterne, alle sind stoffliche Ausprägungen oder Vorgänge, die im Feinheitsgrad voneinander abweichen, aber dem Wesen nach eins sind. Andererseits ist die ganze Materie dynamisch, voller Spannungen und Energien, die ständig in Auflösung oder Zusammenballung begriffen sind und von einer inneren und ewigen Kraft, der Hitze oder dem Feuer, angetrieben werden. Das Weltall erfährt unzählige Kreisläufe der Ausdehnung und Zusammenziehung, der Entwicklung und Auflösung; in bestimmten Zeitabständen wird es von einem großen Brand verzehrt und nimmt langsam wieder Gestalt an; hierauf durchlebt es erneut, bis in die kleinsten Einzelheiten, genau den gleichen geschichtlichen Ablauf, den es zuvor durchlebte**; denn Ursache und Wirkung bilden eine unzerreißbare, sich endlos wiederholende Kette. Alle Ereignisse und Willensakte sind vorausbestimmt: Es ist genauso unmöglich, daß etwas anderes geschehe als geschieht, als daß aus dem Nichts etwas entsteht; jeder Bruch in der Kette würde die Welt sprengen.

Gott ist in diesem System der Anfang, die Mitte und das Ende. Die Stoiker erkannten die Notwendigkeit der Religion als Grundlage der Moral; sie betrachteten den volkstümlichen Glauben, selbst dessen Dämonen und dessen Wahrsagerei, mit gutmütiger Duldung und fanden allegorische Ausdeutungen, um die Kluft zwischen Aberglaube und Philosophie zu überbrücken. Die chaldäische Astrologie schien ihnen im wesentlichen zutreffend, und sie waren der Überzeugung, daß alles Irdische in einer mystischen und beständigen Übereinstimmung mit den Bewegungen der Sterne stehe – als Teil der universalen *sympatheia*, durch die alles, was irgendeinem Teile geschieht, auch das Ganze berührt. Als ob sie nicht nur eine Ethik, sondern auch eine Theologie für das Christentum begründen wollten, betrachteten sie die Welt, das Gesetz, das Leben,

* Ausgenommen gewisse terminologische Beiträge wie zum Beispiel das Wort Logik selbst. Zenons Schüler Ariston verglich die Logiker mit Austernessern, die sich viel Mühe machen um ein kleines Stückchen Fleisch, das in einer großen Schale verborgen ist.

** Zu unserer Erleichterung vernehmen wir, daß sich in diesem Punkt nicht alle Stoiker ganz sicher fühlten.

die Seele und das Schicksal im Hinblick auf Gott und definierten das sittliche Verhalten als gewollte Unterwerfung unter den göttlichen Willen. Gott ist wie der Mensch lebendige Materie; die Welt ist sein Körper; die Weltordnung und das Weltgesetz sind sein Geist und sein Wille; das Weltall ist ein riesenhafter Organismus, in dem Gott die Seele, der belebende Hauch, die befruchtende Vernunft, das bewegende Feuer ist. Manchmal ist Gott für die Stoiker etwas Unpersönliches; öfter stellen sie ihn als eine Vorsehung dar, die den Kosmos mit ihrer unendlichen Verstandeskraft formt und leitet, alle Teile zu vernünftigen Zwecken anordnet und alles zum Nutzen tugendhafter Menschen ausschlagen läßt. Kleanthes identifiziert diese Vorsehung mit Zeus in einer monotheistischen Hymne, die eines Echnaton oder eines Jesaja würdig wäre:

Du, der Unsterblichen Höchster, du Vielbenamter, der ewig
Nach Gesetzen beherrscht die Natur, ihr mächtiger Führer,
Sei mir gegrüßt, o Zeus: denn alle Sterblichen dürfen
Dich anreden, o Vater, da wir ja deines Geschlechts sind,
Nachhall deiner Stimme, was irgend auf Erde nur lebet.
Also will ich dich preisen und ewig rühmen die Herrschaft
Deiner Macht, der, rings um die Erde, die Kreise der Welten
Willig folgen, wohin du sie lenkst, und dienen dir willig.
Denn du fassest in deine nie zu bezwingende Rechte
Deinen Boten, den flammenden, zweigezackten, den ewig-
Lebenden Blitz: es erbebet die Welt dem schmetternden Schlage.
Also lenkst du den Geist der Natur, der, dem Großen und Kleinen
Eingepflanzet, sich mischt in alle Wesen und Körper.
Höchster König des Alls, ohn' den auf Erden, im Meere,
Nichts geschiehet, noch am ätherischen, himmlischen Pole;
Außer was sinnenberaubt der Frevler Böses beginnet.
Aber du weißt auch da das Wilde zu fügen in Ordnung,
Machst aus der Unform Form und gesellst Unfreundliches freundlich.
Also stimmtest du Alles zu Einem, das Böse zum Guten,
Daß in der weiten Natur *ein* ewigherrschend Gesetz sei,
Eins, dem unter den Sterblichen nur der Frevler entfliehn will.
Ach des Toren! der immer Besitz des Guten begehret
Und verkennet des Herrn der Natur allwaltende Richtschnur,
Will nicht hören, was, wenn er gehorcht', ihm glückliches Leben
Und Verstand gewährte. Nun stürmen sie alle dem Guten
Grade vorbei, hieher, dorthin. Der kämpfet um Ehre
Fährlichen Kampf; der läuft nach Gewinn mit niedriger Habsucht;
Jener buhlet um Ruh' und um süße Werke der Wollust,
Alle mit Eifer bemüht, dem nichtigen Wunsch zu begegnen.
Aber, o Zeus, du Wolkenumhüllter, der Blitze Gebieter,
Du, der du alles gibst, befreie die Menschen vom schweren
Unsinn, nimm die Wolke von ihren Seelen, o Vater,
Daß sie die Regel ergreifen, nach der du billig und sicher
Alles regierst; damit wir, denen du Ehre gegönnt hast,
Wieder dich ehren und dich in deinen Taten besingen,
Wie's dem Sterblichen ziemt: denn weder Menschen noch Göttern
Bleibt ein höheres Los, als ewig und ewig des Weltalls
Herrschende Regel gerecht in Wort und Werken zu preisen.[22]

Der Mensch verhält sich zum Weltall wie der Mikrokosmos zum Makrokosmos. Auch er ist ein Organismus mit einem stofflichen Körper und einer stofflichen Seele; denn alles, was den Körper bewegt oder beeinflußt oder vom Körper bewegt oder beeinflußt wird, ist naturnotwendigerweise körperhaft. Die Seele ist ein feuriger Hauch, ein den ganzen Körper durchdringendes *pneuma*, gerade wie die Weltseele die ganze Welt durchdringt. Beim Tod überlebt die Seele den Körper, jedoch nur als unpersönliche Kraft. Im Weltenbrand wird die Seele, wie Atman in Brahman, in das Kraftmeer eingehen, welches Gott ist.

Da der Mensch ein Teil Gottes oder der Natur ist, läßt sich das Problem der Ethik leicht lösen: Das Gute ist das Zusammenwirken mit Gott oder der Natur oder dem Weltgesetz. Es ist nicht das Luststreben oder der Genuß, denn ein solches Streben ordnet die Vernunft unter die Leidenschaft, schadet oft Leib und Seele und führt letzten Endes selten zur Befriedigung. Die Glückseligkeit läßt sich nur durch vernunftige Anpassung unserer Ziele und unseres Verhaltens an die Zwecke und die Gesetze des Alls erreichen. Das Gute des Einzelwesens steht zum Guten des Kosmos nicht im Widerspruch, denn das Gesetz des Wohlseins des Einzelwesens ist identisch mit dem Naturgesetz. Wenn dem Guten etwas Böses zustößt, so nur zeitweilig; wenn wir das Ganze durchschauen könnten, so würden wir hinter jedem Übel, das in seinen Teilen erscheint, das Gute sehen können*. Der Weise wird nur so viel Naturwissenschaft betreiben, bis er das Naturgesetz erkennt, und dann sein Leben diesem Gesetz anpassen. *Zen kata physin*, «der Natur gemäß leben»: das ist Zweck und einzige Daseinsberechtigung der Wissenschaft und der Philosophie. Kleanthes unterwirft seinen Willen dem Willen Gottes fast in den Worten Newmans:

> Zeus, führe mich, mein Schicksal, führe mich
> zu meinem Ziel, wie ihr es mir bestimmtet.
> Ich folge willig. Sträubt' ich mich, so wär' es
> Feigheit und Sünde – und folgen müßt' ich doch. [23]

Der Stoiker wird darum den Luxus und die Verwicklung, den wirtschaftlichen oder politischen Kampf meiden; er wird sich mit wenigem begnügen und ohne Klagen die Schwierigkeiten und Enttäuschungen des Lebens hinnehmen. Er wird außer der Tugend und dem Laster allem gegenüber gleichgültig sein: gegenüber Krankheit und Schmerz, gutem oder schlechtem Ruf, Freiheit oder Sklaverei, Leben oder Tod. Er wird alle Gefühle unterdrücken, die der Natur zuwiderlaufen oder die Weisheit der Natur in Zweifel setzen könnten: Wenn sein Sohn stirbt, wird er nicht trauern, sondern den Spruch des Schicksals als das auf verborgene Weise Beste hinnehmen. Er wird eine so vollständige *apatheia*, Leidenschaftslosigkeit, anstreben, daß sein Seelenfrieden gegen alle Angriffe und Wechselfälle des äußeren Lebens, des Mitleides oder der Liebe gesichert ist**. Er wird ein strenger Lehrer und ein unerbittlicher Verwalter sein. Der

---

* Nach Chrysippos sind Kriege gut zur Regelung der Übervölkerung, und Wanzen leisten uns den Dienst, uns vor zu langem Schlafen zu bewahren.

** Chrysippos schlug vor, die Sorge um verstorbene Verwandte auf das einfachste und ruhigste Begräbnis zu beschränken; nach seiner Meinung wäre es noch besser, ihr Fleisch als Nahrung zu verwenden.

Determinismus berechtigt nicht zur Nachsichtigkeit; wir müssen uns selbst und andere für jede Tat für moralisch verantwortlich halten. Einen beim Diebstahl ertappten Sklaven züchtigte Zenon mit Geißelhieben, und als dieser, der ein paar gelehrte Brokken geschluckt hatte, ausrief: «Es war vom Schicksal so bestimmt, ich mußte stehlen!», entgegnete er: «Und ich dich auspeitschen.»[24] Der Stoiker betrachtet die Tugend als ihren eigenen Lohn und als eine unbedingte Pflicht, einen kategorischen Imperativ, der von der Teilhaberschaft am Göttlichen abzuleiten ist; er tröstet sich im Unglück damit, daß er durch die Befolgung des göttlichen Gesetzes ein Gottmensch wird. Wenn er des Lebens überdrüssig ist und es verlassen kann, ohne anderen weh zu tun, hat er keine Bedenken gegen den Selbstmord. Als Kleanthes sein siebzigstes Lebensjahr erreichte, unternahm er ein langes Fasten; hierauf stellte er fest, er wolle nicht mehr auf halbem Wege umkehren, und fastete weiter, bis er verschied.

Der Stoiker ist aber nicht unsozial, nicht so stolz auf seine Armut wie der Kyniker, nicht so versessen auf Einsamkeit wie der Epikureer. Er sieht Ehe und Familie als notwendig an, wenn er auch die romantische Liebe keineswegs schätzt; er träumt von einem Idealland, in dem alle Frauen Gemeinbesitz sein werden. Er fügt sich dem Staat, selbst der Monarchie. Dem Stadtstaat schenkt er kein freundliches Gedenken, er betrachtet den Durchschnittsmenschen als einen gefährlichen Einfaltspinsel; er zieht die Antigoniden dem König Masse vor. Eigentlich hat er überhaupt für keine Regierungsform viel übrig; er möchte, daß alle Menschen Philosophen würden und solcherart die Gesetze sich erübrigten. Vollkommenheit findet er nicht wie Platon und Aristoteles in einer guten Gesellschaft, sondern beim guten Menschen. Er nimmt wohl am politischen Leben teil und wird jede auch noch so bescheidene Bewegung in Richtung auf menschliche Freiheit und Menschenwürde unterstützen; er wird aber seine Glückseligkeit nicht an eine Stellung oder an die Macht fesseln. Er gibt wohl sein Leben für das Vaterland, aber er wird jeden Patriotismus verwerfen, der seine Treue gegenüber der ganzen Menschheit behindert; er ist Weltbürger. Zenon, in dessen Adern, wie wir gesehen haben, wahrscheinlich zugleich griechisches und semitisches Blut floß, sehnte sich wie Alexander danach, die rassischen und nationalen Schranken niederzureißen, und sein Internationalismus spiegelt Alexanders zeitweilige Einigung des östlichen Mittelmeerraumes wider. Zenon und Chrysippos hegten die Hoffnung, alle diese sich bekriegenden Staaten und Klassen würden letztlich in einer weiten Gesellschaft aufgehen, bei der es keine Nationen, keine Klassen, keine Reichen und keine Armen, keine Herren und keine Sklaven gebe; bei der die Philosophen ohne Unterdrückung herrschten und alle Menschen als Kinder des einen Gottes Brüder wären.

Der Stoizismus war eine edle Weltanschauung und erwies sich als im praktischen Leben durchführbarer, als manche modernen Zyniker erwarten würden. Er vereinigte alle Elemente des griechischen Denkens bei der letzten Anstrengung des heidnischen Geistes, ein Moralsystem zu schaffen, das für die Volksschichten, die den alten Glauben aufgegeben hatten, annehmbar war; und obgleich er naturgemäß nur eine kleine Minderheit für seine Sache gewann, so waren diese wenigen überall die Besten. Wie seine christlichen Gegenstücke, Kalvinismus und Puritanismus, erzeugte er die stärksten Charaktere seiner Zeit. Theoretisch war er eine ungeheuerliche Lehre von einer abgesonderten und unbarmherzigen Vollkommenheit. In der Praxis brachte er Männer von dem Mut, der Frömmigkeit und dem guten Willen eines jüngeren Cato, eines Epiktetos und eines Marcus Aurelius hervor. Er beeinflußte die römische Rechtsprechung, indem er ein Völkerrecht für Nichtrömer schuf, und er wirkte mit, die alte Gesellschaft zusammenzuhalten, bis ein neuer Glaube kam. Die Stoiker unterstützten den Aberglauben und waren von verderblicher Wirkung auf die Wissenschaft; sie erkannten aber deutlich das Grundproblem ihrer Zeit – den Zusammenbruch der religiösen Grundlage der Sittlichkeit –, und sie unternahmen einen ehrlichen Versuch, die Kluft zwischen Religion und Philosophie zu überbrücken. Epikuros gewann die Griechen für sich, Zenon die Aristokratie Roms; und bis an das Ende der Geschichte des Heidentums beherrschten die Stoiker die Epikureer, wie das immer der Fall sein wird. Als aus dem geistigen und moralischen Chaos der absterbenden hellenistischen Welt ein neuer Glaube Gestalt annahm, war der Weg durch eine Philosophie vorbereitet, die die Notwendigkeit eines Glaubens erkannte, eine asketische Lehre der Einfachheit und Selbstbeherrschung predigte und alle Dinge im Lichte Gottes sah.

IV. DIE RÜCKKEHR ZUR RELIGION

Der Kampf zwischen Religion und Philosophie hatte nun drei Stufen durchgemacht: den Angriff auf die Religion bei den Vorsokratikern, das Bemühen bei Aristoteles und Epikuros, die Religion durch eine natürliche Ethik zu ersetzen, und die Rückkehr zur Religion bei den Skeptikern und den Stoikern, eine Bewegung, die im Neuplatonismus und im Christentum gipfelte. Die gleiche Abfolge hatte sich mehr als einmal im Laufe der Geschichte gezeigt und findet vielleicht auch heute statt. Thales entspricht Galileo, Demokritos Hobbes, die Sophisten den Enzyklopädisten, Protagoras Voltaire; Aristoteles Spencer, Epikuros Anatole France; Pyrrhon entspricht Pascal, Arkesilaos Hume, Karneades Kant, Zenon Schopenhauer, Plotinos Bergson. Die zeitliche Abfolge folgt der Analogie nicht ganz, aber die entwicklungsgeschichtliche Grundlinie ist die gleiche.

Das Zeitalter der großen Systeme ließ Zweifel an der Fähigkeit der Vernunft hochkommen, entweder die Welt zu verstehen oder die menschlichen Triebe zu Ordnung und Zivilisation zu führen. Die Skeptiker waren nicht im Sinne Humes, sondern im Sinne Kants skeptisch: Sie bezweifelten die Philosophie ebensosehr wie das Dogma, unterminierten die Grundmauern des Materialismus und empfahlen die stillschweigende Hinnahme der altüberlieferten Kulte; bei Pyrrhon führte wie bei Pascal der Skeptizismus nicht von der Religion weg, sondern auf sie zu, und Pyrrhon selbst endete als verehrter Hoherpriester seiner Stadt. Die Tatsache, daß die Epikureer die Politik zugunsten der Ethik aufgaben und sich vom Staate weg in die Seele flüchteten, konnte nur einen Wendepunkt des Pendels darstellen, und die Konzentration auf die Erlösung des einzelnen bereitete einer Religion den Weg vor, die sich an den einzelnen und nicht an den Staat wenden sollte. Es gab viele, die im Leben nicht die Tröstungen finden konnten, die Epikuros zufriedengestellt hatten; Armut, Unglück, Krankheit, schmerzliche Verluste, Revolutionen oder Krieg kamen über sie, und alle Ratschläge des Weisen berührten ihre Seele nicht. Hegesias von Kyrene kam zu dem Schlusse, daß das Leben mehr Leid als Lust enthalte, mehr Kummer als Freude, und daß die einzige logische Folgerung einer naturalistischen Philosophie der Selbstmord sei. Er brachte seine Meinung mit solcher Beredsamkeit vor, daß eine Selbstmordwelle Alexandreia heimsuchte und Ptolemaios II. ihn aus Ägypten verbannen mußte. Die Philosophie gab wie eine verlorene Tochter nach fröhlichen Abenteuern und finsteren Enttäuschungen die Wahrheitssuche und das Luststreben auf, kehrte reumütig zu ihrer Mutter, der Religion, zurück und suchte wiederum im Glauben die Grundlagen der Hoffnung und die Verankerung der Nächstenliebe.

Der Stoizismus wollte gleichzeitig für die Gebildeten eine natürliche Ethik aufbauen und für den gewöhnlichen Mann als Stütze der Moral die alten übernatürlichen Hilfen bewahren und gab seinem eigenen metaphysischen und ethischen Denken im Laufe der Zeit eine immer religiösere Färbung. Zenon leugnete die Existenz der Volksgötter; aber ein Menschenalter später wollte Kleanthes Aristarchos wegen Ketzerei verfolgen lassen. Zenons Lehre bot keine persönliche Unsterblichkeit; doch Seneca sprach von der himmlischen Seligkeit in einer Weise, die stark an die Eleusinischen Mysterien und das christliche Glaubensbekenntnis erinnert. Nach Zenon bildete der Stoizismus eher eine Theologie als eine Philosophie, und fast jeder Satz nahm theologische Form an. Das System bestand großenteils aus Erörterungen über die Existenz und das Wesen Gottes, die Emanation der Welt aus Gott, die Wirklichkeit der Vorsehung, die Übereinstimmung von Tugend und göttlichem Willen, die Brüderlichkeit aller Menschen unter der Vaterschaft Gottes und die schließliche Rückkehr der Welt zu Gott. In dieser Philosophie finden wir das Sündenbewußtsein, das im Urchristentum und im Protestantismus eine so wichtige Rolle spielen sollte, den umfassenden Charakter, der wie bei den neuen Religionen alle Rassen und Stände willkommen hieß, und eine ehefeindliche Neigung zur Askese, die von den Kynikern herkam und in einer langen Reihe christlicher Mönche gipfelte. Von Zenon von Tarsos zu Paulus von Tarsos war nur noch ein Schritt, und dieser Schritt sollte auf der Straße nach Damaskus getan werden.

Viele Bestandteile des stoischen Glaubensbekenntnisses waren der Herkunft nach asiatisch, einige spezifisch semitisch. Im wesentlichen war der Stoizismus eine grundlegende Stufe des Triumphs des Orients über die hellenische Kultur. Griechenland hatte aufgehört, Griechenland zu sein, noch bevor es von den Römern erobert wurde.

Dornauszieher (Bronze, Mitte des 1. Jh. v. Chr.; Palazzo dei Conservatori e Museo Nuovo, Rom).

ACHTES KAPITEL

Das Erscheinen Roms

I. PYRRHOS

Wo gibt es einen so niedrig denkenden und gleichgültigen Menschen, der nicht zu wissen wünschte, wie und durch welche Mittel der Staatskunst beinahe die ganze bewohnte Welt in nicht ganz dreiundfünfzig Jahren bewältigt und unter die einzige Herrschaft der Römer gebracht worden ist? Ein Fall, der früher niemals sich ereignet hat! Oder wer hinwiederum ist für ein anderes Schauspiel oder eine andere Wissenschaft so eingenommen, daß er irgend etwas höher achtete als diese Kenntnis?» möchte Polybios wissen[1]. Es ist eine gerechtfertigte Frage, die uns noch beschäftigen wird; es hat aber seit Polybios so viele Eroberungen gegeben, daß wir nicht lange bei einer jeden verweilen können. Wir haben zu zeigen versucht, daß der Hauptgrund der Eroberung Griechenlands durch Rom der innere Zerfall der griechischen Kultur war. Keine große Nation wird je überwältigt, ehe sie sich selbst zerstört hat. Entwaldung und ungebührliche Ausnutzung des Bodens, das Versiegen der Edelmetalle, die Verlegung der Handelswege, die Störung des Wirtschaftslebens durch politische Wirren, die Verderbnis der Demokratie und die Entartung der Dynastien, der Verfall der Moral und des Nationalgefühls, der Rückgang oder die Verelendung der Bevölkerung, der Ersatz der Bürgerheere durch Söldnertruppen, der Verlust an Mensch und Material bei den brudermörderischen Kriegen, die Vernichtung der Fähigen durch verderbliche Revolutionen und Gegenrevolutionen – das alles hatte die Hilfsquellen von Hellas versiegen lassen, und zwar gerade zu der Zeit, da der kleine Staat am Tiber unter der Herrschaft einer weitsichtigen und rücksichtslosen Aristokratie eisenharte Legionen von Grundbesitzern ausbildete, seine Nachbarn und Konkurrenten überwältigte, die Nahrungsmittel und Rohstoffe des westlichen Mittelmeerraumes in seine Gewalt brachte und Jahr um Jahr näher an die griechischen Siedlungen in Italien heranrückte. Diese altehrwürdigen Gemeinden, die einst auf ihren Reichtum, ihre Weisheit und ihre Künste stolz gewesen waren, waren durch Krieg, die Verwüstungen Dionysios' I. und das Anwachsen Roms als konkurrierendes Handelszentrum verarmt. Die Eingeborenenstämme, die ein Jahrhundert zuvor von den Griechen versklavt oder in das Hinterland vertrieben worden waren, wuchsen und vermehrten sich, während ihre Herren durch Kindsaussetzung und Abtreibung die Bequemlichkeit pflegten. Bald machten die Einheimischen ihnen die Herrschaft über Süditalien streitig. Die griechischen Städte wandten sich um Hilfe an Rom, erhielten die Hilfe und wurden geschluckt.

Taras, das vor dem Anwachsen Roms Angst bekam, rief den strahlenden jungen König von Epeiros zu Hilfe. In diesem malerischen Gebirgsland, das uns als Südalbanien bekannt ist, hatte

Krater (Mischkrug) mit Deckel aus Centuripe mit Darstellung einer sitzenden Frau und zweier Dienerinnen, vermutlich zur Ehrung einer Verstorbenen (1. Jh. v. Chr.; Universität, Catania).

die griechische Kultur Fuß gefaßt, seitdem die Dorier in Dodone einen Zeustempel erbaut hatten*. Im Jahre 295 wurde Pyrrhos, der seinen Stammbaum auf Achilleus zurückführte, König der Molosser, dem beherrschenden epeirotischen Stamme. Er war wohlgestaltet und tapfer, ein despotischer, aber beliebter Herrscher. Seine Untertanen glaubten, er könne die Melancholie heilen, indem er seinen rechten Fuß auf ihren Rücken setze; und niemand war zu arm, als daß er ihm seine Hilfe verweigert hätte. Als die Tarantiner ihn um Hilfe anriefen, sah er eine verlockende Gelegenheit gekommen: Er wollte Rom, die Gefahr im Westen, besiegen, so wie Alexander Persien, die Gefahr im Osten, besiegt hatte, und die Echtheit seiner Abstammung beweisen, indem er seinen Mut bewies. Im Jahre 281 setzte er mit 25000 Fußsoldaten, dreitausend Berittenen und zwanzig Elefanten über das Ionische (Adriatische) Meer über; die Griechen hatten die Elefanten zugleich mit dem Mystizismus von Indien übernommen. Er stieß bei Herakleia auf die Römer und errang einen «Pyrrhossieg»: Seine Verluste waren so groß und seine Hilfsquellen an Menschen und Material so klein, daß er auf den Glückwunsch eines Adjutanten hin einen historischen Satz aussprach, indem er antwortete, ein zweiter solcher Sieg würde ihm das Verderben bringen. Die Römer sandten Gaius Fabricius, um mit ihm wegen des Austauschs von Gefangenen zu verhandeln. Plutarch berichtet:

«Bei der Tafel unterhielt man sich über die verschiedensten Dinge, schließlich auch über Griechenland und seine Philosophen. Dabei erwähnte Kineas (der epeirotische Diplomat) auch Epikur und sprach von der Lehre der Epikureer über die Götter, den Staat und das Lebensziel der Menschen. Dieses Ziel sähen sie in der Lust, eine Mitarbeit am Staat aber lehnten sie ab, weil sie das Glück des Menschen beeinträchtige, wenn nicht zerstöre; das Göttliche endlich dächten sie sich fern von Liebe und Haß, fern von der Sorge um uns Menschen, so genösse der Gott der Epikureer ein untätiges Leben, voll behaglicher Freuden. Da fiel ihm Fabricius ins Wort und rief: ‚Beim Herkules, wollten doch Pyrrhos und die Samniter, solange sie mit uns Krieg führen, nach den Grundsätzen dieser Philosophie leben!'»[2]

Von den Römern beeindruckt und ohne Hoffnung auf angemessene Hilfe von seiten der italienischen Griechen, schickte Pyrrhos Kineas nach Rom, um Friedensverhandlungen anzuknüpfen. Der Senat wollte gerade auf das Angebot eingehen, als sich Appius Claudius, blind und auf dem Sterbelager, in den Senat tragen ließ und dort gegen den Friedensschluß mit einer fremden Armee auf italienischem Boden Einspruch erhob. In seinen Friedenshoffnungen getäuscht, kämpfte Pyrrhos wieder, errang von neuem einen selbstmörderischen Sieg bei Asculum und setzte dann, an der Möglichkeit eines erfolgreichen Unternehmens gegen Rom zweifelnd, nach Sizilien über, um den großmütigen Entschluß, die Insel von den Karthagern zu befreien, in die Tat umzusetzen. Dort trieb er mit unermüdlichem Heldentum die Karthager zurück; ob aber die sizilischen Griechen zu ängstlich waren, um sich ihm anzuschließen, oder ob er ebenso willkürlich mit ihnen umsprang wie irgendein Tyrann, jedenfalls erhielt er von ihnen so wenig Unterstützung, daß er nach einem dreijährigen Feldzug die Insel aufgeben mußte. Er verließ Sizilien mit der prophetischen Bemerkung: «Was für ein Schlachtfeld für Karthago und Rom lasse ich da zurück!» Nach der Landung seiner geschwächten Truppen in Italien wurde er bei Beneventum besiegt (275); dort bewiesen zum erstenmal die leichtbewaffneten und beweglichen Kohorten ihre Überlegenheit über die schwerfälligen Phalangen – womit sie ein neues Kapitel der Kriegsgeschichte schrieben. Pyrrhos kehrte nach Epeiros zurück. Der philosophische Plutarch bemerkt dazu:

«So waren Pyrrhos' Hoffnungen auf Italien und Sizilien zerbrochen. Sechs Jahre hatte er sich dort in den Kriegen herumgeschlagen und seine eigene Macht geopfert; aber seinen Mut hatte er sich in den Niederlagen unbesiegt bewahrt. Seine Kriegserfahrung, seine persönliche Tapferkeit und Kühnheit stellten ihn weit vor alle Könige seiner Zeit; doch was er durch seine Taten

* Italienische Archäologen gruben im Jahre 1929 bei Butrinto (dem antiken Buthroton) zahlreiche architektonische und bildhauerische Überreste der griechischen und römischen Kultur aus, darunter ein griechisches Theater aus dem dritten vorchristlichen Jahrhundert.

sich erworben, verlor er, weil er eitlen Hoffnungen nachjagte. Gierig nach dem, was er nicht besaß, brachte er nichts von dem, was er besaß, in Sicherheit.»[3]

Pyrrhos zog auf neue Kriegszüge aus und fand den Tod durch einen Ziegel, den eine alte Frau in Argos auf ihn warf. Im selben Jahr (272) unterwarf sich Rom Taras.

Acht Jahre später begann Rom seinen jahrhundertelangen Kampf gegen Karthago um die Herrschaft im westlichen Mittelmeer. Nach einem Menschenalter des Kämpfens trat Karthago an Rom Sardinien, Korsika und den karthagischen Teil Siziliens ab. Im Zweiten Punischen Krieg beging Syrakus den Fehler, sich auf die Seite Karthagos zu stellen, worauf Marcellus es aushungerte und zur Übergabe zwang. Die Sieger plünderten die Stadt so gründlich aus, daß sie sich niemals mehr erholte. Livius berichtet: «Marcellus ließ die Zierden dieser Stadt, die Statuen und Gemälde, woran Syrakus einen Überfluß hatte, nach Rom abführen.»[4] Um das Jahr 210 war ganz Sizilien Rom zur Beute geworden. Die Insel wurde in eine Kornkammer für Italien umgewandelt und fiel in eine Ackerbauwirtschaft zurück, bei der fast die gesamte Arbeit von hoffnungslosen Sklaven verrichtet wurde. Das Gewerbe fand keinen Absatz mehr, der Handel schrumpfte, der Reichtum wanderte nach Rom ab, und die freie Bevölkerung welkte dahin. Sizilien verschwand auf ein Jahrtausend aus der Geschichte.

II. ROM DER BEFREIER

Bei jedem Schritt unterstützten die Feinde Roms durch ihre Fehler dessen Ausbreitung. Im Jahre 230 wurden zwei Römer nach Scodra, der Hauptstadt Illyriens (Nordalbaniens), geschickt, um gegen die Angriffe illyrischer Seeräuber auf die römische Schifffahrt Einspruch zu erheben. Die Königin Teuta, die an der Beute teilhatte, entgegnete, die Könige seien «durch kein Gesetz verpflichtet, die Illyrer zu hindern, daß sie Beute auf dem Meere machen»[5]. Als einer der Gesandten Drohungen vorbrachte, ließ Teuta ihn erschlagen. Über einen so billigen Vorwand zur Einverleibung der dalmatinischen Küste erfreut, sandte Rom eine Heeresabteilung aus, die Illyrien 229 v. Chr. fast mit der gleichen Leichtigkeit zum römischen Protektorat machte, wie das 1939 n. Chr. geschah. Kerkyra (Korfu), Epidamnos (Durazzo) und andere griechische Siedlungen wurden römische Kolonien. Da auch der griechische Handel unter der illyrischen Seeräuberei zu leiden hatte, begrüßten Athen, Korinth und die beiden Bünde Rom als Befreier; sie nahmen seine Gesandten auf und ließen Römer an den Eleusinischen Mysterien und an den Isthmischen Spielen teilnehmen.

Im Jahre 216 vernichtete Hannibal das römische Heer bei Cannae und drang bis vor die Tore Roms vor. Während Rom der größten Krise in der Geschichte seiner Republik gegenüberstand, unterzeichnete Philippos V., der König von Makedonien, einen Vertrag mit Hannibal und bereitete sich auf die Invasion Italiens vor (214). In der Konferenz von Naupaktos (213) rief der aitolische Delegierte Agelaos alle Griechen zur Einigkeit in diesem Ersten Makedonischen Krieg gegen die aufstrebende Macht im Westen auf:

«Die Hellenen sollten vor allem sich hüten, einander jemals zu bekriegen, sondern sollten den Göttern großen Dank wissen, wenn sie alle einträchtig gesinnt und einander die Hände reichend, wie diejenigen, welche über Flüsse setzen, die Einfälle der Barbaren abtreiben und gemeinsam sich selbst und ihre Städte beschützen könnten. Wenn solches indessen nicht unbedingt möglich sei, so sollten sie wenigstens jetzt sich verständigen und auf ihrer Hut sein, im Angesicht der gewaltigen Heere und des großen, in den Abendländern entbrannten Kriegs. Denn jedem, der auch nur wenig um die Angelegenheiten der Staaten sich bekümmere, müsse es jetzt schon klar sein, daß, im Falle die Karthager über die Römer oder diese über jene die Oberhand im Kriege gewännen, in keinem Falle zu erwarten sei, daß die Sieger mit der Herrschaft über die Italioten und Sikelioten sich begnügen, sondern daß sie mit ihren Plänen und Streitkräften die Schranken, in denen sie sich halten sollten, alsbald überschreiten würden. Darum ermahnte er alle, und vornehmlich den Philippos, zur Vorsicht gegenüber der Gefahr. Die rechte Vorsicht aber sei, wenn er, statt die Hellenen aufzureiben und für ihre Angreifer zu einer leichten Beute zu machen, im Gegenteil, als hätte er Sorge für seine eigene Person zu tragen, auch insgemein alle Länder von Hellas, wie wenn sie ihm eigentümlich gehörten, zu beschützen suche.»[6]

Philippos schenkte ihm höfliches Gehör und wurde auf kurze Zeit zum Idol Griechenlands. Wenn wir dem allzu patriotischen Livius Glauben schenken dürfen, sah aber sein Vertrag mit Hannibal vor, daß Karthago im Falle des Sieges als Gegengabe für den Angriff Philipps auf Italien diesem bei der Unterwerfung des ganzen griechischen Festlandes unter die makedonische Herrschaft helfen sollte. Vielleicht weil der Wortlaut einer solchen Übereinkunft den griechischen Staaten zu Gehör kam, gingen die meisten (einschließlich des Aitolischen Bundes des Agelaos) einen Pakt mit Rom gegen Makedonien ein und setzten Philippos so zu, daß er seinen Einbruch in Italien auf unbestimmte Zeit aufschob. Im Jahre 205 unterzeichnete Rom einen Vertrag mit Philippos, so daß es seine gesamte Aufmerksamkeit Hannibal zuwenden konnte, und drei Jahre später überwältigte Scipio Africanus der Ältere die Karthager bei Zama. Als sich das letzte große Jahrhundert der griechischen Kultur dem Ende zuneigte, riefen Ägypten, Rhodos und Pergamon Rom um Hilfe gegen Philippos an. Rom antwortete mit der Aufforderung zum Zweiten Makedonischen Krieg. Philippos, der nun fast ganz Griechenland und Rom zugleich gegenüberstand, kämpfte mit der Wildheit eines gestellten Raubtieres. Er bediente sich jeder Verräterei, eignete sich alles an, was ihm brauchbar schien, und behandelte die Kriegsgefangenen mit solcher Grausamkeit, daß jeder Bürger von Abydos zuerst Weib und Kind und dann sich selbst tötete, als die Stadt sich nicht mehr halten konnte. Im Jahre 197 schlug Titus Quinctius Flamininus, ein Patrizier der Gattung, die Polybios so sehr für Rom einnahm, bei Kynos Kephalai Philippos so entscheidend, daß auf einmal ganz Makedonien – damit sogar ganz Griechenland – Rom auf Gnade und Ungnade ausgeliefert war. Sehr zum Ärger der Aitolier (die behaupteten, sie hätten die Schlacht gewonnen) beließ Flamininus den genügend geschwächten Philippos nach Zahlung einiger Reparationen und Abtretung einer Schiffsladung mit Beutesachen auf dem Thron mit der Begründung, daß Makedonien als Bollwerk gegen die Barbaren im Norden notwendig sei.

Der römische Feldherr hatte in Taras Griechisch gelernt und war dem Zauber der griechischen Literatur, Philosophie und Kunst verfallen. Es war offensichtlich sein fester Entschluß, die griechischen Stadtstaaten von der makedonischen Herrschaft zu befreien und ihnen jede Möglichkeit zu gewähren, in Freiheit und Frieden zu leben. Nachdem er mit einiger Mühe die römischen Bevollmächtigten überzeugt hatte, er verfolge damit eine weise Politik, begab er sich zu den Isthmischen Spielen in Korinth (196), wo alle Griechen von Bedeutung sich versammelt hatten (nach Polybios war das Gerücht von Ohr zu Ohr gegangen, was die Römer zu tun beabsichtigten), und ließ durch einen Herold verkünden: «Der Senat von Rom und Titus Quinctius, der Proconsul, verfügen nach dem Siege über König Philippos und die Makedonen: Folgende Völker sollen frei sein, keine Garnisonen und Tribute zu tragen haben und sich nach eigenen Gesetzen selbst regieren: die Korinthier, Phoker, Lokrer, Euboier, Phthiotischen Achaier, Magnesier, Thessalier und Perrhaiber», das heißt also alle Festlandgriechen, die nicht schon frei waren. Der größere Teil der Versammlung war unfähig, an eine solche unerhört großmütige Tat zu glauben, und rief nach Wiederholung. Als der Herold die Verfügung nochmals vorlas, erhob sich nach Polybios «ein so gewaltiges Jubelgeschrei, daß man es sich gar nicht vorstellen kann, wenn man nicht selbst dabei gewesen ist»[7]. Viele bezweifelten, daß die Verfügung ernst gemeint sei, und suchten nach einer Finte; aber am selben Tage noch begann Flamininus die römischen Truppen aus Korinth zurückzuziehen, und 194 war sein ganzes Heer in Italien zurück. Griechenland bejubelte ihn als «Retter und Befreier» und trat glückselig in die letzten Tage seiner Freiheit ein.

III. ROM DER EROBERER

Die Aitolier gaben sich mit diesen Anordnungen nicht recht zufrieden. Einige der von den Römern befreiten Städte waren einst unter aitolischer Herrschaft gestanden und jetzt nicht wieder dem Bund zurückgegeben worden. Der Zweite Makedonische Krieg war kaum vorbei, als die Aitolier Antiochos III. aufforderten, Griechenland von Rom zu befreien. Pergamon und Lampsakos waren in Bedrängnis zwischen den ruhelosen Galatern im Norden und der sich ausbreitenden Seleukidenmacht im Süden und wandten sich an Rom um Hilfe gegen Antiochos. Der Senat sandte seinen fähigsten Feldherrn, Publius Cornelius Scipio Africanus, den Sieger von Zama. Mit wenigen Legionen und den Truppen des Königs Eumenes II. besiegten die römischen Feldherren Antiochos bei Magnesia und trieben hierauf die Galater nach Norden zurück. Die Römer dehnten ihre Schutzherrschaft fast über die gesamte asiatische Mittelmeerküste aus und kehrten nach Italien zurück. Eumenes war dankerfüllt, aber das griechische Festland betrachtete ihn als Verräter an Hellas, weil er die barbarischen Römer gegen seine griechischen Volksgenossen zu Hilfe gerufen hatte.

Denn das wankelmütige Griechenland bedauerte bereits, daß es jemals die Gunst seines rauhen Befreiers aus dem Westen angenommen hatte. Man stellte fest, daß zwar Flamininus und seine Nachfolger Griechenland die Freiheit gegeben, als Gegenleistung aber aus jeder Stadt, die auf Seite des Philippos oder Antiochos oder der Aitolier gestanden hatte, eine so gewaltige Beute fortgeschleppt hatten, daß es Griechenland vor einer nochmaligen solchen «Befreiung» bangte. Drei Tage lang wurden im Triumphzug des Flamininus die Beutestücke des griechischen Feldzuges in ununterbrochenem Zuge an den Römern vorbeigetragen: am ersten Tage Waffen, Rüstungen und unzählbare Marmor- und Bronzestatuen; am zweiten Tage 8000 Kilogramm Silber, 1684 Kilogramm Gold und 100000 Silbermünzen; am dritten Tage 114 Diademe. Außerdem hatten die Römer die begüterten Stände in Griechenland gegen die ärmeren Bürger begünstigt und alle Versuche des Klassenkampfes unterdrückt, und sie setzten durch ihre Vertreter diese Politik fort. Die Griechen wollten keinen Frieden um einen solchen Preis. Sie wollten ihre Streitigkeiten in Freiheit selbst erledigen und ihren nationalen territorialen Ansprüchen freien Lauf lassen; die Unveränderlichkeit konnten sie nicht ertragen. Bald gerieten die feindlichen Bünde einander wieder in die Haare, und der Parteihader nahm überhand. Jede Stadt und jede Gruppe legte dem römischen Senat Streitfälle vor; der Senat sandte Untersuchungs- und Schlichtungskommissionen; die Griechen erbosten sich über diese Einmischung als Knechtung. Die Ketten der Fremdherrschaft waren unsichtbar, aber doch wirklich vorhanden; Jahr um Jahr bekamen die Griechen – mit Ausnahme der Reichen – sie immer stärker zu spüren und beteten um Befreiung von dieser Freiheit. Der Senat begann denjenigen Senatoren Gehör zu schenken, die behaupteten, es werde niemals Ordnung und Ruhe in Griechenland geben, ehe Rom die Herrschaft voll und ganz übernehme.

Im Jahre 179 starb Philippos V., und sein ältester Sohn Perseus übernahm, nicht ganz ohne Blutvergießen, den Thron. Siebzehn Jahre des Friedens hatten die makedonische Wirtschaft wieder aufleben und eine neue Generation für die Klauen des Krieges heranwachsen lassen. Perseus ging ein Bündnis mit Seleukos IV. ein und heiratete dessen Tochter; Rhodos schloß sich dem Bündnis an und sandte zur Begleitung der Braut eine große Flotte ab. Ganz Griechenland frohlockte und sah in Perseus eine neue Hoffnung gegen die Macht Roms. Eumenes II., dem um die Unabhängigkeit Pergamons bangte, reiste nach Rom und forderte den Senat auf, zum eigenen Wohle Makedonien zu vernichten. Auf dem Heimweg kam Eumenes in einer privaten Streitigkeit fast um. Es paßte Rom, diesen Streit als einen Mordanschlag des Perseus auszulegen, und ein patriotischer Austausch von Gegenbeschuldigungen kündigte den Dritten Makedonischen Krieg an. Nur Epeiros und Illyrien hatten den Mut, Perseus zu unterstützen; die griechischen Staaten sandten ihm heimlich Sympathiebezeugungen, leisteten aber nichts Positives. Im Jahre 168 schlug Aemilius Paullus das makedonische Heer vernichtend bei Pydna, zerstörte siebzig makedonische Städte, verbannte deren Oberschicht nach Italien und teilte das Königreich in vier autonome, aber tributpflichtige Republiken auf, denen jeder Handel und Verkehr untereinander untersagt war. Perseus wurde in Italien eingekerkert und starb nach zwei Jahren an den Mißhandlungen. Epeiros wurde verwüstet, und 100 000 Epeiroten wurden als Sklaven verkauft. Rhodos, das an dem Kriege nicht aktiv teilgenommen hatte, wurde durch die Befreiung seiner Besitzungen an der kleinasiatischen Küste bestraft und mußte den Bau eines freien Konkurrenzhafens in Delos dulden. Die Privatkorrespondenz des Perseus fiel den Römern in die Hände, und alle Griechen, die ihm Hilfe oder Trost angeboten hatten, wurden verbannt oder eingekerkert. Tausend besonders hervorragende Vertreter des Achaiischen Bundes, darunter Polybios, wurden nach Italien deportiert. Sie blieben sechzehn Jahre lang in der Verbannung; siebenhundert starben in dieser Zeit. Niemals war die Bewunderung für den Befreier Rom so stark gewesen wie jetzt der Haß gegen den Eroberer Rom.

Die Strenge der Sieger zeitigte ungewollte Folgen. Die Schwächung von Rhodos setzte seiner Polizeiaufsicht im Ägäischen Meer ein Ende und ließ das handelsvernichtende Seeräubertum wieder aufleben. Die Entfernung so vieler Adliger ebnete den Radikalen in den Städten des Achaiischen Bundes den Weg zur Führung, und der Klassenkampf trat in eine seiner erbittertsten Phasen ein. Die Reichen klammerten sich an den Schutz Roms, die Armen verlangten gleichzeitige Vertreibung der Reichen und der römischen Machthaber. Im Jahre 150 kehrten die noch lebenden achaiischen Verbannten aus Italien zurück und beteiligten sich an dem Rufe nach Vertreibung der römischen Behörden aus Griechenland. Um die Macht des Achaiischen Bundes zu schwächen, schickte Rom eine Kommission nach Griechenland, die Korinth, Orchomenos und Argos befahl, sich davon zu lösen. Die Damen von Korinth begossen zur Antwort die Häupter der Kommission mit Eimern voller Spülwasser. Im Jahre 146 sprach sich der Bund für einen Befreiungskrieg aus in der Hoffnung, daß Rom durch seine Feldzüge in Spanien und Afrika zur Aufsplitterung seiner Kräfte und zu einem günstigen Frieden gezwungen würde. Ein patriotisches Fieber brauste über die Städte des Bundes hinweg. Man befreite und bewaffnete Sklaven, versprach den Armen Land und verkündete ein Moratorium auf alle Schulden, während die unglücklichen Reichen, zugleich vor dem Sozialismus und vor Rom zitternd, widerstrebend ihren Schmuck und ihr Geld für die Sache der Freiheit hergaben. Athen und Sparta hielten sich abseits, aber Boiotien, Lokris und Euboia verpflichteten sich tapfer zum Kriege. Die makedonischen Republiken schlossen sich in offenem Aufruhr gegen Rom an.

Der erboste Senat schickte eine Armee unter Mummius und eine Flotte unter Metellus. Die vereinigten Streitkräfte brachen jeden Widerstand, und im Jahre 146 eroberte Mummius Korinth, die Burgfeste des Bundes. Ob die Römer einen wirtschaftlichen Nebenbuhler im Osten ausschalten wollten, wie der jüngere Africanus das gleichzeitig im Westen mit Karthago tat, oder ob sie dem aufrührerischen Griechenland nach der Art Alexanders in Theben eine Lehre erteilen wollten, steht dahin, jedenfalls übergaben sie die reiche Stadt der Kaufleute und Dirnen den Flammen, schlachteten alle Männer ab und verkauften alle Frauen und Kinder als Sklaven. Mummius nahm alle Wohlstandsgüter, deren er habhaft werden konnte, nach Italien mit, darunter die Kunstwerke, mit denen die Korinthier ihre Städte und ihre Häuser geziert hatten. Polybios berichtet, wie römische Soldaten weltberühmte Gemälde als Unterlagen für ihre Brett- und Würfelspiele benutzten. Der Bund wurde aufgelöst und seine Führer hingerichtet. Griechenland und Makedonien wurden zu einer einzigen Provinz vereinigt und einem römischen Statthalter unterstellt. Boiotien, Lokris, Korinth und Euboia wurden einem jährlichen Tribut unterworfen; Athen und Sparta blieben verschont und durften unter eigener Gesetzgebung verbleiben. Die Partei des Besitzes und der Ordnung wurde überall unterstützt, und alle Versuche, Kriege zu führen oder Revolutionen zu machen oder die Verfassung zu ändern, wurden schärfstens untersagt. Die unruhigen griechischen Stadtstaaten hatten endlich ihren Frieden.

EPILOG

Unser griechisches Erbe

Die griechische Kultur war nicht tot. Es standen ihr immer noch mehrere Jahrhunderte des Lebens bevor, und als sie starb*, vermachte sie sich selbst als unvergleichliches Vermächtnis an die Völker Europas und des Vorderen Orients. Jede griechische Kolonie ließ das Elixier griechischer Kunst und griechischen Denkens in das Hinterland einströmen: in Spanien und Gallien, Etrurien und Rom, Ägypten und Palästina, Syrien und Kleinasien und entlang den Küsten des Schwarzen Meeres. Alexandreia war der Umschlagplatz für Waren und Gedanken zugleich: Vom Museion und von der Bibliothek aus kamen Werke und Lehren griechischer Dichter, Mystiker, Philosophen und Wissenschaftler durch Gelehrte und Studenten in jede Stadt des Mittelmeerbereiches. Rom übernahm das griechische Erbe in dessen hellenistischer Form. Seine Schauspieldichter hielten sich an Menandros und Philemon, seine Dichter ahmten die Dichtungsformen, Versmaße und Themen der alexandrinischen Literatur nach, seine Künste bedienten sich griechischer Handwerker und griechischer Formen, sein Recht nahm die Gesetze der griechischen Stadtstaaten in sich auf, und seine spätere Reichsorganisation war den griechisch-orientalischen Monarchien nachgebildet. Der Hellenismus eroberte Rom, nachdem Rom Griechenland erobert hatte, so wie der Orient sich in Griechenland festgesetzt hatte. Jede Ausweitung der römischen Macht trug zur Ausbreitung der hellenischen Kultur bei. Das Byzantinische Reich verband Griechenland mit der asiatischen Kultur und gab einen Teil des griechischen Erbes an den Vorderen Orient und den slawischen Norden weiter. Die syrischen Christen nahmen die Fackel auf und gaben sie an die Araber weiter, die sie durch Afrika nach Spanien trugen. Byzantinische, mohammedanische und jüdische Gelehrte vermittelten die griechischen Meisterwerke unmittelbar oder in Übersetzungen an Italien und erzeugten zunächst die Philosophie der Scholastiker und dann das Fieber der Renaissance. Seit dieser Wiedergeburt des europäischen Geistes ist das Wesen Griechenlands so tief in die neuzeitliche Kultur eingedrungen, daß «alle Kulturvölker heute in allen Bereichen des Geisteslebens Kolonien von Hellas sind» (Symonds).

Wenn wir unter dem griechischen Erbe nicht nur das verstehen, was die Griechen selbst erfanden, sondern auch das, was sie von älteren Kulturen übernahmen und uns auf diesen verschiedenen Wegen weitergaben, werden wir auf dieses Erbteil fast auf jedem Gebiet unseres neuzeitlichen Lebens stoßen. Unser Handwerk, die Bergbautechnik, die Grundlagen des Ingenieurwesens, die Verfahrensweisen in Finanzwesen

---

* Als willkürliches Datum für dieses Ereignis dürfen wir das Jahr 325 n. Chr. annehmen. In diesem Jahr gründete Konstantin Konstantinopel und begann die christlich-byzantinische die «heidnische» griechische Kultur im östlichen Mittelmeerraum zu ersetzen.

und Handel, die Organisation der Arbeit, die staatliche Regelung von Handel und Gewerbe – all das ist auf dem Strom der Geschichte von Rom auf uns gekommen, und auf Rom von Griechenland. Unsere Demokratien und unsere Diktaturen gehen gleicherweise auf griechische Vorbilder zurück; und wenngleich der erweiterte Machtbereich des Staates zu einem System der Volksvertretung geführt hat, das Hellas unbekannt war, so haben doch die demokratischen Vorstellungen von einer den Regierten verantwortlichen Regierung, von dem Gerichtsverfahren mit Geschworenen und von den bürgerlichen Freiheiten des Denkens, der Rede, der Schrift, der Versammlung und des Glaubens durch die griechische Geschichte eine tiefgreifende Anregung empfangen. Es waren vor allem diese Dinge, die den Griechen vom Orientalen unterschieden und ihm eine Unabhängigkeit des Denkens und Handelns gewährten, vor der die ganze Trägheit und Unterwürfigkeit des Ostens lächerlich erscheinen mußte.

Unsere Schulen und Universitäten, unsere Gymnasien und Stadien, unsere sportlichen und olympischen Wettkämpfe gehen auf Griechenland zurück. Die Theorie der eugenischen Fortpflanzung, der Begriff der Selbstbesinnung und der Selbstbeherrschung, der Kult der Gesundheit und der natürlichen Lebensweise und das heidnische Ideal der schamlosen Freude an allen Sinnen fanden ihre geschichtliche Ausprägung in Griechenland. Die christliche Theologie und Praxis (schon die Wörter sind griechisch) stammen größtenteils aus den Mysterienreligionen Griechenlands und Ägyptens, aus den eleusinischen, orphischen und Osirisriten; von den griechischen Lehren vom Gottessohn, der für die Menschheit stirbt und von den Toten wiederaufersteht; von dem griechischen Ritual der religiösen Prozession, der zeremoniellen Reinigung, dem heiligen Opfer und dem gemeinsamen heiligen Mahle; von griechischen Vorstellungen von Hölle, Dämonen, Fegefeuer, Ablaß und Himmel und von stoischen und neuplatonischen Theorien von dem Logos, der Weltschöpfung und dem endlichen Weltenbrand. Selbst unser Aberglaube ist griechischen Kobolden, Hexen, Flüchen, Vorzeichen und Unglückstagen verpflichtet. Und wer vermöchte sich ohne einige Begriffe von der griechischen Mythologie in der Literatur zurechtzufinden?

Unsere Literatur wäre ohne die griechische Überlieferung kaum zum Leben erwacht. Unser Alphabet stammt über Kyme und Rom aus Griechenland; unsere Sprache ist von griechischen Wörtern durchsetzt; unsere Wissenschaft hat sich eine internationale Sprache aus griechischen Ausdrücken gebildet; unsere Grammatik und Rhetorik, selbst die Interpunktion und die Einteilung in Absätze dieser Seite sind griechische Erfindungen. Unsere Dichtungsgattungen sind griechisch – die Lyrik, die Ode, die Idylle, der Roman, der Essay, die Rede, die Biographie, die Geschichtsschreibung und vor allem das Drama; auch hier sind wieder fast alle Wörter griechischen Ursprungs. Die Bezeichnungen und Formen des modernen Schauspiels – Tragödie, Komödie und Pantomime – sind griechisch; und wenn auch die Tragödie der Zeit Elisabeths einzigartig ist, so hat sich doch die Komödie fast unverändert von Menandros und Philemon über Plautus und Terentius, Ben Jonson und Molière bis heute erhalten. Die griechischen Schauspiele selbst gehören zu den reichsten Bestandteilen unseres Erbes.

Nichts in Griechenland erscheint uns so fremdartig wie seine Musik; und doch leitete sich die moderne Musik (bis zu ihrer Rückwendung nach Afrika und dem Orient) aus den mittelalterlichen Liedern und Tänzen ab, die ihrerseits teilweise auf Griechenland zurückgehen. Das Oratorium und die Oper verdanken vieles dem griechischen Chortanz und Schauspiel, und die Musiktheorie wurde unseres Wissens erstmals von den Griechen von Pythagoras bis Aristoxenos untersucht und dargelegt. Am geringsten ist unsere Dankesschuld bei der Malerei; aber in der Kunst des Freskos läßt sich eine gerade Linie von Polygnotos über Alexandreia und Pompeii, Giotto und Michelangelo auf die Wandbilder unserer eigenen Zeit ziehen. Die Formen und vieles an der Technik der modernen Skulptur sind immer noch griechisch, denn keiner anderen Kunst hat der hellenische Genius sich so despotisch aufgeprägt. Erst jetzt beginnen wir uns von der Anziehungskraft der griechischen Architektur freizumachen; jede europäische oder amerikanische Großstadt hat einen Tempel des Handels oder der Finanz, dessen Gestalt oder Säulenfront von einem griechischen Tempel entlehnt ist. Wir vermissen an der griechischen Kunst das Charakterstudium und die Wiedergabe des Seelischen, und das Übermaß an Körperschönheit und Gesundheit läßt sie weniger gereift erscheinen als die männliche Skulptur Ägyptens oder die vergeistigte Malerei der Chinesen; aber die Lehre der Mäßigung, Reinheit und Harmonie, die in der Skulptur und Architektur der klassischen Zeit verkörpert ist, bedeutet uns ein wertvolles Erbgut.

Wenn die griechische Kultur uns verwandter und «moderner» anmutet als die der Jahrhunderte vor Voltaire, so kommt das daher, daß der Hellene die Vernunft so sehr liebte wie die Form und es kühn unternahm, die ganze Natur in natürlichen Zusammenhängen zu erklären. Die Befreiung der Wissenschaft von der Theologie und die unabhängige Entwicklung der wissenschaftlichen Forschung gehörten zu dem ungestümen Tatendrang des griechischen Geistes. Griechische Mathematiker legten die Grundlagen zur Trigonometrie und zur Differentialrechnung, sie begannen und vollendeten die Untersuchung der Kegelschnitte und brachten die dreidimensionale Geometrie zu solch relativer Vervollkommnung, daß sie bis Descartes und Pascal so unverändert blieb, wie sie aus ihren Händen gekommen war. Demokritos brachte mit seiner Atomtheorie Licht in das ganze Gebiet der Physik und Chemie. Nur nebenbei und zur Erholung von abstrakten Studien stellte Archimedes so viele neue Mechanismen her, daß sein Name in der Geschichte der Erfindungen mit an höchster Stelle steht. Aristarchos kam Kopernikus zuvor und inspirierte ihn vielleicht*; Hipparchos errichtete über Claudius Ptolemaeus ein astronomisches System, das zu den Großtaten der Kulturgeschichte zählt. Eratosthenes maß die Erde und zeichnete sie in Karten ein. Anaxagoras und Empedokles entwarfen die Umrisse einer Evolutionstheorie. Aristoteles und Theophrastos brachten das Tier- und das Pflanzenreich in ein System und sind mehr oder weniger als die Schöpfer der Meteorologie, der Zoologie, der Embryologie und der Botanik anzusprechen. Hippokrates befreite die Medizin von Mystizismus und philosophischen

* Kopernikus kannte die heliozentrische Hypothese des Aristarchos, denn er erwähnte sie in einem Absatz, der aus den späteren Ausgaben seines Buches verschwand.

Theorien und veredelte sie mit einem ethischen Gesetz; Herophilos und Erasistratos brachten die Anatomie und die Physiologie auf eine Höhe, die Europa außer in Galen erst wieder in der Renaissance erreichen sollte. In den Schriften dieser Männer atmen wir die stille Luft der Vernunft, die stets ungewiß und unsicher, aber von jeder Leidenschaftlichkeit und allem Mythischen frei ist. Wenn uns ihre Meisterwerke völlig erhalten wären, würden wir die griechische Wissenschaft vielleicht als die höchste geistige Leistung der Menschheit einschätzen.

Der Liebhaber der Philosophie wird aber der Wissenschaft und der Kunst nur widerstrebend den höchsten Rang im griechischen Erbe zugestehen. Die griechische Wissenschaft war ja selbst ein Kind der griechischen Philosophie – jenes unermüdlichen Kampfes gegen die Sage, jenes jugendlichen Forschungsdranges, der jahrhundertelang Wissenschaft und Philosophie in einem einzigen kühnen Streben vereinte. Niemals hatten Menschen die Natur so kritisch und doch so liebevoll untersucht; die Griechen taten der Welt keine Unehre an, indem sie sie als eine kosmische Ordnung und damit dem Verständnis zugänglich betrachteten. Sie erfanden die Logik aus dem gleichen Grunde, aus dem sie vollkommene Bildwerke schufen: Harmonie, Einheit, Proportion und Form führten nach ihrer Ansicht zugleich zur Kunst der Logik und zur Logik der Kunst. Sie interessierten sich für jede Tatsache und jede Theorie und schufen die Philosophie nicht nur als besonderes Unternehmen des europäischen Geistes, sondern erdachten fast jedes System und jede Hypothese und ließen über die wichtigsten Probleme des menschlichen Lebens nur noch wenig zu sagen übrig. Realismus und Nominalismus, Idealismus und Materialismus, Monotheismus, Pantheismus und Atheismus, Feminismus und Kommunismus, die Kantische Kritik und der Schopenhauersche Pessimismus, Rousseaus Primitivismus und Nietzsches Amoralismus, Spencers Synthese und Freuds Psychoanalyse – alle Träume und die ganze Weisheit der Philosophie sind hier, in ihrem Ursprungsland, zu finden. Und die Griechen sprachen nicht nur über Philosophie, sie lebten sie auch: Der Weise und nicht der Krieger und der Heilige sind der Gipfel und das Ideal des griechischen Lebens. Alle die Jahrhunderte seit Thales hindurch hat sich dieses erhebende philosophische Legat erhalten und römische Kaiser, Kirchenväter, scholastische Theologen, Renaissanceketzer, die Aufrührer der Aufklärung und die Anhänger der Philosophie unserer Zeit inspiriert. In diesem Augenblicke lesen Tausende eifriger Geister Platon, vielleicht in jedem Lande der Erde.

Die Kultur stirbt nicht ab, sie wandert; sie verändert ihren Lebensraum und ihr Gewand, aber sie lebt weiter. Der Verfall einer Kultur schafft wie der Tod eines Einzelwesens Platz für das Wachstum einer anderen; das Leben streift die alte Haut ab und überrascht den Tod mit einer neuen Jugend. Die griechische Kultur ist noch am Leben; sie bewegt sich in jedem Geisteshauch, den wir atmen; so viel ist von ihr erhalten, daß keiner von uns sie in einem einzigen Leben ganz aufnehmen könnte. Wir kennen ihre Mängel: die wahnsinnigen und erbarmungslosen Kriege, die stetige Sklaverei, die Unterordnung der Frau, den Mangel an sittlicher Zurückhaltung, den verderbten Individualismus, das tragische Versagen im Bemühen, die Freiheit mit Ordnung und Frieden zu vereinen. Wer aber Freiheit, Vernunft und Schönheit hochschätzt, wird sich nicht bei diesen Mängeln aufhalten. Er wird hinter dem Aufruhr der politischen Geschichte die Stimme Solons und Sokrates', Platons und Euripides', des Pheidias und Praxiteles, des Epikuros und Archimedes vernehmen; er wird dankbar sein für die Existenz solcher Menschen und ihre Gesellschaft über fremde Jahrhunderte hinweg suchen. Er wird Hellas als den strahlenden Morgen der abendländischen Kultur vor Augen haben, jener abendländischen Kultur, die unsere Nahrung und unser Leben ist, auch wenn sie ähnliche Fehler aufweist wie Griechenland.

DENEN, DIE SO WEIT GEKOMMEN SIND:

DANK FÜR DIE NIE GESEHENE,

DOCH STETS EMPFUNDENE KAMERADSCHAFT

Anhang

BIBLIOGRAPHIE

DER IM TEXT UND IN DEN ANMERKUNGEN ZITIERTEN WERKE

AISCHYLOS, Tragödien und Fragmente. Übers. von Ludwig Wolde. Leipzig, 1938

ARISTOPHANES, Sämtliche Komödien. Übers. von Ludwig Seeger. Einleitung und Übertragungen von Fragmenten der Alten und Mittleren Komödie von Otto Weinreich (Bibliothek der Alten Welt). Zürich, 1952/53, 2 Bde.

ARISTOTELES, Metaphysik. Übers. von Adolf Lasson. Jena, 1924

– Nikomachische Ethik. Übers. von Olof Gigon (Bibliothek der Alten Welt). Zürich, 1951.

– Politik und Staat der Athener. Übers. von Olof Gigon (Bibliothek der Alten Welt). Zürich, 1955.

– Vom Himmel. Von der Seele. Von der Dichtkunst. Übers. von Olof Gigon (Bibliothek der Alten Welt). Zürich, 1950.

– Philosophische Werke. Übers. von A. Busse, A. Gudemann, E. Rolfes u. a. (Philosophische Bibliothek). Leipzig, 1920ff.

– Werke. Übers. von A. Karsch, A. Stahr u. a. (Langenscheidtsche Bibliothek). Berlin o. J.

ARRIAN, Alexanders des Großen Siegeszug durch Asien. Übers. von Wilhelm Capelle (Bibliothek der Alten Welt). Zürich 1950.

ATHENAIOS, Athenaei Deipnosophistae e recognitione Augusti Meineke. Leipzig, 1858–69. 4 Bde.

Cambridge Ancient History. London, 1924f. Bände VI und VIII.

CARREL, A., Der Mensch, das unbekannte Wesen. Stuttgart, 1936.

CICERO, De re publica – Vom Gemeinwesen. Lateinisch und deutsch. Übers. von Karl Büchner (Bibliothek der Alten Welt). Zürich, 1952.

– De finibus – De fato. (Übersetzungen in der Osiander-Schwabschen Sammlung).

DEMOSTHENES, Staatsreden nebst der Rede für die Krone. Übers. von F. Jacobs. 2. Aufl. Leipzig, 1833.

DIELS, HERMANN, Die Fragmente der Vorsokratiker. Griechisch und deutsch. 5. Aufl. Hg. von Walther Kranz. Berlin, 1935-37. 3 Bde.

DIODOROS SICULUS, Historische Bibliothek. Übers. von J. F. Wurter (Osiander-Schwabsche Sammlung). Stuttgart, 1827–40. 19 Bändchen.

DIOGENES LAERTIOS, Leben und Meinungen berühmter Philosophen. Übers. von Otto Apelt. Leipzig, 1921. 2 Bde.

EURIPIDES, Die Dramen des Euripides. Übers. von J. Minckwitz und W. Binder (Langenscheidtsche Bibliothek). Stuttgart, 1865. – Dasselbe übers. von U. von Wilamowitz-Moellendorff, s. unter Wilamowitz.

GARDNER, E. A., Six Greek Sculptors. London, 1910

GEIBEL, EMANUEL, Klassisches Liederbuch. Griechen und Römer in deutscher Nachbildung. 8. Aufl. Stuttgart und Berlin, 1911.

GLOTZ, G., Ancient Greece at Work. New York, 1926.

– The Greek City. London, 1929.

Griechische Gedichte. Mit Übertragungen deutscher Dichter. Hg. von Horst Rüdiger. München, 1936.

Griechische Lyrik. Hg. von Karl Preisendanz (Inselbücherei). Leipzig, o. J.

Griechische Lyriker. Griechisch und deutsch. Übers. von Horst Rüdiger (Bibliothek der Alten Welt). Zürich, 1949.

Grote, George, Aristotle. London, 1872, 2 Bde.

Guardini, Romano, Der Tod des Sokrates. Eine Interpretation der platonischen Schriften Euthyphron. Apologie. Kriton und Phaidon. Bern, 1945.

Heath, Sir T., Aristarchus of Samos. Oxford, 1913.

– History of Greek Mathematics. Oxford, 1921. 2 Bde.

Herakleitos, Fragmente. Griechisch und deutsch. Übers. von Bruno Snell. 2. Aufl. München, 1940.

Herodot, Die Geschichten des Herodotos. Übers. von F. Lange. Hg. von O. Güthing, Leipzig, o. J. (Reclam). 2 Bde.

Herondas, Die Mimiamben des Herondas. Übers. von Otto Crusius. 2. Aufl. Hg. von R. Herzog. Leipzig, 1926.

Hippokrates, Die Werke. Die hippokratische Schriftensammlung in neuer deutscher Übertragung. Hg. von R. Kapferer. Stuttgart, 1934ff.

– Works (Loeb Library). 4 Bde.

Hippokrates-Fibel. Hg. von R. Kapferer. Stuttgart, 1943.

Isokrates, Werke. Übers. von G. L. F. Tafel (Osiander-Schwabsche Sammlung). Stuttgart, 1832–36. 6 Bändchen.

Josephus, Flavius, Werke. Übers. von H. Clementz. Berlin, 1924.

Kallimach, Die Dichtungen des Kalimachos. Griechisch und deutsch. Übers. von Ernst Howald und Emil Staiger (Bibliothek der Alten Welt). Zürich, 1955.

Livingstone, R. W., The Legacy of Greece. Oxford, 1924.

Livius, T., Römische Geschichte. Übers. von K. Heuzinger. Hg. von O. Güthling. Leipzig, o. J. 4 Bde.

Lucretius, De rerum natura – Welt aus Atomen. Lateinisch und deutsch. Übers. von Karl Büchner (Bibliothek der Alten Welt). Zürich, 1956.

Lukian, Werke. Übers. von A. Pauly (Osiander-Schwabsche Sammlung). Stuttgart, 1827–33. 15 Bändchen.

McCrindle, J. M., Ancient India as Described by Megasthenes and Arrian. Kalkutta, 1877.

Der Kranz des Meleagros. Übers. von A. Oehler. Berlin, 1920.

Menander, Die Komödien und Fragmente. Übers. von Günther Goldschmidt (Bibliothek der Alten Welt). Zürich, 1949.

Müri, Walter. Der Arzt im Altertum. Griechische und lateinische Quellenstücke mit der Übertragung ins Deutsche. 2. Aufl. München, 1943.

Pausanias, Beschreibung Griechenlands. Übers. von Ernst Meyer (Bibliothek der Alten Welt). Zürich, 1954. Wennn nichts anderes angegeben ist, handelt es sich um diese Ausgabe.

– Beschreibung Griechenlands. Übers. von W. Schubart (Langenscheidtsche Bibliothek). Berlin, o. J.

Philostratos der Ältere, Werke. Übers. von F. Jacobs u. a. (Osiander-Schwabsche Sammlung). Stuttgart, o. J. 7 Bändchen.

Pindar, Die Dichtungen und Fragmente. Übers. von Ludwig Wolde. Leipzig, 1942.

PLATON, Die echten Briefe Platons. Griechisch und deutsch. Übers. von Ernst Howald (Bibliothek der Alten Welt). Zürich, 1951.
– Der Staat. Über das Gerechte. Übers. von Rudolf Rufener. Hg. von Gerhard Krüger (Bibliothek der Alten Welt). Zürich, 1950.
– Sämtliche Werke. Übers. von Friedrich Schleiermacher, Franz Susemihl, L. Georgii u. a. Berlin, o. J. (1940). 3 Bde.
PLINIUS, Naturgeschichte. Übers. von Ch. F. L. Strack. Bremen, 1853ff. 3 Bde.
PLUTARCH, Große Griechen und Römer. Übers. von Konrad Ziegler (Bibliothek der Alten Welt). Zürich, 1954ff. 6 Bde., davon sind bis 1957 vier Bände erschienen.
– Lebensbeschreibung. Übers. von J. F. Kaltwasser. 1777–1806 u. ö. (z. B. Reclam). 10 Bde.
– Moralia. Übers. von J. F. S. Kaltwasser. 1783–1800 u. ö.
– Von der Ruhe des Gemütes und andere philosophische Schriften. Übers. von Bruno Snell (Bibliothek der Alten Welt). Zürich, 1948.
POLYBIONS, Geschichte. Übers. von A. Haakh und H. Kraz (Langenscheidtsche Bibliothek). Berlin o. J. 3 Bde.
PORT, FRIEDA, Lieder, Elegien und Epigramme der griechischen und römischen Dichter des klassischen Altertums in ausgewählten Übersetzungen. München, o. J. (1923).

RODHE, ERWIN, Psyche. Seelenkult und Unsterblichkeitsglaube der Griechen. 9./10. Aufl. Tübingen, 1925, 2 Bde.

SARTON, G., Introduction to the History of Science, Baltimore, 1930.
SCHLEGEL, A. W., Über dramatische Kunst und Literatur. Vorlesungen. Erster Teil. Heidelberg, 1809.
SOPHOKLES, Tragödien. Übers. von Emil Staiger. Zürich, 1944.
SPINOZA, BARUCH, Von den festen und ewigen Dingen (De intellectus emendatione und Ethica). Übers. von Carl Gebhardt. Heidelberg, 1925.
STRABON, Erdbeschreibung. Übers. von A. Forbiger (Langenscheidtsche Bibliothek). Berlin, o. J. 4 Bde.
SYMONDS, J. A., Studies of the Greek Poets. London, 1920.

THEOKRITOS, Bion und Moschos. Deutsch im Versmaße der Urschrift von E. Mörike und F. Notter. Stuttgart, 1855.
THEOPHRAST, Charakterbilder. Übers. von Horst Rüdiger. Leipzig, o. J. (1938).
THUKYDIDES, Geschichte des Peloponnesischen Krieges. Übers. von J. D. Heilmann. Berlin, o. J. (1938).
– Die Totenrede des Perikles. Übers. von Georg Peter Landmann. Bern, 1945.

WILAMOWITZ-MOELLENDORFF, ULRICH VON, Griechische Tragödien, übers. 2./3. Aufl. Berlin, 1901–23. 4 Bde.
– Reden und Vorträge. 4. Aufl. Berlin, 1925.
WRIGHT, F. A., History of Later Greek Literature. New York, 1932.

XENOPHON, Die Sokratischen Schriften (Memorabilien, Symposion, Oikonomikos, Apologie). Übers. von Ernst Bux. Stuttgart, 1956.
– Werke. Übers. von A. Zeising, J. Rieckher u. a. (Langenscheidtsche Bibliothek). Stuttgart und Berlin, 1855–90, 4 Bde.

ZELLER, E., Die Philosophie der Griechen in ihrer geschichtlichen Entwicklung dargestellt. 3 Teile in 6 Bänden 5./7. Aufl. Leipzig, 1920–23.

ANMERKUNGEN

I. BUCH, 1. KAPITEL

[1] Shelley, «*On the Manners of the Ancients*», in Livingstone, R. W., *The Legacy of Greece*, S. 251. – [2] Aristoteles, *Staat*, S. 41. – [3] Plutarch, *Griechen und Römer* («Perikles»), Band II, S. 109. – [4] ebd., S. 122f. – [5] ebd., S. 126. – [6] ebd., S. 111. – [7] ebd., S. 130. – [8] Xenophon, *Memorabilien*, Buch II, Absatz 9, 1. – [9] Isokrates, Antidosis, S. 79.

I. BUCH, 2. KAPITEL

[1] Hippokrates, *Die Diät in akuten Krankheiten*, Buch XXVIII. – [2] Aristophanes, *Die Frösche*, S. 114f. – [3] Isokrates, *Panegyrikos*, S. 42. – [4] Thukydides, *Geschichte*, Buch II, Absatz 6. – [5] Xenophon, *Oikonomikos*, Buch IV, Absatz 2. – [6] Aristophanes, *Die Weibervolksversammlung*, S. 591ff. – [7] Aristophanes, *Plutos*, S. 468ff., S. 510ff. – [8] Thukydides, Buch III, S. 480ff., leicht umgestellt.

I. BUCH, 3. KAPITEL

[1] *Der Kranz des Meleagros*, S. 159. – [2] Diogenes Laertios, «*Aristippos*», «*Aristoteles*». – [3] Thukydides, *Geschichte*, Buch I, Absatz 3, S. 76. – [4] Platon, *Die Gesetze*, Buch VIII, Absatz 831. – [5] Herodot, Buch V, Absatz 78. – [6] Übers. von Emil Staiger. – [7] Athenaios, Buch XIII, Absatz 16. – [8] Euripides, *Aiolos*, S. 22. – [9] Aristophanes, *Lysistrate*, S. 42f. – [10] Mähly, S. 104. – [11] Xenophon, *Symposion*, Buch II, Absatz 8.

I. BUCH, 4. KAPITEL

[1] Xenophon, *Oikonomikos*, Buch VIII, Absatz 19f. – [2] Thukydides, *Geschichte*, Buch II, Absatz 40, nach *Die Totenrede des Perikles*. – [3] Xenophon, *Symposion*, Buch IV, Absatz 11. – [4] Xenophon, *Memorabilien*, Buch III, Absatz 10, S. 7.

I. BUCH, 5. KAPITEL

[1] Diels, Band II, S. 208. – [2] Diogenes Laertios, «*Leukippos*». – [3] Diogenes Laertios, «*Anaxagoras*». – [4] Diels, Band II, S. 34. – [5–6] Diogenes Laertios, «*Anaxagoras*». – [7] Müri, W., *Der Arzt im Altertum*, S. 9. – [8] *Hippokrates-Fibel*, S. 60. – [9] Hippokrates, *Die Diät*, Buch III, Absatz 2. – [10] Hippokrates, *Works*, Band IV, Einleitung, Absatz VII, Hippokrates entscheidet eine sehr alte Frage, wenn er schreibt: «Für Blähungen ist es das beste, wenn sie ohne Lärm abgehen, jedenfalls aber ist es besser, wenn sie mit Lärm abgehen, als daß sie aufgefangen werden und sich innerlich ansammeln» (Prognostikon), 11). – [11] *Die Diät*, Buch III. – [12] *Die heilige Krankheit*, Buch XVII. – [13] Müri, S. 7f. – [14] Hippokrates, *Das ehrbare Verhalten*, Buch VII und XII; Vorschriften, Buch VI. – [15] *Das ehrbare Verhalten*, BuchV.

I. BUCH, 6. KAPITEL

[1] Athenaios, Buch XIII, S. 92. – [2] Diels, Band I, S. 231. – [3] Plutarch, *Griechen und Römer* («Perikles»), Band II, S. 111. – [4] Diogenes Laertios, «*Zenon*». – [5] Diels, Band I, S. 409. – [6] ebd., Band II, S. 81. – [7] ebd., S. 208. – [8] ebd., S. 134. – [9] ebd., S. 168. – [10] ebd., S. 166, 139. – [11] Lucretius, *Welt aus Atomen* (De rerum natura), Buch III, S. 370ff. – [12] Diels, Band II, S. 174. – [13] ebd., S. 182. – [14] ebd., S. 173. – [15] ebd., S. 157. – [16] ebd., S. 181. – [17] Diogenes Laertios, «*Demokritos*». – [18–19] Diels, Band I, S. 359. – [20] Diogenes Laertios, «*Empedokles*». – [21] Diels, Band I, S. 311. – [22] ebd., S. 341. – [23] ebd., S. 365. – [24] ebd., S. 108f. – [25] Diogenes Laertios, «*Protagoras*». – [26] Platon, *Theaitetos*, S. 160. – [27] Diogenes Laertios, «*Protagoras*». – [28] Philostratos,

Lebensbeschreibungen der Sophisten, S. 494. – [29] Platon, *Der Sophist*, S. 265. – [30] Xenophon, *Memorabilien*, Buch I, Absatz 6, 13. – [31] Diogenes Laertios, «*Platon*». – [31a] Platon, *Symposion*, S. 214. – [32] Diogenes Laertios, «*Sokrates*». – [33] Xenophon, *Symposion*, Buch II, Absatz 24. – [34] Xenophon, *Memorabilien*, Buch IV, Absatz 8. – [35] Platon, *Phaidon*, Schluß. – [36] Platon, *Apologie*, 37. – [37] ebd., 41. – [38] Diogenes Laertios, «*Sokrates*». – [39] Xenophon, *Memorabilien*, Buch I, Absatz 16. – [40] ebd., Buch IV, Absatz 4, S. 9. – [41] Platon, *Theaitetos*, S. 150. – [42] Xenophon, *Memorabilien*, Buch II, Absatz 6, S. 28. – [43] ebd., Buch I, Absatz 6. – [44] Diogenes Laertios, «*Sokrates*». – [45] Xenophon, *Memorabilien*, Buch IV, Absatz I, S. 1. – [46] Diogenes Laertios, «*Kriton*». – [47] Platon, *Symposion*, S. 215, 218. – [48] Platon, *Menon*, S. 94. – [49] Platon, *Apologie*, S. 29. – [50] Platon, *Kratylos*, S. 400. – [51] Xenophon, *Memorabilien*, Buch IV, Absatz 3, S. 16. – [52] ebd., Buch I, Absatz 1, S. 16. – [53] ebd., Buch IV, Absatz 2, S. 24. – [54] ebd., Buch IV, Absatz 2, S. 9. – [55] ebd., Buch III, Absatz 5, S. 15–17. – [56] Platon, *Apologie*, Schluß.

I. BUCH, 7. KAPITEL

[1] Pindar, *Die Dichtungen und Fragmente*, S. 218. – [2] *2. Olympische Ode*. – [3] *4. Pythische Ode*. – [4] *8. Pythische Ode*. – [5] *Paiane*, S. 4. – [6] Aischylos, *Der gefesselte Prometheus*, S. 18ff. – [7] ebd., S. 52ff. – [8] ebd., S. 430ff. – [9] ebd., S. 323ff. – [10] ebd., S. 545ff. – [11] Schlegel, A. W., *Über dramatische Kunst und Literatur*, S. 164. – [12] Aischylos, *Agamemnon*, S. 55f. – [13] ebd., S. 506f. – [14] ebd., S. 888ff. – [15] ebd., S. 1447ff. – [16] *Das Totenopfer*, S. 1026f. – [17] *Agamemnon*, S. 55f. – [18] ebd., S. 160. – [19] Zitiert nach Ludwig Woldes Einleitung in *Tragödien und Fragmente*, Buch VIII. – [20] Sophokles, *König Ödipus*, S. 981ff. – [21] *Ödipus auf Kolonos*, S. 668f. – [22] ebd., S. 607ff. – [23] ebd., S. 1647ff. – [24] Antigone, S. 332ff. – [25] ebd., S. 781ff. – [26] ebd., S. 1219ff. – [27] *Die Trachinierinnen*, S. 1266ff. – [28] *Antigone*, S. 1055; Philoktet, S. 451f. – [29] *König Ödipus*, S. 863ff. – [30] *Ödipus auf Kolonos*, S. 1211ff.; vgl. *König Ödipus*, S. 1187–1195 und S. 1129f. – [31] Geibel, 70. – [32] Strabon, Buch XIV, Absatz 1, S. 36. – [33] Euripides, *Hippolytos* (Wilamowitz), S. 189ff. – [34] ebd., S. 616ff. – [35] *Medeia* (Wilamowitz), S. 230ff. – [36] ebd., (Minckwitz), S. 1415ff. – [37] *Iphigenie auf Aulis* (Minckwitz), S. 635ff. – [38] ebd., S. 1220ff. – [39] ebd., S. 1373ff. – [40] *Hekabe* (Minckwitz), S. 488ff. – [41] *Die Troerinnen* (Wilamowitz), S. 643ff. – [42] ebd., 725f. – [43] ebd., S. 740ff. – [44] ebd., S. 890ff. – [45] ebd., S. 1009ff. – [46] ebd., S. 1014ff. – [47] *Elektra* (Minckwitz), S. 1235ff. – [48] *Iphigenie auf Tauris* (Minckwitz), S. 458ff. – [49] ebd., S. 758ff. – [50] ebd., S. 820ff. – [51] *Iphigenie auf Aulis* (Minckwitz), S. 957f. – [52] *Elektra*, S. 588ff.; *Der rasende Herakles* (Minckwitz), S. 1341ff.; *Iphigenie auf Tauris*, S. 379ff. – [53] *Bellerophontes*. Nach *Tragicorum graecorum fragmenta*, S. 353, übers. von E. Schneider. – [54] *Iphigenie auf Tauris*, S. 558. – [55] *Die Troerinnen* (Wilamowitz), S. 883f. – [56] ebd., S. 95ff. – [57] *Kresphontes*. Nach *Tragicorum graecorum fragmenta*, S. 398, übers. von E. Schneider. – [58] *Andromeda*. Nach *Tragicorum graecorum fragmenta*, S. 318, übers. von E. Schneider. – [59] *Medeia* (Wilamowitz), S. 1224ff. – [60] Ein unsicheres Fragment. Nach Symonds, J. A., *Studies of the Greek Poets*, S. 367, übers. von E. Schneider. – [61] Aristophanes, *Die Ritter*, S. 160f., 181. – [62] *Die Acharner*, S. 308f. – [63] ebd., S. 627ff. – [64] *Lysistrate*, S. 507ff. – [65] *Die Wolken*, S. 191ff. – [66] ebd., S. 1084ff. – [67] *Die Weiber am Tesmophorenfest*, S. 754f. – [68] *Die Vögel*, S. 682ff. – [69] Herodot, Buch I, Absatz 1. – [70] Strabon, Buch XVII, Absatz 1, S. 52. – [71] Herodot, Buch VII, Absatz 152. – [72] Thukydides, *Geschichte*, Buch I, Absatz 1, 21–22. – [73] ebd., Buch II, Absatz 45.

I. BUCH, 8. KAPITEL

[1] Diogenes Laertios, «*Empedokles*». – [2] Thukydides, *Geschichte*, Buch III, Absatz 37. – [3] ebd., Buch II, Absatz 8. – [4] Plutarch, *Lebensbeschreibungen*, «*Tiberius Gracchus*». – [5] Thukydides, Buch V, Absatz 105. – [6] Plutarch, *Griechen und Römer* («*Alkibiades*»), Band II, S. 351. – [7] Xenophon, *Memorabilien*, Buch I, Absatz 2, S. 46. – [8] Thukydides, Buch VI, Absatz 89. – [9] Guardini, R., *Der Tod des Sokrates*, S. 68. – [10] Platon, *Apologie*, S. 27. – [11] ebd., S. 18. – [12] ebd., S. 28, 29, 30. – [13] ebd., S. 30. – [14] Xenophon, *Memorabilien*, Buch IV, Absatz 8, S. 1. – [15] Platon, *Phaidon*, S. 59-60. – [16] Xenophon, *Apologie*, S. 28.

II. BUCH, 1. KAPITEL

[1] Aristoteles, *Politik*, S. 1270. – [2] Xenophon, *Anabasis*, Buch IV, Absatz 7, S. 22–25. – [3] Plutarch, *Moralia*, S. 190. – [4] ebd., S. 192. – [5] Aristoteles, *Politik*, S. 1270. – [6] Platon, *Der Staat*, S. 422. – [7] Aristoteles, *Politik*, S. 1310a. – [8] Isokrates, *Archidamos*, S. 28. Isokrates schrieb von den Griechen auf der Peloponnes, hatte aber vielleicht seine athenischen Mitbürger im Auge. – [9] Isokrates, *Vom Vermögenstausche*, S. 159. – [10] Amphis, Fragment 1, übers. von Otto Weinreich, in Aristophanes, *Sämtliche Komödien*, Band II, S. 465. – [11] Athenaios, Buch XII, Absatz 43. – [12] Aristoteles, *Naturgeschichte der Tiere*, S. 583a. – [13] Plutarch, *Griechen und Römer* («Dion»), Band IV, S. 56. – [14] Athenaios, Buch XIII, Absatz 63. – [15] Glotz, *Greek City*, S. 339. – [16] Plutarch, *Griechen und Römer* («*Phokion*»), Band IV, S. 323.

II. BUCH, 2. KAPITEL

[1] Plutarch, *Griechen und Römer* («*Demosthenes*»), Band IV, S. 229. – [2] Demosthenes, *Kranzrede*, S. 126, 258f., 265. – [3] Isokrates, *Panegyrikos*, S. 44. – [4] Sokrates, *Vom Frieden*, S. 94. – [5] ebd., S. 4. – [6] ebd., *Areiopagitikos*, S. 5. – [7] *Vom Frieden*, S. 35. – [8] *Areiopagitikos*, S. 8. – [9] Diogenes Laertios, «*Xenophon*». – [10] Plutarch, *Lebensbeschreibungen*, «*Alexander*». – [11] Plinius, *Naturgeschichte*, Buch XXXV, Absatz 36. – [12] Pausanias, Buch V, Absatz 17. – [13] ebd., Buch VI, Absatz 25.

II. BUCH, 3. KAPITEL

[1] Plutarch, *Griechen und Römer* («*Marcellus*»), Band III, S. 318. – [2] Aristoteles, *Politik*, S. 1340. – [3] Heath, Sir T., *History of Greek Mathematics*, Band I, S. 209, 233, 252. – [4] Sarton, G., *Introduction to the History of Science*, S. 118. – [5] Heath, *Aristarchus of Samos*, S. 276. – [6–10] Diogenes Laertios, «*Aristippos*». – [11] Platon, *Phaidon*, S. 64. – [12] Diogenes Laertios, «*Antisthenes*». – [13–15] ebd., «*Diogenes*». – [16] ebd., «*Antisthenes*». – [17] ebd., «*Diogenes*». – [18] Plutarch, *Moralia*, S. 21. – [19] Platon, *Der Staat*, S. 539. – [20] *Symposion*, S. 175. – [21] *Euthyphron*, S. 292. – [22] *Charmides*, S. 169. – [23] Carrel, A., *Der Mensch das unbekannte Wesen*, S. 237. – [24] Spinoza, *De emendatione intellectus*, S. 36–37. – [25] Platon, *Symposion*, S. 209. – [26] *Philebos*, S. 57–58. – [27] *Phaidon*, S. 82. – [28] *Der Staat*, S. 424. – [29] ebd., S. 500. – [30] *Die echten Briefe Platons* (siebenter Brief), S. 95. – [31] *Der Staat*, S. 555. – [32] ebd., S. 557. – [33] ebd., S. 562–563. – [34] ebd., S. 567. – [35] ebd., S. 496. – [36] ebd., S. 459. – [37] ebd., S. 473. – [38] *Die Gesetze*, S. 710. – [39] ebd., S. 761. – [40] Diogenes Laertios, «*Platon*». – [41] Aristoteles, *Metaphysik*, S. 1005b. – [42] *Mechanik*, Buch III, S. 848–850. – [43] *Metaphysik*, S. 1074b. – [44] *Teile der Tiere*, Buch I, Absatz 5. – [45] *Naturgeschichte der Tiere*, Buch VI, Absatz 22. – [46] Aristoteles (?), *Oekonomik*, Buch I, Absatz 3; ein typisch Aristotelischer Satz in einem Werk, das lange dem Aristoteles zugeschrieben war, möglicherweise aber aus späterer Zeit stammt. – [47] *Fortpflanzung der Tiere*, Buch I, Absatz 15. – [48] ebd., Buch IV, Absatz 1. – [49] *Naturgeschichte*, Buch VII, Absatz 4. – [50–51] ebd., Buch VI, Absatz 2–3. – [52] ebd., Buch I, Absatz 1. – [53] ebd., Buch VIII, Absatz 1. – [54] *Politik*, S. 1256b. – [55] *Von der Seele*, S. 415. – [56] ebd., S. 431. – [57] ebd., S. 430. – [58] *Metaphysik*, S. 1044a. – [59] *Von der Dichtkunst*, S. 1449. – [60] *Politik*, S. 1337b. – [61] *Nikomachische Ethik*, S. 1099a. – [62] ebd., S. 1153b. – [63] *Über die Redekunst*, Buch II, Absatz 16,2. – [64] *Nikomachische Ethik*, S. 1125b. – [65] ebd., S. 1098a. – [66] ebd., S. 1178b. – [67] *Politik*, S. 1267a. – [68] ebd., S. 1275b. – [69] ebd., S. 1253a. – [70] ebd., S. 1296b. – [71] *Redekunst*, Buch II, Absatz 15, 3. – [72] *Politik*, S. 1286a. – [73] ebd., S. 1278a. – [74] ebd., S. 1280a. – [75] ebd., S. 1254b. – [76–77] ebd., S. 1320a. – [78] ebd., S. 1295a. – [79] ebd., S. 1264a. – [80] ebd., S. 1261b. – [81] ebd., S. 1296b. – [82] ebd., S. 1296a. – [83] ebd., S. 1330a. – [84] ebd., S. 1329b. – [85] *Redekunst*, Buch I, Absatz 1, 7. – [86] *Politik*, S. 1287a. – [87] ebd., S. 1265b. – [88] ebd., S. 1335b.

II. BUCH, 4. KAPITEL

[1–4] Plutarch, *Lebensbeschreibungen*, «*Alexander*». – [5] Plutarch, *Von der Ruhe des Gemütes*, S. 212. – [6–8] Plutarch, «*Alexander*». – [9] Plutarch, *Moralia*, S. 180c. – [10–11] Plutarch, «*Alexander*». – [12] Lukian, *Totengespräche*, Buch XIV, in *Werke*. – [13] Arrian, *Alexanders des Großen Siegeszug durch Asien*, S. 372. – [14] ebd., S. 144. – [15] Plutarch, «*Alexander*».

III. BUCH, 1. KAPITEL

[1] Pausanias (Schubart), Buch X, Absatz 22. – [2] Polybios, Buch VI, Absatz 9; Buch VII, Absatz 10; Buch XV, Absatz 21; Glotz, *Greek City*, S. 323. – [3] Theokritos, 2. Idylle, S. 44. – [4] Polybios, Buch XXXVI, Absatz 17. – [5] Strabon, Buch XIV, Absatz 2, 5. – [6] Polybios, Buch V, Absatz 90.

III. BUCH, 2. KAPITEL

[1] Josephus, *Gegen Apion*, Buch I, Absatz 60. – [2] I. Makk., Kapitel 2, Vers 19–20. – [3] ebd., Kapitel 2, Vers 27. – [4] ebd., Kapitel 2, Vers 46.

III. BUCH, 3. KAPITEL

[1] *Die Mimiamben des Herondas*, Buch I. – [2] Polybios, Buch VII, Absatz 8.

III. BUCH, 4. KAPITEL

[1] Polybios, Buch IX, Absatz 2. – [2] I. Kor., Vers 33. – [3] Menander, *Die Komödien und Fragmente*, S. 131, 133. – [4] *Die Dichtungen des Kallimachos*, S. 189. – [5] Theokritos, 15. Idylle, S. 44ff. – [6] 1. Idylle, S. 126ff. – [7] 2. Idylle, S. 76ff. – [8] Fragment 54 bei McCrindle, J. W., *Ancient India as Described by Megastenes and Arrian*, S. 120. – [9] Polybios, Buch XXX, Absatz 32. – [10] ebd., Buch III, Absatz 2. – [11] ebd., Buch XVI, Absatz 20. – [12] ebd., Buch XXI, Absatz 32. – [13] ebd., Buch I, Absatz 1. – [14] ebd., Buch I, Absatz 35. – [15] ebd., Buch I, Absatz 4. – [16] Dionysios von Halikarnassos, nach *Cambridge Ancient History*, Band VIII, S. 10.

III. BUCH, 5. KAPITEL

[1] Athenaios, Buch XIV, Absatz 31. – [2] Plinius, Buch XXXV, Absatz 40. – [3] ebd., Buch XXXV, Absatz 36. – [4] ebd., Buch XXXIV, Absatz 18. – [5] Vergil, *Aeneis*, Buch II, Absatz 49. – [6] Nach Gardner, E. A., *Six Greek Sculptors*, S. 6.

III. BUCH, 6. KAPITEL

[1] Plutarch, *Griechen und Römer («Marcellus»)*, Band III, S. 322. – [2] Cicero, *Vom Gemeinwesen*, Buch I, Absatz 14. – [3] Heath, *History*, Band II, S. 18. – [4] Plutarch, Band III, S. 321f. – [5] Polybios, Buch 5, Absatz 9. – [6] Plutarch, Band III, S. 324f. – [7] Strabon, Buch I, Absatz 4, 6. – [8] Theophrastos, *Geschichte der Pflanzen*, Buch II, Absatz 1, nach Livingstone, S. 178. – [9] Nach Wright, F. A., *History of Later Greek Literature*, S. 14. – [10] Sextus Empiricus, *Adversus Mathematicos*, Buch XI, Absatz 50, nach Livingstone, S. 201.

III. BUCH, 7. KAPITEL

[1] Athenaios, Buch XIII., Absatz 90. – [2] Theophrast, S. 35. – [3] Diogenes Laertios, «*Pyrrhon*». – [4] Zeller, E., *Die Philosophie der Griechen in ihrer geschichtlichen Entwicklung dargestellt*, zitiert nach 2. Auflage, Band III, S. 540. – [5] Wright, S. 128. – [6] Polybios, Buch XII, Absatz 26. – [7–15] Diogenes Laertios, «*Epikuros*». – [16] Athenaios, Buch VII, Absatz 11. – [17] Cicero, *De finibus*, Buch I, Absatz 7, 25. – [18–20] Diogenes Laertios, «*Zenon*». – [21] ebd., Lukian, Lactantius und Stobaios erzählen dieselbe Geschichte. – [22] übers. von J. G. Herder, in *Griechische Gedichte*, S. 167. – [23] Wilamowitz-Moellendorff, *Reden und Vorträge*, S. 327. – [24] Diogenes Laertios, «*Zenon*».

III. BUCH, 8. KAPITEL

[1] Polybios, Buch I, Absatz 1. – [2–3] Plutarch, *Lebensbeschreibungen*, «*Pyrrhos*». – [4] Titus Livius, *Römische Geschichte*, Buch XXV, Absatz 40, 31. – [5] Polybios, Buch II, Absatz 8. – [6] ebd., Buch V, Absatz 104. - [7] ebd., Buch XVIII, Absatz 45.

PERSONENVERZEICHNIS

Ist nichts anderes vermerkt, gelten die Daten für die vorchristliche Zeit

B

I

J

K

L

M

N

O

P

BILDNACHWEIS

Bildarchiv Preussischer Kulturbesitz, Berlin: neben Seite 321
Hirmer Fotoarchiv – Hirmer Verlag, München: neben Seiten 33, 64, 128, 129, 161, 192, 225, 289, 377, 408, 409
Holle Bildarchiv, Baden-Baden: neben Seiten 193, 224, 256
Staatliche Antikensammlungen und Glyptothek, München: neben Seiten 32, 65, 96, 97, 160, 288, 320, 376 (alle Fotos Caecilia H. Krüger-Moessner)
Rüdiger Stolze, München: neben Seite 257

Schutzumschlagfoto: Staatliche Antikensammlungen, München

Stefan Mayr

›Dinner For One‹ von A–Z

Das Lexikon zum Kult-Vergnügen

EICHBORNS SCHRÄGE BÜCHER

3 4 5 06 05 04

Lektorat: Judith Schneider
Layout und Satz: Oliver Schmitt
Reihenkonzept/Umschlaggestaltung: Moni Port
Druck und Bindung: Clausen & Bosse, Leck
ISBN 3-8218-3610-5

Bildnachweise:
S. 17, 90, 109, 129: © Axel Scheffler, London
S. 51: © Sonja Göth, Tornesch
S. 87: © Sigrid Meixner, Schwerin-Lankow
S. 97: © Hansa-Theater, Hamburg
S. 103: © W. Müller, Ratingen
S. 133: © Jörn Kaiser, Lübeck

Verlagsverzeichnis schickt gern:
Eichborn Verlag, Kaiserstr. 66, D-60329 Frankfurt am Main
www.eichborn.de

»Well James, it's been really a wonderful party«

Miss Sophie

Meinen drei Goldstücken
Keren, Maximilian und Liam.

Inhalt

Vorwort

Ich erinnere mich noch ganz genau: Zum Umschalten mußten wir noch aufstehen. Diesmal war Robert an der Reihe. Mein großer Bruder drehte mit viel Geduld und Fingerspitzengefühl am schwarzen Knopf, bis eines der drei Programme erschien. Es machte einen dumpfen Schlag. Etwa so, als würde man mit einem Schuh gegen einen Tigerschädel klopfen. Bruderherz und ich, wir waren uns zum ersten und letzten Mal im Leben sofort und ohne weitere Diskussion einig, diese Sendung gemeinsam weiter ansehen zu wollen. Ich verstand kein einziges Wort und die Schlußpointe dreimal nicht. Trotzdem, keine Ahnung warum, ging mir dieser Butler nicht mehr aus dem Kopf. Er war und blieb mein erstes bewußtes Fernseh-Erlebnis.

Seit diesem Tag gab es eine neue Konstante in unserem Leben: An Dreikönig kamen die Sternsinger vor die Tür, an Ostern der Hase in den Garten, am Nikolaustag Onkel Hans ins Wohnzimmer, an Weihnachten das Christkind unter den Baum und an Silvester kam eben James im Fernsehen. Heute, ein knappes Vierteljahrhundert später, ist die Begeisterung über Sternsinger, Rammler, Verwandte sowie Heils- und Geschenkebringer dem Realismus gewichen. Aber auf James freuen wir uns Jahr für Jahr wie Sophie auf ihre Mulligatawny-Suppe. Wir begehen diesen höchsten Feiertag mit mindestens fünf 18-minütigen Sitzungen vor dem Superdolbysurroundfarbfernsehgerät und der Fernbedienung in Greifweite.

Irgendwann wollte ich mehr wissen über James und Sophie. Es blieb beim Wunsch. Die wenigen Büchlein, die es gab, waren alle nur ein Witz. Ausnahmslos erfundene, wenn auch mitunter ganz nette Geschichtchen rund um die Dinner-Tafel. Aber keine Biographie über den besten Schautrinker der Welt, keine Dokumentation der Entstehung- und Rezeptionsgeschichte dieses Leckerbissens, keine interdisziplinäre Analyse der am öftesten ausgestrahlten und somit bedeutendsten Fernsehproduktion Deutschlands. Kleine Lichtblicke: Die Berichte in Zeitungen, Zeitschriften und Radio an Silvester. Sie boten die eine oder andere Einzelheit über die Darsteller Freddie Frinton und May Warden. Allerdings wiedersprachen sich diese nicht selten: Laut *Frankfurter Rundschau* wurde Frinton am 17. Januar 1911 als Frederick Hargate geboren. Beim *Norddeutschen Rundfunk* hieß er dagegen Frederic Coo und kam 1909 auf die Welt. Kurzum: Von dem, was die deutschen Medien im Laufe der Jahre absonderten, war die Hälfte schlichtweg falsch. Mit den verschiedenen Widersprüchen und Ungereimtheiten hätte man ein eigenes Buch füllen können. Ein gründlicher Blick hinter die Kulissen, ausführliche Gespräche mit Nachfahren, Zeitzeugen und Experten waren also überfällig. Dies bewies auch die Resonanz auf meine Rundmail an diverse Wissenschaftler. Vom Theaterwissenschaftler bis zum Medienpsychologen, vom Anglisten bis zum Kulturforscher, alle haben sie geantwortet und mitunter bahnbrechende Erkenntnisse vorgelegt. Dr. Stephan Schwan von der Universität Tübingen schlüsselt etwa in beeindruckender Art und Weise die drei Erfolgsgeheimnisse des ›Dinner for One‹ auf. Dr. Rainer Stollmann von der Universität Bremen analysiert einleuchtend, warum wir wann worüber lachen. Am interessantesten war allerdings mein Treffen mit Sonja Göth. Das ist jene Zuschauerin, die beim Dinner im Hintergrund so laut und ansteckend lacht – was sie noch heute gerne und oft macht.

Auf jeden Fall hat sich der Aufwand gelohnt. Endlich hatte ich einen plausiblen Grund, das Dinner mehrmals täglich anzuschauen. Nach all den Recherchen, Briefwechseln, Gesprächen, nach unzähligen Stunden im Internet und mindestens 100 Mal ›Dinner for One‹ vom Videoband darf ich nicht ohne Stolz verkünden: Die Schlußpointe verstehe ich jetzt. Und über James muß und kann ich immer noch so herzhaft lachen wie damals, als mein Bruderherz aufstand, um am Knopf zu drehen.

Gebrauchsanweisung

Dieses Lexikon versteht sich als erster Versuch einer seriösen Faktensammlung zum ›Dinner for One‹. Da die Dinnerologie eine noch junge Wissenschaft ist, können Lücken oder Ungenauigkeiten nicht ausgeschlossen werden. Der Autor erhebt keinerlei Anspruch auf Vollständigkeit und freut sich über jede Ergänzung, Anregung oder Korrektur. Briefe oder Mails sind jederzeit willkommen und werden gerne beantwortet – außer am 31. Dezember zwischen 18 und 0 Uhr. (Briefe adressieren Sie bitte an: Eichborn AG, Frau Judith Schneider, Kaiserstraße 66, 60329 Frankfurt. Diese werden dann weitergeleitet. Mich erreichen Sie unter james@ssskol.de.)

In den sogenannten Exkursen wird jeweils ein Blick in die Zukunft gewagt. Diese wurden nach bestem Wissen und Gewissen angefertigt, können aber naturgemäß nicht auf Tatsachen oder Belegen basieren, sondern nur auf dem gesunden Menschenverstand.

Der Verweispfeil »➛« fordert auf, das darauf folgende Wort nachzuschlagen. Er erscheint nur, wenn es dort zusätzliche Information zum aktuellen Eintrag gibt.

Im übrigen sollte dieses Buch schnell wieder weglegen, wer hier ausschließlich die Unterhaltung sucht. Humor im allgemeinen und das ›Dinner for One‹ im speziellen sind eine äußerst ernste Angelegenheit!

Grundwissen

Irgendein zweitklassiges Varieté-Theater in irgendeiner englischen Provinzstadt. Es sind noch vier Stunden bis zur Abendvorstellung. Der Produzent erfährt, daß vier seiner sechs Schauspieler mit Alkoholvergiftung im Krankenhaus liegen. Der Boß setzt sich in sein muffiges Büro. Kippt einen Sherry hinunter – vermutlich extra trocken. Und fängt in seiner Verzweiflung an, ein Stück für seine zwei restlichen Schauspieler zu schreiben. Das erste, was ihm einfällt, ist der Titel: ›Dinner for One‹, zu deutsch: ›Abendessen für Eine‹. So oder ähnlich könnte der Jahrhundertsketch entstanden sein.

Wann und wie genau das Stolperstück geschrieben wurde, ist nicht belegt. Fest steht nur, daß es ein Mann namens Morris Laurence Samuelson alias ➛ Lauri Wylie verfaßt hat. Allerdings tat er das ohne eine einzige Regieanweisung. Also ohne Tigerkopf, Hackenschlag, Blumenvase und all die anderen Sachen, die den Sketch so sehenswert machen.

Es bedurfte schon etlicher Zufälle und noch mehr nachträglicher Zusätze, um daraus den Dauer-Kult des ausgehenden 20. Jahrhundert zu machen. Was aber nicht heißen soll, daß das Dinner zunächst ungenießbar war.

Nach der ➛ Uraufführung am 11. März 1948 im Rahmen der Revue-Show »Four, Five, Six!« im Londoner »Duke of York's Theater« gab es keinen Kritiker, der nicht begeistert war. Das Fachmagazin *Theatre World* bejubelte Schauspieler Bobbie Howes: »Sein beschwipster Butler (…) ist ein Genuß, aber dieser Sketch (…) noch dazu mit einer Darstellerin wie Binnie Hale ist Revue in ihrem Zenit.« Fünf Jahre später wurde das Dinner erstmals am ➛ Broadway in New York aufgeführt. Danach wurde das Viertelstunden-Stück als eine von vielen Nummern innerhalb von Varieté-Shows gezeigt. Die Aufführungsrechte wurden mehrmals gekauft und weiterverkauft. Die jeweiligen Rechteinhaber vermieteten das Dinner für fünf Pfund pro Woche. Mehrere britische Komiker wie Clarkson

Rose, Derek Roy oder Len Howe versuchten sich an dem Stück. Wohlgemerkt ohne Tiger, Skål und Vase.

Mitte der Fünfziger Jahre sah ein Mann das ›Dinner for One‹, der Material für eine neue Show brauchte und auf den Sketch aufmerksam gemacht worden war. Sein Name war Freddie Frinton. »Er mochte die Nummer nicht besonders«, berichtet Komiker-Kollege Len Howe. »Erst beim zweiten Zuschauen entschied er, das Stück in sein Programm aufzunehmen.« Frinton spielte den Butler, Howes Ehefrau Audrey Maye gab die Miss Sophie. Nach einigen akzeptablen Vorstellungen traten sie gemeinsam im Theater von Burgess Hill (Grafschaft West Sussex) auf. »Vor der Premiere gab es einen Empfang im Rathaus«, berichtet Len Howe. »Dabei schlug der Bürgermeister vor, das Bühnenbild mit einem Tigerfell zu bereichern.« Frinton nahm das Angebot mehr aus Höflichkeit denn aus Leidenschaft an. Vermutlich versuchte er, den Tierteppich so auf der Bühne zu platzieren, daß er während der Vorstellung nicht stören würde. Vergeblich. Irgendwann passierte es. Frinton stolperte über den Tigerkopf. Sehr zur Erheiterung des Publikums. Der Vollblut-Komödiant machte das einzig Richtige. Er stolperte noch einmal. Und beim dritten Mal war ihm klar: Die tote Tierhaut auf dem Boden macht aus dem halbtoten Sketch eine lebendige Geschichte. Der Bürgermeister sah seine Leihgabe nie wieder. So erzählt jedenfalls Len Howe, wie der Tiger vor die Anrichte kam.

Auf diese Weise verfeinerte Frinton das Dinner Auftritt für Auftritt, Zutat für Zutat. Im Laufe der Spielzeiten kamen noch hinzu: das ach so freundliche Nachschenken bei Sir Toby, der von James innig geliebte Hackenschlag des Admirals, der Vasentrunk zwischendurch, der Portwein-vom-Tisch-zurück-ins-Glas-Wischer, Sophies Schaukelstuhl-Einlage, das Champagner-Parfum, das Winterbottomsche Rülpserchen, der Treppensprint, uvm. Frinton machte aus 15 Minuten trockenem Abendbrot ein Super-Supper. Die Zuschauer konnten sich nicht mehr satt sehen.

Ende 1962 saßen zwei Männer im Publikum, die Material für eine neue Show brauchten und noch nie zuvor vom ›Dinner for One‹ gehört hatten. Nach der Vorstellung wußten ➛ Peter Frankenfeld und Heinz Dunkhase sofort, was zu tun war. Sie unterzeichneten noch am selben Tag den Vertrag mit Frinton. Einige Monate später, am 8. März 1963, zeigte Frankenfeld das Dinner in seiner ARD-Liveshow »Guten Abend, Peter Frankenfeld!«. Nach dem Auftritt beschlossen die Verantwortlichen des *Norddeutschen Rundfunks* spontan, eine Magnetaufzeichnung des Sketches anzufertigen. Diese ging vom 30. April bis 4. Mai 1963 über die Bühne des ➛ Studio B in Hamburg-Lokstedt. Vier Wochen später, am 8. Juni 1963, wurde die Aufnahme in der ARD ausgestrahlt. Bis das ›Dinner for One‹ erstmals an Silvester auf den Tisch kam, vergingen allerdings noch neun Jahre. Henry Regnier holte die Klamotte am 31. Dezember 1972 aus dem Schrank. »Das ist ein schönes kurzes Stück«, soll der Unterhaltungschef des NDR damals gesagt haben. »Aber es nützt nichts, wenn das mal da und mal dort gezeigt wird.« Als James erstmals an Silvester auf seinen Gong schlug, läutete er seinen Rundgang durch alle dritten Programme ein. Der Sketch läuft bis heute in Deutschland, Österreich, Schweiz, Schweden, Norwegen, Finnland, Dänemark, Südafrika und Australien.

Alphabetischer Teil

Abendmahl Das Abendmahl gilt als Höhepunkt des Gottesdienstes, das Dinner ist das Highlight des Jahres. Die Parallelen zwischen dem so genannten Letzten Abendmahl des Neuen Testaments und dem ›Dinner for One‹ des ausgehenden 20. Jahrhunderts sind frappierend. Zeremonienmeister beim Abendmahl ist Jesus, beim Dinner ist es James. Jesus verteilt Brot und Wein, James Mulligatawny-Suppe und Portwein. Auffallend auch der Gleichlaut der Namen. Jesus und James, kann das Zufall sein? Beide fungieren als Medium mit übersinnlichen Fähigkeiten: Jesus sagt den Verrat an seiner Person voraus, verkündet die Botschaft seiner Gottheit und begründet das Ritual der Eucharistie, das bis heute als klerikal-kulinarischer Kult begangen wird. James seinerseits übermittelt die Botschaften der Seelen längst verstorbener Personen, hält (trotz unverhohlener Abneigung und einiger Holprigkeiten) streng am ritualisierten Ablauf seiner Abendveranstaltung fest und hat auf die Nachwelt eine Wirkung, die ebenfalls nur als kultisch bezeichnet werden kann.

Admiral von Schneider 1. Die kontroverseste Figur am Tisch. Vorname unbekannt. Zackiger Mann mit krachenden Hacken, kerniger Stimme und ausuferndem Wortschatz: ➛ »Skål«. In der deutschsprachigen Kulturgeschichte ist er einer der bekanntesten Repräsentanten der militärischen Kaste neben dem Hauptmann von Köpenick, Käptn Blaubär, dem Kapitän von »Das Boot« und Käptn Iglu.

Nach Aussage von ➛ Ernest E. Regon ist »von Schneider« eine Erfindung des *Norddeutschen Rundfunks*. In der Urfassung des ›Dinner for One‹ sei nur von »The Admiral« die Rede gewesen. Andererseits schwört ein Peter Berger aus 42579 Heiligenhaus im Nachrichtenmagazin *Der Spiegel* (Heft 1/1994) sämtliche militärischen Eide, daß es Admiral von Schneider leibhaftig gegeben habe. Demnach wurde »Admiral Horatio von Schneider III« 1862 auf der Luxusjacht eines britischen Adeligen in der Straße von Gibraltar geboren. Während des Ersten Weltkriegs war er Angehöriger der britischen Rotmeer-

Die kontroverseste Figur am Tisch – entnommen aus »Ich kochte das Dinner for One«, Eichborn, Frankfurt, 1995.

Flotte. Als Korvettenkapitän kommandierte er ein Versorgungsschiff, das Ausrüstung und Munition für die aufständischen Araber um Lawrence von Arabien transportierte. Später dann – als Kapitän zur See – war er Chef einer Schiffsartillerieflotte, die Akaba sturmreif schoß. Gegen Ende des Krieges wurde »der untadelige Seeoffizier« zum Admiral befördert. Über dessen Ende läßt uns Berger allerdings im Trüben fischen. Er deutet nur an, daß es nicht das allerglücklichste gewesen sein kann: »Seine aufopfernde Pflichterfüllung seinem Vaterlande gegenüber ließ seine Vermählung mit Miss Sophie scheitern.«

2. (Lokal) bekannte Cover-Party-Rock-Band aus Norddeutschland. »Wie das ›Dinner for One‹ kommen auch gute Hits immer wieder, every year.« So erklärt Drummer Jörn Kaiser, warum sich die Admirals nach langem Überlegen – genauer: nach ausgiebigem Bierkonsum – diesen Namen gaben. Wieder klar im Kopf, hatten sie die berechtigte Befürchtung, »bei ein paar Blödköpfen in die rechte Ecke gestellt zu werden, nur weil sie die Metapher nicht begreifen«. Doch der Sound sei diesbezüglich unverdächtig, weil »rockig, aber radiotauglich, druckvoll, aber ohrenfreundlich«. Wer in die Debüt-CD »... as every year!« reinhören will, bestellt sie unter *www.admiralvonschneider.de*.

Alkohol Wer zu viel säuft, bringt es nicht weit, bewegt sich im Kreis, begegnet laufend den selben Hindernissen, über die er (fast) immer stolpert, und strampelt deshalb sein Leben lang als kleiner Knecht für andere durch die Welt. Das will uns das ›Dinner for One‹ sagen. Denn ganz offensichtlich führt der Konsum von Alkohol in seinen Formen Sherry extra trocken, Weißwein, Champagner und Portwein (in der Reihenfolge des Auftritts) ausschließlich zur Belustigung der Beobachter, nicht aber des Trinkers selbst. Selbst die subtil angedeutete Belohnung für den Butler, die im Obergeschoß wartet, muß in die Hose gehen. Nur so ist zu erklären, daß der Sketch ausgerechnet vor seinem Höhepunkt abgebrochen wird.

Nun mögen manche Kritiker einwenden, daß die Botschaft recht platt daherkommt. Aber das hat seinen Grund: Der Autor wendet sich an schlichte Gemüter und/oder Alkoholiker und will von diesen verstanden werden. Einige Puritaner wollen die Ausstrahlungen des Dinners verbieten lassen, weil darin angeblich der Konsum von Alkohol verherrlicht werde. Ihnen sei gesagt, James dient einzig und allein als abschreckendes Beispiel. Daß er amüsant rüberkommt, statt mit dem erhobenen Zeigefinger, soll nur die Wirkung erhöhen (des Sketches, nicht des Alkohols). Ob das die Abstinenzler jemals verstehen werden? (➛ Juhnke, Harald)

Altersbeschränkung Eine Altersbeschränkung für das ›Dinner for One‹ ist weder nötig noch vorhanden. Wenn James das Tablett mitsamt Chicken an die Wand schmettert, lachen Blutjung und Uralt. Das hat auch der ➛ Kinderkanal erkannt und beglückt seine

Zielgruppe seit 1989 mit dem ›Dinner for One‹. So mancher Fünfjährige freut sich am Ende jeder Tisch-Runde diebisch auf James' Begegnung mit dem Tigerkopf. Andere dagegen versuchen verzweifelt, den armen Mann zu warnen – mitunter in Kasperl-Theater-verdächtiger Lautstärke. Nicht repräsentative empirische Tests haben ergeben: ›Der 90. Geburtstag‹ verbindet Generationen, ist eine der letzten TV-Sendungen für die ganze Familie.

Anti-Dinneraner Als Anti-Dinneraner werden jene Wesen bezeichnet, die das ›Dinner for One‹ zwar gesehen haben, aber es nicht für die Mütter aller Parties halten und Freddie Frinton nicht für den Vater aller Trunkenbold-Darsteller. Diese Menschen finden es – aus welchen Gründen auch immer – nicht komisch, wenn ein alter Mann immer wieder über einen Tigerkopf stolpert. (➛ Dinneraner, ➛ Nicht-Dinneraner).

Autor Der Schöpfer der Kultklamotte ist ➛ Wylie, Lauri.

Banuscher, Frank Er war der verantwortliche Mensch hinter den Kameras, als das ›Dinner for One‹ vom 30. April bis 4. Mai 1963 aufgezeichnet wurde. Nach Aussage des »Ersten Kameramanns« war das 18-minütige Stolperstück schnell im Kasten: »Es gab ein paar Unterbrechungen, aber nur wegen der Kamera und nicht wegen der Schauspieler. Bei denen saß jeder Handgriff.« So fix das Ding abgedreht war, so schnell war es auch abgehakt. »Für mich war das damals just another thing«, stellt Banuscher hanseatisch-britisch fest. Soll heißen: Auch er ahnte nicht, daß diese Mini-Produktion sein meistgesendeter Film werden würde. Deshalb war es ihm zunächst auch herzlich egal, ob sein Name im Abspann genannt wurde oder nicht. Und siehe: Er fehlt bis heute. Nach seiner Pensionierung rückte Banuscher noch einmal ins Rampenlicht, als er im *Spiegel* 1/2002 behauptete, zwischen Freddie Frinton und May Warden hätte es »definitiv« gefunkt (➛ Liebe). Heute distanziert er sich von dieser Aussage: »Es kann auch sein, daß ich mich getäuscht habe.«

BBC Wenn ganz Europa James' feuchtfröhlichem Treiben zujubelt, dann sitzen die Ladies und Gentlemen in Großbritannien auf dem Trockenen. Die BBC (*British Broadcasting Corporation*) hat das ›Dinner for One‹ über all die Jahrzehnte hinweg stets unter Verschluß gehalten und macht keinerlei Anstalten, den Sketch jemals auszustrahlen. Die Suche nach Gründen gleicht der Fahndung nach einer Stecknadel im Londoner Nebel. Manche vermuten, die Briten hätten eben einen anderen Humor. Böswilligere behaupten, sie hätten gar keinen. Dabei berufen sie sich auf eine Studie der englischen (!) Universität Hertfordshire: Internet-Surfer wurden weltweit aufgefordert, ihre Lieblingswitze einzusenden und die Witze anderer Teilnehmer zu bewerten. Die Deutschen klickten auf dem »Lachometer« am öftesten von allen auf »sehr lustig«. Die Engländer belegten nur den traurigen fünften Platz. Allerdings ist es zumindest fraglich, ob die Netz-Umfrage repräsentativ war, und ob die Studie nicht einen kleinen Webfehler aufweist: Womöglich fanden die Deutschen die anderen Witze ja gerade deshalb so lustig, weil sie – wenn sie unter sich sind – nichts zu lachen haben?

Der Bremer Kulturwissenschaftler Dr. Rainer Stollmann führt den Boykott der BBC auf die Herkunft Freddie Frintons zurück: »Frinton kommt vom Tingeltangel, da ist der Graben zur ehrwürdigen BBC etwas größer.« Vielleicht aber würde so mancher Redakteur nur allzu gerne das Dinner zeigen, darf es nur nicht, weil der torkelnde Butler das britische Königshaus ins Wanken bringen könnte?

Nicht ausgeschlossen, daß gerade dies die Intention des Autors war: Einerseits führt er die skrupellose Ausbeutung der einfachen Leute durch die Aristokratie vor. Andererseits deutet er die Abhängigkeit des Adels von den Bediensteten an: Miss Sophie, rein optisch Queen Elizabeth nicht unähnlich und im Habitus der Inbegriff einer blasierten Lady, könnte ohne Butler weder ihre wahnwitzigen Parties durchziehen noch ihre niederen Triebe befriedigen. Und dann wäre da noch die blaublütige Rauschkugel Sir Toby. Ständig will er nachgeschenkt haben und grölt als Beitrag zur Tischkonversation immer nur »Cheerio, Miss Sophie«. Ergo handelt es sich hier um ein knallhartes Anti-Monarchie-Stück. Geradezu unvorstellbar, daß so etwas im Programm der »Körperschaft des öffentlichen Rechts mit königl. Charter« (dtv-Lexikon) auftaucht. Derart subversives Material muß im Vereinigten Königreich selbstverständlich der Zensur anheimfallen.

Beatles, The

Sogar die Pilz-Popper ließen sich von Freddie Frinton inspirieren. In ihrem Song »Good Morning, Good Morning« besingen sie die Fernseh-Serie »Meet the wife«, in der Frinton einen trotteligen Klempner und Ehemann spielt. Die Serie lief von 1964 bis 1966 zur Tea-Time und war sehr populär.

Hier die kleine Reminiszenz der Fab Four an Freddie Frinton:

People running 'round it's five o'clock,
Everywhere in town it's getting dark,
everyone you see is full of life
It's time for tea and meet the wife.

Besenbinderhof, Theater am (Hamburg)

An diesem Hamburger Theater ging die Deutschland-Premiere des englischen ›Dinner for One‹ über die Bühne. Wo heute Ver.di (Vereinigte Dienstleistungsgewerkschaft) seine konzertierten Aktionen aus dem Boden stampft, traten früher Größen wie Klaus Kinski und Heinz Rühmann auf. Im Zweiten Weltkrieg wurde der Besenbinderhof zerstört, danach notdürftig wieder aufgebaut. Stammgast ➛ Sonja Göth erinnert sich an eine Aufführung von »Sodom und Gomorrha« kurz nach der Wiedereröffnung: »Auf der Empore waren einfache Stühle aufgereiht, die hinteren Reihen etwas erhöht. Während der Vorstellung kippten ständig Leute vom Podest. Das war Sodom und Gomorrha, nicht nur auf der Bühne.«

Am 8. März 1963, bei der Live-Fernsehshow »Guten Abend, Peter Frankenfeld«, fielen die Zuschauer im Besenbinderhof und vor dem Fernseher aus anderen Gründen vom Stuhl: Das ›Dinner for One‹ war derart umwerfend, daß der *Norddeutsche Rundfunk* nur vier Tage später mit Freddie Frinton einen weiteren Vertrag abschloß. Da der Auftritt am Abend noch nicht aufgenommen werden konnte, wurde eine neue ➛ MAZ-Aufzeichnung produziert. Ende der Sechziger Jahre fiel im Besenbinderhof der letzte Vorhang.

Blackpool (Nordengland) Zwölf lange Tage des Forschens und Suchens hatten Heinz Dunkhase und ➛ Peter Frankenfeld schon in den unzähligen Varieté-Theatern von Blackpool verbracht. Zwei Tage blieben noch bis zur Abreise und sie hatten immer noch nichts Brauchbares für ihre neue Fernsehshow »Guten Abend, Peter Frankenfeld!« gefunden, die 1963 anlaufen sollte. Es schien, als würde die zweiwöchige Expedition in die Hochburg der schlichten Unterhaltung als grandioser Flop enden. Mißmutig begaben sich Dunkhase und Frankenfeld in die Church Street, um ein letztes Mal im Pavillion-Theater des Winter Garden ihr Glück zu versuchen. Als sie das Etablissement wieder verließen, waren sie so gut gelaunt wie seit ihrer Ankunft »in diesem scheußlichen Nest« (O-Ton Dunkhase) nicht. Sie hatten das ›Dinner for One‹ gesehen und den Vertrag für einen Auftritt Freddie Frintons und May Wardens in Hamburg schon in der Tasche. Sie wußten allerdings nicht, daß sie damit den Triumphzug von den britischen Provinzbühnen bis in die Wohnzimmer von Millionen Europäern auf dem Kontinent angestoßen hatten. Heute jedenfalls ist Blackpool als Geburtsstadt des ungewöhnlichsten Geburtstagsdinners der Welt ein Begriff. Nur wenige kennen die Stadt als Namensgeberin der weiß-roten Zuckerstange »Blackpool Rock«. Und wer weiß schon, daß Blackpool auch der Geburtsort der sogenannten »Kiss-me-quick«-Hüte ist, auf denen kontaktfördernde Sprüche wie »Küss mich schnell« stehen und die in englischen Touristentreffs weggehen wie andernorts frische Brezeln?

Einst war Blackpool ein stinknormales Fischerdorf an der Irischen See. Heute ist die 150 000-Einwohner-Stadt auf Gedeih und Verderb dem Tourismus ausgeliefert. Die Entwicklung zum Seebad begann mit dem Eisenbahn-Anschluß. Was der Ballermann für die Deutschen der jüngsten Jahrhundertwende ist, war Blackpool für die Arbeiter aus den Städten des industriell revolutionierten Englands. Mittlerweile ist das Meerwasser zwar dreckiger als die EU erlaubt, die Leute kommen aber trotzdem, weil rechtzeitig der »Pleasure Beach« eröffnet wurde, ein Vergnügungspark mit der zweitgrößten Achterbahn der Welt (»The Big One«) und einer 158 Meter hohen Nachbildung des Eifelturms. Diese heißt »Blackpool Tower« und gilt als Wahrzeichen der Stadt. Weitere Anziehungspunkte: Nachtclubs, Spielsalons und eben die Varieté-Theater. Um die Saison in Blackpool künstlich zu verlängern, wird die Strandpromenade von August bis November zur längsten Leuchtgirlande des Landes umfunktioniert. Eine wahrhaft blendende Idee, um Touristen auch bei Meeresbrise und britischem Wetter anzulocken. Die nächste bahnbrechende Attraktion ist bereits geplant: Ein Spielcasino à la Las Vegas mit 1000 Betten, einem Showtheater für 3000 Besucher und dem identitätsstiftenden Namen »Pharao's Palace«. Einen winzigen Rest Fischerdorf hat sich die Stadt bis heute erhalten. Wer ein bißchen sucht, kann noch »whelks and cockles« finden. Das ist Blackpools kulinarische Spezialität, Wellhornschnecken und Herzmuscheln mit Essig.

Blinde

Auch Sehbehinderte und Blinde können die Frintonschen Faxen miterleben. 1998 strahlten NDR und SFB erstmals eine so genannte »Audiodeskriptions-Fassung« aus, also mit mündlicher Beschreibung des Geschehens. Das hört sich dann so an: »James ist etwa 1 Meter 60 groß, cirka 70 Jahre alt und weißhaarig. Leicht vorgebeugt mit wackelndem Kopf watschelt er mit nach außen gedrehten Füßen um den Tisch herum und stellt die Teller darauf. Mit nach hinten gestreckten Armen und gespreizten Fingern überblickt er den Tisch und geht zur Anrichte. Dabei stolpert er über den ausgestopften Kopf eines Tigerfells und fällt fast gegen die Anrichte.« Die Fortbewegungsweise des Butlers wird mit stetig steigender Trunkenheit so beschrieben: »stakst«, »humpelt«, »schwankt«, »wankt«, »torkelt«. James »ergreift eine Blumenvase vom Tisch, prostet Miss Sophie zu, wirft den Strauß auf den Tisch und trinkt die Vase aus. Er schüttelt den Kopf.«

Produziert wurde der Hörfilm vom Deutschen Blinden- und Sehbehindertenverband e.V. Seit 1999 bieten alle dritten Programme diesen Service an. Wer reinhören will, muß am Empfangsgerät nur den zweiten Tonkanal anwählen. Das geht allerdings nur mit Kabel- oder Antennen-Anschluß. Über Satellit senden die Sender die Audiodeskriptions-Fassung nicht – aus Angst vor den sehenden Zuschauern. Weil die meisten Sat-Receiver das Zweikanaltonsignal nicht als solches erkennen, sondern als Stereosignal interpretieren, sind beide Tonkanäle gleichzeitig zu hören – wie bei einer Stereosendung. Die unfreiwilligen Zuhörer wissen dann nicht, wie sie die Hörfilm-Tonspur abschalten können und beschweren sich beim Sender. Doch die blinden Fernsehkunden mit einer Satellitenschüssel auf dem Dach müssen nicht darben: Der *Bayerische Rundfunk* strahlt Hörfilm-Versionen als einzige Länderanstalt auch über Satellit aus (➛Y2K).

Broadway

Lange bevor Deutschland in den Genuß des Dinners kam, hatte sich New York bereits sattgelabt. »Der große Triumph des Abends ist der Sketch ›Dinner for One‹ von Lauri Wylie, der schon als Klassiker bezeichnet wird«, schrieb die Fachzeitschrift *Theatre World*, nachdem am 10. Dezember 1953 die Revue »John Murray Anderson's Almanac« Premiere im Imperial Theatre gefeiert hatte. »The Lady« und »The Butler« wurden gespielt von Hermione Gingold und Billy deWolfe. Die Show hielt sich bis zum 26. Juni 1954 am Broadway. Insgesamt gab es 229 Aufführungen. Für die musikalischen Elemente der Revue war ein 26-jähriger Mann zuständig, der ebenfalls sein Debüt am Broadway gab:

Harold George Belafonte junior. Für seine Darbietungen bekam er 1954 den Tony Award – der perfekte Start für den späteren Weltstar Harry Belafonte.

Bundesamt für Naturschutz

Es war ein Volltreffer des Nachrichtenmagazins *Der Spiegel*: »Das Bonner Bundesamt für Naturschutz (BfN) hat sich mit dem Fernsehklassiker Dinner for One beschäftigt – und darin eine naturpolitisch unkorrekte Requisite entdeckt«, schrieb das Magazin an Silvester 1996 und schürte die Angst vor der Absetzung des Torkelschwanks. Die Resonanz war groß, alle Zeitungen und Fernsehstationen fielen ein in den Gesang der beleidigten ➤ Dinneraner, die Empörung in der Republik über die humorlosen Schreibtischtäter in Bonn war flächendeckend. Doch am meisten »erstaunt und erbost« war das BfN selbst. Denn es hatte sich nach eigenen Beteuerungen weder mit dem ›Dinner‹ beschäftigt noch irgendetwas entdeckt. »Die Anfrage (des *Spiegel*, Anm. d. Autors) bezog sich (...) auf allgemeine Fragen des Artenschutzes und der Einführung von geschützten Tierarten und exotischen Souvenirs, die häufig die Wohnstuben dekorieren«, stellte das BfN per Pressemitteilung klar. In dem Gespräch mit dem Spiegel-Reporter sei es »gar nicht« um ›Dinner for One‹ gegangen, »sondern um allgemeine Requisiten in Fernsehfilmen«. Wenn das stimmt, dann ist der o. g. erste Satz des Artikels »Dinner ohne Tiger« (*Spiegel* 1/1997 vom 30.12.1996) ein grobes Foul auf der Jagd nach dem Volltreffer. Die Rote Karte blieb allerdings aus. Denn die Pressemitteilung des BfN kam zu spät. Am 15. Januar 1997 interessierte die Richtigstellung des Bundesamtes keinen Menschen mehr – und schon gar nicht die Medien. Deshalb blieb auch ungeklärt, ob nun die Reporter aus Hamburg unerhörterweise vorgeprescht waren, oder ob die Beamten in Bonn nur nachträglich einen Rückzieher gemacht hatten. Das Bundesamt für Naturschutz jedenfalls beruhigte das besorgte Volk in seiner Erklärung: »Die Interpretation war ein Silvesterscherz auf Kosten des Bundesamtes. Auch wir freuen uns über die Ausstrahlung von Dinner for One in den nächsten Silvesternächten«.

Butler Daß James kein gewöhnliches Männchen für alles ist, ist klar wie Blumenwasser. Sein *butling* wird von jung und alt, reich und arm, schwarz und weiß in einem Maße nachgeahmt, wie es sonst nur bei Popstars und Fußballprofis vorkommt. Er tut ja auch wirklich sein Bestes: Immer gekleidet und frisiert wie aus dem Schaufenster, immer pünktlich (wenn auch nur einmal im Jahr), stets zuverlässig und konstant im Verhalten, selbst in Extremsituationen nicht aus der Bahn zu bringen. Alle Wünsche erledigt er mit kerzengeradem Gang und würdevollem Gestus. Da ist kein Wort zu viel, sitzt jeder Handgriff, jeder Schritt. Insbesondere besticht er durch traumwandlerische Sicherheit im Umgang mit Haushaltsgegenständen wie Blumenvasen, Hähnchen-Tabletts oder Teppichen. Als perfekter Butler hält er immer und überall Ordnung in den Räumlichkeiten. Alles hat seinen Platz, nichts liegt im Weg herum. Aber weil er aus gutem Hause und wohlerzogen ist, hat er ein winziges Problem mit der Trinkfestigkeit. Da kann es schon einmal vorkommen, daß es ihm kurz (und selbstverständlich kaum hörbar) aufstößt oder der eine oder andere Fleck auf die Tischdecke gerät (welcher unverzüglich gründlichst entfernt wird). Nach jahrelanger Beobachtung kommt man nicht umhin festzustellen: James ist der beste Butler der Welt. Demzufolge muß all den unseriösen Spekulationen widersprochen werden, wonach James kein ausgebildeter Butler sei, sondern Miss Sophies Ehemann, der nur ins Dinnerjackett schlüpfte, um mit seiner Gattin ein frivoles Vorspiel zu absolvieren (➛ Prozedur, ➛ Sex).

Casaro, Renato Der da Vinci der Kinoplakat-Zeichner erhielt Ruhm und Preise für seine Poster »Rambo I«, »Der letzte Kaiser« und »Der mit dem Wolf tanzt«. Bekannt ist auch sein Zyklus »Painted Movies«, zu dem die Werke »A Star is Born«, »Casablanca«, »100 Years of Film« und das »Dinner for One« gehören. Wie auf der Titelseite dieses Lexikons zu sehen ist, ruhen hier in (dezent farbigem) Öl Miss Sophie und der Tiger auf der Leinwand, während James sich gerade anschickt, aus dem Rahmen zu stolpern. Das Original im Format 50 x 60 Zentimeter inklusive Passepartout und Rahmen ist noch zu haben – für nahezu geschenkte 4000 Euro. Es gibt aber auch Kunstdrucke für um die 25 Euro – überall da, wo es Kunstdrucke gibt. (➛ Internet)

Champagner Paßt Champagner nun zu Hühnchen oder nicht? Das Fachblatt *essen & trinken* gab im Dezember 1986 einen diplomatisch verklausulierten, aber dennoch erkennbaren Kommentar: »I think, we'll have champagne with the bird, empfiehlt Miss Sophie. Und James vergreift sich an der Vase«, liest man auf Seite 128. Aber jeder Dinneraner weiß: Das Blumenwasser trinkt James erst nach Obst mit Portwein aus. Ein Irrtum der Küchenexperten? Oder eher Wink mit dem Kochlöffel nach dem Motto »Bevor wir Champagner zum Hähnchen trinken, riskieren wir lieber eine Vergiftung«? Es soll tatsächlich Gourmets geben, die das ›Dinner for One‹ boykottieren, weil ihnen der dritte Gang aufstößt. Diese humorlosen Wesen kapieren nicht, daß eine skurrile Party skurrile Mahlzeiten erlaubt – wenn nicht sogar erfordert, damit das Gesamtbild stimmig bleibt (➛ Mulligatawny-Suppe). Außerdem: Nach welchem Getränk hätte Mister Winterbottom sonst so herzhaft rülpsen können?

Chicken Was ist die perfekte Zutat für ein ›Dinner for One‹-Hühnchen? Die Antwort gab die Zeitschrift *essen & trinken* im Dezember 1986: Eine Farce natürlich. Hier das Originalrezept des Fachorgans – weil's gar so raffiniert ist, ungekürzt und im Wortlaut:

Zutaten (für 5–6 Portionen): 2 Masthähnchen (à ca. 1300 g), Salz, weißer Pfeffer a. d. Mühle, 2–3 Bund Frühlingszwiebeln (ca. 600 g), 4 Scheiben Toastbrot (ca. 100 g), 60 g Butter oder Margarine, 1 Bund Thymian, 2 Zwiebeln (ca. 100 g).

Zubereitung: Die Hähnchen innen und außen waschen und mit Küchenkrepp gründlich trockentupfen. Die Innereien putzen und unter fließendem kalten Wasser abspülen. Die Lebern vierteln, die Herzen halbieren und die Mägen in kleine Würfel schneiden. Die Hähnchen innen und außen mit Salz und Pfeffer einreiben. Den Backofen auf 250 Grad (Gas 5 bis 6) vorheizen. Die Frühlingszwiebeln putzen, gründlich waschen und in Ringe schneiden, dabei gut ein Drittel vom Grün mitverwenden. Das Toastbrot fein würfeln.

40 g Butter oder Margarine in einer großen Pfanne aufschäumen lassen. Die Frühlingszwiebeln darin unter Rühren 1 bis 2 Minuten dünsten. Toastbrot zugeben und durchrühren. Die Masse kräftig mit Salz und Pfeffer würzen. Den Thymian abspülen und fein hacken. Thymian mit den Innereien untermengen. Die Masse in die Hähnchen füllen. Die Öffnungen zustecken und zusammenbinden. Die Hähnchen in einen flachen Bräter legen. Das restliche Fett zerlassen und die Hähnchen damit bepinseln. Die Zwiebeln pellen, vierteln und um die Hähnchen verteilen. ¼ l Wasser angießen. Den Bräter auf einem Rost auf die zweite Einschubleiste von unten in den Backofen schieben. Die Hitze auf 200 Grad (Gas 3) herunterschalten und die Hähnchen im offenen Bräter 1¼ Stunden braten. Bei Umluft nach 1 Stunde noch ⅛ l Wasser zugießen.

Die Hähnchen auf eine Platte legen und im ausgeschalteten Backofen warm stellen. Den Bratfond mit gut ¼ l Wasser loskochen. Dabei die Röststoffe von Boden und Rändern sorgfältig mit einem Backpinsel lösen. Den Saucenfond durch ein feines Sieb in einen Topf umgießen und mit einem Eßlöffel entfetten. Die Sauce bei starker Hitze ohne Deckel etwas stärker einkochen und zu den Hähnchen servieren. Dazu paßt Kartoffelpüree, mit Butter und heißer Sahne cremig geschlagen und mit dem Eisportionierer zu Kugeln geformt. Außerdem in Butter gedünsteter Rosenkohl, Porreeringe und dünne, knusprig ausgebratene Speck- oder Baconscheiben.

Clausthaler Seit Silvester 1998 wirbt die Binding-Brauerei in den meisten dritten Programmen Deutschlands vor und nach der Ausstrahlung des ›Dinner for One‹ mit dem ultimativen Slogan: »Dinner for One mit freundlicher Unterstützung von Clausthaler.« Das ist lustig, weil Clausthaler von den 25 Töchtern der Frankfurter Binding-

Brauerei AG die einzige ist, die ohne Alkohol auskommt. »Hier haben unsere Marketing-Macher einfach versucht, den Kult-Charakter, den die Sendung genießt, höflich-freundlich mit unserer Marke Clausthaler zu verbinden«, lässt Stefan Leppin, Öffentlichkeitsarbeiter der Binding-Brauerei AG Frankfurt/Main, wissen. Der Clip dauert sechs Sekunden, über den Preis werfen sowohl Clausthaler als auch der NDR den Frack des Schweigens. Clausthaler ist übrigens keine adoptierte Binding-Tochter, sondern wurde 1979 nach langwieriger Geburtsvorbeitung höchstpersönlich von der Mutter auf die Welt gebracht und mit einem eigenen Namen versehen.

Dänemark Das einzige Land, in dem gezeigt wird, wie die frisch-fromm-feucht-fröhliche Runde zu Lebzeiten aussah. Toby, Schneider, Winterbottom und Pommeroy nehmen alljährlich am 31. Dezember im zweiten dänischen Programm Platz, um Sophies 80. Geburtstag zu feiern. Die Herren Frank Hvam, Jan Gintberg, Lasse Rimmer und Lars Hjortshøj aus dem Hause *Danmarks Radio* unterstützen Tjener James (Martin Vendelbo) bei der Trinkarbeit. Normal, daß Miss Sophie (Casper Christensen) nach ihrem gelungenen »80 års fødselsdagen« selig und befriedigt einschläft. Eher unbefriedigend sind die Zuschauerzahlen: Die Premiere am 31. Dezember 2000 wollten nur 95 000 Menschen sehen. Beim zweiten Mal waren es gar nur noch 41 000. Da muß die Frage erlaubt sein, wie lange es die vier Herrschaften noch machen. Voll im Saft steht dagegen der »90 års fødselsdagen«: An Silvester 2001, bei der 22. Party seit 1973, saßen 866 000 Gäste am Tisch. Jeder sechste Däne.

Daum, Christoph »Ob Freddie Frinton Fußball-Fan war?«, fragte die *Süddeutsche Zeitung* am 11. Februar 2000. Die Antwort blieb Autor Gunnar Jans schuldig, statt dessen präsentierte er Frintons legitimen Nachfolger: »Stets schlüpft Christoph Daum vor dem Gastspiel beim FC Bayern in die Rolle des bedauernswerten Butlers James, der sein Schicksal ahnt: Same procedure as last year?«, schrieb Jans über den damaligen Fußball-Trainer von Bayer 04 Leverkusen. »Jedes Mal bleibt Miss Sophie alias Uli Hoeneß unnachgiebig: Same procedure as every year!« Anlaß dieses Elaborats war Daums »zehnte Niederlage im Hause Hoeneß«, die der »Motivator« folgendermaßen kommentierte: »Ich werde wiederkommen, werde es wieder versuchen, auch wenn das hier einigen nicht recht ist.« Den Reporter beeindruckte das nicht sonderlich, er taufte den chronischen Vizemeister schon mal um in »James Daum« (➛ P-Frage).

DDR Die Deutsche Demokratische Republik hatte selbstverständlich ihre eigene sozialistische Silvestertradition, die sich vom kapitalistischen Einheitsbrei der gleichgeschalteten BRD-Länderanstalten abhob. Von 1977 bis 1982 grantelte sich »Maxe Baumann« jeweils am 31. Dezember ins neue Jahr. Der Rentner mit Hornbrille, Strickjacke und Berliner Schnauze war die proletarische Antithese zu ›Dinner for One‹. In der Rolle des Maxe glänzte Gerd E. Schäfer (1923 – 2001) mit seiner unverwechselbar knarzenden Stimme. Trotz (oder wegen) großer Beliebtheit mußte Zonen-James 1983 den Fernsehtod sterben. An seine Stelle rückte das »Ferienheim Bergkristall« von und mit Hans Joachim Preil, an dem der *Deutsche Fernsehfunk* (DFF) bis zur Wiedervereinigung festhielt.

Natürlich nahmen die Bürger der DDR auch am ›Dinner for One‹ teil. Am 25. März 1978 servierte DFF 1 ein deutschsprachiges »Erinnerungsmahl« mit ➛ Ernest E. Regon und Miss Royal. Das englische Dinner wurde zunächst nur heimlich gesehen, später sogar hochoffiziell. 1988 wagte das DFF den Sprung über den eigenen Schutzwall und tischte das BRD-Kulturgut in der Sprache des Klassenfeindes auf. Zur Ausstrahlung am Silvesterabend fehlte zwar noch der Mut, dennoch fand an diesem 30. Dezember 1988 ein weiterer großer Schritt in Richtung Wiedervereinigung statt. 1989 kehrte der Sketch aus der Zone des Manchester-Kapitalismus auf die deutsch-demokratischen Bildschirme zurück. Diesmal tatsächlich an Silvester. Wenig später war im Arbeiter- und Bauernstaat nichts mehr so wie früher.

Deutschland-Premiere

Tausende vor den Fernseh-Geräten und hunderte Zuschauer im Hamburger ➛ Besenbinderhof-Theater waren Augen-, Ohren- und Zwerchfellzeugen, als James am 8. März 1963 in der Live-Sendung »Guten Abend, Peter Frankenfeld« erstmals auf deutschem Boden Mulligatawny-Suppe und andere scharfe Sachen kredenzte. Dieses Stückchen deutsche Fernsehgeschichte ist für immer verloren, da damals weder Magnet- noch Video-Aufzeichnungen möglich waren. (Jene 18 Minuten, die heute zu Silvester gehören wie Böller und Bowle, wurden acht Wochen später im ➛ Studio B des NDR aufgenommen und am 8. Juni 1963 erstmals in der ARD gezeigt).

In anderer Form feierte das ›Dinner for One‹ allerdings bereits vier Jahre vorher in München Deutschland-Premiere. Im März 1959 führten ➛ Ernest E. Regon und seine Frau June Royal in der Kleinkunstbühne Annast am Odeonsplatz eine selbstangefertigte deutsche Übersetzung auf.

Dinneraner

1. Person, die das ›Dinner for One‹ in ihrem Leben mindestens einmal gesehen hat (➛ Nicht-Dinneraner).

2. Mitglied einer Glaubensgemeinschaft, die ➛ Silvester zum höchsten Feiertag des Jahres erklärt hat (➛ Anti-Dinneraner).

Dinner for One

Das Grundwissen zum Kult-Sketch finden Sie auf S. 12.

Dinner for One-Effekt

Es stand in einer stinknormalen Kritik über ein durchschnittliches Tanztheater im Feuilleton der *Frankfurter Allgemeinen Zeitung* vom 13. Dezember 2001. Es geht um »Merryland« von Meryl Tankard in Den Haag. Plötzlich ist er da: der »Dinner for One-Effekt«. Was sich dahinter verbirgt, erläutert Wiebke Hüster, die Schöpferin dieses Begriffs, so: »Man möchte am liebsten schon jetzt wissen, daß man in einem Jahr wieder darüber lachen darf.«

Dinner for One-Erlebnis

Jeder Dinneraner trägt es mit sich herum, und wenn es nur im Unterbewußtsein ist. Dabei muß unterschieden werden zwischen jenen Dinner for One-Erlebnissen, die in unmittelbarem Zusammenhang mit dem Sketch stehen, und solchen, die per se nichts mit dem Dinner zu tun haben, aber mindestens einmal pro Jahr wiederkehren. Zum Beispiel das einsame Kerzenlicht-Abendessen von Norma L. Sterblich, deren Gatte den Hochzeitstag vergißt und in der Kneipe verbringt. Die allmonatlich enttäuschte Hoffnung, das Konto werde diesmal am Ersten im Plus sein. Der alltägliche einseitige Kampf mit dem Bürodrucker, der grundsätzlich beim eigenen Auftrag im Papierstau verunfallt.

Von einem tragikomischen Dinner for One-Erlebnis der ersten Art berichtete die *Frankfurter Rundschau* am 30. Dezember 1995: »Ein Mann von durchaus norddeutsch-bodenständiger Zurückhaltung und Gesetztheit, der – schon wegen seines fortgeschrittenen Alters und wegen seiner Leibesfülle – im normalen Lebensvollzug jeden körperlichen Exzeß mied, zog sich während der originalgetreuen Nachgestaltung einer bestimmten ›Dinner for One‹-Szene, nämlich jener, wo die Hacken unter Ausrufung des Wortes ›skål‹ auf clownesk-militärische Weise zusammengeschlagen werden, einen komplizierten Knöchelbruch zu.« So etwas nennt man wohl ein ›Dinner for One‹-Erlebnis, das bleibenden Eindruck hinterläßt.

Dinnerologie

Der Begriff »Frinton-Forschung« tauchte erstmals am 27. Dezember 2000 in der Wochenzeitung *Die Zeit* auf. Die Bezeichnung »Dinnerologie« ist aber um einiges präziser und deshalb zu bevorzugen, da sich das Phänomen ›Dinner for One‹ nicht auf Freddie Frinton beschränken läßt, wenngleich er bezüglich Wiedererkennungswert und Lustfaktor zweifellos eine nicht unbedeutende Rolle spielt. Eine Handvoll namhafter Wissenschaftler hat sich das Abendessen bereits durch den Kopf gehen lassen. Kulturforscher Dr. Rainer Stollmann von der Universität Bremen (➛ Lachen), Theaterwissenschaftler Prof. Dr. Hajo Kurzenberger von

Wie das ›Dinner for One‹ die deutsche Sprache beeinflußte und weiter beeinflussen wird

Die wenigsten deutschen Sprachanwender haben eine Ahnung davon, wie viele Teile ihres Wortschatzes Entlehnungen aus dem ›Dinner for One‹ sind. Beste Beispiele sind der gute alte → *Katzensprung*, der große starke *Partytiger* oder die immer aktueller werdende → *Spaßgesellschaft*. Auch die süddeutsche Feststellung *des is ghupft wie gschprunga* kann ihren Ur-Sprung nur auf Miss Sophies Landsitz haben. Die erste *Durststrecke* Deutschlands wurde dann wohl 1963 im Hamburger → Besenbinderhof durchschritten, bestehend aus mehreren *feuchtfröhlichen Runden*. Seitdem heißen die einzelne Gerichte eines Menüs auch *Gang*.

Weil im zweiten Jahrhundert der Asphalt- und Datenautobahnen kein Mensch mehr über Steine stürzt, wird der *Stolperstein* demnächst aus dem Wortschatz-Kämmerchen rollen und ersetzt werden vom Tigerkopf, dem die Nation seit Jahren regelmäßig begegnet. Analog dazu wird auch der *Schädel des Anstoßes* gleichnamigen *Stein* entsorgen. Es scheint sogar absehbar, daß in naher Zukunft etliche Redewendungen verändert beziehungsweise weiterentwickelt werden. So wird schon heute – allerdings nur um die Jahreswende herum – der *Griff ins Klo* verdrängt vom *Griff zur Vase*. Demnächst werden Zauderer nicht mehr *über ihren Schatten* springen müssen, sondern *über ihren Tiger*. Bald wird kein Heranwachsender mehr wissen, was ein *Fettnäpfchen* ist. Viel einleuchtender klingt in jungen Ohren: »*Gestern bin ich voll gegen den Tigerschädel gelaufen.*« Und die schönste Hauptsache der Welt könnte demnächst mit *die Treppe hinaufführen* umschrieben werden. Denn welches Exemplar der heutigen Jugend sagt noch: »*Zu mir oder zu dir?*« In Zukunft heißt es: »*Meine Treppe oder deine Treppe?!*«

der Universität Hildesheim (➛ Drama, ➛ Interpretationen), Medienpsychologe Dr. Stephan Schwan von der Universität Tübingen (➛ Erfolgsgeheimnis), Anglist Prof. Dr. Wolfgang G. Müller von der Universität Jena (➛ Lachen), Kommunikationsphilosoph Prof. Dr. Norbert Bolz von der Universität Essen (➛ Kult) und Filmdramaturg Prof. Peter Rabenalt von der Filmhochschule Potsdam-Babelsberg (➛ running gag) haben durchweg erhellende Analysen vorgelegt. Auch das Nachrichtenmagazin ➛ *Der Spiegel* beschäftigt sich alljährlich zum Jahresende intensiv mit der Materie, der *Eichborn Verlag* steuerte die Enthüllungsbücher »Miss Sophies Liebhaber« und »Ich kochte das Dinner for One« bei (➛ Bibliographie).

Allerdings forschen die Herrschaften bis dato noch recht autistisch und unsystematisch vor sich hin. Die universitäre Landschaft wartet bis heute auf das erste interdisziplinäre Symposion zum Thema. Der Wettlauf gegen die Uhr hat begonnen, schließlich kann das ›Dinner for One‹ umfassend nur ergründet werden, solange die Zeitzeugen noch leben. Welche Hochschule richtet den ersten Freddie-Frinton-Lehrstuhl für Dinnerologie ein? Dieser könnte seine Heimat unter dem Dach vieler verschiedener Fächer haben, wie etwa, um nur einige zu nennen, Theater-, Kommunikations- oder Ernährungs-Wissenschaft, sowie Psychologie, Soziologie oder Zoologie.

Drama

Das Ur-Dinner ist rein formalistisch gesehen ein Drama in einem Akt. Es besteht ausschließlich aus Dialog, ein Erzähler taucht nicht auf (der Anmoderator im Fernsehen wurde vom NDR nachträglich davorgepappt und zählt hier nicht, schließlich tritt er während des eigentlichen Dramas nicht in Erscheinung). Charakteristisch für ein Drama ist auch der Konflikt zwischen dem Helden und seinem inneren und äußeren Gegenspiel, das als Schicksal (…) oder widerstreitende Umwelt (…) verschiedene Gestalt annehmen kann« (dtv-Lexikon). James ist der Unterdrückte, der gegen die Privilegierte kämpft (vgl. Gerhart Hauptmanns ›Die Weber‹). Fragt sich nun, welcher Dramentyp das ›Dinner for One‹ ist: Denkbar sind ➛ Komödie, ➛ Tragödie oder ➛ Tragikomödie.

Duden Daß die Macher des Duden mit Worten und Wörtern umgehen können, darf als bekannt vorausgesetzt werden. Im Duden-Band 12 »Zitate und Aussprüche« offenbarten sie, daß sie Arithmetik zwar korrekt buchstabieren, aber nicht richtig anwenden können. Unter dem Stichwort »The same procedure as every year« steht geschrieben: »So ist für fünf längst verstorbene Gäste der Tisch gedeckt.« Vor der Neuauflage 1998 wurde offenbar eine neuerliche Kontrollzählung externer Mathematiker durchgeführt. Seitdem geht die Rechnung auf.

Einschaltquoten Gut, daß die Einschaltquoten erst eingeführt wurden, als das Dinner schon die Leibspeise von Millionen Deutschen war. Wäre es in Zeiten der allmächtigen Quotendiktatur überhaupt möglich gewesen, einen fremdsprachigen Sketch zu produzieren und ohne Synchronisation auszustrahlen? Würde das Dinner heutzutage überhaupt noch aufgezeichnet werden? Welcher Sender hätte Lust und Geduld, einen Einakter zehn Jahre lang einmal pro Jahr bei Zuschauerzahlen unterhalb einer Million auszustrahlen?

An Silvester 1976, bei der ersten Erhebung der Einschaltquoten, hatte das Dinner 760 000 Zuschauer. 2001 ist es bei 12,75 Millionen angekommen. Tendenz exorbitant steigend (➛ Verbreitung).

Erfolgsgeheimnis »Ist es die schiere Gewohnheit und die schlechte Qualität der Alternativen des Silvester-Programms, die uns habitualisiert zur Fernbedienung greifen läßt, um dann so lange zu (...) zappen, bis endlich die vertraute Gestalt von Freddie Frinton durchs Bild schlurft?« Mit dieser Gegenfrage beantwortet Medienpsychologe Dr. Stephan Schwan von der Universität Tübingen die Frage nach dem Erfolgsgeheimnis des ›Dinner for One‹. Er beeilt sich aber zu betonen, daß mehr dahinter steckt als nur die Flucht vor der Realität und den Restprogrammen: »›Dinner for One‹ ist keine Verlegenheitslösung für diejenigen, die am Silvesterabend schon um 20 Uhr die Müdigkeit überfällt, sondern es besitzt eine große, treue Fangemeinde, der es Gratifikationen wie ›pleasure‹ und ›excitement‹ verspricht.« Hoppla, jetzt wird's knifflig, hier gerät der Medienpsychologe in Erklärungsnotstand, beziehungsweise sein ganzer Elfenbeinturm ins Wanken. Ist nicht die Neu-Gier der Motor zum Fernsehschauen? Lockt uns nicht das Spektakuläre, Unbekannte vor die Flimmerkiste? Gibt es etwas Langweiligeres als Jahr für Jahr ein und dieselbe Sendung? Schwan glaubt, daß drei Schlüssel das Erfolgsgeheimnis enthüllen helfen:

> Das Dinner habe 1. eine »perfekte Choreographie des Slapsticks« und 2. einen verborgenen »lebensphilosophischen Kern«. Vor allem aber ist es 3. ein »liebgewonnenes Ritual«, das nichts anderes als ein liebgewonnenes Ritual zum Thema hat.

Zu 1.: »Humor beruht auf kognitiver Dissonanz und kognitiver Diskrepanz«, schreibt Schwan (➛ Lachen). Soll heißen: Eine witzige Szene »lockt uns erst in die eine Richtung, um dann in allerletzter Sekunde die Kurve zu nehmen und uns in eine ganz andere Bedeutungsecke zu tragen.« Diese »Choreographie des Slapsticks« verkörpere Freddie Frinton »perfekt«.

Zu 2.: Um Kult-Status zu erreichen, braucht ein Film laut Schwan »unter der fröhlichen Schale« einen »ernsten, lebensphilosophischen Kern«. Das ›Dinner for One‹ sei »eine Parabel auf das Fernsehschauen und damit natürlich eine Parabel auf das Leben«. Wir sitzen vor dem Fernseher und haben das Gefühl, irgendwie an den Fröhlichkeiten in der Kiste beteiligt zu sein – genau wie Miss Sophie, die am Tisch sitzt und meint, sie sei an einer Party beteiligt, die sich vor ihrem geistigen Auge abspielt. Schwan: »Wenn die Zuschauer über James und Miss Sophie lachen, dann lachen Sie letztlich auch über sich selbst.«

Zu 3.: Silvester habe als »Brückenglied zwischen Gestern und Morgen« eine »besondere Affinität zu Ritualen, der zyklischen Wiederholung einer immergleichen Zeremonie«. Diese Rituale

»versichern uns unserer Dauerhaftigkeit und Identität«. Allen voran das ›Dinner for One‹: »Nicht nur, daß es mittlerweile ein Teil unserer kollektiven Biographie geworden ist, nicht nur, daß es (...) so herrlich simpel und antiquiert wirkt und uns an die guten alten Zeiten erinnert, in denen wir noch jung und unschuldig waren, in denen es noch drei Programme gab und in denen eine Filmeinstellung länger als drei Sekunden dauern durfte, ohne daß man/frau gleich wegschaute. Nein, ›Dinner for One‹ ist nicht nur ein biographisches Metronom, es macht dieses Ritual auch noch selbst zum Thema.« Das Dinner als »liebgewonnenes Ritual« bestehend aus einem liebgewonnenen Ritual.

Diese Gleichung geht naturlich erst auf, seitdem James und Sophie ihren festen Sendeplatz haben. Ergo könnte man sagen: Das Erfolgsgeheimnis des ›Dinner for One‹ ist nicht nur das Dargereichte an sich, sondern auch die Tatsache, daß der (zweifellos genialische) Inhalt immer und ausschließlich an Silvester zu sehen ist.

Fanartikel

Alles, was ein ausgewachsenes Festessen braucht, gibt oder gab es im ›Dinner for One‹-Design: Teller, Sektgläser, sogar Zahnstocher- und Serviettenhalter, Pfeffer- und → Salzstreuer. All diese Devotionalien wurden in den Achtziger Jahren hergestellt. Sie werden mittlerweile nicht mehr vertrieben und sind gesuchte Sammlerstücke. Das gilt auch für das ›Dinner for One‹-Puzzle. Der Spieleverlag Ravensburger hatte dieses 1999 anläßlich des Milleniums in die Geschenkeläden gebracht. Als Motiv diente das Ölgemälde von → Renato Casaro. Das gute Stück war im Nu vergriffen. Bei einer Internetauktion im Juni 2002 wechselte der 1000-Teiler für 35 Euro den Besitzer. Das ist mehr als das dreifache des ursprünglichen Ladenpreises. Seltenheitswert haben auch jene Bierdeckel von 1995, mit denen die Schnapsbrennerei Aalborg für ihren Jubiläums Akvavit warb. Unter dem Slogan »Das Schönste zum Schluß« serviert der Original-James seiner Original-Sophie statt Sherry extra dry einen 42-prozentigen »Jubi«.

Der Klassiker im Fanschrank ist die Geschenkbox mit Videokassette und Portwein. Auch diese ist nur noch bei Flohmärkten oder Internetauktionen zu finden. Scharlatane ersetzen den ausgesoffenen Portwein mit einem x-beliebigen Whiskey (!) und bieten das bei *www.ebay.de* allen Ernstes als »klassische Kombination« an. Achten Sie auf das ›Dinner for One‹-Etikett der Flasche!

Farbe

»Welcher Idiot hat den Schwarz-Weiß-Klassiker Dinner for One eingefärbt?«, fragte die *B.Z.* aus Berlin an Silvester 2000. Es waren keine Idioten, sondern hochdotierte Computer-Experten aus den USA und Indien. Sie handelten im Auftrag des NDR, der zur Jahrtausendwende seinen eigenen Farbklecks ins Silvester-Programm setzen wollte. Am 1. Januar 2000 um 1.10 Uhr erschien ohne große Vorankündigung Miss Sophie plötzlich im dunkelblau nachkolorierten Kleid mit Goldverzierung. James trug – da schau her – schwarzen Frack. Das Speisezimmer mit braunem Holz vertäfelt, Teppich und Kerzen rot, die Blumen knallig pink, das Tigerfell kräftig gelb. Das Versuchshähnchen war knusprig braun und überlebte das Experiment; 2,14 Millionen Deutsche wollten den Color-James nicht verpassen, das entsprach einem Marktanteil von 10,8 Prozent. 2001 stieg die Quote sogar an: Diesmal waren 2,41 Millionen dabei, Marktanteil 11,4 Prozent. Zwei andere Zahlen verrät der NDR allerdings nicht: Wieviele Millionen Gebührengelder er nach Hollywood und Neu-Delhi überwiesen hat. Und wieviele Zuschauer die Farbe einfach wegdrehten.

Finnland

Sie nannten es »Illallinen yhdelle« (deutsch: Abendessen für Eine), strahlten es jahrelang am 30. April aus und bewiesen damit, daß das ›Dinner for One‹ auch im Frühjahr ein Hit werden kann. Erst 1991 beugte sich *Oy Yleisradio Helsinki* der europäischen Mehrheit und verschob die Feier vom Wonnemonat in den Winter. Eine Fehlentscheidung. Die Zuschauerzahlen rutschten von einem Jahr aufs andere um zwei Drittel ab – von 869 000 auf 284 000. Tendenz weiter sinkend. Am 30. Dezember 2001 waren es gar nur 211 000.

Frankenfeld, Peter In den 50er Jahren war Peter Frankenfeld der Günther Jauch des Familienfernsehabends. Bei Bekanntheitsgrad-Umfragen rangierte er damals auf einer Höhe mit Bundeskanzler Konrad Adenauer und Bundespräsident Theodor Heuss. Nach Frankenfeld sind zwar weniger Straßen und Plätze benannt, dafür steht sein Denkmal einmal im Jahr in jedem deutschen Wohnzimmer: das ›Dinner for One‹. Frankenfeld (geboren am 31. Mai 1913 in Berlin-Lichtenberg, gestorben am 3. Januar 1979 in Hamburg) ist jener Held, der das ›Dinner‹ ins deutsche Fernsehen gebracht hat, trotz zahlloser Widrigkeiten. 1962 war er mit Heinz Dunkhase nach ➛ Blackpool gereist, um sich in den dortigen Varieté-Theatern für seine neue Fernsehshow »Guten Abend, Peter Frankenfeld!« inspirieren zu lassen. Die zwei hatten ihren Aufenthalt in dem »scheußlichen Nest« (Dunkhase) bereits als Flop abgehakt, da sahen sie einen Tag vor der Abreise um 11 Uhr im Pavillion-Theater des Winter Garden ein Stück mit einem mittelmäßigen Drehbuch und einem unfaßbaren Hauptdarsteller. Der Vorhang fiel und hatte noch nicht ausgewackelt, da standen Frankenfeld und Dunkhase schon in Freddie Frintons Garderobe. Frinton aber wollte partout nicht nach Deutschland kommen. Der Legende nach haßte er Germany, weil die Bomben des zweiten Weltkriegs noch in seiner Erinnerung donnerten. Frankenfelds Verdienst war es also nicht unbedingt, Frintons Talent zu erkennen – das hätte wohl jeder öffentlich-rechtliche Unterhaltungssachverständige geschafft. Nein, die Heldentat bestand darin, Frinton nach Hamburg zu karren, um dort das Dinner für die Nachwelt festzuhalten.

1970 erhielt Frankenfeld das Bundesverdienstkreuz. Vordergründig für seine Verdienste um die Aktion Sorgenkind – aber vielleicht auch ein bißchen für seinen historischen Beitrag zur bundesrepublikanischen Fernseh- und Feierkultur.

Frinton, Freddie Der treueste Butler und beste Besoffene der Welt. Komiker und Familienvater. Artist und Schauspieler. Weltrekordinhaber und Wiedergeburt jenes Propheten, den in seiner Heimat niemand wahrnehmen will. Legende und Dauerbrenner. Genie, das aus einem ➛ Furz einen ➛ Geniestreich macht, aber seine Rechte daran miserabel verwertet. Auf der Bühne gab er den Trunkenbold, im realen Leben den Antialkoholiker. Freddie Frinton war in keinem Land so beliebt wie in Deutschland, aber kein Land haßte er mehr als Deutschland. Er ist das letzte Exemplar jener Schwarzweiß-Fernsehhelden, die mit schwarzweißen Anzügen durch schwarzweiße Kulissen holpern und stolpern, sausen und saufen. Millionen Mal nachgeahmt, niemals erreicht. Unsterblich und viel zu früh gestorben.

Tausend Geschichten kursieren über den Erzkomödianten, viele davon reine Märchen. Daran war Frinton nicht ganz unschuldig. So erzählte er in Kollegenkreisen gerne, er sei als Baby in einer Schachtel ausgesetzt worden. Als wäre das nicht genug, soll ihm die Rabenmutter zum Abschied auch noch mit der Windelnadel das Pimmelchen durchstochen haben. Bei der Angabe seines Geburtsdatums ließ Frinton seiner Phantasie ebenfalls freien Lauf. Er machte sich zwei oder vier Jahre jünger und gab »Frederik Hargate« als seinen Geburtsnamen an.

So war es wirklich: Frinton kommt am 17. Januar 1909 als uneheliches Kind der Näherin Florence Elisabeth Coo in 106, Greenville Street in der Hafenstadt ➛ Grimsby (Lincolnshire) auf die Welt. In die Geburtsurkunde wird der Name Frederick Bittiner eingetragen – nach dem Vater, der längst über alle Meere ist. Die Mutter nennt ihren Sohn Frederick Coo und gibt ihn in die Obhut einer Pflegefamilie. Sein neuer Vater ist Kapitän eines Fischkutters. Als Heranwachsender besucht Frinton den Gesangsverein und imitiert gerne Charlie Chaplin, was zu dieser Zeit so außergewöhnlich ist wie im 21. Jahrhundert das Nachahmen von David Beckham. Mit 14 verläßt er die Schule und heuert als Fischverarbeiter in einer Fabrik am Hafen an. Dort feiert er der Legende nach seinen ersten Mißerfolg als Komiker: Weil er die Kollegen während der Arbeit zum Lachen bringt, wird er gefeuert. Danach tritt er als Sänger in Kneipen und Clubs im Hafenviertel von Grimsby auf. Der erste Karrieresprung bringt ihn aus den rauchigen Pubs an die Open-Air-

Strandbühne von Cleethorpes. Er heiratet mit 22 eine 18-jährige Tänzerin. Sohn Jim Coo wird geboren und in die Obhut jener Pflegefamilie gegeben, bei der schon Vater Freddie aufwuchs. Eines Tages sitzt Jim Boy im Publikum und sieht, wie ein fremder Mann seinem Daddy eine Torte ins Gesicht drückt. Jim stürmt auf die Bühne und schlägt den Übeltäter mit einem Stock. »Das gefiel meinem Vater so gut, daß wir das wochenlang beibehalten haben«, berichtet der erwachsene Jim Coo Jahre später.

Frintons Ehe ist weniger lustig und wird bald geschieden. Frederick Bittiner sucht sich einen Künstlernamen und wird im Nachbarörtchen ➤ Frinton on Sea fündig. Alias Freddie Frinton tritt er in Revue- und ➤ Pantomime-Shows auf. Als der Zweite Weltkrieg ausbricht, wird er eingezogen. Nach 18 Monaten hinter einem Suchscheinwerfer darf er zurück auf die Bühne. Er wird Mitglied bei den »Stars in Battledress«, einer Künstlertruppe der Armee, die um den Globus tingelt, um die Soldaten bei Laune zu halten. Das ist gut so: Erstens ist somit gesichert, daß er den Schlachtfeldern fern und der Nachwelt erhalten bleibt. Zweitens erhöht er als Truppenbetreuer dermaßen die Moral der Truppe, daß diese Deutschland von den Nazis befreit. Jenen Nazis, die das Dinner niemals zugelassen und ganz gewiß als entartete Kunst abgestempelt hätten. Drittens gelingt dem Unteroffizier der künstlerische Durchbruch. Während andere um ihr Leben und Vaterland kämpfen und nach dem Krieg ihr Haus und Leben neu aufbauen müssen, macht sich Frinton einen Namen.

Kaum ist der Krieg vorbei, heiratet er zum zweiten Mal. Er ist 36, seine Frau Nora 18. Sie bekommen zwei Töchter und zwei Söhne. Privat ist er ein ruhiger, nachdenklicher Mensch. »Er war verschlossen«, berichten die Schauspiel-Kollegen Len Howe und David Jackson übereinstimmend. Jackson: »Ich kam ihm nie sehr nahe.« Der Frinton von der Bühne hat mit dem Frinton zu Hause nichts gemeinsam. »Freddie war nicht besonders komisch, eher ernst«, so seine Frau Nora. »Außerhalb der Bühne brachte er mich nie zum Lachen«, erinnert sich seine Kollegin Peggy Ray. Er probt stets sehr hart und gewissenhaft, ist »pünktlich« und »professionell«. Bei aller Ernsthaftigkeit wirkt Frinton nie unsympathisch: Theateragent Norman Murray bezeichnet ihn gar als »einen der nettesten Menschen«, mit denen er zu tun hatte; »Vielleicht war er ein bißchen zu weichherzig.« Der Bühnen-Exzentriker hält sich im Privatleben auch mit Alkohol zurück. »Ich habe ihn nie trinken sehen, er wollte immer nur Limonade oder Cola«, berichtet David Jackson. Deshalb wird Frinton oft als strikter Antialkoholiker bezeichnet, was aber nur die halbe Wahrheit ist. »Wenn er alleine war, griff er schon einmal zur Flasche«, beteuert seine Ex-Partnerin Audrey Maye. Und Frinton selbst gesteht öffentlich einen Ausrutscher in Cardiff: »Ich mußte meinen Trunkenbold proben und brachte kein Wort heraus.«

Im Berufsleben wird der Alkohol schnell sein wichtigstes Requisit. »Ich habe den Besoffenen gespielt, seitdem ich denken kann«, sagt er. In seiner ersten Filmrolle 1948 stellt Frinton in der Komödie »Trouble in the Air« zwar noch einen alten Butler dar, der für seinen verarmten Herren betteln und stehlen muß. Doch schon 1951 spielt er in Peter Sellers Debütfilm »Penny Points to Paradise« einen Säufer. Die meiste Zeit steht Frinton bei Varieté-Shows und Pantomimen auf der Bühne. 1954 gastiert er erstmals im Wintergarden von ➛ Blackpool – mit dem Einakter ›Dinner for One‹. Mit diesem Sketch feiert er seine größten Erfolge. Er tourt mit Partnerin und Tigerfell kreuz und quer über die Insel. Dann der Schock: Als er in Liverpool auftreten will, verbietet ihm der Theaterchef, die Dinner-Tafel zu decken. Ein anderes Komödiantenpaar hatte das Stück erst im Vormonat im selben Theater gezeigt. Urplötzlich ist Frinton seiner besten Nummer beraubt und gezwungen, von heute auf morgen einen neuen Sketch einzustudieren. Er zieht die Konsequenz: Für viel Geld kauft er die Rechte am Dinner. Fortan begegnet er dem Tigerhinterkopf bis ans Lebensende. Bis zu viermal täglich, hunderte Male im Jahr. Wieviel Frinton seiner Erwerbung verdankt, macht eine Theaterkritik aus dem Jahre 1960 deutlich: »Dinner for One ist der Höhepunkt der Show, es ist ein sehr gutes, starkes Finale«, schreibt die *Jersey Evening Post* am 30. Mai 1960 über die »Freddie Frinton Show« im

Opera House von Jersey. Aber: »Im Vergleich sind die anderen Sketche schwach und billig, ohne Originalität.« Mit anderen Worten: Frintons Show ist eher mittelmäßig, sie wird einzig und allein durch das finale Dinner gerettet. »Schade, daß der Rest des Materials diesen Standard nicht erreicht«, stellt die Zeitung fest. »Nächsten Montag wird das Programm komplett umgestellt. Nur ›Dinner for One‹ bleibt in der zweiten Show«, kündigt die *Jersey Evening Post* nach der Premiere an. Frintons Investition zahlt sich aus. Sie ist seine Lebensversicherung.

Als Frinton 1962 mit dem ›Dinner for One‹ in den Wintergarden in Blackpool zurückkehrt, sehen ihn ➛ Peter Frankenfeld und Heinz Dunkhase. Nach der Vorstellung stürmen sie in die Garderobe, um den Prozedurhansl für die Fernsehshow »Guten Abend, Peter Frankenfeld!« zu engagieren. Aber er will nicht nach Hamburg und schon gar nicht eine deutsche Fassung produzieren. Seit dem Krieg haßt er alles, was mit dem Land zu tun hat. Doch er läßt sich überreden. Mit ➛ May Warden führt er im März 1963 das Dinner bei Frankenfeld auf. Weil der Live-Auftritt nicht aufgezeichnet werden kann, kehrt Frinton im April nach Hamburg zurück, um das Stück auf Magnetband zu bannen.

Unabhängig davon kommt seine Karriere in England zwischen 1964 und 1966 auf Touren: In der 40-teiligen BBC-Serie »Meet the Wife« spielt er den trotteligen Klempner »Fred Blacklock«. Dessen alltäglichen Kampf mit der Tücke des Objekts und der Zicke von Ehefrau verfolgen nach Angaben der *Times* Woche für Woche 15 Millionen Zuschauer. Jetzt ist Frinton auf dem Höhepunkt, ein Star. Alle Theater des Königreichs werben nun um den Publikumsmagneten mit Lachgarantie aus dem Fernsehen. Er gibt Gastspiele ohne Ende. Dazu kommen diverse Filmrollen. Er rast von Bühne zu Bühne, von Set zu Set. »Freddie fuhr überall hin, egal wann, egal wo«, berichtet David Jackson. Frinton lehnt so gut wie kein Angebot ab, der »best drunk in the world« (*Times*) kann einfach nicht nein sagen. Seine Beliebtheit hat eine dunkle Schattenseite. »Plötzlich wirst du müde, schon bei der Hälfte der zweiten Vorstellung«, sagt er in einem BBC-Interview. »Wir purzeln übereinander und müssen den Text wissen. Und das zweimal am Tag 20 Minuten lang, das ist enorm schwierig.« Frintons Trumpf, der perfekte Trunkenbold, wird auch sein Verhängnis. Er ist Ende Fünfzig, steht aber nie als ruhiger bedächtiger Senior auf der Bühne. Er muß über die Szene stolpern, sprinten, stürzen, schreien. Jede Rolle verlangt dem starken Raucher alles ab. Er gibt Vollgas und vergißt, auch einmal auf die Bremse zu steigen. Erste Verschleißerscheinungen treten auf. Einmal sackt er nach dem Auftritt noch in der Kulisse erschöpft zusammen. Schwer atmend flüstert er seinem Kollegen David Jackson zu: »Warum ist der Durchbruch nicht zehn Jahre früher gekommen?« Auch im Kreise seiner Familie redet er oft darüber. Aber er ignoriert die Warnzeichen. Will Frinton die langen schweren Jahre auf den Provinzbühnen kompensieren? Hat er Angst, wieder in der Versenkung zu verschwinden? »Sein Antrieb war die Familie«, sagt Regisseur Robin Nash. »Er wollte unbedingt, daß seine junge Frau und seine Kinder versorgt sind.« Eines Tages flattert ein Angebot aus Deutschland ins Haus. Der NDR will das ›Dinner for One‹ in Farbe aufzeichnen. Frinton sagt auch hier nicht ab. Das Studio wird reserviert. Zwei Monate vor dem Drehtermin kommt Frinton nach einer Vorstellung in Poole nach Hause und fällt um. Herzschlag. Der Unsterbliche hat am 16. Oktober 1968 im Alter von 59 Jahren letztmals Leute zum Lachen gebracht.

Zu diesem Zeitpunkt ist das ›Dinner for One‹ in Deutschland erst fünfmal ausgestrahlt worden – noch kein einziges Mal an Silvester. Frinton hinterläßt eine Frau, fünf erwachsene Kinder und einen Weltrekord-Sketch, der keinen Penny ➛ Tantiemen einbringt.

Frinton on Sea (Nordengland)

Es war einmal ein unbekannter Komiker. Er hieß Frederik Bittiner und suchte einen lustigeren Namen. Da kam ein Freund des Weges und erzählte ihm von der Ortschaft Frinton on Sea. Diese war gar nicht weit vom Geburtsort des Komikers. Der junge Mann fuhr nach Frinton on Sea und schaute sich um. Er sah Sandstrand, schöne große Häuser, viel Biedermann und kein einziges Pub. Frinton on Sea war im 19. Jahrhundert als Urlaubsort für das

»gentlefolk« errichtet worden. Eine Oase der Ruhe für Filmstars, Industriebosse und sogar die Königlichen. Der unbekannte Komiker verließ das Örtchen wieder und beschloß: Ab jetzt heiße ich ➛ Freddie Frinton.

Fritz-Reuter-Bühne

Sie ist die Mutter der besten Dinner-Variation der Welt. Was den Wessis das Hamburger Ohnsorg-Theater, das ist den Ossis die Fritz-Reuter-Bühne (FRB) in Schwerin. Doch die neuen Bundesländer mußten neun Jahre alt werden, bis der *Norddeutsche Rundfunk* bemerkte, daß es in seinem Sendegebiet noch eine andere professionelle Mundart-Bühne neben dem Hamburger Ohnsorg-Theater. 1999 setzte der NDR seinen Slogan »Vier Länder – ein Sender« wenigstens halbwegs um und gewährte der FRB erstmals einen regelmäßigen Sendeplatz: Einmal im Jahr, an Silvester, für 27 Minuten. Titel des Stücks: »Dinner for One – up platt« (➛ Plattdeutsch).

Bei der niederdeutschen Erstaufführung 1994 war noch Günther Bruhn über die Fritz-Reuter-Bühne gestolpert – ein Opernsänger und der Publikumsliebling des Staatstheaters. Drei Jahre später, an Silvester 1997, wärmte die FRB das Dinner wieder auf, als Zwischenmahlzeit zwischen Bert Brechts »Kleinbürgerhochzeit« und Mitternacht, um das Publikum bei Laune zu halten. Der Lückenfüller erhielt mehr Applaus als das Hauptereignis. Wenig später zeichnete der NDR das von Manfred Brümmer übersetzte Stück auf. Aber nicht ohne vorher Hauptdarsteller Günther Bruhn abzusägen. Die offizielle Begründung für die Umbesetzung lautete: Mit Bruhn wäre es keine Eigenproduktion der Fritz-Reuter-Bühne gewesen. Insider erzählen allerdings hinter vorgehaltener Hand, Herr Sänger habe nicht ganz den Erwartungen der NDR-Granden entsprochen. Jedenfalls schlüpfte letztlich Eberhard Bremer ins Dinner-Jackett. Es paßte ihm wie angegossen. Heute kommt es vor, daß Leute in der Schweriner Fußgängerzone in schallendes Gelächter ausbrechen, wenn ihnen Bremer begegnet.

Der gebürtige Schweriner ist ein Autodidakt. Zu DDR-Zeiten betreute er schwererziehbare Jugendliche, bis sein Sohn mit dem Schlauchboot via Ostsee rübermachte. »Damit war ich natürlich nicht mehr geeignet, den sozialistischen Nachwuchs zu erziehen«, kommentiert Bremer seinen Rausschmiß. Er heuerte bei der Reuter-Bühne an, für die er zuvor schon Gastrollen übernommen hatte. Ein Glücksfall für die FRB. Eines Tages saß eine Kommission der Theaterhochschule im Publikum, um einen Kollegen Bremers zu begutachten. Die Kommissare vergaßen schnell den eigentlichen Grund ihres Besuches und boten Bremer sofort einen Studienplatz an. Ohne irgendwelche Formalitäten – jeder andere mußte dafür eine strenge Aufnahmeprüfung absolvieren.

Frollein Soffi wird gespielt von Marga Heiden, der großen alten Dame der FRB. Die Mutter der Filmschauspielerin Katrin Saß (»Heidi M.«, »Polizeiruf«) ist seit 1934 in den mecklenburgischen Theatern zu Hause. Auch nach der Pensionierung blieb sie durch und durch Künstlerin. Sie ist eine von jenen, die im Alltag öfter eine Souffleuse bräuchten als auf der Bühne. Nachdem ihre Gage erstmals auf ihr neues Bankkonto überwiesen worden war, ging sie an den Schalter und zeigte stolz das eigenhändig ausgefüllte Auszahlungsformular vor. Bei »Betrag« hatte sie eingetragen: »Alles«.

Fruit Bei einem Seniorengeburtstag ist dringend davon abzuraten, den grünen Damit-Sie-auch-morgen-noch-kraftvoll-zubeißen-Apfel von Blend-a-Med auf den Tisch zu stellen. Viel praktischer ist fein geschnittenes oder püriertes Obst. Wer befürchten muß, daß zittrige Hände den guten Portwein verschütten, serviert ihn gleich an den Früchten.

Zutaten (für fünf Portionen): *4 Äpfel, 2 Birnen, 2 Bananen, 10 g Butter, 1 EL brauner Zucker, 1/4 TL Zimt, Portwein.*

Zubereitung: *Die Früchte schälen, je nach Zustand der Gäste schneiden oder pürieren und in eine feuerfeste Schüssel geben. Die Butter, den Zucker und den Zimt in einem kleinen Topf aufkochen, bis die Butter geschmolzen ist. Ein Glas Portwein über die Soße, Soße über das Obst, gemeinsam im Ofen 20 Minuten* *bei 160 °C erhitzen. Warm oder kalt servieren. Je jünger die Gäste, desto größer dürfen die Obststücke sein. Gästen unter 50 Jahren kann unter Umständen auch Wein im Glas gereicht werden.*

funny bones Mit »funny bones« (deutsch: lustige Knochen) bezeichnen Engländer das Skelett jener Künstler, die selbst knochentrockene Texte noch in markerschütternde Komik verwandeln. Eine Knochenarbeit, die nur sehr wenige auf Erden beherrschen: Charlie Chaplin, Buster Keaton, Groucho Marx, Stan Laurel und Oliver Hardy und natürlich Freddie Frinton.

Furz Fassungslos ob des Siegeszugs stellte Mitentdecker und Regisseur Heinz Dunkhase (1928–1987) die These in den Raum, das ›Dinner for One‹ sei »der Furz irgendeines Theaters«. Eine Fehleinschätzung, die er bis an sein Lebensende bereute. Denn wie Freddie Frinton bekam auch Dunkhase für seine Entdeckungs- und Regie-Arbeit keinerlei ➛ Tantiemen. Die Beschimpfung mit dem F-Wort ist grob geschätzt 50 Prozent Verbitterung und 50 Prozent Selbstrechtfertigung nach dem Motto: Wer konnte wissen, daß dieser Furz so viel Wind macht?

Gage Vielleicht wurde der Turbo-Vertrag auf das Programmheftchen gekritzelt. Womöglich hatte Heinz Dunkhase sogar einen Vordruck mit Briefkopf in der Tasche. Jedenfalls ist das Dokument von ➛ Blackpool heute leider verschollen. Niemand weiß, wieviel Frinton und Warden für den Live-Auftritt bei »Guten Abend, Peter Frankenfeld!« bekamen. Der Kontrakt für die heute bekannte Kult-Aufzeichnung existiert dagegen noch. Exakt 4150 Mark zahlte der ➛ *Norddeutsche Rundfunk* damals plus »Flugkosten und Diäten«. Davon gingen 15 Prozent direkt ans Finanzamt. Den Rest, 3527,50 Mark, mußten sich Frinton und Warden teilen. In welchem Verhältnis sie das taten? Das bleibt ihr Geheimnis ebenso wie die Antwort auf die Frage, was nach dem Abgang geschieht und warum sie keine ➛ Tantiemen vereinbarten.

Steckte schon Millionen Menschen mit ihrem Lachen an: NDR-Telefonistin Sonja Göth.

Göth, Sonja

Die Frau mit dem unüberhörbaren Schreilachen saß im April 1963 bei der Aufzeichnung des ›Dinner for One‹ im Publikum und amüsierte sich aus vollem Halse. Göths Gekreische wurde sogar dem Aufnahmeleiter zu viel. »Reißen Sie sich bitte zusammen, sonst müssen sie das Studio verlassen«, sagte der strenge Herr zu der aufgelösten Zuschauerin. Zu spät, viel zu spät. »Ich konnte nicht wieder aufhören«, berichtet Sonja Göth von jener Aufzeichnung, die bis heute in allen Wohnstuben flimmert. Ihr ungehaltenes Gelächter sollte erst wieder abflauen, als Miss Sophie ihren James nach oben gezerrt hatte. Sonni, wie sie heute noch genannt wird, lachte und kreischte, mit ganzem Herzen ignorierend, daß ihre Laute mit aufgezeichnet wurden.

Die Frau des Oberbeleuchters ➛ Viktor Göth hatte kurz zuvor auch die Deutschland-Premiere des Sketches im ➛ Besenbinderhof miterlebt. Ihre erste Kostprobe des Dinners verlief allerdings um einiges ruhiger. »Ich saß viel weiter weg«, und das Dinner war nur einer von vielen Programmpunkten der Live-Show »Guten Abend, Peter Frankenfeld!«. Zwei Monate später zeichnete der NDR das ›Dinner for One‹ in Hamburg-Lokstedt auf und lud seine Mitarbeiter ins ➛ Studio B. Sonja Göth, die Angestellte aus der NDR-Telefonzentrale, nahm in der ersten Reihe Platz und verewigte sich lautstark auf dem Band. Als sie es Jahre später wieder sah, verging ihr das Lachen. Sie hörte zum ersten Mal ihre eigene Stimme im Fernsehen. Jenes »schreckliche Kreischen«, das alljährlich Millionen Menschen ansteckt.

Göth, Viktor

Der »Lichttechniker für besondere Aufgaben« stand gleich zweimal hinter dem Scheinwerfer, als Fernsehgeschichte geschrieben wurde; 1963 im Hamburger ➛ Studio B beim ungleichen Kampf Butler gegen Zimmertiger und 1967 bei der Funkausstellung in Berlin, als Bundeskanzler Willy Brandt den roten Knopf für die erste Farbfernsehsendung der Republik drückte.

Gracious

»Gracious ist tot«, rief David Howe, dann brach er auf der Bühne zusammen. Die Tränen sahen verdammt echt aus, nur der Text paßte ganz und gar nicht zum Stück. Grund des Nervenzusammenbruchs, der nicht im Drehbuch stand: Kurz zuvor hatte er erfahren, daß seine geliebte Großmutter, die Miss-Sophie-Darstellerin May Warden, gestorben war. David Howe und seine Brüder nannten ihre Oma immer nur »Gracious« (frei übersetzt: Wonneproppen). Der Aussetzer blieb übrigens von der Öffentlichkeit unbemerkt. Er geschah während einer Probe.

Guinness

Mindestens ein Pint Guinness floss täglich in den Schlund May Wardens. »Nach jeder Vorstellung freute sie sich schon auf ihr Guinness«, berichtet ihre Tochter Audrey Maye. Sogar bei ihrem Gastspiel in ➛ Las Vegas mußte Warden nicht auf das schwarze obergärige Bier aus Dublin verzichten.

Guinnessbuch der Rekorde

Von 1988 bis 1996 hatte das ›Dinner for One‹ als meistwiederholte TV-Sendung seinen Platz im Album aller unwichtigen und wichtigen Rekorde des Universums. Seit 1997 ist der »Wiederholungsrekord« allerdings gestrichen, obwohl der Vorsprung von Silvester zu Silvester stetig steigend ins Unendliche wächst. Warum? »Wir sind bestrebt unseren Lesern ständig etwas Neues zu bieten und tauschen die Rekorde daher ständig aus«, sagt Olaf Kuchenbecker vom *Guinness World Records Verlag*. »Sofern ein Rekord noch Gültigkeit hat, besteht grundsätzlich die Möglichkeit, ihn in kommenden Ausgaben wieder aufzunehmen.« Dann mal los: Das ›Dinner for One‹ wurde zwischen Nord- und Bodensee inklusive 2001 nicht weniger als 213 mal wiederholt. Insgesamt hatte es mehr als 177 Millionen Zuschauer. Weltweit gab es mindestens 345 Ausstrahlungen (➛ Verbreitung). Das sollte reichen.

Hoeneß, Uli

Was Miss Sophie und Mister Supermanager gemeinsam haben? ➛ Daum, Christoph.

Internet

Wer *www.dinnerforone.de* eintippt, vergeudet nur Online-Gebühren. Zwar haben schlaue Internet-Wegelagerer bereits sämtliche Netzadressen besetzt, die man irgendwie mit ›Dinner for One‹ in Verbindung bringen könnte. Aber sie haben weder Inhalte hinterlegt noch hat ihnen bislang jemand eine Adresse abgekauft. Dann wären da noch die privaten Hobby-Webmaster, die ihrem jahrelangen Weggefährten huldigen, indem sie dessen Text mehr oder weniger liebevoll, manchmal auch mit Übersetzung, ins Netz stellen.

Für alle Dinneraner mit höheren Ansprüchen gibt es nur eine einzig wahre Anlaufstelle: *www.ssskol.de*. Diese Site bietet, da beißt die Maus kein Kabel ab, mehr Informationen als alle anderen Sites zusammen (Stand August 2002). Hier gibt es ein Museum, eine Bibliothek, eine Küche, eine Schatzkammer und was sonst noch zu einem englischen Landsitz gehört. Und sogar einen Link in Miss Sophies Schlafgemach.

Die Titelmelodie des ›Dinner for One‹ spielt das Mantovani-Orchester unter *www.mantovani-orchestra.com/main frame 1.htm*. Die Urfassung dieses Liedes (»Charmaine« von Ernö Rapée und Lew Pollack) gibt es unter *www.bischel.com/charmaine.html* (➛ Musik). Das ›Dinner for One‹-Gemälde von ➛ Renato Casaro kann in dessen virtueller Galerie begutachtet werden: *www. casaro-renato-art.com*. Hinter dem Link »Painted Movies« verbergen sich Casaros berühmte Werke und der stolpernde James. Wer das Original (Öl auf Leinen, 50 x 60 Zentimeter) kaufen will, schickt dem Maestro eine Mail. Verhandlungsbasis ist 4000 Euro (inklusive Passepartout und Rahmen).

Wer kleinere Fanartikel ersteigern will, wird im virtuellen Auktionshaus *www.ebay.de* fündig. Unter dem Stichwort »Dinner for One« werden durchschnittlich etwa zehn Artikel feilgeboten.

Interpretationen

Die einen lieben das ›Dinner for One‹, die anderen hassen es. Oder, wie es bereits 1985 im allerersten Büchlein stand, das über den Sketch geschrieben wurde (➛ Bibliographie; »Dinner for One«; Hamburg 1985, S. 26): »Allein die Vielzahl unterschiedlicher Interpretationen zeigt, wie er in jedem Betrachter eine Saite zum Schwingen, eine andere zum Schweigen bringt.«

Auf keinen Fall darf man unwidersprochen stehen lassen, was ➛ Heinz Piper in seiner Anmoderation zum NDR-Dinner vom Stapel ließ: »Das weitere Gespräch zwischen Miss Sophie und ihrem Butler James ist nicht interessant, es ist völlig ohne Belang«. Absolut anderer Meinung ist da Theater-Wissenschaftler Prof. Dr. Hajo Kurzenberger. Ihmzufolge ist das ›Dinner for One‹ gleich in dreierlei Hinsicht hochbrisant – als »politisches Theater im subversiven Sinn«, als »Lehrstück über die Kraft gesellschaftlich unterdrückter Gefühle und Leidenschaften oder über die kompensatorische Kunst des Servierens« und als »Beitrag zur aktuellen Gender-Fragestellung ›Master or Servant‹«. Kurzum: Das ›Dinner for One‹ ist nicht nur toll anzusehen, es hat auch was zu sagen. Dies belegt auch folgende kontroverse Stoffsammlung möglicher Interpretationen:

Warum das ›Dinner for One‹ ein unübertroffener Geniestreich ist

1. Soziale Funktion

Wenn James seinem natürlichen Feind entgegentorkelt, dann fiebern vom australischen Baby bis zur norwegischen Uroma alle vor dem Fernseher mit. Noch nie seit der Erfindung der Kathodenstrahlröhre gab es ein Machwerk, das die Menschen jahrzehntelang über Alters-, Landes-, und Standesgrenzen hinweg derart verbunden hat. Im Vergleich ist Thomas Gottschalk ein Fall fürs Spartenfernsehen. Zudem führt der ewig junge Sketch Senioren als quickfidele Menschen vor, die zu feiern wissen und unseren Alltag bereichern. Damit leistet er einen nicht hoch genug einzuschätzenden Beitrag zum Abbau von Vorurteilen gegenüber den Greisen der Gesellschaft.

2. Umweltschutz

Wer einen Tierkadaver im Speisezimmer zur Schau stellt, der kann und darf damit nicht glücklich werden, der gehört bestraft. Dies verdeutlicht James in seiner einmaligen Art und betätigt sich ganz nebenbei noch als Pionier des Mehrweggeschirrs. Dies alles schon seit 1963, als das Washingtoner Artenschutzabkommen und der Grüne Punkt noch kein Thema waren. (➛ Umweltschutz)

3. Erfolg gegen die angelsächsische Filmindustrie

Die Hollywood-Schinken verschlingen Milliarden Dollar, um als teuerste und/oder erfolgreichste Filme aller Zeiten im ➛ Guinnessbuch der Rekorde aufzutauchen und ein Jahr später wieder übertrumpft zu werden. Der NDR seinerseits zahlte 1963 ganze 4150 Mark Honorar, aber sein Schwarz-Weiß-Viertelstünder baut seinen Vorsprung als meistgesendete TV-Produktion der Welt Silvester für Silvester aus. (➛ Erfolgsgeheimnis)

4. Klarer Blick auf die Realität

James hält uns den Spiegel vor. Wir sehen, wie wir uns Tag für Tag, Jahr für Jahr sinnlos abhetzen, planlos im Kreis rennen, während die Gropfkopferten herumsitzen, -kommandieren und schamlos ein Viergängemenü verdrücken, das nur durch uns auf den Tisch kommt. Das Ritual der Geburtstagsparty zeigt, wie jede Silvesterparty, jeder Tag, jedes Jahr, das ganze Leben ein ritualisiertes Laufrad ist. Gut, daß uns wenigstens einmal im Jahr jemand die Augen öffnet. (➛ Ritual)

5. Wichtige Lektionen für alle Heranwachsenden

Hände weg vom Alkohol, der macht nur die Birne hohl. Das ›Dinner for One‹ verklickert diese wichtige Botschaft unterhaltsam und ohne erhobenen Zeigefinger – und zwar so, daß es auch Leute verstehen, die fünf Promille intus beziehungsweise nur noch fünf Resthirnzellen haben. Auch die oben genannten ökologischen und sozialen Themen kann sich jeder Heranwachsende leicht erschließen. Zudem ist das Dinner das beste und einfachste Utensil, um Schülern literarische Fachbegriffe wie ➛ Drama, ➛ Komödie, ➛ Tragödie, ➛ Spannungsbogen, ➛ running gag etc. zu erläutern.

Warum das ›Dinner for One‹ untragbar ist und schnellstmöglich aus dem Programm genommen gehört

1. Wirkung auf die Gesellschaft

Hier werden Senioren vorgeführt als Menschen, die weder ein vermottetes Hindernis aus dem Weg räumen noch zwischen Realität und Traumwelt unterscheiden können. Dieser beispiellose Zynismus diskriminiert unsere Väter und Mütter und vergrößert unnötigerweise die Kluft zwischen den Generationen.

2. Ressourcen-Verschwendung

Geht man so mit Lebensmitteln um? Dieser dekadente Butler schmiert sich kostbaren Champagner an den Hals und schmettert ein Huhn an die Wand. So etwas ist eingedenk schwindender Ressourcen unerträglich. Fehlt nur noch, daß er die Tischblumen mit Perrier gießt.

3. Angelsächsische Unterminierung der deutschen Kultur

Chicken und Champagner, das paßt zusammen wie Kaviar und Coca Cola light. Haben die Fastfoodketten nicht schon genug Schaden angerichtet? Dieses Abendessen markiert das Ende der guten Sitten hierzulande. Außerdem marginalisiert der angelsächsische Schund die deutsche Sprache und verspottet das Militär. Damit untergräbt es die Moral einer ganzen Nation.

4. Verharmlosung der sozialen Mißstände

Die Menschen lachen über ein abschreckendes Beispiel von gnadenloser Unterdrückung einfacher Bediensteter durch Arbeitgeber im Allgemeinen und durch den Adel im Speziellen. Diese Sklaverei reicht offensichtlich weit über das Rentenalter hinaus und findet ihren traurigen Höhepunkt in sexueller Nötigung. Ein klarer Fall für die Gewerkschaften und Amnesty International – und nicht für das öffentlich-rechtliche Unterhaltungsprogramm.

5. Miserables Vorbild für die Jugend

Diese Orgie verherrlicht den Genuß von Alkohol, obendrein räumt dieser Mensch sein Spielzeugtier nicht auf, trinkt verdrecktes Wasser aus der Vase, verschüttet die Hälfte seiner Getränke, säuft vom Tischtuch und rülpst dann noch ordinär durch die Gegend. Das schreit geradezu nach einem Verbot!

James Scheinbar ist das der perfekte Namen für einen Butler. In der Kinderfernsehserie *Tabaluga* hat der böse Schneemann Arktos einen Pinguin namens James als treuen Gefährten. Und im Hollywood-Film *Was vom Tage übrig blieb* (1993) heißt die dienende Hauptperson James Stevens, gespielt von Anthony Hopkins. Auch im Internet gibt es einen Butler James, er moderiert bei *www.knuddels.de* alle Chats und klickt sich ein, sobald jemand Hilfe braucht. Er ist sogar über E-Mail zu erreichen (*James@knuddels.de*). Es darf angenommen werden, daß Miss Sophies Diener bei der Namensgebung Pate stand.

Allerdings stellt der englisch-deutsche Komiker ➛ Ernest E. Regon fest: »Keine englische Lady würde ihren Butler jemals mit Vornamen ansprechen.« Regon mutmaßt, daß NDR-Regisseur Heinz Dunkhase den Butler kurzerhand umtaufte. Ursprünglich habe er laut Regon »Higson« geheißen. Ein unfaßbarer Stilbruch für jeden Briten. Nicht auszuschließen, daß dies der Grund ist, warum die gute alte ➛ BBC das ›Dinner for One‹ mit Mißachtung straft.

Juhnke, Harald Der deutsche Schauspieler trainierte seit seiner frühen Jugend nachtnächtlich auf seine Traumrolle hin, durfte aber nie in James' Dinnerjackett schlüpfen. Daß er das nur allzu gerne getan hätte, gestand er 1997 dem Nachrichtenmagazin *Der Spiegel*: »Ich hätte selbst gern den Butler so gut wie Freddie Frinton gespielt. Aber 1963 hatte ich andere Verpflichtungen an der Berliner Freien Volksbühne.« Dabei räumte Juhnke (geboren am 10. Juni 1929 in Berlin) ein, daß diese anspruchsvolle Rolle selbst ihn an die Grenze seiner Leistungsfähigkeit gebracht hätte: »In sowenig Sendezeit lassen sich kaum mehr Flaschen leeren.« Darum sei das Dinner »nicht gerade ein gutes Vorbild für die Jugend«, stellte Juhnke trocken fest und gab eine ernüchternde Prophezeiung ab: »Wenn ein europaweites Werbeverbot (…) für alkoholische Getränke kommt, wird es Dinner for One schwer haben, im Programm zu bleiben.« Zum Verbot hätte er es aber auf keinen Fall kommen lassen.

»Dann müssen wir eine Volksabstimmung für das Stück organisieren.«

Katzensprung

Dies ist nur eines von vielen Worten, welches den Riesensatz vom ›Dinner for One‹ in den deutschsprachigen Alltag geschafft hat. Was 1963 mit dem beidbeinig gesprungenen Frinton begann, ist heute in Deutschland, Österreich und der Schweiz eine tierisches Synonym für eine kurze Entfernung (»Das ist doch nur ein Katzensprung«).

Kinderkanal

Die Tochter von ARD und ZDF ist der flimmernde Beweis, daß das ›Dinner for One‹ auch für die Kleinsten ein großer und auch gut verdaulicher Spaß ist. Seit 1998 zeigt der *Kinderkanal* an jedem 31. Dezember gegen 18 Uhr, daß zu viel Alkohol schlecht für Aussprache und Fortbewegung ist. Und ganz nebenbei bindet der NDR die Zuschauer der Zukunft von Kindesbeinen an seine Produktion.

Knorr

Hat es bis heute nicht für nötig empfunden, den Markt mit Fertigpäckchen ➛ Mulligatawny-Suppe zu beglücken (➛ Maggi).

Komödie

Zunächst mag das ›Dinner for One‹ als Komödie daher kommen. Wenn man so will, kann man das Stück sogar in die Tradition William Shakespeares und George Bernard Shaws einordnen. Der britische Literatur-Nobelpreisträger Shaw (1856–1950) wurde berühmt durch seine ironisch-satirischen Lustspiele und sozialkritischen Werke. Er benutzte die Komödie als Mittel witziger Gesellschaftskritik, bei ihm wurde die Bühne zur moralischen Anstalt. Und Shakespeare, der wichtigste Dramatiker der Neuzeit (1564–1616), war es, der die Identifikation mit dem tragischen Helden verstärkte durch unmittelbares Miterleiden der Vorgänge auf der Bühne. Was beim ›Dinner for One‹ James ist (»Uuuh, I'll kill that cat!«), war Orsino in Shakespeares Komödie ›Was

Ihr wollt‹. Und hier schließt sich der Kreis: In ›Was Ihr wollt‹ intrigiert ein obszöner Trunkenbold namens Sir Toby Belch, im ›Dinner for One‹ nervt ein gewisser ➛ Sir Toby, weil er ständig nachgeschenkt haben will und monoton herumgrölt (»Cheerio, Sophie me gal!«).

Allerdings spricht auch etwas gegen die so naheliegende Annahme, daß das Dinner eine Komödie sei, denn Komödien spielen sich laut Aristoteles grundsätzlich in sozial niedrigen Gesellschaftsschichten ab. Dies ist beim ›Dinner for One‹ nicht der Fall, geht es doch hier um edle Menschen. Dieses Merkmal wurde von Aristoteles wiederum einer ganz anderen Dramengattung zugeordnet: der ➛ Tragödie.

Kosten

4 150 Mark plus Reisekosten und Spesen zahlte der *Norddeutsche Rundfunk* an Freddie Frinton und May Warden für die Aufzeichnung des ›Dinner for One‹. Zum Vergleich: In die »Titanic« wurden schätzungsweise 200 Millionen US-Dollar gesteckt. Das Hightech-Epos wollten 1998 in Deutschland 18 Millionen Zuschauer sehen. Die 40 000 mal billigere Schwarz-Weiß-Produktion mit drei Attraktionen, zwei Akteuren und einem Akt sahen im selben Jahr 11,48 Millionen Deutsche.

Kult

Kult ist »der konkrete Vollzug einer Gott geweihten Handlung«. So steht es im dtv-Lexikon. Eine weniger abgehobene Erklärung lieferte Frank Schlößer am 30. Juli 1999 in einer Theater-Rezension für die *Ostsee-Zeitung*: »Die sicherste Methode, keinen Kultfilm zustande zu bekommen, ist, vorher anzukündigen, daß man einen Kultfilm produziert. Kult entsteht ausschließlich – und auf unerklärliche Weise – beim Publikum. Und, einmal in diesen Status erhoben, erhält das Werk eine Kraft, die es immun macht gegen Nachahmung und Imitation: Es muß immer Freddie Frinton sein, immer dieser Film, immer in englisch und immer zu Silvester.«

Kommunikationsphilosoph Prof. Dr. Norbert Bolz von der Universität Essen führt in einem Aufsatz über die Funktion des Kult-Fernsehens das Dinner gleich nach ›Tagesschau‹ und ›ran‹ auf: »›Dinner for One‹ ist autologisches Fernsehen.« Es sei ein Teil des Silvester-Rituals und gebe dem Zuschauer das Gefühl der Sicherheit. »Die Wiederkehr von Kulten und ➛ Ritualen kann man nur verstehen, wenn man ihre Funktion als ›Heilmittel‹ gegen das Chaos, gegen die Regellosigkeit und Unübersichtlichkeit unserer Welt begreift.« Daraus folgt wohl, daß das ›Dinner for One‹ so schnell nicht an Aktualität und Zuspruch verlieren wird. Bolz: »Gerade weil der postmoderne Alltag immer komplexer wird; gerade weil wir ständig mit undurchschaubaren Systemen konfrontiert sind; gerade weil es keine verläßlichen Orientierungsmarken in Wirtschaft und Politik mehr gibt, brauchen wir einen Ausgleich der Einfachheit und Transparenz.« James und Sophie dürften also auf absehbare Zeit Kult bleiben. Fragt sich nur, wann genau sie diesen Status erreicht haben. Womöglich in dem Moment, als Nachahmer versuchten, aufs Trittbrett zu springen? So gesehen war die deutsche Dinner-Fassung auf ➛ RTL doch nicht vollkommen sinnlos.

Lachen

Seit Menschengedenken gibt es auf dem Planeten Erde das Lachen. Aber noch nie wurde über ein und denselben Witz so oft und anhaltend gekichert wie über diesen: »Ein Butler stolpert über einen Tigerkopf.« Der britische Regisseur Robin Nash antwortete einst auf die Frage, warum das ›Dinner for One‹ so viele verschiedene Menschen so heftig und ausdauernd zum lachen bringt: »Because it's funny.« Dr. Rainer Stollmann, Kulturwissenschaftler an der Universität Bremen mit dem Fachgebiet »Lachen und Lachkulturen«, widerspricht dem nicht. Er ging dem Phänomen aber ein klein wenig weiter auf den Grund. Seine These: »›Dinner for One‹ ist in Deutschland deshalb so populär, weil es (wie alles worüber man wirklich erschöpfend lacht) ein wirklich schwieriges Problem, eine sehr kitzlige Stelle in der Seele der Deutschen berührt und es möglich macht, daß sie darüber lachen, also sich davon befreien.«

Wo diese kitzlige Stelle liegt? Dr. Stollmann holt weit aus: Weil während des Dinners »Schon-längst-Gestorbene« durch »Noch-nicht-ganz-Gestorbene« wieder zum Leben erweckt werden, verschwimmen Leben und Tod, Vergangenheit und Gegenwart. »Wer lebt da eigentlich noch und wer ist schon tot? Was ist Gegenwart und was ist bestimmt schon vergangen? Die Handlung zieht uns immer mehr in die Unsicherheit über diese Frage hinein«, sagt Stollmann. Nun kann aber jeder halbwegs nüchterne Zuschauer zwischen heute und gestern unterscheiden, oder? »Als lebendige empirische Menschen vielleicht«, entgegnet der Lachforscher. »Aber als historische Deutsche? Es haben alle Völker so ihre Probleme mit der Vergangenheit.« Und weil man über die eigenen Schandtaten nicht lachen könne, sondern sie vertuschen und verbergen wolle, sei das ›Dinner for One‹ Bestandteil der deutschen Lachkultur geworden. Stollmann: »Endlich kann man befreit über das prekäre, unsichere, ›kitzlige‹ Verhältnis von Gegenwart und Vergangenheit lachen.«

Dies funktioniere aber nur, weil dieses Lachen ein »durch und durch unbewußtes Lachen« ist. »Man muß sehr stark und immer wieder lachen, aber im Grunde weiß man nicht warum und will es auch gar nicht wissen, weil genau das das Lachen stören würde.« Wer dieser Argumentation nicht folgen kann oder will, den verweist Doktor Stollmann auf Sigmund Freuds Untersuchung »Der Witz und seine Beziehung zum Unbewußten« von 1905. Nun mag diese These für Deutsche und Österreicher und vielleicht auch für die Nachfahren der garstigen Wikinger gelten – aber warum bringt James auch die friedfertigen und ultraneutralen Schweizer zum lachen? Hierauf hat Stollmann eine ganz andere Antwort: »Das Englische, die gewisse Fremdheit, ist ein notwendiger Teil des Lacherfolgs! Alle Nichtengländer sehen ›Dinner for One‹ als ›typisch englisch‹: Das Blasierte der Miss Sophie, das zwanghafte Wiederholen des Trinkrituals, die immergleiche Litanei, die der Diener aufsagen muß, die komischen Militär-, Adels- und Kaufmannstypen, die Frinton spielen muß, all das wird außerhalb Englands gewissermaßen ›abstrakt‹ in den Topf ›typisch englisch‹ geworfen, ohne daß irgendeine besondere Art von Konkretisierung, Assoziation, Gedanke damit verbunden würde.«

Womit das Lachen aller »Nichtengländer« erklärt wäre – aber nicht das der drei- bis fünfjährigen Knirpse und Knirpsinnen, die weder das British Empire noch das Dritte Reich noch die Normannen kennen, aber sich trotzdem nicht einkriegen vor Lachen. Auch hierfür hat Stollmann eine Erklärung: »Das ist alles hochklassige komische Technik.« Unterwegs von Bühne zu Bühne habe Freddie Frinton mit seinem ›Dinner for One‹ »Erfahrungen mit der Lach-Reaktion von vielen, vielen Menschen gesammelt«. Dabei habe er das Stuck »geschliffen und geglättet, wie ein Töpfer an der Scheibe.« Irgendwann stand das Meisterwerk da. Ein, so Stollmann, »Musterbeispiel an Timing, an running gag und an altehrwürdigen komischen Motiven.« Womit das Dinner und das Lachen darüber wohl erschöpfend erläutert wären.

Einen ganz anderen, aber mindestens genauso einleuchtenden Erklärungsansatz präsentiert Anglist Professor Dr. Wolfgang G. Müller von der Universität Jena: »Komik resultiert aus dem ständigen Wechsel von Erfüllung und Enttäuschung der Zuschauererwartung.«

Las Vegas In der Stadt der unbegrenzten Verbumfiedel-Möglichkeiten gibt es nicht nur Glücks-, sondern auch Lustspiele. In den Sechziger Jahren flogen May Warden und Freddie Frinton in den Südosten Nevadas, um im dortigen »Tropicana Night Club« das ›Dinner for One‹ aufzutischen. Der Chef des Etablissements war davon überzeugt, in May Warden eine echte Lady vor sich zu haben und selbst der Allergrößte zu sein. Er empfing sie mit den Worten: »Wir haben hier alles, was man sich wünschen kann. Was darf ich Ihnen bringen lassen?« Warden nahm ihn beim Wort: »One → Guinness, please.« Da schluckte der Impresario, als hätte er einen → North Sea Haddock quer im Hals. »Guinness?« Das hatte er noch nie gehört. »Wo wird das denn gebrannt?«, fragte er leise. »Gebraut«, sagte Warden, »Das ist ein schwarzes Bier aus

Dublin.« Der Gastgeber ließ sich ein Telefon an den Tisch bringen und mit Irland verbinden. Im nächsten Flugzeug von Dublin nach Las Vegas standen zwei Kisten Guinness. Einen Tag später hatte May Warden ihr Lieblingsgetränk auf dem Tisch. Dafür bedankte sie sich, merkte aber freundlich und bestimmt an: »Ich trinke mein Bier ohne Eis.« Der Herr Impresario hatte das Bier mit einer Vegas-Portion Eiswürfel servieren lassen.

Liebe Nein, nein und nochmal nein. Zwischen May Warden und Freddie Frinton war nichts, nichts, dreimal nichts. Weder zur Zeit der Dinner-Aufzeichnung in Hamburg, noch davor, noch danach. Warden war damals 72 Jahre alt und verheiratet. Frinton war mehr als 18 Jahre jünger und hatte eine Frau zu Hause, die wiederum 16 Jahre jünger war als er. Trotz dieses enormen Altersunterschieds setzte das Nachrichten-Magazin ➛ *Der Spiegel* Ende 2001 folgende Falschmeldung in die Welt: »James liebte Sophie«. Wer dies May Wardens Tochter Audrey Maye erzählt, wird erst einmal ausgelacht. »Freddie hatte nur Augen für junge Frauen«, berichtet Maye. Sie muß es wissen, sie hatte an Frintons Seite lange Zeit die Miss Sophie gegeben, bevor ihre Mutter den Part übernahm. Außerdem waren Frinton und Warden sehr unterschiedliche Charaktere. »Die zwei haben sich im Hotel wahrscheinlich nicht einmal getroffen – höchstens zum Essen«, sagt Wardens Schwiegersohn Len Howe, der oft mit Frinton zusammenarbeitete. Während Warden nach der Vorstellung meist mit den Kollegen einen Drink zu sich nahm, ging Frinton seine eigenen Wege. Ob mit oder ohne junge Begleitung, muß offen bleiben – keinesfalls aber mit älteren Damen, so Maye und Howe übereinstimmend. »Mister Frinton and May Warden hatten nur eine Geschäftsbeziehung«, betont auch Patsy Martin, die Agentin von Frintons Witwe Nora Harding.

Der Kronzeuge des Spiegel-Artikels, Kameramann ➛ Frank Banuscher, räumt inzwischen ein, daß ihm beim Interview womöglich die Gäule der Phantasie durchgingen. Banuscher stützte seine Annahme auf eine Beobachtung, die er bei den Dreharbeiten 1963 gemacht haben will: Dabei soll

Frinton seiner Partnerin »zärtlich über den Rücken« gestreichelt haben. Was für ein wasserdichter Beweis! Desweiteren behauptete Banuscher, daß beide Schauspieler damals »in den Fünfzigern« waren. Das war knapp daneben, doch der *Spiegel* ließ diese Unwahrheit ungeprüft so stehen. Selbst wenn er ihr den Rücken streichelte, selbst wenn May Warden daraufhin entgegnete »stop it, I like it« – ein unmoralisches Angebot hört sich wahrlich anders an.

LTU Die Deutsche Charter-Fluggesellschaft mit Sitz in Düsseldorf beglückte ihre Fluggäste vom 28. Dezember 1996 bis 2. Januar 1997, indem sie das ›Dinner for One‹ auf all ihren Flügen zusätzlich zum gewohnten Kinofilm und Videomagazin zeigte. Dabei handelte es sich allerdings um die nicht ganz so sehenswerte Fassung des Schweizer Fernsehens. Über den Anstieg der Buchungszahlen und des Alkoholkonsums in diesem Zeitraum konnte das *L*uft-*T*ransport-*U*nternehmen leider keine verläßlichen Angaben machen.

Maggi Hat es bis heute nicht für nötig empfunden, den Markt mit Fertigpäckchen ➛ Mulligatawny-Suppe zu beglücken (➛ Knorr).

MAZ Die Aufzeichnung des ›Dinner for One‹ von 1963 »gehört zu den ersten MAZ-Produktionen in der deutschen Fernsehgeschichte«, posaunte der *Norddeutsche Rundfunk* im Dezember 1981 in die Welt. Die Medien glaubten das, übernahmen es ungeprüft und greifen auch im 21. Jahrhundert immer noch auf diese Behauptung zurück. Dabei war das Verfahren der magnetischen Aufzeichnung anno 1963 schon ein alter Hut, bereits 1957 hatte der *Südwestfunk* in Baden-Baden zwei MAZ-Ampex-Anlagen in Betrieb genommen. Erst sechs Jahre später hob James in Hamburg die Tassen. Um diese Aufnahme zu den ersten MAZ-Aufzeichnungen Deutschlands zu zählen, bedarf es also schon einer großen Portion guten Willens.

Medizin Ein schwer krankes Stück. Unheilbar. Hoffnunglos. Fast alles tot. Beim ersten Hinsehen fürchtet jeder, daß dieses Stück niemand überlebt. Als James seine Herrin beinahe aus dem Stuhl katapultiert, scheint das Ende gekommen: Jetzt fallen sie um, denkt der Erstseher, und die »same procedure as every year« findet ihren noch nie da gewesenen Höhepunkt. Aber Miss Sophie ist hart im Nehmen. Es darf – Viagra zum Trotz – getrost als Wunder der Medizin bezeichnet werden: Wenn sie 1963 ihren 90. Geburtstag feierte, dann hatte sie im Jahr 2000 127 Lenze auf dem Rücken. Und wenn sie sich nicht totprozedurt haben, dann feiern sie auch im nächsten Jahr.

Menü Miss Sophie geruht ihren 90. Geburtstag mit folgender Menüfolge zu begehen:

- *mulligatawny soup (Mulligatawny-Suppe)*
  sherry extra dry (Sherry extra trocken)
- *north sea haddock (Nordsee-Schellfisch)*
  white wine (Weißwein)
- *chicken (Hühnchen)*
  champagne (Champagner)
- *fruit (Obst)*
  port (Portwein)

Miss Sophie Was Anmoderator Heinz Piper im Fernsehen »aus Gründen der Diskretion« verschweigt, enthüllt Joan Bovell-Eberhardt in ihrem Buch »Miss Sophie and Other Lives« (→ Bibliographie): Ihr zufolge entstammt Sophie der Familie Fortescue aus Sevenoaks (Grafschaft Kent). Im Interview verrät Sophie, daß sie in ihrem langen Leben vier Verehrer hatte und warum es nie zu einer Hochzeit kam. Mit dem 21jährigen Toby tanzte die damals 18jährige auf ihrem ersten Ball. Sie tranken Champagner und verzogen sich irgendwann in den Wintergarten. Dort wurden sie von ihrem Vater erwischt. Toby wurde vom Anwesen getrieben und später zum Ritter geschlagen. Archibald Pommeroy traf sie in Lady Summertons Bibliothek. Kurz vor der Verlobung verschluckte Sophies Mama eine Haarspange und starb. »Danach konnte ich meinen armen Papa nicht verlassen«, so Sophie. Sie blieb zu Hause, Pommeroy ging nach Indien. Mit 40 verlobte sie sich mit Waldemar von Schneider, dem Sproß eines alten norddeutschen Seefahrergeschlechts. Der Hochzeitstermin stand bereits, doch der Krieg kam dazwischen. Als Sophies Vater starb, lernte sie den Bestattungsunternehmer Henry Winterbottom kennen. »Natürlich war er kein richtiger Gentleman«, betont Sophie, »bitte denken Sie nicht, daß es zwischen uns jemals so etwas wie eine Liaison gab.« Gleichwohl lädt sie ihn – wie alle anderen Männer ihres Lebens – zu allen Geburtstagsfeiern ein.

Mister Pommeroy

→ Pommeroy.

Mister Winterbottom

→ Winterbottom.

Mulligatawny-Soup

Milakutanni ist tamilisch und heißt Pfefferbrühe. Vom Norden Indiens schwappte die dicke, scharfe Suppe (indisch: mullagatanni) mit Hühnerfleisch und jeder Menge Curry nach England. Dort entwickelten sich etliche Varianten. Ins ›Dinner for One‹ floß das Löffel-Gericht ein, weil es der »Inbegriff einer altmodischen Suppe« ist. So sagt es jedenfalls May Wardens Tochter Audrey Maye. Ein Originalrezept ist nicht existent.

Der »little drop of Mulligatawny-Soup« kam »jedes Jahr aus der Dose«, behauptet Wolfram Siebeck. Er blickte dem Koch Alphonse Selkirk in den Topf und dokumentierte seine Erkenntnisse im Buch »Ich kochte das Dinner for One« (→ Bibliographie; S. 14, 15). Sein Resümee: »Miss Sophie stellt keine großen Ansprüche ans Essen.« Immerhin hat Dosenöffner Selkirk verraten, wie er die Mulligatawny-Soup zubereitet hätte, wenn es ihm nur aufgetragen worden wäre:

»Zutaten: 1 kleines Suppenhuhn; 2 mittelgroße Zwiebeln; 50 g Butterschmalz; Currypaste.

Zubereitung: Das gewaschene Huhn in 8 oder mehr Stück schneiden, mit kaltem Wasser aufsetzen und zum Kochen bringen. Leicht salzen und ganz sanft köcheln lassen. Immer wieder abschäumen. Nach 2 bis 2 ½ Stunden wird es gar sein. Herausnehmen und enthäuten. Das Fleisch von den Knochen lösen und in eine Suppenterrine legen. Die Hühnerbrühe entfetten.

Die Zwiebeln in sehr dünne Scheiben schneiden, in dem Butterschmalz hellbraun braten und zum Hühnerfleisch in die Terrine legen.

Nun die Currypaste mit etwas Brühe verrühren und dann in der Suppe aufkochen. Die heiße Suppe über Fleisch und Zwiebeln gießen und servieren.«

Daß die Mengenangabe bei der Currypaste fehlt, ist kein Fehler; hier darf frei variiert werden. Je antörnender die Brühe sein soll, desto mehr.

Musik

Hu hiiii hu – hi hii hu – hu hu huu. Was 1926 für den Stummfilm »What Price Glory« komponiert wurde, gehört heute zum Dinner wie das Skål zum Admiral. Das Geigen-Orchester von Annunzio Paulo Mantovani (1905–1980) spielte den langsamen Walzer »Charmaine« ein, den Lew Pollack (1895–1946) und Ernö Rapée (1891–1945) gemeinsam komponiert hatten. Das getragene Stück im Dreiviertel-Takt kann heute getrost als Evergreen bezeichnet werden. »Charmaine« ist nahezu auf allen Best-Of-CDs von Maestro Mantovani und wurde 1999 für die Stephen King-Verfilmung »The Green Mile« (mit Tom Hanks) neu eingespielt von »Guy Lombardo and His Royal Canadians«. Freddie Frinton bevorzugte für seine Live-Auftritte in England dagegen den Song »Dinner for One, please James«. Dieses Stück hat 1935 – vollkommen unabhängig vom Sketch – der Engländer Michael Carr komponiert. Frinton entdeckte es zufällig und ließ es vor dem Gang auf die Bühne abspielen. Das Lied wurde von zahlreichen

»Dinner for One, please James«

Von Michael Carr (1935).

Dinner for one please, James,
The madame will not be dining.
Yes, you may bring the wine in,
Love plays such funny games.

Dinner for one please, James,
Close Madame's room, we've parted.
Please, don't look so downhearted,
Love plays such funny games.

Seems my best friend told her of another,
I had no chance to deny.
You know there has never been another,
Someday she'll find out the lie.

Maybe she's not to blame,
Leave me with silent hours.
No, don't move her favorite flowers,
Dinner for one please, James.

Künstlern gecovert, vor allem von Jazz-Interpreten wie Eartha Kitt, Coleman Hawkins, Joe Williams, Hank Thompson oder Urbie Green.

Dinner for One

**Tragikomödie in einem Akt –
hier erstmals mit Regie-Anweisungen
zum Nachspielen.**

Personen:	Miss Sophie, eine in Würden ergraute Lady; James, ihr nicht viel jüngerer Butler.
Ort und Zeit:	Ein protziges Eßzimmer, abends.

*Ein gedeckter Tisch, darauf Blumen und zwei Armleuchter mit je drei brennenden Kerzen. Fünf leere Stühle. Dahinter ein offener Kamin, an der Wand Gemälde. Rechts eine Treppe nach oben. Links eine Anrichte mit Geschirr und Flaschen. Davor ein Tigerfell mit ausgestopftem Kopf. Dazwischen James im Frack mit weißen, akkurat nach hinten gekämmten Haaren. Er nimmt vier Teller von der Anrichte und verteilt sie auf dem Tisch. Er humpelt, als habe er eine unbehandelte Arthrose im Knöchel des linken Beines. Behutsam korrigiert er die Position eines Silberbechers, spreizt Arme und Finger nach hinten ab und begutachtet die Tafel. Mit wackelndem Kopf schreitet er Richtung Anrichte.
Dabei stolpert er über den Tigerkopf. James bückt sich mit gestreckten Füßen, zupft des Tigers Fell zurecht, tätschelt und streichelt den Schädel. Wieder guckt er auf den Tisch. Zufrieden watschelt der Pinguin Richtung Treppe und schlägt auf einen Gong. Am oberen Ende der Treppe erscheint Miss Sophie in festlichem Gewand. Mit graugewelltem, hochgestecktem Haar, Spitzenjabot und Brosche.*

JAMES (*entzückt, als wäre ihm der Allmächtige erschienen*)
Good evening, Miss Sophie, good evening.

MISS SOPHIE (*von oben herab*)
Good evening, James.

JAMES (*streckt ihr voller Ehrfurcht die Hand entgegen*)
You are looking very well this evening, Miss Sophie.

MISS SOPHIE (*unten ankommend*)
Well, I am feeling very much better, thank you, James.

JAMES Good, good …

MISS SOPHIE (*an der rechten Stirnseite der Tafel Platz nehmend*)
Well, I must say that everything looks very nice.

JAMES (*rückt ihr den Stuhl zurecht*)
Thank you very much, Miss Sophie, thank you.

MISS SOPHIE Is everybody here?

JAMES (*nickt*)
Indeed, they are, yeah, yes.
(*feierlich*)
They all are here for your anniversary, Miss Sophie.

MISS SOPHIE All five places are laid out?

JAMES (*energisch*)
All laid out as usual.

MISS SOPHIE (*nach links blickend*)
Sir Toby?

JAMES (*legt die Hand auf die Lehne des Stuhls eins*)
Sir Toby, yes, he's sitting here this year, Miss Sophie.

MISS SOPHIE (*Richtung zweiter Stuhl zu ihrer Linken*)
Admiral von Schneider?

James *(humpelt zu Stuhl zwei)*
Admiral von Schneider is sitting here, Miss Sophie.

Miss Sophie *(Richtung dritter Stuhl rechterhand)*
Mr. Pommeroy?

James *(hinkt um den Tisch)*
Mr. Pommeroy, I put round here for you.

Miss Sophie And my very dear friend, Mr. Winterbottom?

James *(hinter Stuhl vier)*
On your right, as you requested, Miss Sophie.

Miss Sophie Thank you, James. You may now serve the soup.

James *(verbeugt sich)*
The soup, thank you very much, Miss Sophie, thank you.
(Spreizt Arme und Finger nach hinten)
They are all waiting for you.
(Geht mit wackelndem Kopf zur Anrichte. Und stolpert über den Tigerkopf. Blickt böse zurück, schimpft lautlos vor sich hin, schüttelt den Kopf. Schöpft Suppe in einen Teller, serviert ihn Miss Sophie).
Little drop of Mulligatawny soup, Miss Sophie.

Miss Sophie *(freudestrahlend)*
I am particularly fond of Mulligatawny soup, James.

James *(spreizt bedingt überrascht Arme und Finger nach hinten)*
Yes, I know you are.

Miss Sophie I think we'll have sherry now, with the soup.

James *(extrem erstaunt)*
Sherry with the soup, yes.
(bleibt links von ihr stehen)
Oh, by the way, the same procedure as last year, Miss Sophie?

Miss Sophie *(fest entschlossen)*
Same procedure as every year, James.

James *(begeistert)*
Same procedure as every year, James … yes.
(geht mit gespreizten Armen und Händen zur Anrichte. Und stolpert über den Tigerkopf. Nimmt die Flasche und inspiziert das Etikett)

Miss Sophie Is that a dry sherry, James?

James *(betont geduldig)*
Yes, a very dry sherry, Miss Sophie. A very dry. Straight out of the cellar, this morning, Miss Sophie.
(Schenkt behutsam in ihren und den Becher neben ihr ein. Will weitergehen, stutzt, bewegt sich zurück, unterhält sich mit aufgerissenen Augen lautlos mit Stuhl eins und gießt nochmal nach. Füllt die restlichen Becher ohne weitere Zwischenfälle oder Extrawünsche. Bringt die Flasche zur Anrichte zurück. Und stolpert über den Tigerkopf.)

Miss Sophie *(den Becher hebend)*
Sir Toby!

James *(humpelt hinter Stuhl eins, laut, mit tiefer Stimme)*
Cheerio, Miss Sophie!
(Trinkt den Becher aus)

Miss Sophie Admiral von Schneider!

James Ad…
(zaghaft)
Must I say it this year, Miss Sophie?

Miss Sophie *(stur)*
Just to please me, James.

James Just to please you, very good, yes, yes.
(Verbeugt sich leicht, hebt den Becher hoch)
Skolll!
(schlägt krachend Knöchel an Knöchel, krümmt sich vor Schmerzen, hüpft auf dem rechten Bein, hebt das linke. Trinkt aus)

MISS SOPHIE Mr. Pommeroy!

JAMES *(nimmt Becher drei, dabei spreizt er den kleinen Finger ab. Mit weibischer Fistelstimme)*
Happy new year, Sophie!
(Trinkt aus)

MISS SOPHIE And dear Mr. Winterbottom!

JAMES *(im Brustton eines Casanovas)*
Well, here we are again, old lovely …
(Trinkt aus)

MISS SOPHIE You may now serve the fish.

JAMES *(nimmt ihren Teller)*
Fish. Very good, Miss Sophie. Did you enjoy the soup?

MISS SOPHIE Delicious, James.

JAMES *(verbeugt sich leicht)*
Thank you, Miss Sophie, glad you enjoyed it.
(Bringt den Teller zur Anrichte. Und stolpert über den Tigerkopf. Nimmt einen neuen Teller, wirft einen bösen Seitenblick auf den Tiger, serviert)
Little bit of North Sea haddock, Miss Sophie.

MISS SOPHIE I think we'll have white wine with the fish.

JAMES *(völlig verwundert)*
White wine with the fish.
(beugt sich fragend vor)
The same procedure as last year, Miss Sophie?

MISS SOPHIE *(unnachgiebig)*
The same procedure as every year, James!

JAMES *(atmet tief durch)*
Yeah.
(Spreizt sich, wackelt zur Anrichte. Und stolpert über den Tigerkopf. Nimmt eine Flasche, stolpert fast noch mal, schlägt aber im letzten Moment einen Haken. Bläst die Backen auf. Schenkt ein. Stockt an Stuhl eins, führt gepflegte Konversation mit dem

Nichts, schenkt nach. Gießt an allen Plätzen ein, geht Richtung Anrichte. Und am Tigerkopf vorbei. Stutzt, schaut mit offenem Mund Miss Sophie an, schüttelt den Kopf, stellt Flasche hin. Und stolpert auf dem Rückweg. Wegwerfende, resignierte Handbewegung)

MISS SOPHIE Sir Toby!

JAMES *(schmettert)*
Cheerio, Sophie, me gal…
(Trinkt aus)

MISS SOPHIE Admiral von Schneider!

JAMES *(verzagt)*
Oh, must I, Miss Sophie?

MISS SOPHIE *(entschlossener denn je)*
James, please, please …

JAMES Skolll!
(Schlägt krachend die Hacken zusammen. Krümmt sich noch mehr als beim ersten Mal, hüpft, greift sich ans linke Bein und reibt dieses am rechten. Trinkt aus. Wankt mit leichtem Schlenker um den Tisch)

MISS SOPHIE Mr. Pommeroy!

JAMES *(spreizt kleinen Finger an die Decke. Fistelt)*
Happy new year, Sophie gal.
(Trinkt aus. Bleibt stehen. Blickt ins Leere. Stößt lautlos auf. Klopft sich auf die Brust. Strahlt Sophie an und stolziert zu Stuhl vier)

MISS SOPHIE Mr. Winterbottom!

JAMES *(stößt seinen Becher gegen ihren)*
… you look younger than ever, love! Younger than ever!
(Setzt kurz zum Trinken an)
He, he, he …
(Trinkt aus. Hält sich an ihrer Stuhllehne fest, als wolle er eine kleine Pause einlegen. Trippelt plötzlich um sie herum.)

Miss Sophie *(unberührt)*
Please, serve the chicken!

James Ya.
(nimmt Teller, wankt zur Anrichte. Und stolpert über den Tigerkopf. Nimmt neuen Teller, balanciert ihn zu Miss Sophie)

Miss Sophie That looks a very fine bird?!

James *(fachmännisch)*
That's a lovely chu … chuk … chicken,
that I'll tell you, a lovely …

Miss Sophie I think we'll have champagne with the bird!

James *(macht große Augen)*
Champagne, ya…
(baut sich umständlich links von ihr auf)
Sssame, same procedure as last year,
Miss Sophie?

Miss Sophie *(dickschädlig)*
Same procedure as every year, James!!!

James *(spreizt mal wieder Arme und Finger von sich. Beugt den Oberkörper im 90-Grad-Winkel. Rennt in dieser Stellung Richtung Anrichte. Und stolpert über den Tigerkopf. Schnappt sich eine Flasche, läuft einen Kreis um den Tiger, wird aus der Kurve getragen, macht die verlorene Zeit durch einen Zwischenspurt wett. Schenkt ein. Beugt sich beim Smalltalk an Stuhl eins weit vor, so daß ihm der Schampus auf eine Untertasse fließt. Er behebt das Malheur, indem er den Ausfluß in den Becher schüttet. Die restlichen Becher füllt er mit ähnlicher Sorgfalt. Den Rest der Flasche tupft er mit den Fingern hinter seine Ohren. Er torkelt gen Anrichte. Und steigt über den Tigerkopf wie Herrchen über sein schlafendes Kätzchen. Zurück zu Stuhl eins)*

Miss Sophie Sir Toby!

James Sophie me gal …
(Trinkt aus)

Miss Sophie Admiral von Schneider!

James *(der arme Hund)*
… must I, Miss Sophie?

Miss Sophie *(die blöde Kuh)*
James!

James Ssskoll!
(schlägt seinen rechten Hacken am linken vorbei. Verliert dabei fast Gleichgewicht und Jackett. Trinkt aus)

Miss Sophie Mr. Pommeroy!

James *(greift am Becher vorbei, piepst mit erhobener leerer Hand)*
Happy new year, Sophie gal.
(Setzt zum Trinken an. Grapscht sich den Becher im Nachfassen und kippt den Inhalt hinunter)

Miss Sophie Mr. Winterbottom!

James It's one of the nicest little women … hick … one of the nicest little women, that's ever breathed, ever breathed
(Starrt ein kleine Ewigkeit ins Leere, um plötzlich tief in Sophies Augen zu glotzen)
… I now declare this bazaar opened!

(Trinkt aus. Rülpst herzhaft. Verbeugt sich. Rudert hinter Sophies Stuhl, kippt diesen mitsamt der zappelnden und schreienden Miss nach hinten weg. Stellt beide wieder ab, nimmt den Teller mit dem Huhn, transportiert ihn Richtung Anrichte. Und stolpert, daß ihm das Huhn auf Nimmerwiedersehen davonfliegt. Blickt suchend hinterher und in seine leere Hand.)
Would you like some fruit?
(Schnappt sich die Schale, macht mit ihr einen ausgedehnten Ausflug über die Treppe, stellt sie vor Sophie ab.)

Miss Sophie I think we'll have port with the fruit!

James *(fassungslos)*
Oh, noo! S…ame procedure as last …

MISS SOPHIE *(herrisch)*

Yes, same procedure as every year, James!

JAMES … !!! …

(steckt seine Hände in die Jackett-Taschen, macht den Diener, stürzt wieder wie ein Kamikaze auf die Anrichte zu. Und stolpert. Presst seine Nase gegen die Flasche in seiner Hand. Schenkt Sophie ein und erstarrt vor Stuhl eins zum wankenden Denkmal. Die Buddel im Anschlag. Er starrt und wankt. Wankt und starrt. Plötzlich kippt er die Flasche um. Wein spritzt, Becher fällt um, Sophie erschrickt. James stellt den Becher auf und schüttet nach. Vor Stuhl zwei geht er in Stellung wie ein Snooker-Spieler beim Zielen. Mit einem großen Sprung schleudert er das Naß über die ganze Tafel. Den Rest verteilt er im Vorbeirumpeln mit erklecklichen Streuverlusten auf dem Tisch. Auf dem Weg zur Anrichte nimmt er einen tiefen Schluck aus der Pulle. Und springt über den Tiger wie ein Känguruh auf der Flucht. Zufrieden grinsend zurück zu Stuhl eins.)

MISS SOPHIE Sir Toby!

JAMES *(fortissimo)*

Sugar in the morning, sugar …

(Trinkt aus)

MISS SOPHIE Admiral von Schneider!

JAMES *(deutet den Hackenschlag an, spritzt den Becherinhalt senkrecht in die Luft)*

Ssskolll!

(Der Wein landet auf seinem Kopf. Er zuckt zusammen und blickt mit Sophie forschend nach oben)

MISS SOPHIE Mr. Pommeroy!

JAMES *(kippt den Becher um)*

I'm sorry, Madam, sorry.

(Streicht den Wein von der Tischdecke in den Becher zurück und trinkt aus)

MISS SOPHIE Mr. Winterbottom!

James *(vergreift sich an der Vase. Will trinken, scheitert an den Blumen. Wirft das Grünzeug weg und säuft die Vase aus)*
… huuuh, I'll kill that cat!
(zappelt Richtung Tiger, versucht mit beiden Händen, diesen zu verscheuchen. Bleibt auf dem Fell stehen)

Miss Sophie *(stets den Überblick bewahrend)*
Well, James, it's been really a wonderful party!

James *(bestätigt)*
Well, it's been most enjoyable.

Miss Sophie I think, I'll retire.

James *(ahnt leise, was kommt)*
You are going to bed?

Miss Sophie Yes.

James Sit down, I'll give you a hand up, Madam.
(strampelt ihr zur Seite, reißt ihr den Stuhl unterm Hinterteil weg)

Miss Sophie *(sich wiederholend und bei ihm einhakend)*
As I was saying, I think, I'll retire …

James Ya … Ya.
(weiß jetzt, was kommt)
By the way, the same procedure as last year, Miss Sophie?

Miss Sophie *(mit glänzenden Augen)*
The same procedure as every year, James!

James *(glänzt zurück)*
Well – I'll do my very best!
(zwinkert, blinzelt. Sie zieht ihn nach oben. Er blickt noch einmal um die Ecke und reckt den Daumen nach oben. Ab.)

Text entnommen aus:
Dinner for one – Freddie Frinton,
Miss Sophie und der 90. Geburtstag,

»Neat!«

May Warden lag auf dem Sterbebett. An ihrer Seite Tochter Audrey Maye, Doktor Philipp Brown und eine Krankenschwester. »Geben Sie ihr heute einen Schluck Brandy statt Schlaftabletten«, flüsterte der Arzt mit einem vielsagenden Blick der Tochter zu. Wenig später schenkte die Schwester ein Glas Brandy ein und fragte den Doktor, ob sie Wasser dazugeben solle. Noch bevor Doktor Brown antworten konnte, öffnete May Warden ein Auge und sprach: »Neat!« (deutsch: »Pur!«). »Sie bekam ihren Brandy unverdünnt und schlief kurz darauf zufrieden ein«, berichtet ihre Tochter. Es war May Wardens letztes – wie gewohnt treffend formuliertes – Wort.

Neujahrsansprache des Bundeskanzlers

Seit 1997 hat Freddie Frinton dem Bundeskanzler den Rang abgelaufen. Damals hatte das ›Dinner for One‹ deutschlandweit erstmals mehr als zehn Millionen Zuschauer (11,93) und überflügelte die Neujahrsansprache (9,28) gleich um satte 2,65 Millionen. Seitdem stakst James quotentechnisch stets vorneweg. Und das, obwohl er nur in den dritten Programmen läuft, während der Kanzler auch in ARD und ZDF Quote machen kann. Altkanzler Helmut Kohl sah die Verschiebung der Machtverhältnisse schon früh voraus und versuchte deshalb, das ➛ Erfolgsrezept des ›Dinner for One‹ zu kopieren. Er setzte auf die Kraft der ➛ Wiederholung und sagte am 31. Dezember 1986 exakt dasselbe wie ein Jahr zuvor. Deutschland hatte seinen zweiten dunkel gewandeten, untersetzten und die grauen Haare streng frisierten Mann, der alle Jahre wiederkam. So gelang es Kohl tatsächlich, kurzfristig die Aufmerksamkeit zu steigern. Die Quote aber nicht.

Nicht-Dinneraner

Es soll tatsächlich noch Menschen geben, die das ›Dinner for One‹ weder kennen noch gesehen oder davon gehört haben. Neuesten Schätzungen zufolge liegt der Anteil der Nicht-Dinneraner an der Bevölkerung Deutschlands bei aufgerundeten 0,02 Promille (➛ Anti-Dinneraner, ➛ Dinneraner).

Norddeutscher Rundfunk Der Produzent der erfolgreichsten Yearly Soap der europäischen TV-Historie zeigte an Silvester 1999 erstmals drei verschiedene Dinner-Variationen: auf ➛ Plattdeutsch, in ➛ Farbe und das Original. Ansonsten hat sich der NDR vor allem der Verknappung seines Meisterwerks verschrieben. Von Januar bis November darf nie und nirgends auch nur eine Sekunde des Stolperstreifens gezeigt werden. Firmen, die mit Miss Sophie für Kukident werben wollen, haben also nur im Dezember eine Chance. Das gilt auch für Journalisten der »Tagesschau«, die ihren Beitrag über das neue Alkoholgesetz mit James aufpeppen wollen. Der NDR verkauft auch kein ➛ Video seines Meisterstücks.

Immer wieder erreichen den NDR Briefe, die an die »Redaktion Dinner for One« adressiert sind. Eine derartige Redaktion gibt es nicht und hat es nie gegeben. Doch die Poststelle weiß genau, wo die Post hingehört. Uta Fahrenholtz ist seit 1968 beim NDR für Unterhaltung und Film zuständig, seitdem ist sie Anlaufstelle für jegliche Schreiben, die sich um Miss Sophies Tafelrunde drehen. Die Hälfte aller Briefe kommen Jahr für Jahr von Englischlehrern, denen der grammatikalische Fehler bei der Anmoderation im Hals stecken bleibt (➛ than).

Dazu flattert immer mal wieder eine Anfrage der ➛ BBC ins Haus. Fahrenholtz schickte jahrelang stets brav ein Band ins Königreich. Und bekam kein einziges Mal irgendeine Rückmeldung. »Da sitzen irgendwelche, die wollen die Kassette für sich zu Hause«, vermutet sie. Ein Verdacht, der sich erhärtet hat. Heute schickt Fahrenholtz nur noch Bänder nach England, bei denen ein überdimensionaler Time-Code mitläuft und das halbe Geschehen auf dem Bildschirm überdeckt.

North Sea Haddock Anton Hufnagel hat Gorbatschow, Reagan, Bush, Kohl und Schröder bekocht. Und am 31. Dezember 1999 für die *Berliner Morgenpost* ein North Sea Haddock-Rezept gezaubert, das in der Geschichte der ›Dinner for One‹-Rezeption seinesgleichen sucht. Hufnagel wurde ausgebildet im »Goldenen Hirsch« zu Rothenburg ob der Tauber, veredelt im Münchener »Vier Jahreszeiten«, er ist zur Perfektion gereift im Berliner »Ambassador« und »Hemingway's« und hat das Sahnehäubchen abgeliefert mit diesem Nordsee-Schellfisch für vier Personen:

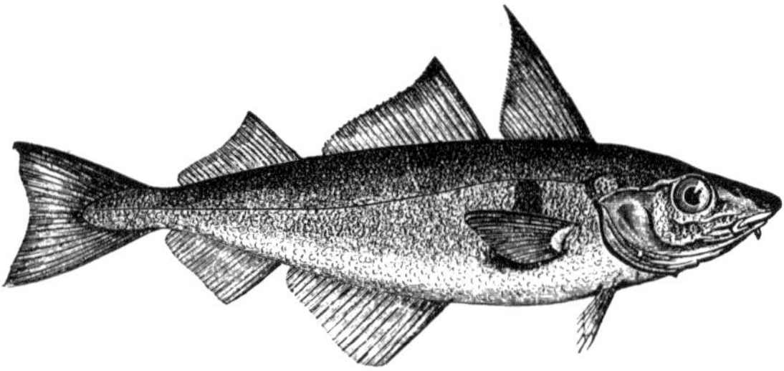

Zutaten für den Fischfond: 1 kg Fischköpfe und Gräten ohne Flossen und Kiemen, 30 g Staudensellerie, 50 g Möhren, 60 g Lauch, 60 g Schalotten, 0,2 l Weißwein, 1 Zitrone und 1 Limone ohne Schale, etwas Kerbel, Petersilie, Champingnons und Thymian, 1 kleines Lorbeerblatt und 1 Nelke, 5 g Meersalz, etwas weißen Pfeffer und einen Hauch Knoblauch, 1 bis 2 l Wasser.

Zubereitung: Die Gräten kalt abspülen und abtropfen lassen. Das gesäuberte Gemüse kleinschneiden und in Öl leicht andünsten. Die Fischgräten, Kräuter und Gewürze dazugeben, kurz mit anbraten und mit dem Weißwein ablöschen. Mit kaltem Wasser auffüllen und zum Kochen bringen. Den Fischfond abschäumen und 25 Minuten leicht kochen lassen. Zwischendurch abschäumen, anschließend durch ein feines Sieb gießen und abkühlen lassen.

Zutaten für den Fisch: 600 g Schellfischfilet, 1 l Fischfond, 1 Limone, Meersalz.

Zutaten für die Senfsauce: 80 g Senf, 80 g Butter, 80 ml Fischfond, Salz, weißer Pfeffer.

Zubereitung: Das Schellfischfilet mit Meersalz und Limonensaft würzen, in den bereits kochenden Fischfond legen und cirka zehn Minuten bei leichter Hitze ziehen lassen. Für die Sauce die dafür vorgesehenen Zutaten kräftig verrühren und abschmekken. Das gegarte Fischfilet aus dem Fond nehmen und abtropfen lassen. Den fertigen Schellfisch anrichten und mit Sauce leicht überziehen.

Norwegen

Vorher waren sich alle Fotografen einig gewesen, daß dieser Termin genauso förmlich und langweilig ablaufen würde wie in den vergangenen Jahren auch. Die offizielle Weihnachts-Fotosession 2000 im norwegischen Königshaus. Steif stehende Staats- und Familienoberhäupter, drapiert mit jeder Menge Thronfolgern. Doch diesmal war alles ganz anders. Plötzlich sprang Marius, der kleine bürgerliche Sohn der Kronprinzessin in spe, Mette-Marit, über das Eisbärfell. Vermutlich inspiriert vom ›Dinner for One‹, stahl der Knirps den Majestäten König Harald und Königin Sonja komplett die Schau und katapultierte sich direkt in die Herzen aller Norweger, die die zirzensische Einlage am Fernseher verfolgten. Ganz spontan und nebenbei hatte Marius demonstriert, daß James und Miss Sophie nicht nur einen wertvollen Beitrag zur Verständigung von Generationen und Völkern leisten, sondern auch die unterschiedlichsten Gesellschaftsschichten verbinden können.

Seit 1979 gehört »Grevinnen og Hovmesteren«, wie das ›Dinner for One‹ dort heißt, zur norwegischen Weihnacht wie der Elch zum Test. 1997 sahen 1,1 Millionen Norweger zu, das waren 30,1 Prozent aller Einwohner über 12 Jahren. Der Zuspruch ist ungebrochen. Als der Fernsehsender NRK mit dem Gedanken spielte, die »Gräfin« und ihren »Hofmeister« in Farbe statt schwarz-weiß auszustrahlen, sprachen sich 64 Prozent für die gute alte Version aus. Nur 31 Prozent konnten sich vorstellen, daß James demnächst ein braunes Hähnchen in eine bunte Kulisse schleudert. Und auf die Frage, welches Fernsehprogramm sie am meisten mit Weihnachten verbinden, antwortete die Hälfte aller Norweger: »Grevinnen og Hovmesteren«.

Occifer »Good Evening, Occifer.« Mit diesen Worten pflegte Freddie Frinton alle Film-Ozzifiere zu begrüßen, die ihm über den Weg liefen. Diese gelallte Formel war Sommer für Sommer auf den Freilichtbühnen von Blackpool bis Bournemouth zu hören und wurde das Markenzeichen des Säuferspielers.

Österreich Aus Neusiedl am See kommt das hölzernste ›Dinner for One‹ aller Zeiten. Das »Karin Schäfer Figuren Theater« hat sich eine Geburtstagsparty für Marionetten ausgedacht, die schon in fast so vielen Ländern gefeiert wurde wie das Menschen-Abendessen. Die Partygäste der »gnädigen Frau« Baronesse Sophie von Silberstein sind zwar längst von Holzwürmern zerfressen, aber das macht nichts, der mürrische aber liebevolle Butler Johann ist ja da. Es entwickelt sich eine Geschichte der Erinnerung, der vertagten Träume und der vergessenen Wünsche. Dabei zeigt jeder Gast ein Kunststück, bei dem selbst Pinocchio vor Neid erblassen würde: Firella F. ist die einzige Marionette der Welt, die auf dem Einrad fährt und dabei richtiges (!) Feuer spuckt. Charles Lindbergh legt auf offener Bühne einen Fallschirmsprung hin. DJ Okay rappt so fetzig, daß sich Arme, Beine und Kopf selbstständig machen. Dr. Kurt Ostbahn singt wie Ostbahn Kurti und Professor Nicolo Panini-Hegedüs geigt virtuoser als Paganini und schöner als Vanessa Mae. Zwischendurch leert Johann pflichtbewußt die Gläser aller Eingeladenen und stolpert übers Bärenfell. Damit brachte er schon Menschen in Deutschland, Italien, Spanien, Ungarn, Rußland, Weißrußland, Korea, Pakistan, Polen und Mexiko zum ➛ Lachen. Dieses »Kunststück für zwei Hände und 96 Fäden« hat sich Karin Schäfer ausgedacht, sie bastelte auch die Puppen und führt sie selbst über die Bühne. 1999 brachte ihr das ›Dinner for One‹ gar den ersten Preis beim »International Festival of Solo-Puppeteers« in Lodz (Polen) ein.

Im österreichischen Fernsehen waren James und Sophie zwischen 1981 und 2001 an 18 Silvesterabenden zu sehen.

Pantomime So oft Freddie Frinton und May Warden das ›Dinner for One‹ auch spielten – sie taten es nie zwischen Weihnachten und Silvester. Da hatten sie etwas besseres zu tun: »pantomime« – eine britische Theaterspezialität, die nichts zu tun hat mit der lautlosen Pantomine auf dem Kontinent. »pantomime shows« sind eine Mischung aus Kasperltheater und Komödienstadel. Da wird eine schlichte Geschichte erzählt mit einem Bösewicht und einem guten Helden, das Publikum darf dabei fleißig mitkreischen. Die Shows werden traditionell zwischen Weihnachten und Neujahr gezeigt. Hierzu strömen viele Familien – besonders gerne am Zweiten Weihnachtsfeiertag – in die Theater. Für Frinton und Warden war die »pantomime« ein Fixpunkt im Kalender. Wardens Lieblingsrolle war die der Hexe. Noch im hohen Alter von 70 ließ sie es sich nicht nehmen, mit Besen und Seil über die Bühne zu fliegen. »Sie hatte ein richtiges Hexen-Lachen«, berichtet Tochter Audrey Maye mit einem Lächeln, das das Wardensche Feix-Potential erahnen läßt. Frinton seinerseits schlüpfte am liebsten in Frauenkleider, er spielte oft und erfolgreich »the dame«. ›Dinner for One‹-Autor Lauri Wylie produzierte seinerseits in den 20er und 30er Jahren zahlreiche »pantomimes«. Diese trugen Namen wie »Dick Whittington«, »Cinderella«, »Aladdin« oder »Babes in the Wood«.

P-Frage Anfang 2001 zerbrachen die Köpfe der Republik für ein paar Wochen über der sogenannten K-Frage. Heute spricht keiner mehr über das CDU/CSU-Duell Stoiber/Merkel. Viel länger, fast vier Jahrzehnte, hält sich dagegen die P-Frage. Inzwischen hat sie sich zusammen mit der P-Antwort über ganz Europa ausgebreitet. »The same procedure as last year?« Das fragt schon lange nicht mehr nur James seine Miss Sophie. »The same procedure as every year«, das hört und liest man mittlerweile in allen möglichen Zeitungen, in allen unmöglichen Zusammenhängen zu allen erdenklichen Zeiten. Hier eine kleine, absolut unvollständige Dokumentation einiger Erscheinungsgebiete der P-Frage:

1. Im Showbusiness: Die Berliner *Tageszeitung* schreibt am 29. November 2001 über die Verleihung der Europäischen Filmpreise: »Deutschland geht mit dem Psychothriller und bereits für den Oscar nominierten Film ›Das Experiment‹ von Oliver Hirschbiegel mit Moritz Bleibtreu ins Rennen. Ansonsten ist die deutsche Beteiligung eher schwach – same procedure as every year.«

2. Auf dem Oktoberfest: Die *Frankfurter Allgemeine Zeitung* stellt unter dem Titel »Ein Volksfest ist ein Volksfest« am 24. September 2001 fest: »The same procedure as every year, James – Miss Sophies Motto ist nun einmal auch das Motto der Wiesnbesucher, auch wenn an der Isar James eher auf Sepp, Kevin oder andere typische bayerische Vornamen hört.«

3. In der Bundeswehr: Die *Süddeutsche Zeitung* analysiert am 8. März 2001 den alljährlichen Wehretat-Streit: »Scharping unternimmt klar erkennbar einen neuen Versuch, aus dem finanziellen Schwitzkasten herauszukommen. The same procedure as every year? die gleiche Taktik wie jedes Jahr? könnte man über das anschwellende Getöse meinen, aber es gibt Besonderheiten.«

4. Beim Rockkonzert: Die *Neue Zürcher Zeitung* steigt am 27. Juni 2001 in den Zürcher Letzigrund hinab, um von einem Rockkonzert zu berichten. »Bon Jovi gehört mittlerweile zu Zürich wie Sechseläuten und Seenachtsfest«, steht da und natürlich durfte die Referenz an die Hochkultur nicht fehlen. Die Überschrift des Artikels lautete: »Same Procedure as Last Year.«

5. Im britischen Köngshaus: *Die Welt* stellt am 4. August 2001 zum 101. Geburtstag von Queen Mom charmant fest: »Sie bleibt die Alte«. Dann folgt eine detaillierte Vorschau auf die Zeremonie: »Das Einfahrtstor zu ihrer Residenz Clarence House, zur Prachtmeile, der Mall, hin, wird sich öffnen und Tausende von Schaulustigen, die seit Donnerstag um die besten Plätze Schlange schliefen, werden ihre Herzköniginmutter hochleben lassen. Diese, um einen frischen Pint Blut lebendiger, wird den Kopf neigen, lächeln und ›bis zum nächsten Jahr‹ zurückwinken. The same procedure as every year.«

6. Unter Demonstranten: »Warum knüppeln sie nicht dieses Drecksvolk nieder?«, fragt die *Frankfurter Rundschau* am 6. August 2001 anläßlich der Abschlußkundgebung von 2000 Grenzcamp-Demonstranten vor dem Flughafen. Böse Nebenwirkung der freien Meinungsäußerung: »Same procedure as every day: Nach Donnerstag und Freitag war der Flughafen auch am Samstag nur für Passagiere mit Flugschein zugänglich.«

7. Vor der werktätigen Klasse: Über »Schöne Ausschreitungen« zum 1. Mai läßt sich die *Süddeutsche Zeitung* am 2. Januar 2002 aus. »Es war nur eine Frage der Zeit, bis jemand die traditionellen Ausschreitungen zum 1. Mai als Sujet für die Kunst entdecken würde (...) Selbst die Polizisten versuchen dem Einsatz, der eigentlich unter dem Motto ›Same procedure as every year‹ abläuft, Neues abzugewinnen, indem sie sich gegenseitig fotografieren und die Chaoten zum bunten Hintergrund für ihre Fotoalben degradieren.«

8. Auf der Autobahn: Das Werbemagazin *W&V Special* verrät am 28. September 2001, wie die Preisaufschläge für Automobile auf die Welt kommen: »Same procedure as every year. Erst mal abwarten, was die Mitbewerber machen.«

9. Wo Fuchs, Hase und Borkenkäfer dem Wald Gute Nacht sagen: Unter dem Titel »Miss Sophie und der deutsche Wald« berichtet die *Berliner Zeitung* am 18. Dezember 2001: »Mit dem Waldzustandsbericht verhält es sich wie mit dem Dinner for one: The same procedure as every year. Wie jedes Jahr heißt es, der Wald ist krank.«

10. Auf dem Tennisplatz: Der *Tagesspiegel* hechtet am 28. Juni 1999 einem alternden Nationalhelden hinterher: »Boris Becker und die Kraft der Rituale – Wimbledon ist Wimbledon – oder: The same procedure as every year.« (Dies ist nur ein Beispiel von vielen aus der Welt des Sports. Bisher gab es noch keine Deutsche Meisterschaft des FC Bayern München oder der Wasserballer von Spandau Berlin, die nicht die P-Frage evoziert hätte.)

11. An der Börse: Die *Financial Times Deutschland* erläutert am 8. Juni 2001, was die europäische Einheitswährung mit britischem Humor gemeinsam hat: »Nur noch drei US-Cent trennen den Euro nach seinem jüngsten Sturz von seinem Tiefstand zum Dollar im vergangenen Herbst. Same Procedure? Wie damals spekulieren die Märkte, ob die Europäische Zentralbank (EZB) an den Devisenmärkten intervenieren wird, um den Kurs zu stützen.«

Da ist es keine große Überraschung, daß der ➤ Duden die P-Frage 1993 unter dem Stichwort »the same procedure as every year« in seinen Band 12 »Zitate und Aussprüche« aufgenommen hat. Für alle, die es noch nicht wussten: »Man verwendet das Zitat scherzhaft oder ironisch, um etwas zu kommentieren, was immer in der gleichen Weise abläuft.«

Piper, Heinz

Der Schauspieler und Moderator tauchte 1937 im Film »Liebe kann lügen« neben Curd Jürgens auf, führte 1956 durch die deutsche Endausscheidung des »Grand Prix de la Chanson« und spielte 1965 in der ZDF-Serie »Die Bräute meiner Söhne« den Onkel Karl neben dem einstigen UFA-Star Ilse Werner. Unsterblich machte er sich mit seinem peinlichen Fehler bei der Anmoderation zur ›Dinner for One‹-Aufzeichnung 1963. »Same procedure *than* every year«, sagte Piper in schulmäßiger Oxford-Aussprache. Nur leider muß es richtig heißen: »Same procedure *as* every year.« Diesen Klassiker in der Geschichte der deutschen Fernseh-Versprecher hat der NDR nachträglich elektronisch getilgt (➤ than). Der Fehler ist jetzt nicht mehr zu hören. Aber noch klar und deutlich zu sehen – wenn man darauf achtet.

Plattdeutsch

Auf Hochdeutsch wird das ›Dinner for One‹ immer abstoßend klingen, das Niederdeutsche dagegen zieht den Sketch an wie der Leuchtturm die Schiffe. Nicht weniger als drei verschiedene Dinner-Ver-

Dinner up de glieke Ort as vörrig Johr mit Eberhard Bremer und Marga Heiden.

sionen gibt es auf Plattdeutsch: eine im Fernsehen auf Mecklenburger Platt, eine im Buch auf Hamburger Platt, eine im ➛ Radio auf Bremer Platt. Sie alle muß man als Dinneraner gelesen, gehört und gesehen haben.

Am 31. Dezember 1999 um 14.25 Uhr zeigte der *Norddeutsche Rundfunk* erstmals das »Dinner for one – up platt«. 440 000 Norddeutsche und 210 000 Restrepublikaner ließen sich nicht entgehen, wie Franz dem Frollein Soffi »Tüffelsupp mit Ssspeck« kredenzte und »dortau kleenen Köm«. Seitdem steigt die 27-minütige, farbige Feier »up de glieke Ort as vörrig Johr« immer an Silvester gegen halb drei Uhr nachmittags. Das ist zwar fast noch Mittagessenszeit, ergo etwas früh für Köm, witten Win, Sekt und Likör. Dennoch bleibt die Dinner-Variation der ➛ Fritz-Reuter-Bühne Schwerin ausdauernd auf eigenen Füßen stehen. An der Ostseeküste ist die Beziehung zwischen der Zigarre schmauchenden Frollein Soffi (Marga Heiden) und ihrem breitscheitligen Diener Franz (Eberhard Bremer) nicht die allerbeste. Das wird spätestens klar, wenn sie Franzens Kompliment, sie sehe heute sehr gut aus, mit einem Hauch Extravaganz beantwortet: »Sie aber nicht!«

Auch für die Anmoderation meinte der NDR, sich etwas besonderes einfallen lassen zu müssen. So darf ARD-Veteran Wilhelm Wieben zeigen, daß er nicht nur Tagesschau-Deutsch sprechen, sondern auch platt snacken kann. Ein netter Auftritt, der aber überflüssig ist und viel zu lang. Doch das Warten auf die Partygäste lohnt sich. Franz entwickelt eine innige Beziehung zum Herrn Paster (»Und so gehen sie alle dahin«), zum schneidigen Herrn Rittmeister (»Zack Zack«), zu Herrn Frettwusst und Herrn Sötholt sowie zum Ochsenkopf, der dem mecklenburg-vorpommerischen Wappen entnommen, augenscheinlich künstlich und mit den Landesfarben blau-rot-gelb drapiert ist. Durch das gemalte Fenster im Hintergrund blicken die Türme des Schweriner Schlosses ins Speisegemach.

Nach der Tüffelsupp und dem Köm »ieskolt« gibt es »'n bäten Hiering mit wittem Win«. »Prösting, Prösting, leiw Soffi!«, ruft Franz. Nach dem »bannig schönen Hauhn« mit Sekt hört sich das allerdings ein klein wenig anders an: »Prösting, Prösting, leiw Suffi!« Und im Gegensatz zur britisch-farblosen Miss Sophie fließt der Alkohol am mecklenburgischen Frollein nicht spurlos vorbei. Sie inspiziert die Nachssspeise, indem sie den grünen Pudding schüttelt und mit ihrem gerüttelt Maß an Lebenserfahrung feststellt: »Der left ja noch«. Noch ein Schluck Likör, dann verspricht Franz: »Ich werd daun wat ik kann«. Er trägt seine Herrin die Treppe hinauf, stellt sie ab und zwinkert Richtung Publikum. Dann ziehen ihn Sophies Hände um die Ecke.

Ein Genuß sowohl für Dinneraner als auch Nicht-Dinneraner, gerade weil Eberhard Bremer nicht versucht, Freddie Frinton vom Scheitel bis zur Sohle zu imitieren. Er geht vom Gong bis zum Abgang seinen eigenen Weg. Allein seine ungeduldigen Augendreher, mit denen er die extravaganten Wünsche des Frolleins und des Herrn Paster quittiert, sind es wert, den Videorekorder zu programmieren. Die TV-Premiere 1999 verfolgten 650 000 Bundesbürger (Marktanteil 4,2 Prozent), danach sank die Quote auf 540 000 im Jahr 2000 (3,4 Prozent) und 390 000 im Jahr 2001 (2,7 Prozent). Übrigens haben Bremer und Heiden mit Frinton und Warden zweierlei gemeinsam.

Erstens: Otto Normalzuschauer versteht nicht unbedingt alles. Zweitens: Muß er auch nicht.

Als Buch und CD gibt es die Übersetzung ins Hamburgersche Platt von Seefahrersproß, Schauspieler und Autor Günter Lüdke. Die Rezensenten dieser Version sind sich einig wie Ebbe und Flut. Das *Bille Wochenblatt* spricht dem Büchlein eine Qualität zu, »die das englische Original bei Weitem und gleich mehrfach übertrifft«. Dagegen findet *Quickborn*, die Zeitschrift für plattdeutsche Sprache und Literatur, das Experiment »ganz und gar nutzlos«, »besonders peinlich« und »völlig entbehrlich«. Die Wahrheit liegt präzise irgendwo dazwischen. Jedenfalls ist »Dinner for One op platt« die beste aller Mundart-Versionen, die die *Edition Nautilus* herausgebracht hat. Wer sich nicht davon irritieren läßt, daß die Seiten 40 und 41 vertauscht sind, kann sich bei Frollein Gesines 90. Geburtstag durchaus amüsieren. Die Tafel steht mitten im Watt, der Tigerkopf ist ein Anker (»Draggen«) und als Gäste sind nicht erschienen Herr Tobias von Bredenbüddel-Fehmarn (»Prost Gesienchen, mien Bienchen«), Korvettenkapitän Doggerbank (»Torpedo los!«), Herr Pommerenke (»Ik wünsch jo all 'n goden Rutsch – un morgen goht wie op 'n Zwutsch«) und »mien leeve, ole Fründ Herr Winterdiek« (»So jung kamt wi so bald nich wedder tohoop, mien Muschikatt!«). Diener Hannes serviert 'n schön' Tass' Aalsupp mit Sherry extra drög, 'n Happen Angelschellfisch mit wittem Win, Finkwarder Stubenküken mit Champagner und Rode Grütt mit Portwin. Es läuft »allens wedder so as jed's Joahr«. Das heißt: »An den Draggen kummt dat wedder to 'n Havaree. Dat Hohn fliggt vun 'n Töller in de Gegend. Hannes treckt sien Daschendook ut de Büx un wink em nochmal na.« Hannes' letzte Worte lauten: »Denn man to. – an mi schall't nich liggen.« (Dinner for One op platt, Edition Nautilus, Hamburg 1999, S. 15 ff.)

Pommeroy, Mister 1. Der langweiligste Gast am Tisch. Vorname unbekannt. Einzige Funktion Pommeroys: Er gurgelt dreimal »Happy new Year, Sofie« und liefert damit den einzigen plausiblen Grund, daß das ›Dinner for One‹ an Silvester stattfinden kann.

Der langweiligste Gast am Tisch – entnommen aus »Ich kochte das Dinner for One«, Eichborn, Frankfurt, 1995.

In der Sekundärliteratur gibt es nur ein Büchlein, das Pommeroy näher beschreibt. Helmut Grömmer behauptet in »Miss Sophie's Liebhaber, Die ganze Wahrheit über Dinner for One«, Pommeroy habe es faustdick hinter seinen fleischigen Ohren gehabt (➛ Bibliographie; S. 8–10). Bevor er sich bei ihr vorstellte, schlich er sich im Garten an sie heran und fertigte heimlich eine Aktzeichnung an. Sie war damals knapp 30 und oben ohne bis zu den Knöcheln. Sie bemerkte ihn. Er, »den Blick starr auf Sophies Brüste gerichtet«, stellte sich vor als »J. P. M. Pommeroy, Professor für Malerei, Dozent am College of Art in Reduth und der einzige Franzose, der Cornwall liebt«. Desweiteren behauptet Grömmer, Pommeroy habe Miss Sophie nicht nur auf Leinwand, sondern auch »aufs Linnen« gebracht. Für Letzteres bleibt er aber ebenso Belege schuldig wie für Pommeroys Habilitation. Äußerlich jedenfalls soll er eher ein »bißchen behäbig« gewirkt haben: »Hamsterbacken, Stirnglatze, dafür fingerdicke Brauen über funkelnden Augen, und immer ein wenig zerstreut.«

2. Name für Rennpferde.

Portwein Wenn er könnte, wäre jeder Wein ein Portwein. So heißt es in Kennerkreisen. Entsprechend oft wird der einzig wahre süße Dessertwein, der auch beim ›Dinner for One‹ als Betthupferl fungiert, imitiert. So wird das Original hergestellt: Man nehme Trauben vom Ufer des Flusses Douro im heißen und bergigen Norden Portugals, schütte während der Fermentation Brandy hinzu, verschiffe das ganze aus dem Hafen von Porto, fertig ist der sanfte und kräftige Höhepunkt jedes Menüs, der brave Butler Blumenvasen austrinken läßt. Schon seit 300 Jahren sind die Briten ganz scharf auf Portwein, in den Sechziger Jahren importierten sie per anno zwei Millionen Gallonen auf die Insel.

Protagonist Ja, wer ist jetzt der Protagonist oder die Protagonistin des ›Dinner for One‹? Eigentlich ist zwangsläufig der oder die Jubilar(in) die Hauptfigur jeglicher Geburtstags-Feierlichkeit. Doch in diesem Falle könnte auf Miss Sophies Stuhl eine aufblasbare Gummipuppe heftigst vor sich hin schweigen, Nebenperson James brächte die Zuschauer dennoch zum Brüllen. Wahrlich, die Frage nach der Hauptperson schreit nach einem gentlemen's agreement. Well: James ist der wichtigste Statist aller Zeiten, Miss Sophie die unwichtigste Hauptrolle der Welt.

Prozedur Es soll tatsächlich noch Menschen geben, die sich Dinneraner nennen und dabei die Schluß- und Hauptpointe des Stücks nicht verstehen. Nur, um dieses Gerücht ein für allemal auszumerzen und die Pflicht auf Vollständigkeit zu erfüllen, sei es hier nochmals erwähnt: James' Frage »Same procedure as every year?« hat nichts zu tun mit dem Gegesse, Getrinke, Geproste oder der Tigerkopf-Rallye.

Nein, die ➛ P-Frage bezieht sich einzig und allein auf das Treiben hernach. Hier der Beweis: »Sir Toby, yes, he's sitting here this year, Miss Sophie« Also nix da, »der Ablauf dieses ›Dinner for One‹ ist seit Jahren genau gleich«, wie es der NDR-Moderator skandalöserweise behauptet. Ganz offenbar saß Toby im Vorjahr woanders, warum sonst sagt James: »Junker Tobias, ja, er sitzt hier *in diesem Jahr*«?

Es ist also anzunehmen, daß James nicht nach einer »gleichen Prozedur« rund um den Tisch fragt. Vielmehr kann es sich nur um eine Prozedur handeln, deren Ablauf dem Zuschauer bis zum Schluß verborgen bleibt. Das belegt auch der Dialog nach der Beendigung des Festmahls: »By the way, the same procedure as every year?«, fragt James seine Vorgesetzte, bevor er sie nach oben geleitet. »The same procedure as every year, James!«, antwortet Miss Sophie. Daraufhin James: »Well – I'll do my very best.« Das Hilfsverb »will« in der abgekürzten Form »'ll« deutet eindeutig auf ein Tun in der Zukunft hin, James kann also unter keinen Umständen das bereits vergangene Abendessen meinen. Und wer jetzt immer noch nichts kapiert, der möge beim nächsten Mal auf den Gesichtsausdruck der Zweien in diesem Moment achten. In James' aufgerissenen Augen flackert nicht die Aussicht auf den Abwasch, sondern auf etwas viel anstrengenderes. Offen bleibt nur: Muß er das, was er jedes Jahr tut, auch als Ersatz der Gäste tun? Wenn ja, wen (oder wieviele) vertritt er? Darf er oder muß er es tun? Und kann er überhaupt noch?

Publikum

Kurz vor der Aufzeichnung im Mai 1963 lief NDR-Aufnahmeleiter Ulrich Misseling durch die Gänge des *Norddeutschen Rundfunks* in Hamburg-Lokstedt. Er klopfte an alle Bürotüren. »Kommt ins Studio B, da gibt es was schönes zu sehen.« Der Aufnahmeleiter und seine Crew wußten: Das ›Dinner for One‹ funktioniert nur vor Live-Publikum. Das Lacher-Band der heutigen Sitcoms gab es damals nicht, stattdessen lockte Misseling etwa 100 Mitarbeiter des NDR ins ➛ Studio B. Damit bescherte Misseling einigen seiner Kollegen den Höhepunkt ihres Berufslebens (➛ Sonja Göth).

Wem was gehört am ›Dinner for One‹

Das Theater dauert nun schon mehr als zehn Jahre. Die Besetzung wechselt zwar immer mal wieder, aber ein Ende der bizarren Vorstellung ist nicht in Sicht. Ort des Geschehens: die Anwaltskanzlei von Albrecht Götz von Olenhusen in Freiburg. Alle zwei Jahre landet ein Brief im Postkasten mit der Betreffzeile: ›Dinner for One‹. Der Absender ist jedesmal ein anderer Advokat, der Inhalt immer der gleiche: Dem Verlag *Edition Nautilus* – in Rechtssachen vertreten von Olenhusen – wird ultimativ angesonnen, für den Abdruck des Textes ›Dinner for One‹ Tantiemen an die Witwe Freddie Frintons zu zahlen. Als einzige Alternative wird der Gang vors Gericht in Aussicht gestellt. Albrecht Götz von Olenhusen bleibt stets cool und bittet freundlich um Beweise, daß das Copyright tatsächlich bei Frintons Witwe Nora Harding liege. »Was dann kommt, ist nicht zufriedenstellend«, berichtet Götz von Olenhusen. Auf den angedrohten Prozeß wartet der Verlag bis heute – und veröffentlicht weiterhin ein Buch mit dem englischen Skript des Dinners plus Übersetzung, ohne dafür einen Penny an Nora Harding zu zahlen.

Dabei ist es nicht auszuschließen, daß der Dinner-Text längst frei verfügbar ist, denn 50 Jahre nach dem Tod des Urhebers erlöschen nach englischem Recht alle Copyright-Ansprüche. Allerdings gibt es in dieser Rechnung eine kleine Unbekannte: den Todestag des Autors ➛ Lauri Wylie. Erstens wußte bis vor kurzem kaum jemand, daß er der Verfasser des Einakters mit vier Gängen ist. Zweitens ist beim besten Willen nicht herauszufinden, wann dieser Mann gestorben ist. Ein öffentlicher Aufruf über Wylies *Whereabouts* im Internet-Forum des englischen Theater-Magazins *The Stage* brachte keine einzige Antwort. Und das *General Register Office* der britischen Regierung stellte nach einer 50 Pfund Sterling teuren Recherche fest: »Es war nicht möglich, einen Hinweis bezüglich der oben genannten Person ausfindig zu machen.«

Nicht minder verzwickt ist die Lage bei den Bühnenrechten. Hier herrschte bislang Konsens, daß Freddie Frinton in den Fünfziger Jahren die exklusiven Aufführungsrechte erwarb. Aber gab es damals überhaupt etwas zu kaufen? »Nein«, sagt Jörg-Peter Lemcke, der Regisseur jener Dinner-Fassung, die anno 1986 auf ➛ RTL ausgestrahlt wurde. »Wir haben herausgefunden, daß kein Original des ›Dinner for One‹ existiert. Frinton hat damals also etwas gekauft, was es als Gegenstand gar nicht gibt.« Belegen kann Lemcke das allerdings nicht, er findet die Unterlagen von 1986 nicht mehr. Wer also heute das ›Dinner for One‹ aufführt – egal auf welcher Bühne, egal in welchem Dialekt –, muß zunächst mit umfangreicher Post von der Insel rechnen. Doch was auch immer darin gefordert wird, der Adressat sollte erst zahlen, wenn er einen eindeutigen Beleg für die Copyright-Ansprüche des Absenders oder der Absenderin in Händen hält.

Eindeutig ist die Lage dagegen auf dem Fernsehbildschirm. Der ➛ *Norddeutsche Rundfunk* beziehungsweise das ➛ *Schweizer Fernsehen DRS* besitzen die Ausstrahlungsrechte an ihren Produktionen. Ohne ihre Genehmigung darf es niemand vervielfältigen oder öffentlich aufführen. Natürlich kann man beiden Anstalten die Genehmigung für gutes Geld abkaufen, was jene Sender von Südafrika bis Schweden Jahr für Jahr tun. Über den Preis gibt es keine offiziellen Angaben. Er variiert je nach Ausstrahlungsland, Experten schätzen ihn auf etwa 60 Euro pro Minute. Macht insgesamt 1080 Euro – nicht schlecht für ein 18-minütiges Abendessen für zwei Personen.

Die lustigste aller Rechtslagen ergibt sich bei den sogenannten Standfotos der NDR-Produktion. Diese Bilder hat ein Fotograf damals während der Aufzeichnung des ›Dinner for One‹ zum Zwecke der Vermarktung des Stückes gemacht. Sie tauchen stets zum Jahresende in TV-Zeitschriften und Zeitungen auf, um Programmhinweise oder Artikel zu illustrieren. Auch die *Edition Nautilus* druckt diese Abbildungen von James und Miss Sophie in seinen Büchern zum Thema (➛ Bibliographie) ab. Die Genehmigung hierfür hat besagter Verlag einer Agentur abgekauft, die die Rechte an den Fotos erworben hatte. Das ging jahrelang gut. Bis offenbar ein schlauer Kopf den NDR auf die Idee brachte, sich doch endlich daran zu machen, mit seiner bekanntesten Produktion aller Zeiten zusätzliches Geld zu verdienen. Siehe da, plötzlich erhob der Sender wieder Ansprüche auf die Standfotos und forderte ein horrendes Honorar für deren Abdruck. Plötzlich trug sich die Anstalt mit dem Gedanken, selbst ein Buch über das Dinner auf den Markt zu bringen. So kam es, daß eine Dinner-Expertin des NDR nach einem netten und ergiebigen Informationsgespräch mit dem Autor dieses Lexikons schlagartig verstummte. So kam es, daß auf dem Cover dieses Lexikons kein schwarz-weißes Standbild, sondern das dynamische Farb-Gemälde von ➛ Renato Casaro prangt. Auch hier im Bauch des Buches darf leider keinerlei Bestandteil des Dinners abgebildet werden. Ist aber halb so schlimm: Einfach Ende Dezember in den Schreibwarenladen gehen und Schere, Kleber, Fernsehzeitung kaufen. Das Foto, das jeder kennt, ausschneiden und hier einkleben – fertig.

*Dieses Foto hätte das Cover des Lexikons geziert,
wenn sich der NDR nicht geziert hätte.*

Raab, Stefan Der Multimedia-Entertainer vergriff sich 2001 bei seiner Fernsehshow »TV total – Silvester-Special« am ›Dinner for One‹. Diese Version, zusammen mit Thomas Hermanns als Miss Sophie, Praktikant Elton als Tigerfell, Michael »Bully« Herbig als James und Raab als Regisseur war die unwitzigste aller Versionen, die je das Licht der Scheinwerfer erblickt haben. Da half auch Bullys Kurzeinlage als schwuler Butler nichts. Ponkie, die Reich-Ranicki der Fernsehkritik, schrieb treffend in der Münchener *Abendzeitung*: »Selten so wenig gelacht.«

Radio Bei *Radio Bremen* stolpert »Knecht« Hannes weder über Tiger noch Anker, sondern über den »ollen« Fritz. Das ist der ausgestopfte Hofhund von »Soffi-Madam« und gleichzeitig der Erzähler. Zu Gast sind Veehdokter Griepenkeerl (»Hochwollgeehrte«), Koptein Deelwater (»Prrosst!«), Paster Senkbiel (»en goot nie Levensjahr, Frollen Sofi«) und Börgermester Burkopp (»du büst ja sowat von lecker«). Zum »datsülvige Spill as elkeen Jahr« gehören Zoppen mit franzööschem Kribbelwien, Nordsee-Scholl mit Wittwien, Kninkenbraden mit Rotspoon und dicker Ries mit Portwien. Das »Abendeeten för een« scheint eine tragische Wendung zu nehmen, als der totlebendige Erzähler (»Dat nöögste Mal biet ick di ’t Been af, so wahr, as ick doot bün!«) dem stolpernden Hannes die Zähne zeigt. »Ick murks dat Beest af!«, kündigt Hannes spontan an. So weit kommt es aber nicht, der Knecht hat bald wieder andere Dinge im Kopf: »Denn will ick mal wedder doon, wat ick kann.«

Regon, Ernest Egon Was die Wikinger für Amerika waren, ist Ernest E. Regon für das ›Dinner for One‹: Der Sohn eines Engländers und einer Elsässerin hatte die deutsche Übersetzung des Stolperschwanks in München aufgeführt, lange bevor die Möchtegern-Entdecker Freddie Frinton ins deutsche Fernsehen brachten. Im März 1959, vier Jahre vor der Deutschland-Premiere des englischen Originals, zelebrierte Regon den 90. Geburtstag auf der Mün-

Die eigentlichen Entdecker des ›Diner for One‹: Ernest E. Regon und June Royal.

chner Kabarettbühne »Annast« in deutscher Sprache. Er machte den Diener, seine Ehefrau June Royal (1923 – 1998) gab die Miss Sophie. »Ihr Gedächtnismahl ist eine Delikatesse«, stellte die *Abendzeitung* am 14. März 1959 fest. Die Übersetzung stammte von Regon, der am 29. Dezember 1913 in Colmar geboren wurde und in England und Deutschland lebte, höchstpersönlich. Sie war in vielerlei Hinsicht anders als Frintons spätere Fernseh-Fassung. Wichtigster Unterschied: Sophie nennt ihren Butler nicht ➛ James, sondern Higson.

Regon zahlte wie viele andere Komiker Miete für den Sketch und stolperte mit ihm über die Bühnen. Als Freddie Frinton die Aufführungsrechte am ›Dinner for One‹ erwarb, mußte Regon das sorgsam ins Deutsche übertragene Stück in der Schublade liegen lassen. Erst nach Frintons Tod und langwierigen Verhandlungen mit dessen Witwe erhielt er die Bühnenrechte für die deutschsprachigen Länder. Später kaufte er die Europarechte hinzu, er wollte das Dinner auch auf Französisch übersetzen und über die Bühnen Frankreichs torkeln. Dazu kam es aber nicht mehr, weil seine Frau am 27. Dezember 1998 starb.

Das Ehe- und Komödianten-Paar »Mr. Regon und Miss Royal« kredenzte zwischen 1977 und 1996 das Dinner für Deutsche regelmäßig im Hansa-Theater Hamburg. Achtmal waren sie jeweils für einen Monat engagiert. Insgesamt 223 Tage lang, täglich zweimal, macht 446 Vorstellungen. Auch andere Varietés buchten die zwei Regons gerne, obwohl (oder gerade weil?) sie sich deutlich von Freddie Frinton distanzierten. »Ich bin viel akrobatischer«, betonte Regon stets. Außerdem genügten seinem »Higson« drei Getränke, um das Publikum zu betören. 1978 schaffte das Duo sogar den Sprung auf die Mattscheibe. Am 25. März zeigte das Staatsfernsehen der ➤ DDR das Dinner mit dem Untertitel »Erinnerungsmahl«.

Herbe Kritik übt Regon an der Aufzeichnung des NDR von 1963: »Die vom Fernsehen haben böse Sachen gemacht.« Zum Beispiel sei »the Admiral«, wie der Herr mit den zackigen Hacken im Original heiße, zu ➤ »Admiral von Schneider« eingedeutscht worden. Auch das »Skål« ist nach Regons Aussage eine Konzession an die germanischen Produzenten. »Higson« habe im Original-Drehbuch schlicht »Cheers« gerufen.

So streng sich Regon auch an die Urfassung hielt, ein Detail kupferte er sehr wohl von Frinton ab. Vom Tigerfell ist im Manuskript keine Rede, wie überhaupt das Original ➤ Lauri Wylies keine einzige Regieanweisung enthält. »Der Tiger ist Frintons Erfindung«, gibt Regon ohne Umschweife zu. Er selbst vertraute allerdings einem Eisbärfell als treuen Gegenspieler. Die Entscheidung gegen die Wildkatze fiel aus rein pragmatischen Gründen: »Mit einem Tigerkopf im Gepäck kann man nun mal nicht reisen.« Letzter frappierender Unterschied zwischen »James« und »Higson«: Der Sketch war Mister Regon und Miss Royal noch präziser auf den Leib geschneidert als Frinton & Warden – zumindest, was die Körpermaße angeht: Regon ist 150 Zentimeter klein, seine Gattin war 1,85 Meter groß.

Requisite Als Freddie Frinton zur Aufzeichnung nach Hamburg kam, lag schon ein Eisbärfell für ihn bereit, das NDR-Requisiteur Wilhelm A. Fechtner extra besorgt hatte. Doch der Star des Abends ließ das Polartier wegschaffen und beharrte auf seinem eigenen asiatischen Hindernis, das er mitgebracht hatte. Auch die Stühle paßten dem Künstler nicht. Er schickte Fechtner kurzerhand nochmals los, um fünf neue Exemplare zu beschaffen. Ein kleiner Spleen? Große Starallüren? Nein, das hatte ganz andere, schlicht handwerkliche Gründe. Miss Sophies Stuhl mußte die richtige Beschaffenheit haben, damit diese bei der Schleudersitz-Einlage kurz vor der Nachspeise nicht im Krankenhaus landete. »Herr Frinton hat nichts dem Zufall überlassen. Mit einer ganz pedantischen Genauigkeit baute er selbst vorher seine Sachen auf«, berichtete Aufnahmeleiter Ulrich Misseling einst. Um seinen hohen Ansprüchen selbst zu genügen, war Frinton schlicht auf sein Tigerfell angewiesen. »Wenn der Kopf einen halben Zentimeter zu hoch ist, dann stolpere ich tatsächlich«, soll Frinton gesagt haben. Mit anderen Worten: Für ihn war May Warden als Partnerin eher ersetzbar als seine tote Wildkatze.

Ritual »›Dinner for One‹ gehört zur Gattung des rituellen Theaters«, sagt Theaterwissenschaftler Professor Hajo Kurzenberger von der Universität Hildesheim. »Ort und Zeitpunkt der Wiederholung machen die paratextuelle Wirkung des wiederholten Sendeereignisses aus: ›the same procedure as every year‹.« Auf gut deutsch: Dem Abendessen für Eine reichen sechs Wörter und vier Gänge, um unser aller Leben erschöpfend darzustellen. Das Dinner kehrt stets und gerade an Silvester wieder, weil das der Tag schlechthin für Gewohnheiten und Rituale ist. Die *Berliner Zeitung* stellte am 31. Dezember 1999 fest: »›Dinner for One‹ gibt dem Silvesterabend erstens Struktur und gestattet doch eine Portion Chaos.« Nicht nur dem Silvesterabend – dem ganzen Jahr! James ist die Boje, ach was, der Leuchtturm nach 365tägiger Irrfahrt auf hoher See. Er hilft uns, das Ruder wieder herumzureißen und den richtigen Kurs zu finden.

RTL Diese Frevler verbruzzelten das Dinner am 29. Dezember 1986 um 22.15 Uhr auf dem Altar des Werbefernsehens. »Wenn es überhaupt noch eines Beweises für die kulturvernichtenden Folgen des Kommerzfernsehens bedurft hätte – das ist er gewesen«, schrieb *Die Zeit* über die deutschsprachige und farbige Neuverfilmung. »Dieses deutsche ›Dinner for One‹ hätte niemals gesendet werden dürfen!« Man beachte das Ausrufungszeichen, das die gute alte *Zeit* an dieser Stelle glaubte setzen zu müssen! Für die *Mitteldeutsche Zeitung* war dieser 29. Dezember sogar der »Fernsehskandal des Jahres«.

Recht hatten sie. Das Beste, was man über dieses Machwerk sagen kann, ist: Man merkt halt, daß der bunte Butler nur einmal und nie wieder als James auftrat, während es Freddie Frintons Rolle des Lebens war. Wenigstens das angelsächsische »th« hätte James II. lernen können. »Se säm prositscher äs eferi jir« verdirbt wirklich jedem Dinneraner den Appetit. Anstatt zu stolpern, springt er über den Tigerkopf. Einmal schleicht er sich im großen Bogen am Fell vorbei und strauchelt dann am Bein der toten Katze. Ganz nette Idee. Aber die Ausführung! Nun läßt sich über Komik streiten, und es mag irgendwo Leute geben, die auch hier schmunzeln können. Definitiv unerträglich wird es aber, wenn die Schauspieler nach dem Abgang nicht phantasieanregend auf Nimmerwiedersehen verschwinden, sondern auf die Bühne zurückkehren und minutenlang über den ach so tollen Mikrowellen-Herd sprechen, mit dem das Dinner zubereitet wurde. »Mein Gott, das war das erste Mal, daß es mir bei diesem Stück wirklich geschmeckt hat«, schwärmt die Darstellerin der Darstellerin und fragt: »Hast Du gezaubert?« Er antwortet: »Ich habe nicht gezaubert. Das war der Mikro.« Fünf Minuten dauert das Geplapper über den »Vitamin-Tresor« und dessen »Mikroschonwellen«, »Drehteller« und »Temperatur-Fühler« – wohlgemerkt im ganz gewöhnlichen Abendprogramm und nicht im Werbeblock.

Verantwortlich für dieses Machwerk ist Regisseur Jörg-Peter Lemcke mit seinen schauspielernden Komplizen Günther Kütemeyer vom Niedersächsischen Staatstheater (James) und

Schauspiellehrerin Professor Annemarie Marks-Rocke (Miss Sophie). Ihnen darf man allerdings keinen Vorwurf machen. Sie produzierten den Film im Auftrag der Sharp Electronics Europe GmbH, die Aufnahme sollte ursprünglich ausschließlich Händlern und Kunden auf Messen gezeigt werden. Der eigentliche Skandal ist, daß sich RTL nicht entblödete, diesen Werbeclip (!) zu kaufen und im ganz normalen Abendprogramm zu zeigen – wohlgemerkt mitsamt dem Geplapper vor dem Vitamintresor. Die Kritik war verheerend, den Herren von RTL wurde bald klar, daß sie da in den Ofen geschossen hatten. Jedenfalls verschwand der Film schnell im Keller und ward nie mehr gesehen. Heute will sich bei RTL keiner mehr an den Fehleinkauf des Jahrhunderts erinnern. »Leider müssen wir Ihnen mitteilen, daß Dinner for One noch nie auf unserem Sender ausgestrahlt wurde«, behauptet das Haus RTL zunächst mit dem netten Hinweis: »Bitte wenden Sie sich an die Dritten Programme der Öffentlich-rechtlichen Fernsehsender.« Erst nach neuerlichem Nachhaken mit Nennung des Sendetermins beugt sich RTL der Beweislast: »Sie haben Recht. Ein Mal wurde Dinner for One bei RTL Plus in einer deutschen Fassung ausgestrahlt.« Wenn das kein Geständnis ist. Mehr will RTL aber partout nicht verraten: »Leider finden sich in unserer Datenbank keinerlei Informationen mehr über Ausstrahlungen, die so lange Zeit zurückliegen – die Datenbank müßte dann auch zwangsläufig irgendwann aus allen Nähten brechen.«

running gag

Wie man einen running gag ausreizt, ohne ihn totzureiten, erläutert Professor Peter Rabenalt von der Filmhochschule Potsdam-Babelsberg in seinem Buch »Filmdramaturgie« (Vistas Verlag, Berlin 1999, S. 158 f.). Als Beispiel dienen ihm James und sein Tigerkopf. Daß ersterer über zweiteren stolpert, ist bekannt. Aber endlich erklärt jemand, warum die Leute darüber lachen: »Beim zweiten Stolpern kommt der Lacher durch die Wiederholung, das dritte dient der Bestätigung, daß er von nun an immer stolpern wird«, schreibt der Filmdramaturg. Damit werde »eine neue Serie von Erwartungslachern vor dem Stolpern« ausgelöst.

Es folgen drei weitere bestätigende Stolperer, ehe James beim siebten Anlauf am Schädel vorbei läuft ohne zu straucheln, sich selbst darüber wundert, aber unmittelbar danach beim Rückweg stolpert. »Jetzt ist der Zuschauer verunsichert und fragt sich beim nächsten mal *ob oder ob nicht*«, analysiert Rabenalt. Noch spannender werde es, wenn James einen Teller in der Hand hat. Er stolpert tatsächlich, bringt den Teller aber heil bis zur Anrichte und umkurvt anschließend den Kopf »souverän« und »ohne Kollision«. Beim elften Anlauf, wieder mit Teller, steigt der Butler grazil über den Schädel hinweg. »Er scheint also trotz (oder wegen) zunehmender Betrunkenheit gelernt zu haben«, so der Wissenschaftler, »stolpert jedoch beim nächsten Gang so kräftig, daß der Teller mit dem Braten in hohem Bogen davonfliegt«. Und weil James in der 13. Runde wieder »ganz normal« stolpert, seien die Zuschauer umso überraschter, wenn er beim letzten mal, »inzwischen völlig betrunken, im groß angesetzten Schlußsprung das Hindernis überwindet«.

So weit das Drehbuch, dessen »Gesetze der Serie« laut Rabenalt »auf den in hunderten Vostellungen gesammelten empirischen Erfahrungen der Komiker« beruhen. Daß ein guter running gag im Skript noch längst keinen Kultfilm macht, das betont auch der Theoretiker: »Die technische, d.h. vor allem die körperliche Ausführung muß mit äußerster Präzision ablaufen.«

Salzstreuer

Der ›Dinner for One‹-Salzstreuer steht neben seinen Artgenossen Pfefferstreuer und Zahnstocherhalter im »Salz- und Pfefferstreuer-Museum« in Ratingen. Exponat Nummer 664 ist 10,5 Zentimeter hoch und aus Kunststoff. James und der Tiger sind dreidimensional gefertigt, Miss Sophie fehlt dagegen. »Wir wissen nicht, wo das hergestellt und verkauft wurde«, sagen die Museumsbetreiber Ursula und Wolfgang Müller. Sie bekamen die drei Exemplare im Dezember 2000 geschenkt. Der Preis ist ebenfalls unbe-

Drei Prunkstücke des Salz- und Pfefferstreuermuseums in Ratingen.

kannt, das Baujahr schätzen die Müllers auf 2000. Serviettenhalter soll es auch noch gegeben haben, waren aber offenbar schon ausverkauft.

Schallplatte Man nehme die markantesten Sprüche von James und Sophie, untermale sie mit hitparaden-kompatiblen Klängen, presse beides auf Vynil und nenne es ›Dinner for One‹. Fertig ist der Tonträger, dessen Titel zwar einen gewissen Kaufreiz auslösen kann, aber bei weitem nicht hält, was er verspricht. Auf den »Party-Mix« aus dem Hause WEA kann jeder Festveranstalter getrost verzichten. Einzige denkbare Ausnahme: Eine ›Dinner for One‹-Revival-Party. Der Song wurde 1988 nach dem damals schlagkräftigsten Schauspieler Hollywoods benannt (»Sylvester Alone«) – der Durchbruch blieb dennoch aus. Das beste an der Scheibe sind noch die Original-Textfetzen aus dem Sketch, die stellenweise sogar recht nett gemixt sind. Ansonsten kam im Düsseldorfer *Rheinklang Studio* ohnehin keiner zu Wort. Die Musik bewegt sich meist an der Grenze zum Gedudel (wenn nicht, dann rutscht sie darunter). Diese 15 Minuten (inklusive »Bedroom Version« und »Dinner Version« auf der B-Seite) sind so schlecht, daß sie fast schon wieder Kult sind. Nicht nur für Dinneraner.

Die zweite Maxi-Single »Happy New Year, Dinner for One« ist hochinteressant für alle, die James und Sophie schon immer stottern hören wollten (»I-i-i-i-is everybody here? Bum bum, tschak, bum. I-i-i-indeed they are«). Das Erscheinungsjahr dieses Machwerks aus dem Hause DA Records ist unbekannt, weil nicht vermerkt. Es muß aber zur Zeit von Paul Hardcastles Nummer-eins-Hit »19« gewesen sein, da auf dessen Refrainzeile »In Vietnam it was Ni-ni-ni-ni-nineteen« angespielt wird (»She was ni-ni-ni-ni-ninety«). Beide Platten sind nur noch auf Flohmärkten und dergleichen erhältlich.

Schauspielführer, Reclams Das Standardwerk aus dem Hause Reclam gibt Auskunft über alle bedeutenden Schauspiele und ihre Autoren. Nur das ›Dinner for One‹ fehlt. Dabei ist es eine Tragikomödie klassischer und aktueller denn je. Es dreht sich um Unterdrückung von Menschen, Ausbeutung von Tieren, thematisiert die Sinn- und Ziellosigkeit des Seins. Eine traurige Geschichte und harsche Gesellschaftskritik, spritzig erzählt, ganz wie es George Bernard Shaw vormachte. Warum sie nicht im Schauspielführer auftaucht? Mit fadenscheinigen Argumenten versucht Dr. Hannes Fricke von der Philipp Reclam jun. Verlags GmbH, diesen unverzeihlichen Fehler zu erklären. »Von weltliterarischer Bedeutung würde ich nur in dem Sinne sprechen wollen, daß ein neues Jahr nur dann überhaupt beginnen kann, wenn man ›Dinner for One‹ im Fernsehen gesehen hat, ansonsten aber (mindestens) der Weltuntergang bevorsteht. Das ist jedoch ein anderes Kriterium«, so der Herr Doktor. Man merkt genau, wie er hin und her eiert, wie ihn das schlechte Gewissen plagt ob der klaffenden Lücke im sogenannten Nachschlagewerk. Aber er deutet doch wenigstens an, daß der Faux-Pas in der nächsten Ausgabe behoben sein könnte: »In der nächsten Zeit werden wir hier im Hause möglicherweise versuchen, einen neuen Schauspielführer auf die Beine zu stellen. Die Listen der Stücke, die darin aufgenommen werden sollen, sind noch nicht zusammen gestellt …«

Schmidt, Harald Der TV-Moderator, Entertainer und Schauspieler deckte im Januar 2002 in seiner *Harald Schmidt Show* auf Sat 1 die engen Verflechtungen von Politik und Showbusiness auf: »Böse Zungen sagen, Angela Merkel habe nur noch vier Freunde. Sir Toby, Mister Pommeroy, Admiral von Schneider und Mister Winterbottom.«

Schweden Der Vorstoß des ›Dinner for One‹ nach Schweden ging einher mit der deutschen Infiltration in das Stockholmer Königshaus. Die Erstausstrahlung von ›Grevinnan och betjänten‹ (deutsch: Gräfin und Diener) war bereits am 3. März 1969. Aber erst sieben Jahre später, kurz nachdem die Heidelberger Dolmetscherin Silvia Renate Sommerlath ihren König Karl XVI. Gustav vor den Traualtar geführt hatte, wurde das Dinner den Schweden regelmäßig aufgetischt. Ob dies auf ein Machtwort des Throns zurückzuführen war? Fest steht: Die Hochzeit war am 19. Juni 1976, und seit 31. Dezember 1976 erscheinen die Gräfin und ihr Bediensteter Silvester für Silvester im staatlichen Fernsehen. Die Untertanen haben die beiden gleich ins Herz geschlossen: Mit einer Einschaltquote von 26 Prozent landete das Dinner 1996 in der Liste der Quoten-Hits des Jahres immerhin auf dem 17. Platz, nur hauchdünne sechs Prozent hinter dem ›Eurovision Song Contest‹.

Schweiz Die Schweizer waren zwei Monate schneller als die Deutschen. Das *Schweizer Fernsehen der deutschen und rätoromanischen Schweiz* (SF DRS) hatte Freddie Frinton und May Warden bereits im März 1963 auf Magnetband gebannt, um sie im gleichen Jahr beim Fernsehfilm-Festival »Die Goldene Rose« in Montreux als schweizer Beitrag ins Rennen zu schicken. Allerdings zergeht das Dinner aus dem Züricher Studio Bellerive bei weitem nicht so leicht auf der Zunge wie die Kreation des *Norddeutschen Rundfunk*, die im Mai in Hamburg aufgenommen wurde. Es fehlen das Hu hiiii hu – hi hii hu – hu hu huu (➤ Musik), statt dessen hört man eine vergleichsweise seichte Happy-Birthday-Melodie. Keine Anmoderation. Kein zärtliches Zurechtrücken und Tätscheln des Tigers nach James' erstem Stolperer. Kein »Must I, Miss Sophie?« vor dem ersten Skål. Kein Verscheuchen des Tigers. Kein »I now declare this bazaar opened«. Und besonders schrecklich: Bei James' ruckartigem Einschenker in Sir Tobys Kelch wagt es letzterer, nicht umzukippen. Statt dessen verspricht sich Miss Sophie einmal (»Mister Wonder... Winterbottom!«), James und Sophie dinnieren im Vergleich geradezu hektisch dem Ende entgegen. Dazu kommen die zahlreichen Schnitte, die bestenfalls ungewohnt, aber eigentlich vogelwild sind. Nach elf Minuten ist schon Schluß, mit einem Augenzwinkern James' vor dem Abgang, der dem Ernst der Lage alles andere als angemessen erscheint. Insgesamt sind Freddie Frinton und May Warden natürlich auch hier lustig. Eine Szene ist den Eidgenossen sogar besser gelungen als den Hanseaten: Wenn James die Champagner-Flasche zum Parfum-Flacon umfunktioniert, spritzt es heftigst in alle Richtungen. Aber insgesamt ist diese Aufnahme vom ➛ Kult so weit entfernt wie Zürich von Hamburg. Dafür gibt es zwei Beweise: Bei der Preisvergabe in Montreux 1963 ging die Schweiz leer aus. Und in den Achtziger Jahren ließ das SF DRS an drei Jahreswechseln seine eigene Produktion in der Schublade und zeigte die deutsche Fassung.

Andererseits erreichte das DRS-Dinner am 31. Dezember 1997 in der Schweiz den rekordverdächtigen Marktanteil von 47,1 Prozent. Und sowohl Schweden als auch Norweger schwören seit Jahren ausschließlich auf die Schweizer Dinner-Variante.

Sex Hat jemals ein witzigeres und ungewöhnlicheres Vorvorspiel den Weg vom Schlafgemach in die Öffentlichkeit geschafft? Sherry, Champagner, Portwein und scharfe Currybrühe – gegen dieses sinnliche Gesamtkunstwerk ist der Hollywood-Streifen »9 1/2 Wochen« ein ordinärer Hardcore-Porno. Miss Sophie mit ihren acht Jahrzehnten Erfahrung und James demonstrieren, wie einfach Menschen auch im hohen

Alter noch zu nachtaktiven Energiebündeln werden können. »Auch alte Menschen haben Lust auf Sex. Da ist ›Dinner for One‹ insbesondere für die jüngere Generation geradezu vorbildlich«, sagte Berufs-Seniorin Trude Unruh 1999 dem Nachrichtenmagazin *Der Spiegel.* Die Gründerin der Partei »Graue Panther« nimmt das Dinner Jahr für Jahr mit Frohlocken zur Kenntnis: »Es zeigt, wie mit Format, Eleganz und Würde dieses Tabuthema der Gesellschaft angesprochen wird.«

Sherry Die andalusische Temperamentschleuder unter den Weinen hat ihren Namen von ihrer Heimatstadt Jerez (de la Frontera) im Südwesten Spaniens. Sherry gedeiht ausschließlich in der Hitze dieser Stadt und Umgebung und entfaltet seinen Geschmack nur, wenn er drei bis vier Jahre in Fässern ruhen darf und dabei Luft zugefächelt bekommt (was in allen anderen Weinkellern den sofortigen Tod bringt). Er ist erst zufrieden, wenn er 15 bis über 20 Prozent in sich hat. Je dunkler der Teint, desto doller. Vom hellen und trockenen Fino bis zum schwarzen und schweren Pedro Ximénez (PX), die Briten vertrauen seit jeher auf die Dienste des Spaniers, wenn Scharfes zwischen Messer und Gabel kommt. Verständlich also, daß Miss Sophie angesichts der Currybrühe Mulligatawny-Soup trocken fordert: »I think we'll have Sherry now with the soup.« Dieser sollte kalt serviert werden, damit er seinen salzigen, hefigen, trockenen oder nussigen Geschmack entfalten kann. Wohl deshalb betont James ungefragt, daß das von ihm servierte Exemplar »straight out of the cellar« komme. Das Satzende »this morning, Miss Sophie« überhört Letztere allerdings. Entweder, weil sie als perfekte Gastgeberin in Anwesenheit der Gäste nicht weiter erörtern will, ob die Flasche seit dem Morning im Warmen stand, oder, weil ihre Gedanken schon wieder bei den vier Herren sind.

In Mitteleuropa will der Sherry noch nicht in britischen Ausmaßen fließen, was auch mit seinem Alte-Jungfern-Image zu tun hat. Daran wiederum ist Miss Sophie womöglich nicht ganz unschuldig.

Silvester Diesen heidnischen Feiertag begehen Dinneraner stets nach dem selben Schema: Mit Zappen von drittem Programm zu drittem Programm, um dem Höhepunkt des Jahres, dem ›Dinner for One‹, so oft wie möglich beizuwohnen. Dieses Ritual hat seinen Ursprung in Norddeutschland und breitet sich bis heute unaufhaltsam aus (➛ Verbreitung).

Weitere – vergleichsweise unbedeutende – Silvesterbräuche sind: Feuerwerk um Mitternacht (zur Vertreibung böser Geister und Nachbarn) und/oder gleichzeitiges Anstoßen mit ➛ Champagner oder Sekt, gegenseitiges Abküssen und Glückwünschen (»Prosit Neujahr!«, »Gutes Neues!«). Vereinzelt wird noch vom sogenannten »Bleigießen« berichtet. Wie das geht, weiß keiner mehr. Der Legende nach soll dabei die Zukunft gedeutet worden sein.

Sir Toby 1. Der lästigste Gast am Tisch. Familienname unbekannt. Eindimensionaler, grölender Adliger. Beteiligt sich an der Konversation mit dem geistreichen Zwischenruf: »Cheerio, Miss Sophie.« Diesen Beitrag hält er für dermaßen gelungen, daß er meint, ihn dreimal wiederholen zu müssen. Beim vierten Mal erfolgt ein Ausbruch von Kreativität, Eloquenz und Rhetorik: »Sugar in the morning!«

In der Urfassung des ›Dinner for One‹ betätigt sich nach Angaben von ➛ Ernest E. Regon ein Sir Thomas als Dauerproster. Freddie Frinton taufte ihn in Sir Toby um. Dabei bediente er sich offenbar bei William Shakespeare. In dessen Komödie »Twelfth Night or What You Will« (deutsch: »Was Ihr wollt«) treibt ein gewisser Sir Toby Belch (deutsch: Junker Tobias Rülps) sein Unwesen. Der nichtsnützige und trinksüchtige Gesell hält mit seinem deftigen bis obszönen Humor den Hof auf Trab. Mit seinem Saufkumpan Sir Andrew Aguecheek (deutsch: Junker Andreas Käsewange) und Kammerzofe Maria stellt er dem arroganten Haushofmeister Malvolio eine hinterlistige Falle und blamiert ihn bis auf seine gelben Socken. Shakespeare flocht den Erzählstrang mit Sir Toby, dessen Intrigen und

Scherzen in die Handlung ein, um auch das weniger gebildete und nicht ganz so anspruchsvolle Publikum zu unterhalten. Irgendwann wird Sir Toby für seine Streiche bestraft: Sehr zur Belustigung des Publikums setzt es für ihn und Sir Andrew eine Tracht Prügel. Doch ganz leer geht Toby nicht aus: Immerhin darf er die Kammerzofe heiraten.

2. Name für Zwergpinscher.

Der lästigste Gast am Tisch – entnommen aus »Ich kochte das Dinner for One«, Eichborn, Frankfurt, 1995.

Skål Der skandinavische Schlachtruf ist der einzige Bestandteil des Admiral von Schneiderschen Wortschatzes. ➛ Ernest E. Regon behauptet, der Admiral habe im Ur-Dinner »Cheers« gerufen. Dies sei NDR-Regisseur Heinz

Dunkhase zu britisch gewesen, deshalb habe er »Prost« hören wollen. Weil aber Frinton partout kein deutsches Wort in den Mund zu nehmen bereit gewesen sein soll, habe man sich auf Skål geeinigt. Nette Geschichte, aber womöglich nur Legende. »Es hieß schon immer Skål«, stellt Len Howe fest, der schon in den Fünfziger Jahren das Dinner-Jackett trug. In jedem Falle war Skål eine gute Wahl, klingt der wikingerhafte Gruß doch um einiges militärischer und exotischer als die englische oder deutsche Variante.

Sozialwerk für Seeleute

Seit 1986 schwankt James an Silvester auch durch deutsche, dänische, schwedische und norwegische Schiffe auf hoher See. Dies ist ein Service des Sozialwerks für Seeleute. Diese kümmert sich um die Weiterbildung seiner Schützlinge. Es beliefert die Schiffsbesatzungen, wenn es nicht gerade Videos mit Kulturgut verschickt, mit Büchern und Funkpresse.

Spannungsbogen

Das ›Dinner for One‹ hat nicht einen Spannungsbogen, sondern viele kleine. Unterwegs von Gast zu Gast, von Gang zu Gang, von Getränk zu Getränk passiert James sechs markante Stationen: Die halbtote Miss, vier quicktote Gäste und den Tierkadaver. Jeder weiß, was kommt. Dennoch hat jede Runde ihren individuellen Spannungsbogen. Vorfreude ist die schönste Freude: Was passiert diesmal beim Nachschenken für Toby? Was bei Schneiders nächstem Hackenschlag? Was beim Tigerkopf? Wann kommt James' beidbeinig gesprungener Ninja-Sprung? Krächzt Pommeroy wieder das Gleiche? Welches Kompliment schmettert Winterbottom seiner Sophie jetzt ins Gesicht? Ein Spannungsmoment nach dem anderen, genüßlich gesteigert analog zu James' Alkoholspiegel. Alles weltbewegende Fragen, die wiederum britisch elegant eingebaut sind in den Same-procedure-as-every-year-Meta-Spannungsbogen, der am Schluß halbseiden aufgelöst wird. Warum dieser Geniestreich auf ewig spannend bleibt? Weil das letzte Mal immer mindestens ein Jahr her und die Erinnerung verblasst ist.

Spaßgesellschaft Heute global benutzter Begriff für eine beliebig große Ansammlung von Menschen, denen Party und Vergnügen über alles geht. Die Urzelle dieser Spaßgesellschaft muß bis zum Gegenbeweis in England angenommen werden. Der genaue Ort ist bis heute unbekannt, aber seit Mitte des 20. Jahrhunderts finden sich alljährlich eine junggebliebene Lady und vier Mannsbilder zu einer Orgie zusammen, die bis heute gnadenlos durchgezogen wird – ohne Rücksicht auf Verluste.

Spiegel, Der Das ehemalige, sich selbst immer noch so nennende Nachrichtenmagazin ist seit Sophies Geburt stets bemüht, Silvester für Silvester eine exklusive Dinner-Geschichte vorzulegen. Dabei erwarb sich der *Spiegel* große Verdienste im Sinne der Wissenschaft (➛ Dinnerologie), beispielsweise durch erhellende Interviews mit ➛ Harald Juhnke und Trude Unruh (➛ Sex). Doch zuletzt fabrizierte er Quatsch mit kalter Soße und versuchte, diesen als frische Mulligatawny-Suppe zu verkaufen. So kündigte das Magazin im Dezember 2001 ganz bescheiden »bisher unbekannte Hintergründe« zum ›Dinner for One‹ an, wie etwa »die besondere Bewandnis« mit dem ➛ Tigerfell. Daß dieses nicht aus der NDR-Requisite stammte, sondern eigens von Frinton eingeflogen wurde, weiß aber jeder Dinneraner schon seit 1988. Damals hatte dies der *Südwestfunk* in einer Dokumentation bereits berichtet – übrigens ohne sich deshalb selbst zu beweihräuchern. Schade, daß es nicht mehr das Nachrichtenmagazin ist, das sich dadurch auszeichnete, richtige Neuigkeiten ans Licht zu bringen und diese für sich sprechen zu lassen. (➛ Liebe)

splendid isolation So umschreiben die Großbritannier ihr liebevoll kultiviertes Eigenbrötlertum. Die »splendid isolation« (frei übersetzt: idiotische Ignoranz) manifestiert sich in Linksverkehr, Euro-Skepsis und Dinner-Boykott (➛ BBC).

Studio B Wo einst Miss Sophie und James für die Nachwelt festgehalten wurden, stehen heute die Moderatoren und Moderatorinnen der NDR-Nachmittagsshow »DAS!« vor den Live-Kameras. Im Studio B des NDR am Hugh-Greene-Weg in Hamburg-Lokstedt erinnert nullkommanichts an den kultigsten Tatort der Fernseh-Historie. Kein Denkmal, kein Souvenirshop, nicht mal eine Erinnerungstafel.

Superweib, Das Auch Superweiber schauen ›Dinner for One‹. Veronika Ferres alias Franziska lacht sich in der Kinokomödie »Das Superweib« (1996) über James' Kapriolen krumm und bucklig. Das Lachritual fungiert hier als Symbol für den Beginn eines neuen Jahres und eines neuen Lebens. Wenig später schläft Franziska mit einem Lektor. Der stößt die Hobbyschriftstellerin und ihr Buch auf den Markt. Der Roman wird ein Bestseller und aus der grauen Maus Franziska ein Superweib.

Tantiemen War Freddie Frinton zu gutmütig? Oder schlicht zu dumm? Wurde er vom *Norddeutschen Rundfunk* über den Tisch gezogen? Von allem ein bißchen. Der NDR legte Frinton am 12. März 1963 einen Vertrag für die Dinner-Aufzeichnung vor. Darin wurden ihm 4 150 Mark zugesagt. Frinton unterzeichnete, ohne eine Zahlung von Tantiemen festschreiben zu lassen. Welch ein Fehler. Frinton hatte das ›Dinner for One‹ einst für teures Geld erstanden und in jahrelanger Maloche auf den Provinzbühnen veredelt. Jetzt verkaufte er sich, seinen Sketch und die weltweiten Fernsehrechte daran für läppische 4 150 Mark. Während er diese ➛ Gage mit dem Fiskus und May Warden teilen mußte, darf der NDR das Stück seitdem überall auf alle Ewigkeit vemarkten und den Erlös in die eigene Tasche stecken.

Frintons Familie entgeht so eine saftige Summe, für die sie bis heute alljährlich eine rauschende Silvesterparty geben könnte. Mit mehr als vier Gästen. Und solchen, die auch tatsächlich erscheinen, trinken und essen. Frintons Witwe Nora nahm des-

Wie oft das ›Dinner for One‹ in welchen Ländern ausgestrahlt wurde

Deutschland 213	Italien 2
Schweiz 29	Südafrika 2
Schweden 28	Irland 1
Dänemark 22	Island 1
Österreich 18	Spanien 1
Finnland 16	USA 1
Norwegen 10	Bulgarien 1
Niederlande 2	Australien 1
Belgien 2	

Hinweis: Bei diesen Zahlen handelt es sich um Mindestangaben. Es wurden nur solche Sendetermine aufgenommen, die schriftlich belegt sind.

halb einen Anwalt und versuchte, sich die Tantiemen nachträglich zu erstreiten. Vergeblich. Das wiederum verbitterte sie offenbar dermaßen, daß sie heute kein Interview mehr gibt, ohne Honorar zu verlangen. Auch ihre Kinder dürfen öffentlich nichts sagen, bevor Noras gestrenge Agentin Patsy Martin grünes Licht gegeben hat.

Das Schweizer Fernsehen übrigens überweist Nora pro Wiederholung 150 Pfund Sterling.

than Das unscheinbare englische Hilfswörtchen des Vergleichs »than« (deutsch: als) hat mehr Protestbriefe hervorgerufen als seine schillernde Schwester »fuck« (deutsch: »Du kannst mich mal!«). »Same procedure *than* every year«, sagte ➛ Heinz Piper in seiner Anmoderation zum ›Dinner for One‹. Die Englischlehrer überhäuften den ➛ *Norddeutschen Rundfunk* nach jeder Ausstrahlung mit Briefen. Sie wiesen darauf hin, daß Pipers Beispielsatz die Früchte zahlreicher Unterrichtsstunden kaputt mache, sie forderten die Menschen vom Fernsehen auf, den Sprachskandal zu tilgen. Sie drohten mit Boykott, Protest, Gebühren-Embargo. Deshalb gab Uta Fahrenholtz, die zuständige Redakteurin des NDR, ihr Bestes. Sie tauschte die mangelhafte Tonspur mit jener Aufnahme aus, die ohne ➛ Publikum gemacht wurde. Hier sagte Piper korrekt: »Same procedure *as* every year.«

Tigerfell Der tierischste lying running gag der Theater- und Fernseh-Geschichte. Aufsehenerregende Trophäe »für Macht, Einfluß, Exotik im 18. Jahrhundert«, die laut Kulturforscher Dr. Rainer Stollmann »die gesamte Kolonialgeschichte Englands wachruft«. Für Theater-Wissenschaftler Professor Hajo Kurzenberger der »erlegte Beweis, daß ein Schauspieler gegen lebende Tiere keine (Wirkungs-)Chance hat«. Heute verbringt das Original-Tigerfell seinen Ruhestand im Wohnzimmer von Frintons Sohn Mike in Watford.

Tigerkopf Einmal streichelt ihn James, elfmal tritt er ihn gegen den Hinterkopf. Dabei fliegt James einmal das Chicken in hohem Bogen davon. Einmal läuft er haarscharf am Tigerkopf vorbei, stolpert aber unmittelbar danach auf dem Rückweg. Einmal steigt er darüber hinweg wie ein sowjetischer Soldat während des kältesten Krieges, einmal überhüpft er den Schädel wie ein brünftiges Känguruh. Auf einen Gedanken kommt James aber nach all den Jahren nicht: Den Tigerkopf aus dem Weg zu räumen.

Tragödie

Eigentlich ist James der perfekte Held einer, nun ja, Tragödie. Er stolpert in einen tragischen Konflikt (»Must I, Miss Sophie?«), wird schuldlos schuldig (»Sorry, Madam, sorry«), wehrt sich verzweifelt vor jeder neuerlichen Tortur (»The same procedure as last year?«), um letztlich doch tief ins Dilemma zu stürzen (»Oh, no«). James kann machen, was er will, der Ausgang des Abends (und Lebens) ist unabänderbar vom Schicksal bestimmt. Einen Ausweg gibt es nicht, es sei denn über den Tod, die Katastrophe oder – moderner – die finale Explosion (»Well, I'll do my very best«). Theater-Wissenschaftler Prof. Dr. Hajo Kurzenberger (Universität Hildesheim) bekräftigt diese These: »›Dinner for One‹ ist eine Liebestragödie, die alle dramatischen Muster der Beziehungs- und Kommunikationslosigkeit verkürzend in sich trägt. Ihr dramatischer Zielpunkt liegt im Morgengrauen: ›Es war die Nachtigall und nicht die Lerche‹.« A propos Shakespeare: Bei ihm waren die Übergänge zwischen Tragödie und ➤ Komödie mitunter fließend. Wie auch im ›Dinner for One‹ Elemente vorkommen, die schlicht zu komisch und zahlreich sind, um das Stück als Tragödie durchgehen zu lassen. Demnach könnte es sich um eine Mischform, die sogenannte ➤ Tragikomödie, handeln.

Tragikomödie

Der Unterschied zwischen der ➤ Tragödie und der Tragikomödie ist simpel. Erstere endet in der Katastrophe, zweitere findet ein Happy-End. Insofern ist schon eines klar: Die Dinner-Fassung des NDR von 1963 ist eine Tragikomödie, da James beim Abgang übers ganze Gesicht grinst und verschmitzt dem Publikum zublinzelt. Aber gilt das auch für die Ur-Fassung des ›Dinner for One‹? Nicht unbedingt. Einmal angenommen, für den Butler bedeutet die Aussicht auf die finale Prozedur im Obergeschoß das größte anzunehmende Unglück. Dann wäre dies alles andere als ein Happy-End für ihn, sondern vielmehr die schlimmste aller denkbaren Tragödien. Der Autor des ›Dinner for One‹ ließ also offen, in welcher Schublade sein Stück landen soll. Stellt James seine letzte Frage »Same procedure as last year?« mit Zuckergesicht oder Zitronenfratze? Watschelt nach Miss Sophies Antwort »Same procedure as every year« ein Rudel häßlicher Gänse über James' Rücken? Oder funkelt ein Zentner wohlgeformter Edelsteine in seinen Augen? Es bleibt dem jeweiligen Regisseur überlassen, eine Tragödie oder ein Tragikomödie zu inszenieren.

Umweltschutz

Das ›Dinner for One‹ ist eine Parabel auf die Lächerlichkeit eines Kopfes als Teppich: Daß James ständig drüberstolpert, zeigt, wie idiotisch es ist, Tierkadaver im Zimmer herumliegen zu lassen. Auch ansonsten ist das Dinner äußerst umweltbewußt aufgezogen: Nicht weniger als vier Gänge werden aus einem Teller gegessen. Und Sherry, Weißwein, Champagner und Portwein aus ein und demselben Becher getrunken. Der Geschirrverbrauch ist also minimal und vorbildlich. Eine Botschaft aktueller denn je.

Uraufführung

Binnie Hale und Bobby Howes wurden am 11. März 1948 im Londoner Duke of York's Theater zu James I. und Miss Sophie I. gekrönt. Nach der Premiere der Revue-Show »Four, Five, Six!« überboten die Kritiker einander mit Superlativen über die Hauptdarsteller und deren ›Dinner for One‹. »Mister Howes' sanfter betrunkener Butler ist ein Leckerbissen«, pries der *Evening Standard* den Sketch. »Das Beste der neuen Teile sind (…) Bobbys schöne kleine Studie eines alten Dieners, der sich leise, ungewollt und heftig betrinkt«, befand die *Daily Mail*. »Meine persönliche erste Wahl ist ein kleiner Sketch namens Dinner for One«, schrieb der Kritiker des *Daily Telegraph*. »Für Miss Hale wurden einige amüsante neue Sketche gefunden«, stellte die *Times* vergnügt fest. »Sie ist die Meisterin der hochtrabenden Gefühle, was sie glorreich bestätigt als Lady, die sich der Geister lang vergangener Dinnerparties erinnert, während Mr. Howes, der fleißige Butler, brav mit den randvollen Gläsern hantiert.« Alles in allem wurde »Four, Five, Six!« vom Publikum »ekstatisch« aufgenommen, wie es der *Evening Standard* formulierte.

In den deutschen Medien kursieren Meldungen, wonach das Dinner bereits »in den Zwanziger Jahren« auf den »Kabarett-Bühnen des Londoner Arbeiterviertels Fulham« gezeigt worden sei (NDR-Information, 17.12.81, *Welt am Sonntag*, 28.12.80). Es blieb stets bei dieser schwammigen Orts- und Zeitangabe. Belege für diese Behauptung konnten jedoch nicht gefunden werden. Auch das »Theatre Museum« in London geht nach eigenen Recherchen davon aus, daß die Uraufführung 1948 über die Bühne des »Duke of York's« ging.

Verbreitung

Keine andere Fernsehproduktion wurde im 20. Jahrhundert in Deutschland so oft wiederholt wie das ›Dinner for One‹. Exakt 199 Mal versuchte James zwischen 1963 und 2000, den Zimmertiger zu verscheuchen. Über 165 Millionen Menschen, also mehr als die zweifache Gesamtbevölkerung Deutschlands, waren Zeuge dieses sinnlosen Unterfangens. Heinrich Böll schickte sich gerade an, die Ansichten eines Clowns zu veröffentlichen, da dokumentierte das Erste Programm am 8. März 1963 erstmals die Schwierigkeiten eines Butlers. Heute verbreiten die Medien landauf landab, daß das Dinner seitdem alljährlich aufgetischt wurde. Das stimmt nicht. Zwischen 1964 und 1971 fristeten der brave Pinguin und die wilde Katze ein äußerst zurückgezogenes Dasein. Nur viermal traten sie in diesen acht Jahren in Erscheinung, und zwar nur dann, wenn ARD oder N3 eine 18-minütige Lücke im Programm zu stopfen hatten – kein einziges Mal an Silvester. Es dauerte bis zum 31. Dezember 1972, ehe das Tigerfell erstmals zum Jahreswechsel das Zwerchfell kitzelte, allerdings nur auf N3. Erst 1974 hatten auch WDR, BR und HR kapiert, daß Sherry und Champagner zwischen den Jahren ihre volle Wirkung entfalten. Seitdem hat der North Sea Haddock zumindest in Nord- und Westdeutschland seinen Stammplatz auf dem letzten Speisezettel des Jahres. Die Hessen und die Bayern zierten sich dagegen noch. In Hessen wurde James noch jahrelang kreuz und quer durch den Sommer gehetzt, ehe er 1978 wieder auf Silvester zurückgesetzt wurde und dort bleiben durfte. Noch länger zog sich das Ganze in Bayern hin: Nach

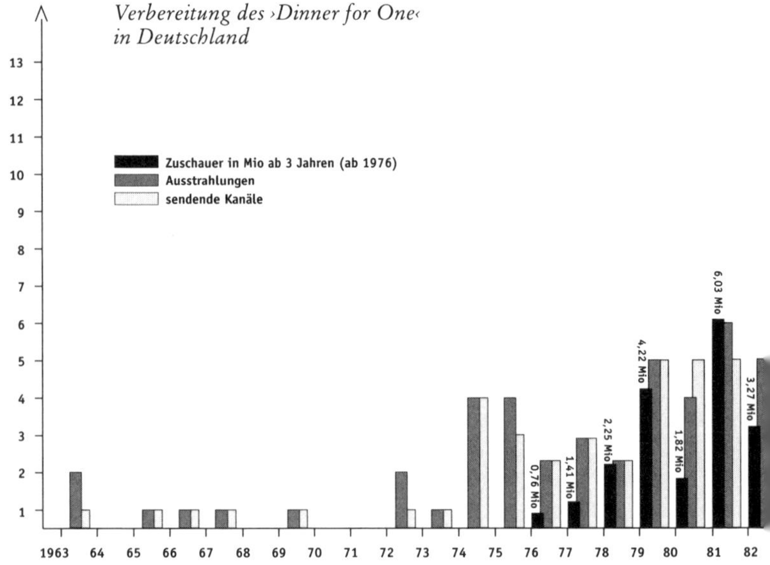

1974 schickte der BR den toten Tiger erst einmal fünf Jahre in Quarantäne und zeigte statt dessen Fingerhakeln. Erst 1979 durften die Freistaatler ein zweites Mal lachen. Danach mußten sie wieder zwei Jahre warten. Wollten Franz-Josef Strauß und seine christlich-soziale Intendanz in ihrem Lande den heidnischen Silvesterbrauch verhindern? Jedenfalls kam die dritte Ausstrahlung erst 1981 – allen Ernstes an einem 24. März. An Silvester desselben Jahres schließlich gewährten die Bayern dem englischen Ankömmling und seinem asiatisch-animalischen Partner doch noch die unbegrenzte Aufenthaltserlaubnis. Die Südwest-Deutschen nahmen den Wander-Arbeiter und seinen Weg-Gefährten dagegen mit offenen Armen auf: Zwar lernten sie einander erst 1977 kennen. Aber nach einem zweiten Treffen im April 1979 schlossen sie schon am 31. Dezember 1980 ewige Freundschaft.

Noch unkomplizierter verhielten sich die Österreicher. 1981 flog der Silvesterkracher über die Alpen, die Einwohner griffen spontan zu und ließen nicht mehr los. Für die Schweiz waren Panthera tigris und Homo faber zu diesem Zeitpunkt

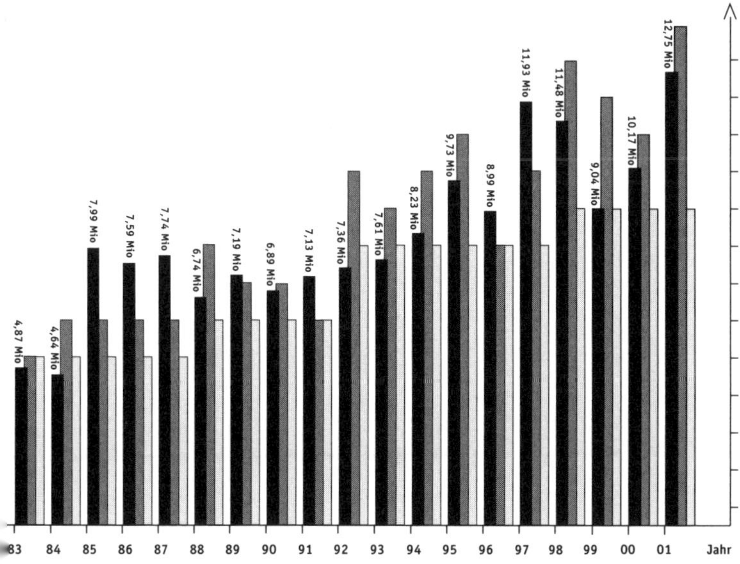

bereits alte Bekannte, waren sie doch vom SF DRS schon 1963 eigenhändig auf Magnetband gebannt worden.

Die Eroberung Skandinaviens ging in den 70er Jahren von statten. Den Anfang machte ➛ Schweden am 3. März 1969 mit ›Grevinnan och betjänten‹, es folgten 1973 ➛ Dänemark (›90 års fødselsdagen‹), 1979 ➛ Norwegen (›Grevinnen og Hovmesteren‹) und 1982 ➛ Finnland (›Illallinen yhdelle‹). Heute sind die Skandinavier treue Gäste an Miss Sophies Tafel.

Zwischendrin verkaufte der NDR seinen Exportschlager auch nach Südafrika, Belgien, Italien, Irland, Island, Spanien, USA, Bulgarien, Australien und in die Niederlande. Wann und wie oft die Kurzkomödie über den Ladentisch ging, bleibt allerdings Geschäftsgeheimnis. Jedenfalls verdiente der NDR bei jeder Ausstrahlung in den 16 Ländern kräftig mit. Wieviel genau, fällt ebenfalls nicht unter das Gebot der öffentlich-rechtlichen Transparenz.

Die deutsch-deutsche Mauer wurde erst überwunden, als sie schon wankte. Am 30. Dezember 1988 zeigte das Staatsfernsehen DFF tatsächlich das ›Dinner for One‹ in der Sprache des

Klassenfeindes. Heute sind der *Mitteldeutsche Rundfunk* (seit 1992) und der *Ostdeutsche Rundfunk Brandenburg* (seit 1993) ebenfalls Jahr für Jahr dabei.

Bis einschließlich 2001 haben in Deutschland insgesamt mehr als 177 Millionen Zuschauer die 213 Wiederholungen gesehen. Seit 1998 bieten allein in der Bundesrepublik neun verschiedene Sender das Dinner an. Zwischen 18 Uhr am 31. Dezember 2001 und 5.25 Uhr am 1. Januar 2002 waren es insgesamt 14 Ausstrahlungen – neuer deutscher Rekord.

In England wurde der North Sea Haddock bis heute unter den Tisch gekippt (➛ BBC, ➛ splendid isolation).

Video

Der Münchner Komplett-Verlag kaufte dem Schweizer Fernsehen die Videorechte seiner Dinner-Aufzeichnung ab und vertreibt das gute Stück quasi als Überraschungsei. Denn nur, wer vor dem Kauf das Kleingedruckte liest, erfährt, daß er nicht die ihm vertraute NDR-Produktion in der Hand hat, sondern eine seltsam fremde. Die meisten merken erst beim Anschauen, was sie sich da ins Haus geholt haben. Also Vorsicht: Bei allen kaufbaren Videokassetten handelt es sich nicht um die Kultversion des ➛ NDR, sondern um die Produktion aus der ➛ Schweiz oder eine noch viel schlimmere Fälschung. Vielleicht ist es aber auch eine Raubkopie des Originals, das es offiziell nicht zu kaufen gibt. In letzterem Falle: Froh sein und die Klappe halten. Ein Preisvergleich zeigt, daß sich die Anschaffung des Video-Dinners kaum lohnt: 222 Minuten »Vom Winde verweht« sind für 15,33 Euro zu haben, das sind pro Euro 14,5 Minuten Kult. Die elf Minütchen Schweizer Dinner kosten 10,20 Euro, macht pro Euro läppische 65 Sekunden gewöhnungsbedürftige Unterhaltung. Fazit: Geld sparen, Hamburger Version selbst aufnehmen und Kassette an einen Ehrenplatz in der Privat-Videothek stellen.

Warden, May

Die berühmteste unbekannte Schauspielerin der Welt. Fragst du nach Miss Sophie, nicken alle mit dem Kopf und zitieren die ➛ P-Frage. Willst du aber etwas über Warden wissen, schweigen sie dich fragend an. Ein Phänomen, das in Deutschland als Mutter-Beimer-Syndrom erstmals auftauchte.

Warden wurde am 9. Mai 1891 als Hester May Warden in Leeds geboren. Ihr Vater Edward war ein fahrender Schauspieler aus den USA. Er stammte aus einer uralten Theater-Familie. Sein Urgroßvater hatte im 19. Jahrhundert die Minstrel Show »Moore and Burgess« gegründet. Bei dieser Theaterart wurden Schwarzafrikaner imitiert (und parodiert), und zwar mit großem Erfolg sowohl in den USA als auch in Großbritannien. Wardens Mutter Maud kam aus besserem Hause und war mit ihrer Flamme durchgebrannt. Mauds Vater war Doktor und in keinster Weise amused, als die Tochter mit einem fahrenden Künstler herumtingelte. Daß dieser aus den Staaten kam, machte das Ganze noch schlimmer. Maud stand vor der Wahl: Erbe oder Liebe. Sie tauschte das vornehme Leben im gut behüteten Haus gegen eine unsichere Zukunft auf Achse. Sie brachte drei Mädchen und drei Buben auf die Welt, alle in einer anderen Stadt. »Daß sich Mutter mit einem Schauspieler einließ, war damals eine Schande«, soll Warden einmal gesagt haben. »Das hat mich aber nicht daran gehindert, in diesem Beruf glücklich zu werden.« Eine Schule besuchte Warden nie. Wie denn auch? Die Eltern zogen sie und ihre fünf Geschwister von Bühne zu Bühne mit. Vom Vater erbte sie das Show-Talent, von der Mutter die Charakterstärke und das perfekte Hochenglisch. Das reichte, um ein erfülltes Leben zu führen.

Mit 12 Jahren hatte Warden ihren ersten Auftritt, natürlich gemeinsam mit ihrem Vater. Später trat sie als Sopransängerin in Musical-Revuen auf. Dabei traf sie in Gateshead den Komiker Silvester Stewart, halb Schotte, halb Waliser. Zwei Jahre später, am 15. August 1915, war Hochzeit in Manchester. Hester May Stewart ließ sich zur Komödiantin umschulen und trat unter ihrem Künstlernamen May Warden an der Seite ihres

Gatten auf, der auch als Produzent und Regisseur tätig war. Das Paar hatte vier Kinder: Philipp, David, Mary und Audrey. Sie wurden früh auf das Leben eines Varieté-Vagabunden vorbereitet: Die Eltern reisten von Bühne zu Bühne, die Kinder von Klassenzimmer zu Klassenzimmer. In einer neuen Stadt angekommen, war es Wardens erste Aufgabe, ihre Kinder an der örtlichen Schule anzumelden. Unterwegs klopfte sie bei jedem Privathaus an und fragte die Bewohner, ob sie Schauspieler bei sich aufnähmen. Meist war die Unterkunft für die sechsköpfige Familie schon gesichert, noch bevor sie von der Anmeldung zurückkam.

»Es war ein hartes Leben, wir hatten nicht viel Geld, aber Mutter war eine tolle Mom«, berichtet Tochter Audrey. »In der Schule lernten wir zwar nicht viel, aber ich mache meinen Eltern keinen Vorwurf. Das war ihr Leben. Dafür hatten sie den ganzen Tag für uns Zeit, und dabei gaben sie uns alles zurück.« Nüchterner Rückblick oder verklärte Erinnerung? Jedenfalls zog es Wardens Jungs nie auf die Bühne. Philipp verpflichtete sich bei der Armee und wurde nach Singapur versetzt. David wurde im Zweiten Weltkrieg ebenfalls eingezogen. Die Brüder trafen sich im japanischen Gefangenenlager, danach sahen sie sich nie wieder. David kehrte nie zurück, er ertrank auf hoher See, nachdem sein Schiff irrtümlicherweise von den Alliierten beschossen worden war. Philipp mußte an der sogenannten »Eisenbahn des Todes« von Thailand bis Burma mitbauen, jenem Großprojekt der Japaner, das später durch den Kinofilm »Die Brücke am River Kwai« berühmt wurde. Philipp konnte zwar fliehen, starb wenige Jahre nach der Rückkehr aber an den Folgen der erlittenen Folter.

Die Töchter dagegen blieben dem Show-Business treu. Die ältere Mary wurde Tänzerin, die Jüngste spielte mit ihrem Künstlernamen Audrey Maye Theater. Sie heiratete wiederum einen Schauspieler, Len Howe. Das Ehepaar Howe führte das ›Dinner for One‹ bereits auf, noch bevor Freddie Frinton es kennenlernte. Irgendwann stieg Frinton anstelle von Len Howe ein. 1955, als Frinton und Audrey Maye den Sketch in Shrewsbury in Nordengland aufführen sollten, zog sich Maye zurück.

»Ich schlug meine Mutter als Vertreterin vor, zu ihr paßte die Rolle ohnehin besser«, so Maye, die sich fortan mehr um ihre Kinder kümmern konnte. Warden hatte weder kleine Kinder noch Rollen – also viel Zeit. Sie war froh, mal wieder auf die Bühne zu kommen, und griff begeistert zu. Frinton blieb gar nichts anderes übrig als mitzumachen. Acht Jahre später hatte Warden ihren ersten Auftritt vor laufenden Kameras – im Alter von 70 Jahren am 8. März 1963 bei ➛ Peter Frankenfelds Live-Show »Guten Abend, Peter Frankenfeld!« mit dem ›Dinner for One‹.

Es dauerte sechs weitere Jahre, bis sie in ihrer Heimat entdeckt wurde. Freddie Frinton war bereits tot, als sie erstmals im britischen Fernsehen auftauchte. In der TV-Serie »Ours Is a Nice House« durfte sie die Großmutter geben, obwohl sie beim Vorsprechen ursprünglich nur dritte Wahl gewesen war. Doch Warden hatte ein Sätzchen genügt, um ihre hochkarätigen Konkurrentinnen auszustechen: Zunächst sprach die Favoritin vor, eine Freundin der Hauptdarstellerin Thora Hird. Die erste Frage lautete, ob sie dritte Zähne habe. »Ja, aber ich nehme sie vor der Kamera auf keinen Fall heraus«, antwortete sie und packte zusammen. Die zweite Kandidatin war aus dem Dunstkreis des Produzenten. Sie wäre durchaus bereit gewesen, ohne Gebiß aufzutreten, hatte aber noch keine falschen Beißerchen im Mund. Damit war Warden an der Reihe, deren Fürsprecher »nur« der Drehbuchautor war. Als ihr der Produzent auf die Zähne fühlte, sagte sie: »Für Sie ziehe ich auch meinen Büstenhalter aus.« Es folgten 13 erfolgreiche Episoden von 1969 bis 1970. Und einige weitere Rollen, meist in Serien als betagte Lady oder Großmütterchen. Aber sie konnte auch anders: In Stanley Kubricks' »Clockwork Orange« mimte sie 1971 eine Obdachlose. Zwar ohne Text, dafür mit Packpapier um den Rumpf gewickelt, damit sie sich nicht erkältete.

1973, während der Dreharbeiten zur Sitcom »Billy Liar« von Keith Waterhouse, starb Wardens Mann Silvester. Sie führte die 25 Episoden als »Gran« zu Ende und zog ins Haus ihrer Tochter Audrey nach Brixton. Davon profitierten alle: Die Großmutter war nicht alleine, die Eltern konnten ruhigen

Warum, wie, wann und mit wem eine deutsche Neuverfilmung des ›Dinner for One‹ denkbar ist

Wer Freddie Frinton und May Warden nachmacht oder Nachahmungen vervielfältigt oder in Umlauf bringt, wird mit Hallervorden nicht unter 20 Stunden bestraft. Frinton ist und bleibt unantastbar, unnachahmlich. Wer ernsthaft versucht ihn zu kopieren, tut sich selbst keinen Gefallen und ist zum Scheitern verurteilt. Doch jetzt kommt der feine Unterschied: Frinton selbst ist tabu, aber warum sollte man verbieten, das ›Dinner for One‹ neu zu interpretieren, wie es mit jedem anderen Weltkulturerbe auch getan wird? Warum sollte es nicht erlaubt sein, moderne, regionale, besondere Versionen aufzuführen? Hier gilt wie bei allen anderen Klassikern: Der Experte kennt den Verlauf zwar auswendig, sieht sich aber gespannt die Neufassung an. Bestes Beispiel ist die ➛ plattdeutsche Inszenierung der ➛ Fritz-Reuter-Bühne Schwerin, die durch ihren eigenständigen Humor überzeugt. Wer da nicht lacht, ist selbst schuld.

Also, Regisseure aller Bundesländer, fühlt euch aufgerufen! Versucht euch am Dinner. Laßt uns kosten! Es wird ohnehin viel zu wenig gelacht in dieser Welt.

Das größte Problem bei der Umsetzung wird wohl die die deutsche Sprache sein. »Dieselbe Prozedur wie jedes Jahr, Fräulein Sophie? Klingt doch zu sehr nach Barmer Ersatzkasse und Heilbäder-Verordnung«, stellte schon *Die Welt* am 31. Dezember 2001 fest. Als Darsteller kommen einem zwanghaft zuallererst Ingrid Steeger und ➛ Harald Juhnke in den Sinn. Doch letzterer fällt flach durch seine schwere Krankheit. Eine perfekte Besetzung wären Herbert Feuerstein und Hella von Sinnen – zumindest in physiognomischer Hinsicht. Nicht ohne Reiz dürfte das Dinner auch mit Marcel Reich-Ranicki und Sigrid Löffler enden. Noch viel lustiger wäre es mit Edmund Stoiber und Angela Merkel, doch da würde der Herr aus dem oberbayerischen Wolfratshausen schon aus geschlechtsrollentechnischen Gründen nicht mitspielen. Der mediengeile Guido Westerwelle hingegen würde es wohl sofort machen, notfalls auch mit einer Schaufensterpuppe auf dem Stuhl.

Letztlich gibt es derzeit allerdings nur ein denkbares Komikerduo: Bernhard Victor Carl von Bülow alias Loriot und Evelyn Hamann. Hand aufs Herz, Hardcore-Frintonisten: Bei diesen beiden könntet auch ihr nicht widerstehen. Am allerbesten ist es, wenn Loriot das Drehbuch gleich selbst schreibt. Dem fällt auch sicher eine Lösung des Sprachproblems ein.

Gewissens auf Tour gehen, die drei Söhne hatten zu Hause jemanden, der sie versorgte und vor dem Tingel-Tangel-Leben bewahrte. Michael, David und Simon besuchten eine Privatschule mit künstlerischem Ausbildungszweig. In der Freizeit wurde das Gelernte vertieft und verfeinert. »Mutter trimmte die Söhne immer«, sagt Audrey Maye. Ihre Söhne genossen das tägliche Schau-Spielen mit ➛ »Gracious«, wie sie ihre Oma nannten.

Auch der Schwiegersohn hat einen Spitznamen für Warden. »Sie war eine Margaret Thatcher«, sagt Len Howe und meint das hundertprozentig positiv. »Sie konnte stundenlang knallhart diskutieren, aber kein einziges Mal hörte ich sie fluchen.« Die Wortwahl Wardens hat es Howe ganz besonders angetan: »Sie hatte so ein wundervolles Englisch«, sagt er immer wieder. Die sprachliche und schauspielerische Rundumversorgung schlug bei den Enkeln voll an: Michael und David wurden zu »Royal Command Performances« geladen, also Sondervorstellungen für das Königshaus, bei denen sich die Prinzen und Prinzessinnen Handlung und Besetzung selbst aussuchen. Michael Howe sang und tanzte auch in Wien an der Seite von Ute Lemper und Angelika Milster in »Cats«, einmal gab er die Hauptfigur in »Grease«. In deutschen Wohnzimmern hinterließ er 1993 bleibenden Eindruck: Wer erinnert sich nicht an den Werbeclip der ARD-Fernsehlotterie, in dem ein Ehepaar á la Rosenkrieg die Einrichtung zertrümmert? Der Michael Douglas-Doppelgänger war Miss Sophies Enkel Michael Howe. Sein kleiner Bruder Simon schaffte es immerhin in das Kostüm eines Clowns, den alle Kinder der Welt kennen – Ronald McDonald. Nur einer von Wardens vier Enkeln, der Sohn ihrer älteren Tochter Mary, ergriff einen bürgerlichen Beruf.

Einen Tip von Gracious beherzigen die drei Jungs bis heute: »Bevor ihr einschläft, müßt ihr euren Text noch einmal durchgehen.« Während ihre Enkel Karriere machten, wurde es um Warden Jahr für Jahr ruhiger. Bis sie eines Tages in den Straßen von Brixton überfallen wurde. Die 85-Jährige – resolut wie eh und je – hielt ihre Handtasche mit beiden Händen fest.

Ein Fehler. Die Banditen schleuderten sie brutal zu Boden, entrissen ihr die Tasche, ließen sie auf dem Asphalt liegen und verschwanden. Ihre Beute: Hausschlüssel, Fotos, Papiere, Toilettenutensilien und sieben Pfund Sterling. »Mutter war am ganzen Körper blau und schwarz«, erinnert sich Audrey Maye. Die Tasche tauchte wenig später wieder auf, mit allem darin außer den sieben Pfund. Wardens Lebensenergie sollte dagegen nie mehr vollends zurückkommen. »Der Überfall hat sie zerstört, danach war sie desorientiert«, sagt Schwiegersohn Len Howe. Sie übernahm keine Rolle mehr.

Zwei Jahre später, am 5. Oktober 1978, schlief Gracious im Bett im Londoner Haus ihrer Familie zum letzten Mal ein. Ihr letztes Wort war ➛ »Neat!« Die Feuerbestattung fand im engsten Familienkreis auf dem Friedhof der Church of England in London-Strattom statt.

Weißwein Fisch schwimmt gerne in weißem Burgunder, vor allem in Chablis. Es darf also angenommen werden, daß James zum North Sea Haddock einen Chablis servierte. Wie man den allgemein verständlich beschreiben kann, zeigt das Buch »Weißwein von A bis Z« (Hallwag Verlag, Bern und Stuttgart, 1999, S. 31 f.): »grünlich-golden, appetitanregend, knochentrocken und mager, mit dem Aroma von Apfelschalen und leichtem Sahneton«. Die »helle, glitzernde Stahlklinge« halte den Chablis »erfrischend scharf und lebhaft« und – jetzt kommt's – »läßt den Weinfreund immer wieder zur Flasche greifen«. Im Übrigen wirke er »nicht locker, sondern nervös, als würde er ständig auf die Uhr schauen und sich fragen, ob er nicht bald los müsse«. Die besseren Chablis schmeckten, »als hätte man Äpfel mit Vanillesoße übergossen und als Krönung ein paar angeröstete Nüsse darüber gestreut«.

Für all jene, die eine nüchternere Beschreibung bevorzugen: Er kommt aus der Stadt Chablis (Burgund, Département Yonne) südöstlich von Paris und wird aus der Rebsorte Chardonnay gemacht. Wer Chablis aus Spanien oder Australien im Keller hat, sollte schnellstens seinen Weinhändler wechseln und diesen Etikettenschwindler anzeigen.

Westend (London)

Das Westend ist der Broadway Londons. Dort gab das ›Dinner for One‹ sein Debüt im Jahre 1948 (➛ Uraufführung). Es war das erste und letzte Mal, daß der Sketch in dem Theaterviertel in Erscheinung trat. Nachdem Freddie Frinton die Rechte am Dinner erworben hatte, hätte er seine Errungenschaft nur allzu gerne im Westend präsentiert.

Es klappte aber nie, obwohl er in seinen letzten Jahren gern gebuchter Stammgast im Westend war. Doch Frinton war nahezu verzweifelt über seine Auftritte. Er durfte sein Paradestück nicht zeigen und mußte stattdessen vergleichsweise zweitklassige Sketche bringen. Schuld daran war ausgerechnet Thora Hird, mit der er seinen größten Erfolg im britischen Fernsehen gefeiert hatte. Hird war die Hauptperson jener Varieté-Show. Sie bestimmte also, wer mit welchen Nummern auftrat. Frinton bat sie immer wieder, sein Dinner aufführen zu dürfen. Doch die Diva blieb stur wie Beef. Sie fürchtete wohl, Frinton würde ihr mit seinem Meisterwerk die Show stehlen. Selbst das Angebot, die Miss Sophie spielen zu dürfen, schlug sie aus. Für eine Nebenrolle war sie zu stolz (➛ Protagonist). So verhinderten Eitelkeit und Machtdenken, daß Frintons ›Dinner for One‹ im Westend gezeigt wurde. Wo hätte der Rundlauf um die fast leere Festtafel in Großbritannien hingeführt, wenn das Publikum ihn damals sehen hätte dürfen?

Wiederholung

Wie stand es so schön im Klappentext von Peter Handkes Buch »Die Wiederholung«? »Wiederholung ist kein Sichwiederholen, sondern ein Sich-Wieder-Holen.« Benjamin Henrichs ergänzt in seinem Aufsatz »Paradies der Wiederholung«: »Das Neue macht uns nur neugierig, die Wiederholung aber süchtig« (*Die Zeit*, 9.1.87). Sehr richtig und unendlich weise. Laut Henrichs »gewinnt« jede komische Szene »mit jeder Wiederholung«. Beim ersten Mal lache der Zuschauer oft nur, weil auch die anderen lachen. Doch je öfter er sie sieht, desto mehr werde er zum Experten. »Seine erregte Vorfreude und seine souveräne Kennerschaft schmälern das Vergnügen nicht, sondern heizen es erst richtig an. Man lacht schon, weil man weiß, daß man gleich wieder lachen wird.«

Winterbottom, Mister

1. Der facettenreichste Gast am Tisch. Vorname unbekannt. Gerne als Geschäftsmann bezeichnet, wohl wegen seines Ausrufs: » I now declare this bazaar opened!« In jedem Falle aber ein Charmeur, er macht mit Abstand die meisten

Der facettenreichste Mann am Tisch – entnommen aus »Ich kochte das Dinner for One«, Eichborn, Frankfurt, 1995.

Komplimente. So ist es nur menschlich, daß Miss Sophie großen Wert darauf legt, daß ihr »very dear friend« zu ihrer Rechten sitzt. Damit wäre auch die Frage geklärt, ob der rüpelhafte Rülpser nach dem Champagner eine Entgleisung des Butlers ist oder eine authentische Darstellung des verstorbenen

Winterbottom. Es kann nur ein Jamesscher Ausrutscher gewesen sein.

In der ursprünglichen Version des ›Dinner for One‹ hieß Winterbottom nach Aussage von ➛ Ernest E. Regon noch »Mister Mansfield«. Laut Regon habe Freddie Frinton den Casanova umgetauft, weil er für seine Auftritte in Nordengland einen Namen mit Lokalkolorit brauchte. Noch wahrscheinlicher ist aber folgende These: Frinton setzte den damaligen Fußball-Nationaltrainer Englands, Walter Winterbottom, an die Tafel, weil er ihn nicht mehr auf der Trainerbank sehen wollte.

Walter Winterbottom ist Englands Nationaltrainer mit den wenigsten Erfolgen, dafür aber mit der längsten Amtszeit. Von 1946 bis 1963 langweilte er seine Spieler mit Mannschaftsbesprechungen, die länger dauerten als das Spiel. In seine Zeit fällt das peinliche Aus bei der Weltmeisterschaft 1950 gegen die Vereinigten Staaten. Wenn das kein Anlaß ist, ihn zu Miss Sophies 90. Geburtstag einzuladen? Jedenfalls degenerierte in der Ära Walter Winterbottoms das sogenannte Mutterland des Fußballs im internationalen Vergleich zum Wickelkind. Insgesamt versaubeutelte er vier WM-Endrunden. Kaum war er endlich zurückgetreten, da holten die Engländer im darauf folgenden Turnier 1966 den WM-Titel.

1978 wurde Winterbottom zum Ritter geschlagen. Ganz bestimmt aber nicht für seinen spezifischen Beitrag zum Glanz des britischen Fußballs, sondern wegen seiner generellen »Verdienste für das Spiel«. Damit kann nur gemeint sein, daß das Team aus dem Mutterland des Fußballs während seiner Ära die unterentwickelten Fußball-Nationen aufpäppelte. Walter Winterbottom starb im Februar 2002 im Royal Surrey County Hospital in Guildford kurz vor seinem 90. Geburtstag.

2. Name für Hund, Katze, Maus.

Wylie, Lauri Seit Jahrzehnten orakeln die deutschen Medien über den Autor des ›Dinner for One‹. Der *Deutsche Bühnenverein* führt in seiner alljährlichen

Werkstatistik Freddie Frinton mißverständlich als Autor auf, obwohl er nur die Bühnenrechte besaß. *Die Deutsche Presse-Agentur* verbreitete im Dezember 1985 die Nachricht: »Geschrieben wurde das Stück bereits 1924 von einem Mann namens Julian Wylie.« 14 Jahre später, am 31. Dezember 1999, schreibt der Berliner *Tagesspiegel* vom »Werk des nach wie vor unbekannten Autors«.

Das heitere Autoren-Raten kann jetzt eingestellt werden. Der Vater von Miss Sophie und James, der Erfinder der → P-Frage, der Verbinder von Chicken und Champagner ist Morris Laurence Samuelson alias Lauri Wylie. Er wurde am 25. Mai 1880 in Southport geboren und war ein dermaßen unbeschriebenes Blatt, daß nicht einmal sein Todestag überliefert ist. Selbst das »Theatre Museum« in London hat keinerlei biographische Informationen über ihn (ganz zu schweigen von einem Foto). Wie und wo Wylie das Dinner zu Papier brachte, wird wohl für immer ungeklärt bleiben. Daß er es getan hat, berichtete die englische Fachzeitschrift *Sketch* in ihrer Ausgabe vom 31. März 1948.

Ansonsten ist über Wylie nur bekannt, daß er viele kleine Sketche für Varieté- oder Revue-Shows verfaßte. Oft schrieb er Werke anderer für die Bühne um, meist betätigte er sich als Mitautor von Theaterstücken. Er arbeitete mit seinem größeren Bruder Julian zusammen, der Produzent und Manager war. Als Kinder spielten Lauri und Julian leidenschaftlich Puppentheater, später produzierten sie zwischen 1910 und 1950 zahlreiche → Pantomime- und Varieté-Shows. Das Dinner war dabei nur einer von unzähligen selbstgemachten Sketchen.

Zweimal schaffte es Wylie immerhin bis zum → Broadway: Seine Musical-Adaption »Princess Charming« hatte am 13. Oktober 1930 im New Yorker »Imperial Theatre« Premiere. Und 23 Jahre später wurden im »Imperial« bei der Revue »John Murray Anderson's Almanac« Sketche von Wylie gezeigt – unter anderen das ›Dinner for One‹. Die Show hielt sich vom 10. Dezember 1953 bis 26. Juni 1954 für respektable 229 Vorstellungen.

Y2K Da war doch noch was an Silvester 1999 und die Tage davor. Die Welt hatte Angst, ihre Computer würden am 1. 1. 00 um 0 Uhr 00 in das Jahr 1900 springen und somit alle neumodischen Sachen stoppen. Der NDR hatte ebenfalls alle Hebel in Bewegung gesetzt, um alle Eventualitäten auszuschließen. Mit dem Ergebnis, daß die ›Dinner for One‹-Seher im gesamten NDR-Sendegebiet die sogenannte ➛ Audiodeskriptions-Fassung für Blinde zu hören bekamen. Dieses zusätzliche Angebot würdigten die Gebührenzahler mit Brandbriefen, Protestanrufen und Beschwerdemails. Manch anderer Zuschauer fand eine etwas weniger aufwendige Lösung: Er stellte den Kommentar per einmaligem Knopfdruck auf der Fernbedienung ab.

Zinnfigur Es müssen nicht immer Soldaten sein. Daß Zinnfiguren auch lustig sein können, beweist Joachim Taube aus Berlin. Auf 25 x 10 Zentimeter hat der Virtuose des Halbedelmetalls eine Dinner-Tafel für fünf Personen, eine Anrichte mit gedrechselten Beinen, eine noble Standuhr, einen Treppenaufgang und ein Tigerfell gezaubert. James steht zur Rechten Miss Sophies und prostet ihr gemäßigt kontrolliert zu. Sie trägt ein hell- und dunkelgrünes Kostüm. Das Treppengeländer mit filigranen Goldornamenten verziert, an der Wand ein Ölgemälde, unter der Tafel ein bunter Orientteppich, auf der Tafel sogar eine Tischdecke. Mulligatawny-Soup, Chicken, North Sea Haddock und Fruit fehlen ebensowenig wie die vier Getränkeflaschen, Blumen und Kerzenständer. Alles handbemalt, sieht es mehr aus wie fotografiert denn gegossen. Das (unverkäufliche) Kunstwerk war im Jahr 2002 im Zinnfigurenmuseum Goslar als Teil der Sonderaustellung »Zur Kulturgeschichte des Essens und Trinkens« zu sehen.

Zinnfiguren können auch lustig sein, wie dieses Kunstwerk beweist!

Zeittafel

1880 Morris Laurence Samuelson wird am 25. Mai in Southport geboren.

1891 Hester May Warden kommt am 9. Mai 1891 in Leeds auf die Welt.

1909 Frederick Bittiner wird am 17. Januar in der grimmigen Hafenstadt Grimsby als uneheliches Kind von der Näherin Florence Elisabeth Coo entbunden.

1939 Kurz nachdem Frederick Bittiner den Künstlernamen Freddie Frinton angenommen hat, bricht der zweite Weltkrieg aus. Nach 18 Monaten in einer Suchscheinwerfer-Einheit wird Frinton zu den »Stars in Battledress« versetzt, einer Show-Truppe zur Unterhaltung der Soldaten.

1948 Im »Duke of York's Theatre« im Londoner Theaterdistrikt Westend führen Binnie Hale und Bobby Howes das ›Dinner for One‹ bei der Revue-Show »Four, Five, Six!« auf. Der Sketch aus der Feder von Morris Laurence Samuelson, der sich inzwischen den Künstlernamen Lauri Wylie zugelegt hat, bekommt durchwegs positive Kritiken und ist die erste Inszenierung, die heute schriftlich belegt werden kann.

1953 Im »Imperial Theatre« am New Yorker Broadway hat am 10. Dezember die Revue-Show »John Murray Anderson's Almanac« Premiere. Im Programm: Das ›Dinner for One‹ mit Hermione Gingold und Billy DeWolfe.

1954 Freddie Frinton gibt sein Debüt im »Wintergarden Theater« von Blackpool – mit dem ›Dinner for One‹ und seiner jungen Partnerin Audrey Maye.

1955 Als Frinton und Maye das Dinner in Shrewsbury in Nordengland aufführen sollen, zieht sich Maye zurück. Sie schlägt ihre Mutter May Warden als Nachfolgerin vor. Das Kultpaar hat sich gefunden.

1959 Ernest E. Regon und June Royal wirken im März-Varieté-Programm der Münchner Kabarettbühne »Annast« mit. Ihr deutschsprachiger Sketch heißt »Gedächtnismahl« und ist die Deutschland-Premiere des ›Dinner for One‹.

1963 Freddie Frinton kommt mit May Warden und seinem Tigerfell nach Hamburg und tritt am 8. März bei der Live-Sendung »Guten Abend, Peter Frankenfeld« auf. Ebenfalls im März nimmt das *Schweizer Fernsehen der deutschen und rätoromanischen Schweiz* (SF DRS) im Züricher Studio Bellerive das ›Dinner for One‹ mit Freddie Frinton und May Warden auf – als Schweizer Beitrag für das Fernsehfilm-Festival »Die Goldene Rose« in Montreux.

Im Studio B in Hamburg-Lokstedt fertigt der *Norddeutsche Rundfunk* vom 30. April bis 4. Mai mit Frinton und Warden zwei MAZ-Aufzeichnungen des ›Dinner for One‹ an. Am 8. Juni 1963 strahlt die ARD diese Produktion erstmals aus.

1964 Der niederländische Fernseh-Sender AVRO läßt am 31. Dezember James über den Tigerkopf flimmern. Wie begeistert die Holländer sind, läßt der Zeitpunkt der zweiten Ausstrahlung erahnen: 20 Jahre später, am 31. Dezember 1984.

1968 Freddie Frinton kommt am 16. Oktober in Poole von einem Auftritt nach Hause und fällt tot um.

1969 James stolpert nach Skandinavien: Am 3. März zeigt das schwedische Fernsehen »Grevinnan och betjänten«.

1972 Vier Jahre nach Freddie Frintons Tod und fast zehn Jahre nach der Aufzeichnung wird das Dinner zum ersten Mal an Silvester gesendet – aber nur in N 3.

1973 Halb Dänemark feiert am 31. Dezember beim »90 års fødselsdagen« mit.

1974 Das zweite Silvester-Dinner in Deutschland. Diesmal machen neben N3 auch WDR, HR und BR mit.

1976 Die Gesellschaft für Konsumforschung (GfK) beginnt, Einschaltquoten zu erheben. Das ›Dinner for One‹ hat zu diesem Zeitpunkt so viel mit einem Kultsketch zu tun wie Nordsee-Schellfisch mit der Wüste Gobi. Lediglich N3 und WDR 3 bieten es an Silvester an. Ganze 0,76 Millionen schmecken rein.

1978 Das Staatsfernsehen der DDR serviert am 25. März ein deutschsprachiges »Erinnerungsmahl« mit Ernest E. Regon und June Royal.

May Warden schläft am 5. Oktober in London zum letzten Mal ein.

1979 »Grevinnen og Hovmesteren« feiern am 25. Dezember in Norwegen erstmals den 90. Geburtstag. Die Party wird am Nordkapp zur Weihnachtstradition, an ihr hält der Fernsehsender NRK bis ins 21. Jahrhundert fest.

1981 Endlich darf auch Österreich mitfeiern. Am 31. Dezember geht es in ORF 1 ebenfalls rund.

1982 »Illallinen yhdelle« feiert am 30. April im finnischen Fernsehen Premiere.

1986 Der Fernsehskandal des Jahrzehnts. Am 29. Dezember um 22.15 Uhr strahlt RTL einen deutschsprachigen Werbeclip für Sharp-Mikrowellengeräte namens ›Dinner for One‹ im gewöhnlichen Abendprogramm aus.

Das Sozialwerk für Seeleute macht's möglich: Am 31. Dezember sehen die deutschen, dänischen, norwegischen und schwedischen Schiffbesatzungen auf hoher See den Torkel-Schwank.

1988 Das ›Dinner for One‹ wird in das Guinness-Buch der Rekorde als meistwiederholte TV-Sendung aufgenommen.

Die DDR-Bürger müssen an Silvester nicht mehr heimlich ihre Antennen gen Westen richten. Am 30. Dezember zeigt das Staatsfernsehen DFF1 das ›Dinner for One‹ – unzensiert und auf englisch.

1996 Dem Chicken gelingt am 28. Dezember der Erstflug über die Wolken. Die Charter-Fluggesellschaft LTU läßt James und Miss Sophie bis zum 2. Januar 1997 auf die Zwerchfelle ihrer Passagiere los.

1997 Der Halter des »Wiederholungsrekords« hat seinen Vorsprung zwar ausgebaut, wird aber dennoch aus dem Guinnessbuch gestrichen. Begründung: Damit es den Lesern nicht langweilig werde.

Das ›Dinner for One‹ hat in Deutschland mehr Zuschauer als die Neujahrsansprache des Bundeskanzlers. Das hat es seit Gründung der Bundesrepublik respektive seit Erhebung der Einschaltquoten noch nie gegeben.

1998 Jetzt können auch Sehbehinderte und Blinde mitlachen: Am 31. Dezember bieten N3 und SFB eine so genannte »Audiodeskriptions-Fassung« mit mündlicher Beschreibung des Geschehens an.

1999 440 000 Norddeutsche und 210 000 Restdeutsche sind dabei, als der NDR am 31. Dezember um 14.25 Uhr sein neues ›Dinner for one – up platt‹ präsentiert.

2000 N3 bringt am 1. Januar um 1.10 Uhr Farbe ins Silvester-Programm – mit der in Hollywood und Neu Delhi nachträglich kolorierten Dinner-Fassung.

Toby, Schneider, Pommeroy und Winterbottom leben! *Denmarks Radio 2* zeigt am 31. Dezember sensationelle Exclusiv-Aufnahmen von einer Geburtstagsparty, auf der die vier Herrschaften den »80 års fødselsdagen« einer ihr vertrauten Lady feiern.

2001 Der *Spiegel* sorgt mit der Meldung für Aufsehen, Freddie Frinton und May Warden seien auch privat ein Paar gewesen (»James liebte Sophie«). Dabei ignoriert das sogenannte Nachrichtenmagazin die Tatsache, daß Frinton mehr als 18 Jahre jünger war als seine Partnerin und eine Frau hatte, die wiederum 16 Jahre jünger war als er. Vielmehr steht zu lesen, Frinton und Warden seien »in den Fünfzigern gewesen«, als sie – angeblich – beim Austausch von Zärtlichkeiten gesehen wurden.

2002 Auch kurz vor dem 30. Jahrestag der Aufzeichnung macht die BBC keinerlei Anstalten, ihren Dinner-Boykott zu beenden. Die deutschen Konsumenten warten weiterhin vergeblich auf eine Mulligatawny-Fertigsuppe, aber immerhin erscheint das erste Nachschlagewerk zum Thema.

Bibliographie

1985 erschien das erste Häppchen Sekundärliteratur. Mittlerweile kann man sich das ›Dinner for One‹ in allen denkbaren Medien zu Gemüte führen. Ein Überblick.

Bücher

Dinner for One: Hamburg 1985, Edition Nautilus.
Der erste Versuch, das Dinner zwischen zwei Buchdeckel zu pressen. Mit Originaltext und Übersetzung, einem Vorwort des Regisseurs Heinz Dunkhase sowie Texten über Produktion, Rezeption und Interpretation. Mit Karikaturen der sechs Partygäste von B. Ronstein.

Dinner for One auf Bayerisch: Hamburg 2002, Edition Nautilus.
Bei Alfons Schweiggerts »Abendbrot für oane alloa« liegt selbstverständlich ein bajuwarischer Löwe im Weg, den Franz Eder pfundig porträtiert hat.

Dinner for One – Killer for Five: München 2002, Droemer Knaur.
Michael Koglin präsentiert das mittlerweile dritte Buch unter dem Motto »Der 90. Geburtstag und was wirklich geschah«.

Dinner for One off säggssch: Hamburg 2000, Edition Nautilus.
Christian Geschke war dabei, als Frau Sofie mit Älbegarbfm, Broiler, Schdonie und vier windigen Gästen ihr Wiegenfest beging. Mit imaginären Porträts der Partygesellschaft von B. Ronstein.

Dinner for One op platt: Hamburg 1999, Edition Nautilus.
Günter Lüdke war der Erste, der das englische Original in eine deutsche Mundart übertrug und als Buch veröffentlichte. Diener Hannes setzt sich dabei in inniger Zuneigung mit Froin Gesine und einem Anker auseinander, der in einer Ecke liegt. B. Ronstein hat die Partygesellschaft illustriert.

Dinner for One uff hessisch: Hamburg 2001, Edition Nautilus.
Der schwächste Band in der Mundart-Reihe des Nautilus Verlages. Bogislav Betzdorf protokolliert den 90. Geburtstag von Mamma Hesselbach bei Dick Supp, Äbbelwoi und e Likörsche. Auch diesmal mit Ronstein-Porträts.

Dinner for One von A–Z: Frankfurt/Main 2002, Eichborn Verlag
Das Lexikon zum Kult-Vergnügen von Stefan Mayr. Die erste umfassende Faktensammlung zur wichtigsten Fernseh-Produktion Deutschlands.

Ich kochte das Dinner for One: Frankfurt/Main 1995, Eichborn Verlag.
Wolfram Siebeck hat Miss Sophies Koch Alphonse Selkirk ausgegraben und verrät, wie sie Mulligatawny-Soup, Northsea-Haddock, Chicken und Fruit am liebsten hatte. Nett illustriert von Axel Scheffler. Leider vergriffen.

Ich kochte das Dinner for One und andere Märchen: Frankfurt/Main 1998, Fischer TB-Verlag.
Wolfram Siebeck hat sein Werk von 1995 (s.o.) mit einigen Märchen-Rezepten wie Rotkäppchens Gugelhopf oder Pfannkuchen Hexenart gewürzt. Ebenfalls vergriffen.

Miss Sophies Liebhaber, Die ganze Wahrheit über Dinner for One: Frankfurt/Main 1993, Eichborn.
Helmut Grömmer legt alle Fakten über die Vergangenheit der vier Partyphantome auf die Festtafel. Inklusive zehn Illustrationen von Jacek Stachowski. Leider vergriffen.

Miss Sophie and Other Lives: Berlin 1994, Cornelsen & Oxford University Press.
In ihrem Reader für fortgeschrittene Englisch-Lernende dokumentiert Joan Bovell-Eberhardt ein sehr persönliches und entsprechend aufschlußreiches Gespräch mit Miss Sophie.

CDs

Dinner for One, Englisch, Hochdeutsch, Sächsisch: Hamburg 2000, Edition Nautilus.
Englische Originalversion, hochdeutsche und sächsische Variante plus zwei Hintergrundgeschichten aus der DDR.

Dinner for One op platt: Hamburg 2000, Edition Nautilus.
Live-Lesung von und mit Günter Lüdke inklusive diverser Zugaben.

CD-ROM

Dinner for One: Grünwald 1995, Komplett-Media.
CD-ROM für Windows mit der Schweizer Version, Darsteller sind zwar May Warden und Freddie Frinton, dennoch kann diese Fassung nicht mit der NDR-Produktion mithalten. Mit deutschen Untertiteln und Screensaver. Spieldauer 11 Minuten.

DVD

Dinner for One: Grünwald, Verlag Komplett-Media.
Schweizer Version (s. o.), Spieldauer 11 Minuten plus Werbung. Sprache: Englisch, Deutsch.

Fernseh-Produktionen

Dinner for One oder Der 90. Geburtstag: Zürich 1963, SF DRS.
Drei Monate vor der NDR-Version aufgenommen. Kürzer, hektischer, nicht ganz so genial wie das Hamburger Pendant. Auch als Video erhältlich (siehe unten).

Dinner for One oder Der 90. Geburtstag: Hamburg 1963, Norddeutscher Rundfunk.
Das Original. Bis heute ausschließlich im Fernsehen zu sehen.

Freddie Frinton und sein Dinner for One: Stuttgart, 1988, Südwestrundfunk.
Helmuth Rompa entwirrte mit dieser liebevollen Dokumentation über Frintons Leben und Wirken erstmals die vielen widersprüchlichen Medienberichte.

Hörspiel-Kassette

Ich kochte das Dinner for One: 1996, Der Hör-Verlag DHV.
Hörspielfassung von Wolfram Siebecks gleichnamigem Buch. Alle Rezepte sind als Booklet beigefügt, Laufzeit ca. 50 Minuten, mit Originaltönen aus dem Film.

Schallplatten

Dinner for One, Sylvester Alone: 1988, WEA Musik GmbH.
Maxi-Single mit sechs torkelnden James-Verschnitten auf dem Cover. Auf der A-Seite ein »Party-Mix« des Songs »Sylvester Alone«, auf der B-Seite eine »Bedroom Version« und eine »Dinner Version«. Nur noch auf Flohmärkten und dergleichen erhältlich – das gilt auch für die gleichnamige Single.

Happy New Year, Dinner for One: Erscheinungsjahr unbekannt, DA Records.
Maxi-Single nach dem klassischen Muster: Die Original-Sprüche von James und Sophie, teilweise verfremdet und untermalt mit allerlei Gedöns. Nur noch auf Flohmärkten und dergleichen erhältlich.

Video-Kassetten

Dinner for One, Frankfurt 1993, Jünger Verlag.
Farbfassung von und mit Bodo Schäfer zugunsten der Kinderhilfestiftung Frankfurt e.V., Laufzeit ca. 20 Minuten.

Dinner for One, Grünwald 1994, Komplett-Video GmbH.
Version des Schweizer Fernsehens (s.o.), Laufzeit ca. 11 Minuten, Preis: 9,99 Euro.